Deutsch-chinesische
Beziehungen 1911–1927

Quellen zur Geschichte der deutsch-chinesischen Beziehungen 1897–1995

Herausgegeben
von Mechthild Leutner

Deutsch-chinesische Beziehungen 1911–1927

Vom Kolonialismus zur „Gleichberechtigung“

Eine Quellensammlung

Herausgegeben von Mechthild Leutner

Verfaßt von Andreas Steen

Akademie Verlag

Kalligraphie: Chen Ning

ISBN-13: 978-3-05-004243-5
ISBN-10: 3-05-004243-5

Das eingesetzte Papier ist alterungsbeständig nach DIN/ISO 9706.

Druck und Bindung: Druckhaus „Thomas Müntzer", Bad Langensalza
Einbandgestaltung: Hans Herschelmann, Berlin

Printed in the Federal Republic of Germany

INHALTSVERZEICHNIS

Vorwort zur Quellensammlung „Deutsch-chinesische Beziehungen“

Deutschland und China gelten gemeinhin als Länder, die sehr unterschiedlichen Kulturkreisen zugehören. Dennoch sind sie im Verlauf der vergangenen hundert Jahre immer wieder in vielfältige Beziehungen zueinander getreten. Wie sich diese gestaltet haben und welche welt- und landesgeschichtlichen Wirkungen davon ausgingen, wird in einer sechs Bände umfassenden Quellensammlung für den Zeitraum 1897 bis 1995 dargestellt. Der vorliegende Band bildet den Abschluß dieser Dokumentensammlung.

Die Bände dieser Reihe „Deutsch-chinesische Beziehungen“ sind chronologisch angelegt. Die Aufteilung der Bände folgt den von der Geschichte vorgegebenen Zäsuren, aber auch sachlichen Gesichtspunkten. Der Rückblick erfaßt die direkte kriegerische Auseinandersetzung auf chinesischem Boden zur Jahrhundertwende ebenso wie die Auswirkungen des Ersten Weltkriegs und Perioden raschen Aufschwungs beiderseits gesuchter enger Zusammenarbeit. Auch die Zeit des Zweiten Weltkrieges wird thematisiert und die unterschiedlichen Phasen der Unentschiedenheit und des gegenseitigen Abtastens nach 1949, wie sie für die Beziehungen Chinas sowohl zur DDR als auch zur Bundesrepublik Deutschland zu beobachten sind. So wird die Entwicklung nach dem Zweiten Weltkrieg entsprechend der Teilung Deutschlands in zwei Bänden erfaßt.

Dem wechselvollen Verlauf der Geschichte der deutsch-chinesischen Beziehungen entsprechend sind die Schwerpunkte in den einzelnen Bänden unterschiedlich gesetzt. Gemeinsam aber ist allen der Versuch, den deutschen Blick auf China und den chinesischen Blick auf Deutschland, die politischen, wirtschaftlichen, militärischen und kulturellen Beziehungen als interkulturelles Geschehen – will heißen: als Auseinandersetzung mit der vom jeweils anderen Land ausgehenden politisch-wirtschaftlichen und kulturellen Herausforderung – zu dokumentieren.

Die zwischenstaatlichen Beziehungen geraten so – vor dem Hintergrund der jeweiligen innenpolitischen Entwicklungen und eingeordnet in das Gesamtgeflecht der internationalen Beziehungen – zu einer Art Spiegel dieser Auseinandersetzung mit dem Anderen, dem Fremden, bei der sich klischeebeladene Wunschbilder, rationale Planungen und machtpolitisches Kalkül oft miteinander vermischt haben.

Um dies in aller Breite aufzeigen zu können, mußte einer diplomatiegeschichtlichen Verengung der Darstellung so weit wie möglich vorgebeugt werden. So bilden die diplomatischen Akten zwar schon allein wegen ihrer Geschlossenheit und guten Überlieferung die Grundlage der Veröffentlichung, aber es sind auch Quellen anderer Herkunft einbezogen worden. Kultur- und Wirtschaftsorganisationen wurden dabei ebenso berücksichtigt wie die Publizistik beider Länder, und auch die individuelle Erfahrung der Begegnung mit dem anderen Land – nicht selten ganz außerhalb der politischen bilateralen Beziehungen stehend – wurde nicht ausgespart. Der Vollständigkeit halber gelangten einige Standardquellen in den Bänden zu einem erneuten Abdruck. Doch die Mehrzahl des präsentierten Quellenmaterials deutscher und chinesischer Herkunft wird hier erstmals publiziert. Und: Nahezu alle chinesischen Dokumente werden zum ersten Mal in einer deutschen Übersetzung vorgelegt.

Entsprechend der einheitlichen inhaltlichen Konzeption der Reihe gliedert sich jeder Band in mehrere Kapitel, denen eine jeweilige thematische Einführung vorangestellt ist. Jedes einzelne Dokument ist mit quellenkritischen Angaben und – wo erforderlich – mit knappen zusätzlichen Personen- und Sachinformationen versehen. Eine Gesamteinleitung, ein Verzeichnis der Quellennachweise und bibliographische Angaben sowie ein Personen- und Institutionenindex runden die Bände jeweils ab.

Die in Umfang und Form in dieser Größenordnung bislang einmalige Dokumentation – Vergleichbares liegt weder für das Verhältnis Deutschlands zu anderen Ländern noch für Chinas Kontakte zu anderen westlichen Ländern vor – richtet sich an eine Leserschaft, die weit über den Kreis der Chinaspezialisten hinausreicht. Sollte das Quellenwerk zudem beitragen können zu einer Überwindung der Kluft, die in Deutschland zwischen einer oft zu stark philologisch ausgerichteten Sinologie einerseits und einer zu sehr nationalgeschichtlich geprägten Historiographie andererseits besteht, wäre ein weiteres mit der Edition verknüpftes Anliegen erfüllt.

Herzlicher Dank zu sagen ist der Stiftung Volkswagenwerk, Hannover, die die mehrjährige Arbeit am Projekt „Quellensammlung zu den deutsch-chinesischen Beziehungen" mit ihrer finanziellen Förderung erst ermöglicht hat.

Mechthild Leutner

Vorbemerkungen zur Edition

Die Gliederung des vorliegenden Dokumentenbandes reflektiert die Situation der deutsch-chinesischen Beziehungen in dem bearbeiteten Zeitraum. Die Kapitel 1–3 legen den Schwerpunkt auf die diplomatischen und außenpolitischen Beziehungen der Perioden. Am Anfang steht die Frage der deutschen Anerkennung der Republik China, die bis 1913 verhandelt wurde (Kap. 1). Das anschließende Kapitel behandelt die Jahre des Ersten Weltkriegs, Kapitel 3 die Beziehungen zwischen der Weimarer Republik und der international anerkannten Peking-Regierung (1920-1927). Kapitel 4 untersucht die Verbindungen Deutschlands zu der von Sun Yatsen errichteten Süd-Regierung in Kanton (1920-1927). Die folgenden drei Kapitel sind systematisch ausgerichtet und beziehen sich auf den Gesamtzeitraum der Jahre 1911-1927. Untersucht werden die Wirtschaftsbeziehungen (Kap. 5), die Kultur- und Wissenschaftsbeziehungen (Kap. 6) sowie der Wandel der wechselseitigen Perzeption (Kap. 7). Diese Kapiteleinteilung dient lediglich der übersichtlichen Darstellung, denn zu sehr waren die Felder der Politik, Wirtschaft und Kultur miteinander verknüpft, als daß eine strikte Trennung diesen Zeitraum der deutsch-chinesischen Beziehungen charakterisieren könnte. Den einzelnen Kapiteln ist eine Einleitung vorangestellt, die auf diese Vernetzungen und die jeweiligen Dokumente Bezug nimmt, aber auch unabhängig von einer Kenntnis derselben als eigenständiger Text gelesen werden kann. Die insgesamt sieben Einleitungen und die Einführung zu Beginn des Bandes vermitteln einen Überblick über die wichtigsten Problemfelder und Schwerpunkte der deutsch-chinesischen Beziehungen dieser Periode.

Die in diesem Quellenband abgedruckten Dokumente sind unterschiedlichen Ursprungs und sollen in ihrer Gesamtschau den Charakter der deutsch-chinesischen Beziehungen dieses Zeitraums wiedergeben. Aufgenommen wurde einerseits bisher unveröffentlichtes Aktenmaterial deutscher und chinesischer Archive. Hierzu zählen Dokumente aus dem Politischen Archiv des Auswärtigen Amtes (Berlin), aus dem Bestand „Deutsche Botschaft China“ des Bundesarchivs (Berlin) wie auch aus den Firmenarchiven von Siemens und Schering. Andererseits wurden wichtige Dokumente bereits publizierter Quelleneditionen aufgenommen, insbesondere Verträge und Abkommen. Auf deutscher Seite sind diesbezüglich die „Diplomatischen Akten des Auswärtigen Amtes (1871-1918)“ und die „Akten der Deutschen Auswärtigen Politik (1918-1945)“ zu nennen. Das chinesischsprachige Material entstammt z.T. den oben genannten Berliner Archiven und dem Zweiten Historischen Archiv der Volksrepublik China, Nanjing. Zudem wurde auf drei Editionen chinesischer Dokumente zurückgegriffen: die vom Zweiten Historischen Archiv herausgegebene Edition der Dokumente zur Geschichte der Republikzeit Chinas (1911-1945), die von Cheng Daode u.a. (Beijing) publizierte Dokumentensammlung zur Außenpolitik der Republik China (1911-1931) und die von Chen Zhiqi u.a. (Taibei) publizierte Sammlung historischer Dokumente zur Geschichte der Außenpolitik der Republik China (1911-1949). Überdies fanden Zeitungsartikel, Flugblätter sowie Auszüge aus seinerzeit einflußreichen und charakteristischen Publikationen deutscher und chinesischer Autoren Eingang in die Quellenedition.

Die Auswahl der in diesem Band abgedruckten 140 Dokumente war kein leichtes Unterfangen. Ausgangspunkt war das Bestreben, den durch die Ereignisse des Ersten Weltkriegs und die im August 1917 erfolgte chinesische Kriegserklärung an Deutschland forcierten und auf unterschiedlichen Ebenen der Interaktion spürbaren Wandel in den wechselseitigen Beziehungen zum Ausdruck zu bringen. Ausgewählt wurden somit zunächst Texte, die das Vorgehen, die Motive und Ziele beider Seiten dokumentieren. Berücksichtigt wurden hierfür Aufzeichnungen des Auswärtigen Amtes Berlin, die Protokolle des Reichstags, Berichte der Deutschen Gesandtschaft in Peking sowie der Konsulate einerseits, und Schriftstücke des Waijiaobu (Außenministeriums) wie auch Forderungen und Einschätzungen einflußreicher chinesischer Politiker andererseits. Ebenfalls aufgenommen wurden Schriftstücke, die juristische und diplomatische Konsequenzen nach sich zogen. Hierbei handelt es sich um Vertragsabkommen, Anordnungen und Dekrete unterschiedlicher Art, die den praktischen Fortgang der Beziehungen verbindlich regelten. Schließlich wurde Wert auf Texte gelegt, die den sozialen und kulturellen Umgang beider Länder reflektieren, d.h. entweder konkrete Ereignisse benennen oder Einblicke in die Vorstellung vom jeweils Anderen bieten, die sog. Deutschland- und Chinabilder.

Alle Dokumente wurden mit Anmerkungen versehen, welche notwendige Informationen zum Verständnis und zur Einordnung der Texte enthalten. Dieses gilt insbesondere für einleitende Hinweise zur Herkunft des Textes bzw. dem jeweils verhandelten Tatbestand und die anschließende Reaktion, Wirksamkeit oder Umsetzung der in dem Text genannten Thematik. Angaben zu Personen und Institutionen finden sich in der Regel im Index dieses Bandes. Darüber hinaus sind die Inhalte aller Dokumente mit knappen Worten im Dokumentenverzeichnis erfaßt, einschließlich entsprechender Angaben zur Art des Dokuments, zum Absender und zum Adressaten.

Die Dokumententexte selbst wurden in nur geringem Umfang überarbeitet. Schreibfehler, veraltete Schreibweisen und heute nicht mehr verwendete Transkriptionen sind korrigiert worden. Dieses gilt auch für die Interpunktion und die Verwendung chinesischer Namen, die dem gebräuchlichen Hanyu-Pinyin-System angepaßt wurden. In Ausnahmefällen wurde die alte neben die neue Schreibweise gestellt, auch wurde ein Name oder Ort, wenn er nicht anders identifizierbar war, im Original belassen.

Danksagung

Der hier vorliegende Band des Forschungsprojektes „Dokumente zur Geschichte der deutsch-chinesischen Beziehungen" erscheint als letzter Band dieser Reihe. Dieser Zeitraum wurde in der Wissenschaft bislang nur auszugsweise berücksichtigt, obwohl es sich um eine wichtige Übergangsphase handelt, die in vielfacher Hinsicht auf den späteren Aufbau der deutsch-chinesischen Beziehungen wirkte. Für die freundliche Unterstützung bei der Bearbeitung des Bandes, die sein Erscheinen möglich macht, danken wir allen, die das Projekt gefördert haben. Insbesondere danken wir der Stiftung Volkswagen für die finanzielle Förderung dieses Projektes.
Bei der Materialsuche haben uns folgende Institutionen unterstützt: das Politische Archiv des Auswärtigen Amtes, das Bundesarchiv (Berlin-Lichterfelde), das Siemens-Archiv, das Firmenarchiv der Schering AG (Scheringanum) und das Zweite Historische Archiv der Volksrepublik China (Nanjing).
Unser Dank gilt darüber hinaus folgenden Personen: Roland Felber † (Humboldt Universität Berlin), Peter Grupp (Politisches Archiv des Auswärtigen Amtes), William C. Kirby (Harvard University), Bernd Martin (Universität Freiburg i. Br.), Ma Zhendu (Zweites Historisches Archiv, Nanjing), Joachim Krüger, Tim Trampedach und Dagmar Yü-Dembski (Freie Universität Berlin). Klaus Mühlhahn (Universität Turku) stand dem Projekt beratend zur Seite und Susanne Kuß (Universität Freiburg i. Br.) las das Manuskript. Für Hilfestellung bei den Übersetzungen danken wir Yang Zhan'ao, für die Mitarbeit bei der Endredaktion Sebastian Liebisch.

DOKUMENTENVERZEICHNIS

KAPITEL 1

Kapitel 2

Kapitel 3

Kapitel 4

Kapitel 5

Kapitel 6

Einführung

Die deutsch-chinesischen Beziehungen: Vom Kolonialismus zur „Gleichberechtigung“, 1911-1927

Der vorliegende Band behandelt die Beziehungen zwischen Deutschland und China in den Jahren von 1911 bis 1927. Dieser Zeitraum läßt sich als Übergangszeit von der Phase des Kolonialismus und Imperialismus hin zur Phase des Aufbaus politisch gleichberechtigter Beziehungen charakterisieren. Die Jahre des Ersten Weltkriegs stellen einen zentralen Wendepunkt dar und trennen diesen Zeitraum in drei Phasen, in denen sich der Wandel von kolonialen und hierarchisch geprägten ungleichen Beziehungen (1911-1919), zur Periode der Neuorientierung beider Länder (1919-1921) hin zu einer Periode politisch gleichberechtigter Beziehungen (1921-1927) vollzog. Deutliche Zäsuren waren das Jahr 1917, in dem China seine Beziehungen zu Deutschland abbrach und Deutschland den Krieg erklärte, und das Jahr 1921, in dem beide Länder einen Vertrag auf gleichberechtigter Basis schlossen.

Vor dem Hintergrund des in beiden Ländern konfliktreichen Übergangs vom Kaiserreich zur Republik wurden die wechselseitigen Beziehungen innerhalb dieses Zeitraums aufgrund konkreter Ereignisse nahezu alle zwei Jahre verhandelt.[1] Dabei sollten die weitreichenden Auswirkungen des Ersten Weltkriegs, aber auch der Umstand, daß China in Deutschland niemals seinen wirklichen „Kriegsgegner“ gesehen hatte, den Charakter der Beziehungen in den zwanziger Jahren prägen. Neben dem Ende der kolonialen Präsenz Deutschlands waren für diese Phase zwei weitere Faktoren von Bedeutung: Erstens die in den Versailler Friedensvertrag gesetzten Hoffnungen beider Länder auf Gleichbehandlung auf internationaler Ebene, die unerfüllt blieben, so daß Deutschland und China – aus ganz unterschiedlichen Positionen heraus – sich jeweils als „Verlierer“ empfanden. Internationale Isolation und die

1 Hingewiesen sei an dieser Stelle auf den Sturz der Mandschu-Dynastie (1911), den Beginn des Ersten Weltkriegs und der Verlust der Kolonie Kiautschou (1914), den Abbruch der diplomatischen Beziehungen und die Kriegserklärung Chinas (1917), den Versailler Vertrag (1919), den deutsch-chinesischen Vertrag (1921), den Ausgleichsvertrag (1924), Deutschlands geplanten Beitritt zum Washingtoner Abkommen (1925), den Nordfeldzug der revolutionären Südarmee (1926-1928) und die Errichtung der Nanjing-Regierung (1927).

Unzufriedenheit beider Regierungen wie auch weiter Bevölkerungsteile über den als ungerecht empfundenen Versailler Vertrag forcierten die Idee einer „Verlierergemeinschaft“. Im Kontext dieser neuen Sieger-Verlierer-Konstellation betrieben die Regierungen beider Länder eine auf Revision des Versailler Vertrages ausgerichtete Politik, wobei sich eine enge Kooperation zur Realisierung dieses Zieles anbot. Zweitens der infolgedessen am 15. Mai 1921 zwischen Deutschland und China geschlossene erste „gleichberechtigte“ Vertrag Chinas, der die Vorstellung einer „Freundschaft“ verstärkte und dazu führte, daß diese Beziehungen einen Modellcharakter gegenüber den „ungleichen“ Vertragsstaaten erhielten.[2]

Chinas Kriegsteilnahme wird in allgemeinen Darstellungen oftmals nur unzureichend berücksichtigt.[3] Innerhalb der deutsch-chinesischen Beziehungen wird allerdings den zwei o.g. Faktoren eine privilegierte Position eingeräumt, deren Motive und praktische Auswirkungen weitgehend in themenbezogenen Einzeldarstellungen, jedoch nicht in einer alle Facetten der Beziehungen abbildenden Gesamtperspektive aufgearbeitet wurden. So erwecken die Beziehungen der zwanziger Jahre den Eindruck eines diffusen Übergangsstadiums, welches am Ende unweigerlich in die 1927 von General Jiang Jieshi (Chiang Kai-shek) eingeleitete Kooperation zu münden schien. Dem sei hinzugefügt, daß die deutsch-chinesischen Beziehungen der zwanziger Jahre in Arbeiten zur „Warlord-Periode“ (1916-1928) Chinas kaum Erwähnung finden, zu sehr dominierten England, die USA, Japan und Rußland das internationale Geschehen in China.[4] Entgegen dieser zwei Einschätzungen hat die intensive Bearbeitung des Materials deutlich werden lassen, daß weder die Konstruktion eines geradlinigen Aufschwungs der Beziehungen noch die Vorstellung von einer „Bedeutungslosigkeit“ Deutschlands den Charakter der Beziehungen jener Dekade erfassen.

Tatsächlich war der Wiederaufbau der deutsch-chinesischen Beziehungen ein kompliziertes Unterfangen, weil beide Länder in ihren Gestaltungsmöglichkeiten erheblich eingeschränkt waren. Ein Grund hierfür waren die jeweiligen innenpolitischen und finanziellen Krisen beider Länder, insbesondere Chinas, welches 1917 in eine Nord- und eine Südregierung zerfallen war und sich im Bürgerkrieg befand. Des weiteren waren Deutschland und China bei Wiederaufnahme der bilateralen Beziehungen an internationale Verträge gebunden und zur Rücksichtnahme auf die Interessen der Siegermächte und die von ihnen festgelegte Nachkriegsordnung gezwungen. Neue Handlungsspielräume ergaben sich aus dem Umstand, daß der Erste Weltkrieg die formale „Einheit“ des auf den Prinzipien der Exterritorialität beruhenden, machtpolitisch und ökonomisch motivierten Vorgehens der ausländischen Mächte in China aufgehoben hatte – Deutschland, Österreich-Ungarn und auch Rußland waren als Vertragsmächte ausgeschieden. Erstmals sah China sich nun in der Lage zur aktiven Gestaltung einer von den ungleichen Verträgen unabhängigen Außenpolitik.

---

2 Die Konstruktion einer „Freundschaft“ und „Geistesverwandtschaft“ hatte bis in die dreißiger Jahre Bestand. Siehe Martin 2003:40.

3 Wie Kirby (1997:442) bemerkt, könne man viele Arbeiten zur Geschichte des Ersten Weltkriegs konsultieren, ohne jemals von der Kriegsteilnahme Chinas zu erfahren.

4 Siehe z.B. Nathan 1976, McCormack 1977, Young 1977, Sheridan 1983, Wilbur 1983, Osterhammel 1989, Wu Dongzhi 1990, Shi Yuanhua 1994, Guo Jianlin 2000 und Kuhn 2004.

Angesichts dieser Faktoren ist es angebracht, daß seinerzeit sowohl von deutschen wie auch chinesischen Vertretern häufig als „freundschaftlich“ bezeichnete Verhältnis als eines neu zu bewerten, welches sich zwischen den Polen Konflikt und Kooperation bewegte. Denn vor dem Hintergrund der politischen und gesellschaftlichen Wandlungsprozesse, die keine konstante und alle Ebenen gleichmäßig erfassende Annäherung ermöglichten, waren die Beziehungen von positiven und negativen Stellungnahmen, Zweifel und Toleranz, persönlichem Streben, Annäherung und Ablehnung, Freundschaften, Vorurteilen und machtpolitischen Strategien geprägt.

Der vorliegende Dokumentenband versteht sich als Versuch, die vielschichtigen Interaktionen, Diskurse und praktischen Kooperationen dieses Zeitraums erstmals in einer systematischen Darstellung zusammenzuführen. Ausgangspunkt ist, daß die Komplexität der deutsch-chinesischen Beziehungen nicht nur aus der Perspektive der Außenpolitik erfaßt werden kann.[5] Auch eine nur auf die Bereiche Wirtschaft, Politik (und Militär) reduzierte Darstellung greift eindeutig zu kurz.[6] Berücksichtigt werden deshalb sowohl die Meinungen, Wahrnehmungen und Handlungen der Diplomaten, Geschäftsleute, Missionare, Wissenschaftler und Journalisten als auch Zeitungsartikel, Flugblätter und sonstige Publikationen. Die angestrebte Vernetzung von Politik, Wirtschaft und Kultur verbindet Öffentliches mit Privatem nicht nur auf der Ebene praktischen Handelns, sondern erfaßt auch den zeitgenössischen Diskurs und den Wandel der wechselseitigen Perzeption.

Der Zeitrahmen orientiert sich an zwei Eckdaten der chinesischen Entwicklung, nämlich der Gründung der Republik (1911) und der Errichtung der Nanjing-Regierung (1927), in beiden Fällen erfolgte später die diplomatische Anerkennung auch durch Deutschland. Aus deutscher Perspektive hätte diese Darstellung sicherlich mit dem Jahr 1914 beginnen können, d.h. mit dem Kriegsbeginn, der japanischen Besetzung und dem Verlust der deutschen „Musterkolonie Kiautschou“. Ein mögliches Ende wäre auch die Machtergreifung Hitlers im Januar 1933 gewesen. Daß schließlich den chinesischen Daten der Vorzug gegeben wurde, liegt zum einen daran, daß die wechselseitigen Beziehungen im Kontext der revolutionären Veränderungen Chinas erarbeitet werden sollen und der „Musterkolonie“ bereits ein Sonderband gewidmet ist.[7] Zum anderen eröffnete gerade die 1927 unter Jiang Jieshi forcierte Hinwendung zu Deutschland neue Möglichkeiten der deutsch-chinesischen Beziehungen, so daß die Dekade der Nanjing-Ära (1927-1937) in einem Teilband abgehandelt wurde.[8] Erst in dieser Rückschau zeigt sich jedoch, daß die zwanziger Jahre nicht nur eine Periode des Übergangs waren, sondern auch Jahre permanenter Unsicherheit, in denen das Potential zum Wiederaufbau der Beziehungen erst allmählich zur Entfaltung kam.

---

5 Vgl. Kirby 1996:391.

6 Für eine diesbezügliche Darstellung siehe Wood 1934, Chen Chi 1973, Louven 1982, Kirby 1984, Wu Dongzhi 1990, Osterhammel 1989 und Shi Yuanhua 1994, zum Militär siehe auch Ratenhof 1987.

7 Siehe Leutner 1997.

8 Siehe Martin 2003.

Grundzüge des Wandels in den deutsch-chinesischen Beziehungen, 1911-1927

Zum Zeitpunkt der chinesischen Revolution, die 1911 zum Sturz des chinesischen Kaiserhauses führte, war das Deutsche Reich auf vielfältige Weise in die Strukturen des in China „kooperativ" agierenden Imperialismus der internationalen Mächte eingebunden. Seit 1897 unterhielt es eine Kolonie unter der Verwaltung des Reichsmarineamts und hatte dort zum Schutz militärische Streitkräfte stationiert. Zudem besaß es seit 1895 zwei Konzessionen (Hankou, Tianjin), beteiligte sich durch die Deutsch-Asiatische Bank und Privatunternehmen an der internationalen Anleihepolitik und hatte ein Monopol im Waffenhandel mit China. Ferner orientierte das Deutsche Reich sein diplomatisches Vorgehen an dem der anderen Mächte, deren gemeinsames Ziel ein zwar geeintes, aber schwaches und abhängiges China war, welches den Fortbestand des Status quo sicherte.[9] Ungeachtet seiner Einbindung in diese Strukturen des „informellen Imperialismus", der zwischen 1911 und 1931 seinen Höhepunkt in China erreichte, [10] hatte das Deutsche Kaiserreich 1905 seine Angriffspolitik aufgegeben und eine auf Kooperation angelegte Haltung gegenüber China eingenommen.[11] Gemeinsam mit den USA befürwortete es eine Politik der „offenen Tür", deren Hauptziel die wirtschaftliche Erschließung des Landes war. Trotz offensichtlicher Erfolge empfanden Vertreter aus Handel und Wirtschaft Deutschland als unterrepräsentiert in China und sahen dort insbesondere aufgrund der gestiegenen anglo-amerikanischen Konkurrenz ihren Einfluß schwinden. Initiativen zur Ausweitung der Kulturpolitik, die der Wirtschaft zum Aufschwung verhelfen sollten, konnten im Vorfeld des Krieges nur zum Teil realisiert werden.

Aus chinesischer Perspektive war Deutschland ein starker und moderner Industriestaat, von dessen „verspäteter Modernisierung" China lernen könne und der schon wegen seiner militärischen Leistungen von herausragenden Intellektuellen, Politikern und Militärmachthabern wie Li Hongzhang, Zhang Zhidong, Kang Youwei, Yuan Shikai, Zhang Zuolin und Sun Yatsen bewundert wurde. Seine führende Position in Europa und die vergleichsweise geringe Machtposition in China ließen das Deutsche Reich zu einem sympathischen Verbündeten werden. Nicht nur wurde das deutsche System einer konstitutionellen Monarchie als Modell für China diskutiert, auch galt Deutschland als Konkurrent Rußlands und Englands und garantierte damit ein Gegengewicht in China. Der deutschen Kolonie Kiautschou kam in diesem Konflikt eine besondere Bedeutung zu, denn sie repräsentierte

---

9 Jiang Gongcheng 1929:77. Nach Osterhammel (1986:300) kann das imperialistische Vorgehen der Mächte in China deshalb als „kooperativ" bezeichnet werden, weil die einmal erworbenen Privilegien einer Vertragsmacht durch die Meistbegünstigungsklausel auf andere Mächte übertragen wurden.

10 Ein wesentliches Merkmal des „informellen Imperialismus" lag darin, daß einheimische Herrscher nicht durch Fremde ersetzt, sondern auf unterschiedliche Weise in ihren Handlungsmöglichkeiten eingeschränkt wurden. Siehe Osterhammel 1989:170-171.

11 So zog Deutschland nach 1905 u.a. die deutschen Truppen aus Jiaozhou (heute: Jiaoxian, chin. Stadt außerhalb der Kolonie) und Gaomi ab, stellte das Postsystem der chinesischen Verwaltung wieder her, verzichtete auf Zollvergünstigungen und 1911 auf einen großen Teil seiner Rechte und Konzessionen im Bergbau (Wood 1934: 37).

deutsche Macht und Kultur in China, obgleich es sich um ein kapitalintensives Unternehmen handelte, welches nicht die erwarteten wirtschaftlichen Hoffnungen erfüllte. Im Vergleich zu Japan und England erhob Deutschland keine weiteren Gebietsansprüche in China, sondern strebte durch seine Ausgleichspolitik eine wirtschaftliche Expansion an.

Der Aufschwung des deutschen Handels in China wie auch die stetige Zunahme deutscher Firmen und Staatsbürger endeten mit Beginn des Ersten Weltkriegs.[12] Zugleich begann Deutschlands Rückzug aus den Strukturen des informellen Imperialismus. Yuan Shikai, der Präsident Chinas, erklärte im August die Neutralität seines Landes in diesem Krieg, gleichwohl gab es angesichts der von Japan ausgehenden Bedrohung bereits zu diesem Zeitpunkt Bestrebungen einer aktiven Kriegsteilnahme, die allerdings von Japan und England abgewiesen wurden.[13] Japans Kriegserklärung an Deutschland, die Übernahme seiner Kolonie Kiautschou sowie weitere Forderungen und Gebietsansprüche an China setzten Chinas Regierung erheblich unter Druck. Anschließend führten Yuans Zugeständnisse und seine Bemühungen um den Kaiserthron zu landesweiten Protesten, im Zuge derer mehrere Provinzen ihre Unabhängigkeit erklärten. Nach dem Tod Yuan Shikais (1916) zerfiel auch die Nationalregierung in einzelne Machtzentren. In China wurde die Diskussion um den Kriegsbeitritt nun intensiver geführt, jedoch vertraten die ausländischen Mächte aufgrund divergierender Interessen in dieser Frage unterschiedliche Auffassungen. Ungeachtet der rivalisierenden Lager und Kräfte, persönlicher Ambitionen und der Stimmen der Kriegsgegner, setzte sich in China die Meinung durch, daß eine Kriegsteilnahme positiv sei, weil sie eine Möglichkeit zur Aufnahme in die internationale Staatengemeinschaft und zum Schutz vor Japan darstelle. In Erwartung finanzieller Vergünstigungen, einer gleichberechtigten Teilnahme an der Friedenskonferenz, der Rückerlangung der Souveränität über die von Japan besetzten Gebiete sowie der Abschaffung der ungleichen Verträge bezog Chinas Regierung schließlich erstmals aktiv auf Seiten der Westmächte außenpolitisch gegen ein europäisches Land Stellung. Am 14. März 1917 folgte China der Aufforderung der USA zum Abbruch der Beziehungen mit Deutschland. Deutsche Bemühungen, weitere Schritte Chinas zu verhindern, scheiterten, zu sehr war diese Frage inzwischen mit persönlichen Machtinteressen verbunden. Kurz nachdem die von Ministerpräsident Duan Qirui dominierte Peking-Regierung am 14. August die Kriegserklärung an Deutschland und Österreich-Ungarn durchsetzte, hatte Sun Yatsen eine Gegenregierung in Kanton errichtet, die sich im September der Kriegserklärung anschloß.

Beide Kriegserklärungen waren nicht durch eine spezifische Deutschlandfeindlichkeit motiviert. Vielmehr war China entschlossen, der sich bietenden Aussicht auf internationale Integration und gleichberechtigte Mitsprache höchste Priorität einzuräumen. Am Ergebnis für Deutschland änderte dies nichts. Am Ende des Krieges war die deutsche Präsenz in China auf dem Nullpunkt angelangt.

---

12 Zwischen 1905 und 1914 stieg die Zahl deutscher Firmen in China um 71%, die Zahl der Deutschen um 58% (Wood 1934:80).

13 Xu Guoqi 2005:90-91.

Die Wiederaufnahme der Beziehungen erfolgte unter gänzlich anderen Voraussetzungen. In China hatte der Ausgang des Krieges zu einer differenzierteren Wahrnehmung Deutschlands geführt, überdies waren der in Versailles getroffenen Entscheidung der Siegermächte, die ehemaligen deutschen Rechte in der Provinz Shandong auf Japan zu übertragen, landesweite Proteste gefolgt. China unterzeichnete den Vertrag nicht, gleichzeitig kam es im Zuge der Vierten-Mai-Bewegung zu umfangreichen antijapanischen Boykotten, in denen sich die Enttäuschung der Bevölkerung entlud. In dieser Situation bot sich Rußland als neuer Partner an, erklärte es doch im Juli 1919 seinen Verzicht auf alle Privilegien und annullierte die vom zaristischen Rußland mit China geschlossenen Verträge.[14] Das Verhältnis zu Rußland blieb jedoch problematisch, wohingegen Chinas Regierung am 15. September den Friedenszustand mit Deutschland als wiederhergestellt erklärte. Am 25. Oktober hob auch die Kanton-Regierung den Kriegszustand auf.[15] Diese Signale der Bereitschaft zur Wiederaufnahme der Beziehungen unterstrichen die Ablehnung des Versailler Vertrags, verhinderten aber nicht, daß die Einhaltung der China betreffenden Artikel später von Deutschland gefordert und zur Voraussetzung für den Wiederaufbau der Beziehungen erhoben wurde. Chinas Vorgehen war Ausdruck eines gestiegenen Selbstbewußtseins, demzufolge zukünftige Verträge nur auf der Basis gleichberechtigter Beziehungen akzeptiert werden sollten.

Das Auswärtige Amt der Weimarer Republik wurde weiterhin von den ehemaligen Staatssekretären aus dem Kaiserreich geführt, ein wirklicher Personalwechsel hatte nicht stattgefunden.[16] Man war sich allerdings der Tatsache bewußt, daß Kooperationsbereitschaft und Freundschaft signalisiert werden müssen, um Deutschland international zu neuem Ansehen zu verhelfen. Das Auswärtige Amt richtete sein Augenmerk verstärkt auf die Situation in Europa und geriet in Bezug auf China unter Zugzwang, weil die diplomatischen Beziehungen noch nicht aufgenommen waren, dort die Liquidierung deutschen Eigentums anhielt und deutsche Händler und Wirtschaftsverbände auf eine rasche Rückkehr nach China drängten.[17] Die Schwäche Deutschlands auszunutzen, lag durchaus im Interesse Chinas, so daß dem schließlich im Mai 1921 unterzeichneten Vertrag zum Aufbau gleichberechtigter Beziehungen langwierige Verhandlungen vorausgingen.[18] Obgleich das Vertragswerk nur positive Reaktionen in China hervorrief, gaben kritische Stimmen zu bedenken, daß Deutschland diesen Vertrag eher aus Not, denn aus Überzeugung und „wahrer" Freundschaft abgeschlossen habe.[19] Nach Aufgabe der Exterritorialität und aller Privilegien ein-

---

14 Der Stellvertretende Kommissar für Ausländische Angelegenheiten, Leo M. Karakhan, hatte erstmals am 25. Juli eine entsprechende Erklärung abgegeben (Pollard 1933:124-127, Briessen 1977:80ff).

15 Shi Yuanhua 1994:176. Auf deutscher Seite wurde die Friedenserklärung begrüßt, jedoch wußte man die Ziele der chinesischen Regierung nicht klar einzuschätzen. Vgl. die Aufzeichnung Borch, 25.09.1919 (ADAP, A, Bd. 2, Nr. 178, 321-322).

16 Siehe Grupp 1998:290.

17 Aufzeichnung Knipping, 06.09.1919 (ADAP, A, Bd. 2, Nr. 166, 292-294).

18 Zu den Verhandlungen siehe Dok. 40. Selbst der Reformer und Anhänger einer konstitutionellen Monarchie, Kang Youwei, der sich zuvor gegen einen Kriegseintritt Chinas ausgesprochen hatte, forderte dazu auf, diese einmalige Gelegenheit nicht ungenutzt verstreichen zu lassen (Dok. 37). Eine ähnliche Haltung vertrat Sun Yatsen (Dok. 59 u. 64).

19 Siehe Dok. 44.

schließlich der ausländischen Rechtsprechung war Deutschland sowohl gegenüber China als auch gegenüber den anderen Mächten in eine ambivalente Position geraten. Einerseits stand es isoliert außerhalb der Mächte, nahm seinen Handel aber im Schutz exterritorialer Enklaven auf. Andererseits war es ein Verbündeter Chinas und damit zur strengen Wahrung eines zumindest neutralen Auftretens gezwungen. Daß dieses Auftreten nun von China sorgsam beobachtet wurde, war dem Faktor „Gleichberechtigung“ geschuldet, der – ebenso wie die Kriegteilnahme – ein Novum in den internationalen Beziehungen Chinas darstellte. Begleitet von einer vorsichtig taktierenden diplomatischen Annäherung erfolgte jetzt die allmähliche Stärkung der bilateralen Beziehungen in den Bereichen Handel und Kultur.[20]

Der Aufbau der Beziehungen gestaltete sich auch deshalb schwierig, weil China 1917 in eine instabile Nord- und Südregierung zerfallen war, die jeweils von rivalisierenden Militärherren-Cliquen unterstützt und kontrolliert wurden. Gemeinsam mit den anderen Mächten hielt Deutschland zwar an offiziellen diplomatischen Beziehungen zur international anerkannten Peking-Regierung fest, stellte seine Neutralität aber aus zwei Gründen wiederholt in Frage. Erstens durch informelle und private Kontakte zur Kanton-Regierung Sun Yatsens, die 1923 in Gerüchte um eine deutsch-sowjetisch-chinesische Allianz mündeten, sowie zweitens durch umfangreiche illegale Waffenlieferungen an unterschiedliche Militärmachthaber. Weitere Probleme resultierten aus dem Zerfall der Peking-Regierung und ihrer desolaten Finanzlage, wodurch sich die Rückgabe des liquidierten Besitzes unweigerlich verzögerte. Tatsächlich vermochte Deutschland kaum Druck auf Chinas Regierung auszuüben, was auch erklärt, weshalb es der Deutsch-Asiatischen Bank trotz vertraglicher Zusicherung (1924) nicht gelingen sollte, den Anleihedienst wieder aufzunehmen. Letztlich war nicht zu übersehen, daß den deutsch-chinesischen Beziehungen im Gesamtkontext internationaler Politik und Wirtschaftsinteressen eine untergeordnete Rolle zukam. Aus chinesischer Perspektive rangierte das kapitalschwache, an Versailles gebundene und deshalb zögerliche Deutschland bis auf Ausnahmen hinter den Geldgebern Großbritannien, USA und Japan. Zudem wagte Deutschland keinen Schritt, ohne sich der Zustimmung der anderen Mächte sicher zu sein, um weder den Wiederaufbau in China noch in Europa zu gefährden. Allerdings konnte es davon profitieren, daß die anderen Mächte am Status quo und den Strukturen des informellen Imperialismus festhielten.[21]

Besondere Bedeutung sollte der Faktor Gleichberechtigung in der zweiten Hälfte der zwanziger Jahre erlangen. Die im Zuge des Zwischenfalls vom 30. Mai 1925 in Shanghai artikulierten antibritischen Proteste und Boykotte hoben das Ansehen Deutschlands in China und wirkten sich positiv auf den Handel aus.[22] Zudem signalisierte England jetzt Interesse an den deutschen Erfahrungen und trat in eine Diskussion um die Abschaffung der Exterrito-

---

20 Vgl. Nie 1982:114.

21 Fox 1991:270ff Zur Anleihepolitik Englands und der USA in China siehe Dayer 1981, zum System und Aufbau des britischen „informal empire” in China auch Osterhammel 1989:152-171.

22 Dem Zwischenfall folgten umfassende antibritische Boykotte. Er markiert den Beginn eines aktiven Nationalismus und Antiimperialismus in China. Für eine detaillierte Darstellung der Ereignisse siehe Rigby 1980 und Osterhammel 1997. Siehe hier Kap. 3 u. 7 sowie Dok. 93, 94, 124, 138.

rialität ein. Zaghafte Versuche, Deutschlands Rückkehr in den Kreis der privilegierten Mächte anzuregen, wurden in diplomatischen Kreisen abgelehnt und scheiterten am Widerstand der deutschen Händler in Shanghai, die hierin keinen Vorteil sahen. Ihren Höhepunkt erlebte diese Debatte Ende 1925, als die USA Deutschland einlud, dem Washingtoner Abkommen beizutreten. Die Zusage von Außenminister Stresemann führte zu starken chinesischen Protesten in China und in Deutschland, befürchtete man doch plötzlich die Auflösung der Gleichberechtigung und Deutschlands Abkehr von China.[23] Geschürt wurden diese Ängste zudem durch die unter chinesischen Studenten sensible Wahrnehmung deutscher Forderungen zur Rücknahme der Kolonien und die antiimperialistische Kritik der Kommunistischen Partei Deutschlands (KPD), die Stresemanns pro-britische Haltung ebenso verwarf wie seine Kooperation mit der Pekinger Militärherren-Regierung im Völkerbund.

Sowohl der Kriegsbeitritt Chinas als auch der 1921 geschlossene deutsch-chinesische Vertrag markieren den Beginn einer neuen Epoche im westlichen Umgang mit China, überdies symbolisieren sie Chinas Willen und gestiegene Macht zur aktiven Durchsetzung seiner Interessen. Zweifellos gab das Vertragswerk diesem Zeitraum eine neue Prägung und wurde von Deutschland und China auch als politische Strategie zur Reintegration in die internationale Staatengemeinschaft instrumentalisiert. Gleichzeitig wirkte es auf die wechselseitige Perzeption beider Länder und förderte Initiativen zum Aufbau neuer Kooperationsformen im Bereich des Kultur- und Wissenschaftsaustauschs. Daß die praktische Ausgestaltung nur zögerlich voranschritt war nicht zuletzt den außenpolitischen Rücksichtnahmen und großen innenpolitischen Aufgaben geschuldet. In China herrschte Bürgerkrieg und Deutschland blieb stark in die Vorgänge Europas eingebunden: Vor dem Krieg strebte das Deutsche Reich an, den Ausbau seiner Großmachtposition in Europa durchzusetzen, nach dem Krieg hatte der Wiederaufbau des zerstörten Landes zu erfolgen.

Der Begriff „Freundschaft", der auf beiden Seiten häufig zur Charakterisierung der Beziehungen verwendet wurde, ist jedoch in Anführungszeichen zu setzen. Denn ebenso wie dieser Vertrag Deutschlands einzige Möglichkeit zur Wiederaufnahme der Beziehungen mit China und damit zur Weiterführung der Wirtschaftsbeziehungen darstellte, kalkulierte China – wie schon bei der Kriegserklärung – auf seine internationale Integration und Stärkung. Auch sollte nicht übersehen werden, daß die günstigen Bedingungen für eine deutsch-chinesische Kooperation erst Ende 1927 sichtbar wurden, nämlich nach der von General Jiang Jieshi vollzogenen Auflösung der Einheitsfront mit der Kommunistischen Partei Chinas und dem Ende der diplomatischen Beziehungen zur Sowjetunion. Deutschland war nun der attraktivste Partner, weil es als moderne Industrienation mit hohem technischen und militärischen Know-how gleichberechtigte Beziehungen zu China unterhielt. Auf dieser Grundlage nahmen die deutsch-chinesischen Beziehungen nach 1927 ihren Aufschwung.[24]

---

23 Siehe Kap. 3 und 4.

24 Die gestiegene Bedeutung Deutschlands mag man auch daraus ersehen, daß Jiang Gongsheng 1929 in seinem Werk *Zhong De waijiaoshi* (Die Geschichte der auswärtigen Beziehungen zwischen Deutschland und China) eine Bestandsaufnahme der Beziehungen seit ihren Anfängen vornahm. Nach Auffassung von Kirby (1984:3) unterhielt Jiang Jieshi in der Nanjing-Dekade so enge Beziehungen zu

Akteure, Netzwerke und Vernetzungen: Politik, Wirtschaft und Kultur

Ein wesentliches Merkmal der deutsch-chinesischen Beziehungen dieses Zeitraums war das auf unterschiedliche Weise in beiden Ländern komplexe Ineinandergreifen von Politik, Wirtschaft und Kultur. Die auf institutioneller und personeller Ebene bestehenden Vernetzungen waren an die jeweiligen Motive und Ziele zum Ausbau und Erhalt der bilateralen Beziehungen geknüpft und sollten insbesondere in den zwanziger Jahren an Bedeutung für die Ausgestaltung der deutsch-chinesischen Beziehungen gewinnen.

In der kolonialen Phase, 1911-1919, die mit Abschluß des Versailler Vertrags endete und sich aufgrund des Krieges in drei Perioden untergliedert, lassen sich auf deutscher Seite sechs Interessengruppen benennen, die maßgeblich für den Aufbau der deutsch-chinesischen Beziehungen eintraten: der Reichstag, das Auswärtige Amt, das Reichsmarineamt, Vertreter von Banken, Industrie und Handel, die Missionsgesellschaften sowie Wissenschaftler und Intellektuelle. Auf chinesischer Seite verhielt es sich komplizierter, weil die auf Grundlage der Provisorischen Verfassung (1912) gebildete Nationalregierung bereits in diesen Jahren mehrfach zerbrach. Charakteristisch für den gesamten Zeitraum sind die permanenten Konflikte zwischen Präsident, Ministerpräsident und Parlament. Letzterem waren lt. Verfassung alle wichtigen Entscheidungen zur Ratifikation vorzulegen, in der Praxis erwies es sich jedoch als wenig machtvoll und wurde wiederholt aufgelöst. Tatsächlich war die militärische Macht in China mit dem Sturz der Dynastie in die Hände lokal regierender Militärgouverneure bzw. –herren („warlords“ = *dujun*) gelegt worden, die eigene Militäreinheiten unterhielten, teilweise mehrere Provinzen beherrschten und der neuen Regierungsform in der Regel nur so viel Sympathie entgegenbrachten wie es für ihre Zwecke sinnvoll schien.[25] Die Nationalregierung verkehrte primär über das Außenministerium (*waijiaobu*), das Heeresministerium (*lujunbu*) und das Finanzministerium (*caizhengbu*) mit Deutschland. Ein Interesse an Deutschland hatten überdies verschiedene Lokalregierungen sowie wirtschaftlich, wissenschaftlich und anderweitig motivierte Individuen, deren Akteure den o.g. Gruppierungen auf deutscher Seite zugeordnet werden können.

Der Reichstag und das Auswärtige Amt betrachteten China als einen strategischen Bündnispartner in Asien, der Deutschlands in Europa zunehmend isolierte Position kompensieren und der deutschen Wirtschaft als wichtiger Rohstofflieferant wie auch Absatzmarkt dienen sollte. Da der Reichstag gemeinsam mit dem Bundesrat die Reichsgesetzgebung ausübte und die Mitentscheidungsgewalt über das Haushaltsgesetz besaß, nahm er auch Einfluß auf die Entwicklung der vom Reichsmarineamt verwalteten Kolonie Kiautschou. Das Reichsmarineamt unter der Leitung von Staatssekretär Großadmiral von Tirpitz setzte sich für den Ausbau der Kolonie und eine positive Berichterstattung ein, nachteilige

---

Deutschland wie zu sonst keinem anderen Land. Vgl. auch Osterhammel 1989:277.

25 Zwischen 1912 und 1919 regierten allein fünf Präsidenten, unterbrochen von einem gescheiterten Versuch zur Restaurierung der Monarchie. Zum Staats- und Regierungsaufbau, seinem Wandel und den wichtigsten Personen siehe Nathan 1983, Gray 1990:170-194 und Shi Yuanhua 1994. Zur Bedeutung von Militär und Militarismus in der Republikzeit Chinas siehe einführend Ven 2000:98-120.

Meldungen wurden unterdrückt.[26] Die deutsche Verwaltung Qingdaos begegnete den revolutionären Umbrüchen Chinas eher konservativ und skeptisch, überdies entwickelte Qingdao sich nach 1911 zu einem wichtigen Zufluchtsort des chinesischen Kaiserhauses und seiner Beamten, was Sun Yatsen keineswegs daran hinderte, in dieser Stadt eine „Modellanlage“ für das zukünftige China zu sehen. Demgegenüber führten die hohen Kosten der Kolonie und seine wirtschaftliche Ineffektivität bereits 1907 zu Diskussionen im Deutschen Reichstag, in denen die Aufgabe der Kolonie erwogen wurde.

Das Auswärtige Amt und seine Vertretungen in China unterstützten die wirtschaftliche Expansion Deutschlands. Als Mittler zwischen Diplomatie und Wirtschaft fungierten der 1900 gegründete Ostasiatische Verein, Hamburg-Bremen (OAV) und der Verband für den Fernen Osten (Berlin, 1914). In China war es der Gesandte in Peking, Elmershaus von Haxthausen, 1911-1914, der die Anliegen der Handelsvereinigungen und Industrieunternehmen, aber auch der Deutsch-Asiatischen Bank (z.B. Anleihepolitik) gegenüber der chinesischen Regierung vertrat. Obgleich diese Kooperationen nicht frei von Spannungen waren (Finanzkonsortium, Waffenhandel), dienten sie einem gemeinsamen Ziel, nämlich der Ausweitung deutscher Interessen in China unter Beibehaltung der aus den ungleichen Verträgen resultierenden Privilegien. Der Erfolg dieses Vorgehens zeigte sich beispielsweise in dem vertraglich abgesicherten Monopol für den Waffenhandel. Eine zentrale Person war in diesem Zusammenhang General Yinchang, der zuvor als Gesandter in Berlin tätig gewesen war und dem 1910-1911 das Heeresministerium unterstand. Er trat dafür ein, daß Chinas Regierung Rüstungsgüter bei der Krupp AG in Auftrag gab, ein Privileg, das später auch Yuan Shikai zusicherte, welches durch das Konkurrenzverhalten deutscher Rüstungsfirmen aber stark beeinträchtigt wurde. Das wichtigste Beispiel internationaler diplomatisch-wirtschaftlicher Verflechtungen stellt die 1913 geschlossene Reorganisationsanleihe des Fünfmächte-Konsortiums dar, die Yuan Shikai zur Macht verhalf, ihn aber zu umfangreichen Zugeständnissen zwang und vom Kapital des Auslands abhängig werden ließ.

Um die wirtschaftliche „Durchdringung“ Chinas gegenüber der steigenden Konkurrenz effektiv umzusetzen, forderten Handelsvereinigungen ab 1912 ein erhöhtes und vor allem koordiniertes Engagement zur Verbreitung des „Deutschtums“ in China. Kritisiert wurde der geringe Einsatz des Auswärtigen Amts, welches lediglich einige Schuleinrichtungen in China förderte, der Mangel einer abgestimmten deutschen Wirtschaftspolitik in China und die fünfte Interessensgruppe, die Missionsgesellschaften, die zu wenig Kooperationsbereitschaft zeige.[27] Gefördert wurde die deutsch-chinesische Kulturarbeit überdies durch private Institutionen wie den OAV, den Deutsch-Chinesischen Verband und die auf chinesische Initiative in Berlin gegründete Chinesisch-Deutsche Freundschaftsvereinigung (1914).

Als sechste Gruppe sind Wissenschaftler und Intellektuelle zu nennen, die eine kulturelle Annäherung beider Länder anstrebten und dafür in Deutschland und in China miteinander in

---

26 Zur Verwaltung der Kolonie siehe im Überblick Leutner 1997:170-171, dort Dok. 57.

27 Diese Forderungen wurden 1913 in einer „Denkschrift“ formuliert (Dok. 79). Zum Engagement der deutschen Missionen in Qingdao siehe auch Leutner 1997:429-440.

Kontakt getreten waren. Hierzu zählen u.a. die Aktivitäten des Sinologen Otto Franke sowie die sinologischer Einrichtungen in Deutschland, aber auch das Kulturinstitut des Historikers Karl Lamprecht in Leipzig und die Übersetzungsarbeiten des Missionars Richard Wilhelm in Qingdao. Im Umfeld dieser Institutionen und Personen entwickelten sich enge Kontakte zu chinesischen Studenten, Wissenschaftlern und Intellektuellen. Zu den bekanntesten Personen, denen anschließend in China der Aufstieg in politisch und kulturell bedeutende Ämter gelang, zählen u.a. Cai Yuanpei, Zhang Junmai, Xiao Youmei und Zhu Jiahua.[28] In Deutschland und in China blieben die Aktivitäten dieser Gruppe nicht dem kulturellen Feld verhaftet. Aufgrund ihrer Sprach- bzw. Fachkenntnisse und ihrem gesellschaftlichem Status traten sie auch als Mittler in Diplomatie und Wirtschaft in Erscheinung.

Mit Beginn des Ersten Weltkriegs setzte der Niedergang der kolonialen deutschen Präsenz in China ein, auch sollten die o.g. Strukturen einen Wandel erfahren. Durch die japanische Besetzung Qingdaos schied das Reichsmarineamt Ende 1914 aus, zudem wurden dort die meisten kulturellen Einrichtungen geschlossen. Bei Abbruch der diplomatischen Beziehungen im März 1917 wurden die Gesandtschaft, alle Konsulate und Militäreinrichtungen geschlossen, gleichzeitig besetzte China die deutschen Konzessionen in Hankou und Tianjin. Der Kriegserklärung folgten die Liquidierung der Deutschen-Asiatischen Bank und deutschen Privateigentums sowie im Frühjahr 1919 die Repatriierung des Großteils der deutschen Staatsbürger. Am Ende des Krieges war die Zahl deutscher Firmen in China von ca. 300 auf zwei gesunken, von den knapp 3000 in China lebenden Deutschen hatte es ein Viertel geschafft, aufgrund z.T. persönlicher Beziehungen im Land zu bleiben.[29]

Die Periode der Neuorientierung, 1919-1921, begann mit der einseitigen Friedenserklärung Chinas an Deutschland. Bis zum Abschluß eines gemeinsamen Vertrages sollten nahezu zwei von Unsicherheit und vorsichtigem Taktieren geprägte Jahre vergehen, deren Brisanz bislang nur unzureichend zur Kenntnis genommen wurde. Erleichtert wurde die Annäherung durch die gemeinsam empfundenen Frustrationen über den Ausgang von Versailles und den Umstand, daß die Kriegserklärung nicht das Resultat einer spezifischen Deutschlandfeindlichkeit war. Hinzu kam, daß China den Versailler Vertrag nicht unterzeichnet hatte und damit die Möglichkeit bestand, separate Bedingungen für die Wiederaufnahme der deutsch-chinesischen Beziehungen auszuhandeln. Dennoch standen Deutschland und China einander als Verlierer und Sieger des Krieges gegenüber, woraus sich zwangsläufig ein Ungleichgewicht und unterschiedliche Ausgangspositionen ergaben.

Das Auswärtige Amt, der Ostasiatische Verein und der 1919 in Berlin gegründete Verband für den Fernen Osten drängten auf eine schnelle Wiederaufnahme der Beziehungen zu China. Chinas Regierung nahm eine abwägende Haltung ein und war durch anhaltende innenpolitische Konflikte abgelenkt. Erst nachdem Herbert von Borch gemeinsam mit Vertretern der Peking-Regierung die Bedingungen für den im Mai 1921 geschlossenen Vertrag festgelegt hatte, kam Bewegung in die deutsch-chinesischen Beziehungen.

---

28 Selbstverständlich können in diesem Band nicht alle später in China einflußreichen Deutschlandstudenten genannt werden. Siehe hierzu die Arbeiten von Harnisch 1999 und Meng Hong 2005.

29 Louven 1982:170.

Der Deutsche Reichstag und das Auswärtige Amt traten jetzt für eine neutrale Kooperationspolitik in China ein, die zwischen 1921 und 1928 von dem neuen Botschafter in Peking, Adolf Boyé, umgesetzt wurde. Boyé mahnte zur strikten Neutralität, auch forderte er die Vermittlung solider Sprachkenntnisse für Diplomaten in China, um der neuen Kooperationspolitik Ausdruck zu verleihen.[30] Überdies vertrat er in einer Vielzahl von Berichten an das Auswärtige Amt eine gegenüber den revolutionären Kräften der Südregierung ablehnende Haltung. Unterstützung fand er in Peking durch die ehemals in Deutschland akkreditierten Diplomaten Sun Baoqi und Yan Huiqing. Positiv wirkte sich auch der Umstand aus, daß das *Waijiaobu* trotz der häufigen Regierungswechsel relativ beständig arbeitete. Mit kurzen Unterbrechungen wurde es von den ehemaligen USA-Studenten und international versierten Außenministern Gu Weijun (Wellington Koo) und Wang Zhengting (C. T. Wang) geleitet, die sich allerdings als schwierige Verhandlungspartner erwiesen.[31]

Für den Wiederaufbau der Wirtschafts- und Kulturbeziehungen mit China kooperierte das Auswärtige Amt mit dem Ostasiatischen Verein und dem Verband für den Fernen Osten. Problematisch war diese Zusammenarbeit insofern, als die deutsche Wirtschaft auf die Unterstützung des Auswärtigen Amts angewiesen war, gleichzeitig aber auf eine rasche Rückkehr nach China drängte und eine skeptische, wenn nicht gar ablehnende Haltung gegenüber der Weimarer Republik vertrat. Während nun deutsche Industrieunternehmen wie Siemens, Schering u.a. ihre alten Verkaufsbüros in China wieder eröffneten oder neue einrichteten, kam es insbesondere im Bereich der stark nachgefragten Militär- und Rüstungsgüter, deren Handel Deutschland durch den Versailler Vertrag verboten war, in den zwanziger Jahren wiederholt zu Auseinandersetzungen. Das Auswärtige Amt lehnte jede Unterstützung ab, konnte diesen Handel und die Vermittlung von Ingenieuren an die zerstrittenen Militärmachthaber der Nord-Regierung aber nicht verhindern, so daß Deutschland ab 1925 und trotz internationaler Verbote den Waffenhandel mit China dominierte.[32] Eine wichtige Mittlerperson war in diesem Fall der ehemalige Deutschlandstudent Wang Yintai. 1923 besuchte er im Auftrag Zhang Zuolins Deutschland, 1927 wurde er zum Außenminister berufen.[33] Aber auch die Südregierung Sun Yatsens bemühte sich frühzeitig um Anerkennung durch die deutsche Regierung und suchte dann, als ihr diese verwehrt wurde, durch die Mittelsmänner Deng Jiayan und Zhu Hezhong auf inoffizieller Ebene Kontakt zum Auswärtigen Amt wie auch zu möglichen Beratern und Vertretern der Großindustrie. Eine Kooperation scheiterte aus Rücksicht auf den Versailler Vertrag, aber auch an der Kapitalknappheit der Südregierung und ihrer Entscheidung für ein Bündnis mit der Sowjetunion.

---

30 Siehe Dok. 118.

31 Zur Organisation und Geschichte des Waijiaobu in der Republikzeit siehe Pong 1982:135-151.

32 Kirby (1984:24) kommt zu dem Ergebnis: „A major factor behind the German recovery in China was the Chinese thirst for arms, which had grown rapidly since the onset of the warlord period in 1916." Siehe Kapitel 5.

33 Wang Yintai hatte von 1908-1912 Rechtswissenschaften in Berlin studiert und von 1911-1913 als Chinesischlektor am Seminar für Orientalische Sprachen, Berlin, gearbeitet. Er heiratete die ev. Pastorentochter Ruth Kettner, bei deren Familie er zur Untermiete wohnte. Aus der Ehe gingen sechs Töchter hervor, die später im Westen lebten (Boorman 1970, Bd. 3, 400 und Harnisch 1999:117).

Abseits dieser Problemfelder entwickelten die drei Institutionen eine durchaus fruchtbare Zusammenarbeit. Die enge Verbindung zwischen dem Ostasiatischen Verein und dem Verband für den Fernen Osten zeigt sich bereits darin, daß Martin March den Vorsitz des OAV innehatte (1918-1933) und zugleich stellvertretender Vorsitzender des „Verbands" war. Darüber hinaus setzten March und der Geschäftsführer des OAV, Friedrich Wilhelm Mohr, sich dafür ein, die deutschen wirtschaftlichen Vereinigungen in China unter dem Dach des OAV zusammenzuführen. Das Ziel war erreicht, als der OAV zum offiziellen Repräsentanten der neu eingerichteten Deutschen Handelskammern und Vereinigungen in China wurde.[34] Parallel hierzu hatte der Verband für den Fernen Osten Aufgaben im Bereich der Kulturbeziehungen übernommen. Das Engagement beider Vereinigungen kam überdies in einer regen Publikationstätigkeit zum Ausdruck. Einerseits wurde ab 1920 gemeinsam die Zeitschrift *Ostasiatische Rundschau* herausgegeben, andererseits veröffentlichten Mohr und Max Linde, der Generalsekretär des „Verbands", eine Fülle von Aufsätzen, in denen sie für eine zwar gleichberechtigte, aber energische Chinapolitik Deutschlands eintraten. Aufgrund seiner weitreichenden Kontakte, Kompetenzen und wirtschaftlichen Bedeutung wurde der OAV bei allen politischen Entscheidungen auch in Berlin hinzugezogen.[35] Zudem wurden 1927 Pläne für eine Kooperation mit dem von Richard Wilhelm 1925 gegründeten China-Institut in Frankfurt a. M. ausgearbeitet, um eine freundschaftliche und kulturell fundierte Wirtschaftspolitik gegenüber China zu betreiben.

Die Aktivitäten dieser zwei Vereinigungen, ihre weitreichenden Netzwerke und persönlichen Kontakte wurden von chinesischen Akteuren unterstützt. In Peking war es der ehemalige Deutschlandstudent Cai Yuanpei, der zu Beginn der 1910er Jahre als Erziehungsminister der Republik China und in den 1920er Jahren als Direktor der Peking Universität tätig war und sich dort gemeinsam mit Richard Wilhelm und anderen u.a. für den Ausbau der Deutschlandstudien einsetzte. Ebenfalls an der Peking Universität wirkte Zhu Jiahua, der mit Vertretern der o.g. Vereinigungen korrespondierte und sich 1927 in Kanton als Innenminister um die Anstellung deutscher Berater bemühte. Desgleichen ist Zhang Junmai zu nennen, der die Verfassung der Weimarer Republik übersetzt hatte, vielseitig publizierte, sich für den Wissenschaftsaustausch mit Deutschland engagierte und zeitweilig dem Vorstand der Tongji Universität angehörte. Letztgenannte Institution avancierte in diesen Jahren zum Idealtyp einer kooperativen Netzwerkpolitik. Während des Krieges war ihr Betrieb mit chinesischer Hilfe aufrecht erhalten worden, nach dem Krieg setzte sich der Verband für den Fernen Osten für den Wiederaufbau ein. Ab 1921 wurde sie von einem deutsch-chinesischen Komitee geführt und 1923 von Chinas Regierung in den Stand einer Universität erhoben. Für die chinesische Seite hatte der Deutschlandstudent Ruan Shangjie die Leitung übernommen (1917-1927). Unterrichtssprache war Deutsch, die Abschlüsse wurden in Deutschland anerkannt. Die Universität wurde aus deutschen und chinesischen Mitteln finanziert, überdies stiftete die deutsche Industrie Werkmaschinen und Einrichtungen.

---

34 Ratenhof 1987:297, Eberstein 2000:78.
35 Eberstein 2000:77.

Für den Wiederaufbau der deutsch-chinesischen Beziehungen in den zwanziger Jahren waren diese Netzwerke und Kooperationen unerläßlich. Initiativen von nicht-staatlichen Organisationen und Vereinigungen bzw. Privatpersonen füllten ein Vakuum, welches daraus resultierte, daß beide Regierungen den wechselseitigen Beziehungen aufgrund ihrer eingeschränkten Handlungsfähigkeit nur begrenzte Aufmerksamkeit schenken konnten. Unterstützt wurden die deutschen Akteure von chinesischer Seite auf allen Ebenen der Interaktion primär durch Persönlichkeiten, die, sei es als Diplomaten, Studenten oder Geschäftsleute, persönliche Deutschlanderfahrungen hatten und denen der Aufstieg in politisch und kulturell wichtige Ämter gelungen war.

Darüber hinaus blieben auch die Erfahrungen des Ersten Weltkriegs, die Zunahme chinesischer Studenten in Deutschland und eine erhöhte Publikationstätigkeit in beiden Ländern nicht ohne Wirkung auf die wechselseitige Perzeption. In Deutschland hatte der Erste Weltkrieg die Werte der europäischen Kultur in Frage gestellt und einer vielfältigen Hinwendung zu China bzw. „Asiatischem" den Weg bereitet. Gleichzeitig erfolgte der Ausbau der Sinologie in Deutschland, überdies stieg die Anzahl chinabezogener Publikationen. Auf der anderen Seite hatte auch die Sprachkompetenz chinesischer Studenten deutlich zugenommen und durch eine Fülle von Übersetzungen technischer, philosophischer, politischer Werke und deutscher Literatur ein differenziertes Deutschlandbild entstehen lassen. Autoren wie Gu Hongming (Dok. 133) und Zhang Junmai hatten ihre Werke bereits während des Krieges in deutscher Sprache publizieren können. In den zwanziger Jahren erreichte dieser Dialog eine neue Dimension. Chinesische Autoren und Aktivisten kamen in deutschen Tageszeitungen zu Wort (Dok. 70), verteilten Flugblätter in Deutschland (Dok. 71, 135) und berichteten verstärkt von ihren Deutschlanderfahrungen in der chinesischen Presse. Ein weiteres Beispiel bietet der Deutschlandstudent Wang Guangqi, der umfangreich zur deutschen Kultur in China publizierte und deutsche Werke übersetzte.[36] Weitere Aktivitäten dieser Art wurden durch chinesische Netzwerke in Deutschland angeregt, z.B. durch den Chinesischen Studentenverband, Berlin, und die Sektion der Guomindang in Deutschland, die sich nach 1925 im Kampf gegen den Imperialismus in China mit der KPD verbündete.

Nicht zuletzt aufgrund dieser Entwicklung vollzog sich in den Jahren von 1911 bis 1927 ungeachtet der erfolgten Kriegserklärung ein Prozeß der wechselseitigen kulturellen Annäherung und Vertiefung der Beziehungen. Grundlage hierfür waren Deutschlands generelle Neutralität und seine primär wirtschaftlichen Interessen. Unterstützt wurden diese in China durch ein generell positives Deutschlandbild und die Bestrebungen zum Aufbau eines modernen Nationalstaats. Übereinstimmung bestand in der als politisch vorteilhaft erachteten Aufnahme gleichberechtigter Beziehungen und den Vorstellungen einer international ausgegrenzten „Schicksalsgemeinschaft". Daß die Kooperation dieser Netzwerke aufgrund der äußeren Umstände mitunter problematisch war, sie keineswegs nur „freiwillig" zueinander fanden und die Entscheidungen im Kontext (inter-)nationaler Konflikte, Berechnungen und Strategien zu treffen waren, bestimmte den Charakter der Beziehungen dieser Jahre.

---

36 Zu Wang Guangqi siehe Harnisch 1999, auch Dok. 116.

Kapitel 1

Das Deutsche Kaiserreich und der Weg zur Anerkennung der Republik China, 1911-1913

Nachdem Sun Yatsen am 1. Januar 1912 die Gründung der Republik China verkündet hatte, formulierte die Provisorische Regierung noch vor dem endgültigen Rücktritt der letzten kaiserlichen Dynastie ihren Wunsch nach internationaler Anerkennung, um als neue und rechtmäßige Vertretung Chinas die Beziehungen mit den ausländischen Mächten aufnehmen zu können. Tatsächlich wurde die Frage der Anerkennung nahezu zwei Jahre verhandelt. Die Hauptgründe hierfür waren die innenpolitisch instabile Lage Chinas und das Abwägen der ausländischen Mächte hinsichtlich einer möglichen Gefährdung und Erweiterung von Privilegien und Wirtschaftsinteressen. Die Phase der Anerkennung war geprägt von Strategien internationaler Machtpolitik und Einflußnahme, in der auch das Deutsche Reich nicht zuletzt aufgrund seiner zunehmenden Isolierung in Europa darum bemüht war, eine vorteilhafte Ausgangsposition für den Aufbau zukünftiger Beziehungen mit der jungen Republik zu erlangen.

Die deutsche Chinapolitik verfolgte prinzipiell zwei Ziele, nämlich die Entlastung der politischen Konfrontation in Europa und die Unterstützung der deutschen Wirtschaftsexpansion in China. In Abgrenzung zu den territorialen Ansprüchen Rußlands, Japans und Großbritanniens hatte das Deutsche Reich sich zur Durchsetzung dieser Ziele den wirtschaftspolitischen Vorstellungen der USA und der „open door policy" angeschlossen.[1] Dem Sturz der kaiserlichen Qing-Dynastie begegneten Deutschlands Vertreter durchaus widersprüchlich, da die mit der Qing-Regierung geschlossenen Verträge nicht nur eine Ausweitung der Geschäfte im Eisenbahnbau versprachen, sondern Deutschland auch zum wichtigsten Rüstungslieferanten Chinas aufgestiegen war. Zudem hatte das Deutsche Reich bis dato Chinas Bestrebungen zur Errichtung einer konstitutionellen Monarchie gefördert und nahm gegen-

1 Nach dem Ende des russisch-japanischen Krieges (1905) war die Mandschurei weiterhin umkämpftes Einflußgebiet beider Mächte. Zudem hatte die Nord-Mongolei am 21.12.1911 mit russischer Unterstützung ihre Unabhängigkeit ausgerufen. England hatte Tibet seit 1906 quasi als britisches Protektorat verwaltet. In einem gemeinsamen Abkommen zwischen England, Rußland und China war 1907 die Souveränität Chinas über Tibet festgelegt worden (Peter 1965:41-45).

über Sun Yatsen und den Revolutionären eine skeptische Haltung ein.

Die Regierung der Republik China war nicht nur aufgrund der äußeren Bedrohung, sondern auch durch die Wirren der Revolution und ihre Auswirkungen auf die Finanzsituation des Landes gegenüber den ausländischen Mächten in eine ungünstige Verhandlungsposition geraten. Für eine Anerkennung forderten diese die Übernahme aller mit der Qing-Regierung geschlossenen Verträge sowie die Fortzahlung bestehender Schulden und die Rückzahlung der Anleihen. Gleichzeitig benötigte die neue Regierung für die Staatsreform und ihren Machterhalt selbst erhebliche Finanzmittel, um eine funktionierende Bürokratie aufbauen, eine loyale Armee unterhalten und Rüstungsgüter erwerben zu können. Vor diesem Hintergrund bemühte sich die Regierung um Anleiheverträge, die möglichst mehrere ausländische Mächte involvierten, um das Risiko einseitiger Abhängigkeit zu minimieren.[2] Das Ausland kam diesen Forderungen erst nach, als Sun Yatsen die Macht an den ehemaligen Gouverneur der Provinz Shandong, Yuan Shikai, abgegeben hatte. Die Unterstützung der Regierung Yuan Shikais wurde von allen ausländischen Mächten als notwendig angesehen, da sie am ehesten den Erhalt der gefährdeten Einheit Chinas und damit die Wahrung des Status quo ausländischer Privilegien und Vertragsabschlüsse zu garantierten vermochte.

Die deutsche Haltung kam in diesen Jahren in zwei gegenläufigen Tendenzen zum Ausdruck. Zum einen konstatierten deutsche Industrie- und Handelskreise einen Rückgang des „Deutschtums“ in China und forderten das Auswärtige Amt auf, Gegenmaßnahmen einzuleiten. Zudem wurde im Reichstag eine intensive Debatte um die freiwillige Rückgabe der deutschen Kolonie Kiautschou geführt, um sich spätere Vorteile bei der neuen Regierung zu sichern. Andererseits hielt Deutschland an der Idee der „Einheitsfront“ der Westmächte in China fest, um einer drohenden Isolation wie in Europa vorzubeugen. Das gemeinsame Vorgehen manifestierte sich in einem internationalen Bankenkonsortium und dem Abschluß der „Reorganisationsanleihe“ zur Unterstützung Yuan Shikais im Mai 1913. Mit Hilfe dieser Anleihe sollte es Yuan Shikai gelingen, bestehende Widerstände niederzuschlagen, gleichzeitig bestätigte und erweiterte er ausländische Privilegien. Der multinationale Finanzimperialismus hatte hiermit seinen Höhepunkt in China erreicht und offenbarte die nur oberflächlich neutrale Haltung der ausländischen Mächte.[3] Im Oktober 1913 erfolgte die offizielle Anerkennung der von Yuan Shikai geführten Regierung.

Das Deutsche Kaiserreich und China am Vorabend der Revolution

Im Juni 1910 weilte der Bruder des chinesischen Prinzregenten, Prinz Zaitao, an der Spitze einer militärischen Studienkommission in Berlin und wurde zur Abschiedsaudienz von Kaiser Wilhelm II. empfangen. Der Kaiser gab zu verstehen, daß Deutschland Chinas Selbständigkeit achte und seine industrielle und wirtschaftliche Entwicklung kräftig unterstützen

---

2 Allein die von den europäischen Mächten geforderte Höhe der Boxerentschädigung belief sich auf 450 Millionen Taels in Gold, die bis zum Jahr 1940 abgezahlt werden sollten. Hierfür wurden u.a. die Seezolleinnahmen verpfändet. Zudem hatte die Regierung verschiedene Eisenbahnanleihen geschlossen, die von mehreren Banken unterschiedlicher Nationalität aufgelegt wurden. Vgl. Barth 1995:276-303.

3 Vgl. Barth 1995:386-409.

wolle.[4] Als China im September 1910 den ehemaligen Außenminister Liang Dunyan nach Deutschland entsandte, um deutsche Hilfe für die in China geplanten Reformen auf militärischem und wirtschaftlichem Gebiet zu ersuchen, blieb der Kaiser aufgeschlossen, denn: „China und die Türkei sind die beiden einzigen Länder, die noch Vertrauen zu uns haben, und wo wir noch etwas leisten können. Verlieren wir diese durch Furchtsamkeit, Nachlässigkeit, Bequemlichkeit, ... verschwinden wir von der Bildfläche, was wir verdient hätten.“[5]

Diese Worte dokumentieren sowohl Dilemma als auch Ausrichtung der Außenpolitik des Deutschen Reiches, die seit der Marokkokrise und dem Ende des russisch-japanischen Krieges (1905) verstärkt auf eine friedliche, d.h. wirtschaftspolitische, Durchdringung Chinas abzielte.[6] Wesentlicher Bestandteil der Politik war die Einsicht und um 1910 in deutschen Führungskreisen sich durchsetzende Auffassung, daß „die Sprache dem Handel Bahn brechen solle“, d. h. die Entfaltung des Deutschtums in China durch den Bau deutscher Schulen und die Verbreitung deutscher Kultur vorangetrieben werden müsse, um so den wirtschaftlichen Einfluß im Land auszudehnen.[7] Hintergrund dieses Umdenkens war der internationale Konkurrenzkampf um Interessenssphären und Marktanteile in China, dessen Erfolge zunehmend auch von den Bündnissen in Europa abhingen.[8] In Ostasien sah Deutschland aufgrund von drei im Jahre 1907 geschlossenen Absicherungsverträgen seine Position durch ein weltpolitisches Viererkartell bestehend aus Frankreich, Japan, Rußland und England bedroht.[9] Es war eine Konstellation entstanden, die insgesamt unter dem Begriff „Einkreisung“ diskutiert wurde.[10] Das Projekt zum Bau der Bagdadbahn verschärfte die Spannungen zu England und Rußland, da das Deutsche Reich zu versuchen schien, „zwischen der russischen und britischen Einflußzone im Nahen Osten Fuß zu fassen“.[11]

Die wilhelminische Außenpolitik besaß wenig Handlungsspielraum und sah ihre Interessen in China am besten durch die von Amerika betriebene Neutralisierungspolitik vertreten. Eine mögliche Dreier-Entente mit Amerika und China wurde in Erwägung gezogen, um den Gebietsansprüchen Rußlands, Japans, Englands und Frankreichs, d.h. der Gefahr einer Aufteilung Chinas, entgegenzutreten. Das Zusammengehen mit Amerika wirkte sich allerdings nachteilig auf die ohnehin schwierige Situation in Europa aus, so daß Reichskanzler Theobald von Bethmann Hollweg und das Auswärtige Amt sich 1910 nur unter Beteiligung

---

4 Schwertfeger 1927:124.

5 Ebenda:125.

6 Djang 1936:171.

7 Vgl.: Stingl 1978:736. Zu den Wirtschaftsbeziehungen siehe Kapitel 5.

8 Vgl. Schöllgen 1991:66. Hingewiesen sei auf das gegen die russische Expansion in Ostasien geschlossene englisch-japanische Bündnis vom 30.01.1902, das am 13.07.1911 erneuert wurde, wie auch auf die „Entente Cordiale“ zwischen England und Frankreich vom 08.04.1904. Ebenda:67, Peter 1965:30.

9 Angesprochen sind die Vertragsabkommen zur Sicherung und Anerkennung „eigener“ Territorien und Interessensphären, das französisch-japanische Abkommen (10.06.1907), das russisch-japanische Abkommen (30.07.1907) und Englands Konvention mit Rußland (31.08.1907). Vgl. Stingl 1987:539-541.

10 Zur deutschen „Einkreisungs-Phobie“ ebenda, zudem Hildebrand 1995:236ff und Schöllgen 1991:65.

11 Hildebrand 1989:36. Die unter deutscher Kontrolle stehende Bagdadeisenbahngesellschaft war 1903 gegründet worden. Erst mit dem am 15.06.1914 geschlossenen deutsch-englischen Vertragsabkommen konnte eine wirtschaftliche Einigung erzielt werden (Schöllgen 1991:72). Vgl. Schöllgen 1984.

Englands zu diesem Schritt bereit erklärten, schließlich zugunsten einer besseren Verständigung in Europa aber ganz davon absahen.[12] Mit der zweiten Marokkokrise im Sommer 1911 war die „deutsche Gefahr" für die britische Öffentlichkeit schließlich unübersehbar geworden. Einer drohenden militärischen Konfrontation in Europa wurde durch vorsichtige Annäherung und Konfliktlösung an der außereuropäischen Peripherie begegnet, um das beiderseitige Mißtrauen abzubauen.[13] Für die deutsche Politik stellte China deshalb nicht mehr nur einen interessanten Absatzmarkt dar, sondern war auch zum Spannungsableiter politischer Konflikte geworden.[14] Angesichts dieses sensiblen Kräftefeldes und seiner Eingebundenheit in ein Geflecht von internationalen Verträgen und Absicherungen hatten Stabilität in China und das gemeinsame Vorgehen der Mächte höchste Priorität für Deutschland, um einer weiteren Isolierung vorzubeugen bzw. der in Europa entgegenzuwirken.[15]

Dem „scramble of concessions" der Dekade nach 1895 war damit ein umsichtigeres Agieren der ausländischen Mächte in China gefolgt, ein „Wettbewerb um die Seele Chinas",[16] der zusätzlich von einer gemäßigten und international verhandelten Finanz- und Anleihepolitik z.B. für den Bau von Eisenbahnlinien gestützt wurde. Dahinter verbarg sich die Hoffnung, die Geschicke des Landes durch den Aufbau finanzieller Abhängigkeiten beeinflussen zu können.[17] Gleichwohl herrschte unter allen beteiligten Mächten weiterhin Konsens darüber, daß an den Privilegien der ungleichen Verträge von Nanjing (1842), der Exterritorialität und der Konsulargerichtsbarkeit festzuhalten sei. Ebenso wurde akzeptiert, daß die von amerikanischer Seite seit der Jahrhundertwende propagierte Politik der „Offenen Tür", d.h. Handelsfreiheit in China, einer Umsetzung der diversen Wirtschaftsinteressen am ehesten entspräche. Für das Deutsche Reich stellte der Chinahandel jedoch nur einen geringen Teil des Gesamthandels dar, so daß es um das Ausloten bzw. Positionieren eines in der Zukunft bedeutsamen Marktes ging.[18] Die „Musterkolonie Kiautschou" wurde als Symbol des Deutschtums und der deutsch-chinesischen Kooperation herausgestellt, parallel dazu hatte Deutschland sich durch entsprechende Verträge bereits ein Monopol im Waffenhandel mit China gesichert.[19]

Aus den genannten Aspekten ergab sich die internationale Haltung am Vorabend der chinesischen Revolution: England und Frankreich wie auch Rußland und Japan hatten durch Verträge ihre Gebietsinteressen in China definiert, den möglichen Zerfall des Reiches

---

12 Hierzu wie auch zur Neutralisierungspolitik der US-Diplomatie ab 1909 siehe Stingl 1987:630ff.

13 Schöllgen 1991:71ff. Wegen der starken Präsenz englischer Seestreitkräfte in der Nordsee hatte Wilhelm II. überdies im Sommer 1912 ein Zusammengehen mit Japan angeregt, um Englands Flotteneinheiten an Ostasien zu binden. Aufgrund des gerade erneuerten englisch-japanischen Bündnisses und der Unterschiede in der Chinapolitik lehnte das Auswärtige Amt diesen Schritt ab (Peter 1965: 50).

14 Stingl 1978:774.

15 Kirby 1984:11, Schöllgen 1991:36-57.

16 O. Franke 1923:331.

17 Osterhammel 1989:209.

18 Im Jahre 1913 exportierte das Deutsche Reich Waren im Wert von 122,8 Mill. Mark nach China (1,2% des Gesamtexports), auch ging der deutsche Anteil an Investitionen in China zwischen 1902 und 1914 von 20,9% auf 16,4% zurück. Vgl. Stingl 1978:303, Schöllgen 1991:56.

19 Zur „Musterkolonie Kiautschou" siehe Leutner 1997. Zum Waffenhandel siehe Kap. 5.

einkalkuliert und waren trotz wachsender Handelskonkurrenz zur militärischen Intervention bereit. Japan und Rußland traten in dieser Frage am entschiedensten auf, folglich wurde das russisch-japanische Abkommen vom 4. Juli 1910 allgemein als eine Bedrohung für das chinesische Reich gesehen, da es die noch bestehenden Interessengegensätze in der Mandschurei bereinigen sollte. Entsprechend beunruhigt reagierten die ausländischen Mächte auf die wenig später erfolgte japanische Annexion Koreas (1910), die akzeptiert wurde, aber weitere geographische Sonderinteressen befürchten ließ.[20] Indessen hielten Amerika und Deutschland zur Umsetzung wirtschaftspolitischer Ziele an der Einheit Chinas fest, was positive Reaktionen seitens der kaiserlichen chinesischen Regierung nach sich zog, das Deutsche Reich aber aufgrund der in Europa konfliktgeladenen Stimmung zu diplomatischer Zurückhaltung und Beschränkung auf wirtschaftliche Belange zwang.[21]

Der Sturz der Mandschu-Regierung

Auslöser für den Sturz der Mandschu-Dynastie war eine ungewollte Bombenexplosion am 9. Oktober des Jahres 1911 in der russischen Konzession der Stadt Hankou, im Hauptquartier junger oppositioneller Revolutionäre. Am folgenden Tag unterstützten Armeeinheiten der angrenzenden Stadt Wuchang jene Revolution, die eine zunächst unkoordinierte Serie von Aufständen in Südchina nach sich zog und schließlich im Dezember 1911 das Ende der Dynastie herbeiführte. Die sich unkontrollierbar ausbreitenden Aufstände brachten die ausländischen Mächte dazu, den Schutz der in China lebenden Ausländer und ihres Besitzes zu fordern. Deshalb wurden die deutschen Kanonenboote „Tiger“, „Vaterland“ und „Otter“ nach Hankou befohlen, wo sie am 17.10. in „lebhafte Kämpfe“ mit den Revolutionären verwickelt wurden.[22] Indessen bemerkten die Ausländer recht schnell, daß es um mehr als nur einen lokalen Aufstand ging.[23] Das Deutsche Reich hatte frühzeitig seine Neutralität in diesem Konflikt erklärt, um weder seine Konzession im revolutionär besetzten Hankou, noch die Konzession in Tianjin und die Kolonie Kiautschou in dem von Peking beherrschten Nordosten zu gefährden.[24]

Die deutsche Haltung war keineswegs eindeutig. Einerseits befürwortete und unterstützte das Deutsche Reich die Umwandlung des chinesischen Kaiserreichs in eine konstitutionelle

---

20 Zur Haltung Japans und Rußlands und der Befürchtung einer für den internationalen Handel äußerst nachteilig sich auswirkenden Aufteilung bzw. Zersplitterung Chinas siehe Stingl 1978:630-683.

21 Vgl. Stingl 1987:649. Fritz Wertheimer bemerkte hierzu 1913: „Ob China Monarchie oder Republik sein wird, ob Sun Yatsen oder Yuan Shikai Präsident sein werden ist minder wertvoll, wenn nur China als Ganzes ungeteilt erhalten bleibt und seine auswärtigen Feinde keine Stücke von ihm ablösen können“ (Wertheimer 1913:341).

22 Briessen 1977:73. Deutschland hätte seine Interessen in China allerdings nicht militärisch verteidigen können. Admiral Tirpitz, der die Verteidigung der Musterkolonie gefährdet sah, lehnte deshalb am 31. Oktober zunächst den Abzug von Truppen zum Schutze anderer Gebiete ab, bevor er sich schließlich vom Reichskanzler überreden ließ. Hierzu wie auch zur Truppenstärke siehe Stingl 1978:666ff.

23 Bereits am 4. November 1911 schrieb Konsul Müller, Hankou, an Bethmann Hollweg, es handele sich um „den ersten Akt eines Kampfes auf Tod und Leben der Mandschu-Dynastie“ (PAA, R17710).

24 Weisung Kiderlens an den Geschäftsträger in Japan, 12.12.1911 (GPEK, Bd. 32, Nr. 11808, 241). Vgl. Peter 1965:38 und Xiao Jiandong 2001:591.

Monarchie[25] und war von China als Vorbild für die 1906 begonnenen Pläne zur Erarbeitung einer Verfassung ausersehen worden.[26] Andererseits war es der seit Ende des russisch-japanischen Krieges sich ausweitende und von deutscher Seite nahezu monopolistisch betriebene Waffenverkauf an die kaiserliche Regierung, der auch im Verlauf der Aufstände nicht unterbunden wurde und Deutschland von seiten der Revolutionäre nun den Vorwurf einbrachte, seine Neutralität aufzugeben und indirekt Stellung für die Monarchisten zu beziehen.[27] Obgleich Deutschland diese Vorwürfe energisch zurückwies, führte diese indirekte Parteinahme gegen die Aufständischen zu Übergriffen auf deutsche Händler, die in der chinesischen und deutschen Presse intensiv diskutiert wurden.[28] Tatsächlich belieferten die Chinakaufleute nicht nur die Nordtruppen, sondern auch die südlichen Revolutionäre mit Waffen, um das Geschäft dort nicht an Japan zu verlieren, ein Vorgehen, welches die Zentralregierung und andere Mächte entschieden kritisierten.[29]

Damit einhergehende Konflikte außer acht lassend, meldeten sich schon Ende 1911 Stimmen, die in Erwartung neuer Handels- und Wirtschaftsperspektiven eine positive Bewertung der Umwälzungen zum Ausdruck brachten.[30] In dieser Weise argumentierte auch der deutsche Gesandte in Beijing, von Haxthausen, der im Interesse des Deutschen Reiches ein aktives Eingreifen forderte. Eigene Zweifel hinsichtlich einer Reaktion der Revolutionäre ignorierend, kam er zu dem Schluß, „daß es richtig ist, der Yuan Shikai-Regierung baldige finanzielle Hilfe nicht vorzuenthalten".[31]

---

25 Praktisch zeigte sich dies auch darin, daß der Architekt Curt Rothkegel am 7. April 1910 einen Vertrag mit der Mandschu-Regierung unterzeichnete, wonach er den Auftrag erhielt, in Beijing ein Parlamentsgebäude „etwa in doppelter Größe des Reichstags-Gebäudes in Berlin" zu bauen. Die Revolution verhinderte die Fertigstellung des unter Bauherr Prinz Chun (dem „Sühneprinz") begonnenen Baus. Die Grundmauern standen und die Pläne waren fertig als die Regierung den Vertrag nach endlosen Verzögerungen im Jahre 1914 annullierte (vgl. Warner 1994:34-39 und BArch, R9208/853).

26 Nach 1909 war insbesondere die Einrichtung von Provinz- und Lokalparlamenten deutschen Praktiken und Theorien hinsichtlich lokaler Verwaltung und Regierung gefolgt (Thompson 1995:73-75). Im Jahr 1909 fand die erste nationale Wahl in Chinas Geschichte statt (Kuhn 2004:28).

27 Es handelte sich größtenteils um alte Bestellungen der Kaiserlichen Regierung, denen eine offiziell anerkannte schriftliche Abmachung vom November 1910 zugrunde lag, „wonach China seinen Geschützbedarf in Zukunft nur bei deutschen Fabriken decken wolle". Siehe Dok. 78 und Kapitel 5.

28 Siehe z.B. „Die Deutschenhetze in China" (*B.Z. am Mittag*; 09.12.1911), „Deutschfeindliche Treibereien" (*Kölnische Zeitung*, 09.12.1911). Ferner nennt Haxthausen einige chinesische Zeitschriften und bemerkt: „Die Stimmung des größten Teils der deutschen Kreise in Ostasien neigt namentlich im Norden mehr nach der Seite der Regierung als der Rebellen ... Alle diese Umstände wirken zusammen, um auf Seiten der Revolutionäre eine Beargwöhnung Deutschlands und der Deutschen zu begünstigen" (Haxthausen an Bethmann Hollweg, Peking, 14.12.1911, GPEK, Bd. 32, Nr. 11811, 243-245).

29 Die Bedeutsamkeit und Ambivalenz des Waffengeschäfts für das Deutsche Reich erschließen sich aus der Tatsache, daß Preußen von Mitte 1912 bis zum Beginn des Krieges 1914 noch 91% der nach China importierten Waffen lieferte (Ratenhof 1987:238).

30 Stingl 1978:670. Siehe auch den Bericht von Fircks, Kommando S.M.S. „Tsingtau", Kanton, 08.01.1912, an das AA Berlin. Dort heißt es optimistisch, daß die Herstellung geordneter Verhältnisse dem Handel mit China neue Türen öffnen werde (PAA, R17723).

31 Haxthausen an Bethmann Hollweg, Peking, 08.12.1911 (GPEK, Bd. 32, Nr. 11781, 201-203).

Die Unterstützung Yuan Shikais und die Frage der Einheit Chinas

Sun Yatsen leistete am 1. Januar 1912 den Amtseid des vorläufigen Präsidenten und hatte, da er keine militärische Macht hinter sich vereinen konnte und eine Gefährdung der Revolution ausschließen wollte, zugleich seinem Gegenspieler Yuan Shikai das Amt des Präsidenten angeboten. Innerhalb von nur drei Tagen, vom 3. bis 6. Januar, wurde die provisorische Regierung in Nanjing gebildet, die, wie Sun versicherte, alle von den ausländischen Mächten mit der Mandschu-Regierung abgeschlossenen Verträge und Verpflichtungen ohne Einschränkungen anerkennen werde. Ausländische Diplomatenkreise übten sich trotz dieser Versprechen in Geduld, denn die neue Situation war mehr als schwer einzuschätzen.[32] Am 17. Januar übermittelte der Staatssekretär des Äußeren, Wang Chonghui, in einem Telegramm an das Auswärtige Amt Berlin wie auch an die anderen Mächte den Wunsch nach offizieller Anerkennung der Republik.[33] Diese erste Anfrage seitens der provisorischen Regierung in Nanjing blieb in vielen Fällen unbeantwortet, sofern sie überhaupt zur Kenntnis genommen wurde.[34] Der Grund hierfür war die ungeklärte Machtfrage in China, denn die neue Regierung war „provisorisch“ und nur dem Titel nach „national“, da sie ihren Einfluß lediglich in den unteren Yangzi-Provinzen auszuüben vermochte.[35]

Nach wie vor residierten Anfang 1912 in Beijing der Kaiser und seine vom Ausland anerkannte Regierung, während die militärische Macht in den Händen der kaiserlichen Generäle und Offiziere im Norden des Landes lag. Die mächtigste Persönlichkeit unter ihnen war Yuan Shikai, der Hochkommissar aller Streitkräfte und Kommandeur der Beiyang-Truppen, der am 11. November 1911 durch die seit Oktober 1910 existierende provisorische Nationalversammlung zum Premierminister gewählt und vom kaiserlichen Hof in diesem Amt bestätigt worden war.[36] Mit Unterstützung ihm loyaler Kommandeure der Beiyang-Armee übte Yuan Druck auf die kaiserliche Regierung aus und erreichte schließlich, daß diese ihn nach längeren Verhandlungen per Edikt am 3. Februar als Provisorischen Präsidenten anerkannte. Neun Tage später, am 12. Februar, erklärte der letzte Qing-Kaiser, Puyi, offiziell seinen Rücktritt. Versuche seitens der Revolutionäre, den Sitz der Regierung unter Yuan Shikai in Nanjing zu belassen, scheiterten, da dieser seine Machtbasis im Norden nicht aufzugeben dachte. Eine entsprechende Resolution gestand ihm schließlich das Recht zu, den Regierungssitz nach Peking zu verlegen, wo er am 10. März zum Provisorischen Präsidenten der Republik ernannt wurde.[37]

---

32 So bezeichnete z.B. der Generalkonsul in Shanghai, Buri, diese Erklärung Sun Yatsens als ein „Manifest“, aus dem er lediglich herauslesen könne, „daß die Revolutionäre sich die Sympathien der Fremden sichern wollen“. In: Buri, Shanghai, an Bethmann Hollweg, 06.01.1912, zit. nach Männer 1988:154.

33 Wang Chonghui, Nanjing, an das AA Berlin, 17.01.1912 (PAA, R17725).

34 England und Amerika antworteten nicht. Japan lehnte ab, da in China keine richtige Regierung existiere. Deutschland bestand darauf, die innenpolitische Entwicklung zu beobachten, um sowohl Anleihepolitik als auch Anerkennung zu überdenken (Männer 1988:155).

35 Vgl. Chesneaux 1997:6.

36 Diese bereits im Oktober 1909 eingeleiteten Schritte zur Etablierung einer konstitutionellen Monarchie hatten durch die Xinhai-Revolution vom 10.10.1911 ein jähes Ende erfahren.

37 Leutner 1997:495ff. Zur Abdankung der Qing-Regierung siehe Kuhn 2004:70-82.

Die ausländischen Vertreter verfolgten diese Entwicklung nicht ohne Skepsis. Als geradezu „naiv" bezeichnete v. Haxthausen die geringe Zahl von Ratsmännern, die Yuan Shikai einstimmig zum Provisorischen Präsidenten gewählt hatten.[38] Anfängliche Unsicherheiten im Umgang mit der neuen Situation dürfen nicht darüber hinwegtäuschen, daß die deutsche Regierung sich hinter Yuan Shikai stellte. Zur Förderung der eigenen Handelsinteressen war auch für Deutschland die Unterstützung Yuan Shikais notwendig, da dieser für die Einheit des Landes unter (s)einer Zentralregierung eintrat. Deutschland vertrat deshalb gegenüber der neuen Regierung eine betont chinafreundliche, demonstrativ neutrale Haltung, deren Motive v. Haxthausen bereits im Februar 1912 klar formuliert hatte: „Die Republik wird materielle Hilfe in Mengen brauchen. Unsere Industrie und unsere Finanz sollten im günstigen Augenblick die Ausnutzung der Konjunktur nicht versäumen."[39]
Hinsichtlich der Anerkennung schlug die japanische Regierung dann am 28. Februar 1912 ein gemeinsames Vorgehen der Länder vor und wollte der chinesischen Regierung zur Bedingung machen, daß nicht nur die Privilegien, Rechte und Interessen der Ausländer in China gewahrt blieben, sondern auch die Auslandsschulden der Qing-Regierung übernommen würden.[40] Der Vorschlag fand allgemeine Zustimmung, wurde aber aufgrund der Gesamtsituation und der Tatsache, daß Rußland und Japan vor allem ihre Rechte in der Mongolei und Mandschurei sichern wollten, nicht umgesetzt. Auch von deutscher Seite wurde erwogen, Forderungen unterzubringen, „die seit längerer Zeit Gegenstand von Verhandlungen zwischen uns und China bilden".[41] Im Juli 1912 war Amerika zur Anerkennung bereit und ließ in sieben Hauptstädten anfragen, wie diese sich zu verhalten gedächten. Aber dieser Vorstoß wurde mit Rücksicht auf die unsichere Lage in China als verfrüht empfunden und einstimmig abgelehnt.[42]

Inzwischen trat immer deutlicher zutage, daß die Regierung unter Präsident Yuan Shikai nicht unangefochten blieb. Seine durch Cliquenbildung, Macht- und Fraktionskämpfe sich auszeichnende Amtsführung billigte dem Parlament keine politische Rolle zu und zielte darauf ab, den Einfluß der „Revolutionären Allianz" (*Tongmenhui*) um Sun Yatsen zu minimieren. Am 1. April 1912 legte Sun Yatsen seine Ämter nieder, im Juni folgten ihm Cai Yuanpei, Wang Chonghui und Song Jiaoren. Bereits Ende April verkündete Song Jiaoren die Gründung einer neuen Partei, die dann am 25. August 1912 als ein Bündnis von fünf Parteien unter dem Namen „Guomindang" (GMD, Nationale Volkspartei) in Peking vorge-

---

38 Haxthausen an Bethmann Hollweg, 19.02.1912 (PAA, R17729).

39 Siehe FN 38.

40 Staatssekretär des AA, Kiderlen-Wächter, an den Botschafter in Washington, Bernstorff, einschließlich der Verbalnote Japans vom 27.02.1912 (GPEK, Bd. 32, Nr. 11828, 260-261). Zur Anerkennungsfrage siehe die Dokumente in ZHMWZX, Bd. 1, S. 7-30.

41 Dies ist einer Denkschrift des Unterstaatssekretärs Montgelas (13.03.1912) und einem darauf aufbauenden Schreiben von Kiderlen-Wächter an Haxthausen (19.03.1912) in Peking zu entnehmen. Angesprochen wurden der Bau der Eisenbahnlinie Gaomi-Yichou in Shandong, der Abschluß eines Kulivertrags und die Zulassung chinesischer Absolventen deutscher (Medizin-)Schulen zum Staatsdienst. Siehe Kiderlen-Wächter an Haxthausen, 19.03.1912 (abgedr. in Leutner 1997:512, Dok. 145) und die Aufzeichnung Montgelas 13.03.1912 (PAA, R17725).

42 Vgl. Stingl 1978:686.

stellt wurde und gegen Yuan Shikai Stellung bezog.[43] Diese Fraktionskämpfe waren nicht zu ignorieren und zwangen die diplomatischen Vertreter beständig zur Neueinschätzung der Lage. Der Gesandte v. Haxthausen charakterisierte Sun Yatsen und Li Yuanhong,[44] den von Song Jiaoren favorisierten Präsidentschaftskandidaten, als „ganz gewiß sympathische Persönlichkeiten, aber das Zeug wirklicher Staatsmänner haben sie kaum".[45] Auch Konsul Wendschuch (Nanjing) empfand Sun nach einem persönlichen Gespräch lediglich als zurückhaltend und sympathisch (Dok. 2). Die Vertreter des Deutschen Reiches blieben zwar nach außen bemüht, eine neutrale, kooperativ-freundschaftliche Position gegenüber Sun Yatsen zu bewahren, um ihre Wirtschaftsinteressen im Süden Chinas nicht zu gefährden, hielten aber an der Unterstützung Yuans fest.[46]

Tatsächlich war die Situation im Lande seit Beginn der Revolution von Unruhen und Chaos geprägt. Das Leben der Bevölkerung wurde in Teilen des Landes von Plünderungen durch rebellierende Truppenverbände und anti-mandschurische Aufstände bedroht. Wenngleich Ausländer in der Regel unbeschadet blieben, sahen die ausländischen Mächte sich gezwungen, ihr Sicherheitsbedürfnis durch eine erhöhte militärische Präsenz zu unterstreichen (Dok. 3).[47] Insgesamt zeichnete sich ab, daß die Revolutionäre zwar den Sturz der Monarchie und das Ende des konfuzianischen Zentralstaates herbeigeführt hatten, aber keine die Einheit des Landes bewahrende Regierung im Süden installieren konnten. Den nur mäßigen politischen und militärischen Erfolgen im Süden standen die Militärmachthaber des Nordens mit ihren Interessen entgegen, deren Gebaren bereits den Beginn einer zunehmenden Entmachtung der Peking-Regierung andeutete.[48] Folglich setzte das Deutsche Reich wenig Vertrauen in die jungen Revolutionäre, war aber entschlossen, sich für den Erhalt der Einheit Chinas einzusetzen (Dok. 4). Deutschland hob sich hiermit von Rußland und Japan ab, welche seit Wochen große Truppenansammlungen an der Grenze zur Mongolei bzw. Mandschurei stationiert hatten, die eine Intervention befürchten ließen.[49]

Bereits im Januar 1912 hatten sich die deutsche und die amerikanische Regierung darüber verständigt, von einer Einmischung in die inneren Angelegenheiten Chinas abzusehen und im Falle einer Intervention Japans gemeinsam vorzugehen.[50] Durch die ambitionierte Haltung Englands, Japans und Rußlands wurde das Zusammengehen der amerikani-

---

43 Zur Parteienlandschaft zu Beginn der Republik China siehe Kuhn 2004:82-87.

44 Vizepräsident unter Yuan Shikai.

45 Haxthausen an Bethmann Hollweg, 19.02.1912 (PAA, R17723).

46 Nicht zuletzt auch deshalb, weil seit der Ernennung Yuan Shikais zum Governeur von Shandong im Jahr 1900 bereits Kontakte bestanden. Siehe Mühlhahn 2000:122ff.

47 Vgl. auch Vanselow: „Bericht über die Lage in Nanjing" an das Kaiserliche Kommando des Kreuzergeschwaders, 12.03.1912 (PAA, R17728).

48 Ratenhof 1987:256.

49 Japan schien bereits Ende Januar 1912 kriegerische Vorbereitungen zu treffen. Berichten aus Tokio zufolge war ein Vorgehen Japans in der Mandschurei entweder im Sinne der Annexion oder nach dem russischen Vorbild in der Mongolei nicht ausgeschlossen (GPEK, Bd. 32, Nr. 11815 u. Nr. 11816, 248). Von japanischer Seite wurde jedwede Interventionsabsicht geleugnet.

50 Telegramm des Stellvertretenden Staatssekretärs des AA, Zimmermann, an den Botschafter in Washington, Grafen von Bernstorff, 25.01.1912 (GPEK, Bd. 32, Nr. 11819, 251-252).

schen und reichsdeutschen Regierung von chinesischer Seite mit besonderem Interesse verfolgt, blieb aber in bezug auf die Anerkennung folgenlos, da Deutschland mit Rücksicht auf die Situation in Europa keine Vorreiterrolle einnehmen wollte.[51] Möglicherweise war es der o.g. Gesamtsituation geschuldet, oder auch der Presse in Deutschland, die Befürchtungen dahingehend bekundete, in China – wie bei dem Kampf um die Kolonien – „wieder einmal zu spät zu kommen“,[52] daß v. Haxthausen im September 1912 „eine möglichst rasche Anerkennung der Republik in ihren bisherigen Grenzen und die Garantie des Status quo“ als den besten Schutz für die sonst gefährdeten beiderseitigen Interessen forderte.[53]

Indessen hatte in China der Wahlkampf für die Parlamentswahlen begonnen, welcher mit allen Mitteln der Einschüchterung und Diffamierung geführt wurde. Die GMD konnte schließlich bei den Wahlen (12.1912-02.1913) einen herausragenden Sieg erzielen und wurde damit zum Hauptgegner Yuan Shikais. Das Ergebnis wurde in Diplomatenkreisen, deren gesamte Politik sich auf die Unterstützung Yuan Shikais konzentrierte, als Niederlage begriffen, so daß bei einer späteren Nicht-Wiederwahl Yuans eine militärische Intervention gegen die GMD und die Revolutionäre nicht ausgeschlossen wurde.[54] Als der chinesische Gesandte in Deutschland, Yan Huiqing, am 16. März bekanntgab, daß Yuan nach erfolgten Schätzungen 80% der Stimmen auf sich vereinen würde, empfahl v. Haxthausen, Yuan nach erfolgreicher Wahl unverzüglich die Anerkennung auszusprechen, um ihm den Rükken zu stärken.[55] Die Situation geriet außer Kontrolle, nachdem Song Jiaoren, der zukünftige Premierminister eines von der GMD gestellten Kabinetts, am 20. März 1913 in Shanghai das Opfer eines Attentats wurde. Der Verdacht fiel sofort auf Yuan Shikai und führte zu landesweiten Protesten, die in die sog. „Zweite Revolution“ mündeten. Die Machtposition Yuans war deutlich ins Wanken geraten, so daß nicht nur die Wahlen ausgesetzt werden mußten, sondern auch Japan und die europäischen Mächte erneut von einer Anerkennung absahen. Vor diesem Hintergrund nahm auch der Druck auf die Verhandlungen um eine „Reorganisationsanleihe“ zur Unterstützung Yuan Shikais zu.

Die „Reorganisationsanleihe“

Neben den bisher genannten Kontroversen stellten die Verhandlungen um die „Reorganisationsanleihe“ den wohl wichtigsten Faktor dar, der die Phase der Anerkennung begleitete.[56]

---

51 Haxthausen sah sich deshalb gezwungen, in einem Gespräch mit Ministerpräsident Lu Chengxiang „über die Frage einer eventuellen Anerkennung der Republik hinweggehen zu sollen“ (Haxthausen an Bethmann Hollweg, 14.07.1912, in: PAA, R17730).

52 In: *General Anzeiger* (Der Stadt Frankfurt a. M.), 28.08.1912: „Die Deutschen Interessen in China“.

53 Haxthausen an Bethmann Hollweg, Beijing 21.09.1912 (GPEK, Bd. 32, Nr. 11831, 263-264).

54 Haxthausen im Gespräch mit dem britischen Gesandten Sir John Newell Jordan (Haxthausen an Bethmann Hollweg, 02.03.1913, PAA, R17733). Zur Einstellung Jordans gegenüber Yuan Shikai siehe auch Young 1977:169.

55 Haxthausen an Bethmann Hollweg, 16.03.1913 (GPEK, Bd. 32, Nr. 11834, 267-68).

56 Der Begriff „Reorganisation“ leitet sich davon ab, daß das Konsortium auf die Reorganisation des komplexen Netzwerks der Regierungsteilnahme und -kontrolle von Produktion, Transport und Verkauf von Salz hinwirken sollte. Weder stand die Sicherheit der Anleihe im Vordergrund, noch wurde ein spezieller Plan verfolgt. Das Ziel war die Kontrolle der Salzverwaltung (Young 1977:126ff).

Hier nun trat jenes vom Ausland anvisierte Abhängigkeitsverhältnis des informellen Imperialismus zutage, das auf der Geberseite finanzielle Gewinne und Einflußnahme auf innerchinesische Angelegenheiten versprach, für Yuan Shikai jedoch innenpolitischen Machtzuwachs bei finanzieller Abhängigkeit bedeutete. Zwar war schon zu Zeiten der Mandschu-Herrschaft über entsprechende Anleihen bei dem von amerikanischen, britischen, französischen und deutschen Banken gegründeten „Vierer-Konsortium" diskutiert worden,[57] doch zwang der Druck der im ganzen Land aufbrechenden Unruhen zu einer Wiederaufnahme der Verhandlungen, weil durch die hohe Staatsverschuldung Chinas und die erfolgte Verpfändung der Zolleinnahmen als Sicherheit zur Rückzahlung der Kredite praktisch jede neue Regierung auf die finanzielle Unterstützung des Auslands angewiesen war.[58] Diese Ausgangssituation begünstigte die Entstehung eines multinationalen Finanzkonsortiums, welches seine Neutralität schnell aufgab und die neue chinesische Regierung zeitweise unter seine finanzielle Kontrolle zwang.[59]

Yuan Shikai hatte schon im Dezember 1911 um eine Anleihe beim Viererkonsortium nachgefragt, die nicht gewährt wurde.[60] Erst als deutlich wurde, daß Yuan Shikai ohne Geld keine stabile Regierung schaffen könne, gestand das Viererkonsortium der neuen Regierung am 28. Februar 1912 den ersten Vorschuß zu. Im März beschlossen die Direktoren des Syndikates in London die finanzielle Unterstützung Yuan Shikais. Parallel hierzu tauchte der Plan einer „Reorganisationsanleihe" in Höhe von 40 oder 60 Millionen Pfund auf, dem sich nach kontroversen Diskussionen und mehrfachem Abbruch der Verhandlungen am 21. Juni auch Rußland und Japan anschließen durften.[61] Die Reorganisationsanleihe stellte auf-

57 Noch im Oktober 1911 hatte das Viererkonsortium eine Zehn-Millionen-Pfund-Anleihe an die chinesische Regierung erörtert und beschlossen, die dann aber nicht aufgelegt wurde (Stingl 1978:683, Young 1977:122-129). Zur Anleihepolitik der Mächte siehe Pyan-Ling 1917:92-124, Hou Chi-ming 1954, Osterhammel 1989:213ff, Huang Yiping 1995, Guo Jianlin 2000:182-197; zur deutschen Beteiligung insbesondere GPEK (Bd. 32), Peter 1965 und Barth 1995.

58 Die Schulden rührten aus dem Friedensvertrag von Shimonoseki (1895) und den aufgezwungenen Sühnezahlungen des Boxer-Protokolls (7.9.1900). Die daraus resultierende Staatsverschuldung zwang China in den letzten Jahren der Qing-Regierung, jährlich Anleihetilgungen und Boxer-Zahlungen in Höhe von 46-47 Mio. Taels zu leisten, etwa die Hälfte des zentralen Budgets (Osterhammel 1989:216).

59 Barth (1995:287) spricht in diesem Zusammenhang gar von „einer Art finanzieller Diktatur", die nach 1911 zeitweise über die chinesische Zentralregierung ausgeübt wurde. Hierzu zählten die englische Hongkong & Shanghai Bank, die französische Banque de l'Indo-Chine, die Deutsch-Asiatische Bank und die Bankiers der US-amerikanischen Gruppe um das New Yorker Bankhaus J. Pierpoint Morgan. Zur Genese des „Viererkonsortiums" seit 1904 siehe Barth 1995:287-303.

60 Das Konsortium und die deutsche Reichsregierung stimmten zwar zu, die englische Regierung weigerte sich jedoch, den Norden des Landes gegen die Revolutionäre im Süden zu unterstützen, weil sie ihre Handelsinteressen gefährdet sah. Die US-Regierung lehnte ebenfalls ab, da eine Unterstützung des Nordens zur Folge haben könnte, daß Rußland und Japan sich auf die Seite der Revolutionäre schlagen (Stingl 1978:684).

61 Der Plan für ein internationales Bankensyndikat mit russischer und japanischer Beteiligung war bereits im November 1909 mit dem Ziel einer Neutralisierung der Mandschurei von dem amerikanischen Staatssekretär Knox entwickelt worden. Japan und Rußland war nicht an einer Stärkung Chinas gelegen, überdies behinderten Konsortium und Anleihe das eigene Vorgehen in China (O. Franke 1923:320ff). Um einer drohenden Ausgrenzung in China zu entgehen, stimmten Japan im März und

grund ihrer politischen Eingebundenheit ein wichtiges diplomatisches Instrument dar, das die Großmächte zum gemeinsamen Vorgehen zwang und die Macht Yuan Shikais stärkte.[62] Die Deckung der Anleihe war an schwer akzeptierbare und die Verhandlungen verzögernde Bedingungen geknüpft, da die chinesischen Salzzölle direkt auf ausländische Banken überwiesen werden sollten bzw. auch eine entsprechende ausländische Kontrolle über die Verwendung der Gelder vorgesehen war.[63] Deutsche Firmen setzten Chinas Regierung nicht nur durch Rückzahlungsforderungen unter Druck (Dok. 5), sondern konkurrierten auch in ihrem Bemühen um weitere Anleihe- und Kaufverträge, was trotz der Monopolstellung des Konsortiums teilweise gelang und das Prozedere ebenso verkomplizierte wie die ambivalente Haltung Yuan Shikais gegenüber diesen Vorgängen.[64] Die finanzielle Notlage der jungen Republik drängte zur Annahme des Kredits, um, wie Ministerpräsident Tang Shaoyi angab, u.a. die zu entlassenden Truppen von mehr als 850.000 Mann auszuzahlen.[65]

Die Verknüpfung von Anleihe und Anerkennung war nicht zu übersehen.[66] Problematisch war in diesem Zusammenhang nur, daß Yuan Shikai immer weniger das Vertrauen der Revolutionäre um Sun Yatsen und des Parlaments genoß. Die aus einer finanziellen Unterstützung seiner Regierung resultierende und absehbare Unzufriedenheit der Gegner Yuans war ein Faktum, dem auch v. Haxthausen seine Berechtigung einräumte.[67] Die absehbare finanzielle Abhängigkeit der jungen Republik wurde zudem von den ausländischen Großbanken in Deutschland kontrovers diskutiert. Eine entsprechende Debatte entzündete sich im Zusammenhang mit der Mitte Mai 1912 im Reichstag diskutierten Erhöhung des Personalstandes der Besatzungstruppen in Kiautschou, wo Dr. Herzfeld (SPD) diese Zusammenhänge nachdrücklich kritisierte.[68]

Rußland im April 1912 mit ausdrücklicher Hervorhebung ihrer Interessen schließlich doch zu (Stingl 1978:689, Barth 1995:389ff).

62 Dieses ist auch dem Schriftverkehr des AA Berlin zu entnehmen. So gab der Generalkonsul in Shanghai, Buri, am 1. März 1912 dem Reichskanzler zu verstehen, daß der Ausschluß Japans aus der Anleihepolitik geeignet sei, dessen Einfluß in China zugunsten Deutschlands zu minimieren (GPEK, Bd. 32, Nr. 11877, 299-300). Aus Petersburg meldete Graf v. Pourtalès noch am 9. März 1912, daß die Gewährung der Anleihe automatisch auch eine Anerkennung der chinesischen Regierung bedeute und Rußland sich zu diesem Schritt nicht entschließen könne (Ebenda, Nr. 11872, 295-196).

63 Vgl. Ratenhof 1987:231.

64 Siemens-Schuckert schloß im Juni 1912 eine Anleihe über ca. 9 Millionen Mark mit der chinesischen Regierung ab, Anfang Juli bemühte sich das chinesische Finanzministerium um ein Dahrlehen in Höhe von 10 Millionen Mark zum Erwerb von Kriegsmaterial (Peter 1965:56-78). Parallel dazu konkurrierten die Firmen Arnhold, Karberg & Co, Carlowitz & Co sowie Diederichsen & Co um den Abschluß von Rüstungsaufträgen mit der chinesischen Regierung. Siehe hierzu Kaske, in Baur 2005:51-53.

65 Von Haxthausen an Bethmann Hollweg, 28.05.1912 (GPEK, Bd. 32, Nr. 11898, 325-327).

66 Vgl. Young 1977:124. Haxthausen bemerkte am 28.05.1912 an den Reichskanzler: „Mit den Vorschüssen soll der provisorischen Regierung auf die Beine geholfen werden. Beweist sie, daß sie stehen und gehen kann, so folgen Anerkennung und Anleihe“ (GPEK, Bd. 32:325-327, Nr. 11898).

67 Haxthausen an Bethmann Hollweg, 06.05.1912 (GPEK, Bd.32, Nr. 11893, 319-322).

68 Herzfeld hierzu: „Die Hochfinanz ist die Macht, die augenblicklich über die Macht des chinesischen Volkes und über seine Staatsform entscheidet. Gibt sie das Geld, so besteht die Regierung, so besteht die Staatsform; gibt sie es nicht, so wird die Sache vielleicht anders werden.“ Siehe die Reichstagsdebatte vom 15.05.1912, in: SBVR, Bd. 286:2047.

Inzwischen hatten weitere Verhandlungen über den Abschluß der Anleihe gezeigt, daß die chinesische Regierung weder die vom Konsortium geforderten Berater- und Kontrollrechte akzeptieren wollte noch Geschäfte mit Japan und Rußland zu tätigen gedachte, um deren „Sonderinteressen" sie wußte. Schließlich gaben die amerikanischen Banken auf Initiative des im Vorjahr gewählten neuen Präsidenten Woodrow Wilson am 21.03.1913 ihren Ausstieg aus dem Konsortium bekannt. Dieser Schritt lag in der Ablehnung des aggressiven japanischen und russischen Expansionismus begründet, unterstrich gleichzeitig aber die neue „moralische" Außenwirtschaftspolitik Amerikas.[69] Die chinesische Presse lobte dieses Vorgehen, sich von dem verhaßten Konsortium losgelöst zu haben, und beurteilte Deutschlands Verhalten als freundschaftlich, aber kritisch (Dok. 6). Gleichzeitig ließ sie durchsikkern, daß Deutschland diesem Schritt folgen möge.[70] Die Deutsch-Asiatische Bank wollte sich das lukrative Geschäft allerdings nicht entgehen lassen. Nachdem die chinesische Regierung am 25. April der Einstellung europäischer Berater zugestimmt hatte, wurde in der Nacht vom 26./27. April die vom Fünf-Mächte-Syndikat gewährte „Reorganisationsanleihe" durch Zhou Xuexi, den Finanzminister und chinesischen Unterhändler Yuan Shikais, ohne Zustimmung des Parlaments in Höhe von nunmehr 25 Millionen Pfund Sterling unterzeichnet – praktisch erhielt Yuan Shikai nur 8,5 Millionen Pfund Sterling ausgezahlt.[71] Die politische Bedeutung der Anleihe wurde nicht angezweifelt (Dok. 8), zudem hatte Deutschland zwei der fünf ausgehandelten Beraterposten besetzen können.[72] Entgegen aller Proteste, u.a. durch Sun Yatsen und Kang Youwei, unterstrich der gegen das Parlament und damit die Verfassung mißachtende Vertragsabschluß sowohl die Machtlosigkeit der Regierung als auch die nur bedingt neutrale Haltung der ausländischen Mächte.[73]

Damit waren der Höhepunkt und das Ende des „kooperativen Finanzimperialismus" in China erreicht, der als aktive Kraft mit dem Ersten Weltkrieg verschwand.[74] Der chinesi-

---

69 Vgl. Ratenhof 1987:232. Eine Beurteilung dieser Vorgänge durch die deutsche Finanzgruppe findet sich in dem Schreiben des Unterstaatssekretärs im AA, Zimmermann, an den Botschafter in London, Lichnowsky, 23.03.1913 (GPEK, Bd. 32, Nr. 11957, 382-383).

70 Haxthausen an Bethmann Hollweg, 27.03.1913 (GPEK, Bd. 32, Nr. 11959, 385), siehe Stingl 1978:698.

71 Der Anleihevertrag findet sich abgedruckt in ZHMWSH, Bd. 1, S. 89-104. Die Anleihe wurde zu folgenden Bedingungen ausgegeben: 25 Millionen engl. Pfund zu 5% Zinsen, Laufzeit 47 Jahre, Tilgung beginnend nach dem 11. Jahr, Ausgabekurs 90%, Übernahmekurs 84%. Als Sicherheit wurden das Salzmonopol und unbelastete Überschüsse der Seezölle festgelegt (Barth 1995:400). Den Großteil der Summe hatten die Banken zur Tilgung, Zurückzahlung und Sicherstellung bestehender Schulden im Ausland einbehalten (Kuhn 2004:91). Deutschland übernahm 24% der Anleihe, ca. 123 Millionen Mark (Young 1977:129, Ratenhof 1987:247, Guo Jianlin 2000:879).

72 Carl Rump wurde zum Direktor des Anleiheamtes berufen, Ernst von Strauch, bislang bei der Seezollbehörde beschäftigt, zum Stellvertretenden Generalinspektor der Salzverwaltung. Darüber hinaus erhielt der deutsche Direktor der Disontogesellschaft, Anton Arnold, auf Vorschlag des vorgesehenen holländischen Kandidaten einen Beraterposten für Währungsreform. Siehe Kaske, in Baur 2005:61.

73 Das Parlament verabschiedete anschließend zwei Resolutionen (27.04. und 29.04.), die den Anleihevertrag für verfassungswidrig erklärten (ZHMWZX, Bd. 1, S. 66-67), vgl. auch Yeh Young-ming 1983:36-38. Zum Protest der GMD siehe ZHMWSH, Bd. 1, S. 133-136.

74 Vgl. Osterhammel 1989:213-226. Vor Kriegsausbruch entfielen lt. Osterhammel (1989:219) auf die einzelnen Gläubigerländer folgende Anteile der tatsächlich an China gezahlten Anleihesummen: Großbritannien 41%, Frankreich u. Belgien je 17%, Deutschland 16%, Japan 5% u. die USA 4%.

schen Regierung wurden nach Abschluß der Reorganisationsanleihe keine weiteren Anleihen in dieser Größenordnung gewährt, wenngleich sie bis zum Kriegsbeginn entsprechende Verhandlungen auch mit Deutschland führte.[75]

Parallel zu den Verhandlungen um die Reorganisationsanleihe hatten die USA unter Präsident Wilson ihre Unterstützung Yuan Shikais und der Idee einer Republik in China bekräftigt.[76] Diese Haltung setzte die anderen Mächte deshalb unter Zugzwang, weil die amerikanische Regierung am 3. April ihre Bereitschaft erklärte, die Republik China am 8. April zur Eröffnung ihres ersten Parlaments anzuerkennen.[77] Der neue Staatssekretär des Auswärtigen Amtes, von Jagow, gab daraufhin gegenüber Wilhelm II. zu verstehen, daß „die Anerkennung durch Amerika allein ... sein Prestige zu unserem Nachteil steigern würde“. Dem Vorschlag, die Anerkennung nach erfolgreicher Präsidentenwahl Yuan Shikais auszusprechen, wurde mit einem Telegramm vom 6. April zugestimmt.[78]

Der Alleingang Amerikas hatte nicht nur unter den Gesandten heftige Debatten ausgelöst, sondern auch im Deutschen Reichstag, wo eine kontroverse Diskussion um die Frage der Anerkennung und die deutsche Chinapolitik entbrannt war (Dok. 7). Die Anerkennung der Republik China durch Brasilien und Peru im April 1913 und schließlich am 2. Mai durch die USA, Amerikas Austritt aus dem Konsortium und die neue Politik Wilsons hatten insgesamt Zweifel an der Haltbarkeit der deutsch-amerikanischen Kooperation in Ostasien wachgerufen, denen Reichskanzler Bethmann Hollweg durch eine Annäherung an England zu begegnen versuchte. Bündnisse in anderen strategisch wichtigen Regionen der Welt deuteten bereits eine Verständigung an.[79] Die deutsche Diplomatie plante alle diese Schritte mit Vorsicht, weil nicht nur im Reichstag, sondern auch in der deutschen Presse die Schwächen der bisherigen politischen und wirtschaftlichen Bemühungen in China aufgedeckt und dem Auswärtigen Amt angelastet wurden.[80]

Die Rolle der „Musterkolonie Kiautschou“ im Für und Wider um die Anerkennung

Das in der Anerkennungsfrage langfristig gedachte, taktische und energische Vorgehen von Haxthausens stieß von Seiten des Militäradministration in Kiautschou auf Widerstand. Dort

75 Am 24.10.1913 wandte Finanzminister Xiong Xiling sich an die Bankvertreter des Fünf-Mächte-Konsortiums, um eine weitere Anleihe in Höhe von £ 25 Mio. zu beantragen. Der Abschluß der Anleihe scheiterte, weil China nicht genügend Sicherheiten bieten konnte und die beteiligten Mächte auch aufgrund der Spannungen in Europa zu keiner Übereinkunft fanden. Siehe den Bericht von Maltzan, Peking, an den Reichskanzler, 31.07.1914 (GPEK, Bd. 32, Nr. 11986, 413-417).

76 Spence 1990:282, Stingl 1978:697.

77 Amerikas Austritt aus dem Anleihekonsortium wurde allgemein als Vorbereitung für eine einseitige Anerkennung der Republik China interpretiert (GPEK, Bd. 32, Nr. 11835, 268).

78 Staatssekretär v. Jagow an den Gesandten Treutler, 05.04.1913 (GPEK, Bd. 32, Nr. 11838, 270).

79 So liefen z.B. seit Februar 1913 Verhandlungen zur Einigung in der Bagdadbahn-Frage und im Oktober 1913 wurde ein Kompromiß über eine mögliche gemeinsame Beerbung des portugiesischen Kolonialreichs ausgehandelt (Stingl 1978:700ff).

80 Vgl. *Berliner Tageblatt*, 20.05.1913: „Unsere diplomatische Vertretung in China“ (BArch, R9208/583).

liebäugelte man mit der Restauration der Monarchie und bot in Qingdao zahlreichen Anhängern wie auch Angehörigen des Qing-Hofes einen Ort der Zuflucht vor den revolutionären Wirren.[81] Am 26. September 1912 traf auch Prinz Heinrich von Preußen in Qingdao ein, der als Vertreter des Kaisers an den Beisetzungsfeierlichkeiten des japanischen Kaisers Mutsuhito (13.09.) teilgenommen hatte und sich auf der Rückreise befand.[82] Seine Königliche Hoheit soll häufig in Mandschukreisen verkehrt und in einem vertraulichen Gespräch mit dem Prinzen Kong am 6. Oktober geäußert haben, alles in seiner Macht stehende für die Wiedereinsetzung der Mandschudynastie zu leisten. Diese „delikate Frage", wie Prinz Heinrich sich ausdrückte, wäre natürlich mit Vorsicht zu behandeln, denn sie könnte leicht das Mißtrauen anderer Nationen erwecken.[83] Der Deutschland verbundene General Yinchang[84] berichtete v. Haxthausen hiervon in einem vertraulichen Gespräch und in der Hoffnung, daß dieser Umstand nicht an die Öffentlichkeit gelangen möge.[85] Um dem tatsächlich vorzubeugen, ging am 10. Januar 1913 eine Anweisung an die Gesandtschaft in Beijing, „etwaigen Gerüchten, daß die Kaiserliche Regierung die Bestrebungen zur Wiedereinsetzung der Mandschudynastie unterstütze, in geeignet erscheinender Weise entgegenzutreten und die durchaus korrekte und freundschaftliche Haltung der Kaiserlichen Regierung gegenüber den Machthabern in China zu betonen".[86]

Neben die Konflikte mit den pro-monarchistischen Kreisen traten die zwischen Diplomatie und Handel, d.h. zwischen „großer" und „kleiner" Chinapolitik.[87] Durch den Regierungswechsel in China wurde die Bedeutung Kiautschous als Stützpunkt deutscher Interessen zunehmend kontrovers diskutiert.[88] Bereits 1911 waren deutsche Überlegungen einer vorteil-

---

81 Der Nationalliberale Abgeordnete Paasche empfand dieses als Erfolg und Anerkennung des Deutschtums in China und bemerkte am 11.12.1912 im Reichstag: „Wenn ich ihnen sage, daß gegenwärtig in Qingdao eine große Zahl von reichen Chinesen sich niederlassen, daß, als ich da war, nicht weniger als 34 hohe chinesische Staatsbeamte mit dem Prädikat Exzellenz – einer davon war vorher Vormund des Kaisers von China – , also Männer in den allerhöchsten Stellungen, sich in Qingdao ansiedeln, weil sie unter dem Schutz der Deutschen und der deutschen Macht sich sicher fühlen, ..." (SBVR, Bd. 286, S.2732). Vgl. Stichler 1994:359-374.

82 Unter dem Kommando von Prinz Heinrich, von 1898-1900 Chef des Ostasiatischen Kreuzergeschwaders, hatte das III. Seebataillon als Verstärkung für die Landungsabteilung in Kiautschou am 16.12.1897 Wilhelmshafen verlassen. Siehe hierzu Leutner 1997:162-164.

83 Zu Prinz Kongs Aufenthalt in Qingdao siehe Wilhelm 1926:179ff. Sun Yatsen traf dort ebenfalls am 28. September zu einem Privatbesuch ein. Ein Empfang durch Prinz Heinrich von Preußen fand nicht statt (Leutner 1997:513-517).

84 General Yinchang, Absolvent der Pekinger Sprachenschule „Tongwenguan", wurde 1897 als Dolmetscher an die chinesische Gesandtschaft in Berlin berufen. Er studierte nebenher deutsches Militärwesen und heiratete eine Deutsche, die er 1894 mit nach China nahm. Er stand unter der Qing-Regierung dem Kriegsministerium vor (Stingl 1978:671, Gütinger 2004:154-155).

85 Haxthausen an Bethmann Hollweg, 24.12.1912 (GPEK, Bd. 32, Nr. 11832, 264-266).

86 Zimmermann an Haxthausen, 10.01.1913 (GPEK, Bd. 32, Nr. 11833, 266).

87 „Große Chinapolitik", so Stingl, bezeichnet die internationalen Auseinandersetzungen darüber, wie China aussehen solle und wie es zu behandeln sei. Aus deutscher Sicht ging es darum, China in dem Zustand zu halten oder in jenen zu versetzen, in dem es der deutschen Wirtschaftsexpansion Erfolgschancen bot. In der „Kleinen Chinapolitik" ging es um die Details der Expansion (Stingl 1978:707).

88 Der Reichstag war auf Grund seines Budgetrechts von Bedeutung für die deutsche Chinapolitik, weil er deren Wirkungsradius und Einfluß in Bezug auf deutsche Schulen, Schiffe, Truppen, Haushaltsetat

haft sich auswirkenden Rückgabe der „Musterkolonie Klautschou“ von der chinesischen Presse als unrealistisch abgetan worden, zu hoch waren die Investitionen, zu sehr war Deutschland auf Prestige und Machterhalt bedacht (Dok. 1). Im Februar 1912 nahm der SPD-Abgeordnete Ledebour die Diskussion im Reichstag wieder auf und kritisierte die „Bülowsche Sonnenpolitik“, indem er die Rückgabe Kiautschous forderte, um „der neuen chinesischen Republik, soviel oder so wenig sie wert sein mag, ... in jeder Weise förderlich zu sein“.[89] Drei Monate später entzündeten sich die Verhandlungen über den Etat für das Schutzgebiet Kiautschou und das Ostasiatische Marinedetachment an einem der Budgetkommission gestellten Antrag, „650.000 Mark hinzuzusetzen für Maßnahmen zum Schutze der deutschen Interessen anläßlich der politischen Unruhen in China“, um zusätzliche 500 Mann Besatzung bereithalten zu können. Die Meinungen hierüber gingen auseinander. Befürworter sahen in Qingdao einen sich gut entwickelnden „Stützpunkt der gesamten deutschen Interessen“, den es zu verteidigen galt.[90] Gegner hielten dem entgegen, daß kein Deutscher zu Schaden gekommen sei und die etwa 1500 Deutschen in Qingdao dort in höchster Sicherheit leben (Herzfeld, SPD). Letztlich würden die Truppen nicht zum Schutze gebraucht, auch nicht für die restlichen im Lande verstreuten ca. 80 Deutschen, sondern im Interesse der Hochfinanz, um der Banken- und Anleihepolitik eine militärisch beeindruckende Rückendeckung zu geben. Herzfeld lehnte beides ab und kam zu dem Schluß, „jede Stärkung der europäischen, ausländischen Militärmacht in China stärkt das deutschfeindliche Gefühl, bewirkt gerade das, was sie verhindern soll“.[91] Dem wurde vom Staatssekretär des Reichsmarineamts und Chef des Ostasiatischen Kreuzergeschwaders, Alfred von Tirpitz, entschieden widersprochen, was ihn die Situation der Deutschen detailliert schildern und den Einsatz der notwendigen Truppen fordern ließ.

Im Dezember 1912 wurden die Beratungen wieder aufgenommen, wobei die SPD ihre ablehnende Haltung beibehielt. Noske argumentierte, daß Deutschland in China „moralische Eroberungen“ machen wolle und die Entfaltung militärischer Macht nie zur Besserung wirtschaftlicher Verhältnisse geführt habe.[92] Demgegenüber vertrat der Nationalliberale Paasche mit Blick auf England die Ansicht, daß in einem Land wie China die politische Macht einen gewaltigen Eindruck machen und dahin wirken würde, auch die wirtschaftlichen Interessen zu fördern. Noske ließ sich nicht beirren, denn „der deutsche Einfluß in China hängt nicht von der Zahl der Soldaten ab“, sondern fiel vielmehr aufgrund früherer Fehler von Regierung und Diplomatie vergleichsweise gering aus.[93] Die Debatte endete mit

---

für Kiautschou etc. festlegte. Die Bedeutung der parteipolitischen Konstellationen blieb allerdings auch auf diesen Bereich reduziert, denn „in den Alltag der deutschen Chinapolitik spielten sie selten hinein“. Dort waren die wirtschaftlichen Organisationen weitaus einflußreicher (Stingl 1978:303).

89 Ledebour, 17.02.1912, in: SBVR, Bd. 283:95-96.

90 Abgeordneter Nacken, Zentrum, 15.05.1912, in: SBVR, Bd. 285:2044-2048.

91 Debatte vom 15.05.1912, in: SBVR, Bd. 285:2047.

92 Debatte vom 11.12.1912, in: SBVR, Bd. 286:2730-2733.

93 Er bezieht sich auf eine Aussage Sun Yatsens, wonach die Deutschen die Möglichkeit hätten, größere Sympathien in China zu erwerben, wenn sie Kiautschou gegen Entschädigung in irgendeiner Form an China zurückgeben würden. Ebenda, S. 2731.

der Annahme des Antrags zur einmaligen Ausgabe von 800.000 Mark als „Maßnahme zum Schutze deutscher Interessen anläßlich politischer Unruhen in China".[94]

Die hinter dieser Debatte stehende Frage, ob es wirtschaftlich sinnvoll sei, die Kolonie zur Unterstützung der Republik China und hinsichtlich zukünftig freundschaftlicher Beziehungen aufzugeben, wurde somit negativ entschieden. Die unterschiedlichen Positionen und Argumente verdeutlichen die wachsende Kritik an der Kolonialpolitik des Reiches, die die Annerkennungsfrage begleitete. Aus chinesischer Perspektive war Qingdao jedoch nicht nur ein Zufluchtsort konservativer Kräfte, sondern auch ein wichtiger Handelshafen (Kap. 5) und eine „Modellanlage", wie Sun Yatsen nach seinem Besuch hervorhob (Dok. 127).

Die „2. Revolution" und die Anerkennung der Republik China

Indessen hatte Yuan Shikai, gestärkt durch den Abschluß der Anleihe und die Anerkennung Amerikas, den Kampf gegen seine Widersacher aufgenommen. Der mit Waffengewalt geführte Feldzug begann am 11. Juli, als der einflußreiche GMD-Militärgouverneur Li Liequn öffentlich zum Widerstand gegen Yuan aufrief und die Provinz Jiangxi ihre Unabhängigkeit erklärte; er endete am 1. September mit der Niederlage der Revolutionäre in Nanjing.[95] Das Ausland blieb in den Kämpfen formal unbeteiligt, leistete aber für Yuan durchaus wichtige Hilfe.[96] Der Sieg Yuan Shikais, insbesondere aber die Einheit des Landes, entsprach dem Wunsch progressiver Intellektueller wie Li Dazhao, die das Chaos in den Provinzen schon deshalb beendet sehen wollten, weil zu befürchten war, daß die ausländischen Mächte – auch Deutschland – die Schwäche Chinas zu ihrem eigenen Vorteil nutzen könnten (Dok. 10).[97] Derartige Ängste waren berechtigt, da Deutschland nicht nur seine Interessen im Eisenbahnbau mit der Anerkennung der Republik zu verknüpfen suchte,[98] sondern auch die vollständige Industrialisierung der Provinz Shandong unter deutscher Ägide als Kompensation für die Rückgabe aller dortigen Konzessionen diskutiert wurde.[99] Ungeachtet dessen beurteilte Yuan Shikai sein Verhältnis zum Deutschen Reich positiv. Major Dinkelmann

---

94 In: SBVR, Bd. 286:2733.

95 Für die Details siehe Young 1977:129-137, Kuhn 2004:87-95.

96 Z.B. hatte die britische Regierung zugestimmt, chinesische Handelsschiffe kurzzeitig unter britischer Flagge laufen zu lassen, um sie vor den Rebellen zu schützen. Japan bezog offiziell Stellung gegen Sun Yatsen und Huang Xing, wenn auch einige Japaner als Berater im Dienst aufständischer Provinzgouverneure standen (Young 1977:133). Zur „Zweiten Revolution" siehe auch den Augenzeugenbericht des Journalisten Salzmann (1913:33-126) und seinen „Ausblick" in diesem Band, Dok. 129.

97 Young 1977:136-137. Dies lag u.a. an dem von deutschen Firmen ungebremst weitergeführten Waffenhandel, und zwar sowohl in den Norden wie auch in den Süden. Mitte 1913 gab das AA Berlin deutlich zu verstehen, daß die Unterstützung des Südens unerwünscht sei (Ratenhof 1987:240).

98 Von Haxtausen führte bereits im Mai 1913 entsprechende Gespräche mit Yuan Shikai. Vgl. Stingl 1978:709ff; zum deutschen Eisenbahnbau in China siehe Schmidt 1976.

99 Ratenhof 1987:250. Entsprechende Aussagen lassen sich bereits für das Jahr 1912 finden, blieben aber ohne Einfluß. Der Konsul in Nanjing, Wendschuch, hatte dem Reichskanzler im Juni 1912 zu verstehen gegeben, daß China eine „überreife Melone" sei und Deutschland sich bei dem bevorstehenden Anschneiden derselben nicht in der Rolle des Enthaltsamen gefallen solle. Ähnliches ließ Reichstagsvizepräsident Paasche anläßlich eines Chinaaufenthalts im Oktober 1912 verlautbaren: „Ein deutsches Protektorat über Shandong sei entschieden wünschenswert" (Stingl 1978:687).

war zum neuen Militärberater ernannt worden und die Entsendung weiterer Offiziere zum Studium nach Deutschland wurde geplant (Dok. 9). Zudem gab er durch seinen Sohn Yuan Keding zu verstehen, daß er für die Unterstützung bei der Niederschlagung der Revolution danke und nun „möglichst engen Anschluß an Deutschland“ suchen wolle (Dok. 11).[100] Die Erfolge der deutschen Diplomatie wurden allerdings auch auf deutscher Seite unterschiedlich bewertet (Dok. 12).

Das mit der Anerkennungsfrage befaßte diplomatische Korps nahm am 30. September und 2. Oktober seine Verhandlungen zur Festlegung der Bedingungen wieder auf und entschied, die Republik China nach den Präsidentschaftswahlen vom 6. Oktober anzuerkennen.[101] Japans Vorschlag, dem Präsidenten eine Erklärung abzuverlangen, wonach die mit der Mandschu-Regierung geschlossenen internationalen Verträge ihre Gültigkeit behalten sowie Privilegien und Status quo der ausländischen Interessen in China gewahrt bleiben sollten, wurde von England unterstützt; Deutschland war, um politisches Entgegenkommen zu signalisieren, ohne Bedingungen zur Anerkennung bereit.[102] Am Ausgang der Präsidentschaftswahlen war nach den Worten des stellvertretenden Gesandten in Peking, Freiherr von Seckendorff, kaum zu zweifeln, denn „als Kandidaten für die Posten des Präsidenten und Vizepräsidenten kamen nur Yuan Shikai und Li Yuanhong in Betracht“ (Dok. 13). Yuan Shikai erhielt erst im dritten Wahldurchgang die erforderliche Dreiviertelmehrheit der anwesenden 759 Stimmen. Anschließend sprach v. Seckendorff in einer zwischen den Mächten einheitlich festgelegten Antwortnote die Anerkennung der chinesischen Republik durch die Deutsche Kaiserliche Regierung aus. Die deutsche Presse hatte Anfang Oktober ihre Sympathie für den neuen Präsidenten ausgedrückt und ihn als den „Retter Chinas“ und den „einzigen Mann in China, zu dem das Ausland Vertrauen haben durfte“ bezeichnet.[103]

Mit der Anerkennung hatten die ausländischen Mächte ihre finanz- und wirtschaftspolitischen Ziele durchgesetzt. Yuan Shikai, abhängig von ausländischem Kapital, hielt das Land mit Militärgewalt zusammen. Der Sieg ging auf Kosten der Unabhängigkeit der Regierung, die, wie Yuan bei seiner Amtseinführung am 10. Oktober 1913 verkünden ließ, alle Verträge, Schulden und Anleiheforderungen der Qing-Regierung akzeptiere.[104] Das Deutsche Reich hatte durch sorgfältiges Taktieren im Umgang mit Yuan Shikai eine günstige Basis für den Ausbau der deutsch-chinesischen Beziehungen geschaffen, deren politische Bedeutung allerdings durch seine isolierte Position und Yuans Rücksichten auf die anderen Mächte stark relativiert wurde. Gleichwohl war es zum wichtigsten Wirtschaftspartner Chinas neben England und Japan aufgestiegen.

---

100 Yuan Shikais Sympathien für Deutschland sollten nicht überschätzt werden. Sein Ziel war der Aufbau einer Alleinherrschaft, überdies beschäftigte er Berater unterschiedlicher Nationen, um einseitige Abhängigkeiten zu vermeiden (Peter 1965:46-49).

101 Vgl. Männer 1988:224-226.

102 Zum Wortlaut der Erklärung vom 01.10.1913 siehe das Schreiben von Seckendorff an das AA Berlin (GPEK, Bd.32, Nr.11862, 286). Siehe Briessen 1982:72ff und Ratenhof 1987:250.

103 *Kölnische Zeitung*: „Der Retter Chinas“, 10.10.1913. Zur Reaktion der deutschen Presse auf die Wahlen siehe auch Männer 1988:233-245.

104 Vgl. Guo Jianlin 2000:871-872.

1

Leitartikel aus der *Shenzhou ribao*, Shanghai (17.07.1911)

Die jetzigen Beziehungen Chinas zu Deutschland[105]

Deutschland hegte in den vergangenen Jahren den Wunsch, mit China ein Bündnis zu schließen. Auch Chinesen hört man diesen Gedanken aussprechen. Indes kann man zweifeln, ob dies möglich ist, wenn man die Verhältnisse in Shandong alle berücksichtigt.
Als die Deutschen im Jahre 1898 die Kiautschou-Bucht besetzten, geschah dies aus politischen, militärischen und kommerziellen Rücksichten.[106] Längst wußte man in der Welt, daß Deutschland es versuchen wolle, im Ostmeer einen großen Aufschwung zu nehmen. Die Deutschen begannen zuerst nur mit wirtschaftlichen Unternehmungen; die Shandong-Eisenbahn und die Shandong-Bergbaugesellschaft wurden gegründet. Die Eisenbahn führte von Qingdao nach Jinanfu 412 km lang; dazu kamen 53 km Zweigbahnen. Die Bergbaugesellschaft erhielt das Recht zur Bodenausnutzung in der Zohne längs der Bahn. Sie hat in Fangzi und Zichuan Bergwerke. Es werden im Jahr im Durchschnitt mehr als 400.000 Tonnen Kohle gefördert. Die Kohlen haben jedoch beträchtliche Nachteile, so daß sie noch keinen Gewinn einbringen, die Eisenbahn verdient dagegen schon mehr als 6%. Die Deutschen dringen ständig im Zusammenhang mit der Eisenbahn und anderen wirtschaftlichen Unternehmungen immer weiter nach Shandong ein.[107] Die Zahl der in Shandong lebenden Deutschen, die dort wirtschaftlich beschäftigt sind, beträgt 1700 und darüber, sie machen Jahr für Jahr einen guten Gewinn und bekommen immer größeren Einfluß. Und doch gibt es Deutsche, welche stark dafür eintreten, daß wegen der bösen Gesinnung, die Deutschland bei den Chinesen durch die Besetzung der Kiautschou-Bucht gegen sich erregt habe, es besser sei, Kiautschou wieder herauszugeben. Indes, wenn Deutschland Kiautschou herausgibt, dann hat sein Handelsabsatz in Zukunft keine Aussicht, in China Fortschritte zu machen, und die Ausgaben, die für Kiautschou gemacht sind (jährlich 12-13 Millionen Mark) sind vergeblich gewesen. Andere auch machen geltend, daß Deutschland 20% der Zolleinnahmen erhält und daß die Einnahmen durch die Bahnen, Bergwerke wachsen und so jährlich der Gewinn aus dem Pachtgebiet sich steigert und der Zuschuß der Regierung entsprechend geringer werden kann. Darum kann man von chinesischer Seite den Gedanken kaum ernst nehmen, daß Deutschland Kiautschou wieder herausgeben werde.[108]

---

105 Die Übersetzung wurde in der vorgelegten Fassung im Konsulat Shanghai angefertigt und als Anlage zum Shanghaibericht Nr. 290 (19.07.1911) des Generalkonsuls in Shanghai, v. Buri, an den Reichskanzler weitergeleitet (PAA, R17976).

106 Der Mord an zwei deutschen Missionaren bot die auf deutscher Seite ersehnte Möglichkeit zur Besetzung der Kiautschou-Bucht. Dieses geschah in dem Zeitraum 1.-14. November 1897. Für entsprechende Dokumente und eine Einführung siehe Leutner 1997:105-168.

107 Ebenda:381-428. Zur Wirtschaftlichkeit der deutschen Kolonie siehe auch Kap. 5 dieses Bandes.

108 Die Diskussion um die Rückgabe der Kolonie nahm 1907 durch einen viel beachteten Artikel des Publizisten August Menge ihren Anfang. Siehe Leutner 1997:494, dort auch Dok. 143, S. 507-509.

Shandong gehörte schon im Altertum zu den Gebieten, die der Kultur am frühesten geöffnet wurden. Der Boden ist fruchtbar, die Bevölkerung zahlreich, es hat reiche Bodenschätze; aber es ist auch abgesehen von den Hoffnungen auf seinen wirtschaftlichen Gewinn, ein wichtiges Stück Erde. Wenn man darum sagt, daß der Deutsche Kaiser geneigt sei, dieses Stück Erde herauszugeben, so vermögen unsere Gedanken daran nicht heranzureichen. Und wenn man bedenkt, wie als der Grundsatz der chinesischen Politik den Ausländern gegenüber gilt „durch Barbaren die Barbaren zu regieren", so kann man bei Berücksichtigung aller Umstände in dem Gedanken eines Bündnisses mit China nur den Ausdruck eines augenblicklichen Wunsches erblicken.

PAA, R17976.

2

Bericht des Konsuls in Nanjing, Fritz Wendschuch, an Reichskanzler Theobald von Bethmann Hollweg (19.03.1912)

J. Nr. 44.
K. Nr. 19.

Am 11. d. M. habe ich Dr. Sun Yixian (Sun Yatsen) und dem provisorischen Minister der Auswärtigen Angelegenheiten, Wang Chonghui, meinen Besuch abgestattet.[109]

Sun hat sein Hauptquartier im Yamen des verflossenen Generalgouverneurs Zhang Renjun aufgeschlagen. Für seine Sicherheit sorgt eine Leibwache von einigen Hundert Mann, die er seinerzeit von Shanghai mitgebracht hat. Während unserer etwa eine halbe Stunde währenden, in englischer Sprache geführten Unterhaltung, war nur noch Suns Adjutant zugegen, der sich jedoch in gemessener Entfernung hielt und an dem Gespräche nicht teilnahm, ein wohltuender Gegensatz zu früher, wo stets eine größere Anzahl von Beamten und müßigen Dienern herumstand und jedes Wort auffing, um es dann, meist mißverstanden oder absichtlich verdreht, sofort weiterzutragen. Auf die Frage Suns, welche Stellung man in Deutschland zu den Vorgängen in China einnähme, habe ich mich der vom Herrn Unterstaatssekretär[110] empfangenen Weisung entsprechend darauf beschränkt zu betonen, daß wir ein im Innern geeintes und nach außen starkes China wünschten, damit zu beiderseitigem Vorteile Handel und Wandel gedeihen könnten, und daß zu diesem Behufe möglichst bald wieder Ruhe und Ordnung im Lande hergestellt werden möchten. Im weiteren Verlaufe des Gesprächs hatte ich dann noch Gelegenheit, Sun auf die deutschen Kulturbe-

109 D.h. am Tag nachdem Yuan Shikai in Beijing am 10. März zum Provisorischen Präsidenten ernannt worden war. Sun Yatsen legte am 1. April 1912 seine Ämter nieder.

110 Unterstaatssekretär Zimmermann.

strebungen in China aufmerksam zu machen als ein Zeichen der Bereitwilligkeit Deutschlands, die chinesische Jugend auf den einmal betretenen Bahnen der Aneignung westlicher Wissenschaften und Techniken tunlichst zu fördern.[111] Es berührte angenehm, daß Sun hierauf nicht mit den üblichen nichtssagenden überschwenglichen chinesischen Phrasen, sondern mit wenigen kurzen Worten der Anerkennung und des Dankes antwortete. Zurückhaltung scheint ihn zu charakterisieren. Sein offener ruhiger Blick und seine gemessenen Formen lassen ihn sympatisch erscheinen in vorteilhaften Gegensätzen zu manch einem seiner Umgebung, bei dem die republikanische Mauserung zunächst nur in schlechten amerikanischen Manieren zum Ausdruck gelangt.

Amerika, die Heimat der chinesischen Revolution und damit der Republik China, hat dem neuen Staatswesen und seinen Vertretern, wenigstens hier in Nanjing, unverkennbar den Stempel des „Made in America“ aufgedrückt. Der erste Eindruck, den ich von der neuen Republik erhalten habe, und der sich seitdem nur verstärkt hat, läßt sich nicht besser bezeichnen als mit dem amerikanischen Ausdrucke: „America runs the whole show.“ Abgesehen von Äußerlichkeiten, wie daß die Mehrzahl der die neue Regierung bildenden Beamten in der Umgebung Suns in Kleidung und Manieren sich eng an amerikanische Vorbilder halten, macht sich der amerikanische Einfluß und das Bestreben der Amerikaner, sich bei der neuen Regierung von vornherein einen Stein im Brett zu sichern, überall bemerkbar. Eine nicht unbedeutende Rolle dabei spielen die Missionare, ja es gewinnt hier fast den Anschein, als ob sie bei der ganzen Aktion die Führer seien und ihre Regierung und deren Vertreter in China ihnen notgedrungen folgen müssen. Die seit Jahren mit reichen Mitteln und zahlreichen Lehrkräften in großem Stile entfaltete Tätigkeit der hiesigen Missionsgesellschaften und der erfolgreiche Eifer, mit dem sich amerikanische Missionare und auch Handelskreise hier, in Shanghai und den Vereinigten Staaten, der Hilfsaktion zugunsten der Notleidenden in Mittelchina gewidmet haben, einerseits; das Entgegenkommen der amerikanischen Regierung bei der Aufnahme zahlreicher chinesischer Studenten in die amerikanischen Hochschulen während des letzten Jahrzehnts, der Erlaß der Boxerindemnität und jüngst der Aufruf des Präsidenten Taft an die amerikanische Rote Kreuz Gesellschaft zur Sammlung für Hungerdistrikte in China andererseits, haben ihren Eindruck auf die Chinesen nicht verfehlt und den Boden günstig vorbereitet, auf den für Amerika unter der neuen Regierung noch manche goldenen Früchte reifen werden. Hunderte von jungen Chinesen, die amerikanische Schulen hier und in den Vereinigten Staaten durchlaufen haben, kommen jetzt an die Front und werden bei Wettbewerb anderer Nationen jederzeit für amerikanische Interessen eintreten.

Diesem großen Einflusse gegenüber, den Amerika unverkennbar auf die neue Regierung hier ausübt, treten gleiche Bestrebungen der übrigen fremden Mächte hier in den Hintergrund. Es heißt allerdings, daß sich auch einige Japaner in der Umgebung Suns in beratenden Stellen befinden, doch habe ich Bestimmtes hierüber noch nicht festzustellen vermocht. Frankreich unterhält seit etwa Monatsfrist einen vom Generalkonsulat in Shanghai

---

111 Zur deutschen Kulturpolitik siehe Kap. 6.

detachierten Vice-Consul en mission hier.

Abschrift dieses Berichts habe ich den Kaiserlichen Dienststellen in Peking und Shanghai mitgeteilt.

Wendschuch

PAA, R17722.

3

Bericht des Vizekonsuls in Tianjin, Theodor Freiherr von Grote, an den Generalkonsul in Shanghai, Paul von Buri (22.3.1912)[112]

K. Nr. 59.
J. Nr. I. 1531.

Die Unruhen in Tianjin sind scheinbar angezettelt von Soldaten, die nach den erfolgreichen Plünderungen in Peking sich nach hier durchgeschlagen hatten.[113]

Am 2. März abends gegen 8.30 Uhr begannen einige Leute der dritten Division (Peking) gemeinschaftlich mit Leuten der zweiten Division, die in geringer Stärke im Stadtteil Hebei lagen, in den Läden an der großen Straße vom City Bahnhof zum vizeköniglichen Yamen zu plündern. Anfangs war ihre Zahl gering, an 100 etwa; sie wären daher nicht soweit gekommen, wenn die Leibwache des Vizekönigs und die Polizei von Hebei ihre Pflicht getan hätten. Die Leute aber schlossen sich den Plünderern an und zogen mit den Soldaten über die Brücke vorm General-Gouverneur-Yamen und weiter über die sogenannte Hongqiao (am Zoll-Daotai-Yamen) in die Pelzgasse. Anfangs beschränkten sich die Leute aufs Ausrauben der Läden, wobei sie allerdings bei Widerstand von ihrer Waffe Gebrauch machten und jeden über den Haufen schossen, der sich ihnen in den Weg stellte. Zu Brandstiftungen ist es erst erheblich später gekommen, etwa gegen 11 Uhr. Die Feuer, die in verschiedensten Gegenden plötzlich aufflammten, kündeten den Konzessionern erst an, daß der Aufruhr auch in Tianjin ausgebrochen ist. Von den Schießereien am Anfang der Plünderungen hatte man in den Konzessionen nicht hören können, und die Telephonleitung mit der City und Hebei war gleich im Anfang, etwa um 9 Uhr, unterbrochen, nachdem die Angestellten teils entlaufen, teils Drähte zerschnitten waren. So kam es, daß mir von den Familien der Ingenieure der Tianjin-Pukou Bahn insbesondere vom Chef-Ingenieur Dorpmüller eine Mitteilung nicht zugegangen war.

---

112 Der Bericht wurde in doppelter Ausfertigung auch dem Reichskanzler Bethmann Hollweg vorgelegt.

113 Der Sturz der Qing-Dynastie und die Abdankung des Kaisers wurden an vielen Orten von Unruhen durch entlassene Soldaten begleitet (Kuhn 2004:70ff). Siehe zu diesem Dokument und den Ereignissen auch die Aufzeichnungen des Krupp-Ingenieurs Georg Baur (2005:614-616).

Gegen 11 Uhr erfuhr ich erst von dem Ausbruch der Unruhen und zwar durch den Detachements-Führer Hauptmann Witt, der sich sofort zur Chinesenstadt begab, um sich an Ort und Stelle vom Stand der Lage zu überzeugen.

Gleich nach dieser Mitteilung erhielt ich vom österreichischen Konsulat ein telefonisches Ersuchen um militärische Unterstützung. Diesem Ersuchen entsprach ich und rückte mit Oberleutnant Schaumburg und 50 Mann zur österreichischen Konzession ab. Durch den Anmarsch der Soldaten merkten die Einwohner der Konzessionen, besonders die zum musical-dinner im Astor House versammelten Gäste, daß etwas im Gange sei. Auf dem Marsche zur österreichischen Konzession fuhr plötzlich Dr. Schreyer vorüber und rief mir noch zu, er wolle zu Dorpmüllers hinaus, um sie hereinzuholen, worauf ich ihm noch erwiderte, das erscheine nach Richtung des Feuers überflüssig, der Herd des Aufruhrs läge scheinbar in anderer Richtung, auch nütze er allein nichts, da Dorpmüllers viel besser in ihrem mit guten Mauern umgebenen Haus blieben. Schreyer fuhr jedoch weiter.

Als ich mit unseren Soldaten zur österreichischen Konzession kam, erkannte ich die Ausdehnung des Feuers erst; der Herd reichte ohne eine Unterbrechung vom vizeköniglichen Yamen bis weit in die Mitte der City hinein; etwa 1500 m Ausdehnung. Mit den Leuten nahm ich Aufstellung an der Brücke der österreichischen Niederlassung, direkt vorm Yamen des Polizei-Daotais. Gleich nach seiner Ankunft, es mag gegen 8.15 Uhr gewesen sein, kam ein größeres Feuer in Hebei auf, unserer Schätzung nach jedoch weit entfernt von den Wohnungen der Tianjin-Pukou Bahn Ingenieure. Trotzdem ersuchte ich zwei Herren unter Mitnahme einer Patrouille von 1 Unteroffizier 8 Mann auf einem Umwege nach Hebei vorzudringen und, falls die Unruhen sich bis in die Gegend der Bahn fortpflanzen sollten, die dortigen Deutschen in Sicherheit zu bringen. Die Herren, Ingenieure Radermacher und Bach, die beide zur Tianjin-Pukou Bahn gehören, machten sich mit den Soldaten auf den Weg und mußten dabei immer neben dem Bahndamm hergehen, da verschiedentlich auf sie geschossen wurde. Gefeuert wurde überhaupt überall, teils schossen die Leute in die Luft, teils feuerten sie blind, was man genau durch den Ton unterscheiden konnte, links die Straßen entlang, so kamen auch des Öfteren Kugeln an meinem Standpunkt vorm Polizei-Yamen an mir vorbeigeflogen.

Die Feuer in der Stadt nahmen an Intensität, jedoch kaum an Ausdehnung zu, abgesehen von einigen kleineren Herden, die noch an verschiedenen Stellen entstanden, meist aber schnell verloschen. Das Feuer wurde erst in den Häusern angelegt, nachdem sie von Soldaten und Mob, der sich anschloß, genügend ausgeraubt waren.

Die Polizei des inneren Stadtbezirks, die unter dem Polizei-Daotai steht und von dem deutschen früheren Konsulatssekretär Lugowski ausgebildet wird, tat, soweit ihr das bei ihrer geringen Zahl möglich war, gute Dienste; während der ganzen Nacht schleppten sie fortwährend Plünderer mit geraubten Sachen heran, vor allem ist es ihr gelungen, eine ganze Reihe Soldaten und Polizisten der unzuverlässigen Nord-Polizei (Hebei) zu fassen.

Gegen ½ 4 Uhr schien die Hauptgefahr, das Eindringen der Plünderer in die Konzessionen, beseitigt und der Herd der Unruhen und Feuer beschränkt auf die Hauptgeschäftsgegend der City. Ich zog daher mit den Soldaten wieder zurück zur deutschen Konzession, wo in der Zwischenzeit das Detachement des Hauptmanns Witt und die Freiwilligen Truppe das zu sichernde Gelände besetzt hatte.

Die nach Hebei entsandte Patrouille war inzwischen über den City-Bahnhof, vor dem sie die Engländer in Schützenlinie ausgeschwärmt vorfand, vorgedrungen bis zum Hause Dorpmüllers, wo sie gegen ½ 3 Uhr eintraf. Hier war auch Schreyer wohlbehalten angelangt.

Da in der ganzen Gegend ständig lebhaft geschossen wurde, so hatten die beiden Herren Dorpmüller und Schreyer, die mit zwei Damen allein waren, nichts zur Rettung der anderen Deutschen unternehmen können. Jetzt wurde aber beschlossen, zunächst Familie Lunkwitz mit 3 Kindern zu retten. Währenddessen flammte im Nebenhaus ein Lichtschein auf. Dorpmüller sandte sofort herüber und ließ den Leuten sagen, sie möchten nur ruhig plündern, falls sie aber Feuer anlegen wollten, würden sie mit Gewalt verhindert. Dies fruchtete jedoch nicht und nun entschlossen sich die Herren (vier an der Zahl) mit dem Unteroffizier und 4 Mann das Nachbargrundstück zu säubern, da die Gefahr bestand, daß bei Aufkommen des Feuers das Dorpmüller`sche Haus ebenfalls sofort Feuer fangen werde. Etwa 40 Leute und 6 Polizisten kamen heraus, als sie die Europäer anrücken sahen, die nun gleich auf das Gesindel einschlugen und ihnen das geraubte Gut wieder abzunehmen suchten. Die Soldaten schlugen hierbei drei Gewehrkolben entzwei, Schreyer feuerte mit einer Pistole dazwischen, die anderen hauten mit Stöcken um sich, wobei noch ein Polizist sich zur Wehr setzte und mit seinem Säbel auf Radermacher einschlug, den er dabei leicht an der Hand verletzte. Die Leute entflohen schließlich, ließen alles liegen; unsere Deutschen machten sich darauf daran, das aufkommende Feuer zu löschen. Die Plünderer hatten, nachdem sie das ganze Haus ausgeraubt hatten, in der Mitte des Hauses einen großen Bau aus zusammengeschlagenen Stühlen und Tischen eingerichtet, darüber Petroleum gegossen und dieses anzuzünden gesucht. Das war ihnen aber erst zum Teil gelungen, so daß unsere Herren noch löschen konnten. Nachdem dies geschehen, kehrten alle zum Hause Dorpmüllers zurück und nun machten sich gleich Schreyer, Radermacher und vier Soldaten auf, um die Familie Lunkwitz zu holen, die an der großen Hauptstraße vom Bahnhof zum vizeköniglichen Yamen wohnt. Die Rettung gelang auch, trotzdem überall blindlings gefeuert wurde, und man zog zurück zum Hause Dorpmüller. Frau Lunkwitz mit Kindern wurde von Radermacher ins Haus gebracht. Schreyer fehlte in dem Moment; er mußte wohl am letzten Straßenblock zurückgeblieben sein. Radermacher eilte darauf zu Schreyer zurück. Als die beiden mit einem Seesoldaten das Haus, aus dem vorher Plünderer verjagt waren, passierten, wurde lebhaft aus dem Tor geschossen. Darauf flüchteten alle drei, der Soldat die Straße geradeaus, Schreyer sprang sofort neben das Tor an die Mauer und drückte sich nieder, während Radermacher dicht hinter ihn sprang und sich barg, an einen Ziegelsteinhaufen gelehnt, der an der Mauer aufgeschichtet war, an die Schreyer sich drückte. Das Tor selbst war verschlossen durch eine Tür, die in der unteren Hälfte aus zusammengefügtem Holz, in der oberen Hälfte dagegen aus Latten bestand. Plötzlich ertönte aus dem Hof wieder ein Schuß, Schreyer warf die Arme in die Höhe und fiel hintenüber. Eine Kugel hatte ihn ins rechte Auge getroffen und war durchs Gehirn aus dem Hinterschädel wieder herausgetreten. Gehirn und Blut bespritzte die Mauer und den Erdboden.

[...][114]

Es ergibt sich hieraus, daß der Schütze, der z.B. ein Polizeisoldat gewesen sein muß, denn nur solche waren in dieser Gegend und der Pöbel hatte keine Waffen, der beim Eintritt in den Hof zur rechten gelegenen Türseite gestanden haben, durch einen Spalt in den Latten der oberen Türhälfte gefeuert und gerade an der gegenüberliegenden Mauerkante vorbei auf Dr. Schreyer gefeuert haben muß. Diesen konnte er sehen, da die Straßen hell erleuchtet, während umgekehrt Schreyer sowohl wegen der Latten wie wegen der Dunkelheit im Hofinnern nicht erkennen konnte, wie auf ihn angelegt wurde.

Die Situation, wie der ins rechte Auge des dem Schützen zugewandten Schreyer gegangene Schuß lassen deutlich erkennen, daß der betreffende Mann auf den Europäer vor ihm hat schießen wollen.

Auf den Ruf Radermachers stürzten sogleich die Soldaten aus dem Dorpmüllerschen Hause herbei; nunmehr sprangen die Chinesen aus dem Innern des Nachbarhauses über die Mauer, einer davon, ein Polizeisoldat, wahrscheinlich der Täter, wurde von einem unserer Soldaten auf der Stelle erschossen.

Was das Motiv für die Tat des Mörders anlangt, so wird man nicht annehmen können, daß der Mann aus einem gewissen Fremdenhaß heraus gehandelt hat. Es muß sogar anerkannt werden, daß bei allen Plünderungen das Militär gleicherweise wie der Mob sich gehütet haben, Fremde anzugreifen; im Gegenteil haben sie diesen gegenüber eine gewisse wohlwollende Schonung und Schutz zuteil werden lassen. Der Täter wird daher wohl in der Furcht gehandelt haben, die Europäer oder vielleicht gerade dieser Mann da vor ihm können wieder eindringen und sie beim Plündern stören wollen.

An dieser Stelle möchte ich noch einen Irrtum aufklären, der mir als Shanghai Clubbar Gespräch berichtet worden ist: Schreyer, Radermacher und Bach seien vollständig betrunken gewesen. Die letztgenannten zwei Herren haben sich mir auf dem Wege zur österreichischen Konzession angeschlossen; ich habe etwa 1/2 Stunde mit ihnen gesprochen und kann daher aus eigener Wissenschaft bekunden, daß beide Herren absolut nüchtern waren. Schreyer hatte am Abend mehrere Herren bei sich zu Tisch, als ihm vom Konsulat die Nachricht von dem Brand erreichte; naturgemäß wird bei einem Dinner getrunken, keiner der Gäste hat aber auf Befragen bekunden können, daß Schreyer zu viel getrunken habe; und dann hat Schreyer von 12 – 3 Uhr bei Dorpmüllers ausgeruht, so daß, wenn man wirklich annehmen sollte, er habe entgegen der Beobachtung seiner Gäste etwas zu viel getrunken, durch die mehrstündige Ruhe vollständige Nüchternheit eingetreten sein muß.

Es kann daher das Bestreben einzelner Leute, die hochherzige Tat der drei Herren in den Staub zu ziehen, nicht niedrig genug gehängt werden. Ich wäre Euer Hochwohlgeboren daher zu ganz besonderem Danke verpflichtet, wenn etwaigen Gerüchten angedeuteter Art auf das Entschiedenste entgegengetreten werden könnte.

Die Leiche Schreyers ist dann am nächsten Morgen in die Konzession gebracht worden. Ebenso wurden die Deutschen aus Hebei mit Morgengrauen durch eine englische Patrouille

114 Auslassung: Eingefügt ist eine handgemalte Straßenkarte, die den Hergang erläutert.

zum City Bahnhof und von da weiter ins Settlement in Sicherheit gebracht.

Der Tod Dr. Schreyers hat in allen Kreisen tiefstes Beileid und Mitgefühl ausgelöst. Zahlreichen Kundgebungen der Trauer, sowohl von Europäern wie von Chinesen, sind mir zuteil geworden, unter denen ich nur die von Yuan Shikai, Sun Baoqi wie dem Vizekönig hervorheben möchte.[115]

Einen sichtbaren Ausdruck fand die Anteilnahme sowohl von Europäern wie von Chinesen auch in der großartigen Beteiligung an der Leichenfeier. Am 5. nachmittags haben wir mit kirchlicher Feier wie mit einer kleinen Grabrede, in der ich den Dank der internationalen Gemeinde für das, was der Verstorbene für uns geleistet zum Ausdruck zu geben versuchte, einen der Besten unter uns zur letzten Ruhe bestattet.

Die Folgen der Plünderungen und Brandstiftungen konnte ich erst am nächsten Mittag einigermaßen feststellen, da es noch an vielen Stellen hell brannte. Die Ausdehnung des Feuerherdes ist erheblich größer als in Peking. Dazu kommen dann noch ganze Straßenzüge, in denen Laden an Laden zerschlagen und alles entfernt und geplündert und soweit es nicht mitzunehmen lohnte, zertrümmert worden ist.

Der Schaden, welcher in der einen Nacht verübt worden ist, wird auf etwa 40 Millionen Taels nicht zu hoch zu veranschlagen sein. Es sind bisher für 10 Millionen an verbrannten und geraubten Mobilien angemeldet; der Schaden an Immobilien wird mit 20-30 Millionen angenommen. Es stehen aber noch eine Reihe Anmeldungen aus.

Mit genannter Summe übertrifft der Schaden den von Peking, der kaum 40 Millionen erreichen dürfte. In Baoding, das nach Berichten eines Augenzeugen vollständig dem Erdboden gleichgemacht ist, wird ein Schaden von 20 Millionen angenommen.[116]

Nachdem das bisher für Tianjin Unerwartete zur Tat geworden, nachdem ein großer Teil der von Europäern verschuldeten chinesischen Häuser vernichtet und damit dem schon seit Monaten brachliegenden Handel dieses Hafens ein weiterer unermeßlicher Schaden zugefügt, entschloß man sich endlich am 3. im Konsularkorps zu der Maßnahme, die zeitig angewandt unsere gesamte Kaufmannschaft vor so schwerem Verlust hätte bewahren können, zur Besetzung der Chinesenstadt durch fremde Truppen. Ich habe von Anfang an, als der Vizekönig, die Beamtenschaft und die chinesischen Kaufleute bei Ausbruch der Unruhen Ende Oktober v.J. um fremde Truppen baten, für einen gemäßigten Patrouillengang in der Chinesenstadt plädiert. Der Hauptschaden hätte aber auch noch abgewendet werden können, wenn am 2. Abends die fremden Truppen eingerückt wären; der japanische General hat am beregten Abend gegen 10 Uhr, noch ehe die Brandstiftungen ihren Anfang genommen, beim englischen General angefragt, ob er sich an einer Besetzung beteiligen wollte. General Cooper hatte aber kein Interesse, er war schon zu Bett gegangen. So unterblieb

115 Sun Baoqi war der neunte Gesandte Chinas in Deutschland, 1907-1908 (Gütinger 2004:155-156). Angesichts dieser hochrangigen Beileidskundgebungen ist erstaunlich, daß – so das Einleitungsschreiben zu diesem Dokument – „die Pfleger des Nachlasses Schreyer“ gegen die chinesische Regierung einen Entschädigungsanspruch in Höhe von 100.000 Taels stellen wollen. Die Werthöhe dieser Geldsumme erschließt sich aus den nachstehenden Ausführungen.

116 Baoding, ca. 140 km südlich von Peking, bis 1958 Hauptstadt der Provinz Hebei.

dann, da der Japaner nicht allein vorgehen wollte, die meines Erachtens einzig richtige Maßnahme, die das größte Unheil hätte abwenden können.

Am 3. nachmittags wurden eine ganze Reihe von Hinrichtungen vorgenommen; vornehmlich wurden die gefangenen Soldaten und Polizisten zur Verantwortung gezogen; man steckte sie in Kulikleidung und schleppte sie an die verschiedenen Stadtecken, wo sie unter militärischer Bewachung auf offener Straße enthauptet wurden. Auf den vier großen Straßen, die aus der alten Stadtmauer gebildet worden sind, lagen je 17 Leichen. Das Geschäft wurde am nächsten Tage noch fortgesetzt; so lagen bald überall Körper herum und hingen Köpfe an Brücken-, Telegraphen- und Laternenpfählen. An 200 Menschen werden im Ganzen um eines Hauptes Länge verkürzt sein.

Ein ganzer Teil Plünderer sind auch bei ihrer Tätigkeit selbst umgekommen, teils von Polizei erschossen, teils von Flammen umzingelt; in einem Hause habe ich 23 verkohlte Leichen gefunden. Die Verluste dieser Art wird man auf etwa 300 bewerten können.

Die Unruhe, die der Aufruhr verursacht hatte, dauerte noch für einige Tage an. Für die Nacht vom 3. zum 4. befürchtete man allgemein Angriffe auf die Konzessionen: mit den anderen fremden Konsuln habe ich daher Verstärkungen und Aufhebung des Bahnschutzes beantragt, woraufhin unsere Truppen sofort zurückgezogen wurden. Die fremden Truppen wurden am Abend des 3. alarmiert, die deutschen Seesoldaten hatten mit der Freiwilligen Truppe das Gelände vor der deutschen Konzession besetzt. Es wurden auch kleinere Abteilungen Infanterie und Kavallerie gesehen, die jedoch die von ihnen gemeldete Absicht, sich gegen die Konzessionen zu wenden, nicht ausführten, vielmehr zur Chinesenstadt abbogen, von wo sie am nächsten Morgen weiterbeordert wurden. Die Chinesenstadt blieb in dieser Nacht ebenfalls ruhig, da alle Brücken aufgezogen und ein großer Teil Japaner in die Stadt eingerückt war und dort patrouillierte. Nur einige der Herde vom vorhergehenden Tage flammten wieder auf. Die Wohnhäuser der Deutschen in Hebei habe ich durch eine Belegung von 40 Mann sichern lassen.

Inzwischen hatte sich ein Teil des marodierenden Militärs aufs Land ergossen; und vor allem unter Benutzung der Tianjin-Pukou Bahn die Orte dieser Bahnstrecke entlang gebrandschatzt. Infolgedessen wurden für einige Tage die Ingenieure von der Strecke zurückberufen.

[...][117]

Im Übrigen verlief dieser wie die folgenden Tage ruhig, zumal inzwischen die Kommandanten in Ausführung des Beschlusses des Konsularkorps Truppen auf die Chinesenstadt verteilt hatten dergestalt, daß erhalten zur Sicherung:

Japan die südliche Hälfte der City

England die nördliche Hälfte der City

Frankreich das Gebiet zwischen Yunhe und Beihe

Deutschland den Stadtteil Hebei mit dem vizeköniglichen Yamen.

---

117 Auslassung: Schildern der Vorbereitung militärischer Aktionen in der östereichischen und belgischen Konzession am 4. und 5. März. Die Bedrohung stellte sich jedoch als Falschmeldung heraus.

Der Dienst wird hier versehen durch die bereits oben erwähnten 40 Mann und eine reitende Patrouille von 80 Mann, die jede Nacht zu verschiedenen Zeiten vom hiesigen Lager aus in die Chinesenstadt reitet.

Ferner werden innerhalb der 20 Li Zone allen Chinesen mit Ausnahme der Polizei und der vizeköniglichen Leibwache die Waffen abgenommen, insbesondere werden von dieser Maßnahme alle mit den Zügen eintreffenden Soldaten betroffen.

Zur Aufrechterhaltung der Ordnung und Ruhe in den Konzessionen ist in Übereinstimmung mit den anderen Konsuln von mir eine Polizeiverordnung erlassen, die den Verkehr der Gefährte regelt und Chinesen zur Nachtzeit das Betreten der Settlements untersagt. (Vergl. Bericht vom 8. März 1912 J.NS I.iiöi.)

So ist es dann seither in den Niederlassungen wie in der Chinesenstadt ruhig geblieben.

[...][118]

Infolge des Ersuchens der verschiedenen Konsuln sind inzwischen eine Reihe weiterer Truppen fremder Mächte hier eingetroffen, so daß in Tianjin (einschließlich der an die Bahn bis Shanhaiguan abkommandierten Truppen) stehen:

	Offiziere	Mann	(in Tianjin /	Peking)
Amerikaner	37	970	16	707
Belgier		4	1	16
Engländer	84	2212	14	442
Franzosen	38	1035	9	400
Holländer			1	30
Italiener		12	4	188
Japaner	57	1508	12	281
Österreicher	2	56	3	86
Russen	24	925	13	375
Deutsche	9	348	6	117

Die Anwesenheit der fremden Truppen in der Chinesenstadt hat bei einem Teil der Bevölkerung Tianjins Unwillen erregt. In einem Schreiben hat „die Gentry“ um Zurückziehung der fremden Soldaten gebeten.[119] Das Konsularkorps, dessen einzelne Mitglieder derartige Schreiben erhalten hatten, hat jedoch einstimmig beschlossen, diesem keine Folge zu geben, da es der Annahme ist, daß „die Gentry“ nicht mit dem Hauptteil der Bevölkerung Tianjins identisch ist. Auf Grund seiner Ermittlungen glaube ich vielmehr annehmen zu sollen, daß die Petenten sich nur rekrutieren aus Südchinesen, die eine internationale Verwaltung wie 1901/2 und damit die Verschmälerung ihrer Verdienste aus Ämtern befürchten.[120] Da diese Annahme aber nicht zutrifft und da ferner die Nordchinesen, insbesondere

118 Auslassung: Ausführungen zur Sicherung eines außerhalb der Stadt liegenden Zementwerkes und der Qingqing-Minen, in denen die Arbeit nach sieben Tagen wieder aufgenommen wurde.

119 Gentry: Landadel, i.A. wohlhabend und einflußreich, der im Zuge des Zerfalls der alten Ordnung (Aufstände, Naturkatastrophen, Abschaffung des kaiserlichen Prüfungssystems etc.) in die exterritorialen „treaty ports“ geflüchtet war.

120 Petenten = Unterzeichner einer Petition.

die Kaufleute und deren Repräsentanz, die fremden Truppen nur zu gerne sehen, so besteht auch keine Veranlassung zur Zurückziehung, im Gegenteil sollte die Besetzung im Interesse unserer Kaufmannschaft entschieden aufrechterhalten bleiben.

Naturgemäß besteht dabei die Gefahr, daß „die Gentry“ einzelne Elemente aufzustacheln versucht und so am Platze Unruhen entstehen.

Die Fortdauer der momentanen Ruhe ist aber noch weiter in Frage gestellt durch die große Zahl armer Leute, die durch die Brandstiftungen und Plünderungen um ihr letztes Hab und Gut gebracht worden ist. Ebenso ist der erhebliche Geldmangel in den amtlichen Kassen nicht unbedenklich, so ist z.B. heute, (als) am 4. (des) chinesischen Mts. das Gehalt der gesamten Polizei noch nicht bezahlt worden. Auch trägt die Rivalität der beiden Polizeien, der City Polizei mit dem Polizei-Daotai und die Nord-Polizei (Hebei), zur Beunruhigung bei. Schließlich wird man am Platze wohl auch trotz der Indifferenz der Kaufmannschaft mit einer Gegenrevolution rechnen müssen. In Tianjin sind überall die republikanischen Fahnen verschwunden, dagegen werden, wie ich erfahre, wieder eifrigst gelbe Drachenfahnen gefertigt; eine Fabrik in der Chinesenstadt hat einen Auftrag auf Lieferung von 4000 Stück alter Fahnen.

Über die Maßnahmen zur Entschädigung der hiesigen Kaufleute für die Verluste aus Anlaß der Unruhen von Anfang des Monats darf ich mir weiteren Bericht gehorsamst vorbehalten.

PAA, R17726.

4

Artikel aus dem *Berliner Tageblatt* (29.03.1912)

Deutschland und die Lage in China. Eine Unterredung auf der chinesischen Gesandtschaft

Der Unterstaatssekretär im Auswärtigen Amte Zimmermann hat, wie gemeldet am Mittwoch in der Bugetkommission des Reichstages Bericht über die politischen Umwälzungen in China erstattet und gleichzeitig eine Erklärung über die Haltung der Regierung diesen Ereignissen gegenüber abgegeben. Über die Auffassung, der diese Erklärungen bei der Berliner chinesischen Gesandtschaft begegneten, sind unserem L.L.-Mitarbeiter dort die nachstehenden Mitteilungen gemacht worden:

Die bestimmte Erklärung des Unterstaatssekretärs, Deutschland werde gegen alle Versuche eintreten, China aufzuteilen, könne in China nur den besten Eindruck und ein Gefühl der Sicherheit gegenüber gewissen Aspirationen anderer Mächte hervorrufen. Die großen Truppenansammlungen, die Rußland und Japan in China während der letzten Wochen vorgenommen haben, deuten darauf hin, daß diese Mächte nicht von den gleichen Gefühlen beseelt sind wie Deutschland, und daß gewisse Pläne wegen einer Erwerbung der Mandschurei und Mongolei zu bestehen scheinen. Den Erklärungen Deutschlands, wie auch Amerikas gegenüber ist aber zu hoffen, daß territoriale Erwerbungen schlimmstenfalls auf die unter dem Titel „Grenzregulierungen" in jüngster Zeit so beliebt gewordenen Gebietserweiterungen beschränkt bleiben werden. Auch der Vertreter des Auswärtigen Amts hat darauf hingewiesen, daß Yuan Shikai das Vertrauen der Mächte verdiene und die größte Schwierigkeit in dem ständigen Geldmangel gelegen sei. Aber dies allein genügt nicht, um die Nöte zu erklären, in denen sich das neue System in China befindet. Es kommt der Beamtenmangel dazu, der Übelstand, daß die Republik heute nicht über eine hinreichende Anzahl von Beamten verfügt, die die notwendige Erfahrung in der Verwaltung eines so großen Landes und gleichzeitig republikanische Überzeugung besitzen. Die Klagen der Bevölkerung haben sich in erster Linie gegen die alten korrupten Mandarine gerichtet. Sie durch neue, moderne Beamte zu ersetzen, wäre die wichtigste Aufgabe der jetzigen Regierung – aber die Männer des neuen Regimes sind mit den Erfordernissen der Verwaltung Chinas ganz und gar nicht vertraut. Diese jungen Republikaner sind Leute, die von der republikanischen Idee berauscht sind, aber nicht wissen, wie diese Ideen in die Praxis umgesetzt werden müssen. Man setze nur – des Beispiels halber natürlich – daß die Republik in Deutschland eingesetzt werden sollte. Man wird schwerlich Mangel an tüchtigen, in der Verwaltungspraxis und der politischen Tagesarbeit erfahrenen Männern leiden, die an die Spitze des Verwaltungsapparates zu treten hätten. In China aber fehlt es heute gänzlich an solchen Männern. Die in der Verwaltung erfahrenen Beamten sind keine Republikaner, und die Nichtrepublikaner besitzen keinerlei Erfahrung. Man nehme etwa den jetzigen Minister des Äußeren. Er war vor einigen Jahren noch Student der Rechte in Berlin, und sein Unterstaatssekretär ist vor zwei Jahren hier auf der Gesandtschaft Attaché gewesen.[121] Ebenso ist es mit Wu Tingfang, der ein tüchtiger Diplomat und Tischredner sein mag, aber über Regierungserfahrung nicht verfügt.[122] Und noch eins: Der chinesische Beamte, er mag nun Mandarin oder Republikaner sein, bleibt in erster Reihe immer doch – Chinese. Darum werden kaum die Beamten der Republik gleich alle Fehler ihrer Vorgänger vermeiden. Selbst wenn das republikanische System sich nicht einleben sollte, so erscheint es übrigens nicht wahrscheinlich, daß die alte Mandschudynastie wieden den Thron besteigen sollte. Eher noch hätte in diesem hypothetischen Falle Yuan Shikai Aussicht, eine eigene, eine chinesische Dynastie zu begründen! Vorläufig wird Yuan Shikai versuchen, mit den ihm von dem „Vier-Mächte-Syndikat" zur Verfügung gestellten Anleihen die Organisation der Republik durchzuführen. Der Zwischenfall mit dem englisch-belgischen Syndikat wird auf den Abschluß dieser Finanztransaktion ohne Einfluß bleiben.[123] Zu der Vermehrung der

---

121 Wang Chonghui hatte zwischen 1902 und 1911 in Amerika und Europa studiert, u.a. drei Semester Jura in Berlin. Wang wurde unter Yuan Shikai zum Justizminister ernannt, jedoch nach drei Monaten wieder abberufen. Anschließend übernahm er verschiedene Ministerämter (Harnisch 1999:376-377).

122 Wu Tingfang hatte seine Schulausbildung in Hongkong erhalten und in England Jura studiert (1874-1877). Ende 1911 vertrat er Sun Yatsen als Repräsentant der Revolutionäre an den Nord-Süd-Verhandlungen über die Bedingungen zur Abdankung des Kaisers.

123 Das „Vier-Mächte-Syndikat" war ein Bankenkonsortium der Länder Großbritannien, Frankreich, Deutschland und Amerika (später auch Japan und Rußland). Seit Ende 1911 verhandelte Yuan um eine

deutschen Schutztruppen um 500 Mann wurde unserem Mitarbeiter erklärt, daß auch von chinesischer Seite dagegen gewiß nichts einzuwenden sei, insbesondere aber sei es erfreulich, daß eine Entsendung deutscher Truppen in das Innere Chinas nur mit Zustimmung der chinesischen Regierung erfolgen solle. Sonst wären allerdings Reibungen mit den chinesischen Truppen nicht unter allen Umständen zu vermeiden.

Berliner Tageblatt, 29.03.1912 (PAA, R17976).

5

Finanzierungsabkommen zwischen Carlowitz & Co. und dem Kriegsministerium der Republik China (30.09.1912)

Copy of Agreement.

The Chinese Board of War, Peking, having not sufficient money at their disposition to pay off their debts to the German firm of Messrs. Carlowitz & Co., Peking, this firm undertakes it to borrow for the said Board from foreign Banks, the sum of
Mk. 4.200.000.- (Fourmilliontwohundredthousand Marks only)
Necessary for the payment of those debts, at the following conditions:

1. Against the total amount of the loan of Marks 4.200.000.-
   210 (twohundredandten) Treasury-Bills each to amount to Marks 20.000. (twentythousand Marks only) to be issued, bearing seal and signature of the Peking Board of Finance. These Treasury Bills to be handed over to Messrs. Calowitz & Co., Peking, to be kept by them in deposit for future encashment, or to be sold by them to others.
2. Interest on the loan to be 7 % (seven percent) per annum. – Against the total amount of the one year's interest on the loan, amounting to Marks 294.000.- (Twohundredandninetyfourthousand) one interest Bond – due on the 30th September 1913 – to be issued, bearing seal and signature of the Board of Finance. This Bond to be handed over to Messrs. Carlowitz & Co. on the due date of the Bond to collect same from the Board of Finance.
3. No discount to be deducted from the amount of the loan.
4. This loan to be repaid out of the first instalment of the big loan, which will be closed by the Chinese Government. Should the conclusion of the big loan be delayed, this loan becomes due after one year. Its repayment has in any case to take place on due date, its prolongation being out of question.

Anleihe. Siehe Pyan-Ling 1917:92-124, Young 1977:123-129 und Kapitel 1 dieses Bandes, „Die Reorganisationsanleihe".

5. Payment of the interest and repayment of the Capital to be made either in Peking in Pekingkunkfataels at the rate of exchange for telegraphic transfer on the day of payment or on Gold Pounds, or in Germany in Gold, according to the choice of the Board of War and the Board of Finance.
6. The sealed Treasury Bills, which the Board of War hand over to Messrs. Calowitz & Co., to be returned to the said Board in full number within three months after their payment.
7. This loan to be notified by the Waijiaobu to the German Minister in Peking, according to the rule.
8. Should it be difficult to Messrs. Carlowitz & Co. to raise the loan from the foreign Banks, they shall have to report this by letter to the Board of War within three months, new negotiations then to take place.
9. This Agreement to be free from all taxes at present and in future.
10. This Agreement is made out in Chinese and English language, each contracting party holding one copy. In case of dispute the English text shall be authentic.

Peking, the 30th September 1912.
ppa Carlowitz & Co.
/signed/ F. H. Boss.

2. HA Ch., 1011-2189.1, Bl. 3-4.

6

Artikel aus der *Minshibao*, Peking (23.03.1913)

Deutschland und China[124]

Die Deutschen haben in China nicht den gleichen Einfluß wie die Japaner, Engländer und Russen. Uns gegenüber ist ihre Haltung aber immer eine sehr freundliche. Der deutsche Gesandte in Peking[125] hat sich bemüht, die Frage der großen Anleihe zur allgemeinen

124 Haxthausen leitete die Übersetzung nebst zwei weiteren Artikeln als Anlage zum Bericht J. Nr. 2122 am 05.05.1913 an den Konsul in Nanjing, Wendschuch. Dem Begleitschreiben ist zu entnehmen, daß die chinesische Presse in Peking auf Druck der Kaiserlichen Dienststellen „von Ausnahmen abgesehen, seit einiger Zeit im Allgemeinen einen gemäßigten, mitunter sogar freundlichen Ton gegen Deutschland angenommen [hat]“. Ferner geht aus dem Schreiben hervor, daß Wendschuch eine Pressekampagne eingeleitet hatte, um gegen negative Darstellungen Deutschlands anzugehen. Zu dem hier abgedruckten Artikel der *Minshibao* heißt es, daß er „ziemlich wörtlich“ dem von Wendschuch eingesandten Artikel entspräche (BArch, R9208/583, Bl. 173).

125 Von Haxthausen.

Zufriedenheit zu lösen. Jetzt haben auf den Vorschlag der deutschen Regierung hin, die Truppen in Kiautschou zu verstärken, einige Reichstagsabgeordnete erklärt: man dürfe jetzt, so die Lage in China noch nicht gesichert ist, nicht mißtrauisch sein und dadurch die Anbahnung freundschaftlicher Beziehungen zwischen China und Deutschland hindern. Tatsächlich sind die Deutschen aber mißtrauisch gegenüber der Gärung in China und gegenüber der kritischen Lage in Tibet und in der Mongolei.[126] Sie wollen daher die Gelegenheit benutzen, um das Recht für sich in Anspruch zu nehmen, die Bahn von Kiautschou nach Yizhou zu bauen. Die Verhandlungen darüber sind gerade im Gange. Ihr Verlauf hängt ganz davon ab, wie die Lage in China sich entwickelt.[127]

BArch, R9208/583, Bl. 171.

7

Auszüge aus den stenographischen Berichten des Deutschen Reichstags (14.-15.04.1913)

14.April 1913:

Fürst zu Löwenstein-Wertheim-Rosenberg, Abgeordneter (Zentrum): In den Verhandlungen der Budgetkommission hat die Besprechung unserer **Beziehungen zu China** einen weiten Raum eingenommen, mit vollem Recht. In diesem Reich, das die 20fache Größe Deutschlands und mehr als das 5 bis 6fache der Bevölkerung Deutschlands hat, in diesem Reich mit unermeßlichen Schätzen und einem Markt größter Aufnahmefähigkeit, sind durch die politischen Ereignisse besonders des letztes Jahres alte Schranken weggefallen, und so eröffnen sich dort Möglichkeiten kulturellen und wirtschaftlichen Einflusses, der politisch nicht ohne Bedeutung sein kann. Wir erstreben nicht Gebietsgewinn in China, aber jene Möglichkeiten dürfen wir nicht ungenützt lassen. Das um so weniger, als andere uns in dieser Ausnutzung zuvorgekommen sind. Ich denke hierbei nicht so sehr an Rußland und sein Vorgehen in der Mongolei; denn dort sind wir wohl unwiderruflich ins Hintertreffen geraten und konnten auch nicht auf diesem Gebiete mit Rußland konkurrieren, und andererseits wünschen wir auch für Deutschland nicht diese Form der Eroberungspolitik in

126 In Tibet war Chinas Einfluß auf ein Minimum gesunken, während England sich dort um die Durchsetzung seiner Interessen bemühte. Weitaus kritischer aber war die Lage in der Mongolei. China mußte 1913 die „Unabhängigkeit" der Äußeren Mongolei unter russischem Protektorat anerkennen, während Japan seinen Einfluß in der Inneren Mongolei auszudehnen begann (Osterhammel 1989:226).

127 Deutschland zwang die chinesische Regierung u.a. durch eine mögliche Verweigerung der diplomatischen Anerkennung zum Nachgeben. Am 25. März 1913 sicherte Chinas Außenminister Sun Baoqi den Bau der Bahn bis 1917/18 entsprechend der Anleihebedingungen der Tianjin-Pukou-Bahn zu (Schmidt 1976:139).

China, die ja zu schweren Verwicklungen führen kann. Aber England und Amerika haben die Gelegenheit schneller und gründlicher ausgenutzt als wir durch ihre Schulen und ihren Handel. Durch staatliche Mittel und durch Betätigung des kaufmännischen Unternehmensgeistes haben sie Einfluß in China gewonnen, der den unsrigen weit überragt. Sie haben eben schon seit Jahren hier vorgearbeitet, und ich glaube, daß unsere Versäumnisfehler in dieser Beziehung mehr in der Vergangenheit als in der Gegenwart liegen. Unser Handel ist an der Einfuhr nach China nur mit etwa einem Zwanzigstel der Gesamteinfuhr beteiligt.[128] Deutschland hat nur in ganz wenigen Artikeln die Führung, in der Mehrzahl steht es hinter England und den Vereinigten Staaten zurück, von Japan nicht zu reden, das ja durch seine geographische Lage und andere Umstände in seinen Produkten uns immer überflügeln wird.

Ich will auf Einzelheiten nicht eingehen. Nur etwas ist mir aufgefallen. Der Wert der Holzeinfuhr nach China beträgt etwas über 14 Millionen Mark. Deutschland ist daran so gut wie gar nicht beteiligt, und das ist ja auch natürlich, soweit das deutsche Mutterland in Betracht kommt. Ich möchte aber bei der Reichsregierung anregen – und das geht zunächst das Reichskolonialamt an –, ob nicht der Holzreichtum unserer Besitzungen in der Südsee, besonders Neuguinea, hier einen aufnahmefähigen Markt finden könnte. Natürlich soll in unseren Südseekolonien kein Forstraubbau getrieben werden, sondern es soll nach den bewährten Grundsätzen unserer eigenen Forstwirtschaft verfahren werden.

Im allgemeinen ist zu sagen, daß Deutschland als Exportland ein eminentes Interesse daran hat, seinen Handel in China zu verstärken, und der deutsche Kaufmann muß es sein, der hier bahnbrechend wirkt. Aber das Auswärtige Amt möge die Unternehmungslust des deutschen Kaufmanns nach jeder Richtung fördern, erstens, indem es Deutschlands Ansehen und seinen Einfluß in China stärkt. Dazu ist notwendig, daß Deutschland sich an den Reformen einen Anteil zu verschaffen weiß, die in China jetzt im Gange sind, an den Reformen im Schulwesen, in der Justiz, im Ausbau des Verkehrswesens – der Eisenbahnen – und im Finanzwesen. Ich glaube, es wäre wünschenswert, daß auch das Geldbedürfnis des chinesischen Marktes zum Teil von Deutschland aus gedeckt wird. Einfluß muß es auch zu gewinnen suchen auf die chinesische Presse, die, soweit ich orientiert bin, jetzt fast ausschließlich von England und Amerika versorgt wird. Ferner müssen die Handelsberichte unserer diplomatischen und Konsularvertreter der deutschen Kaufmannschaft nach Möglichkeit zugänglich gemacht werden.

In der Budgetkommission wurde mit Recht gefordert, daß unsere Vertreter der chinesischen Sprache mächtig sein müssen. Dasselbe soll aber auch noch mehr als bisher von unseren jungen Kaufleuten verlangt werden, in ihrem eigensten Interesse! Und ich kann hier nicht genug empfehlen, die günstigste Bildungsgelegenheit, die das Orientalische Seminar Berlin bietet, fleißig auszunützen. Die Deutschen, die nach China hinausgehen, sollen möglichst Sprache und Geist Chinas verstehen lernen, und unsere Schulen sollen die Chinesen mit Deutschlands Sprache und Kultur vertraut machen.

Wünschenswert ist es auch, daß wir den Versuch machen, in größerem Umfang als bisher

---

128 Siehe Kapitel 5.

chinesische Studenten nach Deutschland auf die deutschen Universitäten und technischen Hochschulen hereinzuziehen, um so einen gewissen Einfluß auf die kommende Generation der chinesischen Staatsmänner und Beamten zu bekommen.

Notwendig wird es auch sein, daß wir von Reichs wegen die Missionsschulen in China unterstützen und fördern, soweit es notwendig ist, und darin dem Beispiel Amerikas und Englands folgen, die vielleicht früher als wir erkannt haben, von welch eminenter nationaler Bedeutung gerade die Missionen für das Mutterland sein können.

(Sehr richtig! im Zentrum.)

Wenn ich davon spreche, daß der Einfluß Deutschlands in China gefördert werden soll, so kann ich mich um die Frage nicht herumdrücken, wie es denn mit der **Anerkennung der chinesischen Republik** zu halten sei. Sie werden es vielleicht verstehen, meine Herren, daß es mir nicht ganz leicht wird, zu empfehlen, daß das Produkt einer Revolution von Deutschland anerkannt werde. Aber andererseits müssen wir uns doch vergegenwärtigen, daß der verhältnismäßig ruhige und verhältnismäßig unblutige Verlauf der chinesischen Revolution zwar an ihrem Wesen als solche nichts geändert hat und sie auch – daß möchte ich dem Herrn Kollegen Bernstein[129] gegenüber hervorheben – dadurch noch nicht zu einer vorbildlichen gemacht hat, daß sie uns aber doch nicht mit jener berechtigten Empörung erfüllen mußte, die die Greueltaten in uns hervorriefen, welche seinerzeit zu dem Wechsel der Dynastie in Serbien und später zu der Einführung der Anarchorepublik in Portugal geführt haben.

(Sehr richtig! im Zentrum.)

Sodann zeigen auch die jetzigen Machthaber in China zweifellos den guten Willen, geordnete Zustände zu schaffen und im besten Sinne liberalen Geist ihrem Staatswesen einzuflößen. Auch hat ja die Dynastie abgedankt, bevor die Republik proklamiert wurde. Das mag ja nun nicht gerade sehr freiwillig geschehen sein; aber wenigstens formell war dadurch eine berechtigte Grundlage für den Wechsel der Staatsform gegeben. Ich meine also, daß, wenn das Auswärtige Amt nach den Berichten, die ihm von seinen dortigen Vertretern zugehen, der Ansicht ist, daß die jetzigen Zustände voraussichtlich von Bestand sein werden, und wenn die Reichsregierung zu dem Entschluß gekommen ist, die Republik in China anzuerkennen, es dann allerdings besser ist, damit nicht zu lange zu warten.

(Sehr richtig! im Zentrum und links.)

Freiherr von Richthofen, Abgeordneter, Nationalliberale: Es ist schon von China gesprochen worden, und der Herr Berichterstatter hat eingehend ausgeführt, wie die Verhandlungen in der Kommission darüber gewesen sind. Auch wir stehen auf dem Standpunkt, daß wir gerade aus kommerziellen Rücksichten heraus ein lebhaftes Interesse an der Konsolidierung der Verhältnisse und infolgedessen an der Stärkung der Unabhängigkeit und Selbständigkeit des chinesischen Staates haben. Ob dazu im gegenwärtigen Moment bereits die **Anerkennung der chinesischen Republik** angezeigt erscheint, möchte ich noch dahinge-

---

129 Eduard Bernstein, Sozialdemokrat, Mitglied des Reichstags, 1902-06, 1912-28, 1920-28.

stellt sein lassen. Das ist ein Akt, der gewöhnlich gemeinsam mit einer Reihe von anderen Staaten vollzogen wird. Ich glaube, wir werden in der Beziehung gut daran tun, mit den übrigen Großmächten entsprechend Fühlung zu nehmen. Zweifellos müssen wir aber den Wunsch haben, China so stark wie möglich zu gestalten und die offene Tür in diesem Lande für uns ebenso wie für die andern aufrechtzuerhalten. Daß wir dabei unseren Einfluß dort stärken wollen, liegt auf der Hand. Deswegen bedauern wir es, wenn bei der Auswahl der Berater, die die chinesische Regierung hat, das deutsche Element, wie es scheint, nicht die ausreichende Beachtung findet. Wir bedauern auch, daß – wie der Herr Abgeordnete Bassermann[130] vorhin schon ausgeführt hat – die Lage der **deutschen Schulen in China** augenscheinlich nicht allzu günstig ist, daß ein Teil der Lehrer China wieder verläßt, weil die Regelung ihrer Gehaltsverhältnisse zu wünschen übrig läßt. Vielleicht ist der Herr Staatssekretär in der Lage, uns hierüber noch eine nähere Auskunft zu geben.

Die Anleihefrage hat auch eine gewisse Rolle gespielt. Sie ist sicherlich schwer zu beurteilen. Aber ich möchte doch glauben, daß wir ein starkes gemeinsames Interesse in dieser Frage mit den Vereinigten Staaten von Amerika haben, mit denen überhaupt unsere Interessen in Ostasien im großen und ganzen die gleichen sind, und daß wir auch weiterhin versuchen sollten, gemeinsam mit den Vereinigten Staaten in unserem Bemühen der Aufrechterhaltung der offenen Tür in China an demselben Strang zu ziehen. [...][131]

15. April 1913:

Herr Dr. Müller (Meiningen), Abgeordneter, Fortschrittliche Volkspartei: Ich habe mich aber vor allem zum Wort gemeldet, um bezüglich der wichtigsten Frage, die gestern und heute behandelt worden ist, noch einmal ein Resumee unserer Verhandlungen zu geben; das ist die **ostasiatische Frage**. Wenn ich bezüglich dieser ostasiatischen Politik die Anschauung aller Parteien, wie sie in der zweitägigen Debatte hier zum Ausdruck gekommen ist, zusammenfasse, so kann ich wohl sagen: von Bernstein bis zum Fürsten Löwenstein,

(Heiterkeit)

vom „Vorwärts“ bis zur „Deutschen Tageszeitung“ ist Parlament und Presse einer Meinung, daß es falsch wäre, noch lange mit der **Anerkennung der jungen chinesischen Republik** zu warten

(Sehr richtig! links.)

und erst nach der Wahl des Präsidenten in Erwägungen einzutreten oder, wie sich der Herr Staatssekretär wörtlich ausgedrückt hat: „der Frage der Anerkennung der Republik näher zu treten“. Wer die diplomatische Diktion kennt, weiß, daß es sich um den embryonalen Ansatz zur Erwägung oder Berücksichtigung des Gedankens handelt, der hier von dem ganzen Parlament beinahe ausgesprochen ist. Die öffentliche Meinung bringt der jungen chinesi-

---

130 Ernst Bassermann, Jurist und Politiker.

131 Auslassung: Richthofen äußert sich zu den deutschen Wirtschaftsbeziehungen zur Mongolei, die „kommerziell noch nicht allzu sehr in Frage kommt“ und beklagt, daß ein Vertragsabkommen die Zustimmung Rußlands erfordere. Anschließend kommt er auf die Beziehungen zu den USA zu sprechen.

schen Republik die größten Sympathien entgegen; wir hoffen, daß sie das große alte Kulturvolk von Ostasien einer stetigen friedlichen und fortschrittlichen Entwicklung entgegenführt.

(Bravo! links.)

Meine Herren, die öffentliche Meinung Deutschlands will nicht, daß Deutschland ins Schlepptau von anderen Mächten in der ostasiatischen Politik genommen werde. Es ist ein Akt politischer Klugheit, die Republik finanziell und politisch flott zu machen und flott zu erhalten. Ob die deutsche Politik in Ostasien so tadellos war, wie sie gestern der Herr Staatssekretär uns dargestellt hat, möchte ich sehr dahingestellt sein lassen. Wir haben in der Budgetkommission eingehend darüber gesprochen und haben auch der Reichsregierung zum Ausdruck gebracht, daß wir anderer Meinung sind bezüglich der Politik, die bisher Deutschland in Ostasien geführt hat.

Wenn ich von der öffentlichen Meinung gesprochen habe und davon, daß von dem Herrn Kollegen Bernstein bis zum Herrn Fürsten zu Löwenstein und bis auf die Rechte hinüber beinahe eine Meinung besteht, so muß ich leider jedoch eine Ausnahme machen bei Herrn Kollegen Dr. Oertel. Herr Dr. Oertel hat zu meinem Bedauern heute ausgedrückt, wir sollten den **Vereinigten Staaten nicht nachlaufen**. Gewiß, wir wollen keiner Macht nachlaufen, wir wollen eine eigene selbständige deutsche Politik treiben; aber das, was ich der Regierung bei der eingehenden Debatte in der Budgetkommission vorgeworfen habe, war, daß sie nicht immer unterlassen hat, einer anderen Macht nachzulaufen, sondern das der Verdacht besteht, daß sie in finanzieller und politischer Beziehung einer anderen Macht nachgelaufen ist. Ich glaube, ich brauche nicht auszusprechen, welcher Staat im Osten!

Nun wundere ich mich aber, daß Herr Kollege Dr. Oertel heute gesagt hat, wir sollten bloß mit den anderen Mächten zugleich und unter der Bedingung, daß die anderen Mächte die chinesische Republik anerkennen, auch unsererseits die Anerkennung aussprechen. Ich habe in einem Berliner Blatte einen auffallend vernünftigen Artikel darüber gefunden

(Abgeordneter Gothein: Nanu!)

– einen auffallend vernünftigen Artikel.

(Zuruf rechts.)

– Herr Dr. Oertel, beruhigen Sie sich, Sie bemerken, scheint es, ein gewisses kommendes Unheil.

(Heiterkeit.)

Es heißt da: Wenn auch die Anerkennung der Republik China durch die Union an der bestehenden Konstellation nichts ändert, so stärkt sie doch zum mindesten das Ansehen und die Kreditwürdigkeit des chinesischen Reichs, die wiederum in erster Linie der anerkennenden Macht zugute kommen dürfte. Es trifft sich glücklich, daß Staatssekretär Grey in seinem ersten großen Akt die idealen und die materiellen Momente in so harmonischer Weise zu verbinden weiß.

Und nun kommt es: Da Deutschlands und Amerikas Interessen im Osten ziemlich konform laufen, liegt kein Grund vor, warum die deutsche Regierung sich dem Vorgehen der Union nicht baldigst anschließen soll.
Meine Herren, die Zeitung, die das schreibt, d.h. den Rat zu einem unbedingt baldigen Anschlusse an die Politik der Vereinigten Staaten gibt, ist die „Deutsche Tageszeitung" des Herrn Dr. Oertel.

(Hört! hört! links.)

Erklärt mir, Herr Oertel, nur – doch diesen Zwiespalt der Natur!

(Große Heiterkeit. – Abgeordneter Dr. Oertel:
Kommen Sie nachher hierher! – Erneute Heiterkeit.)

Also ich meine, Herr Dr. Oertel sollte lieber im Sinne der „Deutschen Tageszeitung" mit uns dafür eintreten, daß nach der Präsidentenwahl baldmöglichst in enger Fühlung mit der geschickten Politik der Vereinigten Staaten die Anerkennung der chinesischen Republik ausgesprochen wird.

(Zuruf rechts: Baldmöglichst!)

– Oder besser „baldigst", Herr Dr. Oertel, steht in Ihrem Artikel.

Meine Herren, das zweite, was ich als Resümee aus der jetzigen Debatte bezüglich der ostasiatischen Politik herausnehmen kann, ist die Einigkeit aller Parteien, daß mehr für die **deutschen Schulen in Ostasien** geschehen möge. Mir ist eigentlich die Schwerfälligkeit des Auswärtigen Amts gerade in der Frage der deutschen Schulen im Auslande unbegreiflich. Seit ungefähr 10 bis 12 Jahren werden ihr geradezu auf dem Präsentierteller größere Beträge für die Schulen im Ausland vorgelegt. Ach, wenn nur die anderen Ressorts, vor allem das Militär- und Marineressort, auch diese rührige Bescheidenheit hätten, wie sie in dieser Frage das Auswärtige Amt zeigt!

(Heiterkeit.)

Die Forderungen für die deutschen Schulen in China sind jedenfalls ganz unzureichend. Bewilligungen zu wirtschaftlichen Eroberungen im Auslande werden meine Freunde gern machen.

Wenn es noch eines Zweifels bedurft hätte, daß Deutschland in Ostasien eine **Politik der falschen Passivität** treibt, so hätte ihn meiner Ansicht nach gestern der Herr Unterstaatssekretär erbracht. Mein Freund Heckscher hat gestern dargelegt, daß bei Ausbruch der chinesischen Revolution alle Sachverständigen in chinesischen Fragen abwesend gewesen seien, mit Ausnahme von zwei Dolmetschern. Da hat nun der Herr Unterstaatssekretär eine ganz merkwürdige Erklärung dafür gegeben, indem er sagte, der eine Sachverständige, nämlich der erste Dolmetscher, hätte sogar nach China abreisen wollen, er hätte danach gestrebt, wieder auf seinen Posten zu gehen, aber er hätte ihm gesagt: nein, bleiben Sie zu Hause, jetzt können Sie da doch keine Geschäfte drüben in China machen.

(Zuruf vom Bundesratstisch.)

– „Sehr richtig!“ sagte dazu der Unterstaatssekretär. Ich muß sagen: diese Instruktion erscheint mir vollständig unbegreiflich.

(Zustimmung links.)

Wenn man einen solchen Mangel an fähigen Leuten für einzelne Posten wie gerade in China hat, dann sollte man doch froh sein, wenn einer auf seinen Platz gehen will; und daß wir einen kolossalen Mangel an solchen Leuten gerade für China haben, ist uns ja in der Budgetkommission gesagt worden. Damals wurde der drastische Ausdruck gebraucht: wenn der eine Herr nicht krank geworden wäre, dann hätten wir für China einen Mann gehabt, der Chinesisch konnte; da aber der eine Mann krank geworden ist, so hatten wir keinen Mann für die Versetzung in Peking, der Chinesisch versteht, und deswegen hat man einen Mann hingesandt, der nicht Chinesisch sprechen kann. Wenn also ein solcher Mangel an Leuten ist, die Chinesisch sprechen können, dann hätte man wahrhaftig den Mann in einem solchen Zeitpunkt nicht abhalten sollen! Ich sollte meinen, daß niemals ein solcher Mann notwendiger ist als zur Zeit von Unruhen, wo die Kenntnis der Verhältnisse und Personen in China am allernotwendigsten ist.

Daher auch die großen Klagen über die mangelnde wirtschaftspolitische Vertretung unserer Interessen in weiten Kreisen der Kaufmannschaft. Daher auch gerade in Ostasien der dringende Wunsch auf Verbindung des Konsulatswesens und des diplomatischen Dienstes. Andere Sachverständige sagen – ich weiß, daß der Herr Unterstaatssekretär Zimmermann, der ja auch Spezialsachverständiger auf dem chinesischen Gebiete ist, anderer Meinung ist –, daß in seinem Teile der Welt eine Verbindung des Konsulatwesens und des diplomatischen Dienstes so notwendig wäre als gerade in Ostasien bei dem Vorwiegen der wirtschaftspolitischen Momente.

Meine Herren, ich bringe die Angelegenheit mit der Abwesenheit so vieler Beamten in Peking vor allen Dingen deswegen vor, weil die **Abwesenheit unserer Diplomatie** in entscheidenden Momenten leider nur eine allzu häufige Erscheinung ist. ...[132]

Zimmermann, Wirklicher Geheimer Legationsrat, Unterstaatssekretär im Auswärtigen Amt, stellvertretender Bevollmächtigter zum Bundesrat: Meine Herren, der Herr Abgeordnete Müller (Meiningen) hat sich wieder in langen Ausführungen gegen unsere ostasiatische Politik gewendet. Er ist auf die alten Vorwürfe zurückgekommen, die er schon in der Budgetkommission vorgebracht hat, und ich bedauere, daß ihn meine damaligen Ausführungen nicht eines besseren belehrt haben.

(Heiterkeit rechts.)

Zunächst hat er die Frage der **Anerkennung der Republik China** berührt. Er hat sich mit den gestrigen Ausführungen des Herrn Staatssekretärs des Auswärtigen Amts nicht einverstanden erklärt. Ich wiederhole, die gestrigen Bemerkungen des Herrn Staatssekretärs gingen darauf hinaus, wir würden, sobald die Präsidentenwahl vollzogen sei, gern der Frage der Anerkennung nähertreten. Wenn der Herr Abgeordnete Müller in diese Worte hineinin-

---

132 Auslassung: Es folgen weitere Ausführungen hierzu am Beispiel der deutschen Diplomatie am Balkan.

terpretiert, daß das nach Art diplomatischer Gebräuche recht lange dauern könne, so ist das eine ganz willkürliche Auslegung. Wir können schnell arbeiten und sind entschlußfähig, Herr Dr. Müller (Meiningen),

(Bravo! rechts)

und werden Ihnen das auch bei dieser Gelegenheit wieder einmal beweisen können.

Dann hat der Abgeordnete Müller (Meiningen) mir noch vorgehalten, daß wir unserem **ersten Dolmetscher in Peking**, als er hier in Urlaub war und bei Ausbruch der Unruhen zurückwollte, erklärt haben, er solle hier bleiben, er wäre hier mehr am Platze als in Peking.[133] Ich halte diese meine gestrige Erklärung in vollem Maße aufrecht. In der Tat wäre es ganz deplaziert gewesen, wenn wir zu jener Zeit diesen Beamten nach Peking zurückgesandt hätten. Ich habe betont, daß wir zwei dem Dolmetscherdienst angehörige Beamte in Peking hatten.[134] Ich habe ferner betont, daß zu jener Zeit keine wirkliche Zentralregierung in Peking bestand. Es ging dort alles drunter und drüber. Ob wir über die revolutionären Treibereien etwas mehr oder weniger hörten, war vollständig gleichgültig. Darauf kam es uns nicht an. An den einzelnen Plätzen und Häfen, wo wir Interessenten haben, waren unsere Konsuln zur Stelle und haben nach wie vor sich unserer Interessen angenommen.

Für diejenigen Sachen aber, die etwa durch die Gesandtschaft zu vertreten waren, also Reklamationen usw., war in Peking keine Zentrale da, mit welcher man verhandeln konnte. Der betreffende Beamte, der hier seinen Urlaub verbrachte, war tatsächlich des Urlaubs bedürftig, und ich habe deshalb darauf bestanden, daß er auch seine Urlaubszeit hier vollständig verbrachte, und das er nicht etwa zurückkehrte und erst dann, sobald eine Beruhigung der Verhältnisse eingetreten war, ihn von neuem aufnahm. Wir haben über die Berichterstattung aus Peking während dieser Zeit nicht zu klagen gehabt. Wir sind durchaus gut berichtet gewesen, wenn vielleicht auch nicht so gut, wie der Herr Angeordnete Dr. Müller (Meiningen), der seine Berichterstattung auf Tratsch und Klatsch aus Shanghaier Klubs aufbaute.

(Unruhe links.)

Der Herr Abgeordnete Dr. Müller (Meiningen) hat dann noch betont, daß es sich empfehle, unsere **Gesandten aus dem Konsulatsdienst** zu wählen. Auch dieser freundlichen Aufforderung sind wir längst zuvorgekommen. Ich erinnere daran, daß der Gesandte v. Ketteler dem chinesischen Konsulatsdienste angehörte und aus ihm hervorgegangen war und ebenso daran, daß der jetzige Gesandte ein Mitglied des Konsulatskorps gewesen ist und ebenfalls aus ihm hervorgegangen ist.[135]

An der **Anleihefrage** gehen wir mit den anderen Mächten zusammen, und das scheint

---

133 Emil Krebs war am 16.07.1901 als Erster Dolmetscher an die Deutsche Gesandtschaft Peking berufen worden. Krebs war ein Sprachgenie, beherrschte 68 Sprachen perfekt in Wort und Schrift, hielt sich seit 1893 in China auf und pflegte enge Kontakte zu chinesischen Beamten. Am 15.02.1912 wurde ihm der Charakter eines Legationsrats verliehen, überdies trug der den Titel „secrétaire interprète".

134 Der Königl. Preußische Hauptmann Buchenthaler, der dem Großen Generalstab zugeteilt war und als Dolmetscheroffizier für den Militärattaché kommandierte, und der 2. Dolmetscher Dr. Hauer.

135 Elmershaus v. Haxthausen.

uns auch recht praktisch zu sein; denn daß wir allein diese Anleihe nicht geben können, wird auch dem Herrn Angeordneten Dr. Müller wohl einleuchten. Es handelt sich um einen Betrag von 25 Millionen Pfund, der von Deutschland allein, trotz aller Freundschaft, die wir China entgegenzubringen geneigt sind, nicht gewährt werden kann.

Der Herr Abgeordnete Dr. Müller (Meiningen) hat sich dann darüber aufgehalten, daß **unsere diplomatischen Vertreter zu wichtigen Zeitpunkten nicht auf ihrem Posten seien**. Ja, meine Herren, die Beamten sind eben auch nur Menschen und brauchen auch Urlaub und Erholung, und wenn wir damals z.B. unseren Botschafter von Wangenheim[136] nicht sofort von Athen nach Konstantinopel gesandt haben, so lag das daran, daß wir Wert darauf legten, ihn erst hier zu begrüßen und ihn zu informieren über die Aufgaben, die ihn in Konstantinopel erwarten würden. Ich glaube, daß ist vom Standpunkte der Zentralleitung verständlich und wird auch dem Herrn Abgeordneten Dr. Müller (Meiningen) einleuchten.

Sonst habe ich weiter nichts zu den gemachten Ausführungen zu bemerken.

(Bravo! rechts.)

Dr. Pfeifer, Abgeordneter, Zentrum: Meine Herren, der Herr Angebordnete Müller (Meiningen) ist nach dem Resümee, das er über die bisherigen Verhandlungen gegeben hat, nochmals dankenswerter Weise eingegangen auf die Darlegung des Standpunkts der verschiedenen Fraktionen hinsichtlich unseres **Verhältnisses zu Ostasien**. Meine politischen Freunde haben gestern und auch sonst nie einen Zweifel darüber gelassen, daß auch wir der Meinung sind, daß außerordentlich hohe und große Interessen für das Deutsche Reich auf dem Spiele stehen in der Verbindung mit der neuen chinesischen Republik. Der erste Reichstag ist dort zusammengetreten. Ich hätte es für gar nicht inopportun gefunden, wenn aus dem Parlament heraus eine Begrüßung dieses ersten chinesischen Parlaments erfolgt wäre;

(Sehr richtig!)

Meine Herren, der Herr Staatssekretär hat gestern hier ausgesprochen, daß man, sobald die Präsidentenwahl in China erfolgt sein wäre, der **Anerkennung der Republik** nähertreten wird. Ich möchte dringend den Wunsch unterstreichen, der von anderer Seite schon geäußert worden ist, daß dieses Nähertreten etwas rasch erfolgt; und wenn in der temperamentvollen Weise, die der Herr Unterstaatssekretär Zimmermann vorhin angewendet hat, zum Ausdruck kommt, daß unsere Diplomatie schlagfertig und entschieden sei und den nötigen Mut hätte, so kann diese Erklärung nur erfreulich sein. Ich möchte wünschen, daß es der Schlagfertigkeit und Entschlossenheit der deutschen Diplomatie gelingt, wenn China nun in das Konzert der Mächte eintritt, sich das Tempo in diesem Konzert anzueignen, den Taktstock einmals etwas intensiver in die Hand zu nehmen als bisher, und dafür zu sorgen, daß das Tempo nicht bloß andante und largo wird, sondern, um in der Musiksprache zu bleiben, ein bißchen allegro und con fuoco und dem dazugehörigen maëstoso, das der Würde des Deutschen Reiches gebührt.

---

136 Freiherr von Wangenheim, Botschafter zu Konstantinopel.

(Bravo! und Heiterkeit.)

Dr. Paasche, Abgeordneter:[137] ... Nun meine Herren, ich wollte speziell einiges anführen über **unsere Politik im Osten**. Sie verzeihen mir das; denn ich komme ja eben erst, sozusagen, von dort und habe mein Studium darauf gerichtet, mich über die Verhältnisse im Osten zu orientieren. Vieles von dem, was der Herr Unterstaatssekretär zur Rechtfertigung unserer Vertreter gesagt hat, unterschreibe ich durchaus und gerne. Die Herren, die dort draußen sind, tun gewissenhaft ihre Schuldigkeit und leisten zumeist Vortreffliches. Es bleibt aber bedauerlich, wenn z.B. in Peking gerade in schwerer Zeit eine Leere vorhanden war, wenn diejenigen, die von den chinesischen Verhältnissen aus eigener Anschauung etwas verstanden, fort mußten, wenn neue Attachés hinkamen, die bei aller Tüchtigkeit und persönlichen Leistungsfähigkeit den dortigen eigenartigen Verhältnissen gar nicht gewachsen sein konnten, weil sie sie nicht kannten; aber einen generellen Vorwurf kann man daraus nicht erheben. Als ich auf meiner Reise nach Peking kam, war der erste Botschaftsrat, ein vortrefflicher, gut geschulter Diplomat, vor wenigen Wochen erst aus Petersburg, aus ganz anderem Wirkungskreise, gekommen, der zweite Botschaftsattaché kam etwa gleichzeitig mit mir aus weiter Ferne an, und der dritte, der bereits ein halbes Jahr dort war, war ein ganz junger, sehr tüchtiger und befähigter Mann.[138] In dessen Händen ruhten nun die Verhandlungen über alle die schwierigen Fragen der Entschädigung der durch die Revolution geschädigten Deutschen, während die Engländer ihren gewandtesten, der chinesischen Sprache vollkommen mächtigen alten Generalkonsul hinschickten, der nämlich eine ganz andere Rolle spielte als der junge Herr, der vor drei, vier Jahren sein Referendarexamen gemacht hatte, namentlich da er die chinesische Sprache nicht beherrschte, wie die englischen Vertreter, die vollkommen der chinesischen Sprache mächtig waren und auch seit langer Zeit Beziehungen und Persönlichkeiten kannten.

(Hört! hört! links.)

Ich glaube, man sollte wirklich, wie ich sehr oft von Vertretern unserer Regierung und von Kaufleuten dort gehört habe, versuchen, das chinesische Gebiet immer mehr als eine selbständige Karriere aufzufassen. Denn, meine Herren, eine ganz fremde Sprache, die mit keiner Sprache der westlichen Welt irgendwelche Beziehungen hat, verlangt ein schwieriges Studium und deshalb von dem Kandidaten der konsularischen Laufbahn eine ganz andere Vorbildung, als sie von jemandem verlangt wird, der von hier nach Nordamerika oder Südamerika geht. Auch in Südamerika wird es, nebenbei bemerkt, des Spanischen wegen unseren Beamten oft sehr schwer, sich zu verständigen und Einfluß zu gewinnen. Aber wie wir es für undenkbar halten würden, wenn ein Konsul in einer englischen Kolonie nicht Englisch sprechen könnte, so ist es eigentlich ein Unding, wenn die Vertreter des Deutschen Reiches

---

137 Regierungsrat Prof. Dr. Paasche, erster Vize-Präsident des Deutschen Reichstags und Mitglied des Abgeordnetenhauses, Nationalliberale Partei.

138 Gemeint sind der Erste Sekretär v. Maltzan, Freiherr zu Wartenberg und Penzlin, der Zweite Sekretär Riedesel Freiherr zu Eisenbach und Tiemann, Preußischer Kammergerichtsreferendar, Attaché (1913).

die Sprache des Landes, in dem sie deutsche Interessen fördern sollen, auch nicht annähernd beherrschen.

(Sehr richtig!)

Könnte man dafür sorgen, wie der englische diplomatische und Konsulardienst in China es tut, daß die Tätigkeit in jenem gewaltigen Reiche als eine selbständige, abgeschlossene Karriere betrachtet würde, so wäre es wohl möglich, die Dolmetscher- und Vizekonsul- und Konsulkarriere zu vereinigen und tüchtige Leute, die die Sprache des Landes beherrschen und an Ort und Stelle Charakter und Gewohnheiten des Volkes kennen gelernt und vor allen Dingen, worauf ich besonderes Gewicht lege, Beziehungen zum Volke gewonnen haben, in diese Vertreterstellungen hineinzubringen. Darauf kommt es doch gerade an: der Konsul soll nicht bloß auf seinem Bureau sitzen, und sich durch Fremde zutragen lassen, was alles vorgeht. Er soll aus eigenen Beobachtungen schöpfen und muß wissen, was wirtschaftlich und politisch im Lande vorgeht, wohin die Bewegungen gehen, und wie die Stimmung ist. Er müßte mit dem Volke selbst in Berührung treten. In China haben die ländlichen Gentrys in gewissen Distrikten, namentlich im Süden, einen so gewaltigen Einfluß, daß man mit ihnen rechnen, sie kennen lernen muß; wenn die Konsuln aber nur mit Beamten in Verkehr treten, womöglich nur in englischer Sprache konversieren, dann lernen sie das Volk kaum kennen und kommen nicht heran an die Vertreter der großen Gilden, die das eigentliche arbeitende Volk in Handel und Gewerbe vertreten; dann ist der Mann nicht imstande zu leisten, was er selbst leisten möchte.

(Sehr richtig!)

Denn die Herren sind ja selber durchaus unzufrieden damit, wenn sie an eine Stelle kommen, wo sie die Empfindung haben, daß sie nicht in der Lage sind, das zu leisten, was man im Reichstage und draußen im Volke von ihnen verlangt.

Nun haben wir heute zahlreiche Dolmetscher, Vizekonsuln, Konsuln und Attachés. In früheren Zeiten konnte man mit Recht sagen: wenn wir nur einen Generalkonsul und vier Konsuln haben, dann ist das keine selbständige Karriere, für die man eine feste und bestimmte Vorbildung verlangen kann. Wenn Sie aber bedenken, daß wir gegenwärtig 43 oder 44 akademisch gebildete Vertreter im Konsulats- und Dolmetscherdienst und etwa 18 bis 20 Sekretäre in China haben, also eine große Zahl von Beamten, so ist es immerhin möglich, entsprechend vorgebildete Leute im eigenen Lande zu schaffen, die diese Karriere einschlagen und dann aus der Dolmetscherstellung zu Konsuln und Generalkonsuln usw. eintreten können. Ich glaube, es würde das nach jeder Richtung unserem Einfluß in China wesentlich zugute kommen, und es wäre auch nicht sehr schwer, das durchzuführen. [...][139]

(Sehr richtig!)

139 Paasche führt seine Argumente am Beispiel Südamerikas weiter aus und kritisiert das System des diplomatischen Dienstes, wonach die Vertreter alle zwei Jahre abgelöst werden. Er fordert eine gewisse internationale Ausbildung und „hat sich jemand dann in verantwortlicher Stellung bewährt, so lasse man ihn auch da, wo er sich in Sprache, Sitte und Eigenart des Landes eingelebt hat, und werfe ihn nicht unnötig in der Welt herum“.

Ich kehre aber zu **China** zurück und möchte mich vor allen Dingen noch über die Stellung der Dolmetscher aussprechen. Die Dolmetscher sind heute in einer wenig angenehmen Lage. Man verlangt von ihnen dieselbe Vorbildung wie für die Diplomaten; sie sollen das Referendarexamen gemacht und zwei Jahre am Gericht gearbeitet haben usw. Sie bleiben aber lange in der Dolmetscherkarriere, sie müssen tüchtig Chinesisch lernen und schließlich vollendete Sinologen sein; aber sie bleiben, wenn sie nicht in eine Konsulatsstellung einrücken, immer in der Unterschicht, immer nur Dolmetscher und auf China angewiesen; bei einer vielleicht innerlich befriedigenden Tätigkeit, aber doch in einer äußerlich nicht voll anerkannten Stellung. Wenn es berechtigt ist, daß eigentlich jeder Konsul und Vizekonsul, wenn er hinübergeht, Chinesisch können oder es lernen soll, so mag man doch die Konsularkarriere und die Dolmetscherkarriere direkt vereinigen, die jungen Dolmetscher bald als Vizekonsuln beschäftigen und sie dann weiter steigen lassen. Ich glaube auch, das würde den Interessen des Deutschtums in China wesentlich dienen.

Noch einige andere Fragen! Ich habe vielfach darüber klagen gehört, daß die Herren des diplomatischen Dienstes, die **Dolmetscher und Konsularbeamten**, keinen eigentlichen **Heimaturlaub** in dem Sinne haben, wie ihn beispielsweise unsere Kolonialbeamten haben, die nach zwei bis drei Jahren Heimatsurlaub mit allen Kompetenzen und mit Reisegeld hin und zurück bekommen. Hier müssen die Herren, wenn Sie einmal Heimaturlaub nehmen wollen, auf Ihre eigenen Kosten reisen. Es ist mir ein Fall bekannt, wo ein hervorragend tüchtiger Mann, der in Tokio als Dolmetscher saß, jahrelang von seinem Gehalt gespart hat, um sich das Reisegeld, das von Tokio bis nach Deutschland ja ziemlich hoch ist, zu beschaffen, um einen seiner Gesundheit wegen recht nötigen Heimaturlaub antreten zu können. Durch einen Unglücksfall in seiner Familie geht ihm das ersparte Geld wieder verloren, er kann den Urlaub nicht antreten, sondern muß bleiben. Das geht den jungen Attachés und den Vertretern des diplomatischen Dienstes ganz ebenso. Wenn sie nicht reiche, wohlhabende Leute sind, die das Reisegeld selber aufbringen können, dann hilft man sich oft genug damit, daß man sie versetzt; dann bekommen sie Umzugskosten und Reisegelder. Daher haben wir dann den oft beklagten hohen Titel im Etat für Reisekosten und Umzugsgelder.

(Sehr richtig!)

Wenn wir jedem Beamten in Qingdao, der ja schließlich ein niedrigeres Gehalt als beispielsweise die Dolmetscher und Dolmetschereleven in China bekommt, die Reisekosten für einen regelmäßigen Heimaturlaub geben, so würde man die Herren, auch die Sekretäre und Subalternbeamten des auswärtigen Dienstes, wenn man sie auf den chinesischen Dienst beschränkt, arbeitsfreudig erhalten, und sie könnten den Heimaturlaub öfter antreten, als es so leider Gottes möglich ist.

(Sehr richtig)

SBVR, 1897-1914 (XIII. Legislaturperiode, 1. Session), Bd. 289, S. 4743-4786.

8

Schreiben des Gesandten in Peking, Elmershaus von Haxthausen, an Reichskanzler Theobald von Bethmann Hollweg (29.04.1913)

Nr. A 89.
Der Abschluß der Reorganisationsanleihe über 25 Millionen Pfund Sterling, der in der Nacht vom 26./27. April zwischen den Vertretern der fünf Banken und den als Vertretern der chinesischen Regierung durch Dekret des Präsidenten zur Zeichnung des Anleihevertrages ermächtigten Ministerpräsidenten, Finanzminister und Minister des Auswärtigen zustande kam, ist Euerer Exzellenz telegraphisch von mir gemeldet worden.[140] An dem Euerer Exzellenz bekannten Entwurf des Anleihevertrages ist Wesentliches nicht geändert worden. Der Zinsfluß ist auf 5% herabgesetzt worden, der Ausgabekurs beträgt 90.

Eine Reihe von Schwierigkeiten drohte noch im letzten Moment die Zeichnung zu verhindern. Da den Chinesen bekannt war, daß seitens der Gesandten der fünf beteiligten Mächte an dem sogenannten Fünfervorschlage festgehalten werde, der die Anstellung der fünf Beamten und Ratgeber für Anleihedienst und Salzverwaltung versieht, so erklärten sie sich schließlich bereit, auf das Programm einzugehen, und machten Rußland, England, Frankreich und Deutschland die entsprechenden Angebote, wobei ihrerseits bezüglich Deutschlands zunächst nur der Posten des Direktors der Anleiheverwaltung erwähnt wurde, dagegen über den von uns verlangten Posten eines Beraters und Vizedirektors der Salzverwaltung noch nichts verlautete. Hierin wurden sie, wie mir scheint, von meinem französischen Kollegen,[141] wenigstens in dem Bestreben einer vorläufigen Hinausschiebung der Einrichtung der Stelle, unterstützt. Ich habe mit aller Deutlichkeit dem Minister des Auswärtigen zu verstehen gegeben, daß ich mich nicht bereit finden würde, die notwendige Zustimmung zur Zeichnung zu geben, wenn auch dieser Programmpunkt nicht sofort ausgeführt würde. Die hiesige Regierung gab darauf in der abschriftlich gehorsamst beigefügten Note unserem Antrage statt.

Eine weitere Schwierigkeit bestand darin, daß der russische Gesandte[142] im letzten Augenblicke eine Ausdehnung der Vertragsdauer auf 50 Jahre für den russischen Berater im Audit-Departement forderte und eine Erhöhung seiner Stellung im Rechnungshofe betrieb. Erst den vereinigten Vorstellungen des englischen und französischen Gesandten, die ebenso wie ich nur einen dreijährigen Kontakt verlangten, gelang es, diese Forderungen zu beseitigen.

Nachdem die Gesandten schließlich auf Grund der Anstellungsverträge die Bankiers zur Zeichnung ermächtigt hatten, wurde am 26. April durch verschiedene Machinationen ver-

---

140 Haxthausen hatte in einem Telegramm vom 25. April 1913 an das AA gemeldet, daß der Anleihevertrag unterzeichnet werde, sofern kein Zwischenfall eintritt. Am 2. Mai ging dem AA eine Verbalnote der chinesischen Gesandtschaft zu, worin die Unterzeichnung bestätigt und das Vorgehen der Nationalversammlung als rechtmäßig bezeichnet wird (GPEK, Bd. 32, Nr. 11967 u. 11968, 394-395).

141 M. Alexandre Conty.

142 M. B. Kroupensky.

sucht, die Verhandlungen der Bankvertreter mit der chinesischen Regierung zu vereiteln. Unter anderem protestierte eine Deputation der radikalen Guomindang morgens früh bei Yuan Shikai dagegen, daß die Anleihe ohne Zustimmung des Parlaments abgeschlossen werden sollte, und spät abends erneuerten Mitglieder der Partei den Protest mit dem gleichen Mißerfolg vor der vor dem Abschluß stehenden Versammlung der Regierungs- und Bankvertreter.

Schließlich versuchte noch Sun Yatsen, die Zeichnung zu hintertreiben. Er erklärte dem Shanghaier Vertreter der Hongkong and Shanghai Banking Corporation, im Falle des Abschlusses der Anleihe ohne Genehmigung des Parlaments würden die Provinzen südlich des Yangzi zusammen mit Shaanxi und Shanxi gegen den Norden aufstehen und gegen eine solche Willkür Yuan Shikais mit Waffengewalt protestieren. Auch diese Drohung verfehlte ihre beabsichtigte Wirkung. Der englische Gesandte[143] ermächtigte den englischen Bankvertreter, auf diese telegraphisch von Shanghai übermittelte Nachricht hin ein beruhigendes Telegramm nach London zu senden. Der französische Gesandte hat es ebenso wie ich für angezeigt gehalten, in gleicher Weise unsere Regierungen telegraphisch zu informieren, um einer durch tendenziöse Pressemeldungen eventuell ungünstigen Beeinflussung der heimischen Kreise vorzubeugen.

Die politische Bedeutung des Abschlusses der Anleihe wird in hiesigen maßgebenden Kreisen gewürdigt sowohl nach der finanziellen Seite, indem sie der Regierung aus dem augenblicklichen Finanzelend hilft, wie nach der Seite der moralischen Unterstützung, die damit Yuan Shikai zuteil wird. Über die Wirkung des Abschlusses auf die Guomindangpartei und ihren Anhang im Süden haben sich, abgesehen von den erwähnten Protesten, noch keine weiteren Symptome deutlich gemacht.

v. Haxthausen

GPEK, Bd. 32, Nr. 11969, S. 395-397.

9

Anfrage des Militärattachés in Peking, Hauptmann Rabe von Pappenheim, an das Königliche Kriegsministerium, Berlin (12.06.1913)

Abschrift[144]
A 12672

Dem Königlichen Kriegsministerium melde ich gehorsamst, daß der, vor kurzem zum mili-

---

143 Sir John Newell Jordan.

144 Anlage zum Pekingbericht A 125 von Maltzan, 12.06.1913, an den Reichskanzler. Wie Maltzan einleitend bemerkt: „Ich kann mich den Ausführungen des Hauptmanns von Pappenheim in Überseinstimmung mit dem Kaiserlichen Gesandten nur anschließen.“

tärischen Berater des Präsidenten in der Republik China ernannte Major z.D. Dinkelmann, bisher Instrukteur in der chinesischen Armee, mir mitgeteilt hat, daß der chinesische Kriegsminister sich bei ihm privatim und inoffiziell erkundigt hat, ob es sich ermöglichen ließe, chinesischen Offizieren, wie bereits früher geschehen, die deutschen Militär-Bildungsanstalten auch weiterhin zugänglich zu machen.

Major z.D. Dinkelmann hat mich gebeten, ihn über die Stellungnahme der heimischen maßgebenden Behörden zu dieser Frage zu unterrichten, bevor er dem hiesigen Kriegesministerium eine endgültige Antwort erteilt. Sollten sich bei den deutschen Behörden Bedenken gegen eine Zulassung von chinesischen Offizieren an unseren Militär-Bildungsanstalten nicht erheben, so will er die chinesischen Behörden zur Einleitung der notwendigen offiziellen Schritte veranlassen.

Major Dinkelmann befürwortet den Wunsch des chinesischen Kriegsministers auf's Wärmste und begründet seine Bitte um ein wohlwollendes Entgegenkommen der deutschen Behörden in dieser Frage mit Folgendem:

„Träger und Förderer des ausländischen Einflusses, besonders auf militärischem Gebiet, sind weniger die im chinesischen Dienst angestellten Europäer, als die in ausländischem Sinn erzogenen oder im Ausland ausgebildeten Chinesen. Das meist recht große Entgegenkommen, das sie dort fanden, hinterließ bei ihnen die Sympathie für das betreffende Land, sie haben dessen Wesen und Sitten mehr oder weniger angenommen, sprechen dessen Sprache und treten – im eigenen persönlichen Interesse – für weitere Verbreitung derselben ein. Die Achtung, die ihnen westländische Bildung, Heerwesen und technische Errungenschaften abnötigten, gilt in erster Linie dem, was sie selbst gesehen haben, den Einrichtungen und Erzeugnissen ihrer Lehrmeister.

Der starke japanische Einfluß in der Armee basiert durchaus nicht auf den paar japanischen Instrukteuren, die noch in chinesischen Diensten stehen, sondern auf der großen Anzahl der Offiziere, die in Japan ihre Ausbildung genossen haben, und die eine festgeschlossenen Clique bilden.

Jede Empfehlung einer Maßregel, einer Anstellung, eines Ankaufs ist auf diese Weise, durch Chinesen mittelbar viel wirksamer, als wenn versucht wird, etwas indirekt durch den Europäer zu erreichen, dessen Vorschläge den Chinesen erst mundgerecht gemacht werden müssen, und dem sie lange mit einigem Mißtrauen begegnen.

Eine hiesige Firma hat z.B. vor einiger Zeit eine Bestellung auf französische Maschinengewehre erhalten. Dieselbe ging von der 4. Abteilung des Kriegsministeriums aus (Feldzeugmeisterei), in welcher ein Sektionschef in Frankreich seine militärische Ausbildung erhalten hat. Es liegt sehr im Interesse unserer Industrie, daß diesen Verhältnissen Rechnung getragen und den chinesischen Wünschen jedes mögliche Entgegenkommen gewährt wird.

Dabei würde es sich zunächst darum handeln, daß die Kommandierung chinesischer Offiziere zu den Königlichen Kriegsschulen, zur Schießschule und zur militärtechnischen Akademie, wie sie schon früher erfolgte, wieder aufgenommen wird.

Erhöhte Bedeutung kommt der Zulassung von chinesischen Offizieren zur Kriegsakademie zu.[145] Dabei spricht die nationale Eitelkeit mit. Nachdem Offiziere anderer Staaten: Rumänien, Griechenland, Schweden, zur Kriegsakademie zugelassen waren, ist gleiche Behandlung der sehnlichste Wunsch der Chinesen.

Eine Belastung der Kriegsakademie ist nicht zu befürchten, da sich die Zulassung naturgemäß auf eine geringe Zahl von Offizieren beschränken wird. Die Auswahl, wozu ich jede gewünschte Information gerne geben werde und geben kann, da mir alle in Betracht kommenden Offiziere persönlich bekannt sind, wird naturgemäß sehr vorsichtig getroffen werden müssen. Jedoch gibt es eine ganze Zahl chinesischer Offiziere, die – teilweise auf deutschen Kriegsschulen und in deutschen Regimentern – eine genügende militärische und gesellschaftliche Ausbildung erhalten haben, deren Formen und Benehmen als durchaus einwandfrei bezeichnet werden können, und die die deutsche Sprache genügend beherrschen, um dem Unterricht folgen zu können, so daß Ruf und Ansehen der höchsten deutschen Militär-Bildungsanstalt durch die Zulassung dieser Offiziere gewiss nicht leiden wird."

Ich kann mich der Begründung des Major Dinkelmann in jeder Beziehung anschließen. Auch nach meiner Erfahrung beruht der Einfluß fremder Armeen auf die chinesische Heeresverwaltung in erster Linie auf dem Streben der in ausländischen Armeen militärisch ausgebildeten Offiziere, den militärischen Anschauungen, der Ausbildungsart, den Waffen und technischen Errungenschaften der Armee, in der sie ihre Ausbildung genossen haben, Eingang in die eigene Armee zu verschaffen.

[...][146]

Der große Wert, den man in der chinesischen Armee der militärischen Ausbildung chinesischer Offiziere gerade in Deutschland beimißt, tritt in der militärischen Laufbahn der bisher in Deutschland ausgebildeten Offiziere deutlich in die Erscheinung; von den 53, in den Jahren 1905-1911 nach Deutschland kommandiert gewesenen Offizieren, haben augenblicklich 15 wichtige Stellungen (Berater, Abteilungs- und Sektionschefs) im Kriegsministerium und Generalstab inne, 9 stehen an leitender Stelle bei den Provinzial-Militärverwaltungen, 11 sind höhere Truppenkommandeure in der Front.

Alle diese Offiziere bringen dem Bestreben, den deutschen Einfluß auf die chinesische Armee zu stärken, größtes Interesse entgegen; die Anstellung des Majors Dinkelmann als Berater, sowie die kürzlich erfolgte Erneuerung des Kontraktes des Hauptmanns a.D. Bleyhoeffer sind zum großen Teil ihrem Einfluß zu danken.

Die vorherrschende Stellung der deutschen Waffenindustrie im internationalen Konkurrenzkampfe um Aufträge für die Bewaffnung des chinesischen Heeres ist zum großen Teil ebenfalls eine Folge der Fürsprache der Offiziere, die Gelegenheit hatten, auf den deutschen Schießschulen und bei deutschen Regimentern die Vorzüge unserer Waffen genauer kennen zu lernen. Die Vorliebe des jetzigen Kriegsministers für Krupp'sche Waffen hat,

---

145 Randbemerkung durch Moltke: „Ich kann mich nicht für Zulassung von Chinesen zur Kriegsakademie aussprechen."

146 Auslassung: Ausführungen zur japanischen Regierung, die unlängst 60 junge chinesische Offiziere für eine zweijährige Ausbildung in einer Kriegsschule aufnahm. Auch Frankreich soll entsprechende Verhandlungen aufgenommen haben.

wie er mir gegenüber wiederholt versichert hat, ihren Hauptgrund darin, daß er sie bei seinem Kommando zu Krupp selbst eingehend hat prüfen und schätzen lernen können.
Wie Major Dinkelmann bereits angedeutet, wünscht das hiesige Kriegsministerium zunächst die Erneuerung der Erlaubnis zum Besuche folgender Schulen durch chinesische Offiziere: Kriegsschulen, Infanterie- und Feldartillerie-, Schießschule, Militärtechnische Akademie, Artilleriewerkstätte, Veterinärakademie, Reitschule. Zu allen diesen Schulen sind bereits Chinesen zugelassen gewesen. Besonderen Wert legt der Kriegsminister auf die Ermöglichung der Zulassung chinesischer Offiziere auf der Königlich Preussischen Kriegsakademie.
Sollte sich die Erfüllung dieses Hauptwunsches, der auch mir gegenüber einigemal andeutungsweise geäußert wurde, in irgendweiner Form ermöglichen lassen, so bin ich überzeugt, daß sich die chinesische Heeresverwaltung dadurch zu besonderer Dankbarkeit verpflichtet fühlen würde. Sie würde diese Dankbarkeit wohl zweifellos im weitesten Entgegenkommen deutschen Wünschen gegenüber – so z.B. in der Frage der Anstellung weiterer deutscher Offiziere für die Reorganisation der Armee, für Waffenlieferungen usw. – zum Ausdruck bringen. Ich erlaube mir daher, auch meinerseits auf die Bedeutung der Berücksichtigung gerade dieses Wunsches gehorsamst hinzuweisen. Sollten der Zulassung zur Kriegsakademie grundsätzlich Bedenken gegenüberstehen, so würde wohl schon die Erlaubnis für einige Offiziere zum Besuche einzelner Fächer oder auch nur einzelner Vorträge der verschiedenen Jahrgänge der Akademie hier mit großer Dankbarkeit und Befriedigung aufgenommen werden.
Wie mir Major Dinkelmann mitteilt, würde das hiesige Kriegsministerium, falls sich gewünschte Kommandierung der chinesischen Offiziere ganz oder teilweise ermöglichen läßt, bitten, sie bereits zum Herbst oder Winter dieses Jahres herbeiführen zu können.
Das Königliche Kriegsministerium bitte ich ganz gehorsamst um Auskunft über die Stellungnahme der maßgebenden Behörden zu diesen Fragen, damit ich dem Major Dinkelmann den entsprechenden Bescheid geben kann.[147]
gez. Rabe von Pappenheim
Hauptmann im Generalstabe d. A. und Militärattaché.

PAA, R17909.

147 Das Kriegsministerium antwortete mit einer Äußerung von Moltkes, Chef des Generalstabs der Armee, an das AA Berlin, weitergeleitet durch den Königl. Preußischen Staats- und Kriegsministers Falkenhayn (06.09.1913). Moltke lehnte eine Aufnahme chinesischer Offiziere in die Kriegsakademie aus zwei Gründen ab: Erstens, weil in Zeiten politischer Spannungen eine hohe Zahl fremdländischer Offiziere in der Armee zu Unliebsamkeiten führen würde; zweitens, „läßt sich nicht übersehen, in welcher Weise sie die bei uns gesammelten Kenntnisse verwerten werden" (PAA, R17910).

10

Artikel aus der *Datong ribao*, Jinan (22.-27.07.1913)[148]

In den ersten Tagen des Juni hat der Chinesische Gesandte in Berlin Dr. W.W. Yen [Yan Huiqing] in einem geheimen Telegramm an seine Regierung über Deutschlands Politik in China berichtet. Das Telegramm hatte folgenden Inhalt:

1.) Deutschland will die günstige Zeit, wo die tibetische und mongolische Frage zur Lösung gebracht werden soll, dazu benutzen, um seine Rechte in Shandong zu erweitern, insbesondere verlangt es das Recht, im ganzen Gebiet der Provinz Shandong alle Minen abzubauen, und sein Eisenbahnnetz über die ganze Provinz auszudehnen.

2.) Weil Deutschland seinen Handel mit dem fernen Osten vergrößern will, errichtet es eine Hochschule in Qingdao, veranstaltet eine Handelsartikelausstellung und gründet ein großes Eisenwerk, beides ebenfalls in Qingdao.

Alle diese Fragen sind in dem Deutschen Bundesrat verhandelt worden.

Deutschland hegt ein barbarisch wildes Herz China gegenüber in seinem Busen, und das nicht erst seit gestern. Wenn sich eine günstige Gelegenheit bietet, wird es sicherlich die ganze Provinz Shandong in den sichern Bereich seiner Macht bringen wollen. Es wird noch weiter gehen und wird sich eine Machtstellung im fruchtbaren Tale des Huanghe begründen.

Wissende haben immer das Volk und die Regierung gewarnt, auf daß sie wachsam seien.

Ha, jetzt werden die Warnungen durch das Warnungstelegramm des Vertreters in Berlin bestätigt.

Im Jahre 1898 benutzten die Deutschen die Ermordung zweier Missionare durch gemeine Räuber in Yanzhoufu als Anlaß um durch vier Kriegsschiffe die Kiautschou-Bucht besetzen zu lassen. Ferner nahmen sie sich mit Gewalt das Recht, die Qingdao-Jinanfu-Bahn zu bauen und ferner das Recht innerhalb einer Zone von 10 englischen Meilen entlang dem Geleise alle Minenschätze auszubeuten. In dieser zügellosen Art und Weise ging diese Regierung und dieses Volk vor. Damals wo alle Mächte darin wetteiferten, möglichst viel Macht mit ihren Klauen zu fassen, wollte Deutschland natürlich auch nicht friedlich bleiben, aber bei seinen Unternehmungen in dem Kiautschou-Gebiet bekümmerte es sich nicht um das Staunen der Welt und fragte auch nicht nach dem Widerstand unseres Volkes. Es investierte dort immer mehr große Kapitalien für groß angelegte Pläne. Seine feste Absicht ist von dort auch an Chinas Lebensnerv zu gehen.

Die Unternehmungen Deutschlands im Kiautschou-Gebiet wurden auch in Deutschland von nicht Wenigen mit Mißtrauen aufgenommen.[149] Die Regierung wurde gefragt, ob nach

---

148 Konsul Betz, Jinanfu, schickte die Übersetzung dieser zwischen dem 22. und 27. Juli erschienen Artikel am 7. August 1913 (J. Nr. I 2147) zur Kenntnisnahme an den Kaiserlichen Gesandten Freiherr von Seckendorff, Peking.

149 Die Liberalen im Reichstag bezweifelten den wirtschaftlichen Nutzen Kiautschous, der Arbeiterbewegung verbundene Gruppierungen kritisierten das brutale Vorgehen und den Zweck der Unternehmung.

ihrem Plan Qingdao ein Stützpunkt für die Flottenpolitik im östlichen Meer, oder ob es ein Handelshafen für Unternehmungen der Handelspolitik sein sollte. Auf diese misstrauischen Fragen äußerte sich die Deutsche Regierung anfangs nicht klar. Aber die zweideutigen Absichten der Deutschen Regierung waren mit Sicherheit aus ihren Unternehmungen zu erkennen. Für diese hat es mehr als 100 Millionen Dollars aufgewendet. Wie überspannt Deutschlands Hoffnungen waren, kann daraus jeder schließen. Nach der Errichtung eines Deutschen Kolonialamtes wurden diesem alle Deutschen Kolonien unterstellt.[150] Nur das Pachtgebiet von Kiautschou blieb unter der Verwaltung des Marineamtes. Der Gouverneur von Qingdao ist ein Marineoffizier. Daraus kann man sehen: wenn auch Qingdao sowohl Kriegs- wie Handelshafen sein soll, es ist sein wahrer Zweck jedoch, ein Flottenstützpunkt zu sein. Das kann sich jeder selbst ableiten. Daß der Hauptzweck Qingdaos ist, ein Flottenstützpunkt zu bilden, das zeigt wiederum das barbarische wilde Herz Deutschlands. Nicht nur die Vorteile des Handels in der einen Provinz Shandong will Deutschland mit Hülfe von Qingdao aussaugen, darüber sind besondere Worte unnötig!

Am liebsten wäre Deutschland ein Mittel, das geschwind ist, wie ein schneller Donner, vor dessen Grollen man sich nicht einmal mehr die Ohren zuhalten kann, oder das wie ein raubender Adler oder ein stehlender Geier so hurtig ist, aber es ist nicht anders: Nur teils geht es schnell, und teils geht es langsam.

[...][151]

Deutschlands wirkliche Gesinnung.

Deutschlands habgierige Pläne lassen sich nicht leugnen: Qingdao ist in erster Linie ein militärischer Stützpunkt; von dort aus soll zuerst Shandong eingeheimst werden; Zhili, Henan und Shanxi und Jiangsu soll dann folgen. Deutschland hält nur die Zeit zum Zugreifen für noch nicht gekommen, aber bald wird es soweit sein.

Die Republik hat noch 2 Jahre Zeit, um die Bahnen von Dezhou nach Chengding und von Yangzhou (Juye) über Jining nach Henan zu bauen. Auch die von Shandong zurück erworbene Konzession zum Bau der Verbindungsbahn von Yizhou nach der Tianjin-Pukou Bahn fällt nach 2 Jahren wieder an die Deutschen, wenn die Bahn nicht bis dahin gebaut ist.

Deutschland hat Hunderte Millionen in seine Unternehmungen in Qingdao hineingesteckt und weitere Hundert Millionen in die Shandong- und die Tianjin-Pukou Bahn und schließlich auch noch einige 10 Millionen in seine Bergwerke entlang der Bahn. Alle Länder haben Rechte und Gebietsrechte verlangt. Da wollte Deutschland natürlich nicht zurückstehen: Nachstehend eine Aufzählung der anderen Länder zugestandenen Gebietsteile und Rechte:

Vgl. Leutner 1997:114.

150 Das Reichskolonialamt war 1907 gegründet worden. Zuvor wurden koloniale Angelegenheiten seit 1890 durch die Kolonialabteilung des Auswärtigen Amts bearbeitet.

151 Auslassung: Es folgen Ausführungen zu den während der Qing-Dynastie mit Deutschland geschlossenen Bahn- und Minenkonzessionen.

1. Rußland die Mongolei.
2. An England Tibet und das Pianma Gebiet.
3. An Frankreich wurde das Recht verliehen, die Annam-Eisenbahn zu verlängern und die Minen entlang der Bahn abzubauen.

Das Telegramm des Berliner Gesandten zeigt, daß jetzt Deutschland gerade so auftreten will, wie die übrigen Mächte, es hält seine Zeit also jetzt für gekommen. Es ist auch erwähnenswert, daß vor einiger Zeit der Tutu von Jiangsu nach Peking berichtete, daß Deutsche in der Bucht von Haizhou Vermessungen vornähmen, daß man daraus die schlimmen Absichten der Deutschen erkennen könne und bei dem Deutschen Gesandten ernstlich Vorstellungen erheben müsse.

An und für sich würden diese Vermessungen nichts auf sich haben, aber in Verbindung mit den von Dr. Yan gemeldeten Absichten der Deutschen Regierung muß man sie mit Mißtrauen betrachten.

Die Ziele des Deutschen Kaisers erkennt man aus seinen Worten an seinen Bruder Prinz Heinrich, als dieser 1898 nach China abreiste: „Der Deutsche Kaufmann steht überall in der Welt unter dem Schutz des Deutschen Adlers. Wo Schutz nötig ist, dahin werden unsere Kriegsschiffe eilen. Und wehe dem, der meine Rechte zu verletzen versucht, mit eiserner Faust werde ich ihn zerschmettern."

Weswegen wurde diese Rede gehalten? Wegen der Ermordung zweier Missionare in Yanzhoufu, die zum Vorwand benutzt wurde, um das Kiautschou-Gebiet zu besetzen, und um sich die Bahn und Bergwerkskonzessionen mit Gewalt zu nehmen. Ist durch diese Drohung nicht Shandong ständig gefährdet? Deutschland hat wie gesagt große Summen in das Kiautschou-Gebiet gesteckt, daraus aber verhältnismäßig sehr wenig Gewinn gezogen. Nun ist das Interesse in Deutschland für China sehr gewachsen, und man ist in Deutschland sehr empört, daß das Reich den Mächten gegenüber, die die Gelegenheit der Uneinigkeit Chinas ausnutzten, um sich große Vorteile zu sichern, ins Hintertreffen geraten ist. Man ist aber jetzt der Ansicht, daß man noch nicht genug für Qingdao getan hat, daß eine Deutsche Musterausstellung werden soll, und von wo aus man in alle nördlichen Provinzen allmählich eindringen will. Es soll also noch viel mehr Kapital nach Kiautschou gebracht werden. Das gefährlichste an Deutschland sind seine ewig wechselnden Gesinnungen. Der Zeitpunkt ist sicher nicht mehr fern, wo sich Deutschland Chinesisches Gebiet aneignen wird.

BArch, R9208/583, Bl.130-139.

11

Bericht des Geschäftsträgers in Peking, Adolf Freiherr von Maltzan, an Reichskanzler Theobald von Bethmann Hollweg (27.07.1913)

Abschrift A 16311 pr. 10. August 1913 a.m.
A 180.

Auf persönliche Veranlassung des Präsidenten besuchte ich kürzlich seinen durch Sturz vom Pferde an Lähmungserscheinungen erkrankten ältesten 36-jährigen Sohn Yuan Keding.[152] Yuan Keding, der fließend englisch und ausreichend französisch spricht, soll großen Einfluß auf die Entscheidungen seines Vaters haben und wird von ihm öfters benutzt, um Dritten gegenüber seine Absichten und Pläne in vertraulicher inoffizieller Form zum Ausdruck zu bringen. Er betonte, daß sich allmählich in amtlichen und militärischen Kreisen Chinas eine immer größere Neigung nach Deutschland bemerkbar mache. Er selbst sei auch nicht mehr mit der Behandlung durch französische Ärzte zufrieden und bäte mich, ihm den Gesandtschaftsarzt Dr. Schultze, den er schon früher konsultiert habe, für eine dauernde Behandlung zur Verfügung zu stellen. Er lege Wert darauf, Dr. Schultze in der nächsten Zeit als ärztlichen Mentor und Berater täglich um sich zu haben. Sein Vater würde Dr. Schultze während der jetzigen heißen Monate ein Haus im Winterpalais in seiner nächsten Umgebung zur Verfügung stellen und ein größeres Honorar zahlen. Außerdem sei bei zufriedenstellender Behandlung für später die Übernahme Schultzes in den staatlichen chinesischen Dienst nicht ausgeschlossen.

Mit Rücksicht darauf, daß sich hier eine weitere günstige Gelegenheit bietet, indirekt auf die Entschlüsse des Präsidenten Einfluß zu gewinnen, und wichtige Informationen aus dem Palais zu bekommen, habe ich Dr. Schultze veranlaßt, sofort die Behandlungen aufzunehmen.

Yuan Keding fuhr dann fort: Sein Vater sei der Deutschen Regierung ganz besonders dankbar für die entschiedene und tatkräftige Haltung, mit der sie ihre Stellungnahme gegen die Revolution der Südchinesen sofort zum Ausdruck gebracht habe.[153] Dieser entschlossenen Haltung sei es hauptsächlich zu danken, daß England trotz seiner Beziehungen zu Japan seine anfänglich reichlich passive Haltung aufgegeben habe und jetzt Hand in Hand mit Deutschland ginge. Der Präsident sei bedeutend zuversichtlicher, nachdem er wisse, daß er sich auf diese beiden Mächte und Amerika stützen könne.

Sein Vater sei aber insbesondere auch der deutschen Gesandtschaft zu großem Danke für

152 Yuan Keding bekleidete verschiedene Regierungsämter und hoffte lange Zeit, die Nachfolge seines Vaters anzutreten. Er zählt zu den bekanntesten der 16 Söhne Yuan Shikais (Boorman, Bd. 4, 1971:89).

153 Vermutlich ist hiermit der Umstand angesprochen, daß Deutschland nach Einsetzen der Unruhen 1911 zwar seine Nichteinmischung erklärte, dennoch aber weiterhin Waffen an die kaiserlichen Truppen lieferte. Siehe Kapitel 1.

die dauernden politischen und militärischen Informationen verpflichtet, die sich stets als richtig und zutreffend erwiesen und auf seine Entschlüsse nicht ohne Einfluß gewesen wären. Sein Vater sei jetzt entschlossen mit starker und energischer Hand gegen die Rebellen vorzugehen und sich auf keine Kompromisse einzulassen. Auf die Köpfe der Rädelsführer seien hohe Preise gesetzt, und Sun Yatsen sei in ungnädigen Worten der Einfluß auf das Verkehrsministerium und der Auftrag zum Bau der Eisenbahnen entzogen worden. Man sähe jetzt ein, daß es gefährlich gewesen sei, den Japanern zu großen Einfluß im Verkehrs- und Militärwesen einzuräumen; man denke jetzt daran nach Rückkehr ruhiger Zustände in beiden Gebieten auf deutsche Hilfe zurückzugreifen, denn die Japaner wären doch schließlich auch nur durch deutsche Hilfe militärisch stark geworden. Er bäte mich, die Angelegenheit im Auge zu behalten und ihm gelegentlich privat geeignete Männer zu nennen, über die er mit seinem Vater sprechen könne.

Ich habe Yuan Keding darauf erwidert: Im vorigen Jahre habe Deutschland China seine beiden besten Männer, die es selbst nur schwer entbehren könne, für das Verkehrs- und Militärwesen angeboten, Baurat Baur und General von Falkenhayn.

Baur, der, wie er wohl wisse, nach unendlichen Schwierigkeiten jetzt glücklich zum technischen Berater des Präsidenten ernannt sei, würde in dieser Stellung nach Ausschaltung des japanischen Einflusses am besten in der Lage sein, die Reorganisation des Verkehrswesens zu leiten.[154]

Wegen Falkenhayn käme China aber zu spät, den hätten wir selber jetzt als Kriegsminister nötig und würden ihn unter gar keinen Umständen hergeben.[155] China hätte eben etwas reichlich spät seine wahren Freunde und unsere guten Absichten erkannt. Yuan Keding wurde daraufhin etwas traurig und erwiderte, wir müßten doch noch andere gute Generäle haben, ich möchte ihm doch ganz privat einige nennen, sein Vater hätte ihn gebeten, die Sache vertraulich mit mir zu besprechen. Deutscherseits seien seinem Vater in letzter Zeit soviel wertvolle Beweise treuer Freundschaft gegeben, China hätte jetzt den ernstlichen Willen, möglichst engen Anschluß an Deutschland zu suchen, solche Fragen müßten aber aus politischen Gründen nicht offiziell und amtlich, sondern vertraulich und persönlich behandelt werden. Ich habe Yuan Keding versprochen, mir die Angelegenheit zu überlegen und gelegentlich darauf zurückzukommen, die Sache eile ja nicht, da erst wieder Ruhe im Lande sein müßte. Diese Zurückhaltung schien mir zunächst geboten, da der Chinese gegen alles, was ihm mit einem zu großen Eifer angeboten wird, einen gewissen Argwohn hat. Er erinnert darin auffallend an den Charakter einer Frau, die auch bei einem zu lebhaften Entgegenkommen die Passion verliert.

---

154 Baurat Georg Baur, ehemals Direktor der Germania-Werft in Kiel, wurde von der chinesischen Regierung am 5. Juli 1913 als Berater für Technik und Verkehrswesen eingestellt. Nach Peter (1965:47) handelte es sich um ein politisch wenig bedeutsames Amt. Siehe hierzu Baur (2005).

155 General Erich von Falkenhayn war bereits als Militärinstrukteur an der chinesischen Militärschule Hankou (1896-1899) und dann als Hauptmann im III. Seebataillon in Kiautschou (1899-1902) tätig gewesen. 1912 wurde er zum Generalstabschef ernannt, anschließend war er Kriegsminister in Berlin (1913-1916).

Tags darauf hat Yuan Keding Cordes[156] persönlich für das praktische Verständnis gedankt, daß die fünf Banken auf sein Betreiben der jetzigen Situation entgegenbrächten. Er hat ihn ferner gebeten, mich zu einer baldigen Wiederholung des Besuches zu veranlassen, um eine weitere Ausgestaltung der deutsch-chinesischen Beziehungen zu besprechen.[157]
gez. Maltzan.

PAA, R17976.

12

Stellungnahme des Kaiserlichen Konsuls in Mukden, Emil Heintges (16.09.1913)[158]

Der Kaiserliche Konsul in Mukden, Herr Dr. Heintges, hat zur Frage der Denkschrift der Deutschen Vereinigung in Shanghai[159] unter dem 16. d.M. einen Bericht an den Kaiserlichen Generalkonsul Legationsrat Knipping [Shanghai] erstattet, der es wegen der bei Behandlung der überaus schwierigen Materie entwickelten großen Sachkenntnis, einer selten in die Erscheinung tretenden geradezu bewundernswerten Offenheit und Unerschrockenheit, sowie wegen der klaren Ausführungen zur vorstehenden Angelegenheit in besonderen Maße verdient, zu Euerer Exzellenz Kenntnis gebracht zu werden. Nachdem eine Abschrift dieses Berichtes hier eingereicht worden ist, erachte ich es, ohne einer Berichterstattung aus Shanghai über diesen Gegenstand irgendwie vorgreifen zu wollen, für meine Pflicht, Euerer Exzellenz von den vorliegenden Darstellungen des Kaiserlichen Konsuls Dr. Heintges schon jetzt Kenntnis zu geben und mein Urteil über dieselben dahin zusammenfassen zu sollen, daß ich mich auf Grund einer mir zur Seite stehenden 35-jährigen Diensterfahrung den zum Ausdruck gebrachten Anschauungen nur voll und ganz anzuschließen vermag.
Seckendorff.

---

156 Heinrich Cordes, Aufsichtsratmitlied der Deutsch-Asiatischen Bank und Direktor ihrer Niederlassungen in Peking und Tianjin.

157 Siehe Kap. 1, „Reorganisationsanleihe“. Über einen weiteren Besuch ist nichts bekannt.

158 Der stellvertretende Gesandte in Peking, Seckendorff, leitete den Bericht (A 220) am 22. September 1913 an den Reichskanzler Bethmann Hollweg weiter.

159 Die von der Deutschen Vereinigung in Shanghai herausgegebene „Denkschrift“ (Dok. 79) darf als kritische Bestandsaufnahme der deutschen Position in China verstanden werden, gleichzeitig formulierten ihre Verfasser eine Fülle von Plänen, wie dem Rückgang des Deutschtums zu begegnen sei. Die Denkschrift erschien 1913 in zwei Formaten, einer umfangreichen von 54 Seiten („Abruck in der Presse erlaubt“) und einer 14seitigen, die den Vermerk „Streng vertraulich. Nicht für die Presse bestimmt“ trägt. Zur Denkschrift siehe Briessen 1977:68-72 sowie Dok. 79 und Kap. 5 u. 6 dieses Bandes.

Abschrift.

Von Chinakennern, nicht nur deutschen, habe ich häufig das Urteil gehört, daß die „Shanghailänder", d.h. die der Kaufmannsrepublik angehörigen Weißen, von den tatsächlichen Verhältnissen des chinesischen Reiches nicht mehr wissen, als jemand, der in Europa oder den Vereinigten Staaten seinem Verdienst nachgeht. Diese Herren machten ihre Geschäfte mit ihrem chinesischen Stab oder mit den chinesischen Händlern, hätten aber im übrigen zum größten Teil für Land und Leute kein Interesse. Die Ansicht ist schroff, aber wenn man die Denkschrift der deutschen Vereinigung durchliest, fragt man sich unwillkürlich, woher haben denn die Verfasser ihr Urteil? Sie wissen offenbar nicht, wie es in China aussieht. Denn wenn jemand behauptet, Deutschland nehme heute in China nicht mehr den Platz ein, der seiner Stellung als Großmacht gebühre, so ist das ein direkter Unsinn. Für die Südmandschurei muß ich das Sinken des deutschen Einflusses entschieden bestreiten, ohne allerdings imstande zu sein, das ziffermäßig beweisen zu können, und das Studium chinesischer Verhältnisse, mit dem ich mich ziemlich eifrig beschäftige, hat in mir nicht den Eindruck hervorgerufen, als ob das in dem Rest des Reiches anders wäre. Man könnte beinahe der Meinung werden, daß hier der deutsche Einfluß mit dem mehr oder weniger guten Gang der Geschäfte verwechselt wird.

Wenn es ferner in den Ausführungen heißt, ein bezeichnendes Schlaglicht auf unsere Position werfe die vielbesprochene Anstellung fremder Berater im August 1912, als die wichtigsten Posten mit Engländern, Amerikanern, Franzosen und Japanern besetzt werden sollten, so ist dazu zu sagen, daß die Verhältnisse sich inzwischen zu unseren Gunsten verschoben haben, und daß wir auch den so schmerzlich vermißten deutschen Ratgeber in militärischen Angelegenheiten gestellt haben. Man kann aber darüber, ob diese Ratgeberstellen wirklich so erstrebenswert sind, verschiedener Ansicht sein. Die Inhaber dieser Posten beziehen gute Gehälter, ihr Rat wird aber nicht eingeholt, und wenn schon, dann wird er nicht befolgt. Das ist doch die Regel, und wohin das führt, zeigt das Beispiel des Herrn Morrison, dessen politischer Einfluß dahin ist, seitdem er politischer Ratgeber Yuan Shikais wurde.[160] Oder glaubt man etwa, daß diese Leute es in der Hand haben, den Industrien ihrer Länder große Aufträge zu sichern. Das scheint mir nach der ganzen mehr theoretischen Stellung dieser Herren ausgeschlossen. Es mag sein, daß Lieferungen aus politischen Gründen vergeben werden, dann hat aber die Person des Ratgebers wohl kaum entscheidenden Einfluß darauf. Im übrigen spielen persönliche Beziehungen der Firmen zu den Beamtenkreisen und die althergebrachte Vorliebe für den Mann mit der offenen Tasche noch die gleiche Rolle wie früher.

Dem Urteil der Denkschrift über das Verhalten der deutschen Finanz, die aus übergroßer Vorsicht und mangelnder Unternehmungslust eine Gelegenheit nach der anderen verpaßt hat, Einfluß in China zu gewinnen, kann ich mich nur anschließen. Dagegen verstehe ich

160 George Ernest Morrison war einer der drei bekanntesten Ratgeber Yuan Shikais. Er übernahm mehrere Funktionen innerhalb der Peking-Regierung, u.a. auch die des Publizisten und Presseagenten (Young 1977:170-171).

den Vorwurf nicht, unserer Diplomatie fehle der aktive Zug, die Initiative. Initiative wozu? Wir betonen stets, daß wir nur Handelsinteressen in China verfolgen. Die Tätigkeit unserer Diplomatie wird sich also im wesentlichen darauf zu beschränken haben, diese Interessen zu fördern. Mir sind, offen gestanden, keine Fälle bekannt worden, wo das nicht geschehen wäre, so gut es nach Lage der Dinge ging. Natürlich stehen uns nicht die Drohmittel zur Verfügung, die die Japaner, Russen, Engländer und Franzosen als Nachbarn Chinas zu Gebote haben, und das mag vielleicht als Schwäche erscheinen, und auf kriegerische Abenteuer können wir uns bei unserer Lage zu Hause hier draußen nicht einlassen. Was sollen unsere diplomatischen Vertreter denn machen? Sollen sie die heimische Finanz zwingen, ihr Geld in China anzulegen? Sind sie in der Lage, Reklamationen anders als auf dem Wege langwieriger Verhandlungen und Kompromisse zu erledigen? Geht es der Großmacht, die in einer ähnlichen Stellung sich befindet wie wir, den Vereinigten Staaten, anders?

Sehr interessant sind die Darlegungen der Denkschrift über die Reorganisation des deutschen Konsulardienstes in China. Daß unsere System so vollständig versagt haben soll, kam mir schon überraschend; aber als ich dann auch noch lesen mußte, wie der englische Vertreterapparat uns als Muster vorgeritten wird, da war es mit meiner ernsten Stimmung vorbei, und ich habe den eingangs erwähnten Chinakennern im stillen abgebeten, wenn ich ihr Urteil über die „Shanghailänder" für zu scharf gehalten habe. Das dürfte wirklich nicht kommen. Ich habe 13 Jahre Posten in Ostasien bekleidet und habe außer mit meinen Landsleuten am meisten mit Engländern verkehrt, Kaufleuten, Beamten der Verwaltung und der Konsulate. Naturgemäß drehten sich unsere Unterhaltungen vielfach um die Tätigkeit der konsularischen Vertreter der beiden Länder, und ich habe aus ihnen die Meinung gewonnen, daß durchschnittlich das bessere Material an Menschen und der größere Erfolg auf unserer Seite sind. Diese Ansicht ist noch verstärkt worden, als ich mitunter Gelegenheit hatte, etwas Einsicht in den englischen Dienstbetrieb zu bekommen.

Daß unsere konsularischen Vertreter in China ohne Ausnahme die chinesische Sprache beherrschten, ist zweifellos recht erstrebenswert; noch wertvoller wäre es allerdings, wenn unsere sämtlichen Anwärter für die Konsulatslaufbahn nicht sehr aus der juristischen oder Verwaltungslaufbahn entnommen würden, sondern von einem möglichst früheren Zeitpunkt ab eine ganz eigene Vorbildung erhielten.

Chinesische Sprachkenntnisse sind aber auch für den Kaufmann zu fordern. Ist er imstande, mit den Chinesen in ihrer eigenen Mundart zu verkehren, so ist das viel nützlicher, als wenn Tausende von Chinesen einige Worte deutsch verstehen. Dann könnte er auch ohne englisch im eigenen Hause auskommen, was jetzt offenbar noch nicht geht. Kam mir doch vor einigen Wochen ein Geschäftsbrief eines großen deutschen Hauses in Shanghai an eine andere große deutsche Firma zu Gesicht, der in englisch abgefaßt war. Dabei bin ich überzeugt, daß die Leiter dieses Hauses eifrige Mitglieder der Deutschen Vereinigung sind, einer zeichnet wenigstens als Vorsitzender.

Im übrigen scheint mir die mögliche Wirkung eines intensiven deutschsprachlichen Unterrichts auf die Belebung des deutschen Handels in China doch sehr überschätzt zu werden. Dafür, daß sich der deutsche Handel nicht zufriedenstellend entwickelt, ist nicht allein das mangelnde Interesse der Chinesen für deutsche Kultur verantwortlich zu machen, es sprechen dabei vielmehr eine ganz Reihe anderer Gründe mit. Man darf nicht vergessen, daß die Zeiten endgültig vorbei sind, wo der Kaufmann, wenn er einigermaßen Glück hatte, damit rechnen konnte, nach 15 bis 20-jähriger Chinatätigkeit „für gut" nach Hause zu gehen. Die ganzen Verhältnisse haben sich eben geändert. Neben den früher vorhandenen wenigen großen Handelshäusern besteht jetzt eine Menge mittlerer und kleinerer deutscher Firmen, die alle untereinander in scharfem Wettbewerb stehen, und die Konkurrenz anderer Nationen macht sich mit den Jahren immer fühlbarer. Japan ist als neuer gefährlicher Bewerber erstanden, ebenso die Vereinigten Staaten, deren Industrie früher in der Versorgung des heimischen Marktes ausreichende Beschäftigung fand. Selbst England beginnt einzusehen, daß neben Sport und halben und ganzen Feiertagen auch angestrengte Arbeit nötig ist, um geschäftliche Erfolge zu erzielen. Zudem vertreiben manche deutsche Firmen nichtdeutsche Waren in ebenso hohen oder höheren Maße als deutsche. Die Denkschrift führt selbst aus, daß von der gesamten chinesischen Einfuhr 19% durch deutsche Hände gehen, daß davon aber nur 7% auf deutsche Waren entfallen. Das kann natürlich für die betreffenen Firmen kein Vorwurf sein, aber es muß doch bei der Beurteilung der Sachlage berücksichtigt werden. Endlich sind wichtige Gebiete dem deutschen Wettbewerb von vornherein entzogen, man denke beispielsweise an Opium, Baumwollwaren, Petroleum, Mehl, Zucker u.a.m. Gegen all diese Umstände ist aber nur Selbsthilfe am Platze, die Verbreitung deutscher Sprache wird daran nichts ändern, und ebenso können Diplomaten und Konsulate wenige dabei tun.

Meines Erachtens hätte die Deutsche Vereinigung gut daran getan, einen Teil der unendlichen Arbeit, die in ihren Denkschriften steckt, auf die Untersuchung auch dieser Punkte zu verwenden, anstatt nach guter alter Sitte gleich nach der Polizei zu rufen und alles Heil von der Reformation der Konsulate und der Verbreitung der deutschen Sprache zu erwarten.

Zum Schluß möchte ich noch ausdrücklich betonen, daß ich keineswegs ein Gegner der Gründung deutscher Schulen und der Verbreitung deutscher Kultur in China bin. Im Gegenteil, aber mir will es nicht einleuchten, daß nun auf einmal unsere Zukunft in diesem Lande allein davon abhängen soll, und daß das Reich für diese Zwecke Mittel in einer geradezu phantastisch anmutenden Höhe aufwenden soll, für die wir zu Hause immer noch bessere Verwendung haben.

Abschrift des Berichts habe ich dem Ksl. Herrn Gesandten eingereicht.

gez. Dr. Heintges.

An den Ksl. Generalkonsul Herrn Legationsrat Knipping pp. Shanghai.

PAA, R17741.

13

Bericht des stellvertretenden Gesandten in Peking, Edwin Freiherr Graf von Seckendorff (13.10.1913)[161]

A 236
~~7 Anlagen~~

[...][162]
Als Kandidaten für die Posten des Präsidenten und Vizepräsidenten kamen nur Yuan Shikai und Li Yuanhong in Betracht, die die provisorischen Ämter innehatten. Andere ernsthafte Kandidaten waren nicht vorhanden. Die Wahl beider Männer war von Anfang an gesichert.

Am 5. Oktober, dem der Wahl vorhergehenden Tage, teilten Yuan Shikai und Li Yuanhong dem Parlament den Rücktritt von ihren Posten schriftlich mit. Am gleichen Tage gab das gesamte Ministerium seine Entlassung [bekannt].

Die Wahl begann am 6. Oktober früh im Gebäude des Repräsentantenhauses. Die Auffahrt der Abgeordneten ließ so recht erkennen, wie verschiedenartige Elemente das Parlament in sich birgt. Chinesen in ihrer landesüblichen Tracht, die auf Ponys anritten, oder im zweirädrigen Karren anfuhren, wurden abgelöst von mehr oder minder modernisierten Chinesen, die mit europäischer Kleidung verschiedenster Art und buntester Zusammenstellung angetan, auf dem Fahrrad oder im modernen Wagen erschienen.

[...][163]
Das Ergebnis der Wahl wurde von den Parlamentsmitgliedern mit großem Beifall begrüßt. Die Tatsache, daß drei Wahlgänge erforderlich waren, hat auch außerhalb der chinesischen Kreise vielfaches Erstaunen erregt. Man hatte damit gerechnet, daß Yuan Shikai das Parlament so in der Hand haben würde, um sofort im ersten Wahlgang eine 3/4 Mehrheit zu erhalten. Die Wahl hat nun doch gezeigt, daß sich im Parlament noch viele widerstrebende Elemente befinden.

Unmittelbar nach der Wahl teilte mir die chinesische Regierung in der ~~abschriftlich gehorsamst beigefügten~~ Note vom 6. d.Mts. offiziell die Wahl des provisorischen Präsidenten Yuan Shikai zum rechtmäßigen Präsidenten der chinesischen Republik mit und setzte sich gleichzeitig davon in Kenntnis, daß die Antrittsfeier am 10. Oktober stattfinden werde.

---

161 Bericht an Reichskanzler Bethmann Hollweg. Die nachfolgenden Streichungen der Wörter und Textzeilen finden sich im Originaldokument.

162 Auslassung: Einführende Worte zur Durchführung der Wahl zum Präsidenten (6. Oktober) und zum Vizepräsidenten (7. Oktober) der Republik China. Der Amtsantritt erfolgte am 10. Oktober 1912, dem Jahrestag des Ausbruchs der Revolution in Wuchang. Siehe Kuhn 2004:94ff.

163 Auslassung: Details zu den drei Wahlvorgängen. Wahlkandidaten waren Yuan Shikai, Li Yuanhong und Wu Tingfang. Im ersten Durchgang erhielt Yuan Shikai nicht die erforderliche ¾ Mehrheit der 759 Stimmen, ihm fehlten 98 Stimmen. Auch im zweiten Durchgang fehlten ihm noch 62 der 745 abgegebenen Stimmen. In der Stichwahl wurden dann 703 Stimmen abgegeben, von denen 507 auf Yuan Shikai entfielen.

In einer Antwortnote, deren Text, ~~wie ich Euerer Exzellenz mitzuteilen die Ehre hatte~~, zwischen den Vertretern der fremden Mächte einheitlich festgesetzt worden war, bestätigte ich den Empfang der Mitteilung der Wahl Yuan Shikais zum Präsidenten und sprach die Anerkennung der chinesischen Republik durch die Kaiserliche Regierung aus.

Gemäß der zwischen dem diplomatischen Korps und der chinesischen Regierung inoffiziell getroffenen Abmachung teilte mir das Waijiaobu gleichzeitig in einer zweiten ~~hier gehorsamst angeschlossenen~~ Note vom 6. d.Mts. den Wortlaut der Antrittsrede des Präsidenten mit, der die auswärtigen Beziehungen betrifft. Der Präsident erklärt darin, daß alle zwischen der führeren Mandschu-Regierung und der provisorischen Regierung der chinesischen Republik einerseits und den fremden Regierungen andererseits abgeschlossenen Verträge, Konventionen und andere Abmachungen gewissenhaft innegehalten werden sollen, und daß alle von den früheren Regierungen mit ausländischen Gesellschaften und Einzelpersonen formell geschlossenen Kontrakte gleichfalls gewissenhaft innegehalten werden sollen, und ferner, daß alle Rechte, Privilegien und Befreiungen, welche Ausländer in China auf Grund von internationalen Abmachungen, Landesgesetzen und Präzedenzfällen aller Art genießen, gleichfalls ausdrücklich anerkannt werden.

Sämtliche anderen Mächte haben nach Empfang der Mitteilung der chinesischen Regierung von der Wahl Yuan Shikais die Anerkennung der chinesischen Republik in gleicher Weise ausgesprochen.

Am 7. Oktober fand die Wahl des Vizepräsidenten statt. Wie zu erwarten, wurde er im ersten Wahlgange mit 610 von 719 abgegebenen Stimmen gewählt.

Trotzdem an den tatsächlichen Verhältnissen durch die Wahl Yuan Shikais zum rechtmäßigen Präsidenten der chinesischen Republik wenig geändert wird, indem er die Geschicke seines Landes nicht anders leiten und beeinflussen wird, als er dies bereits als provisorischer Präsident getan hat, so ist doch die Bedeutung dieses Formal-Aktes nicht zu unterschätzen.

Für die Lage im Innern des Landes darf man wohl von der Wahl eine Stärkung der Autorität Yuan Shikais erwarten; es ist anzunehmen, daß seine Bemühungen, die Zentralgewalt gegenüber die Sonderbestrebungen der Provinzen zur Geltung zu bringen, von Erfolg begleitet sein werden.

Was die auswärtigen Beziehungen anbelangt, so hat die Wahl und die Anerkennung zunächst Folgen formeller und sozialer Natur; aber auch politisch dürfte sie nicht ohne Wirkung bleiben. Wenigstens äußerlich bedeutet sie die Konsolidierung der Verhältnisse in China und die Errichtung einer definitiven Regierung.

Am 10. Oktober, dem Jahrestage des Ausbruchs der Revolution in Wuchang, erfolgte in der verbotenen Stadt der feierliche Amtsantritt des ersten Präsidenten der chinesischen Republik.

Sämtliche Gesandten, mit dem Personal ihrer Missionen, der Vertreter der Kaiserlichen Familie, die Mitglieder beider Häuser des Parlaments, die hohen Zivil- und Militärbeamten sowie die Leiter der in Peking vertretenen fremden Banken waren eingeladen worden.

Da der Gouverneur von Kiautschou[164] sich in diesen Tagen gerade zur Besichtigung der Gesandtschafts-Schutzwache in Peking aufhielt, hatte ich bei dem Minister des Auswärtigen die Erlaubnis für ihn erwirkt, sich mit seinem Stabe mir anschließen zu dürfen.

Alle Gesandten hatten am Tage vor der Feier die erste Klasse des neuen republikanischen Jiahe-Ordens erhalten; der Minister des Äusseren hatte aber gebeten, keine Orden der früheren Kaiserlichen Regierung anzulegen.

Die Feier, die unter der Leitung des früheren Ministers des Äußeren Lu Zhengxiang stand, nahm einen durchaus würdigen und trotz der Ungunst der Witterung programmgemäßen Verlauf.

Gegen 9.30 Uhr erfolgte die Anfahrt der Gesandten vor dem Südtor der Verbotenen Stadt, dem Tiananmen. Hier erwarteten die Missionschefs Tragesessel, während das Personal der Gesandtschaft zu Fuß folgte.

Der Weg führte durch die alten Tore und Höfe des Kaiserpalastes, dessen riesenhafte Anlage allseitig Bewunderung erregte, nach dem Taihemen (Tor der höchsten Harmonie), wo die Ankunft des Präsidenten erwartet werden mußte.

Gegen 10 Uhr fuhr der Präsident, der die hellblaue Uniform des chinesischen Feldmarschalls trug, in vierspänniger Gala-Kutsche aus dem Winterpalaste vor dem Tianan-men vor. Dort bestieg er eine Sänfte und wurde, gefolgt von seinen Generälen und zahlreichen Würdenträgern, durch das Taihemen [Tor der Höchsten Harmonie] nach der Halle von Chenghe getragen, wo er bis zum Beginn der Zeremonie verweilte.

Inzwischen hatten sich alle anderen Gäste und die Mitglieder des Parlaments in der Halle von Taihe versammelt. Manche der Abgeordneten entbehrten nicht der Komik in ihren schwarzen Gehröcken, aus den verschiedensten Stoffen nach merkwürdigstem Schnitt gefertigt, mit Zylinderhüten, deren Formen teilweise recht grotesk waren. – Die Taihe-Halle,[165] ca. 150 qm groß und 20 m hoch, ist wohl eines der schönsten und imposantesten Gebäude der alten Kaiserstadt, berühmt durch die reich geschmückte Decke, die von mächtigen Holzsäulen getragen wird, die Siam einst dem mandschurischen Kaiser als Tribut hat übersenden müssen. In der Mitte der Halle, die von den Mandschu-Kaisern zu grossen Staatsfesten benutzt wurde, steht noch die Estrade mit dem reich geschnitzten Wandschirm, der die Rückseite des Kaiserthrones gebildet hatte und jetzt zum Schmuck einer republikanischen Feier dienen mußte.

Nachdem sämtliche Gäste ihre vorgeschriebenen Plätze eingenommen hatten, wurde das diplomatische Korps in die Halle geführt und ihm Plätze links der Estrade angewiesen.

Kurz darauf erschien der Präsident, umgeben von Generälen, Ministern und Zeremonienmeistern und nahm auf der Estrade Aufstellung, das Gesicht nach Süden gewendet.

Nachdem die Versammlung sich vor dem Präsidenten verbeugt hatte, verlas dieser den in der Verfassung vorgeschriebenen Eid, daß er „die Verfassung fest und unverbrüchlich halten“ und die „Pflichten des Präsidenten getreulich erfüllen werde.“ Nach der Eidesleistung

164 Kapitän zur See Meyer-Waldeck.
165 Halle der Höchsten Harmonie.

verneigte sich die Versammlung abermals vor dem Präsidenten, der die Verbeugung erwiderte. Hierauf verlas der Präsident ~~die in englischer Übersetzung gehorsamst beigefügte~~ Antrittsrede.

Nachdem er kurz seine Ansichten über die Prinzipien einer guten Regierung auseinandergesetzt hat, legt er die Beweggründe dar, die ihn veranlaßt hatten, aus dem Privatleben wieder in das öffentliche Leben zurückzutreten. Er gibt sodann eine Übersicht über die Ereignisse der letzten zwei Jahre, in denen er, als Präsident der provisorischen Regierung, die Geschicke Chinas geleitet hat.

In seiner weiteren Rede empfiehlt der Präsident, die veralteten Methoden in Landwirtschaft, Handel und Gewerbe zu verlassen und die Schätze des Landes mit modernen Hilfsmitteln auszunutzen. Die Gründe, aus welchen dies bisher nicht in gewünschtem Maße erfolgt ist, sind seiner Ansicht nach doppelter Natur: einmal fehlt dem Chinesen die nötige Vorbildung, und zweitens fehlt es an Kapital. Der Präsident wünscht deshalb die Förderung des Studiums aller technischen Wissenschaften, insbesondere der Chemie, der Physik und der Elektrizität. In Ermangelung eigenen Kapitals befürwortet er die Heranziehung fremden Geldes und ist überzeugt, daß derartige Anleihen später bei fortgeschrittener Entwicklung des Landes leicht aus dem Gewinn zurückgezahlt werden können.

Mit Bezug auf die internationalen Beziehungen verzeichnet er mit Befriedigung die freundliche Haltung, die die fremden Mächte China gegenüber stets eingenommen haben. Er gibt sodann die zwischen dem diplomatischen Korps und dem Kabinett des Präsidenten vereinbarte Erklärung ab, die die Anerkennung aller mit den früheren Regierungen abgeschlossenen Verträge und Abmachungen enthält.

Nach der Rede des Präsidenten verneigte sich die Versammlung und brachte ihm ein dreifaches Hoch aus. Hierauf zog sich der Präsident zurück.

Nachdem alle Gäste die Halle verlassen hatten, fand der Empfang des diplomatischen Korps statt. Die Diplomaten nahmen vor der Estrade Aufstellung und zwar nach chinesischer Sitte von links nach rechts, so daß der Doyen am äußersten linken Flügel stand und sich die anderen Missionschefs entsprechend ihrer Anciennität nach rechts anreihten.

Nachdem der Präsident vor der Estrade Aufstellung genommen hatte, verlas der spanische Minister Don Luis Pastor als Doyen [seine] ~~die in der Anlage gehorsamst beigefügte Rede~~, ~~welche~~ von dem diplomatischen Korps festgesetzt[e Rede] ~~worden war~~, [in der er] ~~Der Doyen beglückwünschte hierin~~ den Präsidenten zu seiner Wahl [beglückwünschte] und ~~sprach~~ die Hoffnung aus[sprach], daß dank der genauen Beachtung aller Verträge die freundschaftlichen Beziehungen Chinas zu den fremden Mächten sich immer fester knüpfen würden.

Die Rede wurde sogleich übersetzt, worauf der Präsident in kurzen Worten dankte.

Hierauf begab sich der Präsident der Reihe nach zu jeder Mission. Er wechselte mit jedem Missionschef einen Händedruck, richtete einige unverbindliche Worte an ihn und liess sich das Personal der Gesandtschaft vorstellen.

Hiermit war der Empfang des diplomatischen Korps beendet. Es folgte der Empfang des

Vertreters der Kaiserlichen Familie, des Prinzen Pulun.[166]

Die Huldigung des Vertreters der abgesetzten Ching-Dynastie vor dem neuen Machthaber in derselben Halle, die früher für die Zeremonie der Thronbesteigung der Mandschu-Kaiser gedient hatte, war vielleicht das merkwürdigste Schauspiel des Tages. Der Vertreter des Kaisers erschien mit seiner Suite in der Uniform der Generäle der republikanischen Garde mit dem Bande des republikanischen Jiahe-Ordens.

Die Wahl des Prinzen Pulun zum Vertreter des Kaisers war sehr geschickt; denn er ist eines derjenigen Mitglieder des Kaiserlichen Hauses, die mit modernen Anschauungen vertraut sind und sich auch mit dem gegenwärtigen Stand der Dinge ganz ausgesöhnt haben.

Nach dem Austausch der üblichen Begrüßungen verlas Prinz Pulun ~~den in der Anlage gehorsamst beigefügten~~ Brief des Kaisers, in dem er den Präsidenten zu seiner Wahl beglückwünscht und die Hoffnung ausspricht, daß sich das Land unter seiner Leitung gut entwickeln werde.

Prinz Pulun verlas ferner noch ~~den gehorsamst beigefügten~~ Brief, in dem er auch im eigenen Namen den Präsidenten seine Glückwünsche zu seiner Wahl ausspricht.

Der Präsident dankte mit kurzen Worten. Nach diesen Audienzen empfing der Präsident noch den Gouverneur von Kiautschou, Kapitän zur See Meyer-Waldeck und das Haupt der katholischen Geistlichkeit in Peking, Monsignore Jarlin.

Hiermit waren die Empfänge beendet, und der Präsident begab sich, gefolgt von dem diplomatischen Korps, auf das Tiananmen, um von diesem Tore aus den Vorbeimarsch der Pekinger Garnison entgegenzunehmen. Nach Beendigung der Truppenschau, die ungefähr 1 1/2 Stunden währte, fuhr der Präsident nach seinem Palaste zurück.

Die ebenso würdige wie eindrucksvolle Feier des Amtsantrittes des ersten Präsidenten der chinesischen Republik hatte damit ohne jede Störung ihr Ende erreicht.[167]
Seckendorff.

PAA, R17742.

---

166 Prinz Pulun, Sohn des Prinzen Zaizhi, war Anwärter auf den Kaiserthron im Jahr 1908.

167 Wenig später begann die Diktatur unter Yuan Shikai. Bereits am 4. November ordnete Yuan die Auflösung der GMD an und enthob alle Mitglieder des Senats und des Parlaments ihrer Ämter. Am 10. Januar 1914 wurde das Nationale Parlament offiziell aufgelöst, schließlich im April auch die Provisorische Konstitution außer Kraft gesetzt.

Kapitel 2

Von der Neutralität zum Kriegsgegner: Die deutsch-chinesischen Beziehungen während des Ersten Weltkriegs, 1914-1919

Der Anerkennung der Regierung Yuan Shikais folgte ein Aufschwung der deutsch-chinesischen Wirtschaftsbeziehungen, der allerdings von den Spannungen in Europa überschattet wurde. Die Kriegserklärungen in Europa änderten zunächst nichts an dem Verhältnis Chinas zu Deutschland, denn aus chinesischer Sicht handelte es sich um einen Krieg imperialistischer Mächte um Kolonien und Herrschaftsansprüche, in den China als teilweise kolonialisiertes Land nicht hineingezogen werden dürfe. So verkündete Präsident Yuan Shikai am 6. August die Neutralität Chinas. Daß der Kriegsbeitritt auf chinesischer Seite jedoch frühzeitig diskutiert wurde, lag weniger an einem „Kriegsgegner" Deutschland, denn an den hohen Erwartungen, die in China hiermit verbunden wurden. Als China schließlich 1917 aktiv in das weltpolitische Geschehen eingriff, veränderte dieser Schritt nicht nur die Beziehungen beider Länder, sondern auch ihr Verhältnis zu den internationalen Mächten. Für eine Betrachtung des Kriegsverlaufs können drei Phasen unterschieden werden.[1]

Bereits zu Beginn der ersten Phase, 1914-1917, wurden in China die Vorteile einer Kriegsteilnahme auf Seiten der Alliierten diskutiert, auch zeichnete sich ab, daß Japan den Krieg zur Ausweitung seiner Gebietsinteressen in China nutzen würde. Die Kriegserklärung Japans an Deutschland (23.08.) war nur der erste Schritt, dem die Besetzung der deutschen Kolonie Qingdao und die von China abverlangte Unterzeichnung der „21 Forderungen" folgten. Deutschland war damit frühzeitig als Machtfaktor in China ausgeschieden und die Rückgewinnung der von Japan besetzten Gebiete, die sog. „Shandong-Frage", wurde zu einem der wichigsten Kriegsziele Chinas. Deutschland konnte in diesen Jahren trotz britischer Boykotte und Anfeindungen seinen Handel mit China bis zu einem gewissen Grad aufrechterhalten, gleichzeitig bemühten sich Chinas Regierungvertreter um eine Annäherung an die Alliierten, z.B. durch das Angebot zur Entsendung von „Militärarbeitern" im

---

1 Zum Themenkomplex des Ersten Weltkriegs und China siehe die Arbeiten von Xu Guoqi 2005, Shi Yuanhua 1994, Wu Dongzhi 1990, LaFargue 1937, Pollard 1933 und auch Kuhn 2004.

Juni 1915. Der Versuch der Alliierten, China zum Kriegseintritt zu gewinnen, scheiterte am Widerspruch Japans. Der Tod Yuan Shikais und der Zerfall der Peking-Regierung, aber auch der Kriegsverlauf in Europa änderten 1916 die Situation. Im August trafen die ersten chinesischen „Arbeiter" (*Huagong*) in Frankreich ein. In China wurden die Vor- und Nachteile eines Kriegsbeitritts umfassend diskutiert, am Ende überwogen die Argumente der Kriegsbefürworter. Ausschlaggebend waren China in Aussicht gestellte finanzielle Erleichterungen und eine gleichberechtigte Teilnahme an der Friedenskonferenz sowie die daraus resultierende Hoffnung auf Chinas Integration in die internationale Staatengemeinschaft und – längerfristig – die Abschaffung der ungleichen Verträge. Am 14. März 1917 folgte China der Aufforderung der USA zum Abbruch der diplomatischen Beziehungen mit Deutschland.

Die zweite Phase beschreibt die Monate März bis August 1917, in denen die Debatte um die Frage des Kriegsbeitritts (*canzhan wenti*) Chinas Außenpolitik und Öffentlichkeit dominierte. Der scharfe Ton in dieser Debatte rührte einerseits aus dem Umstand, daß die Kriegsfrage zunehmend im Zusammenhang mit dem inneren Machtkampf Chinas gesehen wurde, andererseits aber die Alliierten, Japan und die USA in dieser Frage unterschiedlicher Auffassung waren und die Wahrung ihrer Interessen in Gefahr sahen. Die USA befürchteten den Zerfall der Republik und rieten China von einem Kriegsbeitritt ab, auch Sun Yatsen und Kang Youwei, heftig umworben von der deutschen Diplomatie, forderten in dieser Situation vergeblich die Neutralität Chinas. Nach dem Zusammenbruch der Regierung übernahm Ministerpräsident Duan Qirui die Führung und setzte am 14. August 1917 die Kriegserklärung an Deutschland und Österreich-Ungarn durch. Sun Yatsen errichtete eine Gegenregierung in Kanton, die sich aus machtpolitischen Erwägungen der Kriegserklärung anschloß.

In der eigentlichen Kriegsphase kam es weder in Europa noch in China zu deutsch-chinesischen Kampfhandlungen, obwohl die Peking-Regierung durchaus zu diesem Schritt bereit gewesen wäre. Chinas größter Beitrag war die Entsendung von ca. 150.000 Arbeitern, die auf englischer und französischer Seite hinter den Frontlinien zum Einsatz kamen. Darüber hinaus ergriff China alle gegen seinen „Kriegsgegner" notwendigen Maßnahmen, verhielt sich insgesamt aber relativ zurückhaltend – zu sehr erforderte der Kampf um Chinas innere Einheit die Aufmerksamkeit der Regierung und zu zögerlich war der Kooperationswille der Alliierten. Zur Beilegung der innerchinesischen Krise blieb Duan Qirui deshalb auf japanische Kredite angewiesen und hatte in Geheimabkommen bereits weitreichende Zugeständisse gemacht, als Anfang 1919 insbesondere auf Drängen Englands, aber auch angesichts der bevorstehenden Friedensverhandlungen, die Repatriierung deutscher und österreichischer Staatsbürger erfolgte.

Am Ende des Krieges war Deutschland als Wirtschaftsmacht in China ausgeschaltet und China ein geteiltes Land, voller Erwartung auf die bevorstehenden Friedensverhandlungen. Daß seine Hauptforderungen bezüglich der „Shandong-Frage" unberücksichtigt blieben, führte zu umfangreichen Protesten und Boykotten, die als „Vierte-Mai-Bewegung" in die Geschichte eingingen. Chinas Regierung unterzeichnete daraufhin den Vertrag nicht, erklärte aber im September 1919 das Ende des Kriegszustandes mit Deutschland.

Deutsch-chinesische Kooperation und internationale Spannungen

Das Deutsche Reich war, bedingt durch sein Festhalten an der Einheit Chinas, die Betonung wirtschaftspolitischer Interessen und die Ausweitung der Kulturarbeit zu einem politisch interessanten Bündnispartner Chinas aufgestiegen. Deutlich zeigte sich dies an der deutschen Beteiligung der von Yuan Shikai wieder aufgenommenen Modernisierungsprojekte, im Waffenhandel und im deutschen Eisenbahnbau (Kap. 5). Diese Standbeine staatlich organisierter deutscher Wirtschaftsexpansion in China forcierten die militärische Stärkung Chinas, erweckten aber auch den Eindruck einer Ausweitung deutscher Kolonialinteressen in Shandong und im Yangzi-Gebiet.[2] Indessen mobilisierte Yuan alle Kräfte und konsolidierte mit Gewalt und Terror seine Diktatur. Ende 1913 hatte er die GMD verboten und am 10. Januar 1914 das Parlament aufgelöst.[3] Die Einheit des Landes war keineswegs gesichert. Sieben Provinzen wehrten sich erfolgreich gegen eine Kontrolle Pekings.[4]

Pläne des Auswärtigen Amtes, Chinas Industrialisierung aufbauend auf den engen rüstungswirtschaftlichen Beziehungen zu fördern und durch eine weitreichende partnerschaftliche Kooperation an Deutschland zu binden, waren vor diesem Hintergrund durchaus erfolgreich und verfolgten zugleich das Ziel, Rußland von Europa abzulenken und Japans Expansionsstreben in Asien einzudämmen.[5] Die chinesische Regierung hatte nicht nur deutsche Berater eingestellt,[6] sondern auch verschiedene Anleihe- und Rüstungsgeschäfte getätigt und am 31. Dezember 1913 ein Abkommen über zwei Eisenbahnlinien unterzeichnet, für welches Deutschland auf im Vertrag von 1898 zugesicherte Rechte verzichtete. Nicht ganz unbegründet bemerkte der deutschfreundliche Verkehrsminister Liang Dunyan im Juni 1914 gar, „er kenne Deutschlands Uneigennützigkeit gegenüber China und würde Deutschland lieber am chinesischen Bahnbau beteiligen als irgendein anderes Land".[7] An-

---

2 Mi Ruicheng (1986:110-121) interpretiert den deutschen Eisenbahnbau „als ersten Schritt zur Ausweitung seiner [Deutschlands] Kolonialinteressen in China".

3 Sun Yatsen, der sich zuvor öffentlich gegen Yuan Shikai ausgesprochen hatte, war aufgrund eines gegen ihn erlassenen Haftbefehls im Dezember 1913 nach Japan geflohen. Er sollte erst im April 1916 nach China zurückkehren (Bartke 1985:230).

4 Noch 1914 waren die Provinzen Shanxi, Zhejiang, Guangdong, Guangxi, Yunnan, Guizhou und Sichuan unabhängig, Sichuan unterstand Mitte 1915 wieder der Kontrolle Pekings. Die Mandschurei und die Innere Mongolei bildeten Sonderfälle (Young 1977:142).

5 Vgl. Ratenhof 1987:250. Die Ablenkung Rußlands war eines der Hauptziele der deutschen Fernostpolitik seit den 1890er Jahren. Siehe Stingl 1978:749ff, zur Wirtschaft auch Kapitel 5 dieses Bandes.

6 Major Dinkelmann war zum Militärberater Yuan Shikais aufgestiegen und verhandelte im Juni 1913 darüber, Chinesen zu deutschen Militärschulen zuzulassen (Dok. 9). Major Bleyhoeffer war an der Offiziersschule in Peking tätig und Hauptmann König diente als persönlicher Berater von Yuan Keding (Ratenhof 1987:240). Im Juli 1913 wurde Baurat Baur in das Amt des technischen Beraters berufen. Euphorisch urteilte nun auch Maltzan: „Die nächste Zeit dürfte mithin gegebenenfalls ganz besonders dazu geeignet sein, deutschen Wünschen bei der chinesischen Regierung eine günstige Aufnahme zu sichern" (Maltzan an Bethmann Hollweg, 30.07.1913; GPEK, Bd. 32, Nr. 11857, 281-283). Politisch wichtige Positionen blieben anderen Nationen vorbehalten, z.B. dem Engländer E. Morrison, der seit August 1912 als politischer Berater Yuan Shikais fungierte (Peter 1965:46-49).

7 Aufzeichnung von Haxthausen über eine Unterredung mit Liang Dunyan, 03.06.1914 (PAA, R17844). Vgl. Kirby 1984:171. Liang Dunyan hatte Deutschland bereits 1910 besucht (Kap. 1). 1913 verbrachte

gesichts der sich verschärfenden internationalen Spannungen und des politischen Drucks, den Japan, Rußland und England auf China ausübten, stieß diese Kooperation auf scharfe Kritik. Als direkte Nachbarländer wandten Rußland und Japan sich entschieden gegen eine Aufrüstung Chinas. Um eine militärische Konfrontation zu vermeiden, hatte Yuan Shikai 1913 in einem Abkommen mit Rußland der Teilautonomie der Äußeren Mongolei und in einem weiteren mit England der faktischen Selbstregierung Tibets zugestimmt. Diese Zugeständnisse, die nicht zuletzt an die Frage der Anerkennung und die Gewährung finanzieller Unterstützung geknüpft waren, ermutigten auch Japans Regierung zu imperialistischen Aktivitäten und führten zu heftigen Protesten im ganzen Land.[8] Im Zuge dieser Entwicklungen befürchtete Deutschland seine Verdrängung aus China, so daß der Gedanke einer Aufgabe der Kolonie Kiautschou verworfen wurde und der sonst eher kritische Reichstag 1914 einer Weiterentwicklung Kiautschous als wirtschaftliche Ausgangsbasis in China zustimmte.[9]

Deutschland betrachtete das Expansionsstreben Japans auch deshalb mit Mißtrauen, weil die pro-deutschen Hauptvertreter der japanischen Regierung kürzlich verstorben waren und Außenminister Baron Takaaki Kato die Notwendigkeit eines engen Zusammengehens mit England betonte.[10] Die Bündnislage wurde vom Auswärtigen Amt aufmerksam verfolgt, insbesondere nachdem Amerika sich durch Ablehnung der Reorganisationsanleihe aus China zurückgezogen hatte. Angesichts der französisch-russischen Marinekonvention (1912) und dem englisch-japanischen Zusammengehen drohte die von Deutschland befürwortete „Einheitsfront" in Ostasien vollständig zu zerbrechen. Schließlich hatte sich für Deutschland auch in China eine mit der „Einkreisung" in Europa vergleichbare Situation ergeben, in der lediglich das gute Verhältnis zu China Bestand zu haben schien.[11] Mit Beginn des Ersten Weltkriegs konzentrierte sich die Welt auf Europa, auch stellte Deutschland im August 1914 alle Rüstungslieferungen und Anleiheverhandlungen mit China ein.[12]

Vom Beginn des I. Weltkriegs bis zum Abbruch der diplomatischen Beziehungen, 1914-1917

Im Sommer 1914 war Yuan Shikai auf dem Höhepunkt seiner Macht.[13] Der Kriegsbeginn in Europa sollte sich für ihn durchaus von Vorteil erweisen, da er die kriegführenden Länder Frankreich, Deutschland, England und Rußland von einer weiteren Expansion in China ablenkte. Nachteilig war der dadurch größere Handlungsspielraum Japans in Ostasien. Diese

---

er einen längeren Urlaub in Berlin, legte sich eine Villa am Wannsee zu und war dort viel mit seinem Motorboot unterwegs. Siehe die Autobiographie des Gesandten Yan Huiqing (Yen 1974:98-99).

8 Ratenhof 1987:232. Zur Außenpolitik Chinas unter Yuan Shikai siehe Young 1977:178ff.

9 Vgl. Ratenhof 1987:251-252.

10 Für ihr gutes Verhältnis zu Deutschland bekannt waren Fürst Katsura und Graf Aoki, die am 11.10.1913 resp. 22.02.1914 verstarben (Schwertfeger 1927:138-141).

11 Zur internationalen Allianzdiplomatie und Bündnispolitik zwischen 1890 und 1914 siehe Kennedy 1996:378ff, zur „Einkreisung" auch Hildebrand 1989:36ff.

12 Ratenhof 1987:251. Zur Anleihepolitik kurz vor Ausbruch des Krieges siehe das Schreiben von Maltzan an Bethmann-Hollweg, 31.07.1914 (GPEK, Bd. 32, Nr. 11986, 413-417).

13 Young 1977:178ff.

Gefahr wurde in der chinesischen Presse umfangreich thematisiert, zugleich gab es Stimmen wie die Liang Qichaos, die in den Wirren des Krieges frühzeitig eine für China günstige Gelegenheit erblickten, um durch eine aktive Außenpolitik Chinas Isolation zu beenden und seinen internationalen Status anzuheben.[14]

Vor diesem Hintergrund ergriff China die Initative und bot Deutschland Anfang August 1914 die Rückgabe Kiautschous an, um einer Ausbreitung des Krieges in China zuvorzukommen. Deutschland lehnte ab. Am 15. August stellte Japan ein Ultimatum an das Deutsche Reich, in welchem es binnen acht Tagen die Zustimmung zur bedingungslosen Räumung Qingdaos und den Abzug aller bewaffneten Schiffe aus japanischen und chinesischen Gewässern bis zum 15. September forderte. Ein Tag später schlug Deutschland der chinesischen Regierung den Rückkauf des Pachtgebietes vor – China lehnte ab, auch waren Japan und England nicht zu einer Anerkennung bereit. Jetzt involvierte China die USA und formulierte den Plan, Deutschland möge Qingdao an die USA abgeben, welche es dann unmittelbar an China zurückführen. Die USA lehnten jede Verwicklung ab. Auch dachte Yuan Shikai an eine chinesische Besetzung Kiautschous und bot dem britischen Gesandten Jordan an, für eine gemeinsame Eroberung Qingdaos 50.000 Soldaten bereitzustellen, was dieser sofort ausschloß. Schließlich erfolgte am 23. August Japans Kriegserklärung an Deutschland.[15] Ungeachtet der Neutralität Chinas landeten japanische Truppen in Nord-Shandong, kurz darauf begannen japanische und englische Schiffe mit der Seeblockade Kiautschous. Am 7. November erklärte Festungskommandant Meyer-Waldeck die Kapitulation. Am selben Tag unterzeichneten Deutschland und Japan den „Vertrag, betr. die Übergabe von Qingdao".[16] Dem Kampf um das deutsche Pachtgebiet hatte Chinas Regierung nur schwachen Protest entgegengesetzt.[17] Jedoch hatte Deutschland, welches in China für seine Militärausbildung und Rüstungstechnik geschätzt wurde (Kap. 7), seinem Namen Ehre gemacht, so daß z.B. der Herausgeber der *Dongfang zazhi*, Du Yaquan, in einem Artikel über den Mut der Deutschen, den Patriotismus der Europäer, Europas Kriegsgeschichte und die möglichen Lehren und Folgen des Krieges für China reflektierte (Dok. 14). Zudem hatte General Xu Shuzheng die deutschen Truppen Qingdaos in Erwartung einer zukünftig engen Kooperation heimlich mit Waffen versorgt.[18]

Mit der Kapitulation Qingdaos gerieten ca. 5000 Staatsangehörige des Deutschen Reiches und Österreich-Ungarns in japanische Kriegsgefangenschaft.[19] Viele Zivilisten verließen Shandong und suchten in Shanghai Zuflucht, wo sie auf Nachrichten von Angehörigen

---

14 Siehe Xu Guoqi 2005: 82-85.

15 Siehe hierzu Xu Guoqi 2005:89-90, Young 1977:187, Spence 1990:285, Wood 1934:46. Deutschlands Bemühungen um eine vorzeitige Rückgabe Kiautschou waren wohlüberlegt. Denn dem Staatsvertrag von 1898 zufolge hatte Deutschland im Falle vorzeitiger Rückgabe Anspruch auf Entschädigung der geleisteten Aufwendungen und, viel wichtiger, Anspruch auf einen „besser geeigneten Platz" (Schmidt 1982:110). Vgl. Pollard 1933:8.

16 In: PAA, R18727, Bl. 107-114. Zu Qingdao siehe Leutner 1997, Hinz / Lind 1998 und Mühlhahn 2000.

17 Ratenhof 1987:260. Proteste seitens der chinesischen Regierung vom 27. und 30. September wie auch vom 9. Oktober wurden von Japan ignoriert (Fifield 1965:23).

18 Xu Guoqi 2005:86-87.

19 Zur Kriegsgefangenschaft in Japan siehe Krebs 1998:196-202 und Tiefensee 1920.

hofften und die weiteren Kriegsereignisse abwarteten (Dok. 17). Im Dezember bot das Deutsche Reich seinen Angehörigen die kostenlose Heimbeförderung an (Dok. 15). Feindseligkeiten von Seiten der chinesischen Bevölkerung waren nicht zu befürchten, überdies lobte Deutschlands Presse das neutrale Verhalten Chinas (Dok. 16). Der Diskurs in der chinesischen Presse, die ausführlich über den Kriegsverlauf berichtete und dabei Chinas Vorteile einer Kriegsteilnahme benannte, wies jedoch in eine andere Richtung.[20] Parallel dazu riefen britische und französische Aktivisten in China zum Boykott deutscher Händler und Waren auf, verteilten antideutsche Flugblätter, lancierten Hetzartikel in der Presse und verweigerten Deutschen schon bald den Zutritt zu internationalen Klubs.[21]

Indessen drängte Japan, bestärkt durch den militärischen Erfolg in Shandong, auf weitere Expansion und stellte am 18. Januar seine „21 Forderungen" an China, die auf den Erhalt umfassender Sonderrechte abzielten und Teile Shandongs, der Mandschurei wie auch der Mongolei quasi in ein japanisches Protektorat umformten.[22] Die Unterzeichnung der leicht modifizierten Bedingungen (25.05.1915) provozierte antijapanische Demonstrationen und erneute Kritik an Yuan Shikai, die dieser durch umfangreiche Zensur- und Kontrollmechanismen im Pressewesen einzudämmen versuchte. Anschließend führten Yuans Bestrebungen, seine Inthronisierung zum Kaiser von China durchzusetzen, im Dezember des Jahres zur sogenannten „3. Revolution", in der acht Provinzen ihre Unabhängigkeit erklärten. Versuche von Seiten der Alliierten, Yuan nun zum Kriegseintritt zu bewegen, scheiterten am Widerstand Japans, welches um die Durchsetzung seiner Interessen fürchtete, und wurden fallengelassen.[23] Yuan schwor seinen Plänen im März 1916 ab, konnte die innenpolitischen Konflikte bis zu seinem plötzlichen Tod am 6. Juni aber nicht beilegen.

Diese Ereignisse und die kriegsbedingten Umwälzungen in Europa blieben nicht ohne Wirkung auf den deutschen Handlungsspielraum in China (Kap. 5). Angesichts der günstigen Kriegslage in Europa hatte Deutschland deshalb Anfang 1915 versucht, Japan für ein strategisches Bündnis gegen die Alliierten zu gewinnen, geknüpft an die Hoffnung, eine Allianz gegen Rußland herzustellen und nach Kriegsende Qingdao Kriegsende zurückzuerhalten.[24] Der Plan scheiterte, und im April 1915 präzisierte der Reichskanzler die Anord-

---

20 Siehe z.B. die Zeitschrift *Dongfang zazhi* (Xu Guoqi 2005:81-93). Nach dem Kriegseintritt Chinas wurden zudem Zeitschriften wie die *Dazhan shibao* (The Great War) ins Leben gerufen. Siehe dort u.a. „Can zhan zhi jihua" (Der Plan zur Kriegsteilnahme), 1:1, 01.01.1918, S. 5-8.

21 Knipping an Bethmann Hollweg, 25.09.1916 (PAA, R17987) und *Deutsche Zeitung für China*, 16.06.1916: „Shanghaier Tagesneuigkeiten – Zum Kampf gegen das Deutschtum" (BArch, R9208/226, Bl. 146).

22 Siehe Xu Guoqi 2005:93-98, Young 1977:186ff, Fifield 1965:24-36 und LaFargue 1937.

23 Yuan plante, den Thron am 1. Januar 1916 zu übernehmen und wäre wohl zum Kriegseintritt bereit gewesen, wenn ihn das zu seinem Ziel gebracht hätte (Fifield 1965:59, Young 1977, Strachan 2001:488).

24 Der Gesandte in Peking, von Hintze, formulierte weitreichende Zugeständnisse, einschließlich der Abgabe Qingdaos. Japan zögerte angesichts der schwer einzuschätzenden Kriegslage, aber auch, um Druck auf die Alliierten auszuüben (Xu Guoqi 2005:111-112). Indessen schlug der Staatssekretärs des AA, Jagow, Unterstaatssekretär Zimmermann am 12.01.1915 vor, die finanzielle Schwäche Japans zur Annäherung auszunutzen, um ihm „nach einem glücklich verlaufenen Kriege" durch Plazierung von Anleihen behilflich zu sein und evtl. das Pachtgebiet Kiautschou zurückzuerhalten (PAA, R17911).

nungen zur Ausreise deutscher Familien (Dok. 18), auch fungierte das Generalkonsulat Shanghai seit dem 5. Juni als Sammelstelle zur „geschäftlichen Behandlung der Qingdao-Kriegsschäden".[25]

Nach dem Tod Yuan Shikais gestaltete sich die Situation zunehmend komplizierter, da mit dem Zerfall der Beiyang-Armee die „Warlord-" oder „Kriegsherren-Periode" (1916-1928) begann, in der rivalisierende Kriegsherrencliquen in Peking regierten und permanente Machtwechsel neue Maßstäbe an ausländische Verhandlungsstrategien setzten. Die im Juni 1916 einberufene Regierung unter Präsident Li Yuanhong bestand im Wesentlichen aus der Gruppe um den ehemaligen Kriegsminister und Repräsentanten der Beiyang-Warlords, Duan Qirui, der kurz zuvor zum Ministerpräsidenten ernannt worden war und weiterhin im Amt blieb, und dem wieder eingesetzten Parlament, einschließlich der GMD.[26]

Noch im selben Jahr kam es zu Konflikten zwischen Deutschland und der neuen Regierung, da diese ihre Neutralität durch die Entsendung von Arbeitern nach Frankreich in Frage stellte. Auf deutsche Proteste reagierte das Waijiaobu gelassen.[27] Als Ende 1916 eine Annäherung Japans an Duan Qirui mit dem Ziel zustandekam, China durch finanzielle Unterstützung zum Kriegseintritt gegen Deutschland zu bewegen, wurde die Initiative von den Alliierten trotz gewisser Bedenken im Hinblick auf die weiteren Ziele Japans befürwortet.[28] Ungeachtet dieser Entwicklung gab es im Parlament und in der Öffentlichkeit Gegenstimmen, und auch für die lokalen Militärherren war nicht einsichtig, weshalb sie ihre Truppen auf Seiten Japans und Englands gegen den nur sekundär gefährlichen Gegner Deutschland Krieg führen lassen sollten, um damit letztlich ihre eigene Position zu schwächen und die Stellung dieser zwei Länder in China zu stärken.[29]

Die Lage änderte sich am 1. Februar 1917 mit der offiziellen Erklärung des Deutschen Reichs zum uneingeschränkten U-Bootkrieg. Bereits zwei Tage später folgten die Protestnote Amerikas zum Abbruch der Beziehungen mit Deutschland und am 4. Februar die Aufforderung an alle neutralen Länder, sich dem Vorgehen anzuschließen. Das Angebot, als

---

25 Für die Richtlinien siehe das Schreiben von Knipping an den Vorstand der Deutschen Vereinigung Shanghai, 30.06.1915 (BArch, R9208/239, Bl. 90-92).

26 In Nordchina standen sich drei rivalisierende „Cliquen" gegenüber: Erstens, die von Duan Qirui gemeinsam mit Xu Shuzheng geführte Anhui- bzw. Anfu-Clique; zweitens, die Zhili-Clique unter Vizepräsident Feng Guozhang, deren Führung 1919 Cao Kun und Wu Peifu übernahmen; drittens, die Fengtian-Clique unter Zhang Zuolin. Im Süden Chinas waren Tang Jiyao und Lu Rongting um den Ausbau ihrer Machtbasis bemüht und errichteten im September eine Gegenregierung mit Sun Yatsen .

27 Die Entsendung der Arbeiter wurde durch die im Mai 1916 von Liang Shiyi und Wang Kemin gegründete Huimin Company organisiert. Noch im Mai wurde ein Abkommen mit Frankreich unterzeichnet. Deutschlands Protest wurde mit dem Hinweis begegnet, daß die Arbeiter als Privatpersonen nach Frankreich reisen. Die ersten trafen dort am 24. August 1916 ein (Xu Guoqi 2005:117-122). Siehe auch Chen Ta 1967:142-158, inklusive des Huimin-Arbeitsvertrags für die *Huagong*, Appendix A.

28 Hintergrund dieser Annäherung war die Errichtung einer neuen Koalitionsregierung in Japan, deren Außenminister Motono Ichiro eine stabile Lage in China anstrebte. Diese sei notwendig für Industrieinvestitionen, überdies wäre China durch eine Kriegsteilnahme auf Seiten der Allierten stärker an Japan gebunden (Chi 1970, Strachan 2001:492). Japan gewährte Duan im Januar 1917 eine Anleihe in Höhe von fünf Millionen Yen in Gold (Spence 1990:290). Siehe Fass 1967:112.

29 Fass 1967:113, Peng Ming u.a. 1987:58.

Verbündeter der USA in den Krieg einzutreten, wurde in China positiv aufgenommen. Unweigerlich würde eine Teilnahme den internationalen Status Chinas erhöhen und ihm einen Platz bei der Friedenskonferenz sichern, während eine Ablehnung nur in die totale Isolation führen könne. Präsident Li zögerte jedoch, weil dieser Schritt dem Anfang einer Kriegserklärung gleichkäme und die Position der Militaristen stärken könne. Er legte die Entscheidung in die Hände des Parlaments. Ministerpräsident Duan Qirui sowie Liang Qichao, Wang Chonghui, Wang Zhengting u.a. drängten auf eine aktive Politik und diskutierten die Vor- und Nachteile des Abbruchs der Beziehungen mit dem US-Gesandten Paul S. Reinsch. Obwohl dieser weder definitiv eine finanzielle Unterstützung zusagen noch eine Aussage über die Folgen dieses Schrittes abgeben konnte, fällte das Kabinett am 7. Februar seine Entscheidung.[30] Zwei Tage später wurde dem deutschen Gesandten in Peking, Admiral v. Hintze, eine Protestnote überreicht, welche die „Methoden des U-Bootkrieges“ verwarf und den Abbruch der Beziehungen androhte (Dok. 20). Auf deutscher Seite war man überrascht und auch die chinesische Regierung schien uneinig, denn v. Hintze erhielt unmittelbar im Anschluß die Nachricht, daß die Protestnote eher taktisch motiviert als antideutsch sei und das Vorgehen gegen Deutschland eine „Formsache“ und „lediglich [ein] Mittel zur Gewinnung [von] Amerikas Schutz“ gegen die Entente und Japan darstelle.[31]

Hiermit hatte die in Chinas geführte Diskussion um den Abbruch der Beziehungen zu Deutschland eine neue Dimension erlangt. Während Japan, Rußland, England, Frankreich und Italien sich nun in Geheimabkommen gegenseitig ihrer Nachkriegsrechte versicherten, handelte Chinas Regierung mit den Alliierten die Bedingungen für den Abbruch der diplomatischen Beziehungen aus.[32] In der Öffentlichkeit argumentierte der Vorsitzende der Fortschrittspartei, Liang Qichao, daß die Bewahrung der Neutralität im Hinblick auf die absehbare Niederlage des Deutschen Reiches nach Kriegsende weitaus weniger Vorteile erwarten ließ als ein sofortiges Zusammengehen mit den Alliierten (Dok. 19). In der chinesischen Presse fanden sich dennoch Artikel, die für Chinas Neutralität eintraten (Dok. 22). Der in Shanghai erscheinende *Ostasiatische Lloyd* machte China für den „Mißton“ in den Beziehungen verantwortlich (Dok. 23), gleichzeitig kamen im Auswärtigen Amt berechtigte Zweifel auf, ob China angesichts des internationalen Drucks seine Neutralität würde wahren können (Dok. 21). Inmitten dieser Debatten wurde den Kriegsbefürwortern ein wichtiges Argument in die Hand gegeben, als der französische Frachter „Athos“ am 24. Februar im Mittelmeer versenkt wurde und 543 chinesische Arbeiter den Tod fanden.[33]

Die Debatte nahm jetzt schärfere Formen an. Der Reformer Kang Youwei plädierte in einem Telegramm an die Regierung für die Wahrung der Neutralität Chinas.[34] Sun Yatsen,

---

30 Der Einfluß von Reinsch, der ohne Verbindung zur US-Regierung agieren mußte, auf diese Entscheidung ist gleichwohl umstritten (Xu Guoqi 2005, Fifield 1965, Reinsch 1922:241-259, Franke 1917).

31 Hintze, Peking, schrieb am 13. Februar 1917 an das AA: „Präsident der Republik ermächtigt mich, Euerer Exzellenz zu drahten, China wolle Deutschlands Freund bleiben“ (PAA, R17753). Siehe auch: *Deutsche Zeitung für China*, 12.02.1917: „China und der Krieg“ (BArch, R9208/240, Bl. 465-466).

32 Siehe Xu Guoqi 2005:174-182, Shi Yuanhua 1994:118-120 und Pollard 1933:12-18.

33 Siehe Peter 1965:268ff und Wu Dongzhi 1990:52.

34 Kang Youwei plädierte unter Hinweis auf den Philosophen Menzius für die Neutralität Chinas: „Wenn

der in einem Kriegsbeitritt Chinas keine Vorteile sah und eine Stärkung Duan Qiruis befürchtete, beharrte auf eine diplomatische Lösung und forderte am 9. März den britischen Premierminister Lloyd George auf, bezüglich einer Kriegserklärung keinen Druck mehr auf Chinas Regierung auszuüben. In einem vom Wortlaut gleichen Telegramm an die Nationalregierung argumentierte Sun, daß „man China noch nicht als gut organisierten Staat ansehen" könne und der Kriegseintritt in China zur Anarchie führen würde, weil es zum Ausbruch der ohnehin vorhandenen Ausländerfeindlichkeit käme und chinesische Muslime dazu aufgefordert wären, gegen die mit Deutschland verbündete Türkei in den Krieg zu ziehen.[35]

Die Gruppe der Kriegsbefürworter artikulierte sich u.a. in der Zeitschrift *Xin Qingnian* (Neue Jugend). Dort hob Chen Duxiu Anfang März die positiven Folgen für Chinas Innen- und Außenpolitik hervor. Auch sei China schwach und müsse sich mit den Schwachen verbünden, zudem verwarf er den deutschen Patriotismus als übertrieben und engstirnig. Intellektuelle wie Li Dazhao und Cai Yuanpei übten Kritik an dem deutschen Militarismus, der auf Weltherrschaft ausgerichtet sei und damit den Weltfrieden bedrohe.[36] Cai Yuanpei befürwortete Anfang März in einer Rede den Kriegsbeitritt, weil China auf der Seite des Rechtes und der Moral zu kämpfen habe, Li wies auf verschiedene Punkte hin, die vor Abbruch der Beziehungen zu klären seien (Dok. 24). Zhang Junmai, der 1916 aus Deutschland zurückgekehrt war, rief dazu auf, diese Gelegenheit zur Abschaffung der ungleichen Verträge nicht ungenutzt zu lassen, ebenso energisch favorisierte Chen Youren in der von ihm herausgegebenen *Peking Gazette* ein Zusammengehen mit den USA. Dies war auch eines der vordergründigen Argumente Duan Qiruis in der am 10. März veröffentlichten Erklärung an die Parlamentsmitglieder, in der er u.a. anmerkte, „daß Ehre und Klugheit uns heißen, die dargebotene Hand der größten Demokratie der Welt zu ergreifen".[37] Nachdem die deutsche Regierung am 11. März erklärt hatte, den U-Bootkrieg weiterhin für notwendig zu halten, brach Chinas Regierung mit Zustimmung des Parlaments und konkreten Forderungen an die Alliierten am 14. März 1917 die Beziehungen zu Deutschland ab (Dok. 25).[38] Deutschland hatte sich bis zum letzten Augenblick bemüht, diesen Schritt zu verhindern.[39]

---

der Nachbar einen Streit hat, so schließe deine Türen", hieß es in seinem Telegramm, daß am 05.03.1917 in der *Beijing Gongmin ribao* veröffentlicht wurde (BArch, R9208/240, Bl. 272).

35 Sun Yatsen: „Telegramm an Lloyd George", in: Sun Yatsen 1974:160-162. Siehe auch Fass 1967: 114ff, O. Franke 1917: 328-329, Yeh Young-ming 1983:124-130.

36 Für eine ausführliche Darstellung der Diskussion siehe Felber 1999:27-40.

37 Duan Qirui, Erklärung an die Parlamentsmitglieder, *Peking Gazette* vom 10.03.1917 (PAA, R17978), Siehe auch Reinsch 1922:247, Yeh Young-ming 1983:121, Xu Guoqi 2005:84.

38 China forderte ein Aussetzen der Boxer-Rückzahlungen für zehn Jahre, eine Erhöhung der Importsteuer und die Erlaubnis, zumindest temporär chinesische Truppen in Tianjin und in den Gesandtschaftsvierteln stationieren zu dürfen. Siehe Xu Guoqi 2005:172ff.

39 „In der Nacht, die dem Abbruch der Beziehungen vorausging, ließ Herr von Hintze Duan Qirui durch einen Mittelsmann 1 Million Dollar bieten, worauf dieser Ehrenmann ganz offen erklärte, diese Summe sei von der Entente bereits weit überboten. Höhere Beträge standen Herrn von Hintze nicht zur Verfügung" (Bericht von Kemnitz, 19.08.1918; PAA, R17982). Bei dem Mittelsmann handelte es sich Yong Jianqiu, einen einflußreichen Geschäftsmann aus Tianjin (Xu Guoqi 2005:242).

Vom Abbruch der diplomatischen Beziehungen bis zum Kriegseintritt Chinas

Am Tag des Abbruchs der diplomatischen Beziehungen wurden alle deutschen Vertretungen in China geschlossen und der holländische Gesandte in Peking, Jonkheer Beelaerts van Blokland, übernahm die „für den Schutz deutscher Interessen in China“ notwendigen Aufgaben.[40] Ferner übergaben die deutschen Soldaten der Gesandtschaftswache des Ostasiatischen Marine-Detachments, mit Mannschaften in Peking, Tianjin, Tongku sowie Beidahe, ihre Waffen an die niederländische Vertretung.[41] Die gravierendsten Maßnahmen betrafen die Aberkennung der Konsulargerichtsarkeit, die Besetzung der deutschen Konzessionen in Hankou und Tianjin und die Internierung deutscher Schiffe. Den Deutschen wurde weiterhin gestattet, ihren Wohnsitz zu behalten, nur mußten sie sich mit Wohnort und persönlichen Daten innerhalb von drei Tagen bei den Behörden registrieren (Dok. 29). Die Umsetzung der Maßnahmen verlief weitgehend unproblematisch (Dok. 30), auch nachdem die meisten Konsularbeamten am 9. April das Land verlassen hatten.[42] Indessen kritisierte die chinesische Gesandtschaft in Berlin das feindliche Auftreten gegenüber Chinesen in Deutschland (Dok. 26) und übertrug der Königlich Dänischen Gesandtschaft in Berlin die Wahrnehmung ihrer Interessen. Die Chinesische Gesandtschaft wurde nach Kopenhagen verlegt.

Die Anfang 1917 für Deutschland scheinbar günstige Kriegslage sollte sich mit dem am 6. April erfolgten Kriegseintritt Amerikas zugunsten der Entente ändern.[43] Diese Entwicklung intensivierte auch die Diskussion in China, wo die Kriegsfrage zunehmend zu einem Faktor innenpolitischer Machtkämpfe zwischen Duan Qirui und den Militärherren auf der einen Seite, und dem Parlament einschließlich der GMD auf der anderen Seite wurde.[44] Duan Qirui beharrte auf den Kriegseintritt und unterstrich seine Ambitionen im April gegenüber dem US-Gesandten Reinsch, indem er angab, daß China eine Armee „von 100.000 oder 200.000, einer Million oder noch mehr Soldaten“ bereitstellen könne, sofern ihre Be-

---

40 Note vom 15.03.1917 (ZHMWZX, Bd. 1, S. 289), siehe Schmidt 1982:112 und Guo Jianlin 2000:497. Knipping, Shanghai, spekulierte optimistisch mit dem Gedanken, die Konsularbeamten nach Möglichkeit nicht heimzusenden, um der Reichskasse Geld zu sparen und nach einem zu erwartenden schnellen Sieg Deutschlands „von neuem mit dem alten, eingearbeiteten Beamtenstab unsere Tätigkeit sofort zu beginnen“ (Knipping an Hintze, Beijing, 15.03.1917, in: BArch, R9208/241, Bl. 18-19).

41 Am 3. April wurden die insgesamt 36 Personen in dem Landsitz eines Prinzen in der Gegend des Sommerpalastes interniert. Die Mannschaft des im Kampf um Qingdao gestrandeten Torpedoboots S 90 war in einem Lager unweit von Nanjing untergebracht. Blokland schrieb später an das AA Berlin, 02.11.1918, daß „keinerlei Beschwerden der internierten deutschen Militärs bezüglich ihrer Behandlung in China vorliegen“ (PAA, R17978).

42 Pollard 1933:20ff. Die Konsularbeamten reisten mit dem Dampfer „Goentoer“ am 9. April von Wusong (Shanghai) nach San Franzisko (Van Blokland an AA, 11.04.1917, PAA, R17978). Zum Umgang mit den Deutschen siehe das Schreiben von Konsul Voretzsch, Hankou, an Hintze, Beijing, 24.03.1917 (BArch, R9208/241, Bl. 120-121). Vgl. Jiang Gongcheng 1929:54. Für die Bestimmungen zur Übernahme der Konzessionen siehe Pollard 1933:19-20 und ZHMWZX, Bd. 1, S. 306-308.

43 Kennedy 1996:408.

44 Zur Debatte um die „Frage des Kriegsbeitritts“ siehe Xu Guoqi 2005:204-212, Shi Yuanhua 1994:122-134 und Wu Dongzhi 1990:50-54, sowie ZHMWZX, Bd. 1, S. 275- 297.

waffnung sichergestellt sei.[45] In seinen Augen versprach der Krieg nicht nur eine internationale Aufwertung Chinas und finanzielle Vorteile. Ebenso wichtig waren die in Aussicht gestellte Unterstützung und die Anleihe, um die Machtposition der Militärherren-Clique auszubauen und den Süden des Landes militärisch zu unterwerfen. Um die Militärgouverneure über seine Ziele aufzuklären und sich ihre Zustimmung zu sichern, hatte Duan am 25. April eine Konferenz in Peking einberufen. Am folgenden Tag beschloß die Militärherrengruppe (*dujuntuan*) einstimmig den Kriegsbeitritt Chinas.[46]

Liang Qichao, der einen Kriegseintritt Chinas auch deshalb begrüßte, weil Deutschland in Ostasien kein hilfreicher Verbündeter sei (Dok. 27), stand mit seiner Meinung inzwischen kaum mehr allein da. Dennoch waren der Präsident der Republik, Li Yuanhong, und die Mehrheit der Parlamentarier gegen den Kriegseintritt, weil er auf Druck der Alliierten und für ihre Ziele erfolgen würde, außerdem mußten sie einen Machtzuwachs Duan Qiruis und seiner Anfu-Clique befürchteten. Kang Youwei und Sun Yatsen hielten ihre Ablehnung aufrecht (Dok. 28 u. 31). Für Sun handelte es sich um die „Existenzfrage Chinas", denn der Krieg stürze China ins Chaos, ein Argument, dem sich auch Wirtschaftskreise anschlossen. Die von den Mächten in Aussicht gestellte Anleihe in Höhe von 100 Millionen Yuan sei attraktiv, werde aber weitere Forderungen nach sich ziehen. Sun mißtraute England und Rußland und hegte Bedenken hinsichtlich ihrer Nachkriegspläne, zudem sah er China in einer Vermittlerrolle zwischen den zwei Hauptfeinden Japan und den USA.[47] Deren gegensätzliche Positionen waren kaum übersehbar: Japan war bereit, Duan Qirui durch großzügige Kredite an sich zu binden und spekulierte darauf, in einem zerstrittenen China weitere Vorteile aushandeln zu können. Hingegen sah die USA ihre Politik durch den drohenden Zerfall der Republik China gefährdet und gab Chinas Regierung am 4. Juni in einer Note zu verstehen, daß der Kriegsbeitritt sekundär sei und China vielmehr die Aufmerksamkeit auf die Lösung seiner innenpolitischen Krise richten solle.[48]

Derweil waren den deutschen Diplomaten die Bemühungen Sun Yatsens und seine antibritischen Überlegungen nicht entgangen. Der Gesandte in Beijing, von Hintze, hatte schon beim Verlassen Chinas Ende März 1917 den Generalkonsul in Shanghai, von Knipping, und den Dolmetscher Schirmer angewiesen, ihre Ausreise zu verzögern, um Sun Yatsen mit einer Geldsumme von zwei Millionen Yuan zum Sturz Duan Qiruis zu bewegen. Den Kontakt zu Sun stellte Cao Yabo her. Sun Yatsen nahm das Angebot an, zudem bat er Präsident Wilson in einem Telegramm am 9. Juni, dieser möge Kraft seines Einflusses unter den Alliierten einem Kriegseintritt Chinas entgegenwirken.[49] Des weiteren hatten Knipping und

---

45 Siehe Xu Guoqi 2005:186, auch Reinsch 1922:299.

46 Duan hatte erklärt, daß die Provinzen keine Truppen nach Europa entsenden müssen und auf die finanziellen Vorteile hingewiesen (Shi Yuanhua 1994:129, Pollard 1933:31, Yeh Young-ming 1983:119-120).

47 Sun Yatsen brachte seinen Standpunkt in der gemeinsam mit Zhu Zhixin verfaßten und unter dessen Namen im Sommer 1917 veröffentlichten Schrift *Zhongguo cunwang wenti* (Die Existenzfrage Chinas) zum Ausdruck. Siehe Fass 1967:114ff, Yeh Young-ming 1983:123-135 und Felber 1999:29-30.

48 Die anderen Mächte ignorierten die Aufforderung der USA, eine ähnliche Erklärung abzugeben. Siehe Xu Guoqi 2005:183, 239, auch Reinsch 1922:286.

49 Wilson erhielt das Telegramm am 9. Juni. Siehe Wilbur 1976:94 und Fifield 1965:77.

Schirmer ihre „vorzüglichen Beziehungen“ zu Kang Youwei nutzen und die Abgeordneten Sun Hongyi und Tang Shaoyi für ihre Belange gewinnen können (Dok. 33).

Ungeachtet dieser Bemühungen hatte das Kabinett am 1. Mai für die Kriegserklärung gestimmt und wenige Tage später das Parlament um Zustimmung gebeten. Ein gewaltbereiter Mob umstellte zu diesem Zweck das Parlamentsgebäude und attackierte insbesondere die Kriegsgegner – zwei GMD-Abgeordnete traten sofort zurück.[50] Proteste erhoben sich gegen Duan und führten zu Rücktrittsforderungen, nachdem bekannt geworden war, daß er Geheimverhandlungen um einen Kredit mit Japan geführt hatte. Als Li Yuanhong daraufhin Duan aus dem Amt entließ, forderten die Militärherren unter Androhung eines Angriffs auf Peking die Auflösung des Parlaments. Um einer weiteren Eskalation vorzubeugen, kam Präsident Li am 13. Juni dieser Forderung nach. Zur Schlichtung des Streits rief er nun den mandschu-loyalen General Zhang Xun nach Peking, der, unterstützt von Kang Youwei, die Situation nutzte und am 1. Juli 1917 die Restauration der Qing-Dynastie unter dem elfjährigen Kaiser Puyi erklärte. Hiermit war eine für Deutschland hoffnungsvolle Wende eingetreten. Tatsächlich hatten Deutschlands Diplomaten Zhang Xun 1917 wohl mit Geld und Waffen unterstützt und zu erkennen gegeben, daß Deutschland ein im Krieg neutrales Kaiserreich anerkennen würde. Zhang gab Konsul v. Knipping und Schirmer jedenfalls zu verstehen, daß „sie solange im Land bleiben könnten, wie sie wollten“ (Dok. 33). General Zhang wurde allerdings noch im selben Monat von Duan Qirui aus der Verbotenen Stadt getrieben.[51] Präsident Li Yuanhong trat daraufhin zurück und die Regierung fiel in die Hände der Militärherren. Duan Qirui übernahm erneut das Amt des Ministerpräsidenten, Feng Guozhang wurde neuer Präsident. Auf Beschluß von Duan Qirui und dem neu gebildeten Regierungskabinett erfolgte am 14. August 1917 die Kriegserklärung an das Deutsche Reich und an Österreich-Ungarn mit der Begründung, daß die Regierung „gegen den U-Bootkrieg Deutschlands, welcher das Völkerrecht verletzt und die Menschheit schädigt, ohne Erfolg protestierte“.[52]

Die Peking-Regierung konnte ihre Forderungen gegenüber den Alliierten weitgehend durchsetzen, auch erhielt Duan Qirui bis 1918 japanische Kredite in Höhe von 145 Millionen Yen.[53] Sun Yatsen war aus Protest gegen die Auflösung des Parlaments und die aus seiner Sicht verfassungswidrige Kriegserklärung nach Kanton geflüchtet und hatte dort, unterstützt von den Militärgouverneuren und mehr als einhundert Pekinger Abgeordneten, Anfang September eine Militärregierung zum Schutz der Verfassung errichtet. In der Hoffnung auf finanzielle Unterstützung hatte Sun Yatsen dort bereits im August dem amerikanischen

50 Pollard 1933:31.

51 Siehe Xu Guoqi 2005:242, zudem Guo Jianlin 2000:493ff und Yeh Young-ming 1983:149-176.

52 Der Kriegszustand bestand seit dem 14. August, 10 Uhr morgens (PAA, R17987).

53 Die Alliierten hatten in einer gemeinsamen Note (08.09.1917) folgenden Punkten zugestimmt: 1. Aussetzen der Boxer-Entschädigung für fünf Jahre, 2. Erhöhung der Zolltarife auf 5% ad valorem, 3. Temporäre Aufhebung der Sperrzone für chinesische Truppen in Tianjin zur Überwachung der deutschen Konzession (Pollard 1933:39-40, Shi Yuanhua 1994:133). Das Aussetzen der Boxerzahlungen begann jedoch erst am 1. Dezember 1917, die Zollerhöhung wurde gar bis zum 1. August 1919 hinausgezögert (Fifield 1965:89). Japans Kredite beliefen sich auf umgerechnet ca. US$ = 72,50 Millionen. Für eine Auflistung der sog. Nishihara-Anleihen siehe Guo Jianlin 2000:500-504.

Konsul zu verstehen gegeben, daß auch er zum Kriegseintritt bereit sei. Mit der Maßgabe, die inneren Konflikte Chinas getrennt von außenpolitischen Fragen zu behandeln, erkannte die Kanton-Regierung am 26. September den Kriegszustand mit Deutschland und Österreich-Ungarn an (Dok. 32), um einer weiteren Stärkung Duan Qiruis entgegenzuwirken.[54]

Die Folgen der Kriegserklärung: Liquidierung und Repatriierung, 1917-1919

Der Kriegserklärung Chinas folgten deutliche Einschränkungen der Lebensumstände Deutscher. Am 14. August wurden die Richtlinien für die Verwaltung der deutschen Konzessionen in Tianjin und Hankou sowie für den Umgang mit Angehörigen feindlicher Länder bekanntgegeben. Im chinesischen Staatsdienst beschäftigte Deutsche wurden aus der Zollverwaltung, dem Postwesen und dem Salzdienst entlassen, Ausnahmen gab es für Lehrer und Angestellte der Bergwerksbetriebe und der Eisenbahn.[55] Weitere Maßnahmen betrafen die Aufhebung aller Staatsverträge, die Einstellung der an Deutschland aus Anleihen und Kriegsentschädigungen fälligen Zahlungen, die Übernahme deutscher Schiffe, Kasernen, Banken und Einrichtungen, u.a. der Deutsch-Asiatischen Bank und des deutschen Klubs Concordia in Shanghai, sowie die Schließung von Schulen und Redaktionsbüros. Gegen die Art und Weise der Umsetzung protestierte der niederländische Gesandte in mehreren Noten an das Waijiaobu, wohl auch deshalb mit wenig Erfolg, weil China seit dem 14. August die vollständige Jurisdiktion über „Feindesangelegenheiten" für sich beanspruchte.[56]

Die Maßnahmen wurden regional unterschiedlich gehandhabt und teilweise relativ spät umgesetzt. Ein Grund hierfür waren Duan Qiruis Anstrengungen um eine militärische Unterwerfung des rebellierenden Südens und die Vorbereitungen zu den Parlaments- und Präsidentschaftswahlen – sie endeten im August 1918 mit der Errichtung des sog. „Anfu-Parlaments", welches sich überwiegend aus loyalen Anhängern Duan Qiruis zusammensetzte.[57] Zum anderen lag dies an der zögerlichen Haltung der USA und der Allierten: Eine finanzielle Unterstützung seitens der USA war ausgeblieben, überdies hatte die USA in dem Anfang November 1917 unterzeichneten Lansing-Ishii-Abkommen anerkannt, daß Japan „special interests" in China habe.[58] China zeigte gleichwohl aktives Interesse an einem Kriegseinsatz und hatte Ende November 40.000 Soldaten für den Einsatz in Frankreich bereitgestellt. Ihre Abreise scheiterte nur, weil die USA und die Alliierten in der Finanzierung

---

54 Zur Kriegserklärung der Kanton-Regierung siehe Wilbur 1976:94-95, Yeh Young-Ming 1982:245-259, Fass 1967:117 und Pollard 1933:37.

55 Van Blokland an den Minister für Auswärtige Angelegenheiten in Haag, 13.10.1917 (PAA, R17982). Siehe auch *Neue Preussische Zeitung* (Kreuz-Zeitung), 09.10.1917: „Die Behandlung der Deutschen in China nach der Kriegserklärung" (PAA, R17981), sowie Pollard 1933:39ff, Ratenhof 1987: 268.

56 Pollard 1933:38. Der Protest betraf insbes. die Liquidierung der DAB (Shi Yuanhua 1994:132-133).

57 Bei den Wahlen kamen alle Mittel der Beeinflussung zum Einsatz. Siehe Nathan 1976:91-127.

58 Das Abkommen sollte die Spannungen zwischen den USA und Japan entschärfen, zeigte aber, daß Japan offensichtlich der wichtigere Verbündete in Asien war. Die nicht genau definierte Klausel „special interests" gab Anlaß zu zahlreichen Disputen. Siehe Xu Guoqi 2005:180-182.

zu keiner Übereinkunft fanden. Abgesehen davon hatte England ca. 95.000 chinesische Arbeiter angeworben, auf französischer Seite waren ca. 43.000 Arbeiter beschäftigt.[59]

Ende 1917, nachdem die Teilnahme an der Versailler Friedenskonferenz zugesagt worden war, hatte China auf Druck der Alliierten begonnen, deutsches Firmen- und Privateigentum zu konfiszieren. Parallel dazu nutzten die Siegermächte die Kapitalknappheit Chinas nun dahingehend aus, den liquidierten deutschen Besitz von den chinesischen Behörden zu ersteigern und weiterzuveräußern.[60] Indessen betrieben die Deutschen anti-alliierte Propaganda und pflegten ihre Handels- und Geschäftsbeziehungen. Der Ostasiatische Verein in Hamburg formulierte noch Anfang 1918 optimistisch zukünftige „Deutsch-Ostasiatische Wünsche" (Dok. 34). Erst am 17. Mai 1918 wurden Vorschriften erlassen, die den Handel mit dem Feind verboten.[61] Monate später bemerkte Wilhelm Schrameier, daß Chinas Eingreifen in den Krieg, „wenn es bis jetzt auch nur auf die unumgänglichsten feindlichen Maßnahmen beschränkt blieb, [...] den deutschen Interessen schweren Schaden zugefügt [hat]".[62] Bereits im Sommer war auf Initiative Englands diskutiert worden, die Deutschen nach Australien zu deportieren.[63] Dieser Schritt wurde nicht realisiert, dennoch begann China unter dem Druck der Alliierten und der bevorstehenden Friedensverhandlungen im Frühjahr 1919 mit der Ausweisung deutscher und österreichischer Staatsbürger. Gleichzeitig wurden die Verordnungen für den Umgang mit Feindeseigentum bekanntgegeben (Dok. 35).[64]

Am Ende des Krieges hatte die Alliierten ihr Ziel erreicht und den neben Japan potentiell stärksten Konkurrenten auf dem Chinamarkt ausgeschaltet. Von den 296 deutschen Firmen (1913) blieben im Jahre 1919 nur zwei übrig und von den 2949 Deutschen hatte es ein Viertel geschafft, mit Hilfe chinesischer Freunde im Land zu bleiben.

Das Kriegsende und der Versailler Vertrag, 1918-1919

Ende September 1918 erklärte Generalfeldmarschall Erich Ludendorff den Krieg für

---

59 Insbesondere Frankreich hatte starkes Interesse am Einsatz der chinesischen Truppen, konnte die Mittel aus eigener Kraft aber nicht aufbringen. Im April 1918 wurde der Plan aufgegeben (Xu Guoqi 2005:189-192). Die USA hatte ihr Angebot, China hierfür Kredite in Höhe von US$ 50 Mio. zu gewähren, aufgrund des Kriegsverlaufs zurückgezogen (Fifield 1965:94). Die Angaben über die chinesischen Arbeiter und „Arbeitssoldaten" (*binggong*) variieren. Xu Guoqi (2005:114-154) kommt nach jüngsten Recherchen auf die o.g. Zahlen, 5.000-7.000 Personen starben. Frankreich und England stellten ihre Anwerbungen im Februar und April 1918 ein. Vgl. Kuhn 2004:116, Shi Yuanhua 1994:134, Spence 1990:291-292, Wu Dongzhi 1990:53, Chen Ta 1967 und Peter 1965:268-269.

60 Briessen 1977:77, Ratenhof 1987:269, Kirby 1984:16.

61 Pollard 1933:43, Ratenhof 1987:268.

62 Schrameier: „Denkschrift über Deutsche Friedensziele in China", September 1918 (PAA, R17983).

63 Schreiben Hintze an Reichskanzler Hertling, 02.07.1918 (PAA, R17982). Siehe auch die *Frankfurter Zeitung*, 18.07.1918: „Das Schicksal der Chinadeutschen". Dem Artikel nach wären hiervon Deutsche, Österreicher und Ungarn betroffen gewesen, insgesamt zwischen 7.000 und 10.000 Personen.

64 Auf deutscher Seite wurde die Art und Weise der Ausweisung durchaus als „Rachemaßnahme gegen 'enemy subjects'" empfunden (Briessen 1982:56, Eberstein 2000:66). Allerdings zeigt z.B. der Bericht von Bracklo, Hankou (15.10.1920), daß im Verwaltungsbezirk des Konsulats Changsha erst im März 1919 Veränderungen eintraten (PAA, R85746). Im Juni 1919 stellte China diese Maßnahmen aufgrund der Ergebnisse bei den Versailler Friedensverhandlungen ein (Xu Guoqi 2005:198).

Deutschland verloren. Am 3. Oktober ernannte Kaiser Wilhelm II. Prinz Max von Baden zum neuen Reichskanzler. Während der vom 8. bis zum 11. November geführten Waffenstillstandsgespräche erklärte der Reichskanzler die Abdankung des Kaisers. Die nun einsetzende Revolution zur Gründung der Weimarer Republik wurde von umfangreichen Diskussionen begleitet, in denen zunehmend eine Befürwortung des von Präsident Wilson am 8. Januar 1918 verkündeten 14-Punkte-Programms für einen Verständigungsfrieden zum Ausdruck kam.[65] Ein Jahr zuvor hatte Rußlands Revolution, deren mögliche Folgen China bereits im Zuge der Kriegserklärung diskutierte, über seine neue Rolle in der Weltpolitik entschieden. In China selbst hatten die Militärmachthaber im Süden Sun Yatsen ihre Unterstützung entzogen, so daß er im Mai 1918 von Kanton nach Shanghai fliehen mußte.[66] Der neue Präsident Chinas war seit dem 10. Oktober 1918 der Duan Qirui nahestehende erfahrene und weithin anerkannte Bürokrat Xu Shichang. Präsident Wilson hatte ihm zu verstehen gegeben, daß es seine wichtigste Aufgabe sei, den Konflikt zwischen der Peking-Regierung und dem Süden des Landes beizulegen, um die Einheit Chinas wiederherzustellen. Da Duan Qirui am 11. Oktober zurückgetreten war, schien eine Lösung möglich.[67]

In Peking hatte das Kriegsende einen wahren Siegestaumel ausgelöst. Tausende von Menschen feierten auf den Straßen und rissen dabei auch den Ehrenbogen nieder, der zum Gedenken an den im Boxeraufstand (1900) gefallenen deutschen Gesandten von Ketteler von der Qing-Regierung hatte errichtet werden müssen.[68] Auch Wilsons 14-Punkte-Programm fand begeisterte Zustimmung. Als die Friedensverhandlungen am 18. Januar 1919 eröffnet wurden, hatte die Klärung der „Shandong-Frage", die einer der Gründe für den Kriegseintritt gewesen war, höchste Priorität für China. Weitere Ziele waren die Annulierung der „21 Forderungen" Japans, die Liquidation der wirtschaftlichen und politischen Rechte Deutschlands und Östereich-Ungarns in China sowie eine generelle Übereinkunft über die Abschaffung ausländischer Privilegien in China.

Chinas Delegation bestand aus 62 Personen, unter ihnen fünf Generalbevollmächtigte der Nord- und Südregierung, die sehr bald enttäuscht wurden.[69] Ihre Forderungen nach Wiederherstellung der chinesischen Rechte in Shandong, einschließlich des Kiautschou-Gebietes, sahen sie durch den Kriegseintritt legitimiert, überdies waren alle mit Deutschland bestehenden Verträge gekündigt worden. Als weitere Begründung wurde die Ungesetzlichkeit der von Japan 1915 erzwungenen Unterzeichnung der „21 Forderungen" und des Abkommens vom 24. September 1918 angeführt.[70] Japan begründete seinen Anspruch auf

65 Lambsdorff 1990:20ff. Zur Diskussion um Wilsons 14-Punkte-Programm siehe Grupp 1998:291-293.

66 Sun widmete sich in Shanghai dem Schreiben von Artikeln und Aufsätzen zur Reform und Politik Chinas. Siehe Spence 1990:297-299 und Kap. 4.

67 Pollard 1933:45-49. Zu den Wahlen und dem Nord-Süd-Konflikt siehe Nathan 1976:128ff.

68 Der Sieg der Alliierten wurde am 17. November mit einer großen Parade von nahezu 60.000 Teilnehmern in Beijing gefeiert (Spence 1990:293, Chow 1960:85).

69 Zur Versailler Friedenskonferenz siehe Pollard 1933:50-87, Wood 1934:50ff, Briessen 1977:78-81, zur Vierten-Mai-Bewegung auch Chow 1960:84ff und Lieberthal 1991:119-200.

70 Den Vertrag vom 24. September hatte Duan Qirui kurz vor seinem Rücktritt mit Japan abgeschlossen. Den Delegierten in Paris war er nicht bekannt. Hierin wurde Japan zugestanden, Polizei- und Militäreinheiten in Jinan und Qingdao zu unterhalten. Ferner verpfändete China die Gesamteinnahmen aus

die (ehemals) deutschen Rechte in Shandong ebenfalls mit den von China unterzeichneten „21 Forderungen". Da es ferner auf mit den Alliierten im Frühjahr 1917 und mit Duan Qirui im Herbst 1918 geschlossene Geheimverträge verweisen konnte, lag die Entscheidung in den Händen von Präsident Wilson. Dieser gab nun seine pro-chinesische Haltung zugunsten Japans auf, weil Japan drohte, die Konferenz zu verlassen und nicht Mitglied des Völkerbundes zu werden. Am 28. April beschlossen Präsident Woodrow Wilson, David Lloyd George und Georges Clemenceau die Übergabe der deutschen Rechte in Shandong an Japan. Diese Nachricht führte am 4. Mai zu Demonstrationen auf dem Tiananmen-Platz in Beijing und war Auslöser einer landesweiten Protestwelle, der Vierten-Mai-Bewegung.[71] Schließlich boten Chinas Vertreter am 26. Mai an, daß Abkommen unter Vorbehalt einer späteren Revision der Shandong-Frage anzuerkennen. Da diesem Einwand nicht stattgegeben wurde, verweigerte China am 28. Juni die Annahme des Friedensabkommens. Am selben Tag unterzeichnete Deutschland den Versailler Vertrag.[72]

Die Entscheidungen zur Regelung deutscher Besitztümer in China und zur Übertragung deutscher Shandong-Rechte an Japan fanden mit den Artikeln 128-134 und 156-158 Eingang in das Vertragsabkommen (Dok. 36). Deutschland verzichtete auf alle Vergünstigungen aus dem Boxerkrieg und übergab sämtliche Gebäude, Einrichtungen, Schiffe, Werften, Telegrapheneinrichtungen der deutschen Konzessionen Hankou und Tianjin wie auch andernorts an China. Ferner waren die 1900/1901 demontierten astronomischen Instrumente vollständig und kostenfrei an China zu überführen. Nicht zuletzt kamen durch Artikel 134 auch Großbritannien und Frankreich in den Besitz deutscher Gebäude und Schulen. Die Artikel 156-158 behandelten die Frage der deutschen Besitztümer in Shandong, die ohne Ausnahme Japan zufielen.[73] Inwieweit die Folgen dieses Vertrages für Deutschland bereits zu diesem Zeitpunkt in China diskutiert wurden, zeigt ein Artikel, den Mao Zedong, der 26jährige Herausgeber der in Changsha erscheinenden Zeitschrift *Xiangjiang pinglun* (Xiang River Review) im Juli verfaßte und in welchem er Deutschlands „schmerzhafte Unterzeichnung des Versailler Vertrags" in ihren einzelnen Schritten rekapitulierte.[74]

Im Anschluß an die Versailler Verhandlungen erklärte Präsident Xu Shichang den Kriegszustand mit Deutschland am 15. September 1919 offiziell für beendet. Am 25. Oktober ließ die Gegenregierung in Kanton eine entsprechende Erklärung folgen.[75]

---

zwei von Japan geplanten Eisenbahnstrecken in Shandong zur Teilzahlung der japanischen Anleihen. Siehe Wood 1934:51, Spence 1990:293.

71 Siehe Chow 1960:84ff.

72 Lambsdorff 1990:77-79. Zu den Folgen der „ungelösten" Shandong-Frage siehe Elleman 2002.

73 Da Deutschland lt. Vertrag von 1898 die Souveränität Chinas über das Gebiet bestätigt hatte, seine Rechte in Shandong nicht auf ein anderes Land übertragen konnte und China überdies das Versailler Abkommen nicht unterzeichnet hatte, entbehrten die Artikel jeder rechtlichen Grundlage. Erst die Washingtoner Konferenz (1921-22) sollte eine Lösung herbeiführen. Siehe Kap. 3.

74 Mao Zedong: „For the Germans, the Painful Signing of the Treaty", 21. Juli 1919, abgedr. in: Schram 1992:357-364. Mao hatte die Wochenzeitschrift am 14. Juli gegründet; im August wurde sie verboten. Mao äußerte sich mehrfach zur Situation in Europa (ebenda:xxxiv ff, u. Boorman 1970, Bd.3, S. 4-5).

75 Shi Yuanhua 1994:176, Li Yun 1998:58. Siehe auch die „Abschrift der Bestimmungen des Waijiaobu zur Wiederherstellung des Friedens mit Deutschland nach Kriegsende" (*Waijiaobu guanyu Ouzhan zhongzhi dui De huifu heping banfa de tiaoyi yinjian*), 1919, in: ZHMDZH, Waijiao 3, S. 393-397.

14

Leitartikel von Du Yaquan aus der *Dongfang zazhi*, Shanghai (01.09.1914)[76]

Der Große Krieg und China

In der Weltgeschichte ereignet sich alle zehn Jahre eine kleine und alle einhundert Jahre eine große Umwälzung. Der zukünftige Wandel kann nicht vorhergesehen werden, jedoch sollten wir, in Anlehnung an Vergangenes, den gegenwärtigen Veränderungen sorgsam und kraftvoll gegenübertreten. Für die europäischen Länder ist der große Krieg eine dieser alle einhundert Jahre sich ereignenden großen Umwälzungen, und sein Einfluß auf China entspricht dem einer alle zehn Jahre stattfindenden kleinen Umwälzung.

Vor einhundert Jahren stand in Europa der französische Kaiser Napoleon auf dem Gipfel der Macht. Nachdem die französischen Truppen aus Moskau abgezogen waren, hatten sich die Truppen der Allianz aus Rußland, Preußen, Österreich und der Schweiz mit den germanischen Truppen des Rheinbunds sowie den englischen Truppen unter Lord Wellington zusammengeschlossen und Paris belagert. Napoleon mußte abdanken und wurde zum einsamen Herrscher der Insel Elba im Mittelmeer. Die europäischen Länder hielten in Wien eine Konferenz ab und berieten sich über die nach dem Krieg zu ergreifenden Maßnahmen. Das war das Ereignis des Jahres 1814.[77] Wenn man zweihundert Jahre zurückgeht, gelangt man in die Zeit der Vorherrschaft von Louis XIV. von Frankreich. Er führte insgesamt vier Kriege, u.a. gegen Spanien, die Niederlande, Germanien und Italien. Auch siegte er über die Truppen von England, Portugal, Preußen und Dänemark. Aber dann wurde er in der Schlacht von Blindheim [1704] vom englischen General Marlborough und dem österreichischen General Eugen besiegt und gezwungen, Gebiete abzutreten und das Friedensabkommen in Rastatt zu unterzeichnen. Damit war die Hegemonie von Louis XIV. endgültig vorbei. Das war das Ereignis des Jahres 1714.[78] Nach dem Frieden von Rastatt wurde Spanien schwächer und die englische Seemacht stärker. Nach der Wiener Konferenz wurde Frankreich geschwächt und die Stärke der Deutschen nahm zu. Die direkten Folgen auf die europäische Welt und die indirekten Folgen auf die gesamte Welt wurden bereits von den Historikern aufgearbeitet. Vermutlich sind fast alle davon überzeugt, daß die Folgen dieses Krieges nicht geringer sein werden als die von Blindheim und Waterloo.

---

76 Chin.: „Da zhanzheng yu Zhongguo“. Als Autor des Artikels zeichnet Cang Fu, d.i. Du Yaquan, Herausgeber der Zeitschrift *Dongfang zazhi*. Aus dem Chinesischen von Andreas Steen und Yang Zhan’ao.

77 Der Besetzung von Paris am 31. März 1814 folgte am 6. April die Abdankung Napoleons.

78 Louis XIV, 1638-1715. Prinz Eugen von Savoyen und J. Churchil Herzog von Marlborough siegten am 13. August 1704 bei Blindheim/Höchstädt in Bayern und führten damit eine entscheidende Wende in den spanischen Erbfolgekriegen herbei. Anschließend besiegten sie die französischen Truppen 1708 bei Oudenaarde und 1709 bei Malplaquet. Prinz Eugen verhandelte 1714 den Frieden von Rastatt, es kam zur Einigung zwischen Frankreich und Österreich, gleichzeitig aber auch zur Abtretung des spanischen Erbes in Italien und den Niederlande an die Habsburger.

Die Ereignisse der Welt verlaufen spiralförmig und die historische Entwicklung gleicht einem Kreislauf. In der Vergangenheit hielten unsere Landsleute am Ideal des Friedens fest und glaubten, mit dem Fortschritt der Weltzivilisation werde auch der Krieg verschwinden. Dieses Ideal kann nicht mehr verwirklicht werden, denn Japan hat Qingdao angegriffen und Deutschland den Krieg erklärt. Das Kriegsübel breitet sich in Ostasien aus und die derzeitige Situation ähnelt der des japanisch-russischen Krieges zehn Jahre zuvor [1904-1905]. Unsere Landsleute erinnern sich an den chinesisch-japanischen Krieg vor zwanzig Jahren [1894-95] und an den chinesisch-französischen Krieg vor dreißig Jahren [1884-85]. Wie interessant sind doch diese zeitlichen Zufälle und Ereignisse! Durch den chinesisch-französischen Krieg hat unser Land die Souveränität über das Gebiet in Annam [Vietnam] aufgegeben. Dann hat England Burma besetzt, Japan eroberte Okinawa und anschließend kamen die Auseinandersetzungen über Korea. Bis zum chinesisch-japanischen Krieg hatte unser Land alle diese Gebiete verloren. Der Krieg hat die Situation unseres Landes vollkommen verändert, zudem war die Idee einer Stärkung durch Reformen entstanden. Das führte wiederum zu Auseinandersetzungen zwischen den neuen und alten Fraktionen. Nach der gescheiterten Reform übernahm die Kaiserinwitwe erneut die Macht und es folgten die Unruhen des Boxeraufstands im Jahr 1900. Aufgrund des Krieges zwischen Rußland und Japan sollte sich die Lage [unseres Landes] nochmals ändern.

Die Theorien zur Einführung einer Verfassung und der Änderung des politischen Systems wurden von den Bürgern sehr begrüßt. Sie wurden als ein sehr guter Weg zur Rettung [Chinas] betrachtet. Die Vorbereitung einer Verfassung durch die Qing-Regierung und die Propaganda zur Revolution durch die Parteien standen im Wettstreit miteinander. Dann wurde die Republik gegründet. Heute erscheinen die Verfassung und die Revolution jedoch wie ein Frühlingstraum, aus dem man plötzlich erwachte. Die Bürger befinden sich in einem Zustand der Müdigkeit und Verzweiflung, gleichzeitig bedrohen uns die Kanonenfeuer aus Westeuropa und die Wellen des Gelben Meeres, betäuben unsere Ohren, blenden unsere Augen. Die Situation hat sich ins Schlechte entwickelt und unseren Bürgern wird keine Gelegenheit zur Ruhe gegeben. Tiere werden durch äußere Anreize in Erregung versetzt, genauso verhält es sich mit den Menschen. Auch unsere Bürger haben sich in einer geschlossenen Gesellschaft ohne äußere Anreize über mehrere tausend Jahre nicht entwickelt. Die Änderungen der letzten Jahrzehnte sind hauptsächlich auf äußere Anreize zurückzuführen. Der gegenwärtige große Krieg wird innerhalb der nächsten zehn Jahre einen Wandel in unserem Land herbeiführen, weil er unsere Landsleute mit einer besonders starken Dosis Reizmittel segnet.

Der Eindruck des großen Krieges, den unsere Landsleute mit den eigenen Augen wahrnehmen und der tief in ihrer Erinnerung bleiben wird, ist die Realsierung des Patriotismus der europäischen Bürger. Als die Nachricht vom Kriegsausbruch kam, haben alle Bürger der im Krieg stehenden Länder, die in Ostasien leben und dort Handel treiben, in der Bildung tätig sind und im Dienst unserer Regierung arbeiten, ihre Berufe aufgegeben und andere mit der Betreuung ihrer Familien beauftragt, um gemeinsam in die Heimat zu fahren und an der Front zu kämpfen. Sie haben weder gewartet noch gezögert. In dem Gebiet von Qingdao kämpfen fünftausend Deutsche gegen die Infanterie und Marine aus ganz Japan;

zahlenmäßig besteht ein starkes Ungleichgewicht zwischen den beiden Seiten. Für die Deutschen gibt es keine Hilfe und Stärkung, aber anstatt zu fliehen, kämpfen sie lieber bis zum Tod. Sie haben fünftausend Abschiedsbriefe verschickt, um ihre Entschlossenheit zu demonstrieren. Ach, die Schwerter hängen im Zelt, Testamente werden geschrieben und ebenso wie Chinas Generäle der alten Zeit, die ihre Befehle in gefährlicher Situation entgegennahmen, werden auch sie in der Geschichte lobend Erwähnung finden. Da die fünftausend Deutschen in Qingdao in der Tat dem Tod heldenhaft entgegentreten und gemeinsam für das Vaterland sterben, werden sie als Vorbild für die Bürger des militaristischen Landes dienen. Auch unsere Landsleute ehren dieses Verhalten und werden ihm nacheifern.

Serbien ist ein kleines Land mit einer Bevölkerung von 2,9 Millionen Menschen. Es hat 320.000 Soldaten, d.h. jeder dreizehnte Bewohner ist ein Soldat. In ganz Deutschland gibt es ca. zwölf Millionen wehrfähige Männer im Alter zwischen achtzehn und fünfundvierzig Jahren. Es sind mehr als drei Millionen, die sich diesmal für den Krieg gemeldet haben. Das heißt, ein Viertel der wehrfähigen Männer zieht in den Krieg. Die Bevölkerungszahl in Frankreich beträgt sechzig Prozent der Deutschlands. Die Zahl der für den Krieg angemeldeten Männer liegt zwischen 2,4 und 2,5 Millionen. Im Vergleich zu Deutschland ist es ein Drittel der wehrfähigen Männer, die in den Krieg ziehen. Uns wundert es sehr, von so tapferen Staatsbürgern zu hören. Wenn unsere Staatsbürger weiterhin auf dem ostasiatischen Boden leben wollen, in einer Zeit, wo überall Kriege geführt werden, muß ihr wahrer Patriotismus unbedingt ermutigt werden, und sie müssen bereit sein, großes Leid zu ertragen und große Opfer zu bringen. Wenn sich Staaten im zwanzigsten Jahrhundert nicht auf den Patriotismus der Bürger stützen, werden sie glücklicherweise zwar nicht unterjocht, aber sie werden Sklaven sein. Allerdings kann man die Liebe zum Vaterland weder mit Gewalt erzwingen, noch mit Betrug und Tricks herbeiführen.

Früher, als das Kaiserreich noch existierte, wurde das Land als Privateigentum der kaiserlichen Familie betrachtet. Das gemeine Volk besaß nur Gefühle für den Herkunftsort und hatte keine Vorstellung vom Staat. Deshalb war das Volk in der Geschichte immer zögerlich und ängstlich wenn eine Dynastie Soldaten zum Militärdienst einzog und versuchte, diese Maßnahmen zu umgehen. Es seufzte und litt. Wenn ich die Gedichte über die Einberufungen zur Armee oder das Entsenden von Soldaten aus der Tang-Zeit lese, bezweifle ich oftmals, daß unsere Landsleute überhaupt qualifiziert sind, Soldaten zu werden. Überlegt man die Sache in aller Ruhe, so stellt man fest, daß es entweder die Nachfahren kaiserlicher Familien oder die Familien hoher Beamter waren, die in friedlichen Zeiten große Macht besaßen und hohe Profite einstrichen, während das normale Volk, das täglich der Angst von Unterdrückung, Strafen und der Ausbeutung durch Beamte ausgesetzt war, keinerlei Rechte hatte. Folglich wurden diese Ackerleute benutzt und ihre Leiber geopfert, um die Rechte solcher Leute zu festigen. Das Zögern und die Flucht, das Seufzen und Leiden dieser normalen Leute sind selbstverständlich gerechtfertigt. Im ganzen Land haben diejenigen, die danach streben, eine Verfassung einzuführen, die globalen Veränderungen der letzten zehn Jahre beobachtet und den inneren Zustand des Landes untersucht. Will man für die weitere Existenz unseres Landes arbeiten, sollte man unbedingt das Wissen und die Moral der normalen Bürger anheben, ihre Situation verbessern und ihnen allgemeine Rechte einräumen. Ferner sollte man versuchen, eine Selbstverwaltung einzuführen und das Land vom Privateigentum eines Einzelnen in ein Land für alle Bürger [umzuwandeln]. Später können alle Ideen und Kräfte aus dem ganzen Land gesammelt werden, um das Leid des Vaterlandes zu verringern und seine Entwicklung voranzutreiben.

[....][79]

Die europäischen Länder nutzen diese Zentrifugalkraft unserer Bürger aus, um ihre Sprachen zu verbreiten, ihre Waren zu verkaufen und damit eine Politik der Assimilation durchzuführen. Die Streitpunkte zwischen England und Deutschland in Ostasien, die in den letzten Jahren durch Wettbewerb und Konflikte entstanden, sind darauf zurückzuführen. Aber unsere Bürger, sofern sie den großen Krieg wirklich zur Erforschung der Verhältnisse nutzen, werden feststellen, daß es vollkommen falsch ist, sich den Ausländern in der Hoffnung auf Hilfe zu nähern und sich für das eigene Überleben unter den Schutz der Ausländer zu begeben. Tatsächlich liegen das gegenseitige Mißtrauen und der gegenseitige Haß der europäischen Länder außerhalb unserer Vorstellungskraft.

[....][80]

Unsere chinesische Republik befindet sich noch nicht in den Händen fremder Nationen und ihr zukünftiges Schicksal wird vom Nationalbewußtsein abhängen. Wenn wir uns jetzt nicht selbst bemühen, werden wir in eine Indien oder Ägypten vergleichbare Situation geraten, und sich dann aus den Fesseln anderer zu befreien, wird sicherlich äußerst schwer sein. Das Duell zwischen germanischen und slawischen Nationen wird nach und nach sowohl die Konflikte im Nahen Osten als auch im Fernen Osten lösen. Inwieweit haben unsere Bürger sich auf diese Probleme eingestellt? Der deutsche Kaiser sprach einmal von der Gelben Gefahr und dem Krieg zwischen den weißen und gelben Menschen, um die weißen Menschen zu warnen.[81] Sollte dieser tragische Krieg zwischen Weißen und Gelben wirklich eine zukünftig unvermeidbare Katastrophe sein? Die Bürger in Deutschland kämpfen heute für ein besseres Leben (so die Worte des deutschen Kaisers). Wenn auch unsere Bürger ein besseres Leben wollen, dürfen wir diese zukünftige Katastrophe nicht ignorieren.

Im Hinblick auf das Verhältnis zwischen dem großen Krieg und China ist es deshalb notwendig, erstens die Liebe unserer Bürger zum Vaterland anzustacheln und zweitens das Selbstbewußtsein unserer Nation zu wecken. Das sind zwar indirekte Einflüsse, aber das sind die größten Faktoren, die Chinas Wandel in den nächsten zehn Jahren beeinflussen werden. Direkte Folgen des Krieges zwischen den Mächten sind ein Mangel an ausländi-

---

79 Auslassung: Es folgen Argumente, daß angesichts der Unabhängigkeitsbewegungen in Europa auch Chinas Regierung die kriegsbedingte Abwesenheit der westlichen Nationen nutzen sollte, um die innere Situation des Landes zu festigen und den Bürgern eine nationale Identität zu vermitteln. Zudem wird davor gewarnt, daß einige Personen das Eindringen des Westens zur Anhäufung von Macht und Reichtum nutzen und den Lebensgewohnheiten des Westens nacheifern werden.

80 Auslassung: Weitere Erklärungen und Beispiele zum aufkeimenden Nationalismus in Europa, der als die Quelle für Unabhänggkeitsbestrebungen und als Ursache des Krieges gesehen wird.

81 Zum Schlagwort der „Gelben Gefahr" siehe Gollwitzer 1962, Trampedach 2002 sowie Kapitel 7 dieses Bandes.

schem Kapital, Schwierigkeiten im Finanzwesen, ein Ausfuhrverbot einheimischer Produkte, eine Schwächung des Handels sowie eine Krise in der Diplomatie, da die Gebiete Longkou, Laizhou sowie das an die Jiaozhou-Bucht grenzende Gebiet bereits zum Kriegsgebiet erklärt wurden. Das alles können wir jetzt schon sehen. Was in der Zukunft passieren wird, ist kompliziert und schwer vorhersehbar. Es kann nur anhand des Kriegsverlaufs beurteilt werden, zumal unsere Landsleute auf militärischem Gebiet über nur begrenztes Wissen verfügen. Wird das Ergebnis des Krieges der Sieg Deutschlands und Österreichs und die Niederlage Englands, Rußlands und Frankreichs sein? Wann werden die Kriegsgeschehnisse beendet sein? Wie hoch werden die Kriegsverluste sein? Unsere Leute können das nicht einschätzen. Was unsere Hoffnungen anbelangt, so wäre es kein Glück für China, wenn eine der zwei internationalen Kriegsgruppen den vollständigen Sieg davontragen würde. Wenn Deutschland und Österreich siegen, dann würden Österreich, Belgien und Holland allesamt zu Alliierten Deutschlands werden. (Der Ehemann der niederländischen Monarchin ist ein Prinz Deutschlands, er wird sich nicht sehr dagegen wehren, daß die Niederlande sich Deutschland anschließt. Ausführliche Informationen zur neueren Außenpolitik dieser Länder finden sich in Ausgabe Nr. 2 des 8. Jahrgangs dieser Zeitschrift.)[82] Die baltischen Länder sowie die Türkei und Persien, d.h. alle Länder entlang der Bagdad-Bahn, würden unter deutschen Einfluß gestellt werden.[83] Das heilige römische Reich des Mittelalters würde wieder in Europa entstehen. Das Vorhaben der Russen, sich nach Süden auszudehnen, würde verhindert werden und man würde sich zwangsweise nach Asien wenden, um in den Osten zu gelangen. Die Engländer würden sich sicher schnell um eine Verteidigung Indiens bemühen. Ähnliches gilt für die niederländischen Kolonien in Südasien wie Borneo, Sumatra, Java und Sulawesi u.a. Die Fläche dieser Gebiete ist um ein Vielfaches größer als Japan. Falls Holland sich mit Deutschland zusammenschließt, wird es mit Qingdao und den deutschen Inselgruppen im Pazifik eine Einheit bilden. Dann würde der Einfluß Deutschlands in Asien über dem Japans, Englands, Rußlands und Frankreichs stehen. Diese Länder wiederum würden, um das Gleichgewicht in Ostasien aufrechtzuerhalten, einander konsultieren und im Gegenzug allerlei Rechte von uns erzwingen. Dann wäre unser Land von Feinden umschlossen. Sollten Deutschland und Österreich aber eine totale Niederlage erleiden, so würden die drei Ententemächte England, Rußland und Frankreich bestimmt nicht gegeneinander kämpfen und es würde auch in Europa kein Gegengewicht mehr geben. Da sie dann keine Sorgen mehr zu Hause haben, werden sie sicherlich ungehindert weiterstreben und ihren Einfluß in Ostasien ausdehnen. Die Unterdrückung der ostasiatischen Länder wäre bestimmt noch schlimmer als heute. Japan ist zwar stärker geworden, kann die Lage wahrscheinlich aber nicht [allein] meistern.

---

82 Gemeint ist der Artikel „Zuijin Ouzhou ge guo zhi waijiao zhengce“ (Die gegenwärtige Außenpolitik der Staaten in Europa), der offensichtlich von mehreren ausländischen Autoren verfaßt wurde (*mo xiren lai gao*). In: *Dongfang zazhi*, 8:2, 23.04.1911.

83 Der Bau der Bagdadbahn wurde 1903 unter maßgeblich deutscher Beteiligung begonnen und 1940 fertiggestellt. Die Strecke verläuft von Konya (Türkei) über Bagdad nach Basra am Persischen Golf (2450 km). Es handelt sich um die Fortsetzung der Anatolischen Bahn, Istanbul-Konya.

Wir hoffen, daß die Folgen des Krieges nicht an dem jetzigen Zustand rühren und die Konfrontation zwischen den Alliierten und Ententemächten weiterhin bestehen bleibt. Denn wenn es so bliebe, würde auch der alte Zustand in Ostasien aufrechterhalten werden, da niemand es wagen würde, Schwierigkeiten zu machen. Es ist nicht zu leugnen, daß der außenpolitische Zustand unseres Landes in den letzten zehn Jahren aufrechterhalten werden konnte, weil er sich auf das Gleichgewicht der Westmächte stützte. Die Zerstörung des Gleichgewichts in Europa würde für uns sicher kein Glück bedeuten. Das wissen wir auch ohne die Weisen. Aus diesem Grund entspricht eine strenge Neutralität sowohl der Meinung unserer Regierung als auch unserer Bürger.

[....][84]

Wenn man Deutschland und Österreich betrachtet, so ist Deutschland eine neue aufstrebende Nation, deren Tapferkeit und Kampffähigkeit sich vollkommen unterscheidet von dem bürgerlichen Leben der romanischen Nationen,[85] welche die Freiheit genießen und ein Leben in Frieden und Reichtum suchen. Manche Leute vergleichen den deutschen Kaiser Wilhelm II. mit dem französischen Kaiser Napoleon, dessen Ruhm durch seine Niederlage eines Tages auf den Boden gesunken war. Was sie nicht wissen, ist, daß der damalige Kaiser Frankreichs durch seinen krankhaften Ehrgeiz dazu getrieben wurde, sein Volk in den Krieg zu führen. Im heutigen Deutschland haben jedoch die Menschen das Leben des Volkes und der Nation zur Ideologie erhoben und sie wiegeln den Kaiser auf, in den Krieg zu ziehen. Die Situation ist nicht vergleichbar. Menschen zu bezwingen ist einfach, aber eine Nation zu bezwingen viel schwieriger. Im preußisch-französischen Krieg wurde Paris eingekesselt und Louis flüchtete.[86] Daß Preußen schließlich mit der republikanischen Regierung ein Friedensabkommen unterzeichnete, lag darin begründet, daß auch die Franzosen sehr stark und nicht einfach zu besiegen sind. Bismarck sagte damals, daß Frankreich einen nicht wiederherzustellenden Schlag erlitten habe. Aber nach nicht langer Zeit war aus Frankreich wieder ein starkes Land geworden. Dieses läßt auch darauf schließen, daß es [heute] unmöglich ist, die deutsche Nation zu bezwingen.

[....][87]

Später, wenn der Krieg länger dauert und die ganze Gesellschaft ermüdet ist, werden die

---

84 Auslassung: Ausführungen zur Kriegsstrategie und den Erfolgen Deutschlands, gleichzeitig Anmerken von Zweifeln, ob dieses auch in Zukunft, insbesondere in den Wintermonaten, so bleiben wird.

85 Der Autor spricht von „lateinischen Ländern" (*lading zhuguo*).

86 Nach der Kapitulation von Napoleon III. kam es zu Aufständen in Paris, am 4. Sept. 1870 wurde die Französische Republik ausgerufen. Geflüchtet ist am 7. Oktober der Innen- und Kriegsminister der neuen Regierung, Léon Gambetta, in einem Freiballon aus Paris. Gemeinsam mit Charles Louis de Saulces de Freycinet erklärte er die Stadt Tours zur provisorischen Hauptstadt. Ihre Truppen wurden Ende des Jahres von den Deutschen geschlagen.

87 Auslassung: Der Autor argumentiert, daß der Krieg mit Sieg oder Niederlage enden wird, eine zeitliche Ausdehnung der Auseinandersetzungen aber schon aus Kostengründen nicht im Sinne der beteiligten Staaten sein kann. Es folgt ein Vergleich der Kriegsausgaben Napoleons mit denen des Ersten Weltkriegs. Am Beispiel von Deutschland, England und Frankreich wird schließlich die Kritik am europäischen Krieg thematisiert, die insbesondere durch die Arbeiterklasse und die sozialen Parteien in den Ländern formuliert werde.

grenzüberschreitenden sozialistischen Parteien sich sicherlich nicht mehr mit einem Schweigen zufrieden geben. In dem Augenblick werden alle normalen Politiker, Militärstrategen und Kapitalisten ihren Blick zurückwenden und zuhören müssen, um die innere Situation [ihres Landes] zu beruhigen. Der Weltkrieg wird dann von selbst aufhören. Deshalb ist das Ausmaß dieses Krieges sehr groß und aufwendig, aber man vermutet nicht zu unrecht, daß seine Folgen den jetzigen Zustand kaum ändern werden. Die europäischen Länder werden vielleicht langsam merken, daß Aggressions- und Kriegspolitik keine guten Lösungen sind und daß ein durch Krieg errungener Friede schwer zu bewahren ist. Die Bürger aller Länder werden sich aus gutem Willen zusammenschließen. Wenn der Patriotismus der Bürger und der Wettbewerbsdrang der Nationen nicht im Kanonenfeuer, sondern in den Bereichen von Industrie, Handel und Kultur entfaltet werden, wird das in diesem Krieg geflossene Blut womöglich den schmutzigen Haß des letzten Jahrhunderts wegspülen und den Frieden im neuen Jahrhundert hervorbringen, aber auch das kann man noch nicht wissen. Wenn es sich wirklich so entwickelt, dann wird die Weltgeschichte nach diesem Krieg enorme Veränderungen erfahren, die nicht mehr mit der Aussage „eine große Änderung in hundert Jahren, eine kleine in zehn Jahren“ erklärt werden können.

Dongfang zazhi, 11:3, 01.09.1914, S. 1-7.

15

Bekanntmachung des Konsuls in Tianjin, Fritz Wendschuch (14.12.1914)

Das Reichs-Marine Amt hat erneut die kostenlose Heimbeförderung der Frauen und Kinder der Qingdaoer Kriegsgefangenen angeordnet.

Die Einschiffung findet auf dem am 25. Dezember von Shanghai abgehenden Dampfer „Corea“ der Pacific Mail Steamship Company und den beiden folgenden Dampfern derselben Linie statt.

Die Verteilung der Frauen und Kinder auf die verschiedenen Dampfer und die erste und zweite Klasse erfolgt durch das Kaiserliche Generalkonsulat in Shanghai.

Bis zu der erfolgten Einschiffung beträgt die Unterstützung der Gouvernements-Familien (Beamte und Offiziere) die Friedensgebührnisse des Schutzgebiets und Gehalts nebst Kolonialzulage und Wohnungsgeld unter dem Vorbehalt späterer Verrechnung. Von der Einschiffung an beschränkt sich die Unterstützung auf Heimatsgebührnisse und Freifahrt. Für nicht Gouvernementsangehörige ist eine entsprechende Beihilfe in das Ermessen des Kaiserlichen Generalkonsulats gestellt.

Über die Weiterreise von San Francisco nach New-York und von New-York nach Deutschland hat das Reichs-Marine Amt Sorge getragen.

Diejenigen Personen, welche jetzt die freie Rückreise ausschlagen oder mit der Verteilung durch das Kaiserliche Generalkonsulat nicht einverstanden sind, gehen des Anspruchs auf spätere kostenlose Heimfahrt verlustig. Auch hat das Reichs-Marine Amt keinerlei Anordnungen getroffen, daß ihnen nach der vom Kaiserlichen Generalkonsulat festgesetzten Abreise die Heimatgebührnisse in China weiter gezahlt werden.

Anmeldungen in Peking nimmt Dr. Hauer in der Kaiserlichen Gesandtschaft täglich von 10 bis 12 Uhr entgegen.

Der Kaiserliche Geschäftsträger von Maltzan.

In Tianjin nimmt Kanzler Schaller im Kaiserlichen Konsulat Anmeldungen während der Dienststunden von 9-12 Vormittags entgegen.

Tianjin, den 14. Dezember 1914

Der Kaiserliche Konsul

Dr. Wendschuch

Peking Gazette,14.12.1914, auch: BArch, R9208/232, Bl. 29.

16

Artikel aus dem *Berliner Tageblatt* (08.01.1915)

Die deutschen Angestellten der Shandongbahn

Es muß anerkannt werden, daß die Regierung Yuan Shikais trotz der schwierigen Lage, in die sie durch die Verletzung eines großen Teiles der Provinz Shandong seitens der Japaner und anderer japanischen Neutralitätsbrüche versetzt ist, neuerdings nach Kräften bemüht scheint, gerade Deutschland gegenüber aufrichtige Neutralität zu zeigen. So hat die chinesische Regierung jetzt den verschiedenen Provinzialbehörden aufgetragen, aufs strengste den Vertrieb jämmerlicher Machwerke japanischer Lithographen, das heißt von Kriegsbildern, zu verbieten, die in ganz China verbreitet wurden und die deutschen Truppen in ungünstigem Licht darstellen. Ferner hat auf Ersuchen des deutschen diplomatischen Geschäftsträgers in Peking die Regierung die Freilassung der vier deutschen Angestellten der Shandong-Eisenbahn durchgesetzt, die von den Japanern am 18. September auf dem (chinesischen) Bahnhof von Weixian widerrechtlich gefangengenommen waren. Diese deutschen Beamten – Direktor Schmidt von der Shandong-Bahn und Bergbau-Gesellschaft sowie die Bahnmeister Friedel, Quappe und Brakemeier – sind nach hier vorliegenden Nachrichten mittlerweile unter chinesischer Schutzeskorte sicher in Jinan und Tianjin eingetroffen.

PAA, R17845.

17

Leitartikel von Marie du Bois-Reymond aus dem *Hamburgischen Correspondent* (25.02.1915)[88]

Nach dem Fall von Qingdao

Aus Shanghai, Ende Dezember 1914, erhalten wir folgenden warmherzigen Bericht über die Stimmung unter den Deutschen im fernen Osten:

Wir haben einen schweren Monat hinter uns. Das Hauptereignis war natürlich der Fall von Qingdao. Wie im Einzelleben, so erging es hier der Gesamtheit. Jeder von uns, der einen Lieben hat sterben sehen, weiß, wie, trotzdem wir den sicheren Tod vor Augen sehen, wir in einer Falte unseren Herzens die Hoffnung bis zum letzten Atemzuge festhalten. Genau so empfanden wir gegenüber Qingdao. Wir alle wußten: Es muß fallen, es kann nicht Stand halten gegen zehnfache Übermacht. Und doch, und doch! Irgendwie hoffte man, die Ereignisse in Europa würden eine Wendung zum Besseren herbeiführen, ein Wunder würde geschehen. Aber kein Wunder geschah, und am 7. November durcheilte Shanghai die Trauerkunde: Qingdao ist gefallen! Es hat wohl wenige unter uns gegeben, die nicht geweint haben bei dieser Nachricht.

Noch einmal, und nun unwiederbringlich mußten wir uns losreißen von der trauten Stätte hier im fernen Osten, wo das Deutschtum in allen seinen Formen einen so schönen, bedeutsamen und innigen Ausdruck gefunden hatte. Wir sahen das blaue Wasser der Bucht von Kiautschou, vergoldet vom Schein der Abendsonne, die Ufer und Inseln in ein Meer von Farben tauchte. Wir erblickten die zackigen Kämme des Laoshan, wo man im rauhen wilden China deutsches Behagen und Gemütlichkeit, deutsches Schwarzbrot und deutsches Weißbier gefunden. Wir wandelten durch die sauberen breiten Straßen Qingdaos, an Kirche und Hochschule vorbei, zum Forst, den deutscher Fleiß und deutsche Liebe zum Walde auf einer dürren Wüste geschaffen. Dahin, dahin! Wo der stattliche blonde blauäugige Landsmann gewirkt, herrscht nun der gelbe zwerghafte Japaner. Armes Qingdao, heldenhaftes Trutz-Qingdao!

Und nun schossen die Gedanken herbei, in jammernder Fülle: Wer von unseren tapferen Helden mag heute noch unter den Lebenden sein? Wen hat der Sturm hinweggemäht? O Gott, diese Stunden bangster Sorge, dieses Zagen und Harren der geängsteten Seele, diese Marter des Wartens! Ihr kennt sie alle. Jeder von Euch hat diese Bitternis durchgekostet, es ist unser aller Los. Hier wurde es vielleicht noch verschärft durch den kleinen Maßstab, der alles zusammendrängt, der uns Deutsche wie eine große Familie empfinden, jeden den innigsten Anteil am Schicksal des anderen nehmen läßt.

Endlich nach einer Woche fangen wenige Namen von Geretteten an durchzudringen,

---

88 M. du Bois-Reymond kam 1907 als Ehefrau des an der Tongji-Hochschule beschäftigten Physiologen Claude du Bois-Reymond nach Shanghai. Sie lebte dort bis zum Kriegsende und betätigte sich u.a. aktiv als Journalistin.

man fliegt ans Telefon, um die Freudenbotschaft weiterzugeben. So leben wir jetzt fast einen Monat, täglich abgespeist mit einigen Brocken. Die Japaner haben bis heute noch keine vollständigen Listen veröffentlicht, aber auf privatem Wege, durch Konsulat und Firmen, haben wir erfahren, daß die weitaus größte Zahl der aus Shanghai entsandten Reservisten lebt und sich zur Zeit in Kriegsgefangenschaft in Japan befindet. Mehrere haben bereits von dort geschrieben und berichtet, daß sie verhältnismäßig gut behandelt und verpflegt werden.

Morgen wird für die Gefallenen ein Gedenkgottesdienst gehalten. Es sind Ihrer überraschend wenige, aus einer Schar von knapp viertausend nur annähernd zweihundert. Gott hat schirmend seine Hand über dem Häuflein unserer braven Verteidiger gehalten. Noch nicht viertausend gegen 35 000 Japaner! So viel, steht jetzt fest, sind bei der Belagerung der „Festung“ im Felde gewesen, davon 12 000 Verluste auf Seiten unserer Feinde.[89] Schreibt es in die Bücher der Geschichte, daß so wenig Deutsche, darunter die Mehrzahl Reservisten, einem achtfach überlegenen Gegner über zwei Monate trotzten! Wir fühlen uns nicht besiegt, wir erheben so stolz unser Haupt wie zuvor. Denn wir haben den Ruhm.

Wer wahrhaft besiegt ist in diesem traurigen Raubzuge auf einen schwach und ungenügend befestigten Platz – das sind die Engländer. Viele Japaner haben zum mindesten Leib und Leben, Gut und Blut geopfert. Sie haben tapfer gekämpft, mag auch das Ziel nicht der Ritterehre wert gewesen sein. Aber die Engländer haben eine traurige Rolle gespielt, so jämmerlich, daß es jedem Briten die Schamröte ins Gesicht treiben müßte! Nur, um beim Friedensschluß mitsprechen zu können, haben sie überhaupt mitgetan. Das wußten die Japaner sehr wohl und darum ließen sie ihre treuen Verbündeteten gar nicht heran. Denn die Japaner sind den Briten nicht nur an Schlauheit und Heuchelei gewachsen, nein überlegen. Sie heißen hier auch nicht anders als die gelben Briten.

Den weißen Briten ist es aber genau so ergangen, wie ihnen am 7. Oktober in der Deutschen Zeitung für China prophezeit wurde: „Laßt nur erst das vornehme gemeinsame Qingdaoer Geschäft abgewickelt sein. Da wird Nippon anfangen, dem Briten die Zähne zu zeigen.“ Es hat die Zähne gezeigt. Das eine Regiment der Engländer hat unter japanischem Oberkommando gestanden. Nicht genug damit. Nachdem die Engländer eine ihnen angewiesene Stellung nicht halten konnten, sondern, unter deutschem Geschützfeuer, feige zurückwichen, hat man sie überhaupt nicht mehr am Kampfe teilnehmen lassen. Unser deutscher Flieger,[90] der sich schneidig gegen vier gute japanische Flieger gehalten hat und in der Nacht vor der Übergabe aus Qingdao fortgeflogen ist, erzählt, daß er bei seinen täglichen Beobachtungsflügen die „tapferen“ Briten habe hinter der Front der Japaner - Fußball spielen sehen. Dementsprechend war denn auch die Behandlung, die dem britischen Obersten bei den Verhandlungen über die Übergabe zuteil wurde. Es war General Bernadiston, dessen Name gerade jetzt in Verbindung mit den unrühmlichen Enthüllungen über bel-

89 Auf deutscher Seite wurden 224 Tote und 400 Verletzte gezählt. Die japanischen Verluste beliefen sich nach deutschen Angaben auf 12.000 Mann (vgl. Leutner 1997:498).

90 Siehe hierzu die anschließend von Kapitänleutnant Gunther Plüschow in romanform publizierten Erlebnisse seiner Rückkehr nach Deutschland, *Die Abenteuer des Fliegers von Qingdao. Meine Erlebnisse in drei Erdteilen*, Berlin 1916.

gisch-englische Geheimverträge häufiger genannt wird. Während der Gouverneur Meyer-Waldeck und General Kamio saßen, wurde dem Engländer überhaupt kein Stuhl angeboten. An die Fensterwand lehnend, mußte er der Unterredung beiwohnen. An ihrem Schluß sagte Kamio, es sei ihm Freude und Ehre, Herrn Meyer-Waldeck zu übermitteln, daß sein Herr, der Kaiser von Japan, in Anerkennung der großen bewundernswerten Tapferkeit der ganzen Besatzung und ihres Führers, beschlossen habe, ihm, dem Gouverneur, den Degen zu lassen. Nun trat der englische Offizier heran und wiederholte dieselbe Botschaft im Namen der britischen Majestät. Darauf der Japaner: „Haben Sie darüber eine Depesche?" Der Brite: „Nein, aber ich glaube im Sinne meines Königs zu handeln." Der Japaner wendet sich, ohne seinen „Kollegen" einer Antwort zu würdigen, achselzuckend ab und läßt den verbündeten General wie einen begossenen Pudel stehen. Wer trägt nun die Schmach?

Die Angaben, die ich hier mache, beruhen auf authentischen Berichten, die uns durch Leute zugekommen sind, die in Qingdao Belagerung und den Schluß des Trauerspiels von Anfang bis zu Ende mitgemacht haben. Gestern sind die ersten von denen eingetroffen, ein befreundeter Arzt und die Frau eines österreichischen Offiziers, welche die ganze Zeit dort als Krankenpfleger gewirkt hat. Sie haben uns ein lebendiges Bild gegeben von dem wunderbaren Geist, der die gesamte Besatzung durchweg beseelt hat, von dem Leiden, die sie in Laufgräben, in denen tagelang das Wasser stand, durchgemacht haben, von der grausamen Beschießung der letzten Tage und von der Anspannung aller Kräfte vom ersten bis zum letzten Moment. Von ihnen haben wir auch gehört, wie die Japaner hunderte auf den Minenfeldern und durch das vortreffliche Zielen der deutschen Geschütze verloren, wie sie bei manchen Gefechten keine Ahnung von der geringen Zahl ihrer Gegner hatten und wie sie, beim Einrücken in die Stadt einfach nicht glauben wollten, daß der Verteidiger so wenige gewesen. Beständig suchten sie nach Deutschen, die sich nach ihrer Ansicht verborgen halten müßten, und gaben sich nur schwer zufrieden mit der Versicherung, mehr Kämpfer als ihnen in die Hände gefallen, seien es überhaupt nicht gewesen!

Den Hafen haben unsere Leute durch Versenken von Schiffen noch gründlich ruiniert. Es soll viele Millionen kosten, ihn wieder herzustellen, und viele Millionen haben die Japaner zur Zeit nicht. Von dem Heldenstückchen unseres einzigen Torpedobootes „S 90", das die Blockade brach und dabei einen japanischen Kreuzer mit 375 Mann versenkte, habt Ihr natürlich gehört.[91]

Shanghai ist übervoll von Flüchtlingen, nicht nur aus Qingdao, sondern auch von allen Plätzen in Shandong, wo Angestellte der Bahn und der Bergwerke gewohnt haben, und jetzt auch von Deutschen aus Hongkong. Da ja Englands Bestreben einzig auf die Vernichtung des deutschen Handels in der ganzen Welt abzielt, so hat man die deutschen Kaufleute in Hongkong gezwungen zu liquidieren, diese Liquidation von Engländern ausführen lassen, die sämtliche Geschäftspapiere beschlagnahmten und sich auf den noch warmen Stuhl

91 Das Torpedoboot "S90" hatte am 14. Oktober 1914 die japanische Blockade durchbrochen und drei Tage später den japanischen Kreuzer „Takachio" versenkt. Anschließend wurde es 60 km südlich von Qingdao auf Sand gesetzt und gesprengt.

setzten, von dem sie soeben den deutschen Kaufmann heruntergestoßen. Also nichts anderes als empörender Raub von Privatbesitz. Nicht genug damit, so hat man, außer den kampffähigen Deutschen, auch solche zurückbehalten, die sowohl durch ihre körperliche Beschaffenheit als in ihrer Eigenschaft als Leiter einer Firma vom Dienst befreit waren. Einer der Chefs der großen Firma Melchers z.B. ist widerrechtlich kriegsgefangen, seine Frau mit drei Kindern hier. Auf solche Weise werden angesehene friedliche deutsche Bürger, die dem Lande nicht den geringsten Schaden zugefügt haben, im Namen der Zivisilation drangsaliert. Aber das ist noch nichts gegen den Jammer unserer von den Russen an der Ostgrenze Deutschlands und Österreichs-Ungarns gefangenen Soldaten, die man in das unwirtliche Amurgebiet geschickt hat.

Eine deutsche Dame in Tianjin hat eine Hilfsorganisation geschaffen. Missionare sollen mit Pelzen, Kleidern und Lebensmitteln zu den Elenden reisen, ihnen helfen, sie trösten. Es werden auch hier Sammlungen veranstaltet, Berge von warmem Unterzeug gekauft. Jeder gibt vom Eigenen, was er irgend entbehren kann. In Stücke zerreißen möchte man sich, um hier den Heimatlosen das Haus zu öffnen, dort Einsame zu trösten; überall zu raten, zu helfen. Berge von Wolle werden verstrickt, man sieht keine Frau mehr ohne Strickzeug. Wir wollen eine große Weihnachtsbescherung im Deutschen Klub veranstalten, für alle Flüchtlinge, 850 Menschen. Unter den Angestellten der Medizin- und Ingenieurschule haben wir eine kleine Sammlung veranstaltet, um unseren neun gefangenen Lehrern Weihnachstpakete zu schicken. So gibt es Arbeit in Hülle und Fülle. Und das ist gut. Denn wie wäre sonst das Leben hier zu ertragen, wo jede Faser an der Heimat hängt, wo alle Gedanken nur nach Deutschland strömen, wo wir alle einzig beten: Herr, schenke uns den Sieg! Erhalte unser treues Vaterland!

Hamburgischer Correspondent (Morgenausgabe), 25.02.1915; BArch, N 2055-3.

18

Anordnung des Reichskanzlers Theobald von Bethmann Hollweg an die deutsche Gesandtschaft, Peking (13.04.1915)

Abschrift.
Auswärtiges Amt.
n. 49. Nr. III b 9416.
49065.

Der Kaiserlichen Gesandtschaft in Peking auf Wunsch des Herrn Staatssekretärs des Reichs-Marine-Amts[92] mit dem Ersuchen übersandt, die Anweisung in geeigneter Weise zur Kenntnis der beteiligten Familien zu bringen.
Der Reichskanzler.
Im Auftrage
gez: Schmidt-Dargitz

Abschrift zu III b 9416.
Aus einzelnen in Berlin eingegangenen Privatbriefen läßt sich entnehmen, daß noch Unklarheiten zu bestehen scheinen über Inhalt und Sinn der Anordnungen, die das Reichs-Marine-Amt nach dem Falle von Qingdao hinsichtlich der Heimreisen von Frauen und Kindern der Qingdao-Kämpfer sowie von anderen in Ostasien befindlichen deutschen Familien getroffen hat.
Zur Beseitigung solcher Unklarheiten ist nachstehend zusammengestellt, was vom Reichs-Marine-Amt gleich zu Anfang angeordnet ist, zur Zeit gültig ist, und fernerhin zu Recht bestehen bleiben soll.

1) Jeder Familie, die die Rückkehr in die gesicherten Verhältnisse der Heimat wünscht, ist die Gelegenheit hierzu unter möglichst gefahrlosen, bequemen und angenehmen Bedingungen durch Einrichtung gemeinschaftlicher Heimreisen von Shanghai aus geschaffen. Die Heimreise ist kostenlos für alle Militärpersonen und alle diejenigen, die in irgend einem Anstellungsverhältnis zur Schutzgebietsverwaltung stehen bzw. gestanden haben, sowie für die Familienangehörigen aller Vorgenannten. Für andere in Ostasien befindliche Flüchtlinge ist sie im Falle nachgewiesener Bedürftigkeit und falls der Generalkonsul in Shanghai es für erforderlich hält, gleichfalls kostenlos.

Nach den mit diesen Heimreisen bisher gemachten sehr günstigen Erfahrungen soll ihre Bereitstellung so lange fortgesetzt werden, wie unter den Familien in Ostasien (China oder Japan) Bedürfnis hierfür besteht. Nach ausdrücklicher Anordnung soll aber auf Wunsch der Familien auch Einzelreisen statthaft sein, wobei Kosten in gleicher Höhe vergütet werden, wie sie durch den gemeinschaftlichen Transport entstehen würden.

2) Irgend ein Zwang, die Heimreise anzutreten, besteht nicht.

3) Die Familien, welche das Verbleiben in Ostasien vorziehen, behalten die vollen Schutzgebietsgebührnisse des Familienoberhauptes. Die Rückforderung von Gefangenengehältern bleibt vorbehalten. Die Familien, die die Heimreise wählen, beziehen nach Verlassen Ostasiens nur die Heimatsgebührnisse des Familienoberhauptes.

4) Es ist beabsichtigt, alle diejenigen Personen, deren Heimreise sich nach Friedensschluß noch als notwendig herausstellen sollte, auf einem ermieteten Dampfer nach Deutschland zurück zu befördern. Bezüglich der Kosten gilt sinngemäß das unter 1) Gesagte.

BArch, R9208/232, Bl. 201.

---

92 Tirpitz, Alfred von, Staatssekretär im Reichmarineamt, 1897-15.03.1916.

19

Leitartikel des Vorsitzenden der Fortschrittspartei, Liang Qichao, aus der *Xinminbao*, Shanghai (11.02.1917)

Nach dem Protest gegen Deutschland, eine Mahnung an die Regierung

Der hochangesehene Führer der gemäßigten chinesischen Reformpartei, Liang Qichao, hat unter seinem Schriftstellernamen Xinmin [Neuer Bürger] in der *Xinminbao* vom 11. Februar (also vor Absendung der chinesischen Protestnote) unter der Überschrift „Nach dem Protest gegen Deutschland, eine Mahnung an die Regierung“ folgenden Leitartikel veröffentlicht:[93]

„Von der Zeit seines Bestehens ab[94] hat das Duan-Kabinett sein Heil in einer Politik des Wurstelns und Vertröstens gesucht und weder in der inneren noch in der äußeren Politik Zeichen einer positiven Handlung gegeben. Seit dem Ausbruch des europäischen Krieges birgt sich unser Land unter dem schönen Titel der Neutralität, als ob es nicht wüßte, daß es bei der künftigen Friedenskonferenz zum bedauernswerten Opfer gemacht werden wird. Wer von dieser Gefahr wissen und dennoch kein Mittel zur Vermeidung der Gefahr kennen sollte, der ist ein Mann ohne Selbständigkeit und Initiative, und seine Worte und Taten lassen demzufolge auch schon lange die Aufmerksamkeit in der internationalen Politik vermissen. Welcher Glückszufall gibt uns heute die Gelegenheit des deutsch-amerikanischen Abbruches und verheißt einem schwachen Lande, wie unser Land es ist, die Möglichkeit selbst Stellung zu nehmen! Wenn sogar ein schwächliches Kabinett wie das Duan-Ministerium daraus den Entschluß zu einer positiven Handlung nimmt und in getreuer Nachahmung der Amerikaner diesen Aufsehen erregenden Protest gegen Deutschland erläßt, dann muß man sagen, daß sich diese Gelegenheit zum Glück unseres Staates und unserer Regierung eingefunden hat. Bei Handlungen der internationalen Politik darf nicht wie bei Maßnahmen der inneren Politik durch Experimentieren das Ergebnis dem Zufall überlassen werden. Wenn man in dieser Zeit der Kämpfe auf der ganzen Erde plötzlich aus einer streng bewahrten Neutralität in die Reihe der Kriegsführenden eintritt, so ist das außerdem nicht eine alltägliche Maßnahme. Seit dem Entstehen des deutsch-amerikanischen Konflikts hat die Regierung wiederholt geheime Beratungen gepflogen und sich bemüht, sich die Billigung aller Kreise zu sichern. So entstand der Protest, dieser erste Schritt zur

---

93 Der mit einem Kommentar von Wolf v. Dewall versehene Text ging am 29.03.1917 als Übersetzung im AA Berlin ein. Liang hatte ab spätestens 1915 von den Zielen Yuan Shikais Abstand genommen. Nach dessen Tod zerfiel die 1913 von Liang gegründete Fortschrittspartei (*Jinbudang*) 1917 in unterschiedliche Faktionen. Liang unterstützte nun zunächst Duan Qirui, insbesondere dessen Bestrebungen für einen Kriegseintritt Chinas.

94 Nach dem Tod Yuan Shikais am 6. Juni 1916 hatte sein Stellvertreter Li Yuanhong das Amt des Präsidenten übernommen. Duan Qirui blieb weiterhin Ministerpräsident und führte die Regierung seit dem 22. April 1916. Liang Qichao erhielt einen Ministerposten im neuen Kabinett (Kuhn 2004:111-112).

Stellungnahme.[95] Wenn man den Protest vom Standpunkt der Wahrung der Neutralität und des Schutzes der Moral beurteilt, wer würde ihn nicht billigen! Aber vor der Bekanntgabe des Protestes muß man auch den Entschluß gefaßt haben, mit Deutschland zu brechen. Und wenn man zu diesem Entschluß bereit ist, dann gibt es außerdem vorher noch folgende Fragen zu überlegen:

1) Begrüßt die Entente einmütig unseren Beitritt? Wenn dieser oder jener Staat andersgerichtete Wünsche bekunden sollte, wie sollen wir uns dann demgegenüber verhalten? Kann uns das zu einer schwankenden Politik verurteilen?

2) Welche Mittel werden wir nach unserem Beitritt zur Entente haben, um uns den Ruhm eines einheitlichen Handelns zu sichern, und besonders welche Mittel werden wir haben, um die Vorteile eines einheitlichen Handelns zu gewinnen?

Wenn für diese beiden im voraus zu entscheidenden Fragen kein festes Programm vorliegt, so darf diese positive Handlung auf internationalem Gebiete nicht übereilt werden. Wenn das Duan-Kabinett die Zeit der heftigen internationalen Konflikte unter Abkehr von seinen schwächlichen und unfähigen Methoden ausnutzen will, dann muß es erst recht mit Feuereifer unsere innere Politik erneuern, dann muß es vorher das ganze Land von seinen alten Mängeln reinigen, damit wir vom Auslande nicht über die Achsel angesehen werden und damit im Inlande der Parteihader aufhört. Wenn wir uns danach in die gefährliche Brandung begeben, dann werden wir keine Katastrophe erleben."

Dieser dem Europäer leidlich verworren erscheinende Artikel des chinesischen Parteiführers ist sehr bedeutsam und war ausschlaggebend für die Stimmung der parlamentarischen Kreise in Peking. (Der Artikel ist mir vertraulich vom einem hiesigen chinesischen Studenten zur Verfügung gestellt worden, der ihn von einem Senator erhalten hat.) Durch diesen Artikel hat Liang Qichao die gemäßigten Parlamentarier für den Bruch mit Deutschland gewonnen, nachdem Wu Tingfang als Führer der Radikalen schon über die Zustimmung der radikalen Elemente verfügte.[96] Wenn China unter dem Druck der Entente gehandelt hätte, dann würde der Artikel ganz anders gehalten sein. Der Artikel zeigt aber,[97] daß die chinesische Regierung aus freiem Entschluß mit Deutschland gebrochen hat. Aus ihm ist ferner zu ersehen, daß wir noch auf weitere Schritte Chinas gefaßt sein müssen. Interessant ist an dem Artikel auch, daß der Verfasser einen Widerspruch von anderer Seite (Japan) ins Auge faßte.

W. v. Dewall

PAA, R17977.

---

95 Siehe Dok. 19.

96 Wu Tingfang war seit November 1916 Außenminister im Kabinett Duan Qiruis. Als Duan zur Durchsetzung der Kriegserklärung an Deutschland mit der Auflösung des Parlaments drohte, trat das Kabinett zurück. Am 9. Juli 1917 wurde Wu vom neuen Präsidenten Feng Guozhang aus dem Amt entlassen und schloß sich der Gegenregierung Sun Yatsens in Kanton an (vgl. Boorman 1968, Bd. 3, 453).

97 Handschriftl. Korrektur: „aber" in „also".

20

Note des chinesischen Gesandten in Berlin, Yan Huiqing, an das AA Berlin (14.02.1917)[98]

Abschrift A 5225.
Chinesische Gesandtschaft.

Übersetzung.
Telegramm des Waijiaobu.

„Der Beginn des neuen U-Bootkrieges seitens Deutschlands hat zum Abbruch der diplomatischen Beziehungen zwischen dem Deutschen Reich und den Vereinigten Staaten von Nordamerika geführt.[99] Die Chinesische Regierung hat stets Wert auf die Aufrechterhaltung des Weltfriedens und die Achtung und Unverletzlichkeit des Völkerrechts gelegt. Sie hat daher die folgende Note, die einen feierlichen Protest enthält, dem Kaiserlich Deutschen Gesandten in Peking am heutigen Tage überreicht:

Die Methoden des U-Bootkrieges, die Deutschland bisher angewandt hat, haben bereits vielen chinesischen Staatsangehörigen das Leben gekostet.[100] Die neuen Methoden nach denen der U-Bootkrieg von nun an geführt werden soll, werden die Gefährdung chinesischer Staatsangehöriger in höchstem Maße vergrößern. Die neuen Methoden stehen überdies nicht mit den allgemein anerkannten Regeln des Völkerrechts im Einklang und stören den legitimen Handel zwischen Neutralen einerseits und zwischen Neutralen und Kriegsführenden andererseits. Wenn die Chinesische Regierung sich ihnen ruhig unterwerfen wollte, würde es den Anschein erwecken, als ob sie Bestimmungen, die nicht mit dem Völkerrecht im Einklang stehen, gut hieße.

Es ist die aufrichtige Hoffnung der Chinesischen Regierung, daß die Kaiserlich Deutsche Regierung die angekündigten neuen Methoden des U-Bootkrieges nicht in vollem Umfange anwenden wird.

Die Chinesische Regierung gibt sich dem Glauben hin, daß ihr Protest die erhoffte Wirkung haben wird. Sollte er jedoch wider alles Erwarten ohne jede Wirkung bleiben, so könnte möglicherweise der für die Chinesische Regierung höchst unerwünschte Fall eintreten, daß sie sich vor die Notwendigkeit versetzt sähe, die diplomatischen Beziehungen zu Deutschland abzubrechen."

---

98 Der deutsche Gesandte in Peking, v. Hintze, hatte die Protestnote bereits am 9. Februar erhalten. Bemerkungen der chinesischen Regierung, die den Inhalt der Protestnote abschwächen sollten, nahm Hintze äußerst skeptisch zur Kenntnis: „China wird das tun, was Amerika und Entente von ihm verlangen." Siehe Telegramm Hintze an AA Berlin, 12.02.1917 (PAA, R17977). Vgl. Peter 1965:264ff.

99 Deutschland gab die Erklärung zum uneingeschränkten U-Bootkrieg am 1. Februar 1917 bekannt. Die USA brachen daraufhin am 3. Februar die diplomatischen Beziehungen zu Deutschland ab und forderten die neutralen Staaten ein Tag später auf, diesem Schritt zu folgen.

100 Angesprochen sind die Arbeiter-/Kulitransporte nach Amerika und Europa. Siehe die Einleitung zu diesem Kapitel.

Ich drückte dem chines. Gesandten, der mir heute dieses Telegramm überreichte, mein Befremden über den Standpunkt seiner Regierung aus und stellte ihm anheim, sofort nach Peking zu telegraphieren, daß China durch eventuellen Bruch mit uns seinen einzigen wirklichen Freund verlieren und sich daher schwer schädigen würde. Wir würden selbstverständlich unter keinen Umständen uns zur Änderung der Methoden unseres U-Bootskrieges verstehen. Wenn chinesische Staatsangehörige darunter gelitten hätten, so müsse ich lediglich die chinesische Regierung für diese Vorfälle verantwortlich machen, die trotz unserer ernsten Verwahrungen den Kuliexport an unsere Feinde gestattet habe und weiterhin dulden zu wollen scheine. Ich könne nur erneut energisch gegen diese für uns direkt unfreundliche Haltung seiner Regierung protestieren. Übrigens möge er seine Regierung darauf hinweisen, daß sämtliche europäischen Neutralen und, soweit bisher ersichtlich, auch die amerikanischen Neutralen, sich auf einen Protest beschränkt und mit der Drohung des Bruches uns nicht gekommen wären. Ich erwarte, daß seine Regierung ihren Standpunkt schleunigst revidieren werde und beabsichtige demgemäß, den letzten Absatz des Telegramms zunächst als non avenu zu behandeln.

Der Gesandte bat mich darauf, über den letzten Absatz tatsächlich nichts verlauten zu lassen. Er wolle unverzüglich im Sinne meiner Ausführungen denn in Peking vorstellig werden.

gez. Zimmermann

PAA, R17977.

21

Aufzeichnung des Legationsrats Arthur von Kemnitz, Leitung des Ref. Ostasien, AA Berlin (20.02.1917)

Abschrift A 5953

Seiner Exzellenz
Für den Haushaltsausschuß.

Vertraulich.
China.

Als wir uns zu dem verschärften U-Bootkrieg entschlossen, waren wir uns über die möglichen Folgen für unsere Beziehungen zu den neutralen Ländern nicht im unklaren. Abgesehen von den Vereinigten Staaten von Amerika hat bisher am meisten unser Verhältnis zu China unter der neuen Art der Kriegsführung gelitten.

Es mag auf den ersten Blick auffallend erscheinen, daß gerade China, welches keine eigene Schiffahrt nach europäischen Ländern unterhält, sich gemüßigt gesehen hat, die deutsche Sperrgebietserklärung mit einem besonders scharfen Protest zu beantworten. Wenn man sich indessen die politische Lage des Landes näher vergegenwärtigt, wird dieser vielen sicher unerwartet gekommene Schritt immerhin verständlich.

Schon in dem bisherigen Verlauf des Krieges ist es China nicht leicht geworden, seine Neutralität zu bewahren. Die europäischen Ententemächte übten einen immer steigenden Druck auf die chinesische Regierung aus, um sie zum Anschluß an die gegenerische Allianz zu bewegen. Selbst Yuan Shikai schien zeitweise nicht abgeneigt, diesem Drucke nachzugeben, um dafür die Kaiserkrone einzutauschen, doch scheiterte diese Kombination an dem Einspruch Japans.[101] In letzter Zeit waren es die finanziellen Nöte des himmlischen Reiches, welche unsere europäischen Freinde für ihre Ziele auszunützen suchten. Für die Aufgabe der Neutralität und die Vertreibung der deutschen Kaufleute versprachen sie der chinesischen Regierung goldene Berge. In dieser Bedrängnis fand letztere eine gewisse Hilfe bei den Vereinigten Staaten von Amerika, welche, besorgt durch das rücksichtslose Vorgehen Japans, dem seine europäischen Verbündeten mehr und mehr eine Art Vormachtstellung in China einzuräumen sich bequemen mußten, wieder wachsendes Interesse für die chinesischen Dinge zu zeigen begannen. Im Gegensatze zu seiner früheren Haltung gab Präsident Wilson der amerikanischen Finanzwelt zu verstehen, daß er die Anlegung amerikanischen Kapitals in China nicht ungern sehen würde. So kam eine kleinere chinesische Anleihe bei der Continental and Commercial National Bank zustande, so erwarb die American International Corporation Konzessionen für die Regulierung des Kaiserkanals und die Erbauung einer größeren Anzahl von Eisenbahnlinien.[102]

Diese für uns bisher nicht ungünstige Wirkung der wieder gesteigerten Initiative der Vereinigten Staaten in Ostasien erlitt nun eine jähe Hemmung durch den Abbruch der deutsch-amerikanischen Beziehungen. Wie in allen anderen neutralen Ländern, so bot die amerikanische Regierung auch in China ihren ganzen Einfluß auf, um die Befolgung des von ihr gegebenen Beispiels zu erreichen. Auf der anderen Seite fordert die Entente, diesmal mit Japan an der Spitze, den Eintritt Chinas in den Krieg. In dieser Zwangslage mag die Versuchung für China groß sein, in dem Anschluß an Amerika, welches unabhängig von der Entente vorzugehen und eine Kriegserklärung Chinas nicht zu fordern, vielmehr sich mit dem Abbruch der deutsch-chinesischen Beziehungen zu begnügen scheint, das kleinere Übel zu erblicken.

Die Ungunst der Lage wird für uns dadurch vergrößert, daß der augenblickliche chinesische Minister des Äußern Wu Tingfang seine Bildung in Amerika genossen hat, zweimal als Gesandter in Washington war und daher stark unter dem Banne amerikanischer Gedan-

---

101 Großbritannien versuchte Ende 1915, Yuan Shikai zum Kriegseintritt zu bewegen. Siehe Chi, Maideleine 1970:71ff.

102 Die American International Corporation war 1915 von dem US-Gesandten Paul Reinsch und dem Direktor der National City Bank, Frank Vanderlip, mit dem Ziel gegründet worden, ein umfangreiches Eisenbahnnetz in China aufzubauen. Zur Finanzpolitik der USA in China siehe Dayer 1981

kengänge steht. Daß der Präsident der Republik Li Yuanhong und besonders der Ministerpräsident Duan Qirui, der unter Yuan Shikai Kriegsminister gewesen ist, gern die guten Beziehungen zu uns aufrechterhalten möchte, ist uns bekannt.[103] Wir haben sie in diesem Wunsche durch ernste Weisungen an unseren Gesandten zu bestärken gesucht. Ob diese Bemühungen von Erfolg gekrönt sein werden, läßt sich zur Stunde noch nicht sagen.

PAA, R17977.

22

Artikel aus der *Xingshibao*, Mukden (23.02.1917)

Zur Neutralität Chinas[104]

Wir haben es in unserem Blatt oft ausgesprochen und werden immer mit allen Kräften dafür eintreten, solange Elemente am Werke sind, die uns durchaus in einen Krieg verwickeln wollen: wir wollen Ruhe haben, um jeden Preis, wir wollen nichts von einem Krieg wissen, wir wollen Frieden haben, einen Frieden, den wir selbst bestimmen. Wir werden uns nicht zu einem Kriege zwingen lassen, denn dazu fehlt es uns an dem Kriegsgrund und an der erforderlichen Macht. Der europäische Krieg wird in Europa ausgefochten und nicht in Asien, jedenfalls aber nicht in unserem Vaterlande. Da schreien einige bekannte Engländer in Pekinger Zeitungen nun schon seit zwei Jahren, China solle sich die deutschen Anleihen nehmen, also Gelder, die wir von Deutschland geliehen haben. Warum denn gerade von Deutschland? Weshalb schenken uns nicht die Engländer ihr eigenes Geld? Man möchte aus uns ein Volk von Spitzbuben machen, nur weil es den Engländern so gefällt! Hatten wir nicht ein moralisches Recht, von England die ungezählten Millionen zu verlangen, die es uns gegen das Opiumgift abgenommen hat? Millionen unserer Brüder sind durch englisches Opium getötet oder an den Bettelstab gebracht worden, und noch heute besitzt England den Opiumkreis Hongkong. Jeder unserer Brüder weiß, daß es immer wieder Engländer sind, die uns in das Feuer schicken wollen. Wir protestieren gegen diese Kriegshetzer und verlangen, daß man uns in Ruhe läßt. Diejenigen, die uns mit Deutschland verfeinden wollen, sind unsere Gegner, nur diejenigen, die mit uns die Ruhe wollen, sind unsere wahren Freunde. Meint es Amerika ehrlich mit uns, dann sollen seine Kapitalisten kommen und mit ihrem Gelde, unseren Arbeitskräften und Landesprodukten zusammen kräftig blühende

---

103 Hierbei handelt es sich offensichtlich um eine Fehleinschätzung. Duan Qirui hatte sich 1889-1890 zwar für Militärstudien in Deutschland aufgehalten und dabei die Krupp-Werke in Essen besucht, votierte später aber frühzeitig für einen Kriegseintritt Chinas, sowohl um die China in Aussicht gestellten Vorteile bei den Friedensverhandlungen zu sichern als auch um die eigene Machtposition auszubauen (Kuhn 2004:114-118).

104 Übersetzung durch das Konsulat, weitergeleitet an alle Dienststellen in China.

Industrien ins Leben rufen. Nur so können wir aus unseren Schulden heraus und brauchen auch keine neuen zu machen. Wollen uns die Amerikaner wirklich helfen, hier ist der Weg gezeigt, den sie einschlagen müssen. Uns aber zwingen wollen zu einen verhängnisvollen Schritt, der uns die Selbstbestimmungsrechte kosten kann, ist keine ehrliche Freundschaft.

Man hat einen übereilten Schritt getan, als man die bekannte Note an Deutschland sandte. Man bedauert ihn, man weiß, es lag zu einem Proteste kein Grund vor, denn wir haben keine Schiffahrt in den europäischen Gewässern. Wenn Amerika es für richtig hält, zwischen zwei kämpfenden Gegnern einen Platz zu beanspruchen, der eine Gegner seinen Kampf einstellen soll, weil Amerika Kriegsmaterial befördern will, so ist das eine rein amerikanische Angelegenheit und keine chinesische. Wir sind stets gegen die Kuliausfuhr gewesen und sind heute noch dagegen. Nehmen wir an, ein Schiff mit Kulis beladen fährt auf eine Mine. Wer kann sagen, woher die Mine stammt, wer sie gelegt hat? Unsere Brüder gehören überhaupt nicht als Ware in kriegsführende Länder. Wir sollen sie auch nicht zu Soldaten in Mesopotamien ausbilden lassen und vor allen Dingen nicht erlauben, daß sie gegen die Türken Kriegsdienst leisten, denn Türken sind Mohammedaner und wir haben in unserem Vaterland einige 10 Millionen gleicher Glaubensgenossen. Die sollen gegen unsere Glaubensbrüder kämpfen? So etwas kann doch nur einem Verbrechen beikommen.[105] Nun hört man die wildesten Gerüchte. Ein gewisses Land will uns zwingen, in den Krieg einzutreten und man sagt, daß diejenigen, die sich immer als Freunde aufgespielt haben, auch ganz derselben Meinung seien. Aber schließlich haben wir selbst zu bestimmen, was uns zuträglich oder schädlich ist. Ein Krieg ist uns schädlich, deshalb halten wir an Frieden fest. Alle unsere Brüder müssen sich darüber im klaren sein und eindeutig für den Frieden eintreten. Gibt es aber bei uns Leute, die weiter hetzen, die sich zur Meute fremder Abenteurer machen, so soll man ihnen gründlich das Handwerk legen. Brüder, wir müssen auf der Hut sein, gebt Euerer Stimme für den Frieden Ausdruck, damit die Regierung sieht, daß Volk und Regierung eins sind.

BArch, R9208/240, Bl. 189-191.

105 In Mesopotamien eroberten britische Truppen wenig später Bagdad (März 1917). Nach Ausbruch der russ. Revolution wurde Persien britisch besetzt. Die Türkei war zu diesem Zeitpunkt neutral bzw. ein loser Verbündeter Deutschlands, überdies hatte Wilhelm II. 1917 Istanbul zum dritten Mal besucht. Die Befürchtung, daß chinesische Truppen bei Kriegseintritt gegen Muslime und Türken kämpfen müßten, wurde auch von Li Dazhao (Dok. 24) und den Kriegsgegnern Kang Youwei (Dok. 28) und Sun Yatsen als Argument angeführt. Hierbei wurde insbesondere auf die Uighuren und die muslimische Bevölkerung im Nordwesten des Landes hingewiesen, welche im Ernstfall und zur Grenzsicherung gegen ihre Glaubensbrüder ins Feld ziehen müßte.

23

Artikel aus dem *Ostasiatischen Lloyd*, Shanghai (23.02.1917)

Deutschland und China

Die Beziehungen Deutschlands zu China haben in den letzten zwanzig Jahren mancherlei Wandlungen durchgemacht. Wir stehen heute wieder vor einem Wendepunkt. Die von China betreffs des Unterseeboot-Krieges an Deutschland gerichtete Note hat, nachdem seit fünfzehn Jahren die besten Beziehungen zwischen den beiden Staaten bestanden haben, einen Mißton in das gute Verhältnis gebracht. Ihn wieder zu beseitigen, ist Sache der chinesischen Regierung. Daß gerade China seinem langjährigen und erprobtesten Freund, der sich stets uneigennützig und gerecht gezeigt hat, zu einer Zeit, wo er einen titanischen Kampf mit überlegenen Feindesscharen führt, in den Rücken zu fallen droht, hat nicht allein in deutschen, sondern auch in verständigen chinesischen Kreisen einen mehr als peinlichen Eindruck hervorgerufen. Noch ist es zu einem offenen Bruch der Beziehungen zwischen den beiden Staaten nicht gekommen und die Möglichkeit, daß auch in Zukunft Deutschland und China in erprobter Weise weiter zusammenarbeiten können, ist noch nicht aus der Welt geschaffen. Die nächsten Tage werden die Entscheidung bringen, wie sich in Zukunft das deutsch-chinesische Verhältnis gestalten wird.

Kein vernünftiger Chinese stellt heute in Abrede, daß Deutschland, solange es ostasiatische Politik treibt, sich als der ehrlichste und aufrichtigste Freund Chinas erwiesen hat. Die deutsche Politik in China ging von dem Grundsatz aus: Wir haben keine politischen, sondern nur wirtschaftliche und kulturelle Interessen. Dieser oberste Leitsatz ist stets eingehalten worden. Die Gegner Deutschlands haben in den letzten Tagen in ihrer Prese auf eine angebliche deutsche Gewaltpolitik in China hingewiesen; sie haben an den Boxeraufstand erinnert, wo China die gepanzerte Faust, der „deutschen Horden“ spürte. Abgesehen davon, daß es sich seiner Zeit um eine internationale Expedition handelte, an der auch die Mächte teilgenommen haben, die heute Deutschland schelten und China Freundschaft heucheln, weiß jeder einsichtige Chinese, daß, soweit der deutsche Anteil an dem Boxerfeldzug in Frage kam, er nicht eine Kriegsführung gegen das chinesische Volk war, sondern gegen eine kleine, reaktionäre Clique, die das Land samt dem Volk einem frühzeitigen Verderben entgegengeführt hätte, und die durch die Ermordung seines Gesandten Deutschland ganz besonders schwer beleidigt hatte. Daß durch das deutsche Eingreifen das chinesische Vok damals von seinen Todbringern befreit worden ist, hat sich in der politische Entwicklung Chinas in der letzten anderthalb Jahrzehnte als ein Segen geltend gemacht. Unübersehbares Unglück ist von dem chinesischen Volk dadurch abgewandt worden, daß infolge des Vorhandenseins eines deutschen Stützpunkts in Qingdao, der Boxeraufstand auf den nördlichen Teil Chinas beschränkt blieb. Auch die Besetzung Qingdaos war keine Handlung hoher Eroberungslust, sondern die kluge Voraussicht deutscher Politik, die sich einen Stützpunkt für kulturelle und wirtschaftliche Ausbreitung in China schaffen wollte, die in erster Linie China zu Gute kommen sollte. Solange Qingdao in deutschen Händen war, sind die Hoheitsrechte der Provinz Shandong in jeder Weise geachtet worden. In den siebzehn Jahren, wo die deutsche Flagge vom Signalberg wehte, hat sich auch nicht eine einzige Voraussage der Gegner Deutschlands erfüllt, die den Chinesen immer und immer wieder einflüsterten, daß Deutschland Qingdao zum Ausgangspunkt einer territorialen Ausdehnung machen wollte. Millionen und Abermillionen deutschen Kapitals sind in freigiebiger Weise in Qingdao angelegt worden, um eine Musterstadt zu schaffen, die den Chinesen die Schöpfungen des Geistes, der dem Deutschtum innewohnt, vor Augen führen und zur Nachahmung anspornen sollte. Ungezählte Anregungen sind von dem ehemaligen kleinen Fischerdorf Qingdao ausgegangen und von der chinesischen Regierung auf den Gebieten der Verwaltung und Wirtschaft verwertet worden. Seit dem Jahr 1905 spürte China die Segnungen der deutschen Kulturpolitik, die in den Hauptprovinzen Schulen und Hospitäler schuf, um in uneigennütziger Weise bei dem großen Reformwerk behilflich zu sein. Diese Politik ist von allen Chinesen, die nicht durch ihre angelsächsische Bildung gegen Deutschland eingenommen waren, bewundert und geschätzt worden.

In allen innerpolitischen Krisen, die in den letzten zwei Jahrzehnten über China gegangen sind, hat sich die deutsche Politik von jeder Einmischung ferngehalten, weil sie China stets als einen unabhängigen Staat achtete, der über die innere Kraft verfügte, sein Haus in Ordnung zu bringen. Diese Achtung ist China von den Staaten, die ihm heute die Hand zu einem Bündnis bieten und die es in den Krieg mit Deutschland hetzen wollen, niemals zu Teil geworden. Es würde hier zu weit führen, all die Vergewaltigungen und Rechtsbeugungen aufzuführen, die sich die Verbandsmächte bis in die neueste Zeit hinein gegen China herausgenommen haben. Es muß aber daran erinnert werden, daß von der Macht die das Wort von der „offenen Tür" Chinas immer am Lautesten im Mund geführt hat, und die sich heute gar zu gern als die Beschützerin Chinas aufspielt, von den Vereinigten Staaten von Amerika auch nicht ein Finger gerührt worden ist, China helfend zur Seite zu treten. Die unterrichteten Kreise der Pekinger Regierung wissen dagegen ganz genau, daß China die schweren Fährnisse, denen es in den letzten Jahren, auch während des Kriegs ausgesetzt war, nicht hätte überwinden können, wenn ihm nicht die moralische Unterstützung Deutschlands zur Seite gestanden hätte. Unter dieser moralischen Unterstützung verstehen wir nicht eine unberufene Einmischung in die inneren Verhältnisse Chinas, sondern die achtungsgebietende Macht des siegreichen Deutschlands zu Wasser und zu Lande, die den Verband während des Kriegs verhindert hat, seine Hände auf China zu legen. Die gewaltigen Schlachten, die Deutschland in Europa schlägt, werden letzten Endes auch für China geschlagen, und China hat es zum nicht geringsten Teil den deutschen Waffenerfolgen zu verdanken, daß der Verband nicht schon eine Aufteilung seines Gebietes begonnen hat. Von einem siegreichen Verband hat China alles zu fürchten, von einem geschlagenen hat es nichts zu befürchten, denn mit der Niederlage des Verbandes wird ganz von selbst auch der gefährliche Druck verschwinden, den es heute von seinen drei Nachbarn verspürt.

Es liegt heute in der Macht der chinesischen Staatsmänner in Peking einen neuen Ausgangspunkt guter Beziehungen zu Deutschland herbeizuführen. Glaubt aber China, es liege in seinem Interesse, eine erprobte Freundschaft abzuschütteln, und sich einer Völkergruppe von Schmeichlern und Rechtsverdrehern auszuliefern, so tut es das auf eigene Gefahr. Die Zeit wird bald kommen, wo es eine helfende Hand braucht. Deutschland wird dann für China eine dringend nötige Stütze sein, die es sich nicht verscherzen sollte; es wird dann aber nicht zu haben sein.

Der Ostasiatische Lloyd, 23.02.1917, Nr. 8, S. 255-256.

24

Artikel des Reformers Li Dazhao (05.03.1917)

Vielerlei Probleme nach Abbruch der diplomatischen Beziehungen zwischen China und Deutschland[106]

Neuesten Zeitungsberichten zufolge ist die Regierung offensichtlich zu einer festen Entscheidung hinsichtlich der chinesisch-deutschen Frage gekommen. Diesbezüglich teilen wir die gleiche Gesinnung und den gleichen Geist, allerdings muß das Land gegen Aggressionen von Außen verteidigt werden und hierfür sind notwendige Vorbereitungen zu treffen. Nach meinen Erkenntnissen müssen wir folgende Aspekte beachten!

1. Das Problem der Landesverteidigung im Nordwesten: Zu Beginn des chinesischen Protestes [betr. die diplomatischen Beziehungen zu Deutschland] haben wir als erstes die Ansicht vertreten und die Regierung darauf aufmerksam gemacht, daß die Landesverteidigung im Nordwesten starke Beachtung verdient. Die Mosleme in Gansu und Xinjiang haben eine enge Bindung an den Islam. Wir machen uns Sorgen, daß ihre Treue zum Staat nicht an ihren religiösen Glauben heranreicht. Sollten sie auf irgendwelche Gerüchte hereinfallen, so gäbe es sicher unvorhersehbare Gefahren, die nicht ohne Folgen für die Landverteidigung im Westen blieben. Dieses ist tatsächlich passiert und es gab in den letzten Tagen zwei Vorfälle, die unsere Aufmerksamkeit auf sich zogen: Erstens haben viele Mosleme im Grenzgebiet die türkische Staatsbürgerschaft angenommen; zweitens haben viele während der diesjährigen Ramadanzeit bei der Verwaltung in Xinjiang Pässe beantragt. Zuvor sind infolge des Kampfes um Qingdao viele deutsche Offiziere, die in unserem Land stationiert waren, nach Indien und in die Türkei geflüchtet.[107] Bei Abbruch der chinesisch-

106 Chin.: „Zhong De bangjiao juelie hou zhi zhongzhong wenti". Aus dem Chinesischen übersetzt von Andreas Steen und Yang Zhan'ao.

107 Ein Grund hierfür war sicherlich der Umstand, daß die Türkei zu Beginn des Krieges zunächst neutral geblieben war, dann aber zu den Verbündeten Deutschlands zählte. Überdies war dort General Otto Liman von Sanders seit 1913 als oberster deutscher Militärberater mit der Reorganisation der türkischen Armee betraut und hatte dieser zu einigen militärischen Erfolgen verhelfen können. Zur Problematik dieser Militärberaterschaft siehe Liman von Sanders: *Fünf Jahre Türkei* (Berlin 1920) und Fu Pao-jen 1996:225-258.

deutschen Beziehungen werden ihnen sicherlich nicht wenige folgen. Wenn wir die Beziehungen zu Deutschland abbrechen, werden die Deutschen, die sich in der Türkei aufhalten, bestimmt gemeinsame Pläne mit den Türken aushecken, um aus Rache Unruhe an unserer Westgrenze zu stiften und uns [an Deutschland] zu binden. Sollte die Gesetzgebung unseres Landes unglücklicherweise auf dem Gebiet der Religion eine Angriffsfläche bieten, so werden die Folgen anschließend unkontrollierbar sein. Diese Worte sind nicht unbegründet. Im Augenblick der Krise in den auswärtigen Beziehungen müssen unsere Regierung und die Bürger bei der Gesetzgebung und Verwaltung unbedingt entsprechende Vorsichtsmaßnahmen treffen.

2. Das Problem der deutschen Angestellten: Unter den ausländischen Angestellten, die von unserem Land gemäß Vereinbarung eingeladen worden sind, machen die Deutschen in Wirklichkeit die Mehrheit aus. Nach jüngsten Untersuchungen gibt es fünf Angestellte im Militär, neununddreißig im Bereich der Zivilangelegenheiten, zweihundertzwei Beschäftigte im Zollwesen, neunzig Bergbau- und Eisenbahningenieure sowie Angestellte bei der Salzbehörde. Das sind insgesamt dreihundertsechsunddreißig. Diese Zahlen sind zwar nicht unbedingt exakt, aber sie sind auch nicht weithergeholt. (Unter ihnen befinden sich auch diejenigen, die wegen des Kampfes um Qingdao nach Indien und in die Türkei geflüchtet sind. Außerdem befindet sich ein Teil der Zollbeamten aus Qingdao in japanischer Kriegsgefangenschaft.) Bei diesen Deutschen handelt es sich um diejenigen, die von China eingeladen worden sind. Wenn wir heute die diplomatischen Beziehungen abbrechen, müssen wir in der Art und Weise ihrer Behandlung äußerst vorsichtig sein. Meines Erachtens ist es angebracht, ihnen eine vergleichsweise gute Behandlung zukommen zu lassen. Allein unter den Beschäftigten beim Zoll gibt es sehr viele Deutsche. Nachdem die Deutschen entlassen sind, ergibt sich das Problem ihrer Nachfolger. Unser Nachbar Japan ist diesbezüglich sehr aufmerksam. Auch das sind Probleme, die man vor dem Abbruch der diplomatischen Beziehungen verhandeln und lösen soll.

3. Das Problem der Disziplinarmaßnahmen in den Konzessionen: Ferner muß jetzt dringend darüber nachgedacht werden, wie mit den deutschen Konzessionen in Tianjin und Hankou verfahren werden soll. Da wir planen, die diplomatischen Beziehungen zu Deutschland abzubrechen, sollten meiner Meinung nach die zwischen beiden Ländern bestehenden Abkommen für ungültig erklärt werden. In Tianjin, Hankou wie auch anderen deutschen Konzessionen ist selbstverständlich der alte Zustand wiederherzustellen. Bei der Umsetzung stehen uns entsprechend der internationalen Gesetzgebung alle Freiheiten zu, andere Länder haben kein Recht, darüber zu entscheiden. Wie der Ablauf der Rücknahme geschehen soll und wie die Geschäfte und Gebäude in den deutschen Konzessionen verwaltet werden, das sind Fragen, mit denen wir uns im Moment beschäftigen sollten.

4. Das Problem der Behandlung deutschen Eigentums in China: Wenn wir in den Krieg eintreten, müssen wir auf Grundlage der Beschlüsse der Pariser Wirtschaftkonferenz[108]

---

108 Mit den Beschlüssen der Pariser Wirtschaftskonferenz vom 14.-17. Juni 1916 nahm der Wirtschaftskrieg gegen Deutschland neue Formen an, wobei insbesondere England anstrebte, Deutschland auf

jegliche Korrespondenz und den Handel mit dem Feind verbieten; überdies müssen wir uns aktiv an der wirtschaftlichen Unterdrückung des Feindes beteiligen, z.B. indem wir die Reparationszahlungen an Deutschland und Österreich einstellen. Auch sollte die Tätigkeit der Deutsch-Asiatischen Bank, die seit 1889 ein Kapital in Höhe von 7.500.000 Liang Silber in China investiert hat, verboten werden. Was die privat betriebenen Banken usw. betrifft, wird sie allesamt das Schicksal des Bankrotts ereilen. In der Tat ist dies der Einfluß der internationalen Veränderungen auf den Einzelnen, daran ist nichts zu ändern. Seit kurzem gibt es Bedenken, daß ein drittes Land das deutsche Eigentum anfordern könnte. Meiner Meinung nach ist diese Sorge unbegründet, denn es gibt unter den anderen Ländern kaum ein Land, welches die Stellung dieses dritten Landes einnehmen könnte. Wir sind Feinde Deutschlands und auch das dritte Land, um welches man sich Sorgen macht, ist ein Feind Deutschlands; ebenso wie wir. Es wird uns um das deutsche Eigentum beneiden, wird aber keinen Vorwand finden können, dieses von uns einzufordern. Deshalb können diese Bedenken unberücksichtig bleiben.

In Bezug auf die angeführten Punkte hoffe ich, daß sie von unseren Bürgern sorgfältig untersucht werden. Fürs erste habe ich hiermit meine Ansichten dargelegt, mehr habe ich dem nicht hinzuzufügen.

Jiayin rikan, 05.03.1917. Siehe auch Li Dazhao wenji, Beijing 1999, Bd. 1, S. 311-312.

25

Dekret des Präsidenten der Republik China, Li Yuanhong, an das AA Berlin (14.03.1917)

Telegramm des Chinesischen Kabinetts

Peking, den 14. März 1917

Das folgende Dekret des Herrn Präsidenten ist heute veröffentlicht worden:

Seit Beginn des Europäischen Krieges hat China strenge Neutralität bewahrt. Zu unserem lebhaften Erstaunen erhielt die chinesische Regierung am 1. Februar d.J. eine Note der deutschen Regierung, in welcher der Beginn des neuen U-Boot-Krieges angekündigt wurde, mit Sperrgebieten, in denen neutrale Schiffe vom obigen Datum an nur auf eigene Gefahr fahren könnten. Nun hat aber der U-Boot-Krieg gegen Handelsschiffe, wie er bis dahin von der deutschen Regierung geführt wurde, bereits schweren Schaden an chinesischem Leben und Gut angerichtet, und die neue Form des U-Boot-Krieges wird die Schäden in stärkstem Maße vergrößern.

---

lange Zeit die Grundlage zu entziehen (Schmidt 1981:37-54).

Von der Absicht bewogen, dem Völkerrecht Geltung zu verschaffen, und das Leben und Eigentum der chinesischen Staatsangehörigen zu schützen, hat unsere Regierung einen scharfen Protest an die Kaiserlich Deutsche Regierung gerichtet, mit dem Bemerken, daß, falls diese ihre Politik nicht aufgeben würde, die chinesische Regierung sich gezwungen sehen würde, die bisherigen diplomatischen Beziehungen mit Deutschland abzubrechen.

Wir hatten uns der Hoffnung hingegeben, daß die deutsche Regierung nicht strikt an ihrer Politik festhalten und ihre freundliche Haltung China gegenüber beibehalten würde. Seit unserem Protest ist nunmehr leider über ein Monat verflossen, ohne daß die deutsche Regierung ihre neuen Methoden der Kriegsführung zur See aufgegeben hätte. Viele Handelsschiffe sind versenkt worden und zahlreiche chinesische Staatsangehörige haben bei dieser Gelegenheit ihr Leben eingebüßt.[109]

Vor einigen Tagen, am 11. März, hat die deutsche Regierung uns ihre formelle Antwort zukommen lassen, welche besagt, daß es ihr nicht möglich wäre, den U-Boot-Krieg mit Sperrgebieten aufzugeben. Diese Antwort entspricht durchaus nicht unseren Hoffnungen und Wünschen.

Um unsere Achtung vor dem Völkerrecht zu beweisen und um Leben und Gut unserer Staatsangehörigen zu schützen, verkünde ich hierdurch, daß die chinesische Regierung vom heutigen Tage an keine diplomatischen Beziehungen zum Deutschen Reiche mehr unterhält.

PAA, R17977.

26

Verbalnote der chinesischen Gesandtschaft, Berlin, an das AA Berlin (22.03.1917)

Die Chinesische Gesandtschaft beehrt sich, in folgendem dem Kaiserlichen Auswärtigen Amte einige Fälle zur gefälligen Kenntnisnahme zu bringen, in denen hier ansässige chinesische Staatsangehörige schon in den letzten Tagen unliebsame Erfahrungen gemacht haben:[110]

Von den in Charlottenburg wohnenden chinesischen Studenten erfährt die Gesandtschaft, daß ihnen die seinerzeit auf Bitten der Gesandtschaft vom dortigen Magistrat bewilligten Zusatzkarten für Brot- und Kartoffelbezug nicht mehr ausgehändigt würden. An der Technischen Hochschule zu Charlottenburg sollen Dozenten die dort studierenden Chinesen

---

109 Am 24. Februar 1917 wurde der französische Transporter „Athos“ im Mittelmeer versenkt. 543 chinesische Kulis fanden den Tod (Peter 1965:269).

110 Die Chinesische Gesandtschaft hatte bereits am 16. März 1917 durch eine Verbalnote Klage erhoben, weil chinesischen Studenten, Händlern und Arbeitern, die aufgrund der Lebensmittelknappheit in neutrale Länder ausreisen wollten, die Ausreise verweigert wurde (PAA, R17977).

darauf aufmerksam gemacht haben, daß sie nunmehr feindliche Ausländer seien und im nächsten Semester nicht mehr damit rechnen könnten, dort weiterzustudieren.

Sparkassen und Banken haben sich, hier gemachten Aussagen zufolge, geweigert Guthaben chinesischer Kontoinhaber an dieselben auszuzahlen. Der Mutter eines Attache's der Chinesischen Gesandtschaft, Frau Hinyinthai,[111] passierte es in einem Berliner Warenhaus, daß ihr der Verkauf von Waren auf den Bezugsschein ihres Sohnes mit den Worten verweigert wurde: „Nicht für die Chinesen, das haben wir nicht nötig!!"

In Berliner Fabriken tätige chinesische Arbeiter beklagten sich darüber, daß sie wegen ihrer Nationalität in den Vierteln, in denen sie wohnen, durch Schmähreden beleidigt würden.[112]

Die Gesandtschaft darf sich die Mitteilung weiterer Fälle dieser Art vorbehalten.[113]

PAA, R17977.

27

Artikel des Vorsitzenden der Fortschrittspartei, Liang Qichao (31.03.1917)

Wahre Worte zum Kurs der Außenpolitik: Das Problem der Kriegsteilnahme[114]

Woher kommt die plötzliche Diskussion zur Kriegsbeteiligung in unserem Land? Wie kommt es, daß unsere Leute diese Meinung so stark vertreten? Ich erlaube mir, danach zu fragen.

Landesgesetze und Menschlichkeit sind [Fragen] von allgemeiner Bedeutung. Was aber die Voraussetzungen [der Kriegsteilnahme] anbelangt, so sind sie nicht ausreichend und von untergeordneter Bedeutung. Von grundlegender Bedeutung ist es, den angesichts der internationalen Situation für unser Land richtigen Weg vorzubereiten. Aus der Perspektive aktiver Bestrebungen können wir nur dann voranschreiten, wenn wir in dieser Angelegenheit etwas unternehmen, um in die Reihe der internationalen Gemeinschaft einzutreten. Passivität würde den gegenwärtigen Zustand aufrechterhalten. Nur wenn wir zu den Nachbarländern

---

111 Keine Angaben zur Person möglich.

112 Randbemerkung zum vorherigen Absatz: „unkontrollierbar." Über in „Berliner Fabriken tätige chinesische Arbeiter" ist nichts bekannt. Auch bei Gütinger (2004) finden chinesische Arbeiter – mit Ausnahme der Seeleute – keine Erwähnung.

113 Am 3. April gab das AA Berlin zu verstehen, daß die Kaiserliche Regierung vor einer Erteilung von Ausreisegenehmigungen zu erfahren wünsche, wie die chinesische Regierung mit den Deutschen und ihrem Eigentum in China umzugehen plane (PAA, R17977).

114 Chin.: „Waijiao fangzhen zhiyan: Canzhan wenti". Aus dem Chinesischen übersetzt von Andreas Steen und Yang Zhan'ao.

ein enges Verhältnis pflegen und gemeinsame Interessen besitzen, können wir erneut in den Schutz eines ausgeglichenen Kräfteverhältnisses gelangen. Nur wenn wir diese zwei Sichtweisen verstehen, können wir den Wert der Frage erkennen und darüber diskutieren.

[...][115]

Seit der Öffnung unseres Landes haben wir über den Seeweg Kontakt mit den Gesandten vieler Länder, nehmen in allen Angelegenheiten selbst aber eine passive Haltung ein. Ohne die Belästigungen, Unterdrückungen und [unsere eigene] Resignation, hätten wir die anderen niemals willkommen geheißen. Ehrlich gesagt, gibt es seit mehreren Jahrzehnten in der Außenpolitik unseres Landes keine aktiven Maßnahmen, sondern nur Reaktionen [und Antworten]. Außerdem wird lediglich erst dann reagiert, wenn das Land sich in einer ausweglosen Lage befindet.

[...][116]

Manche sagen, China sei ein schwaches Land, welches keine aktive Außenpolitik habe. Ich bin ganz anderer Meinung. Ein starkes Land kann seine Stellung auf der Welt durch militärische Macht erhöhen. Ein schwaches Land kann nur dadurch seine Stellung in der Welt zu erhöhen, indem es die Möglichkeiten der Außenpolitik nutzt. Wenn man von Stärke spricht, wie stark waren denn Deutschland vor fünfzig Jahren und Japan vor dreißig Jahren? Der Grund, weshalb sie den heutigen Stand erreicht haben, ist doch der, daß sie innenpolitisch viele Anstrengungen unternommen haben, weitsichtige und geschickte Diplomaten besaßen und durch ein oder zwei befreundete Staaten unterstützt wurden. Dadurch sind sie mit einem Sprung an die Spitze gelangt. [...][117]

Kurz gesagt, um eine aktive Außenpolitik zu betreiben, wie ich sie mir vorstelle, sind folgende Voraussetzungen zu erfüllen: Aufbau freundschaftlicher Verhältnisse zu anderen Ländern, Erhalten von Unterstützung und Erhöhen der eigenen internationalen Position. Andererseits muß besonders darauf geachtet werden, daß man keine isolierte Außenseiterrolle einnimmt. Sofern man Deutschland als Freund und Helfer bezeichnet, kann man eine sehr enge Beziehung aufbauen und sich mit ihm verbünden. Wenn es unter den neutralen Ländern außerhalb der zwei Lager Freunde oder Helfer gibt, kann man zu ihnen enge Beziehungen pflegen und sich mit ihnen verbünden. Da es sie [neutrale Länder] nicht gibt und wir somit hinsichtlich der Suche nach Freundschaft und Hilfe nichts unternehmen können, müssen wir uns an die Gegner Deutschlands wenden. Plötzlich bieten sich dort sechs, sieben Mächte als Freunde an. Wenn wir gut mit ihnen umgehen können, dann eröffnet sich für die Außenbeziehungen unseres Landes eine neue Perspektive. Das ist der Hauptgrund für unsere Befürwortung einer Kriegsteilnahme.

Anschließend möchte ich über die passive Haltung sprechen, die darin besteht, den gegenwärtigen Zustand aufrechterhalten zu wollen. Seit zwanzig Jahren existiert unser Land

115 Auslassung: Liang argumentiert am Beispiel von England und den USA, daß Staaten in der gegenwärtigen Zeit nicht mehr unabhängig existieren können, sondern auf Bündnisse und Kooperationen angewiesen seien.

116 Auslassung: Liang erläutert die Gründe für die gegenwärtige Außenpolitik Chinas.

117 Auslassung: Liang behandelt die Vereinigung Italiens und zieht Vergleiche zur Situation Chinas.

nur unter der Voraussetzung des Gleichgewichts. Dieser Tatsache kann man nicht widersprechen. Für das Gleichgewicht in Europa waren Deutschland und Österreich vor dem Weltkrieg die wichtigsten Faktoren. Bezogen auf das Gleichgewicht in Ostasien, war Deutschland aber bereits vor dem Krieg sehr isoliert und schwach, Österreich spielte überhaupt keine Rolle. Heute ist der Einfluß Deutschlands in Ostasien auf Null gesunken. Ich denke, daß Deutschland auch dann, wenn es den Krieg nicht verliert, seinen Einfluß in den nächsten zehn Jahren nicht wiederherstellen kann.

Ehrlich gesagt, ist die Existenz Chinas abhängig von dem Gleichgewicht zwischen England, Rußland, Frankreich, Amerika und Japan. Wenn der europäische Krieg alle beteiligten Mächte erschöpft hat, werden insbesondere Amerika und Japan das Schicksal unseres Landes bestimmen. Wenn wir Amerika und Japan unterstützen und uns in die Reihe dieser fünf Länder stellen, so können wir uns selbst dann, wenn wir mit dem Vorwärtsstreben nichts erreichen, durch einen Rückzug selbst schützen. Die Gegner der Kriegsteilnahme von heute werden bestimmt fragen, was wir tun, wenn die Deutschen im Krieg den vollständigen Sieg erlangen? Ich zögere keine Sekunde und sage in einem Satz: Wenn Deutschland gewinnt, wird China sicherlich unterworfen werden, gleichgültig ob wir an dem Krieg teilgenommen haben oder nicht. Wir können dem nicht entfliehen. Ich behaupte dieses, weil China eigentlich nur im Gleichgewicht der Westmächte existieren kann. Wenn Deutschland einen vollen Sieg erringt, wird dieses Gleichgewicht zerstört und auf wessen Protektion können wir uns dann noch stützen? Manche sagen, daß Deutschland den Siegesmarsch fortsetzen und die ganze Welt vereinigen wird. Es wird sich rächen und England, Rußland, Frankreich, Italien, Amerika und Japan sicherlich vernichten. Diese Rache wird auch uns erreichen. Obgleich unser Land wegen der Kriegsteilnahme unterworfen werden wird, zeigen wir keine Reue. Selbst wenn wir nicht in den Krieg ziehen, würde Deutschland es denn je zulassen, daß unser Land unabhängig existiert?

Stellen wir uns einmal vor, wie die Welt aussieht wenn das Ausmaß des deutschen Sieges nicht so groß ist und nur die europäischen Länder unterworfen werden. Es würde zwei Imperatoren geben, die sich in großer Entfernung auf dem asiatischen und europäischen Kontinent gegenüberstehen. Wie sollen wir in der Nähe dieser beiden [Mächte] überleben? Unter der Voraussetzung, daß Deutschland einen vollen Sieg erringt, ist eine Diskussion über die Kriegsteilnahme Chinas sinnlos. Wir können uns nur in den Untergang fügen. Ich vermute, daß der Kampf zwischen den zwei Lagern in Europa so ausgehen wird, daß keines der beiden siegt. Wenn die Kräfte der zwei Lager erschöpft sind und der Krieg zum Stillstand gekommen ist, dann wird die Diplomatie eine wichtige Rolle spielen. Die Schicksale der jeweiligen Länder werden hauptsächlich auf der Friedenskonferenz entschieden. Und wenn die neutralen und schwachen Länder keinen Beistand und keine Unterstützung von anderen bekommen, werden sie undenkbaren Gefahren ausgesetzt sein. Da die Kriegsparteien ihre Verluste nicht von den Gegnern entschädigt bekommen können, werden sie die neutralen und schwachen Länder zum Opfer ihrer Verhandlungen machen. Wie könnten diese sich dagegen wehren? Ein Land wie China würde nach dem Krieg sicherlich zum Brennpunkt internationaler Konflikte werden. Dieses erkennen selbst diejenigen, die über nur wenig Bildung verfügen. Unsere Bürger sollten sich sehr davor hüten, der Teilnahme an der Friedenskonferenz geringe Beachtung zu schenken. Aber auch wenn wir an der Friedenskonferenz teilnehmen, bin ich nicht wirklich sicher, inwieweit wir die Interessen unseres Landes vertreten können. Wer würde uns denn vertreten, wenn wir keinen Sitz bekommen? Die Mehrheit der teilnehmenden Länder wird Entscheidungen treffen und wir würden diejenigen sein, über die entschieden wird. Wenn wir erst dann um uns schauen, werden wir keine Hilfe finden und es bitter bereuen. Diejenigen, die gegen eine Kriegsteilnahme sind, richten somit einen für die Zukunft großen Schaden an. Aber auch wir, die wir für eine Teilnahme sind, richten [im Falle eines deutschen Sieges] einen großen Schaden an. Ich will mir diese zwei Katastrophen genauer ansehen und in aller Ruhe überprüfen.

Das oben Gesagte sind im großen und ganzen die positiven und negativen Gründe von uns Kriegsbefürwortern. Aber auch die Kriegsgegner haben viele Gründe, die ich nun nacheinander vorsichtig ansprechen möchte. [...].[118]

1) Keine Kriegsteilnahme Amerikas.[119]

2) Der deutsche Anteil am Erfolg der russischen Revolution.

3) Die Rache Deutschlands nach einem Sieg.

4) Der einseitige Friedensschluß zwischen Rußland und Deutschland sowie eine Allianz zwischen Deutschland, Rußland und Japan.

5) Die Invasion Japans bei der Gelegenheit.

6) Auswirkungen auf den Handel.

7) Auswirkungen auf den Getreide- und Lebensmittelexport an die Kriegsländer.

8) Verursachen innerer Unruhen in China.

Vermutlich gibt es noch weitere Gründe auf Seiten der Kriegsgegner, jedoch beschränken sich die, die einer Diskussion wert sind, auf die oben genannten. Wenn man in Ruhe darüber nachdenkt, gibt es weder eine extrem richtige noch eine extrem falsche Politik. Zudem ist der Anlaß dieser Auseinandersetzungen ein seit der Gründung der Republik wirklich außergewöhnliches Ereignis. Tatsächlich enthält es Risiken, so daß nicht verwunderlich ist, wenn Zweifel entstehen. Dabei gibt es nur ein Prinzip, auf welches unsere Landsleute besonderen Wert legen sollten. Eine Politik muß von Anfang bis Ende in sich stimmig sein, erst dann kann sie beurteilt werden, so z.B. die derzeitige Politik gegenüber Deutschland: Protest, Abbruch der diplomatischen Beziehungen, Kriegserklärung. Manche sehen in dieser Politik drei willkürliche Schritte. Meiner Meinung nach handelt es sich um eine Sache, die in drei Schritten durchgeführt wurde. Falls die Regierung anfangs nicht im Sinn gehabt hat, Krieg gegen Deutschland führen, dann hätte sie auch keinen Protest erheben sollen. Da der Protest sehr streng war, wird daraufhin selbstverständlich die Kriegserklärung erfolgen. Dieser Umstand ist einsichtig, wozu also noch die Rede? Wenn man aber

---

118 Die nachstehend genannten acht Argumente werden von Liang Qichao ausführlich diskutiert. Zunächst nennt er die Position der Kriegsgegner, anschließend widerlegt er diese und unterstreicht seine Befürwortung eines Kriegsbeitritts. Es wird darauf verzichtet, diese Argumente im Detail wiederzugeben. Zum Teil finden sie sich bei Kang Youwei (Dok. 28).

119 Das Argument sollte eine Woche später entkräftet werden: Die USA traten am 6. April in den Krieg ein.

sagt, wir protestieren einfach mal eben so, dann kann man noch darüber sprechen, ob wir die diplomatischen Beziehungen zu Deutschland abbrechen sollen. Geht man wirklich davon aus, daß Deutschland seine U-Boot-Politik wegen eines Stück Papiers von uns aufgeben wird? Selbst wenn man sehr dumm und anmaßend ist, kann man doch nicht auf diese Idee kommen. Da in unserem Protestschreiben das Wort „streng" verwendet wird, ist der Moment der Aussprache des Protestes auch der Moment des Abbruchs von Gunst und Verbundenheit mit Deutschland. Man darf den ersten Schritt nicht von dem zweiten trennen. Wenn man aber sagt, wir brechen die Beziehungen zu Deutschland einfach mal eben so ab, dann kann man noch darüber sprechen, ob wir eine Kriegserklärung abgeben sollen. Wenn das so ist, dann werde ich fragen, was ist die ursprüngliche Absicht des Abbruchs der diplomatischen Beziehungen war. Wir würden hierdurch einerseits den Unwillen Deutschlands hervorrufen und andererseits uns selbst wieder von Amerika und den Alliierten entfernen. Waren wir ursprünglich schon isoliert, so geben wir uns nun alle Mühe, uns noch stärker zu isolieren. Die Konsequenz wird sein, daß wir nirgendwo Gefallen finden werden. Wir können nicht an der Friedenskonferenz teilnehmen, werden keine Freunde, sondern nur Feinde haben und die Entscheidungen der anderen über uns abwarten müssen. Man muß schon verrückt sein, um dieses zu befürworten. Deshalb darf man auch den zweiten Schritt nicht vom dritten trennen. Selbst wenn die Regierung anfangs bei dem Protestschreiben und auch das Parlament bei seiner Zustimmung große Fehler gemacht hätten, sollte man sich aus diesem Grund heute mit den Fehlern abfinden und erst nach der Durchführung [dieser Politik] versuchen, die Fehler auf anderem Wege wieder gut zu machen. Eigentlich haben sie aber nichts falsch gemacht. Bedauerlicherweise denken die Regierung und das Parlament nur an sich selbst, ebenso unsere Bürger.

[...][120]

Liang Qichao: Yinbingshi wenji, Heft 35, 4-13.

28

Telegramm des Reformers Kang Youwei an Präsident Li Yuanhong und Ministerpräsident Duan Qirui (5./6.04.1917)[121]

Dem hochgeehrten Präsidenten [Li Yuanhong] und dem Ministerpräsidenten Zhiquan [Duan Qirui] mit der Bitte um Kenntnisnahme:

---

120 Liang beendet seinen Artikel mit einem „Nachtrag" (*fuyan*), in dem er seine persönliche Situation zum Zeitpunkt des Protestes schildert. Deutlich wird, daß Liang die Auffassung der Regierung teilte und sich für eine eindeutige politische Linie aussprach.

121 Übersetzt aus dem Chinesischen von Andreas Steen und Yang Zhan'ao.

Seit dem Protest gegen Deutschland und dem Abbruch der diplomatischen Beziehungen mit Deutschland habe ich Ihnen insgesamt drei Telegramme geschickt und meine Ansichten erläutert.[122] Sie wurden von Ihnen weder genau geprüft noch angenommen. Soeben habe ich gehört, daß China sich den Kriegsparteien anschließen wird. Das ganze Land ist in Angst und Schrecken versetzt. Damit werden Chinas fünftausendjährige Geschichte und seine 400 Millionen Einwohner leichtfertig einem großen Risiko ausgesetzt. Meiner Ansicht nach sollte das auf keinen Fall geschehen. Seit alters her ist der Weg des Regierens zum Schutz der Bevölkerung darin begründet, daß nur dann, wenn es keinen anderen Ausweg gibt und man zur Selbstverteidigung gezwungen ist, eine Kriegserklärung ausgesprochen wird. Auch werden, wenn ein reiches und militärisch starkes Land eine Aggressions- und Kriegspolitik verfolgt, leichthin Menschen getötet und ihr Besitztum rücksichtslos vergeudet. Selbst in der Alten Zeit war es hoch angesehen, Kriege zu vermeiden; das war dann die sogenannte Humanität. Ein Land wie das unsere, das sich in einem kritischen Zustand befindet und dessen innere Zerwürfnisse und Machtkämpfe sich stets wiederholen, wo die Bevölkerung überall im Land verarmt und die Lebensbedingungen der Menschen unerträglich sind, hat seine Existenz fast in Frage gestellt. Jetzt, da ihm ausreichend Zeit zur Verfügung steht, sollte es seine Energien sammeln und sich der inneren Situation widmen. Wir haben keine Zeit, uns um fremde Völker zu kümmern. China könnte sich in zehn Jahren erholen und wir sollten unsere Lehren daraus ziehen. Selbst dann hätte unser Land keinen Grund zum Krieg. Hinzu kommt, daß wir kaum über Waffen verfügen und unsere Soldaten seit langem nicht mehr trainiert sind. Unsere Disziplinlosigkeit und Schwäche hat man durch die [innerchinesischen] Kriege von 1911, 1913 und 1916 gut feststellen können.[123] Jetzt aber halten wir hochtrabende Reden und wollen uns den Kriegsparteien anschließen. Außerdem wollen wir offen und ohne Skrupel gegen das starke Deutschland kämpfen. Womit werden wir gegen Deutschland kämpfen? Haben wir denn überhaupt U-Boote, um nach Hamburg, Bremerhafen und Bremen zu gelangen? Haben wir denn überhaupt Flugzeuge, um nach Berlin zu fliegen und über Preußen, Sachsen und Baden-Württemberg zu kreisen? Ist es nicht sehr weit hergeholt, Krieg gegen Deutschland führen zu wollen? Österreich und China sind befreundete Länder und es gab noch nie Haßgefühle zwischen ihnen. Nun sprechen wir ohne Grund vom Krieg gegen Österreich. Eigentlich liegen die Dinge doch so, daß der eine im Norden wohnt und der andere weit entfernt im Süden. Kann man denn überhaupt verstehen, warum der eine den anderen bekämpfen will? Europa ist zehntausend Meilen entfernt von Asien, wir verfügen zwar über starke Truppen und große Kanonen, aber wir besitzen weder U-Boote noch Flugzeuge. Wenn wir nun gegen Deutschland und Österreich Krieg führen wollen, wie soll das geschehen? Es ist, als würden wir auf Saturn, Jupiter und Mars zeigen und wiederholt schimpfen: Ich kämpfe mit dir, ich kämpfe mit dir. Das hat es auf der ganzen Welt und in der Geschichte noch nicht gegeben, aber ist

---

122 Siehe z.B. das Telegramm vom 13. März, in: Kang Youwei 1981:976-978.

123 Kang Youwei spricht vom Sturz der Qing-Regierung (1911), der sog. Zweiten Revolution (1913) und den Widerständen gegen die Inthronisierung Yuan Shikais (1916).

es nicht auch absurd? Nur wenn Deutschland gegen uns Krieg führt, haben wir [moralisch] das Recht, auch gegen Deutschland zu kämpfen. Es verhält sich wie mit jemandem, der hingerichtet wird. Seine Hände und Füße sind ihm abgehackt worden und es bleiben nur der Korpus und der Kopf. Er kann zwar schimpfen, aber den Menschen nichts mehr antun. Wenn er sich zu kämpfen anmaßt, wie unverschämt und lächerlich ist es doch! Oder will China den sieben Ententemächten schmeicheln und gute Beziehungen zu ihnen aufbauen? Die sieben Mächte sind zivilisierte und gut befreundete Länder, und selbst wenn unser Land sich ihnen anschließt, hat es für sie nur wenige Vorteile, so daß sie diesem Schritt ziemlich gleichgültig begegnen. Wenn sie davon hören, daß wir grundlos die Beziehungen zu Österreich abbrechen, so fürchte ich, daß auch sie eines Tages grundlos die Beziehungen zu uns abbrechen werden. Wir sprechen vom Krieg gegen Deutschland, um uns [für Kiautschou] zu rächen. Wenn es dann aber Unruhen unter den sieben Ententemächten gibt, fürchte ich, werden wir auch sie als Feinde betrachten, uns rächen und Krieg gegen sie führen. Deshalb glaube ich, daß es kein freundschaftliches Verhältnis mehr geben wird, sondern vielmehr Argwohn und Mißgunst hervorgerufen werden, sobald die sieben Ententemächte von unserer Kriegserklärung erfahren.

Vor kurzem wurden der Marine täglich Befehle erteilt, der Ausnahmezustand wurde verhängt und an die Grenzgebiete ging der Befehl zur militärischen Vorbereitung und Aufrüstung. Das ganze Land wurde in Unruhe versetzt, als ob der starke Gegner bald käme. Die Zentralregierung gab Tag und Nacht Erklärungen ab und stellte Forderungen, die Mitarbeiter der Ministerien und ihrer Abteilungen eilten umher, 400 Millionen Bürger stellten ihre Arbeit ein, waren beunruhigt wie auch erschrocken und erkundigten sich nach Informationen. Alle sagten, Abbruch der Beziehungen zu Deutschland, Krieg gegen Deutschland. Was die inneren Angelegenheiten betrifft, so wurden sie allesamt vernachlässigt. Der Weg des Regierens zum Schutz der Bürger wird seit Jahren nicht beachtet, jetzt wird auch nicht mehr danach gefragt, geschweige denn nach den Vorteilen eines Krieges. Nach meinen Kenntnissen haben alle Handelsfirmen in Shanghai, Xiamen, Hankou und Kanton ihre Warenlieferungen eingestellt. Unter denen, die ich in Shanghai gesehen habe, sind die Preise für Reis plötzlich um drei, vier oder fünf Jiao gestiegen. All die anderen Angelegenheiten, die das ganze Land und die Handelsmärkte erschüttern, kann ich hier nicht aufzählen. Sie alle haben nichts zu tun mit Deutschland. Es gibt überhaupt noch keine Kriegsereignisse, aber überall werden Gefahren gesehen und der Schaden ist schon sehr groß.

Was das Duell in Europa angeht, werden wir so lange gehetzt werden, bis es einen Frieden gibt. Nach der Revolution gab es in unserem Land innerhalb von fünf Jahren drei Unruhen unter denen das Volk sehr gelitten hat. Wir haben uns noch gar nicht erholt, wie könnten wir grundlos noch weitere Störungen ertragen, die wir selbst herbeiführen? Nach jahrelanger Selbstzerstörung wird der Handel nicht mehr richtig betrieben, alle Industrieproduktionen sind eingestellt und auch die Bauern werden geschädigt. All dies wirkt zusammen und läßt ein großes Unheil entstehen.

Jetzt hört man, daß die Angst [vor der Kriegsteilnahme] zu unvorhersehbaren Ereignissen an den moslemischen Grenzen führt und sich in anderen Provinzen ähnliche Tendenzen zeigen.[124] Gegenwärtig erweitert sich die Front und es lauern überall Katastrophen. Als ich das hörte, war ich sehr beunruhigt und erschrocken. Was hat unser Volk denn getan, daß es in so ein Unglück gestürzt wird. Es ist doch unerhört, daß es keine andere Wahl gibt! Was hat der europäische Krieg mit uns zu tun, daß unser Volk so einen Schaden davon tragen muß? Unser Land ist noch nicht den Kriegsparteien beigetreten, doch die Panik ist schon so groß. Wer hat das Unheil angestiftet, welches unser Land in diese Katastrophe stürzt? Wenn wir den Kriegsparteien beitreten, müssen wir Getreide und Rohstoffe in unbegrenzter Menge liefern. Da Europa und Amerika reich sind, können sie hohe Preise für unser Getreide und die Rohstoffe zahlen. Anschließend werden die Preise um das mehr-, zehn oder hundertfache steigen. Da unsere Bevölkerung sehr zahlreich ist, wird der Export von Reis seit jeher verboten. Wir haben noch nie gehört, daß es bei uns einen Reisüberschuß gab und er sogar verfaulte. Dem ist zu entnehmen, daß wir gerade genug Reis für unsere Bevölkerung besitzen und keinen Überschuß erzeugen. Außerdem wird Reis aus Vietnam, Burma und Thailand importiert, um den Bedarf zu decken. Falls der Reis uneingeschränkt exportiert wird, würde sein Preis anfangs sprunghaft steigen und anschließend Mangel an Reis herrschen. Wenn manche behaupten, daß die Europäer keinen Reis essen, warum haben wir uns dann seit jeher um ein Exportverbot von Reis bemüht? Wenn das Exportverbot für Reis jetzt aufgehoben wird, würden die Menschen in Asien die Preise anheben und miteinander konkurrieren; von Weizen, Bohnen und anderen Materialen gar nicht erst zu sprechen. Zur Zeit verfolgen England und Deutschland die Strategie, sich gegenseitig die Einfuhr von Nahrungsmitteln abzuschneiden. In unserem Land fangen die Streitigkeiten jetzt auch aus diesem Grund an.

Eben habe ich gehört, daß wegen Getreidemangel in Spanien gestreikt wird und in Italien innere Unruhen ausgebrochen sind. Auch für den Vorfall in der russischen Hauptstadt gibt es keinen anderen Grund als den Mangel an Brot.[125] Ich fürchte, daß das Unheil durch Brot auch uns ereilen wird. So werden wir einen Krieg auslösen und uns in eine hoffnungslose Situation stürzen, bevor wir gegen Deutschland in den Krieg ziehen und die Beziehungen zu Österreich abbrechen. Wenn wir unsere Arbeitskräfte ins Ausland exportieren und anderen Mächten Kriegsgerät liefern, können wir mit unseren unzivilisierten Leuten nicht einmal einer Truppe der Alliierten gleichkommen. Wenn unsere Leute nicht als Kulis arbeiten, werden sie an der Front eingesetzt. Als Kulis sind sie wie Geräte und an der Front wie Pferde und Rinder. Bei allem was die sieben Mächte benötigen und was die Länge des Krieges betrifft, so können leicht zehntausend unserer Bürger sterben. Auch wenn sich die Regierung unserer Bürger nicht erbarmt, sollte sie nicht Millionen ihrer Bürger aufgrund fremder Konflikte opfern. Aber das sind lediglich normale Folgen [des Kriegsbeitritts]. Wenn wir nun die Beziehungen zu Deutschland und Österreich abbrechen und uns den Alliierten anschließen, wird unser Land mit Ausnahme der Beziehungen zu den Alliierten noch

124 Siehe auch Dok. 22 und die Argumente Li Dazhaos, Dok. 24.

125 Gemeint sind die Folgen der gescheiterten Brussilow-Offensive im Jahr 1916. Aufgrund der Dauer des Krieges und der Ernährungsschwierigkeiten kam es zu Aufständen. Nach Ausbruch der Februarrevolution dankte Nikolaus II. im März 1917 ab.

stärker isoliert werden. Wenn dann den Vereinbarungen der Alliierten eines Tages etwas hinzugefügt wird, so müssen wir uns daran halten; wenn von den Alliierten Forderungen an uns gestellt werden, müssen wir sie erfüllen; wenn wir eingesetzt werden, müssen wir folgen; wenn die Alliierten die Führung unserer Truppen übernehmen wollen, müssen wir sie ihnen überlassen; wenn sie unsere Streitkräfte ausbilden wollen, müssen wir auf sie hören. Mehr noch, auch wenn sie für uns die Finanzen verwalten und Geldmittel beschaffen wollen, müssen wir auf sie hören. Falls es auch nur ein kleines Zögern von unserer Seite gibt, dann wird die Freude verwehen. Sofern wir zustimmen, ist unser Land kein vollständig souveränes Land mehr, sondern bereits ein Anhängsel. In Wirklichkeit handelt es sich bereits um ein unterjochtes Land. Sobald wir den Kriegsparteien beigetreten sind, müssen wir ihnen nachgeben und nach ihrer Pfeife tanzen. Mit der Zeit tauchen dann langsam unvermeidliche Probleme auf. Das Land Serbien-Rumänien ist unterjocht und seine Bevölkerung lebt im Unglück, das sind die Folgen des Kriegsbeitritts. Wir sollten daraus eine Lehre ziehen und einen anderen Kurs einschlagen. Wenn wir dieses jetzt nicht tun und uns erst später, zum Zeitpunkt der o.g. Konflikte, um Wiederherstellung der Neutralität bemühen, können wir nur über die Unerreichbarkeit dessen seufzen.

[...][126]

Seinerzeit hatten wir grundlos die Beziehungen zu Deutschland und Österreich abgebrochen.[127] Anschließend haben wir die Deutschen wieder nachsichtig behandelt, wenig später sagten wir, daß wir gegen Deutschland Krieg führen werden. Auf diese Weise haben wir bei den Alliierten keine Freude hervorgerufen, bei Deutschland und Österreich aber den Haß geschürt. Die Hunde Chinas [die Politiker] sind verrückt geworden, ihre Augen funkeln, sie fletschen die Zähne, um überall zuzubeißen. Das Land ist schwach und befindet sich in einer gefährlichen Situation, niemand kümmert sich um seine inneren Angelegenheiten, statt dessen preist man diese einmalige Chance an, will zupacken und hofft, dadurch ein Land der ersten Liga zu werden. Sie loben mit leeren Worten, haben einen Schlaganfall erlitten und rennen wie wild herum. Vor kurzem hielten Sie, Herr Präsident, dieses noch für falsch und auch die Mehrheit im Staatsrat und im Parlament vertraten eine andere Meinung. Der Außenminister und sein Stellvertreter drohten mit Rücktritt, die Militärgouverneure sowie Vertreter der Beamten, Händler und Gelehrten aller Provinzen schickten Telegramme, um dagegen zu protestieren. Der Rücktrittsbrief von Liu Shixun ist besonders sorgenvoll.[128] Überall im Lande sind die Menschen erschrocken und verwundert, aber die Regie-

---

126 Auslassung: Kang führt zwei weitere Argumente aus, die gegen einen Kriegseintritt Chinas sprechen. Erstens, die innenpolitische Situation Rußlands, welches bereits von deutschen Truppen angegriffen wird und nach seiner Auffassung als erstes einen Friedensvertrag mit Deutschland unterzeichnen wird. Wie kann China in dieser Situation noch den Krieg erklären wollen? Zweitens beschäftigt er sich mit den vermeintlichen wirtschaftlichen Vorteilen eines Kriegsbeitritts, nämlich einer möglichen Zollerhöhung und dem Aussetzen der Reparationszahlungen. Hierbei handele es sich lediglich um trügerische Angebote, so seine Einschätzung, und die Regierung habe aus Habgier den Verstand verloren.

127 Der Abbruch der diplomatischen Beziehungen erfolgte am 14. März 1917.

128 Liu Shixun amtierte vom Jan. 1913 bis zum Rücktritt im Aug. 1913 als stellvertretender Außenminister. Anschließend war er chinesischer Gesandter in Brasilien und Peru, seit 1916 wieder stellvertre-

rung und einige Politiker tanzen und vergnügen sich, schwingen täglich hochtrabende Reden, wollen die Beziehungen zu Deutschland abbrechen und gegen Deutschland Krieg führen. Sie behandeln das Land leichtsinnig und setzen alles aufs Spiel. Zudem sind sie der Meinung, daß das ganze Land geschlossen hinter den Handlungen der Regierung stehen soll. Wenn die Regierung eine gute Politik macht, sollten die Bürger selbstverständlich auf sie hören. Aber wenn die Regierung das Land verrät, sollten die Bürger ihr auch dann vollständig zustimmen?

Ein Herrscher sollte sein Wort nicht brechen, da er das Land durch ein einziges [falsches] Wort verlieren kann. Selbstverständlich soll die Regierung der Republik sich auf die Meinung der Bevölkerung stützen, aber wenn sie – was das Worthalten anbelangt – die Methoden jenes Herrschers anwendet, der sein Land verloren hat, so ist sie tollwütig und skrupellos, wenn es sich nicht gar um Hochverrat und Ketzerei handelt. Deshalb sprechen die Menschen sowohl im In- als auch im Ausland vom Ausbruch eines Unheils wie dem Boxer-Aufstand, weil sie es anders nicht benennen können. Selbst wenn die Regierung keine guten Lösungen hat und die Menschen sich eigene Probleme bereiten, wäre es nicht zu so einer merkwürdigen Situation gekommen. Nun aber sind die Menschen im ganzen Land aufbrausend und verärgert. In allen Provinzen sind die Menschen unruhig, planen Aufstände und werden den Kriegsbeitritt sicher nicht beachten. Die Öffentlichkeit ist sehr entrüstet, es wird gesagt, die geplante Restauration der Monarchie durch Yuan Shikai habe zwar die Republik beleidigt, habe aber nichts mit dem Land China zu tun.[129] Nun werden jedoch durch die Teilnahme auf Seite der Kriegsparteien das fünftausendjährige China und seine 400 Millionen Menschen leichtsinnig aufgegeben, um den politischen Kämpfen und Launen einiger Regierungsmitglieder zu dienen. Ihre Schuld ist größer als die von Yuan Shikai. Extremisten halten es sogar für das größte Übel aller Zeiten.

Hochverehrter Herr Präsident, nur Sie haben die Macht zu Kriegserklärung und Friedensverhandlung, Sie dürfen Ihre Pflicht auf keinen Fall versäumen. Sie, Ministerpräsident Zhiquan [Duan Qirui] und die Herren Kommentatoren für internationale Angelegenheiten kennen die Zeichen und die Entwicklung der Zeit. Sie sollten sich schnell umorientieren und weiter an der Neutralität festhalten. Sofern man die bereits vergangenen Ereignisse beiseite schiebt, kann man jetzt endgültig damit aufhören, sich den Kriegsparteien anschließen zu wollen. Wenn Sie Ihren augenblicklichen Willen unbedingt der Regierung aufzwingen wollen, fest entschlossen sind, den Kriegsparteien beizutreten und damit den Zorn aller Bürger auf sich zu ziehen, dann würde das ganze Land in große Empörung geraten und die Katastrophe würde unmittelbar folgen. Die Schäden werden zuerst Sie und ihresgleichen,

---

tender Außenminister.

129 Yuan Shikai hatte seine Absicht zur Thronbesteigung am 13.12.1915 bekannt gegeben. Aufgrund innerer Unruhen und Proteste mußte der vorgesehene Termin (01.01.1916) auf den 9. Februar verschoben werden. Inzwischen hatte mehrere Südprovinzen ihre Unabhängigkeit erklärt und es war deutlich, daß der Süden des Landes für Yuan verloren war. Als auch ehemals Vertraute wie Duan Qirui und Feng Guozhang seine Pläne mißbilligten, verzichtete Yuan Shikai am 22. März 1916 auf den Thron (siehe Kuhn 2004: 103-105).

danach das ganze Land betreffen. Als Chinese ertrage ich es nicht, untätig die Not und das Elend der Menschen mitanzusehen, noch ertrage ich es, zuzusehen, wie die Existenz der Nation in Gefahr gerät. Auch habe ich von den Zerstörungen genug. Mein Herz blutet und meine Tränen fließen. Ich nehme es auf mich, als offen und arrogant beschuldigt zu werden. Im Buch steht geschrieben: Nur die Gütigen können Offenheit entgegennehmen.[130] Ich bitte um Überprüfung.

Hochachtungsvoll.

Youwei.

Shibao, 5./6.04.1917; Kang Youwei zhenglunji, 1981, S. 982-986.

29

Erlaß des *Waijiaobu*: Vorschriften für Deutsche in China (18.04.1917)

Vorschriften betreffend Deutsche, die China verlassen wollen

1. Nach Abbruch der diplomatischen Beziehungen zwischen China und Deutschland müssen alle Deutsche[n], die chinesisches Grundgebiet zu verlassen wünschen, hiervon den höchsten örtlichen Zivil- und Militärbeamten unter Angabe von Namen, Alter, Adresse und Beruf Anzeigen machen: diese übermitteln das Gesuch der zentralen Regierung und nachdem die Genehmigung erteilt und ein Paß ausgestellt sind, sollen durch die genannten örtlichen Behörden tüchtige Soldaten bestimmt werden, um die betreffenden Deutschen zu geleiten und zu schützen.
2. Hat ein Deutscher die Genehmigung erhalten, das Land zu verlassen, so kann er all sein Eigentum, ausgenommen das militärischer Art, mit sich nehmen, doch muß das erwähnte Eigentum vorher (durch chinesische Behörden) untersucht werden. (Diese Untersuchung soll entsprechend den „Vorschriften betreffend Untersuchung" erfolgen). Hinsichtlich des Eigentums, das er in China zurück läßt, soll gemäß den „Vorschriften betreffend die auf Eigentum anzuwendenden Maßregeln" verfahren werden.
3. Wenn die Angelegenheit gemäß Vorschrift 1 und 2 behandelt worden ist, soll durch den höchsten örtlichen zivil- oder militärischen Beamten ein passender Zeitpunkt für die Abreise des Deutschen bestimmt werden. Bis zu seiner Abreise genießt dieser den Schutz der chinesischen Behörden.
4. Der von dem Deutschen nach der Abreise einzuschlagende Reiseweg ist durch die chinesischen Behörden zu bestimmen.
5. Die Soldaten oder Polizisten, die Deutsche auf dem Lande geleiten, sollen entsprechend

130 Kang Youwei zitiert aus dem Werk *Zuozhuan* (Kommentar des Zuo), einem konfuzianischen Klassiker der chinesischen Philosophie.

den örtlichen Zuständen durch die örtlichen Beamten bestimmt werden. Das Geleit geht mit bis an die Grenze des der Rechtsprechung des höchsten örtlichen Beamten unterstehenden Gebietes, wo es ersetzt wird durch ein Geleit aus dem angrenzenden Gebiete usw., bis die Grenze chinesischen Gebietes erreicht ist.

6. Ab der Abreise eines Deutschen müssen die örtlichen Behörden den Behörden des nächstfolgenden Bezirkes, der auf dem einzuschlagenden Reiseweg liegt, Kenntnis geben, damit diese in der Lage sind, die nötigen Vorbereitungen zu treffen und Zeitverlust und Mißverständnissen vorzubeugen.
7. Wenn die Soldaten oder Polizisten eines Bezirkes einen Deutschen an die Grenze ihres Bezirkes begleitet haben, müssen sie eine Bestätigung seiner guten Ankunft für die örtlichen Behörden von dem betreffenden Deutschen einfordern. Die Behörden berichten das eine wie das andere an die zentrale Regierung. (Dies ist vor allem nötig, wenn der Deutsche an einem Orte außerhalb der chinesischen Rechtsprechung angekommen ist).
8. Wagen oder Boote, die die abreisenden Deutschen benötigen für den Transport ihres Eigentums, sollen durch die höchsten Zivil- oder militärischen Behörden für sie gemietet werden.

<u>Vorschriften betreffend den Schutz deutscher Händler und Abgesandter, die in China wohnen</u>

1. Mit Ausnahme von Deutschen im militärischen Dienst, auf die besondere Vorschriften in Anwendung kommen, finden die folgenden Vorschriften auf alle in China wohnenden deutschen Händler und Abgesandten Anwendung.[131]
2. Alle deutschen Händler und Abgesandten dürfen dort, wo sie jetzt wohnen, wohnen bleiben. Auch dürfen sie alle friedliebenden und gesetzlichen Berufe ausüben und haben ihre Person und ihr Eigentum Anspruch auf den Schutz der chinesischen Behörden. Sie müssen sich aber allen bestehenden oder später zu erlassenden Gesetzen und Vorschriften dieses Landes unterwerfen.
3. Sobald diese Vorschriften veröffentlicht sind, müssen alle deutschen Händler und Abgesandten binnen drei Tagen ihren Namen, Adresse und Beruf der höchsten örtlichen Behörde zur Registrierung aufgeben.
4. Auf Ansuchen des betreffenden Deutschen muß ihm der höchste örtliche Beamte eine Bescheinigung über die Registrierung aushändigen.
5. Deutsche, die sich im Büro des höchsten örtlichen Beamten haben registrieren lassen, dürfen ihren Wohnsitz verändern. Hierzu muß der Betreffende erst seine Registrierungsbescheinigung dem Beamten zur Prüfung und Vernichtung vorlegen, worauf ihm ein „Erlaubnisschein für Wohnungswechsel“ ausgehändigt werden wird. Binnen drei Tagen nach Ankunft an seinem neuen Wohnsitz legt er diesen „Erlaubnisschein“ dem höchsten örtlichen Beamten zur Vernichtung vor, worauf weiter gemäß Artikel 3 und 4 zu verfahren ist.

---

131 Abgesandten = Diplomaten.

6. Hinsichtlich deutscher Händler und Abgesandter, die sich nicht diesen Vorschriften gemäß zur Registrierung angemeldet haben, kann ein Tag bestimmt werden, an dem sie China zu verlassen haben, oder aber sie können interniert werden.
7. Sobald diese Vorschriften veröffentlicht sind, müssen alle Deutsche binnen drei Tagen alle ihre Waffen und sonstiges Eigentum militärischer Art sowie ein Verzeichnis dieser Waren bei dem nächstliegenden Aufsichtsbüro einliefern.
8. Wenn ein Deutscher die Gesetze und Vorschriften dieses Landes übertritt, oder Taten begeht, die die Ruhe und Ordnung stören können, oder eine Tat begeht, die den Interessen dieses Landes zuwiderläuft, oder auch in Verdacht kommt, solche Taten begehen zu wollen, so kann er angewiesen werden, an einem bestimmten Datum China zu verlassen oder es kann ihm untersagt werden, seinen Wohnsitz zu verändern oder zu reisen. Er wird unter strenge Aufsicht gestellt oder sonst beschränkenden Maßregeln, die die Behörden für nötig erachten sollten, unterworfen werden.
9. Wenn die Umstände solches erfordern sollten, können die laut Artikel 2 und 5 eingeräumten Freiheiten beschränkt werden.
10. Nach Bekanntmachung dieser Vorschriften darf kein deutscher Händler oder Abgesandter chinesisches Grundgebiet betreten, ohne hierzu vorher durch Vermittlung des höchsten örtlichen Beamten die Genehmigung der zentralen Regierung erhalten zu haben.

Staatszeitung (Zhengfu ribao), 18.04.1917 (PAA, R17981).

30

Bericht des niederländischen Gesandten in Peking, Beelaerts van Blokland, an den Minister für Auswärtige Angelegenheiten, Haag (30.04.1917)[132]

Behandlung der Deutschen in China

Gleichzeitig mit dem Abbruch der diplomatischen Beziehungen zum Deutschen Reiche erschien ein Mandat des Präsidenten, durch das den verschiedenen Regierungsorganen Auftrag gegeben wurde, für den Schutz der deutschen Einwohner Maßregeln zu treffen, sowie auch andere Maßregeln, die den anerkannten Prinzipien des Völkerrechts gemäß sich als notwendig erwiesen.

Offenbar hatte die Regierung diese Maßregeln bereits seit einiger Zeit vorbereitet. Wenigstens dauerte es nicht lange, bis aus den verschiedenen Teilen des Landes Berichte über von chinesischen Obrigkeiten erlassene Vorschriften eingingen, die untereinander in den

132 Übersetzung, Königliche Gesandtschaft der Niederlande, Peking, Nr. 902/5 DBC.

Hauptpunkten übereinstimmten. Die Art der Bekanntmachung und der Anwendung dieser Vorschriften zeigten wohl einige Verschiedenheiten. Im Allgemeinen kann man gleichwohl erklären, daß das Streben der chinesischen Behörden darauf gerichtet gewesen ist, den Wünschen der deutschen Einwohner möglichst entgegenzukommen und alles zu vermeiden, was diese verletzen könnte.

Die Bestimmungen betrafen die Registrierung der deutschen Untertanen, ihre Bewegungsfreiheit innerhalb Chinas und die Ablieferung von Waffen und Munition.

Die Registrierung besteht darin, daß die Deutschen bei der Polizei ihre Wohnsitze, Namen, Alter, Beruf und Wohnung angeben müssen, wogegen ihnen eine Aufenthaltsbescheinigung ausgehändigt wird. Auch bei Übersiedlung aus einer Stadt in eine andere ist hiervon der Polizei Kenntnis zu geben, während für Reisen im Inland Pässe gefordert werden. Nichtbefolgung dieser Bestimmungen wird mit Ausweisung und Internierung bedroht. In der Praxis ist die Registrierung in der Regel, soweit sie durchgeführt wurde, hierauf hinausgelaufen, daß den Deutschen Formulare zur Ausfüllung zugeschickt wurden, die später abgeholt wurden. In manchen Fällen hat man sich auch der Vermittlung einer nichtoffiziellen Kommission, die aus deutschen Einwohnern und ein paar deutschfreundlichen chinesischen Beamten zusammengesetzt war, bedient. Das eine und andere Mal hat die chinesische Regierung auch stillschweigend eingewilligt, daß die Angelegenheit durch einen zurückgebliebenen deutschen Konsularbeamten erledigt wurde.

In gleicher Weise ist hinsichtlich der Einlieferung von Waffen und Munition verfahren worden. Von Beschlagnahme war keine Rede, lediglich von Hinterlegung gegen Abgabe einer Empfangsbestätigung. Selbst hiervon hat man an verschiedenen Orten abgesehen, mit der Ablieferung von Listen der vorhandenen Materialien hat sich in solchen Fällen die Obrigkeit begnügt. Manchmal gab sie sich auch mit der Versiegelung der bei einigen Kaufleuten vorhandenen Vorräte zufrieden.

Die vorbezeichneten Vorschriften sind nicht sofort nach Abbruch der diplomatischen Beziehungen erlassen worden und ebensowenig überall gleichzeitig. Die zentrale Regierung hat offenbar den Gouverneuren der Provinzen Befehle gegeben, die der eine mit [mehr] Eile als der andere ausgeführt hat.

Die Zuvorkommenheit, die die chinesischen Behörden zeigten, hat bei den deutschen Einwohnern Anerkennung gefunden. Die Bestimmungen sind, soweit mir bekannt, überall freiwillig eingehalten worden und haben nirgends Anlaß zu Schwierigkeiten gegeben.

Nichtsdestoweniger habe ich, sobald mir die Bestimmungen bekannt wurden, am letzten 28. März schriftlich bei der Chinesischen Regierung kräftig Protest eingelegt und sie daran erinnert, daß der Abbruch der diplomatischen Beziehungen keinerlei Veränderung der vertragsmäßigen Lebensumstände deutscher Untertanen in China verursachen könne. Ich habe die Regierung auf die schwere Verantwortung hingewiesen, die sie durch die vertragswidrigen Maßnahmen ihrer Beamten auf sich lade und ihr in Erwägung gegen, zur Vermeidung aller Mißverständnisse und sich daraus ergebender ernster Folgen den Beamten in den Provinzen auf das Schleunigste klar zu machen, daß die Verträge voll in Kraft geblieben wären und sie sich sorgfältig jeglicher vertragswidriger Maßnahme zu enthalten hätten.

Erst nachdem die verschiedenen Vorschriften in den Provinzen erlassen worden waren, hat die Regierung sie in der Staatszeitung vom 18. d.M. zur allgemeinen Kenntnis gebracht. Eine Übersetzung davon wird Eurer Exzellenz in der Anlage gehorsamst vorgelegt.[133]

Diese Veröffentlichung hat mich zu einem weiteren Protest veranlaßt, indem ich darauf hingewiesen habe, daß schon die Tatsache derartiger Sonderbestimmungen an sich, abgesehen von deren Inhalt, die durch den Vertrag verbürgte Behandlung als meist begünstigste Nation beeinträchtigt. Außerdem habe ich darauf aufmerksam gemacht, daß die Bestimmung, daß die Deutschen sich chinesischen Vorschriften und Gesetzen zu unterwerfen haben, sehr geeignet sei, den ungünstigen Eindruck zu erwecken, als wolle China den Deutschen die Vorrechte der Exterritorialität entziehen.

PAA, R17981.

31

Schreiben von Sun Yatsen an Ministerpräsident Duan Qirui (12.05.1917)[134]

Sehr geehrter Herr Ministerpräsident Zhiquan [Duan Qirui],
nach der Ankunft von Wang Liangchou[135] erhielt ich Ihr wertvolles Schreiben und antworte Ihnen jetzt. Herr Wang hat mir auch Ihre Absicht übermittelt, mich nach Peking einzuladen. Ihrer Herzlichkeit und Aufrichtigkeit fühle ich mich sehr verbunden.

Nach meiner Rückkehr aus dem Ausland hatte ich erlebt, wie die Grundlagen der Republik gelegt wurden und traf den Entschluß, mich dem Aufbau von Industrie und Handel zuzuwenden. Ich habe zwar Gerüchte gehört, daß China sich den Kriegsparteien anschließen will,[136] denke aber, der Kanzler verfügt über umfangreiche klare Einsichten und sehr gute Kenntnisse der Lage in Deutschland, so daß er Deutschland nicht unüberlegt zum Krieg herausfordern wird. Als über den Abbruch der diplomatischen Beziehungen diskutiert wurde, fürchtete ich sehr, daß dieses unter dem Druck der Fremdmächte geschieht. Deshalb habe ich dem englischen Premierminister ein privates Telegramm geschickt und ihm die Nachteile einer erzwungenen Teilnahme Chinas am Krieg erläutert.[137] Damals gaben die

---

133 Siehe Dok. 29.

134 Aus dem Chinesischen übersetzt von Andreas Steen und Yang Zhan'ao. Siehe auch Sun Yatsen, 15.05.1917: „Cu ge zhengtuan fouren dui De xuanzhan dian" (Eiltelegramm an verschiedene Regierungsstellen, die Kriegserklärung an Deutschland nicht anzuerkennen), in: Sun Zhongshan, 1989, Bd. 4, S. 482-483.

135 Wang Liangchou, d.i. Wang Chonghui, Jurist. Siehe auch Dok. 46.

136 Die Entscheidung für den Kriegsbeitritt Chinas wurde auf einer Kabinettssitzung unter dem Vorsitz von Duan Qirui am 1. Mai 1917 getroffen (Yeh, Young-ming 1983:119).

137 Telegramm vom 7. März 1917 an Premierminister Lloyd Georg (Peter 1965:270, Wilbur 1976:92ff,

Engländer an, daß sie keinen Druck auf China ausgeübt hätten. Dann sagten auch die Japaner, daß Japan eine Kriegsteilnahme Chinas begrüßen würde, allerdings ohne eine Verantwortung hierfür übernehmen zu wollen.[138] Ich selbst habe mir die Sache überlegt und bin schließlich zu der Ansicht gelangt, daß China sich durch den Kriegseintritt selbst schaden würde und den Truppen der Alliierten nicht behilflich sein könnte. Letztlich denke ich, daß der Ministerpräsident mit dem Abbruch der diplomatischen Beziehungen einen Schlußstrich [unter diese Angelegenheit] ziehen kann.

Jetzt kommt Herr Wang und übermittelt mir Ihre Meinung, wonach die Kriegsteilnahme Chinas nicht mehr zu verhindern sei. Ich habe wiederholt darüber nachgedacht und kann Ihre Meinung nicht teilen. Als Amerika Deutschland den Krieg erklärte [6. April 1917], half es zunächst den Alliierten mit Sold(-zahlungen) und militärischem Kriegsgerät in Höhe von mehreren hundert Millionen [Dollar] aus, anschließend unterstützte es die Marine und die Bodentruppen. Unser Land besitzt nicht die Stärke Amerikas und will trotzdem unbedingt dem amerikanischen Vorbild folgen, müßte dafür aber selbst Kredite und fremde Hilfe annehmen. Wenn wir in den Krieg eintreten, werden wir nur das englische und amerikanische Heer belasten. China ist seit langer Zeit ein schwaches Land, das ist nicht zu leugnen. Als schwaches Land sollten wir die Pflichten eines schwachen Landes einhalten, d.h. wenn es unter Nachbarn Konflikte gibt, sollten wir uns nicht überschätzen und zwingend daran beteiligen wollen. Wenn China jetzt in den Krieg eintritt, bedeutet dies eine schwere Last für die Alliierten. Sie haben Finanzprobleme, wir aber nehmen Anleihen (Kredite) auf, lehnen Reparationszahlungen ab und fügen ihren Finanzen einen noch größeren Schaden zu. Sie wollen durch Handel ihre Finanzen entlasten, wir aber erhöhen den Zoll ihrer Waren, womit sie noch größeres Leid erfahren. Für sie gibt es keine Gewinne, wir aber, die im Gegenteil im Namen der Humanität handeln, streben nur nach kleinen Profiten. Das gefährdet das Ansehen des Landes, widerspricht politischen Moralvorstellungen und ist überhaupt nicht das, was wir tun sollten. Wenn das Ziel unseres (Kriegs-)Eintritts in materiellen Vorteilen besteht, wie können wir dann zukünftig einen positiven Eindruck vermitteln? Sollten wir [im Falle eines Kriegseintritts] gefährdet sein, würden die anderen es als unser eigenes Verschulden betrachten. Niemand würde uns aus Gerechtigkeit helfen. Sollte unser Land nach dem Kriegseintritt überdies seinen Pflichten nicht nachkommen können, so wird dies dazu führen, daß die anderen sagen, unser Heer benötige Spezialisten und unsere Finanzen müßten einer speziellen Kontrolle unterworfen werden. Wenn es so weit gekommen ist, ist unser Land dann noch zu retten? China bliebe keine andere Möglichkeit, als sein Territorium und sein Volk zu opfern, um diese Wünsche einigermaßen zu

---

Yeh, Young-ming 1983:123).

138 Als Gegenleistung für eine Kriegserklärung hatte Duan Qirui Anfang März 1917 konkrete Forderungen an Japan formuliert, jedoch ohne Zustimmung des Präsidenten Li Yuanhong. Bei Abbruch der Beziehungen zu Deutschland am 14. März lag noch keine Antwort aus Japan vor, auch war später keine einzuholen. Stattdessen überreichten die Gesandten Japans und der Ententemächte der chinesischen Regierung am 21. März ein Memorandum, demzufolge wohlwollende Verhandlungen mit China vom Kriegseintritt abhängig seien (Yeh, Young-ming 1983:118, Peter 1965:270).

erfüllen. Da China in Militär- und Finanzangelegenheiten seine Pflichten nicht ausreichend erfüllen kann, ist zu befürchten, daß es aufgrund seiner Schwäche dieses Opfer wird bringen müssen.

Ich habe Herr Wang davon sprechen hören, daß der Herr Ministerpräsident dieses Mal den Kriegseintritt Chinas befürworte, weil es anders wirklich nicht gehe. Sie wollen damit tausend Probleme beseitigen und dem Staat eine feste Grundlage verleihen. Jeder Mensch liebt sein Vaterland. Wie könnte man nicht tief bewegt sein, wenn man an Ihre heikle Lage denkt und erfährt, wie Sie mit Treue und voller Hingabe dem Vaterland dienen?

Aber ich denke, für das Glück benötigt es ein Fundament und das Unglück hat seine Ursache. Jedes Problem auf der Welt hat seinen Grund und wenn man nicht die richtige Methode kennt, um es zu lösen, dann wird es sicher noch schlimmer. Zum Beispiel verhielt China sich bisher neutral und hatte eigentlich keine Probleme. Als China Protest gegen Deutschland erhob, bekam es Probleme und um diese zu lösen, sagte man dann, daß China die diplomatischen Beziehungen zu Deutschland abbrechen müsse. Nachdem die diplomatischen Beziehungen abgebrochen waren, nahmen die Probleme im Vergleich zur Zeit davor noch zu. Heute ist davon die Rede, daß Chinas Kriegserklärung an Deutschland unerläßlich sei. Wie aber kann man die Probleme, die nach der Kriegserklärung so umfangreich sein werden, daß sie erneut außerhalb unserer Vorstellungen liegen, noch lösen? Was machen wir, wenn ein Problem auftritt, das nur dadurch behoben werden kann, daß die Ausländer unsere Finanzen- und Militärrechte verwalten? Hätte unser Widerstand nicht zum Abbruch der diplomatischen Beziehungen geführt, dann würden sich die gegenwärtigen Probleme erübrigen. Wenn wir nach Abbruch der diplomatischen Beziehungen heute von einer Kriegeserklärung absehen, können auch die zukünftigen Probleme vermieden werden.

Wollen wir die heutigen Probleme vermeiden, so können wir nur umkehren bevor es zu spät ist und langsam einen Weg zur Wiedergutmachung des Schadens einschlagen; ansonsten wird das Problem nicht von Grund auf gelöst werden können, denn wenn man den Schatten fürchtet und deshalb nicht mehr gehen will, kann man sich auch mit den Folgen der Probleme nicht gut auseinandersetzen. Das heutige China gleicht einem Kranken, der allein in der Ecke liegt, während die anderen rücksichtslos am Essen sind. Dann gibt es Leute, die Aufsehen erregen möchten und sagen, daß er unbedingt mitessen muß. Nachdem er mitgegessen hat, leidet er an qualvollen Verdauungsstörungen. Dann sieht er, daß die anderen nach dem Essen Sport treiben und wieder sagen einige, daß auch er Sport treiben muß. Da aber seine Gesundheit noch nicht hergestellt ist, bricht nach dem Sport eine andere Krankheit aus. Einige sagen dann wieder, daß er unbedingt starke Medikamente einnehmen muß. Als die Medikamente ihre Wirkung zeigen, wälzt er sich auf dem Bett hin und her, der Schmerz wird immer stärker. Schließlich sagen die Leute nur noch, daß es sterben muß, mehr nicht. Gegenwärtig ist China noch nicht in der Situation, daß die Fremden stellvertretend seine Finanzen und das Militärwesen verwalten. Jedoch kann es bei der kleinsten Unaufmerksamkeit in die Todessituation jenes Kranken geraten. Gibt es noch größere Schmerzen wie diese? Bezogen auf die gegenwärtigen Reformen und Pläne sind die Schwierigkeiten sicherlich nicht unlösbar. Bezogen auf Ihre Freundschaft, sehe ich es als meine Pflicht, das Land mit all meiner Kraft zu unterstützen. Auch in Bezug auf meine persönlichen Moralvorstellungen, wonach ich der Regierung von einer Kriegserklärung abrate, werde ich sicher all meine Fähigkeiten und mein Wissen nutzen, um die Regierung bei der Bewältigung der Schwierigkeiten nach Abbruch der diplomatischen Beziehungen zu unterstützen.

Des weiteren habe ich alle zivilisierten Herrscher sowohl in China als auch im Ausland und alle konstitutionellen Staaten studiert. Wo gute Politik gemacht wurde, wurden sicherlich die Meinungen der einfachen Menschen eingeholt. Dort wurde nicht an der Herrlichkeit der Macht festgehalten, deshalb wurden auch die Worte der Menschen nicht ignoriert. Unter den demokratischen Ländern der Neuzeit wird dieser Geist besonders hoch geschätzt. Heute ignoriert [auch] der Ministerpräsident das weit Entfernte nicht, sondern ist erfreut, die Meinungen der Gegner zu hören. Sie besitzen – so glaube ich – den Stil der alten Herrscher, nach welchem die Politiker in der Gegenwart streben. Außerdem habe ich als Südchinese in der Zeit der Xinhai-Revolution die Republik ausgerufen und Sie, Herr Ministerpräsident, haben dem mit den Militärherren des Nordens zugestimmt. Wir tragen beide die Pflicht zur Aufrechterhaltung der Republik in uns.

Wenn jetzt nicht der kritische Augenblick [eines Kampfes] um Leben und Tod bestünde, würde ich es nicht wagen, Ihnen meine Meinung offen mitzuteilen. Falls Sie meine Vorschläge annehmen, bin ich sofort bereit, mich in den Norden begeben, um Ihnen alle meine Herzensgedanken darzulegen. Ansonsten wünsche ich, daß meine Zweifel behoben werden, auch dann werde ich zufrieden sein. Falls sich aber beide Wünsche nicht erfüllen und Sie leichtsinnig meine Reise nach Peking befehlen, muß ich befürchten, daß dieses nicht zu einem harmonischen Verhältnis führen wird. Ich weiß, daß nur gute Menschen imstande sind, alle Worte entgegennehmen zu können. Deshalb habe ich Ihnen ohne Umschweife alles mitgeteilt, in der Hoffnung, daß es erhört wird.

Hochachtungsvoll.

Sun Zhongshan: Guofu quanji (Sun Yatsen: Gesamtwerk), 1989, Bd. 4, S. 481-482.

32

Proklamation der Militärregierung in Kanton (26.09.1917)

Proklamation der Militärregierung der Republik China: Nachdem Deutschland die Strategie des uneingeschränkten U-Bootkrieges verkündet hatte, erhob die Regierung unseres Landes Protest. Da der Protest keine Wirkung zeigte, hat die Regierung, unterstützt durch das Parlament, die diplomatischen Beziehungen zu Deutschland abgebrochen. Kurze Zeit später hat die Regierung dem Parlament einen Entwurf zur Kriegserklärung vorgelegt und um Zustimmung gebeten. Bevor über den Entwurf entschieden werden konnte, haben der

Abtrünnige Ni Sichong u.a. bedauerlicherweise Unruhen herbeigeführt, so daß das Parlament inmitten [seiner Debatten] unterbrochen wurde.[139] Dadurch ist über diesen wichtigen Entwurf bis heute nicht rechtmäßig entschieden worden. Neulich hat Duan Qirui einen gefälschten Erlaß des großen Präsidenten [Feng Guozhang] herausgegeben, eigenmächtig eine Regierung gebildet und die Kriegserklärung gegen Deutschland und Österreich ausgesprochen. Entsprechend der Verfassung des Staates ist dieses selbstverständlich nicht rechtmäßig.[140] Dennoch befindet sich unser Land nach diesen Vorgängen aber bereits in feindlicher Position zu Deutschland und Österreich.

Die Militärregierung ist gerade erst gegründet worden und über die grundlegenden Richtlinien der Außenpolitik muß dringend entschieden werden, um sie [dann] vorteilhaft umzusetzen. Ich habe deshalb am 18. desselben Monats ein [offizielles] Schreiben an die Außerordentliche Versammlung des Parlaments formuliert, um darüber zu beraten, ob der Kriegszustand zwischen China und den zwei Ländern Deutschland und Österreich akzeptiert werden soll.[141] Am 22. des Monats hat die Außerordentliche Versammlung des Parlaments in einer Sitzung den Beschluß gefaßt, den Kriegszustand zu akzeptieren und ein Antwortschreiben [an die Militärregierung] geschickt.[142] Ferner hat die Überprüfung ergeben, daß es sich bei der Lösung des innenpolitischen und des internationalen Krieges um zwei [getrennte] Angelegenheiten handelt. Da die außerordentliche Versammlung des Parlaments die Anerkennung des Kriegszustandes beschlossen hat, sollte unsere Militärregierung diesen Beschluß auch umsetzen. Alle Deutschland und Österreich betreffenden Angelegenheiten werden dem internationalen Kriegsgesetz entsprechend gehandhabt. Diese Proklamation wird in China und im Ausland bekanntgegeben.[143]

Sun Zhongshan: Guofu quanji (Sun Yatsen: Gesamtwerk), Taibei 1989, Bd. 2, S. 62.

---

139 Ni Sichong, Militärherr in Anhui, zu den Ereignissen siehe Ch'i 1976:20ff.

140 Feng Guozhang hatte das Amt des Präsidenten am 1. August 1917 angenommen. Ebenso wie die unter Li Yuanhong vollzogene Auflösung des Parlaments verfassungswidrig war, war es das durch Duan Qirui neu konstituierte Parlament der Peking-Regierung. Schließlich wurde die Kriegserklärung ohne Einwilligung des Parlaments ausgesprochen (Yeh Young-ming 1983:203-206).

141 Abgedruckt in Yeh Young-ming 1983:286-287.

142 Dem Beschluß lag ein Abstimmungsverhältnis von 49 zu 11 Stimmen zugrunde (ebenda:287).

143 Siehe auch ZHMWZX, Bd. 1, S. 298-299. Zu den Vorgängen siehe Yeh Young-ming 1983:284-289.

33

Bericht des ehemaligen Generalkonsuls in Shanghai, Hubert von Knipping, an Reichskanzler Georg Graf von Hertling (20.12.1917)

A 42651

Der Kaiserliche Herr Gesandte, von Hintze, erteilte beim Verlassen Chinas Ende März d.J. in Shanghai den Auftrag,[144] die Abreise [von Knipping u. Schirmer] von China aufzuschieben, mit Dr. Sun Yatsen, dem Führer der Guomindang, der radikalen Süd-China Partei, in unmittelbare Beziehung zu treten, ihn zum Sturz des Ministerpräsidenten Duan Qirui und seines Kabinetts zu veranlassen und Dr. Sun für diesen Zweck mit Geldmitteln bis zur Höhe von 2 Millionen Dollar zu unterstützen. Da unser bewährter Vertrauensmann bei der Südpartei, Suns Freund und Vertrauter, Abel Tsao [Cao Yabo], von seiner Reise nach Peking noch nicht zurückgekehrt war, wurden alle Maßnahmen getroffen, ihn so schnell wie möglich nach Shanghai zurückzurufen. Immerhin verging bis zu Caos Rückkehr nach Shanghai noch einige Zeit, so daß eine Benachrichtigung des Herrn Gesandten [Hintze] in Honolulu über den Erfolg der getroffenen Maßnahmen nicht mehr erfolgen konnte. Bis zu Caos Rückkehr wurde die bisherige Arbeit fortgesetzt und in jeder Weise durch Kampf-Propaganda und Beeinflussung einflußreicher Persönlichkeiten versucht, die Kriegserklärung noch weiter hinauszuziehen. Die vortrefflichen Beziehungen zu Kang Youwei, dem bekannten, hochangesehenen, kantonesischen Gelehrten und Führer einer einflußreichen Gruppe von prodeutschen Politikern und Staatsmännern, wurden weiter gepflegt. Der bei den Zhili-Truppen in Peking sehr einflußreiche frühere Minister und Volksführer Sun Hongyi,[145] ein persönlicher Feind Duan Qiruis aus früheren Tagen, wurde für unsere Ziele gewonnen. Auch Tang Shaoyi,[146] Sun Yatsens Freund, wurde in Abwesenheit von Cao Yabo veranlaßt, den Einfluß der Guomindang Partei gegen die Kriegserklärung an Deutschland einzusetzen.

Nach Eintreffen Cao Yabos in Shanghai wurde umgehend eine geheime Unterredung zwischen dem Dolmetscher Schirmer und Dr. Sun Yatsen herbeigeführt. Die Unterredung ergab Übereinstimmung der politischen Ziele. Sun Yatsen erklärte sich zum Sturz Duan Qiruis bereit und in der Lage und erbat für Beeinflussung von Heer und Marine einen Betrag von 2 Millionen Dollar. Sun betonte im Laufe der Unterredung seine guten Beziehungen zu

---

144 Hintze reiste am 19. März von Peking ab und verließ China am 25. März auf einem holländischen Schiff (Peter 1965:275).

145 Sun Hongyi war am Ende der Qing-Regierung Offizier unter Yuan Shikai. Er zählte zu den Befürwortern einer konstitutionellen Monarchie und bekleidete ab 1909 unterschiedliche Ämter, u.a für die Fortschrittspartei. Im Juni 1916 wurde er zum Erziehungsminister der Peking-Regierung ernannt, einen Monat später übernahm er das Amt des Innenministers. Im August 1917 folgte er Sun Yatsen nach Kanton und übernahm im folgenden Monat das Amt des Innenministers der Militärregierung.

146 Tang Shaoyi und Wu Tingfang, die 1911 die Friedensverhandlungen zwischen Nord- und Südchina geführt hatten, waren im Kabinett der Militärregierung unter Sun Yatsen vertreten (Kuhn 2004:117).

einem Teil der einflußreichen japanischen Staatsmänner. Er betonte, daß die Stimmung in Japan gegenüber Deutschland geteilt sei; das Auswärtige Amt sei antideutsch, während ein großer Teil des Heeres und der Marine von Bewunderung für Deutschland erfüllt sei. Er selbst habe die Absicht gehabt, nach Japan zu fahren, um dort wegen der Lage in China Fühlung zu nehmen; man habe ihm abgeraten, da seine Reise zu sehr auffallen würde, – er hätte sich z.B. in Peking abzumelden – aber Japan habe ihm versprochen, einen hohen japanischen Offizier, Tanaka,[147] unauffällig nach China zu senden, dem er seine Ansichten auseinandersetzen könne. Nach der Unterredung mit Sun Yatsen wurde Euerer Exzellenz auf anderem Wege entsprechender Bericht erstattet und nach Eintreffen Euerer Exzellenz Genehmigung das Erforderliche veranlaßt. Sun Yatsens Besprechung mit Tanaka hatte den gewünschten Erfolg; Sun erklärte Tanaka ganz offen, daß er vorhabe, Duan zu stürzen. Tanaka eröffnete Sun, daß die japanische Regierung nicht beabsichtige, sich in innere Angelegenheiten Chinas einzumischen und berichtete telegraphisch nach Tokio. Die Folgen von Suns Wirken machten sich in Kürze bemerkbar. Die Unzufriedenheit mit der Pekinger Regierung wuchs sichtlich im ganzen Lande und Duan Qiruis Stellung fing an zu wanken. Die Minister seines Kabinetts wurden in alle möglichen von der Guomindang angezettelten Bestechungsskandale verwickelt. Hierzu kamen fast tägliche persönliche Mißhelligkeiten zwischen dem Ministerpräsidenten Duan und dem Präsidenten Li Yuanhong, welche letzterer in seiner ablehnenden Haltung gegenüber Duan durch unsere in Peking wirkenden Freunde im Präsidialpalast und in den hohen Offizierskreisen gestärkt wurde.

Inzwischen waren aber auch in Peking die Gesandten der verbündeten Mächte nicht müßig geweisen; die Kriegsfrage wurde emsig betrieben und man versuchte eifrig mit den alten Mitteln, China zu veranlassen, nach dem ersten Schritte (der Note) und dem zweiten Schritte (Abbruch der Beziehungen) endlich auch den entscheidenden dritten Schritt (Kriegserklärung) zu tun. Das Parlament jedoch, im geheimen durch die energische Arbeit der Guomindang aufgeklärt, war aus seinem Traum von dem großen Weltreich China jäh erwacht; man stellte fest, daß die nach dem Abbruch der Beziehungen zu Deutschland erwarteten Vorteile nicht gekommen waren, man war ernüchtert und enttäuscht und zeigte sich gänzlich abgeneigt, der Regierung noch weiter blindlings zu folgen.

Inzwischen war es auch den Bemühungen des Dolmetschers Schirmer gelungen, die beiden großen der Pekinger Regierung feindlich gesinnten Parteien der Kaiserlichen (Kang Youwei) und extremen Radikalen (Dr. Sun Yatsen) zu gemeinsamer Arbeit zu vereinigen und zu gleichzeitigem Vorgehen gegen Duan Qirui und sein Kabinett zu veranlassen.

[....][148]

---

147 General Tanaka Giichi, der 1915 Japans Bemühungen unterstützte, durch eine Förderung Sun Yatsens die kaiserlichen Ambitionen Yuan Shikais zu vereiteln (vgl. Wilbur 1976:84).

148 Auslassung: Es folgt eine Darstellung der innenpolitischen Kämpfe der Peking-Regierung. Thematisiert werden der Sturz des Ministerpräsidenten Duan Qirui, und der vergebliche Versuch der amerikanischen Regierung, „nach einem von uns veranlaßten Hilferuf von Dr. Sun Yatsen an Wilson, durch einen übel gefaßten Rat an China, die äußere Politik beiseite zu lassen und erst einmal im Innern Ruhe zu schaffen, das drohende Unheil abzuwenden.“ Es folgen Ausführungen zu Li Yuanhong und dessen Berufung Zhang Xuns zur Vermittlung.

Nach längerem Zögern kam Zhang Xun auch, begleitet von einem starken Truppenaufgebot seiner eigenen Leute, in Peking an. Im Triumphe zog er ein, er war jetzt der mächtigste Mann im ganzen Lande.

Durch einen geheimen Boten ließ er mich seiner Freundschaft für die Deutschen versichern und teilte mir mit, daß ich mit Schirmer solange im Lande bleiben könnte, wie ich wollte. Die Kriegserklärung war jetzt ganz aufgeschoben.

Die endgültige Regelung der Verhältnisse in Peking stieß auf ganz unüberwindliche Schwierigkeiten. Für diplomatische Verhandlungen war der alte, brave Haudegen nicht geeignet und so beschloß er dann kurzer Hand den ganzen Knoten mit dem Schwerte zu durchhauen und das zu tun, was seit dem Sturz der Mandschus sein kaisergetreues Herz immer ersehnt hatte. Beeinflußt bei seinem Vorgehen wurde Zhang Xun durch seine japanischen Freunde. Schon in Xuzhoufu, seiner alten Residenz, hatte er japanische Ratgeber um sich. Auch zu Tanaka führten seine Beziehungen und die orakelhaften Worte Tanakas, wenn die Kaiserlicen etwas tun wollten, müßten sie den richtigen Augenblick benutzen, führten den Alten zu dem Glauben, daß nun der richtige Zeitpunkt gekommen sei. Am 1. Juli d.J. erfolgte in Peking mit feierlicher Pracht die Wiedereinsetzung der kaiserlichen Mandschu-Dynastie. Li Yuanhong dankte ab und das Parlament verschwand in einzelnen Gruppen nach Tianjin und Shanghai. Zuerst ging alles gut; das ganze Land war über den Staatsstreich so überrascht, daß anfänglich eigentlich kaum jemand Einspruch erhob. Aber die Alliierten wollten keine deutschfreundliche Mandschu-Dynastie. Unter dem Einfluß der alliierten Minister, besonders des größten Kriegshetzers Conty, fielen die Eidgenossen Zhang Xuns, die ihm für sein Unternehmen Treue geschworen hatten, von ihm ab und zogen mit überlegenen Truppenmengen nach Peking, um die Staatsgewalt zu verteidigen, von der sie sich erst kürzlich losgesagt hatten.

[...][149]

Im Süden war man mit der Entwicklung der Dinge im Norden höchst unzufrieden. Besonders laut ließen sich Kanton und Yunnan vernehmen, die auf die Guomindang Partei gestützt, aus ihrem Unwillen keinen Hehl machten. Die versuchte Vergewaltigung des Parlaments, der Abfall der Generäle von Peking, die Gegenregierung in Tianjin, die plötzliche Loyalität der Generäle für die Republik kurz nach ihrer Verschwörung den Kaiser wieder einzusetzen, alles das brachte den Süden bald offen in Gegensatz zu Peking; stürmisch wurde die Beseitigung des „Autokraten“ Duan Qirui und des „Schleichers“ Feng Guozhang verlangt. Allmählich gelang es, wenn auch mit großen Schwierigkeiten, die durch Interessengegensätze entfremdeten Südprovinzen zusammenzuschließen und zum offenen Abfall von Peking zu veranlassen. Kanton wurde, da ein anderer Mittelpunkt nicht gefunden werden konnte, zur Hauptstadt des „von Peking unabhängigen“ Bundes gemacht und die Parlamentsmitglieder bewogen, zu neuer Tagung nach Kanton überzusiedeln. Alle Versuche jedoch, Präsident Li Yuanhong aus Peking herauszuholen, scheiterten, trotzdem ihm die

149 Ausführungen zum Ende der Dynastie, dem Rücktritt Li Yuanhongs, der Rückkehr Duan Qiruis und der Flucht der Parlamentarier nach Shanghai.

Shanghai Flotte zwei Schiffe nach dem Norden entgegensandte. Die Flotte in Shanghai, die ihren unbedingten Gehorsam für Präsident Li Yuanhong und die alte verfassungsmäßige Staatsgewalt schon vorher bekundet hatte, fiel endlich offen von der neuen Regierung ab und segelte mit Tang Shaoyi nach Kanton, wo sie jubelnd begrüßt wurde. Auch Dr. Sun Yatsen folgte unserem Drängen entsprechend, nach kurzer Zeit. Ich selbst habe es mit Schirmer nicht für nützlich gehalten, der Einladung, mit nach Kanton zu gehen, zu entsprechen. Dem unermüdlichen Wirken Sun Yatsen in Kanton gelang es endlich, dort eine Art provisorischer Regierung einzurichten. Das Rumpf-Parlament begann seine Sitzungen und man plädierte, unter Unterstützung von Guizhou, Guangxi und Hunnan, für den Straffeldzug gegen den Norden.

General Lu Rongting in Guangxi spielte in den ganzen Wirren eine zweifelhafte Rolle.[150] Beide Parteien unserer Freunde, Kaiserliche und Republikaner, haben ihn immer mit voller Überzeugung als ihren Mann in Anspruch genommen. Spätere Ereignisse haben jedenfalls gezeigt, daß er kein Freund von Duan Qirui und Feng Guozhang war.

Japan folgte der Entwicklung der Dinge in China mit großer Aufmerksamkeit. Nach dem übel angebrachten Eingriff der Vereinigten Staaten in die äußere Politik Chinas im Februar d.J. gab es für Japan nur eine wichtige Aufgabe in China, Amerika als Machtfaktor im fernen Osten wieder auszuschalten und China nicht mehr Amerikas, sondern Japans Führung in der auswärtigen Politik zu unterstellen. So sehr sich Japan in den ersten Kriegsjahren gesträubt hatte, Chinas aus seiner Neutralität herauszuziehen, ebenso sehr bemühte sich Japan nach dem Abbruch der chinesischen Beziehungen zu Deutschland, China in den Krieg hineinziehen. Seine Versprechungen und Drohungen hatten bei der von der Entente bezahlten Regierung endlich auch den gewünschten Erfolg. So kam am 11. August d.J. die Kriegserklärung Chinas an Deutschland durch die Machthaber in Peking als Ergebnis von Bestechung und Drohung und als ein letzter aber vergeblicher Versuch, die inneren Wirren durch eine starke äußere Politik zu unterdrücken.

Englische Nachrichten haben die Meldung verbreitet, daß der Süden sich förmlich der Kriegserklärung angeschlossen habe. Zuverlässige Nachrichten haben mich darüber nicht erreicht.[151] Es kann jedoch keinem Zweifel unterliegen, daß eine derartige Erklärung, wenn sie abgegeben ist, lediglich eine Kampfwaffe gegen den Norden, nimmermehr aber ein Zeichen von Versöhnung war.

China hat zwar an Deutschland Krieg erklärt und gewisse feindliche Maßnahmen gegen die Deutschen in China getroffen, hat sich jedoch im allgemeinen bisher auf Auferlegung einer Art von Meldepflicht und Aufsicht beschränkt. Ich habe, als die Kriegserklärung unvermeidlich wurde, Gelegenheit nehmen können, die Peking Regierung auf vertraulichem Wege darauf aufmerksam zu machen, daß eine verständige Behandlung der Deutschen die

---

150 Lu Rongting war amtierender Inspektor-General der Provinzen Guangdong und Guangxi und mit dem Ausbau seiner Macht beschäftigt, als Sun Yatsen ihn am 2. September 1917 in einem Telegramm zu überreden versuchte, das Amt des Vize-Generalismus in der neuen Militärregierung zu übernehmen. Lu lehnte ab. Siehe Yeh Young-ming 1983:254-265.

151 Siehe Dok. 32.

Anbahnung späterer freundschaftlicher Beziehungen zu Deutschland zu erleichtern, jede unnötige Schärfe aber zu späteren Schwierigkeiten führen würde.

Die Frage, ob nach Friedensschluß die Deutschen in China auf die bisherige Freundschaft der Chinesen rechnen können, dürfte meines gehorsamsten Erachtens mit vollem Recht bejaht werden. Die allgemeine Stimmung der Chinesen war, als ich China nach Androhung von Internierung mit dem österreichischen Transport verlassen mußte, nach wie vor deutschfreundlich. Welches auch immer die Regierung sein wird, die nach Friedensschluß in Peking die Macht hat, zwei große und starke Parteien im Lande werden immer für die Deutschen zu haben sein. Imperialisten und die radikalen Republikaner. Zeitungsnachrichten haben inzwischen gemeldet, daß infolge der Bemühungen der Südpartei, deren leitendes Press[e]organ in Peking die von uns unterstützte *Peking Gazette* ist, und die durch dieses Organ inzwischen eine die Politik der Peking Regierung gegenüber Japan bloßstellende Enthüllung veranlaßt hat, unser Feind und der Günstling der Alliierten Duan Qirui, ein zweites, hoffentlich endgültiges Mal gestürzt worden ist.[152]

Es darf aus dieser Nachricht gefolgert werden, daß die von uns bewirkte Beeinflussung weiter gut fortwirkt, und es darf daran die Hoffnung geknüpft werden, daß die politische Lage der Deutschen in China sich nicht weiter verschlechtern wird.

PAA, R17981.

34

Aufzeichnung des Ostasiatischen Vereins, Hamburg (Januar 1918)

(Streng vertraulich!):
Deutsch-Ostasiatische Wünsche für den kommenden Frieden

Hamburg, Januar 1918

In der Erwartung eines nicht zu fernen Friedens erscheint es dem Verein angebracht, seine Wünsche und Forderungen hinsichtlich der beim Friedensschluß mit sämtlichen feindlichen Mächten zu erzielenden Bedingungen, soweit sie deutschen Handel und Verkehr in und mit Ostasien betreffen, aufzustellen.

An erster Stelle haben wir zu betonen, daß unsere Interessen zum mindesten verlangen, daß das deutsche Ansehen in Ostasien augenfällig so wiederhergestellt werde, daß der deutsche Kaufmann es ruhig wagen kann, seine Pioniertätigkeit im jetzt feindlichen Auslande wieder aufzunehmen.

---

152 Die Hoffnungen Knippings blieben unerfüllt. Duan amtierte von März 1918 bis zu seinem Rücktritt am 11. Oktober erneut als Premierminister. Zuvor hatte er den pro-japanischen „Anfu-Klub" gegründet, dessen Anhänger bei den Parlamentswahlen die Mehrheit der Sitze erlangten, überdies setzte er die Wahl des neuen Präsidenten Xu Shichang durch (vgl. Kuhn 2004:114-118).

Diese Mindestforderung hat zur Voraussetzung, daß alle dem deutschen Ansehen und Interesse angetane Schädigung in vollem Maße wieder gutgemacht werden muß; mit einer Wiederherstellung des materiellen „status quo ante“ darf es nicht sein Bewenden haben, sondern die Herabsetzung deutschen Ansehens durch Gewalttätigkeiten gegen Deutsche sollte besonders deutlich auch dadurch ausgeglichen werden, daß dem Deutschen Reiche ein Zuwachs an Macht oder Einfluß eingeräumt wird, möglichst unter ausdrücklicher Bezeichnung dieser Maßregel als Entschädigung für die, deutschen Reichsangehörigen zugefügte, persönliche Unbill.

Das Gewicht der Worte „civis germanus sum“ muß durch solche Maßregeln den fremden Völkern in besonders helle Beleuchtung gerückt werden.

Für den deutschen Handel in Ostasien kommt es neben tatsächlicher Gleichberechtigung mit dem Handel anderer Völker des Ostens – seinem siegreichen Kampfe gegen eine Welt von Feinden entsprechend – auch durch äußerlich erkennbare lokale Macht und Einfluß auf eine höhere Stufe als vor dem Kriege gehoben wird.

Unsere Friedensziele sind:

1. Wiederherstellung des status quo ante bzw. voller Ersatz, wo die restitutio ad integrum nicht möglich ist. Dies bezieht sich sowohl auf Forderungen des Reiches (Kiautschou) als auch auf solche von Reichsangehörigen.
2. Die „offene Tür“ und wirtschaftliche Gleichberechtigung aller Nationen in allen Ländern Ostasiens, einschließlich aller Kolonien, Besitzungen, Schutz- und Pachtgebiete.
3. Eine Neuregulierung der Fremden-Niederlassungen in den chinesischen Vertragshäfen in solcher Weise, daß deutsche Reichsangehörige in keinem Falle schlechter gestellt sind und weniger Einfluß auf zu treffende Maßnahmen haben als Engländer.

   Es wäre zu dem Zwecke für die einzelnen Plätze folgendes zu fordern:

   a) Shanghai: Wirkliche Internationalisierung mit Einschluß der jetzigen französischen Konzession, die von Frankreich aufgegeben werden müßte.

   b) Tianjin: Erweiterung der deutschen Konzession, durch die jetzige belgische.

   c) Hankau: Erweiterung der deutschen Konzession durch die jetzige französische.

   d) Kanton: Internationalisierung von Shameen [Shamian] oder neue deutsche Konzession flußabwärts gegenüber Shameen auf derselben Seite des Flusses.

   e) Internationalisierung sämtlicher kleineren jetzt englischen Konzessionen auf chinesischem Gebiet oder Bewilligung deutscher Niederlassungen nach Bedarf.

   f) Zur Sicherstellung des deutschen Einflusses in den internationalisierten Plätzen müßte abgemacht werden, daß in den Stadträten die Deutschen, ganz abgesehen von ihrer Anzahl, ebenso viele Plätze beanspruchen können wie die Engländer. Weiter wäre es im Interesse von sämtlichen in China interessierten Mächten, daß diese sich verpflichten, alle Fremden-Niederlassungen als dauernd neutral zu erklären (ähnlich den Kongo-Abmachungen).[153]

153 Auf der Kongo-Konferenz in Berlin (1884/85) vermittelte Bismarck hinsichtlich der Bildung eines neutralen Kongostaates unter Hoheit Leopolds II. von Belgien mit Handelsfreiheit für alle Nationen.

4. Die Stellung unter internationalen Schutz einer in Krieg und Frieden freien Verkehrsstraße von Europa nach Ostasien durch den Suez-Kanal, besonders zu gewährleisten durch Umwandlung von Hongkong, Singapore und Penang in internationale Niederlassungen. Auf Forderungen außerhalb Ostasiens hinzuweisen fühlen wir uns als Ostasiatischer Verein nicht berechtigt, betonen aber die Notwendigkeit, daß an solcher freien Verkehrsstraße auch international gesicherte Anlaufplätze und Kohlenstationen sich befinden müssen.
5. Die Abtretung Indo-Chinas an Deutschland aber, wenn das nicht angängig, die Errichtung eines deutschen Protektorats oder schließlich seine Internationalisierung und Ernennung Deutschlands zum internationalen Treuhänder und alleinigen Verwalter.
6. Abmachungen, daß Deutschland an geeigneten Plätzen die notwendigen Anlagen für Kabel oder drahtlose Stationen errichten kann.
7. Außer der Wiederherstellung des status quo ante die Gewährung seitens Chinas und Siams von besonderen Konzessionen oder Privilegien an Deutschlands Handel und Industrie, um die bisherige bevorzugte Stellung anderer Nationen in diesen Ländern möglichst auszugleichen.
8. Abtretung des portugiesischen Teils der Sunda-Insel Timor und eventuell von Goa, Din und Damann durch Portugal an Deutschland; ersteres ist als Etappe zu unserem Südsee-Schutzgebiet und alles zum Austausch gegen andere Objekte geeignet.

Begründung.

Das ungeheure wirtschaftliche Gebiet **Chinas** mit fast 400 Millionen Bewohnern von vorgeschrittener Konsumkraft bietet größere Absatzmöglichkeiten für deutsche Erzeugnisse als ein noch so großes wenig entwickeltes Zentral-Afrika, und liefert auch Rohstoffe in entsprechendem Umfange. Laut chinesischer Statistik für 1912 belief sich die Gesamteinfuhr nach China auf zirka 1335 Millionen Mark, und die Gesamtausfuhr auf zirka 1019 Millionen Mark, woran Deutschland mit zirka 9 bzw. 11% beteiligt war; zweifellos sind diese Zahlen noch großer Steigerung fähig bei der zunehmenden Entwicklung des Landes.

Die deutschen Firmen in Ostasien ebenso wie die deutsche Reederei vermittelten nicht nur den Handel mit Deutschland, sondern waren bis Kriegsausbruch auch von großer Bedeutung im Welthandel, was die Mißgunst Englands erweckte und dessen Vernichtungsmaßregeln gegen den deutschen Handel ebenso hervorrief, wie gleiche Ursachen in anderen Teilen der Welt.

Die Kriegserklärung Chinas geschah unter starkem Druck der Entente und auf Grund unlauterer Machenschaften; eigentliche Feindschaft des chinesischen Volkes gegen uns besteht nicht, wohl aber wird man dort an vielen Stellen im eigensten Interesse Deutschlands Sieg begrüßen, der Befreiung aus oder Erleichterung von der bedrückten Lage gegenüber den Ententemächten bringen könnte.

Immerhin müssen die Friedensbedingungen auch China gegenüber erkennen lassen, daß Deutschland siegreich aus dem Kampfe hervorgegangen ist, was durch Gewährung gewisser wirtschaftlicher Vorteile seitens Chinas zum Ausdruck gebracht werden könnte.

Zur Wahrung unseres Ansehens bei den örtlichen Völkern ist die Rückgabe Kiautschous seitens Japan an Deutschland erforderlich, auch wenn es sich für uns als ratsam erweisen sollte, das Pachtgebiet nachher – selbstverständlich gegen Entschädigung – an China zurückzugeben.

Wenn Qingdao dann in einen chinesischen Vertragshafen umgewandelt und in diesem eine großzügige deutsche Niederlassung errichtet würde, so werden wir imstande sein, auch von dort, sowie von den anderen deutschen Zentren aus, unsere wirtschaftlichen sowohl als auch unsere kulturellen Bestrebungen intensiv zu verfolgen und unsere Unternehmungen weiter auszubauen.

Bei der Festlegung von Deutschlands zukünftiger Stellung in wirtschaftlicher und politischer Beziehung gegenüber China darf nie aus dem Auge verloren werden, daß sämtliche für den Wettbewerb mit Deutschland auf chinesischem Boden in Frage kommenden Staaten im fernen Osten große Gebiete und Stützpunkte besitzen, so:

England: Hongkong, Weihaiwei, Britisch-Borneo und die Straits Settlements;
Frankreich: Indo-China mit Saigon und Haiphong, und Guangzhouwan in Südchina;
Rußland: Ostsibirien mit Wladiwostock und Einflußgebiet in der Nordmandschurei;
Vereinigte Staaten von Nordamerika: die Philippinen;
Holland: Niederländisch-Indien;
Japan: Formosa, Korea und die benachbarte Mandschurei;
Portugal: Macao.

Wenn die neueste Entwicklung es politisch klug erscheinen läßt, darauf zu verzichten, einen militärischen Stützpunkt innerhalb des chinesischen Reiches zu erstreben, so sollte auf anderer Weise ein Ausgleich gefunden werden, und dafür liegt ein günstig gelegenes Objekt in dem französischen **Indo-China** vor. Es ist ein reiches Gebiet, daß noch große Möglichkeiten der Entwicklung bietet und in dem der französische Handel große exklusive Vorrechte genoß. Durch Indo-China führt der Weg in die westlichen Provinzen Chinas, Guangxi, Guizhou, Yunnan, und durch diese nach der reichen Provinz Sichuan und damit an den oberen Yangzi-Fluß.

Die Abtretung dieses Landes seitens Frankreichs an Deutschland erscheint uns außerordentlich wünschenswert; Indo-China gäbe uns den Zugang auf dem Landwege zu China, Siam, Burma, lieferte uns Reis, Kopra, Pfeffer sowie andere tropische Erzeugnisse und böte uns Gelegenheit, unseren Einfluß in Ostasien stark zu erhöhen.

Sollte die Abtretung ganz Indo-Chinas nicht erreichbar sein, so sollten wir aber mindestens Tonkin beanspruchen.[154] Ist eine Abtretung von Tonkin mit dem Hafen von Haiphong oder des ganzen Indo-China oder ein Protektorat oder selbst eine Internationalisierung nicht zu erlangen, dann müßte aber jedenfalls bei Frankreich die wirtschaftliche Gleichberechtigung aller Nationen für die Erschließung Indo-Chinas und besonders die Freigabe aller indo-chinesischen Häfen, auch für die Küstenschiffahrt, durchgesetzt werden.

---

154 Tonkin (Tongking), der nördlichste Teil Vietnams mit den Städten Hanoi und Haiphong, seit 1884 frz. Kolonie, wurde 1887 mit den „Protektoraten“ Kambodscha, Laos und Annam zur Föderation Indochina zusammengeschlossen.

Hongkong: Von einer tatsächlichen Gleichstellung der Nationen im Handel mit China kann aber nur dann die Rede sein, wenn auch die englische Kolonie Hongkong internationalisiert werden kann. Hongkong ist und bleibt der natürliche Umschlagshafen für Südchina. Daran würde auch die Ausführung des oft genannten chinesischen Projekts, den Hafenplatz Whampoa an der Mündung Kanton-Flußes auszubauen, um dadurch wirtschaftlich von Hongkong unabhängiger zu werden, nichts ändern. Zunächst würde die Ausführung des Projekts die Bereitstellung großer Geldmittel erfordern und vermutlich erst innerhalb der nächsten 10 Jahre vollendet werden. Bis dahin aber können deutsche Kaufleute und Reedereien nicht auf den Handel in Südchina verzichten, außerdem würde auch im besten Falle nur der Teil des Handels von Hongkong nach Whampoa abwandern, der an den Kanton-Fluß gebunden ist; der ganze Umschlagverkehr in europäischen Erzeugnissen, die von Hongkong nach Tonkin und Yunnan und nach den Provinzen Guangdong und Fujian (Shantou, Xiamen, Fuzhou) gehen, wird den Umweg über Whampoa [Huangpu, nahe Kanton/Guangzhou] nicht machen, ebenso wenig werden die Europa-Dampfer der Hapag und des Norddeutschen Lloyd, selbst wenn die Wasserverhältnisse im Kanton-Fluß es zuließen, den Zeitverlust und die Unkosten auf sich nehmen wollen, in Whampoa Bunkerkohlen zu nehmen, die sie wesentlich billiger in Hongkong haben können. Auch kann Whampoa den vielen deutschen Küstendampfern Hongkong als Ausgangspunkt für ihre Küstenlinien nicht ersetzen. Schließlich darf nicht übersehen werden, daß das chinesische Großkapital infolge der häufigen Revolutionen in China vielfach in Hongkong Zuflucht genommen hat.

Die wohlhabenden chinesischen Händler werden aber nicht, so sehr sie auch die Wiederaufnahme der geschäftlichen Verbindung mit den deutschen Firmen herbeiwünschen, den letzteren ohne weiteres bei einem Domizilwechsel nach Whampoa oder Kanton folgen. Die tatsächlichen Verhältnisse sprechen also dafür, daß mindestens auf absehbare Zeit hinaus Hongkong das Emporium des Handels von Südchina bleiben wird. Nun gibt es kaum einen Deutschen, dem es nicht widerwärtig wäre, nach der in Hongkong erfahrenen Beraubung an persönlicher Freiheit und Habe dorthin zurückzukehren, aber diesem Gefühl nachzugeben, hieße das Kriegsziel der Engländer zu erfüllen. Erst kürzlich hat die Gesamtheit der englischen Firmen in Hongkong ein Gesetz in Vorschlag gebracht, das die Rückkehr der deutschen Firmen für die ersten 10 Jahre nach Kriegsschluß verhindern sollte, dessen Annahme nur durch die Stimmen der englischen Regierungsvertreter und der Chinesen, die die Rückkehr der Deutschen wünschen, zur Zeit vereitelt wurde. Es liegt also klar zutage, welche Behandlung die deutschen Kaufleute in einer englischen Kolonie Hongkong zu gewärtigen haben. Da erscheint es uns im Hinblick auf die Gleichberechtigung aller Nationen an der Erschließung Chinas, auf die als Kriegsziel proklamierte Freiheit der Meere und auf eine Sicherung gegen erneute englische Willkür nur eine billige Forderung zu sein, daß Englands Sonderstellung in Hongkong zugunsten einer Umwandlung auch dieser Kolonie analog derjenigen von Qingdao in einen internationalen Vertragshafen, aufgegeben wird. Bleibt Hongkong aber in englischem Besitz, dann muß England den deutschen Firmen das Niederlassungsrecht, Gleichtberechtigung und freien Handel in Hongkong garantieren. In **Südostasien** betrachten wir es als unser Hauptziel, unserem Handel und Verkehr freie Bahn zu schaffen, wie in 1., 2. und 4. unserer Friedensziele gekennzeichnet; wenn die Internationalisierung Singapores und Penangs nicht durchzusetzen sein sollte, so müßte vielleicht im Interesse deutscher S c h i f f a h r t Bedacht genommen werden auf den Erwerb einer eigenen Kohlen- und Umschlagsstation – eventuell des Rhiouw-Archipels –, schon um unseren Verkehr mit unserem Südsee-Schutzgebiet und Siam in eigener Hand zu behalten und nicht auf fremde unsichere Gastfreundschaft angewiesen zu sein. Für den Handel liegt es freilich mit Singapore ähnlich wie mit Hongkong, da auch an ersterem Platze im Verlaufe eines Jahrhunderts sich eine chinesische und indische Großhändlerschaft gebildet hat, die ihre Filialen und Verbindungen über die malaiische Halbinsel und den ganzen malaiischen Archipel erstreckt. Die Verpflanzung dieses alt eingesessenen Handels nach einem neuen Platz würde sich, wenn überhaupt, nur in langen Jahren unter den schwierigsten Verhältnissen ermöglichen lassen. Wenn man im übrigen davon ausgeht, daß die gewünschte Freiheit der Meere, Internationalisierung der Meerengen, eventuell Völkerbund und internationale Schiedsgerichte alles in allem eine Verzichtleistung Englands auf seine bisherige meerbeherrschende Stellung bedeutet, so ist es klar, daß es diesen Abstieg nicht antreten wird, wenn es nicht muß. Kann es dazu nicht gezwungen werden, dann wäre unter allen Umständen zu fordern, daß eine wirtschaftliche Gleichberechtigung aller Nationen innerhalb des Straits Settlements, Johore und der Federated Malay States von England garantiert wird.

Wir können hier nur wiederholen, daß Hongkong und Singapore zwei Eckpfeiler der Vormachtstellung des englischen Handels im Osten sind und daß wir außer der Internationalisierung dieser Plätze kein Mittel sehen, uns von dem Übelstande freizumachen, wieder ungebetene Gastfreunde der Engländer werden zu müssen, oder den Handel jener Gebiete fahren zu lassen.

Siam hat uns ohne ersichtlichen Grund den Krieg erklärt und uns schlecht behandelt, wir müssen dafür, außer der Wiedererstattung des Schadens, Genugtuung fordern, deren Gegenstand am besten in wirtschaftlichen Konzessionen bestehen dürfte. Die Exterritorialität muß zunächst erhalten bleiben und könnte als quid pro quo für spätere Vorteile getauscht werden, wenn die Beziehungen des Landes zu uns wieder ganz normal geworden sind.

Portugal besitzt in Ostasien, nachdem es Macao an Japan abgetreten haben soll, noch einen Teil der kleinen Sunda-Insel Timor mit der Stadt Dilly, ferner in Vorderindien das kleine Gebiet von Goa, sowie Diu und Damman.[155] Diese Besitze sind für Portugal eigentlich zwecklos, dagegen könnten sie in unserer Hand zu wertvollen Tauschobjekten mit Holland (Rhiouw-Archipel) und England werden, worauf wir nicht verfehlen möchten, hinzuweisen.

Englische, französische und belgische wirtschaftliche Konzessionen: Im Interesse unserer wirtschaftlichen Stellung in China, Siam, Federated Malay States und auch bedingungsweise Indo-China wäre es zu begrüßen, wenn es bei den Friedensverhandlungen gelingen möchte, eine Übertragung möglichst vieler in diesen Staaten erteilten englischen, französischen und belgischen Konzessionen für wirtschaftliche Anlagen, wie Eisenbahnen,

---

155 Goa, Diu und Damman, ehemaliges portugiesisches Kolonialgebiet.

Bergwerke und dergleichen an Deutschland zu erwirken.

Da wir von Gebietserweiterungen im Osten, außer eventuell Indo-China und kleinerer portugiesischer Besitzungen, absehen, müßten wir jedenfalls versuchen, unsere wirtschaftliche Stellung überall nach Kräften zu verbessern.

Japan ist, soweit bekannt, in seinen Gewaltmaßregeln gegen deutsche Reichsangehörige nicht so weit wie England und Frankreich gegangen. Ein großer Teil der Bevölkerung scheint Deutschland nicht feindlich gesinnt zu sein. Es dürfte daher auf befriedigende Gestaltung der Handelsbeziehungen zu rechnen sein, wenn die Meistbegünstigungsklausel in den Verträgen erhalten bleibt, und im übrigen ein Friede geschlossen wird, der offensichtlich beweist, daß Deutschland nicht als unterlegener Gegner angesehen werden kann.

Als aufblühender Industriestaat ist Japan, was Absatzmöglichkeiten für deutsche Erzeugnisse angeht, nicht mit China zu vergleichen, aber es bleibt mit seiner vorgeschrittenen Kultur und seinem vielseitigen Bedarf ein großes Feld für einen steigenden Warenaustausch mit Deutschland.

Notwendig erscheint es uns noch, auf die Bestrebungen hinzuweisen, welche gerade jetzt erneut wieder von Japan gemeldet werden, wonach sich dieses Land allerlei direkte und indirekte wirtschaftliche Vorteile und Monopole in China unter schärfstem politischen Druck zu sichern bestrebt ist.

Wenn auch heute niemand in der Lage ist, dagegen einzuschreiten, so möchten wir doch die Hoffnung aussprechen, daß eine spätere Revision der Japan-Errungenschaften in China in der Weise möglich wird, daß wir nach Friedensschluß nicht vor verschlossene Türen zu stehen kommen. Mindestens aber müßten die Erfolge Japans in der Öffnung Chinas, z.B. Bergbau betreffend, unter dem Meistbegünstigungsrecht Allgemeingut werden.

Wir schließen diese Ausführungen mit dem Ausdruck der Hoffnung, daß aus dem Friedensvertrag eine neues Ostasien hervorgehen möge, das neugeordnet und aufgebaut auf dem Prinzip der Internationalisierung und der Gleichberechtigung für alle in sich die Gewähr bietet für die ungestörte freie Betätigung aller Nationen im friedlichen Wettbewerb, ein gewiß nach jeder Richtung und für alle Nationen gleich befriedigendes und erstrebenswertes Ziel.

Ostasiatischer Verein
M. W. Kochen — Dr. E. Schwende
Stellv. Vorsitzender — Sekretär

BArch, R9208/2464, Bl. 47-49.

35

Erlaß des Präsidenten der Republik China, Xu Shichang (25./27.01.1919)[156]

Verordnung betreffend die Verwaltung von Vermögensbeständen feindlicher Untertanen (25.01.1919).

§ 1. Die zurückgelassenen Vermögensbestände feindlicher Untertanen, gleichviel ob bewegliche oder unbewegliche Güter, werden von der zuständigen Lokalbehörde übernommen und verwaltet.

§ 2. Wer laut Auftrag eines feindlichen Untertanen oder aus einem anderen Grunde die einem feindlichen Untertanen gehörenden Vermögensbestände in Verwaltung oder Besitz hat, hat dies innerhalb eines Monats wahrheitsgetreu der zuständigen Lokalbehörde anzuzeigen, die über die Handhabung derselben Bestimmung trifft. Das Gleiche gilt für Geschäfte oder Gesellschaften, in welchen Kapital von feindlichen Untertanen beteiligt ist.

§ 3. Die einem feindlichen Untertanen zu leistenden Zahlungen oder zu liefernden Sachen sollen, wenn nichts anderes bestimmt wird, der zuständigen Lokalbehörde ausgehändigt werden.

§ 4. Wer den §§ 2 und 3 zuwiderhandelt, wird mit Gefängnisstrafe fünfter Klasse, Haft oder Geldstrafe bis zu eintausend Dollar bestraft.

§ 5. Prozesse in Vemögensangelegenheiten gegen einen feindlichen Untertanen können bei der in § 2 Abs. 1 der „Verordnung betr. das Prozessverfahren gegen feindliche Untertanen“ bestimmten Justizbehörde gegen die Vermögensbestände des betr. feindlichen Untertanen verwaltende Lokalbehörde angestrengt und weitergeführt werden.

§ 6. Wird eine Liquidation der Vermögensbestände feindlicher Untertanen, Geschäfte oder Unternehmen [infolge Schulden][157] notwendig, so kann sie von dem „Bureau zur Verwaltung der Vermögensangelegenheiten feindlicher Untertanen“[158] durchgeführt werden.

§ 7. Die bei der Verwaltung der Vermögensbestände direkt entstehenden Unkosten werden aus den betreffenden Vermögensbeständen erstattet, jedoch müssen die vom „Bureau zur Verwaltung der Vermögensangelegenheiten feindlicher Untertanen“ bewilligt werden.

§ 8. Die Art der Verwaltung eines von einer chinesischen Behörde und einem feindlichen Untertanen gemeinsam betriebenen Geschäftes oder Unternehmens wird vom Ministerium für Ackerbau und Handel und von der zugehörigen Behörde bestimmt.

---

156 Im Anschluß und auf Grundlage der nachstehend genannten „Verordnungen“ und „Ausführungsbestimmungen” veröffentlichte die *Zhengfu gongbao* (Regierungszeitung) am 20. März 1919 die „Bestimmungen über die Liquidierung feindlichen Eigentums“ (19.03.1919). In: PAA, R85449.

157 Nachträglich handschriftlich eingeklammert und mit dem Vermerk versehen: „Die Worte ‘infolge Schulden’ sind am 6. Juni 1919 gestrichen worden.“

158 Chin.: *Guanli diguo renmin caichan shiwuju.*

§ 9. Die Ausführungsbestimmungen zu dieser Verordnung werden in einer Verfügung des Guowuyuan festgesetzt.

Ausführungsbestimmungen zu der Verordnung betr. die Verwaltung von Vermögensbeständen feindlicher Untertanen (27.01.1919).

§ 1. Übernimmt die betr. Lokalbehörde die Vermögensbestände feindlicher Untertanen, so hat der Besitzer oder dessen Bevollmächtigte in ihrer Gegenwart die Art und die Menge der Bestände festzustellen, sie zu nummerieren und eine genaue Liste darüber aufzunehmen, die von beiden Seiten mit Unterschrift und Siegel zu versehen ist. Sollte eine Feststellung in Anwesenheit des Besitzers oder dessen Bevollmächtigten nicht möglich sein, oder befindet sich der Besitzer nicht am Orte, oder ist kein Bevollmächtigter vorhanden, so sollen die Vermögensbestände zunächst sorgfältigst versiegelt und zugleich die Justizbehörde von der Tatsache benachrichtigt werden, mit der dann die Lokalbehörde gemeinschaftlich die Feststellung und die Aufnahme in eine genaue Liste zu vollziehen hat. An die Plätze, wo die im § 15 dieser Bestimmungen aufgezählten Justizbehörden nicht vorhanden sind, wird von dem „Bureau zur Verwaltung der Vermögensangelegenheiten feindlicher Untertanen" oder dessen Zweigbureau ein Kommissar gesandt, der mit der Lokalbehörde die Ausführung dieser Bestimmungen gemeinschaftlich zu vollziehen hat.
Schulden feindlicher Untertanen sollen von dem Schuldner genau angegeben und in die Liste eingetragen werden.

§ 2. Unter „beweglichen Gütern" im Sinne der Verordnung sind Forderungsrechte einbegriffen. „Besitzer" im Sinne dieser Ausführungsbestimmungen ist derjenige, der das Recht hat, die Vermögensbestände einer Familie zu verwalten.

§ 3. Die übernommenen Vermögensbestände feindlicher Untertanen werden von der betr. übernehmenden Lokalbehörde nach den folgenden Bestimmungen verwaltet:

1. Gebäude, Sachen, andere bewegliche und unbewegliche Güter sollen versiegelt oder von einem Beamten bewacht werden.
2. Zur Erleichterung der Verwaltung können Vermögensbestände an einen geeigneten Ort überführt oder irgend eine Person mit der Aufbewahrung derselben beauftragt werden. Bei der Überführung an einen geeigneten Ort sollen die Vermögensbestände mehrerer Personen auseinandergehalten werden. Wird von der Behörde eine Person mit der Aufbewahrung von Vermögensbeständen beauftragt, so soll die betr. Lokalbehörde die Art der Verantwortung dieser Person festsetzen, um Verlusten, Beschädigungen und Vertauschungen u.s.w. vorzubeugen.
3. Wenn Vermögensbestände leicht beschädigt werden können oder schwer geeignet zur Aufbewahrung sind, oder deren Aufbewahrungskosten sehr bald den eigentlichen Wert derselben übersteigen, so soll dies dem betr. Verwaltungsbureau angezeigt werden, mit dessen Genehmigung dann dieselben von der Justizbehörde

versteigert werden. Der Erlös wird nach der Bestimmung des Absatzes IV. aufbewahrt.

4. Gelder werden in staatlichen Banken deponiert. Juwelen, Wertpapiere, Kontobücher und andere Wertgegenstände sollen in staatlichen Banken deponiert oder versiegelt aufbewahrt werden.
5. Über die Schulden feindlicher Untertanen, die getilgt werden müssen, soll eine Justizbehörde entscheiden und nötigenfalls sollen die sämtlichen Vermögensbestände oder ein Teil derselben veräußert und zur Tilgung der Schulden verwandt werden. Sollen Forderungen feindlicher Untertanen eingezogen werden, so soll ebenfalls die Justizbehörde aufgefordert werden, dies für sie zu tun. Sind die im vorhergehenden Absatz bezeichneten Handlungen der betr. Lokalbehörde beendet, so soll der jeweilige Vorgang in die Liste eingetragen werden. Mit den für die feindlichen Untertanen eingezogenen Geldern oder Sachen wird den Ausführungsbestimmungen gemäß gesondert verfahren.

§ 4. Sind die Vermögensbestände feindlicher Untertanen versichert, so soll die Versicherung fortgeführt werden. Bei denjenigen, die nicht versichert sind, kann den Verhältnissen gemäß verfahren werden.

§ 5. Die Häuser, in denen die beweglichen Güter aufbewahrt werden, sollen strengstens bewacht werden. Die Art der Bewachung wird von der betr. Lokalbehörde besonders festgesetzt.

§ 6. Bei der Übernahme der in § 3 der Verordnung bezeichneten Gelder und Sachen durch die betr. Lokalbehörde soll eine Prüfung davon stattfinden, eine Empfangsbescheinigung soll gegeben und dies in die Liste eingetragen und gemäß § 3 dieser Ausführungsbestimmungen verfahren werden.

§ 7. Mit den zur Aufbewahrung erhaltenen wertvollen Vermögensbeständen sollen die staatlichen Banken nach den Bestimmungen der betr. Bank verfahren. Eine Abschrift der Empfangsbescheinigung u.s.w. wird von der betr. Lokalbehörde aufbewahrt und die Urschrift derselben wird dem betr. Verwaltungsbureau übersandt.

§ 8. Werden Vermögensbestände feindlicher Untertanen anders behandelt als in diesen Ausführungsbestimmungen festgesetzt ist, soll dies durch das „Bureau zur Verwaltung der Vermögensangelegenheiten feindlicher Untertanen“ benehmigt und gehandhabt werden.

§ 9. Hat die betreffende Lokalbehörde die in § 2 der Verordnung geforderte Anzeige erhalten, so soll diese mit dem Inventar dem betr. Verwaltungsbureau angemeldet werden. Erachtet die betr. Lokalbehörde die behördliche Aufbewahrung der Vermögensbestände für erforderlich, so kann die Herausgabe derselben angeordnet werden.

§ 10. Bewahren die in § 8 der Verordnung bestimmten Geschäfte oder Unternehmen die Vermögensbestände gemäß der vom Ministerium für Ackerbau und Handel festgesetzten Art der Behandlung auf, so soll die betr. Lokalbehörde von der Behandlungsweise in Kenntnis gesetzt werden.

§ 11. Die betr. Lokalbehörden sollen über die Vorgänge der Verwaltung von Vermögensbeständen feindlicher Untertanen fortlaufend dem betreffenden Verwaltungsbureau Bericht erstatten.

Jedes Zweigbureau soll die Vorgänge der Verwaltung von Vermögensbeständen feindlicher Untertanen fortlaufend dem „Bureau zur Verwaltung von Vermögensangelegenheiten feindlicher Untertanen" zur Kenntnisnahme berichten. Die laufenden Angelegenheiten können jedoch in einem Sammelbericht mitgeteilt werden.

§ 12. Die in §§ 2, 3 und 4 und § 1 dieser Ausführungsbestimmungen festgelegten Maßregeln müssen öffentlich bekanntgemacht werden.

§ 13. Die betr. Lokalbehörden sollen zur Erledigung der Aufbewahrungsangelegenheiten von Vermögensbeständen Beamte ernennen oder deren Stab vergrößern. Diese sollen die festgesetzte Verantwortung übernehmen und ihr Rang sowie Namen sollen dem betr. Verwaltungsbureau mitgeteilt werden.

§ 14. Wird der Vorsitzende der betr. Lokalbehörde befördert oder versetzt, so müssen die von ihm aufbewahrten Vermögensbestände durch einen Beamten genau überprüft, und die Liste muss von Beiden mit Unterschrift und Siegel versehen werden.

Tritt ein Wechsel des Personals ein, so soll ebenso verfahren werden.

§ 15. Mit den in der Verordnung und in diesen Ausführungsbestimmungen erwähnten „betr. Lokalbehörden" werden bezeichnet: An Plätzen, wo ein Polizeibureau ist, der Polizeichef, wo kein Polizeibureau ist, der Bezirksbeamte. Mit der „Justizbehörde" ist das „Landgericht", das Justizvorbereitungsamt, das Ortsgericht oder das Untergericht gemeint, die in § 2, Absatz 1 der „Verordnung betr. das Prozessverfahren gegen feindliche Untertanen" bestimmt sind; und mit dem betr. Verwaltungsbureau ist das „Bureau zur Verwaltung von Vermögensangelegenheiten feindlicher Untertanen" oder dessen Zweigbureau gemeint.

Chinesisch-deutschsprachige Broschüre, PAA, R85449.

36

Auszug aus dem Versailler Vertrag (1919)

Artikel betr. Deutschland und China (128-134 und 156-158):

Artikel 128: Deutschland verzichtet zugunsten Chinas auf alle Vorrechte und Vorteile aus den Bestimmungen des am 7. September 1901 in Peking unterzeichneten Schlußprotokolls nebst sämtlichen Anlagen und Ergänzungsurkunden. Es verzichtet ebenso zugunsten Chinas auf jede Entschädigungsforderung auf Grund des genannten Protokolls für die Zeit nach dem 14. März 1917.

Artikel 129: Von dem Inkrafttreten des gegenwärtigen Vertrages an werden die hohen vertragsschließenden Teile, jeder, soweit es ihn angeht, zur Anwendung bringen:

1. Das Abkommen vom 29. August 1902, betreffend die neuen chinesischen Zolltarife,
2. das Abkommen vom 27. September 1905, betreffend Whang-Poo [Huangpu] und das vorläufige Zusatzabkommen vom 4. April 1912.[159]

China ist indessen nicht mehr verpflichtet, Deutschland die ihm in diesem Abkommen bewilligten Vorteile oder Vorrechte zuzugestehen.

Artikel 130: Unter Vorbehalt der Bestimmungen des Abschnittes VIII dieses Teiles tritt Deutschland an China alle Gebäude, Kais und Landungsbrücken, Kasernen, Forts, Waffen und Kriegsgerät, Schiffe jeder Art, Funkspruchanlagen und sonstiges, der deutschen Regierung gehörendes öffentliches Eigentum ab, das in den deutschen Konzessionen von Tianjin und Hankou oder irgendwo sonst in chinesischem Gebiet sich befindet oder befinden kann.

Indessen sind die als diplomatische oder konsularische Wohnungen oder Diensträume benutzten Gebäude in die obige Abtretung nicht eingeschlossen; außerdem wird die chinesische Regierung keine Maßnahme ergreifen, um über das im so genannten Gesandtschaftsviertel in Peking gelegene öffentliche oder private deutsche Eigentum zu verfügen, ohne die Zustimmung der diplomatischen Vertreter derjenigen Mächte einzuholen, die zur Zeit des Inkrafttretens des gegenwärtigen Vertrages noch vertragsschließende Teile des Schlußprotokolls vom 7. September 1901 sind.[160]

Artikel 131: Deutschland verpflichtet sich, innerhalb einer Frist von 12 Monaten nach dem Inkrafttreten des gegenwärtigen Vertrages an China alle astronomischen Instrumente zurückzugeben, die seine Truppen in den Jahren 1900/1901 aus China weggeführt haben. Deutschland verpflichtet sich ferner, alle Kosten zu bezahlen, die durch die Ausführung der Zurückgabe entstehen, einschließlich der Kosten für Auseinandernehmen, Verpakkung, Transport, Versicherung und Wiederaufstellung in Peking.

Artikel 132: Deutschland willigt in die Aufhebung der von der chinesischen Regierung zugestandenen Verträge, auf denen die deutschen Konzessionen in Hankou und Tianjin gegenwärtig beruhen.

China, das damit den Vollbesitz seiner Hoheitsrechte über die genannten Gebiete wiedererlangt, erklärt, daß es beabsichtigt, sie der internationalen Niederlassung und dem Handel zu öffnen. Es erklärt weiter, daß die Aufhebung der Verträge, auf denen diese Konzessionen gegenwärtig beruhen, die Eigentumsrechte der Staatsangehörigen der alliierten und assoziierten Mächte, die Teilhaber an diesen Konzessionen sind, nicht berührt.

Artikel 133: Deutschland verzichtet auf jeden Anspruch gegenüber der chinesischen Regierung oder gegenüber irgendeiner alliierten oder assoziierten Regierung wegen der Inter-

---

159 Im Jahr 1902 wurde die Importsteuer auf 3,2% ad valorem festgelegt; vorher lag sie bei 5%, 1919 bei 3,6% (Feuerwerker 1983:180). Das am 27. Sept. 1905 geschlossene Abkommen betraf Maßnahmen zum Ausbau des Huanpu-Flusses (Arrangement concernent la rectification du cours du Whangpou) und wurde zwischen den Vertragspartnern Deutschland, Österreich-Ungarn, Belgien, China, Spanien, USA, Frankreich, Großbritannien, Italien, Japan, Niederlande und Rußland geschlossen, in: *Noveau Recueil Général des Traités*, 3. Serie, Bd. VI, Leipzig 1913, S. 685-693.

160 Gemeint ist das „Boxerprotokoll", d.h. das Schlußprotokoll der Friedensverhandlungen, welches am 7. September 1901 in Peking zwischen China und den elf Interventionsmächten unterzeichnet wurde.

nierung deutscher Reichsangehöriger in China und wegen ihrer Heimschaffung. Es verzichtet ferner auf jeden Anspruch wegen der Beschlagnahme der deutschen Schiffe in China und wegen der Liquidierung, Sequestrierung, Beschlagnehmung oder Verfügung über deutsches Eigentum, deutsche Rechte und Interessen in diesem Lande seit dem 14. August 1917. Diese Bestimmung berührt jedoch nicht die Rechte der an dem Erlös einer solchen Liquidation beteiligten Parteien. Diese Rechte werden nach den Vorschriften des Teiles X (wirtschaftliche Bestimmungen) des gegenwärtigen Vertrages geregelt.

Artikel 134: Deutschland verzichtet zugunsten der Regierung Ihrer britischen Majestät auf das deutsche Staatseigentum in der britischen Konzession von Shameen [Shamian] in Kanton. Es verzichtet zu gemeinsamen Gunsten der französischen und chinesischen Regierung auf das Eigentum an der deutschen Schule in der französischen Konzession von Schanghai.

[...]

Artikel 156: Deutschland verzichtet zugunsten Japans auf alle seine Rechte, Ansprüche und Vorrechte – insbesondere auf die, welche das Gebiet von Kiautschou, Eisenbahnen, Bergwerke und unterseeische Kabel betreffen -, welche es auf Grund des zwischen ihm und China am 6. März 1898 abgeschlossenen Vertrages sowie aller anderer Vereinbarungen bezüglich der Provinz Shandong erworben hat.

Alle deutschen Rechte an der Eisenbahn Qingdao-Jinan, einschließlich deren Zweiglinien mit allem Zubehör jeder Art, Bahnhöfe, Lagerräume, stehendes und rollendes Material, Bergwerke, deren Betriebsanlagen und Betriebsmaterial, sind und bleiben mit allen dazu gehörigen Rechten, Vorrechten und Besitzungen japanisches Eigentum.

Ebenso gehen die deutschen Staatskabel von Qingdao nach Shanghai und von Qingdao nach Tschefu [Zhifu] mit allen dazu gehörigen Rechten, Vorrechten und Besitzungen frei von allen Lasten an Japan über.

Artikel 157: Das dem deutschen Staat gehörige bewegliche und unbewegliche Eigentum im Gebiet von Kiautschou sowie alle Ansprüche, die Deutschland infolge von ausgeführten Arbeiten oder Verbesserungen oder Ausgaben erheben könnte, die es mittelbar oder unmittelbar für dies Gebiet gemacht hat, gehen frei von allen Lasten an Japan über.

Artikel 158: Innerhalb dreier Monate nach dem Inkrafttreten des gegenwärtigen Vertrages übergibt Deutschland an Japan die Archive, Register, Pläne, Urkunden und Dokumente jeder Art, die sich auf die Zivil-, Militär-, Finanz-, Gerichts- oder sonstige Verwaltung des Gebietes von Kiautschou beziehen, einerlei, wo diese Papiere sich befinden.

Innerhalb der gleichen Frist hat Deutschland an Japan alle Verträge, Vereinbarungen oder Kontrakte mitzuteilen, die sich auf die in den beiden vorhergehenden Artikeln erwähnten Rechte, Ansprüche oder Vorrechte beziehen.

Reichsgesetzblatt 1919, S. 689ff.

Kapitel 3

Die Weimarer Republik und die Peking-Regierung: Diplomatische Neutralitätspolitik und außenpolitische Integration, 1920-1927

Der Versailler Vertrag trat am 10. Januar 1920 in Kraft, weder die USA noch China hatten ihn unterzeichnet. Für Deutschland bedeutete das Vertragswerk den Verlust seiner Großmachtstellung in Europa, Gebietsabtretungen, außenpolitische Isolation und die Erfüllung großer Reparationsleistungen vor dem Hintergrund einer höchst desolaten Wirtschaftslage.[1] Auch chinesische Erwartungen waren nicht erfüllt worden, was Massendemonstrationen, den Boykott japanischer Importwaren, das Erwachen eines neuen Nationalismus und eine zunehmend radikalere Kritik an den „ungleichen Verträgen" zur Folge hatte. Präsident Xu Shichang hatte bereits am 28. April 1919 erklärt, daß China zukünftige Verträge mit anderen Nationen nur auf gleichberechtigter Basis abschließen werde, überdies war China nun im Völkerbund vertreten und erhielt damit die Möglichkeit, seine Forderungen nach territorialer Souveränität und Anerkennung in einem internationalen Gremium zur Sprache zu bringen.[2] Mit Ausnahme dieses Unterschieds gab es viele Gemeinsamkeiten: Deutschland und China strebten nach Revision des Versailler Vertrags bzw. der ungleichen Verträge. Beide Republiken waren jung und instabil und hatten innenpolitisch komplexe Aufgaben zu bewältigen. Primäres Ziel der deutschen Regierung war die Wiedereingliederung in die europäische Staatengemeinschaft, die ebenso nur mit Rücksicht auf die Interessen der Alliierten erfolgen konnte wie Chinas Bemühungen um Erlangung der Souveränität. Eingebettet in diese internationale Konstellation waren die deutsch-chinesischen Beziehungen für beide Länder von zwar nur untergeordneter, wenngleich auch zunehmend strategischer Bedeutung.

Deutschland hielt ebenso wie die anderen Mächte bis 1928 an offiziellen diplomatischen

---

1 Zur Außenpolitik der Weimarer Republik siehe Krüger 1985, Lee/Michalka 1987, Bracher/Funke/Jacobsen (Hg.) 1998.

2 Pollard 1933:88-89. China hatte nicht dem Friedensvertrag mit Deutschland zugestimmt, dafür aber den Vertrag mit Österreich in Saint Germain-en-Laye, mit Bulgarien in Neuilly und mit Ungarn in Trianon geschlossen. Durch das Abkommen von St. Germain (10.09.1919) wurde China Mitglied des Völkerbundes, erhielt aber keinen permanenten Sitz im Rat des Völkerbundes (Fifield 1965:334-336).

Beziehungen zur Peking-Regierung fest, obgleich diese unter Finanzdefiziten und permanenten Machtwechseln leidende Regierung das Land faktisch nur nach Außen repräsentierte.[3] Sie galt jedoch als Garant für die Einhaltung der Verträge und Anleihezahlungen, zudem arbeitete das Außenministerium (*Waijiaobu*) weitgehend konstant und konnte gewisse Erfolge verzeichnen.[4] Unterstützt wurde die Peking-Regierung aber auch, weil sie als Bollwerk gegen die national-revolutionäre Südregierung Sun Yatsens angesehen wurde (Kap. 4).[5] Die politische und militärische Fragmentierung Chinas führte dazu, daß die Westmächte einzelne Militärherren bevorzugten, um ihre Interessen durchzusetzen. Auch Deutschlands Diplomaten waren diesbezüglich gefordert, da deutsche (Militär-) Berater und Waffenlieferungen in die Provinzen die proklamierte Neutralität wiederholt in Frage stellten (Kap. 5).

Die diplomatischen Beziehungen zwischen Deutschland und der Peking-Regierung lassen sich in drei Phasen gliedern: Erstens, die unmittelbaren Nachkriegsjahre, 1919-1921, in denen die Wiederaufnahme der Beziehungen und die Lösung der Reparationsfrage im Vordergrund standen. Der erste zwischen China und einer westlichen Nation abgeschlossene „gleichberechtigte" Handelsvertrag beendete diese Phase. Deutschland war – wenn auch aus einer anderen Position heraus – nun das nach Rußland zweite Land, welches auf exterritoriale Privilegien in China verzichtete.[6] Mit Beginn der zweiten Phase, 1921-1924, erfolgte die Rückkehr deutscher Firmen. Die in diesen Jahren weiterhin diskutierte Reparationsfrage konnte 1924 weitgehend geklärt werden, einerseits durch den Dawes-Plan[7] in Europa, andererseits durch den Ausgleichsvertrag mit China. Hintergrund der dritten Phase, 1925-1927, waren die innere Konsolidierung der Weimarer Republik und die sich abzeichnende außenpolitische Reintegration Deutschlands in Europa einerseits, und der erfolgreiche Einigungsfeldzug der revolutionären Südarmee in China andererseits. Umfangreiche anti-britische Proteste in China trugen 1925 dazu bei, daß Deutschland als Beispiel für die Vorteile gleichberechtigter Beziehungen zumindest die Diskussion um die Abschaffung der Exterritorialität

---

3 Vgl. Fox 1991:279. Die der Kollaboration mit Japan beschuldigte Anfu-Clique unter Duan Qirui wurde 1920 von Cao Kun geschlagen. Anschließend dominierten zunächst die von Cao Kun, Wu Peifu und Sun Chuanfang geführte Zhili-Clique (1920-1924) und dann die Fengtian-Clique (1924-1928) unter Zhang Zuolin die Peking-Regierung. In der Peking-Regierung wurde das Kabinett zwischen 1918 und 1928 24 Mal umgestellt, 26 Mal wechselte das Amt des Ministerpräsidenten. Siehe Ch'i 1976:2.

4 Zu den Erfolgen des Waijiaobu zählten u.a. der Abschluß des Deutsch-Chinesischen Vertrages (1921) und die Einrichtung von Gesandtschaften. Zum *Waijiaobu* siehe Pong 1982, vgl. auch Kuß 2005:92-93.

5 Ratenhof 1987:277.

6 Rußland hatte mit Verteilung des 1. Karakhan Manifests (25.07.1919) den Verzicht auf alle vom zaristischen Rußland mit China geschlossenen Verträge bekanntgegeben. Eine offizielle Kopie erhielt Chinas Regierung erst im März 1920. Schon aufgrund des Gegensatzes zum Versailler Friedensabkommen wurde es von Lobpreisungen in der Presse begleitet (Wilbur 1976: 114-115). Nicht zuletzt wegen der Gefahr einer Verbreitung des Bolschewismus in China blieben die Beziehungen Rußlands zur Peking-Regierung äußerst problematisch. Erst am 31. Mai 1924 unterzeichneten Gu Weijun und Karakhan ein auf Grundlage der Gleichberechtigung basierendes Abkommen, in dem China u.a. die neue Regierung der Sowjetunion anerkannte und letztere den Verzicht auf die im 1. und 2. (1920) Karakhan-Manifest genannten Privilegien bestätigte (Pollard 1933:124-141 und 190-195).

7 Der Dawes-Plan (1924) regelte die Reparationszahlungen, jedoch wurden keine Abmachungen über deren Laufzeit getroffen.

unter den anderen Nationen förderte. Anschließend zeigte sich die wirtschaftspolitische Bedeutung der deutsch-chinesischen Beziehungen in der Diskussion um Deutschlands Beitritt zum Washingtoner Abkommen (1925/26) und in der von China angestoßenen Kooperation im Völkerbund (1926/27). Indessen wurde Ende 1926, nachdem das letzte zivile Kabinett in Peking im Juni zurückgetreten war und Zhang Zuolin dort als Militärdiktator herrschte, die innenpolitisch praktisch handlungsunfähige Peking-Regierung auch von deutscher Seite kaum mehr als repräsentativ angesehen.[8]

Die Entwicklung der zwanziger Jahre zeugt von den wechselseitigen Bestrebungen einer im politischen und rüstungswirtschaftlichen Bereich intensiveren Annäherung, die auf Seiten beider Länder durch innenpolitische Probleme und außenpolitische Rücksichtnahmen behindert wurde.[9]

Der „gleichberechtigte" deutsch-chinesische Handelsvertrag, 1919-1921

Die nach Kriegsende anvisierte Wiederaufnahme der Beziehungen zu China verlief zunächst auf zwei Ebenen und ging anfänglich von der Annahme aus, daß Deutschlands Weg zurück nach China über Japan führen müsse.[10] Die Wiedereinreise deutscher Kaufleute nach China war 1919 jedoch ungeklärt, so daß Wirtschaftsverbände und Privatpersonen das Auswärtige Amt mit einer Reihe von Vorschlägen bedrängten, wie das Handelgeschäft mit China anzubahnen sei und welche Forderungen gestellt werden müssten.[11] Dabei herrschte offensichtlich die Meinung vor, in China würde man nur auf die Rückkehr der Deutschen warten, was sich als Trugschluß herausstellte. Denn selbst deutschlandfreundliche Intellektuelle wie Kang Youwei wußten um die Not Deutschlands und forderten, diese für China zu nutzen (Dok. 37). Überdies war die deutsche Wirtschaft noch 1921 auf kleinere Gelegenheitsgeschäfte, chinesische und neutrale Handelsfirmen und fremdes Kapital angewiesen.[12]

Zum anderen verhielten sich politische Kreise zurückhaltend und suchten vorsichtig nach Wegen der Annäherung an China, die zugleich eine Verständigung zwischen Deutschland und der neuen Großmacht in Ostasien, Japan, ermöglichten. Die Rückgewinnung der ehe-

8 Domes 1969:159. Konsul Sthamer, London, schrieb am 4.10.1926 an das AA Berlin: „Wie dem auch sei, man müsse sich in Europa darüber klar sein, daß es in China eine Zentralregierung nicht gebe und daß die Macht der Regierung von Peking an den Mauern von Peking aufhöre" (BArch, R9208/2085, Bl. 2). Vgl. Sheridan 1983:316.

9 So urteilt auch Ratenhof (1987:293), „zu wenig hatten das von innerer Zerrissenheit geplagte China und das durch den Krieg geschwächte Deutsche Reich einander politisch zu bieten".

10 Deutsche Handelskreise hatten im Oktober 1918 zu verstehen gegeben, daß sie im Interesse eines deutsch-japanischen Ausgleichs auf die ehemals deutsche Kolonie Jiaozhou verzichten würden und im Gegenzug auf japanische Hilfe im Handel mit China hofften. Ab Mitte 1919 schienen sich diese Hoffnungen zu bestätigen (Ratenhof 1987:283).

11 Legationsrat v. Knipping sprach in seinen „Aufzeichnungen" vom 6. September 1919 davon, daß bei rascher Lösung der Einreisefrage der alte Satz „Der Handel folgt der Flagge" praktisch umgekehrt werde. Für die rechtliche Wiederanknüpfung der Beziehungen wäre es jedoch leichter, „wenn wir es den Chinesen überlassen, zunächst an uns heranzutreten" (ADAP, Serie A, Bd. 2, Nr. 166, 292-295). Siehe auch das Sitzungsprotokoll des OAV vom 16.12.1919 (PAA, R17985) und Kapitel 5.

12 Ratenhof 1987:285-286. Zu den Wirtschaftsbeziehungen siehe Kap. 5.

maligen Kolonie Kiautschou wurde nicht in Erwägung gezogen, auch stimmte man in grundsätzlichen Fragen der Ostasienpolitik mit denen der Kaufmannschaft überein, nur sollten die Ziele diplomatisch verankert werden.[13] Das Auswärtige Amt legte bereits im Dezember 1918 einen Vertragsentwurf zur Regelung der Handelsbeziehungen vor[14] und hatte 1919 durch seine Gesandtschaften in neutralen Ländern, in denen auch chinesische Gesandte beglaubigt waren, erste Kontakte herzustellen versucht, die jedoch erfolglos blieben. Die Gesandten hatten keine Anweisungen aus Peking und fürchteten, sich zu kompromittieren. Erst nach Wiederherstellung des Friedenszustandes wurde Konsul Schirmer im September offiziell zu Unterredungen an die chinesische Gesandtschaft nach Kopenhagen gesandt, um die „Stimmung Chinas für etwaige deutsche Unterhandlungsangebote festzustellen".[15] Das Ergebnis war negativ, der Zeitpunkt noch zu früh. Indessen konnte in Bern eine vertrauliche Verbindung hergestellt werden, wonach zwei Mitglieder der chinesischen Friedensdelegation nach Berlin kamen.[16] Im Dezember 1919 wurden zudem Gespräche mit Liang Qichao geführt, der sich als Privatmann in Berlin aufhielt. Liang hob bei dieser Gelegenheit hervor, daß eine gute Gelegenheit für Deutschland gekommen sei, sich durch Abschluß eines gleichberechtigten Vertrages als Freund Chinas zu zeigen.[17] Durch Vermittlung der niederländischen Gesandtschaft in Peking konnte schließlich die Freigabe des Telegrammverkehrs und die Entsendung des „inoffiziellen Vertreters" der chinesischen Regierung, Zhang Yungai, erreicht werden, der im Dezember 1919 in Berlin eintraf.[18] Nachdem im Februar des folgenden Jahres das Handelsverbot mit Deutschen offiziell aufgehoben worden war, drängten Handelskreise auf eine Repräsentanz in China.[19]

Die Weimarer Republik sah sich zu diesem Zeitpunkt primär mit der Frage der Reparationsforderungen in Europa und Maßnahmen zur Verbesserung der prekären Versorgungslage konfrontiert, um die innenpolitische Lage zu stabilisieren.[20] So erstreckten sich die Verhandlungen zur zukünftigen Gestaltung der deutsch-chinesischen Beziehungen über das ganze Jahr 1920 und wurden zunächst von Zhang Yungai in Berlin geführt. Die chinesische Seite ließ frühzeitig erkennen, daß sie nur unter der Bedingung gleichberechtigter Vertrags-

---

13 Ratenhof 1987:287

14 Siehe: „China. Geheim. Entwurf für die auf die Handelsbeziehungen bezüglichen Bestimmungen in einem Friedensvertrag mit China" (Vorläufige Fassung, Dez. 1918), in: BArch, R9208/2464, 41-46.

15 Das chinesische Konsulat in Kopenhagen vertrat seit März 1917 Chinas Interessen in Deutschland.

16 Aufzeichnung Borch an Ministerialdirektor Knipping, 12.02.1920 (PAA, R17986).

17 Liang besuchte u.a. die Nationalversammlung im Reichstagsgebäude und führte Gespräche mit den Politikern Scheidemann, Wurm, Spahn, Dernburg und Käthe Schirmacher (Aufzeichnung vom 18.12. 1919, PAA, R17985). Überdies wurde er von Reichspräsident Ebert empfangen (Ratenhof 1987:288).

18 Am 23. Dezember nahm der Legationssekretär Zhang Yungai im AA die Wünsche bezüglich einer vorläufigen Regelung der deutsch-chinesischen Beziehungen entgegen (Aufzeichnung Thiel, 28.12.1919, in: ADAP, A, Bd. 2, Dok. 272, 480-482).

19 Siehe Ratenhof 1987:284.

20 Deutschland hatte ein Siebtel seines Territoriums und ein Zehntel seiner Bevölkerung verloren. Die Gebietsabtretungen hatten enorme wirtschaftliche Folgen. Hinzu kamen die Entwaffnungsforderungen der Alliierten und wirtschaftliche Wiedergutmachungen, die durch z.T. unmittelbar eingeforderte Materialleistungen und hohe finanzielle Abgaben geleistet werden mußten (Michalka 1998:306ff).

partner zu größeren Konzessionen bereit sei. Erschwert und verzögert wurden die Verhandlungen durch die Faktionskämpfe innerhalb der Peking-Regierung und den Anfu-Zhili-Krieg, der im Sommer 1920 mit der Niederlage der Anfu-Clique und Duan Qiruis endete.[21] Da sowohl Zhang Zuolin, der Sieger dieser Auseinandersetzung und mächtigste Militärherr Nordchinas, wie auch Sun Yatsen in Deutschland als japanfreundlich eingeschätzt wurden, glaubte die deutsche Diplomatie zunächst, an einem Zusammengehen mit Japan festhalten zu müssen. In Berlin gab Zhang Yungai Anfang September zu verstehen, daß diese Frage sekundär sei, es vielmehr darum gehe, erst einmal miteinander in Verhandlung zu treten.[22] Bereits im Juli war Herbert v. Borch zu diesem Zweck nach Peking gereist, ab September leitete er die Kommission zur Ausarbeitung des Handelsabkommens.[23] Parallel zu den Verhandlungen kehrten Deutsche nach China zurück, häufig unter Umgehung der Einreisevorschriften (Dok. 38 u. Dok. 87), ebenso wurde nun eine Regelung für die Verwaltung der ehemals deutschen Konzessionen Tianjin und Hankou getroffen (Dok. 39).

Chinas Grundbedingung für die Aufnahme der Verhandlungen war die Vorerklärung Deutschlands zur Anerkennung der Artikel 128-134 des Versailler Vertrages. Neben dem Prinzip völliger Gleichstellung drängte die chinesische Seite auf uneingeschränkte territoriale Souveränität, worunter auch die Zollautonomie und die Aufgabe der Exterritorialität fielen.[24] Der deutschfreundliche Außenminister Dr. Yan Huiqing, ehemals chinesischer Gesandter in Deutschland, trug die Entwürfe einem unentschlossenen und teilweise gleichgültigen Kabinett vor, welches sich aus der Unsicherheit Deutschlands mehr Vorteile versprach (Dok. 40).[25] Ein wichtiger Verhandlungspunkt war der Umgang mit dem sequestrierten deutschen Besitz in China (Dok. 41). Nach acht Monaten waren die Verhandlungen abgeschlossen und am 20. Mai 1921 konnte der erste gleichberechtigte Vertrag einer westlichen Nation mit China unterzeichnet werden (Dok. 42).

Weder die deutsche noch die chinesische Regierung hatten alle Wünsche durchsetzen können. Deutschland erkannte Art. 128-134 des Versailler Vertrages an, verzichtete auf Sonderrechte, Privilegien, Niederlassungen, unterstellte sich der chinesischen Gerichtsbarkeit

---

21 Siehe Nathan 1976:172-175 und Kuhn 2004:172-176.

22 Aufzeichnung von Konsul Walter über ein Gespräch mit Zhang Yungai vom 6. September 1920 (ADAP, A, Bd. 3, Nr. 267, 536-537).

23 Auf deutscher Seite wurden die Verhandlungen durch Generalkonsul Borch, Konsul Schirmer und Vizekonsul Wagner geführt. Chinas Interessen wurden durch Wang Jingqi, Wang Cengsi, Zhang Yuquan und Chen Enxiang vertreten. Am 7. April 1921 fand die 40. Sitzung statt. Für die Sitzungsprotokolle siehe BArch, R9208/2468. Vgl. Guoshiguan Zhonghua minguoshi ... (Hg.), 2002:700-702.

24 Eine Auflistung der von China nachdrücklich geforderten Bedingungen ging am 5. Februar 1921 „Vertraulich!" im AA Berlin ein (PAA, R85457).

25 Nach Aussage v. Borchs war das Kabinett zu sehr mit seiner Selbsterhaltung beschäftigt, als es sich um außenpolitische Fragen hätte kümmern können. Zudem existierten in der Regierung unterschiedliche Meinungen bezüglich der Vorteile eines Abkommens mit Deutschland. Gegen eine schnelle Einigung sprachen auch die anhaltenden Liquidationen und Veräußerungen deutschen Eigentums. Peking wollte die Bedingungen festlegen und drohte, den Versailler Vertrag nach Einigung mit Japan oder unter Vorbehalten doch zu unterzeichnen, so daß sich ein Sonderabkommen mit Deutschland erübrigen würde. Vgl. Telegramm Borch an das AA, 28.02.1921 (ADAP, Serie A, Bd. 4, Nr. 177, 377) und seinen Bericht an das AA Berlin, 22.05.1921 (ebenda, Bd. 5, Nr. 25, 46-48).

und zahlte überdies sofort die Summe von vier Millionen chinesischen Dollars in bar für die Internierung der Kriegsgefangenen und weitere vier Millionen in Anleihen als Kriegsentschädigung.[26] Demgegenüber verpflichtete China sich zur Rückgabe des konfiszierten wie auch zur Auszahlung der Erlöse des bereits liquidierten deutschen Eigentums und dazu, den Anleihedienst wieder aufzunehmen. Ferner gewährte China dem Deutschen Reich faktisch die Meistbegünstigung und drückte damit sein Interesse an guten Beziehungen aus.[27] Das Deutsche Reich hatte letztlich ein Vertragswerk unterzeichnet, welches von chinesischer Seite zwar seiner Schwäche zugeschrieben wurde, sich insgesamt aber positiv auf sein Ansehen auswirken sollte (Dok. 43 u. 44).[28] Damit war Deutschland zur Neutralität und zur Distanz zu den anderen Mächten in China verpflichtet, während Chinas Regierung daran gelegen sein mußte, die Vorteile gleichberechtigter Beziehungen hervorzuheben.

Abgesehen von der Rückkehr deutscher Handelsfirmen (Kap. 5) kamen die Auswirkungen des Vertragswerkes anschließend auf unterschiedliche Weise zum Tragen. Bereits im Juli 1921 weilte Chinas führender Jurist Wang Chonghui in Berlin, um sich nach den Möglichkeiten für eine deutsche Unterstützung zur Reform des chinesischen Justizwesens zu erkundigen (Dok. 45). Ein weiterer Ausdruck der Normalisierung der Beziehungen war die Rückgabe der von Deutschland während der Boxer-Unruhen entwendeten astronomischen Geräte der Pekinger Sternwarte, die im Herbst wieder an ihren ursprünglichen Platz kamen.[29]

Den Prinzipien der Neutralität und Gleichberechtigung besonders verpflichtet war der deutsche Gesandte Adolf Boyé, der von Dezember 1921 bis zur Errichtung der Nanjing-Regierung Deutschlands Interessen in Peking vertrat. Um weder die ausländischen Mächte noch die unterschiedlichen Fraktionen in China zu brüskieren, plädierte er für eine „deutsche Diplomatie der Vorsicht“, die er sich nach Kräften umzusetzen bemühte. Tatsächlich konfrontierte die wirtschaftliche und politische Intensivierung der Beziehungen ihn mit zum Teil heiklen Aufgaben, die als ein Abgehen Deutschlands von der im Versailler Vertrag festgeschriebenen Neutralität interpretiert werden konnten. In diesen Bereich fiel u.a. die Anfrage des Militärmachthabers Zhang Zuolin, deutsche Berater und Ingenieure zum Aufbau des Waffenarsenals einzustellen (Dok. 46). Boyé verurteilte dieses Vorhaben, ebenso wandte er sich gegen eine deutsche Teilnahme an den üppigen Hochzeitsfeierlichkeiten des Mandschukaisers (Dok. 47), um den Aufbau guter Beziehungen zur chinesischen Republik nicht zu gefährden.

---

26 Deutschland zahlte die letzte Rate im Januar 1922. In einem Schreiben an Außenminister Yan Huiqing räumte Boyé allerdings ein: „Die Rückgabe des Vermögens in den 5 Südprovinzen wird jedoch erst dann stattfinden, wenn die Zentralregierung mit diesen Provinzen ein Einvernehmen hergestellt haben wird.“ (Boyé an Yan Huiqing, 09.01.1922, in: BArch, R9208/3128, 235-237).

27 Lt. Versailler Vertrag, Art. 264, hatte Deutschland kein Anrecht auf Gegenseitigkeit bei der Meistbegünstigung. Siehe Ratenhof 1987:290-292, Kirby 1984:24.

28 Vgl. Li Yun 1998:57-60. Zur positiven Aufnahme des Vertrages in Deutschland siehe Fink 1921 und die *Ostasiatische Rundschau*: „Die deutsche Presse und der deutsch-chinesische Vertrag“, 1921: 211-212.

29 Wie die *Yishi bao* am 10.10.1921 berichtete, waren die Instrumente „ungewöhnlich gut aufbewahrt, [und] sehen wieder wie neu aus“. Den Ausführungen Borchs an das AA (12.10.1921) ist zu entnehmen, daß man bemüht war, diesen Transfer möglichst unspektakulär abzuwickeln, um nicht das Gespött der Briten auf sich zu ziehen (BArch, R9208/3129, Bl. 20 und 27-30).

Kriegsentschädigung und Ausgleichsvertrag (1921-1924)

Nach Abschluß des Handelsvertrages hatte Boyé die Verhandlungen mit der chinesischen Regierung aufgenommen, um die Wiederaufnahme des Anleihedienstes und die Frage der gegenseitigen Kriegsentschädigungsforderungen zu klären. Das Auswärtige Amt wollte die Reparationsfrage auch in China zum Abschluß zu bringen, wobei die Haltung der deutschen Chinafirmen sich als weitaus hinderlicher erweisen sollte als die Forderungen der chinesischen Regierung.[30] Ziel war es, die Investitions- und Handelsbedingungen für die deutsche Wirtschaft zu verbessern, denn diese hatte trotz Kapitalknappheit erhebliche Geldmittel für kulturelle Projekte zur Verfügung gestellt und so die politischen Bemühungen unterstützt. Innerchinesische Konflikte beendeten 1922 den Fortgang der Gespräche, die erst 1923 auf Wunsch der Reichsregierung wieder aufgenommen wurden.[31] Das Finanzministerium unter Wang Kemin erwies sich als unnachgiebiger Verhandlungspartner, schließlich richtete das *Waijiaobu* am 1. Juni eine Note an die deutsche Gesandtschaft in Peking, in der es Deutschland dazu aufforderte, seine Schadenersatzverpflichtungen baldigst zu erfüllen.[32] Die Annahme des Vertrages zögerte sich immer wieder hinaus, bis schließlich der Notenwechsel zwischen Boyé und Außenminister Gu Weijun die Verhandlungen am 6./7. Juni 1924 beendete (Dok. 48).[33]

Der Notenwechsel klärte die ausstehenden Fragen zum Umgang mit der Deutsch-Asiatischen Bank und die Rückgabe des restlichen deutschen Privateigentums. Ausgangspunkt des Abkommens war der frühzeitig vom Auswärtigen Amt befürwortete Vorschlag Chinas gewesen, die Liquidationserlöse des deutschen Firmeneigentums gegen eine Kriegsentschädigung von 100 Millionen mexikanische Dollar aufzurechnen.[34] Im Gegenzug sollten die Deutsch-Asiatische Bank als Emissionsbank wieder zugelassen und der chinesische Anleihedienst wieder aufgenommen werden. Die Industrie- und Handelsfirmen sollten als Ausgleich Reichsentschädigungen von ca. 10% bis 12% erhalten, die Deutsch-Asiatische Bank von ca. 40% ihrer vertraglich anerkannten Verluste. Was die Verpflichtungen der chinesischen Regierung anbelangt, so blieben die Pläne des Auswärtigen Amtes und der Chinawirtschaft aufgrund des finanziell desolaten Zustands der Peking-Regierung unerfüllt, insbesondere hinsichtlich der Deutsch-Asiatischen Bank.[35] Das nun einsetzende Tauziehen

30 Ratenhof 1987:296-299.

31 Haniel von Haimhausen, Staatssekretär im AA, schlug aufgrund der Schwierigkeiten bei der Ausführung des Vertrages vom 20. Mai 1921 vor, einen Schiedsgerichts- und Vergleichsvertrag mit China abzuschließen (Schreiben an die Gesandtschaft in Peking, 12.01.1922; ADAP, A, Nr. 242, 489-490).

32 Siehe: Memorandum for the Ministry of Finance: „Compensation to Chinese Citizens who have suffered from hostilities during the war" (22.01.1923), „Claims of Chinese Merchants for goods captured by the Germans on board enemy vessels" (31.01.1923), in: BArch, R9208/3997, 222-225. Im Anschluß an die Note des *Waijiaobu* (in: *Zhonghua shangbao*, 24.05.1923) erhielt die Deutsche Gesandtschaft den Bericht des Finanzministeriums: „Settlement of Claims of the Chinese Government against the German Government" (07.06.1923), in: BArch, R9208/3997, 210-221. Vgl. Jiang Gongcheng 1929:70-72.

33 Siehe Shi Yuanhua 1994:178 und „Der deutsch-chinesische Vertrag (Endgültige Regelung der deutsch-chinesischen Beziehungen)", in: *Ostasiatische Rundschau*, 7:7, 15.07.1924, S. 90.

34 Vgl. Ratenhof 1987:297.

35 China hatte sich u.a. verpflichtet, der DAB die Geschäftsbücher die Gebäude in Peking und Hankou

um das Bankvermögen lag primär darin begründet, daß die chinesische Regierung den Barüberschuß aus der Liquidation verbraucht hatte und außerstande war, den Forderungen nachzukommen. Die Machtkämpfe in Peking (im November hatten die Truppen Feng Yuxiang Peking erobert und Duan Qirui übernahm bis 1926 die Funktion eines provisorischen Präsidenten), der katastrophale Finanzhaushalt und letztlich auch das geringe Durchsetzungsvermögen des Deutschen Reiches standen einer Zulassung der Deutsch-Asiatischen Bank als Anleihebank im Wege. Erst im September 1928 konnte die Bank einen Geschäftsbericht von wenigen Seiten vorlegen (Dok. 100).[36]

Wie Boyé aus Peking erklärte, hatte Ministerpräsident Sun Baoqi, der von 1907 bis 1908 als chinesischer Gesandter in Berlin amtierte, dieses Abkommen gegen erhebliche Widerstände im Parlament durchsetzen müssen, weil eine zusätzliche Belastung des Finanzhaushalts befürchtet wurde (Dok. 48). Anschließend waren beide Regierungen bemüht, das Übereinkommen geheim zu halten, da dieser Ausgleich der Reparationsforderungen die Ansprüche anderer Länder befürchten ließ.[37] Kurz nachdem Außenminister Stresemann am 3. Juli dem Gesandten Boyé seine Anerkennung ausgesprochen hatte,[38] berichtete jedoch die Zeitschrift *Dongfang zazhi* von dem Abkommen und rechnete die zu erstattenden Geldsummen auf (Dok. 49), überdies erschienen die zwei Noten am 14. Juli in der englischsprachigen Presse.[39] Parallel dazu hatte Frankreichs Gesandter Fleuriau Einspruch bei der chinesischen Regierung erhoben. Weder Frankreich noch Großbritannien, welches zu diesem Zeitpunkt ein umfangreiches Finanzierungsprogramm für China ausarbeitete, hatten Interesse an einem Wiedererstarken Deutschlands in China. Auch übte die Bank of China Druck auf die ausländischen Banken aus und forderte, die deutsche Beteiligung des Huguang-Anleihe-Vertrags übernehmen zu dürfen.[40] Daß die Erfolge der deutsch-chinesischen Annäherung auf der Basis gleichberechtigter Beziehungen gleichwohl nicht ihre Wirkung auf die anderen Nationen verfehlten, zeigte sich im November 1924, als eine „Einheitsfront" kaufmännischer Kreise versuchte, Deutschland zur Wiedererlangung der Exterritorialität zu bewegen (Dok. 92).[41]

---

zurückzugeben und Entschädigung für die verkauften Gebäude zu leisten. Ferner sollte die Suspendierung des Anleihedienstes aufgehoben werden (Müller-Jabusch 1940:268). Siehe auch Kap. 5.

36 Zu den Vorgängen siehe Müller-Jabusch 1940:254-281.

37 China befürchtete, daß England ausstehende Anleiheverpflichtungen mit Nachdruck einfordern könne (Dok. 49). Auf deutscher Seite wurde befürchtet, daß es zu Problemen bei den Verhandlungen mit der Reparationskommission kommen könne (ADAP, A, Bd. 10, Nr. 132, 325, FN 7).

38 Telegramm Stresemann an Boyé, 03.07.1924 (BArch, R9208/3999, Bl. 157).

39 Die Briefe von Gu Weijun (Wellington Koo), datiert vom 6. und 7. Juni, erschienen am 14. Juli 1924 in der *Peking Daily News*: „Documents of Sino-German Agreement Made Public" (in: BArch R9208/3999, Bl. 219). Siehe Djang 1936:204-205.

40 Siehe Dayer 1981:203ff und das Schreiben von Fleuriau an Gu Weijun, 07.07.1924 (2. HA Ch, 1039(2)/477, Bl. 21-22). Wie Boyé berichten konnte, hatten gerade diese Proteste „die erfreuliche Nebenwirkung gehabt, uns neue Sympathien zu erwerben und das Abkommen in weiten Kreisen Chinas populär zu machen" (Boyé an das AA Berlin, 23.07.1924, in: ADAP, A, Bd. 10, Nr. 132, 325, FN 7).

41 Der französische Generalkonsul Meyrier, Shanghai, sprach gegenüber Konsul Thiel von einer „ungeheure[n] Kurzsichtigkeit der Alliierten", welche es China ermöglicht habe, Deutschland „das Privileg der Exterritorialität zu nehmen" (Thiel an Boyé, 29.11.1924, in: BArch, R9208/3302, Bl. 194).

Deutschland hatte durch sein Festhalten an Neutralität und Gleichberechtigung keine Nachteile erfahren, sondern vielmehr sein Ansehen in China aufwerten können. Hierzu beitragen sollte auch der Zwischenfall vom 30. Mai 1925 in Shanghai, als die britische Polizei brutal gegen chinesische Demonstranten vorging und einen nahezu zweijährigen Boykott des britischen Handels auslöste.[42] Deutsche Händler konnten hiervon profitieren, auch wurde nun eine Studienkommission des Generals Xu Shuzheng in Berlin empfangen.[43] Wenig später erkundigte sich die englische Gesandtschaft nach den deutschen Erfahrungen mit der chinesischen Gerichtsbarkeit, zudem öffnete der „Shanghai Race Club" nun wieder seine Türen für deutsche Mitglieder. Weiteren Folgen dieser Entwicklung waren eine auch aufgrund der Machkämpfe in Peking erfolglose Zolltarif-Konferenz (Okt. 1925) und das Zusammentreffen einer internationalen Kommission zur Überprüfung der Aufrechterhaltung der Exterritorialität (Jan. 1926).[44] Wohl wissend, daß an eine Wiedererlangung der Exterritorialität und Konsulargerichtsbarkeit Deutschlands nicht zu denken war, wies der Staatssekretär des Auswärtigen Amts im November 1926 alle diplomatischen Vertretungen – mit Ausnahme Pekings – an, diesbezügliche Anfragen anderer Regierungen grundsätzlich positiv zu beantworten.[45] Der Faktor „Gleichberechtigung" wurde als strategisches Moment gegenüber China und den anderen Mächten ins Feld geführt. Er bewirkte aber nicht, daß die Verhandlungen mit China leichter fielen und wurde, wie der geplante Beitritt Deutschlands zum Washingtoner Abkommen zeigt, nun auch von chinesischer Seite mit Nachdruck eingefordert.[46]

---

42 Auslöser für diesen Zwischenfall waren Auseinandersetzungen in einer japanischen Baumwollfabrik, bei denen ein chinesischer Arbeiter getötet wurde. Bei den anschließenden Demonstrationen ließ die britische Polizei auf die Menge schießen und tötete 13 Personen, 9 wurden verwundet. Nachdem die Polizei wenige Wochen später weitere Demonstrationen in Kanton und Hongkong in gleicher Weise niedergeschlagen hatte, kam es zum großen Hongkong-Streik, Juni 1925-Oktober 1926 (Rigby 1980 und Osterhammel 1997). In Südchina profitierten deutsche Händler von den antibritischen Boykotten (Kirby 1984:124, auch Kap. 5). Deutschlands Haltung wurde genau beobachtet. In einem Schreiben der Studentenvereinigung der Tongji-Universität an das Konsulat in Shanghai (18.07.1925) heißt es: „Erfreulicherweise haben deutsche Bürger, von der Idee der chinesisch-deutschen freundschaftlichen Beziehungen ausgegangen, mit uns sympathisiert." Das Schreiben versucht in Erfahrung zu bringen, ob Deutsche der Firma Carlowitz & Co. den Engländern zur Seite standen (BArch, R9208/2134, Bl. 55).

43 General Xu Shuzheng war Mitbegründer der Anfu-Clique um Duan Qirui. Xu fand während seines Besuchs (21.06.-14.07.25) positive Aufnahme von deutscher Wirtschaftsvertretern. Er selbst gab an, daß sein 20jähriger Sohn in Deutschland studieren werde. Allerdings kam es zu starken Protesten seitens chinesischer Studenten und antiimperialistischer deutscher Gruppen wegen geplanter Waffenankäufe. Xu wurde im Dezember 1925 ermordet. In: Trautmann, AA Berlin, an die Deutsche Botschaft Peking, 18.07.1925 (BArch, R9208/4158, Bl. 143-144) und Felber / Hübner 1988b:163.

44 Vgl. Pollard 1933:268-287. Der Sekretär der englischen Gesandtschaft, Garstin, hatte aus London die Weisung erhalten, Informationen über deutsche Erfahrungen mit Chinas Gerichtsbarkeit einzuholen (Schirmer, Peking, an das AA Berlin, 31.08.1925, in: BArch, R9208/3302, Bl. 158). Siehe den Artikel „Germans under Chinese Law. No Serious Complaints. Germans Expect Others to Lose Their Privileges", in: *The Japan Chronicle*, 15.08.1925 (BArch, R9208/3302, Bl. 157). Bracklo (27.10.1925) sah in der Öffnung des „Race Club" ein wichtiges Zeichen, zumal von „deutscher Seite keinerlei Anstrengungen gemacht worden sind, wieder in die englischen Clubs aufgenommen zu werden" (PAA, R85747).

45 Runderlaß des Staatssekretärs, AA Berlin, i.V. Köpke, 30.11.1926 (ADAP, B, Bd. 3, Nr. 239, 478-479).

46 Vertragsabschlüsse blieben weiterhin das Ergebnis komplizierter Verhandlungen (Kirby 1984:24).

Deutschlands geplanter Beitritt zum Washingtoner-Abkommen (1925-1926)

Die nach dem Ersten Weltkrieg im ostasiatischen Raum einzigen Großmächte, die USA, Großbritannien und Japan, waren von November 1921 bis Februar 1922 in Washington zusammen getroffen, um die Nachkriegsordnung in Asien festzulegen. Vereinbart wurde eine Rüstungsbegrenzung in den Schlachtschiffstärken (USA:GB:JAP = 5:5:3), welche ein Wettrüsten zwischen den USA und Japan verhindern sollte. Des weiteren wurde ein Vier-Mächte-Abkommen mit Frankreich unterzeichnet, um den Gefahren einer englisch-japanischen Allianz vorzubeugen, die bereits 1911 um zehn Jahre verlängert worden war. Das dritte Ergebnis war der Neun-Mächte-Vertrag über China (06.02.1922), in dem die Unterzeichner sich zur Anerkennung von Chinas territorialer Integrität, politischen Unabhängigkeit und Neutralität im Kriegsfall verpflichtet hatten.[47] Überdies wurde entschieden, auf die Eroberung neuer Interessensphären zu verzichten und Chancengleichheit auf dem chinesischen Markt gemäß der „Open-Door-Policy“ zu gewährleisten. Obgleich am Rande der Konferenz auch eine Einigung zwischen China und Japan hinsichtlich der Shandong-Frage zustande kam (04.02.1922), sollte das Washingtoner-Abkommen insgesamt nichts am Status quo Chinas ändern.[48] Zwar nahm China an der Konferenz teil, das System der Vertragshäfen (treaty ports) blieb jedoch erhalten, ebenso die Exterritorialität, deren Aufhebung lediglich in Abhängigkeit von Chinas innenpolitischer Stabilität in Aussicht gestellt wurde. Da überdies Sanktionsbestimmungen fehlten, d.h. die Umsetzung den Mächten überlassen blieb, bestätigte der Vertrag im wesentlichen das bestehende System.

Deutschland war 1921 nicht zur Teilnahme an den Verhandlungen aufgefordert worden, jedoch sah sich das Auswärtige Amt frühzeitig in eine prekäre Lage gebracht. Kaum hatte es den Freundschaftsvertrag mit China unterzeichnet, als auf der Londoner Reparationskonferenz die endgültige Höhe der von Deutschland zu zahlenden Reparation auf 132 Milliarden Goldmark festgelegt wurde. In der anschließend verfolgten Politik des passiven Widerstands gegen die Westmächte gelang dem Kabinett unter Reichskanzler Joseph Wirth der Aufbau wirtschaftlicher und diplomatischer Beziehungen zur Sowjetunion.[49] Vor diesem Hintergrund hatte der Gesandte in Peking, Boyé, bereits am 27. Januar 1923 einerseits gegenüber dem US-Gesandten Jacob Schurman bemerkt, daß Deutschland zur Teilnahme eingeladen werden solle. Andererseits ging am selben Tag ein Schreiben an das Auswärtige Amt, worin es hieß, daß auch Deutschland zu den Beschlüssen des Washingtoner Abkommens werde Stellung nehmen müssen. Obgleich sich hier eine Möglichkeit zur Überwindung der außenpolitischen Isolierung böte, sei doch zu befürchten, daß China eine Teil-

47 Zu den Unterzeichnern gehörten die USA, Großbritannien, Frankreich, Japan, China, Italien, Belgien, die Niederlande und Portugal.

48 Allerdings erhielt China das frühere deutsche Pachtgebiet Kiautschou, einschließlich der Eisenbahn und anderer kolonialer Rechte erst 1933 von Japan zurück (Osterhammel 1998:229-230; Nieh 1982:113; Ratenhof 1987:273-274).

49 Innenpolitisch begleitet von Unruhen, Streiks, Inflation und dem Ruhrkonflikt. Am 11. Januar 1923 marschierten französische und belgische Militärverbände in das Ruhrgebiet ein (Michalka 1998: 313).

nahme Deutschlands als Verrat an dem bestehenden Bündnis interpretieren würde.[50] Diese Einschätzung sollte sich mehr als zwei Jahre später bewahrheiten, nachdem das Abkommen am 5. August 1925 in Kraft getreten war und die USA im Namen aller Signatare am 1. Oktober die Bitte an Deutschland richtete, diesem beizutreten. Nachdem Deutschland – und die Sowjetunion – noch kurz zuvor nicht zur Zolltarif-Konferenz in Peking eingeladen waren, stellte diese Aufforderung höchste Anforderungen an die deutsche Diplomatie einer politischen Balance zwischen den Westmächten und der Sowjetunion einerseits, und der Aufrechterhaltung „neutraler" Freundschaftsbeziehungen zu China andererseits.

Außenminister Stresemann bewertete einen Beitritt Deutschlands auch für China positiv. Nach seiner Auffassung enthielt der Vertrag nichts Schädliches für China, ganz im Gegenteil. Zudem sah die Reichsregierung hier die Möglichkeit zur Überwindung der politischen Isolation in Europa und gegenüber den Westmächten in China gegeben. Am 3. November 1925 bat Stresemann das Kabinett um Behandlung dieser Angelegenheit in einer der nächsten Sitzungen, gleichzeitig brachte er seine Befürwortung eines Beitritts zum Ausdruck.[51] Für Deutschland stand die international gleichberechtigte Teilnahme an allen politischen und wirtschaftlichen Verhandlungen in Bezug auf China im Vordergrund. Der vorbehaltlich einer Ratifizierung durch den Reichstag am 17. Dezember angekündigte Beitritt Deutschlands traf jedoch auf starken Widerstand.

China wertete das Washingtoner-Abkommen als einen ungleichen Vertrag und den möglichen Beitritt Deutschlands als Verrat an den gleichberechtigten Beziehungen. Überdies sah es für Deutschland keinen Anlaß gegeben, diesen Vertrag zu unterzeichnen. Sowohl die Sowjetunion als auch China befürchteten ein Ende der bisher freundschaftlichen Haltung Deutschlands zu ihren Ländern.[52] Allein die Aussicht auf Deutschlands Rückkehr in den Kreis der Westmächte setzte China unter Druck, welches nun seine Bemühungen um ein freundschaftlicheres Verhältnis intensivierte, wie sich im Vorfeld der Aufnahme Deutschlands in den Völkerbund zeigte.[53]

Am 2. Januar 1926 wurde der chinesische Gesandte Wei Chenzu bei Staatssekretär von Schubert vorstellig und forderte den Beitrittsbeschluß wieder rückgängig zu machen. Schubert entgegnete, der Vertrag enthalte Vorteilhaftes für China und der Beitritt habe nur ein

---

50 Boyé, Peking, an das AA, 27.01.1923 (ADAP, A, Bd. 7, Nr. 58, 125-127). Das Schreiben an den amerikanischen Gesandten in Peking erfolgte ohne Rücksprache mit Berlin (Ratenhof 1987:285).

51 In dem von Stresemann beigefügten Schreiben an das Kabinett (03.11.1925) heißt es: „Der Offene-Tür-Vertrag deckt sich mit den politischen Zielen Deutschlands in China. Unser Beitritt dazu erscheint politisch nützlich. Die Deutsche Gesandtschaft in Peking empfiehlt ihn. Das Kabinett wolle sich damit einverstanden erklären, daß die Reichsregierung dem Vertrage vorbehaltlich der Ratifizierung durch die gesetzgebenden Körperschaften zustimmt" (BArch, R43/I, Nr. 56, Bl. 125-130).

52 Zu den Protesten siehe Beverley 1942:369-374. Zum Washingtoner Abkommen siehe Wu Dongzhi 1990:83ff und Shi Yuanhua 1994:182-196. Vgl. die Aufzeichnung von Trautmann, Berlin, 30.01.1926 (ADAP, B, Bd. 2, Nr. 41, 81-84).

53 Wie der Trautmann hierzu bemerkte, „... ist es der Chinesischen Regierung außerordentlich unbequem, daß wir überhaupt wieder auf der Bildfläche erscheinen" (Aufzeichnung Trautmann, Berlin 30.01.1926, in: ADAP, B, Bd. 2, Nr. 41, 81-84). Siehe auch die Aufzeichnung des Gesandtschaftsrats Michelsen, 02.12.1926 (Ebenda, Bd. 3, Nr. 240, 479-481).

Ziel, nämlich „daß wir auch der chinesischen Regierung mehr nützen können, wenn wir wieder im Konzern der Mächte drinständen".[54] Eine Woche später erhielt das Auswärtige Amt ein Memorandum des chinesischen Außenministeriums, welches die Kritik konkret formulierte (Dok. 51). Proteste aus China wurden vom Auswärtigen Amt abgewiesen, die der GMD-Regierung aus Kanton als kommunistische Intrigen abgetan, ebenso die der Sowjetunion. Kritik kam aber auch vom Ostasiatischen Verein, der eine Verschlechterung der Wirtschaftsbeziehungen befürchtete (Dok. 52) und von den Botschaften aus Tokio und Moskau, da die deutsche Verständigung im japanisch-sowjetischen Konflikt und das Verhältnis zur Kanton-Regierung gefährdet seien.[55] Stresemann rechtfertigte den Beitritt in einem Telegramm an den Botschafter in Moskau, Graf von Brockdorff-Rantzau (Dok. 53).

Inzwischen war die Debatte um den Beitritt zum Washingtoner Abkommen Gegenstand öffentlicher Diskussion in Deutschland geworden. Während der KPD-Abgeordnete Stöcker vehemente Kritik an dem imperialistischen Vorgehen Großbritanniens und der Westmächte in China vorbrachte, verstärkte die Sektion der Guomindang in Deutschland ihre Propagandatätigkeit, unterstützt durch die KPD, sozialistische Arbeiterverbände und *Die Rote Fahne*, die sich auf das Schärfste gegen einen möglichen Beitritt Deutschlands aussprachen (Dok. 70, 71 u. 72). Zusätzlichen Zündstoff lieferte in dieser nationalistisch aufgeladenen Situation ein Vortrag des ehemaligen Gouverneurs von Kiautschou, Meyer-Waldeck, in der Berliner Universität, der bei chinesischen Studenten den Anschein erweckte, als fordere Deutschland die Rückgabe der Kolonie (Dok. 54, 55). Schließlich forderte die chinesische Gesandtschaft in einer Verbalnote an das Auswärtige Amt eine öffentliche Entschuldigung der Veranstalter und in China wurde ein Boykott deutscher Waren thematisiert.[56] In Deutschland fanden der Beitritt zum Washingtoner Abkommen und die Westorientierung zusehends weniger Zustimmung, so daß Stresemann das Gespräch mit dem chinesischen Gesandten Wei Chenzu suchte.[57] Das unter diesen Umständen immer wieder hinausgezögerte Ratifizierungsverfahren „suchte Berlin nach außen hin mit dem Entscheidungsrecht des Kanton freundlich gesinnten Reichstages zu kaschieren."[58] Das Auswärtige Amt entschied sich für einen Kurs strikter Zurückhaltung, um wirtschaftliche Interessen in China nicht zu gefährden und die Beziehungen zur Sowjetunion und Japan aufrechtzuhalten. Im Reichstag wurde die Beitrittsfrage letztlich dilatorisch behandelt, d.h. aufgeschoben und nicht ratifiziert.

---

54 Aufzeichnung Trautmann, 02.01.1926 (PAA, R85291).

55 Ratenhof 1987:336-337. Siehe das Telegramm von Solf, Tokio (02.02.1926), und das von Brockdorff-Rantzau, Moskau (11.02.1926) an das AA Berlin (ADAP, B, Bd. 3, Nr. 45, 91-94, und Nr. 61, 115-116).

56 Verbalnote der Chinesischen Gesandtschaft Berlin an das AA Berlin, 04.03.1926 (PAA, R85451). Wenige Tage später nahm der ehemalige Deutschlandstudent Zhu Jiahua, nun Professor der Peking Universität, in einem Artikel Stellung zur Kritik Chinas (Zhu Jiahua 1926). Am 10. März veröffentlichte die Guowen-Nachrichtenagentur einen anonymen Artikel, der das sensible Thema eines Boykotts deutscher Waren ansprach (Beverley 1942:376).

57 Wei sprach von einem Rückschritt gegenüber den deutsch-chinesischen Vereinbarungen vom Mai 1921. Vgl. Aufzeichnung Trautmann, 24.03.1926 (ADAP, B, Bd. 3, Nr. 97, 183-186).

58 Ratenhof 1987:337. Boyé hatte bereits am 02.02.1926 in einem Telegramm an das AA Berlin angemerkt, daß, falls es Schwierigkeiten im Reichstag gäbe, die Vorlage unbedenklich aufgeschoben werden könnte, „bis hier konservative Regierung, wie erwartet, ans Ruder kommt" (PAA, R85733).

Deutsch-chinesische Kooperation im Völkerbund (1926-1927)

Der Völkerbund wurde während der Versailler Vertragsverhandlungen ins Leben gerufen. Seine internationale Ausrichtung trug dazu bei, daß Deutschland und China in ihm ein mögliches Instrumentarium zur Revision des Vertragswerkes sahen. Beide Länder machten zunächst unterschiedliche Erfahrungen, bevor sie ab 1926 zur Durchsetzung ihrer Interessen kooperierten.

Der Völkerbund folgte in seiner Intention dem Streben Frankreichs, durch eine Allianz der Sieger die Macht Deutschlands auf lange Zeit zu kontrollieren. Der noch in Paris gestellte Antrag der Weimarer Republik zum Beitritt scheiterte am Widerstand Frankreichs. Ihr Ausschluß war ebenso folgenschwer wie das Fernbleiben der USA. „Der Völkerbund wurde zu einem Organ der Siegermächte, in welchem Frankreich die Führung an sich riß und seine Opposition gegen den Beitritt Deutschlands auf Jahre behauptete".[59] Im Hinblick auf das Hauptziel der deutschen Außenpolitik, die Revision des Versailler Vertragswerkes, bot der Völkerbund wenig Möglichkeiten, da der Rat das entscheidende Gremium war, in dem Frankreich, Italien, England und Japan als Inhaber ständiger Sitze dominierten. Auf deutscher Seite wurde die Frage des Beitritts bis zur Ruhrkrise (1923) kontrovers diskutiert, letztlich aber nie ausgeschlossen. Die beginnende Entspannung der Beziehungen Deutschlands zu den Westmächten ließ den Beitritt Deutschlands dann zunehmend notwendiger erscheinen, so daß die Völkerbundfrage neue Perspektiven deutscher Außenpolitik eröffnete. Anfänge einer deutschen Völkerbundspolitik formulierte Stresemann erst nach Beginn der Räumung des Ruhrgebiets im September 1925 in seinem „Kronprinzenbrief".[60] Einen Monat später führten die in Locarno geschlossenen Verträge, die den Verzicht auf gewaltsame Grenzänderungen beinhalteten, zu einer deutlichen Verbesserung der deutschen Situation.[61] Da auch andere Staaten mehr Mitsprache forderten, kam es 1926 zur sog. „Ratskrise", während Deutschland durch ein Neutralitätsabkommen mit Rußland zusätzlichen Druck ausübte.[62] Am 8. September wurde Deutschland als ständiges Ratsmitglied im Völkerbund aufgenommen, zudem wurde die Zahl der nichtständigen Ratssitze von sechs auf neun erhöht.

China zählte als Siegermacht im Ersten Weltkrieg zu den Gründungsmitgliedern des Völkerbundes und sah in ihm nach der Niederlage in Versailles das einzige Forum, um international und öffentlich seine Rechte geltend zu machen. Bereits nach Kriegsende wurden fünf Völkerbundorganisationen in China gegründet, überdies war China von 1921 bis 1923 Ratsmitglied und beanspruchte auch aus Gründen des Prestiges einen ständigen Sitz im

---

59 Siehe hierzu Spenz 1966:13.

60 Zur deutschen Völkerbundspolitik unter Stresemann siehe Lee 1982:350-374, Michalka 1998:316ff.

61 An der Konferenz in Locarno (5.-16.10.1925) nahmen die führenden Staatsmänner Europas teil. Primär handelte es sich um einen Sicherheitsvertrag, in dem Deutschland, Frankreich und Belgien unter der Obhut von Großbritannien und Italien den Verzicht auf eine gewaltsame Änderung der Grenzen garantieren. Der Deutsche Reichstag ratifizierte das Abkommen am 26.10.1926, womit der Weg zur Aufnahme in den Völkerbund möglich war (Lee / Michalka 1987:85).

62 Der Berliner Vertrag bzw. der deutsch-sowjetische Freundschafts- und Neutralitätsvertrag wurde am 24. April 1926 geschlossen.

Völkerbundsrat.[63] China verband sein Engagement im Völkerbund mit der Hoffnung auf eine Revision der „ungleichen Verträge" und Rückerlangung der Souveränität, einem Anliegen, welches die Peking-Regierung und die Guomindang außenpolitisch einte.[64] Chinas Interesse am Völkerbund war bis 1928 ausschließlich politisch motiviert, parallel zeigten sich seine Delegierten in Genf bemüht, die Ohnmacht der Peking-Regierung zu verbergen.[65] Chinesische Versuche, gegen Opiumhandel und die ungleichen Verträge vorzugehen, stießen jedoch auf wenig Resonanz bzw. „machten die Großmächte kaum Anstalten, dem Verlangen Chinas nach Revision der rechtlichen Beschränkungen seiner Souveränität nachzukommen".[66] Schließlich erschienen die Staaten, die dem Völkerbund nicht angehörten, als Vorkämpfer der Freiheit: die Sowjetunion und Deutschland. Als der chinesische Delegierte Tang Zaifu am 11. September 1925 unter Berufung auf Art. 19 des Völkerbundpaktes die Revision der „ungleichen Verträge" forderte, entsprach dies durchaus deutschen Interessen.[67]

Der Antrag wurde mit Hinweis auf die innenpolitische Krise Chinas abgelehnt, überdies sollte kein Präzedenzfall geschaffen werden, der später von Deutschland aufgegriffen werden könne. Unter Berufung auf die bedeutsame Position Chinas in der Weltpolitik erklärten die chinesischen Delegierten Wang Jingqi und Zhu Zhaoxin Staatssekretär von Schubert daraufhin im März 1926, daß sie beabsichtigen, in Genf einen Antrag für die Einrichtung eines nichtständigen Sitzes für Asien zu stellen, den China für sich beanspruche.[68] Die öffentliche Meinung Deutschlands sympathisierte mit dem Freundschaftsanliegen Chinas.[69] Deutschlands Beitritt zum Völkerbund galt bereits als sicher, als Außenminister Yan Huiqing im Mai 1926 um deutsche Unterstützung im Völkerbund bat. Stresemann gab zu ver-

---

63 Zu den fünf Organisationen zählten die Gesellschaft für das Studium von Internationalen Fragen (1918), die Chinesische Vereinigung für den Völkerbund (1919), die Chinese Völkerbundsgesellschaft (1919), die Chinesische Liga für den Völkerbund (1920) und die GMD-affilierte Gesellschaft für Völkerbundstudien, die zur Durchsetzung des gemeinsamen Ziels schließlich der „Chinesischen Liga" beitrat. Zur Völkerbundspolitik Chinas in den zwanziger Jahren siehe Kuß 2005:91-108.

64 Die außenpolitischen Ziele der Peking- und der Kanton-Regierung ließen es zu, daß die Delegierten und Diplomaten ausgetauscht werden konnten, so daß z.B. Zhu Zhaoxin als GMD-Mitglied und Sekretär des chinesischen Völkerbundbüros in Genf die Interessen Pekings vertrat (Kuß 2005:104-105).

65 Vgl. Kuß 2005:97. China war anschließend von 1927-28 und 1932-34 Ratsmitglied. Erfolg hatte China erst 1936, als Japan endgültig aus dem Völkerbund schied und China einen provisorischen Sitz im Bundesrat erlangte (1937-39). Siehe Meienberger 1965:33-50.

66 Osterhammel 1989:228. Gemeint sind zwei Opiumkonferenzen (Ende 1924-Anfang 1925) sowie die 1925 und 1929 unternommenen Versuche Chinas zur Revision der ungleichen Verträge (Meienberger 1965:41-42).

67 Art. 19 behandelt die „Aufhebung veralteter Verträge". Vgl. Aufzeichnung. Vertraulich!, 21.10.1925, in: BArch, R9208/2300, Bl. 229. Siehe auch Kuß 2005:99ff.

68 Aufzeichnung Trautmann, 31.03.1926 (BArch, R9208/2300, Bl. 211).

69 Z.B. berichteten die *Münchener Neuesten Nachrichten* am 17.03.1926 unter der Überschrift „China und wir. Unterredung mit dem chinesischen Delegationsführer in Genf" über ein Gespräch mit Wang Jingqi zum Beitritt Deutschlands und Chinas zum Völkerbund. Am Ende heißt es: „Trotz aller kalten Nüchternheit die dem Völkerbund gegenüber geboten ist, dürfte es gerechtfertigt sein, dem Klang der Worte „Freundschaft" und „Gerechtigkeit", ausgesprochen vom Vertreter einer Nation, mit der Gegensätze nicht bestehen, dagegen vielfache Interessen, eine andere Bedeutung beizumessen, als wenn sie aus dem Munde von Staatsmännern der an Deutschlands Untergang interessierten Staaten kommen."

stehen, „daß wir der in [der] Kommission erörterten Frage der Wahl Chinas in Völkerbundsrat sehr sympathisch gegenüberstehen und nach unserem Eintritt bereit sein werden, [die] Wahl Chinas zu unterstützen".[70] Ende Juli ging das chinesische Außenministerium noch einen Schritt weiter und legte einen konkreten Vertragstext vor (Dok. 56). Staatssekretär von Schubert befürwortete die Zusammenarbeit der Delegierten im Völkerbund mit der Begründung, daß Deutschland in Bezug auf die im Völkerbund behandelten Fragen wohl kaum Gefahr laufen würde, gegen die Großmächte für China stimmen zu müssen.[71]

Eine direkte Unterstützung Chinas z.B. im Hinblick auf die Abschaffung „ungleicher" Verträge wurde von Deutschland im Völkerbund abgelehnt, um nicht die anderen Mitgliedstaaten zu brüskieren. Überhaupt hielt das Auswärtige Amt am Kurs der Neutralität fest und wies auch Versuche des Reichswehrministeriums zur Kontaktaufnahme mit einzelnen Militärherren strikt zurück (Dok. 57). Im Vordergrund der Zusammenarbeit stand Chinas für den September 1927 vorgesehene Bewerbung um die Ratspräsidentschaft, die dann auch mit deutscher Hilfe erfolgreich umgesetzt wurde.[72] Des weiteren war es Stresemanns Bestreben, das freundschaftliche Verhältnis zu China auszubauen, um die Wirtschaftsbeziehungen zu intensivieren. Eine Gelegenheit ergab sich, als China bei Antritt der Ratspräsidentschaft mit rückständigen Völkerbundsbeiträgen belastet war und der von der Peking-Regierung neu ernannte Delegierte Wang Tingchang mit der Bitte um Unterstützung an Stresemann herantrat.[73] Letzterer sagte sofort zu und vermittelte einen Kompromiß in der Schuldenfrage, woraufhin Wang und Außenminister Wang Yintai ihren persönlichen Dank übermittelten. Zudem gab Stresemann am 1. Oktober 1927 zu verstehen, die finanziellen Probleme Wang Tingchangs durch einen Kredit von 100.000 RM auszugleichen (Dok. 58).[74] Diese wechselseitige Unterstützung folgte auch taktischen Überlegungen, denn zu diesem Zeitpunkt bestanden in Deutschland kaum mehr Zweifel am Sieg der im April 1927 errichteten Nanjing-Regierung. Allerdings ließ die deutsche Neutralitätspolitik keinen Alleingang zu; man bemühte sich um vorsichtige Kontaktaufnahme zur Guomindang und hielt gleichzeitig ebenso wie die anderen Westmächte bis 1928 an offiziellen Beziehungen zur Nordregierung fest.

---

70 Telegramm von Stresemann an das Deutsche Gesandtschaft Peking, 22.05.1926 (BArch, R9208/2300, Bl. 210), auch: Telegramm an Trautmann (PAA, R97094, Bl. 41).

71 Siehe Boyé an das AA Berlin, 31.07.1926 (PAA, R97094).

72 Köpke an die Deutsche Gesandtschaft Peking, 15.10.1926 (PAA, R97094).

73 Als 1927 deutlich wurde, daß die Peking-Regierung ihre Gesandtschaften in Europa nicht mehr finanziell unterstützen konnte und der Kontakt abgebrochen war, hatte Zhu Zhaoxin sich der Nationalregierung zugewandt. Im selben Jahr wurde er zum stellvertretenden Außenminister der GMD-Regierung ernannt und kehrte nach China zurück (Kuß 2005:105).

74 Als China im folgenden Jahr seinen nichtständigen Ratssitz abgeben mußte, schuldete es dem Völkerbund ca. 6 Mio. Franken. Ende 1928 unternahm der stellvertr. Generalsekretär Joseph Avenol eine Reise nach China, womit die technische Zusammenarbeit zwischen China und dem Völkerbund eingeleitet wurde (Kuß 1996:193). Erste Versuche hatten bereits Norman White (1922-1923) und Ludwig Rajchman (1926) unternommen. Ihre Pläne zum Aufbau eine Hygiene- und Quarantänedienstes in China scheiterten primär an den innenpolitischen Wirren. China unternahm 1929 einen zweiten Versuch zur Abschaffung der „ungleichen Verträge" (Meienberger 1965:43-50).

37

Artikel des Reformers Kang Youwei aus der *Dalu ribao*, Peking (07.10.1920)

Übersetzung.
Anlage 1.

Kang Youwei richtete neulich an die Regierung, alle Körperschaften und alle Zeitungen in Peking folgendes Schreiben:[75]

Durch die jahrelangen Unruhen hat unser Land große Einbuße erlitten. Das Reich verläßt sich jetzt nicht mehr auf sich selbst, sondern hofft auf den Völkerbund. Es ist eine Schande ohne gleichen, die unser ganzes Volk mit tiefstem Schmerz erfüllen muß und nie vergessen werden darf, daß unser Riesenreich mit seinen 400 Millionen Einwohnern hinter einem kleinen Staat wie Serbien zurücksteht und auf gleiche Höhe wie der Staat 4. Ranges Siam gestellt wird. Wenn wir nicht die größten Anstrengungen machen, um möglichst bald aus dieser Erniedringung herauszukommen, verdienen wir es nicht, Menschen und Volk genannt zu werden. Die Anstrengungen aber, in denen wir es weit gebracht haben, bestehen lediglich darin, daß wir uns gegenseitig verwunden und abschlachten. Der Anstand ist verschwunden und die Gesetze sind beseitigt. Unser Zustand läßt sich mit einem Satz kennzeichnen: Da die Materie nicht verfeinert wird, ist eine Verfeinerung der Wissenschaften ausgeschlossen. Es bleibt nichts als eine wüste Öde. Unser in Unwissenheit erhaltenes Volk wird in eine Welt voll gegenseitigen Wettbewerbes gestellt. Wehe, muß das nicht zum Untergang führen?

Überdies sind bei dem Wettbewerb zwischen den Völkern streng moralische Grundsätze maßgebend; es ist unberechtigt, wenn ein weniger entwickeltes Volk ein höher entwickeltes unterdrücken will. Das riesige Indien mit seinem hochentwickelten Glauben an Güte und Demut ist der Sklave von England geworden, weil es die Verfeinerung der Materie unterlassen hat. Aber in China ist sogar der Anstand verschwunden, und so ist es in seinen gegenwärtigen beklagenswerten Zustand geraten.

Die Verfeinerung der Wissenschaften ist die Grundlage der Blüte eines Staates. Das ist zwar leicht zu sagen, und doch ist etwas sehr schweres dabei. Deutschland ist zwar besiegt worden, aber Deutschland vermochte 5 Jahre lang ganz allein in einem furchtbaren Krieg sämtlichen Mächten der Erde energisch Widerstand zu leisten; es ist zwar schließlich besiegt worden, aber mit Ruhm besiegt worden. Das wissen ja alle. Wie konnte Deutschland aber eine derartige Leistung vollbringen? Weil seine Wissenschaft auf der höchsten Stufe steht, und weil es so viele fähige Deutsche gibt. Auch das weiß die ganze Menschheit.

---

75 Übersetzt von Traut, Peking. Anlage zum Pekingbericht K. No. 41, Borch, 08.10.1920. In seinem Begleitschreiben bemerkt Borch: „In der Anlage beehre ich mich in Übersetzung eines glänzenden Appels, den Kang Youwei an die Regierung und Presse zwecks baldiger Wiederaufnahme der Beziehungen zu Deutschland gerichtet hat, gehorsamst einzureichen."

Deutschland hat einen entsetzlichen Zusammenbruch erlitten, leidet äußerste Not an allem, und doch stehen die andern Mächte, Deutschland mißgünstig beobachtend, daneben, und zittern vor Angst, weil sie fürchten, daß das erloschene Feuer wieder aufflammt, und der Tag der Vergeltung nahe ist. Betrachtet Euch aber unser Riesenreich mit seinen 400 Millionen, in Ruhe dahinlebenden Einwohnern. Die Fremden behandeln es geringschätzig, fast so, als ob es gar nicht da wäre. Was für ein Gegensatz zu Deutschland! Das kann nur daran liegen, daß bei uns Materie und Wissenschaft nicht vervollkommnet ist.

Der heute „Völkerbund" genannte Bund ist nichts als ein Bund von 5 Mächten.[76] Kleine und schwache Nationen zu schützen, vermag er nicht. Das ist sehr traurig, sehr merkwürdig, aber auch sehr klar. Solange es die Welt noch nicht zu einem großen gemeinschaftlichen Staat gebracht hat, ist der einzelne Staat auf sich selbst angewiesen. Ein Staat aber kann nur dann mächtig und nur dann selbständig werden, wenn er die Materie verfeinert und die Wissenschaften hochhält, damit die Ausbildung fähiger Leute möglich wird. Es gibt kein anderes Mittel.

Das mächtige England war noch im 16. Jahrhundert eine durchaus unzivilisierte, kleine und schwache Nation. Dann aber brach in Deutschland der dreißigjährige Religionskrieg aus, der 18 Millionen Menschen das Leben kostete. Deutsche Adlige, Großkaufleute, Gelehrte, Künstler hatten durch den Krieg ihre Heimstätte verloren. Diese Deutschen aber nahmen die Engländer in ihre Dienste und daßelbe machten die Engländer mit französischen Adligen, Großkaufleuten, Gelehrten und Künstlern nach der Revolution in Frankreich. Die Folge davon war, daß in England die Materie verfeinert wurde, die Wissenschaften aufblühten, eine Menge fähiger Leute dort lebten, und schließlich England in den letzten 100 Jahren die erste Macht auf der ganzen Erde ist, deren Flagge Sonne und Mond sowohl nach dem Untergang als nach dem Aufgang bescheinen.

Im 9. Jahr der Regierung Tongzhi [1870/71] hat Deutschland Frankreich besiegt. Als sieben Jahre später in Philadelphia die große Ausstellung stattfand, haben die Deutschen nur eine goldene Medaille bekommen, und die für eine Krupp-Kanone.[77] Darüber waren die Deutschen tief beschämt. Unter großen Geldopfern sicherten sie sich in der folgenden Zeit die Dienste berühmter französischer Kunsthandwerker, Leute von hohen Fähigkeiten, vervollkommneten ihre Wissenschaften, verbesserten ihre Fabriken und wurden schließlich eine Macht, die sämtlichen Mächten auf der Erde Widerstand leisten konnte.

Japan hat bereits einen Handelsvertrag mit Deutschland abgeschlossen, und Deutschland hat einen Botschafter nach Japan geschickt.[78] Die Japaner fangen in weitgehendem Maße

---

76 Der ständigen Sitz im Völkerbund hatten zu diesem Zeitpunkt nur vier Großmächte: Großbritannien, Frankreich, Italien und Japan. Die USA waren noch nicht beigetreten.

77 Gemeint ist die Weltausstellung in Philadelphia, 1876.

78 Wilhelm Solf war im August 1920 als deutscher Geschäftsträger in Tokio eingetroffen. Seit dem Frühjahr 1920 vertrat Katsuji Debuchi Japans Interessen in Deutschland. Der Wiederaufbau der deutsch-japanischen Beziehungen verlief keineswegs so positiv wie hier von Kang darstellt. Japans Regierung sah sich zur internationalen Rücksichtnahme gezwungen, hielt sich gegenüber Deutschland zurück und orientierte sein Vorgehen an England und Frankreich. Siehe das Schreiben von Knipping an die Botschaft in Tokio, 21.05.1921, nebst Anlage vom Februar 1921 (ADAP, A, Bd. 5, Nr. 23, 39-42).

tüchtige Deutsche für sich ein. Aber wir, wir schrecken immer noch vor einem Vertrag mit Deutschland zurück. Was für ein Gegensatz zu Japan! Gerade ist der Bürgerkrieg im Norden zu Ende, und es wird täglich über große Regierungsangelegenheiten verhandelt. Darf ich fragen, was eigentlich für das Reich von Bedeutung ist?

Die Hoffnung der Regierung und des Volkes richtet sich auf die Schaffung einer Grundlage eines blühenden Reiches. Unserem Reich kann aber nur dadurch geholfen werden, daß die Materie verfeinert und die Wissenschaft vervollkommnet wird. Heute ist Deutschland nach seiner großen Niederlage verarmt; deutsche Erzeugnisse, seit langem aufbewahrt, sind billig zu kaufen. Tüchtige Deutsche mit Fachkenntnissen und erstaunlichen Fähigkeiten irren herum, ohne ihr Brot verdienen zu können. Zu einem gegen früher 100mal billigeren Preise können wir in großem Maßstab deutsche Erzeugnisse aufkaufen und tüchtige Deutsche anstellen. Diese Gelegenheit, die alle 1000 Jahre einmal kommt, dürfen wir nicht unbenutzt vorübergehen lassen. Ein weiter Blick ist uns Not. Aber den Leuten, welche uns regieren, fehlt der weite Blick; immer sind sie in ihrer Klause und kämpfen um die Meisterschaft im Bett. Sie sehen selbst, wie die Japaner mit den Deutschen einen Vertrag schließen, aber wir müssen es natürlich anders machen! Wahrhaftig, es ist völlig unverständlich. Ist die Shandong-Frage der Grund? Die hat doch aber nur mit dem Völkerbund und Japan zu tun. Was soll sie wieder den Deutschen gegenüber aufgeworfen werden? Sagt etwa jemand, wir fürchteten uns vor anderen Staaten und wagten nicht, mit Deutschland einen Vertrag (eigentlich meng: Bund) zu schließen?[79] Wie kann aber ein Reich, das seine Selbständigkeit hochhält, seine Politik nach dem Stirnrunzeln von Anderen richten? Die Mächte können heute wegen einer geringfügigen Ursache Truppen nicht in Bewegung setzen, und es ist nicht zu fürchten, daß China wie eine Melone zerteilt wird. Bolivien, Schweden, Norwegen, Polen, alle solche Staaten schicken Gesandte zu uns; nur die Beziehungen zu dem uns durch alle Freundschaft verbundenen, in wissenschaftlicher Beziehung an erster Stelle stehenden Deutschland bleiben abgebrochen, und darum kümmert man sich nicht. Was Deutschland uns bieten kann, kann für uns nur von großem Vorteil sein.

Meine Herren. Ich hoffe, daß Sie Augen und Ohren aufmachen und, mit weitem Blick in die Zukunft, den Abschluß eines Vertrages mit Deutschland unverzüglich in's Werk setzen werden. Meine Herren von der Presse. Sie müssen mit Lebhaftigkeit dafür eintreten, daß die Regierung schnell handelt.

(gez.) Kang Youwei

PAA, R85450.

---

79 Einschub des Übersetzters Traut.

38

Erlaß des chinesischen Ministeriums des Auswärtigen und des Inneren, Kanton (22.11.1920)[80]

Abschrift von Übersetzung Nr. 528.

Es ist soeben ein Erlaß vom Ministerium des Auswärtigen und des Innern hier eingegangen mit folgendem Wortlaut:

„Wie bekannt, ist die Einreise von Deutschen nach China von einer Sondererlaubnis abhängig gemacht; für den Fall, daß jemand heimlicherweise nach China kommt, ohne die Sondererlaubnis in der Hand zu halten in der Gestalt eines Einreisepasses mit der ausdrücklichen Erlaubnis, die Reichsgrenze zu überschreiten, soll [er/sie] bei dem Eintritte in einen Hafen, sobald dies festgestellt worden ist, von der Ortsbehörde am Landen gehindert werden. So weit reichen die Vorschriften.[81]

Neuerdings nun hat es sich in allen Provinzen ereignet, daß Deutsche erschienen sind, welche die Sondererlaubnis nicht besitzen, dafür aber zuvor um Zulassung bitten auf Grund freundschaftlicher Abmachungen ad hoc, bevor sie sich in die Listen eintragen lassen: Wenn auf diese Art bei allen Anlässen auf Nachsuchen hin die Erlaubnis zuerteilt wird, so muß geurteilt werden, daß der ganzen Angelegenheit keineswegs der gebührende Ernst gewidmet wird.

Nunmehr haben beide unterzeichnete Ministerien gemeinsam festgesetzt, daß fortab – abgesehen davon, daß den Vorschriften entsprechend die erforderlichen Feststellungen bei der Einreise der einzelnen Deutschen sowie ein Einreisepaß benötigt sind – wenn jemand bereits das Reichsgebiet betreten habe und nachträglich die Erlaubnis nachsucht, an einem Orte wohnen zu dürfen, der Betreffende durch die Ortsbehörde daraufhin untersucht werden soll, woher er gekommen ist, welche Geschäfte er zu erledigen gedenkt, welchen Beruf er hat, ob sein Betragen einwandfrei ist oder nicht; weiter soll ihm anbefohlen werden, sich vom niederländischen Konsulat einen Bürgschaftsschein oder auch einen solchen von einem

---

80 Schreiben des Statthalters Chen Jiongming, Kanton, an den Königlichen Konsul der Niederlande. Anlage zum Kantonbericht vom 26.11.1920, Übersetzung durch Greiser. Chen Jiongming, ehemals Mitglied des von Sun Yatsen gegründeten Revolutionsbundes (*Tongmenghui*), unterstützte die Südregierung Suns und hatte Kanton im Oktober 1920 zurückerobert. Sun ernannte ihn daraufhin zum Gouverneur der Provinz Guangdong.

81 Verhandlungen über die „Einreisebestimmungen für Deutsche“ wurden seit dem Frühjahr 1920 intensiv geführt. Bereits am 28. Januar führte das AA diesbezügliche Gespräche mit dem chin. Gesandtschaftssekretär Zhang Yungai (PAA, R17986). Die praktische Umsetzung der „Einreisebestimmungen“, wie sie am 27. Juli 1920 festgelegt wurde, schien lokale Unterschiede und Ausnahmefälle gekannt zu haben. Nicht zuletzt dürften hierfür auch chinesische Interessen an einer Wiederaufnahme der (wirtschafts-)Beziehungen den Ausschlag gegeben haben. Die in Tianjin erscheinende *Shibao* berichtet z.B. am 26.10.1920 von einem „erleichterten Verfahren betreffend Eintritt der deutschen Staatsangehörigen im chinesischen Gebiet“ (BArch, R9208/3257. Bl. 136-137 und Bl. 172). Im Allgemeinen behielten Chinas Behörden sich die Ausstellung einer Sondereinreiseerlaubnis vor, inwieweit dieses Verfahren umgangen wurde, ist den Konsulatsberichten und diesem Dokument zu entnehmen.

angesehenen Kaufmanne (= fremder Firma, d.Ü.) zu verschaffen; dazu soll er von seiner Seite aus einen Schein der Behörde einhändigen, worin er erklärt, daß er die Gesetze Chinas zu achten und zu halten fest entschlossen sei. Wenn dies geschehen [ist], dann soll ihm die Ortsbehörde einen Wohnerlaubnisschein erteilen; zugleich soll sie den Ministerien Bericht zu den Akten liefern."

Der städtischen Polizei habe ich entsprechende Weisungen erteilt. Zugleich beehre ich mich, Ew. pp. dieser Erlaß zur Kenntnis zu bringen und darum zu bitten, daß Deutsche bei ihrem Eintritte in China zuvor mit einer Einreiseerlaubnis versehen seien, daß sie nicht eher landen dürfen, als bis sie durch freundschaftliche Übereinkunft dazu berechtigt sind, alles gemäß den soeben erlassenen Vorschriften.

Schlußformel

Chen Jiongming, Statthalter

BArch, R9208/3257, Bl. 153.

39

Bericht des chinesischen Innenministeriums an Präsident Xu Shichang (19.12.1920)

Entwurf von Bestimmungen für die Neueinrichtung von Gemeindeverwaltungsämtern der besonderen Bezirke Tianjin und Hankou[82]

Im März 1917, nach Abruch der Beziehungen zu Deutschland und Österreich hat unser Land die deutsche und österreichische Niederlassung in Tianjin sowie die deutsche Niederlassung in Hankou zurückgewonnen. Es wurden provisorische Verwaltungsämter (*linshi guanliju*) eingerichtet und der nächste Polizeipräsident ersucht, gleichzeitig Chef dieser Verwaltung zu sein. Gleichzeitig wurden abgekürzte Regulationen für diese Ämter der Regierung unterbreitet und von ihr genehmigt. Später nach der Kriegserklärung an Deutschland, wurden jene provisorischen Verwaltungsämter in „Gemeindeverwaltungsämter" (*shizhang guanliju*) umgewandelt. Im August 1917 wurde ein besonderer Vorstand für die einzelnen Ämter ernannt, der die Verwaltung durchzuführen hatte.

In Artikel 132 des europäischen Friedensvertrags ist nunmehr bestimmt, daß China wieder „in den Vollbesitz seiner Souveränitätsrechte über die besagten Gebiete (von Tianjin und Hankou) eintritt und seine Absicht erklärt, sie der allgemeinen Niederlassung und dem Handel zu öffnen".[83] Darum sind die in jenen Bezirken zu treffenden Einrichtungen vom Inland verschieden, jene Bezirke weisen aber auch ihrem Charakter nach eine gewisse Ver-

82 Genehmigt durch Verordnung des Präsidenten Xu Shichang vom 15.12.1920.
83 Siehe Dok. 36.

schiedenheit von den von China selbst geöffneten Handelsplätzen auf. Es muß daher eine bestimmte Bezeichnung geschaffen und eine neue Verwaltung eingerichtet werden, aus denen die Wahrung der vollen Hoheitsrechte Chinas hervorgeht und die als Muster für eine Gemeindeverwaltung dienen kann. Dabei ist der Hauptaugenmerk noch darauf zu richten, daß bei Ausübung der chinesischen Hoheitsrechte der Wahrung der Privilegien der ausländischen Kaufleute Rechnung getragen werden muß, damit die Einrichtung Anklang findet und das Vertrauen in uns ständig zunimmt, woraus wieder der Regierung ein erheblicher Nutzen erwächst.

Das Ministerium hat daraufhin unter Berücksichtigung der bisher gegebenen [Situation] genaue Regulationen ausgearbeitet und das Ministerium des Äußeren, sowie den Ministerien für Verkehr, Landwirtschaft und Handel mit dem Ersuchen übersandt, sie mit ihren Bemerkungen zu versehen. Nach wiederholten Beratungen ist dann der Entwurf, mit einer Zusammenstellung der gemachten Bemerkungen dem Kabinett zu gemeinschaftlicher Beratung unterbreitet worden. Es wurde beschlossen, den Entwurf in der abgeänderten Form herauszugeben. Die entsprechende weitere Veranlassung wurde unserem Ministerium zugewiesen.

Das Ministerium gibt sich die Ehre, nunmehr die 11 Artikel enthaltenden Bestimmungen für die Verwaltung der besonderen Bezirke anbei vorzulegen. Dem Gedanken der Wahrung unserer Hoheitsrechte wie dem der Priviligierten der ausländischen Kaufleute wird dabei in gleicher Weise in diesen wesentlichen Punkten Rechnung getragen, so daß sich alles wird leicht durchführen lassen. Bei den Beratungen mit dem Ministerium des Äußeren hat sich die gleiche Auffassung ergeben. Falls der Entwurf die Genehmigung erhält, wird ergebendst um Anweisung der beschleunigten Rückgabe zur Veröffentlichung und Durchführung der Bestimmungen gebeten.

Das Ministerium beehrt sich noch zu bemerken, daß „besonderer Verwaltungsbezirk" in Tianjin den Bereich der alten deutschen und österreichischen Konzession, in Hankau der alten deutschen Konzession bedeutet, so daß es im Interesse einer bequemeren Verwaltung nach wie vor bei dem alten System verbleibt.

Regierungsamtsblatt, 19.12.1920, BArch, R9208/3292, Bl. 269.

40

Lagebericht des Leiters der Deutschen Kommission für China, Herbert von Borch (12.04.1921)

K. Nr. 161.

Über den allgemeinen Verlauf der zwischen der deutschen Kommission und Delegierten der chinesischen Regierung stattgehabten Besprechungen und Verhandlungen über den Abschluß eines deutsch-chinesischen Handelsabkommens beehre ich mich unter Bezugnahme auf meine anderweitige laufende Berichterstattung zusammenfassend das Folgende gehorsamst zu berichten:

Der Ausgangspunkt der Vertragsbesprechungen war der mir durch Vertreter des Waijiaobu im Auftrage des Außenministers Yan Huiqing am 28. August v. Js. überbrachte Wunsch der chinesischen Regierung, eine schriftliche Erklärung der Deutschen Regierung zu erhalten, worin diese ihre Verpflichtungen aus dem Versailler Vertrag auch China gegenüber ausdrücklich anerkennt.

Die chinesische Regierung wollte diese Erklärung als eine einseitige V o r e r k l ä - r u n g Deutschlands haben, n a c h deren Empfang sie bereit wäre, in Verhandlungen über einen Friedensvertrag einzutreten. Das Vorbringen dieses Wunsches gab mir die Möglichkeit, China zu ernsthaften Verhandlungen über die Wiederaufnahme der Beziehungen zu bringen, indem ich versprach, den Wunsch an die Deutsche Regierung weiterzugeben, jedoch nur f a l l s die Chinesische Regierung von dem Verlangen einer V o r erklärung abginge und alsbald in Besprechungen über einen Vorvertrag einträte, bei dessen Abschluß gleichzeitig die zu vereinbarende Erklärung abzugeben wäre.

Am 8. September erklärten sich im Aufrage des Außenministers die von ihm für die Besprechungen mit mir delegierten Räte im Ministerium des Äußeren, Wang Jingqi und Wang Cengsi, mit der Aufnahme der Vorbesprechungen in dem von mir gewünschten Sinne einverstanden. Ich habe damals dem von chinesischer Seite kommenden Wunsche auf Grund der allgemeinen Weisung, mit der ich nach Peking entsandt worden war, nämlich Vorbesprechungen für einen Vorvertrag einzuleiten, entsprechen zu sollen geglaubt und habe dann bis zum Eintreffen besonderer Weisungen den deutschen Standpunkt nach den Richtlinien vertreten, die mir als die für die deutsche Politik in China maßgebenden im allgemeinen bekannt waren.

Es galt hiernach zuerst in unverbindlicher Weise eine Basis zu finden, die eine annehmbare Grundlage für einen künftigen Vorvertrag bildete. In fünf Sitzungen, die zwischen dem 8. und 25. September stattfanden, wurde zwischen der deutschen Kommission und der chinesischen, die außer den oben genannten zwei Räten aus dem außerordentlichen Rat Zhang Yuquan bestand, ein Entwurf festgestellt, der nach Berlin gereicht wurde. Was in den Sitzungen von beiden Seiten ausgeführt wurde, galt als unverbindlich. Es wurde daher auch kein Sitzungsprotokoll geführt. Der fertige Entwurf umfaßte erstens die von der chinesischen Regierung als Bedingung für den Vertragsabschluß abzugebende Erklärung der deutschen Regierung, zweitens ein kurzgefaßtes deutsch-chinesisches Übereinkommen über Wiederherstellung der diplomatischen und kommerziellen Beziehungen und drittens ein Schlußprotokoll, welches Einzelfragen, die nicht in den eigentlichen Vorvertrag gehörten, regeln sollte.

Nach den ersten zwei Sitzungen, in denen es möglich gewesen war, einen ungefähren Eindruck von dem Erreichbaren zu erhalten, habe ich es für notwendig gehalten, den in China lebenden Deutschen Gelegenheit zur Äußerung zu den mit den Chinesen besprochenen Hauptpunkten des in Aussicht genommenen Vertrags zu geben, um weitere Richtlinien für die Fortsetzung der Besprechungen mit der chinesischen Kommission daraus zu gewinnen. Ich richtete daher an die Deutschen in Shanghai, Tianjin und Hankou die Aufforderung, aus jedem Platz einen gewählten Vertrauensmann nach Peking zu einer gemeinsamen Besprechung der Vertragsfrage zu senden. Es trafen darauf in Peking ein: für Shanghai Rechtsanwalt Mahnfeld, für Hankou Kaufmann Herbertz (Carlowitz & Co.), für Tianjin Kaufmann Faust. Ferner forderte ich den früheren Seezolldirektor Dr. K. Hemeling, der von der Deutschen Vereinigung in Shanghai und dem Ostasiatischen Verein in Hamburg wiederholt als Sachverständiger in wirtschaftlichen Fragen dem Auswärtigen Amt, wie der Kommission empfohlen worden war, sowie die in Peking weilenden Direktoren der Deutsch-Asiatischen Bank Figge und Cordes zur Teilnahme an den Besprechungen auf. Die Deutsche Vereinigung benannte ferner als ihre Vertrauensmänner die Kaufleute Möller und Pape. Am 20. und 21. September fanden eingehende Besprechungen statt, an denen die oben genannten Vertrauensmänner, außer Figge und Pape, sowie die von mir ebenfalls hinzugezogenen Konsul Tigges aus Tianjin und Vizekonsul Bracklo aus Hankou teilnahmen. Es kam bei den Besprechungen darauf an, die Meinung der Kaufmannschaft über die Regelung prinzipieller Fragen festzustellen; auf Einzelheiten oder Formulierungen von Vertragsbestimmungen konnte in dem damaligen Stadium der deutsch-chinesischen Besprechungen nicht eingegangen werden. Auf das Ergebnis der Beratungen mit den kaufmännischen Vertrauensmännern wird bei der folgenden Darstellung der wichtigsten Einzelfragen Bezug genommen werden.

Die hauptsächlichsten Fragen, die in dem abzuschließenden Vorvertrage, teils auf chinesischen, teils auf deutschen Wunsch, eine grundsätzliche Regelung erfahren sollten, waren:

1) die Anerkennung des Versailler Vertrages;
2) der Verzicht auf die Konsulargerichtsbarkeit;
3) die Verzollung deutscher Waren;
4) die Behandlung deutschen Privateigentums in China.

Über die Behandlung dieser Fragen im Einzelnen folgen zusammenfassende besondere Berichte.

Im Allgemeinen ist darüber zu sagen, daß die erste Fassung, in der diese Punkte in dem eingereichten Entwurf dem Auswärtigen Amt unterbreitet worden sind, zwar äußerlich ein von chinesischer Seite erfolgendes Angebot an Deutschland bedeutete. Inhaltlich aber war dieses Angebot bereits das Ergebnis einer provisorischen und unverbindlichen Verständigung der beiderseitigen Unterhändler. Wie aus den Berichten über die einzelnen Fragen hervorgeht, enthielten die ersten chinesischen Vorschläge eine Anzahl weitgehender Forderungen, deren Annahme ich schon von mir aus abgelehnt habe, da sie den Absichten der deutschen Regierung unter allen Umständen widersprachen.

Die Verhandlungen, die dann auf die erste Äußerung der deutschen Regierung zu dem eingereichten Entwurf folgten, sind in zwölf Kommissionssitzungen und zahlreichen Einzelbesprechungen bis zu dem heutigen Stande gebracht worden. Neben dem chinesischen Hauptdelegierten Wang Jingqi, der ein ehrliches Interesse an der Herstellung dauernd freundschaftlicher Beziehungen zu Deutschland nimmt, war der Außenminister Dr. Yan der treibende Geist der chinesischen Regierung, ohne dessen Aktivität wir einem b a l d i g e n

Friedensschluß mit China kaum so nahe gekommen wären wie heute. Die Stimmung der übrigen Kabinettsmitglieder, vom Ministerpräsidenten Jin Yunpeng abwärts, ist zwar nicht deutschfeindlich, aber lau und gleichgültig, da nach ihrer Auffassung ein sofortiger Nutzen aus dem Vertragsschluß nicht zu erwarten ist, ein solcher eher noch aus der Ausnutzung der unsicheren Lage der Deutschen gezogen werden könnte.

Bei Beurteilung desjenigen, was von deutscher Seite in den Verhandlungen erreicht worden ist, ist in Betracht zu ziehen, daß die Chinesische Regierung vor Aufnahme der Verhandlungen drei Jahre hindurch unter dem allgemeinen Einfluß der alliierten Mächte gestanden hatte, daß das Waijiaobu, von dem zahlreiche Mitglieder, unter Anderen auch der Hauptdelegierte Wang Jingqi, der chinesischen Delegation in Paris gewesen waren, Deutschland durch die Versailler Brille sah, daß zuerst auch die Furcht der Chinesen, sich durch eine Anfreundung mit den deutschen Unannehmlichkeiten von Seiten der Alliierten, insbesondere der Franzosen zuzuziehen, überwunden werden mußte, sowie ferner, daß die chinesische Regierung ein festes Programm für den Abschluß neuer Verträge aufgestellt hatte, das die Forderungen Abschaffung der Konsulargerichtsbarkeit und der Meistbegünstigung und Durchführung der chinesischen Zollautonomie als unbedingte Erfordernisse enthielt.

Die erstgenannten stimmungsmäßigen Hemmnisse mußten durch persönliche Einwirkung überwunden werden und sind überwunden worden. Bezüglich der prinzipiellen politischen Forderungen Chinas aber galt es festzustellen, ob sie unabänderlich waren oder vielleicht durch Kompensationen gemildert werden könnten, und ob sie im ersten oder zweiten Falle für uns überhaupt annehmbar waren bzw. werden konnten.

Meine Feststellungen in den ersten zwei Monaten nach meinem Eintreffen und meine ersten Vorbesprechungen mit den chinesischen Delegierten überzeugten mich davon, daß von den oben aufgeführten vier Punkten der erste und zweite nicht zu umgehen waren, vielleicht aber gemildert werden konnten, im dritten und vierten ein Entgegenkommen auf chinesischer Seite erhofft werden konnte. M[it] a[nderen] W[orten] wenn wir den Chinesen die schriftliche Anerkennung des Versailler Vertrages und den Verzicht auf die Konsulargerichtsbarkeit gaben, konnten wir dafür als Gegenleistung p r a k t i s c h e Gleichstellung mit der m e i s t b e g ü n s t i g t e n Nation in der Zollbehandlung und eine befriedigende Regelung er Behandlung deutschen Eigentums erwarten.

Bei Einschätzungen des Werts dieser Leistungen und Gegenleistungen ist wiederum in Betracht zu ziehen, daß die chinesische Regierung ihrerseits j e d e Verbesserung der jetzigen vertragslosen Lage der Deutschen in China als ein von ihr gemachtes Z u g e s t ä n d - n i s an Deutschland ansieht. Von chinesischer Seite wird geltend gemacht, daß Deutschland auch ohne Vertragsabschluß von Deutschland alles haben kann, was es wünscht: Waren, Lehrer, Ingenieure, u.s.w., und nicht nötig hat, dafür irgendwie unbequeme Vertragsverpflichtungen auf sich zu nehmen. Von der chinesischen Regierung wird es daher als ein großes Zugeständnis aufgefaßt, wenn den deutschen Waren schließlich gleiche Zollbehandlung mit denen der Vertragsmächte vertraglich zugesichert und damit die Einräumung der Zollautonomie praktisch illusorisch gemacht wird, wenn der Verzicht auf die Konsulargerichtsbarkeit durch Nebenklauseln, gleichviel welcher Art, eingeschränkt wird, wenn die Chinesische Regierung uns schriftliche Zusicherungen über teilweise Nichtanwendung der Repressalienklausel und Nichtanschluß an das Ausgleichsverfahren gibt, und wenn sie schließlich Verpflichtungen bezüglich der Behandlung des deutschen Privateigentums auf chinesischem Boden uns gegenüber eingeht.[84] Die heutigen chinesischen Regierungskreise, die sich größtenteils aus sogenannten Jungchinesen[85] zusammensetzen, wachen mit einer häufig übertriebenen Änglichkeit über der Unverletzlichkeit der Souveränität Chinas und sind aus diesem Grunde vielfach nicht zu Zugeständnissen zu bewegen, die eine, ihrer Souveränität sichere Großmacht ohne Bedenken machen würde.

Dank der Inititative Dr. Yans und seinem zuerst starken Einfluß im Kabinett war jedoch in den ersten zwei Monaten auf Seiten Chinas eine verhältnismäßig günstige Stimmung für den Vertragsabschluß vorhanden. Dr. Yan hätte damals gern für sich selbst einen raschen diplomatischen Erfolg durch den Abschluß eines Vertrages, der China Vorteile brachte, errungen. Ohne genügende Vorteile hatte allerdings auch für ihn der Vertragsschluß kein Interesse. Er hätte jedoch gern die Anerkennung des Versailler Vertrages durch Deutschland China gegenüber vor der ersten Völkerbundssitzung am 15. November v. Js. erhalten, weil er die Hoffnung hatte, die Shandong-Frage schon bei dieser ersten Sitzung vorbringen zu können und dafür im Besitz der übrigen Vorteile des Versailler Vertrages, ohne ihn unterzeichnet zu haben, sein wollte. Diese Hoffnung zerschlug sich, und zwar nicht nur wegen Fehlens der deutschen Anerkennung. Immerhin trat danach, besonders im Monat Dezember, eine allmähliche Erkaltung der Vertragsbereitschaft Chinas ein. Die Opposition, die zuerst weniger hervorgetreten war, wurde stärker. Sie ging besonders von den an dem sequestierten deutschen Eigentum interessierten Beamten, zu denen sogar der Ministerpräsident selbst gehörte, aus, da sie durch die Vertragsklauseln über das Eigentum gewisser persönlicher Vorteile verlustig zu gehen fürchteten. Dazu kam ein allmählich erwachendes Mißtrauen der am Vertragsabschluß aus politischen Gründen interessierten Beamtenkreise in den ehrlichen Vertragswillen der deutschen Regierung, ein Mißtrauen, das Nahrung fand durch die seit Dezember v. Js. leider gerade auch durch Deutsche kolportierte Nachricht, die Deutsche Regierung wolle zuerst den Friedensschluß mit Amerika abwarten, ehe es mit China abschließt.[86]

Ich habe dieses Mißtrauen der Chinesen immer wieder zerstreut und die leitenden Männer im Waijiaobu von dem ehrlichen Vertragswillen Deutschlands überzeugt. Es trat dann

---

84 Im Gegensatz zum Vergleichsverfahren bezeichnet das Ausgleichsverfahren den gerichtlich herbeigeführten Ausgleich. D.h. wenn China sich dem nicht anschließt, kann die Schuldenfrage außergerichtlich geklärt werden. Grundlage ist ein Ausgleichsvorschlag, den in diesem Fall Deutschland zu erbringen hat.

85 Der Begriff „Jungchinesen" findet sich öfters in den Akten. In der Regel bezeichnet er die Generation junger Politiker, die nach einem Auslandsstudium in verschiedene Regierungsämter aufgestiegen ist. Er wird eher pejorativ verwendet, haftet ihm doch die Bedeutung „unerfahren" an.

86 Siehe hierzu auch Dok. 88. Deutschland und die USA schlossen erst am 24./25. August einen separaten Friedensvertrag, der die Reparationszahlungen festlegte, jedoch auf die Klärung der Kriegsschuldfrage verzichtete. 1923 wurde überdies ein Handelsvertrag abgeschlossen.

aber doch bei jedem Änderungswunsch unsererseits mir von neuem entgegen und gipfelte schließlich in einer ernsten Unterredung, zu der mich Dr. Yan am 28. Februar d. Js. ins Waijiaobu gebeten hatte. Eine Abschrift der von mir darüber gemachten Aufzeichnung beehre ich mich beizufügen.

Durch die länger als ursprünglich erwartet sich ausdehnende Dauer der Vertragsverhandlungen verloren auf der chinesischen Seite die Befürworter des baldigen Abschlusses an Boden und die Opposition wurde stärker.

Von zahlreichen chinesischen Beamten wurden gegen verschiedene von der chinesischen Kommission uns zugestandene Vertragsbestimmungen, insbesondere gegen die Einräumung des alten Vertragstarifs, lebhafte Bedenken erhoben, und die Haltung der chinesischen Kommission, sowie Dr. Yans selbst uns gegenüber als zu schwach bezeichnet. Gegen diesen Widerstand wird Dr. Yan bis zur erfolgten Unterzeichnung anzukämpfen haben.

Von einer unmittelbaren schädlichen Einwirkung fremder Gesandtschaften auf den Gang der Verhandlungen ist im Allgemeinen nichts zu merken gewesen. Es ist, als eine besondere Seltenheit in China, bis zum Februar d. Js. gelungen, unsere Vertragsverhandlungen vor der Öffentlichkeit völlig geheim zu halten. Während die Presse ständig voll war von Berichten über die Verhandlungen des russischen Vertreters Yourin mit dem Waijiaobu, erschien über die deutschen Verhandlungen nichts oder nur eine kurze Notiz, daß sie keine Fortschritte machten. Diese Geheimhaltung ist nur durch die Diskretion der beiderseitigen Kommission gelungen, die alle Verhandlungsarbeiten selbst erledigten. Von Seiten der Deutschen Kommission sind sämtliche mit den Verhandlungen verbundene Arbeiten ausschließlich von den drei Mitgliedern der Kommission und deren Schreiber erledigt worden, insbesondere sind sämtliche chinesischen Übersetzungs- und Schreibarbeiten ohne Zuhilfenahme eines Chinesen vorgenommen worden.

Im September brachten die hiesigen Zeitungen infolge Bekanntwerdens einer telegraphischen Meldung des Dr. Zhang Yungai aus Berlin Nachrichten, die von der Absicht Chinas sprachen, seinerseits die Entscheidung Amerikas abzuwarten. Eine derartige Absicht ist im Waijiaobu erörtert, aber nicht festgelegt worden. Man hat jedoch, wie ich hörte, Vorbereitungen getroffen, falls die Vereinigten Staaten den Versailler Vertrag nachträglich mit Vorbehalt ratifizieren, diesem Beispiel folgen zu wollen und dann nicht nur die Shandong-Artikel, sondern auch andere, mir wurde im Waijiaobu Artikel 260 genannt, auszunehmen.[87]

Unter dem Eindruck des Ausgangs der Londoner Konferenz brachten dann die Zeitungen Artikel, in denen die angeblich dadurch verursachte unbestimmte Hinausschiebung des deutsch-chinesischen Vertragsschlusses behauptet wurde. Erst vor einigen Tagen kündigte Reuter aus Peking die danach bald bevorstehende Unterzeichnung des Abkommens an. Irgendwelche der Wahrheit entsprechende Angaben über den Inhalt des Abkommens sind bisher von der Presse nicht veröffentlicht worden.

Einige der auf die Verhandlungen bezüglichen Zeitungsartikel füge ich gehorsamst bei.

---

87 Art. 260 ist Bestandteil von Teil IX des Versailler Vertrages, „Finanzielle Bestimmungen“, und betrifft die Aufgaben, Rechte und das Vorgehen der Wiedergutmachungskommission.

Am 7. d. Mts. fand die letzte Sitzung der beiderseitigen Kommissionen statt, in der ich nach endgültiger Festlegung der Texte, wie sie den dortigen Weisungen entsprach, die Annahme derselben durch die deutsche Regierung und die Bereitschaft, sie sofort zu unterzeichnen aussprach. Die chinesische Kommission nahm davon Kenntnis und teilte darauf mit, daß das gesamte Vertragswerk nunmehr, in Reinschrift, dem Gesamtkabinett zur endgültigen Annahme vorgelegt werden würde und, nachdem letztere erfolgt sei, der Präsident um ein Mandat, durch das der Minister des Äußeren zur Unterzeichnung ermächtigt wird, gebeten werden würde. Diese Formalitäten würden voraussichtlich zehn Tage in Anspruch nehmen. Sie seien notwendig, weil damit gleichzeitig die Erfordernisse der Ratifikation für China erfüllt werden müßten. Da ein Parlament nicht vorhanden sei, werde die Ratifikation durch die beiden gesetzgebenden Faktoren, Kabinett und Präsident, vollzogen. Nach der Zeichnung erwartete man also, die Mitteilung der Deutschen Regierung über die in Deutschland vollzogene Ratifikation, gegen die man dann, in Gestalt des Notenwechsels, die entsprechende chinesische Mitteilung austauschen würde. Der erste Delegierte Wang Jingqi bat mich im Namen des Außenministers, darauf hinzuwirken, daß die Ratifikation in Deutschland sobald als möglich erfolgte, da bis zur beiderseitigen Ratifikation immerhin noch mit Schwierigkeiten oder Hemmnissen zu rechnen sei.

[...][88]

Eine formelle Anerkennung des deutschen Textes des Schriftwechsels, als in gleicher Weise maßgebend wie der chinesische Text, ist leider nicht durchzusetzen gewesen. Immerhin kommt, bei etwaigen Meinungsverschiedenheiten über die Bedeutung von Textstellen, der von der chinesischen Kommission nachgeprüften deutschen Übersetzung eine gewisse Beweiskraft zu.

Die sachlichen Verhandlungen über die einzelnen Vertragsbestimmungen werden in Sonderberichten behandelt.

v. Borch

PAA, R85458.

---

88 Es folgen Ausführungen zu den im Bericht genannten Anlagen.

41

Auflistung des sequestrierten deutschen Besitzes in China durch Herbert von Borch, Leiter der Deutschen Kommission für China (26.04.1921)[89]

I. Hankou

1)	Carlowitz & Co.	
	Grundstück Chinesenstadt	440 648
	Grundstück Wuchang	968 640
	Grundstück Kuling	10 000
2)	Garrels, Börner & Co.	269 000
3)	Schnabel, Graumer & Co.	
	a) Tachihmen Anlage	350 000
	b) bei Hankou	10 000
	c) in Jiaokou	50 000
	d) Gebäude in Lowanho	3 000
4)	Diedrichsen & Co.	
	a) auf chinesischem Gebiet	555 619
	b) in Deutschen Konzession	771 059
5)	G. L. Hempel	55 000
6)	Fuhrmeister & Co.	247 000
7)	E. L. Fechner, Erben, do. in Jiaokou	55 000
8)	Hamburg-Amerika Linie	411 000
9)	Siemssen & Co.	125 000
10)	Gebr. Hülsemann	185 000
11)	Deutsch-chin. Baugesellschaft	60 000
12)	R. Sachse & E. Hüschelrath	8 000
13)	C. Fuchs	55 000
14)	Norddeutscher Lloyd	
	a) Grundstücke und Gebäude	226 000
	b) Hulks, Pontons, etc.	142 500
15)	A. Kerff	140 000
16)	Deutsch-Asiatische Bank	250 000

89 Von Borch hatte die Auflistung als Anlage seinem 19seitigen Pekingbericht (K. Nr. 186) vom 26.04.1921 beigefügt (vgl. auch Dok. 40). In seinem Bericht spricht Borch von den Bemühungen, weitere Liquidationen zu verhindern und unterstreicht: „Das Waijiaobu selbst hatte von Anfang an wenig Interesse für die ganze Liquidationsfrage und wäre am liebsten mit ihr nicht behelligt worden“ (PAA, R85459, Bericht Borch, S. 12). Ähnlich skeptisch hatte Borch sich hinsichtlich der Rückgabe des deutschen Vermögens bereits in einem Bericht vom 17.05.1921 geäußert (ebenda).

17)	A. Schultze	25 000
18)	H. Köhler	25 000
19)	Kaiser Wilhelm Schule	45 000
20)	Technische Hochschule	197 000
21)	Melchers & Co.	
	a) Deutsche Niederlassung	440 000
	b) Chinesischem Gebiet	40 000
	c) Gebäude	233 000
	d) Pumpenhaus & Maschinen	214 000
	Zusammen:	**6 608 166 Tls.**[90]

II. Shanghai.

In Pudong:	
Butler-Land (Eigentum von Carlowitz & Co., Hamburg-Amerika Linie und Arnhold, Karberg & Co.)	ca. 450 000 Tls.
Deutscher Ruderverein (Hausanlagen)	6 000
Yangzi Lagerhaus, A. G.	ca. 220 000
Zusammen:	**ca. 670 000 Tls.**

III. Tianjin (Deutsche Niederlassung)

1)	Hamburg-Amerika Linie, Gebäude und Land.	18.500 Mu	130 000 Tls.
2)	Carlowitz & Co., Gebäude und Land.	8.220	32 000
3)	Tianjiner Baugesellschaft		
	a) im Nordareal	53.000	620 000
	b) im Südareal	15.957	
4)	Siemssen & Co.	8.572	45 000
5)	Klub Concordia	9.800	127 000
6)	W. Müller	677	6 000
7)	W. R. Stang	1.737	18 000
8)	Deutsche Schule	5.986	35 000
9)	L. Rees	769	4 000
10)	Xingji Boden & Bauvereinigung (deutscher Anteil)	5.000	30 000

90 Alle Angaben in Haikuan (Customs) Taels, 1 Tls. = ca. 3 M.

11)	H. Leu	769	4 000
12)	Frau Rosenberger	2.000	3 200
13)	H. Korinth	2.332	4 660
14)	Deutsche Niederlassungsgemeinde	68.445	
	Büro, Wege etc. im Nordareal		
	im Südareal	199.059	
15)	Deutsche Niederlassungsgemeinde		215 000
	Land im Nordareal	12.368	
16)	Deutsche Niederlassungs-Gesellschaft im Südareal, ca.	90.000	136 000
	Zusammen	**503.171 Mu**	**1 409 860 Tls.**

IV. in Peitaiho [Beidaihe]

1)	Aug. Walter	Gebäude u. Land	31.655	30 000
2)	F. Sommer		22.559	10 000
3)	Frickhoeffer		3.026	2 800
4)	Buchheister & Co.		51.810	20 000
5)	A. Vogelsberg		5.000	4 000
6)	F. Rode		8.600	4 800
7)	A. Scholz		15.400	19 000
8)	W. Diehl		7.300	6 000
9)	Frau Wilde		12.550	3 000
10)	H. Kötter		6.000	4 000
11)	O. Dello		7.000	10 000
12)	F. Gerz		21.700	7 200
13)	E. Lüders		14.345	15 000
14)	V. Werthern		5.000	2 000
15)	Schell & Faust		17.000	18 000
16)	Dr. Günther		5.000	8 000
		Zusammen	**239 875 Mu**	**163 800,- Tls.**

V. Tongku.

Hamburg-Amerika Linie, Land **39 Mu = 125 000 Tls.**

VI. Tschifu [Zhifu]

O. H. Anz & Co.	14 000 $ mex.
O. H. Anz & Co.	40 000
W. Busse	4 300
C. W. Schmidt	4 300
C. W. Schmidt & W. Busse	6 500
C. W. Schmidt & W. Busse	20 000
C. W. Schmidt & W. Busse	17 000
Zusammen:	232 100 $ mex.
= ca.	**166 000 Tls.**

VII. Nanking [Nanjing].

Norddeutscher Lloyd, Hulk und Landungsbrücke 12 000 Tls.

VIII. Chinkiang [Jinjiang].

Norddeutscher Lloyd, Hulk und Landungsbrücke 50 000 Tls.

IX. Futschau [Fuzhou].

Erben des Konsuls Siemssen 250 000 Tls.

Zusammenstellung.

Tianjin	1 409 860
Beidaihe	163 800
Tongku	125 000
Hankou	6 608 166
Shanghai	670 000
Zhifu	166 000
Nanjing	12 000
Jinjiang	50 000
Fuzhou	250 000
Zusammen:	**9.454.826 Tls.**

Liste über den Erlös des in der Extra-Konzession Française in Shanghai veräußerten deutschen Grundeigentums.[91]

Eigentümer	Lage des Grundstücks	Erlös in $
C. Baedeker	269-271 Avenue du Roi Albert	27 500
C. Baedeker	Route Doumer	4 900
M. Becker	Route Doumer	4 200
Dr. E. Birt	Route Ferguson	1 800
v. Fischers	534 Zikawei Road	47 000
O. Kirchner	Roue Francis Garnier	3 500
Frau A. Koeppe	451 Great Western Road	16 000
R. Mahnfeld (Nachlaß Paulun)	Route Stanislav Chevalier	noch nicht bekannt
O. Meuser	Route de Zikawei	7 600
O. Meuser	Rue Admiral Bayle	41 000
O. Meuser	Rue Admiral Bayle	14 900
Th. Meyer	452 Avenue Joffre	52 000
C. Michelau	443 Avenue Joffre	60 000
Frau Mittag	Great Western Road	2 100
Max Mittag	10 Great Western Road	50 100
Ph. Moeller	437 Avenue Joffre	30 000
Nachlaß Dr. Paulun	s. eingereichte Liste A.)	32 515
A. Sander	Rue Ratard (2 Lots)	9 200
Dr. v. Schab	s. eingereichte Liste A.)	63 000
H. J. Schierhorst	387 Avenue Joffre	9 200
Dr. Vorwerk	Rue Lafayette	8 000
Wilshusen	Route Thist	6 000
A. Widmann	Avenue Joffre	18 000
	Zusammen:	**508 435,- $**

Deutsches Eigentum in China:[92]

Die chinesische Regierung wird auf Eigentum von Deutschen folgendes Verfahren anwenden:

a) bei bereits liquidierten Vermögen von unter 10.000$ wird der dafür erzielte Erlös dem Eigentümer vollständig zurückgegeben; von über 10.000$ werden zunächst 10.000$ bezahlt und vom Überschuß 50% dem Eigentümer zurückgegeben.

b) Falls noch nicht liquidiertes Vermögen veräußert werden muß, so haben Deutsche das Vorkaufsrecht.

---

91 Anlage 1(a) zum Pekingbericht K. Nr. 186, 26.04.1921, Peking.

92 Anlage 2 zum Pekingbericht K. Nr. 186, 26.04.1921, Peking.

c) Wenn die Chinesische Regierung an den Eigentümer Schulden hat, die dem Wert des Vermögens gleichkommen oder ihn übersteigen, wird sie das betreffende Vermögen dem Eigentümer zurückgeben.

d) Wenn der Eigentümer Schulden hat, die dem Wert des Vermögens gleichkommen oder ihn übersteigen, so wird das Vermögen dem Eigentümer herausgegeben zur Selbstregelung seiner Schulden.

e) Deutschen, die Verdienste um die Chinesische Regierung haben, wird diese in Erwägung des Falles als besondere Vergünstigung ihr Vermögen zurückgeben.

f) Vermietung oder Verkauf des am Tage der Ratifizierung des Übereinkommens noch nicht liquidierten Vermögens wird einstweilen eingestellt werden bis das obige Verfahren in Wirksamkeit tritt.

g) Mit der Deutsch-Asiatischen Bank und den Chinghsing [Qingxing] Minen werden die zuständigen chinesischen Behörden über das Verfahren besonders verhandeln.

PAA, R85459.

42

Der deutsch-chinesische Vertrag zur Wiederherstellung des Friedenszustandes (20. Mai 1921)[93]

1. a) Erklärung des deutschen Bevollmächtigten

Der Unterzeichnete, ordnungsmäßig bevollmächtigter Vertreter der Regierung des Deutschen Reiches, hat die Ehre, im Namen seiner Regierung dem Herr Minister der Auswärtigen Angelegenheiten der Chinesischen Republik das Folgende zur Kenntnis zu bringen:

Die Regierung des Deutschen Reichs, von dem Wunsche geleitet, die Freundschafts- und Handelsbeziehungen zwischen Deutschland und China wiederherzustellen, und in der Erwägung, daß diese Beziehungen auf den Grundsätzes vollkommener Gleichstellung und absoluter und absoluter Gegenseitigkeit entsprechend den Regeln des allgemeinen Völkerrechts beruhen müssen,

daß ferner unter dem 15. September 1919 der Präsident der Chinesischen Republik einen Erlaß über dieWiederherstellung des Friedens mit Deutschland veröffentlicht hat,

daß ferner Deutschland sich verpflichtet, gegenüber China die aus den Artikeln 128 bis 134 des am 10. Januar 1920 in Kraft getretenen Vertrags von Versailles vom 28. Juni 1919 hervorgebenden Verpflichtungen zu erfüllen,

stellt fest, daß Deutschland durch die Ereignisse des Krieges und durch den Vertrag von

93 Das Gesetz trat nach Beschluß durch Reichspräsident Ebert und den Reichsminister des Auswärtigen Amtes, Rosen, am 5. Juli in Kraft und wurde am 14. Juli im Reichs-Gesetzblatt verkündet.

Versailles gezwungen worden ist, auf alle seine Rechte, Ansprüche und Vorrechte zu verzichten, die es auf Grund eines Vertrags mit China vom 6. März 1898, sowie durch alle sonstigen die Provinz Shandong betreffenden Akommen erworben hat, und dadurch die Möglichkeit, die an China zurückzugeben, sich genommen sieht,

und erklärt in aller Form:

der Abschaffung der Konsulatsgerichtsbarkeit in China zuzustimmen,

zugunsten Chinas auf alle Rechte zu verzichten, die die Deutsche Regierung auf dem zur deutschen Gesandtschaft in Peking gehörenden „Glacis" besitzt, indem sie zugibt, daß man unter dem Ausdruck „öffentliches Eigentum" im ersten Absatz des Artikels 130 des Vertrags von Versailles auch das erwähnte Gelände zu verstehen hat,

sowie bereit zu sein, der Chinesischen Regierung die Kosten der Internierung von deutschen Militärpersonen in den verschiedenen Internierungslagern in China zu erstatten.

Der Unterzeichnete ergreift diese Gelegenheit, um dem Herrn Minister der Auswärtigen Angelegenheiten die Versicherung seiner ausgezeichneten Hochachtung zu erneuern.

Peking, den 20. Mai 1921
(gez.) von Borch
Vertreter der Deutschen Regierung

b) Bestätigungsschreiben des chinesischen Ministers der Auswärtigen Angelegenheiten

Der Unterzeichnete, Minister der Auswärtigen Angelegenheiten der Chinesischen Republik, hat die Ehre, dem Herrn Vertreter der Regierung des Deutschen Reichs den Empfang seiner Mitteilung vom heutigen Tage zu bestätigen, durch welche der Herr Vertreter der Regierung des Deutschen Reichs, ordnungsgemäß bevollmächtigt, im Namen seiner Regierung ihm das Folgende zur Kenntnis gebracht hat:

Die Regierung des Deutschen Reichs, von dem Wunsche geleitet, die Freundschafts- und Handelsbeziehungen zwischen Deutschland und China wiederherzustellen, und in der Erwägung,

daß diese Beziehungen auf den Grundsätzen vollkommener Gleichstellung und absoluter Gegenseitigkeit entsprechend den Regeln des allgemeinen Völkerrechts beruhen müssen,

daß ferner unter dem 15. September 1919 der Präsident der Chinesischen Republik einen Erlaß über die Wiederherstellung des Friedens mit Deutschland veröffentlicht hat,

daß ferner Deutschland sich verpflichtet, gegenüber China die aus den Artikeln 128 bis 134 des am 10. Januar 1920 in Kraft getretenen Vertrags von Versailles vom 28. Juni 1919 hervorgehenden Verpflichtungen zu erfüllen,

stellt fest, daß Deutschland durch die Ereignisse des Krieges und durch den Vertrag von Versailles gezwungen worden ist, auf alle seine Rechte, Ansprüche und Vorrechte zu verzichten, die es auf Grund seines Vertrags mit China vom 6. März 1898, sowie durch alle sonstigen die Provinz Shandong betreffenden Abkommen erworben hat, und dadurch die Möglichkeit, die an China zurückzugeben, sich genommen sieht,

und erklärt in aller Form:

der Abschaffung der Konsulargerichtsbarkeit in China zuzustimmen,

zugunsten Chinas auf alle Rechte zu verzichten, die die Deutsche Regierung auf dem zur deutschen Gesandtschaft in Peking gehörenden „Glacis“ besitzt, indem sie zugibt, daß man unter dem Ausdruck „öffentliches Eigentum“ im ersten Absatz des Artikels 130 des Vertrags von Versailles auch das erwähnte Gelände zu verstehen hat,

sowie bereit zu sein, der Chinesischen Regierung die Kosten der Internierung von deutschen Militärpersonen in den verschiedenen Internierungslagern in China zu erstatten.

Der Unterzeichnete ergreift diese Gelegenheit, um dem Herrn Vertreter der Regierung des Deutschen Reichs die Versicherung seiner ausgezeichneten Hochachtung zu erneuern.

Peking, den 20. Mai 1921

(gez.) W. W. Yen [Yan Huiqing]

Minister der Auswärtigen Angelegenheiten

2. Begleitschreiben des deutschen Bevollmächtigten an den chinesischen Minister der Auswärtigen Angelegenheiten

Peking, den 20. Mai 1921

Herr Minister!

In Übereinstimmung mit den Weisungen meiner Regierung habe ich die Ehre Ihnen erneut zu erklären, daß die Deutsche Regierung den Versailler Vertrag jetzt nicht nochmals generell anerkennen kann, da ein solcher Schritt mit der freiwilligen Annahme dieses Vertrags von ihrer Seite gleichbedeutend sein und seiner späteren Version präjudizieren würde; sie wird jedoch seine Einwendungen dagegen erheben, daß China sich außer den Artikeln 128 bis 134 des Vertrags auch gewisser anderer Vertragsrechte, die für das eigene Land von Belang erscheinen, in ihrer gegenwärtigen Festlegung aber, falls die Revision stattfindet, in ihrer abgeänderten Form bedienen wird.

Ich nutze die Gelegenheit, um Ihnen, Herr Minister, die Versicherung meiner ausgezeichneten Hochachtung zu erneuern.

(gez.) von Borch

3. Deutsch-chinesisches Übereinkommen

Die Regierung des Deutschen Reichs und die Regierung der Chinesischen Republik, von dem Wunsche geleitet, die Freundschafts- und Handelsbeziehungen durch ein Übereinkommen zwischen den beiden Ländern herzustellen, haben, indem sie die Erklärung des Deutschen Reichs vom heutigen Tage als Grundlage nehmen und anerkennen, daß die Anwendung der Grundsätze der Achtung der territoralen Souveränität, der Gleichstellung und der Gegenseitigkeit das einzige Mittel ist, das gute Einvernehmen zwischen den Völkern zu erhalten, demzufolge zur ihren Bevollmächtigten ernannt:

Die Regierung des Deutschen Reichs: Herrn H. von Borch, Generalkonsul;

Die Regierung der Chinesischen Republik: Herrn W. W. Yen [Yan Huiqing], Minister der Auswärtigen Angelegenheiten.

Die Bevollmächtigten haben sich, nachdem sie einander ihre Vollmachten mitgeteilt und diese in guter und gehöriger Form befunden haben, über folgende Bestimmungen geeinigt:

Artikel I

Die beiden hohen vertragschließenden Teile haben das Recht, gehörig beglaubigte diplomatische Agenten gegenseitig zu entsenden, welche auf Grundlage der Gegenseitigkeit im Lande ihres Aufenthalts die Vorrechte und Befreiungen genießen, die ihnen das Völkerrecht gewährt.

Artikel II

Die beiden hohen vertragschließenden Teile gewähren sich gegenseitig das Recht, an allen Orten, wo ein Konsulat oder ein Vizekonsulat einer anderen Nation errichtet ist, Konsuln, Vizekonsuln und Konsularagenten zu ernennen, die mit der Achtung und den Rücksichten behandelt werden, die den Beamten desselben Ranges der anderen Nationen gewährt werden.

Artikel III

Staatsangehörige einer der beiden Republiken, die in dem Gebiete der anderen sich aufhalten, steht es frei, in Übereinstimmung mit den Gesetzen und Verordnungen des Landes zu reisen, sich niederzulassen und Handel oder Industrie zu betreiben an allen Orten, wo Staatsangehörige einer anderen Nation es tun könnten. Sie unterstehen, bezüglich ihrer Person sowie ihres Vermögens, der Gerichtsbarkeit der örtlichen Gerichtshöfe; sie müssen sich nach den Gesetzen des Aufenthaltslandes richten. Sie zahlen keine höheren Steuern, Abgaben oder Kontributionen als die Staatsangehörigen.

Artikel IV

Die beiden hohen vertragschließenden Teile erkennen an, daß alle Zollangelegenheiten allein durch die innere Gesetzgebung eines jeden von ihnen geregelt werden. Indessen werden keine höheren Zölle als die von den Landesangehörigen entrichteten erhoben auf Rohstoffe oder Fabrikate vom Ursprung einer der beiden Republiken oder eines anderen Landes, bei ihrer Einfuhr, Ausfuhr oder Durchfuhr.

Artikel V

Die Erklärung des Deutschen Reichs vom heutigen Tage und die Bestimmungen des gegenwärtigen Übereinkommens werden als Grundlage genommen werden für die Verhandlung des endgültigen Vertrags.

Artikel VI

Das gegenwärtige Übereinkommen ist in Deutsch, Chinesisch und Französisch abgefaßt; im Falle einer Auslegungsverschiedenheit gilt der französische Text.

Artikel VII

Das gegenwärtige Übereinkommen wird sobald als möglich ratifiziert werden und tritt in

Kraft mit dem Tage, an dem die beiden Regierungen einander mitgeteilt haben, daß die Ratifikationen erteilt worden sind. Ausgefertigt in doppelter Urschrift in Peking am 20. Mai 1921, entsprechend dem 20. Tage des 5. Monats des 10. Jahres der Chinesischen Republik.

(gez.) von Borch

(gez.) W. W. Yen [Yan Huiqing]

4. Notenwechsel zwischen dem deutschen Bevollmächtigten und dem chinesischen Minister der Auswärtigen Angelegenheiten

a) Note des deutschen Bevollmächtigten

Peking, den 20. Mai 1921

Herr Minister!

Im Auftrag der Deutschen Regierung beehrt sich der Unterzeichnete, in der Absicht, den Text der deutschen Erklärung und des deutsch-chinesischen Übereinkommens näher zu erläutern, Ihnen, Herr Minister, nachstehende Erklärungen abzugeben:

1. Verzollung chinesischer Waren in Deutschland:

   Die im Artikel IV des Übereinkommens bezeichnete Zollregelung, nach der die Einfuhr-, Ausfuhr- und Durchgangszölle beider Länder die von den Angehörigen des eigenen Landes zu zahlenden Zollsätze nicht übersteigen dürfen, hindert China nicht, sich der im Artikel 264 des Versailler Vertrags gegebenen Begründungen zu bedienen.[94]

2. Ersatz von Schäden:

   Die in der deutschen Erklärung ausgesprochene Bereitwilligkeit, China die Auslagen in den verschiedenen Internierungslagern zu erstatten, ist so zu verstehen, daß Deutschland bereit ist, diese Zahlung zu leisten neben dem Schadensersatze gemäß den Grundsätzen des Versailler Vertrags.

   Die Deutsche Regierung verpflichtet sich, eine Teilzahlung von vier Millionen Dollar bar und den Rest in Tianjin-Pukou und Huguang Eisenbahnobligationen auf die chinesische Kriegsschädenersatzforderung in der noch zu vereinbarenden Gesamthöhe des halben Erlöses des liquidierten Vermögens der Deutschen in China und des halben Wertes des sequestierten Vermögens an die Chinesische Regierung zu machen.

3. Chinesisches Eigentum in Deutschland:

   Das chinesische bewegliche und unbewegliche Eigentum in Deutschland wird nach Ratifizierung des Übereinkommens voll zurückgegeben.

4. Chinesische Studenten in Deutschland:

   Die Deutsche Regierung wird den chinesischen Studenten in Deutschland gern nach allen

94 Nach Art. 264 verpflichtete sich Deutschland, Zollsätze und Gebühren sowie Verbote und Beschränkungen für die Einfuhr von Waren, Rohstoffen und Fabrikaten einheitlich zu handhaben, d.h. kein Land zu bevorzugen oder zu benachteiligen.

Kräften behilflich sein, daß sie Aufnahme in den Schulen erhalten oder sich praktisch ausbilden können. Ferner wäre der Unterzeichnete dem Herrn Minister zu Dank verpflichtet über eine Mitteilung über folgende Punkte:

1. Künftige Sicherheiten für das Eigentum Deutscher:
   Kann die Chinesische Regierung versprechen, daß sie Deutschen in China vollen Schutz in der friedlichen Ausübung ihres Berufs gewähren und deren Vermögen nicht noch einmal beschlagnahmen wird, außer in Übereinstimmung mit den allgemein anerkannten Grundsätzen des Völkerrechts oder den Bestimmungen des chinesischenRechts?
2. Rechtsgarantien:
   Werden deutsche Rechtsfälle in China sämtlich von den neu eingerichteten Gerichten mit dem Rechte der Berufung und nach den neuen Gesetzen erledigt und wird ein ordnungsgemäßes Prozeßverfahren dabei angewandt? Dürfen für die Dauer des Prozesses deutsche Rechtsanwälte und Dolmetscher, die bei den Gerichten offiziell zugelassen sind, als Rechtsbeistände fungieren?
3. Fälle vor den Gemischten Gerichten:
   Welches Verfahren hat die Chinesische Regierung für Prozesse vor den Gemischten Gerichten im Auge, bei denen Deutsche aktiv oder passiv beteiligt sind?
4. Chinesische Bestimmungen über den Handel mit dem Feinde:
   Werden alle derartigen Bestimmungen mit dem Tage der Ratifizierung des Übereinkommens hinfällig?
5. Regelung von chinesisch-deutschen Verbindlichkeiten:
   Hat die Chinesische Regierung die Absicht, dem im Artikel 296 des Versailler Vertrags vorgesehenen allgemeinen Ausgleichsamte beizutreten?[95]

Indem ich mich beehre, das Vorstehende zu Ihrer Kenntnis zu bringen, bitte ich Sie, sehr geehrter Herr Minister, den Ausdruck meiner ausgezeichneten Hochachtung zu genehmigen.

(gez.) von Borch
Vertreter der Deutschen Regierung

b) Antwortnote des chinesischen Ministers der Auswärtigen Angelegenheiten

Peking, den 20. Mai 1921

Sehr geehrter Herr!
Ich beehre mich, den Empfang Ihres gefälligen Schreibens zu bestätigen, in dem Sie in der Absicht, den Text der heutigen Erklärung und des chinesisch-deutschen Übereinkommens näher zu erläutern, nachstehende Erklärungen abgegeben haben:

---

95 Nach Art. 296 des Versailler Vertrags (Abschnitt III: Schulden) richten die hohen vertragschließenden Parteien in einer Frist von drei Monaten Prüfungs- und Ausgleichsämter ein, um die Zahlungsverpflichtungen zu prüfen.

1. Verzollung chinesischer Waren in Deutschland:
   Die im Artikel IV des Übereinkommens bezeichnete Zollregelung, nach der die Einfuhr-, Ausfuhr- und Durchgangszölle beider Länder die von den Angehörigen des eigenen Landes zu zahlenden Zollsätze nicht übersteigen dürfen, hindert China nicht, sich der im Artikel 264 des Versailler Vertrags gegebenen Vergünstigung zu bedienen.
2. Ersatz von Schäden:
   Die in der deutschen Erklärung ausgesprochene Bereitwilligkeit, China die Auslagen in den verschiedenen Internierungslagern zu erstatten, ist so zu verstehen, das Deutschland bereit ist, diese Zahlung zu leisten neben dem Schadensatze gemäß den Grundsätzen des Versailler Vertrags. Die Deutsche Regierung verpflichtet sich, eine Teilzahlung von vier Millionen Dollar bar und den Rest in Tianjin-Pukou und Huguang Eisenbahnobligationen auf die chinesische Kriegsschadensersatzforderung in der noch zu vereinbarenden Gesamthöhe des halben Vermögens des liquidierten Vermögens der Deutschen in China und des halben Wertes des sequestrierten Vermögens an die Chinesische Regierung zu machen.
3. Chinesisches Eigentum in Deutschland:
   Das chinesische bewegliche und unbewegliche Eigentum in Deutschland wird nach Ratifizierung des Übereinkommens voll zurückgegeben.
4. Chinesische Studenten in Deutschland:
   Die Deutsche Regierung wird den chinesischen Studenten in Deutschland gern nach allen Kräften behilflich sein, daß sie Aufnahme in den Schulen erhalten oder sich praktisch ausbilden können.

Auf die von Ihnen gestellten Fragen beehre ich mich das Nachstehende zu antworten:

1. Künftige Sicherheiten für das Eigentum von Chinesen und Deutschen:
   Die Chinesische Regierung verspricht, daß sie Deutschen in China vollen Schutz in der friedlichen Ausübung ihres Berufs gewähren und deren Vermögen nicht noch einmal beschlagnahmen wird, außer in Übereinstimmung mit den allgemein anerkannten Grundsätzen des Völkerrechts oder den Bestimmungen des chinesischen Rechtes unter der Voraussetzung, daß die Deutsche Regierung in gleicher Weise gegenüber den in Deutschland wohnenden Chinesen handelt.
2. Rechtsgarantien:
   Deutsche Rechtsfälle in China werden sämtlich von den neu eingerichteten Berichten mit dem Rechte der Berufung und nach den neuen Gesetzen erledigt, und ein ordnungsmäßiges Prozeßverfahren wird dabei angewandt. Für die Dauer des Prozesses dürfen deutsche Rechtsanwälte und Dolmetscher, die bei den Gerichten offiziell zugelassen sind, als Rechtsbeistände fungieren.
3. Fälle vor den gemischten Gerichten:
   Bezüglich der Prozesse vor den gemischten Gerichten, bei denen Deutsche aktiv oder passiv beteiligt sind, wird China für die Auskunft eine Lösung suchen, die allen Seiten gerecht wird.

4. Chinesische Bestimmungen über den Handel mit dem Feinde:
   Alle derartigen Bestimmungen werden mit dem Tage der Ratifizierung des Übereinkommens von selbst hinfällig. Die früher beim Verzollamte eingetragenen deutschen Handelsmarken werden nach Ratifizierung des vorliegenden Übereinkommens durch Wiedereintragung durch den ursprünglichen Eigentümer beim Verzollamte wieder in Kraft gesetzt werden. Bis die autonomen Zollbestimmungen allgemein angewendet werden, werden deutsche Einfuhrwaren Zölle nach den allgemeinen Zollbestimmungen bezahlen.
5. Regelung von chinesisch-deutschen Verbindlichkeiten:
   Die Chinesische Regierung hat nicht die Absicht, dem im Artikel 296 des Versailler Vertrags vorgebenen allgemeinen Ausgleichsamte beizutreten. Ferner verpflichtet sich die Chinesische Regierung im Hinblick auf die obige Erklärung der Deutschen Regierung, wonach sie sich zu einer Teilzahlung auf die Kriegsschädenersatzforderung an die Chinesische Regierung verpflichtet, mit der Vertragsunterzeichnung die Liquidationen des Eigentums von Deutschen sämtlich tatsächlich einzustellen und gegen Empfangsnahme der obigen Schadenersatzsumme nach Ratifizierung des deutsch-chinesischen Übereinkommens die Liquidationserlöse sowie alles eingehaltene Eigentum den Eigentümern zurückzugeben.
   Die obige Regelung bedeutet die Erledigung der im Satz 2 des Artikels 133 des Versailler Vertrags erwähnten Frage der Liquidation, Sequestration und Beschlagnahme deutschen Eigentums.
   Mit der Deutsch-Asiatischen Bank und den Ching-Hsing Minen (Qingxing-Minen) werden die zuständigen chinesischen Behörden über das Verfahren besonders verhandeln. Die noch nicht liquidierten Immobilien der Deutsch-Asiatischen Bank in Peking und Hankou werden jedoch dem obigen Verfahren entsprechend den Eigentümern zurückgegeben.

Indem ich die Ehre habe, Ihnen Vorstehendes zu antworten, ergreife ich die Gelegenheit, Ihnen, sehr geehrter Herr, den Ausdruck meiner ausgezeichneten Hochachtung zu übermitteln.

(gez.) W. W. Yen [Yan Huiqing]
Minister der Auswärtigen Angelegenheiten
[...][96]

Reichs-Gesetzblatt, Jhg. 1921, Nr. 71, 14.07.21, S. 829-836 (BArch, R 43/I, Nr. 56).

96 Auslassung: Im Reichs-Gesetzblatt ist an dieser Stelle die Bekanntmachung des Ministers des Auswärtigen Amtes, Rosen, vom 7. Juli 1921 beigefügt, wonach die wechselseitige Mitteilung, daß das Gesetz ratifiziert wurde, am 1. Juli erfolgte.

43

Artikel aus der *Dongfang zazhi*, Shanghai (25.05.1921)

Luo Luo: Die Zukunft der chinesisch-deutschen Beziehungen[97]

Das über lange Zeit kompliziert ausgehandelte chinesisch-deutsche Abkommen wurde am 20. dieses Monats offiziell unterzeichnet. Die diplomatischen Beziehungen beider Länder sind damit wieder hergestellt. Aufgrund unserer Sympathien für eine internationale demokratische Politik war das imperialistische Deutschland unser Feind. Jetzt haben wir uns mit dem neuen demokratischen Deutschland versöhnt. Das ist noch nicht alles. Obwohl wir den Versailler-Vertrag nicht unterzeichnet haben, genießen wir durch dieses neue Abkommen alle Rechte, die im Versailler-Vertrag beschlossen wurden. Außerdem bekamen wir die Konzessionen und die Zollhoheit zurück, die wir seit langem verloren hatten. Damit erhöhte sich schlagartig auch die internationale Stellung unseres Landes. Seit Jahrzehnten ist dies die einzige Angelegenheit, von der unsere Außenpolitik mit Stolz und Begeisterung erfüllt sein kann. Dieses gilt für China, aber auch für Deutschland. Zudem werden die neuen Staaten, die nach Auflösung des Reiches Österreich-Ungarn entstanden sind, sicher das chinesisch-deutsche Handelsabkommen als Grundlage betrachten, wenn sie später mit unserem Land Handelsabkommen abschließen. Was Rußland angeht, so hat seine Regierung schon vor längerer Zeit erklärt, in China auf Wirtschaft[sinteressen] und Exterritorialität verzichten zu wollen. Wenn unser Land auf diese Weise einen höheren Rang einnehmen könnte, wird es keinen Angriffspunkt mehr für andere bieten. Es sollte China nun nicht mehr schwer fallen, zu erreichen, daß die Westmächte China respektieren und alle Privilegien aufgeben, derer sie sich früher bemächtigt hatten.

Zweitens ist das chinesisch-deutsche Handelsabkommen für die wirtschaftlichen Beziehungen beider Länder von großer Bedeutung. Deutschland hatte im Krieg seine Kolonien wie auch die meisten Bergwerke und Ländereien im Inland verloren, so daß ihm nur der Weg bleibt, Industrierohstoffe aus dem Ausland zu importieren. Nach dem Krieg mangelt es allen Ländern an Kapital, die Industrie ist am Boden zerstört. Die Exportunternehmen unseres Landes sind davon auch betroffen und bieten einen trostlosen Anblick. Wenn Deutschland den ursprünglichen Zustand seiner Wirtschaft wieder erreichen und die Belastung der Reparation verringern will, muß es eine expansive Industriepolitik verfolgen. Angesichts des gegenwärtig weltweiten Mangels an Industrierohstoffen und des Exports chinesischer Produkte und Rohstoffe wird Deutschland sicherlich ein großer Kunde werden, dies ist ganz offensichtlich. Nach der Aufnahme der Handelsbeziehungen wird das Importvolumen jedoch über dem Exportvolumen liegen, da die deutsche Industrie für ihre Feinar-

97 Chin.: „Zhong De guanxi zhi jianglai". Aus dem Chinesischen übersetzt von Andreas Steen und Yang Zhan'ao. Der Text findet sich auch in Jiang Gongcheng 1929:99ff. Der Autor, Luo Luo, publizierte später ein Buch mit dem Titel *Zhanhou xinxingguo yanjiu* (Untersuchungen zum Neuaufstieg der Länder nach dem Krieg), Commercial Press, Shanghai 1924.

beit berühmt ist und Maschinenbau sowie Chemieindustrie einen weltweit herausragenden Ruf genießen. Wenn wir die deutschen Maschinen und Einrichtungen tatsächlich nutzen können, um indirekt auch Industrie und Handel in unserem Land zu fördern, dann werden die zukünftigen Profite unermeßlich sein.

Drittens, der Einfluß der deutschen Kultur und Wissenschaft auf unser Land wird sicherlich nicht gering sein. Das neuzeitliche Deutschland hat einen großartigen Beitrag für die Welt geleistet, sowohl in der Philosophie, der Wissenschaft als auch in der Literatur und Kunst. Die besondere Fähigkeit der germanischen Kultur liegt in der Präzision des Verstehens und der Stärke des Willens. Allgemeine Übel unseres Landes sind dagegen der Mangel an Rationalität und Schwächen in der Denkleistung. Wenn der deutsche Monismus[98] sowie deren analytische und synthetische Methoden wirklich vermittelt werden könnten, wären die Vorteile für die Zukunft unserer Kultur bestimmt unermeßlich. In Japan haben die Entwicklung der Wissenschaft und des Denkens nach der Meiji-Reform in hohem Maße von Deutschland profitiert. Für das im letzten Jahr in unserem Land abgehaltene Wissenschaftsforum gab es ursprünglich den Vorschlag, den großen Philosophen Rudolf Eucken nach China einzuladen.[99] Wenn die zwei Republiken in Ost und West zukünftig im wissenschaftlichen Bereich zusammenarbeiten und eine ewige Freundschaft der Kulturen schließen könnten, wäre das neue Abkommen nicht nur ein tönender Pfeil. Aus diesem Grund stimmt mich die Unterzeichnung des neuen Abkommens sehr optimistisch was die Zukunft der deutsch-chinesischen Beziehungen anbelangt.

Dongfang zazhi, 18:10, 25.05.1921.

44

Artikel aus der *Shuntian shibao*, Peking (26.05.1921)

Der deutsch-chinesische Vertrag[100]

Es kann nicht im geringsten bezweifelt werden, daß der Abschluß des auf dem Grundsatz der Gleichheit beruhenden Vertrages zwischen China und Deutschland ein Erfolg des Kabinetts Jin Yunpeng ist.[101] Aber dieser Erfolg ist der wirtschaftlichen Schwachheit Deutschlands zu verdanken. Denn Deutschland ist gezwungen, sobald als möglich den Handel wieder aufzunehmen, um seinen Wohlstand wieder herzustellen. Deutschland ist jetzt aber gerade

98 Chin.: „yiyuan zhexue"; auch: Einheitsphilosophie.

99 R. Eucken lehnte auch 1922 die von Zhang Junmai ausgesprochene Einladung nach China ab. Statt seiner hielt Hans Driesch zwischen Oktober 1922 und Juli 1923 eine Reihe von Vorträgen zum deutschen Idealismus in China. Siehe Kap. 6 dieses Bandes.

100 Übersetzung durch die deutsche Gesandtschaft in China.

101 Jin Yunpengs Amtszeit als Staatsratsvorsitzender währte vom 14.05.1921 bis zum 18.12.1921.

aus seinem Traum erwacht und sieht ein, daß weder in Europa, noch in Amerika, noch auch in Ostasien ein Platz mehr für die Errichtung seiner militaristischen Herrschaft ist. Daher ist jetzt die deutsche Wirtschaft leichter als bisher belastet, und an Händen und Füßen in keiner Weise mehr gebunden. Infolgedessen haben die Deutschen die Freiheit ihres Handelns, und diese Freiheit entspricht der besonderen deutschen Veranlagung des Fleißes und der Gründlichkeit durchaus. Man kann voraussehen, daß in Zukunft die deutsche kaufmännische und industrielle Tätigkeit der Deutschen in China sicher sehr rege sein wird. Sie werden dann mit Engländern, Amerikanern, Franzosen und Japanern auf dem chinesischen Markte in Wettbewerb treten, und es wird viele Reibereien geben. Handel und Industrie Chinas aber werden sich umso schneller entwickeln können.

Die durch die Schwachheit Deutschlands vom Kabinett Jin Yunpeng erlangten Erfolge sind in der Tat zahlreich. So ist schon früher ausgeführt worden, daß die Abschaffung der Konsulargerichtsbarkeit durchaus nicht der Entwicklung des chinesischen Polizei- und Rechtssystems zu danken ist, so daß die Weißen damit etwa zufrieden seien. Das sieht man z.B. daran, daß deutschen Rechtsanwälten die Teilnahme an chinesischen Gerichtsverhandlungen erlaubt wird, was ja dasselbe ist, wie die Einführung eines Verfahrens der Teilnahme deutscher Assessoren an den Verhandlungen.

Die Deutschen haben aber freiwillig die Konsulargerichtsbarkeit geopfert, um den Vertrag abzuschließen. Der Grund liegt in dem Reichtum Chinas. Der Reichtum Chinas besteht einmal in natürlichen Erzeugnissen und dann in seinem Reichtum an Menschen. Daher haben die Deutschen das Opfer der Konsulargerichtsbarkeit nicht gescheut, weil sie hofften, den Handel möglichst bald aufnehmen zu können. Wir kommen so zu dem Ergebnis, daß das Verdienst, daß China diesen auf dem Grundsatz der Gleichheit beruhenden Vertrag abgeschlossen hat, nicht dem Kabinett Jin Yunpeng oder Dr. Yen [Yan Huiqing] gebührt, sondern dem Reichtum Chinas an Menschen und natürlichen Schätzen. Wir können uns nicht eines guten Polizei- und Gerichtssystems, sondern nur eines Reichtums an Menschen und natürlichen Schätzen rühmen. Das Polizei- und Gerichtssystem genügt den Fremden doch nicht. Überdies sind bei Aufhebung der Konsulargerichtsbarkeit Konzessionen erforderlich. Allein der Reichtum Chinas aber reichte aus, um ein so großes Opfer von Fremden zu erlangen.

Obige Ausführungen mögen unseren Landsleuten eine wichtige Lehre sein: Der Reichtum an Menschen und Naturschätzen muß als ein großes Geschenk des Himmels aufgefaßt werden. Ohne Rücksicht darauf, daß das Rechtssystem noch unvollkommen ist, reichte dieser Reichtum zur Unterwerfung von Fremden aus. Unsere Landsleute müssen sich unbedingt möglichst bald dieser ihnen verliehenen, das Reich kräftigenden Gabe bewußt werden. Aber unsere Landsleute müssen es auch lernen, von dieser Gabe einen vorteilhaften Gebrauch zu machen, und sie nicht etwa zu verschleudern, oder sie zu mißbrauchen. Wenn sie das erst gelernt haben werden, dann wird nicht nur Deutschland, sondern werden auch alle andern Mächte mit China Verträge auf der Grundlage der Gleichtheit abschließen. Doch hängt dies davon ab, daß man sich auf die Reform des Unterrichts und des Rechtssystems, auf die Besserung der Chinesen und darauf verlassen kann, daß Fremde wie Chinesen ruhig in China wohnen können. Dann wird die so heiß ersehnte Abschließung von Verträgen auf der Grundlage der Gleichheit bewerkstelligt werden. Daß jetzt ein solcher Vertrag mit Deutschland abgeschlossen werden konnte, ist wirklich sehr erfreulich. Wenn man aber im Irrtum darüber befangen ist, worüber man sich freuen und wessen man sich rühmen kann, dann wird daraus in Zukunft ein Schaden für die Chinesen selbst entstehen.

BArch, R9208/2470, Bl. 11-12.

45

Aufzeichnung des Legationsrats Max Bethke, AA Berlin, über ein Gespräch mit dem Jurist Wang Chonghui (Juli/August 1921)[102]

Abschrift VII Chi 1572.

Aufzeichnung.

Mit Dr. Wang Chonghui habe ich wiederholt über die Notwendigkeit gesprochen, zur Durchführung und Ausübung der chinesischen Gerichtsbarkeit über Deutsche in China einen oder mehrere deutsche Juristen als Berater der Chinesischen Regierung anzustellen.[103]

Von dem chinesischen Geschäftsträger Dr. Zhang [Yungai] und später auch von Dr. Wang ist mir nun zu dieser Frage folgendes mitgeteilt worden.

Der Dr. Wang unterstellte Vizepräsident der Kommission zur Kodifizierung des chinesischen Rechts, Luo Wengan, der Anfang des Jahres in Berlin war und inzwischen nach China zurückgekehrt ist, habe kurz vor seiner Abreise mit einem jüngeren französischen Juristen Verhandlungen wegen Anstellung als Berater angeknüpft, über die Dr. Wang erst erfahren habe, als die chinesische Regierung nicht mehr gut zurücktreten konnte. Wang habe dann versucht, den Franzosen zum Rücktritt zu veranlassen, indem er noch ungünstigere Bedingungen in den Vertragsentwurf brachte, dieser habe aber doch angenommen. (Das ist nicht zu verwundern, da er 2000$ mex. monatlich erhalten soll!). Wang wolle nun veranlassen, daß der Franzose anderweitig als Lehrer der Gerichtsbeamten usw. Verwendung finde, jedenfalls nicht bei den Gerichten tätig sei. Für die Angelegenheiten, die die Gerichtsbarkeit über Deutsche betreffen, wolle Wang die Anstellung eines deutschen Juristen in Peking be-

102 Diese Aufzeichnung war eine von zweien, die dem Gesandten Boyé in Abschrift – J. Nr. VII Chi 1572 – bei seiner Abreise nach China mitgegeben wurde. Von Knipping schickte sie ein Jahr später, am 12.08.1922, an die Gesandtschaft in Peking, um „diese Angelegenheit auch seitens der Gesandtschaft bei dem Chinesischen Justizministerium wieder anzuregen“ (BArch, R9208/2241, Bl. 217).

103 Wang Chonghui war am 20. Juli von Ministerialdirektor Dr. Bumke im Reichsjustizministerium empfangen worden. Wang hatte in Japan, den USA, England und Deutschland studiert und war Chinas führender Jurist. Aus dieser Position heraus nahm er 1921 an der Überarbeitung des Völkerbundvertrages wie auch an der Washingtoner Konferenz teil. Im Dezember 1921 wurde er zum Justizminister im Kabinett Liang Shiyis berufen und arbeitete zeitweilig am Internationalen Gerichtshof in Den Haag.

antragen. Eine Entscheidung hierüber werde er erst nach seiner Rückkehr nach Peking, wohin der Mitte Oktober abreisen werde, herbeiführen können.

Ich habe Wang und Zhang gegenüber mein größtes Erstaunen ausgesprochen, daß man für diese Angelegenheiten einen Franzosen angestellt habe. Vor allem erscheine es mir nach den Erfahrungen der letzten Jahre sehr zweifelhaft, ob ein Franzose in Angelegenheiten Deutscher mit Unparteilichkeit verfahren könne.

Wang wie Zhang wiederholten, daß sie die Anstellung des Franzosen nicht für richtig hielten und auf Anstellung eines Deutschen als weiteren Berater hinwirken würden. Wang hat den Kammergerichtsrat Meyer im Auge, mit dem er von früher befreundet ist. M. soll etwa 60 Jahre sein. Ich nannte ihm den Geheimen Oberjustizrat Crusen und Rechtsanwalt Vorwerk.[104]

Wang reist in diesen Tagen nach Paris, dann nach London, um mit Wellington Koo [Gu Weijun] über Völkerbundsangelegenheiten zu beraten; beide sind Delegierte zum Völkerbundsrat. Wang hat auf Wunsch vom Auswärtigen Amt Material zur Beurteilung der Oberschlesischen Frage erhalten: einen Satz in deutscher, dazu auf Wunsch 3 Sätze in englischer Sprache.[105]

gez. Bethke 22.08.1921

BArch, R9208/2241, Bl. 218-219.

46

Aufzeichnung des Generalkonsuls in Mukden, Rudolf Walter, über ein Gespräch mit Marschall Zhang Zuolin (24.07.1922)

J. Nr. 1800.
K. Nr. 143.

---

104 Den späteren Ausführungen Boyés vom Juli 1923 ist zu entnehmen, daß Wang Chonghui und Luo Wengan sich zwar für die Anstellung eines deutschen Beraters beim chinesischen Justizministerium einsetzten, das Vorhaben aber u.a. aus Geldmangel nicht realisiert werden konnte. Überdies hatte Chinas Regierung für das Justizwesen zwei französische Berater angestellt. Boyé vertraute auf Wang Chonghui und blieb optimistisch, gab aber zu verstehen, daß die Liquidität der Regierung das Hauptproblem sei und „... noch Jahre darüber vergehen [können]" (Boyé an das AA Berlin, 04.07.1923, in: BArch, R9208/2241, Bl. 213-215). Zu den Problemen des Gemischten Gerichtshofs in Shanghai und der Haltung der Ausländer gegenüber Deutschland nahm Boyé ausführlich in einem weiteren Schreiben vom 4. September 1923 Stellung (ADAP, Serie A, Bd. 8, Nr. 132, 335-341).

105 Zur „Oberschlesischen Frage" wurden nach dem Ersten Weltkrieg die von Deutschland und Polen erhobenen Ansprüche auf und Kämpfe um das Gebiet Oberschlesien erklärt.

Am 15. d. M. ließ Marschall Zhang Zuolin mich zu sich bitten. Er empfing mich liebenswürdig und betonte verschiedentlich seine Sympathien für Deutschland.[106] Er ging alsbald auf den Zweck der Besprechung über und erbat unsere Unterstützung für die Anstellung von 5 Ingenieuren nebst 5 Werkmeistern. Auf die Einzelheiten des Themas ging er verhältnismäßig nur kurz ein, wies vielmehr den anwesenden Privatsekretär an, mir die Einzelheiten später schriftlich zu übergeben. Der Privatsekretär erschien darauf bei mir am 17. d. M., ohne die Wünsche des Marschalls auftragsgemäß formuliert zu haben, weil er in seiner persönlichen Hilflosigkeit hierzu nicht imstande war. Um die Angelegenheit vorwärts zu bringen und ein Schriftstück in die Hand zu bekommen, sah ich mich deshalb genötigt, die mir gegenüber geäußerten Wünsche des Marschalls in großen Zügen selbst zu formulieren, und mir hiernach schriftlich bestätigen zu lassen, daß ich die Wünsche richtig aufgefaßt habe.

Eine Abschrift der Übersetzung des an den Privatsekretär gerichteten Schreibens vom 16. d. Mts. darf ich gehorsamst beifügen. Die gestern eingegangene Antwort, deren Übersetzung hier gleichfalls abschriftlich beigefügt ist, bestätigt, daß Marschall Zhang Zuolin mit seiner Formulierung einverstanden ist.

Es handelt sich um das Engagement von fünf erstklassigen deutschen Ingenieuren, und zwar

1) für die Herstellung von Geschützen,
2) für die Herstellung von Munition für Gewehre und Geschütze,
3) für die Herstellung von Flugzeugen,
4) für die Herstellung von Maschinen für Gewehre und Geschütze,
5) für Kohlen- und Eisengruben.

Für jeden der vorgenannten fünf Ingenieure wünscht Marschall Zhang gleichzeitig einen tüchtigen Werkmeister, so daß für die verschiedenen Fächer fünf Werkmeister anzunehmen wären. Die im Kampfe gegen Wu Peifu erlittene Schlappe hat dem Generalgouverneur die Schäden seiner Armee sowie die Mängel der Heeresausrüstung und besonders des Munitionsersatzes deutlich gezeigt.[107] Fernerhin hat ihm die derzeit hervorgetretene feindliche Stimmung, vornehmlich der Engländer und Amerikaner, bewiesen, daß er auch in jedem späteren Falle auf sich und seinen eigenen Ersatz angewiesen sein würde, und daß er deshalb in erster Linie eines zuverlässig arbeitenden Arsenales, für das eben die vorgenannten Ingenieure und Werkmeister bestimmt sind, bedürfe.

---

106 Zhang Zuolin hatte dieses bereits in einer gemeinsamen Unterredung im Januar 1922 getan. Zhang erkundigte sich nach der Situation Deutschlands und bekundete „besonderes Interesse ... an der Ausfuhr deutscher Maschinen für die Gewehrfabrikation, da er mit den für das hiesige Arsenal bezogenen dänischen Maschinen keine erfreulichen Erfahrungen gemacht zu haben schien". Des weiteren kam man in der Unterhaltung auf ein Dahrlehen in Höhe von 38.500,- mex. Dollar zu sprechen, welches Zhang Zuolin 1918/19 zur Unterstützung hilfsbedürftiger Deutscher an Dr. Siebert ausgezahlt hatte. Walter sprach sich für ein rasches Begleichen der Darlehensschuld aus (Walter an das AA Berlin, 02.02.1922, in: PAA, R85450).

107 Gemeint ist der sog. „Erste Zhili-Fengtian-Krieg", der im April/Mai 1922 zwischen den Truppen Wu Peifus und Zhang Zuolins ausgetragen wurde. Der Krieg endete mit der unerwarteten Niederlage Zhang Zuolins, wobei es sich um seine seit 1911 erste ernsthafte Niederlage handelte.

Da nach meiner Kenntnis der Friedensvertrag die Vermittlung der Anstellung von Ingenieuren für Kriegsgerät nicht verbietet, so habe ich die Weiterleitung der Wünsche des Marschalls übernommen. Sollten aber trotzdem Bedenken bestehen, diese Wünsche dienstlich zu unterstützen, so dürfte vielleicht der von Marschall Zhang selbst gebotene Ausweg gangbar sein, Herrn Dr. Siebert, als altem Freunde des Marschalls, die diskrete Ausführung von dessen Wünschen anheimzustellen.

Zunächst wäre festzustellen, ob sich geeignete Kräfte dafür finden werden. Diese Kräfte müßten neben einer erstklassigen Erfahrung und neben guten englischen Kenntnissen auch ihrem Temperamente nach geeignet sein, mit Chinesen umzugehen. Ferner wäre es, angesichts der hiesigen Teuerungsverhältnisse und der schwierigen Wohnungsfrage, ratsam, möglichst ledige Ingenieure oder solche, die ihre Frauen und Kinder in der Heimat zurücklassen (Reisegeld für diese würde nicht bewilligt werden), ins Auge zu fassen. Sollten die dortigen Bemühungen Erfolg haben, so werde ich um eine telegraphische Benachrichtigung bitten, damit ich alsdann die Überweisung der vereinbarten Reisegelder auf drahtlichem Wege von hier aus veranlassen könnte. Bei der wechselnden politischen Lage und der raschen Veränderung der gesamten inneren Verhältnisse habe ich davon abgesehen, bestimmte Vertragsformulare vorzuschlagen, umsomehr, als ich dabei die Spezialwünsche einzelner Herren nicht hätte berücksichtigen können. Die in dem Briefwechsel zum Ausdruck gekommenen Vertragsbedingungen stellen das wesentliche Gerippe des zu schliessenden Vertrages dar. Heute bereits zu übersehen, ob im Zeitpunkte des Abschlusses der heimischen Vorbesprechungen Zhang Zuolin bzw. die hiesigen Provinzialregierungen noch in der Lage und willens sind, die in Aussicht gestellten Verträge tatsächlich zu erfüllen, ist unmöglich. Wenn im Zeitpunkte der Bescheidung dieses Schreibens die hiesige Vertragspartei noch besteht bzw. Aussicht auf Bestehen hat, dann dürften die Verträge vom finanziellen Standpunkte äußerst günstig sein. Die ganze Mandschurei ist mit Geldmitteln wohl versehen. Zhang Zuolin weist, auch den anderen fremden Vertretern gegenüber, stets darauf hin, das Geld bei ihm, im Gegensatz zur Zentralregierung, keine Rolle spiele. Dadurch daß die Mandschurei ihre reichen Einnahmen bis auf weiteres nicht mehr an die Zentralregierung abführt, ist sie tatsächlich der reichste, vielleicht sogar der einzige zahlungskräftige Teil des chinesischen Reiches geworden. Übrigens trifft Zhang Zuolin nicht nur auf dem Gebiete des Heerwesens, sondern auch auf allen anderen Gebieten sehr weitsichtige Massnahmen, die erkennen lassen, daß er vorerst nicht daran denkt, freiwillig abzutreten.

Die Verhandlungen mit den in Frage kommenden Kräften müßten deshalb gleichsam unter der Voraussetzung geführt werden, daß die hiesigen Verhältnisse noch das Eingehen des Vertrages rechtfertigen. Wenn mir also die vorher erwähnte telegraphische Mitteilung über den Erfolg der heimischen Verhandlungen zugehen würde, so würde sich meine Prüfung auch auf die allgemeinen hiesigen Verhältnisse zu erstrecken haben, und ich hätte bei meiner telegraphischen Antwort dies besonders in Rücksicht zu ziehen.

Das für die Ingenieure und Werkmeister bewilligte Gehalt bedeutet eine angemessene Zahlung, besonders unter der Voraussicht, daß den Ingenieuren von denjenigen Betrieben, denen sie entstammen (ich denke in erster Linie an Krupp-Essen), eine Kommission für die durch sie vermittelten Aufträge, die bedeutend zu werden versprechen, zugestanden würde: Denn die hiesige Tätigkeit der Ingenieure würde zweifellos der heimischen Industrie bedeutende Aufträge zuführen.

Bei der gegenwärtigen günstigen hiesigen Finanzlage bestehen keine Zweifel, daß die Vertragsbedingungen finanziell pünktlich eingehalten werden. Immerhin werde ich bemüht sein, sobald die Ausreise mir telegraphisch mitgeteilt ist, noch eine gewisse Sicherstellung zu erhalten, falls sich dies, mit Rücksicht auf die Verhältnisse, ohne Gesichtsverlust für den Marschall Zhang ermöglichen lässt. Ich darf gehorsamst anheimstellen, Herrn Dr. Siebert, der mit den hiesigen Verhältnissen vertraut ist, Kenntnis geben zu wollen.

Marschall Zhang Zuolin hat mir gegenüber um äußerste Beschleunigung gebeten, und dies auch in dem Antwortschreiben des Privatsekretärs nochmals zum Ausdruck bringen lassen.

Diesen Bericht nebst Anlage leite ich durch die Hand des Herrn Gesandten in Peking.[108]

(gez.) Dr. Walter

BArch, R9208/2241, Bl. 245-249.

47

Bericht des Gesandten in Peking, Adolf Boyé, über die Hochzeitsfeierlichkeiten des Mandschukaisers Aisin Gioro (Puyi) (18.12.1922)

In einer ad hoc einberufenen Sitzung des diplomatischen Korps vom 28. November teilte der Doyen, Herr de Freitas, mit, ein höherer Mandschubeamter habe mündlich bei ihm angefragt, ob nicht die diplomatischen Vertreter dem jungen Kaiser anläßlich seiner bevorstehenden Vermählung persönlich ihre Glückwünsche aussprechen wollten.[109] Der Kaiser werde sich gewiß sehr freuen. Er, der Doyen, habe bereits mit einigen der Kollegen gesprochen und festgestellt, daß sie dies interessante Schauspiel gern mitmachen wollten, wenn

---

108 Die Pläne Dr. Walters stießen auf Ablehnung und scharfe Kritik. Zunächst wandte sich Boyé in einem geheimen Schreiben an das AA und warnte davor, die „gute Position Deutschlands" durch die unvorsichtige Entsendung von Fachleuten zu gefährden (05.08.1922). Am 12. Februar 1923 erging durch Knipping, Berlin, eine persönliche Zurechtweisung im Auftrag des Staatssekretärs Maltzan an Walter (BArch, R9208/2241, 233 u. 238-240).

109 Batalha de Freitas, seit 1913 Botschafter Portugals in Peking. Der „letzte Kaiser" Chinas, Puyi, war keine drei Jahre alt, als er am 14. November 1908 den Thron bestieg. Nachdem die Dynastie abgedankt hatte, lebte er weiterhin im Kaiserpalast in Peking. 1922 fällte der Hof die Entscheidung, daß Puyi zu heiraten habe. Er wählte seine Braut Wen Xiu unter einer Fülle von Fotografien aus, mußte schließlich aber zustimmen, Wan Rong, die Tochter eines Adligen vom 6. Rang, zu ehelichen. Gleichwohl wurde Wen Xiu am 30. November in den Stand einer Kaiserlichen Konkubine erhoben, die Hochzeitsprozession mit Wan Rong fand am 1. Dezember statt.

die Möglichkeit bestünde, nicht als amtliche Vertreter ihres Landes, sondern als „foreigners of distinction“ in Erscheinung zu treten. Er habe ferner beim Ministerium für auswärtige Angelegenheiten sondiert. Der Minister, Herr Wellington Koo [Gu Weijun], habe sich zuerst schroff ablehnend verhalten, später aber habe ihm der Vizeminister nach Benehmen mit dem Kabinett erklärt, wenn die Gesandten in privater Eigenschaft zur Gratulation gehen wollten, so habe die chinesische Regierung dagegen nichts einzuwenden. Er seinerseits glaube, daß das Diplomatische Korps unter diesen Umständen sich wohl beteiligen könne, bitte aber um Stellungnahme. Da anscheinend niemand die Diskussion eröffnen wollte, rief Herr de Freitas schließlich jeden einzelnen nach der Reihenfolge der zufälligen Sitzordnung zum Votum auf. Der Spanier, Amerikaner, Däne, Norweger, Franzose, Italiener und Schwede erklärten sich, zumeist ohne weitere Begründung mit dem Vorschlage des Doyen einverstanden. Ich habe, als dann die Reihe an mich kam, erklärt, ich werde, wenn das Diplomatische Korps geschlossen für die Teilnahme sei, das Zustandekommen eines einmütigen Beschlusses meinerseits nicht verhindern, wolle aber nicht verhehlen, daß ich in der Sache selbst doch Bedenken habe. Wir seien als Gesandte bei der chinesischen Republik beglaubigt und hätten als solche keinen Beruf, dem gleichsam als Gast der Republik in China lebenden Kaiser unsere Aufwartung zu machen. Ein derartiger Akt stelle, – gewollt oder ungewollt, – eine gewisse Demonstration dar, und daran ändere die wachsweiche Stellungnahme des Auswärtigen Ministeriums nichts. Wir alle wüßten, daß die chinesische Regierung auf eine direkte Anfrage kaum anders und kaum ablehnender antworten könne als sie getan habe. Mit der Betonung des privaten Charakters beim Besuch sei nichts getan, kein Mensch könne sagen, wo der fremde Gesandte aufhöre und der foreigner of destination beginne. Jedenfalls hätte kaum einer von uns die Aufforderung zum Gratulationsbesuch bekommen, wenn er nicht als Gesandter, sondern als privater gentleman in Peking lebte. Wie man sich auch drehe, es handle sich um einen politischen Akt, und es widerstrebe mir, einen solchen mitzumachen, wenn ich dafür kein anderes Motiv sähe, als den Wunsch, einem interessanten Schauspiel beizuwohnen.

Die nachfolgenden Redner: der Japaner, Engländer, Holländer, Belgier, Mexikaner und schlossen sich meinen Bedenken an, wiewohl bei einigen deutlich erkennbar wurde, daß sie nur ungern auf das Schauspiel verzichteten. Auch der Doyen, der Amerikaner und Norweger neigten nachträglich zu meiner Auffassung. Schließlich wurde beschlossen, durch eine offizielle Note nunmehr eine ausdrückliche Erklärung des Waijiaobu zu extrahieren, ob ein privater Besuch der chinesischen Regierung in irgendeiner Weise unangenehm sei. Wie zu erwarten war, lehne es der auswärtige Minister glatt ab, überhaupt eine schriftliche Erklärung abzugeben. Es müsse bei der früheren mündlichen Stellungnahme: „no objection“ sein Bewenden haben. Man veranlasste sogar den Doyen, seine Note wieder zurückzuziehen.

Damit standen die Dinge, als das Diplomatische Korps wieder zusammentrat, wieder auf dem alten Punkt. Nach einigen Debatten, bei denen ich mich nicht mehr beteiligte, einigte man sich dahin, der Doyen solle den Mandschus anheimstellen, jeden Gesandten persönlich einzuladen, und es solle jedem die selbständige Entscheidung überlassen bleiben.

Noch am gleichen Tage suchten mich Herr Liang Dunyan,[110] ein uns Deutschen wohlbekannter alter Manchuführer, dem wir vor einigen Jahren viele Monate Asyl in der deutschen Gesandtschaft gewährt hatten, und Herr Ping-Shi, der in der monarchistischen Bewegung eine große Rolle spielt, auf und fragten, ob ich für mich und die Gesandtschaft Karten zu dem aus Anlaß der Vermählungsfeier stattfindenen Empfang beim Kaiser haben wolle. Ich dankte sehr herzlich, betonte, daß gerade ihm, Liang Dunyan, die freundschaftlichen Gefühle der Deutschen für die Mandschus [...] bekannt seien.[111] Wenn ich trotzdem keine Karten erbitte, so erkläre sich das aus der schwierigen Lage, in der sich Deutschland gegenwärtig sowohl der Chinesischen Regierung wie gegenüber den fremden Mächten befände. Gerade von alliierter Seite werde der jungen deutschen Republik immer wieder vorgeworfen, daß sie noch nicht republikanisch und unserer Demokratie daß sie noch nicht demokratisch genug sei. Wir müßten dreifach vorsichtiger sein, und ich möchte durch unsere Teilnahme an den Feierlichkeiten keine Gelegenheit zu irgendwelchen Kommentaren und Kritiken geben. Auch dem jungen Kaiser werde damit ein schlechter Dienst erwiesen. Ich bäte daher Herrn Liang Dunyan, meine aufrichtigen Glückwünsche zur Vermählung seinerseits zu überbringen, und, soweit es ihm angezeigt erschiene, die Gründe für mein Nichterscheinen geeigneten Orts darzulegen.

Herr Liang Dunyan dankte herzlich für die offene Aussprache. Er begreife unsere vorsichtige Haltung vollkommen und halte sie angesichts der ganzen Lage für das einzig richtige. Er werde meine guten Wünsche dem Kaiser persönlich übermitteln und die Gründe für mein Fernbleiben darlegen. Er freue sich aufrichtig, aus meinem Munde die Bestätigung erhalten zu haben, daß, woran er übrigens nie gezweifelt habe, die beiderseitigen Beziehungen unverändert herzlich seien. Beim Abschied stellte er eine baldige Wiederholung seines Besuches in Aussicht und bat um die Erlaubnis, wieder wie in früheren Jahren den persönlichen Verkehr in der deutschen Gesandtschaft aufnehmen dürfen.

Die Vermählungsfeier des Mandschukaisers, zu der auch der Präsident der Republik[112] durch den Chef der Zeremonienamts seine Glückwünsche darbringen ließ, fand am 1. d.M., der Empfang der Fremden am 3. d.M. statt. Die Gesandten waren, abgesehen von einigen kleineren Gesandtschaften sämtlich mit ihren Damen erschienen. Der Amerikaner hatte über 50, der Engländer 25 Eintrittskarten erbeten, außerdem hatten sich viele Private und foreigners of no distinction Eintrittskarten unter der Hand verschafft. Sie alle hatten ebenso wie die Diplomatischen Herrschaften Gelegenheit, dem jungen Kaiserpaar durch zwei stumme Verbeugungen ihre Huldigung darzubringen. Nach allgemeinem Urteil war die Regie des Mandschuhauses mustergültig wie in alten Zeiten und das Zeremoniell würdig und eindrucksvoll. Das einzige Stillose, sagte mir einer der Gesandten, war die zusammengewürfelte Masse der Fremden, die sich überall, nicht zum wenigsten beim Büffet, vordrängten.

---

110 Liang Dunyan hatte in den USA studiert (1872-1881) und wurde 1909 zum Außenminister der Qing-Regierung berufen. Während des Versuches zur Restauration der Qing-Regierung im Juli 1917 amtierte er kurzzeitig erneut als Außenminister und flüchtete anschließend ins Gesandtschaftsviertel.

111 Auslassung: Handschriftliche Korrektur, unleserlich.

112 Präsident Cao Kun.

Die Photographieapparate hatte man ihnen vorsichtigerweise am Eingang abgenommen.

Von den alten Manchubeamten hatten viele sich gegen die Heranziehung der Fremden ausgesprochen. Die Führer der monarchistischen Bewegung, die darin eine wirksame Reklame für das Kaiserhaus erblickten, haben jedoch ihren Willen durchgesetzt. Während die fremde Presse sich durchweg auf eine ausführliche Darstellung des farbenprächtigen Schauspiels beschränkte, haben mehrere chinesische Zeitungen heftige Angriffe gegen die Regierung gerichtet, daß sie eine derartige Demonstation des Mandschuhofes dulde und sogar einen Huldigungsakt der diplomatischen Vertreter zulasse. Man solle den Kaiser aus der Verbotenen Stadt ausweisen und ihn nach Jehol verbringen. Die Stimmen verstummten allerdings bald wieder, um den üblichen Berichten über die neuesten Regierungskrisen und die Haltung der Militärcliquen Platz zu machen.

Ich habe inzwischen mehrfach die Bestätigung erhalten, daß unsere Sonderrolle uns bei den Mandschus keineswegs geschadet hat. Auf der anderen Seite haben selbstverständlich die Chinesen, soweit sie davon Kenntnis erhielten, unsere Haltung als wohltuend korrekt und loyal empfunden. Im Diplomatischen Korps, wo die vormaligen Alliierten natürlich allein tonangebend sind, kam es mir nicht ungelegen, bei unverfänglichem Anlaß einmal aus der Reihe zu tanzen. Das hat insofern jedenfalls gut gewirkt, als man mich in den Sitzungen seitdem mit zarter Aufmerksamkeit behandelt und Wert darauf legt, auch in Fragen, in denen Deutschland ganz unbeteiligt ist, meine persönliche Ansicht besonders zu erbitten.

Somit wäre der an sich nicht gleichgültige Zwischenfall erledigt, und es läge kaum Anlaß vor, darüber zu berichten, wenn nicht mit der Möglichkeit zu rechnen wäre, daß durch einzelne sensationslustige Zeitungskorrespondenten, die es sorgfältig vermeiden, den Spielraum ihrer Phantasie durch Einholen von Informationen einzuengen, der Sachverhalt in schiefer Darstellung in die heimische Presse gelangt.

BArch, R9208/2082, Bl. 120-124.

48

Notenwechsel zwischen dem Außenminister der Republik China, Gu Weijun, und dem Gesandten in Peking, Adolf Boyé (06./07.06.1924)[113]

---

113 Abgedruckt sind die Noten des Außenministers Gu Weijun. Dem Notenwechsel gingen lange und geheime Verhandlungen mit der Peking-Regierung, aber auch der deutschen China-Interessierten untereinander voraus. Vgl. die Niederschrift einer Besprechung im AA Berlin vom 26.04.1924 (BArch, R9208/3999, Bl. 272-280). Am 3. Juli sprach Stresemann dem Gesandten Boyé und seinen Mitarbeitern seine Anerkennung aus (BArch, R9208/3999, Bl. 157). Am 14. Juli erschienen die zwei Noten in englischer Übersetzung in der *Peking Daily News*: „Documents of Sino-German Agreement Made Public" (ebenda, Bl. 219). Für den chinesischen Text aller Noten siehe Wang Tieya 1982, Bd. 3, 442-449.

Abschrift.
Peking, den 6. Juni 1924

Herr Minister!
Eurer Exzellenz beehre ich mich im Namen meiner Regierung mitzuteilen, daß sich die Chinesische Regierung zur Regelung der Angelegenheiten der Deutsch-Asiatischen Bank mit folgendem Verfahren einverstanden erklärt hat:

1. Die Chinesische Regierung wird die von der Bank übernommenen und die während der Liquidation geführten Geschäftsbücher sobald als möglich zurückgeben.
2. Die Chinesische Regierung wird die Bankgrundstücke mit den Gebäuden in Peking und Hankou lastenfrei an die Bank zurückgeben. Für die liquidierten Immobilien der Bank in anderen Teilen Chinas, für welche sie Entschädigung fordert, wird die Chinesische Regierung ihr 1.950.000 $ mex. in Tianjin-Pukou- und Huguang-Eisenbahnobligationen zahlen.
3. Danach gelten sämtliche Forderungen der Deutsch-Asiatischen Bank gegen die Chinesische Regierung und der Chinesischen Regierung gegen die Deutsch-Asiatische Bank als abgegolten, mit Ausnahme des Vorschusses nebst Zinsen, den die Deutsch-Asiatische Bank der Chinesischen Regierung gegen Verpfändung des nicht ausgegebenen Teils der Tianjin-Pukou-Ergänzungsanleihe von 1910 gewährt hat. Zur Regelung dieser Angelegenheit verpflichtet sich die Chinesische Regierung, die notwendigen Schritte zu ergreifen, um die verpfändeten Stücke marktfähig zu machen, insbesondere den Anleihedienst unter Berücksichtigung der Zinsbelastung auf den Vorschuß an dem Tage aufzunehmen, an dem der Dienst für alle in Deutschland begebenen chinesischen Regierungsanleihen wieder aufgenommen wird. Falls die Chinesische Regierung es wünscht, wird die Deutsch-Asiatische Bank der Chinesischen Regierung die für den Dienst dieser Bonds während des auf den Tag des Notenwechsels folgenden Jahres notwendigen Mittel vorschießen. Zinsen von 7 v. H. werden auf diesen neuen Vorschuß halbjährlich von der Chinesischen Regierung an die Bank gezahlt werden.
   Die Abdeckung der Vorschüsse durch dies Bonds oder auf andere Weise wird durch besondere Verhandlungen zwischen der Chinesischen Regierung und der Bank, die alsbald beginnen soll, geregelt werden; die Bank verpflichtet sich, diese Bonds nicht auf den Markt zu bringen, bevor die Verhandlungen beendet sind, jedoch höchstens für ein Jahr nach dem Notenaustausch, falls keine anderweitige Vereinbarung erfolgt.
4. Die Chinesische Regierung ist bereit, die Deutsch-Asiatische Bank in ihren Vorkriegszustand, einschließlich ihrer Funktion als Emissionsbank in Gemäßheit oder Anleiheverträge wieder einzusetzen und wird die dafür notwendigen Maßnahmen treffen. Ausgenommen sind jedoch die Funktionen aus dem Hukuang-Anleihevertrage, worüber Entscheidung vorläufig offenbleibt.
5. Mit dem Notenaustausch werden die Bestimmungen betreffend die Liquidation der Deutsch-Asiatischen Bank aufgehoben. Das Verbot der Auszahlung der Bankgläubiger wird zum 31. Oktober 1924 aufgehoben.

Ich benutze diesen Anlaß, um Eurer Exzellenz den Ausdruck meiner ausgezeichnetsten Hochachtung zu erneuern.
gez. Wellington Koo

Abschrift.

Peking, den 7. Juni 1924

Herr Minister!
Eurer Exellenz beehre ich mich namens meiner Regierung Mitteilung zu machen, daß die Chinesische Regierung sich zur weiteren Ausführung der Ziffer 2 des Notenaustausches vom 20. Mai 1921, welche eine Anlage zu dem deutsch-chinesischen Abkommen vom gleichen Datum bildet, mit folgender Regelung einverstanden erklärt hat:

Die Chinesische Regierung gibt den gesamten Rest des deutschen Privateigentums, der noch von China festgehalten wird, frei.

Die beiden Regierungen stimmen darin überein, daß der gesamte Wert des auf diese Weise freigegebenen Eigentums, vereinigt mit dem seit 1921 bereits freigegebenen, zwischen neunundsechzig und siebzig Millionen Dollar mexikanisch beträgt.

Die Deutsche Regierung zahlt an China als Vorauszahlung auf die Kriegsschädenforderung einen Betrag in Höhe der Hälfte des Wertes des nach Artikel 1 freigegebenen Eigentums. Diese Leistung wird bewirkt durch:
4 Millionen Dollar bar, die bereits in 1921 gezahlt sind; 15 Millionen Dollar in Eisenbahnobligationen und zwar: Stücke der Tientsin-Pukow Eisenbahnanleihe von 1908 im Nominalbetrage von Pfund Sterling 1.400.000 zum Kurse von 68 gleich Pfund Sterling 952.000 zum Kurse von 8,421 gleich Dollar mexikanisch 8.016.792; Stücke der Tientsin-Pukow Eisenbahnanleihe 1910 im Nominalbetrage von Pfund Sterling 950.000 zum Kurse von 66 gleich Pfund Sterling 627.000 zu 8,421 gleich Dollar mexikanisch 5.279.967; Stücke der Hukuang Eisenbahnanleihe von 1911 im Nominalbetrage von Pfund Sterling 381.640 zum Kurse von 53 gleich Pfund Sterling 202.269,20 zu 8,421 gleich Dollar mexikanisch 1.703.308,90.
12.839.909,45 Dollar mexikanisch zu 8,421 gleich Pfund Sterling 1.881.001 in verlosten Stücken und Zinsscheinen bis 15. Juni 1924 der zu b) genannten Eisenbahnobligationen. Das sind insgesamt 34.839.977,35 Dollar mex.

Zur endgültigen Abfindung der restlichen Kriegsschädenforderung der Chinesischen Regierung wird die Deutsche Regierung die Regelung aller ausstehenden Forderungen deutscher Privatpersonen gegen die chinesische Regierung übernehmen, mit Ausnahme von Forderungen aus dem Anleihedienst chinesischer Anleihen.

Die Chinesische Regierung wird ein Mandat des Präsidenten erlassen, wodurch die frühere Erklärung über die Suspendierung des Dienstes der drei unter b) erwähnten Eisenbahnanleihen und der Reorganisationsanleihe endgültig aufgehoben und der volle Dienst für sie wieder aufgenommen wird. Fällige Zinsscheine der Reorganisationsanleihe werden einen Monat nach diesem Notenaustausch bezahlt werden. Ausgenommen ist jedoch ein Betrag von Pfund Sterling 1.087.768 zu 8,421 gleich Dollar mexikanisch 9.160.094,30, den die Deutsche Regierung der Chinesischen Regierung zur Ungültigmachung aushändigen wird. Zinsscheine und verloste Stücke der drei Eisenbahnanleihen, die vor dem 1. Oktober 1924 fällig sind und die gemäß den Bestimmungen der bezüglichen Anleiheverträge sichergestellt sind, werden so zurückgezahlt werden, daß vom 1. Oktober 1924 an in jedem Jahre zwei dieser Zinsscheine und ein verlostes Stück an den in den betreffenden Anleiheverträgen für Kupons und Verlosungen vorgesehenen Fälligkeitstagen zur Auszahlung kommen. Zinsscheine und verloste Stücke die an und nach dem 1. Oktober 1924 fällig werden, werden an den Fälligkeitstagen bezahlt werden.

Die Ausführung der beiderseitigen Verpflichtungen aus den Artikeln I, II und IV soll gleichzeitig, nicht später als 8 Tage nach diesem Notenaustausch stattfinden; die erwähnten Zinsscheine und verlosten Stücke, sowie die unter II b erwähnen Eisenbahnobligationen, werden von der Deutschen Botschaft in London ausgehändigt im Austausch gegen die von der Gesandtschaft an die Hongkong & Shanghai Banking Corporation in London gerichtete amtliche Mitteilung, durch welche das in Artikel IV vorgesehene Mandat des Präsidenten im Namen der Chinesischen Regierung der Bank übermittelt wird.

Diese Vereinbarung soll als endgültige Regelung sämtlicher ausstehender Forderungen der Chinesischen Regierung gegen die Deutsche Regierung und deutsche Reichsangehörige und chinesischer Staatsangehöriger gegen die Deutsche Regierung, sowie sämtlicher ausstehenden Forderungen der Deutschen Regierung gegen die Chinesische Regierung und chinesische Staatsangehörige und deutscher Reichsangehöriger gegen die Chinesische Regierung gelten, soweit sie vor dem 1. Juli 1921 entstanden sind.

Ich benutze diese Gelegenheit, um Eurer Exzellenz den Ausdruck meiner vorzüglichsten Hochachtung zu erneuern.

gez. Wellington Koo

BArch, R9208/3999, Bl. 63-69.

49

Bericht des Gesandten in Peking, Adolf Boyé, an das AA Berlin (10.06.1924)

J. Nr. 1625
K. Nr. 199
Vertraulich

Inhalt: Deutsch-Chinesischer Kriegsschadenausgleich.

Nachdem die Genehmigung zur Unterzeichnung der deutsch-chinesischen Abmachungen am 22. v. Monats eingetroffen war, habe ich sofort die entsprechenden Schritte unternommen, einen alsbaldigen Austausch der Dokumente herbeizuführen; ich habe aber dabei gleich feststellen müssen, daß durch die lange Dauer der Verhandlungen die Opposition gegen Wang Kemin und damit gegen das Abkommen Zeit gewonnen hatte, sich zu organisieren, und daß der Abschluß ohne große Schwierigkeiten jetzt nicht mehr möglich war.[114]

Die Genehmigung durch das Kabinett ist glatt erfolgt, und auch der Präsident[115] hat seine Zustimmung ohne weiteres gegeben; die vorherigen Warnungen aber, die die chinesischen Unterhändler bezüglich der Machenschaften der ausgehungerten Parlamentarier geäußert hatte, erwiesen sich als nur allzu berechtigt, und die Situation wurde dadurch besonders gefährlich, daß der Premierminister Sun Baoqi, ein sehr ehrenwerter, aber wenig energischer Mann, ängstlich bemüht war, es allen Leuten recht zu machen.[116] Sun ist ja der erste Premier, dessen Ernennung vom Parlament bestätigt worden ist, und er fühlt sich dadurch dem Parlament verantwortlich. Letzteres verlangte ganz kategorisch, daß die ganze Angelegenheit verfassungsmäßig vor sein Forum gebracht werde.

So unbequem dem Kabinett, dem der Zahltag des Drachenbootfestes (5. Tag des 5. chinesischen Monats, also 6. Juni) bedrohlich nahe rückte, die Einmischung des Parlaments war, so glaubte das Kabinett doch, vom Parlament Notiz nehmen zu müssen, und es beschloß daher, die Frage, ob die deutsch-chinesischen Abmachungen einer Abstimmung im Parlament zu unterbreiten seien, seiner Justizkommission zur Prüfung vorzulegen. Diese stellte fest, daß die Abmachungen keine Belastung der Staatsfinanzen bedeuteten und daher einer Entscheidung des Parlaments nicht bedürften, eine Feststellung, die übrigens durchaus den Bestimmungen der chinesischen Verfassung entspricht.

Zwischen all diese Reibungen auf chinesischer Seite schob sich ein Zwischenspiel, in welchem mir seitens der beteiligten Minister, besonders des Außenministers,[117] alle möglichen Abänderungsvorschläge für die verschiedenen Texte nahe gelegt wurden, die den Sinn der Abmachungen teilweise bedenklich zu verändern drohten. Ich habe kategorisch abgelehnt, irgendeine, auch die gleichgültigste Änderung vorzunehmen, mich aber zu telegraphischer Anfrage nach Berlin bereit erklärt, wenn man die damit verbundenen Gefahren in Kauf nehmen wolle. Das wollte man jedoch lieber nicht.

Auch nach dem Gutachten der Justizkommission, das dem Kabinett freie Bahn zur Unterzeichnung gab, wollte die Frage im Kabinett nicht weiterkommen. Sun Baoqi blieb hartnäckig auf dem Standpunkt, daß man mit der Angelegenheit vor das Parlament gehen müsse. Selbst wenn die Frage dem Parlament nicht zur Entscheidung zu unterbreiten sei, behauptete er, müßte man der Volksvertretung wenigstens die geforderte Auskunft erteilen. Da seine Kollegen mit ihm durchaus nicht ins Einvernehmen kommen konnten, reichte Sun Baoqi sein Abschiedsgesuch ein, und die Kabinettskrise war da. Man half sich damit aus

---

114 Wang Kemin, Finanzminister. Zu den komplizierten Vorverhandlungen siehe den Bericht von Boyé, 22.04.1924 (BArch, R9208/3998, Bl. 42-48).

115 Cao Kun.

116 Sun Baoqi hatte als chinesischer Gesandter die Jahre von 1907 bis 1908 in Berlin verbracht (Gütinger 2004:155). Das Amt des Premierministers hatte er vom 12.01.1924 bis 02.07.1924 inne.

117 Gu Weijun (Wellington Koo).

der Klemme, daß Suns Abschiedsgesuch nicht genehmigt wurde und daß Sun am 31. Mai im Parlament erschien, um Auskunft über die Frage zu erteilen. Er beschränkte sich auf allgemein gehaltene Auskünfte und erklärte, daß die Abmachungen noch nicht unterzeichnet seien; Sun hat immerhin soviel Energie aufgebracht, nicht zu versprechen, daß die Abmachungen dem Parlament zur Beschlußfassung vorgelegt werden würden.

Als Sun auch nach dieser Parlamentssitzung immer noch weitere Schwierigkeiten gegen die alsbaldige Unterzeichnung machte, wurde sich das Kabinett des Ernstes der Lage bewußt und reichte nunmehr en bloc seine Demission ein; den Entschluß, mit einem Interimspremier unter Kaltstellung von Sun das Abkommen zu zeichnen, hatten die Kabinettsmitglieder wohl als letzten Ausweg ins Auge gefaßt. Die Demission wurde abgelehnt, und nunmehr einigte man sich mit Sun Baoqi auf einen Kompromiß; man entschloß sich, dem Drängen des Parlaments nachzugeben und in einer geheimen Sitzung am 5.d.M., also am Tag vor dem Drachenbootfest, die verlangte Auskunft über das Abkommen zu erteilen, eine Genehmigung zur Unterzeichnung jedoch nicht nachzusuchen. Über die „geheime" Parlamentssitzung, die zum Teil recht stürmisch verlief, brachte die gesamte Presse Pekings am folgenden Tag ausführliche Berichte; ich darf einen Bericht des North China Standard vom 6. d.M. hier beilegen. Am Abend nach der Sitzung, die erst spät zu Ende war, hat das Kabinett in einer geheimen Besprechung die sofortige Unterzeichnung der Abmachungen endgültig beschlossen.

Die Auswechslung der Dokumente ist dann am Tage des Drachenbootfestes, am 6. Juni d.J. mittags, im Waijiaobu erfolgt. Der Notenwechsel über die Bank ist auf Wunsch des Außenministers Dr. Wellington Koo einen Tag vor der allgemeinen Note datiert worden, um den finalen Charakter des allgemeinen Abkommens schärfer hervorzuheben. Bei dem Austausch der Noten habe ich die letzte, bisher noch zurückgehaltene Rate der Internierungskosten übergeben lassen.

Abschrift der hier ausgewechselten deutschen und englischen Texte der Abmachungen darf ich hier vorlegen. Es sind:

1. Notenwechsel betreffend die Deutsch-Asiatische Bank vom 6. Juni d.J.
2. Notenwechsel betreffend die Erledigung schwebender Fragen zwischen der deutschen und der chinesischen Regierung vom 7. d.J.
3. Schriftwechsel über Rückgabe des restlichen deutschen Privateigentums vom 7. Juni d.J.
4. Englischer Text meines Schreibens an den Finanzminister betreffend die Deutsch-Asiatische Bank vom 6. d.J.

Die chinesische Regierung hat den Wunsch ausgesprochen, daß der Abschluß und Inhalt der Abmachungen bis zu einem zwischen beiden Seiten noch zu vereinbarendem Zeitpunkt vorläufig geheim gehalten werden solle. Sie befürchtet, daß von englischer Seite wegen verschiedener notleidender englischer Anleihen Zugriffe auf die Londoner Gelder versucht werden könnten.

ADAP, A, Bd. 10, Nr. 132, S. 323-324.

50

Leitartikel aus der *Dongfang zazhi*, Shanghai (10.07.1924)

Antrag zur Lösung der Reparations- und Schuldenfrage zwischen China und Deutschland[118]

Folgendes wurde vom Finanz- und Verkehrsministerium auf einer außerordentlichen Kabinettssitzung vorgebracht:

Statistischen Untersuchungen in den Provinzen und Zentralbehörden zufolge ist China nach der Kriegserklärung und der Teilnahme am euopäischen Krieg ein Schaden in Höhe von ca. 122 Millionen Yuan entstanden. Dem sind Kriegskosten in Höhe von ca. 100,50 Millionen Yuan hinzuzufügen. Die Gesamtsumme beläuft sich auf ca. 223 Millionen Yuan.

Jedoch geht aus den Noten, die 1921 während des Abschlusses des deutsch-chinesischen Vertrages zwischen dem Waijiaobu und dem deutschen Bevollmächtigten ausgetauscht wurden, hervor, daß Deutschland gemäß des Versailler Vertrages den Verlust auf chinesischer Seite entschädigen wird. Zudem wird Deutschland die Kosten für die Internierung [der Kriegsgefangenen] übernehmen. Diese Kosten sind bereits bezahlt. Was nun die Reparationszahlungen anbelangt, so müssen wir dem Geist des Versailler Vertrags folgen. Demnach wird die Zivilbevölkerung nur für solche Schäden entschädigt, die unmittelbar durch das Heer, die Marine, Luftwaffe oder durch die Kriegshandlungen und die Unterstützung der Soldaten entstanden sind. Die Kriegskosten sind darin nicht eingeschlossen. Somit kann eine Erstattung der Kriegskosten in Höhe von 100,50 Millionen Yuan nicht verlangt werden. Die anderen Forderungen in Höhe von 122 Millionen Yuan inkludieren zahlreiche indirekte Verluste wie die erhöhten Kosten für Material und Kohle, Zinsen durch die Verzögerung von Verkehrsbauvorhaben etc. Sie alle erfüllen nicht den Tatbestand des Vertrages. Dem ist ferner eine Summe in Höhe von ca. 30 Millionen Yuan hinzuzufügen, die deutsche Geschäftsleute ihren chinesischen Handelspartnern privat schulden und die seit Wiederaufnahme des Handels bereits schrittweise abgezahlt wurde. Man kann dieses jedoch nicht mit den Kriegsverlusten in Zusammenhang bringen. Insgesamt ist von unseren Forderungen somit nicht mehr viel geblieben.

Demgegenüber belaufen sich die Schulden der Regierung an deutsche Geschäftsleute, zuzüglich der Summen, die durch die Beschlagnahme der Besitztümer deutscher Bürger entstanden sind, auf insgesamt ca. vierzig oder fünfzig Millionen Yuan. Nach internationalen Gepflogenheiten können diese Forderungen nicht abgelehnt werden. Was die in Deutschland emissionierten Obligationen betrifft, wurde nach der Kriegserklärung zwar die Zahlung des Grundzinses gestoppt, jedoch ist nun der Frieden wieder hergestellt und man kann schwerlich gegen die internationalen Gesetze verstoßen und diese Zahlungen für immer zurückhalten. Diese Obligationen sind auf keine konkreten Personen ausgestellt und überall im Umlauf, zudem sind nicht alle in deutschem Besitz. Bei denen, die sich in den

---

118 Chin.: „Jiejue ZhongDe peichang ji zhaiwu ti'an". Aus dem Chinesischen übersetzt von Andreas Steen und Yang Zhan'ao.

Händen deutscher Bürger befinden, könnte unsere Regierung sich weigern, unter dem Vorwand der Verpfändung für die Kriegsentschädigung die Grundsumme zurückzugeben und die Zinsen zu zahlen. Für die Obligationen, die sich in den Händen anderer Staatsbürger befinden – neben jenen, die durch den Rechtsanwalt der englischen Botschaft bereits überprüft und anerkannt wurden – haben die in Peking ansässigen Botschafter der jeweiligen Länder mehrfach die Anerkennung gefordert. Überdies wurde in London entsprechend Klage erhoben. Das ist ungefähr die Situation der Entschädigungsforderungen an Deutschland und der Schulden zwischen China und Deutschland.

Als Grundlage zur Erledigung der Entschädigungsfrage dient der „Chinesisch-deutsche Vertrag". In dem zweiten Absatz der Zusatznote zum Vertrag[119] ist zu lesen: „Die deutsche Regierung verpflichtet sich, die Hälfte aller Gelder, die durch die Beschlagnahme deutscher Besitztümer gewonnen sind, sowie die Hälfte vom Gesamtwert deutscher Besitztümer, die nicht beschlagnahmt wurden, durch eine einmalige Zahlung zu begleichen. Diese Summe beträgt vier Millionen mex. Dollar in bar. Des weiteren sind Obligationen der Jinpu-, Huguang-Eisenbahn als ein Teil der Kriegsentschädigung an die chinesische Regierung zu veräußern." Die vier Millionen Yuan in bar wurden bereits 1921 schrittweise gezahlt.[120] Auch hat die deutsche Regierung zugestimmt, die Obligationen der Jinpu- und Huguang-Eisenbahn sowie die fälligen Zinsscheine als ein Teil der Kriegsentschädigung an China zurückzugeben.[121] Die Zahlen sind im folgenden aufgelistet:

1. Obligationen:[122]

   a) Der ursprüngliche Wert dieser Jinpu-Obligationen betrug 1.400.000 Pfund Sterling, 68% davon entsprechen einem Marktwert von 952.000 Pfund Sterling;

   b) Der ursprüngliche Wert der später ausgestellten Jinpu-Folgeobligationen betrug 950.000 Pfund Sterling, 66% davon entsprechen einem Marktwert von 627.000 Pfund Sterling;

   c) Der Wert der Huguang-Obligationen beträgt 381.640 Pfund Sterling, 35% davon entsprechen einem Wert von 202.269,20 Pfund Sterling. Die Gesamtsumme beläuft sich somit auf 1.781.269,20 Pfund Sterling.

---

119 Siehe Dok. 42, Nr. 4., a) Note des deutschen Bevollmächtigten, Punkt 2, „Ersatz von Schäden".

120 Boyé überreichte im Januar 1922 die Schecks zur Zahlung des restlichen Teilbetrags in Höhe von mex. $500.000. Siehe: Boyé an Yan Huiqing, 09.01.1922 (BArch, R 9208/3128, Bl. 235-237).

121 Jinpu = Tianjin-Pukou Eisenbahn, 1911 fertiggestellt (1078 km); Huguang = Sichuan/Hankou-Kanton-Bahn, erst 1936 vollendet. Zur Finanz- und Anleihepolitik des Eisenbahnbaus in China siehe Huang Yiping 1995:82ff, Osterhammel 1989:218-225, Schmidt 1976 und Müller-Jabusch 1940:166ff.

122 In dem Artikel werden drei Währungen angeführt, die Ausdruck der komplizierten Finanzpolitik jener Jahre sind: mexikanische Dollar, Pfund Sterling und Yuan (chinesische Dollar). Die Wechselkurse sind nicht nachvollziehbar, lassen sich aber auf zweierlei zurückführen. Erstens, die Finanzpolitik der Peking-Regierung, die ihren desolaten Finanzhaushalt bereits unter Yuan Shikai durch Herausgabe einer Fülle unterschiedlichster Schuldscheine und die Aufnahme ausländischer Anleihen aufzubessern suchte (Pyan-Ling 1917:92-124, Huang Yiping u.a. 1995:82ff). Zweitens, der Kursverfall und die Spekulationen im Silbergeschäft. 1921 besaßen die ausländischen Banken fast 70% aller Silbervorräte in Shanghai (vgl. Osterhammel 1989:274ff).

2. Fällige Zins- und Sonderobligationen:[123]

a) Die Gesamtsumme der Eisenbahn-Zinsscheine und Sonderobligationen beträgt 1.881.001 Pfund Sterling.

Die unter Punkt 1. und 2. genannten Summen ergeben eine Gesamtsumme von 3.662.270,20 Pfund Sterling, umgerechnet sind das ca. 34.839.000 chinesische Yuan. Dem sind die bereits 1921 gezahlten vier Millionen Yuan als Teil der Kriegsentschädigung hinzuzufügen. Der Wert der Besitztümer, die bereits seit 1921 zurückgegeben wurden und später zurückgegeben werden sollen, liegt zwischen 69 und 70 Millionen Yuan. Hinzu kommen fällige Zinsscheine [der großen Reorganisationsanleihe] im Wert von 1.087.788 Pfund Sterling.[124] Für die Restsumme, die die chinesische Regierung durch Beschlagnahme der Besitztümer den deutschen Bürgern schuldet und die verschiedenen Schulden an die deutschen Geschäftsleute – mit Ausnahme der Jinpu-Obligationen in Höhe von mehr als einer Million Pfund Sterling, über die das Verkehrsministerium innerhalb eines Jahres mit der Deutsch-Asiatischen Bank verhandeln wird – wird die deutsche Regierung die Zahlungen übernehmen. Insgesamt hat unser Land die nachfolgend genannte Entschädigung erhalten:

a) Die 1921 erhaltene Geldsumme	4 Millionen Yuan
b) Zurück erhaltene Eisenbahn-Schuldscheine	ca. 15 Millionen Yuan
c) Zurück erhaltene fällige Eisenbahn-Zinsscheine sowie besondere Schuldscheine	ca. 15,83 Millionen Yuan
d) Die zurück erhaltenen fälligen Zinsscheine aus der Reorganisationsanleihe	ca. 10 Millionen Yuan
e) Schuldenzahlungen der chinesischen Regierung	ca. 40 Millionen Yuan
Gesamtsumme:	ca. 84,83 Millionen Yuan

Abgesehen von den durch die deutsche Regierung zurückgehaltenen Schuldscheine im Wert von mehr als 1,9 Millionen Yuan, der sich aus den ursprünglichen Jin-Pu-Schuldscheinen in Höhe von 99.560 Pfund Sterling und den Huguang-Schuldscheinen im Wert von 180.000 Pfund Sterling zusammensetzt und als Entschädigung für die Besitztümer der Deutsch-Asiatischen Bank vorgesehen ist, hat unser Land Schadensersatzzahlungen in Höhe von mehr als 83,46 Millionen Yuan erhalten.[125]

Entsprechend der Belege des Finanzministeriums können wir hier bereits von einem Überschuß sprechen, zumal die Kriegskosten, die lt. Abkommen nicht entschädigt werden sollen, und die Schulden zwischen Privatpersonen beider Länder, die von ihnen selbst erledigt werden müssen, nicht enthalten sind. Hinzu kommt, daß die deutschen Schiffe, die während des Kriegs von uns sequestriert wurden, als Kriegsbeute gelten und nicht zurückgegeben oder entschädigt werden müssen. Die deutschen Konzessionen in Tianjin und Hankou wurden längst unentgeltlich zurückgenommen und müssen nicht zurückgegeben

123 Der Begriff „Sonderobligation" bezeichnet die sog. „zhongqian zhaipiao", deren Nummer nach einem bestimmten Losverfahren vergeben wurde.

124 Zur Reorganisationsanleihe siehe Huang Yiping u.a. 1995:77 und Kap. 1 dieses Bandes.

125 Eigentlich 82.93 Millionen Yuan, nachdem von der Gesamtsumme in Höhe von 84.83 Millionen Yuan der Wert der von Deutschland zurückgehaltenen Schuldscheine abgezogen wurde.

werden. Ein Teil der an Deutschland gezahlten Boxer-Entschädigung in Höhe von 108 Millionen Yuan wurde bereits frühzeitig zurückgegeben, überdies sind die Zahlungen der Boxerentschädigung [an Deutschland] jetzt eingestellt.[126] Addiert man diese Entschädigungssumme mit dem geschätzten Wert der Schiffe, dem Wert der Konzessionen wie auch der diesmaligen Entschädigungssumme, so ergibt sich eine Gesamtsumme in Höhe von mehr als 250 Millionen Yuan. Im Anschluß an die Kriegsteilnahme haben wir keinen einzigen Soldaten geschickt und keinen einzigen Schuß abgegeben, erhalten aber eine so hohe Entschädigungssumme. Niemand wird behaupten, daß es sich hierbei nicht um eine Überraschung handelt.

Demgegenüber lassen sich für Deutschland lediglich zwei vorteilhafte Punkte anführen, nämlich daß die Deutsch-Asiatische Bank wieder eröffnet worden ist und [zweitens] zur Wiedereinsetzung in den Schuldendienst bevollmächtigt wurde (mit Ausnahme Huguang). Hinsichtlich der Rückerstattung der Werte und Zinsen der deutschen Obligationen ist unser Land an Abkommen und Gesetze gebunden und gegenüber den Schuldnern aller Länder verpflichtet. Dieses ist weder eine zusätzliche Belastung für uns, noch sind die Deutschen die einzigen, denen es zusteht. In allen Angelegenheiten, die eine Lösung der chinesisch-deutschen Reparations- und Schuldenzahlungen herbeiführen, ist ein weiterer Antrag einzubringen, über den eine offene Abstimmung im Parlament durchzuführen ist.

Dongfang zazhi, 21:13, 10.07.1924.

51

Memorandum des *Waijiaobu,* Peking (06.01.1926)[127]

Am 31. Dezember v.J. erhielt das Waijiaobu Eurer Exzellenz Note, wonach die Deutsche Regierung auf Grund einer Einladung der Amerikanischen Regierung ihren Beitritt zu dem am 6. Februar 1922 in Washington geschlossenen Neun-Mächte-Vertrag, vorbehaltlich der Ratifizierung durch das Parlament, erklärt hat.[128]

Dem Neun-Mächte-Vertrag sollte Deutschland aus folgenden zwei Gründen nicht beitreten:

1) Sämtliche Bestimmungen dieses Vertrages sind wie die zwei gegenüberstehenden Nadeln eines Kompasses bedingt durch die alten Verträge. Weil in den alten Verträgen schwere Eingriffe in die chinesischen Souveränitätsrechte und in die Verwaltung des chinesischen Staatsgebietes enthalten sind, sind die Bestimmungen der Artikel I und II getroffen worden. Und weil in den alten Verträgen Einflußsphären und spezielle Interessen vorgesehen sind,

---

126 Die Zahlungen der Boxer-Entschädigung an Deutschland wurden am 01.12.1917 eingestellt, 1921 verzichtete Deutschland auf die Restsumme (Huang Yiping u.a. 1995:81).

127 Boyé, Anlage zum Peking-Bericht Nr. 73 vom 11. Januar 1926 (PAA, R85291). Zum chinesischen Protest gegen Deutschlands Beitritt zum Washingtoner Abkommen siehe auch die Dok. 51, 52 und 71.

128 Siehe Kap. 3.

sind die Bestimmungen der Artikel III und IV über die offene Tür und die gleichen Möglichkeiten für alle getroffen worden.[129]

Mit Deutschland bestehen weder Verträge, die schwere Eingriffe in die chinesischen Souveränitätsrechte und in die Verwaltung des chinesischen Staatsgebietes enthalten, noch solche über Einflußsphären oder spezielle Interessen. Jener Vertrag hat daher auch nicht den allergeringsten Wert (für die Beziehungen zwischen Deutschland und China).

2) Gemäß Artikel 8 jenes Vertrages gibt es zwei Bedingungen für den Beitritt:[130]

a) Anerkannte Regierung.

b) Vertragliche Beziehungen.

Unter den vertraglichen Beziehungen sind offensichtlich die Gesamtheit der mit den einzelnen Teilen jenes Vertrages angezogenen Beziehungen zu verstehen.

Es ist folgendes zu beweisen: Im Artikel 8 des Zollabkommens sind als Bedingungen für den Beitritt aufgestellt worden das Vorhandensein einer von den Unterzeichnern des Vertrages anerkannten Regierung und das Vorhandensein eines Tarifvertrages, der einen 5%igen Wertzoll vorsieht. Der Neun-Mächte-Vertrag ist gleichzeitig mit dem Zollabkommen abgeschlossen worden. Die Bedingungen für den Beitritt zu beiden Verträgen sind dem Sinn und dem Geist nach völlig übereinstimmend. Dadurch ist bewiesen, daß, weil nur diejenigen, welche einen 5%igen Tarifvertrag haben, dem Zollabkommen beitreten können, dem Neun-Mächte-Vertrag auch nur solche Mächte beitreten können, die diese Bedingung des Zollabkommens erfüllen. Darüber können keine Zweifel herrschen.

Aus diesen Gründen ist die Chinesische Regierung der Ansicht, daß nach dem Wortlaut und dem Geist des Washington Vertrages Deutschland diesem Vertrag nicht beitreten kann.

Der (Chinesische) Gesandte in Berlin ist telegraphisch beauftragt worden, deswegen bei der Deutschen Regierung Vorstellungen zu erheben.[131]

Das Waijiaobu beehrt sich ferner, Euere Exzellenz zu bitten, dieses Memorandum der Deutschen Regierung vorzulegen, damit sie in Berücksichtigung der freundschaftlichen Beziehungen den Beitritt rückgängig macht.

Peking, den 6. Januar 1926

PAA, R85291.

---

129 Nach Art. I des Washingtoner Vertrages kamen die vertragschließenden Mächte überein, die Souveränität, Unabhängigkeit und Unverletztlichkeit des Gebietes und der Verwaltung Chinas zu achten, die Bildung einer beständigen Regierung zu unterstützen und die Gewährung gleicher Handels- und Gewerbemöglichkeiten für alle Nationen in China wirksam umzusetzen. Ebenso wurde festgeschrieben, daß darauf zu verzichten sei, aus den Verhältnissen in China besondere Privilegien zu erzielen, die zum Nachteil anderer Staaten sind. In Art. II bestätigen die unterzeichnenden Mächte, kein Abkommen zu schließen, welches Art. I verletzt. In Art. III wurden die Grundsätze der „Offenen Tür", d.h. gleiche Betätigungsmöglichkeiten für Handel und Industrie aller Länder in China festgelegt. In Art. IV bestätigen die unterzeichnenden Mächte, kein Abkommen zu schließen, welches Art. III verletzt, d.h. auch den Verzicht auf die Gründung von Einflußsphären.

130 Art. VIII sah vor, daß die Mächte, die den Vertrag nicht unterzeichnet haben, deren Regierungen aber von den Signatarmächten anerkannt sind und vertragliche Beziehungen zu China unterhalten, von den USA zum Beitritt aufgefordert werden. Die Antwortschreiben sind den Vertragsmächten vorzulegen.

131 Wei Chenzu.

52

Rundschreiben des Ostasiatischen Vereins, Hamburg, an die deutschen Handelskammern und Vereinigungen in China (13.02.1926)[132]

An die Deutschen Handelskammern,
Deutschen Vereinigungen in China,
sowie den Deutschen Bund Batavia, Weltevreden.

<u>Deutschland und China.</u>
In der Anlage beehren wir uns zu übersenden

1) einen Ausschnitt aus der „Deutschen Allgemeinen Zeitung",
2) einen Ausschnitt aus der kommunistischen Zeitung „Die rote Fahne",
3) einen Aufruf der radikalen, chinesischen Studenten in Berlin, die sich sämtlich mit dem Verhältnis zwischen Deutschland und China beschäftigen.

Wie bei Ihnen bekannt geworden sein dürfte, hat die deutsche Regierung es für zweckmäßig gehalten, dem Washingtoner Abkommen vom 6. Februar 1928 "a treaty between all nine powers relating to principles and policies to be followed in matters concerning China" beizutreten. Es ist das Hauptabkommen der Washingtoner Konferenz über China, in dem die Neun Mächte sich über die allgemeinen Grundsätze ihrer Chinapolitik verständigen und das so gewissermaßen die magna carta für China gefunden werden soll.

Dieses Abkommen ist von den chinesischen Delegierten angenommen und unterzeichnet worden. Die chinesischen Delegierten haben damit auch ihr Einverständnis gegeben, daß die Vereinigten Staaten, wie im Abkommen vorgesehen ist, andere bisher nicht beteiligte Staaten zum Beitritt zu diesem Abkommen auffordern. Die Vereinigten Staaten haben im Herbst vergangenen Jahres eine diesbezügliche Aufforderung an Deutschland und andere Mächte ergehen lassen. Die deutsche Regierung hat dieser Aufforderung entsprechend ihren Beitritt zu diesem Abkommen erklärt. In diesem Beitritt zu dem Washingtoner Abkommen sieht der chinesische Gesandte,[133] der sehr stark unter dem Einfluß der radikalen, chinesischen Studenten in Berlin steht, eine Abkehr Deutschlands von seiner bisherigen Chinapolitik und einen Anschluss Deutschlands an die Politik der anderen Fremdmächte, die zur Zeit von China so heftig befehdet wird. Dem chinesischen Gesandten in Berlin ist

---

132 Wie der Geschäftsführer des OAV, Mohr, in dem Begleitschreiben an Geheimrat Trautmann (19.02.1926) anmerkt, wurde das Rundschreiben an alle deutschen Handelskammern und Vereinigungen in China gesandt. Der OAV wolle die Frage des Beitritts zum Washingtoner Abkommen in den nächsten Wochen behandeln und halte es für zweckmäßig, „das Abkommen vorläufig nicht dem Reichstag vorzulegen, bis nicht die deutschen Handelskammern draußen auf Grund unseres Rundschreibens mit der Gesandtschaft haben Fühlung nehmen und sich haben verständigen können über ev. notwendige wertvolle gemeinsame Abwehrmaßnahmen" (BArch, R9208/3065, Bl. 89).

133 Wei Chenzu.

von Seiten des Reichsaußenministers und des Staatssekretärs im Auswärtigen Amt wiederholt unzweideutig erklärt worden, daß der Beitritt Deutschlands zu diesem Abkommen keinerlei Änderung in der bisherigen Politik Deutschlands gegenüber China bedeute, daß Deutschland im Hinblick auf seine eigene Stellung in der großen Politik, die von China ja selbst gebilligte Einladung der Vereinigten Staaten, nicht gut hätte ablehnen können und daß die künftige Teilnahme Deutschlands an den Verhandlungen der Fremdmächte über die Chinafrage durchaus im Interesse Chinas selbst liege, da China dann bei diesen Verhandlungen eine befreundete Macht habe, die als Vermittler zwischen China und den anderen Mächten gerade für China würden eintreten können. Der chinesische Gesandte, der, nebenbei bemerkt, bereits abberufen ist und voraussichtlich durch den früheren Ministerpräsidenten Huang Fu ersetzt wird,[134] hat sich allen diesen Gründen der deutschen Regierung gegenüber verschlossen. Er sieht in dem Washingtoner Abkommen einen ungleichen Vertrag, der, obwohl von China angenommen, von China bekämpft werde, weil er China nicht die Gleichberechtigung gewähre in seinen Beziehungen zum Ausland.

Für das Auswärtige Amt ist maßgebend gewesen die Erwägung, daß es einmal nicht tunlich gewesen sei, die Einladung der Vereinigten Staaten, zu der diese kraft des Abkommens berechtigt gewesen seien, abzulehnen; sodann ist man der Auffassung, daß der Beitritt Deutschlands zu diesem Abkommen Deutschland gegen eine Isolierung in der Chinapolitik schütze. Trotz unserer so völlig anders gearteten Lage in China hat die Chinesische Regierung Deutschland gegenüber seit dem Abkommen von 1921 nie ein besonderes Entgegenkommen bewiesen, wie die mancherlei noch ausstehenden Fragen, insbesondere Inkraftsetzung der Anleihe zwischen Deutschland und China beweisen. Es bestand die Gefahr, daß wir in China isoliert würden, daß China in seiner jetzigen politischen Einstellung nur zu geneigt sein könnte, uns behandeln zu können als Kleinstaat. Durch den Beitritt Deutschlands zu dem Abkommen werde der chinesischen Regierung in Peking zum Bewußtsein gebracht, daß wir durchaus nicht isoliert seien und daß wir auch die Möglichkeit eines Zusammengehens mit den anderen Mächten hätten für den Fall, daß China selbst unsere besondere Lage in China nicht anerkenne und in der Behandlung der deutsch-chinesischen Fragen eine entsprechende entgegenkommende Haltung einnehme.

Unsere Auffassung in dieser Frage geht dahin, daß uns der Beitritt Deutschlands zu dem Washingtoner Abkommen rein gefühlsmäßig nicht so recht sympatisch war. Bei der außerordentlichen nationalen Erregung, die zur Zeit in China herrscht, ist der Gedanke nicht von der Hand zu weisen, daß „gute Freunde“ Deutschlands diesen Beitritt zu dem Washingtoner Abkommen benutzen würden, um Zwietracht zu säen zwischen Deutschland und China. Es war dann mit der Möglichkeit zu rechnen, daß sich in diesem Fall die Stimmung der Chinesen auch gegen die Deutschen in China wenden könnte und würde. Daß diese Verhetzung bereits eingesetzt hat, zeigt der Ausschnitt aus der „Roten Fahne“ und die Eingabe der

134 Huang Fu konnte das Amt nicht annehmen, abgehalten wurde er durch dringliche Fragen der Zolltarifkonferenz und seine Tätigkeit als politischer Mittler zwischen Duan Qirui und Feng Yuxiang. Huang Fu hatte an der Washingtoner Konferenz teilgenommen und umfangreiche Reisen durch Europa unternommen, u.a. um geographische Karten zu sammeln und Militäreinrichtungen zu studieren.

chinesischen Studenten an den Reichstag.[135] Wir glauben berechtigt zu sein in der Annahme, daß diese Eingabe bedauerlicherweise von deutschen kommunistischen Reichstagsabgeordneten unterstützt, wenn nicht angeregt worden ist. Da wir von draußen nichts gehört haben, daß sich in China eine Bewegung gegen Deutschland bemerkbar mache, so scheint dieser kommunistische Einfluß zunächst nur hier in Deutschland sich bemerkbar zu machen. Die Frage ist, ob nach der Annahme durch den Reichstag der Beitritt Deutschlands zu dem Abkommen als ein stärkeres Propagandamittel in China gegen uns ausgeschlachtet werden wird. Die vom Auswärtigen Amt angeführten Gründe haben zweifellos viel Überzeugendes für sich. Wie Sie selbst wissen, hat die chinesische Regierung trotz unserer Abkommen von 1921 und 1924 in mancherlei Fragen, insbesondere in Anleihefragen, kein besonderes Entgegenkommen bewiesen.[136] Sie hat auch den Deutschen keinerlei Sonderstellung eingeräumt. In politischen Kreisen Pekings glaubt man, Deutschland als quantité négligeable behandeln zu können, eben weil Deutschland nicht mehr zu den Frontmächten gehört. Durch den Beitritt Deutschlands zu dem Washingtoner Abkommen muß die chinesische Regierung erkennen, daß wir nicht ausgeschaltet sind aus dem Konzert der Fremdmächte, daß wir darum die Wahl haben, uns an die Seite Chinas zu stellen oder mit den Mächten zu gehen, daß es deshalb auch für die chinesische Regierung von Wert ist, sich die deutsche Freundschaft nicht zu verscherzen, die sich gerade in der Zusammenarbeit mit anderen Mächten zu Gunsten Chinas bemerkbar machen kann. Daß die Zugehörigkeit zu den „Chinamächten" auch für uns wertvoll sein kann, so z.B. in der Frage der Neuordnung des Zolltarifs und der einzelnen Zolltarifpositionen, ist wohl anzunehmen.

Wir sind deshalb geneigt, obwohl uns der Beitritt Deutschlands zu dem Washingtoner Abkommen nicht recht sympatisch war, obwohl wir grundsätzlich auf dem Standpunkt stehen, daß unsere Sympathien auf chinesischer Seite sein müssen und wir am besten fahren, wenn wir uns nach außen hin neutral geben, wegen unserer allgemeinen politischen Stellung den Schritt der Reichsregierung politisch für zweckmäßig zu halten, jedenfalls ohne vorherige Stellungnahme der deutschen Handelskammern draußen keinen Schritt dagegen zu unternehmen. Wir haben im Auswärtigen Amt ausdrücklich zum Ausdruck gebracht, daß der Beitritt Deutschlands zu dem Washingtoner Abkommen in keiner Weise und nach keiner Richtung hin eine Änderung unserer bisherigen Politik China gegenüber bedeuten darf, daß die deutsche Politik sich unter keinen Umständen ins Schlepptau der anderen Mächte nehmen lassen darf, die möglicherweise darauf ausgehen, uns in eine Einheitsfront gegen China einzubeziehen und daß endlich die Reichsregierung bei den Verhandlungen im Reichstag durch den Reichsaußenminister oder den Reichskanzler noch einmal ausdrücklich erklärt, daß der Beitritt Deutschlands zu dem Washingtoner Abkommen keine Änderung unserer Politik China gegenüber bedeutet, deren Grundlage die deutsch-chinesischen Abkommen von 1921 und 1924 seien und bleiben müssten und daß Deutschland den Kampf des chinesischen Volkes um seine nationale Selbständigkeit mit Sympathie verfolge.

---

135 Siehe Dok. 71.
136 Siehe die Einleitung zu Kap. 3 sowie auch Dok. 97 und 99.

Wir haben auch die Auffassung vertreten, daß wir es als selbstverständlich betrachten, daß der Beitritt Deutschlands zu dem Washingtoner Abkommen nur im vollen Einvernehmen mit der deutschen Gesandtschaft in Peking geschehen sei, da der Deutsche Gesandte in Peking die politische Auswirkung dieses Schrittes am besten beurteilen könne.

Bei dieser Gelegenheit dürfen wir auf die krankhafte Einstellung der hier in Deutschland lebenden Studenten hinweisen. Bei jeder Gelegenheit rücken die chinesischen Studenten der Chinesischen Gesandtschaft auf die Bude, werden hier gewalttätig, wenn man ihren Forderungen nicht nachgibt, so daß der chinesische Gesandte[137] in ihren Händen ein willenloses Werkzeug ist und er sich, um sich den Einwirkungen der chinesischen Studenten zu entziehen, sehr häufig außerhalb des Gesandtschaftsgeländes aufhält. Der chinesische Gesandte konnte neulich auch nur mühsam überredet werden, einem Vortrag über China von Herrn Strewe beizuwohnen, weil derselbe in der Kolonialgesellschaft veranstaltet wurde und er fürchtete, daß die Kolonialgesellschaft noch immer an die Rückerwerbung Qingdaos dächte. Ebenso erhoben chinesische Studenten gegen einen Anschlag am schwarzen Brett Einspruch, der einen Vortrag über das Schutzgebiet Kiautschou ankündigte, da es doch ein Schutzgebiet Kiautschou nicht mehr gäbe.[138] Wenn man auch dieser übertriebenen, fast krankhaften Einstellung der radikalen Studenten mit Rücksicht auf die Vorgänge in China in gewissem Umfange Rechnung tragen soll, so müssen wir doch die Auffassung vertreten, daß wir den chinesischen Studenten einen Einfluß auf die deutsche Politik China gegenüber nicht ohne weiteres einräumen können. In demselben Sinne ist auch die Eingabe der chinesischen Studenten an den Reichstag zu beurteilen, die von falschen Voraussetzungen ausgeht, weil in Deutschland niemand an einen Wechsel der deutschen Politik China gegenüber denkt, und diese Zugabe vermutlich bestellte Arbeit ist.

Immerhin ist damit zu rechnen, daß, wenn der Reichstag dem Beitritt zu dem Washingtoner Abkommen zustimmt, dieser Beitritt von Rußland oder radikalen Studenten zum Anlaß einer deutschlandfeindlichen Propaganda gemacht wird. Wir haben darum das Auswärtige Amt gebeten, die Vorlage betr. Deutschlands Beitritt zu dem Abkommen dem Reichstag so spät als möglich vorzulegen, damit erst alle unsere Handelskammern und Vereinigungen draußen über die wahre Bedeutung dieses Schrittes informiert werden können und sie in gemeinsamer Stellung- und Führungsnahme untereinander und mit der Gesandtschaft durch ihre chinesischen Freunde und durch Erklärungen an die chinesischen Handelskammern einer etwaigen gegen uns gerichteten Propaganda entgegentreten können.

Wir haben Ihnen darüber ausführlich berichtet, um Sie über die Auffassung hier zu orientieren. Wir wären Ihnen dankbar, wenn Sie die Entwicklung in dieser Richtung sorgfältig beobachten und uns über Ihre eigene Stellung zu diesen Fragen nötigenfalls telegraphisch berichten würden, damit wir in diesen wichtigen Fragen völlig konform gehen.

---

137 Wei Chenzu.

138 Siehe Dok. 54 und 55.

Freundschaftlichst
Ostasiatischer Verein
gez. M. W. Kochen
Stellv. Vorsitzender

gez. Dr. Mohr
Geschäftsführer

BArch, R9208/3065, Bl. 90-92.

53

Telegramm des Außenministers Gustav Stresemann an die Deutsche Botschaft in Moskau (19.02.1926)

zu IV Chi 303
Ang. 1

Nr. 108

Telegramm.

Auf [Telegramm] Nr. 171.[139]

Washington-Abkommen ist praktisch für China nützlich, da in ihm nur Grundsätze enthalten, die China Vorteil bringen. Die von Eurer Exzellenz[140] erwähnten Klauseln, die China binden, sind im Grunde genommen auch nur zum Schutze Chinas bestimmt, denn China hat in der Vergangenheit, dem politischen Druck verschiedener Mächte nachgebend, Vorzugsstellungen wirtschaftlicher Art für einzelne Mächte bewilligt, die ihm nachher selbst zum Schaden gereicht haben. Wenn es in dieser Beziehung in seiner Handlungsfreiheit beschränkt ist, so ist das ein Plus für China, das Handhabe hat, solche von ihm etwa in Zukunft erpreßte Verträge für unwirksam und mit dem Washington-Agreement nicht übereinstimmend zu erklären.

Ist China stark genug, solchen Zumutungen selbst zu widerstehen, so haben die Klauseln keine Bedeutung, denn China wird von selber kaum den Wunsch haben, Privilegien, Vorzugsrechte, Monopolstellungen an bestimmte Mächte zu geben oder auf seinen Eisenbahnen Angehörige oder Waren bestimmter Länder zu begünstigen. Solche Bevorzugungen waren bei der Tatsache, daß gewisse Eisenbahnen in China ausländischen Mächten gehören, vgl. südmandschurische und ostchinesische, immer gegen Chinas Interessen selbst gerichtet.

---

139 Telegramm vom 13.02.1926, in dem der deutsche Gesandte in Moskau, Brockdorff-Rantzau, unterstreicht, daß das Washingtoner Abkommen eine „Beschränkung der Bewegungsfreiheit Chinas auf wirtschaftlichem Gebiet“ darstelle und die chinesische Regierung sich seinerzeit nur unter starkem politischem Druck zur Unterzeichnung entschlossen habe. Gleichwohl sei Amerikas Regierung nach Art. VIII des Washingtoner Abkommens berechtigt, die Einladung auszusprechen, sie „bedurfte keiner erneuten Genehmigung durch die Chinesische Regierung, involviert daher auch nicht, daß China im gegenwärtigen Augenblick mit unseren Schritten einverstanden ist“ (ADAP, B, Bd. 3, Nr. 61, 115-116).

140 Brockdorff-Rantzau.

Historisch-politisch ist Washington Vertrag als gelungener Versuch namentlich Amerikas zu betrachten, Japan aus seiner präponderierenden Stellung zu verdrängen, die es sich während des Krieges in China erworben hat. Insofern haben Amerika und China vollen Erfolg gehabt und die Vereinigten Staaten betrachten Washington-Agreement als die magna charta der chinesischen Freiheit.

Die Chinesen selbst haben natürlich während der Verhandlungen erklärt, daß ihnen das in Washington Erreichte nicht genug sei, wie dies die Orientalen tun. China hat aber in seinen 10 Forderungen, deren erste beide Punkte ich offen telegraphiere, die Grundzüge der Artikel 1-4 selbst in Washington als seine Wünsche bezeichnet. Die chinesische Kritik richtete sich dagegen, daß alle die anderen chinesischen Wünsche und Forderungen über Verdrängung der fremden Mächte und ihrer Privilegien durch das Abkommen nicht erfüllt würden und gegen den Gesamtkomplex der Washingtoner Verträge, nicht aber gegen das offene Tür Abkommen. In Japan ist das Abkommen als politische Niederlage der japanischen Regierung und als Erfolg für Amerika und China aufgefasst worden.

Es ist richtig, daß unser Beitritt jetzt nachträglich durch die russische und chinesische Agitation eine über das formale hinausgehende Bedeutung erlangt hat. Hier in Berlin wird die Agitation durch die Rote Fahne, die kommunistischen chinesischen Studenten und in Peking durch den ganz radikal und demagogisch eingestellten Außenminister betrieben.

Diese Agitation ist zum Teil, wie auch Herr Boyé vermutet, auf russische kommunistische Intrigen zurückzuführen, zum Teil aber wohl auch durch den übertriebenen Nationalismus zu erklären, der sich mancher Chinesen jetzt bemächtigt hat.

An Bindungen haben wir nur übernommen, nicht selbst politische und wirtschaftliche Vorzugsstellungen in China zu erstreben. Das steht mit unserer bisherigen Haltung im Einklang. Da China selbst unter den Zeichnern des Abkommens, können wir jederzeit wenn wir nach Art. VII zur Äußerung aufgefordert werden, chinesischen Standpunkt unterstützen.

Was Art. VIII anlangt, so erinnert sich amerikanischer Gesandter in Peking,[141] daß China seinerzeit Liste vorgelegt worden ist, auf der Eintritt anderer Staaten, darunter auch Deutschlands, vorgesehen und das China dieser Liste zugestimmt hat.

Stresemann

ADAP, B, Bd. 3, Nr. 72, S. 131-132 (PAA, R85291).

141 MacMurray.

54

Artikel aus der *Deutschen Allgemeinen Zeitung*, Berlin (01.03.1926)

Ein Sturm im Wasserglas[142]

Aus Peking wird uns gemeldet, daß die chinesische Nachrichtenagentur *Guowen* einen Protest der Chinesen in Deutschland an die Pekinger Regierung in der Presse weiterverbreitet, der angeblich kürzlich von Berlin aus telegraphisch der chinesischen Zentralregierung übermittelt worden ist. In diesem Protest wird behauptet, daß der frühere Gouverneur des Kiautschougebiets in einer Rede im akademischen Kolonialverein der Universität Berlin das frühere Pachtgebiet als deutsches „Schutzgebiet" dargestellt und Flugblätter angeregt habe, die die Rückgabe des Schutzgebietes verlangen. Um die Unterstützung der Großmächte zu erlangen, wäre der Beitritt zum Washingtoner Abkommen propagiert worden.[143]

Tatsächlich hat der frühere Gouverneur Meyer-Waldeck im akademischen Kolonialverein in Berlin einen Vortrag über das „Schutzgebiet Kiautschou" gehalten, gegen den auch nach Aussage chinesischer Zuhörer vom Standpunkt eines Chinesen nicht das Geringste einzuwenden war. Der Redner hat sogar ausdrücklich betont, daß Deutschland nicht an den Rückerwerb des früheren Pachtgebietes denke, sondern nur darauf bedacht sei, die gemeinsamen deutsch-chinesischen Interessen durch eine friedliche Politik weiter auszubauen.[144] Tatsächlich sind auch Flugblätter verteilt worden, wie dies immer bei den Veranstaltungen dieses Vereins üblich ist, die den Rückerwerb der deutschen Kolonien propagieren, ohne das auch nur mit einem Wort in diesen Schriften auf das Pachtgebiet Kiautschou Bezug genommen wurde. Der Beitritt Deutschlands zum Washingtoner Abkommen ist unseres Wissens überhaupt nicht erwähnt worden. Der Gedanke aber, daß Deutschland mit der Hilfe der Großmächte Kiautschou wieder erobern wolle, ist so absurd, daß man den Urheber dieser phantastischen Idee wegen Unkenntnis der tatsächlichen Verhältnisse und mangels jedes politischen Gefühls nicht ernst nehmen kann. Übrigens sind zu der Veranstaltung des akademischen Kolonialvereins Chinesen als Gäste zugelassen worden, was wohl nicht geschehen wäre, wenn die Absicht bestand, die Rückeroberung chinesischen Gebietes zu propagieren.

Wir können daher bei aller freundschaftlichen Gesinnung zu China und den Chinesen, der wir bei jeder Gelegenheit in unserem Blatte Ausdruck gegeben haben, den Standpunkt uns nicht zu eigen machen, den die chinesischen Kolonie in Berlin der Veranstaltung des akademischen Kolonialvereins gegenüber glaubt einnehmen zu müssen.

---

142 Bezieht sich auf eine Veranstaltung des Akademischen Kolonialvereins in Berlin vom 11. Februar 1926. Siehe Dok. 55.

143 Telegramm „sämtlicher in Deutschland wohnhaften Chinesen" an die chinesische Regierung, weitergeleitet von der Nachrichtenagentur *Guowen* am 24.02.1926. Inhaltlich abgedruckt am folgenden Tag in der *Shehui ribao* (Peking), der *Shangbao* und der *Minguo ribao* (Shanghai) unter der Überschrift „Deutschland denkt wieder an Qingdao". Am 26. Februar erschien der Leitartikel „Die Deutschen vergessen Jiaozhou nicht!" in der *Da Zhonghua shangbao*, Tianjin (BArch, R9208/2145, Bl. 92, 100, 108).

144 Vgl. Dokument Nr. 55. Der Sinologe O. Franke stimmte dieser Einschätzung zu. Siehe FN 149.

Wir müssen es aber aufs tiefste bedauern, daß anscheinend auf Grund des Protestes in Deutschland weilender Chinesen an die chinesische Regierung eine vollständig falsche und verhetzende Darstellung des Vorfalles durch die Guowen-Agentur in der chinesischen Presse verbreitet wird. In der Überzeugung, daß der Protest der hiesigen chinesischen Kolonie weder dem Wortlaut noch dem Sinne nach richtig von der chinesischen Nachrichtenagentur wiedergegeben ist, erwarten wir von der Loyalität der in Deutschland stets als gern gesehene Gäste lebenden Chinesen, daß sie in erster Linie die chinesische Falschmeldung richtig stellen und den Tatbestand ohne phantasievolle politische Spekulationen ihren Landsleuten in der Heimat übermitteln.

Schließlich ist die Freundschaft zweier großer Nationen kein plumper Fußball, den man sich gegenseitig mit Fußtritten an den Kopf wirft, sondern eine zarte Pflanze, die man in unserer übernervösen Zeit nicht pfleglich genug behandeln kann. Die pflegliche Behandlung ist aber vor allem Sache der Chinesen in Deutschland und umgekehrt der Deutschen in China. Sie können in erster Linie die Verhältnisse und Stimmungen des Volkes, in dessen Land sie leben, beurteilen und beeinflussen, und darum sind sie gerade das wichtigste Bindeglied zwischen den beiden Nationen.

Diese Stellung bringt aber eine schwere Verantwortung mit sich und sollte den real politisch Denkenden von jeder unbedachtsamen oder leichtsinnigen Anfachung politischer Diskussionen, deren Weiterentwicklung sich seinem Einfluß entziehen kann, abhalten. Jeder Chinese, der Ohren hat zu hören, und Augen zu sehen, kann sich bei gutem Willen in Deutschland leicht davon überzeugen, daß in allen Kreisen der Politik, der Presse und der Wirtschaft Gefühle der Freundschaft für China und das Bestreben nach friedlicher Zusammenarbeit vorherrschend sind. Diese Stellungnahme der maßgebenden Kreise Deutschlands ist aber allein ausschlaggebend für das Verhältnis zu China. Dabei ist es völlig belanglos, ob in irgendeiner privaten Vereinigung in einem historischen Vortrag der frühere Pachtgebiet Kiautschou Schutzgebiet genannt worden ist und nach einem Chinavortrag koloniale Propagandazettel verteilt werden. Ist aber letzten Endes dieser Vortrag und damit die ganze Veranstaltung nichts anderes gewesen als ein Bekenntnis zur Aufrechterhaltung freundschaftlicher Beziehungen zu China, so ist es schwer, über die ganze Affäre keine Satire zu schreiben.

Es heißt denn doch, eine feminine Überempfindlichkeit zeigen, wenn Vertreter eines Vierhundertmillionenvolkes die territoriale Integrität ihres Landes in Gefahr sehen, weil die Veranstaltung einer privaten Vereinigung in einem fremden Land formell nicht nach ihrem Geschmack ist.

Es entspricht nicht der Bedeutung des gewaltigen Kampfes, den das chinesische Volk, begleitet von der Sympathie der Deutschen, um seine Rechte und innere Freiheit führt, daß Chinesen im Ausland eine an und für sich bedeutungslose und dabei noch falsch verstandene Veranstaltung einer privaten Vereinigung durch einen Protest an die chinesische Zentralregierung zu einer Staatsaktion aufbauschen. Das Kabinett in Peking hat unserer Meinung nach schwerere Sorgen und steht vor der Lösung wichtigerer Probleme, als daß es sich um solche Trivialitäten bekümmern könnte.

In Zeiten politischer Hochspannung ist es nicht gut, mit Kanonen nach Spatzen zu schießen. Es entsteht Unruhe in den Beziehungen zweier Völker und möglicherweise zu gefährlichen Konsequenzen, selbst ohne daß lebenswichtige Interessen eines der beiden Völker auf dem Spiel standen. Das Verhältnis Chinas zu Deutschland ist auf Grund gegenseitiger Gleichberechtigung vertraglich festgelegt, gemeinsame Interessen auf wirtschaftlichem und kulturellem Gebiet verbinden beide Völker. Politische Streitfragen von nennenswerter Bedeutung stehen nicht zwischen den Ländern. Für jeden, der es ehrlich mit der Freundschaft der beiden Nationen meint, dürfte es nicht schwer sein, den richtigen Weg zu finden, um die guten Beziehungen immer mehr zu festigen. In dieser Beziehung rechnen wir nach wie vor auf die tatkräftige Mitwirkung unserer chinesischen Freunde in Deutschland.

Deutsche Allgemeine Zeitung, Nr. 100, 01.03.1926 (PAA, R85451).

55

Artikel der Studenten Yang Nengshen und Hou Jun aus der *Shehui ribao*, Peking (07.-09.03.1926)

Der krankhafte Ehrgeiz der Deutschen, erneut Kiautschou erobern zu wollen[145]

Wir sind schon drei Jahre lang als Studenten in Deutschland, haben mit den Deutschen immer sympatisiert, da sie unter den selben Übeln zu leiden haben wie wir, haben gegenseitig uns mit den Deutschen geholfen, um die Übergriffe der Großmächte zu verhindern und die Staatshoheit und die Selbständigkeit der Völker zu sichern. In dieser Zeit hat Deutschland nach außen hin unter dem Druck der Großmächte gelitten, nach Innen die großen Währungsnöte durchgemacht; das Volke hatte nichts, wovon zu leben, und der Staat war dem Untergang nahe. Wir Chinesen haben uns den Deutschen gegenüber wie ein großes Volk betragen, indem wir alle alte Feindschaft vergaßen; reinen Herzens sind wir den Deutschen entgegengekommen und haben geglaubt, daß die Freundschaft unserer beiden Völker immer fester und enger in Zukunft werde.

Aber diese stolze germanische Rasse kennt kein Gefühl der Dankbarkeit. Sie ahmt immer wieder ihren westlichen Nachbarn, Amerika, nach und wendet dieselbe gleissnerische Politik an. Unter dem schönen Deckmantel der Freundschaft und Annäherung führt man

---

145 Der Artikel wurde am 17.02.1926 in Berlin verfaßt und erschien in drei Teilen vom 7. bis 09. März unter dem o.g. Titel „Deren zhunbei zai zhan Jiaozhou zhi yexin“ in der *Shehui ribao* (Übersetzung als Anlage zum Peking-Bericht, Boyé, vom 09.03.1926, Nr. 755). In ihm beschreiben die Studenten ihren Protest und die Eindrücke auf der Veranstaltung des Akademischen Kolonialvereins der Berliner Universität vom 11. Februar. In China waren bereits diverse Beiträge erschienen, in Deutschland sahen sich das AA Berlin und die Presse zu Stellungnahmen gezwungen (Dok. 54). Der Fall zeigt, daß die in Deutschland vorhandene Stimmung zum Rückerwerb der Kolonien von chinesischer Seite sensibel beobachtet wurde und Deutschland es sich nicht erlauben konnte, diese Proteste zu ignorieren. Zum kolonialen Revisionismus dieser Jahre siehe Schmokel 1964 und Strandmann 1986:90-119.

eine wirtschaftliche und kulturelle Invasion durch. Jetzt gehen sie noch weiter und wollen das Kiautschou-Gebiet zurückerwerben. Wer könnte so etwas unternehmen als die gewissenlosen (wie die Hunde oder Schweine) verrückten Deutschen. Wir müssen feststellen: wer nicht von unserer Rasse ist, dessen Herz ist auch notwendig anders geartet. Wir hoffen, daß unsere Landsleute sich dies immer wiederholen und sich nicht noch einmal täuschen lassen, indem man sagt, deutschfreundlich sei gut, aber amerika- und japanfreundlich sei schlecht; aber man sage auch nicht: pro-russisch sei gut, während pro-deutsch, pro-amerikanisch oder pro-japanisch schlecht sei. Unaufhörlich an die eigene Stärkung denken, das ist der richtige Weg.

Die deutsche auswärtige Politik ist seit der Locarno-Konferenz stark verändert, wie jedermann weiß. Neuerdings sieht man in allen deutschen Zeitungen Äußerungen wie die folgende: „Wenn wir dem Völkerbunde beitreten, müssen wir unsere früheren Kolonien zurückerwerben", es sind daher viele Vereinigungen für die Erörterung der Kolonialfragen (über 100) gegründet worden. Die von diesen Vereinigungen herausgegebenen Drucksachen sind zahllos. Die Studenten der Berliner Universität haben auch eine „Kolonialgesellschaft der Berliner Universität" gegründet, bei deren ersten Vortragsabend „Afrika" das Thema bildete. Man nannte den Abend „Afrika-Abend". Man engagierte einen Deutschen für einen Lichtbildervortrag. Denn unglücklicherweise haben die Deutschen vergessen, daß sie vor dem Kriege Kolonien hatten, und unglücklicherweise denken sie nicht daran, jetzt Mittel und Wege zur Rückerwerbung der Kolonien zu suchen! Damit die Deutschen ihre Kolonien nicht vergessen, hat man Drucksachen herausgegeben, welche die Rückerwerbung der Kolonien fordern, darin findet man u.a. folgende Sätze: 1. Wir müssen die Kolonien zurückerwerben. 2. Wir brauchen Kolonien. 3. Wir hatten und müssen Kolonien haben. 4. Es entspricht der Vernunft, wenn wir unsere ehemaligen Kolonien zurückerwerben. – Was nun die Mittel zur Rückerwerbung der Kolonien betrifft, so heißt es: „Wir müssen überall Propaganda treiben, damit unsere Landsleute die Wichtigkeit der Kolonien erkennen." „Wir müssen zahlreiche Vorträge halten und Lichtbilder von den schönsten Landschaften, Gebäuden und Produkten unseren Landsleuten zeigen, damit sie Interesse für die Kolonien bekommen." „Wir müssen immer wieder die Regierung antreiben, ihr ganzes Interesse der Kolonialfrage zuzuwenden."

Liebe Landsleute! Haben wir nicht schon früher erfahren müssen, welche Gefahren aus derartigen Reden in unserem Umkreise entspringen? Strengt Euch an, daß Ihr stark werdet! Keinesfalls dürft Ihr Euch auf irgendeinen anderen Staat verlassen! Seht, wie das Nachkriegsdeutschland schon wieder daran denkt, zu kommen und China zu unterdrücken! Das Weitere kann man sich schon denken! Landsleute erwacht! Schlaft nicht mehr! Wir können erkennen wie groß der Ehrgeiz der Deutschen ist. Er ist nicht geringer als er in kaiserlichen Zeiten war. Aber am meisten muß man sich über etwas anderes wundern. Bei dem Afrika-Abend war außer einem Lichtbildervortrag eines Deutschen auch ein afrikanischer Neger engagiert worden, der eine Rede hielt und die Deutschen pries. Er sagte ungefähr: „Die Deutschen haben uns sehr gut behandelt. Wir sind ihnen noch heute dankbar. Wir hoffen, daß die Deutschen wieder nach Afrika kommen, um uns zu regieren und uns zu retten."

Ach! Wie es solche die Zeiten nicht verstehende Deutsche gibt, so gibt es auch solche schamlosen afrikanischen Sklaven, die keinen nationalen Stolz kennen. Wir waren bei dem Vortrag sehr betrübt, und dieses Gefühl hat uns noch nicht verlassen. Aber diese deutsche Schamlosigkeit wir auch uns zugeführt. Ich will alles unseren Landsleuten genau berichten und bitte, dies nicht oberflächlich zu lesen, damit sich die Massen schnell erheben, einstimmig protestieren und in Zukunft aufpassen. Wenn wir auch weit entfernt im Auslande leben, so müssen wir doch unser Vaterland lieben und allerlei gerechte Propaganda treiben, auch protestieren. Wenn auch die deutsche Polizei streng ist, kann sie uns doch nicht abschrecken.

Nach dem Afrika-Abend der Kolonialgesellschaft der Universität vergingen kaum zwei Tage, da veranstaltete man einen zweiten Vortragsabend: einen „China-Abend". Man behandelte also China gleich wie Afrika. In allen höheren Schulen Berlins verbreitete man Flugblätter und klebte überall große gelbe Plakate an, in denen man die Schüler aller Schulen bat, zum Vortrage zu erscheinen. Auf dem Plakat war der Vortrag des ehemaligen Gouverneurs von Kiautschou[146] angekündigt: „Das deutsche Schutzgebiet Kiautschou vor, während und nach dem Kriege", mit Lichtbildern. Danach sollte ein vaterlandsloser Geselle, der Chinese Zeng Chuiqi, einen Vortrag halten über chinesische Literatur. Auf einem Flugblatt, das zur Teilnahme an dem Abend aufforderte, heißt es: „Kommilitonen! Kommt alle! Es soll bekundet werden unser Mitgefühl für unsere im großen Kriege gefallenen Helden. Es soll bekundet werden, daß die große Frage der deutschen Kolonien unsere Angelegenheit ist."

Leser! Was für Gefühle habt Ihr bei der Lektüre dieser Worte? Gibt es auf dieser Welt noch etwas, dem man trauen kann? Strengt Euch an, werdet stark! Wenn eine Kolonialgesellschaft einen „China-Abend" veranstaltet, spürt man das Unrecht. Und man kann erkennen, als was die Deutschen unsere chinesische Rasse behandeln. Würde Deutschland in jener Kolonialgesellschaft auch einen Amerika-Abend, einen England- oder Japan-Abend veranstalten? Bei dem China-Abend nun wird über Kiautschou gesprochen; dies ist auch schamlos. Wenn es dies wirklich gäbe, so wäre es ein respektloser Akt uns gegenüber. Aber Kiautschou war, wie alle wissen, ein Pachtgebiet. Doch die Deutschen lassen die Tatsachen außer acht und nennen es Schutzgebiet. Und warum wird Kiautschou, das nach dem Kriege längst wieder zu chinesischem Gebiet geworden ist, in dem Vortragsthema aufgeführt als „das deutsche Schutzgebiet Kiautschou nach dem Kriege"? Hatte Deutschland denn nach dem Kriege noch ein Schutzgebiet? Die Deutschen sind doch arg heruntergekommen, daß sie dies nicht wissen. Vor dem Kriege hatten die Deutschen auch nur die Bucht von Kiautschou, Qingdao, gepachtet, und nicht ganz Kiautschou. Dies ist doch ganz klar.

Als diese Angelegenheit bekannt wurde, begab sich die „Vereinigung der Chinesen in Deutschland" zur Gesandtschaft, um sich mit ihr ins Benehmen zu setzen, und bat den Gesandten, einen Protest einzureichen: Deutschland solle im Interesse der deutsch-chinesischen Freundschaft jenen Abend verbieten. Wenn nicht, so sollte man eine deutliche

---

146 Meyer-Waldeck.

Erklärung abgeben. An den gewissen Zeng wurde ein Brief geschrieben, er solle sich nicht von den Deutschen benutzen lassen. Denn jener Chinese war nur deshalb zum Vortrag aufgefordert worden, um mehr Zuhörer für den Abend zu bekommen. Nachdem diese zwei Angelegenheiten erledigt waren, wurden zwei deutsche Flugblätter verfaßt, eines im Namen der Studentenvereinigung und eines im Namen aller chinesischen Studenten Berlins. Denn es genügte nicht ein einziges Flugblatt, und je mehr Namen, um so besser, um die Aufmerksamkeit der Deutschen auf sich zu lenken. Von jedem wurden 1500 Stück gedruckt zur Verteilung an jenem Tage. Dies waren unsere Vorbereitungen.

An jenem Tage nun (11. Februar, Donnerstag) entsandte die Studentenvereinigung vier Mann zur Universität, um die Flugblätter zu verteilen. Auch die Schreiber dieses [Flugblatts] begaben sich hin. [Yang] Nengshen und Lu Jun teilten am Hintereingang die Blätter aus. Als wir noch nicht lange Blätter verteilt hatten, mischte sich der Pedell ein und sagte, es sei in der Universität nicht erlaubt, Flugblätter zu verteilen. Daher verteilten wir die Blätter nun außerhalb der Türe auf dem Trottoir. Aber es waren noch keine zwei Minuten verstrichen, da kamen stolz und tüchtig drei „Kuei-tze"-Polizisten,[147] taten ihren Mund auf und fragten: „Wißt Ihr, daß es in Berlin auch Polizei gibt?" Darauf jene: „Ich sage Euch, Ihr dürft diese Flugblätter nicht verteilen!" Ich antwortete: „Ich will sie aber verteilen. Wenn ich sie nicht verteilen soll, dann müßt Ihr den Abend verbieten, oder in der Zeitung erklären, was ich Böses getan habe." Die verhaßten Schutzleute sagten darauf: „Wollt Ihr die Blätter wirklich verteilen? Dann müßt Ihr mit aufs Revier." Ich sagte: „Bitte schön, ich bin bereit." Deutsche Studenten, die dabei standen, wurden unmutig und wollten uns befreien. Sie baten die Polizisten, sich zu entfernen. Wir teilten dann unsere Flugblätter an der anderen Türe aus und gingen dann. Die Flugblattverteiler am Haupteingange sagten auch, daß sie von der Polizei gestört worden seien. Ein Lehrer habe auch zu Hou Jun gesagt: „Ihr wollt gegen Deutschland opponieren? Warum seid Ihr nach Deutschland gekommen? Warum geht Ihr nicht nach Frankreich?" und ähnliches. Es war zum Verzweifeln und lächerlich zugleich. Ein deutscher Student fragte Hou Jun: „Ihr seid ja schlimm, warum geht Ihr nicht und protestiert gegen England?" Hou Jun antwortete: „Wir haben schon seit langem alle Beziehungen zu England abgebrochen. Wißt Ihr das noch nicht? Schämt Ihr Euch nicht? Ihr wollt Studenten sein?" Der Student entschuldigte sich und zog ab wie ein begossener Pudel. Dies waren die Vorgänge bei der Verteilung der Flugblätter an jenem Abend. Außerdem wurden noch Flugblätter verteilt von der Zeigstelle der Guomindang in Deutschland und von der Studentenvereinigung. Die Gesamtmenge der Flugblätter mag 6000 betragen haben. Die Flugblätter der Studentenvereinigung waren die folgenden:

1. Flugblatt, verfaßt von Yang Jiceng[148]
2. Flugblatt, verfaßt von Li Xixiang

---

147 „guizi" = Teufel, abwertende Bezeichnung für Ausländer.

148 Yang Jiceng hatte die Deutsche Mittelschule in Qingdao besucht und 1914 an die Tongji-Universität nach Shanghai gewechselt, wo er 1920 seinen Abschluß machte. Anschließend immatrikulierte er sich an der TH Darmstadt im Fach Maschinenbau, 1926 schloß er sein Studium in dieser Fachrichtung an der TH Berlin ab (Harnisch 1999:367-368).

Jener Abend war für die Deutschen wohl sehr interessant. Da sie sahen, daß wir so viele Flugblätter verteilt hatten, um unseren Protest auszudrücken, hätten sie auf jenem Abend erklären können, daß sie nicht daran dächten, Kiautschou wieder zu erwerben.

Aber wir müssen wissen, daß die Verhandlungen zwischen zwei Staaten nicht mit ein paar Worten abgemacht werden können. Da [nun] einmal jene Geistesverfassung an den Tag gelegt worden ist, so sind wir in unserer geringen Zahl zu schwach zum Widerstande. An jenem Abend wurde immer wiederholt: „Unser Kiautschou“, „Unser Schutzgebiet“, und jener ehemalige Gouverneur [Meyer-Waldeck] erklärte schließlich in seiner Rede, man nehme Kiautschou nicht wieder, aber er sagte nicht, man wolle Kiautschou nicht wiedererwerben.[149] Das beruht darauf, daß in China die Volksstimmung jetzt so stark geworden ist und unsere alltägliche Agitation für die Aufhebung der Pachtgebiete nicht ruht; wie sollten die da Kiautschou zurückerwerben sollen? Landsleute! Wenn die Deutschen nicht daran denken, Kiautschou zurückzuerwerben, warum blasen sie mit solchem Lärm ins Horn und reden in Flugblättern von der Wiedererwerbung der Schutzgebiete? Warum sagen sie auf jenem Abend: „Wenn wir Kiautschou hätten, könnten wir zahlreiche Rohstoffe billig einkaufen“? Wir sollten daher jetzt mit Energie gegen die Deutschen arbeiten, damit sie in diesem Augenblick, wo sich de Ehrgeiz wieder erhebt, einen Schlag erleiden, so daß sie in Zukunft nicht nochmals China unterdrücken können.

Am Tage nach dem „China-Abend“ versammelten wir uns in der Gesandtschaft und eröffneten eine Vereinigung der in Deutschland weilenden Chinesen. Ohne Verabredung kamen fast 100 Herren zusammen. Es wurde beschlossen, fünf Herren zu wählen als Komitee für das Ausland, darunter [Yang] Nengshen. Dieses Komitee soll die Aufgabe haben, alle Untersuchungen und Propaganda gegenüber den Deutschen zu veranstalten und die Gesandtschaft zu veranlassen, ein Protestschreiben schnell einzureichen. Ferner wurde ein Komitee von fünf Herren gewählt, das Nachrichten nach China schicken soll. Es soll Telegramm und Korrespondenzen an die Chinesen in der Heimat schicken. Das erstere Komitee besuchte an dem gleichen Tage den chinesischen Gesandten und bat ihn, gegenüber dem deutschen Auswärtigen Amt zu protestieren und an das Auswärtige Amt in Peking zu telegrafieren mit der Bitte, mit dem deutschen Gesandten zu verhandeln. Der Gesandte erwiderte aber: „Ich denke, diese Angelegenheit darf man nicht aufbauschen. Auch braucht man kein Telegramm zu schicken. Soll aber ein Telegramm gesandt werden, so hat die Gesandt-

149 Otto Franke, Professor am Sinologischen Seminar der Universität Berlin, wurde in dieser Frage am Abend vor der Veranstaltung von chinesischen Studenten angesprochen. Auf Drängen der Studenten wendete er sich vor dem Vortrag an Meyer-Waldeck und „bat ihn, er möge von sich aus in seinem Vortrage erklären, daß an eine Wiedergewinnung Kiautschous natürlich nicht gedacht werden könne“. Nach Aussage von Franke sagte Meyer-Waldeck dies sofort zu und habe dieses am Ende des Vortrags „mit klarsten und eindringlichsten Worten erklärt“. Franke selbst urteilt, Meyer-Waldeck habe in dem „ganzen Vortrage nicht eine einzige Wendung gebraucht, an der die Chinesen irgendwie hätten Anstoß nehmen können“. Am Ende heißt es: „Wenn sich die Chinesen trotz alledem durch den Vortrag in ihren vaterländischen Gedanken gekränkt glauben, so ist das nur durch gänzlich unzulängliche Kenntnis der Sprache oder aber durch Unverstand und bösen Willen zu erklären“. In: Franke an Bethke, 02.03.1926 (PAA, R85451).

schaft kein Geld dafür." Wir erwiderten: „Wir zahlen für die Gesandtschaft." Darauf erklärte sich die Gesandtschaft einverstanden. Ach! Die chinesischen Beamten müssen bei einer so wichtigen Angelegenheit erst von den Studenten wiederholt gebeten werden, ehe sie gegenüber dem deutschen Auswärtigen Amt protestieren. Wenn ausserdem ein Gesandter sagt, das an die Regierung zu sendende Telegramm könne er nicht bezahlen, und die Erstattung der Kosten von den armen Studenten verlangt, so ist das sehr unrühmlich.

Doch erreichten wir, daß protestiert wurde.[150] Wir aber machten uns an die Arbeit und schrieben Korrespondenzen an die Presse, um die Angelegenheit aufzuklären, wie falsch die Deutschen verfahren. Man darf die deutsch-chinesischen Beziehungen nicht oberflächlich nehmen, sonst kommt es wieder zu ähnlichen Vorfällen. Das Komitee für China sandte an jenem Tage bereits ein Telegramm und hofft, daß die Zeitungen es seinerzeit abgedruckt haben, um Stimmung zu machen. Wir hier in Deutschland schwören, daß wir uns revanchieren werden gegenüber den Deutschen, sodaß nicht noch einmal derartige Gedanken aufkommen und sich verbreiten können.[151]

Berlin, den 17. Februar 1926.

PAA, R85451 (auch: BArch, R9208/2145, Bl. 72-79).

56

Telegramm des Gesandten in Peking, Adolf Boyé, an das AA Berlin (31.07.1926)

[Telegramm] Nr. 85 vom 31. Juli.
Im Anschluß an Telegramm Nr. 55 (vom 24. Mai).

---

150 Auf den Protest der chinesischen Gesandtschaft reagierte das AA am 2. März (BArch, R9208/2145, Bl. 52-55), d.h. am Tag nachdem der Artikel in der *Deutschen Allgemeinen Zeitung* (Dok. 54) erschienen war. In einer weiteren Verbalnote der chinesischen Gesandtschaft (04.03.) wurde das AA kritisiert, einzelne Fragen nur auf ihre Rechtlichkeit hin beleuchtet zu haben und die Zusammenhänge zu ignorieren. Die Gesandtschaft habe nichts gegen derartige Veranstaltungen einzuwenden, lediglich gegen das Zusammentreffen der Umstände werde Einspruch erhoben: „Veranstaltung eines China Abends durch eine Kolonialgesellschaft, Vortrag über das „Schutz"gebiet Kiautschou und Verteilen von Flugblättern für den Rückerwerb von Kolonien durch Deutschland". Die Gesandtschaft schützte die Studenten und bemerkte, daß es sich „nicht um ein Mißverständnis bei einzelnen chinesischen Staatsangehörigen handelt, das seitens der Gesandtschaft, wie das Auswärtige Amt sagt, hätte beseitigt werden können, sondern um eine objektiv das chinesische Empfinden verletzende Handlung". Sie beharrte darauf, „daß die Betreffenden in der Presse öffentlich erklären, daß ihnen irgendwelche verletzende Absichten durchaus ferngelegen haben" (PAA, R85451 u. BArch, R9208/2145, Bl. 34-36).

151 Am 14. Juni berichtete Legationsrat Bethke nach Peking, das Yang Nengshen (Nelson Yang) vom AA vorgeladen wurde und sich entschuldigt habe (PAA, R85451). Die Diskussion um Deutschlands Bestrebungen zum Rückerwerb der Kolonien war jedoch nicht beendet. Noch im April 1927 war das Thema Gegenstand der chinesischen Presse in Kanton und Hongkong (BArch, R9208/2145, Bl. 1-13).

Geheim.

Außenministerium ist bereit, im Falle dortigen Einverständnisses folgende Instruktion an chinesische Delegierte beim Völkerbund zu drahten:

Instructions for the Delegates at the League of Nations.
„As the result of the exchange of views between the Ministry and the German Minister in Peking it was mutually agreed that the Chinese and German delegates to the League of Nations should hereafter assist and co-operate with each other at the League in all matters not prejudical to the interests of their respective countries. The German delegates to the League are being instructed by their Government in the same sense. You will therefore put yourself in touch with them confidentially and telegraph report."
Waijiaobu

Im Hinblick auf Vergangenheit halte ich jede, wenn auch lockere Festlegung Chinas auf unserer Seite im Völkerbund für nützlich. Erbitte Ermächtigung unser Einverständnis zu erklären.[152]
Boyé

BArch, R9208/2300, Bl. 207-209.

57

Schreiben des Vortragenden Legationsrats Oskar Trautmann, AA Berlin, an die Marineleitung des Reichswehrministeriums (10.12.1926)

IV Chi 2410 und 2424.

Bei dem deutschen Konsulat in Mukden sprach Anfang November der Kaufmann Hans Otto Ehrich aus Berlin vor, der dem Konsulat durch Herrn Korvettenkapitän Reimer unter Beziehung auf Unterredungen des Herrn Admirals Behnke mit Mukdener Militärs dem Konsulat angemeldet worden war.

Herr Ehrich gab an, daß er zur Marineverwaltung in einem gewissen Vertrauensverhältnis stehe und von dieser gebeten worden sei, in Mukden zu sondieren, wie es mit der Anstellung eines marinetechnischen Ratgebers stände. Von der Marineverwaltung sei dieser Weg privater Erkundigungen gewählt worden, weil sich wohl das Konsulat mit der Sache nicht befassen könne. Der Konsul in Mukden hat Herrn Ehrich aus politischen Gründen

---

152 Staatssekretär Schubert erklärte in einem Telegramm an Boyé (05.08.1926) sein Einverständnis (BArch, R9208/2300, Bl. 205).

empfohlen, die Frage des Ratgebers zunächst auf sich beruhen zu lassen.

Unter den gegenwärtigen Umständen ist es unerwünscht, daß Reichsangehörige als Ratgeber oder in anderer Eigenschaft in den Militärdienst des Marschalls Zhang Zuolin oder einer anderen der in China kämpfenden Parteien tritt. Abgesehen von den Schwierigkeiten, die aus den Bestimmungen des Versailler Vertrags erwachsen, würde die Anstellung eines ehemaligen deutschen Offiziers durch die Mukden-Partei bei der heutigen Verworrenheit in China uns keinen praktischen Nutzen wohl aber eine Reihe von Anfeindungen und Intrigen eintragen, wobei nur auf die besondere Stellung Japans in der Mandschurei hingewiesen zu werden braucht. Es kommt mit hinzu, daß jede wenn auch indirekte Unterstützung eines militärischen Machthabers notwendig das Mißtrauen und die Feindschaft seiner Gegner auf uns lenkt.

Die Mitwirkung amtlicher Stellen des Auswärtigen Amtes bei Vertragsschlüssen zwischen Deutschen und einer der in China kämpfenden Parteien, die auf militärische Betätigung von Deutschen abzielen, unterbleibt stets, wenn nicht überhaupt der Vertragsabschluß verhindert werden kann.

Im Auftrage

gez. Trautmann

BArch, R9208/2241, Bl. 79.

58

Telegramm des Außenministers Gustav Stresemann an den deutschen Botschafter in Paris, Leopold von Hoesch (01.10.1927)

Nr. 1150

Nur für Botschafter persönlich.

Chinesischer Gesandter in Lissabon Wang Tingchang, der China auf der letzten Völkerbundstagung vertrat, hinwies in verschiedenen vertraulichen Besprechungen mit mir auf finanzielle Schwierigkeiten der chinesischen Auslandsvertreter infolge unzureichender Dotierung des chinesischen Außendienstes. Er teilte mir hinsichtlich seiner Person mit, daß er seit zweieinhalb Jahren kein Gehalt bezogen und deshalb viele dienstliche Ausgaben aus privaten Mitteln bestreiten müsse, daß er weiter nur mit größten Schwierigeiten die Kosten der Delegation in Genf bestreiten könnte und bereits einen Kredit von einhunderttausend Francs bei einer Bank in Paris aufnehmen mußte. Kurz vor Beendigung der Tagung teilte mir der Genannte mit, daß die chinesische Regierung dem Völkerbundssekretariat einen Betrag von etwa zwanzigtausend Dollar als Anzahlung auf das chinesische Beitragskonto für den Völkerbund überwiesen habe und daß er beabsichtige, einen Teil dieses Geldes von dem Generalsekretariat zurückzufordern, um die Delegationskosten bestreiten zu können.

Er bat um eine Unterstützung beim Generalsekretär. Herr Dufour, den ich daraufhin beauftragte, die Möglichkeit einer eventuellen Aushändigung eines Teiles der fraglichen Mittel an den chinesischen Gesandten vertraulich festzustellen, mitteilte mir, daß das Generalsekretariat sich weigere, dem Gesandten einen Teil der Summe zur Verfügung zu stellen, da er eine entsprechende Legitimation für die Entgegennahme des Geldes nicht vorweisen könnte.

Ich hatte bei diesen Unterhaltungen den Eindruck, daß Wang Tingchang eine finanzielle Unterstützung durch das Reich anstrebte, und ließ ihm daraufhin in diskreter Form andeuten, daß ich bereit sei, ihm bis zur Beendigung der Verhandlungen mit dem Generalsekretär einen Kredit von einhunderttausend Mark zur Verfügung zu stellen.[153] Dieses Angebot wurde zunächst abgelehnt. Kurz vor meiner Abreise aus Genf ließ mir der Gesandte jedoch mitteilen, daß er mit Rücksicht auf den schwierigen Stand der Verhandlungen mit dem Generalsekretariat nicht abgeneigt sei, meinem Angebot näher zu treten, und deutete an, daß er auf der Rückreise nach Lissabon eventuell bei Ihnen vorsprechen würde, um die Angelegenheit in Fluß zu bringen. Ich habe daraufhin den Gesandten dahin informieren lassen, daß ich Sie unterrichten und bevollmächtigen würde, ihm einen Kredit in der angedeuteten Höhe zur Verfügung zu stellen, wobei nach außen hin vielleicht die Form gefunden werden könnte, daß der Kredit durch das Deutsche Reich China ohne Bindung an irgendeine Regierung zur Verfügung gestellt werden würde und die Abdeckung nach Eintritt konsolidierter Verhältnisse in China erfolge könnte.

Sollte Wang Tingchang bei Ihnen vorsprechen und auf die Angelegenheit zurückkommen, bitte ich Sie, von der oben ausgesprochenen Ermächtigung Gebrauch zu machen und mir persönlich zu berichten, in welcher Form die Überweisung bewerkstelligt werden soll. Ich habe dem Gesandten, der in der Ratstagung im Dezember den Vorsitz im Völkerbundsrat führen wird, selbstverständlich volle Diskretion zugesagt und bitte, die Angelegenheit dementsprechend behandeln zu wollen.

Stresemann

ADAP, B, Bd. 7, Nr. 2, S. 1-3.

---

153 Am 2. September hatte Stresemann in einem Gespräch mit Wang seine Unterstützung zugesagt. Wang gab zu verstehen, daß China lediglich aus Mangel an Einkünften die Mitgliedsbeiträge für den Völkerbund nicht zahlen könne. Wang hatte daraufhin beantragt, daß die Großmächte einer Zollerhöhung von ½% zustimmen, „damit China aus diesen Einnahmen den Mitgliedsbeitrag für den Völkerbund bezahlen und die Ausgaben für den chinesischen auswärtigen Dienst bestreiten könne". Wang bot im Gegenzug an, „Deutschland in allen Punkten seine Unterstützung zu leihen, die uns interessierten". Stresemann besprach die Angelegenheit noch am selben Tag mit Sir Austen Chamberlain, erreichte jedoch nichts. Angesichts der innenpolitische Zustände Chinas, die getrennte Verhandlungen mit den Regierungen von Hankou und Nanjing im Süden und Peking im Norden erfordert hätten, war Chamberlain nicht zum Einlenken bereit (FN 1 zum Dokument, in: ADAP, B, Bd. 7, Nr. 2, 2).

Kapitel 4

Das deutsche Verhältnis zur nationalrevolutionären Bewegung in China, 1920-1927

Als Sun Yatsen im November 1920 nach Kanton zurückkehrte, unterhielten die Westmächte lediglich wirtschaftliche Beziehungen zu der 1917 errichteten Militärregierung.[1] Die Regierung war schwach, es fehlte ihr an Kapital und sie war abhängig von lokalen Militärherren. Dieses traf auch auf die im April 1921 in Kanton errichtete Nationalregierung (*Zhonghua minguo zhengfu*) zu, die Sun Yatsen zum Staatspräsidenten ernannte. Sie bemühte sich um völkerrechtliche Anerkennung sowie militärische und wirtschaftliche Unterstützung, zunächst durch die USA, ab Herbst 1921 zunehmend durch Deutschland und Rußland. In der zweiten Hälfte der zwanziger Jahre, als parallel zu dem sich abzeichnenden Zerfall der Peking-Regierung eine Einigung des Landes durch die nationalrevolutionäre Bewegung unter der Führung der Guomindang (GMD) möglich schien, änderten Deutschland und die Westmächte ihre bis dahin ablehnende Haltung.

Die Beziehungen der Weimarer Republik zur Südregierung lassen sich in drei Phasen gliedern. Ausgangspunkt waren das positive Deutschlandbild Sun Yatsens und die desolate Nachkriegssituation der deutschen Wirtschaft, die Sun für seine Modernisierungs- und Rüstungspläne gewinnen wollte. Ab 1921 fungierte Sun als treibende Kraft und Bindeglied einer Kooperation mit Deutschland, welches nach Abschluß des Vertrages mit der Peking-Regierung einen modus vivendi für den Umgang mit der Kanton-Regierung finden mußte. Auf deutscher Seite strebte man nach einem freundschaftlichen Verhältnis, um das liquidierte Eigentum zurückzuerhalten und die wirtschaftliche Position in (Süd)China zu stärken. Suns Pläne scheiterten jedoch am Kapitalmangel der Kanton-Regierung und dem außenpolitisch eingeschränkten Handlungsspielraum Deutschlands. Mit Beginn der zweiten Phase, 1922-1925, intensivierte Sun die Kontakte zur Sowjetunion. Im folgenden Jahr trugen

---

1 Präsident Li Yuanhong hatte das Parlament am 13. Juni 1917 aufgelöst, es war nicht wieder einberufen worden. Als Duan Qirui daraufhin ein ihm loyales provisorisches Parlament einberief protestierte Sun Yatsen auf das Schärfste gegen diesen Bruch mit der Verfassung von 1912. Im Juli folgten ihm über einhundert Abgeordnete nach Kanton und am 1. September wurde die Militärregierung mit Sun Yatsen als dem „Großen Marschall“ errichtet (Yeh Young-ming 1983:185-253).

die Unterstützung der Komintern und die Einheitsfront mit der 1921 in Shanghai gegründeten Kommunistischen Partei Chinas (KPCh) zur Stärkung der nationalen Bewegung bei.[2] Sun Yatsens Bestrebungen zielten nun auf ein politisches Bündnis mit der Sowjetunion ab, gleichzeitig sah er Deutschland als einen Verbündeten in Wirtschaft, Wissenschaft und Technik.[3] Parallel kursierten Gerüchte um ein deutsch-chinesisch-sowjetisches Trippelbündnis.[4] Die aus Sicht der Westmächte, einschließlich Deutschlands, bestehende Gefahr einer Zunahme des Bolschewismus in China erhöhte die Vorbehalte gegenüber der Südregierung, so daß die hauptsächlich wirtschaftlichen Kontakte zur Südregierung um die Jahreswende 1923/24 gänzlich abgebrochen wurden. Sun Yatsen bemühte sich noch 1924 um deutsche Rüstungshilfe, die ihm aus den genannten Gründen versagt wurde. Sein Tod im März 1925 hatte das vorübergehende Einfrieren der Beziehungen zur Folge, anschließend erreichte der russische Einfluß auf die antiimperialistische Bewegung seinen Höhepunkt.

Deutschland nahm auch in der dritten Phase, 1925-1927, gegenüber der Kanton-Regierung eine abwartende Haltung ein. Ende 1926 zwangen die raschen Erfolge des nun unter General Jiang Jieshi geführten Nordfeldzugs die Westmächte zu einer insgesamt neuen Bewertung der nationalen Bewegung. In Deutschland entstand durch das Auftreten revolutionärer Vertreter sowie patriotischer Studenten und ihre antiimperialistische Propaganda ein neues Chinabild, auch die politischen Interaktionsformen und Sympathiebekundungen nahmen entschieden zu. Den Nährboden dieser Solidarität lieferte das gemeinsame Aufbegehren gegen Imperialismus und ungleiche Verträge.

Die Beziehungen zwischen Deutschland und der Kanton-Regierung blieben von pragmatischen Überlegungen geleitet und waren aufgrund des auf beiden Seiten eingeschränkten Handlungsspielraums kaum ausbaufähig. Gleichwohl rissen die Kontakte zwischen den beteiligten Institutionen und Interessengruppen niemals vollständig ab. Neue Möglichkeiten der Kooperation ergaben sich aber erst, nachdem Jiang Jieshi 1927 die Einheitsfront mit den Kommunisten gewaltsam beendet hatte. Obgleich illegale Waffenlieferungen deutscher Händler die Neutralität Deutschlands in Frage stellten und den Nordfeldzug zu behindern drohten, waren zum Zeitpunkt der deutschen Anerkennung der Nanjing-Regierung im August 1928 bereits Absprachen getroffen, die eine aktive Rolle Deutschlands im Bereich der Militärberaterschaft, im Rüstungsexport und der Wirtschaft vorsahen.

Sun Yatsen und Deutschland

Sun Yatsens positives Deutschlandbild ist eng mit den außenpolitischen Bestrebungen der

---

2 Am 12. Januar 1923 gelangte das Exekutivkomitee der Komintern (EKKI) zu der Überzeugung, daß die GMD die einzige ernstzunehmende national-revolutionäre Gruppierung in China sei (Kindermann 1982:58).

3 Sun Yatsen folgte somit nicht dem traditionellen Schema, welches sich mit den Worten „die Barbaren gegeneinander ausspielen zu wollen" zusammenfassen läßt. Neu erschlossene Quellen erlauben vielmehr die Annahme, daß Sun gute Beziehungen zu Deutschland und Rußland aufbauen wollte und hierin keinen Widerspruch sah. Vgl. Felber 1998:101-114.

4 Zusätzlich geschürt wurden diese Gerüchte durch die deutsche Balancepolitik zwischen Ost und West, insbesondere den Ausbau wirtschaftspolitischer Kontakte zur Sowjetunion (Ratenhof 1987:334).

Kanton-Regierung verbunden und wirkte über den genannten Zeitraum hinaus auf das deutsch-chinesische Verhältnis. Seine Ursprünge lassen sich auf drei Interessenfelder zurückführen. Erstens das Interesse für die sozialistische Bewegung, den revolutionären Kampf und die deutsche Sozialdemokratie. Zweitens interessierten Sun die Ursachen des wirtschaftlichen, politischen und militärischen Aufstiegs Deutschlands im 19. Jahrhundert und, drittens, die wirtschaftliche, wissenschaftlich-technische und organisatorische Leistungskraft Deutschlands, deren Nutzung durch China er nach der Niederlage Deutschlands im Ersten Weltkrieg als besonders günstig einschätzte.[5]

Suns Beschäftigung mit der Lehre von Karl Marx und der deutschen sozialdemokratischen Bewegung zeigte sich in den Jahren 1905/06, d.h. zu einem Zeitpunkt, als er die „Drei Volksprinzipien" (Nationalismus, Demokratie, Volkswohl) auszuarbeiten begann.[6] Besonders beeindruckt war er von den staatssozialistischen Reformen Otto von Bismarcks, die nach seiner Auffassung Deutschland geeint und bis zum Ausbruch des Ersten Weltkriegs zum „mächtigsten Staat der Erde" gemacht hätten. So bewertete Sun Yatsen auch den Aufbau Qingdaos bei seinem Besuch in der deutschen Kolonie Kiautschou (28.09.-01.10.1912) äußerst positiv und bezeichnete diese als „Model Settlement für China, nach deren Vorbild man bei dem Aufbau des Reiches arbeiten müsse".[7] Wenige Tage später bekundete er in einem Interview mit dem deutschen Journalisten Erich von Salzmann die Bereitschaft, Deutschland als „einen der uneigennützigsten Freunde Chinas", als „gegebenen Lehrmeister" und als „Vorbild" anerkennen zu wollen (Dok. 127). Dieses galt insbesondere im Hinblick auf militärische und ökonomische Stärke wie auch auf das Verwaltungssystem. Ebenso überzeugt war Sun von der „vorbildlichen Landordnung" in Kiautschou, deren Schöpfer Wilhelm Schrameier er im Jahr 1924 nach Kanton einlud, um die Festlegung von Steuerregelungen des städtischen Landbesitzes vorzunehmen.[8] Selbst bei Berücksichtigung der rhetorischen Komponenten ist diese mitunter verklärte Wertschätzung Deutschlands, seines Bildungssystems, der Wissenschaftlichkeit und Gewissenhaftigkeit der Deutschen, einer der Gründe, weshalb Sun Yatsen den Kriegseintritt Chinas auf Seiten der Entente gegen Deutschland ablehnte. Hieraus ableiten läßt sich auch sein Argument, daß man nicht die größten Aggressoren und Hauptfeinde, d.h. Rußland, England, Frankreich und Japan, gegen den nur zweitrangigen Feind Deutschland unterstützen könne.[9] Insbesondere weigerte Sun sich, auf Seiten Englands in den Krieg einzutreten. Deutschland hatte ihm für sein Festhalten an Chinas Neutralität und die Vermittlungsbemühungen eine Geldsumme in Höhe

---

5 Zur Deutschland-Rezeption Sun Yatsens siehe Felber 1988a/b und 1991, zudem auch Kapitel 7. Für eine Einschätzung Sun Yatsens aus deutscher Perspektive siehe Leutner 1986b.

6 Felber 1991:84. Zur Entwicklung der politischen Ideen Sun Yatsens siehe auch Wells 2001.

7 Schreiben des Gouverneurs von Kiautschou, Meyer-Waldeck, an den Staatssekretär des Reichsmarineamtes, Tirpitz (14.10.1912), in welchem dieser den Aufenthalt Suns dokumentiert. In: Leutner 1997, Dok. 146, 513-517.

8 Felber 1991:86.

9 Sun Yatsen formulierte dieses im Sommer 1917 in der Schrift *Zhongguo cunwang wenti* (Die Existenzfrage Chinas), die er seinem Anhänger Zhu Zhixin diktierte und unter dessen Namen veröffentlichte. Siehe Chen Chi 1973:77-78, Felber 1991:89, Nieh 1983:115.

von zwei Millionen US-Dollar angeboten (Kap. 2).[10] Die aus seiner Sicht verfassungswidrige Auflösung des Parlaments und dann durch Duan Qirui erfolgte Kriegserklärung der Pekinger Regierung nahm er zum Anlaß, um im August 1917 in Kanton eine Militärregierung zum Schutz der Verfassung zu errichten. Ein Großteil der Abgeordneten war ihm gefolgt. Am 1. September zum Präsidenten gewählt, blieb sein persönlicher Einfluß gering, da die Regierung von den Militärmachthabern der Provinzen Guangdong und Guangxi abhängig war.[11] Im September 1917 stimmte das Parlament für die Anerkennung des Kriegszustandes mit Deutschland (Dok. 32). In erster Linie sollte hierdurch sicherlich eine Anlehnung der Alliierten an die Peking-Regierung verhindert und der nach Kriegsende drohenden Isolierung vorgebeugt werden. Im Frühjahr 1918 erfolgte auf Drängen der Militärmachthaber Lu Rongting und Tang Jiyao eine Umstrukturierung der Regierung, wonach Sun Yatsen seines Amtes als Präsident enthoben war. Im Mai trat es aus der Regierung aus, hatte zu diesem Zeitpunkt aber seinen Vertrauensmann Cao Yabo (Abel Tsao) mit dem Auftrag nach Deutschland geschickt, es dafür zu gewinnen, gemeinsam mit Rußland eine Armee in China zum Sturz der Peking-Regierung aufzubauen. Als Cao Ende November in Berlin eintraf, war Deutschland bereits besiegt und eine Unterstützung Kantons unmöglich.[12]

Inzwischen war Sun Yatsen in die Französische Konzession nach Shanghai geflüchtet, wo er seine wichtigsten Werke verfaßte und sich vergeblich um amerikanische Unterstützung bemühte.[13] Die Machtkämpfe in Kanton hielten an, so daß Sun erst im November 1920 nach Kanton zurückkehrte. Im April 1921 wurde die dortige Militärregierung aufgelöst und eine neue Nationalregierung errichtet. Am 7. April wurde Sun zum Staatspräsidenten gewählt. Ein Monat später forderte er die ausländischen Mächte zur Anerkennung der neuen Regierung auf. Die Reaktionen waren durchweg negativ und auch Deutschland, welches wenige Wochen später das Vertragsabkommen mit Peking unterzeichnete, lehnte eine Anerkennung der Südregierung ab.[14]

Deutschland und die Kanton-Regierung: Kontaktaufnahme und Bemühungen um deutsche Wirtschaftshilfe, 1921-1922

Deutsche Motive für eine Kontaktaufnahme mit der Kanton-Regierung folgten dem Bestreben, eine offiziell anerkannte deutsche Vertretung in Kanton zu errichten, um die Rückgabe der kriegsbedingt beschlagnahmten Vermögenswerte und die Wiederaufnahme des Handels in den südchinesischen Provinzen einzuleiten. Die Voraussetzungen hierfür schienen insofern günstig, als die Siegermächte dem Kriegsgegner Sun Yatsen und seiner Südregierung

---

10 Wilbur 1976:93, Schiffrin 1982:228 und Guoshiguan Zhonghua minguoshi … (Hg.), 2002:697-698.

11 Zu Gründung, Aufbau und Struktur der Militärregierung in Kanton siehe Yeh Young-ming 1983:197ff.

12 Wilbur 1976:100-108. Vgl. Ji Naiwang 2001:66.

13 Wilbur 1976:100-108. U.a. verfaßte Sun in dieser Zeit die Texte „International Development of China" und „Programm of Psychological Reconstruction" (Vorwort vom 30.12.1918); letzterer wurde 1927 unter dem Titel „Memoirs of a Chinese Revolutionary" in Übersetzung publiziert (Wells 2001:49).

14 Zum Aufbau der neuen Nationalregierung siehe Bergère 1994, Wilbur 1976 und Yeh Young-ming 1983. Zu den Bemühungen Suns um internationale Anerkennung ebenda 500-509.

ihre Unterstützung versagten, er zur Durchführung seiner Pläne aber auf politische und finanzielle Hilfe aus dem Ausland angewiesen war. Daß die wirtschaftliche Kooperation mit Deutschland anschließend praktisch kaum realisiert wurde, lag dann weniger im mangelnden Willen der deutschen Industrie als in der politischen und finanziell instabilen Situation der Südregierung begründet.

Für Sun Yatsens intensive Bemühungen um eine Annäherung an Deutschland sprachen zu dem Zeitpunkt mehrere Gründe: Deutschland hatte die Souveränität Chinas anerkannt, alle Privilegien aufgeben müssen und strebte nun die Rückgewinnung seiner Position in China an.[15] Deutschland war politisch schwach, gleichzeitig aber ein ökonomisch hoch entwickeltes Land mit einer großen Waffenindustrie, was eine für beide Seiten fruchtbare Kooperation versprach. Zudem hatte Sun bereits 1917 Position für Deutschland bezogen, als er sich gegen den Kriegseintritt Chinas aussprach.

Ausgehend davon, daß die Kanton-Regierung die einzige legitime Regierung Chinas sei, erklärte Sun das deutsch-chinesische Vertragsabkommen im Juli 1921 in einer halboffiziellen Proklamation für ungültig.[16] Im selben Monat schickte er den Bevollmächtigten Zhu Hezhong in geheimer Mission nach Berlin, um den ehemals wilhelminischen Gesandten in China, Admiral v. Hintze, als Berater zu gewinnen und mit dessen Hilfe ein Dreierbündnis mit Rußland aufzubauen.[17] Einen Monat später entsandte er einen Vertreter nach Moskau, um sich über die Organisation der Sowjets, die Armee und das Bildungswesen zu informieren. Da Sun allerdings den Kommunismus für China ablehnte und eine zu starke Anbindung an die Sowjetunion vermeiden wollte, konzentrierte er seine Anstrengungen zunächst darauf, die Unterstützung Deutschlands zu gewinnen, um über eine gestärkte Südregierung die Wiedervereinigung Chinas herbeizuführen.[18] Deutschland blieb zögerlich und befürwortende Stimmen wie die des Missionssuperintendenten Leuschner aus Kanton waren selten (Dok. 60). Diese Haltung war ein nicht unwesentlicher Aspekt, der Sun letztlich veranlaßte, in einer Kombination aus deutscher Waffen- und Wirtschaftshilfe und sowjetisch geprägtem radikalen Anti-Imperialismus die Vorstellung einer chinesisch-deutsch-russischen Allianz zu entwickeln.

Sun Yatsen verstärkte seine Bemühungen um eine Zusammenarbeit mit Deutschland und um diplomatische Anerkennung im September 1921, als der deutsche Vizekonsul Wagner in Kanton eintraf, um die bisher von den Niederlanden vertretenen deutschen konsularischen Angelegenheiten zu übernehmen. Wagner wurde lediglich inoffiziell empfangen,

---

15 Fass 1968:138-139.

16 Fass 1968:139. Siehe *Canton Times*, 25.07.1921 (BArch, R 9208/2232, 341).

17 Wilbur 1976:108-110 und Chen, Leslie 1999:168. Sowjetrußland hat bereits im Januar 1921 einen offiziellen Vertreter nach Kanton geschickt (Yeh 1983: 504).

18 Sun hatte im September 1921 zu verstehen gegeben, daß ein Nordfeldzug zum Sturz der Peking-Regierung die einzige Möglichkeit zur Wiedervereinigung Chinas sei. Vereitelt wurde dieser Plan durch Chen Jiongming, der als Oberkommandeur der Kanton-Armee, Provinzgouverneur Kantons wie auch Armeeminister der Nationalregierung eine machtvolle Position innehatte. Der von ihm im Sommer 1922 initiierte Putsch zwang Sun Yatsen am 9. August zur Flucht nach Shanghai (Yeh Young-ming 1983:531-543).

jedoch stellte Sun eine Zusammenarbeit auch ohne diplomatische Anerkennung in Aussicht.[19] Sun appellierte an den Mut des deutschen Volkes zur Kooperation und gab an, daß er in den Deutschen allein das Volk sähe, welches ihm und seiner Regierung helfen könne. Er beendete seine Ausführungen mit den Worten: „Sehen Sie in China Ersatz für Ihre verlorenen Kolonien; kommen Sie, helfen Sie mir, organisieren Sie, als ob Sie ein Stück eigenes Land verwalteten." Wagner reagierte zurückhaltend, regte gegenüber dem Auswärtigen Amt aber an, mögliche Schritte evtl. mit dem Vertreter Suns, Zhu Hezhong, in Berlin zu erörtern. Wenige Wochen später forderte Sun dann die unverzügliche Anerkennung der Kanton-Regierung, was nach seiner Auffassung keine Probleme bereite, weil das Ende der Peking-Regierung unmittelbar bevorstünde. Im Hinblick auf die Rückgabe deutschen Eigentums gab Sun an, daß er diese Frage Außenminister Wu Tingfang überlassen müsse, überdies sei ein besonderer Vertrag abzuschließen (Dok. 59). Sun verstärkte seinen Druck auf Deutschland durch die Bemerkung, daß Großbritannien kürzlich einen Versuch unternommen habe, mit seiner Regierung in Kontakt zu treten.[20] Wu Tingfang gab zu verstehen, daß der Kriegszustand mit Deutschland weiterhin bestünde, da noch kein Abkommen unterzeichnet sei. Trotz dieser Schwierigkeiten sah Wagner günstige Voraussetzungen gegeben und berichtete von einer Zunahme Deutscher in Kanton.[21]

Demgegenüber warnte der Gesandtschaftsrat in Peking, von Borch, ausdrücklich davor, in Verhandlungen zu treten und sprach sich dafür aus, „alles zu vermeiden, was sie [die Kanton-Regierung] in der Erwartung einer offiziellen Anerkennung durch Deutschland bestärken könne".[22] Diese Auffassung vertrat auch das Auswärtige Amt in Berlin, welches sich im Hinblick auf die Situation in Europa keine einseitige Unterstützung der von allen Mächten ignorierten Kanton-Regierung erlauben konnte. So wurde der Vertreter Sun Yatsens, General Zhu Hezhong, lediglich inoffiziell empfangen. Parallel hatte Zhu durch Mithilfe von Admiral P. von Hintze Gespräche bei den Firmen Krupp, Stinnes und Siemens führen können, die auf größere Geschäfte hoffen ließen. Die Pläne scheiterten weniger aus politischen Gründen, denn aus Kapitalmangel in Deutschland wie auch bei der Guomindang. General Zhu war höchst unzufrieden, als er Deutschland im Frühjahr 1922 verließ. Durch den Putsch von General Chen Jiongming in Kanton (Juni 1922) und die anschließende Flucht Sun Yatsens nach Shanghai im August brachen die Kontakte zwischen Deutschland und der GMD vorübergehend ab.[23]

Zu diesem Zeitpunkt hatte die deutsche Vertretung in Kanton lediglich die Erlaubnis erhalten, mit den südchinesischen Autoritäten über Fragen von lokaler Bedeutung zu verhan-

---

19 Vizekonsul Wagner, Kanton, an das AA Berlin, 26.09.1921 (ADAP, A, Bd. 2, Nr. 143, 297-300).

20 Fass (1968:141) sieht diese Äußerung Suns in der Hongkong-Presse bestätigt. Die freundlichere Berichterstattung gegenüber der Südregierung führt er darauf zurück, daß Großbritannien den Konflikt in der traditionell britisch-dominierten Region Südchinas vermeiden wollte.

21 Wagner spricht von ca. 75 Deutschen, einschließlich Frauen. Vgl. Wagner, Kanton, über Peking (Borch) an das AA Berlin, 25.10.1921 (BArch, R9208/2232, Bl. 298-302).

22 Borch, Peking, an Vizekonsul Wagner, Kanton, 28.10.1921 (ADAP, A, Bd. 2, Nr. 166, 336-338).

23 Aufzeichnung Bethke, Berlin, 18.05.1922, über ein Gespräch mit Zhu Hezhong (ADAP, A, Bd. 6, Nr. 103, 216-218). Siehe Ratenhof 1987:316 und Kirby 1984:34ff.

deln.[24] Das neue Regime unter Chen Jiongming schien nun die Möglichkeit zu bieten, die Einrichtung einer offiziellen konsularischen Vertretung in Kanton neu anzugehen. Chen gab sich Deutschland gegenüber sehr aufgeschlossen und entwickelte große Pläne.[25] Wie Generalkonsul Büsing in Kanton am 19. Dezember 1922 bemerkte, „erhebt die neue Regierung offensichtlich nicht mehr den Anspruch, ein souveräner Staat zu sein".[26] Mit Zustimmung der Zentralregierung in Peking wurde Büsing nun zum offiziellen Repräsentanten Deutschlands in Kanton ernannt. Die Hoffnung auf Anerkennung dieser Vertretung auch seitens der Südregierung war von kurzer Dauer. Am 16. März 1923 mußte Boyé dem Auswärtigen Amt mitteilen, daß die Behörden in Kanton auf diese Weisung aus Peking nicht reagierten.[27] Ausgeblieben war eine Reaktion der Kanton-Regierung aber auch deshalb, weil Chen bereits im Januar 1923 eine Niederlage erlitten hatte und Sun im Februar mit neuen Plänen nach Kanton zurückgekehrt war.

Gerüchte um das Dreierbündnis: Deutschland, China, Sowjetrußland, 1922-1923

Von Sun Yatsens o.g. Plänen eines Dreierbündnisses zwischen Deutschland, China und Sowjetrußland erfuhr die Öffentlichkeit im Sommer 1922, nachdem drei Geheimdokumente von seinem Gegner Chen Jiongming entdeckt und in Hongkong veröffentlicht worden waren.

Bereits im Sommer 1918, als Abel Cao im Auftrag Sun Yatsens nach Deutschland reiste, hatte Sun parallel durch ein Telegramm an Lenin ersten Kontakt mit Rußland aufgenommen.[28] Drei Jahre später, im Juli 1921, waren Komintern-Berater aus Moskau an der Gründung der KPCh in Shanghai beteiligt und im August brachte Sun in einem Schreiben an Außenminister Tschitscherin sein Interesse an der Entwicklung Sowjetrußlands zum Ausdruck.[29] Gegen Ende des Jahres diskutierte der Komintern-Repräsentant Maring (J. F. M. Sneevliet) die Möglichkeiten einer Kooperation mit Sun Yatsen in dessen Hauptquartier in Guilin.

Daß General Zhu Hezhong seit Juli 1921 im Auftrag Sun Yatsens geheime Verhandlungen

24 Fass 1968:140. Bericht Wagners an das AA Berlin, 14.10.1921 (BArch, R9208/2232, Bl. 330).

25 Chen sprach sich gegenüber Wagner dafür aus, einen deutschen Experten mit der Modernisierung Kantons zu betrauen, später sei diese Arbeit auf die Provinz Guangdong und dann auf ganz China auszuweiten. Es handele sich um ein Werk von dauerndem Wert, „ein Denkmal deutscher Tüchtigkeit auf Jahrhunderte hinaus". Gehaltsfragen wurden nicht besprochen, man „werde nicht kleinlich sein". In: Bericht Wagner, Kanton, 08.03.1922 (BArch, R9208/2232, Bl. 217-219).

26 Zit. n. ADAP, A, Bd. 7, Nr. 31, 71, FN 3.

27 Schreiben Boyé an das AA Berlin, 17.01.1923 (ADAP, A, Bd. 7, Nr. 31, 71-72) und Bericht vom 16. März (ADAP, A, Bd. 7, Nr. 31, 72, FN 4). In einem Schreiben vom 5. April 1923 schlug Boyé in Kenntnis der Haltung der Peking-Regierung dem AA vor, Generalkonsul Büsing mit den nötigen Vollmachten nach Kanton zu entsenden, um mit Sun Yatsen in Verhandlung zu treten (ADAP, A, Bd. 7, Nr. 180, 443-444). Vgl. Chen Chi 1973:83-85.

28 Im Namen der Südregierung und der Chinesischen Revolutionspartei gratulierte Sun zu den Erfolgen des revolutionären Kampfes in Rußland (Wilbur 1976:114). Erstaunlicherweise wußte Lenin im November 1921 nicht, wer Sun Yatsen ist. Siehe die Notiz von Lenin an Tschitscherin, 07.11.1921, wo es heißt: „Kenne ihn nicht, habe ihm niemals auch nur ein Wort geschrieben". In: Kuo / Titarenko 1996:95.

29 Yeh 1983:504. Suns Brief an Tschitscherin, 28.08.1921, abgedruckt in: Sun Yatsen 1974:247-250.

in Deutschland führte, wurde bekannt, nachdem Sun und seine engsten Gefolgsleute im Sommer 1922 aus Kanton flüchten mußten. Der Finanzminister der Kanton-Regierung, Liao Zhongkai, hatte drei Dokumente in seinem Safe zurückgelassen, die Auskunft über die Verhandlungen gaben. Am 22. September 1922 erschienen Fotokopien der drei Briefe einschließlich einer Übersetzung auf der Titelseite des *The Hong Kong Telegraph.*[30] Die Information sorgte für Aufregung in Diplomatenkreisen. Englische und französische Zeitungen warnten vor einer bolschewistischen Verschwörung in China.[31] Die deutsche Regierung dementierte diese Pläne am 26. September 1922 und ließ offiziell erklären, daß weder sie noch v. Hintze von den Verhandlungen wußten.[32] Auch Sun Yatsen bezeichnete die Dokumente in einer Erklärung vom 29. September als Fälschung (Dok. 61). Allerdings ließ er die Verhandlungen unerwähnt und unterstrich seine Bereitschaft zum Aufbau gleichberechtigter Beziehungen mit Deutschland und Sowjetrußland, da diese keine aggressive Politik in China betrieben.[33] Obgleich Suns Verhältnis zu Rußland in dieser Zeit keineswegs geklärt war, blieb aus Perspektive der Westmächte die Gefahr einer Allianz der Außenseiter bestehen.[34] Deutschland und Sowjetrußland, beide nicht zum Washingtoner Abkommen eingeladen, schienen eigene Pläne zu schmieden. Die überdies relativ guten deutsch-russischen Beziehungen, der Rapallo-Vertrag (1922) und das gleichzeitige Bemühen Sun Yatsens um deutsche und russische Unterstützung untermauerten diese Vorstellung.

Als Sun Yatsen im Februar 1923 nach Kanton zurückkehrte, hatte er ein Abkommen mit dem sowjetischen Diplomaten Adolf Joffe unterzeichnet und damit konkrete Maßnahmen zur Kooperation mit der am 30. Dezember 1922 gegründeten Sowjetunion getroffen.[35] Deutschland, ungeachtet der Kritik aus Peking, signalisierte weiterhin Interesse an einer informellen Zusammenarbeit, um seine eigene Position in Südchina zu stärken.[36] Wie Boyé in einem Schreiben vom Februar 1923 bemerkte, könne Deutschland zwar keine finanzielle

---

30 Der Artikel war überschrieben mit „Sun Yat-sen Exposed – Secret Documents Discovered in Canton – Proposed Triple Bolshevik Alliance – Admiral von Hintze to Come to China“. Erste Informationen verbreitete die französische Tageszeitung *L'avenir de Tonkin* am 24. Juli 1922 (BArch, R9208/2232, Bl. 156). Bei den drei Briefen handelt es sich um zwei Schreiben Zhu Hezhongs an Sun Yatsen vom 1. Januar 1922 und einen Geheimbrief Suns an Liao Zhongkai, Guilin, 08.03.1922. Vgl. Fass 1968:143.

31 Chen Chi 1973:82, Fass 1968:143.

32 Das Deutsche Konsulat in Peking erhielt das Telegramm mit dem offiziellen Dementi der Deutschen Regierung am 30. September 1922 (BArch, R9208/2232, Bl. 161). Vgl. auch Ji Naiwang 2001:67.

33 Nach Einschätzung von Fass (1968:145-146) ist die Echtheit der Dokumente kaum anzuzweifeln. Vor dem Hintergrund der relativ guten deutsch-russischen Beziehungen und der Situation in China ist die Idee eines Tripelbündnisses durchaus denkbar.

34 Moskau versuchte zwischen Sun und der Peking-Regierung unter Wu Peifu zu vermitteln, gleichzeitig war es über Suns Beziehungen zum mächtigsten Militärherren Nordchinas, Zhang Zuolin, besorgt. Ende 1922 übte Sun scharfe Kritik an der russischen Unterstützung Pekings (Felber 1998:102-104).

35 Das Abkommen wurde am 26. Januar 1923 in Shanghai unterzeichnet. Aus dem Manifest geht hervor, daß die Sowjetunion zusagt, China in seinem Kampf um die nationale Einheit zu unterstützen. Die „Erklärung“ findet sich abgedruckt bei Domes 1969:84 und Wilbur 1976:137-138.

36 In Peking berichtete die *Evening News* am 30. Januar 1923 unter der Überschrift: „Peking Frowns New German Pact Canton is Making“ über Vertragsverhandlungen zwischen Deutschland und Sun Yatsen. Ferner hieß es dort: „... the Waijiaobu here has announced to the German Minister to Peking that the treaty in question is absolutely invalid" (BArch, R9208/2232, Bl. 132).

Hilfe leisten, solle aber die Südregierung nach Kräften moralisch unterstützen (Dok. 62). Ein einheitliches Vorgehen der deutschen Gemeinde in Kanton schien aufgrund unterschiedlicher politischer und wirtschaftlicher Interessen jedoch nahezu unmöglich.[37]

Im 19. Juni 1923 äußerte Sun Yatsen gegenüber Maring, daß er größte Hoffnung auf „Russian principles and German technique“ lege, um innerhalb von fünf Jahren ein neues China zu errichten.[38] Am selben Tag verfaßte er ein Schreiben an seinen Mittelsmann Deng Jiayan, der Mitte 1922 die Nachfolge von Zhu Hezhong in Berlin angetreten hatte, um entsprechende Kooperationsvorschläge an die Deutsche Regierung zu überbringen (Dok. 63). In dem Schreiben betonte er die Notwendigkeit gegenseitiger Wirtschaftshilfe, um beide Länder erstarken zu lassen und prophezeite Deutschland, daß es sich schon bald aus den Fesseln von Versailles wird befreien können.[39] Des weiteren forderte er Deng in einem Brief vom 18. August auf, Kontakte mit deutschen Wirtschaftsunternehmen, z.B. Hugo Stinnes, und der Regierung aufzunehmen, um gemeinsam einen umfassenden Plan für den nationalen Wiederaufbau Chinas auszuarbeiten (Dok. 63). Die konkreten Vorschläge Sun Yatsens auch in Bezug auf eine rüstungsindustrielle und militärische Zusammenarbeit legte Deng dem Auswärtigen Amt im Februar 1924 vor (Dok. 64). Dieses reagierte aus zwei Gründen zurückhaltend: Erstens hatten Gerüchte um ein bilaterales Handelsabkommen mit der Kanton-Regierung im September 1923 scharfe Proteste aus Peking nach sich gezogen (Dok. 65).[40] Zweitens war das Auswärtige Amt bestrebt, nach Vorgabe des Versailler Vertrages jedwede Form der militärischen Unterstützung zu vermeiden und äußerte lediglich Interesse an einer zukünftigen Kooperation im Bergbau und Transportwesen.[41] Sowohl der letztlich zu geringe Handlungsspielraum Deutschlands, der die Realisierung dieser Pläne verhinderte, als auch das Ausbleiben einer Anerkennung durch die anderen Westmächte erleichterten Sun Yatsen die Entscheidung, bezüglich der militärischen Modernisierung auf die Sowjetunion zu blicken.[42]

Zur Intensivierung der wechselseitigen Beziehungen war am 2. September 1923 eine von Jiang Jieshi geführte Delegation in Moskau eingetroffen. Sie blieb bis zum 29. November. Jiang war tief beeindruckt von dem Geist der Roten Armee und an Informationen zur Militärorganisation, -verwaltung und -technologie sowie militärischer Unterstützung interessiert. Er mißtraute zwar der KPdSU, gab aber zu verstehen, daß „ein Zusammenarbeiten mit

---

37 Büsing berichtet „vertraulich“ über die Zusammensetzung der „deutschen Kolonie“ in Kanton und bemängelt die Zusammenarbeit zwischen der konsularischen Vertretung, Händlern und Kaufleuten: „Die Kaufleute, größtenteils rechts gerichtet und in Opposition zur Regierung in Deutschland, stehen seit jeher dem Konsulat ziemlich gleichgültig gegenüber“ (Büsing an die Deutsche Gesandtschaft Peking, 27.02.1923, in: BArch, R9208/3322, Bl. 194-195).

38 Konversation zwischen Sun Yatsen und Maring, 19.06.1923. Schreiben von Maring an Joffe, 20.06. 1923, in: Saich 1991:634-635.

39 Siehe Chen Chi 1973:84-85.

40 Wilbur 1976:155.

41 Als der Reichsverband der Deutschen Industrie die Bereitschaft zu einem Treffen mit Deng Jiayan signalisierte, war dieser bereits in direkte Verhandlungen mit der Hugo Stinnes Co. getreten. Vgl. Fass 1968:151 und Dok. 64.

42 Wilbur 1976:110, Ratenhof 1987:317.

Sowjetrußland im Kampfe gegen die Imperialisten notwendig“ sei und es auch im Interesse der Sowjetunion sein müsse, die Revolution in China zu unterstützen.[43] Die russische Seite lehnte jedoch das ursprüngliche Anliegen einer militärischen Kooperation in Nordchina ab, stimmte aber zu, weitere Berater nach Südchina zu schicken.[44] Parallel zu diesem Besuch traf Michael Borodin am 6. Oktober 1923 in Kanton ein und wurde mit der Aufgabe betraut, die Reorganisation der GMD in eine straffe revolutionäre Partei nach dem Vorbild der KPdSU vorzunehmen. Im Januar 1924 hielt die GMD den ersten nationalen Parteitag ab.[45] Anschließende Reformmaßnahmen waren der Aufbau eines systematischen Propagandaapparates und die Errichtung der Huangpu-Militärakademie zehn Kilometer außerhalb von Kanton (1924).[46]

Sun Yatsen: Letzte Bemühungen um deutsche Unterstützung, 1924

Im Jahr 1924 war weder die Position Sun Yatsens gefestigt, noch verfügte Sun über die nötigen Finanzmittel, um seine Pläne zu realisieren. Dies erklärt, weshalb die deutschen Repräsentanten in China äußerst kritisch reagierten, als die Deutsche Regierung und Vertreter der Industrie nun ihrerseits die Bereitschaft zur wirtschaftlichen Unterstützung der Südregierung bekundeten.[47] Am 16. Januar 1924 führten Büsing und der neue Generalkonsul in Kanton, Remy, ein Gespräch mit Sun Yatsen über die Möglichkeit deutscher Waffenlieferungen und die Einladung des Admiralitätsrats Schrameier nach Kanton. Mit Blick auf die desolate Finanzlage der Kanton-Regierung hielt Remy dies für ein politisch und finanziell hohes Risiko.[48] Wenige Wochen später äußerte er sich konkret zu den Gefahren der Anwerbung deutscher Spezialisten und Berater in Kanton (Dok. 67). Weitere Gespräche und Informationen über die Kanton-Regierung veranlaßten Remy im Juni 1924 schließlich davor zu warnen, „solange die gegenwärtigen Zustände in Kanton andauern, sich auf irgendeinen der Dr. Sun'schen Vorschläge einzulassen“. Diese würden nur darauf abzielen, hohe Geldsummen gegen leere Versprechen an die deutsche Industrie einzutauschen.[49]

Gleichwohl waren in Berlin und Kanton auf inoffizieller Ebene verschiedentlich Kooperationsvorschläge unterbreitet worden. Im Februar 1924 legte Deng Jiayan die Vorschläge

---

43 Siehe „Schriftlicher Bericht der Guomindang-Delegation über die nationale Bewegung in China und die Lage in der Partei" (Moskau, nicht später als 18.10.1923), in: Kuo / Titarenko u.a. 1996, Dok. 87, 328-334. Allerdings war Jiang überzeugt, daß die KPdSU lediglich an einer Zusammenarbeit mit der KPCh interessiert sei, um diese für ihre eigenen Ziele zu instrumentalisieren (Wills 2001:123).

44 Siehe Yu Miin-Ling 2002:100-109, Wilbur 1976:150-158, Felber 1998:109-110.

45 Bergère 1994:356-377, Chen Chi 1973:88-89. Domes 1969:89ff. Das „Manifest des I. Nationalkongresses“ findet sich in Sun Yatsen 1974:261-280. Zu Borodin siehe Chen Zhihong 1998.

46 Mit der durch russisches Kapital finanzierten Whampoa-(Huangpu-)Militärakademie begann die systematische Ausbildung einer professionellen und nationalen Armee nach dem Vorbild der Roten Armee. Im April 1924 übernahm Jiang Jieshi auf Anraten Sun Yatsens die Leitung (Spence 1990:338-339, Wilbur 1976:208-210, Wells 2001:123).

47 Fass 1968:152.

48 Remy an das AA Berlin, 19.01.1924 (BArch, R9208/2232, Bl. 50-55).

49 Remy bemerkte u.a., daß Suns Vorschläge sich auf Territorien beziehen, die nicht von der Südregierung kontrolliert werden. In: Aufzeichnung Remy, Kanton, 10.06.1924 (BArch, R 9208/2232, Bl. 25-29).

Sun Yatsens dem Auswärtigen Amt vor, erhielt aber keine verbindliche Antwort (Dok. 66). Wenig später wurde der Versuch unternommen, Konsul Remy für eine Anwerbung deutscher Spezialisten zu gewinnen. Ihm gegenüber berichtete der unter deutschen Diplomaten wenig beliebte General Zhu Hezhong, daß er Deng Jiayan nach dessen Rückkehr aus Deutschland ablösen werde und versuchen wolle, „eine größere Anzahl von monarchistischen Offizieren" für Kanton anzuwerben (Dok. 68). Remy, der mit Hinweis auf den Versailler Vertrag hiervon abriet, schlug vor, zunächst den Aufbau einer Polizeitruppe in Kanton anzugehen. Diese Absicht wurde anschließend vom Polizeipräsidenten Kantons, General Wu Dezhen, aufgegriffen. Überdies äußerte Chen Youren (Eugene Chen) den Plan zum Aufbau eines Flugwesens mit Hilfe deutscher Experten.[50]

Trotz der innenpolitischen Konflikte Chinas, die Sun Yatsen seit der zweiten Hälfte des Jahres 1924 vollständig in Anspruch nahmen, gab dieser seine Hoffnung auf eine wirtschaftliche Zusammenarbeit mit Deutschland nicht auf. Schließlich gelang es 1924, den Geheimen Admiralitätsrat Schrameier und den seit ca. 1911 in China tätigen Siemens-Ingenieur Gustav Amann auf privater Basis als Berater zu gewinnen. Amanns Bemühungen, als Bevollmächtigter der Kanton-Regierung Infanterie- und Fliegeroffiziere anzuwerben und die Großindustrie in Europa für die Gründung eines internationalen Industriesyndikats zur Nutzung der Wirtschaftsquellen Kantons zu gewinnen, scheiterten. Allerdings signalisierten nicht wenige deutsche Industrielle lebhaftes Interesse, auch fanden deutsche Experten ohne Unterstützung des Auswärtige Amts in Berlin den Weg nach Kanton.[51]

Dies war der letzte Versuch Sun Yatsens, die Beziehungen zu Deutschland zu vertiefen. Bereits der im Juni 1924 zwischen Deutschland und der Peking-Regierung geschlossene „Ausgleichsvertrag" (Kap. 3) schien die Vermutung zu bestätigen, daß das Auswärtige Amt die (rüstungs-)wirtschaftlichen Beziehungen zwischen Deutschland und Südchina hintertreiben würde. Den Beziehungen wenig zuträglich war auch der Umstand, daß Sun Yatsen im August 1924 eine umfangreiche Waffenlieferung der deutschen Firma Sander Wieler beschlagnahmen ließ, die von den Kantoner Kaufleuten zum Sturz der GMD-Regierung in Auftrag gegeben worden war. Ende 1924 wurde schließlich der GMD-Vertreter in Deutschland abberufen. Als Sun Yatsen am 12. März 1925 in Peking starb, äußerte die KPD ihre Solidarität in einem Schreiben an die GMD (Dok. 69). Ansonsten brachen Deutschlands politische Kontakte mit der Südregierung vorübergehend ab. Überdies war es für deutsche Handelsfirmen in Kanton problematisch geworden, selbst kleinere Geschäfte zu tätigen.[52]

---

50 Remy kam zu dem Schluß, daß „ein Adviserstab, wie Sun und die Seinen ihn sich denk[en]", wie folgt aussehen könnte: „Politik: Admiral und Staatssekretär a.D. von Hintze, Wirtschaft: Geheimer Admiralitätsrat a.D. Schrameier, Finanz- und Bankwesen: Bankdirektor Cordes, Militär: ein deutscher General d.D., Flugwesen: ein bekannter deutscher Jagdstaffelführer, usw.". Siehe: Remy, Kanton, an die Deutsche Gesandtschaft in Peking, 27.03.1924 (BArch, R9208/2241, Bl. 195-197).

51 Der Kantoner Regierung konnte zwei Fliegeroffiziere auf privater Basis für kurze Zeit verpflichten (Ratenhof 1987:323). Durch die Vermittlung Amanns trafen im September 1924 Hauptmann a.D. Richard Walter, drei Flugoffiziere und wohl zehn Infanterie-Offiziere in Kanton ein. Konsul Remy hat die Einreise der Erstgenannten verhindern wollen (Remy, Kanton, an die Deutsche Gesandtschaft Peking, 26.09.1924, in: BArch, R9208/2241, Bl. 182-183). Vgl. Nieh 1983:117, Linke 1996:259-269.

52 Ratenhof 1987:322-323. Die Waffenlieferung umfaßte nahezu zehntausend Gewehre, Revolver und

Erfolge der nationalrevolutionären Bewegung, deutsche Reaktionen und die Frage der Anerkennung, 1925-1926

Dem Tod Sun Yatsens folgte im Juni 1925 die Reorganisation der Kanton-Regierung und ihre Umbenennung zur „Nationalregierung" (*Guomin zhengfu*). Zum Vorsitzenden wurde Wang Jingwei gewählt, der als Führer des linken Flügels der GMD galt und eine Kooperation mit der KPCh befürwortete. Während nun die nationale Bewegung großen Zulauf erhielt, wurde die „revolutionäre Basis" der GMD in Kanton von den Kräften regionaler Machthaber bedroht. Gleichzeitig entbrannte der Kampf um die Nachfolge Sun Yatsens, aus dem der Leiter der Huangpu-Militärakademie, Jiang Jieshi, der die konservativen Kräfte der GMD repräsentierte, schließlich als Sieger hervorging.[53] Diese zwei Jahre schärfster innenpolitischer und militärischer Konflikte zeichneten sich zudem durch neue Zielsetzungen in der Außen- und Innenpolitik aus: die Abschaffung der ungleichen Verträge und die Wiedererlangung der Souveränität Chinas.[54]

Deutlichen Auftrieb erhielt die nationalistische Bewegung durch den Zwischenfall vom 30. Mai 1925 in Shanghai, die damit verbundenen anti-britischen Proteste und den 15monatigen Boykott britischer Waren in Hongkong.[55] Die Ereignisse verschärften die Kritik an der Form ausländischer Präsenz in China und dem Treaty-Port-System, welche jetzt nicht nur in China, sondern auch im Ausland formuliert wurde. Deutsche Händler in Südchina profitierten zwar von der antibritischen Stimmung, gerieten dann aber durch das Bekanntwerden illegaler Waffenlieferungen an verschiedene Militärmachthaber Nordchinas in Bedrängnis.[56]

Im März des Jahres 1926 war es General Jiang Jieshi gelungen, die sich ausweitenden Konflikte in der Einheitsfront und in der GMD in einem Staatsstreich zu beseitigen und seine Machtbasis in Kanton auszubauen.[57] Wang Jingwei wurde zum Rücktritt gezwungen. Im Juli setzte Jiang den Beginn des Nordfeldzugs gegen den Willen der russischen Berater durch.[58] Die raschen Erfolge der nationalen Bewegung in Südchina führten unter den ausländischen Mächten zu einer Debatte um die Anerkennung der Kanton-Regierung.

Als Deutschland vor diesem Hintergrund Ende 1925 seinen Beitritt zum Washingtoner

---

Pistolen sowie Munition aus Belgien. Zu den Hintergründen siehe Kuhn 2004:212.

53 Domes 1969:116-122.

54 Chen Chi 1973:91-94.

55 Zu den Ereignissen siehe Domes 1969:123-130, Rigby 1980, Harumi Goto-Shibata 1995:13-41, Waldron 1995, Osterhammel 1997:12-22 und Kap. 3 dieses Bandes.

56 Boyé hatte im Mai 1922 darauf hingewiesen, daß die „zweifelhaften Waffengeschäfte einzelner Kleinhändler" dem Ansehen Deutschlands erheblichen Schaden zufügen (ADAP, Serie A, Bd. 6, Nr. 92, 189-191). Im Juli 1924 berichtete der Generalkonsul in Tianjin, Betz, daß „die Deutschen zur Zeit fast ein Monopol" im Waffenhandel mit China hätten. Er befürchtete, daß „die englische Regierung neuerdings diesen Schiebungen auf die Spur gekommen ist und nunmehr Gegenmaßnahmen ergreift" (Betz an das AA Berlin, 26.07.1924, in: ADAP, Serie A, Bd. 10, Nr. 225, 566-568). Siehe Kap. 5.

57 Neueste Aufsätze zum Staatsstreich bzw. „Kanonenboot-Zwischenfall" vom 20. März 1926 finden sich in Leutner / Felber / Titarenko u.a. (Hg.) 2002.

58 Trampedach 2002:130. Siehe auch Wilbur 1983, Spence 1990:341-360 und Kuhn 1994:242-254.

Abkommen ankündigte, verstärkten chinesische Aktivisten ihre antiimperialistische Propaganda in Berlin. Im November 1925 veröffentlichte die *Rote Fahne* einen Aufruf der Professoren der Peking Universität, in welchem diese mit Nachdruck die Aufhebung der ungleichen Verträge forderten (Dok. 70).[59] In den folgenden Monaten nahm die chinesische Kritik an der außenpolitischen Haltung Deutschlands zu und erhöhte die Schwierigkeit, sich zwischen der Nord- und der Südregierung Chinas und den Westmächten zu positionieren.[60] Die Befürchtung, daß Deutschland sich den Westmächten anschließen und damit seine gleichberechtigten Beziehungen zu China aufgeben würde, veranlaßte nun die „Sektion Deutschland der Kuomintang" zur Intensivierung ihrer Propagandatätigkeit. Im Februar 1926 versandte sie ein Flugblatt mit chinesischen Zeitungsauszügen an Reichskanzler Hans Luther (Dok. 71). In vergleichbarer Weise solidarisierten sich auch Anhänger der KPCh und der KP-Deutschlands. In einer Reihe von Protestveranstaltungen kritisierten sie das imperialistische Vorgehen Englands in China und die kompromißbereite Politik Stresemanns.[61] Dies zeigte sich u.a. in einer Versammlung am 23. September 1926, die unter dem Titel „Hände weg von China!" in den Musikersälen in Berlin abgehalten wurde. Sprecher waren die Abgeordneten Schneller, Thälmann und Dr. Rosenfeld, die starke Kritik an der „Kriecherei vor England und der Profitgier der deutschen Bourgeoisie" sowie an der Völkerbundspolitik Stresemanns übten (Dok. 72). Daß die deutsche Presse zwei Monate später eine insgesamt positive Einschätzung der nationalistischen Bewegung vornahm und den Sieg der Kanton-Regierung prophezeite (Dok. 74), lag vornehmlich in den militärischen Erfolgen Jiang Jieshis, aber auch in der überaus aktiven Propagandaarbeit der GMD-Vertretung in Deutschland begründet (Dok. 75).

Die vornehmlich in der deutschen Linken positive Haltung gegenüber der chinesischen Revolution hatte eine stark anti-britische Komponente. Deutschlands Interesse lag vor allem in der schnellen Herstellung des Friedenszustandes, um den Handel mit China wieder vollständig aufnehmen und industrielle Großprojekte realisieren zu können. Im Falle eines Sieges der Nationalisten versprach man sich deshalb von der frühzeitigen Anerkennung eine bessere Verhandlungsposition und wirtschaftliche Vorteile. Deutsche Diplomaten diskutierten diese Frage im November 1926, als der Generalkonsul in Kanton, Crull, forderte, daß „die Anerkennung der nationalistischen Canton-Regierung durch Deutschland nicht später, aber möglichst früher als seitens irgendwelcher Macht erfolge" (Dok. 73). In einem ausführlichen Schreiben äußerte er sich wenig später zur Anerkennungsfrage und den deutschen Interessen in China. Mit Nachdruck verwies er auf die in Südchina gute Position Deutschlands und warnte davor, „wieder gegenüber den anderen Mächten ins Hintertreffen

---

59 Siehe Zhu Jiahua, Peking Universität: „Die Bolschewisierung Chinas", in: *Gelsenkirchener Zeitung*, 02.11.1925 (BArch, R9208/2314, 234-238).

60 Schubert bemerkte in einem Telegramm an die Botschaft in Tokio, 05.01.1926: „Wir fortführen unsere alte Politik, ohne uns irgendeiner Machtgruppe in China anzuschließen. Genau so wie Amerika stehen wir nationalen Bestrebungen in China freundlich gegenüber" (ADAP, B, Bd. 3, Nr. 41, 81, FN 1).

61 Siehe die Dokumentensammlung der Parteihochschule „Karl Marx" beim ZK der SED (Hg.), 1989.

zu geraten".[62] Demgegenüber mahnte Boyé zur Vorsicht, und auch das Auswärtige Amt in Berlin zeigte wenig Verständnis für vorschnelle Entscheidungen. Staatssekretär von Schubert vertrat Ende 1926 die Meinung, „daß wir in China nur eine bescheidene Rolle spielen und uns nicht vordrängen dürfen".[63] Allgemein herrschte unter den Westmächten die Auffassung vor, daß eine von der Sowjetunion unterstützte und nur Teile Chinas beherrschende GMD-Regierung nicht anzuerkennen sei. Daß Großbritannien im Dezember 1926 Bereitschaft zur Änderung seiner Chinapolitik zeigte und die anderen Mächte mit dem Vorschlag der schrittweisen Aufgabe ausländischer Sonderrechte sowie der Anerkennungsfrage konfrontierte, änderte daran nichts.[64] Aus Rücksicht auf die internationale Interessenlage hielt man sich auch im Reichstag zurück. Als der Abgeordnete Stöcker (KPD) am 31. März 1927 gar einen Antrag zur sofortigen Anerkennung der national-revolutionären südchinesischen Regierung stellte, wurde dieser am 5. April abgelehnt.[65]

Deutschlands „Neutralität" und die Errichtung der Nanjing-Regierung

Die Ereignisse des Jahres 1927 sollten Deutschlands neutrale Haltung einer Prüfung unterziehen. Das Ringen um die Macht in China, einerseits zwischen der Nationalregierung und den Militärherren, andererseits zwischen Nationalisten und Kommunisten, und die Beziehungen zu Rußland und England erforderten höchstes diplomatisches Geschick.

Im Dezember 1926 verlegte die Nationalregierung ihren Sitz nach Wuhan, wo sich ein aus Kommunisten und Anhängern der GMD-Linken gebildetes Gremium durchsetzte. Der Deutsche Hans Shippe war der GMD nach Wuhan gefolgt und beteiligte sich u.a. an der Propagandaarbeit.[66] Einen Monat später wurden die britischen Konzessionen in Hankou und Jiujiang übernommen, parallel dazu entbrannte eine Kontroverse um die weitere Vor-

---

62 Crull an die Deutsche Gesandtschaft Peking, 29.12.1926 (BArch, R9208/2233, 123-135). Positiv wahrgenommen wurden z.B. die Bemühungen Zhu Jiahuas, inzwischen Rektor der Sun Yatsen-Universität, Kanton, zur Einstellung deutscher Spezialisten und Wissenschaftler. Siehe Dok. 76 und auch Martin 2003:128-130.

63 Schubert an die Gesandtschaft in Peking, 24.12.1926 (ADAP, B, Bd. 3, Nr. 251, 501-502). Ministerialdirektor Köpke schickte am 9.12.1926 ein Telegramm an die Deutsche Delegation in Genf und an die Gesandtschaft in Peking, in dem er nachfragte, wie „unserer immer nachdrücklicher für Canton-Partei ergreifendenen Öffentlichkeit Zögerung unsererseits verständlich gemacht werden kann" (PAA, R85419).

64 Chen Chi 1973:98-99, Domes 1969:80-182.

65 Wie Breitscheid (SPD) unter dem Beifall der Sozialdemokraten während der Diskussion bemerkte: „Eine politisch-diplomatische Parteinahme könnte für uns gerade in unserer internationalen Situation zu den verhängnisvollsten und bedenklichsten Folgen führen" (Protokolle des Reichstags, 306. Sitzung, 05. April 1927, Bd. 393, S.10506). In China veröffentlichte die *Shijie shibao* am 26. März eine kurze Notiz zur Ablehnung des Antrags von Stöcker.

66 Hans Shippe („Asiaticus"), kam im Mai 1925 nach Shanghai und stand von Dezember 1926 bis Mai 1927 im Dienst des Zentralkomitees der GMD bzw. ihrer Politischen Abteilung im Hauptquartier der Nationalrevolutionären Armee, gemeinsam mit dem Genossen Friedrich Lienhard (Karl Schulz). Seine Darstellung des nationalen Befreiungskampfes publizierte er 1928 unter dem Namen Asiaticus: *Von Kanton bis Shanghai*. Shippe, der später als Reporter in China tätig war, starb 1941 an der Kriegsfront in Shandong. Siehe Dong Boxian 1987:69-78, Bieg 1989: 6, Zhu Maoduo 1991:345-365.

gehensweise, die zu erheblichen Spannungen innerhalb der Einheitsfront führte.[67] Am 24. März hatten die GMD-Truppen Nanjing erobert, am 12. April ging Jiang Jieshi in Shanghai gewaltsam gegen die Kommunisten vor, Tausende wurden ermordet. Sechs Tage später errichtete Jiang die von dem rechten Flügel der GMD unterstützte Gegenregierung in Nanjing. Indessen traten die Konflikte in Wuhan nun offen zutage. Bauernaufstände und Versorgungsengpässe, der Kampf zwischen GMD und KPCh, die Interessen der Militärherren und der Sowjetunion bzw. der sowjetischen Berater trafen dort aufeinander. Schließlich beschloß die GMD am 15. Juli den Ausschluß der Kommunisten und damit das Ende der Einheitsfront. Kurz darauf begann dort die Unterdrückung und Liquidierung der Kommunisten.[68] Indessen war die Nanjing-Regierung verhandlungsbereit und wurde, obgleich sie sich die Abschaffung der ungleichen Verträge und die Souveränität Chinas zum Ziel gesetzt hatte, von den Westmächten als Gesprächspartner akzeptiert.

Deutschland hielt in diesen konfliktreichen Monaten an seiner Neutralität fest. Bereits 1925 hatte das Auswärtige Amt den Vorschlag der Marineleitung des Reichswehrministeriums abgelehnt, zum Schutz der Deutschen ein Kriegsschiff nach China zu entsenden. Auch als im Januar 1927 nationalistische Demonstranten in Hankou einem Deutschen Schaden zufügten, gab das Auswärtige Amt zu verstehen, daß es dem Grundsatz absoluter Nicht-Einmischung folge.[69] Dieser Umstand führte unweigerlich zu Konflikten mit England, welches nach dem Verlust seiner Konzessionen die Bemühungen um die Bildung einer Einheitsfront zum Schutz ausländischer Interessen verstärkte. Deutschlands Zurückhaltung in China und seine antibritische Presse hintertrieben eindeutig die Interessen Englands, so daß englische Banken drohten, deutschen Firmen in China die Kredite zu sperren.[70] Ein weiteres und größeres Problem stellten nach Gründung der Nanjing-Regierung die deutschen Waffenlieferungen an diverse Militärherren dar.[71] Deutschland zeigte sich zwar bemüht, diesen Handel zu stoppen und arbeitete einen Gesetzesentwurf aus, vermochte ihn aber nicht gänzlich zu unterbinden (Kap. 5). Die Nanjing-Regierung betrachtete diesen Umstand und Deutschlands positives Verhältnis zur Sowjetunion mit Skepsis und befürchtete Sympathien für die Kommunisten. Aus diesem Grund kam es im Sommer 1927 zu verschiedenen Zwischenfällen, bei denen deutsche Dampfer festgehalten und ihnen die Durchfahrt nach Wuhan verweigert wurde. Deutsche Diplomaten interpretierten diese Maßnahmen als antideutsche Demonstration und forderten eine harte Linie in der Chinapolitik. Bracklo, der deutsche Konsul in Shanghai, führte das Verhalten der Nanjing-Regierung auf mangelnde

---

67 Siehe Domes 1969:179-190 und Shi Yuanhua 1994:298-317.

68 Hohe Schätzungen gehen nach Kuhn (2004:289) davon aus, „daß am Ende des Jahres von den 100.000 Mitgliedern der KPCh und der Jugendliga gerade noch 10.000 am Leben waren". Für die Details siehe Kuhn 2004:272-293, zu Jiang Jieshis Vorgehen in Shanghai auch Smith 2000:190-208.

69 Chen Chi 1973:92-93.

70 Staatssekretär Schubert an die Gesandtschaft in Peking, 14.04.1927 (ADAP, B, Bd. 5, Nr. 84, 182-185).

71 Telegramm von Boyé an das AA Berlin, 14.03.1927 (ADAP, B, Bd. 4, Nr. 247, 545-546). Die deutsche *Tageslicht-Rundschau* (12.07.1927) veröffentlichte ein Dokument, wonach im April, Mai und Juni deutsche Waffen und Munitionen durch Dampfer der Rickmers- und Maru-Linie an Zhang Zuolin geliefert wurden (Chen Chi 1973:279).

Machtmittel Deutschlands zurück.[72] Gleichwohl plante die Kanton-Regierung nun die Einstellung deutscher Berater (Dok. 76). Daß zeitgleich auch die Anwerbung deutscher Militärinstrukteure für die nach Nanjing zu verlegende Huangpu-Militärakademie erfolgte, belegt die noch unkoordinierte Deutschlandpolitik. Boyé sprach sich kategorisch dagegen aus und machte keinen Hehl aus seiner negativen Einschätzung der neuen Regierung (Dok. 77). In Berlin forderte Staatssekretär v. Schubert zur strikten Neutralität auf und plädierte für eine tolerante Chinapolitik, um die Beziehungen zu der neuen Regierung nicht zu gefährden. Ungeachtet dieser Leitlinie traf Oberst Max Bauer Ende 1927 als Militärberater bei Jiang Jieshi ein. Gleichzeitig war der Komintern-Agent Heinz Neumann maßgeblich an der Organisation des Kanton-Aufstands beteiligt, der am 14. Dezember blutig niedergeschlagen wurde. Am selben Tag brach China seine Beziehungen zur Sowjetunion ab.[73]

Die Anerkennungsfrage wurde erst 1928 wieder ein Gesprächsthema. Im Mai ersuchte die Nanjing-Regierung mittels einer Note an die Westmächte um ihre Anerkennung als Zentralregierung. Diese verhielten sich abwartend, denn noch war ungeklärt, ob die Regierung die alten Verträge als verpflichtend ansehen würde. Deutschland mußte diese Bedenken nicht teilen und hatte bereits seinen Gesandten in Beijing, den GMD-Gegner Boyé, abberufen. An seine Stelle trat im Mai Herbert von Borch, der schon 1921 die Verhandlungen um den Handelsvertrag mit Geschick geführt hatte. Parallel dazu unterstrich die neue Regierung ihr Interesse an Deutschland durch eine von Sun Ke, dem Sohn Sun Yatsens, geleitete Studienkommission, die in Berlin über eine zukünftige wirtschaftliche Kooperation und die Anerkennung verhandelte.[74] Deutschland blieb zurückhaltend. Erst nachdem die GMD-Truppen Mitte Juni 1928 Peking eingenommen hatten und die Nanjing-Regierung ein Dreistufen-Programm zur Abschaffung der ungleichen Verträge vorgelegt hatte (07.07.1928), kam Bewegung in die Anerkennungsfrage. Die USA verbanden die völkerrechtliche Anerkennung mit einem Vertrag zur Regelung der Tarifverhältnisse (25.07.1928), Deutschland folgte an zweiter Stelle. Von Borch traf am 15. August als erster ausländischer Gesandter in Nanjing ein, fünf Tage später wurde der deutsch-chinesische Vertrag unterzeichnet.[75] Die anderen Mächte sprachen ihre Anerkennung im November und Dezember des Jahres aus, nachdem am 10. Oktober 1928 die offizielle Verkündung der Nationalen Regierung der Republik China mit dem Regierungsvorsitzenden Jiang Jieshi stattgefunden hatte.[76]

---

72 Die Zwischenfälle begannen Mitte Juli 1927, als der Dampfer „Deicke Rickmers“ in Nanjing mit der Begründung angehalten wurde, daß der russische Berater Borodin auf ihm nach Shanghai gefahren sei. Die Schiffe wurden Ende August freigesetzt, nachdem die Regierungen in Wuhan und Nanjing vereinigt wurden (Chen Chi 1973:96). Vgl. Bracklo an das AA Berlin, 19.08.1927 (PAA, R85452).

73 Der Kanton-Aufstand folgte der Auflösung der Truppen in Wuhan und war ein weiterer Versuch der Kommunisten, in einer größeren Stadt Fuß zu fassen. Siehe Kuhn 2004:292, Martin 2003:113-127.

74 Zum Deutschlandaufenthalt der Kommission siehe Martin 2003:54-57.

75 Abgedruckt in: Martin 2003, Dok. 4. Siehe den Bericht Borchs an das AA Berlin vom 30.08.1928 (BArch, R9208/2088, Bl. 115-121). Die *Vossische Zeitung* (3.8.1928) brachte bereits vorher unter der Überschrift „Gesandtschaften in Nanking“ einen Lagebericht aus Nanjing, der die Notwendigkeit, es endlich den anderen Mächten gleich zu tun und ein entsprechendes Gebäude für die Deutsche Botschaft anzukaufen, unterstrich (BArch, R9208/2088, Bl. 129).

76 Zur Anerkennung siehe Chen Chi 1973:98-105.

59

Bericht des Vizekonsuls in Kanton, Wilhelm Wagner, an das AA Berlin (15.10.1921)

Bei der heutigen Unterredung mit Dr. Sun Yatsen, die in erster Linie die geplante Expedition gegen den Norden zum Gegenstand hatte, sprach Dr. Sun in dringlicher Form das Verlangen aus, daß Deutschland die Kantoner Regierung unverzüglich anerkenne und mit ihr in Verhandlungen über einen Staatsvertrag eintrete. Deutschland, so führte er aus, sichere sich dadurch das Vorrecht vor anderen Nationen und werde daraus gute Früchte ziehen können. Bis zum Abschluß eines Vertrages oder jedenfalls bis zur Einleitung förmlicher Verhandlungen über einen solchen sei es seiner Regierung unmöglich, den Deutschen die Rechte zu gewährleisten, die er ihnen gerne geben möchte.

Dr. Sun sprach somit dasselbe Verlangen aus, daß der Außenminister der Kantoner Regierung in der in dem nebenbezeichneten Bericht gemeldeten Unterredung am 13. d. M. gestellt hat.[77]

Ich habe Dr. Sun entgegengehalten, daß in der ersten Unterredung mit ihm, über die ich in dem Bericht Nr. 3 vom 26. d. M. nähere Mitteilungen zu machen die Ehre hatte, er sich ausdrücklich dahin ausgesprochen habe, daß es ihm auf eine formale Anerkennung nicht ankomme.[78] Dr. Sun erwiderte: „Ich wollte damals in erster Linie zeigen, welche Aussichten sich den Deutschen in meinem Lande bieten. Mit kam es darauf an, gewissermaßen das fertige Gebäude zu schildern, zu dem durch die unverzügliche Aufnahme geregelter Beziehungen zu meiner Regierung die Tür erst geschaffen werden muß." Dr. Sun setzte hinzu, daß man vielleicht denken werde, die Anerkennung seiner Regierung durch Deutschland werde seiner Regierung kaum förderlich sein, womöglich werde sie diese sogar in Mißkredit bei den anderen Nationen bringen. Demgegenüber wolle er betonen, daß er die Anerkennung der anderen Nationen zur Zeit gar nicht wünschen könne. Diesen gegenüber müsse das Feld erst noch bereinigt, vor allem die Umstände aus der Welt geschafft werden, die die Souveränität Chinas beeinträchtigen. Seine Wünsche gingen in dieser Beziehung sehr weit. Insbesondere müßten die fremden Nationen auf ihren Besitzstand in China verzichten. Er habe darüber auch den Engländern, die sich ihm, nach noch erst kürzlich erbitterter Feindschaft, in den letzten Tagen zu nähern versucht hätten, keinen Zweifel gelassen. Im Verhältnis zu Deutschland sehe er keine Punkte, die einem engen Zusammenschluß entgegenstünden. Selbst die Pekinger Regierung, so glaube er versichern zu können, werde keinen Widerspruch erheben. Außerdem komme sie nach seiner festen Zuversicht in kurzer Zeit überhaupt nicht mehr in Frage, da ihr Ende herannahe. Falls die übrigen Nationen das Vorgehen Deutschlands auf dem Wege der Anerkennung seiner Regierung zum Anlaß von

---

77 Außenminister Wu Tingfang.

78 In dem Bericht vom 26. September 1921 schilderte Wagner seine Ankunft in Kanton, die Probleme und die Unterredung mit Sun Yatsen. Der Bericht ist abgedruckt in ADAP, A, Bd. 5, Nr. 143, 297-300.

Vorstellungen bei der deutschen Regierung nehmen würden, könne sich diese auf die zwingende Notwendigkeit berufen, die bestanden habe, zur Wiedererlangung des beschlagnahmten deutschen Eigentums und zum Schutz der allgemeinen deutschen Interessen einen Vertrag in Kanton abzuschließen.

Ich habe in diesem Zusammenhange Dr. Sun zu einer Erklärung zu bewegen gesucht, da die Beschlagnahme des deutschen Eigentums als einer durch nichts mehr gerechtfertigten Kriegsmaßnahme und im Hinblicke auf die gewünschten guten Beziehungen zu Deutschland bedingungslos und sofort rückgängig gemacht werden müsse. Dr. Sun erklärte nach anfänglicher gänzlicher Ablehnung eines solchen Gedankens, daß er darüber nicht befinden könne, daß er überhaupt alle solche Fragen der einzuschlagenden Politik dem Außenminister seiner Regierung überlassen müsse. Wie dieser müsse auch er mir dringend nahelegen, Vollmachten zu Verhandlungen über einen besonders abzuschließenden Vertrag sofort nachzusuchen. Die Zeit dränge. Er bäte, die nötigen Instruktionen sofort einzuholen und die Entschließung der deutschen Regierung den Außenminister und nach seiner Abreise stellvertretenden Präsidenten Dr. Wu Tingfang ehestens wissen zu lassen. Ein rasches und mutiges Handeln der deutschen Regierung werde Deutschland große Vorteile verschaffen, deren es bei abwartender Haltung verlustig gehe.

Falls die Behauptung Dr. Suns zutreffend sein sollte, daß die Pekinger Regierung gegen den Abschluß eines förderlichen Vertrages mit der Südregierung nichts einzuwenden haben würde, dürfte allerdings wohl das Haupthindernis für besondere Abmachungen mit der Südregierung beseitigt sein. Aus der mir hier bestätigten Tatsache, daß die Pekinger Regierung den hiesigen Vizeminister des Äusseren, Dr. C. C. Wu,[79] in aller Form aufgefordert hat, an den Beratungen der Pazifischen Konferenz teilzunehmen, ließe sich immerhin der Schluß ziehen, daß die Eigenexistenz der südchinesischen Republik auch von Peking in einem gewissen Umfange anerkannt wird.

Ich bleibe hier weiter bemüht, ausfindig zu machen, ob sich nicht auf irgendeine Art eine Rückgabe des deutschen Eigentums erzielen läßt, die uns weitere Verpflichtungen nicht auferlegt. Daneben setzte ich ungeachtet der verschiedenen Schwierigkeiten die Bemühungen fort, die Einrichtung der hiesigen amtlichen Vertretung durchzusetzen und sie nach den jetzigen Anfängen auf sicheren Boden zu stellen. Bisher ist sowohl durch indirekte als auch persönliche Fühlungnahme mit hiesigen einflußreichen chinesischen Kreisen, wobei sich insbesondere die Bekanntschaft mit dem Sohne Sun Yatsens,[80] dem Bürgermeister von Kanton, nützlich erwies, erreicht worden, daß die Einrichtung der Behörde sich so weit wenigstens frei von äußeren Störungen hat vollziehen können.

Ich leite den Bericht durch die Hand des Herrn Geschäftsträgers in Peking.

Wagner

BArch, R9208/2232, Bl. 308-311

---

79 C. C. Wu (Wu Chaoshu), Sohn von Wu Tingfang, nach dessen Tod ab März 1923 Außenminister der Kanton-Regierung.

80 Sun Ke (Sun Fo).

60

Bericht des Missions-Superintendenten Friedrich W. Leuschner an Max Linde, Verband für den Fernen Osten (03.11.1921)[81]

In fast allen deutschen Blättern wird Südchina nicht richtig beurteilt. Das schadet vor allen Dingen der deutschen Sache. Sehr viele Chinesen können deutsch lesen, wir wissen, daß sie auch gern die deutschen Zeitungen sich vorlesen lassen oder selbst lesen. Der Süden ist ebenso deutschfreundlich wie der Norden. Es liegt absolut kein Grund vor, daß die Deutschen immer wieder Partei für den Norden nehmen. Man kann es ja verstehen. Die führenden Zeitungsmänner daheim sind meist in Peking oder im Norden gewesen, so haben sie eine große Vorliebe für ihn mitgebracht. Sie wollen es gar nicht dulden, daß man die alten Rechte des Nordens berührt oder schmälert.

Wer richtet sich heutzutage noch nach den Althergebrachten! Hin ist hin. Wir wollen wohlwollend neutral sein, auch in unseren Aufsätzen über China. Wir wollen keine Politik für die Chinesen machen. Wir wollen die, welche uns in schwerer Zeit freundlich gesonnen sind, nicht unnötig verletzen.

Sun ist ein ganz nüchterner Mann, er weiß genau, was er will und was er eventuell erreichen kann. Das Heer mag im Norden etwas besser geschult und auch bewaffnet sein, aber man darf nie vergessen, daß der Süden im „Politikmachen" dem Norden „weit über" ist. Was der Süden alles fertig bringt, hat die Militärrevolution in Hankou gezeigt. Außerdem hat der Süden auch eine ganze Reihe tüchtig geschulter höherer Offiziere, die viel von ihren deutschen Instrukteuren gelernt haben. Man vergesse nicht, daß auch Yunnan immer noch zum Süden gehört. Auch dort haben deutsche Offiziere unterrichtet.

Die Politik, welche der Süden treibt, ist auch ganz durchsichtig. Wer das Volk auf seiner Seite hat, der hat in China gewonnenes Spiel. Einzelne Provinzen sind nur aus Vorsicht noch neutral, aber wenn Kanton weitere Erfolge aufzuweisen hat, dann, so haben sie bereits beschlossen, werden sie sich an Kanton anschließen. Man muß auch zugeben, daß der Bundesstaat nach amerikanischem Muster viel bedeutet und eine große Menge Vorzüge aufweist. Heutzutage kommt es darauf an, daß eine Regierung ihr Können erweist. Kann sie das Volk auf ihre Seite ziehen und erhalten, dann hat sie schon halb gewonnen.

Die „provinziale Autonomie" ist das Schlagwort, welches jetzt in aller Munde ist. Es entspricht auch am meisten den Zuständen Chinas und knüpft klugerweise an die alten

---

81 Leuschner, Berliner ev. Missionsgesellschaft, war seit 1888 als Missionar insbesondere in der Provinz Guangdong tätig. Max Linde leitete den Bericht am 25.01.1922 weiter an Ministerialdirektor Knipping, AA Berlin. In dem Begleitschreiben setzt Leuschner sich für eine positive Beurteilung Sun Yatsens ein. Sun sei „deutschfreundlich" und die Engländer „hassen ihn tödlich". Leuschner fordert: „Deutschland sollte lieber, wenn nicht öffentlich, so unter der Hand, mit Sun verhandeln, das würde uns mehr einbringen. Lassen wir doch die Chinesen ihre Sache untereinander austragen und nehmen wir nicht so einseitig Partei für den Norden, wie es leider in fast allen Blättern geschieht" (BArch, R9208/2232, Bl. 214). Leuschner publizierte zahlreiche Werke in Deutschland. Siehe Bibliographie.

Gepflogenheiten der Kaiserzeit an. Sun, der sich jetzt gerade bei der Armee aufhält, verdient unsere Bewunderung. Er hat sich doch wahrlich genug bemüht und geplagt für sein Heimatland. Wenn ihm nur an Ehren oder einem guten Leben gelegen wäre, dann hätte er sich längst zurückziehen und ein gemächliches Leben führen können. Er kann aber nicht ruhen bis das Gebäude, welches er aufzurichten sich genommen hat, unter Dach und Fach gekommen ist. Hut ab vor dem Manne!

Ein gutes Zeichen für seine Politik ist der Haß, welchen die Engländer seit einigen Jahren auf ihn geworfen haben. Ihnen ist er viel zu klug. Sie haben ihn als ihren Mann betrachtet, der gewissermaßen Leib und Seele ihnen zu verdanken hat, da sie ihn aus der Hand der „Kaiserlichen" seinerzeit gerettet haben.[82] Nun macht er ihnen solche Geschichten, er gibt ihnen den Schlüssel zur Stadt Kanton „Wangpu"[83] nicht, er hat es verstanden, solche Maßnahmen zu treffen, daß der Gouverneur aus Hongkong einige seiner Regierungsmaßnahmen widerrufen mußte. Freilich Sun hat kein starkes Heer hinter sich, hätte er das, dann könnte er anders auftreten, dann brauchte er sich nicht so durchzuwinden und so viele Umwege zu machen, wie er sie machen muß. Tatsächlich liegt auch Sun selber sehr wenig an der Präsidentschaft, aber es war kein anderer dazu da, er war der Einzige, der den Mut und die Hoffnung besaß, „China nicht verloren zu geben". Daß der Norden China nicht helfen und den Frieden nicht bringen konnte, hat sich doch klar gezeigt. Auch auf dem Wege der provinzialen Autonomie werden viele Fehler und Rückschläge zu verzeichnen sein, aber dieser Weg hat Aussicht auf Gelingen. Das leuchtet den Chinesen ein. Das ist eine Politik, die ihrem Volksempfinden gerecht wird.

Dann möchte ich auch eine Lanze brechen für das Heer. Ohne weiteres muß zugegeben werden, daß manche Verbände viel zu wünschen übrig lassen in Bezug auf Ausbildung und Zuverlässigkeit, aber es fehlt nicht an guten Kerntruppen, die sich bei guter Führung todesmutig schlagen. Soldaten wie Offizieren kann der Sold oft nicht ausgezahlt werden und doch bleiben sie ihrer Fahne meist treu. Es wird wenig genug revoltiert. Soweit ich das Militär kenne, so verspricht es in der Zukunft, wenn erst die inneren Verhältnisse geordnet sein werden, eine vorzügliche Maschinerie zu werden. Zu bedenken wäre auch noch die verhältnismäßige Einigkeit unter den Führern des Südens. Sie fangen an auf das Ganze zu sehen und ihre Sonderinteressen zurückzustellen. Das ist etwas „Neues" in China, ein Zeichen innerer Gesundung.

---

82 Sun Yatsen war maßgeblich am Kanton-Aufstand (1895) zum Sturz der mandschurischen Qing-Dynastie beteiligt. Nach dessen Scheitern setzte die Regierung ein Kopfgeld für seine Ergreifung aus, so daß Sun die folgenden 16 Jahre im Ausland verbrachte und seine Aktivitäten zunächst in Japan, Honolulu und den USA fortsetzte. Während eines Aufenthalts in England wurde er am 11.10.1896 in die chinesische Gesandtschaft verschleppt und sollte per Schiff nach China gebracht werden. Ein Freund setzte sich bei der britischen Regierung erfolgreich für seine Freilassung ein, so daß Sun der sicheren Hinrichtung in China entging. Der Fall machte Sun international bekannt, er blieb insgesamt zehn Monate in London, wo er sich u.a. dem Studium westlicher sozialistischer Literatur, einschließlich der Werke von Karl Marx, zuwendete. Sun Yatsen behandelte den London-Zwischenfall in der Schrift: *Kidnapped in London. Being the Story of My Capture by, Detention at, and Release from the Chinese Legation, London* (Bristol 1897, 134 S.).

83 „Whampoa" = Huangpu.

Uns Deutschen kann es ganz gleich sein, wie sich die Verhältnisse gestalten werden. Der Tüchtigere wird siegen! Ein Recht, weder göttliches noch menschliches, liegt für die Gouverneure des Nordens nicht vor, daß sie die Herrschaft des alten Kaiserhauses abtreten sollen. Wenn der Süden nun für das „gleiche Recht für Alle" antritt, so hat er durchaus ein Recht dazu, evt. sogar die Pflicht, Ordnung in das Chaos zu bringen.

Als Deutscher, der China liebt, bitte ich alle Landsleute, doch äußerst vorsichtig zu sein und nicht einen Machthaber auf Kosten des anderen vorzuziehen oder zu beeinträchtigen.

Der deutschen Politik aber wäre anzuraten, mit der Regierung des Südens sich auf einen recht freundlichen Fuß zu stellen. Wenn die Zeit auch noch nicht gekommen ist, daß Deutschland mit der Südregierung Verträge schließen kann, so ist aber die Zeit zu freundlichen Beziehungen längst gekommen. Kanton ist überaus wichtig und wird immer wichtiger werden. Hierher sollten die allerersten Kräfte geschickt werden.

BArch, R9208/2232, Bl. 214-216.

61

Stellungnahme des Sekretariats von Sun Yatsen (29.09.1922)[84]

Herr Sun hat einige in der Zeitung abgedruckte Formulierungen sehr aufmerksam gelesen.[85] Seiner Ansicht nach handelt es sich um dummes und absurdes Gerede. Ursprünglich dachte Sun, es sei überflüssig, auf diese Verleumdungen einer in gewisser Hinsicht bekannten Zeitung zu reagieren. Jetzt aber will er nicht mehr schweigen. Warum behauptet er, daß das, was die Zeitung schreibt, dumm ist? Weil sie berichtet, daß in China bereits eine historisch und wirtschaftliche ähnliche Situation eingetreten sei, wie die, die den Bolschewismus in Rußland hervorgebracht habe. Das glaubt aber niemand. Warum behauptet er, daß das, was in der Zeitung steht, absurd ist? Weil er niemals geplant hat und auch niemals daran dachte, China in ein kommunistisches Land umzuwandeln. Wenn man sein Buch „Die Internationale Entwicklung Chinas" liest, erfährt man von seiner festen Überzeugung, daß die realistische Entwicklung Chinas und die Ausnutzung seiner unerschöpflichen Naturressourcen

84 Aus dem Chinesischen übersetzt von Andreas Steen und Yang Zhan'ao. Der Text wurde seinerzeit von dem Sekretariat Sun Yatsens verfaßt und, so die Anmerkung, um die Meinung Suns wiederzugeben, wurde die indirekte Rede verwendet. Der Text erschien in der *Guomin gongbao*, 24.10.1922, unter dem Titel: „Sun zhai mishuchu bianzheng waijiao mihan" (Stellungnahme des Sekretariats von Sun Yatsen zu den außenpolitischen Geheimbriefen).

85 Der Text enthält hier folgenden Einschub, in Klammern: „Gemeint sind jene Formulierungen in der Hongkonger Zeitung, die von bolschewistischen Idealen sprechen." Die Tageszeitung *The Hong Kong Telegraph* hatte am 22.09.1922 auf der Titelseite drei Briefe abdruckt und sah diese als Beweis dafür, „that Sun has been conspiring to bring about an alliance between China, Germany, and Russia, based on Bolshevist ideals". Siehe hierzu Wilbur 1976:108-110 und Kapitel 4 dieses Bandes.

mit Hilfe von ausländischem Kapital und Technik umgesetzt werden müssen.[86] Außerdem hat er Amerika, England u.a. Länder mehrfach zur Kooperation aufgefordert.

Herr Sun schenkt Deutschland und Rußland besondere Beachtung. Seiner Meinung nach hatten aus chinesischer Sicht die Entmilitarisierung Deutschlands sowie die Aufhebung seiner Exterritorialität in China zur Folge, daß Deutschland sich bereits selbst auf die Seite der Nichtangriffsländer gestellt hat.

Herr Sun sagt weiter, daß seit der Erhebung Sowjetrußlands eine der größten Gefahren für die politische Souveränität und territoriale Integrität Chinas verschwunden ist. Solange die sowjetische Regierung an ihrer Nichtangriffspolitik festhält, brauche China keine Angst vor Rußland zu haben.

Herr Sun ist nach gründlichem Nachdenken zu dem Schluß gekommen, daß China in seiner jetzigen Phase der Erneuerung unbedingt als gleichberechtigtes Land und mit voller Souveränität die Unterstützung der Großmächte benötigt. Er ist überzeugt, daß die Situation in Deutschland und Rußland sich bereits geändert hat und das politische System [dort] reformiert wurde, so daß China nun mit beiden Ländern auf gleichberechtigter Grundlage verhandeln kann. Deshalb ist er für eine Politik, die eine verstärkte Freundschaftsbeziehung zu den beiden Mächten anstrebt. Er glaubt, daß diese Politik für ein weder monarchistisches noch unbezwingbares China am vorteilhaftesten ist. Dies sind die wichtigsten Überlegungen von Herrn Sun. Es wurde behauptet, daß er möglicherweise zu Deutschland oder den Bolschewisten enge Beziehungen pflege. Obgleich derart giftige Worte unglücklicherweise viele Menschen daran hindern können, ihrer Verantwortung einer aufrichtigen und wahrhaftigen Liebe zu Vaterland und Landsleuten nachzukommen, vermögen sie Herr Sun keineswegs einzuschüchtern.

Schließlich kam Herr Sun auf die gewissen Briefe zu sprechen, von denen er weiß, daß sie von Chen Jiongming mit klarem Ziel in Hongkong veröffentlicht wurden. Herr Sun meint, daß für Handlungen oder Angelegenheiten, die er als Vorsitzender der Regierung zum Schutz der Verfassung zu verantworten habe, keinerlei Verpflichtung zu Erklärungen bestehe, mit Ausnahme gegenüber dem Parlament. Wer behauptet, jene oben genannten Briefe beweisen, daß er geplant oder versucht habe, ein dem bolschewistischen Ideal entsprechendes Bündnis mit Rußland und Deutschland anzustreben, sollte die chinesischen Originaltexte lesen. Er wird diese Briefe jetzt in zuverlässiges Englisch übersetzten, damit jedermann sie lesen kann. Was die schlechten Übersetzungen anbelangt, die in der Zeitung Cheng Jiongmings gedruckt wurden, so gibt es für die Verleumdungen keinerlei Beweise. Ihre propagandistische Funktion ist offensichtlich.

Sun Zhongshan: Guofu quanji (Sun Yatsen: Gesamtwerk), Bd. 2, 1989, S. 109-110.

---

86 Sun Yatsen: *Zhonggguo zhi guoji fazhan*, erschien in Übersetzung als *The International Development of China*, New York/London 1922.

62

Schreiben des Gesandten in Peking, Adolf Boyé, an Generalkonsul Hans Carl Büsing, Kanton (24.02.1923)

Dr. Sun Yatsen ist nach Meldungen der Presse in diesen Tagen nach Kanton zurückgekehrt.[87] Die hiesigen politischen Kreise glauben, daß er nicht die Absicht hat, in gleicher Weise wie früher eine selbständige, in scharfer Opposition gegen Peking stehende Südregierung zu etablieren, geben aber die Möglichkeit zu, daß er durch seine Anhängerschaft wieder in die alten Bahnen gedrängt werden könnte. Wie dem auch sei, sicher scheint es, daß die Verhandlungen zwischen dem gegenwärtigen Premierminister Zhang Shaoceng und Sun Yatsen ziemlich weit gediehen sind und daß auch zwischen Sun Yatsen und Zhang Zuolin Beziehungen bestehen: Faktoren, die man in ihrer Tragweite nicht zu überschätzen braucht, die aber jedenfalls die Wirkung haben werden, daß Sun Yatsen vorläufig seine schroffe und unversöhnliche Haltung gegenüber der Pekinger Regierung nicht ohne weiteres wieder aufnehmen kann. Er hat den populären Gedanken der Wiedervereinigung von Nord und Süd während seines Shanghaier Exils in der Öffentlichkeit so sehr zu einem persönlichen Programmpunkt gemacht, daß er in seiner politischen Handlungsfreiheit gegenüber dem Norden zunächst einigermaßen gehemmt sein wird.

Es wirft sich für uns die Frage auf, ob dies nicht der psychologische Moment ist, unsere Beziehungen zu Sun Yatsen, der unter allen Umständen eine beträchtliche Rolle in der künftigen Entwicklung spielen wird, auf eine festere Basis zu stellen.

Es ist zwar mißlich, in einer Zeit, wo alle Dinge noch im Fluß sind, bestimmte Weisungen zu erteilen, die von dort aus gesehen und im Moment ihres Eintreffens sich als nicht mehr durchführbar erweisen. Die nachstehenden Gesichtspunkte sollen daher nur Anregungen sein, die vielleicht Dr. Wagner, der Sun Yatsen von früher gut kennt, in Aussprachen mit ihm und mit ihm nahe stehenden maßgebenden Männern verwerten könnte:

Sun Yatsen sollte von seinem früheren Gedanken des Abschlusses eines Sondervertrages mit Deutschland und der dadurch bedingten vertraglichen Anerkennung durch Deutschland absehen. Ein solcher neuer Vertragsabschluß brächte heute keinem der beiden Vorteile. Dagegen würde Dr. Sun sich von allen anderen Ländern und noch mehr vor dem ganzen chinesischen Volk als weitausschauender und gerechter Staatsmann zeigen, wenn er von sich aus eine Nation, die als erste Chinas volle Souveränität und Gleichberechtigung feierlich anerkannt habe, nicht schlechter wie die rückschrittlichen anderen Nationen, sondern besser behandele. Er müsse daher von sich aus aus eigener Überzeugung aussprechen, und den ihm in Kanton untergeordneten Stellen bekannt machen, daß er den Deutsch-Chinesischen Vertrag vom 20. Mai 1921 anerkenne, nicht weil die Pekinger Regierung ihn abgeschlossen habe, sondern weil die darin festgelegten Grundsätze seinen eigenen politi-

87 Nach dem Putsch Chen Jiongmings hatte Sun Yatsen Kanton im August 1922 verlassen. Anschließend hielt er sich in Shanghai auf; Mitte Februar 1923 kehrte er nach Kanton zurück. Siehe Kapitel 4.

schen Plänen entsprächen, und weil es ein Vertrag sei, nicht nur zwischen Regierung und Regierung sondern zwischen Volk und Volk.

Durch eine solche auf seinem eigenen Entschluß beruhende Erklärung müßte Dr. Sun sich von der Pekinger Regierung einmal als selbständiger Führer und Staatsmann erweisen, der sich die volle Freiheit seines Handelns wahrt, er würde seinen stets bewiesenen Patriotismus aufs neue dartun, indem er die Einigkeit zwischen Nord und Süd in einem wichtigen Punkte, nämlich dem der neuen Vertragsrechte, ausdrücklich unterstreicht, und er würde dem ganzen Volke zeigen, daß er in grundsätzlichen politischen Fragen, die ganz China angehen, sich nicht durch seinen Gegensatz zu Peking vom offenen Eintreten für einen von ihm sachlich gebilligten Vertrag abhalten lasse.

Es sei doch auf die Dauer ein Unding, daß er in Kanton den fremden Vertretern gegenüber die alten Verträge, die er nicht billige, hinnähme, einen neuen, den er billige, aber nicht anerkenne.

Die Deutsche Konsularvertretung in Kanton würde eine solche Erklärung Sun Yatsen mit Freuden begrüßen und danach in aller Offenheit die freundschaftlichen Beziehungen zu ihm und seinen Organen aufnehmen können, die zu pflegen unser aufrichtiger Wunsch sei.

Wir können naturgemäß keine finanziellen Unterstützungen in Aussicht stellen, aber wir können doch mancherlei moralische Hülfen geben, die besonders bei unseren guten Beziehungen zur Sowjetrepublik sich als wertvoll und für die weitere Gestaltung der Dinge in China erspriesslich erweisen werden. Ich habe das ernsthafte Bestreben, hier in Peking ein möglichst enges und vertrauenvolles Verhältnis zwischen Deutschland und China herzustellen, gute Beziehungen zu Sun Yatsen würden dies Bestreben wesentlich fördern helfen.

Gelegentlich dieser Unterhaltungen bitte ich Dr. Sun auch zu befragen, ob er hier in Peking einen Vertreter hat, der sein volles Vertrauen genießt, und mit dem ich meinerseits Fühlung nehmen könnte.

Sollte im Verlauf der Besprechungen von chinesischer Seite die Frage der Rückgabe des deutschen Vermögens in Guangdong vorgebracht werden, so wäre in geeigneter Weise darauf hinzuweisen, daß die Besorgnis vor einer Forcierung unserer Ansprüche auf Rückgabe des Eigentums nicht das Hindernis für eine Anerkennung unseres Vertrages bilden sollte. Soweit es sich um Rückgabe des noch nicht verkauften, ziemlich geringfügigen Eigentums handele, würde eine freundschaftliche Einigung darüber wohl nicht schwer sein, soweit es sich um Rückzahlung der Liquidationserlöse handele, werde die Gesandtschaft auch weiterhin mit der Regierung in Peking verhandeln.

Einem gefälligen Bericht über die Angelegenheit sehe ich mit besonderem Interesse entgegen.

BArch, R9208/2232, Bl. 106-108.

63

Brief von Sun Yatsen, Kanton, an seinen Vertrauensmann Deng Jiayan, Berlin (18.08.1923)[88]

Mit der Bitte zur Kenntnisnahme an meinen Freund Mengshuo [Deng Jiayan]: Das Schreiben vom 23. Juni habe ich erhalten. Zur Zeit haben wir hier große finanzielle Schwierigkeiten, deshalb kann nicht die Rede sein vom Einkauf militärischer Rüstungsgüter. Was die Flugzeuge anbelangt, so können wir sie selbst bauen. Vor kurzem haben wir bereits das erste Flugzeug hergestellt, welches sogar besser als die im Ausland produzierten ist. Fortan werden wir sie selbst herstellen und brauchen keine mehr aus dem Ausland zu importieren.[89] Den Großteil Deiner früheren Briefe habe ich bereits erhalten, ein Mal habe ich Dir persönlich geantwortet, ich weiß allerdings nicht, ob Du den Brief bekommen hast.

Hier haben wir Bedarf an deutschen qualifizierten Technikern und wenn wir [nur] vereinzelt welche anstellen, so nützt es nicht viel. Wir müssen unbedingt auch mit deutschen Industriellen wie z.B. Stinnes und der [deutschen] Regierung einen großen Aufbauplan ausarbeiten. China mit seinen Rohstoffen und Arbeitskräften muß mit Deutschland und seinen Maschinen und Wissenschaften zusammenarbeiten, um Chinas reichlich vorhandene Ressourcen zu erschließen, seine Verwaltung zu reformieren und das Militärwesen zu verbessern. Mit einem Wort, China soll mit Hilfe deutscher Talente und deutschem Wissen innerhalb kürzester Zeit zu einem reichen und starken Land gemacht werden. Wenn das erreicht ist, wird China die Kraft seines ganzen Landes aufbringen, um Deutschland aus den Fesseln des Versailler-Vertrages zu befreien. Wenn die deutsche Regierung in der Lage ist, China als einen Hoffnungsschimmer zu sehen, wird China sicherlich auch Deutschland als seinen einzigen Lehrmeister betrachten. Wenn man heute alle Personen der demobilisierten Marine und des demobilisierten Heeres, ihre Pläne und Erfahrungen bei der Waffenherstellung sowie bei der Organisation der Truppen nach China bringen könnte, um dieses Land zu stärken und sich gegenseitig zu helfen, dann werden sicherlich alle ehemaligen Rechte, die Deutschland durch die Kriegsniederlage verloren hat, mit Hilfe des reichen und starken

88 Aus dem Chinesischen übersetzt von Andreas Steen und Yang Zhan'ao. Das Schreiben findet sich in den „Gesammelten Werken“ Sun Yatsens unter der Überschrift: „Zhi Deng Jiayan zhu youshui Deguo zhishi cucheng ZongDe hezuo han“ (Auftrag an Deng Jiayan, integere und hochstehende Persönlichkeiten Deutschlands für die politischen Ideen und eine deutsch-chinesische Zusammenarbeit zu gewinnen). Vgl. auch Felber 1988b:143.

89 In seinen Schriften maß Sun der Luftfahrt eine rein militärische Bedeutung zur nationalen Landesverteidigung zu, sah aber bereits 1922 Möglichkeiten einer Kooperation (vgl. Sun 1922). Gemeinsam mit Song Qingling besuchte er im August 1923 in Kanton die Werkhallen, in denen Chinas erstes Flugzeug hergestellt wurde. Zum Flugzeugbau in China siehe den Beitrag von Hauptmann a.D. R. Walter, „Aktive Deutsche Luftpolitik in China“, Kanton, 01.06.1925 (BArch, R9208/2241, Bl.160-167). Zur ersten Flugreise nach Peking siehe Knauß 1927. Eine Kooperation im Flugzeugbau wurde erst mit der Gründung der zivilen deutsch-chinesischen Luftfahrtsgesellschaft EURASIA (*Ouya hangkong gongsi*), die am 21. Februar 1930 gegründet wurde, realisiert (Wiethoff 1986:193-291, Martin 2003:57-58).

China wieder hergestellt werden können. Ich weiß nicht, ob die Mehrheit der deutschen Politiker diese Einsicht besitzt. Ich hoffe, daß Du Deinen Aufenthalt in Deutschland nutzt, um die Regierung und die Industriellen für diesen Plan zu gewinnen. Sollten sie diese Einsicht haben und um den wechselseitigen Bedarf der Freundschaft wie auch die dringend notwendige Hilfe zwischen den zwei Ländern wissen, weder Europa noch Asien diskriminieren und keine Unterschiede zwischen den Rassen machen, dann wäre dies das größte Glück der Menschheit.

Falls mutige und hochstehende deutsche Persönlichkeiten diesen Weg einschlagen und die Beziehungen zwischen Deutschland und China [auf diese Weise] fördern, dann würden ihre Verdienste sicherlich noch die Bismarcks übertreffen.

Da Du, mein Freund, der Vermittler in dieser Angelegenheit bist, wird auch Dein Beitrag größer als der von vierhundert Millionen Menschen sein. Ich hoffe, daß Du diese Gelegenheit wahrnehmen und ausführen kannst. Ich wünsche Dir eine gute Reise.

Sun Wen

Hauptquartier, 18. August.

Sun Zhongshan: Guofu quanji (Sun Yatsen: Gesamtwerk), 1989, Bd. 5, S. 467-468.

64

Aufzeichnung des Ministerialdirektors Hubert von Knipping, Berlin (08.09.1923)

Nr. IVb Chi. 1980.
Nr. 629.
Vertraulich!

Der Chinese Deng Jiayan, der vor etwa einem Jahr zu Studienzwecken und um Verbindungen mit deutschen Industriekreisen anzuknüpfen nach Deutschland gekommen ist, hat kürzlich die abschriftlich in der Anlage beigefügte Übersetzung aus einem an ihn gerichteten Schreiben von Sun Yatsen aus Kanton vom 19. Juni d.J. hier überreicht.[90]

Herr Deng erklärte, er sei nicht eigentlich Nachfolger von General Zhu Hezhong, besitze keinen bestimmten Auftrag als das, was in der Übersetzung enthalten sei und bäte um eine Äußerung, wie die Deutsche Regierung über Suns Pläne dächte.

Es ist ihm darauf ungefähr folgendes geantwortet worden:

Bezüglich irgendwelcher militärischer Wünsche sei bekannt, daß wir durch den V.V. [Versailler Vertrag] auf diesem Gebiet zur Untätigkeit verpflichtet seien, wie weit er da auf

90 Deng Jiayan bezeichnete sich selbst als Berater des Präsidenten Sun Yatsen und war im Sommer 1922 nach Deutschland entsandt worden (vgl. Felber 1988b:142).

privatem Wege vorwärts kommen wolle und könne, müsse ihm überlassen bleiben.

Im Übrigen könne er sicher sein, daß wir dem von Dr. Sun geäußerten Gedanken einer „collaboration" auf wirtschaftlichem Gebiet durchaus sympatisch gegenüber ständen, und daß wir gewiß bereit sein würden, in der Richtung auch unsere amtliche Hilfe zur Verfügung zu stellen, sobald erkennbar wäre, in welchen bestimmten Richtungen sich die darauf gerichteten Wünsche des Dr. Sun bewegten, wiewohl gesagt werden müsse, daß auch in diesen Richtungen an ein Vorwärtskommen hauptsächlich auf privater Basis, und ohne daß deutscherseits eine Kapitalbeteiligung zu erwarten sei, zu denken wäre.

Deng dankte für diese Äußerung und stellte in Aussicht, Dr. Sun brieflich zu veranlassen, einen „Sketch of his plan" ausarbeiten und ihm zukommen zu lassen, damit er diesen alsbald hier vorlegen könne. Herr Deng erkundigte sich alsdann noch nach der Anschrift des Staatssekretärs a.D. von Hintze und verwies auf die Stinnes Co., mit der Herr Zhu bereits im vorigen Jahre einige geschäftliche Vorbesprechungen gehabt hätte.[91]

Über die Art dieser Vorbesprechungen konnte hier Näheres nicht in Erfahrung gebracht werden.

Das Generalkonsulat in Kanton erhält gleichen Erlaß.

Im Aufrage

Knipping

Anlage:

The following translation is a part of Generalissimo Dr. Sun's letter, dated June 19, 1923, dispatched from his Headquarters at Canton, China. It is a reply to Mr. Deng's letter in which Mr. Deng has informed Dr. Sun about the question of the engagement of some German officers:

"Although we have planned to engage some German officers, it seems to me that it makes only a little effect if we simply try it bit by bit. It must be taken to view in a general way with the material resources as well as the capable men of both China and Germany in order to work out a big plan of collaboration – applying the German to the Chinese products. Because we are at present in a state of poor learning while the Germans are quite short of products. To remedy these difficulties of both a mutual help is necessary. I am sure, within a few years the conditions of China and Germany will be improved if the proposed plan is practically carried out.

I have sent Mr. Zhu Hezhong to go to Germany last year with the same purpose, he has spoken with Dr. Hintze, late Ambassador at Peking, and with Stinnes Company, more or less about my plan. If the Government is interested, let me know by return mail."

BArch, R9208/2232, Bl. 63-64.

91 Hugo Stinnes, Großindustrieller in den Bereichen Kohle, Bergbau, Elektrizität, hatte die deutsche Kriegswirtschaft wesentlich unterstützt und war anschließend zum größten Unternehmer Deutschlands aufgestiegen. Der Stinnes-Konzern kontrollierte 1924 rd. 1500 Unternehmen und 2900 Werkstätten. Stinnes war überdies seit 1920 als Abgeordneter der Deutschen Volkspartei im Deutschen Reichstag vertreten. Zur Biographie siehe Feldman 1998.

65

Artikel aus der *Dazhonghua shangbao*, Tianjin (19.09.1923)

Abschrift.
Übersetzung aus der Tianjin *Dazhonghua shangbao* vom 19. September 1923.[92]

Handelsvereinbarung zwischen dem Deutschen Konsul und der Kanton-Regierung:
Die Zentralregierung hat von den in Kanton ansässigen Geheimagenten ein Telegramm bekommen, in dem sie melden, daß der Deutsche Konsul in Kanton zurzeit mit der Kanton-Regierung über die Frage der beiderseitigen Handelsbeziehungen verhandelt. Diese Nachricht hat uns wirklich in Erstaunen gesetzt. Deutschland hat schon mit unserer Zentralregierung einen Handelsvertrag abgeschlossen, wie kann Deutschland wieder mit der Kanton-Regierung über eine Vereinbarung verhandeln. Ferner ist die Kanton-Regierung gar nicht von den einzelnen Staaten anerkannt, sie hat also auch gar keine Macht, mit einem anderen fremden Staat, einen Vertrag abzuschließen. Diese Tätigkeit des Deutschen Konsuls ist wirklich gegen den Staatsvertrag. Gestern hat das Auswärtige Amt an den Deutschen Gesandten in Peking eine Note errichtet mit der Bitte, diese Tätigkeit zu verhindern.

BArch, R9208/2232, Bl. 65.

66

Schreiben des Ministerialdirektors Hubert von Knipping, AA Berlin, an die deutsche Gesandtschaft, Peking (14.02.1924)

Nr. Vb Chi 380/Ang.2.
Mit Beziehung auf den Erlaß vom
September v. J. –IVb Chi 1980 –[93]

---

92 Übersetzung durch die Deutsche Gesandtschaft. Von der Reaktion der Peking-Regierung auf einen möglichen Handelsvertrag zwischen Deutschland und der Kanton-Regierung berichtete wenig später auch die *The Evening News* unter der Überschrift „Peking Frowns New German Pact Canton is Making" (Eastern News Agency), 30.01.1924. Dort hieß es u.a.: „Peking, Jan. 29: According to an official report from Canton that has reached the Chinese Government, negotiations are now under way between Dr. Sun Yat-sen and the German Consul there for the conclusion of a treaty of communications. Accordingly, the Waijiaobu here has announced to the German Minister to Peking that the treaty in question is absolutely invalid" (BArch, R9208/2232, Bl. 132).

93 Siehe Dok. 64.

Vertraulich.

In der Anlage wird Abschrift einer von dem hiesigen Agenten Sun Yatsens, Deng Jiayan, dem Auswärtigen Amt übergebenen Aufzeichnung über gewisse Vorschläge betreffend deutsch-chinesischer Zusammenarbeiten zur gefälligen vertraulichen Kenntnisnahme ergebenst übersandt.

Auf die darin enthaltenen Vorschläge politischen Inhalts ist Deng eine hinhaltende, in keiner Weise bindende Antwort erteilt worden. Dagegen ist den Vorschlägen über Bergwerke und Verkehrswesen näher getreten worden.

Der Reichsverband der Deutschen Industrie wurde von den Vorschlägen betreffend Ausbeutung von Bergwerken und betreffend Verkehrswesen in Kenntnis gesetzt. Gleichzeitig wurde er, ebenso wie dies bereits gegenüber Deng geschehen war, auf Artikel V der chinesisch-französischen Zusatzkonvention vom 20. Juni 1895 hingewiesen, nach dem mit der Möglichkeit eines französischen Einspruchs gegen eine unter deutscher Mitwirkung erfolgende Ausbeutung von in der Provinz Guangxi gelegenen Bergwerken gerechnet werden muß.[94]

Der Reichsverband der deutschen Industrie beabsichtigt, mit Deng in Verbindung zu treten.

Nachträglich ist hier bekannt geworden, daß Deng sich in der Angelegenheit der Bergwerke und des Flugverkehrs auch an die Firma Hugo Stinnes gewandt hat.

Durchschlag dieses Erlasses und seiner Anlage für Kanton ist ergebenst beigefügt.[95]

Im Auftrage

Knipping

Anlage:

Dr. Sun Yatsen's Proposals.

In view of the political and economical situation in China as well as in Germany, it is necessary for both of our nations to join hand in hand with each other by associating either intellectually or materially. In order to carry out this plan practically I herewith quote Dr. Sun Yatsen's letter dated November 25, 1923, which will serve to be used as reference if so desired.

"To get rid of the yoke of the treaty of Versailles," said Dr. Sun, "there is no way better than the assistance of establishing a great, strong modern army in China, and then let China speak for you." This does not mean that you Germans should wait until we become stronger, however, it is taken to mean that you should prepare before hand a sort of invisible

---

94 Die Provinz Guangxi war französisches Einflußgebiet. Die chinesisch-französische Zusatzkonvention vom 20. Juni 1895, geschlossen nach dem Einspruch Rußlands, Deutschlands und Frankreichs gegen den Friedensvertrag von Shimonoseki (17.04.1895), sicherte Frankreich weitere Rechte zu.

95 Generalkonsul Remy, Kanton, reagierte mit einem Schreiben vom 10. Juni 1924 äußerst pessimistisch auf die nachstehend genannten Vorschläge Sun Yatsens (BArch, R9208/2232, Bl. 25-29).

force in the Far East in case it may be called to your aid. "We must, however," continued Dr. Sun in his letter, "solve the problem of finance before taking up the matter of the national defence as it is impossible to start without money." This could be done as Dr. Sun planned, by means of (a) exploiting mines, (b) cultivating lands, (c) commerce and (d) industry.

(a) Exploitation of mines. A coal mine lies from the district Hexian as far as the district Fuquan (generally known as Fu-He coal mines) in the province of Guangxi, and the thickness of its layer is, as has been actually surveyed by the mining experts, 50 ft. altogether.[96] For many years it has been spent hundreds of thousands of dollar for the enterprize of the exploitation, but it was unfortunately all in vain, owing simply to the difficulty of the transportation. To save the trouble it is deemed necessary to take up, first of all, the problem of transportation, either by land or by water, which ever we may select to begin with as long as it is more economical and convenient. As soon as this is done, the coal can be easily exported to the market where it is demanded. For instance, the whole province of Guangdong and Hong Kong where the industry is developed day by day, and yet the coal-supply of the manufactory and the navigation has to seek its source from Japan. The price of Japanese coal is estimated to be at a rate of $ 20 per ton, and the total amount of the supply required is about 20,000 tons daily, i.e. a sum of $ 400,000 has to go in favour of Japan. If the coal of Fu-He could every day produce 10,000 tons, the quality is good and the price is cheap, no doubt it can be sold anywhere and gain a net profit of $ 100,000 or more every day.

There are also mines of tin and iron in the same districts which are as profitable as the coal. We wish to work with the Germans on the basis of equal interests (50 to 50), and the whole business will be turned over to the Chinese government after a period of time.

(b) Cultivation of lands. There are lots of lands, fertile and yet uncultivated in the province of Guangxi, and are planned to be thoroughly worked by the Military Government. To do this the German Government is earnestly requested to look for a number of agricultural experts to assist us in the planning and practical work.

(c) Commerce. As soon as the government has coal, steel and food products at hand, it will be capable to control over the prices of the whole market and thereby issue a kind of paper money to a certain extent. The paper money will be used to purchase all kinds of native goods, which are frequently exported to the foreign countries, in exchange with the foreign goods which are generally imported to China. This makes the exportation and importation possible to be monopolized by the government. The bank, the warehouse, and the transportation of either way, by water or land, will entirely be controlled. The purpose of the self-trading by the government is nothing but to preserve the interests of the nation, and the organization of each business as bank or any others in a large scale must be as profitable as possible. Because we must try to make an enormous profit out of it before we could offer

---

96 Gebiet im Osten der Provinz Guangxi. Die Provinz ist bekannt für ihre Bodenschätze und zählt mit z.T. recht großen Vorräten, insbesondere zahlreichen Buntmetallvorkommen zu den zehn wichtigsten Buntmetallproduktionszentren Chinas. So machen z.B. die Reserven von Mangan und Zinn ein Drittel der gesamten des Landes aus; die Reserven von 25 Arten Bodenschätzen wie Vanadin, Wolfram, Antimon, Silber, Aluminium, Talk und Schwerspat (Baryt) stehen landesweit an 2. bis 6. Stelle.

as the expanses for the other important work. Of course, we like to have German experts assist us in this line.

(d) Industry. We have the biggest market in the world, however, there is nothing to be exactly in the form of a modern industry. Consequently the government must hereafter build a great factory in order to supply the necessity of the people and the general articles. The work and the capacity of a factory must follow the example of Germany. That whether the government alone will offer the capital or will cooperate with german merchants is to be decided upon after an investigation of it.

If we could have the German government and capitalists join us, devoting and collaborating to proceed with the investigation, preparation and realization of the four respects mentioned above, everything will be fairly succeeded within four or five years. Until that time is reached, the government would no doubt be able to controle the whole market, and a kind of currency will be put in circulation. The number of the currency issued shall be in proportion with the population of the territory. The Military government has at present six provinces under its control, namely: Guangdong, Guangxi, Yunnan, Sichuan, Guizhou and Hunan, and the population of these provinces has been estimated to be about 150,000,000.[97] Should each person have a share of $ 10, then a total amount would be $ 1,500,000,000. Such a sum could be raised and spent for the preparation of the national defence.

There is also as important as any others a problem of transportation which comprises four respects as: (1) Railway, (2) Highway, (3) Canal, and (4) Aviation. Of these four respects the latest is the easiest. Please immediately consult the company of aviation in regard to the communication between Sichuan and Kanton, because this line is very profitable no matter whether it is with cargo or passengers. The contract will be concluded on the basis of equal interest for the both parties and the capital must be provided by the company. It is to be hoped that the German covernment will kindly encourage the merchants to accomplish this matter at first so as to win the confidence of the Chinese people over the pioneer of the various enterprises, and the rest will come out satisfactorily.

BArch, R9208/2232, Bl. 30-32.

97 Von einer politischen und militärischen Kontrolle dieser Provinzen kann kaum die Rede sein. Bestenfalls handelte es sich um eine Teilkontrolle durch kompliziert ausgehandelte politische Bündnisse, die schon aufgrund der desolaten Finanzlage der Militärregierung ständig Gefahr liefen, zu zerbrechen (Wilbur 1983:539ff). Nach Einschätzung von Remy am 10.06.1924 „[ist Sun Yatsen] längst nicht einmal mehr Herr der ganzen Provinz Guangdong, ganz abgesehen davon, daß er auch hier noch mehr oder minder von der Gnade seiner diversen Generäle abhängig ist. Daß sich der Machtbereich Dr. Suns in absehbarer Zeit wieder vergrößert, ist wenig wahrscheinlich“ (BArch, R9208/2232, Bl. 25).

67

Aufzeichnung des Generalkonsuls in Kanton, Remy (18.02.1924)

Vertraulich!

Die hiesige Situation erfordert m.E. momentan erhebliche Aufmerksamkeit, da sie nicht ohne gewisse Gefahren ist. Kluge Zurückhaltung scheint mir das einzige Mögliche zu sein. Es ist nicht an dem, daß man zu Dr. Sun Yatsen keine genügend engen Beziehungen bekommen könnte. Dagegen liegt die Hauptgefahr gerade darin, daß man zu eng mit seinen phantastischen und zum Teil nicht ungefährlichen Plänen verflochten werden könnte und dabei andere Töpfe zerbricht. Natürlich werde ich alles tun, um aus dem Wohlwollen, das der Generalissimo für uns Deutsche unstreitig hat und das durch unsere Nichtbeteiligung an der Flottendemonstration, wie ich neuerdings höre, noch verstärkt wurde, für uns nach Kräften zu fruktifizieren.[98] Aber andererseits wird sich auf die Dauer nicht vermeiden lassen, daß es hier be- und vermerkt wird, wenn ich nicht mit vollem Herzen mitmache. Tatsächlich ist mir bereits zu Ohren gekommen, daß General Zhu Hezhong dem Dr. Sun eingeblasen hat, das Generalkonsulat, wie übrigens auch das Auswärtige Amt zu Berlin, bremse immer nur. Zhu soll daher auch beabsichtigen, sich gelegentlich seiner nächsten Deutschlandreise, die nach Rückkehr des Deng Jiayan – cfr. Erl. des A.A. Nr. 300 v. 8. Sept. 1923, IV b. Chi, 1980 – aus Deutschland stattfinden soll, in Deutschland diesmal mehr an die nationalistischen und ultra-rechtsgerichteten Kreise zu wenden, (zu denen er vielleicht auch Herrn v. Hintze rechnet?).[99] Eine seiner Hauptaufgaben scheint nämlich zu sein, Sachverständige zu gewinnen, die hier in Kanton ermöglichen, nicht nur in weit größerem Maßstabe als bisher die Fabrikation von großen und kleinen Handfeuerwaffen und Munition zu betreiben, sondern auch die Herstellung von Hand- und Gewehrgranaten, Flugzeugbomben, vielleicht auch Flammenwerfern, ja sogar von giftigen Gasen aufzunehmen (!). Daß es Zhu gelingen könnte, stellungssuchende frühere Offiziere, Feuerwerker usw. aufzutreiben, die bereit wären, für ein anständiges Gehalt in Haikuan Taels alles und einiges zu tun und zu machen, halte ich für äußerst wahrscheinlich.

Das vom Arsenal bisher fabrizierte Material soll recht mäßig sein. Die Läufe der 20 bis 30 Flinten, die jeden Tag produziert werden, bestehen nicht mehr aus Gußstahl, sondern aus gewöhnlichem Eisen. Das Pulver ist ähnlich minderwertig. Es mag allmählich gelingen, im Arsenal täglich 50 einigermaßen brauchbare Gewehre zu machen und 1 bis 2 Tonnen Pulver

---

98 Gemeint ist die „Zollkrise“ vom Dezember 1923. Die sich in extremer Geldnot befindende Südregierung hatte im Herbst 1923 Einspruch in Peking erhoben, daß die in Südchina erhobenen Zolleinnahmen der Nordregierung zufließen. Sun demonstrierte seine Bereitschaft, wegen dieser Frage einen Krieg mit England zu riskieren. Am 19. Dezember liefen 16 Kriegsschiffe im Kantoner Hafen ein: Amerika (6), England (5), Frankreich (2), Japan (2), Portugal (1). Obgleich Sun diesen Kampf verloren hatte, brachte ihm der Widerstand gegen einen stark überlegenen Gegner hohe Sympathien in China ein (Wilbur 1976:183-190).

99 Zu dem zitierten Erlaß siehe Dok. 64.

herzustellen, aber die schwierigeren Sachen, vor allem Hochexplosionsstoffe, starkwirkende Flugzeugbomben und gar Giftgase, werden nicht so bald hergestellt werden können. Bei der geographischen Lage von Kanton, das durch den Cerberus Hongkong quasi vom Meere abgeschnitten ist, wird es nie möglich sein, die nötigen Rohstoffqualitäten herbeizuschaffen. Außerdem fehlt es an Geld. Ferner sind die ganz ungenügend ausgebildeten Soldaten Suns schon nicht imstande, Maschinengewehre genügend rein und in Ordnung zu halten, geschweige denn noch viel kompliziertere Waffen. Es ist übrigens bereits ein deutscher Chemiker namens Schöp[p]e hier am Werke, in der Pulverfabrik Verbesserungen einzuführen. Er wird, trotzdem es bisher am nötigen Material fehlt, immer getrieben, starke Bomben zu machen. Neulich fanden bereits Versuche mit den bisher produzierten „Flugzeugbomben“ statt. Wie ich höre waren die Resultate aber minimal. Die armseligen eisernen Dinger mögen – wenn sie überhaupt losgehen – im günstigsten Falle zwei Leute verletzen können, die zufällig dicht neben der Einschlagstelle stehen, sie sollen aber im Ganzen recht harmlos sein.[100]

Alles in allem wird also aus den vielen, in dieser Richtung liegenden Plänen nichts oder so gut wie nichts werden – wie hier der Fall zu sein pflegt. Mir scheint aber die Gefahr recht groß, daß Dinge passieren könnten, die ohne Sun zu nützen uns sehr schaden könnten, man denke nur an Versuche Deutscher in Kanton, für den Generalissimo die so sehr verpönten giftigen Gase herzustellen. Das wäre so recht was für die französische Propaganda, die in China momentan durch die englische so schön an die Wand gedrückt wird.

Meines Erachtens dürfte es sich empfehlen, die Bewegungen Zhu Hezhongs während seiner nächsten Deutschlandreise etwas im Auge zu behalten und wenigstens den Versuch zu machen, das Schlimme zu verhindern.

Ich fürchte, daß, wenn hier ein wirklich erheblicher Zuzug von deutschen militärischen Ratgebern, Instrukteuren, Pulvermachern, Gasexperten usw. einsetzt, es nicht lange dauern wird, bis uns die Engländer und Franzosen Schwierigkeiten machen – von der Nordregierung ganz abgesehen. Es wäre schon recht unangenehm, wenn in Hongkong, wo das Verhältnis zu den Engländern allmählich wieder besser zu werden scheint, die Presse eine Hetze wegen der deutschen militärischen Hexenküche in Kanton anfangen würde. Der kleine Gewinn, den einzelne deutsche Stellensucher machen könnten, steht jedenfalls zu dieser Gefahr in keinem Verhältnis. Der Zuzug hat übrigens schon eingesetzt. Abgesehen von der Gewinnung Schrameiers,[101] der durch Verwissenschaftlichung des „Squeeze“ die silbernen

---

100 R. Schöpe verwendete Briefpapier, daß ihn als „Chefingenieur des Arsenals und der Pulverfabrik der Südchinesischen Regierung” auswies. Zu Schöpe und anderen deutschen Beratern siehe Remy an Boyé, 07.05. und 04.09.1924 (BArch, R9208/2241, Bl. 186-192).

101 Wilhelm Schrameier, Geh. Admiralitätsrat, war auf Einladung Sun Yatsens von 1924 bis zu seinem Tod 1926 als Berater in Kanton tätig. Schrameier war als Kommissar für chinesische Angelegenheiten von Dezember 1897 bis Januar 1909 wesentlich am Aufbau des deutschen Pachtgebietes Kiautschou beteiligt und hatte durch die dort von ihm umgesetzte Bodenreform und „Landordnung“, die dem Staat weitgehende Kontrollmöglichkeiten einräumte, das Interesse Sun Yatsens auf sich gezogen (Leutner 1997:175-176 u. 497). Siehe auch Schrameiers Publikationen *Die deutsche Bodenreform-Bewegung* (Jena 1912) und *Aus Kiautschous Verwaltung* (Jena 1914).

Kugeln liefern soll, ist einstweilen, wie ich anderweitig zu melden die Ehre hatte, Major Paul Müller aus Peking zugewandert, der allerdings tatsächlich für die Polizei da zu sein scheint. Er soll anscheinend helfen, eine Polizeimacht auszubilden, die wirklich die Ordnung in der Stadt aufrecht erhalten kann, wenn einmal all die vielen Soldaten, die sich hier herumtreiben, aus der Stadt Kanton hinausverlegt sind – wenn sie es sich gefallen lassen. Das ist nämlich auch ein Plan von Sun, eine der zahllosen Sisyphusarbeiten, die er sich vorgenommen hat. Ferner ist bereits da der oben erwähnte Pulvermacher Schöppe, dann wurde vor einigen Tagen auf Probe ein junger Deutscher als Flieger angestellt, der als Holländer freiwillig auf deutscher Seite den Krieg mitmachte und auf diese Weise Deutscher wurde. Er heißt M.F.H. de Haas, bisher bei den Netherlands Harbour Works in Macao und macht einen etwas abenteuerlichen Eindruck. Jedenfalls versucht er bereits, einen weiteren Deutschen namens Mattil hierher zu ziehen, der auch mit seiner Stellung bei den Harbourworks nicht zufrieden ist und im Kriege Feldwebelleutnant gewesen sein soll, wahrscheinlich auch als Spezialist für irgend etwas Schönes.

Ein hiesiger Firmenchef, der Dr. Sun schon lange kennt und anscheinend dessen Vertrauen genießt, hatte neulich bei Sun zu tun, der ihn kommen ließ. Da ich mit Ersterem vereinbart hatte, daß er bei der nächsten Gelegenheit Sun etwas ausfragen solle, entwickelte sich ein langes Gespräch, aus dem Folgendes hervorzuheben ist. Sun kramte zunächst alle seine alten Pläne aus, über die er sich schon in seinem bekannten Buch „The International Development of China“ [1922] verbreitet. Dann ging er auf die ihm besonders am Herzen liegende Frage der Waffenfabrikation durch Deutsche in China über. Ferner will Sun einen Arm des Perlflusses zuwerfen lassen, um Regierungsland zu gewinnen, das er zu hohen Preisen an die Kaufleute verkaufen kann.

Als Sun über das alte Hafenbauprojekt Whampoa [Huangpu] sprach, erklärte er, er habe die feste Absicht, das Customhouse in Kanton zu schließen und eine Zollstation in Whampoa zu errichten, die ganz mit seinen Leuten besetzt würde.[102] Der Firmenchef warnte ihn vor den Folgen einer derartigen Brüskierung der Vertragsmächte. Sun wird den Schritt auch jedenfalls nicht wagen wollen, wenn es darauf ankommt, ihn in die Praxis zu übersetzen.

Sun will angeblich auch die Bocca Tigris Forts modern ausbauen, um gegebenenfalls fremde Kriegsschiffe aufhalten zu können.[103]

Von seiner politischen und militärischen Lage sprach er mit großem Optimismus. Still wurde er nur als gefragt wurde, warum es denn nicht möglich sein, Waichow zu nehmen.[104] Er beklagte sich nun über seine Generäle, die sich zu wenig von idealen Beweggründen leiten ließen und nur auf den eigenenen Vorteil ausgingen. Befragt, wie es denn mit der großen

102 Erinnert sei an die „Zollkrise" vom Dezember 1923 (siehe FN 102). Offensichtlich hielt Sun weiterhin an den Plänen fest, die Zolleinnahmen unter seine Kontrolle zu bringen.

103 Befestigungsanlagen am „Tigertor“ bzw. „Tigelmaul“ (chin.: *humen*), oder portugiesisch „Bocca Tigris“, einer von schroffen Felsen umgebenen Flußeinfahrt im Perlflußdelta nahe Kanton.

104 Waichow (Huizhou), Bezirk ca. 150 km östlich von Kanton. Gouverneur Chen Jiongming hatte dort im Sommer 1922 nach Kämpfen mit den Truppen Sun Yatsens seinen Stützpunkt errichtet. Im Herbst 1923 hatten Suns Truppen den Ort drei Monate erfolglos belagert (Wilbur 1976:31, 175).

Expedition gegen den Norden stehe, von der in der Canton Gazette so häufig die Rede ist, meinte Sun geheimnisvoll, das sein nur Bluff. Damit solle Wu Peifu beeindruckt werden, der so gezwungen werde, seine Blicke immer wieder gen Süden zu richten bis – Zhang Zuolin von rückwärts heran sei, um ihn zu vernichten (!).

Endlich soll Sun noch angedeutet haben, er werde demnächst zu erkennen geben, daß er einen Vertrag mit Deutschland abzuschließen wünsche. Offenbar stecken ihm die Enten über einen angeblichen Vertrag zwischen Deutschland und Peking im Kopf und [er] glaubt schon eine neue Geldquelle fließen zu sehen.

Übrigens hat die große Offensive, die direkt nach Chinesisch Neujahr gegen Sun eröffnet werden sollte, noch nicht begonnen, vielmehr wird in der heutigen Canton Gazette angekündigt, daß Sun eine große Offensive angeordnet habe, um der bedrohten Offensive Chen Jiongmings zuvorzukommen. Überhaupt die „Kriegsereignisse"! – ein Name, den dies Getue nicht verdient, meistens wenigstens nicht. An der Front bei Sheklung sollen die Gegner ein bis zwei Kilometer auseinander liegen.[105] Gefochten wird selten, geschossen schon öfter, getroffen nur ausnahmsweise. Die Hauptkriegskunst besteht darin, sich gegenseitig zu bespionieren und durch geheime Sendlinge beim Gegner Widerwärtigkeiten anzurühren und Schwierigkeiten aller Art hervorzurufen. Zum Sturm sind diese Truppen im Allgemeinen überhaupt nicht zu bringen. Wenn Sun eine Offensive machen will ist es sehr fraglich, ob die Generäle mittun oder gar alle mittun. Tun sie aber mit, so ist immer noch sehr fraglich, ob die Soldaten mittun. Ähnlich liegen die Verhältnisse natürlich auch beim Gegner. Interessant war mir übrigens auch zu hören, daß die Räuber auch im Gebiet der „Kriegsereignisse" sehr aktiv sind. Sie wirken nicht nur hinter den beiden gegenerischen Linien, sondern auch zwischen diesen, abgesehen davon, daß sie beim Spionieren eine wichtige Rolle spielen. Wenn Offiziere eine Erkundung vornehmen, müssen sie starke Leibwachen mitnehmen, sonst werden sie unweigerlich gekidnapped und ihrer Waffen beraubt.

Alles in allem ist nicht einzusehen, warum sich in absehbarer Zeit etwas an der Lage Suns ändern sollte, trotzdem er bei der besitzenden Bevölkerung Kantons infolge seiner Erpressungsmanöver immer verhaßter wird und auch sonst allerlei abzubröckeln scheint. Mit den fremden Vertragsmächten anzubinden wird er sich schon hüten. Gefährlich könnte es für ihn werden, wenn die Yunnan-Truppen von ihm abfielen und sich dem Gegner anschlössen, aber erstens kann er dank des unverhältnismäßig größeren Reichtums seiner Basis immer noch besser zahlen als sein Gegner Chen [Jiongming], und dann sind die Yunnan-Leute zwar nicht zu verachtende Kampfgenossen aber, gewalttätig wie sie nun einmal sind, andererseits auch sehr mit Vorsicht zu genießende Lagernachbarn und Bundesgenossen, die sich niemand so leicht ohne sehr dringende Not auf den Hals lädt.

BArch, R9208/2241, Bl. 201-207.

105 Shek Lung (Shilong), Ort an einem Flußübergang an der Bahnlinie Kanton-Kowloon (Hkg.).

68

Bericht des Generalkonsuls in Kanton, Remy, an die deutsche Gesandtschaft, Peking (27.02.1924)

Nr. 10.
Vertraulich!

General Zhu Hezhong, der mich heute besuchte, wird morgen nach dem Norden abreisen und auch Peking besuchen, wo er wieder in der Li Shih Hutung Nr. 91 abzusteigen gedenkt. Der Hauptreisezweck ist angeblich der, seine Familie zu besuchen und eventuell nach Kanton zu holen. Daneben will er sich etwas im Norden umsehen, hat aber wahrscheinlich auch Aufträge, die mit der zur Zeit bestehenden hiesigen Verbindung mit Zhang Zuolin über die Anfu-Partei zusammenhängen.[106] Auf der Gesandtschaft denkt es sich nicht sehen zu lassen, da man, wie er sich ausdrückte, dort zu viel Angst habe, man könne sich mit ihm kompromittieren.

Ich darf bemerken, daß sich mein Urteil über diese Persönlichkeit in keiner Weise geändert hat,[107] doch habe ich damit zu rechnen, daß er auch eine Verbindung mit Sun darstellt und nach wie vor in Aussicht genommen ist, in dessen Auftrag nach Deutschand zu reisen, sobald der zur Zeit dort weilende Abgesandte Sun's, Deng Jiayan, aus Deutschland zurückkommt und Sun seine Berichte erstattet hat.

Der unmittelbare Zweck, den Zhu bei seinem Besuche im Auge hatte, war offensichtlich der, von mir einige Informationen zu erlangen, um diese „brühwarm" Sun zu übermitteln, um sich damit bei diesem zu „schustern".

Vor allen Dingen behauptete er, in einer chinesischen Zeitung gelesen zu haben, daß Frankreich die Zahlung einer deutschen Kriegsentschädigung an China aus dem Grunde begünstige, weil China damit die Goldfranc-Ansprüche Frankreichs befriedigen könnte. Darauf bemerkte ich, daß mir diese neue Nuance der Abkommensgerüchte zwar vorher noch nicht zu Ohren gekommen sei, daß aber jedenfalls diese Pressemeldung ebenso

---

106 Sun Yatsen war bereit, gemeinsam mit Zhang Zuolin und Wu Peifu (Zhili-Clique) den neuen Präsidenten Cao Kun zu stürzen. Cao hatte die Wahl durch Bestechungsgelder erkauft und das Amt am 10.10.1923 angetreten, zuvor war das Parlament, welches größtenteils aus Gefolgsleuten Wu Peifus bestand, Anfang 1923 durch Korruptionsskandale gestürzt worden.

107 In einem Schreiben vom 19.01.1924 beschreibt Remy General Zhu in folgenden Worten: „Er hielt mir eine lange verworrene Rede, in der alle die Dinge vorkamen, die man von jedem Sun Anhänger hört, inklusive der Schrameierschen Theorie. Die Quintessenz seiner Ausführungen war: Deutschland muß naturgesetzlich kommunistisch werden, daher wird es auch kommunistisch werden. Dann aber muß die Großindustrie, besonders Herr Stinnes, auswandern. Was ist natürlicher, als daß sie nach China zieht, speziell nach Guangdong usw. … Jedenfalls ist Zhu Hezhong ein ganz kleiner Mann, sonst würde er nicht bei dem deutschen Missionar Bruder Schwarm zusammen mit dem gleichfalls Deutsch sprechenden „Oberst" Fan Wang ein kleines Zimmerchen bewohnen, sondern residieren wie die anderen Generäle in einem großen beschlagnahmten Hause und führe wie die anderen in einem Auto, auf dessen Trittbrettern 6 Soldaten mit gezückter Mauserpistole stehen" (BArch, R9208/2232, Bl. 50-55).

erstunken und erlogen sein werde wie alle anderen darüber verbreiteten Behauptungen. Ich fügte bei, daß der gesunde Menschenverstand bereits jedermann sagen müßte, daß das völlig ausgeschlossen sei, daß Deutschland für „Kriegsentschädigungszwecke" große Dollarzahlungen an China machen werde. Meines Erachtens könne im alleräußersten Fall in Frage kommen, einwandfrei nachgewiesene wirkliche Schäden gegen Teile der ungeheuren Verluste aufzurechnen, die unsere Kaufleute erlitten haben. Jeder Gedanke an große Barzahlungen Deutschlands, die in diesem Zusammenhang von China zu erwarten seien – und anscheinend spukten auch in gewissen hiesigen Kreisen derartige Gedanken – sei völlig müßig.

Über die sonstigen Ideen des Herrn Generals förderten meine Fragen folgendes zutage: Wenn er nach Deutschland kommt, wird Zhu Hezhong versuchen, eine größere Zahl von monarchistischen Offizieren der alten deutschen Armee zu gewinnen, um mit ihnen in Kanton eine Mustertruppe mit deutschen Offizieren zu schaffen, aus der dann allmählich eine große, moderne, auf der allgemeinen Wehrpflicht aufgebaute Kantoner, ja allchinesische Armee hervorgehen soll. Ein gutes Heer müsse eigentlich monarchisch gesinnt sein, auch wenn es einer Republik diene (!). Die Bevölkerung, meinte General Zhu weiter, müsse selbst mithelfen, die „Raubritter" zu vertreiben; denn die gegenwärtigen hiesigen Truppen seien nichts als Raubritter. Es müssten auch Kriegervereine geschaffen werden, denn auch in Deutschland hätten die Kriegervereine mitgeholfen, die Raubritter zu beseitigen (sic!).

Auf meine leisen Andeutungen, daß doch einige Vorsicht am Platze sei, da die Entente, wenn auch nicht Dr. Sun, so doch Deutschland aus Gründen des Versailler Vertrages Schwierigkeiten machen könnte, meinte er dem Sinne nach etwa, ach was, vor der Entente haben wir keine Angst, die Leute haben sich ja gräßlich blamiert mit ihrer Flottendemonstration.[108] Auf <u>wen</u> wollen sie denn eigentlich schießen wenn es soweit kommt, daß sie aus ihrem Bluff herausgelockt werden und Ernst machen sollen?

Ich versuchte, ihn wenigstens auf die Polizeiidee zu bringen und riet ihm, klein anzufangen und seine Pläne darauf abzustellen, zunächst eine Musterpolizei mit einigen deutschen Polizeifachleuten als Berater zu schaffen. Dagegen hätte wohl niemand viel einzuwenden. Außerdem ließe sich diese Polizeimacht allmählich vergrößern und zum Aufbau einer neuen Armee mitverwenden. Ich fügte noch bei, daß Dr. Sun meines Erachtens keinen glücklicheren Gedanken haben könne, als hier für völlige Ruhe zu sorgen. Wenn es ihm gelänge, Guangdong zu einer Musterprovinz zu machen, so hätte er damit den sichersten Weg beschritten, sich allmählich in ganz China durchzusetzen, nämlich den der moralischen Eroberung. General Zhu Hezhong schien hochbefriedigt, als er mich verließ.[109]

BArch, R9208/2241, Bl. 198-199.

---

108 Siehe Dok. 67, FN 98.

109 In einem Schreiben vom 27. März 1924 konnte Remy berichten, daß General Zhu diesen Vorschlag offensichtlich hat zirkulieren lassen. Sowohl der Polizeipräsident von Guangdong, General Wu Dezhen, als auch Außenminister Eugene Chen (Chen Youren) kamen mit entsprechenden Plänen auf ihn zu (BArch, R9208/2241, Bl. 195-197).

69

Solidaritätsschreiben der Zentrale der KPD, Berlin, an das Zentralkomitee der GMD anläßlich des Todes von Sun Yatsen (17.03.1925)

Die deutsche Arbeiterschaft drückt Ihnen die aufrichtige Sympathie und volle Solidarität anläßlich des Todes Ihres großen Führers Dr. Sun Yatsen aus. Der jahrzehntelange Kampf, den Dr. Sun Yatsen erst für die demokratische Republik in China führte und dann zum Befreiungskampf aller werktätigen Schichte ausdehnte, ist von uns in Deutschland mit Anteil und Bewunderung verfolgt worden.

Die werktätigen Massen Chinas haben heute denselben Feind wie die werktätigen Massen Deutschlands, nämlich das europäische und amerikanische Großkapital. Das angloamerikanische Kapital, das die Massen Chinas niedertreten möchte, hat dem Proletariat Deutschlands das Joch des Sachverständigen-Plans auferlegt.

Die Befreiung der Welt von der Zwangsherrschaft des Großkapitals ist nur möglich durch den solidarischen Kampf der Werktätigen des Ostens und des Westens, Asiens und Europas. Es wird für alle Zeiten das entscheidende Verdienst Dr. Sun Yatsens bleiben, daß er die Notwendigkeit dieser internationalen Solidarität erkannte. Die deutsche Arbeiterschaft wird auch weiter alles tun, um den Befreiungskampf der chinesischen Werktätigen zu fördern.

Es lebe das freie, ungeteilte China der Bauern und Arbeiter!

Es lebe das Werk Sun Yatsens!

Zentrale der KPD

Berlin, 17. März 1925

Institut für Marxismus-Leninismus beim ZK der SED, Zentrales Parteiarchiv, I 2/3/211. Abgedruckt in: Parteihochschule „Karl Marx" beim ZK der SED (Hg.), 1989:23.

70

Leitartikel aus *Die Rote Fahne*, Berlin (25.11.1925)

„China ruft: Nieder mit dem Imperialismus!" Ein Aufruf der Professoren der Nationaluniversität in Peking

Seit Jahrzehnten lastet auf China der unerhörte Druck der imperialistischen Weltmächte. Durch die skrupellosen Kriege, durch die Finanzierung der Militaristen und der Bürgerkriege haben die Imperialisten unser Land in den Zustand der völligen Wehrlosigkeit nach außen versetzt. Mit Gewalt, politischem Druck und Intrigenspiel verstrickten die Großmächte unser Land in ein Netz von Verträgen, die China seiner nationalen Selbstbestimmung restlos beraubten. Führten England, Frankreich, Amerika und Japan den Weltkrieg unter den Losungen: „Selbstbestimmungsrecht der Nationen, Freiheit der kulturellen und wirtschaftlichen Entwicklung der Völker!", so sind es die gleichen Mächte, die unser Volk zwingen, fremde Gerichtsbarkeit auf chinesischem Boden, Exterritorialität der erpreßten Gebiete unseres Landes und der imperialistischen Staatsbürger, fremde Kontrolle unseres Zoll- und Finanzwesens zu dulden.

Es sind diese gleichen Mächte, die unser Selbstbestimmungsrecht blutig verhöhnen, Keulenschläge gegen die Freiheit Chinas führen, das chinesische Volk, das unter den Folgen der Aufrechterhaltung diese Zustandes schwer leidet, schamlos vergewaltigen. Unser toter Führer Sun Yatsen nannte die Verträge, die China aufgezwungen worden sind, „ungleiche Verträge". Das ganze chinesische Volk fordert die Aufhebung dieser ungleichen Verträge.

Die Zollsklaverei, der die Mächte unser Land unterworfen haben, ruiniert die Finanzen Chinas, hemmt seine wirtschaftliche Entwicklung auf das allerschwerste.[110]

Jetzt wird von den Zollbeamten der imperialistischen Staaten in Peking beraten, wie das Zollwesen künftigt gestaltet werden soll. Die ganze chinesische Republik hallt wieder von den Rufen unseres Volkes: „Hinweg mit den ungleichen Verträgen! Nieder mit der Zollsklaverei! Volle Zollautonomie für China!" Doch die Zolldiplomaten, die eifrigen Vertreter der Interessen der kapitalistischen Gruppen ihrer Heimatstaaten, verschließen sich vor diesen Rufen. Gleich ihren kapitalistischen und imperialistischen Auftraggebern in Amerika, England, Japan und Frankreich, betrachten sie China als eine rohstoffliefernde Halbkolonie, als Waren-, Absatz- und Kapitalanlagegebiet, als Reservoir billiger Arbeitskräfte. Von diesem Standpunkt wollen die Vertreter der Mächte China, wie bisher durch eine dem Profitstreben der imperialistischen kapitalistischen Mächte entsprechende Gestaltung des chinesischen Zollwesens auch in Zukunft fesseln, sie wollen eine Zollpolitik zur Ausplünderung Chinas, zur Niederhaltung seiner Wirtschaft. Die Verwirklichung dieser Absichten wird China dem Abgrund zugetrieben.

Freunde Chinas! Werktätige Massen aller Länder! Bauern der Welt!

Das chinesische Volk führt einen verzweifelten Kampf auf Leben und Tod. Seine Intellektuellen, seine Mitarbeiter und seine Bauern sind und werden noch mehr beim Gelingen der neuen imperialistischen Versklavungspläne unsäglichen Leiden überliefert. Aber auch die Massen des Westens werden aufs unmittelbarste dadurch berührt, daß Millionen unseres Volkes eine ungehemmte Ausbeutung durch den Imperialismus erleiden.

Intellektuelle, Arbeiter und Bauern des Westens und der ganzen Welt!

Wir hörten aus Euren Reihen die Losung: „Ausgebeutete und Unterdrückte aller Länder vereinigt Euch zur Niederzwingung des Imperialismus!" Die Losung entspricht der Forderung der Stunde. Das chinesische Volk kämpft unerschütterlich gegen seinen Todfeind, den

110 Gemeint ist die ausländische Aufsicht der chinesischen Seezollbehörde (Imperial Maritime Customs, ab 1912: Chinese Maritime Customs) zur Schuldentilgung. 1912 hatten die ausländischen Mächte der chinesischen Regierung eine weitgehende Kontrolle der Zolleinnahmen aus den exterritorialen Handelsstädten abgezwungen und verpfändeten diese als Garantie für weitere Anleihzahlungen (vgl. Osterhammel 1989:226ff).

Imperialismus! Nieder mit den Zollräubern!

Wir vertrauen auf Euch, werktätige Massen des Westens, daß Ihr die Notwendigkeit des gemeinsamen Kampfes mit uns klar erkennt. Wir sind dessen gewiß, daß die Massen des Westens den imperialistischen Regierungen ihrer Länder den dreisten Zollraub in China, die Ausplünderung unseres Landes und unseres Volkes nicht länger gestatten werden. Wir, die Euch diesen Aufruf mit brüderlichen Grüßen im Namen des kämpfenden chinesischen Volkes senden, vertrauen felsenfest auf Eure aktive Solidarität. Wir sind hier überzeugt, daß kein Intellektueller, kein Arbeiter, Bauer und Werktätiger des Westens zögern wird, das ausgebeutete und unterdrückte Volk Chinas in seinem schweren Kampfe gegen den Imperialismus tatkräftig zu unterstützen.

Nieder mit den ungleichen Verträgen!

Nieder mit dem Zollraub und der Zollsklaverei!

Volle Zoll-Autonomie für China!

Nieder mit dem Imperialismus!

Es lebe das Bündnis der ausgebeuteten Massen des Westens mit den unterdrückten Völkern des Ostens!

Rote Fahne, 25.11.1925, auch: BArch, R9208/2085, Bl. 146.

71

Flugblatt der Sektion Guomindang in Deutschland, Berlin (Februar 1926)[111]

Herr Abgeordneter!

Bei dem großen Interesse des chinesischen Volkes an der Erhaltung guter Beziehungen zu Deutschland hält es die Sektion der Guomindang in Deutschland, die sich erst unlängst an Sie wandte, für ihre Pflicht, Sie über die Meinung des chinesischen Volkes über den Beitritt

111 Im Zuge des chinesischen Protestes gegen den bevorstehenden Beitritt Deutschlands zum Washingtoner Abkommen (Dok. 51) war das an dieser Stelle abgedruckte Flugblatt keineswegs das einzige. Die Sektion Guomindang (Kuomintang) in Deutschland, mit Sitz in Berlin-Charlottenburg, Friedbergstr. 33, hatte zuvor ein Flugblatt mit der Überschrift „An die Herren Abgeordneten des deutschen Reichstags!" verteilt. In ihm werden das Vertragsabkommen vom Mai 1921 begrüßt und die freundschaftlichen Gefühle Chinas wie auch der Sektion für Deutschland unterstrichen. Gleichzeitig wird dem Reichstag nahegelegt, den Beitritt abzulehnen, „um ... jede Trübung der herzlichen und aufrichtig warmen Beziehungen zwischen Deutschland und China zu verhindern". Im Wortlaut ähnlich war ein Flugblatt des Hauptverbandes der chinesischen Studenten in Deutschland mit dem Titel „Denkschrift zur Frage der Ratifizierung des Washingtoner Abkommens über die Politik in China", welches dem Reichskanzler Luther in 20 Exemplaren zuging (BArch R43/I, Nr. 56, Bl. 145 und 147).

Deutschlands zum Washingtoner China-Abkommen zu informieren. Aus diesem Grunde beehren wir uns, Ihnen nachstehende Notizen zu übermitteln.

Mit vorzüglicher Hochachtung,
Sektion Deutschland der Guomindang i. A. Chong Peh Chung.[112]

Verschiedene Notizen aus chinesischen Zeitungen zum Beitritt Deutschlands zum Washingtoner Abkommen.

Herr Salzmann,[113] der Sonderberichterstatter der „Vossischen Zeitung“ für China, berichtete am 3. Februar aus Peking, daß die antideutsche Propaganda in Peking, die nach dem Beitritt Deutschlands zum Washingtoner China-Abkommen eingesetzt hat, allein auf den russischen Einfluß in der radikalen Regierung zurückzuführen sei und daß das chinesische Volk in dieser Propaganda vollkommen unbeteiligt sei. Zum Gegenbeweis für diese Behauptung bringen wir hier unten den Leitartikel der „Shientai Pinglung Weekly“[114] – Organ der Professoren der Pekinger National-Universität – vom 9. Januar d. J., betitelt: „Das 11-Mächte-Abkommen zur Unterdrückung Chinas“:

„Durch den Beitritt Dänemarks und Deutschlands zu dem vor vier Jahren abgeschlossenen China-Abkommen hat sich die Zahl der Mitglieder dieses Abkommens von 9 auf 11 Staaten erhöht. 1922 unterzeichneten das Abkommen namentlich: England, Amerika, Japan, Italien, Frankreich, Belgien, Portugal, Holland und China zum Zwecke der Herstellung der Politik der „Offenen Tür“ in China, also der gemeinsamen Interessenverteilung in diesem Lande. Vor dem Weltkriege wurden jedoch schon dreimal Verträge in dieser Hinsicht zwischen England und Japan abgeschlossen, ebenso zwischen Frankreich und Japan, zwischen Japan und Zaren-Rußland und zwischen Japan und Amerika. Trotz all der schönen Verträge haben sich die Imperialisten immer wieder gestritten um den größten Raubanteil in China. Nach dem Weltkriege verfolgten England und Amerika die Politik der Zusammenarbeit des internationalen Kapitals in China, während Japan und Frankreich allein ihrem nationalen Kapital alle Vorteile sichern wollten. Es wurde die Washingtoner Konferenz einberufen, um die Zusammenarbeit des Weltkapitals in China zu beschließen. Dem Namen nach wird in dem Washingtoner China-Abkommen die Achtung der chinesischen Souveränität und Freiheit ausgedrückt; in Wirklichkeit stellt es eine Vorzugsbescheinigung der internationalen Imperialisten zum Raubbau in China dar.

Seit der Verhängung des Dawes-Abkommens über Deutschland ist Deutschland gezwungen, alles zu tun, was ihm Amerika und England befehlen. So mußte es im Westen den Locarnovertrag unterzeichnen und im Osten dem Washingtoner Abkommen beitre-

112 Chong Peh Chong versandte zehn Exemplare des Flugblatts an den Reichskanzler Dr. Luther, ebenso an die Reichstagsabgeordneten.
113 Erich v. Salzmann, Journalist, Chinareisender und Autor zahlreicher Bücher über China. Siehe Kap. 7.
114 *Xiandai pinglun zhoubao.*

ten.[115] Deutschland und Dänemark – letzteres steht noch im ungleichen Vertragsverhältnis zu China – traten soeben dem Washingtoner Abkommen bei, was bedeutet, daß der Raubbau an China von Seiten der kapitalistischen Länder jetzt noch weit schlimmer betrieben werden wird, als vor vier Jahren."

Dieser Artikel wurde geschrieben, gleich nachdem die deutsche Gesandtschaft der chinesischen Regierung den Beitritt Deutschlands zum Washingtoner China-Vertrag, wie sie sagt, auf Grund der Einladung der Washingtoner Regierung, mitteilte. Auch in Deutschland selbst ist erklärt worden, daß der Beitritt auf Grund der Washingtoner Einladung erfolgt sei. Die Pekinger „Chen Bao" (Morning Post) bringt entgegen dieser Behauptung am 21. Januar aus Washington folgende telegraphische Nachricht, daß Deutschland selbst Washington um den Eintritt zum Abkommen ersucht habe:[116]

„Der deutsche Gesandte hat in Peking mit dem dortigen amerikanischen Gesandten eine Unterredung gehabt, in welcher er den Wunsch Deutschlands äußerte, dem Washingtoner Abkommen beizutreten. Der amerikanische Gesandte übermittelte diesen Wunsch seiner Regierung, woraufhin erst die Einladung Deutschlands erfolgte. Nachdem unsere chinesische Regierung und unser Gesandter in Washington diese Tatsache erfahren hatten, richteten sie sogleich eine Eingabe an die Washingtoner Regierung, daß Deutschland seit 1921 mit China im gleichberechtigten Vertragsverhältnis stehe und daher der Beitritt zu dem Abkommen nicht zulässig sei, worauf Washington antwortete, daß über diese Angelegenheit noch beraten werden würde."

Herr Salzmann wollte es in seinem Bericht vom 3. Februar dann so hinstellen, als ob China den amerikanischen Gesandten wegen des Beitritts Deutschlands zum Washingtoner Abkommen angreifen würde.

Was für Vorteile Deutschland durch den Beitritt zum Washingtoner Abkommen zu erhalten gedenkt, ist uns nicht ganz klar. Wir wissen nur soviel, daß Deutschland, gerade als China seine Vorbereitungen zu einer Exterritorialitätskonferenz traf, den Versuch machte, die Konsulargerichtsbarkeit wieder herzustellen. Die Pekinger „Kuo Min Shin Pao"[117] bringt darüber am 14. Dezember 1925 folgende Notiz:

---

115 Die von dem amerikanischen Bankier Charles Dawes geleitete Expertenkommission hatte ihr Gutachten zur Reparationsfrage am 9. April 1924 veröffentlicht. Obgleich Deutschlands Souveränität durch die von der Kommission angestrebten Beschränkungen entschieden eingeschränkt wurde, war hiermit eine praktikable Lösung ausgearbeitet worden, die das Ende der Nachkriegszeit und eine relative Stabilisierung der Beziehungen Deutschlands zu den Nachbarstaaten einleitete. Der auf Initiative von Stresemann zustande gekommene Vertrag von Locarno (1925) brachte eine weitere Entspannung der Situation in Europa, ohne das Deutschland seine freundschaftlichen Beziehungen zu Rußland aufgeben mußte (Michalka 1998:314-316, Winkler 2002:450-452).

116 Eine andere Darstellung bietet die Aufzeichnung des Vortragenden Legationsrats Trautmann vom 30. Januar 1926. Dort heißt es, „nach den Erklärungen des Amerikanischen Gesandten in Peking war von Anfang an seitens der Washingtoner Signatarmächte der Beitritt Deutschlands zum Vertrage vorgesehen, offenbar auch mit China besprochen" (ADAP, B, Bd. 3, Nr. 41, 81-82). Die Aufforderung zum Beitritt war in einer Note des Staatssekretärs Kellogg vom 1.10.1925 an Stresemann enthalten, die Schurman am 20.10.1925 überreichte (ebenda, FN 3).

117 *Guomin xinbao.*

„Der deutsche Gesandte in Peking hat eine Note an die chinesische Regierung geschickt, daß ihm diese erlauben möchte, bei Prozessen gegen deutsche Staatsangehörige vor dem Shanghaier gemischten Gerichtshof von ihm ernannte Beirichter dorthin zu entsenden, an stelle der bisher vom Shanghaier Konsular-Korps eingesetzten Beirichter. Die chinesische Regierung lehnte dieses Verlangen ab mit der Begründung, daß Sonderbeirichter nur für solche Staaten in Frage kommen, die noch Konsulargerichtsbarkeit besitzen.[118] Deutschland hat dieselbe aber abgeschafft. Von Rechts wegen müssten die Deutschen vom chinesischen Gericht zu Verantwortung gezogen werden. Aber nur, weil in Shanghai noch kein Sondergerichtshof für Ausländer besteht, werden deutsche Gerichtsfälle vorläufig noch vor dem gemischten Gerichtshof verhandelt. Die Beirichter werden bis dahin weiter wie bisher vom Konsulat-Korps entsandt werden."

Die Zeitung überschreibt diese Notiz: „Ein Versuch Deutschlands zum Verrat an dem chinesisch-deutschen Abkommen von 1921."

BArch, R 43/I, Nr. 56, Bl. 150.

72

Aufzeichnung des Historikers Johann von Leers über eine kommunistische Versammlung in den Musikersälen, Berlin (23.09.1926)

Abschrift der Anl. zu IV Chi 2051.

Thema des Abends: „Hände weg von China!"

Es sprachen die Abgeordneten Schneller, Thälmann und Dr. Rosenfeld. Der Abgeordnete Schneller führte aus, nachdem er einen kurzen historischen Überblick über das Eindringen der europäischen Mächte in China gegeben und die augenblickliche militärische Lage skizziert hatte, die englische Bourgeoisie sei durch die allgemeinen Kriegsverluste, die dauernd passive Handelsbilanz und die inneren sozialen Schwierigkeiten gezwungen, die verloren gehenden Profite soweit wie irgend noch möglich, wieder aufzuholen. Deshalb habe nach dem Weltkrieg die finanzielle und militärische Niederhaltung Chinas verstärkt eingesetzt, um den üblichen englischen Import nach China, Opium, Christentum, Alkohol, Maschinengewehre und Kanonen für die bezahlten imperialistischen Marschallstrolche für England möglichst gewinnbringend zu gestalten. Das bis zum letzten bei 12- und 16-stündiger Arbeitszeit ausgebeutete chinesische Volk habe sich endlich dagegen erhoben. Es sei nicht allein eine proletarische Erhebung, sondern ein Freiheitskampf aller Elemente in China, die ein Gefühl für den elenden Zustand ihres Volks und die lächerliche und unverschämte Ras-

118 Zur Vorgeschichte dieser Bemühungen siehe Dok. 45.

senüberhebung der Ausbeuter hätten, natürlich unterstütze aus Kriecherei vor England und Profitgier die deutsche Bourgeoisie den englisch-japanischen Söldling Zhang [Zuolin] bewußt mit Waffen. Das sei bereits ein Ausfluß des von Stresemann in Genf vertretenen deutschen Neoimperalismus und Kolonialismus. Hinsichtlich der Kantonregierung sprach der Redner die Befürchtung aus, daß die darin vertretenen bürgerlichen Elemente aus Angst vor einer kommunistischen Gestaltung des chinesischen Freiheitskampfes sich an die fremden Mächte für eine kleine Profitbeteiligung verkaufen würden, wozu ja die deutsche Bourgeoisie, deren Vaterlandsliebe auch an der Profitmöglichkeit ende, im Ruhrkampf ein so gutes Beispiel gegeben habe.

Danach sprach ein Chinese, der den Dank der chinesischen Jugend für die zu ihrem Freiheitskampf von der Versammlung ausgesprochene Sympathie ausdrückte. Er konnte sehr wenig Deutsch und beschränkte sich daher nur auf wenige Worte.

Der Hauptteil des Abends war der Rede Thälmanns gewidmet. Dieser sprach konsequent in Anakoluthen und falschen Bildern und führte aus: Man müsse die chinesische Angelegenheit im Rahmen der Weltpolitik betrachten. Die kapitalistischen Mächte seien bereits derart festgefahren, trotz aller Rationalisierungsversuche, daß sie das letzte aus den proletarischen Massen und aus der Menge der Kolonialvölker herauspressen müßten. Letztlich richte sich ja auch der Angriff auf China und Räterußland. Vom Standpunkt des Völkerbundes sei es ja auch ein zivilisationswidriger Skandal, daß russische Fabriken ohne gemästete parlamentarische Aufsichtsräte funktionierten und der russische Bauer säen und ernten könne, ohne daß die kapitalistischen Bankbanditen von ihm Zinsen erpressen dürften. 400 Millionen Chinesen und 130 Millionen Russen ausbeuten zu können lohne sich schon, um im Namen des Völkerbundes einen neuen Weltbrand zu entfesseln, dessen Ursache in China liegen würde, der aber in Deutschland ausgekämpft würde. Die deutsche Regierung lasse sich trotz Daweslast und namenlosem Elend des Volkes für die englischen imperialistischen Pläne in der Hoffnung auf kleine Anteile am Rausch einfangen. Man würde sie eines Tages bei dem Artikel 16 des Völkerbundpaktes zu halten bekommen und dann dürfe das deutsche Volk gegen seine eigenen Interessen gegen Rußland an der Seite der kapitalistischen Mächte marschieren.[119] Deutschland, das selbst unterdrückt sei, müsse sich zum Büttel der fremden Kapitalisten hergeben. Die Einheitsfront der Ausbeuter, ob [sie] nun in Wanxian[120] chinesische oder in Breslau deutsche Proleten niederknallen ließen, sei uner-

---

119 Die Satzung des Völkerbundes bestand aus 26 Artikeln und war am 28.04.1919 von der Vollversammlung der Versailler Friedenskonferenz angenommen worden. Sie war mit den ersten 26 Artikeln des Versailler Vertrages identisch. Artikel 16 besagt, daß wenn ein Bundesmitglied gegen ein anderes Krieg führt, es so angesehen werde, als hätte es eine kriegerische Handlung gegen alle anderen Bundesmitglieder begangen. Diese verpflichten sich u.a. zu einem gemeinsamen Vorgehen und dem Abbruch aller Handels- und finanziellen Beziehungen.

120 Wanxian ist ein Vertragshafen am oberen Yangzi-Fluß. Truppen des dortigen Militärherren Yang Shen hatten Ende August 1926 im Streit über die Versenkung chinesischer Dschunken durch britische Dampfer zwei Handelsschiffe gekapert, ein Kanonenboot bedroht und sechs Briten gefangen genommen. In dem anschließenden Bombardement kamen nach britischen Angaben 400 Menschen, zumeist Zivilisten, ums Leben; chinesische Angaben beziffern die Zahl der Toten zwischen 1000 und 5000. Das Massaker führte im ganzen Yangzi-Tal zu antibritischen Protesten, in Wanxian selbst begann ein

schütterlich geschlossen zum Kampf gegen die Massen des Volkes. Das deutsche Proletariat helfe seinen kämpfenden chinesischen Brüdern am besten, wenn es ein wachsames Auge auf die Maßnahmen seiner eigenen Bourgeoisie habe, die mit dem Eintritt in den Völkerbund endgültig in die Rußland feindliche Front eingeschwenkt sei. Diese sollten aber wissen, daß das deutsche Proletariat bis auf den letzten Mann, trotz der sozialdemokratischen Verräter in entschlossenem Klassenkampf den Mördern von Wanxian und denjenigen deutschen Bourgeois, die mit ihnen gemeinsame Sache machen wollten, Widerstand leisten werde.

Die Rede, obwohl in starker Erregung vorgetragen und stilistisch in dauernd falschem Deutsch gehalten, fand bei der sehr zahlreichen Versammlung, bei der auch mehrere Chinesen anwesend waren, sehr starken Beifall.

Danach sprach der Abgeordnete Rosenfeld, der erzählte, er sei in Genf bei den letzten Verhandlungen des Völkerbundes gewesen, habe z.B. das schamlose Spiel in der Mandatskommission gegenüber Syrien gesehen, wo lauter Excellenzen und zugleich Sozialdemokraten gesessen hätten.[121] Auch den Vertretern Zhang Zuolins habe man einen Ratssitz gegeben. Warum auch nicht? Sie seien ja nicht weniger tüchtig als San Salvador oder Herr Stresemann! Redner ironisierte die ganzen Genfer Verhandlungen.

Um 10 Uhr schloß die Versammlung mit der Annahme der anliegenden, in der Roten Fahne abgedruckten Resolution unter Absingung der Internationale.[122]

gez. v. Leers

Berlin, den 27. September 1926

IV Chi 2061

Abschriftlich nebst 2 Anlagen der deutschen Gesandtschaft in Peking, dem Generalkonsulat in Shanghai, dem Deutschen Konsulat in Mukden – je besonders – zur gefälligen Kenntnisnahme ergebenst übersandt.[123]

Im Auftrage
Michelsen

BArch, R9208/2314, Bl. 71-75.

---

neun Jahre andauernder Boykott britischer Waren (Osterhammel 1989:237-238).

121 Gemeint ist der Unabhängigkeitkampf Syriens. Nach Ende des Ersten Weltkriegs hatte Frankreich 1920 vom Völkerbund das Mandat über die beiden Länder Syrien und Libanon erhalten. Die vormals antitürkischen Emotionen schlugen nun in antifranzösische um, wobei Frankreich zwei bewaffnete Aufstände niederschlug (1920 und 1925-1927).

122 Die einstimmig angenommene Resolution „erhebt flammenden Protest gegen die jüngsten Massenmorde der englischen Imperialisten in China". Weiter heißt es, die Arbeiterschaft der ganzen Welt müsse sich einig sein, weil der Kampf des Imperialismus sich nicht nur gegen China, sondern auch gegen die Sowjetunion richte. „Die Versammlung erhebt schärfsten Protest gegen das schamlose Verhalten der II. Internationale und der sozialdemokratischen Parteien, die einerseits dem Wüten des Imperialismus in China tatenlos zusehen und andererseits durch ihre bedingungslose Unterwerfung unter die Kriegspolitik des Völkerbundes die Politik der Bourgeoisie unterstützen". Die Resolution endet mit den Worten: „Kampf dem Imperialismus und der Kriegsgefahr!" Abgedruckt auch in Parteihochschule „Karl Marx" beim ZK der SED (Hg.), 1989:44-45.

123 Eine andere Sichtweise auf diese Veranstaltung bietet *Die Rote Fahne* unter der Überschrift „Hände weg von China! Massenprotest der Berliner Arbeiterschaft" (24.09.1926).

73

Bericht des Gesandten in Peking, Adolf Boyé, an das AA Berlin (26.11.1926)

Nr. 3723
2 Durchschläge

Inhalt: Frage der Anerkennung der nationalistischen Kanton-Regierung. Ihre innenpolitischen Gegner; Rüstungen und Angriffspläne Mukden-Shandongs; Aussichten des bevorstehenden Entscheidungskampfes. Selbst bei für Kanton günstigem Ausgang baldige Anerkenung durch fremde Mächte kaum zu erwarten. Besonders England, Japan, Vereinigte Staaten werden nicht ohne vorherige Verständigung zur Anerkennung schreiten. Für Deutschland einzige mögliche Politik – abwartende Zurückhaltung.

Generalkonsul Crull in Kanton hat in dem nachstehenden Telegramm[124] vom 20. November es als notwendig bezeichnet, daß die Anerkennung der nationalistischen Kanton-Regierung durch Deutschland nicht später, möglichst aber früher als seitens irgendwelcher anderen Macht erfolge.

„Wie ich aus gut unterrichteten Guomin-Partei-Kreisen höre, steht die militärische Lage sehr günstig, man rechnet daher mit der Eroberung des ganzen Gebietes südlich des Yangzi und betrachtet Wu Peifu und Sun Chuanfang bereits als erledigt. Letzterer soll in Nanchang alle Kerntruppen verloren haben.[125] Ein Eingreifen Zhang Zuolins sei unwahrscheinlich, da die japanische Regierung angeblich erklärt habe, etwaige Expeditionen Zhang Zuolins nicht zu unterstützen, wenn ihr in der Mandschurei nicht freie Hand gelassen werde. Mit einer Rückkehr der Regierung und der Parteileitung nach Kanton werde demgemäß nicht mehr gerechnet.

Ich halte für notwendig, daß wir die nationalistische Regierung nicht später, möglichst aber früher als irgend eine andere Macht anerkennen, und daß Berlin baldigst Vollmachten hierzu sowie Bedingungen herauslegt, damit die diesbezüglichen Verhandlungen im entscheidenden Moment sofort aufgenommen werden können."

Die Gesandtschaft hat darauf zunächst, wie folgt, geantwortet:[126]

„Die Militärkonferenz in Tianjin hat beschlossen, zunächst 150.000 Mann Shandong- und Zhili-Truppen nach dem Yangzi zu schicken. Der Transport hat begonnen und die militärischen Vorbereitungen sind im Gange.[127]

---

124 Telegramm Nr. 42 aus Kanton vom 20.11.1926 (BArch, R9208/2233, Bl. 196).

125 Sun Chuanfang kontrollierte 1926 sechs Provinzen in Südchina, jedoch fügten ihm die nationalistischen Truppen Jiang Jieshis erhebliche Niederlagen insbesondere in Jiangxi zu. Nachdem Anfang November die Städte Jiujiang und Nanchang gefallen waren, flüchtete Sun zu Unterredungen mit Zhang Zuolin nach Tianjin. Anschließende Versuche, die Macht im Süden zu stabilisieren, scheiterten an den Erfolgen des Nordfeldzugs (Boorman, Bd. 3, 1970:160-162).

126 Telegramm Nr. 17 aus Peking, 29.11.1926 (BArch, R9208/2233, Bl. 195).

127 An der „Militärkonferenz" im Nov. 1926 nahmen u.a. Zhang Zuolin, Sun Chuanfang, Zhang Zongchang

Vor der militärischen Entscheidung oder einer sonstigen Klärung der Gesamtlage kommt schwerlich die Anerkennung der nationalistischen Regierung durch die fremden Mächte in Frage, besonders, so lange Gebiet, Sitz, Programm und Stabilität nicht einigermaßen feststeht. Aber auch dann ist nach bisheriger Übung zu erwarten, daß die Mächte, schon wegen Peking, möglichst ein gemeinsames oder gleichzeitiges Vorgehen anstreben werden.

Ein gesondertes oder gar führendes Vorgehen Deutschlands halte ich angesichts unserer gegenwärtigen Stellung in China und gegenüber den Mächten für politisch nicht möglich. Erbitte jedoch Bericht, welcher dauernde Nutzen nach Ihrer Ansicht davon zu erwarten wäre und welche Bedingungen etwa Aussicht auf Annahme hätten.

Über Ihre Anregung ist dem Auswärtigen Amt Bericht erstattet worden."

[...][128]

Prophezeiungen sind müßig. Für den vorliegenden Fall genügt es, drei Möglichkeiten ins Auge zu fassen. Siegen die Kanton-Truppen, so wird die Herrschaft der Südregierung sehr bald auf die Nordprovinzen und Peking übergreifen und dann erledigt sich die Anerkennungsfrage praktisch von selbst. Wird die Kanton-Armee nach Guangdong zurückgedrängt, so werden die Mächte nicht daran denken, den militärisch überlegenen Norden durch die Anerkennung der der Kantoner Provinzialregierung herauszufordern. Es bleibt jedoch die dritte Möglichkeit, daß, mit oder ohne militärische Entscheidung, die Guomindang-Regierung sich am Yangzi und in den Provinzen südlich des Flusses behaupten kann. Dann wäre die Spaltung Chinas in ein Nord- und Südreich vollzogen, und dann wären in der Tat die Mächte vor die Entscheidung gestellt, ob sie die Südregierung – de facto oder de jure – anerkennen wollen. Aber selbst in diesem Falle werden sie sich nicht leichten Herzens entschließen. Es wird sich die Frage aufwerfen, ob die in sich selbst keineswegs homogene Südregierung wirklich der ausschlaggebende Machtfaktor ist, oder etwa die siegreichen Generäle, und mehr noch, ob nicht eine Vorherrschaft des radikalen Arbeiterproletariats alle Abmachungen mit der Regierung wertlos erscheinen läßt. Nach den Erscheinungen, die sich gegenwärtig in den von der Südarmee neu eroberten Yangzi-Städten zeigen, liegen derartige Erwägungen sehr nahe. Gleichzeitig mit den Truppen sind dort nämlich große Scharen bolschewistisch geschulter Agitatoren angekommen, die planmäßig das niedere Volk, Arbeiter, Bauern, Kulis, Dienstboten aufwiegeln und organisieren, Massenversammlungen und Massenstreiks inszenieren mit solchem Erfolg, daß heute, nach knapp sieben Wochen, ganze Industrien und Verwaltungszweige lahm gelegt sind. Besonders bedenklich aber ist es, daß eine aggressive Fremdenfeindlichkeit überall um sich zu greifen beginnt. Die Militärführer lassen dieser Bewegung, die sie nicht hemmen können oder wollen, freien Lauf, ja sie schüren noch die Flammen. So hat der Generalissimus der Kanton-Armee, Jiang Jieshi, als Programm der nationalistischen Regierung bekannt gegeben: Einseitige Aufhebung der Verträge und der Exterritorialitätsrechte, Abschaffung der Fremdennieder-

---

und Yan Xishan teil. Zhang Zoulin wurde zum Oberbefehlshaber der gemeinsamen Streitkräfte ernannt.

128 Auslassung: Boyé erläutert die Truppenbewegungen Zhang Zuolins in Shandong und Zhili und bemerkt, daß „über kurz oder lang ein entscheidender Kampf zwischen Nord und Süd bevor[steht]".

lassungen, Beseitigung jedes fremden Einflusses in der Seezoll-, der Post- und Salzverwaltung. Selbst wenn die Südregierung sich nicht zu einer gewaltsamen Durchführung dieses Programms bekennen sollte, bleibt es doch außerorentlich fraglich, ob sie dem Druck der aufgepeitschten Massen ernstlich widerstehen könnte. Alles das wird sich zeigen. Jedenfalls sind die bisherigen Erfahungen nicht derart, daß die Mächte sich in der Anerkennungsfrage sehr beeilen werden.

[...][129]

Für Deutschland scheint mir der Weg klar vorgezeichnet zu sein: Abwarten, was die anderen tun und uns dann weder vordrängen, noch ungebührlich zurückbleiben. Nötigt uns schon die europäische Politik, in Fühlung mit den anderen Mächten zu bleiben, so sind wir in China durch unsere prekäre Stellung dazu direkt gezwungen. Der größte Teil der Deutschen lebt hier in den Konzessionsgebieten der Mächte und, freiwillig oder unfreiwillig, unter dem Schutz ihrer Waffen. Ein fanatisierter Straßenmob unterscheidet nicht zwischen gleichen und ungleichen Verträgen und nicht zwischen Deutschen und anderen Fremden. Wir werden gewiss auch weiterhin strengste Neutralität halten und abseits bleiben, aber niemand kann sagen, was die Zukunft noch bringt. Alles deutet auf ernste Zeiten. Es wäre ein frivoles und gefährliches Spiel, wenn Deutschland in seiner heutigen Situation, ohne Rücksicht auf die in China hauptbeteiligten Großmächte, aus der Reihe brechen und auf eigene Faust mehr oder weniger imaginären Sondervorteilen nachlaufen wollte. Die nationalistische Regierung würde uns, selbst für eine voreilige Anerkennung, doch ganz gewiss keinen Preis zahlen, der für die Schikanen der Pekinger Regierung und die Entfremdung der Mächte entschädigte, und sie würde sich auch wohl kaum für unsere Anerkennung besondere Bedingungen auferlegen lassen. – Wie es auch sei, einstweilen ist die Frage nicht akut. Wenn sie zur Entscheidung reif ist, wird Zeit genug sein, diejenigen Entschlüsse zu fassen, die nach der Sachlage und den jeweiligen Umständen angemessen erscheinen. Sehr groß ist unser Wunschzettel in China ohnehin nicht. Recht erwünscht wäre es allerdings, inzwischen über die politischen Verhältnisse in Kanton, die inneren Konflikte, die Haltung der fremden Konsularvertreter, die Tätigkeit der Russen und andere wichtige Fragen durch das Generalkonsulat in Kanton genauer als bisher unterrichtet zu werden.[130]

gez. Boyé.

BArch, R9208/2233, Bl. 186-192.

---

129 Auslassung: Boyé wägt die Entscheidungen der anderen Mächte ab. England habe eine zeitlang mit dem Gedanken gespielt, sich durch eine Anerkennung von dem Boykott und der antibritischen Agitation in Südchina loszukaufen. Durch die Entwicklung im Yangzi-Gebiet hätte England sicherlich hiervon Abstand genommen. Japan sei durch Vertragsverhandlungen um die Mandschurei an die Peking-Regierung gebunden, die USA durch das Washingtoner-Abkommen ebenfalls. Letztere werde vor dem „rot-russischen Einschlag der Guomindang zurückschrecken".

130 Crull kam dieser Aufforderung in einem 13seitigen Bericht vom 29.12. nach. In ihm beantwortet er die o.g. Fragen und argumentiert, daß die Südregierung, welche „zur Zeit fast das halbe China [beherrsche]", in Kürze anerkannt werden müsse. Die nationale Bewegung unter der Führung der GMD werde lange Zeit Bestand haben und: „Von diesem Gedanken aus befürworte ich eine Anerkennung der Nationalistischen Regierung, sobald sich Feng Yuxiang und Jiang Jieshi in Henan die Hand gereicht haben oder Shanghai gefallen oder neutralisiert ist" (BArch, R9208-2233, Bl. 123-135).

74

Offenes Telegramm des AA Berlin an die Gesandtschaften in China (10.12.1926)

Abschrift P 9450/26
Berlin, den 10. Dezember 1926.
Diplogerma
Peking,
Nr. 133.

Telegramm
(offen)

Deutsche Presse über Kanton.
DAZ [Deutsche Allgemeine Zeitung] Artikel Triumph Chinas feiert Erfolge Kantons nennt Kanton Mutterzelle nationaler Volksbewegung voraussieht Sieg Kantons.

Deutsche Tageszeitung niemand wünscht Erreichung Zieles Guomindang Reichseinigkeit aufrichtiger als Deutschland begrüßt Disziplin Kanton-Armee feststellt Kanton Träger einer Idee Gegensatz Machtkämpfe Generäle.

Leipziger Neueste [Nachrichten] nennt Guomindang Nationale Volkspartei Chinas einziger Machtpol für Zusammenfassung Chinas.

Voß[ische Zeitung] einzig Kanton-Regierung Anspruch auf Bezeichnung einer Zentralregierung Kanton-Partei festes Gefüge für Idee chinesischen Nationalismus.

Presseabteilung.

PAA, R85419.

75

Artikel aus der *Zhongyang ribao*, Hankou (23.-28.05.1927)[131]

Von der Zweiggruppe der Guomindang in Deutschland ist folgendes Schreiben eingegangen:

An sämtliche Kameraden von der *Zhongyang Ribao* (Nationalzeitung).

Wir erhielten Mitte April aus der Heimat die Nachricht, daß die von unserer Nationalen

---

131 Timann, Generalkonsulat Hankou, sandte diese Übersetzung am 01.06.1927 unter dem Titel „Guomindangpropaganda in Deutschland" an die Gesandtschaft nach Peking. Vorangestellt ist der Hinweis, daß der Artikel „einen interessanten Einblick in die Propagandatätigkeit der Guomindang in Deutschland und das Verhältnis der Parteigruppe zu den übrigen in Deutschland bestehenden chinesischen Verbänden [gewährt]". Boyé leitete die Übersetzung am 14. Juni 1927 an das AA Berlin (Nr. 1992).

Volksregierung mit einer revolutionären Mission betraute Zhongyang Ribao in der neuen Hauptstadt Wuhan neu erscheint. Wir Kameraden in Übersee freuen uns darüber sehr. Als Vertreter der in Deutschland lebenden Kameraden beglückwünschen wir euch zu Euern Siegen und beglückwünschen euch dazu, daß ihr das revolutionäre Volk führt, so daß der Erfolg der Nationalen Revolution beschleunigt wird. Die Propagandaerfolge der im Herzen Europas in Deutschland sitzenden Zweiggruppe sind längst bekannt. Wir beehren uns euch anbei den 6. Bericht der Vertreter vorzulegen, damit ihr über die von der Zweiggruppe geleistete Arbeit und die Wichtigkeit der Propaganda in Europa Bescheid wißt. Wir hoffen auch, daß ihr uns regelmäßig mit der Post ein Exemplar eurer Zeitung zuschickt, um die Parteiangelegenheiten und die Propaganda zu fördern. Wir halten sehr viele Vorträge, durchschnittlich 15 und mehr in jeder Woche. Nicht nur in allen deutschen Städten halten unsere Kameraden Vorträge, sondern auch in der Schweiz, in Schweden, Norwegen, Dänemark, der Tschechoslowakei, in Österreich in allen Städten und Dörfern, in denen man deutsch versteht, merkt man die Spuren der Propagandaarbeit der Zweiggruppe Deutschland.

Aber außer daß sie Vorträge halten, studieren unsere Kameraden auch die Organisationen der Arbeiter an allen Orten, und den Kommunismus, die Vereinigungen der Bauern und Arbeiter, sowie alle Angelegenheiten des Aufbaus. Darüber wird in gewissen Zeitabständen der Zentralgruppe und den Zweiggruppen im Ausland Bericht erstattet. Dieses Material ist sehr wichtig und sehr wertvoll. Wenn ihr seinen Wert erkennt, kann die Zweiggruppe es euch in die Heimat senden, damit ihr wisst, was wir hier im Ausland für Arbeit leisten, was für Bewegungen unter der fremden Bevölkerung im Gange sind, und was dergleichen Nachrichten mehr sind.

Mit revolutionärem Gruß.

Anlage (der Bericht über die Sitzung der Vertreter)

Errichtung und Organisation.

Vertreter der

Zweiggruppe Berlin: Xin Shuchi, Zhou Qixiang, Wang Qijiang, Yao Congwu.[132]

Zweiggruppe Lien tsu (Leipzig?): Pan Fang, Wang Shifu.

Zweiggruppe Göttingen: Zhang Liangren.

Zu Mitgliedern des Direktoriums der Vertreterversammlung wurden gewählt: Wang Qijiang und Pan Fang. (Der folgende Teil des Berichts enthält belanglose Einzelheiten über Kassenrevision usw., über ein Telegramm aus Hankou betr. die Eroberung der englischen Konzession, worauf die Zweiggruppe Berlin u.a. beschlossen habe, an verschiedene Orga-

132 In dem von Harnisch verfaßten Werk zur Geschichte der chinesischen Studenten in Deutschland findet sich neben knappen Einträgen zu Xin Shuchi und Wang Qijiang lediglich Yao Congwu ausführlicher behandelt. Yao kam Anfang 1923 nach Deutschland und immatrikulierte sich im Sommersemester 1924 im Fach Geschichte an der Berliner Universität. Anschließend arbeitete es als Lektor in Bonn und Berlin, später als Professor für Geschichte an der Peking Universität und dann an der Taiwan Universität (Harnisch 1999:229 u. 232).

nisationen in London zu telegrafieren, „daß die Gerechtigkeit aufrechterhalten werde, und man schnellstens die Kriegsschiffe aus China zurückziehe und die Arbeiterausbeuter kontrolliere.“) Dann fährt der Bericht fort:

Nicht nur in den deutschen Städten halten Mitglieder der Guomindang Vorträge, sondern die Spuren der Propaganda-Arbeit von Vertretern der Zweiggruppen der Guomindang in Deutschland machen sich auch in Schweden, Norwegen und in der Tschechoslowakei bemerkbar. Wir in Deutschland können im Vergleich zu den Kameraden in England, Frankreich und Belgien viel mehr internationale Propaganda-Arbeit leisten, und zwar aus folgenden Gründen:

1) Unsere Position ist günstig, die Umgebung gleichfalls. Die Erfolge der Propaganda sind daher sehr groß. Die internationale Propaganda in Europa bedarf natürlich der Unterstützung der dritten Internationale. Von den zur dritten Internationale Gehörenden hat aber nächst Sowjet-Russland die deutsche Kommunistische Partei die größte Macht. Der Zweiggruppe Deutschland ist ihre Tätigkeit daher sehr erleichtert. Es ist nicht so wie in Frankreich und Belgien, daß man unter den Vorstand der Gefährdung der betreffenden Regierung immer gleich verhaftet oder ausgewiesen wird.

2) Die Zahl unserer Landsleute in Deutschland ist verhältnismässig gering, der Differenzen sind nicht viele, und die reaktionäre Gruppe kann infolge ihrer Minderheit keine großen Hemmungen ausüben.

Innere politische Arbeit.

Unter unseren Landsleuten in Deutschland bestehen außer unserer Partei noch folgende Vereinigungen: a) die Händler aus Qingtian (Zhejiang), b) die Jünglingspartei (Qingniandang), c) die Vier Zeichen Vereinigung (Sizihui), d) die Dreivolksgesellschaft (Sanminshe) und e) der Zentralverband der Studenten (Xuesheng zonghui).

a) Die Händler aus Qingtian.

Bisher wurde den Händlern gegenüber keine Arbeit geleistet. Aus der Partei ausgeschlossene Händler hatten nämlich die Dreivolksgesellschaft gegründet. Die Händler sind alle aus Qingtian und verstehen nichts von der Revolution. Weil unsere Partei sie unterstützt hatte, waren sie unserer Partei beigetreten. Sie traten aber nur gezwungen ein, und ließen sich ohne weiteres von den Reaktionären benutzen.

b) Die Jünglingspartei.

Ihre Tätigkeit, die nicht auf internationaler Seite liegt, wird sehr geheim ausgeübt. Sie wollen die alte Gesellschaft aufrechterhalten und bekämpfen direkt und indirekt die Revolution. Ihre Ziele sind nationalistisch, wie man auch aus ihren Propagandaschriften sehen kann, die Schlagwörter enthalten wie: der Zentralverband der Studenten ist rot. Die Mitglieder der Kommunistischen Partei sind rote Hunde. Unsere Partei führt zum Kampf gegen den Imperialismus. Der Zentralverband war daher sehr rührig, als die Japaner Truppen nach der Mandschurei schickten, während die Angelegenheit die alte Studentenvereinigung (Jiu xueshenghui) kalt ließ. Denn die wichtigsten Mitglieder der alten Studentenvereinigung gehören eben zur Jünglingspartei.

c) Die Dreivolksgesellschaft.

Sie ist nach außen hin eine Gesellschaft von Händlern; ihre Waffe aber ist die Agitation zur Befreiung der Völker. Sie harmonisieren nicht mit der Jünglingspartei und machen der Guomindang allerlei Schwierigkeiten. Mit der 3. Internationalen stehen sie in keinem Verkehr und sind in internationaler Beziehung auch nicht tätig. Tätige Gewerkschaftsmitglieder gab es Anfangs nur 4-5 und jetzt nur 1-2.

d) Der Zentralverband der Studenten.

Dieser Verband ist gegründet worden, weil die Ziele und Ideen seiner Mitglieder verschieden waren von denen der alten Studentenvereinigung. Mitglieder des Zentralverbandes sind natürlich die Revolutionäre, und deswegen arbeitet unsere Partei mit dem Zentralverband zusammen. So enthalten die deutschen rechts stehenden Zeitungen, Illustrierten Blätter, Kinos fortwährend unser Land beschimpfende Äußerungen und Bilder. Wenn wir im Namen unserer Partei dagegen opponieren, so ist das nicht opportun und hat nur die Wirkung, daß gesagt wird, die Guomindang sei rot. Wenn wir aber etwas unter Namen des Zentralverbandes der Studenten unternehmen, so haben wir Erfolg. Solche Arbeit findet auch die Zustimmung aller unserer Landsleute und ist sehr notwendig. Die Guomindang hat mit dem Zentralverband auch einen historischen Zusammenhang, aber wir haben gemerkt, daß wenn Mitglieder unserer Partei die wichtigen Stellen des Zentralverbandes bekleiden, daß wir dann die Sympathien eines kleinen Teiles verlieren. Wir haben daher kürzlich unsere Politik geändert und geben dem Zentralverband nur Hilfestellung. Dann treten dessen Mitglieder unserer Partei bei, und es werden sehr zufrieden stellende Resultate erzielt.

Unsere Partei gebärdet sich nicht mehr so radikal wie früher, weil das für die Propaganda nicht nützlich ist. Wir befolgen das Verfahren einer Anfreundung mit allen und haben neulich gehört, daß die alte Studentenvereinigung mit der Jünglingspartei gebrochen hat. Wir haben in letzter Zeit gegenüber der alten Studentenvereinigung auch unsere Politik geändert und bekämpfen sie.

Halle ist das Zentrum der deutschen Industrie und auch ein Zentrum des deutschen Kommunismus. Jedesmal, wenn wir gebeten werden, dort einen Vortrag zu halten, ist es so voll, daß in einem kleinen benachbarten Ort weitere Versammlungen abgehalten werden müssen. Wir erheben dabei immer einen Beitrag von 10 Pfennig an und bekommen so 100-200 Mark zusammen. Es sind Arbeiter, die nach Pfennigen rechnen, die dieses Geld geben. Wie können wir uns dafür dankbar erweisen? Dadurch daß wir uns für unseren Erfolg bemühen.

Auch in Frankfurt a.M. ist man eifrig bemüht, die revolutionäre Sache zu unterstützen. Im Rheinland empfindet man selbst die Bedrückung durch den französischen und englischen Imperialismus und zeigt sehr viel Eifer und Interesse für die chinesische revolutionäre Sache.

Praktische politische Arbeit.

Deutschland merkte vor einiger Zeit, daß die Lage in Europa sich etwas festigte und dachte daher, es könnte aus seiner Unterdrückung heraus sich in einen imperialistischen Staat verwandeln und seinerseits eine, die Menschheit unterdrückende Stellung einnehmen.

Deutschland wollte daher durch einen Beitritt zum Washingtoner Vertrag in die imperialistische Gruppe eintreten. Seitens der Zweiggruppe wurde dem Reichstag eine Protestschrift überreicht und andererseits überall in die Heimat telegrafiert, um eine anti-deutsche Stimmung zu erzeugen.[133] Gleichzeitig protestierten auch die deutschen Kommunisten. Infolgedessen läßt die deutsche Regierung die Sache liegen, da die Verhältnisse innen und außen ungünstig liegen.

Teilnahme an der Bewegung zur Abschaffung der ungleichen Verträge.
Hier geben wir uns die größte Mühe. Zur Abschaffung des belgischen Vertrages haben wir überallhin telegrafiert, auch uns mit verschiedenen Stellen verbunden, um uns in Genf zu versammeln und unsere dortigen Vertreter zu beeinflussen, damit eine große Sache daraus gemacht wird, und die durch Betrug der Engländer geschaffene Atmosphäre verändert werde. Die Vertreter unserer Partei befürworteten, die Abschaffung des belgischen Vertrages zu beantragen, hatten aber als Resultat nur zu verzeichnen, daß Zhu Zhaoxin[134] den Wanxian-Fall[135] vorbrachte. Zuerst hat er übrigens davon gesprochen, daß das „Si ku quanshu" geschenkt werden sollte,[136] dann erwähnte er den Wanxian-Fall. Damit waren wir gar nicht zufrieden.

PAA, R85452, Bl. 26-31.

76

Bericht des Agrarexperten Wilhelm Wagner, Wiesbaden, an den Verband für den Fernen Osten, Berlin (14.06.1927)[137]

Abschrift zu IV Chi 1578/27.

---

133 Siehe Dok. 71.

134 Zhu Zhaoxin war 1921-1927 als Erster Staatssekretär an der chinesischen Gesandtschaft in London tätig, zudem fungierte er als Minister Chinas in Italien und vertrat Chinas Interessen im Völkerbund.

135 Zum chinesisch-britischen Konflikt in Wanxian siehe die Anmerkung zu Dok. 72.

136 Das *Siku quanshu* (lit.: Vollständige Schriften aus den vier Magazinen) wurde zwischen 1773 und 1782 auf Erlaß des Kaisers Qianlong (reg. 1736-1796) zusammengestellt. Es handelt sich um eine Aufsatz- und Schriftenedition, die alle seltenen und wichtigen Bücher zu diversen Aspekten der chinesischen Geschichte und Kultur inkludieren sollte. Schließlich wurden 3593 Werke in einer 36.000 Rollen (*juan*) umfassenden Ausgabe gedruckt (Schmidt-Glintzer 1990:450).

137 Vorliegendes Dokument wurde vom Verband für den Fernen Osten an das AA Berlin geschickt. Trautmann leitete es weiter nach Peking und Kanton mit der Bitte, man möge dort „drahtlich zu der Angelegenheit Stellung nehmen". Wilhelm Wagner, ehemals Leiter der Landwirtschaftsschule in Qingdao, hatte den Bericht nach kurzem Aufenthalt in Kanton verfaßt. Wagner selbst war den Aufgaben schon aus sprachlichen Gründen nicht gewachsen, wie Zhu Jiahua in einem späteren Brief an Max Linde (30.08.1927) ausführlich erläutert. Siehe Martin 2003, Dok. 79, 300-306.

Prof. Dr. Zhu, der Rektor der Sun-Yatsen Universität in Kanton, ist zum Minister des Innern der Provinz Guangdong ernannt worden. Aus gesundheitlichen Gründen soll er danach streben, sobald als möglich von Kanton fortzukommen und in Shanghai wurde davon gesprochen, daß er auf Drängen seines Freundes Jiang Jieshi ein Ministerium in Nanjing übernehme, sobald sich die Verhältnisse einigermaßen gebessert hätten.

Professor Zhu hat mir aufgetragen, Herrn Dr. Linde zu bitten, Vorschläge über die Berufung von vier Deutschen als Berater für das von ihm verwalteten Ministerium des Innern zu machen. Es handelt sich um folgende Berufe:

1. Einen Zivil-Verwaltungsbeamten. Er muß erfahren in allen Zweigen der Zivilverwaltung sein und soll als Berater des Innenministeriums in der Hauptsache Vorschläge für die Neuorganisation desselben machen. Neben der beratenden Tätigkeit wird erwartet, daß er an der Universität über Verwaltungsrecht Vorlesungen abhält, soweit es seine Zeit erlaubt.
2. Einen Polizeibeamten als Reorganisator der Polizei und Gendarmerie der Provinz Guangdong. Er soll Berater des Innenministeriums und zugleich Instruktor sein.
3. Einen Magistratsbeamten mit großen Erfahrungen in der städtischen Verwaltung, vor allem auch auf dem Gebiete des Bauwesens. Er soll im Auftrag des Innenministeriums die Verwaltung der Städte (außer Kanton) der Provinz Guangdong reorganisieren, einmal in verwaltungstechnischer Hinsicht und zweitens hinsichtlich der Anlage von Straßen und öffentlichen Gebäuden u.a. Er wird als Berater des Innenministeriums angestellt und soll daneben Vorlesungen an der Universität halten.
4. Einen Berater für soziale Fürsorge. Er muß eingeschriebenes Mitglied der sozialdemokratischen Partei Deutschlands sein und alle Fragen der Fürsorge in Stadt und Land beherrschen. Neben dieser Tätigkeit als Berater des Innenministeriums soll er auch Vorlesungen über soziale Fürsorge und einschlägige Gebiete an der Universität halten.

Alle die vier Persönlichkeiten müssen perfekt englisch lesen, sprechen und schreiben, sollen auf ihrem Spezialfachgebiet reiche Erfahrungen haben und möglichst schon einmal im Ausland gewesen sein. Prof. Zhu bittet, ihm für jede der vier aufgezählten Stellen die Personalien mehrerer Persönlichkeiten möglichst bald zuschicken zu wollen. Er will dann selbst die Auswahl treffen. Die Stellen sollen spätestens zum 1. Oktober d.J. besetzt werden. Über die Anstellungs- und Gehaltsverhältnisse wollte Prof. Zhu telegraphisch an Dr. Linde berichten. Sie seien, wie Dr. Enki-dai sagte, im Wesentlichen dieselben wie für die an die Universität berufenen Professoren.

Soweit ich die Verhältnisse bei meinem 14-tägigen Aufenthalt in Kanton kennen gelernt habe, kann ich nur dringend empfehlen, dem Wunsche des Professors Zhu nachzukommen. Nachdem alle russischen Berater von der z.Zt. in Kanton herrschenden sog. Gemäßigten Regierung kalt gestellt sind und abgeschoben werden, eröffnet sich für deutsche Berater ein außerordentlich weites und fruchtbares Feld der Betätigung. Meines Dafürhaltens ist es aber Pflicht der deutschen Regierung diejenigen Herren, die hinausgehen, hinsichtlich ihrer wirtschaftlichen Lage, d.h. der Regelmäßigkeit der Gehaltszahlungen, sicherzustellen. Die deutsche Regierung müßte für den Fall, daß die Chinesen für eine Reihe von Monaten die Gehaltszahlungen einstellen, was bei dem in der Zukunft sicher noch mehrmals vorkommenden Wechsel der Regierungen bestimmt der Fall ist, die Gehälter garantieren und durch das nächstliegende Konsulat auszahlen lassen. Es ist nicht angängig, daß, wie das z.Zt. bei der Tongji-Universität in Shanghai der Fall ist, die im Dienst der Chinesen stehenden Dozenten über sechs Monate mit ihrem Gehalt im Rückstand sind. Die deutsche Regierung sollte in diesem Falle von den Russen lernen, die sämtliche Berater den Chinesen kostenlos zur Verfügung stellen. Prof. Zhu erzählte gelegentlich während eines Essens, das er uns neu Angekommenen gab, daß, als die Frage der Anstellung europäischer Dozenten an der Universität in Kanton auftauchte, Herr Borodin ihm russische Professoren unentgeltlich angeboten habe. Da es ihm aber auf ernste wissenschaftliche Arbeit ankäme und nicht auf bolschewistische Propaganda, hätte er die für chinesische Begriffe außerordentlich hohe Ausgabe für die Berufung deutscher Professoren nicht gescheut.

Bei einem Aufenthalt in Shanghai erfuhr ich von Dr. Yüan [Ruan Shangjie], dem Direktor der Tongji-Universität, der gerade von einer Besprechung mit maßgebenden Leuten um Jiang Jieshi aus Nanjing zurückgekommen war, daß auch in Nanjing die Absicht bestehe, überall nur deutsche Berater zu berufen. Er erklärt dies damit, daß einmal die maßgebenden Leute z.T. deutsch ausgebildet seien, z.T. für Deutschland große Sympathien hegten; zum anderen könnten bei der Anstellung deutscher Berater nicht Schwierigkeiten entstehen, wie sie bei allen anderen Nationen mit Ausnahme der Russen, die man aber wegen der politischen Propaganda, die sie trieben, ganz und gar ablehne, unvermeidlich wären. Ich bin der Ansicht, daß man auf diesem Gebiete nicht erst warten darf, bis die Chinesen mit ihren Wünschen kommen, man müßte seitens des Deutschen Generalkonsulats in Shanghai die Initiative ergreifen und, wenn auch nicht direkt, so doch indirekt, auf irgendeinem Wege entsprechende Vorschläge in Nanjing machen. Welche Vorteile es dem deutschen Handel bringen würde, wenn in den wichtigsten Stellen der Ministerien in Nanjing deutsche Berater säßen, brauche ich wohl nicht näher auszuführen.[138]

Wiesbaden, den 14. Juni 1927

gez. Dr. W. Wagner

BArch, R9208/2241, Bl. 66-69.

138 Boyé, der sich seit jeher gegen deutsche Beratertätigkeiten aussprach, war erleichtert, als er vom Generalkonsulat Kanton die Nachricht erhielt, „daß nach Mitteilung Professor Zhu, der vom Innenministerium zurückgetreten, Anstellung Berater vorläufig nicht eilig" sei. Boyé an das AA Berlin, 05.08.1927 (BArch, R9208/2241, Bl. 55-56).

77

Bericht des Gesandten in Peking, Adolf Boyé, an das AA Berlin (09.08.1927)

Nr. 2470.

Inhalt: Geplante Anwerbung deutscher Militärinstrukteure für die Kriegsschule in Nanjing.
Notwendigkeit strikter Ablehnung.
Die heutigen chinesischen Machthaber.
Korruption.
Grundsätzliche Fragen der deutschen Chinapolitik.

Das Hauptquartier Jiang Jieshis verlegt die Whampoa Kriegsschule nach Nanjing und will die bisherigen russischen Militärinstruktoren durch andere ersetzen: Neben Japaner, gedenkt man, auf Befürwortung des in Deutschland ausgebildeten Generals Li Nai, etwa fünfzehn deutsche Militärs zu engagieren. Ende Juli sollte zu diesem Zweck General Chen Shaowu, der vor dem Krieg sechs Jahre in Deutschland bei der Fußartillerie und auf der Kriegsschule in Neisse war, nach Berlin reisen und dort die Angelegenheit betreiben. Das Generalkonsulat in Shanghai hat eine amtliche Förderung der Mission abgelehnt, dem General Chen Shaowu jedoch auf seine Bitte ein privates Einführungsschreiben an einen Beamten des Auswärtigen Amts mitgegeben. Generalkonsul Thiel ist, wie ich seinen privatbrieflichen Mitteilungen entnehme, nicht im Zweifel darüber, daß mit Rücksicht auf Artikel 179 des Versailler Vertrages amtlich nichts geschehen kann. Er glaubt jedoch, die dienstlichen Beziehungen zu den Nanjinger Machthabern nicht von vornherein durch Verweigerung jeder Mitwirkung gefährden zu dürfen und hat daher, unter ausdrücklichem Hinweis auf die Versailler Bindungen, den General wissen lassen, daß erst in Berlin die Vorfrage entschieden werden könne, ob die Anwerbung der gewünschten Kräfte in Deutschland überhaupt möglich sei.

So unbequem es sein mag, ich rate, nicht nur jede amtliche oder halbamtliche Unterstützung abzulehnen, sondern auch nach Kräften zu verhüten, daß der General auf anderem Wege deutsche Offiziere und Militärlehrer anwerben kann. Ein Dutzend deutscher Militärinstruktoren an der Nanjinger Kriegsschule, das bedeutet für die ganze Welt eine flagrante Verletzung des Friedensvertrages, wenn wir auch hundertmal versichern, daß amtliche Stellen mit dem Engagement in keiner Weise befaßt waren. Es bedeutet in China eine offene Unterstützung, die Deutschland einer der streitenden Militärparteien gewährt und die bei den Gegnern nicht ohne Rückwirkung bleiben würde. Und welchen Gewinn hätten wir von dem Einsatz zu erwarten?

Deutschland hat, als es noch die erste Militärmacht der Welt war, wiederholt Instrukteure nach China geschickt. Sie haben uns nicht den geringsten Nutzen, wohl aber eine Fülle von Widerwärtigkeiten und Ungelegenheiten mit den Militärgouverneuren gebracht.

Wenn die Chinesen heute militärische und andere Lehrer in Deutschland suchen, so geschieht es nicht aus irgendeiner Vorliebe für Deutschland, noch aus irgendeiner Bewunderung für deutsche Tätigkeit. Die Deutschen sind für die Chinesen ungefährlich und bequem. Sie stehen unter chinesischer Militärwillkür, sie erfordern nicht so viele Rücksichten wie die Exterritorialen, hinter denen doch immer noch gereizte Regierungen und Kanonenboote drohen. Nichts wäre darum naiver, als zu glauben, daß sich die Chinesen Deutschland gegenüber auch nur zu den geringsten Dank verpflichtet fühlen, sie betrachten die Wahl deutscher Lehrkräfte viel eher als eine große Gnade, für die wir dankbar sein müssen. Eine vortreffliche Illustration hierzu bietet gerade jetzt die Nanjinger Regierung, die in demselben Augenblick, wo sie ihren Werbegeneral nach Deutschland schickt, drei deutsche Dampfer widerrechtlich festhält und unsere Proteste nur mit einem Achselzucken beantwortet.[139]

Man sollte sich in Deutschland darüber klar werden, daß wir es in China nicht mehr mit dem, in so vielen Büchern und mit traditionellen Enthusiasmus gepriesenen Chinatum zu tun haben, dem fleißigen, ehrlichen, klugen, höflichen und liebenswürdigen Menschen von ehedem, mit dem man vertrauensvolle und freundschaftliche Beziehungen unterhalten konnte. Was heute in China herrscht und das große Wort führt, was für die Ausländer und die fremden Regierungen praktisch allein in Betracht kommt, das ist ein höchst unerfreulicher Typ von Halbchinesen. Leute, die in früher Jugend von amerikanischen Missionaren, meist in den niederen Volksschichten aufgelesen, mit notdürftigen Sprachkenntnissen nach den Vereinigten Staaten, manchmal auch nach Europa geschickt wurden und die von da sprachgewandt, aber mit oberflächlichster Halbbildung, ohne wirkliches Wissen und Können, ohne inneren Halt und Kern, nach China zurückgekommen sind. Sie haben das Ausland auf den Vergnügens- und Rummelplätzen, selten bei ernster Arbeit kennen gelernt, sie bringen, außer der fremden Tracht und schlechten Manieren, eine groteske Überheblichkeit und einen überreichen Vorrat von halbverstandenen Phrasen und Schlagworten nach China heim, nach dem China, vor dessen bodenständiger Bildung, Kultur und Kunst sie nichts wissen, dessen Schrift sie weder lesen noch schreiben können, ja dessen Sprache sie oft nur noch unvollkommen beherrschen. Dieses Halbchinesentum, dem man auch viele bekannte Namen getrost zuzählen darf, kennt nur ein Ideal: möglichst schnell einen möglichst hohen und möglichst einträglichen Posten zu erhaschen, gleichviel mit welchen Mitteln. Die skrupellosen Postenjäger, die jedem siegreichen General in Massen zuströmen und ihn nach der ersten Niederlage verlassen, die ohne moralische Hemmungen und ohne Besinnen von den Militärdiktatoren zu den Kommunisten und von den Nationalisten zu einer neuen Gruppe überwechseln, in allen Ämtern und Behörden, sie sind es, die zusammen mit den ebenso käuflichen Militärs, den letzten Resten von Treu und Glauben in China vertilgen und das Land immer tiefer in den Morast von Korruption und Anarchie treiben.

Alle Hoffnungen, die man auf eine Wiederkehr der Ordnung, auf schöne Guomindang-

---

139 Die Nanjing-Regierung hatte Rickmers- und HAPAG-Schiffe beschlagnahmt, die offensichtlich Rüstungsgüter an die Gegenregierung in Wuhan zu liefern versuchten. Vgl. Chen Chi 1973:95-96, Ratenhof 1987:344-345. Zu den Vorgängen siehe Kuhn 2004.

Programme setzt, alle „Renaissance-Träume“, die China-Phantasten auf Zeitungs- und Büttenpapier ausspinnen, müssen an dem heutigen Menschenmaterial in China scheitern. Wenn sich selbst da und dort ein ehrlicher Idealist fände, so erstickt er in dem Wust von Lüge, Intrigrantentum und Felonie seiner Umgebung. Es gibt zurzeit etwa ein Dutzend Regierungen in China – man soll darunter einen einzigen Mann nennen, der so lauter von Charakter, so uneigennützig, so patriotisch wäre, daß er seine persönlichen Interessen hinter das Interesse seines Landes stellte. Man wird vergebens suchen.

Die Deutsche Regierung sollte sich nicht verleiten lassen, mehr als bloß korrekte Beziehungen mit irgendeiner der chinesischen Cliquen zu unterhalten, und vor allem nicht daran denken, durch Freundschafts- und Liebesdienste um Sympathien oder Entgegenkommen zu werben, genau das Gegenteil würde erreicht. Nichts schadet unserem Ansehen, von unserer Würde zu schweigen, mehr, als wenn sich bei diesen anmaßenden, korrupten Eintagsmachthabern die Überzeugung festsetzt, daß die Deutschen, trotz aller schlechten Behandlung, jederzeit bereit sind, um die chinesische Gunst zu buhlen. In dieses Kapitel gehören auch die deutsch-chinesischen Verbrüderungsfeste, die begeisterten Kannegiessereien in Wort und Schrift, der ganze Chinakultus, der für geschäftstüchtige Leute zum Broterwerb geworden ist. Man könnte den privaten Windmachern ihre Freude lassen, wenn sie nicht in der deutschen Öffentlichkeit völlig falsche Chinapolitik erschwerten. Deutschland sollte sich in dem heutigen China strikt auf den normalen Warenaustausch beschränken. Für uns ist hier weder ein macht- und kolonialpolitisches, noch ein finanzielles, noch ein kulturpolitisches Betätigungsgebiet, noch haben wir hier eine Erzieheraufgabe. Wenn die Nachbarstaaten, Rußland, Japan, Amerika, sich veranlasst fühlen, ihren Kampf um die Vormacht auch durch Ratgeber, Instrukteure, Schulunterstützungen und Geldspenden zu führen, so dürfen wir ihnen neidlos ihre fragwürdigen Erfolge gönnen. Deutschlands Schwerpunkt liegt in Europa. Dort haben wir wichtigere, notwendigere, und lohnendere Aufgaben als den bescheidenen Hauslehrer in China zu spielen.

Wenn abenteuerlustige Deutsche sich nach China verdingen wollen, so mögen sie das auf eigene Rechnung und Gefahr tun; man sollte sie aber wissen lassen, daß sie der Deutschen Regierung damit keinen Dienst und keinen Gefallen erweisen und daß sie auf keinerlei finanzielle und keine andere amtliche Unterstützung als auf die zu rechnen haben, die jedem Deutschen im Ausland zuteil wird.

gez. Boyé

PAA, R85452.

Kapitel 5

Die deutsch-chinesischen Wirtschaftsbeziehungen: Aufstieg – Zusammenbruch – Neuanfang

Zum Zeitpunkt der chinesischen Revolution hatten sich mehrere Zentren deutscher Wirtschaftsaktivitäten in China herausgebildet: die Kolonie Kiautschou, die deutschen Konzessionen in Tianjin und Hankou, die exterritorialen Stadtteile Shanghais und die britische Kolonie Hongkong. Seit der Jahrhundertwende verfolgten deutsche Vertreter aus Handel und Industrie eine Ausweitung ihrer Interessen in China und strebten an, durch eine neue Verbindung von Politik, Kultur und Wirtschaft insbesondere die britische und japanische Konkurrenz zu überwinden. Auch auf chinesischer Seite gab es verschiedene Gründe, den Kontakt mit Deutschland zu intensivieren. Bereits die Niederlage im chinesisch-japanischen Krieg (1895) hatte den Reform- und Modernisierungswillen der chinesischen Regierung entfacht, der insbesondere den Import von Waffen, moderner Technik und Maschinen begünstigte. Deutsche Firmen wie die Friedrich Krupp AG konnten hiervon frühzeitig profitieren. Die insgesamt hohe Bedeutung der Wirtschaftsbeziehungen ergab sich letztlich aber weniger aus der Quantität des Handelsvolumens als denn aus ihrer auf beiden Seiten engen Vernetzung mit politischen Interessen.[1] Bedingt durch die Auswirkungen des Ersten Weltkriegs, müssen drei Phasen unterschieden werden.

Die erste Periode, 1911-1914, war eine des zunehmenden Handelsaustauschs, geprägt von den kolonialen Bedürfnissen der Großmachtpolitik Deutschlands. Der Deutsche Reichstag und das Auswärtige Amt unterstützten die Bestrebungen von Industrie und Handel zum Ausbau der Wirtschaftsbeziehungen mit China und sahen hierin eine Möglichkeit, von innenpolitischen Problemen abzulenken („Sozialimperialismus“) und die Isolation in Europa zu überwinden. Im Bereich der Rüstungsgüter nahm Deutschland eine nahezu monopolistische Position ein, auch gelang es der deutschen Elektro-, Maschinen- und Chemieindustrie, sich in China zu etablieren. Daß die Industrie nun eigene Vertreterfirmen und

1 Vgl. Louven 1982:174.

Büros in China eröffnete, ging allerdings zu Lasten der Handelsfirmen. Ab 1913 zeichnete sich überdies ab, daß die deutsche (Rüstungs-)Industrie von China Abstand nahm, zum einen wegen der finanziellen Risiken, zum anderen weil in Deutschland und Europa höhere Gewinne erzielt werden konnten. Das Auswärtige Amt kritisierte diesen Umstand, weil es seinen Einfluß bei der chinesischen Regierung schwinden sah. Deutsche Händler warnten vor einem Rückgang des „Deutschtums" in China und forderten staatliche Unterstützung für eine koordinierte Wirtschaftspolitik.[2] In diesen Bereich fielen auch die Aktivitäten der Deutsch-Asiatischen Bank (DAB) und die Vergabe von Staats- und Privatanleihen, durch die Deutschland fest in die Strukturen des ausländischen Finanzimperialismus in China eingebunden war.[3] Des weiteren konzentrierte Deutschland seine Wirtschaftsaktivitäten auf den Eisenbahnbau und das Bergwerkswesen im Gebiet der Kolonie Kiautschou, wobei gerade der Umstand, daß Qingdao sich zunehmend als chinesisches und nicht als deutsches Handelszentrum etablierte, kontroverse Diskussionen um die Erhaltung der Kolonie entfachte. Auch die zweite Phase, d.h. die Kriegsjahre, 1914-1918, war kolonial geprägt, führte durch den Verlust der Kolonie Kiautschou und – nach Abbruch der diplomatischen Beziehungen 1917 – auch der Konzessionen in Tianjin und Hankou aber zwangsweise zu einer Neuordnung der Verhältnisse. Der Kriegserklärung folgten die Liquidation der DAB und aller deutschen Firmen, so daß mit dem vollständigen Zusammenbruch der Handelsfirmen der deutschen Wirtschaftexpansion auf Jahre hinaus die Grundlage in China entzogen war.

Der Wiederaufbau der Wirtschaftsbeziehungen in den Jahren der Weimarer Republik, 1919-1927, erfolgte unter erschwerten Bedingungen. Nicht nur hatte die chinesische Industrie in Abwesenheit ausländischer Firmen während des Krieges einen Aufschwung genommen,[4] auch die Konkurrenz aus Japans und den USA war gegenüber Großbritannien deutlich angestiegen. Vor diesem Hintergrund kehrten die deutschen Firmen nach Abschluß des gleichberechtigten Handelsvertrags (1921) eilig zurück, wobei Fragen der Kriegsentschädigung und der Rückgabe liquidierter Eigentümer erst 1924 endgültig geklärt werden konnten. Chinas Regierung zögerte diesen Prozeß sowie die Wiederaufnahme der Anleihezahlungen schon aus Kapitalmangel und innerer Zerrissenheit bewußt hinaus. Schließlich war es die durch den Bürgerkrieg hohe Nachfrage an Rüstungsgütern, die den Aufschwung

---

2 Ratenhof 1987:242-247. Im Reichstag wurde 1912 eine lebhafte Debatte um das deutsche Ansehen und die wirtschaftlichen Erfolge in China geführt. Beides entsprach nicht den Erwartungen der Regierung. Paasche, der Abgeordnete der nationalliberalen Partei, führte hierzu aus: „In China können Sie es alle Tage sehen: die Regierungsgeschäfte, die großen Lieferungen für Eisenbahnen an Lokomotiven und dergleichen mehr hören in dem Moment auf, wo unser Deutschtum an Ansehen verliert" (SBVR, Bd. 286, 11.12.1912, S. 2732). Zum Sozialimperialismus als Strategie der innenpolitischen Krisenbewältigung siehe Wehler 1995:1138-1152, zur Debatte um den Rückgang des Deutschtums hier Kap. 6.

3 Zur Anleihepolitik siehe Kap. 1. Deutschlands Eingebundenheit in die Strukturen des Finanzimperialismus läßt sich daran ablesen, daß es im Bereich der Direktinvestitionen am Vorabend des Krieges mit einem Gesamtanteil von 13% an vierter Stelle lag (Osterhammel 1989:256). Ratenhof (1987:247) räumt Deutschland 1914 den dritten Platz nach Großbritannien und Japan ein.

4 Zum Aufschwung der chinesischen Industrie dieser Jahre siehe Bergère 1989, auch Kap. 5.

der deutschen Wirtschaft in China begünstigte.[5] Ungeachtet aller Konflikte und internationalen Verbote dominierten deutsche Händler ab Mitte der zwanziger Jahre den Waffenimport nach China. Am Ende der 1920er Jahre hatte die Zahl der in China ansässigen Deutschen zwar wieder den Stand von 1913 erreicht, auch konnte Deutschland mit ca. 300 Chinafirmen an die Vorkriegssituation anknüpfen, seine ehemalige Position hatte es damit aber keineswegs zurück gewonnen.[6]

Die Intensivierung der deutsch-chinesischen Wirtschaftsbeziehungen unter kolonialen Bedingungen, 1911-1914

Die wirtschaftlichen Beziehungen zwischen Deutschland und China lassen sich für die Jahre bis zum Ersten Weltkrieg in drei Schwerpunktbereiche aufgliedern, nämlich die Handelsbeziehungen und den Warenaustausch, Kapitalexport und Anleihepolitik sowie die besondere Stellung der Kolonie Kiautschou.

Der deutsch-chinesische Warenaustausch wurde größtenteils von alteingesessenen China- bzw. Ostasienhandelshäusern organisiert, die, zumeist mit Hauptsitz in Hamburg oder Bremen, Vertretungen in China unterhielten. Zu ihnen zählten die Firmen Melchers & Co. (1806), Behn, Meyer & Co. (1840), Wm. Pustau & Co. (1845, ab 1899 Reuter, Bröckelmann & Co.), Carlowitz & Co. (1846), Siemssen & Co. (1846), Kunst & Albers (1859) u.a.[7] Zur Jahrhundertwende organisierten Vertreter dieser Handelshäuser sich zur Durchsetzung ihrer Interessen in größeren Vereinigungen, deren Ziel ein koordiniertes Vorgehen zur Verbreitung deutscher Waren in China und die Überwindung der ausländischen Konkurrenz war. Gegründet wurden diese Vereinigungen auch von den in China tätigen deutschen Finanz-, Industrie- und Handelskreisen – Chinesen waren nicht vertreten.[8] Die parallel anvisierte Finanzierung kultureller Projekte zur „Verbreitung des Deutschtums" diente dabei dem Zweck, Leistung und Qualität deutscher Exportgüter zu vermitteln. In ihrer Kombination aus Wirtschafts- bzw. Finanzkraft und „Chinakenntnis" erwiesen sich diese Vereinigungen als politisch einflußreich und standen in regelmäßigem Kontakt mit dem Auswärtigen Amt.

---

5 Kirby 1984:16.

6 1913 soll die Zahl der in China ansässigen Deutschen 2.949 betragen haben, 1930 sollen es 3.006 gewesen sein. Die Zahl der Firmen erreichte 1931 wieder den Stand von 1914 (Louven 1982:170). Ratenhof (1987:341-343) verweist auf die gestiegene Konkurrenz aus den USA und Japan, die verhinderte, daß Deutschland wieder eine führende Position im Bereich moderner Technologien erlangte. Ferner hatte sich eine „Amerikalobby" in der Nanjing-Regierung herausgebildet, so daß Deutschland im Hinblick auf das Ausmaß der Gesamthandelsbeziehungen mit China weit hinter den Großmächten zurückblieb: „Die Stellung Deutschlands auf dem chinesischen Markt war daher keinesfalls mit der von 1913 vergleichbar" (ebenda). Vgl. auch Dok. 101 in diesem Band.

7 Für weitere Angaben zu den Anfängen der ersten in China und Südostasien gegründeten deutschen Handelshäuser und Unternehmen siehe Stoecker 1958, Gransow 1987:103-115, Kloosterhuis 1994 und Eberstein 2000:21ff.

8 Der Ostasiatische Verein Hamburg schloß noch in den 1950er Jahren Ausländer aus, auch diplomatische und konsularische Vertreter ostasiatischer Länder wurden trotz vereinzelter Vorstöße der Mitglieder nicht aufgenommen Erst 1986 wurde in Vorstandssitzung und Mitgliederversammlung beschlossen, Ausländer als volle Mitglieder aufzunehmen (Eberstein 2000:204-206).

Zu den wichtigsten und frühesten Vereinigungen zählte der 1900 in Hamburg gegründete Ostasiatische Verein (OAV). Der Verein vertrat deutsche Handels- und Industrieinteressen gegenüber Regierungsstellen und in der Öffentlichkeit, zusätzlich organisierte er gesellige Zusammenkünfte zum Informationsaustausch. Die Chefs und Vorstände aller wichtigen deutschen Ostasienhäuser waren in diesem Gremium vertreten, wobei die Zahl der Einzel- und korporativen Mitglieder zwischen 1901 und 1914 von 162 auf 288 anstieg.[9] Der OAV hatte schon 1906 formuliert, daß es für eine Ausweitung der Beziehungen wichtig war, „die Kenntnis von Deutschlands Wesen, Kultur und Leistungsfähigkeit in immer weitere chinesische Kreise zu tragen".[10] In diesem Punkt stimmte er mit der 1901 in Berlin gegründeten Deutsch-Asiatischen Gesellschaft (DAG) überein. Die DAG war ein exklusives Gremium, welches durch seine ausgewählten Mitglieder auch politischen Einfluß ausüben wollte. Unter ihrem Präsidenten Generalfeldmarschall z.D. Freiherr von der Goltz fanden Vertreter des Auswärtigen Amtes, der Wissenschaft und Wirtschaft (u.a. Shantung-Eisenbahn Gesellschaft) zusammen. In Absprache mit dem Hamburger OAV wurden ab 1906 mehrere Ausschüsse und Organisationen zur „Übertragung" deutscher Kultur und Wissenschaft nach Asien gebildet (Kap. 6).[11] Die Förderung deutscher China-Interessen in Qingdao war das erklärte Ziel des am 10. April 1914 in Berlin gegründeten Deutsch-Chinesischen Verbandes (DCV).[12] Am Ende des Jahres zählte der DCV bereits ca. 690 Mitglieder (1916 = ca. 710). Vertreten waren ca. 510 Firmen, 185 Privatpersonen und 15 juristische Personen, v.a. Handelskammern. Aufgrund seiner personellen Zusammensetzung wurde der DCV zur einflußreichsten China-Organisation. Im Jahr 1919 sollten DCV und DAG in Berlin zum „Verband für den Fernen Osten" fusionieren.

Daß die Notwendigkeit einer gezielten Kulturarbeit zur wirtschaftlichen Durchdringung Chinas ab 1912/13 mit Nachdruck diskutiert wurde, lag nicht zuletzt an zwei in Shanghai ansässigen Vereinigungen: Einmal die Deutsche Vereinigung in Shanghai, eine Tochterorganisation des OAV, die Ende 1912 die „Denkschrift zur Förderung des Deutschtums in China" ausarbeitete und diese in Industrie-, Handels- und Regierungskreisen verbreitete (Dok. 79). Zum anderen der Chinesische Verband Deutscher Ingenieure (CVDI), 1913 in Shanghai gegründet, der sich als „Vortrupp deutscher Industrie und Technik in China" verstand. Hauptziel war die „Aufklärung und Erziehung des Chinesen zum Industriellen

---

9 Zu den Mitgliedern zählten auch die des 1901 in Bremen gegründeten „Ostasiatischen Vereins", welcher anschließend primär für die Organisation geselliger und kultureller Veranstaltungen seiner ca. 300 Mitglieder Sorge trug (Kloosterhuis 1994:702-713). Zum OAV siehe Eberstein 2000.

10 Zit. nach Kloosterhuis 1994:707.

11 Die Gesellschaft wurde am 27.11.1919 aufgelöst (Kloosterhuis 1994:713-720).

12 Den Anstoß hierfür hatten Otto Köbner, Vortragender Rat in der Abteilung „Zentralverwaltung für das Schutzgebiet Kiautschou" des Allgemeinen Marine-Departments im Reichsmarine-Amt, und die Abteilung Berlin-Charlottenburg der „Deutschen Kolonialgesellschaft" gegeben. Der ehemalige Botschafter in Beijing bzw. Tokio, Alphons Freiherr Mumm von Schwarzenstein, übernahm die Präsidentschaft, Generalsekretär war Max Linde. Ziel des Vereins war die Förderung der deutschen Kulturpolitik in China, beteiligt waren OAV, DAG, AA, Reichsmarineamt und die Großindustrie (Kloosterhuis 1994:737-752).

und Techniker“, auch, um die britische Konkurrenz zu überwinden.[13]
Nicht zuletzt aufgrund dieser Initiativen bestritt das Deutsche Kaiserreich um 1913 rd. 10% des Gesamtanteils am chinesischen Außenhandel und lag an dritter Stelle der mit China Handel treibenden Staaten – allerdings weit hinter Großbritannien und Japan. Auch Chinas Exporte nach Deutschland hatten in diesen Jahren zugenommen: Baumwolle, Eigelb, Rindshäute, Seide, Tee, insbes. Sesam und Sojabohnen. Mit einer Einfuhr von 130,5 Millionen Mark und einer Ausfuhr von 122,8 Millionen Mark fiel die Handelsbilanz für das Deutsche Reich 1913 zwar negativ aus, belegt insgesamt aber die Zunahme des Handelsvolumens.[14] Deutsche Exportartikel waren u.a. Anilinfarben, Indigo, Nähnadeln und andere Produkte der Metallindustrie, Wolltuche, Baumwolle, Glaswaren und Spirituosen, insbesondere aber Waffen, Rüstungsmaterial und auch Schiffe. Hinzu kam ein zunehmender Absatz von Produkten der Elektroindustrie (Licht, Elektrizitätswerke, Starkstrom- und Telegrafenanlagen), vertreten u.a. durch die Firmen AEG, Siemens & Halske und Telefunken, die bereits eigene Zweigstellen in China unterhielten.[15]

Bis zum Beginn des Krieges sollte der Wert der deutschen Investitionen von US$ 164,3 Mio. im Jahr 1902/04 auf ca. US$ 263,6 Mio. ansteigen, parallel dazu zeichnete sich ein deutlicher Wandel in den Wirtschaftsbeziehungen ab.[16] Zum einen wurden von Seiten der Industrie erste Versuche unternommen, wegen der schärferen Konkurrenz auf die vermittelnde Handelstätigkeit durch Handelshäuser und Kompradoren zu verzichten, d.h. direkte Geschäftsbeziehungen herzustellen und eigene Vertretungen zu errichten (s.o.). Begründet wurde dieser Schritt auch damit, daß die Industrie ihre Interessen in China nicht angemessen vertreten sah, denn die deutschen Handelshäuser transportierten 1913 zwar 19% aller ausländischen Importe nach China, jedoch handelte es sich bei nur 7,75% um deutsche Güter. Der Handel mußte sich die Kritik gefallen lassen, den eigenen Profit über den der Nation zu stellen.[17] Zum anderen war neben dem Warenexport auch der Anteil der Produktionsgüter gestiegen, ebenso hatte der Kapitalexport zugenommen.[18]

Für den deutschen Kapitalexport zuständig war die Deutsch-Asiatische Bank (DAB), die

---

13 Gransow 1986:178-179.

14 Mielmann 1984:35, Ratenhof 1987:245. Der Wert deutscher Exporte nach China war zwischen 1910 und 1913 von 66,5 auf 122,8 Millionen RM gestiegen. Deutschlands Importe aus China erhöhten sich im selben Zeitraum von 94,7 auf 130,5 Millionen RM (Ratenhof 1987:245 und 562). Nach Louven (1982:164) importierte Deutschland 1913 Güter im Wert von 131,0 Mio. Mark aus China, die Exporte beliefen sich auf 130,0 Mio. Mark.

15 Siemens hatte 1904 seine erste ständige Niederlassung in Shanghai errichtet, 1910 wurde die Siemens China Electrical Engineering Co. G.m.b.H. gegründet und die Vertretung von Telefunken übernommen. Im Jahr 1914 wurde das Unternehmen in Siemens China Co. umbenannt, überdies bestanden neun Siemens-Büros in China (Mutz 2003:35-36). Die AEG (Allg. Elektrizitäts-Gesellschaft) war bei Kriegsbeginn an 13 Orten in China vertreten (Mielmann 1984:95). Zum Maschinenexport und zur Ingenieurausbildung siehe Gransow 1986, zur Elektroindustrie in China auch Mangold 1935.

16 Louven 1982:163.

17 Kirby 1984:13

18 Ca. 50% der von China importierten Maschinen stammten aus deutscher Produktion (Ratenhof 1987:244).

1911 Filialen in Berlin, Kalkutta, Tianjin, Hankou, Qingdao, Hongkong, Jinan, Beijing, Yokohama, Singapur und Kanton unterhielt.[19] Sie war am 12. Februar 1889 als Tochterunternehmen der Deutschen Bank und der Disconto-Gesellschaft mit einem Kapital von fünf Millionen Shanghai-Taels in Berlin gegründet worden und hatte am 2. Juli 1890 ihre Filiale in Shanghai eröffnet.[20] Die DAB gewann in den Jahren 1896 und 1898 an Bedeutung, als sie gemeinsam mit der Hongkong Bank zwei bedeutende Anleiheverträge in Höhe von jeweils 16 Millionen Pfund Sterling unterzeichnete.[21] Im Jahr 1906 gewährte das Deutsche Reich der Bank überdies das auf 15 Jahre befristete Privileg zur Ausgabe von Banknoten in Kiautschou.[22]

Im Rahmen des aus vier europäischen Großbanken bestehenden „Vierer-Konsortiums“ übte die DAB bis zum Ersten Weltkrieg maßgeblichen Einfluß auf die europäische Finanzpolitik gegenüber China aus. Ungefähr 50% der Geschäfte des deutschen Chinahandels liefen über die DAB, welche als Vertreterin des deutschen Kapitals als Staatsbank fungierte.[23] Zwischen 1895 und 1913 war Deutschland an insgesamt vier Regierungs- und vier Eisenbahnanleihen mit einem Kapital von rd. 536 Millionen Mark beteiligt. Bedeutsam war neben der Reorganisationsanleihe auch die von den USA initiierte „Hukuang“-Eisenbahnanleihe vom 20. Mai 1911, die einerseits der wirtschaftlichen Erschließung des Yangzi-Gebietes diente, andererseits aber das Zusammengehen mit den USA förderte.[24] Die DAB, die diese Kredite zu 4,5–5% gewährte, setzte ihr Kapital zusätzlich für die Unterstützung regionaler Behörden ein.[25] Insbesondere nach 1911 stieg die Nachfrage an Auslandsanleihen. Auch große deutsche Handelshäuser wie z.B. Carlowitz & Co. und Jebsen & Co. gewährten in

---

19 Die Reihenfolge entspricht dem Gründungsdatum (Djang 1936:239).

20 Anlaß der Gründung, an der sich zwölf weitere Banken beteiligten, waren die zunehmende Konkurrenz im Chinahandel, die Aussicht auf die Finanzierung von Regierungsanleihen und der zu erwartende Eisenbahnbau. Der Wechselkurs des Taels bewegte sich in den Jahren 1900/12 im Jahresdurchschnitt zwischen 2,65 M (1902) und 3,36 M (1906). Zur DAB siehe Müller-Jabusch 1940, zudem Schmidt 1976:48-51 und Barth 1995.

21 Für China waren diese Anleihen eine schwere Belastung, da sie lediglich zur Finanzierung der Kriegsentschädigung an Japan dienten und somit ohne produktive Wirkung blieben (Müller-Jabusch 1940:75-98, Schmidt 1976:50-51, Louven 1982:164-165, Osterhammel 1989:214). Bereits 1895 war der chinesischen Regierung zudem die „Arnhold-Karberg-Anleihe“ in Höhe von einer Million Pfund Sterling gewährt worden. Sie wurde vertragsmäßig im Juni 1915 zurückbezahlt (Wood 1934:73).

22 Ausgabestellen waren in China Tianjin, Shanghai, Hankou und Peking, in der Kolonie Kiautschou Qingdao. Zur DAB siehe auch Eberstein 1988:197-199 und Barth 1995.

23 Zum Vierer-Konsortium siehe Kap. 1. Ab 1913 hoffte auch die DAB auf bessere Gewinne in Europa (Ratenhof 1987:246). Aufgrund der politischen Unsicherheiten in China und Europa begann die DAB im Frühjahr 1914, Kassenbestände nach Europa zu transferieren (Barth 1995:405).

24 Ausgehend von Hankou sollte diese Eisenbahn in die westl. Provinz Sichuan und in das südl. Kanton führen. Der deutsche Anteil an der „Hukuang“-Anleihe belief sich auf 25%, ca. 30 Mio. Mark (Ratenhof 1987:248, Wood 1934:70-71). Für eine Auflistung der deutschen Anleihen siehe Wood 1934:84. Wie Osterhammel (1989:218) feststellt, waren 90% aller Kredite an China zwischen 1899 und 1911 für den Eisenbahnbau bestimmt.

25 Die Anleihen wurden 1896, 1898, 1908, 1910 und 1911 aufgenommen. Des weiteren beteiligte die DAB sich 1911 mit 10.000.000 Pfund an der chinesischen Währungsreform-Anleihe und 1913 mit 6.000.000 Pfund an der Reorganisationsanleihe. Siehe Kap. 1 sowie Hellauer 1921:177ff, Wood 1934:75, Chen Chi 1973:223.

den Jahren 1912/13 Kredite in Millionenhöhe, die nicht selten für das Heeresministerium bestimmt waren (Kap. 1). Neben diesem Kapitaltransfer investierten die DAB und private Handelsfirmen in den Bau von Industrieanlagen, Zementfabriken u.ä., parallel wurde nach weiteren Möglichkeiten zur Finanzierung von industriellen Großprojekten Ausschau gehalten, z.B. im Eisenbahnbau.[26]

Die o.g. Anleihen der europäischen Großmächte und Banken knebelten die Regierung der jungen Republik und erhöhten ihre Abhängigkeit auch deshalb, weil sie bereits durch Übernahme der Verpflichtungen der Qing-Regierung stark belastet war. So wurde die „5-Prozent-Sterling-Anleihe" von 1896 durch die Einnahmen der europäisch dominierten Seezollbehörde garantiert. Hinzu kam die Belastung durch die China auferlegte Boxer-Entschädigung in Höhe von 450 Millionen Tael (ca. 67,5 Millionen Pfund). China hatte die Summe bis 1940 in Gold mit einem Jahreszins von 4% abzuzahlen, als Sicherheit dienten die Einnahmen aus dem Seezoll, Binnenzoll, der internen Transitsteuer (*lijin*) und der Salzsteuer.[27] Die Aufnahme weiterer Anleihen zwang Chinas Regierung zu umfangreichen Zugeständnissen an die ausländischen Mächte, insbesondere nach Abschluß der Reorganisationsanleihe. Trotz seiner innenpolitisch stabilisierten Situation und obgleich dies keineswegs dem Interesse der Banken entsprach, war China 1914 dem Staatsbankrott nahe. Aufgrund mangelnder Sicherheiten in China und der drohenden Kriegsgefahr in Europa agierte nun auch die DAB mit Vorsicht.[28]

Bis zum Ersten Weltkrieg war Deutschland aktiv in die Strukturen des von Europa ausgehenden Finanzimperialismus in China integriert. Im Jahr 1914 lag der deutsche Anteil der tatsächlich an China gezahlten Anleihen bei 16%, womit das Deutsche Reich an dritter Stelle hinter Großbritannien (41%) sowie Frankreich und Belgien (jeweils 17%) stand.[29] Die Gesamthöhe der deutschen Forderungen an chinesische Regierungsstellen belief sich auf ca. 536 Millionen Mark. Im nichtstaatlichen Bereich fielen weitere 605 Millionen Mark an.[30] Die kriegsbedingt hohen Verluste, die Liquidation der Deutsch-Asiatischen Bank (1917), welche erst 1928 einen Geschäftsbericht für die Jahre 1915-1927 vorlegte (Dok. 100), Kapitalschwäche, die „gleichberechtigte" Politik der Weimarer Republik und die innenpolitisch katastrophale Situation Chinas erlaubten in den zwanziger Jahren keine Fortsetzung dieser Finanzpolitik.[31]

---

26 Vgl. Chen Chi 1973:223-224 und Barth 1995:406.

27 Deutschland sollte mit 20% der Gesamtsumme die nach Rußland zweithöchste Entschädigung erhalten. China hat diese Summen allerdings niemals vollständig gezahlt. Während die einzelnen Länder unterschiedliche Lösungen verfolgten, wurde der deutsche Anteil im Versailler Vertrag für abgegolten erklärt. Zu den „Sühnezahlungen" siehe Osterhammel 1989:215-217.

28 Im Frühjahr 1914 begann die DAB, Kassenbestände nach Europa zu transferieren (Barth 1995:405).

29 Daß Deutschland 1914 im Bereich der öffentlichen Anleihen an zweiter Stelle hinter Großbritannien stand, lag in dem 24%igen Anteil der „Reorganisationsanleihe" von 1913 begründet. Hinsichtlich der privaten Anleihen nahm Deutschland den 6. Platz ein (Ratenhof 1987:247).

30 Die wirklichen Investitionen waren jedoch geringer. Vgl. Barth 1995:407-408.

31 Die DAB sollte nach der Anerkennung der Nationalregierung durch Deutschland (1928) erneut in Anleiheverhandlungen treten (Chen Chi 1973:228).

Die deutsche Kolonie Kiautschou als chinesisches Handelszentrum

Um 1911 war die deutsche „Musterkolonie" aufgrund ihrer geringen wirtschaftlichen Erfolge starker Kritik ausgesetzt.[32] Auch im Deutschen Reichstag wurde dieses Problem aus unterschiedlichen Perspektiven diskutiert. Für die einen galt die Kolonie als ein Symbol deutscher Macht, welches der deutschen Wirtschaft zum Aufschwung verhelfen würde. Für die anderen war es ein Zusatzgeschäft der Deutschen Regierung, die jährlich rund zehn Millionen Mark investierte, um die dort lebenden 1500 Deutschen und die Großfinanz großzügig zu unterstützen.[33]

Tatsächlich hatten sich die Hoffnungen, Kiautschou zum Zentrum deutscher Handelsaktivitäten in China auszubauen, nicht erfüllt. Daß der Wert des Handels in Qingdao ab 1905 stetig zunahm und die Stadt demzufolge 1910 an vierter Stelle unter den Häfen Nordchinas rangierte, war dem Anstieg des chinesischen Handels zuzuschreiben, der beinahe vollständig von Chinesen kontrolliert wurde.[34] Der Anteil deutscher Produkte blieb gering und schwankte dem Wert nach zwischen ca. 6% und 8%.[35] Insgesamt wurden auch 1913 lediglich 3% der deutschen Exporte nach China in Qingdao abgewickelt.[36]

Neben der allgemeinen Situation des deutschen Handels in Kiautschou erfüllten auch die zwei „Säulen" deutscher Kolonialpolitik, Eisenbahnbau und Bergbau, nicht die in sie gesetzten Hoffnungen.[37] Im Jahr 1911 erwies sich lediglich die soeben fertiggestellte Tianjin-Pukou-Eisenbahn (1078 km) als sehr profitabel. Eigentümer war der chinesische Staat, jedoch dienten die Betriebsgewinne zum Großteil der Schuldentilgung.[38] Im Bereich des Bergbaus waren im selben Jahr nahezu alle deutschen Rechte erloschen, lediglich zwei Minen in Fangzi und Hongshan wurden betrieben. Ungeachtet der dem Deutschen Reich 1898 eingeräumten Prioritätsrechte, sollte Deutschland 1914 nur noch die Rechte an den zwei Minen, der Qingdao-Jinan-Eisenbahn und einige Optionen auf Anträge beim Bau der Eisenbahnlinie Gaomi-Yizhou sowie Beteiligung an einem Stahlwerk in Jinling besitzen. Es war der chinesischen Regierung gelungen, ihre ökonomischen Interessen im Bereich des Eisenbahnbaus und Bergbaus in Shandong durchzusetzen. Letztlich zeugt diese Entwick-

---

32 Siehe den Kommentar im *Ostasiatischen Lloyd*, 18. Juni 1909, zu den Verhandlungen der Budgetkommission im Reichstag für den Etat 1910/1911 (in: Leutner 1997, Dok. 106, 371-375).

33 Siehe Kap. 1 und die Debatte im Reichstag um den Etat für „das Schutzgebiet Kiautschou und das Ostasiatische Marinedetachement" in: Reichstagsprotokolle, 15.05.1912, Bd. 285, 2043-2048.

34 Zum steigenden Wert des Dschunken- und Dampferhandels zwischen 1901 und 1914 siehe die „Handelsstatistik für das Gouvernement Kiautschou", in: Leutner 1997, Dok. 109, 379-380. Zur geringen Bedeutung Qingdaos für den deutschen Handel mit China siehe auch Wood 1934:96.

35 Siehe Leutner 1997:345ff.

36 Kirby 1984:12. Siehe den „Überblick über das erste Jahrzehnt der Entwicklung des Jiaozhou-Gebietes unter der deutschen Marineverwaltung" (1908), in: Leutner 1997, Dok. 58, 228-233.

37 Im Juni 1899 erteilte der Reichskanzler die Konzession zum Bau der Shandong-Bahn. Im selben Jahr wurden die Shandong-Eisenbahngesellschaft und die Shandong-Bergbaugesellschaft gegründet, die als zentrale Säulen der ökonomischen Interessen Deutschlands verstanden wurden.

38 1912 beförderte die Bahn 1.230.043 Personen und 852.001 t Güter (davon 471.808 t Kohle). Wie Müller-Jabusch (1940:147) ausführt, konnte die Dividende für das Jahr 1912 auf 7,5% und die Gewinnbeteiligung der Genußscheine auf 12,50 Mark erhöht werden (1911 = 6%, 5 Mark für Genußscheine).

lung von der politischen und wirtschaftlichen Stärkung Chinas innerhalb der ersten Dekade des 20. Jahrhunderts.[39]

Der Erste Weltkrieg und die Einstellung deutscher wirtschaftlicher Aktivitäten in China, 1914-1919

Der Beginn des Ersten Weltkriegs in Europa leitete Anfang August 1914 das Ende des Deutschen Kolonialreiches ein und wirkte sich insbesondere in der Provinz Shandong, in Hongkong und den ausländischen Konzessionen unmittelbar auf die deutsch-chinesischen Handelsbeziehungen aus. In Anlehnung an den Kriegsverlauf müssen bis zur deutschen Unterzeichnung des Versailler Vertrages zwei Perioden unterschieden werden. In der ersten Phase, 1914-1917, blieb China zwar neutral, jedoch führte die Kriegserklärung der anderen Mächte durch Handelsboykotte, Liquidierungen, sonstige Beschränkungen und Feindseligkeiten zu einer starken Beeinträchtigung der deutsch-chinesischen Wirtschaftsbeziehungen. In der zweiten Phase, nach Abbruch der diplomatischen Beziehungen und mit Beginn des Kriegseintritts Chinas, verlor Deutschland 1917 seine Konzessionen in Hankou und Tianjin. Fenrer liquidierte China deutsches Eigentums im ganzen Land und leitete 1918 Schritte zur Ausweisung aller Deutschen ein. Der deutsche Chinahandel kam zum Erliegen.

Nachdem China seine Neutralität erklärt hatte, hofften deutsche Wirtschaftskreise auf eine zwar verminderte aber doch mögliche Fortsetzung des Warenaustauschs.[40] Doch dies wurde durch Japans Kriegserklärung (23.08.1914) zunichte gemacht. Im Anschluß an die deutsche Niederlage in Qingdao am 7. November übernahm Japan dort das deutsche Eigentum (Dok. 80).[41] Zudem wurden ca. 4000-5000 Männer, unter ihnen auch viele Kaufleute sowie Vertreter der Industrie und Wissenschaft, in Internierungslager nach Japan überführt. Die meisten von ihnen blieben bis 1920 in japanischer Kriegsgefangenschaft.[42] Die chinesische Regierung hatte ein militärisches Eingreifen vermieden, sah sich durch das japanische Vorgehen aber auf das Äußerste provoziert und vertrat unter Präsident Yuan Shikai eine anschließend wohl auch aus diesem Grund deutschfreundliche Haltung.

Parallel zu diesen Ereignissen wurde der Wirkungsradius deutscher Firmen bereits am 7. August durch das innerhalb des britischen Hoheitsbereiches geltende Handelsverbot mit Deutschland stark eingeschränkt. In Hongkong wurden die Konten eingefroren, im Herbst begann die Liquidation deutscher Geschäfte und Läden.[43] Die Requirierung deutscher Schiffe und deutschen Firmeneigentums führte auch in Shanghai und anderen britischen Konzessionsgebieten zu hohen Verlusten, zudem war der Handelsverkehr von China nach Deutschland aufgrund britischer und japanischer Kontrollen ab 1914 faktisch abge-

39 Siehe Leutner 1997:345-351, zum deutsch-chinesischen „Wirtschaftskrieg" in der Provinz Shandong auch Mühlhahn 2000:112-184.

40 Zum Wortlaut der Neutralitätserklärung siehe ZHMSDA, 3 (waijiao), 380-383.

41 Vom Verkaufserlös dieses Eigentums erhielten die Deutschen später ca. 40% des tatsächlichen Wertes erstattet. Nur wenige Deutsche kauften später ihr Eigentum zurück (Louven 1982:166).

42 Eberstein 2000:58-58, Krebs 1998:196-202.

43 Zur Situation der Deutschen in Hongkong siehe Speitkamp 1999:23-26.

brochen.[44] Trotz dieser Schwierigkeiten verfaßte der OAV im Januar 1915 in Erwartung eines deutschen Kriegssieges eine Denkschrift, die nicht nur die Enttäuschung über Chinas versäumte Hilfestellung in Qingdao ausdrückte, sondern weitreichende und notfalls gewaltsam durchzusetzende Vorstellungen formulierte, u.a. auch die Übernahme der französischen Konzession in Shanghai.[45]

Den deutschen Firmen blieben zunächst die chinesischen Kunden erhalten. Daß der deutsche Chinahandel bis Mitte 1915 durchaus befriedigende Ergebnisse erzielte, lag überdies in dem aggressiven Expansionsstreben Japans und den „21 Forderungen" begründet (Januar 1915). Deutsche Händler profitierten von den Boykotten japanischer Waren. Bis Mitte 1916 war es möglich, Waren über Drittländer und die Transsibirische Eisenbahn in gewissem Umfang nach China zu exportieren (Dok. 81).[46] Unternehmen der Großindustrie wie Krupp schlossen über das Handelshaus Carlowitz & Co. Nachkriegsgeschäfte mit der chinesischen Regierung über Waffenlieferungen ab (Dok. 83). Zunehmende Importschwierigkeiten wurden teilweise durch Lagerbestände und Ankauf bei der Konkurrenz ausgeglichen. Auch die Siemens China Co. geriet durch Materialknappheit unter Druck und bemühte sich um Nachkriegsaufträge (Dok. 82). Bis zum Abbruch der Beziehungen konnte sie eine Telefunken-Groß-Station und auch ein Großprojekt mit Lieferung elektrotechnischer Anlagen in China realisieren.[47]

Der nach dem Tod Yuan Shikais schon wegen der Uneinigkeit um seine Nachfolge erhöhten Kriegsgefahr versuchte der Direktor der DAB-Vertretung in Beijing, Heinrich Cordes, durch strittige Anleiheverhandlungen mit dem chinesischen Finanzministerium abzuwenden. Der Versuch, Chinas Neutralität durch Anleihen zu sichern, scheiterte, und China brach seine Beziehungen zu Deutschland ab.[48] Die diplomatischen Vertretungen und die Deutsche Post schlossen ihre Dienststellen, wenig später wurden deutsche (Kriegs-) Schiffe beschlagnahmt und die deutschen Konzessionen in Tianjin und Hankou übernommen. Nach erfolgter Kriegserklärung begann die landesweite Liquidierung deutschen Eigentums, auch wurden Chinesen, die weiterhin mit Deutschen kommunizierten, von den Kriegsgegnern

---

44 Eine nach Ratenhof ungenaue chinesische Statistik nennt für das Jahr 1915 noch deutsche Importe in Höhe von 160.000 HKT, der Anteil des deutschen Handels am chinesischen Außenhandel wird für 1917 mit Null angegeben (Ratenhof 1987:258-261).

45 Die „streng vertrauliche" Denkschrift forderte zunächst die uneingeschränkte Rückgabe Kiautschous und aller Vorrechte; sofern dies nicht möglich sei, eine angemessene Kompensation. Diskutiert wurde auch die Einrichtung deutscher Konzessionen. Siehe: „Die Zukunft von Deutschlands Handel und Industrie in China", Jan. 1915 (PAA, R17977). Siehe diesbezüglich auch das Schreiben des Präsidenten der DAG, Freiherr v. d. Goltz, an den OAV, 26.01.1915 (PAA, R17977). Ähnlich argumentierte Dewall in seinem 1916 in Berlin publizierten Werk *Deutschland und China nach dem Kriege. Die wirtschaftlichen Aufgaben Deutschlands in China.*

46 Müller-Jabusch 1940:250.

47 Die Verluste der Siemens China Co. nahmen ab 1916/17 rapide zu und erreichten 1919/20 eine fortgeschriebene Gesamtsumme von 574.053 Taels. Zu den kriegsbedingten Schwierigkeiten der deutschen Elektroindustrie in China siehe Mielmann 1984: 99-115.

48 Insgesamt wurden dennoch 14,5 Millionen Mark gezahlt. Im Frühjahr gewährte Japan überdies die sog. Nishihara-Anleihen, um seinen Einfluß auszuweiten (Müller-Jabusch 1940:240ff).

gemaßregelt (Dok. 84). Am selben Tag schloß die chinesische Regierung alle Filialen der DAB, stellte die Monatsteilzahlungen an die DAB ein, verbot die Verwendung ihrer Banknoten und gab entsprechende Verwaltungsvorschriften für die o.g. deutschen Konzessionen bekannt.[49] Die Liquidation deutschen Eigentums führte zu einem Tausch- und Immobilienhandel, bei dem sich sowohl die alliierten Kriegsgegner, chinesische Kompradoren und die chinesische Regierung auf unterschiedliche Weise bereicherten. Im Januar 1918 listete der OAV in einer vertraulichen Denkschrift optimistisch seine „deutsch-asiatischen Wünschen für den kommenden Frieden“ auf und nannte die Wiederherstellung des Ansehens deutscher Kaufleute und des status quo ante bzw. „vollen Ersatz“ an erster Stelle. Zudem sprach man sich für die Rückgabe des Pachtgebietes Kiautschou an Deutschland und eine Internationalisierung aller Konzessionsgebiete in China aus (Dok. 34). Wenige Monate später, als die Ausweisung der Deutschen drohte, schlug der Deutsch-Chinesische Verband im September 1918 deutlich zurückhaltendere Töne an. Als eines der „Friedensziele in China“ wurde nunmehr die Aufgabe der Exterritorialität gefordert, weil dieses großen Eindruck auf China machen und die Rückkehr erleichtern würde.[50]

Die Zahl der deutschen Unternehmen in China war 1919 von knapp 300 auf zwei gesunken. Die Anzahl deutscher Staatsangehöriger hatte sich auf rund 1300 Personen reduziert.

Neuanfang: Die Wiederaufnahme der Wirtschaftsbeziehungen in den 1920er Jahren

Die Wiederaufnahme der Wirtschaftsbeziehungen erfolgte unter gänzlich neuen Voraussetzungen. Deutschland hatte den Krieg und seinen Besitz in China verloren, zudem war es keine Kolonialmacht mehr. Dadurch daß China den Versailler Vertrag nicht unterzeichnet und im September 1919 einen Separatfrieden mit Deutschland geschlossen hatte, war jedoch die für Deutschland vorteilhafte Situation eingetreten, daß es Fragen des liquidierten Eigentums und der Entschädigungsansprüche direkt mit China verhandeln konnte. Das Auswärtige Amt wollte die Beziehungen zunächst diplomatisch festigen, sah sich aber unter Druck gesetzt, weil die deutschen Industrie-, Finanz- und Handelskreise auch ohne politische Unterstützung eine schnelle Wiederaufnahme der Beziehungen zur Rettung ihres Privateigentums in China anstrebten.[51] In der Peking-Regierung traf die deutsche Wirtschaft allerdings auf einen selbstbewußten Verhandlungspartner, der eine Normalisierung der Beziehungen unter Berücksichtigung eigener Interessen anstrebte. Der Aufschwung der Wirtschaftsbeziehungen setzte mit dem 1921 geschlossenen Handelsvertrag ein, stark beeinträchtigt durch den Bürgerkrieg, die Konflikte innerhalb der Peking-Regierung und die gestärkte Position der ausländischen Konkurrenz. Der Kursverfall der chinesischen Währung, der zwischen 1921 und 1926 40% betrug, die Zerrüttung der öffentlichen Finanzen,

---

49 Zur DAB siehe Müller-Jabusch 1940. Die chinesische Regierung hatte die Teilzahlungen für deutsch-englische Anleihen (1896, 1898) ab August 1917 an die Hong Kong and Shanghai Bank nach London geliefert und für Spekulationsgeschäfte verwendet (Wood 1934:84-86).

50 Schrameier: „Denkschrift über deutsche Friedensziele in China“, Sept. 1918 (PAA, R17973).

51 Ratenhof 1987:282-285.

Korruption unter Regierungsbeamten, das Sinken der Geschäftsmoral wie auch eine allgemeine Rechtsunsicherheit führten praktisch zum Stillstand der Regierungsgeschäfte, gleichzeitig entwickelte China sich zum weltweit größten Importeur von Kriegsmaterial.

Ab Juli 1919 wandten sich der Ostasiatische Verein und der Deutsch-Chinesische Verband mit konkreten Vorstellungen zur Wiederanbahnung des Chinahandels an das Auswärtige Amt (Dok. 85).[52] Die Notwendigkeit einer raschen Rückkehr der Chinakaufleute wurde dort anerkannt, eine offizielle Hilfestellung war jedoch undenkbar. Diskutiert wurde die Möglichkeit einer Einreise über Japan.[53] In der Tat sollte nun „die Flagge dem Handel folgen", wobei China die Vorschriften bereits Ende 1919 locker zu handhaben schien (Dok. 86). So lieferte die Krupp AG Maschinen für Kohlegruben in der Nähe von Hangzhou, Carlowitz & Co. importierte Produkte amerikanischer Firmen nach China und einige deutsche Firmen nahmen den Handel über ihre japanischen Vertretungen wieder auf, zumal die Yokohama Specie Bank Kredite gewährte.[54] Der inflationsbedingte und für den Exporthandel günstige Wechselkurs von Tael und Mark konnte dabei genutzt werden. In Deutschland führten überdies die Inflation und die von Massenarbeitslosigkeit geprägte Nachkriegssituation dazu, daß nicht wenige Deutsche nach China zurückkehrten oder sich anregen ließen, dort ihr Glück zu versuchen (Dok. 87).[55] Aber auch die chinesische Regierung wußte ihre gestärkte Position gegenüber Deutschland durchzusetzen. Kurz bevor Anfang Februar das Handelsverbot mit den Deutschen aufgehoben wurde, legte das Finanzministerium am 15. Januar 1920 die Zölle für deutsche Waren auf 10%–20% neu fest (die Vertragsmächte zahlten 5%). Deutlich im Nachteil gegenüber den anderen Mächten, stieg die Zahl der deutschen Chinafirmen in jenem Jahr auf neun, der Handelsumfang zwischen den Ländern erreichte 7,2 Millionen Taels und der deutsche Anteil am chinesischen Außenhandel lag bei 0,5%. Zu den wichtigsten deutschen Exportartikeln zählten Maschinen, Nadeln, Nägel und Farben, wobei Deutschland einen Anteil von 40% an der Einfuhr von Anilin-Farben hatte.[56]

Indessen hatte die chinesische Regierung mit Rücksicht auf ihre Kriegsschadensersatzforderungen deutsches Eigentum im Wert von 1.200.000 Taels vereinnahmt.[57] Überdies

---

52 Die enge Kooperation beider Vereinigungen ergab sich schon daraus, daß Martin March von 1918 bis 1933 den Vorsitz des OAV innehatte und zugleich stellvertretender Vorsitzender des „Verbands" war. Gemeinsam wurde ab 1920 die Zeitschrift *Ostasiatische Rundschau* herausgegeben. Im Namen des DCV wandte sich Generalsekretär Linde für die Belange der „Chinadeutschen" an das AA Berlin (Linde an Knipping, 23.10.1919: „Zur Frage der Rückkehr nach China", in: PAA, R17984).

53 Aufzeichnung Borch, 06.08.1919 (ADAP, A, Bd. 2, Nr.129, 225-227), Aufzeichnung Knipping, 06.09.1919 (ebenda, Nr. 166, 292-294). In den Worten von Knipping: „Wie sich der deutsche Kaufmann, draußen angekommen, weiterhilft, wird seiner Findigkeit überlassen bleiben müssen. Sein Kapital wird vorerst in nichts weiter als seinen früheren guten Verbindungen bestehen". Und: „Nach Vorstehendem würde der alte Satz ‚Der Handel folgt der Flagge' praktisch umgekehrt sein. Hoffentlich nicht für lange".

54 Zum deutsch-chinesischen Außenhandel zwischen 1919 und 1921 siehe Chen Chi 1973:232-235.

55 Louven 1982:167-168. Die konsularischen Vertretungen sahen sich nun mit dem Problem und den Gerüchten der Arbeitslosigkeit deutscher Zuwanderer in China konfrontiert. Siehe Thiel, Shanghai, an das AA Berlin, 08.02.1922 (PAA, R85746).

56 Chen Chi 1973:233-235, Ratenhof 1987:283.

57 Ministerialdirektor Knipping bemerkt hierzu in einer Aufzeichnung vom 19. Januar 1921 weiter, „das

zirkulierten Plagiate deutscher Warenzeichen, gegen die juristisch keine Handhabe bestand, weil Deutschland zu den vertraglosen Staaten zählte (Dok. 88). Die entscheidende Wende im Chinahandel kam mit dem Abschluß des Handelsvertrages im Mai 1921, in dem Deutschland zwar zugestand, Art. 128-134 des Versailler Vertrags zu erfüllen, der insgesamt aber für deutschen Firmen günstige Regelungen enthielt.[58] Durch die Wiederherstellung des Friedenszustandes, die Einrichtung deutscher Vertretungen,[59] festgelegte handelspolitische Bestimmungen und die beiderseitige Anerkennung der Zollautonomie stieg die Zahl der deutschen Firmen bis 1924 von 9 auf 253 an und der Exportwert deutscher Produkte lag 1923 erstmals über dem von 1913 (Dok. 89). Daß die Rückkehr deutscher Produkte von chinesischer Seite begrüßt wurde, zeigen die Importe deutscher Maschinen nach China, deren Wert bereits 1922 in einigen Bereichen über dem Vorkriegsstand lag.[60] Mit Zunahme des Handelsvolumens erfolgte die Gründung deutscher Handelskammern in Hankou (01.04.1922), Tianjin (23.08.1922) und Shanghai (01.04.1923), später auch in Mukden und Kanton.[61] Offizieller Repräsentant der Handelskammern war der OAV. Auch richteten die Industrieunternehmen, die ihre Interessen durch die Handelshäuser nach wie vor unzureichend vertreten sahen, nun eigene Vertretungen in China ein (z.B. Siemens, Schering, AEG, I.G.-Farben) und suchten nach Wegen der Wissensvermittlung.[62] Der 1913 in Shanghai gegründete Chinesische Verband Deutscher Ingenieure wurde 1923 von Brücher, dem damaligen Siemens-Chef, neu gegründet. Im Vordergrund stand die Ausbildung chinesischer Ingenieure und Techniker an chinesischen Schulen, um einerseits die Beratung und Wartung der gelieferten Firmenanlagen zu gewährleisten, andererseits für Produkte zu werben und den Absatz zu erhöhen. Indessen waren die Schadensersatzansprüche der Deutsch-Asiatischen Bank nach wie vor ungeklärt (Dok. 90).[63]

Das Jahr 1924 verbesserte die Bedingungen des deutschen Außenhandels. Einerseits durch Abschluß des Dawes-Plans, der außenwirtschaftliche Erleichterungen in Europa brachte. Andererseits erfolgte die Normalisierung der deutsch-chinesischen Wirtschaftsbeziehungen auf der Grundlage des Ausgleichsvertrags, der letzte Kriegsschuldfragen klärte und die DAB als Emissionsbank für den Anleihedienst bestätigte (Dok. 48). Die Peking-

---

noch in seinen [Chinas] Händen befindliche beschlagnahmte deutsche Eigentum beträgt schätzungsweise das Zehnfache dieser Summe“ (ADAP, A, Bd. 4, Nr. 135, 276-278).

58 Hierzu zählten z.B. die Inkraftsetzung der seit 1917 gesperrten Anleihezahlungen und die Rückgabe noch nicht beschlagnahmter Güter, allerdings zumeist in Eisenbahnobligationen und anderen Schuldverschreibungen (Eberstein 2000:67-68).

59 Generalkonsulate bestanden in Shanghai, Tianjin, Kanton, Hankou und Mukden, Konsulate in Chongqing, Harbin und Jinan. Ein weiteres wurde 1928 in Changsha eingerichtet (Chen Chi 1973:243).

60 Dies trifft zu für Maschinen und Maschinenteile allgemein, Antriebsmaschinen, Drehbänke, Handwerkzeuge, Maschinen der Textilindustrie, Kraftwagen u.a. Siehe Dok. 98, vgl. Gransow 1986:170.

61 Weitere Vertretungen wurden in Qingdao, Jinan, Harbin sowie in Kobe-Osaka, Tokio-Yokohama, Manila und Batavia eingerichtet.

62 Siehe z.B. den Artikel „Die Siemens-Elektriziätswerke schicken [chinesische] Studenten nach Deutschland“ (Ximenzi dianqichang paisong xuesheng bu De), in: *Shenbao*, 5.11.1921, S. 14.

63 Die DAB bemühte sich seit 1921 um Wiederaufnahme ihrer Geschäftsbeziehungen. Zu den Problemen der DAB in den zwanziger Jahren siehe Müller-Jabusch 1940:254-280 und Dok. 100.

Regierung verweigerte jedoch die Wiederaufnahme der Anleihezahlungen und forderte noch 1927, daß die DAB zunächst ihre Schulden zu begleichen habe (Dok. 97). Die Anleihezahlungen blieben ein strittiger Punkt, zumal China alle anderen Gläubigerländer berücksichtigte (Dok. 99). Jenseits dieses Konfliktes verfehlte die sich abzeichnende Rückkehr des deutschen Handels nicht ihre Wirkung auf die anderen Mächte, die nun eine Wiederaufnahme Deutschlands in den Kreis der exterritorialen Mächte erwogen (Dok. 92). Insgesamt vermochte die exportorientierte deutsche Wirtschaft in diesen Jahren aber nur begrenzte Erfolge zu erzielen. Lediglich Siemens und die I.G.-Farben konnten an ihre Vorkriegserfolge anknüpfen, in nahezu allen anderen Bereichen kontrollierten Großbritannien und die USA durch Vergabe entsprechender Kredite den chinesischen Außenhandel.[64]

So standen für Deutschland das Sondieren des Marktes und der Kontaktaufbau im Vordergrund, um allmählich wieder Fuß zu fassen (Dok. 91 u. 93). Im Zuge der chinesischen Boykotte britischer und japanischer Waren (1925-26) konnten deutsche Händler leichte Gewinne verzeichnen, auch verstärkten die anderen Mächte zur Durchsetzung ihrer Interessen die Bemühungen um eine Kooperation mit Deutschland (Dok. 94). Inwieweit deutsche Firmen auf die Konkurrenzsituation reagierten, zeigt der zwar optimistische, aber auch kritische Geschäftsbericht der Siemens China Co., der 1927 Chinesisch sprechendes Personal und chinesischsprachige Werbung forderte (Dok. 95). Der insgesamt unbefriedigende Zustand der deutschen Exportindustrie und die in China hohe Nachfrage an Rüstungsgütern hatten den Reichsverband der Deutschen Industrie ein Jahr zuvor veranlaßt, China höchste Aufmerksamkeit zu schenken. Deutschlands „Industriediplomatie", obwohl bereits eingeleitet, sollte aber erst Ende der zwanziger Jahre erfolgreich sein.[65]

Insgesamt konnte Deutschland den Wert seiner nach China exportierten Güter zwischen 1921 und 1928 nahezu vervierfachen, erreichte aber erst 1929 den gleichen Anteil an der Gesamteinfuhr Chinas wie vor dem Krieg.[66] Auch die Zahl deutscher Firmen war bis 1928 auf 319 angestiegen, so daß Deutschland seinen Gesamtanteil an der Einfuhr Chinas leicht verbessern konnte (ca. 4,3%) (Dok. 101).[67] Den deutschen Warenverkehr mit China bestimmten folgende Produkte: Deutschland exportierte Fertigprodukte wie Farben, chemische und pharmazeutische Erzeugnisse, Kautschukwaren, Papier, Kupfer- und Eisenwaren, Textilwaren und -maschinen, Elektro- und Werkzeugmaschinen, Uhren, Glas(-waren) etc.

---

64 Ratenhof 1987:340-341. Industrielle Großprojekte waren aus Kapitalmangel und wegen des Bürgerkriegs in China nicht zu realisieren, zudem kontrollierte ein 1920 gebildetes internationales Bankenkonsortium die Kredite an China und damit seinen Außenhandel (Osterhammel 1989:273). Im Zuge des Nordfeldzugs profitierte Siemens insbesondere von der erhöhten Nachfrage tragbarer Kurzwellenstationen (Mielmann 1984:163).

65 Vgl. Kirby 1984:61ff, Sun Hongguo 2004:135-138, Martin 2003:50-64 und Ratenhof 1987:299-335.

66 1921 exportierte Deutschland Güter im Wert von 13.348.856 Taels nach China. 1928 lag dieser Wert bei 55.696.970 Taels. Der Wert chinesischer Exporte nach Deutschland sollte sich in diesem Zeitraum ebenfalls nahezu vervierfachen. Der Großteil kam aus der Mandschurei: Sojabohnen (Wood 1934:98, Djang 1936:258, Ratenhof 1987:299).

67 Ratenhof 1987:299. Einer – wenngleich ungenauen – chinesischen Handelsstatistik nach schwankte der Anteil Deutschlands an der chinesischen Einfuhr zwischen 3,4% (1923) und 3,8% im Jahr 1927. Ein Ansteigen ist ab 1928 (4,6%) nachgewiesen (Wood 1934:99).

Im Gegenzug lieferte China Rohstoffe nach Deutschland, z.B. Wolle, Seide, Flachs, Hanf, Jute, Tierhaare, Borsten, Kalbfelle, Rinderhäute, Pelze, Erze, Tee, Sesam, Eier und Erdnüsse. Der größte Anteil am Export nach Deutschland entfiel allerdings auf die Mandschurei, die im Jahr 1927 Sojabohnen im Wert von 141,2 Millionen RM (= 567.000 Tonnen) für den deutschen Markt produzierte.[68]

Waffen und Rüstungsgüter: Wirtschaftsinteressen im Konflikt deutscher Außenpolitik, 1911-1927

Der deutsche Waffenhandel mit China hatte bereits zu Zeiten der Selbststärkungsbewegung in den 1860er Jahren seinen Anfang genommen.[69] Grundlage der erfolgreichen Geschäftsabschlüsse am Ende der Kaiserzeit waren die Qualität deutscher Rüstungsgüter und die guten militärpolitischen Beziehungen Deutschlands zur Qing-Regierung, so daß der Heeresminister Yinchang 1910 zusagte, hauptsächlich deutsches Kriegsgerät zu kaufen.[70] Unmittelbar nach dem Sturz der Dynastie im Jahr 1911 lieferte Deutschland Waffen aus Depots und neuwertige Rüstungsgüter nach China. Obgleich die Firmen in starker Konkurrenz zueinander standen und einander häufig unterboten, profitierte die deutsche Rüstungsindustrie von den Bürgerkriegen, insbesondere in den 1920er Jahren, als China in diverse Machtbereiche unterschiedlicher Militärherren zerfiel und die Anzahl chinesischer Soldaten sich bis 1928 gegenüber 1911 nahezu verdreifachte (1928 = 1,8 Mio.).[71] Deutschlands monopolartige Position im Waffenhandel wurde von unterschiedlichen Seiten kritisiert und stieß infolge der Bestimmungen des Versailler Vertrags in den zwanziger Jahren auch im Auswärtigen Amt auf starke Ablehnung. Bemühungen, den Waffenhandel zu kontrollieren oder gar zu unterbinden, scheiterten. Da Waffen nicht unbedingt als solche deklariert wurden, ist auch der konkrete Umfang dieses Geschäftes nicht zu erfassen.[72] Einzudämmen war der Waffenhandel kaum, so daß der Gesandte in Peking, Boyé, noch 1927 an das Auswärtige Amt telegrafierte: „Wenn die deutsche Öffentlichkeit erfahren würde, daß Deutschland unter allen Völkern der Erde an erster Stelle steht, Waffen für diese Bürgerkriege zu liefern, so würde auch die Annahme der schärfsten Gesetze nicht zweifelhaft sein."[73]

---

68 Für die Statistik des deutschen Außenhandels mit China zwischen 1924 und 1929 siehe Chen 1973:237-238. Aufgrund der neuen Zollregelung wurden 1928 in Deutschland Sojabohnen im Wert von 206,6 Millionen RM importiert (Chen 1973:244-249). Zur Situation der deutsch-chinesischen Wirtschaftsbeziehungen am Ende der 1920er Jahre siehe im Überblick Merker 1996:271-296.

69 Schon die erste chinesische diplomatische Delegation besuchte 1866 auf Einladung von Alfred Krupp die Werkhallen in Essen. 1870 richtete das Unternehmen ständige Vertretungen in Shanghai und Hongkong ein (Eberstein 1988:190-193).

70 Ratenhof 1987:242.

71 1911 = 570.000, 1919 = 914.000, 1927 = 1.700.000 (Young 1977:164). Vgl. auch Kuhn 2004:110.

72 Wie Eberstein (1988:234) bemerkt, tauchten Waffen aus diesem Grund nicht in den sehr detaillierten Export- und Importstatistiken der *Ostasiatischen Rundschau* auf, „es sei denn, sie verstecken sich hinter den „sonstigen Eisenwaren"". Auch im Hinblick auf die Militärherren kommt Kuhn (2004:110) zu dem Schluß, daß „die Höhe der zentralen und regionalen Militärausgaben [...] in jenen Jahren nur geschätzt werden [kann]".

73 Boyé an das AA Berlin, 14.03.1927 (ADAP, B, Bd. 4, Nr. 247, 545-546).

Am Ende des Jahres 1911 wurde auch deshalb internationale Kritik an den deutschen Waffenexporten nach China geübt, weil die Chinafirmen gleichzeitig die Nordtruppen und die Revolutionäre im Süden des Landes belieferten. Interventionen des Auswärtigen Amtes, welches sich vorübergehend für ein vollständiges Lieferverbot aussprach, blieben wirkungslos. Letztlich stammten 91% der um 1911 nach China importierten Waffen aus deutscher Produktion.[74] Im Jahr 1912 versicherte Yuan Shikai, Rüstungsgüter überwiegend bei der deutschen Firma Krupp in Auftrag zu geben.[75] Deutsche Waffenlieferungen nach China erreichten nun ihren Höhepunkt, gleichzeitig drängte Japan mit preisgünstigen Produktionen auf den chinesischen Markt (Dok. 78). Angesichts der militärischen Erfolge der nördlichen Beiyang-Clique stimmte das Auswärtige Amt der Ernennung eines deutschen Chefberaters an der Seite von Präsident Yuan Shikai zu. Obgleich dieses Vorhaben Ende des Jahres scheiterte,[76] arbeiteten bis Sommer 1914 drei Instruktionsoffiziere im engeren Umfeld Yuan Shikais, überdies gab das Auswärtige Amt den deutschen Chinafirmen Mitte 1913 unmißverständlich zu verstehen, daß Kriegsmaterial ausschließlich an die Zentralregierung in Beijing zu liefern sei.[77] Ungeachtet der politischen Interessen des Auswärtigen Amtes, welches nun die Firma Krupp als offiziellen Vertreter des Deutschen Reiches „Staatsgeschäfte" mit China auf höchster Ebene abschließen lassen wollte, wurde diese umfangreiche rüstungsindustrielle Expansion aus drei Gründen nicht realisiert: Kapitalmangel der chinesischen Militärmachthaber und schlechte Geschäftsbedingungen, die Konkurrenz der deutschen Industrie untereinander und die lukrativeren Gewinnmöglichkeiten in Deutschland und Europa.[78] Mit Beginn des Ersten Weltkriegs stornierte die Reichsregierung alle Rüstungslieferungen an das Ausland, während die Industrie bereits Vorbereitungen für das Nachkriegsgeschäft traf (Dok. 83).

In den folgenden Jahren demonstrierte der Erste Weltkrieg in Europa die militärischen Vorteile moderner Waffentechnik und erhöhte damit die Nachfrage in China.[79] Um eine militärische Eskalation des Nord-Süd-Konfliktes abzuschwächen, hatten die Regierungen von England, Spanien, Portugal, den USA, Rußland, Brasilien, Frankreich und Japan sich

---

74 Allein Preußen belieferte China zwischen Mitte 1912 und Mitte 1914 mit ca. 260.000 Mauser-Gewehren des veralteten Typs M 88 (Ratenhof 1987:238).

75 Ratenhof 1987:242.

76 Nach Ratenhof (1987:240) scheiterte das Projekt am Einfluß Japans und der japanisch unterstützten antideutschen revolutionären Fraktion der Regierung unter Verkehrsminister Sun Yatsen, der den Deutschen die Unterstützung des chinesischen Kaiserhauses vorwarf.

77 Major Dinkelmann war neben anderen Ausländern persönlicher Berater Yuan Shikais und der Übersetzungskommission zugeteilt; Major Bleyhoeffer war an der Offiziersschule in Beijing tätig; Hauptmann König als persönlicher Berater von Yuan Keding, dem Sohn Yuan Shikais (Ratenhof 1987:240).

78 Die Rüstungslieferungen fielen im Jahr 1913 mit einem Anteil von 6% an der statistisch erfaßten Ausfuhr nach China weitaus geringer aus als 1912 (15%) (Ratenhof 1987:243). Zu den mit China geführten Verhandlungen um Rüstungsaufträge siehe auch die Aufzeichnungen von Baur 2005.

79 Im Jahr 1920, so wird berichtet, waren 1.394 Maschinengewehre zumeist chinesischer Produktion in ganz China vorhanden. Der Preis für ein Maschinengewehr lag mit $450,- jedoch deutlich höher als der für ein durchschnittliches Gewehr ($17,-), so daß diese lediglich den mächtigsten Militärherren vorbehalten waren und in den 20er Jahren kaum mehr als einige tausend Stück zum Einsatz kamen (Ch'i 1976:117).

am 5. Mai 1919 dahingehend verständigt, ihre Staatsangehörigen bis zur Anerkennung einer chinesischen Zentralregierung vom Waffenhandel mit China abzuhalten. Deutschland trat dem Waffenembargo nicht bei, war dann allerdings an die Bestimmungen des Versailler Vertrages (Art. 170) gebunden.[80] Demnach waren Deutschland die Produktion als auch der Im- und Export von Kriegsmaterial jeglicher Art streng verboten. Legale Waffenlieferungen wurden durch das neue Kriegsgerätegesetz des Jahres 1921 möglich, welches den Transit von Waffen ausländischer Produktion durch Deutschland erlaubte. Der Handel mit Rüstungsgütern wurde hierdurch zur Auslegungssache und ermunterte Handel und Industrie zu diversen Strategien.[81]

Die Reichswehr und die Industrie zeigten 1919 großes Interesse, die militärischen und rüstungswirtschaftlichen Kontakte zu China unter Ausnutzung der Unklarheiten des Versailler Vertrages wieder aufzunehmen. Zahlreiche Soldaten und Offiziere waren aus dem Dienst entlassen worden, einige förderten den illegalen Handel mit z.T. veraltetem Kriegsmaterial und boten auch China ihre Dienste an.[82] General Oberst Hans von Seeckt, zunächst Leiter des Truppenamtes, dann Chef der Heeresleitung (1923-1926) und später Militärberater bei Jiang Jieshi (1933-1935), verhalf der Rüstungsindustrie frühzeitig zu neuen Aufträgen über Drittländer und vertrat die Interessen der Rüstungsindustrie im Handel mit China.[83] Zu diesem Zweck wurden einerseits die Kontakte ehemaliger deutscher Militärberater in chinesischen Diensten genutzt, andererseits reagierten Reichswehr und Heeresleitung auf die Nachfrage chinesischer Militärmachthaber, deutsche Berater, Techniker und Ingenieure mit Privatverträgen einzustellen (siehe Kap. 3 und 4).

Die deutschen Vertretungen in China und das Auswärtige Amt lehnten eine Unterstützung dieser Ambitionen mit Rücksicht auf Versailles und die Neutralitätspolitik ab. Nachdem der deutsche Gesandte bereits in einer Erklärung vom 10.10.1921 zu verstehen gegeben hatte, daß auch Deutschland das sog. „Gesandtschaftsabkommen" akzeptiere, sah sich Boyé im Mai 1922 gezwungen, das Auswärtige Amt nachdrücklich darauf hinzuweisen, von einer amtlichen Befürwortung des Waffenhandels mit China abzusehen.[84] Angesichts der hohen Nachfrage in China wurde das Waffenembargo jedoch kontinuierlich unterwandert. Ähnlich dem Vorgehen Sun Yatsens, entsandte z.B. Zhang Zuolin aus diesem Grund

---

80 Die Niederlande, Belgien und Dänemark gaben nachträglich ihre Zustimmung, Italien machte Einschränkungen, schloß sich aber später an. Siehe Boyé an das AA Berlin 8.5.1922 (ADAP, A, Bd. 6, Nr. 92, 189-190) und Ratenhof 1987:312.

81 Das Gesetz sollte im Juli 1927 bestätigt und ergänzt werden.

82 Zwischen 1919 und 1921 erfolgte die Reduzierung des Heeres von 800.000 Mann auf 100.000, zudem wurden von 34.000 Offizieren, die am Ende des Krieges dienten, 30.000 entlassen (Jacobsen 1998:343-368).

83 Kirby 1984:18-23. Es ist nach Auffassung von Ratenhof (1987:347, FN99 und 308) allerdings unwahrscheinlich, daß die von der Reichswehr kontrollierten Tarnorganisationen GEFU (Gesellschaft zur Förderung gewerblicher Unternehmen) und WIKO (Wirtschaftskontor) von staatlicher Seite geheime Geschäfte mit China tätigten. Zur Tätigkeit deutscher Militärberater in China am Ende der 1920er Jahre siehe Martin 2003, zu v. Seeckt, ebenda, 123-125.

84 Ratenhof 1987:312.

seinen Unterhändler Wang Yintai nach Berlin.[85] Auch Militärherren wie Yan Xishan, Feng Yuxiang, Wu Peifu u.a. unterhielten Waffenarsenale unterschiedlichen Umfangs, benötigten Munition, Ersatzteile etc. und kauften Waffen und Zubehör sowohl aus Deutschland als auch aus Japan, Großbritannien, Frankreich und Italien.[86] Der Zweite Zhili-Fengtian-Krieg (1924) steigerte die Nachfrage an Rüstungsmaterial und auch der Absatz deutscher Waffen, die allesamt im Hafen Hamburgs deklariert wurden, nahm in diesen Jahren zu.[87] Das Auswärtige Amt wies den Senat der Freien Hansestadt Hamburg in mehreren Schreiben auf die geltenden Regularien und die Nachteile dieses Handels für das Ansehen Deutschlands hin und bat um Durchsetzung des Exportverbots.[88] Wenig später wurde Deutschlands Neutralität öffentlich in Frage gestellt. In Kanton ließ Sun Yatsen eine Waffenlieferung der deutschen Firma Sander Wieler beschlagnahmen, die auf einem norwegischen Frachter im Transit an von Großbritannien unterstützte aufständische Kantoner Kaufleute lieferte. Im Norden deckte die chinesische Regierung wenig später die Finanzierung von Waffenlieferungen für General Zhang Zuolin durch die DAB auf und ordnete anschließend deren Überwachung an. Direktor Figge mußte die Flucht ergreifen.[89] Ungeachtet dieser „Zwischenfälle" belieferten Deutschland und die anderen Westmächte weiterhin die „loyalen" Machthaber des Nordens, während Rußland den Süden des Landes und General Feng Yuxiang im Norden unterstützte.[90] Im Jahr 1925 stand China weltweit an erster Stelle der Rüstungsimporteure. Im selben Jahr importierten allein deutsche Handelsfirmen wie Carlowitz & Co. u.a. Waffen im Wert von 13 Millionen RM nach China.[91] Letztlich kamen 1925 bereits 60% der Rüstungsgüter dem Verschiffungsland nach aus Deutschland (1922: 15%, 1923: 20%), so daß die Westmächte mit Intervention drohten.[92]

Trotz des von der Pekinger Zentralregierung am 2. September 1925 erlassenen Waffeneinfuhrverbots rangierte China bis 1928 an vorderster Stelle der Importländer für Kriegsma-

85 Wang Yintai hielt sich im Frühjahr 1923 in Deutschland auf. Sein Auftrag sah vor, deutsche Unterstützung für den industriellen Aufbau der mandschurischen Provinzen zu erhalten. Er traf mit Geheimrat Baur (Krupp AG) und anderen Firmenvertretern zusammen, auch um Ingenieure und Werkmeister für das Arsenal in Mukden anzuwerben (Knipping, AA Berlin, an Deutsche Gesandschaft, Peking, 08.08.1923; BArch, R9208/2241, Bl. 224).

86 Zhang Zuolin stellte deutsche und japanische Militärberater ein. Zwischen 1923/24 kaufte er Waffen der Krupp AG, wenig später 18 Flugzeuge aus französischer Produktion (Ch'i 1976:123). Das Mukden-Arsenal Zhang Zuolins beschäftigte ca. 30.000 Arbeiter und produzierte so viel wie alle anderen Rüstungswerkstätten in China gemeinsam (Ratenhof 1987:305). Vgl. Ch'i 1974:116-149.

87 Zu Zhang Zuolin und den Zhili-Fengtian Kriegen siehe McCormack 1977.

88 Auswärtiges Amt, Nord, an den Senat der Freien und Hansestadt Hamburg, 31.05.1924 und 07.07.1924 (ADAP, A, Bd.10, Nr. 114, 187, 277-278 u. 469).

89 Siehe Kuhn 2004:212, Ratenhof 1987:323 und den Bericht von Konsul Betz, Tianjin, an das AA Berlin, 26.07.1924 (ADAP, A, Bd. 10, Nr. 225, 566-568).

90 China stand 1922 mit 1,8% aller Waffenlieferungen an 22. Stelle der Rüstungsimporteure. Bereits drei Jahre später rückte es mit 12,3% auf Platz 1 (Ratenhof 1987:304-305). Die Sowjetunion lieferte 1925/26 Kriegsgerät im Wert von ca. sieben Millionen HKT sowohl an die Guomindang als auch an General Feng Yuxiang, der große Bereiche in Nord- und Westchina kontrollierte. Die Rüstungsimporte der Westmächte beliefen sich auf ca. 3,1 Millionen HKT (Ratenhof 1987:326).

91 Kirby 1984:26.

92 Ratenhof 1987:312.

terial. Mit dem Hinweis, daß auch andere Länder entsprechendes Material nach China liefern würden, lehnten die deutschen Handelsfirmen und Handelskammern eine über den Versailler Vertrag hinausgehende Einschränkung ab. Da auch der Reichsverband der Deutschen Industrie und das Reichsfinanzministerium sich diesem Vorgehen anschlossen, blieb es von Seiten des Auswärtigen Amtes bei mahnenden Worten und der klaren Aussage, daß bei Komplikationen im Waffenhandel wie auch bei der Beraterschaft keine diplomatische Unterstützung zu erwarten sei.[93] Im Mukdener Waffenarsenal Zhang Zuolins war der Anteil deutscher Fachkräfte 1926 dennoch und trotz steigender Konkurrenz relativ hoch (Dok. 96).

Im Zuge des siegversprechenden Nordfeldzugs der Südtruppen unter Jiang Jieshi zeichnete sich eine Einigung zwischen dem Auswärtigen Amt und der Kaufmannschaft ab. Boyé plädierte im März 1927 für die Ausarbeitung freiwilliger gesetzgeberischer Maßnahmen, wodurch „wir [...] jetzt die gesamte öffentliche Meinung in China für uns gewinnen und unser moralisches Prestige in der ganzen Welt außerordentlich verstärken [würden]".[94] Der OAV schloß sich diesem Argument an und verpflichtete sich gemeinsam mit dem Verband deutscher Reeder, Waffenlieferungen nach China von „deutschen Häfen oder auf deutschen Schiffen" zu unterlassen (Dok. 98). Der Handel ging jedoch weiter, notfalls unter fremder Flagge, und auch das neue „Gesetz über die Ausfuhr von Kriegsgerät" (27.07.1927) änderte daran wenig.[95] Deutschland geriet erneut unter Druck, als die Nanjing-Regierung 1927 Schiffe der Rickmers- und HAPAG-Linie festsetzte, welche Waffen und Munition an die Gegenregierung nach Wuhan zu liefern versuchten.[96] Erst der scharfe Protest der Nationalregierung und die Anfang 1928 an die Reichsregierung gerichtete Aufforderung Großbritanniens, jeglichen Waffenhandel mit China zu unterbinden, weil deutsche Waffenlieferungen den Fortgang des Nordfeldzugs gefährdeten, ließen die deutsche Regierung einlenken, denn auf keinen Fall wollte man einen Bruch der Beziehungen zu Jiang Jieshi riskieren. Am 31. März 1928 wurde das auf ein Jahr befristete „Gesetz über den Waffenhandel nach China" erlassen.[97] In Erwartung umfangreicher Vertragsabschlüsse mit der Nanjing Regierung stimmten der OAV und die Handelsfirmen diesem Gesetz zu. Jiang Jieshi, der die sowjetischen Berater ausgewiesen hatte, unternahm seinerseits bereits Anstrengungen, deutsche Militärberater anzuwerben.[98]

---

93 Ratenhof 1987:312-313. Abschlägig beschieden wurde z.B. eine durch Ratgeber Eduard Wagner vermittelte Anfrage des Gouverneurs von Shandong, Zhang Zongchang, zur Einstellung deutscher Militärinstrukteure und Bauingenieure, 05.08.1925 (BArch, R9208/2241, Bl. 146-148).

94 Telegramm Boyé an das AA Berlin, 14.03.1927 (ADAP, B, Bd. 4, Nr. 247, 545-546).

95 In den Hamburger Tageszeitungen der Jahre 1927-28 wurde dieses Thema ausführlich diskutiert (Eberstein 1988:230-236).

96 Ratenhof 1987:344-345, Chen Chi 1973:95-96.

97 Vgl. auch die am 29./30. März 1928 im Reichstag geführte Debatte. Außenminister Stresemann fordert die Ratifizierung der Gesetzesvorlage, Gok (DNV) befürchtet, daß die Waffen dann von ausländischen Schiffen transportiert werden und den deutschen Händlern hohe Verluste entstehen; Stöcker (KPD) begrüßt das Gesetz, würde jedoch gerne noch einige Mängel beseitigen (Reichstagsprotokolle Sitzung 413 u. 414. Bd. 395, 13897 u. 13944-13946).

98 Ratenhof 1987:245-246. Zum Waffenhandel nach 1928 und zur deutschen Militärberaterschaft unter Jiang Jieshi siehe Martin 2003, Kap. 2 und 3.

78

Bericht des Militärattachés in Peking, Major Gustav v. Westernhagen, an das Königliche Preußische Kriegsministerium, Berlin (02.04.1912)

Abschrift zu A. 6922. pr. 19. April 1912. a.m.
Militärattaché | Peking, den 2. April 1912
J. Nr. 32. | (Gesandtschaft)

Militärbericht Nr. 18.
Waffenlieferungen

Nach Meldung des kaiserlichen Konsuls aus Jinanfu vom 10. März hat die Regierung von Shandong 16 japanische Masch[inen] Gew[ehre] gekauft und unterhandelt wegen des Kaufs von 4.000 japanischen Gewehren. Damit sei zum ersten Mal das deutsche Monopol für Waffenlieferungen in Shandong durchbrochen. Die deutschen Firmen könnten mit den billigen Preisen der Japaner, die sich ihrer alten Bestände entledigen wollen, nicht konkurrieren. So kosten z.B. die angebotenen japanischen Gewehre 4,5 Taels gegenüber 12 Taels für die, allerdings neuen deutschen Gewehre. Das deutsche Gewehr 88 würde für etwa 7 Taels verkauft.

Die Waffeneinkäufe seien zum Teil für die neue Shandong Div. bestimmt, von der indess erst I. R. 93 aufgestellt, 94 in Aufstellung begriffen sei.[99] Um die Lieferung von 3 Batterien (12 Stück) 7,5 cm Gebirgsschütze 1.010 bewerben sich Krupp, Ehrhardt und Skoda; die Militärbehörde verlange vorläufig noch ein Probeschießen in Jinanfu.

Ende Januar waren in Jinanfu schon 2 Masch. Gew. Skoda, 500 Mauser 88, 1500 Mauserkarabiner 88 und 500.000 Patronen für die kaiserlichen Truppen gekauft worden. Mit den Skoda Masch. Gew. soll man sehr unzufrieden sein, wie der kaiserliche Konsul jetzt meldete.

Nach Mitteilung der Firma Carlowitz u. Co. verkaufte sie in letzter Zeit:

1) an die Prov[inz] Reg[ierung] in Hunan:

10.000 gebrauchte deutsche Mauser 88, mit 3 Mill. Ogivalpatronen: 8 Maxim Masch. Gew. von den deutschen Waffen- und Munitionsfabriken, auf Dreifußgestellen, mit Tragegestellen für den Transport durch Menschen, 7,9 mm, mit 80.000 Patronen mit Ogival- und 80.000 Patronen mit Spitzgeschossen, 1 Batterie zu 6 Feldgeschützen Krupp 7,5 cm, L/30, Modell 04, mit 9 Munitions-, 1 Vorratswagen, 1 Hypoplast, 1 Entfernungsmesser, 3.600 Schrapnells, 600 Sprenggranaten.

Die Ablieferung dieser Waffen erfolgt im Laufe der nächsten Monate.

2) an die Regierung in Nanjing:

1 Batterie zu 6 Feldgeschützen, 7,5 cm, Krupp L/20 Mod. 1910, mit 9 Munitions-, 1 Vorratswagen, 1200 Schrapnells, 600 Sprenggranaten, 600 gewöhnliche gußeiserne Granaten:

---

99 I. R. = Infanterie-Regiment.

8 Maxim Masch. Gew., 7,9 mm, auf Dreifußlafette mit Sätteln zum Transport auf Tragtieren, und 400.000 Patronen mit Ogivalgeschossen.

3) an die Regierung in Kanton:

10.000 ungebrauchte Mauser 88 mit 5 Mill. Patronen mit Ogivalgeschossen.

4) an die Regierung in Guangxi:

5.000 Mausergewehre 88 mit 5 Mill. Patronen mit Ogivalgeschossen.

Die im vorigen Sommer an die Mandschurei verkauften 10.000 Mausergewehre und 4 Mill. Patronen dazu (s. Mil. Ber. 5/12) wurden im November v.J. bei Ankunft in Tianjin vom Kr. Min. übernommen.

Eine aus Shanghai stammende, glaubwürdig erscheinende Zusammenstellung, deren Zuverlässigkeit ich indessen nicht prüfen kann, der vom Shanghaier Arsenal angeblich während der Revolutionszeit gemachten Lieferungen von Waffen und Munition an die verschiedenartigsten Abnehmer, wie Truppen alter und neuer Art, Vereinigungen von Kaufleuten, Stadt-, Dorfverwaltungen, Schülerbunde usw. giebt folgende Waffenmenge an:

a) Gewehre:

3.442 7,9 mm, 1040 6,8 mm, 3500 russische Gewehre, 5560 Gewehre ohne nähere Bezeichnung der Art, 500 automatische Mauser zu 9 Schuß, 2 Masch. Gew., 148 Revolver und große Mengen zugehöriger und anderer Patronen.

b) Geschütze:

6-7,5 cm, 4 Gruson-, 18 Gebirgs-, 2-12 cm, 2 große Belagerungs-, 1 Geschütz ohne nähere Bezeichnung und größere Mengen zugehöriger und anderer Geschosse; ferner 6 Kisten mit Sprengstoffen (vermutlich Handgranaten).

Die große Geldbedürftigkeit der chines. Regierung war Anfang Febr. d.J. von der unter anderen auch die Skodawerke vertretenden deutschen Firma Arnhold, Karberg & Co. zum Abschluß einer ca. 6 Mill. Mark Anleihe mit dem Finanzministerium ausgenutzt worden, welche in einem Geheimabkommen die Zusicherung der chines. Regierung enthielt, während der Dauer der Anleihefrist, also 5 Jahre, bis zur Höhe des Anleihebetrages bei den Skodawerken Waffen (Geschütze, Masch. Gew. und Munition) zu bestellen, wenn diese nach Güte und Preis anderen Lieferung gleichkämen.

Da hierin eine Verletzung der im Nov. 1910 von der chines. Regierung offiziell anerkannten schriftlichen Abmachung lag, wonach China seinen Geschützbedarf in Zukunft nur bei deutschen Fabriken decken wolle,[100] wurde unter Hinweis auf die Vorgänge eine entsprechende Aufklärung von den Chinesen erbeten. In der Ende März erfolgten Antwort betonte die chines. Regierung, daß durch den mit den Skodawerken abgeschlossenen Anleihevertrag die frühere Zusicherung in keiner Weise verletzt und das hinsichtlich der Krupp'schen Werke vereinbarte Verfahren durch den Vertrag keineswegs beinträchtigt würde. Damit erkennt auch die neue Regierung die fiihrere Abmachung ausdrücklich an; sie nennt ferner den Namen Krupp, während bisher nur von deutschen Fabriken allgemein die Rede war.

---

100 Siehe Ratenhof 1987:242 und Kapitel 1.

General Yinchang,[101] dem das von ihm unterzeichnete Abkommen im Nov. 1910 offenbar unangenehm ist, hat dem Herrn Gesandten gegenüber kürzlich geäußert, daß er dem Kr. Min. Duan Qirui nahegelegt habe, eine Übereinkunft dahin zu suchen, daß Krupp ein großes Arsenal in China errichte und die chines[ische] Regierung sich dagegen verpflichte, jährlich eine bestimmte Anzahl in diesem Arsenal gefertigte Geschütze abzunehmen, bis China seinen Bedarf selbst herstellen könne.

gez. von Westernhagen

PAA, R17908.

79

„Geheime Denkschrift" der Shanghaier Vereinigung zur Verbreitung des Deutschtums in China (03.01.1913)[102]

China steht wirtschaftlich am Anfang einer neuen Epoche, die sich durch große Bahnbauten, Hebung der reichen Bodenschätze des Landes und industrielle Entwicklung charakterisieren wird. Ein Bild von der voraussichtlich einschneidenden Wirkung dieses Vorgangs gewinnt man, wenn man berücksichtigt, daß China eine Bevölkerung von ca. 400 Millionen Menschen und eine Bodenfläche von 11 Millionen qkm hat. Dem gegenüber steht Deutschland – vielleicht zum letzten Mal – jetzt vor der Entscheidung, ob es dieses größte, noch nicht vergebene Absatzgebiet der Erde England, Amerika und Japan überlassen, oder ob es den Kampf um den chinesischen Markt ernsthaft, d.h. mit ausreichenden Mitteln aufnehmen soll.

Es läßt sich leider nicht verschweigen, daß Deutschland während der letzten Jahre unaufhaltsam an Boden verloren hat und daß selbst sein bescheidenes Kapital von Einfluß im Heer- und Schulwesen fast ganz geschwunden ist. Noch in frischer Erinnerung ist der Schlag, der unserm Ansehen im August 1912 mit der Anstellung fremder Berater in Peking

---

101 Daß Yinchang besondere Beziehungen zu Deutschland aufgebaut hatte, ist nicht verwunderlich. Yin entstammte einer höheren Mandschufamilie und war bereits 1879 als Absolvent des „Tongwenguan" an die chinesische Gesandtschaft nach Berlin gekommen. Als er Berlin 1894 verließ, nahm er seine deutsche Ehefrau mit nach China. Yinchang amtierte anschließend von 1901-1905 und 1908-1910 als chinesischer Gesandter in Berlin. 1910 kehrte er zurück nach China und wurde zum Kriegsminister unter Prinz Chun ernannt. Zum Zeitpunkt der Revolution war er Chefkommandant der Kaiserlichen Armee in Hubei, anschließend zog er sich kurzzeitig aus der Politik zurück. Unter Yuan Shikai wurde er zum General befördert und zum Obersten Militärberater des Präsidenten ernannt (vgl. Gütinger 2004:154-156 und *Who is Who in China*, 1931:478).

102 Erste Ansätze zur Verfassung der „Denkschrift" wurden bereits 1912 formuliert. Siehe hierzu das „Programm des Zentralausschusses der Deutschen Vereinigung in Shanghai für die Vereine zur Förderung des Deutschtums in China, 16.09.1912 (Anlage zum Bericht Nr. 478 vom 02.10.1912, Buri, Generalkonsulat Shanghai, an den Reichskanzler Bethmann-Hollweg, in: PAA, R17731).

vor der breitesten Öffentlichkeit versetzt wurde. Dank der geschickten Ausbeutung derartiger Vorkommnisse durch die fremde Presse, erscheint Deutschland in den Augen der Chinesen als eine Macht zweiten Ranges. Früher war die deutsche Sprache nahe daran, in den chinesischen Staatsschulen der englischen Sprache gleichgestellt zu werden; heute ist sie, infolge der in den letzten Jahren erlassenene Schulverordnungen, fast gänzlich vom Lehrplan verdrängt. Endlich zeigte sich in der Revolution des letzten Jahres, daß das gesamte Jung-China unter englischem, amerikanischem und japanischem Einfluß steht. Einen Lichtblick in diesem dunklen Gemälde bildet der Ausbau Qingdaos, das mit seinen vorbildlichen Einrichtungen eine Musterkolonie geworden ist.

Die Zahl der deutschen Schulen in China hat sich allerdings vermehrt: vergleicht man damit aber das erdrückende Anwachsen englischer und amerikanischer Lehranstalten, so sind wir in Wahrheit doch einen bedeutenden Schritt rückwärts gekommen. Eine einfache Gegenüberstellung zeigt die Unzulänglichkeit unserer Arbeit:

Die protestantischen Missionen unterhalten in China folgende Schulen:

	Volksschulen		Mittel- und Hochschulen	
	Schulen	Schüler	Schulen	Schüler
Englische	1445	32303	241	7552
Amerikanische	1992	44354	286	23040
Deutsche	164	4862	15	523

Im Kampf der Sprachen sind die englischen und amerikanischen Schulen, die überdies vielfach durch Interessengemeinschaft verbunden sind, uns gegenüber als eine einheitliche Gruppe aufzufassen, die, verglichen mit uns, zwanzigmal so viel Volksschulen und fünfunddreißigmal soviel Mittel- und Hochschulen hinter sich hat. Damit nicht genur, haben England und Amerika für neue Hochschul-Gründungen in Shandong, Hankou und Hongkong schon weitere 10 Millionen Mark aufgebracht. Die katholischen Missionen unterhalten 6877 Volksschulen mit 126.306 Schülern und 157 höhere Schulen mit 6545 Schülern; davon entfallen auf den Wirkungskreis der deutschen Missionare, die, von einigen Stationen in Jiangnan abgesehen, nur in Shandong vertreten sind, nur etwa ein Zwanzigstel der Volksschulen und ein Sechstel der öheren Schulen. Einen großen Vorsprung hat sich Amerika weiter dadurch gesichert, daß jährlich 500 chinesische Studenten, als Gegenleistung für den Erlaß der Boxerentschädigung, amerikanische Universitäten beziehen müssen. England und Amerika können ihre Kultur- und Schulpolitik in so großzügiger Weise durchführen, weil sie scheinbar unerschöpfliche Geldmittel zur Verfügung haben und weil der Idealismus ihrer Missionare und Lehrer nicht weniger vom nationalen als vom religiösen Gedanken getragen wird.

Zu einem sehr erheblichen Teile haben die englischen Bestrebungen ihre Erfolge der vorausschauenden Politik ihrer Hochfinanz zu danken, die dem Absatz englischer Waren durch weitgehende Finanzierung aller einschlägigen kommerziellen und industriellen Unternehmungen die Wege ebnete. Die deutsche Finanz ist durch ihr abwartendes Verhalten oft ins

Hintertreffen geraten und hat dadurch manche, nicht wiederkehrende Gelegenheit verpaßt.

Auch das englische System der diplomatischen und konsularischen Vertretung in China ist den Verhältnissen des Landes besser angepaßt. Die Probleme Chinas sind so eigenartig und kompliziert, daß Jahre ernsten Studiums des Landes, seiner Bewohner und Sprache nötig sind, um dieses Volk verstehen und behandeln zu können. Ohne eingehende Personen- und Sachkenntnis sind Erfolge hier nicht zu erwarten. Diesem Grundgedanken trägt unser jetziges System nicht genügend Rechnung. Für China sollte ein diplomatischer und konsularischer Vertreterapparat geschaffen werden, der eine für sich abgesonderte Gruppe des auswärtigen Dienstes bildet. Die Beamten dieser Gruppe sollten ihre Laufbahn in China anfangen und beschließen und müßten ausnahmslos der Landessprache mächtig sein.

Der entscheidende Punkt für den Erfolg unserer Bestrebungen, den chinesischen Markt für die deutsche Industrie zu erobern, liegt aber in der Frage, ob wir entschlossen sind, den Kampf gegen die Vorherrschaft der englischen Sprache in Ostasien aufzunehmen. Mehr als anderswo gilt hier der satz, daß der handel der Sprache folgt. Wir können daer nicht darauf verzichten, in den Kreisen, die für die wirtschaftliche Entwicklung China maßgebend sein werden, deutsche Sprache und deutsche Kultur in derartigem Umfange zu verbreiten, daß ein wirksames Gegengewicht gegen die rapid anwachsende englisch-amerikanische Gefolgschaft geschaffen wird. Das junge China ist begierig, sich die Errungenschaften der abendländischen Kultur anzueignen; die fremde Sprache, die ihm dabei als Hilfsmittel dient ist berufen, den entscheidenden Faktor im wirtschaftlichen Kampf zu spielen.

Die Verhältnisse liegen zurzeit noch nicht so, daß unsere Bestrebungen als aussichtslos angesehen werden müssen. Allerdings können wir für absehbare Zeit ein derartiges Massenaufgebot von Lehrern und Schülern, wie Engländer und Amerikaner, nicht ins Feld führen. Die größere Anzahl auf Seiten der Gegner läßt sich aber bei uns durch qualitativ bessere Unterrichtsresultate bis zu einem gewissen Grade ausgleichen, wenn die Unterrichtskurse von dem Grundsatze geleitet werden, nur ein sorgfältig ausgewähltes, mit fortschreitender Ausbildung immer wieder neu gesichtetes Schülermaterial auszubilden. Der dem Deutschen eigentlichen Gründlichkeit, die dem Nord- und Mittelchinesen sympathischer ist als die vielfach von englischen und amerikanischen Schulen vermittelte Oberfächlichkeit und Halbbildung, sollten auf diesem Wege Erfolge beschieden sein. Weiter aber wachsen die Aussichten auf Erfolg, trotz des zahlenmäßigen Übergewichts unserer Gegner, schon ganz erheblich, wenn wir unsere Bestrebungen auf die geistigen und kommerziellen Oberschichten der Chinesen beschränken und in das Arbeitsfeld nur diejenigen Provinzen Chinas einbeziehen, auf denen die wirtschaftliche Zukunft des Landes beruht, oder aus denen an Charakter und Intelligenz wertvolles Menschenmaterial hervorgeht. Von diesen Gesichtspunkten aus kämen etwa folgende 10 Provinzen in Betracht: Zhili (mit Peking und Tianjin), Shandong (als Hinterland von Qingdao), Shanxi (die Heimat fast aller chinesischen Bankiers; sehr bedeutende Anthracitkohlenvorkommen), Henan (reich an Exportartikeln), Hunan (erz- und kohlenreich), Hubei (mit Hankou als Mittelpunkt des Exporthandels), Sichuan (reichste und bevölkertste Provinz, 68 Millionen Einwohner), Jiangsu (mit Shanghai; die Jiangsuleute bisher am stärksten in der höheren Beamtenschaft vertreten), Zhejiang (intelligente, charaktervolle Bevölkerung), und Guangdong (mit Kanton; die Kantonesen, die bekanntesten Kaufleute Chinas).

[...][103]

Endlich sollte ein Gegengewicht gegen die angelsächsische und japanische Färbung der chinesischen Presse erschaffen werden. Ein großer Teil der chinesischen Redakteure hat seine Ausbildung in England, Amerika oder Japan erhalten, andere schreiben kritiklos aus den in englischer Sprache erscheinenden fremden Zeitungen ab. Wohl mehr auf diese Gründe als auf böse Absicht ist es zurückzuführen, daß in den chinesischen Zeitungen Deutschlands Absichten oft in gerade ungeheurlicher Weise entstellt werden, daß gehässige Hetzartikel erscheinen und das deutsche Leistungen auf welchem Gebiete es auch sein mag, fast systematisch totgeschwiegen werden. Die chinesische Presse steckt heute noch in den Kinderschuhen und sollte sich daher noch einer wirksamen Beeinflussung im deutschen Sinne zugänglich erweisen. Aufklärende Artikel, Abwehr gegen Verunglimpfungen Deutschlands und Hinweise auf besondere Leistungen deutscher Industrie können bei systematischer Arbeit ohne erhebliche Schwierigkeiten in die chinesische Presse lanciert werden. Am meisten aber würde wahrscheinlich erreicht werden, wenn wir uns die Methoden der Gegner zu eigen machen und in derselben rücksichtslosen Weise aggressiv aus ihren Schwächen und ihrer sehr angreifbaren Politik Kapital schlagen. In Shanghai hat die in chinesischer Sprache erscheinende deutsche Zeitung „Hsieh Ho Pao" [Xiehebao] recht gute Erfolge zu verzeichnen; viele ihrer Artikel gehen in die chinesische Presse über.[104] Es wird jeweils von den lokalen Verhältnissen abhängen, in welcher Weise der Einfluß auf die chinesische Presse am besten zu gewinnen ist, ob es sich mehr empfiehlt, eine chinesische Zeitung aufzukaufen der einen Anteil an ihr zu erwerben oder regelmäßige Zuschüsse an gewisse Zeitungen zu geben; in erster Linie ist ein derartiger enger Konnex mit Redakteuren einflußreicher Zeitungen anzustreben, daß sie den von den deutschen Presseausschüssen ausgearbeiteten Artikeln und sonstigen Notizen, insbesondere aber auch den deutschen Telegrammen regelmäßig die Spalten ihrer Blätter öffnen. Natürlich müßte das alles in möglichst unauffälliger Weise geschehen.

[...][105]

Eine Zentralisation der Schul- und sonstigen Kulturbestrebungen auf einen einzigen Punkt, etwa Shanghai oder Qingdao, verbietet sich bei der Größe Chinas von selber. Von den 18 Provinzen des Landes hat jede durchschnittlich ein Areal wie das Königreich Preußen und

103 Auslassung: Detaillierte und umfangreiche Ausführungen zur Organisation und Verbesserung des deutschen Schulwesens in China. Diskutiert werden Missions-Mittelschulen, Abitursklassen, Lehrerseminare, Mädchenschulen, Technische Schulen, Lehrkräfte, Studenten nach Deutschland, Übersetzungsanstalten, Deutsche Sprache und deutsche Lehrer an chinesischen Schulen, Museen und Industrieausstellungen.

104 Die *Xiehebao* war ein Ableger des *Ostasiatischen Lloyd*, hg. von Karl Fischer. Sie erschien ab 1910, der OAV übernahm 25 Prozent der Gründungskosten (Eberstein 2000:55).

105 Auslassung: Ausführungen zur Gründung eines Zentral-Ausschusses für China mit dem Sitz in Shanghai, der aus den verschiedenen deutschen Vereinigungen in China besteht, d.h. den Missionen usw., und die Aufgaben koordiniert.

ist zudem im Durchschnitt etwa halb so dicht bevölkert. Es leigt daher auf der Hand, daß sich von einem einzelnen Punkte aus nur eine begrenzte Wirkung erzielen läßt, und das die Hebel an verschiedenen Punkten gleichzeitig angesetzt werden müssen.

Um das hier skizzierte Programm in seinem Umfange durchzuführen, sind an einmaligen Aufgaben etwa 5 Millionen Mark erforderlich, an dauernden, jährlich wiederkehrenden Unkosten etwa 3 ½ Millionen Mark, die sich wie folgt zusammensetzen:

	einmalig	jährlich
35 Missionsmittelschulen à $ 30.000 u. $ 12.000	$ 1.050.000	$ 420.000
Unterstützung an 350 Elementarschulen à $ 100		$ 35.000
9 Mittelschulen in Vertragshäfen, à 42.500 u. $ 18.000	$ 380.000	$ 162.000
Unterstützung an 90 Elementarschulen à $ 250		$ 22.000
Mehrkosten für 3 Schulen bis zum Abiturium ausgebaut		$ 30.000
Mehrkosten für 3 Lehrerseminare		$ 30.000
Mädchenschulen		$ 25.000
5 technische Schulen à 180.000 u. $ 54.000	$ 900.000	$ 270.000
300 Studenten jährlich in Deutschland u. 100 Aus- und Rückreisen jährlich		$ 235.000
Übersetzungsanstalt	$ 20.000	$ 35.000
Lehrer an chinesischen Schulen		$ 180.000
8 Museen u. Industrieausstellungen à $ 18.000 u. $ 10.000	$ 144.000	$ 80.000
Vortragsreisen		$ 40.000
Presse		$ 100.000
Zentral-Ausschuß		$ 80.000
	$ 2.494.000	$ 1.734.250
=	M 5.000.000	M 3.500.000

Es kann als ausgeschlossen gelten, derartige Geldsummen, sie sich auch nicht mehr wesentlich beschneiden lassen, wenn wirksame Arbeit geleistet werden soll, im Wege der Sammlung aufzubringen; wenn das deutsche Reich sich nicht entschließt, mit seinen Mitteln einzugreifen, ist die Durchführung des Programms unmöglich. Vielleicht ließe sich ein Teil der etwa 12 Millionen Mark jährlich betragenden Boxerentschädigung für diese Zwekke verwenden, wie es in ähnlicher Weise seitens Amerikas geschieht.

Über die Verwendung der Gelder sollte ein in Berlin zu bildendes großes Kuratorium entscheiden, das alle Kreise umfassen müßte, die überhaupt Interesse für China haben, insbesondere sollten Mitglieder des Bundesrats, des Reichstags, des ostasiatischen Vereins in Hamburg, der Missionsgesellschaften usw. in ihm vertreten sein. Die Deutschen Ostasiens geben sich der Hoffnung hin, daß Seine Königliche Hoheit Prinz Heinrich von Preußen gnädigst das Protektorat übernehmen wird.

Unsere Vorschläge bezwecken in erster Linie die Förderung des Absatzes deutscher Fabrikate auf dem chinesischen Markt. Mit Sicherheit kann man für die nächsten Jahrzehnte mit einer ungeheuren Entwicklung des Handels in China rechnen. Obwohl China erst am Anfang seiner wirtschaftlichen Entwicklung steht, ist doch seit 1900 sein Einfuhrhandel von 667 Millionen Mark auf 1296 Millionen und sein Ausfuhrhandel von 502 Millionen auf 1037 Millionen gestiegen. Umfangreiche Bahnbauten, Anlage von Bergwerken, Erschließung des Landes und verbesserte Lebensverhältnisse werden ein Absatzgebiet für technisches Material und Qualitätsartikel in einem noch gar nicht zu übersehenden Umfange schaffen. Man kann auch ohne weiteres davon ausgehen, daß Engländer, Amerikaner und Japaner nicht ohne nüchterne kaufmännische Berechnung noch weiter größere Summen für Kulturaufgaben in China anlegen. An Chinas Gesamteinfuhr sind heute beteiligt: England mitsamt Kolonien 46%, Japan mit 20 ¾ %, Amerika mit 10 ½ %, Deutschland aber nur mit 7 ¾ %.

Ein anderes Bild als diesen geringen Prozentansatz, zu dem deutsche Waren an der Einfuhr nach China beteiligt sind, gewinnt man, wenn man nur die Tätigkeit des deutschen Kaufmanns in China in Betracht zieht, d.h. den durch ihn überhaupt vermittelten andel in deutschen, englischen, amerikanischen und anderen fremden Waren. Schätzungsweise wird angenommen, daß etwa für 250 Millionen Mark Einfuhrware gleich 19 % der Gesamteinfuhr Chinas durch seine Hände gehen; an dem gesamten Ausfuhrhandel Chinas ist es sogar mit 290 Millionen Mark gleich 23 % beteiligt. In dem aufblühenden Hankou vermitteln die deutschen Firmen, abgesehen von Tee, drei Viertel des gesamten Ausfuhrhandels. In Kanton sind von dem für fremde Firmen in Betracht kommendes Geschäft 60 % der Einfuhr und 34 % der Ausfuhr in deutschen Händen. Im deutschen Kaufmann Ostasiens sind somit die Voraussetzungen gegeben, Chinas Märkte für den Absatz deutscher Industrieerzeugnisse zu erobern.

Wahrscheinlich zum letzten Mal ist die Gelegenheit gegeben, in den Gang der Ereignisse einzugreifen; wird sie jetzt nicht ergriffen, so erlangen England, Amerika und Japan einen derartigen Vorsprung, daß wir den Wettbewerb aufgeben können. Entweder müssen wir den chinesischen Markt wie einen verlorenen Posten ansehen, auf dem Deutschland gleich einem Staat zweiten Ranges in bescheidenen Grenzen und mit Hilfe der englischen Sprachen seinen Handel treibt, oder wir spannen unsere Kräfte bis aufs äußerste an und sichern uns einen unserer Bedeutung entsprechenden Anteil an der wirtschaftlichen Entwicklung Chinas. Alles Arbeiten mit kleinen oder unzureichenden Mitteln ist wertlos und bedeutet nur Verschwendung von Zeit, Geld und Kraft; zum Ziele führen kann uns nur eine großzügige Schul- und Propagandapolitik.

Shanghai, den 3. Januar 1913

Deutsche Vereinigung

C. Michelau	R. Mahnfeld
Vorsitzender	Schriftführer

BArch R901/5130, unfoliert.

80

Schreiben der Deutsch-Asiatischen Bank, Filiale in Jinan, an die Direktion in Shanghai (17.11.1914)[106]

Situation.

Die Vorgänge in der Provinz Shandong sind während der letzten Monate der Mittelpunkt des allgemeinen und größten Interesses in China gewesen. In erster Linie infolge der Ereignisse in und um Qingdao, dann auch im Hinblick auf das Vorgehen der Japaner im Innern.

Eine so gute Gelegenheit, einen kräftigen Schritt vorwärts zur Erreichung ihres Zieles, eines China unter japanischer Hegemonie, unter dem Deckmantel der Bündnispflicht machen zu können, mußte die Japaner stark reizen und sie haben es sich nicht lange überlegt, sondern die so günstig vielleicht nie wiederkehrende Chance sofort ergriffen und voll ausgenützt. Durch Besetzung der Shandongbahn und der dieser gehörenden Bergwerke haben sie sich bis ins Herz der Provinz herangestohlen. Der Anfang vom Ende, das auf eine zweite Mandschurei abzielt. Wären, wie es die Japaner erhofften, die Chinesen so unklug gewesen, bewaffneten Widerstand zu leisten, dann wäre für die ersteren der Grund dagewesen, sich schon jetzt über das Gebiet der Shandongbahn hinaus im Lande häuslich einzurichten, so indes werden sie das nur allmählich tun können und die Deutschland aus dem Kiautschouvertrag zustehenden Rechte, unsere Interessen an der Pukoubahn etc. werden ihnen dafür eine willkommene und breite Grundlage bieten. Wir werden davon in der nächsten Zeit noch viel zu hören bekommen.

Da die Stellung Chinas zu dem Raubzug der Japaner lange Zeit durchaus unklar war, so bemächtigte sich des Volkes eine große Nervosität, die den Handel schnell völlig lahm legte. Gesteigert wurde hier in Jinanfu diese Unruhe unter den Chinesen durch das törichte Verhalten, welches viele deutsche Landsleute an den Tag legten. Anstatt in Ruhe die Entwicklung der Dinge abzuwarten, konnten sie ihre sieben Sachen gar nicht schnell genug zusammen bekommen. Im Geiste sahen diese Leute sich hier schon von den Japanern brutal behandelt, ihres Eigentums beraubt und ausgewiesen. In der Wirklichkeit jedoch haben sich die Japaner, die Gerechtigkeit verlangt es auszusprechen, abgesehen von der Shandongbahn-Affaire, gegen die Deutschen hier nichts zu schulden kommen lassen. Wir sind ihnen und sie uns aus dem Wege gegangen und es ist zu Reibereien u. A. auch nicht an einer einzigen Stelle gekommen. Die vielen aus Qingdao hierher geflüchteten Frauen und Kinder und auch die Jinanfu-Familien hätten daher durchaus nicht systematisch nach Shanghai und Tianjin weggegrault zu werden brauchen.

---

106 Abschrift Nr. 33, Anlage zum Peking-Bericht, Maltzan, A Nr. 195, 07.12.1914. Wie Maltzan in seinem Begleitschreiben anmerkt, wurde ihm diese Abschrift „vertraulich zur Verfügung gestellt". Er führt aus, daß die in der Anlage „niedergelegten Beobachtungen insbesondere betreffend die nahezu hysterische Japanerangst und die Haltung der Shandong-Eisenbahngesellschaft ... im allgemeinen der hiesigen Berichterstattung [entsprechen]". Es wurde darauf verzichtet, den ebenfalls als Anlage beigefügten Bericht zur Situation der Shandong-Eisenbahngesellschaft abzudrucken.

Auch unsere Bank ist vollkommen unbelästigt geblieben, obgleich die Unterstützung, welche wir in den kritischen Tagen der Shandongbahn haben zuteil werden lassen, den Japanern guten Vorwand hätte geben können und unseren Kassenbestände das arme Expeditionskorps stark gereizt haben müssen. Natürlich haben die allgemeinen Verhältnisse trotzdem der Bank arg mitgespielt. Die Abziehung großer Guthaben, Präsentation von Qingdao-Noten und das völlige Stocken des Geschäfts haben uns jeglicher Möglichkeit beraubt, Geld verdienen zu können. Wir beziehen uns auf den Augustbericht an den Herrn Präsidenten. Was aber Deutschlands Feinde so sehnlichst herbeiwünschten und als Tatsache verschiedentlich in die Presse lanzierten, daß der Atem uns hier ausgegangen sei, ist keineswegs je der Fall gewesen.

An eine Besserung der hiesigen allgemeinen Lage und Wiederbelebung des Geschäftes wird fürs erste nicht zu denken sein. Die Nervosität hat im Volke zu weite Kreise ergriffen, die gute Verbindung mit Qingdao und dortige Verschiffungsgelegenheit hat aufgehört, wird sich für die jetzt beginnende Exportsaison auch kaum wieder einrenken lassen und der Güterversendung über Tianjin und Pukou hat man hier bis jetzt wenig Aufmerksamkeit zugewandt, sodaß dieser Modus schlecht arbeitet. Immerhin machen die hiesigen Firmen nun Anstrengungen, das Geschäft nach diesen Richtungen hin aufzubauen.

Was unsere Bank augenblicklich stark in ihrer Bewegungsmöglichkeit hemmt, ist, daß wir, während auf der einen Seite wir natürlich nicht stille sitzen wollen, andererseits aus Sicherheitsgründen darauf bedacht sein müssen, unsere Kasse so niedrig als möglich zu halten. Belgien läßt sich jedoch schlecht vereinigen, denn zum Bankgeschäft ist Geld nötig. Muß man aber erst zu forcierten Raten das Geld wegschaffen und dann zu nach der anderen Seite forcierten Raten sich Kasse wieder machen, so kann man mit der Konkurrenz hier natürlich nicht mit.

Unserem Personal geht es gut. Herr Herthel[107] ist wohlauf, für einige aus Angst vor Japanern weggelaufene chinesische Angestellte haben wir neue eingestellt. Der Qingdao-Compradore arbeitet hier, da der hiesige Compradore zu unserem großen Bedauern seit September schwer lungenkrank daniederliegt.

Über die Verhältnisse in Qingdao vermögen wir leider nicht viel zu berichten. Die Japaner haben bis heute von oder nach Qingdao noch Niemanden durchgelassen, und es heißt hier, daß erst am 25. November ungefähr sie ihren eigenen Landsleuten den Zutritt zu dem Platz gewähren würden. Den Deutschen werden sie das möglicherweise sogar noch später erst gestatten. Wir bemühen uns jedenfalls von hier aus so schnell als möglich direkt oder indirekt Verbindung mit Qingdao zu bekommen. Über unsere Beamten dort haben wir nichts weiter gehört als das, was die Zeitungen brachten, und das sind glücklicherweise ja sehr gute Nachrichten. Was aus unseren Kassenbeständen, Depots, Akten und Büchern in Qingdao geworden ist, entzieht sich soweit gleichfalls unserer Kenntnis. Als wir im August nach Qingdao den Vorschlag machten, die wichtigsten Sachen herzuschicken, gingen diese Freunde nicht darauf ein, weil sie die Sachen hier nicht sicherer aufgehoben glaubten, und

107 Wilhelm Herthel, Shanghai, Kanton. Stellv. Vorstandsmitglied der DAB, eingetreten 1912.

erwähnten ihren eigenen bombensicheren Kellertresor. Es ist somit anzunehmen, daß dort sich auch jetzt noch alles befindet.

Über die Erlebnisse mit der Shandong Eisenbahngesellschaft hat unser Herr Rast seinerzeit einige Aufzeichnungen gemacht, von denen wir Ihnen hiermit zur gefälligen Kenntnisnahme einen Durchschlag ergebenst übersenden.

Freundschaftlichst
DEUTSCH-ASIATISCHE BANK
Agent.

PAA, R17879.

81

Anonym: Brief aus Shanghai an Friedrich Bayer & Co., Leverkusen (01.12.1915)[108]

Abschrift!

Inzwischen hat sich aber die Lage in China insofern geändert, so daß die Engländer mit aller Gewalt versuchen, China zu bewegen, dem Viererverband beizutreten.[109] China soll dann die bösen Deutschen aus China hinausweisen oder während der Dauer des Krieges internieren.

Sie können sich leicht denken, welche Aufregung in den chinesischen Kreisen geherrscht hat, als das Gerücht in Umlauf kam. Soweit uns die Erfahrung gelehrt hat, ist die chinesische Kaufmannskaste fast durchweg deutschfreundlich gesinnt und ein gleiches möchten wir von den Regierungskreisen sagen. Nun auf einmal kommen die Herren Engländer, unterstützt von den Russen und Franzosen, mit der Aufforderung, China solle ihrem Bündnis beitreten! Bis jetzt sieht die ganze Sache nur wie ein Ausstrecken der Fühlhörner aus, aber den Briten ist alles zuzutrauen. Die chinesische Presse ist entschieden einem Mitgehen mit dem Viererverband entgegen und besteht auf Neutralität im vollsten Sinne.

Die Engländer scheinen sich nun etwas in die Nesseln gesetzt zu haben, dadurch, daß sie mit China zu unterhandeln anfingen, ohne ihre gelben Brüder, die Japaner, gefragt zu haben. Darob herrscht nun in Japan große Aufregung und man wirft den Engländern vor, Japan zu hintergehen. Die Japaner haben sich jetzt jedenfalls ein starkes Mißtrauen gegen die Engländer, welches auch die schönen Worte in der englischen Prese nicht wegbringen wer-

108 Der Brief war am 1.12.1915 von einem Mitarbeiter der Bayer & Co. von Shanghai nach Leverkusen verschickt worden. Der vorliegende Auszug wurde anschließend anonym an das AA Berlin zur Kenntnisnahme weitergeleitet.

109 „Viererverband“: die kriegführenden Länder England, Frankreich, Rußland und Japan.

den. Wir senden Ihnen in der Anlage verschiedene Abschnitte aus den hiesigen Tageszeitungen, die Ihnen zeigen, was bisher über die neuen Pläne der Engländer, China mit in den Krieg zu verwickeln, geschrieben ist.

Soviel heute feststeht, werden die Engländer kein Glück mit den Chinesen haben und sie haben durch ihr letztes Vorgehen zweifelsohne gewaltig Gewicht bei den Chinesen verloren. Der deutsche Handel im Osten muß doch den Herren Engländern gewaltig in den Magen liegen, daß sie solche Anstrengungen machen, denselben zu vernichten.

Wie weit die Gemeinheiten der Engländer gehen, zeigt Ihnen, daß man jetzt auch die amerikanischen Firmen zwingt, ihre deutschen Angestellten zu entlassen. Tun dies die amerikanischen Firmen nicht, so verbietet der englische Konsul den Banken sowie den Verschiffungsgesellschaften, mit den amerikanischen Firmen zu arbeiten. Und was tun die Herren Amerikaner, sie entlassen ihre deutschen Angestellten und fügen sich dem Herrn Konsul – echt amerikanisch!

Nachrichtendienst! Erfreulicherweise erhalten wir ja hier die drahtlosen Depeschen, die Deutschland nach Amerika sendet, so daß wir uns nicht mit dem Lügennachrichtendienst von Reuter zu befassen haben. Wir haben ihnen wohl schon mitgeteilt, daß gleich bei Ausbruch des Krieges vom Ostasiatischen Lloyd eine deutsche Tageszeitung herausgegeben wurde, die die deutschen Depeschen und sonst noch alles über den Krieg Interessierende veröffentlicht. Diese Zeitung, die natürlich nur eine ganz kleine Ausgabe darstellt, hat sich über ganz China und sogar Japan überbreitet und ist so von großem Nutzen für unsere deutsche Sache. Aber was wohl nach unserer Meinung eine weitere Wichtigkeit ist, ist, den Chinesen klaren Wein einzuschenken. Zu diesem Zweck erhalten die hiesigen sämtlichen chinesischen Zeitungsverlage unsere Depeschen gratis zugestellt und drucken dieselben auch zum größten Teil ab, jedoch ohne Kommentare. Neulich hatte nun der Deutsche Generalkonsul eine Versammlung einberufen wegen Gründung einer englischen Zeitung. Die Versammlung war recht zahlreich besucht und die allgemeine Stimmenmehrheit machte sich dahin bemerkbar, daß uns hier draußen mit einer englischen Zeitung nicht gedient wäre, da wir uns eigentlich nicht um die paar Neutralen, die fast alle pro-britisch sind!, kümmern sollten, sondern dem chinesischen Volk die Wahrheit durch eine in Chinesisch geschriebene Kriegszeitung geben sollten. Beschlüsse wurden nicht gefaßt bei der Versammlung, da der Herr Konsul nur einmal Ratschläge der Leute, die China kennen, hören wollte. Man hat weiter nichts gehört, aber eines Tages erschien stillschweigend eine in Englisch geschriebene Zeitung „The War“. Das war der Erfolg der Versammlung. Da die Zeitung von Regierungsgeldern bezahlt wird, so kann ja das Konsulat es nach Belieben halten, aber ob seine Handlungsweise im Interesse des Deutschtums richtig ist, möchten wir beinahe bezweifeln. Um den Chinesen Rechnung zu tragen, gibt man eine wöchentlich illustrierte Beilage der Zeitung bei, die aber sehr mager aufgemacht worden ist und nicht viel Wert hat. Wir fügen die englische Zeitung unseren heutigen Zeilen zur Ihrer gefälligen Kenntnisnahme bei.

PAA, R17751.

82

Geschäftsbericht des Ingenieurs Gustav Amann, Siemens China Co., Hankou (21.06.1916)

INo 679 Am
Allgemeiner Geschäftsbericht zur Bilanz 1915/1916.

Eine Aufteilung der Verdienste an dem Materialien-Verkaufe, nach Materialien geordnet folgt nach. Es wird daraus hervorgehen, daß die Verdienste sich gegenüber dem Vorjahre ungefähr gleich geblieben sind. (Dabei ist zu beachten, daß Kursgewinne aus der Aufstellung nicht ersichtlich sind, weil laut Shanghai Vorschrift der Taelkurs von M.2.50 einheitlich zu Grunde gelegt wird.)

Allgemeine Verhältnisse auf dem hiesigen Markte während 1915/16.

Durch die politische Lage im letzten Jahre, Revolution und Unabhängigkeitserklärung der Südprovinzen, sowie durch die Knappheit des Silbers im Umlaufe, sind neue Projekte für Zentralbauten für Städte nicht ins Leben gerufen worden.

Auch im Materialienmarkte ist das Geschäft nicht neu belebt worden, sondern die Installationstätigkeit durch chin. Firmen ist noch ruhiger und dürftiger geworden als im Vorjahre. Durch erhebliche Preiserhöhungen der Konkurrenz wurde das etwa noch bestehende Interesse im Installationsgeschäfte abgeschreckt. Durch erhebliche Verluste von Materialsendungen für unsere engl. Konkurrenz durch Torpedierung von Frachtschiffen im Mittelmeere ist auch das vorhandene Material sehr gekürzt worden, es fehlen viele zu Installationszwecken nötige Teile fast gänzlich, bei uns sowohl als bei der Konkurrenz. – Dementsprechend ist es recht schwer geworden, selbst die vorhandenen Materialien zu verkaufen. Unser Umsatz darin ist erheblich zurückgegangen und es ist zu fürchten, daß im kommenden Jahre, sofern der Krieg fordauert, der Umsatz in Installationsmaterialien noch weiter erheblich abfällt.

An eigenen, durch uns ausgeführten Installationen ist im vergangenen Jahre kein einziger nennenswerter Auftrag ausgeführt worden. Dagegen ist es gelungen, unseren ganzen Bestand an Kuhlodraht im Voraus für im Bau begriffene größere europäische Geschäftshäuser zu verkaufen.

Über die Konkurrenz und ihre Erfolge 1915/16.

Was den Materialienmarkt angeht, sind die Konkurrenzfirmen ohne Ausnahmen ebenso schlecht daran wie wir. Alle leiden unter dem Rückgang der Installationstätigkeit, alle haben Mangel an Materialien.

Über Neugründungen von Konkurrenzfirmen verweisen wir auf unser Schreiben INo 526 v. 10.3.16 an CVU.

Als zusätzlich zu erwähnen ist die engl. Gründung der „Representation British Manufacturers Ltd." durch die folgenden Firmen:

Sir Wm. Arrol & Co. Ltd.
Brooks & Doyxey Ltd.
John Brown & Co. Ltd.
Callenders Cable & Constr. Co.
Cravens Ltd.
Dorman Long & Co. Ltd.
Thos. Firth & Sons Ltd.
R & W Hawthorn, Leslie & Co. Ltd.
Hulse & Co. Ltd.
Simon Carves Coke Oven & Constr. Co.

Diese neue Gesellschaft ist hier durch AC Burn repräsentiert, mit Bureau in Shanghai und London.

Vertreten sind folgende Firmen durch die Repräsentation for B.[ritish] M [anufacturers]. Ltd.:

Birmingham Metal and Munitions Co. Ltd.
Cochrane & Co. Ltd.
R. Mac Laren & Co.
Stanton Ironworks Co. Ltd.
Davy Bros. Ltd.
Fleming, Birk & Goodall Ltd.
J E Hall Ltd.
Robt. Hudson Ltd.
Keigley Gas & Oil Engine Co. Ltd.
Ransom ver Mehr Machin. Co. Ltd.

An wesentlichen Aufträgen auf Anlagen ist uns nur bekannt geworden, daß der amerikanischen Firma Anderson and Meyer der Auftrag für die Weberei von 500 Webstühlen für de Wuchang No. 1 Cottonmill zuviel. In unserem vorletzten Berichte INo 347 Am.. v. 22.6.1915 hatten wir bereits vorhergesagt daß voraussichtlich der Auftrag für die Wuchang Cottonmill als „Gesamtunternehmer“ auch für den electr. Teil an die Amerikaner fallen würde. Im Wesentlichen ist dies eingetroffen, nur daß der engl. Firma H. E. Arnold der Auftrag für die Spinnerei von 40000 Spindeln einschließlich der electr. Ausrüstung zugefallen ist an Stelle den Amerikanern. Für uns sind nur die Gruppenantriebe der Weberei abgefallen, und die Hoffnung auf spätere Nachlieferungen, obgleich es gelungen ist, der Wuchang Zentrale die Stromlieferungen zu verschaffen. (Wir verweisen auf unseren angezogenen vorjährigen Bericht)

Verdienst an Anlagen 1915/16.

Zur teilweisen Aufführung gelangten die Aufträge für die Turbinenerweiterungen der Pingxiang Colliery und des Hanyang Eisenwerkes. Durch die verzögerte Verschiffung infolge des Krieges werden diese beiden Anlagen jedoch erst im nächsten Geschäftsjahre, resp. nach dem Kriege zur Abrechnung gelangen.

Als neue Anlage ist im letzten Geschäftsjahre nur die Montage der Turboanlage für das Hanyang Arsenal zugekommen. Wie wir in unserem angezogenen vorjährigen Berichte ansprachen, waren wir genötigt, als Generalunternehmer für die Bauten sowohl als für die Montage aufzutreten. (Pag. 5. INo 347 Am.v. 22.6.16) Auch diese Anlage wird erst im nächsten Geschäftsjahre zur Abrechnung kommen können, weil im Winter die Bauten mehrere Monate infolge Witterungsverhältnissen eingestellt werden mußten. Ein sehr annehmbarer

Verdienst würde, falls es gelungen wäre, die Anlage diesjährig fertig zu stellen, unsere diesjährige Bilanz herausgerissen haben.

Über zukünftige Geschäftsaussichten.

Wie in unserem letztjährigen Berichte gesagt, ist diesjährig bereits ernstlich an die Beschaffung einer neuen Turboanlage für das Hanyang Arsenal gedacht worden. Obgleich wir durch das Stammhaus eine ganz hervorragende Offerte, auf Lieferung nach dem Krieg erhielten, ist das Geschäft nicht abgekommen, eben infolge der späten Lieferung. Desgleichen ist die Kupferraffinerie ernstlich von den verschiedenen Behörden wieder aufgenommen worden, muß aber auch in das nächste Geschäftsjahr übernommen werden, mangels Liefermöglichkeiten.

Neu hinzugekommen ist für diese Gruppe unserer Kundschaft, die Anfrage auf eine „Regierungsfabrik" (Siehe Stammhausschreiben INo 3456 v. 13.4.16 Akt. 191 Ch.) Wir haben keinen Zweifel, daß wir einen erheblichen Anteil an diesen angezogenen Projekten erhalten können, sobald diese abkommen.

Als weitere bearbeitete Geschäfte sind zu nennen, eine neuere Erweiterung der Turboanlage des Hanyang Eisenwerkes, die notwendig wurde durch den Beschluß, die Lade- und Entladeeinrichtungen des Werkes mit Gleichstrom zu betreiben, gegenüber Drehstrom der früher vorgesehen war. Dadurch werden weitere Umformer nötig, und ebenfalls wird der Drehstrombedarf erheblich erhöht, so daß die uns in Auftrag gegebene Turboerweiterung bereits nicht mehr ausreicht.

Auch in Pingxiang steht schon wieder eine weitere Turboerweiterung bevor. Durch die projektierte Elektrifizierung der Hauptförderanlagen sowie die durch die beabsichtigte Kraftübertragung nach zwei Schächten, die in einem neuen Minenfelde abgeteuft werden sollen, ist auch hier die Erweiterung bereits zu klein. Wir haben in früheren Schreiben bereits diese Anfrage an Sie gesendet und verweisen im Einzelnen auf diese Schreiben an AU.-INo 594/5 v. 28.4.16).

Das Projekt für eine Städtebeleuchtung in Chengzhou, Henan, ist eingeschlafen, da keine Kapitalien vorhanden.[110]

Das Projekt einer Stadtbeleuchtung der Stadt Xi'an, Shaanxi, wurde im vergangenen Jahr weiter bearbeitet, ist aber bis jetzt nicht zu definitivem Abschluß gelangt.

Die Erweiterung der Changsha Zentrale um einen Dampfmaschinensatz, wie zuletzt von uns geliefert, ist immer noch schwebend, aber in ein akuteres Stadium eingetreten. Es konkurrieren direkt um dieses Geschäft nunmehr alle engl., deutschen, amerikanischen Firmen in China. Unser Bestreben muß sein, den Abschluß der Erweiterung auf Grund der Schulden dieser Zentrale an uns zu verhindern, bis der Krieg vorbei ist. Es steht zu hoffen, daß dies möglich ist, im Zusammenhange mit dem getätigten, aber nicht angetretenen Installationskontrakt der Zentrale mit unserem Changsha Bureau. Es ist die Absicht, diesen Kontrakt in Verbindung mit der Zentralerweiterung zu bringen, und der Changsha Zentrale in diesen

110 Chengzhou, Provinz Hunan.

Einzelheiten entgegenzukommen, sofern wir entsprechendes Entgegenkommen auf Zusicherung der Erweiterung finden. Der Installationskontrakt hat für das Changsha Bureau heute wenig Interesse, weil ja der Krieg noch lange zu dauern verspricht, und wir in dieser Zeit schlechterdings kein Material haben um ein Installationsgeschäft zu betreiben.

Das Changsha Bureau wird voraussichtlich dieses Jahr mit einem Verlust abschließen, weil es eben nur von Detailverkäufen lebte und eine Änderung darin, während der Dauer des Krieges, ist nicht zu hoffen.

Wir haben schon ernstlich erwogen, ob dieses Bureau nicht eventl. besser bis Kriegsende zu schließen wäre. Aber die Konkurrenz hat doch Changsha letzterer Zeit so viel Interesse gezeigt, selbst dort Installationsmaterial-Verkaufsagenturen geöffnet, daß wir durch Schließen der Bureaus zu viel zu verlieren fürchten. Wir fürchten, daß die Früchte der bisherigen Ausgaben weggeworfen würden, und unser Prestige bei den Chinesen leiden würde.

Freundschaftlichst.
Siemens China Co.
Hankou

(SAA 15/La 610)

83

Schreiben des Ingenieurs Georg Baur, Direktorium der Fried. Krupp-Aktiengesellschaft, Essen, an den Staatssekretär des AA Berlin (27.12.1916)

Abt. K.M.
Nr. 6417.I
Betr.: Bestellung der Zentralregierung von China auf Kriegsmaterial.

Eure Exzellenz!
Unsere Firma hat, wie dem Herrn Staatssekretär bekannt, seit langen Jahren bedeutende Lieferungen von Artillerie-Material an die chinesische Regierung und im besonderen an die einzelnen Provinzen ausgeführt. Durch den Ausbruch des Krieges wurden unsere Beziehungen nach China empfindlich gestört. Der Verkehr mit den chinesischen Behörden konnte durch die Firma Carlowitz & Co. in China nur mühsam aufrecht gehalten werden, Lieferungen mußten ganz eingestellt werden und selbst das unterwegs befindliche Material konnte China nicht mehr erreichen. Der chinesische Markt, den die deutsche Kriegsmaterial-Industrie bis wenige Jahre vor Ausbruch des Krieges in Bezug auf Artillerie-Material beherrscht hat, steht dadurch den sehr Ernst zu nehmenden und rührigen japanischen und amerikanischen Kriegsmaterial-Firmen offen, von denen wir einen scharfen Wettbewerb

schon jetzt spüren und nach Friedensschluß in gesteigertem Maße erwarten müssen.

Um unsere noch bestehenden Verbindungen zu den chinesischen Behörden – in Form von Restguthaben und Lieferungsversprechen – auszunutzen, haben unsere Vertreter, die Herren Carlowitz & Co., wie wir erst jetzt genauer erfahren, ein neues Geschäft mit der chinesischen Zentral-Regierung angebahnt, und bereits zu einem vorläufigen Abschluß gebracht. Es handelt sich um die Lieferung von 72 Gebirgs-, 54 Feldgeschützen und 54 Stück 12 cm Feldhaubitzen mit zugehöriger Munition im Gesamtwerte von rund M 12.000.000. Die Spezifikation des Materials steht noch nicht vollständig fest. Auch über die Zahlungs- und Lieferungsbedingungen muß noch weiter verhandelt werden. Wir hoffen aber mit der chinesischen Zentral-Regierung zu einer Einigung zu kommen umsomehr, als es den Herren Carlowitz & Co. gelungen ist, maßgebende Persönlichkeiten dafür zu interessieren.

Der Abschluß des Geschäftes wird letzten Endes davon abhängen, ob wir der chinesischen Zentral-Regierung eine Lieferungszusage für bestimmte Termine nach Friedensschluß machen können. Auf chinesischer Seite würde man mit einer monatlichen Menge von vier Batterien, lieferbar beginnend 10 Monate nach Friedensschluß mit der ersten Großmacht, sich abfinden. Für unsere Firma ist jedoch auch eine solche Zusage bei der Besetzung unserer Werkstätten mit Aufträgen für die deutsche Regierung nur dann möglich, wenn ihr gestattet würde, nach Friedensschluß die Herstellung des chinesischen Materials unter Zurückstellung einer entsprechenden Menge deutschen Kriegsmaterials in die Fabrikation einzuschieben. Wir hoffen, daß uns dies gestattet werden kann, den bei der jetzigen, schon außerordentlich erhöhten und sich noch weiter ungemein steigernden Ausdehnung unseres Werkes bedeuten die für China zu liefernden Mengen im Vergleich zu den deutschen Heeresaufträgen so wenig, daß die Beeinträchtigung der deutschen Lieferungen kaum ins Gewicht fallen würde. Andererseits ist die Beschäftigung unseres Werkes nach dem Kriege durch Auslandsaufträge für die Erhaltung eines hohen Bereitschaftsstandes für die deutsche Heeresverwaltung und die Kaiserliche Marine von großer Wichtigkeit; und hierzu würden die chinesischen Bestellungen eine wesentliche Unterstützung bieten. Die Bedeutung solcher Aufträge für die Wiederbelebung der deutschen Ausfuhr geht noch nebenher.

Euere Exzellenz bitten wir unter Hinweis auf die große grundsätzliche Bedeutung dieser Frage bei dem Kriegsministerium dahin wirken zu wollen, daß uns die Genehmigung erteilt wird, den chinesischen Auftrag zu den oben erwähnten Terminen übernehmen und neben dem deutschen Kriegsmaterial nach Friedensschluß, falls notwendig unter Zurückstellung gleichwertigen deutschen Materials, ausführen zu dürfen.[111]

Wir fügen zu diesem Zweck einen Durchschlag des Schreibens bei.

Ehrerbietigst

Fried. Krupp AG. Das Direktorium

G. Baur

PAA, R17911.

---

111 Die Friedr. Krupp AG. erhielt die Zusage des Kriegsministeriums am 15.02.1917. Siehe: Krupp AG. an AA Berlin, 19.02.1917 (PAA, R17911).

84

Bericht des Monteurs Weinlig, Siemens China Co. (11.06.1919)

Breslau, d. 11. Juni 1919

Bericht des Herrn Weinlig über Reise und Aufenthalt in Jünnan [Yunnan]

Im Laufe des Juni 1916 wurde an mich seitens der Direktion der Siemens-Schuckert Denki Kabushiki Kaisha in Japan, wo ich als Betriebsleiter der Fabrik vorgenannter Gesellschaft in Kobe tätig war, die Anfrage gerichtet, ob ich gewillt sei, die Stellung eines beratenden Ingenieurs bei dem Elektrizitätswerk in Yunnanfu [heute: Kunming], welche durch den Tod des Herrn Maywaldt freigeworden war, zu übernehmen.

Unter Berücksichtigung der Nachteile, welche der Firma durch die Nichtbesetzung dieses wichtigen Postens, durch welchen einzig die Fäden in dieser und den angrenzenden Westprovinzen Chinas erhalten bleiben konnten, entschloß ich mich, denselben anzutreten, obgleich die Reise dorthin nicht ungefährlich war, weil auf der Überfahrt nach Shanghai Deutsche von amerikanischen Schiffen heruntergeholt und in australische Lager interniert worden waren. Ferner mußte die Reise über Land gemacht werden, da eine Fahrt durch das französische Indochina nicht möglich war.

Ich trat die Reise in Gemeinschaft meiner Frau am 2. September 1916 auf einem japanischen Dampfer an und erreichte Shanghai ohne Belästigung. Nach Erledigung unserer nötigen Einkäufe und durch die Siemens-China-Kompagnie mit Instruktionen für die Stellung in Kunming versehen, fuhren wir auf einem chinesischen Dampfschiff nach Hankou und von dort mit einer kleinen Barkasse über Changcha nach Changde [Changtefu]. In Changde mieteten wir einen Kahn, mit dem wir den Fluß bis nach Zhenyuan [Chen-yu-en] in 30 Tagen hinauffuhren. Von Zhenyuan bis Guiyang [Kweyang] reisten wir 9 Tage im Tragstuhl.

Hier hatte ich in Gemeinschaft mit Herrn Veil von [der Firma J. M.] Voith [in] Heidenheim (Turbinenfabrik), der mit uns von Hankou aus reiste, die Möglichkeit, eine hydraulische Anlage für die Beleuchtung Guiyangs zu untersuchen. Leider mußten wir uns überzeugen, daß die vorhandenen Wasserkräfte sich nicht rentabel ausbauen lassen. Da in der Nähe der Stadt reiche Kohlenlager sind, ist der Ausbau einer Dampfzentrale zu empfehlen.

Mein ausführlicher Bericht und Vorschläge für die zu liefernden Maschinen, Schaltanlage etc. sowie Transportmöglichkeiten und die für die Angelegenheit in Frage kommenden Personen befinden sich in Shanghai.

Von Guiyang reisten wir über Anshun [An-shun-fu] in 14 Tagen nach Yunnanfu, ebenfalls im Tragstuhl. 100 Li (1 Li = 0,5 km) hinter Anshun, welches 2 Tagesreisen von Guiyang entfernt ist, befindet sich der große Wasserfall in Huanguoshu [Hong-osu]. Hier stürzt das Bergwasser nach den von mit vorgenommenen Lotungen ca. 70 m an einer glatten Felswand ab. Bei niedrigem Wasserstande ließen sich ca. 3-4000 PS ausbeuten, während in der wasserreichen Zeit viele tausend PS zur Verfügung ständen. Die Anlage ließe sich mit den geringsten Kosten ausführen, weil das Terrain sehr geeignet ist.

Verwendbarkeit der Kraft
1.) Die Kraft könnte zur Beleuchtung von Anshun für ca. 2-3000 Lampen Verwendung finden.
2.) Die wirkliche Ausnützung der Kraft käme aber erst dann in Frage, wenn eine Bahn Yunnanfu nach Guiyang gebaut werden sollte. Projekte für dies Bahn sollen bereits von Amerikanern ausgearbeitet worden sein. Da nun diese Wasserkraft nur ¾ des Jahres mindestens 30.000 PS liefern würde, so müßte dieselbe in Verbindung mit einer Dampfzentrale arbeiten. Stauanlagen lassen sich meines Erachtens nach nicht einrichten. Ausführlicher Bericht über diese Angelegenheit ebenfalls in Shanghai.
Yunnanfu: Auf der Reise zwischen Huanguoshu und Yunnanfu stößt man häufig auf zu Tage liegende Kohle, so daß bei einer evtl. Bahnanlage reichlich Brennstoff gefunden wird. Die Kraft müßte allerdings große Entfernungen übertragen werden. Schwierigkeiten dürfte der Bahnbau eigentlich nur zwischen Anshun und Yunnan-Grenze machen, wo umfangreiche Tunnelanlagen zu schaffen wären. Es gibt noch eine südliche Route, die ich nicht begangen habe, die aber möglicherweise günstiger ist.

Die kürzere und günstigere Route nach Yunnanfu führt den Yangzi hinauf per Dampfschiff bis Sui-fu [heute: Yibin] und von dort in 30 Tagen im Tragstuhl südwärts. Dieser Weg war uns wegen der dortigen Revolten und herumziehenden Räuberbanden nach Angabe des Konsulats in Hankou unpassierbar. Die Reise über Guiyang ist die bedeutend längere und beschwerlichste. Guizhou [Kweichow] ist eine der ärmsten Provinzen Chinas, außerdem derjenigen eine, in welcher noch sehr stark Opium geraucht wird. Straßen im eigentlichen Sinn des Wortes gibt es keine, nur Wege mit einzelnen Steinen in Abständen belegt, auf denen nur ein Mann gehen kann. Streckenweise fehlen auch diese oder liegen bei Regenwetter unter Wasser. Bei Regenwetter besteht jeden Augenblick die Gefahr, daß die Kulis ausgleiten, was häufig vorkommt, so daß man dann mit seinem Tragstuhl im Schlamm liegt. Bei den enormen Auf- und Abstiegen muß der Tragstuhl verlassen werden und man nimmt seinen Weg zu Fuß über Gerölle und den glatten Lehmboden. Nachtquartiere findet man manchmal in einem zerfallenen Tempel, durch dessen Dach der Regen freien Zugang hat, manchmal eine chinesische Herberge, die nicht besser ist und von Schmutz starrt. Wir hatten Feldbetten aus Shanghai mitgenommen, die über Öltüchern auf den Pritschen aufgestellt wurden; die Öltücher verhindern, daß Läuse, Wanzen etc. Insekten in die Betten kriechen. Wir verdanken dieses vorzügliche Mittel den Missionaren in Zhenyuan und sind auch wirklich auf der ganzen Reise der Insektenplage entronnen, was ein Wunder ist, wie jeder, der im Innern Chinas gereist ist, bestätigen wird. Ob reich oder arm, im Innern Chinas haben die Bewohner fast alle Läuse. Die Feldbetten müssen auf Moskitonetzen versehen sein.

Wer solche Reise nicht gemacht hat, kann sich nicht vorstellen, wie eine Karawane aussieht, die im tagelangen Regen mit opiumrauchenden Kulis durch den Morast Chinas gezogen ist.

Ich bitte zu entschuldigen, daß ich die Berichtsform auf kurze Zeit verlassen habe und beinahe in eine Reisebeschreibung übergegangen wäre, gedrängt durch den Wunsch, Ihnen mitzuteilen, daß auch wir im fernen Osten alles aufgeboten haben, der Firma alte Gebiete zu erhalten und neue hinzuzugewinnen.

Yunnanfu: Das ElektritItätswerk hatte mir nach Guiyang telegraphiert, ich solle die Reise mit allen Kräften beschleunigen, weswegen ich mit meiner Frau unter Zurücklassung des größten Teiles unseres Gepäcks den Abschnitt Guiyang-Yunnanfu in 13 Tagen zurücklegte. Die gewöhnliche Reisezeit ist 20 Tage bei gutem Weter. Wir machten täglich ca. 100 Li (50 km).

Um Ihnen die Lage in Yunnanfu zu erklären, muß ich etwas weiter ausholen.

Nachdem im Jahre 1915 erfolgten Tode meines Vorgängers Maywald hatte es der französische Konsul fertiggebracht, die ganz auf unserer Seite stehenden Chinesen des Elektrizitätswerkes zu zwingen, einen Franzosen von 3 zu 3 Monaten zu engagieren. Die Chinesen hatten nun bald herausgefunden, daß der Franzose keinerlei Kenntnisse besaß und baten [die] Siemens-China-Kompagnie baldmöglichst eine geeignete Kraft zu senden. 3 Monate vor meiner Ankunft im November 1916 entließ das Elektrizitätswerk den Franzosen. Kurz vor meiner Ankunft hatte der französische Konsul dem Elekrtizitätswerk mit der schwarzen Liste gedroht, wenn ein Ingenieur von Siemens wieder engagiert werden sollte. Eine englische Firma hatte gerade einen großen Posten Material und Lampen für das Elektrizitätswerk über Tongkin erhalten. Dieses Material wurde nicht ausgeliefert. Die Chinesen weigerten sich daraufhin, mich öffentlich anzustellen und kamen nur verstohlen nach Auskünften zu mir, außerdem besuchte ich öfters die Transformatorenstation, welche in der Stadt liegt. Eine geregelte Zahlung war nicht zu erhreichen, dagegen erhielt ich a-conto-Zahlungen, wie aus meiner Abrechnung ersichtlich. Ferner einen Reisezuschuß und ein Jahr Hausmiete, sowie Gelder, mein Wohnhaus herzurichten. Nach Abbruch der diplomatischen Beziehungen Chinas mit Deutschland im März 1917 wurden die Direktoren des Elektrizitätswerkes noch ängstlicher. Auch glaubten dieselben nun weder ihre Schulden an uns bezahlen noch irgendwelchen Verpflichtungen nachkommen zu müssen. Für ihre Anlage fürchteten die Leute weiter nicht, weil ich ja immer noch auf Reichweite am Platze war, wenn evtl. Schäden sich bemerkbar machen würden.

Im April 1917 fanden es die Direktoren, nachdem wir ihnen etwas Angst gemacht hatten, gut, mich und Herrn Veil, der mit seiner Abreise drohte, nach der Zentrale zu senden, welche ca. 35 km entfernt von Yunnanfu ist.

Zentrale Yunnanfu: Ich fand die Zentrale sauber montiert und in tadellosem Zustand. Die bedienenden Chinesen, welche keinerlei elektrotechnischen Kenntnisse besaßen, sind in bewunderungswerter Weise von Herrn Maywald angelernt worden und führen die ihnen übertragenen Aufgaben mechanisch aus.

In der Lieferung der Apparate für die Zentrale sind allerdings schwere Fehler gemacht worden.

1) Die Transformatoren sind im Schaltbilde der Zentrale in Sternschaltung dargestellt, wurden aber für Dreiecksschaltung geliefert und auch in Dreieck montiert.
2) Die Erdungsdrosselspule wurde für Nullpunkterdung geliefert und fälschlich an eine Phase angelegt.

3) Für den Erdschlußanzeiger wurden 3 Spannungstransformatoren anstelle von Drosselspulen geliefert, so daß es Maywald nicht gelungen ist, den Erdschlußanzeiger in Betrieb zu setzen. Maywald hatte auch nicht herausgefunden, woran der Fehler lag.
4) Die Transformatoren für die Meßinstrumente sind nicht geerdet, was auf Maywalds Unkenntnis zurückzuführen ist.

Einen genauen Bericht über diese Einzelheiten kann ich hier nicht geben, weil mir die Unterlagen fehlen. Ich berichtete nach Shanghai, aber leider ist der Bericht verloren gegangen. Ein Dublikat befindet sich unter meinen Papieren in Yunnanfu.

Nach meiner Rückkehr vom Urlaub werde ich in Berlin versuchen, die Zeichnungen, Avise etc. der Anlage bei Ihnen aufzufinden, und mit den betreffenden Herren die Angelegenheiten durchzuarbeiten, wenn Sie mir den Auftrag hierzu erteilen wollen.

Neue Anlage Yunnanfu: Die Anlage ist jetzt enorm überlastet, so daß der Ausbau der neuen Zentrale, für welche eine weitere Gefällestufe zur Verfügung steht, so schnell als möglich vorgenommen werden muß und auch ausgeführt werden wird, sobald die politischen Verhältnisse es gestatten. Von den Direktoren wurde mir versichert, daß uns der Auftrag erteilt werden wird, sobald wir liefern können. Es ist aber unbedingt nötig, daß wir sobald als möglich wieder am Platze sind, denn Franzosen, Amerikaner und Japaner bemühen sich nach Kräften schon heute den Auftrag hereinzubekommen. Die Franzosen versuchen eine Dampfturbinenanlage abzusetzen, für welche Kohlen in der nächsten Nähe der jetzigen Wasserkraftanlage zur Verfügung stehen. Es hat mir außerordentliche Mühe gemacht, die Leute von der Dampfanlage abzubringen und ich glaube, daß heute nur noch die Wasserkraftanlage gebaut werden wird.

Die Direktoren des Elektrizitätswerkes sind mit der von uns gelieferten Anlage, die seit dem Jahre 1910 ohne Unterbrechung im Betrieb ist, und mit geringsten Kosten arbeitet, außerordentlich zufrieden, so daß diese Anlage eine wirkliche Propaganda für uns in den chinesischen Westprovinzen ist.

Dampfanl[age]: Die in der Nähe der Zentrale vorhandenen Kohlen könnten später zum Ausbau einer größeren Dampfturbinenzentrale Verwendung finden, wenn es uns gelingen sollte, die Regierung oder die Leute vom Elektrizitätswerke zu gewinnen, eine elektrische Bahn in Yunnanfu und von Yunnanfu die Straße nach Dali [Tali-fu] hinaus zu erreichen. Ich habe in dieser Richtung bereits mit maßgebenden Personen Fühlung genommen.

Yangzi-Schleife: Auf ein Ihnen sicher etwas phatastisch erscheinendes Projekt kam ich durch Unterhaltung mit einem Doktor Freiherrn Handel von Mazzetti, der botanisch und geologisch in Yunnan tätig war. Unter anderem auch die große Yangzi-Schleife oberhalb Lijiangs [Li-Kiang] besucht hat.

Es handelt sich in diesem Projekt um einen Durchstich über die große Yangzi-Schleife, wodurch eine Wasserkraft von mehreren hunderttausend Pferdekräften zur Verfügung stehen würde. Die Tunnel- und Kanalanlagen durch den Gebirgsstock in der Schleife würden etwas über 50 ca. 60 km zu führen sein. Höhenunterschied zwischen Ost- und Westlauf des Yangzi in der Schleife soll mehrere hundert Meter betragen. Für die Kraft wäre erst dann Verwendung, wenn das Bahnnetz Yunnan ausgebaut würde und die Industrie in dieser rei-

chen Provinz entwickelt würde. Jedenfalls empfiehlt es sich, dieses Projekt näher zu studieren und im Auge zu behalten.
Stahlwerke: in weiteres Projekt ist der Bau eines Stahlwerkes in der Nähe von Malong [Malung-chow], wo Eisen und Kohle vorhanden sind. Das Eisen soll schwefelhaltig sein, wird sich im Elektrostahlofen aber verarbeiten lassen. Erzmuster stehen zur Verfügung, sobald wir dieselben transportieren können.
Diverse: Außer den angedeuteten Projekten sind noch eine Anzahl anderer in Vorbereitung, über welche ich ohne Unterlagen vorläufig nicht berichten kann (Kriegs-Arsenal Yunnanfu, Elektrizitätswerk Dali, Elektrizitätswerk Tengue und mechanische Weberei).

Schluß: Nach dem Eintritt Chinas in den Krieg war es nicht mehr möglich, mit dem Elektrizitätswerk und den höheren Regierungsbeamten offiziell zu verkehren, weil die Franzosen sofort zu den gemeinsten Maßregelungen der betreffenden Leute griffen. So wurde der Post- und Telegraphendirektor Herr Wu sowie die Beamten des Elektrizitätswerkes auf die schwarze Liste gesetzt. Der Spediteur Li-Nam-Lung war 3 Monate in Haiphong eingesperrt. Li Nam-lung ist der Vorsteher eines Geschäftes in Haiphong, welches mit Geld des Bankiers Wang arbeitet. Kost und Waren für das Elektrizitätswerk wurden konfisziert oder zurückgehalten. Li Nam-lung wurde erst wieder auf freien Fuß gesetzt und das Elektrizitätswerk sowie deren Angestellten von der schwarzen Liste gestrichen, nachdem ein Franzose für das Elektrizitätswerk am 1. September 1917 auf 2 Jahre engagiert worden war. Der Franzose ist Angestellter einer französischen Firma, die er in Yunnan vertritt und erhält ein Gehalt von nur 200 Dollars, kümmert sich aber gar nicht um das Elektrizitätswerk. Vom September 1917 bis zu unserer Abreise hat er die Zentrale nur zwei Mal besucht, die Direktoren sind außerordentlich erbost über die ihnen erpreßte Ausgabe für den Mann.

Die Behandlung seitens der Chinesen während des Krieges war anständig, nur der frühere Fremdenkommissar, Chang-I-Chu, welcher, wie allgemein bekannt, von den Franzosen bestochen ist, verhinderte mit allen Mitteln, daß wir unsere Besuche in der Zentrale wiederholen konnten.

Am 17. März mußten wird China über Tongking per Extrazug dritter Klasse verlassen. Wir wurden von Haiphong mit einem französischen Dampfer nach Hongkong gebracht, wo man uns 14 Tage im Findelhaus der Berliner Mission bis zur Ankunft des dampfers Antilochus gefangen hielt. Die Franzosen behandelten uns auf der Fahrt durch Tongking und Haiphong gut. Auch wurde in keiner Weise demonstriert. Allerdings wurden wir als Gefangene Behandelt. Über die schreckliche Fahrt auf dem englischen Dampfer werden Sie Berichte von anderer Seite bereits erhalten haben.

Hochachtungsvoll
Weinlig

SAA 15/ Lp 149.

85

Schreiben des Vorsitzenden des Ostasiatischen Vereins, Martin March, Hamburg, an das AA Berlin (18.07.1919)

Bezug nehmend auf verschiedene Unterredungen, welche unser Vorsitzender, Herr M. March, im dortigen Amte mit Herrn Geh. Rat Dr. Grunenwald hatte, erlaubt sich der ergebenst unterzeichnete Verein die folgenden Punkte noch einmal schriftlich zusammenzufassen:

Für die Wiederaufnahme der Geschäfte im fernen Osten, in China, Sibirien und Süd-Ostasien, wo der gesamte deutsche Besitz durch die Beschlüsse der feindlichen Regierungen geraubt wurde, ist es für die in Frage kommenden deutschen Firmen von größter Wichtigkeit, daß die folgenden Vorbedingungen erfüllt werden:

1) Es müssen ihnen seitens der feindlichen Regierungen ihre gesamten beschlagnahmten Bücher und Archive sofort nach ratifiziertem Frieden drüben wieder zurückgegeben werden.

2) Es müssen ihnen detaillierte Abrechnungen über die erfolgten Liquidationen gegeben werden, aus denen zu ersehen ist, wie die Sache gehandhabt wurde und auf welche Beträge sie im Wege der Verrechnung Anspruch erheben können. Reklamationen gegen die Art der Liquidation sind unter gewissen Voraussetzungen angängig.

3) Es muß die Festlegung sämtlicher feindlicher Forderungen an uns und umgekehrt so schnell als möglich erfolgen.

4) Es muß sofort ein Ausschuß für den Wiederaufbau der ostasiatischen Firmen eingesetzt werden. Diesem soll es obliegen, die Liquidationen zu prüfen, die Entschädigungssummen festzusetzen und für ihre Auszahlung in der Landeswährung am Orte der Liquidation Sorge zu tragen: gegebenenfalls Vorschüsse gegen die später festzusetzende Entschädigungssumme zu gewähren.

Erst nach Erfüllung dieser Vorbedingungen und anhand weiterer in sicherem Gewahrsam draußen vor dem Eingriff der Feinde geschützt liegender Bücher und Dokumente werden die Firmen im Stande sein, eine Generalbilanz der Kriegszeit zu ziehen und sich einen klaren Überblick über das Vergangene und einen ungefähren Ausblick auf die Zukunft zu verschaffen.

Da in vielen Fällen diese Arbeiten Monate in Anspruch nehmen und oftmals in Europa nicht endgültig abgeschlossen werden können, ist es geboten, daß den Firmen, die das Geschäft im Osten wieder aufnehmen wollen, Gelegenheit gegeben wird, eine Anzahl Teilhaber und Angestellte hinaus zu senden, um die Aufräumungs- und Klarstellungsarbeiten an allen Orten ihrer früheren Niederlassungen gleichzeitig in die Hand zu nehmen. Bei dem großen Andrang von Passagieren auf neutralen Schiffen und der Stellungnahme der Feinde gegen deutsche Passagiere auf ihren eigenen Schiffen beantragen wir, daß das Reich ohne Verzug mit Reedereien Vereinbarungen über den Transport deutscher Kaufleute nach dem Osten trifft; billigerweise werden die Kosten dieser Rückreise vom Reich zu tragen sein, da die zwangsweise Heimbeförderung im Zusammenhang mit den Firmenliquidationen stand.

Eine weitere Schwierigkeit könnte draußen dadurch entstehen, daß es uns zuerst sehr schwer gemacht werden würde, Unterkunft zu finden und zwar sowohl für die erste ordnende geschäftliche Tätigkeit, als auch für Wohnzwecke. In einem solchen Falle möchten wir darum bitten, daß zeitweise die noch unbenutzten Räume der deutschen Gesandtschaft und Konsulate der Kaufmannschaft zur Verfügung gestellt werden.

Selbstverständlich muß aber alledem, wenigstens soweit China in Frage kommt, eine wenn auch zuerst vielleicht nur ganz allgemeine Verständigung mit diesem Lande vorangehen, damit uns erst einmal die Hinreise-Erlaubnis gegeben wird, alles andere wird sich später schon finden.

Wir halten es für dringend wünschenswert, wenn so schnell als möglich versucht wird, sich den Chinesen in Kopenhagen, im Haag oder sonst wo erst einmal durch nicht beamtete Persönlichkeiten zu nähern, um zu versuchen, von ihnen allerlei über die Stimmung der Chines. Regierung zu hören und eventl. sie selbst zu beeinflussen, im Verständigungssinne nach China, möglichst telegrafisch zu berichten. Eine offizielle Annäherung kann wahrscheinlich erst später folgen.

Geeignete Personen, die eine solche inoffizielle Annäherung persönlich im allgemeinen Interesse betreiben könnten, sind unschwer unter den von China heimgeschickten deutschen Kaufleuten zu finden. Die Kosten sollten vom Reich getragen werden.

Gleichzeitig mit dem Versuch der inoffiziellen Annäherung, Aushorchung und Beeinflussung müßte im Auswärtigen Amt selbst eine besondere Kommission in Tätigkeit treten, welche alle Punkte zu klären resp. vorzubereiten hätte, die bei erster Gelegenheit, sobald eine offizielle Aussprache mit China erfolgen kann, zu regeln sind, um die sofortige Wiederausreise, die Aufklärungsarbeiten und eine erneute hemmungslose Betätigung der deutschen Kaufleute drüben zu ermöglichen.

Wir haben keine Zeit, mit der Ausreise zu warten, bis alle strittigen Fragen zwischen Deutschland und China restlos geregelt sind, es muß uns erlaubt sein, schon vorher obige Tätigkeit möglichst unter dem Schutze der holländischen Gesandtschaft resp. Konsulate, ja, wenn es sein muß zuerst sogar unter chinesischer Gerichtsbarkeit aufzunehmen. Wir fürchten uns vor der unverfälschten chinesischen Gerichtsbarkeit weniger als vor den so genannten „mixed courts“, in denen der englische oder französische Beisitzer den Ausschlag gab und Urteile zu Stande kamen, die jedem Recht und jeder Gerichtsbarkeit Hohn sprechen. Es ist anzunehmen, daß China, beseelt von dem Wunsche, die Konsulargerichtsbarkeit allgemein abzuschaffen, sich uns gegenüber in Rechtssachen sehr verständig wird zeigen wollen, um dadurch seine „Reife“ vor aller Welt praktisch nachzuweisen.

Sollten wir gezwungen sein, auf die Exterritorialität dauernd zu verzichten, so sollte China uns als Gegenleistung Freizügigkeit im ganzen Lande gewähren, und es wäre dann Sache des deutschen Kaufmannes und Industriellen, die dadurch gegebene Situation wirtschaftlich voll auszunutzen.

Wir legen Durchschlag unserer heutigen Eingabe an das Reichsfinanzministerium zur gefälligen Kenntnisnahme hierbei.

PAA, R17983.

86

Schreiben von H. Fischer, Arnhold, Karberg & Co, Tianjin, an die Stammfirma in Berlin (01.11.1919)[112]

Abschrift.

Bericht Nr. 3.

Die Schüler Tianjins haben sich wieder beruhigt, nachdem ihre Demonstrationen auf die Behörden wirkungslos geblieben sind.[113] Sonst sind keine bemerkenswerten politischen Ereignisse vorgefallen.

Am 17.10. wurde das hiesige Zollamt angewiesen, Pakete nach Deutschland, die für den persönlichen Gebrauch bestimmt sind, zu passieren. Dieses ist der Erfolg einer Eingabe des holl. Delegierten vom 28.8. Am 23.10. wurden endlich einige Polizeiverordnungen aufgehoben, die folgende Punkte betreffen:

1. Internierung findet nicht mehr statt.
2. Reisen ist gestattet, Reisen in das Innere ausgenommen.
3. Ortsveränderungen können ohne weiteres vorgenommen werden, sind aber auf der Behörde anzuzeigen.
4. Das Meldeverfahren wird aufgehoben.
5. Deutsche und Österreicher dürfen nur mit Genehmigung des Ministeriums des Innern über die Grenze nach China hereinkommen.

Es wird noch einige Zeit dauern, bis diese Bestimmungen auch in Shanghai in Kraft gesetzt werden. Vorläufig wird da noch Paß und tägliches Melden verlangt. In Peking bleibt man unbelästigt.

Kurz zusammengefaßt ist die Lage für uns heute in China wie folgt:

Ein ausdrückliches Verbot der Einfuhr deutscher Waren ist nicht erlassen.

Das Verbot des Handels mit dem Feinde ist noch in Kraft und wird es auch noch einige Zeit bleiben. Die chinesischen Behörden werden nicht darauf zurückgreifen, es sei denn, daß sie von den Verbündeten dazu gedrängt werden. Eingaben begegnet man ausweichend. Der Antrag des Besitzers des Nordhotels in Peking, die kleine Bude wieder aufmachen zu dürfen, wurde von dem Ministerium des Innern mit der Bitte abgeschlagen, daß noch kein Vertrag mit Deutschland geschlossen sei. Dieses ungeheure Ereignis ging durch alle feindlichen Blätter.

Wir stehen unter chinesischer Gerichtsbarkeit. Mit der Begründung, daß man für uns verantwortlich ist, beobachtet man uns genauer als uns lieb ist.

In Tianjin soll das Verbot des Betretens der englischen Niederlassung aufgehoben werden, sobald der englische Gesandte die offizielle Friedenserklärung erläßt. Es wurde der

---

112 Von dort weitergeleitet an Geheimrat Knipping, AA Berlin.

113 Unruhen im Zusammenhang mit dem Versailler Friedensvertrag und der 4.-Mai-Bewegung in Peking.

chinesischen Polizei inoffiziell mitgeteilt, daß man inzwischen nicht darauf achten wird, wenn Deutsche ohne Pässe die Konzessionen betreten, was auch ohnedies schon häufig genug geschieht. Vollständig ausgeschlossen bleibt es aber für lange Zeit, daß wir in der englischen, französischen oder russischen Niederlassung wohnen und Handel treiben können. Man wird sogar den Transitverkehr deutscher Waren möglichst erschweren. Wir müssen uns auf einen Handelskrieg der allerschlimmsten Sorte gefaßt machen. Wie unsere Feinde immer noch denken, zeigt folgender Ausspruch des hiesigen englischen Konsuls einem Neutralen gegenüber: „Sie haben ja wohl deutsche Freunde und es kommen jetzt so viele Briefe aus D. an, worin steht, daß man wieder nach China kommen will. Vielleicht sagen sie ihnen, die Passage zu sparen. Alles, was auch nur im geringsten deutsch gefärbt ist, wird von der englischen und französischen Niederlassung ferngehalten werden. Wie die Dinge heute liegen, haben wir die Macht dazu, und wir werden sie ausnutzen, so lange wir hier sind, und wir gedenken hier zu bleiben." Schamloser konnte es der Mann nicht sagen. Wir sind ja solche Äußerungen gewöhnt, doch muß man davon Kenntnis nehmen, um seine Handlungsweise danach einzurichten. Versucht ist auch worden, den Leiter einer amerikanischen Firma, der zweifelhafter Nationalität ist, in der engl. Niederlassung unmöglich zu machen, doch scheiterte dies an dem Widerstand des amerik. Konsulats. Ob dieser auch groß genug gewesen wäre, wenn es sich um einen echten Deutschen gehandelt hätte, muß dahingestellt bleiben. Es wird sich wohl demnächst zeigen, ob Schwierigkeiten zu erwarten sind, wenn deutsche Kaufleute wieder nach China zurückwollen. An ein baldiges Arbeiten mit engl./franz. Banken und Schiffahrtsgesellschaften ist auch nicht zu denken. Die Banque de l'Indo-Chine drohte sofort mit dem Abbruch der Geschäftsbeziehungen, als ihr ein Neutraler erklärte, er werde demnächst wieder seinen deutschen Leiter anstellen. Der Haß ist noch so tief wie je und treibt die schönsten Blüten.

Sollte das Verbot des Handels mit dem Feinde (der laut offizieller Erklärung aber kein Feind mehr ist) demnächst aufgehoben werden (in Wirklichkeit braucht man dieser Bestimmung gar keinen so großen Wert beilegen), so würden wir dadurch in die Reihe der angehörigen vertragsloser Staaten rücken. Laut Mitteilung der chinesischen Regierung an alle Gesandtschaften haben diese Untertanen den Einfuhrzoll nicht nach dem vertragsmäßigen Tarif, sondern nach dem chinesischen autonomen Tarif vom Dezember 1917 zu entrichten. Das Merkwürdige dabei ist nun, daß niemand diesen Tarif kennt, selbst der Zoll-Daotai konnte keine Auskunft geben.

Deutsche haben zur Zeit wenig Aussicht, bei neutralen oder amerikanischen Firmen Stellung zu finden. Die amerik. Handelskammer hat einige Bewerbungen zirkulieren lassen, ohne Erfolg damit zu haben.

Die von den Deutschen verlassenen Wohnungen sind fast sämtlich wieder besetzt. Der Klub ist nun doch an den American British Commercial Club vermietet, man sagt für 3 Jahre. Heute soll die Eröffnung sein. Die Deutschen treffen sich jetzt im Hotel Kreier. Über das beschlagnahmte Eigentum ist noch keine Bestimmung getroffen. Nach einer kürzlichen Veröffentlichung im japanischen Amtsblatt für Qingdao ist noch eine große Anzahl von Grundstücken und Gebäuden in Verwaltung genommen.

Der Kurs steht hier auf 7/- sh T.T. London, 150 Sicht New York und 165 M/S Amerika. Es finden beträchtliche Silberverschiffungen statt. Für 1 Tael sollen 35 Mark in Shanghai bezahlt sein. Man behauptet, daß ziemliche Summen auf Spekulation gekauft worden sind.

H. F.

PAA, R17985.

87

Stellungnahme des Reichsamtes für Deutsche Einwanderung, Rückwanderung und Auswanderung, Berlin (04.12.1920)

Abschrift IX A 2136
Reichsamt für deutsche Einwanderung,
Rückwanderung und Auswanderung. (Reichswanderungsamt).

Tgb. Nr. C. 13819/20 Mo.
Betrifft: Auswanderung nach China
Auf den Erlaß vom 26. Nov. IX A 1826
113190

Der Bericht des H. Goetze über die Aussichten in China war dem Reichswanderungsamt im September 1919 von der Zweigstelle des Reichswanderungsamts in Dresden zur Kenntnisnahme zugeleitet worden.[114] Er hat im Reichswanderungsamt schon damals dieselbe Beurteilung erfahren, wie jetzt durch die in China anwesenden deutschen Vertreter. In der Erkenntnis, daß China als Auswanderungsland für eine nennenswerte Zahl deutscher Handwerker oder Gewerbetreibender nicht in Betracht kommt und daß China erst nach Wiederherstellung normaler Vertragsbeziehungen und nach Besserung der wirtschaftlichen Verhältnisse einer kleinen Zahl deutscher Kaufleute und Ingenieure Stellung und Auskommen zu bieten vermag, hat das Reichswanderungsamt bei jeder Gelegenheit, bei allen Anfragen

---

114 Ober-Zollinspektor Goetze, s. Zt. in chinesischen Diensten, hatte am 5. September 1919 ein umfangreiches Schreiben mit dem Titel „Die Aussichten für die deutschen Handwerker und selbständigen Gewerbetreibenden in China" verfaßt, in welchem er dem deutschen Handwerk beste Aussichten in China bescheinigt. Der deutsche Geschäftsträger in Tianjin, Tigges, hatte durch den dort ansässigen Ingenieur A. Scholz von dem Schreiben Kenntnis erhalten und diesem aufgrund der schwierigen Lage in China in einem Schreiben (18.09.1920) an Borch, Peking, entschieden widersprochen. Nicht zuletzt wegen der Nachkriegssituation in Deutschland war zu befürchten, daß durch Verbreitung dieser Fehlinformation viele Deutsche ihr Glück in China suchen könnten (BArch, R9208/3345, Bl. 223-230).

über die Aussichten in China, wie bei den regelmäßigen Veröffentlichungen im Nachrichtenblatt, eindringlich auf die wirkliche Lage in China hingewiesen, vor einer verfrühten Ausreise gewarnt und immer wieder betont, daß eine Ausreise nur bei vorheriger fester Anstellung zu empfehlen sei. Irgendwelche Mittel, Auswanderungswillige tatsächlich an der Ausreise zu hindern, sind dem Reichswanderungsamt nicht gegeben.

Wie dem Reichswanderungsamt bekannt geworden ist, sollen besonders mit der Nankai-Maru zahlreiche unerfreuliche Elemente hinausgefahren sein, die auf diesem Dampfer anscheinend zu ermäßigten Preisen oder gegen bestimmte Dienstleistungen sogar unentgeltlich befördert wurden. Sollten Kriegsgefangenentransporte auf der Rückreise erneut Passagiere mitnehmen, so wäre eine schärfere Sichtung von Wert, eventuell erhöhte Preise für alle, die nicht im Besitz einer festen Stellung sind.

Das Reichswanderungsamt wird in den nächsten Nummern fortlaufend auf die ungünstigen Aussichten in China hinweisen und durch ein Rundschreiben ausführlicher betonen, daß alle Auswanderungswillige dringend vor einer verfrühten Ausreise nach China zu warnen sind, wenn sie nicht eine feste Anstellung in europäischen Häusern oder in chinesischen Diensten haben. Außerdem hat das Reichswanderungsamt die in den Kreisen der ehemaligen Ostasiaten vielgelesenen „Ostasiatische Rundschau" ersucht, ihrerseits auf diese Tatsache nachdrücklichst hinzuweisen.

gez. Jung

BArch 9208/3345, Bl. 221.

88

Artikel aus der *Shenbao*, Shanghai (21.02.1921)[115]

Das Handelsproblem zwischen China und Deutschland

Der niederländische Gesandte[116] hat beobachtet, daß ehemals von deutschen Geschäftsleuten vertriebene Farbstoffe überall in China unter falschem Warenzeichen von japanischen Geschäftsleuten vertrieben werden. Aus Sorge, daß hierdurch der zukünftige deutsche Handel in China gefährdet sein könnte, hat er bereits dem Außenministerium eine Note überreicht und darum gebeten, die Warenzeichen der deutschen Farbstoffe in China zu schützen. Die zuständige Regierungsbehörde hat zwar eine Untersuchung zugesagt, sieht sich aber nicht verpflichtet, die Handelsrechte der Deutschen in China zu schützen, da derzeit kein Handelsabkommen zwischen China und Deutschland existiert.

---

115 Chin.: „Zhong De jian zhi shangye wenti". Aus dem Chinesischen übersetzt von Andreas Steen und Yang Zhan'ao.

116 Beelaerts van Blokland.

Einem Telegramm des chinesischen Vertreters in Berlin[117] ist zu entnehmen, daß die deutsche Regierung plant, nach Amtsantritt des neuen amerikanischen Präsidenten Harding im März ein neues Handelsabkommen allein mit der amerikanischen Regierung abzuschließen.[118] Zudem hege sie große Hoffnungen, durch die Vermittlung Amerikas neue Handelsabkommen mit anderen Ländern in die Wege leiten zu können. So gesehen soll China erst nachdem sich die Beziehungen aller alliierten Länder zu Deutschland allmählich normalisiert haben über den Abschluß eines neuen Handelsabkommens mit Deutschland beraten.

Die größte Schwierigkeit Chinas liegt in der Frage, ob es Deutschland weiterhin den Status der Exterritorialität gewährt, denn die Politik Chinas erlaubt es nicht, daß neu gegründete Länder die Exterritorialität oder Konsulargerichtsbarkeit in China besitzen. Gleichzeitig aber verbietet es die Regierung nicht, daß Chinesen als Privatpersonen auch vor dem Zustandekommen eines chinesisch-deutschen Handelsabkommens Geschäfte mit Deutschen abschließen. In Tianjin, Shanghai und anderen Hafenstädten bereiten sich die wohlhabenden chinesischen Geschäftsleute jetzt aber auch deshalb auf erneute Geschäfte mit den Deutschen vor, weil die Hälfte von ihnen früher als Kompradoren in den großen deutschen Handelsfirmen beschäftigt war.

Shenbao, 21. Februar 1921, S. 7.

89

Auszug aus einem Bericht des Deutschen Generalkonsulats in Shanghai (30.05.1923)[119]

Rk. 6490
Abschrift zu IV b Chi 1112/23.

<u>Chinas Wareneinfuhr.</u>

Nach einem Bericht des Deutschen Generalkonsulats in Shanghai.

Die chinesische Wareneinfuhr hat in dem letzten Jahrzehnt, von gelegentlichen offenbar durch den Krieg verursachten Rückschlägen abgesehen, ständige und starke Steigerungen aufzuweisen. In dem Zeitraum von 1913-1921 hat sich der Wert der Importe fast verdoppelt und in den letztgenannten Jahren den Betrag von über 900 Millionen Haikuan Taels (1 Hk. Tl. = ca. 1,50 mex. Dollar) erreicht. An der Steigerung partizipieren fast alle Warengattun-

---

117 Zhang Yungai.
118 W. G. Harding, 29. Präsident der USA, 1921-1923.
119 An den Staatssekretär in der Reichskanzlei. Der Verfasser wird nicht genannt.

gen. Zu den Positionen, die die auffälligsten Erhöhungen aufzuweisen haben, gehören bezeichnenderweise Maschinen, Apparate, elektrisches Material und andere technische Artikel. Eine rückgängige Tendenz zeigen nur wenige Importziffern. Vermindert hat sich vor allem die Einfuhr von Streichhölzern, die in zunehmendem Maße im Lande selbst produziert werden. Ferner scheint es, als ob die starke Entwicklung der chinesischen Baumwollindustrie anfängt, auf die Importe von billigen Geweben und Garnen eine Wirkung auszuüben. Im großen und ganzen zeigt sich aber China jedenfalls in wachsendem Umfange für fremde Produkte aufnahmefähig. Auch das Jahr 1922, für das bisher die Zollstatistik noch nicht vorliegt, hat, nach den bekanntgewordenen Zolleinnahmen zu schließen, eine weitere Steigerung des Ausfuhrhandels gebracht und dürfte Rekordzahlen aufweisen.

Die großen statistischen Zahlen dürfen aber nicht darüber hinwegtäuschen, daß die wirtschaftliche und geschäftliche Lage des Landes nicht weniger als günstig ist. Ebenso wie andere Länder hat China im Jahr 1920 einen jähen Umschwung der Konjunktur erlebt, der bei sinkenden Preisen und abnehmender Nachfrage zu einer Entwertung der aufgehäuften großen Vorratslager führte und den einheimischen und fremden Firmen schwere Verluste brachte. Unter den Nachwirkungen dieses Konjunkturwechsels haben auch jetzt noch eine Reihe von Firmen schwer zu tragen, wenn auch die schlimmsten Folgen in der Zwischenzeit überwunden sind.

[...][120]

Trotz des vermehrten Wettbewerbs und der schlimmen politischen Zustände sind die Aussichten für den deutschen Handel mit China im großen [und] ganzen als günstig zu bezeichnen. Wie die mitgeteilten Zahlen zeigen, ist der Bedarf Chinas an fremden Waren sehr beträchtlich. Die einheimische Fabrikation, so bemerkenswert ihre Fortschritte auch sein mögen, ist im Verhältnis zu den Bedürfnissen des Landes noch minimal und wird auch für die nächste Zukunft die fremden Industrieprodukte nicht verdrängen. Es steht vielmehr zu erwarten, daß mit der zunehmenden Gewöhnung an die fremden Fabrikate die Nachfrage danach weiter steigen wird. Für die deutsche Industrie dürfte China insbesondere auch deshalb ein wichtiges Exportgebiet darstellen, weil China die Waren aller fremden Nationen zu den geltlichen Bedingungen hereinläßt (der Zollsatz beträgt im allgemeinen 5% des Engros-Marktwertes) und Diskriminationen nicht kennt.

Mit den größten Ziffern erscheinen in der Importstatistik Baumwollwaren (1921 = 208 Millionen Hk Tls.), Baumwollgarne (1.273.438 piculs (1 picul = 60,453 kg) im Werte von 67 Millionen Haikuan Taels), Maschinen (57,3 Millionen HK Tls.), elektrisches Material (13,2 Millionen Hk Tls.), Anilinfarben (8 Millionen Hk Tls.) und künstlicher Indigo (15,2 Millionen Hk. Tls.). Hierzu kommt ferner die große Menge der kleinen Artikel, der „sundries“, die

---

120 Auslassung: Es folgen Ausführungen zur innenpolitischen Situation Chinas, die eine Besserung der Wirtschaftslage stark behindere. Insbesondere die USA und Japan haben durch den Ersten Weltkrieg ihren Anteil am Importhandel mit China deutlich erhöhen können. Deutschland ist erst nach Abschluß des Vertrages im Mai 1921 wieder stärker in Erscheinung getreten, „die Einfuhr erreichte allerdings im Jahr 1921 noch nicht die Hälfte des Wertes im letzten Vorkriegsjahr (1913: 20 Millionen Hk. Tls., 1921: 13 Millionen Hk. Tls.).“ Siehe auch Dok. 101.

im Chinageschäft eine nicht unbeträchtliche Rolle spielen.

Die für den deutschen Import wichtigsten Produkte seien im folgenden im Einzelnen besprochen.

[...][121]

BArch, R43/I, Nr. 56, Bl. 82-87.

90

Schreiben des Ministerialdirektors Hubert von Knipping, AA Berlin, an die Deutsch-Asiatische Bank, Berlin (28.12.1923)

Abschrift IVb Chi 2815
Auf das gefl. Schreiben v. 6. d.M.

Der in dem oben bezeichneten Schreiben erwähnte Bericht der deutschen Gesandtschaft in Peking vom 14. August d.J. betr. Plünderung und Verwüstung des Gebäudes der Deutsch-Asiatischen Bank in Peking ist hier eingetroffen.

Nach Lage der Dinge erscheint die Verfolgung der Ansprüche der Deutsch-Asiatischen Bank als aussichtslos.

Nach geltendem Völkerrecht,[122] mit dem die ständige Praxis des Auswärtigen Amtes in Übereinstimmung steht, tritt die völkerrechtliche Haftung eines Staates für Schäden von Privatpersonen infolge eines Aufruhrs nur dann ein, wenn dabei irgend welchen staatlichen Organen ein Verschulden zur Last zu legen ist, weil sie etwa die nach Lage der Verhältnisse möglichen Vorbeugungsmittel nicht getroffen oder das Vorgehen der aufrührerischen Privatpersonen pflichtwidrig geduldet haben.

Diese Voraussetzungen dürften an sich vorliegen, da nach den Angaben des Herrn Eggeling die obrigkeitlichen Organe bestimmt mit dem Überfall rechnen mußten, gleichwohl aber nichts von ihnen veranlaßt wurde, weder um die Bank im Voraus gegen den Überfall zu sichern, noch um der Plünderung selbst Einhalt zu gebieten.

Es fragt sich nur, welches völkerrechtliche Subjekt im vorliegenden Fall für den Schaden verantwortlich gemacht werden kann. Herr Eggeling macht 1) die niederländische Gesandt-

---

121 Auslassung: Die anschließenden 9 Seiten des Berichtes enthalten detaillierte Informationen über die Importsituation und den Konkurrenzkampf hinsichtlich unterschiedlicher Warengattungen. Genannt werden u.a. Baumwollwaren, landwirtschaftliche Maschinen, Brauereimaschinen, diverse Chemikalien und Farben, „Sundries“ wie Automobile und Fahrräder, Zement, Zigarren und Zigaretten.

122 Knipping verweist an dieser Stelle auf die nachstehend genannte Literatur: Bonfils, Henri: Manuel de Droit International Public [1901], 7. Aufl., [Paris], S. 213; Oppenheim, Lassa: International Law, 1. Bd. [Peace, 1905], 3. Aufl., S. 253 ff; Hall, W[illiam] E[dward]: International Law [1880], 5. Aufl., [Oxford] S. 222; Fiore [Pasquale]: Trattato di diritto internationale pubblico, 2. Aufl., Bd. 1, [Turin, 1879], S. 501.

schaft, 2) die chinesische Zentralregierung, 3) das diplomatische Corps in Peking einzeln und solidarisch haftbar.

1) Nach Ansicht des Auswärtigen Amtes scheidet zunächst irgend eine Verantwortlichkeit der Niederländischen Gesandtschaft aus, denn der Schutz des deutschen Privateigentums im Gesandtschaftsviertel war der niederländischen Schutzwache niemals verantwortlich übertragen worden.

Nach Angabe des Geheimen Hofrats Dobrikow war der Schlüssel der D.A.B. lediglich der „Zweckmäßigkeit halber auf die gegenüberliegende niederländische Wache gegeben, da er ja häufig gebraucht wurde.“ Wegen Schutzes des Gebäudes der D.A.B hat ferner Geheimrat Dobrikow die Niederländische Gesandtschaft ausdrücklich erst nach dem Überfall aus dessen Anlaß gebeten. Im übrigen ist die Übergabe der Schlüssel nach der eigenen Eingabe des Antragsstellers an den niederländischen Gesandten nur erfolgt, um „offiziell zu dokumentieren, daß in den Räumen der Bank keine Geschäfte mehr getrieben werden und damit die Bank of China bzw. die chinesische Regierung sich unter Aufsicht der Verwaltung des Gesandtschaftsviertels jederzeit von dieser Tatsache durch Augenschein überzeugen konnte.“

2) Auch die Verantwortlichkeit der Chinesischen Zentralregierung erscheint nicht begründet. Art. 7 des internationalen Friedensprotokolls vom 7.IX.1901 bestimmt „Le Gouvernement Chinois a accepté que le quartier occupé par les légations fût consideré comme un quartier spécialment réservé à leur usage et placé sous leur police exclusive, où les Chinois n'auraient pas le droit de résider et qui pourrait être mis en état de défense... Par le protocol annexé à lettre du 16 Janvier 1901 la Chine a reconnu à chaque puissance le droit d'entretenir une garde permanente dans le dit quartier pour la défense de sa légation.“

Hiernach ist die Verwaltung und die Polizei hinsichtlich des Gesandtschaftsviertels der chinesischen Regierung entzogen, so daß sie für Vorkommnisse in diesem, die auf ein Versagen der Polizei des Gesandtschaftsviertels zurückzuführen sind, nicht verantwortlich gemacht werden kann. Ebenso wenig kann die D.A.B die chinesische Regierung deshalb verantwortlich machen, weil ihr vom diplomatischen Corps die Verwaltung der Liegenschaften der D.A.B übertragen worden war. Die chinesische Regierung verpflichtete sich durch die Übernahme der Verwaltung nicht gegenüber der D.A.B, sondern gegenüber dem diplomatischen Corps, dem an sich die Verwaltung oblag. Nur an dieses kann sich die D.A.B daher gegebenenfalls halten ungeachtet etwaiger Ansprüche, die das diplomatische Corps seinerseits gegen die chinesische Regierung wegen Nachlässigkeit bei der Verwaltung herleiten könnte.

3) Die Verantwortlichkeit des Diplomatischen Corps bzw. der Signaturstaaten des Friedensprotokolls vom 7.9.1901, die in ihm z. Zt. des Überfalls vertreten waren, also Belgiens, Spaniens, Frankreichs, Großbritanniens, Italiens, Japans, der Niederlanden, Rußlands und der Vereinigten Staaten von Amerika, erscheint dagegen an sich begründet, da dem diplomatischen Corps nach der oben angeführten Bestimmung des Friedensprotokolls die ausschließliche Polizeigewalt für das Gesandtschaftsviertel zustand und es daher für die Aufrechterhaltung der Ordnung im Gesandtschaftsviertel Sorge zu tragen hatte. Praktisch er-

scheint indes die Durchführung eines völkerrechtlichen Schadensanspruchs gegen die genannten Staaten kaum möglich. Soweit sie zu den Unterzeichnern des Versailler Vertrages gehören, könnten sie unter Berufung auf Art. 439 des Vertrags jede Haftung ablehnen, und es ist mit Sicherheit darauf zu rechnen, daß sie den Einwand aus Art. 439 gegenüber der etwaigen deutschen Schadensersatzforderung erheben würden.[123] Ebenso könnten sich die Vereinigten Staaten auf Grund des deutsch-amerikanischen Friedensvertrages auf Art. 439 berufen. Gegenüber Rußland ist die Erhebung des Schadensanspruchs durch den Rapallovertrag ausgeschlossen.

In Frage könnte noch kommen die Verantwortlichmachung der Vereinigten Staaten und Frankreichs, weil ihre Soldaten die Plünderer waren. Auch in diesem Falle wäre aber mit dem Einwande aus Art. 439 ff zu rechnen.

Wegen der dem chinesischen Dienerpersonals zugefügten Schäden wäre die Geltendmachung einer Ausnutzung deutscherseits im Übrigen von vornherein ausgeschlossen, da es sich nicht um Reichsangehörige handelt.

Es kann sonach nur anheimgestellt werden, Schadensersatzansprüche im Rahmen des Auslandsschädengesetztes bei der deutschen Regierung geltend zu machen.

Im Auftrage
i. R. gez. Knipping

BArch, R9208/3132, Bl. 199-200.

91

Bericht von Karl Grosse, Scherings Limited, Shanghai, an die Chemische Fabrik auf Actien (vorm. E. Schering), Berlin (13.06.1924)[124]

Sehr geehrter Herr Dr. Weltzien![125]
Es ist mir gelungen, Aufschlüsse zu erhalten über eine Reihe der in Shanghai im Jahre 1923

---

123 Nach Artikel 439 verzichtete Deutschland vollständig und endgültig – unter Vorbehalt der Bestimmungen des Versailler Vertrages – auf jedwede Geldforderungen an die alliierten und assoziierten, den Vertrag unterzeichnenden Mächte, die vor Inkrafttreten des Versailler Vertrags bestanden haben.

124 Karl Grosse war Leiter der „Abteilung Ostasien“. Schering hatte seine erste Auslandsvertretung 1922 in Shanghai eröffnet. 1929 waren dort 29 Mitarbeiter beschäftigt. 1925 eröffnete Schering weitere Auslandsvertretungen, bis 1931 war ihre Zahl auf weltweit 21 angestiegen (Kobrak 2002:152-153). Die Scherings-Limited, Shanghai, wurde mit Vertrag vom 23.12.1921 bis Ende Juni 1924 von Heinrich J. Unkel geführt, anschließend übernahm die Firma Siemssen & Co. vorübergehend die Vertretung in China. Siehe auch Dok. 93.

125 Julius Weltzien hatte vor seinem Kriegseinsatz das Schering-Ausbildungsprogramm durchlaufen und war 1922 in den Vorstand der Berliner Zentrale gewählt worden. Gemeinsam mit Walter Zeiss, dem ehemaligen Direktor der russischen Niederlassung, leitete der für seine Weltoffenheit bekannte Weltzien das Unternehmen in der folgenden Dekade der Weimarer Republik (vgl. Kobrak 2002:78ff).

importierten Chemikalien.

Die Zahlen stammen aus der amtlichen Zollstatistik, können also als ziemlich zuverlässig angesehen werden.

Da neben Shanghai auch andere Häfen für die direkte Einfuhr in Betracht kommen (Dalian, Tianjin, Qingdao, Hankou, Hongkong & Kanton), so ist das Bild zwar nicht vollständig, doch bietet es immerhin wertvolle Anhaltspunkte für die Beurteilung der Aufnahmefähigkeit Chinas und der derzeitigen Geschäftsmöglichkeiten.

Im vergangenen Jahre wurden in Shanghai importiert:

1. Anilinfarben			
	aus Deutschland		für Taels 5000000,-
	allen übrigen Ländern		625000,-
2. Indigo in Teig			
	aus Deutschland	Piculs	82000
	England		5500
	Schweiz		48000
	Ver. Staaten von Amerika		85000
3. Kaliumchlorat		Piculs	43000
	davon aus Deutschland ca. 80%		
4. Kaliumbichromat		Piculs	2300
	davon aus den Verein. Staaten		1000
	England		900
	Deutschland		400
5. Phosphor		Piculs	2400
	davon aus Deutschland		1900
	Frankreich		300
	Japan		200

Ab 1. Januar 1925 darf in China nur noch roter Phosphor eingeführt werden, gelber nicht mehr.

Die unter 3-5 erwähnten Chemikalien finden hauptsächlich Verwendung in der chinesischen Streichholz-Industrie, die beiden folgenden (6 & 7) und außerdem auch Kaliumchlorat in der Feuerwerkindustrie.

6. Nitrate of Potash		Piculs	5700
7. Salpeter			1900
	sämtlich aus Deutschland		

Die Einfuhr von Salpeter wird vermutlich zurückgehen, die von Kaliumchlorat, das den Salpeter mehr und mehr ersetzt, wird zunehmen. Zurzeit wird noch viel ein-

heimischer Salpeter für Feuerwerk verwendet.
Kaliumchlorat wird von einer ganzen Anzahl europäischer Fabriken exportiert, z.B. auch von der Chemischen Fabrik Aussig.
Es sind Konventionsbestrebungen im Gange, anscheinend jedoch ohne Erfolg.

8. Bleichpulver (Chlorkalk)		Piculs	20500
	davon aus Japan		14000
	Verein. Staaten		2900
	England		1600
9. Kalzin. Soda (soda ash)		Piculs	172000
	davon aus England		143000
	Japan		26000
10. Ätznatron (Soda caustic)		Piculs	76000
	davon aus England		52000
	Verein. Staaten		22000
	Japan		1000

Der Artikel findet ausgedehnte Verwendung in den Mercerisieranstalten, mehr noch in der Seifenindustrie. Da in China zur Zeit nur ganz wenig weiche Seife hergestellt wird, so wird
11. Ätzkali
so gut wie gar nicht importiert.

12. Doppelkohlensaures Natron	(Bicarbonate of Soda)	Piculs	16000
	davon aus England		10000
	Verein. Staaten		3800
	Deutschland		500
	anderen Ländern		1700

Wird hauptsächlich verwendet in der Bäckerei (chinesische Nudeln als Vollnahrungsmittel).

13. Natronwasserglas (Silicilate of Soda)		Piculs	26500
	davon aus England		8900
	Japan		2900
	Deutschland		2000
	Verein. Staaten		1500
	anderen Ländern		11200

Verwendung in der Seifenfabrikation.

14. Schwefelnatrium (Sulphide of Sodium)		Piculs	25200
	davon aus Deutschland		1300
	Japan		23800

Japan beherrscht wegen seiner günstigen, geographischen Lage in diesem billigen Artikel den chinesischen Markt; es liefert außer nach Shanghai große Mengen direkt nach Hankou und in die Mandschurei.

15. Antichlor (Hyposulphite of Soda)		Piculs	1400
	davon aus Japan		800
	Deutschland		400
	Verein. Staaten		100

Diese in Shanghai importierten Mengen sind fast ausschließlich an die Photo-Chemikalien-Händler abgesetzt werden. Der Hauptmarkt für Antichlor ist die Mandschurei, wohin Japan direkt importiert; Verwendung für Gerbereizwecke.

16. Naphtalin		Piculs	7600
	davon aus Deutschland		6500
	England		900
	Japan		200
17. Zinkstaub		Piculs	1400
	davon aus Deutschland		800
	Verein. Staaten		200

Das große Geschäft in Zinkstaub wird jedoch mit der Mandschurei gemacht, wohin Japan und die Verein. Staaten direkt liefern.

18. Schwefelsäure		Piculs	19000
19. Salzsäure			4800
20. Salpetersäure			1800
	18-20 sämtlich aus Japan.		
21. Essigsäure (Acetic Acid)		Piculs	2300
	davon aus Deutschland		1200
	Japan		700
	anderen Ländern		400
22. Karbolsäure		Piculs	133
	davon aus England		75
	Deutschland		42
	Japan		16

Diese Zahlen umfassen nur einen – wahrscheinlich geringen – Teil der Karbolsäure Einfuhr in China. Die chinesischen Schwefelschwarz-Fabriken werden in der Hauptsache über andere Häfen (Qingdao etc.) beliefert. Die Schwefelschwarz-Fabrikation nimmt ständig zu, so daß auch der Bedarf an Karbolsäure stetig steigen wird.

23. Sulphate of Ammonia		Piculs	5000
	davon aus Deutschland		1600
24. Ultramarin		Piculs	3800
	davon aus Deutschland		2800
	England		600
	Frankreich		300

25. <u>Glucose</u>		Piculs	6000
	aus den Verein. Staaten von Nord-Amerika.		
26. <u>Glycerin</u>		Piculs	4000
	davon aus England		2000
	Verein. Staaten		1300
	Deutschland		260
	Frankreich		250
	Japan		100
27. <u>Carbid of Calcium</u>		Piculs	1700
	davon aus Verein. Staaten		430
	Japan		225
	Deutschland		150
	England		80
28. <u>Borax crude & refined</u>		Piculs	2500
	davon aus England		2000
	Japan		235
	Verein. Staaten		30

Über Verwendungszwecke und Kundschaft in diesem Artikel stellen wir eingehend Erhebungen an, die hoffentlich dazu führen werden, daß wir die Deckung des Bedarfs wenigstens zum Teil an uns bringen,

29. Borsäure		Piculs	1400
	davon aus England		950
	Deutschland		250
	Verein. Staaten		200

Dies sind – wie gesagt – nur die Shanghai-Zahlen; der Gesamtbedarf Chinas ist wahrscheinlich wesentlich größer. Wir haben gute Aussichten, das Borsäure-Geschäft – namentlich über Hankou – mehr und mehr in die Hand zu bekommen.
Wir werden versuchen, durch Vermittlung der Untervertreter von Scherings Ltd. aus anderen Einfuhrhäfen die entsprechenden Zahlen zu beschaffen, damit eine möglichst vollständige Übersicht gewonnen wird.
Über pharmazeutische Chemikalien und medizinische Spezialitäten habe ich leider noch keine Unterlagen erhalten können.

Aus China <u>exportiert</u> werden große Quantitäten:

1. Antimon-Erze	(Piculs	24000)
2. Arsenik	(	11700)
3. Zink	(	600)
4. Natürlicher Kampfer	(	20000)

Die nebenstehenden Zahlen sind die Shanghai-Exportziffern für 1923.
Mit vorzüglicher Hochachtung,
ergebenst
Karl Grosse

SchA-B2-0068.

92

Bericht des Konsuls in Shanghai, Fritz August Thiel, an die deutsche Gesandtschaft, Peking (20.11.1924)

J. Nr. 4849

Streng vertraulich!

Herr G. Boolsen, der Vorsitzende der hiesigen Deutschen Handelskammer, teilte mir heute mit, daß der ehemalige Beamte des chinesischen Seezolldienstes Herr Clouth ihn in folgender Angelegenheit aufgesucht habe:

Ein einflußreicher hiesiger Engländer, dessen Namen er zur Zeit noch nicht nennen könne, habe ihm gesagt, man empfinde es in hiesigen kaufmännischen Kreisen schmerzlich, daß die deutsche Kaufmannschaft in Dingen, die die Gesamtinteressen des fremden Handels angingen, durch die Umstände gezwungen am gemeinsamen Schutz dieser Interessen bezweckenden Demarchen nicht teilnehmen könne. Es sei daher zur Erörterung gekommen, ob es nicht Mittel und Wege gebe, wieder eine Einheitsfront herzustellen. Man sehe ein, daß die wichtigste Vorbedingung dafür die sei, daß die Deutschen wieder die Exterritorialität in China erlangten und einflußreiche Kreise in der hiesigen englischen und amerikanischen Kaufmannschaft seien gewillt, bei ihren diplomatischen Vertretungen in Peking anzuregen, ob nicht bei Gelegenheit der anscheinend geplanten internationalen Verhandlungen über die Ordnung der chinesischen Angelegenheiten, insbesondere über die Regelung der Frage der chinesischen Staatsschulden ein Druck auf die chinesische Regierung in dem Sinne ausgeübt werden könnte, daß den Deutschen wieder die gleichen Privilegien eingeräumt würden wie den Angehörigen der sogenannten Vertragsstaaten. Herr Boolsen bat mich, ich möchte ihm mitteilen, was ich über diese Idee dächte und möchte darüber an Euer Hochwohlgeboren berichten, um die dortige Auffassung kennen zu lernen. Wenn auch Herr Clouth, dem man Hoffnung gemacht zu haben scheine, daß er im Anschluß an die zu ergreifenden Finanzkontrollmaßregeln wieder einen gut dotierten Posten hier erhalten könnte, vielleicht den ihm gemachten Eröffnungen eine zu große Bedeutung beigemessen habe, so habe er doch auch von sich aus bei Gelegenheit der Handelskammer-Konferenz vom 30. v.M. die Überzeugung gewonnen, daß die Begründung der deutschen Ablehnung einer Beteiligung an der Abstimmung über die vorgeschlagene große Resolution bei den Einberufern der Versammlung, den Vertretern der General Chamber of Commerce, einen um so peinlicheren Eindruck gemacht habe, als man ihre sachliche Berechtigung anerkennen mußte.

Ich habe Herrn Boolsen meine persönliche Ansicht wie folgt auseinandergesetzt:

1. Ich halte es für ausgeschlossen, daß wir von den Chinesen jemals Exterritorialität freiwillig wieder zugestanden erhalten.

2. Ich glaube auch nicht, daß eine Einigung unter den Mächten in Betreff eines China gegenüber auszuübenden Drucks zu Stande kommen könnte, der so unwiderstehlich wäre, daß dieses sich gezwungen sähe, uns die Exterritorialität wieder einzuräumen.

3. Wenn wir die Exterritorialität von Gnaden der Mächte wiederbekämen, würden wir dadurch aller derjenigen Sympathien und Vorteile verlustig gehen, deren wir uns infolge unseres durch die Umstände erzwungenen, aber immerhin der Form nach freiwilligen Verzichts auf die Exterritorialität zu erfreuen gehabt haben.

4. Auf der anderen Seite würden wir, da wir über Machtmittel nicht verfügen, im Rate der Exterritorialmächte einen Einfluß auf die China gegenüber zu befolgende Politik nicht gewinnen, wir würden uns nur von ihnen gegen China ausspielen lassen müssen, ohne an den dadurch zu erlangenden Vorteilen den gebührenden Anteil zu erlangen.

5. Nach den jetzt getroffenen Regelungen bezüglich der Jurisdiktion in deutschen Angelegenheiten und der daraus sich ergebenden Seltenheit der Fälle, in denen rein chinesische Gerichte über Deutsche Recht zu sprechen in der Lage kommen, sowie angesichts des – trotz einiger Entgleisungen – offensichtlichen Bestrebens der chinesischen Justiz, moderne Rechtsgrundsätze anzuwenden und sachlich zu entscheiden, scheint mir ein zwingender Grund, um jeden Preis die Wiederherstellung des früheren Zustands anzustreben, nicht vorzuliegen.

Herr Boolsen pflichtete mir in allen Punkten bei, meinte aber, daß namentlich hinsichtlich der Frage der Erträglichkeit der chinesischen Rechtsprechung bei einem Teil der hiesigen Deutschen abweichende Ansichten bestünden, die sich auf die Erfahrungen im Fall Scherer und in den Tianjiner Ärzteprozessen stützten.[126]

Er möchte daher nicht auf seine eigene Verantwortung die Annäherungsversuche von

---

126 Beide „Fälle" waren in den Jahren 1922-1925 Gegenstand umfangreicher Diskussionen. Zur „Strafsache Scherer": Ernst Scherer hatte am 19. Mai 1924 in Mukden einen chinesischen Jungen, der ihn beschimpfte, mit einem Stock geschlagen, woraufhin dieser einige Tage später verstarb. Die chinesische Justiz sah Scherers Schuld als erwiesen an und hatte ihn im Juni 1924 zu sieben Jahren Gefängnis verurteilt. Im Sept. 1924 wurde Scherer in zweiter Instanz zu drei Jahren und zwei Monten Haft verurteilt; im Febr. 1925 wurde er im Rahmen einer Amnestie freigelassen (BArch, R9208/3232). Tianjiner Arzteprozesse: Dr. med. Otto Junkel hatte am 03.06.1922 den Sohn eines einflußreichen Salzbeamten unter Narkose operiert. Der Patient verstarb und, obgleich keine direkte Schuld des Arztes nachgewiesen werden konnte, wurde Junkel zu einer Geldstrafe in Höhe von 2000$ verurteilt. Insgesamt ergingen acht Urteile, bis der Fall im März 1925 abgeschlossen und Junkel, nachdem er sich zur Übergabe einiger Opfergeschenke verpflichtet hatte, freigesprochen wurde (BArch, R9208/3218). In beiden Fällen wurden die Urteile als ungerechtfertigt kritisiert. Im Fall Scherer bemerkte das Konsulat Mukden im Juli 1924: „Das Urteil des Gerichts, das 7 Jahre Gefängnis verhängt, ist ungerecht und wird nicht verfehlen, den Verzicht auf die Exterritorialität seitens der exterritorialen Mächte noch weiter hinauszuschieben" (BArch, R9208/3232).

vornherein zurückweisen, wäre vielmehr für einen Wink darüber dankbar, welche Haltung Euer Hochwohlgeboren empfehlen würden.[127]

BArch, R9208/3302, Bl. 196-197.

93

Bericht von C. J. Gutt, Scherings Limited, Shanghai, an die Chemische Fabrik auf Actien (vorm. E. Schering), Berlin (04.06.1925)[128]

Nr. 387
Direktion Nr 1.

Politische Lage: Wir erhielten heute Ihr Kabel gestrigen Datums, das wir laut Anlage lasen. Wir fürchten, daß die Mitteilungen, die über die kürzlich in Shanghai ausgebrochenen Unruhen zu Ihnen gelangt sind, sehr übertrieben sind.[129] Wir antworteten Ihnen heute laut vorliegender Kabelübersetzung, daß für Beunruhigung kein Grund vorhanden wäre, und baten Sie gleichzeitig die Angehörigen der Beamten von Scherings Ltd. zu beruhigen.

Die Ursache für die gegenwärtigen Unruhen sind in dem Unbehagen der chinesischen Bevölkerung wegen der unbedingt ungerechtfertigten Bevormundung China's durch die Fremden zu finden. Flugschriften und ähnliche Ausdrücke der Stimmung der chinesischen Bevölkerung richten sich in der Hauptsache gegen England, Frankreich und Japan; die Veranlassung gab das Erschießen eines chinesischen Arbeiters durch einen Angestellten einer japanischen Baumwollfabrik, einen Japaner, der sich dazu berechtigt glaubte, da die streikenden Arbeiter die Maschinen der Fabrik zu demolieren drohten. Es folgten darauf Demonstrationen, besonders der studierenden Jugend, bei denen leider die Polizei der engl. Niederlassung zu früh Feuer eröffnete.

---

127 Die Frage der Exterritorialität in China wurde bereits während der Washingtoner Konferenz angesprochen und grundsätzlich im Hinblick auf das chinesische Rechtssystem diskutiert. Daß nun versucht wurde, Deutschland als exterritoriale Macht in China zu etablieren, erstaunt wenig, berichtete Boyé aus Peking doch am 15. Januar 1925 von dem Zusammentreffen einer internationalen Kommission zum Studium der Exterritorialitätsfrage in China (BArch, R9208/3302, Bl. 95-100). Befürworter des Status quo gerieten zunehmend unter Druck, so daß die Frage der Exterritorialität kontrovers diskutiert wurde. Das AA ließ sich nicht beeindrucken, überdies wußte man, daß an die Wiedererlangung ehemaliger Privilegien nicht zu denken war. In einem Runderlaß des Staatssekretärs, i.V. Köpke, vom 30.11.1926 wurden die Gesandtschaften angewiesen, Anfragen anderer Regierungen hinsichtlich der deutschen Erfahrungen grundsätzlich positiv zu beantworten (ADAP, B, Bd. 3, Nr. 239, 478-479).

128 Gutt war Anfang März 1925 in Shanghai eingetroffen und hatte die Leitung der Shanghaier Niederlassung übernommen (SchA-B2-0027).

129 Gemeint sind die Unruhen und Boykotte im Zusammenhang mit dem „30. Mai" in Shanghai. Siehe Rigby 1980 und Osterhammel 1997:12-22.

Die Wut der Bevölkerung wegen des Erschießens von 9 Chinesen erreichte während der Pfingstfeiertage den Höhepunkt. Es kam noch zu Reibereien mit mehr oder weniger blutigem Ausgang. Jetzt versucht die Bevölkerung durch einen ausgedehnten Streik den Unruhen Ausdruck zu geben. Es gibt aber zuviel denkende Elemente unter der chinesischen Bevölkerung, die von der Zwecklosigkeit derartiger Gewaltmaßnahmen überzeugt sind, und denen es ohne Frage gelingen wird, die Überzeugung auch in die breite Masse zu tragen. Es sind auf alle Fälle von den internationalen Behörden Schritte gemacht worden, um die fremde Kommune mit Lebensmitteln zu versorgen, falls der Streik länger dauern sollte. Es macht aber jetzt schon den Eindruck als ob die ganze Bewegung schon im Abflauen wäre. Es ist selbstverständlich daß China, wenn überhaupt, eine sehr mangelhafte Genugtuung für die Übergriffe der Polizei erhalten wird und es ist damit zu rechnen, daß die Stimmung gegen England und Frankreich, und besonders Japan, bedeutend verschlechtert wird. Vielleicht liegt hierin für uns Deutsche eine Möglichkeit, uns für viele Schädigungen schadlos zu halten, die wir der Entente während der Nachkriegszeit verdanken.[130]

Wirtschaftliche Lage: Das Geschäft auf dem chinesischen Markt ist weiter sehr flau, besonders die absolute Stille auf dem Baumwollmarkt wirkt auf den Markt in allen anderen Artikeln. Wir halten es trotzdem nicht für ausgeschlossen, daß sich unser Geschäft, wie es in den letzten Jahren schon der Fall war, auch in Zukunft bessert. Wir sehen von dem schon oben erwähnten Moment, daß wir Deutsche jetzt aus den uns entgegengebrachten Sympathien Kapital schlagen werden, und glauben auch in der Lage zu sein, viele Möglichkeiten des Absatzes unserer Produkte auf dem China-Markt zu finden.

Allgemein sind die Läger wegen der mißlichen Verhältnisse sehr knapp gehalten worden, so daß wir in de Lage gewesen sind, einen großen Teil unserer Vorräte nutzbringend abzusetzen. Salicylsäure und Salicylpräparate sind vollständig ausverkauft, sie lagen zum Teil schon seit 1922 auf unserem Lager. Außerdem hat uns aber die ungewöhnliche Nachfrage nach greifbarer Ware Absatzmöglichkeiten gezeigt, die uns vorher nicht bekannt waren. Wir haben den größten Teil unserer Chemikalien an Dispensaries oder ähnliche Zwischenhändler gegeben und haben jetzt in einigen Artikeln direkte Abnehmer ausfindig gemacht, beispielsweise Konservenfabriken in Ningbo, die sich in der Hauptsache mit dem Konservieren [von] eßbarem Bambus befassen für unser Natrium Salicylicum. Wir haben hiermit einen sehr wertvollen Fingerzeig erhalten, ebenso interessiert sich eine Strumpfwirkerei für unsere Oxalsäure zu Bleichzwecken. Wir glauben, daß sich unser neuangestellter Komprador, über dessen Anstellung wir noch in den nächsten Tagen der Direktion eingehend berichten werden, es an der nötigen Energie nicht fehlen lassen wird, um derartige Hinweise nutzbringend für uns umzuwerten.

Interessant ist es auch, daß uns unsere Vertreter Bahnson in Hankou kürzlich meldeten, daß unsere Borsäure von den chinesischen Käufern selbst bei ihrem erhöhten Preis der eng-

---

130 Diese Annahme war berechtigt. Schering profitierte z.B. auch von patriotischen Erhebungen und antibritischen Protesten in Indien (vgl. Kobrak 2002:152).

lischen vorgezogen wurde. Der Umsatz in unseren med. Spezialitäten – so gering er an sich ist – hat sich in den letzten Monaten wesentlich gebessert.

Eine ganz auffallende Nachfrage besteht nach Krysolgan, aber auch alle anderen Spezialitäten fangen an sich recht gut einzuführen, und wir sind überzeugt, daß mit einer sachgemäßen Propaganda, allerdings auch mit einem unglaublichen Aufwand von Kleinarbeit, sehr schöne Umsätze zu erzielen seien.

[...][131]

Sehr traurig ist es um den Absatz unserer Photo-Artikel auf dem Chinamarkt bestellt. Es ist ja auch leider auf diesem Gebiet von Scherings Ltd. in der letzten Zeit nichts getan worden. Wir haben jetzt einen Photo-Salesman engagiert, der zunächst einmal den Shanghai-Markt sondieren soll, ebenso versprechen wir uns von der Tätigkeit unseres Kompradors eine bedeutende Besserung. Wir haben außerdem mit einem Herrn Sin Te Yang Beziehungen angeknüpft, der uns seine Unterstützung zugesagt hat, und uns vielleicht auch Wege zeigen kann, um an die Konsumenten für Photo-Artikel heranzutreten.[132] Dieser Herr hat 2½ Jahre in Charlottenburg Photographie studiert, ist Mitglied der deutschen photographischen Gesellschaft und beabsichtigt hier ebenfalls eine solche Gesellschaft ins Leben zu rufen. Zu diesem Zwecke hält er in den nächsten Tagen hier einen Vortrag bei dem er auf unseren Wunsch hin Schering'sche Artikel erwähnen will.

Außerdem hoffen wir für den Süd-China Markt uns wiederum die Verwendung des Herrn Tsang der Po Kee Co sichern zu können.[133] Er will wenigstens in den nächsten Tagen bei uns vorsprechen und wir hoffen dann, mit ihm zu einem beiderteilig befriedigenden Ergebnis zu gelangen, um uns wenigstens den nicht unbedeutenden Süd-China Markt in Photo-Artikeln zu sichern.

Wir bearbeiten augenblicklich den Markt in Photo-Artikeln in Harbin und Swatow [Shantou]; nennenswerte Ergebnisse sind an beiden Plätzen noch nicht zu verzeichnen, aber es dauert ja leider in China alles länger als irgendwo anders.

Wir hoffen auch für Voigtländer Artikel noch Absatzmöglichkeiten schaffen zu können, und die Tatsache, daß an einigen Plätzen China's Absatz für Photo-Artikel vorhanden ist, beweist, daß China als Absatzgebiet in Frage kommen kann.

Ganz allgemein möchten wir noch erwähnen, daß das Interesse unserer Untervertreter an unseren Artikeln dadurch sehr herabgemindert worden ist, da sie noch immer in dem Glauben gehalten wurden, wir wären an Siemssen & Co. angelehnt und auch keine bündige Erklärung dafür erhalten haben, daß wir mit Siemssen & Co. nichts mehr zu tun haben. Wir haben gelegentlich schon unsere Untervertreter davon in Kenntnis gesetzt, daß wir von Siemssen & Co. vollständig getrennt sind und versprechen uns schon hiervon eine Verbesserung unseres Geschäfts.

[...][134]

---

131 Auslassung: Hinweis, die neuen Propagandavorschläge in den nächsten Tagen vorlegen zu wollen.

132 Sin Te Yang, Angabe wie im Dokument, konnte nicht identifiziert werden.

133 Herr Tsang, Angabe wie im Dokument, konnte nicht identifiziert werden.

134 Auslassung: Allgemeines über die Nachteile der Zusammenarbeit mit Siemssen & Co. sowie Angaben

Zum Schluß erlaubt sich der Unterzeichnete noch mitzuteilen, daß er sich in Shanghai gut eingerichtet hat und sich in seinem neuen Wirkungskreis wohl fühlt. Er bittet bei dieser Gelegenheit die Herren der Direktion seine gehorsamsten Empfehlungen entgegen zu nehmen.

Mit dem Ausdruck vorzüglichster Hochachtung.

SchA-B2-0068.

94

Bericht des Vizekonsuls in Shanghai, Enno Bracklo, an die deutsche Gesandtschaft, Peking (17.12.1925)

No. 3916
Unter Bezugnahme auf den Bericht vom
30. v. M. – Nr. 3747 -.

Die in dem oben bezeichneten Berichte[135] ausgesprochene Vermutung, daß es sich bei den Presseäußerungen zur Bekämpfung des Bolschewismus in China um bestellte Arbeit handele, hat sich als richtig erwiesen. Wie ich bereits in meinem Pressebericht vom 16. d. M. – Nr. 2907 – auszuführen die Ehre hatte, ist die Pressekampagne in systematischer Weise fortgesetzt worden.[136] Inzwischen sind nun auch die Urheber dieser Aktion, die, wie sich

---

zum geplanten Umzug der Geschäftsräume in die Hong Kong Rd. 14 am 13. u. 14. Juni. Beklagt werden auch der hohe Preis und der nicht ausreichende Platz des derzeit von Siemssen & Co. angemieteten Büros. Der Umzug demonstriere die Trennung, das neue Office liegt „in einem sehr vornehmen, ganz neuen Gebäude der Shanghai Banker's Association".

135 Bezugnahme auf den Bericht vom 30.11.1925 (Nr. 3747). Bracklo berichtet dort von den britischen Bemühungen zur Errichtung eines anti-bolschewistischen Propagandabüros, welches als Vereinigung aller Briten in Ostasien ins Leben gerufen werden soll. Insbesondere die in Shanghai erscheinende *North-China Daily News* unterstütze diesen Gedanken und weise täglich auf die Gefahren des Bolschewismus in China hin (BArch, R9208/2134, Bl. 125).

136 Großbritannien wurde in der Streikwelle im Anschluß an die Ereignisse des „30. Mai" stark angegriffen und machte seinerseits in einer umfangreichen „Pressekampagne" die Kommunisten für diese Auswirkungen verantwortlich. Bracklo berichtete hierüber ausführlich an die Deutsche Gesandtschaft in Peking, distanzierte sich jedoch von der britischen Meinung. So urteilte er in einem Schreiben vom 28.08.1925: „Diese Stimmung in der Hauptsache auf bolschewistische Umtriebe zurückführen zu wollen, wie das von der angelsächsischen Presse immer wieder geschieht, würde den tatsächlichen Verhältnissen nicht gerecht werden. Die Streiksucht findet in den Ereignissen der vergangenen Wochen, vor allem aber in der allgemeinen wirtschaftlichen Notlage, in der sich die Arbeiter bei den geringen Löhnen und den fortwährend steigenden Lebensunterhaltungskosten befinden, eine genügende Erklärung." Des weiteren hieß es am 09.09.: „Das Streikfieber greift in den chinesischen Betrieben immer weiter um sich. Es vergeht kaum ein Tag, an dem nicht ein neuer Streik oder neue Lohnforderungen der Arbeiter gemeldet werden." (BArch, R9208/2134, Bl. 1-2, u. 2135, Bl. 251). Siehe Dok. 93.

immer mehr herausstellt, von maßgeblicher englischer Seite gefördert wird, in Erscheinung getreten.

Ende vergangener Woche suchte mich der englische Rechtsanwalt Major J. R. Jones auf, um mir mitzuteilen, daß die Engländer in China im Begriffe ständen, eine Anti-Bolschewiken Liga zu gründen. Mehrere Versammlungen im englischen Klub hätten bereits stattgefunden, die sehr stark besucht worden seien. Allgemein sei der Wunsch zum Ausdruck gebracht worden, die neue Organisation, deren Zustandekommen als gesichert anzusehen sei, auf eine möglichst breite Basis zu stellen. Ein besonders für diesen Zweck gebildetes Komitee sei daher beauftragt worden, die Teilnahme und Unterstützung der anderen Nationen herbeizuführen. Er komme nun zu mir, um auch die Deutschen für die Sache zu interessieren und zu bitten, maßgebende Deutsche zu benennen, die bereit und geeignet seien, einem internationalen Komitee beizutreten.

Die Anti-Bolschewiken Liga verfolge das Ziel, der Ausbreitung des Bolschewismus in China entgegenzuarbeiten. Durch Propaganda in Wort und Schrift solle die chinesische Bevölkerung über die Gefahren des Bolschewismus aufgeklärt werden. Natürlich seien große Geldmittel für diesen Zweck erforderlich, doch hoffe man, diese durch die neue Organisation unschwer aufbringen zu können, zumal bereits eine ganze Anzahl einflußreicher Chinesen ihre Unterstützung zugesagt hätten. Auf englischer Seite würde die Bewegung vom englischen Generalkonsul gefördert, wenn dieser auch aus begreiflichen Gründen nicht hervortreten könnte. Im Übrigen gehörten dem britischen Komitee die führenden Männer der englischen Kolonie, Mitglieder der Handelskammer und der Stadtverwaltung an. Von mir würde natürlich auch nur eine moralische Unterstützung erwartet, als Komitee-Mitglieder möchte man gerne repräsentative Mitglieder der deutschen Kolonie haben.

Ich habe Herrn Jones mitgeteilt, daß ich ohne Rücksprache mit maßgebenden Deutschen nicht in der Lage sei, eine Antwort zu geben. Ich wolle seine Anregung weitergeben, möchte ihn aber schon jetzt darauf aufmerksam machen, daß die Deutschen infolge der Kriegsereignisse eine Sonderstellung in China einnähmen und nicht ohne weiteres das zu tun vermöchten, was andere Nationen für richtig hielten.

Die konstituierende Versammlung des internationalen Komitees hat bereits gestern stattgefunden. Herr Jones hatte mir hiervon am gleichen Tage schriftlich Mitteilung gemacht mit dem Ersuchen, einen deutschen Vertreter namhaft zu machen. Abgesehen davon, daß es bei der Kürze der Zeit unmöglich war, eine Stellungnahme der Deutschen herbeizuführen, kam natürlich eine deutsche Beteiligung auch aus anderen Erwägungen nicht in Betracht. Ich habe daher Herrn Jones mitgeteilt, daß ich einen deutschen Vertreter vorläufig nicht zu nennen in der Lage sei.

Die Angelegenheit ist auf der heutigen Vorstandssitzung der Deutschen Handelskammer besprochen worden. Sämtliche Vorstandsmitglieder haben zu der Frage einer deutschen Beteiligung an der Anti-Bolschewiken Liga einen ablehnenden Standpunkt eingenommen. Sie sind der Ansicht, daß für die Deutschen keine Veranlassung vorliege, sich an einer Sache zu beteiligen, welche vorwiegend die Engländer angehe. Wenn auch natürlich nicht verkannt wird, daß eine Ausbreitung des Bolschewismus in China letzten Endes allen fremden Interessen abträglich sein wird, so wird doch England zunächst und in erster Linie betroffen. England hat den Kampf aufgenommen und wird ihn für seine Interessen führen; dabei die Mitläufer zu spielen, dürfte sich für uns kaum lohnen.

Ein weiterer Grund, der eine gewisse Zurückhaltung einstweilen geboten erscheinen läßt, ist der Umstand, daß das englische Vorhaben noch zu wenig bekannt ist. Wir haben keine Veranlassung, uns in ein Unternehmen hineinziehen zu lassen, dessen Tragweite wir nicht zu übersehen vermögen und von dem wir uns gegebenenfalls späterhin nur mit Schwierigkeiten loslösen könnten. Soweit bisher festzustellen war, handelt es sich anscheinend um eine sehr groß angelegte Aktion, welche sehr stark von der englischen Regierung gefördert wird, wenn sie nicht gar von ihr ausgeht. Auch die Höhe der angeblich bereits zur Verfügung stehenden Mittel – man spricht von 500.000 Taels – läßt auf englische amtliche Unterstützung schließen. Das ganze Unternehmen erhält noch dadurch einen offiziösen Anstrich, daß die englischen Generalsekretäre der sogenannten Internationalen Handelskammer, in welcher die Engländer dominieren, die Geschäftsführung übernommen haben.

Es dürfte zweckmäßig sein, die Entwicklung der Bewegung abzuwarten, ehe von deutscher Seite zu der Frage Stellung genommen wird, ob eine gewisse deutsche Beteiligung mit Rücksicht auf unsere Beziehungen zu den hiesigen internationalen Kreisen am Platze ist. Auch die Haltung der Chinesen wird zu prüfen sein. Daß eine deutsche Beteiligung durch repräsentative Mitglieder der Deutschen Gemeinde oder der Handelskammer nicht in Betracht kommen kann, dürfte wohl außer Zweifel stehen.

Ich bitte um geneigte Weisung, ob der hiesige Standpunkt gebilligt wird. Gegebenenfalls bitte ich mich mit Instruktionen versehen zu wollen, wie die hiesigen Deutschen sich dieser Bewegung und dem englischen Bestreben gegenüber, sie auf ihre Seite zu ziehen, verhalten sollen. Für eine kurze telegraphische Weisung in Anbetracht des gestörten Postverkehrs würde ich besonders dankbar sein.

BArch, R9208/2134, Bl. 121-124.

95

Geschäftsbericht der Siemens China Co., Shanghai (1927)

Anlage.
Geschäftsbericht 1926.

<u>Verkaufs-Geschäft.</u>

Das Verkaufs-Geschäft ist erst im Laufe des Jahres 1926 den Chinesen aus der Hand genommen und unter verantwortliche Leitung der Europäer gestellt worden. Durch die früheren Verhältnisse, bei denen unsere Chinesen auf Festsetzung der Verkaufspreise und auf Beschickung der Läger maßgebenden Einfluß hatten, haben sich erhebliche Unzuträglichkeiten ergeben, unter deren Folgen wir heute noch leiden. Inwieweit die erfolgte Umstellung unsere Erwartungen erfüllen wird, ist noch nicht völlig erwiesen, da bei einem Vergleich der Umsatzzahlen die gegen frühere Jahre völlig veränderten augenblicklichen Verhältnisse berücksichtigt werden müssen.

Wenn auch für den Verkehr mit den einzelnen Kunden der Chinese unentbehrlich ist, werden die Leiter des Verkaufsgeschäftes noch mehr als bisher versuchen müssen, das Geschäft fest in die Hand zu bekommen, sich möglich von den Chinesen unabhängig zu machen, einen Überblick über den Kundenkreis zu erhalten und die persönliche Fühlung mit unseren hauptsächlichsten Kunden ständig wach zu halten. In Bezug auf Werbung neuer Kunden kann entschieden im Laufe der Zeit noch Erhebliches geleistet werden. Im Lauf der Jahre muß angestrebt werden, daß die Leiter des Verkaufs-Geschäftes, wie alle Akquisiteure, Chinesisch sprechen können.

In Bezug auf Werbung werden wir auf die Mithilfe des Stammhauses ganz besonders angewiesen sein. Ein erheblicher Teil des bisher übersandten Werbematerials ist wirkungslos, soweit es in deutsch abgefaßt ist und erreicht nur eine sehr beschränkte Wirkung wenn es in englischer Sprache verteilt wird. Wir werden also dahin kommen müssen, mit der Zeit chinesisches Werbematerial herauszugeben, wie es bereits viele andere Firmen tun.

Infolge des bisherigen Abbaus macht sich ganz besonders im A.K.-Geschäft[137] ein erhebliches Mißverhältnis geltend zwischen den Personen, die die Geschäfte abwickeln und denen, die in der Akquisition tätig sind. Im Verkaufsgeschäft ist nicht nur eine Personaleinschränkung völlig ausgeschlossen, wir werden vielmehr um eine Steigerung des Umsatzes zu erzielen, versuchen müssen, Chinesen, die an irgendeinem anderen Platz erspart werden können, im A.K.-Geschäft für Akquisition zu benutzen.

Es läßt sich erhoffen, daß das A.K.-Geschäft bei intensivster Bearbeitung nach erfolgter Bereinigung der überstockten Lagerbestände ein Ergebnis zeitigen wird, das einen erheblichen Teil der Gesamtunkosten einbringt. Von der Forderung, daß das A.K.-Geschäft bei kleineren Büros die Gesamtunkosten, bei großen Büros einen erheblichen Teil der Unkosten trägt, sind wir zur Zeit allerdings noch weit entfernt.

Die Umsätze im A.K.-Geschäft werden im laufenden Geschäftsjahr für ganz China 1.100.000., Taels betragen (April, Mai geschätzt) und unter Berücksichtigung der Lagerbetriebskosten (13%) einen Bruttogewinn von 9% = Tls. 100.000.- lassen. Hier zeigt sich bereits ein erheblicher Erfolg der europäischen Leitung, da im Vorjahr nach Abzug der Lagerbetriebskosten, Vergütungen an Dritte etc., ein Bruttogewinn von 3,6% erzielt wurde, mithin eine Besserung von 5,4%. Bei vorsichtiger Schätzung läßt sich eine Steigerung des Umsatzes erhoffen auf 1.500.000.- Taels. Eine weitere Erhöhung ist möglich, wenn der an anderer Stelle geäußerten Bitte auf bevorzugte Preisstellung stattgegeben wird. Hand in Hand mit dem Versuch der Steigerung des Umsatzes wird das Bestreben gehen, den Bruttogewinn zu erhöhen. Gelingt auch diese Erhöhung bis auf 12%, so würde mit einem Ergebnis von Tls. 180.000.- bei dem angenommenen Umsatz zu rechnen sein.

---

137 Ausfuhrkredit-Geschäft.

Die Lagerwerte bei den einzelnen Büros betrugen am 31.1.1927:

	Tls.		%
Shanghai	548.000.-	500.000.-	-
Tianjin/Peking	214.000.-	200.000.-	25
Harbin	173.000.-	170.000.-	5
Mukden	96.000.-	60.000.-	10
Hankou	115.000.-	100.000.-	50
Nanjing	17.000.-	15.000.-	50
Chongqing	13.000.-	12.000.-	30
Kanton	35.000.-	35.000.-	20
Hongkong	33.000.-	35.000.-	-
Amoy	8.000.-	---	wird geräumt
Jinan	27.000.-	---	wird geräumt
Fuzhou	4.000.-	---	wird geräumt
Qingdao	3.000.-	---	wird geräumt

Als Lagerwert wird für die einzelnen Büros der in Spalte 2 angegebene Bestand für angemessen erachtet, solange eine wesentliche Umsatz-Steigerung nicht erreicht ist.

In der Bilanz 1925/1926 sind Tls. 200.000.- auf den Lagerwert per 31. Mai 1926 von Tls. 1.600.000.- = 8% zurückgestellt worden. Diese Rückstellungen, von denen die C.V.U. erwartet, daß sie auf 3 Jahre eine gesunde Lagerwirtschaft ermöglichen sollen, werden unter den jetzt eingetretenen Verhältnissen nicht ausreichen. Sie genügen zu der mit aller Kraft unternommenen Bereinigung der Läger, die bis auf einiges überhaupt nicht verkäufliches Material (hierüber ist bereits berichtet worden) bis Ende Dezember 1927 durchgeführt sein wird. Bei einer Bewertung unserer Lagerestände muß in diesem Jahr mit ganz besonderer Vorsicht verfahren werden. Eine Deckung gegen Gefährdung durch Kriegsereignisse ist bei keiner Versicherungs-Gesellschaft zur Zeit zu erreichen. Mit Beschlagnahme wie in Hankou, muß an verschiedenen Plätzen ebenso gerechnet werden, wie mit der Möglichkeit der direkten Zerstörung von Material. So sind z.B. einige Kisten mit Lampen bei der Löschung in Nanjing durch Brand zerstört worden, dessen Entstehung anscheinend auf Beschießung der Landstelle zurückzuführen ist.

Die in Spalte 3 der vorseitigen Aufstellung angegebenen Prozentzahlen sollen den Grad der Gefährdung der einzelnen Läger, wie wir ihn heute einschätzen, zum Ausdruck bringen. Auf den Lagerwert bezogen ergibt sich die Notwendigkeit einer Rückstellung von Tls. 146.500.-. Diese Rückstellung ist lediglich als Vorsichtsmaßnahme anzusehen und es ist durchaus möglich, daß bei Eintritt normaler Verhältnisse der allergrößte Teil wieder vereinnahmt werden kann.

Die durch die neue Lagerordnung vom Stammhaus geforderten Änderungen konnten bisher wegen Mangels an Personal nicht durchgeführt werden. Die einzelnen Büros werden jedoch geschäftsstille Monate für die erforderlichen Umänderungen ausnützen.

SAA 15/Lp 149.

96

Bericht des Konsuls in Mukden, Martin Fischer, an die deutsche Gesandtschaft, Peking (12.10.1926)

Nr. 428.
Inhalt: Der deutsche Einfluß im Mukdener Arsenal.
Zunehmender Wettbewerb. Schwierige Stellung der
deutschen Arsenalangestellten. Günstige Einstellung
des chinesischen Ingenieurpersonals zu Deutschland.

Generalstabchef Yang Yuting, Zhang Zuolins einflußreichster Ratgeber und Generaldirektor des Mukdener Arsenals, hat in vertraulichen Unterhaltungen gelegentlich im Scherz zu mir bemerkt, daß er sich wie der Leiter eines deutschen industriellen Werks vorkomme, so stark mache sich im hiesigen Arsenal, allein numerisch, das Übergewicht der deutschen Maschinen und des deutschen Elements unter den ausländischen Angestellten geltend.[138] Der Ton, in dem er das sagte, ließ erkennen, daß seine Bemerkung mehr ein höfliches Kompliment als der Ausdruck einer besonderen Wertschätzung des deutschen Anteils am Auf- und Ausbau des Arsenals sein sollte. Wie Yang Yuting unsere Leistungen im Arsenal wirklich beurteilt, ob er insbesondere bereit sein würde, unter gleichen Bedingungen deutsche Erzeugnisse und deutsche Kräfte zu bevorzugen, ist schwer zu sagen. Man wird es immerhin als einen Beweis wenn nicht einer freundlichen, so doch einer objektiven Einstellung betrachten können, daß in Yang Yutings Amtszeit Deutschland bei der Vergebung von Aufträgen gegenüber den konkurrierenden anderen Ländern, selbst Japan eingeschlossen, weitaus am besten abgeschnitten hat.[139]

Trotz dieser günstigen Position, in der wir uns hiernach befinden, kann man der weiteren Entwicklung doch nicht ohne Sorge entgegensehen. Es war zu erwarten, daß das sehr gewinnbringende Geschäft der ersten Jahre allmählich in dem Maße abnehmen würde, in dem das Arsenal seiner Vollendung entgegenging. Zwar hat die Arsenalleitung noch viele hochfliegende Projekte und es ist auch im inneren Ausbau des Betriebes selbst noch viel zu tun. Aber während immer mehr deutsche Firmen durch Gerüchte über die glänzenden Geschäfte der vergangenen Jahre zur Betätigung in Mukden angelockt wurden, gingen die Aufträge an Zahl und Umfang mehr und mehr zurück, und es soll in diesem Jahr auf einzelne kaum eine

---

138 Das Mukdener Waffenarsenal wurde im Oktober 1921 errichtet und später auch als „Three Eastern Provinces Arsenal" bezeichnet. Es beschäftigte Techniker aus Dänemark, Deutschland, England, Japan, Rußland und Schweden (McCormack 1977:107).

139 Yang Yuting war nach der Niederlage Zhang Zuolins im Ersten Zhili-Fengtian-Krieg (1922) zum Direktor des Waffenarsenals ernannt worden, parallel wurde nun der umfangreiche Ausbau des Arsenals begonnen. Yang führte dieses Amt mit diversen Unterbrechungen bis zum Frühjahr 1927 aus, als er von Zhang Zuolin nach Peking berufen wurde. Ob er in seinen Entscheidungen Deutschland bevorzugte, sei jedoch dahingestellt. Angaben von McCormack (1977:108) zufolge erhielt das Arsenal im Sommer 1923 eine Maschinenlieferung aus Dänemark mit einem Gesamtgewicht von 800 Tonnen.

lohnende Bestellung entfallen sein. Das Währungselend hat eben auch der Arsenalleitung starke Schranken auferlegt; dazu kommt, daß sie sich allmählich eine Säumigkeit in ihren Zahlungen angewöhnt hat, die es weniger kapitalkräftigen Firmen fast unmöglich macht, Aufträge überhaupt zu übernehmen.[140]

Andere Betätigungsmöglichkeiten haben diese am Arsenalgeschäft beteiligten Firmen meistens nicht. Das private Maschinengeschäft liegt ganz darnieder, und die Zivilverwaltung hat aus Mangel an Mitteln von ihrem Industrie-Programm bisher nichts verwirklichen können. Leider finden diese Firmen auch im allgemeinen Importgeschäft keinen Rückhalt – das Exportgeschäft kommt, da es wesentlich in japanischen Händen liegt, nicht in Frage. An der Einfuhr von Textilien, Nähnadeln, Küchengeräten, Farben, Chemikalien usw. sind zwar auch einige deutsche Firmen beteiligt, der Umfang des Geschäfts ist aber zu gering, um noch andere Firmen zur Beteiligung zur ermuntern. Es zeigen sich hier besonders deutlich die Nachteile der uferlosen Kriegspolitik, die seit Jahr und Tag die Hebung des standard of life der breiten Massen hintangehalten hat. Wohl sind durch zunehmenden Export der Landesprodukte große Erlöse eingeströmt, aber man darf wohl annehmen, daß es den hiesigen Machthabern gelungen ist, der werktätigen Bevölkerung den Verdienst ihrer Arbeit ungefähr restlos wieder abzunehmen. Bei scheinbar glänzender Entwicklung der wirtschaftlichen Lage der Mandschurei ist die Kaufkraft der breiten Massen über den Stand von vor 10 Jahren kaum hinausgekommen.

Die – man darf bei einigen bereits sagen – bedrängte Lage unserer am Arsenalgeschäft beteiligten Firmen wird weiter erschwert durch eine Entwicklung, die sich in neuerer Zeit anbahnt und unsere bisherige bevorzugte Stellung zu bedrohen geeignet ist. Es war begreiflich, daß das Arsenalgeschäft nicht nur deutsche, sondern auch ausländische Firmen angelockt hat. Der Wettbewerb ist dadurch so scharf geworden und die konkurrierenden Firmen werden von den Chinesen so geschickt ausgespielt, daß selbst bei großen Aufträgen häufig nur noch ganz bescheidene Gewinne abfallen. Es mag sein, daß die ausländische Konkurrenz, um in das Geschäft zu kommen, die Unterbietung gelegentlich übertreibt; andererseits läßt sich nicht leugnen, daß skandinavische, österreichische, englische Firmen sich schon eine ziemlich starke Position im Regierungsgeschäft geschaffen haben und durch geschickte Schrittmacher, die für sie im Arsenal tätig sind, weiter an Boden gewinnen. Das lebhafte Interesse, das der dänische Gesandte bei einem Besuch im August den Industrieanlagen der hiesigen Regierung entgegengebracht hat, darf in diesem Zusammenhang beiläufig erwähnt werden.

Die Schrittmacher sind die im Arsenal tätigen ausländischen Ingenieure. Ihre Zahl ist gering; es sind vier, die Mehrzahl Skandinavier, nur halb so viel wie die im Arsenal beschäf-

140 Die Provinz Fengtian erwirtschaftete 1925 rd. 23 Mio. Yuan, die Ausgaben für Rüstung und Militär lagen bei 51 Mio. Yuan. Eine Reduzierung der Rüstungsausgaben war unabwendbar und es lag Nahe, hiermit beim Mukden-Arsenal zu beginnen, welches jährlich Kosten in Höhe von 23 Mio. Yuan verursachte. Die Inflation ist auf den Fengtian-Dollar selbst zurückzuführen, dessen Wert sowohl vom Silberkurs, dem japanischen Yen und den Erfolgen der Truppen Zhang Zuolins abhing (vgl. McCormack 1977:188-195).

tigten Deutschen, aber an Einfluß können unsere Landsleute sich mit ihnen bei weitem nicht messen. Die Deutschen entstammen dem Werkmeisterstande, meist aus Spandau, tüchtige Fachleute, aber den ausländischen Ingenieuren an technischen Kenntnissen und, leider, auch an Bildungsniveau nicht gewachsen. Die Chinesen haben dafür eine feine Witterung und so sind allerlei Konflikte, auch persönlicher Art, nicht ausgeblieben.

Die deutschen Angestellten sind vor drei Jahren durch den jetzigen Vize-Außenminister Wang Yintai engagiert worden. Letzterer hat mir gelegentlich erzählt, was ihn zu dieser Wahl bestimmt hätte;[141] er habe Werkmeister gebraucht, die mit Hand anlegen und die Arbeiter anlernen konnten, an Ingenieure in leitenden Stellungen habe man erst später denken wollen. Das unterblieb aber leider und die angestellten Werkmeister kamen allmählich in eine undankbare Zwitterstellung, indem man ihnen chinesische Ingenieure überordnete und ihren Einfluß auf den Betrieb nach Möglichkeit einschränkte. Als Schrittmacher für unsere Industrie können sie in dieser Lage wenig tun und wenn es gelegentlich doch möglich war, geschah es nicht immer in einwandfreier Form. Jedenfalls ist ein Fall bekannt geworden, der stark an chinesische Squeeze-Praktiken erinnert und bei den Chinesen starkes Befremden erregt hat.

Ich will mir nicht die Auffassung eines hiesigen deutschen Firmenleiters zu eigen machen, der meint, daß Herr Wang Yintai dadurch, daß er Werkmeister statt geschulter und gebildeter Ingenieure anstellte, uns im Grunde genommen einen Bärendienst erwiesen hat. So lange Wang Yintai hier amtierte, sorgte er dafür, daß die deutschen Angestellten Möglichkeiten nützlicher Betätigung fanden. Erst nach seinem Weggang im vergangenen Jahr hat dann mit dem Eindringen des auf einer höheren Ausbildungsstufe stehenden ausländischen Ingenieurpersonals die oben geschilderte Entwicklung eingesetzt, welche die deutschen Kräfte ins Hintertreffen gebracht hat. Es fragt sich, welche Folgerungen die Arsenalleitung aus dieser Sachlage ziehen wird. Die Kontrakte fast aller ausländischen Angestellten laufen zum Jahresende ab. Es ist bezeichnend, daß die Verträge sämtlicher nichtdeutschen Ausländer bereits erneuert sind, während mit den Deutschen über eine weitere Verwendung noch nicht verhandelt ist. In eingeweihten deutschen Kreisen glaubt man, daß mehr als die Hälfte sich wohl nicht wird halten können. Ob die Arsenalleitung dann vielleicht einen Ingenieur von höherer fachlicher Qualität anzustellen bereit sein wird, hat sie bisher nicht zu erkennen gegeben.

Erfreulicherweise gibt es aber auch noch andere Wege, um unsere Interessen im Arsenal zur Geltung zu bringen. Es hat sich dort allmählich ein Kreis von chinesischen Ingenieuren zusammengefunden, die teils in Qingdao und Wusong ausgebildet, teils eine regelrechte Hochschulbildung in Deutschland genossen haben. Es sind Bestrebungen im Gange, durch eine hier zu bildende Ortsgruppe des Vereins deutscher Ingenieure einen engeren Zusammenschluß mit den deutsch ausgebildeten chinesischen Ingenieuren des Arsenals und anderer Industrieunternehmungen, etwa in der Form monatlicher Zusammenkünfte, zu suchen. Es handelt sich um annähernd 30 meist jüngere Chinesen, bei denen das Interesse, die Be-

141 Wang Yintai sprach hervorragend Deutsch. Siehe Seite 44, FN 33.

ziehung zu deutscher Wissenschaft und Technik weiter zu pflegen, erfreulich rege scheint. Auch Yang Yuting (der kürzlich einen Sohn zur Ausbildung in der Radiotechnik nach Deutschland gesandt hat) soll diesen Zusammenschlußbestrebungen sehr wohlwollend gegenüberstehen. Wir haben also der ausländischen Konkurrenz doch immerhin noch Einiges entgegenzusetzen. Solange wir insbesondere das jüngere aufstrebende chinesische Element auf unserer Seite haben, wird unsere Industrie bei geschickter Ausnutzung aller sich bietenden Möglichkeiten ihren Platz trotz allem wohl behaupten können.

Um eine vertrauliche Verwertung des vorstehenden Berichts darf ich gehorsamst bitten.

BArch, R9208/2241, Bl. 92-97.

97

Schreiben des Finanzministeriums der Republik China an die Deutsch-Asiatische Bank, Peking (04.04.1927)[142]

In der Angelegenheit der Vorschüsse, die von der Hongkong & Shanghai Banking Corporation auf den deutschen Anteil des Anleihedienstes der beiden englisch-deutschen Anleihen geleistet worden sind und dieser Bank von Ihrer Bank erstattet werden müssen, hat das Finanzministerium seiner Zeit Ihren Brief vom 18. März d.J. erhalten.[143] Sie hatten darin unter Hinweis auf Artikel 3 des deutsch-chinesischen Notenaustausches betreffend der Regelung der Angelegenheiten Ihrer Bank geltend gemacht, daß der unverbrauchte Teil der Dotationen der Chinesischen Regierung bereits ausgeglichen sei. Das Finanzministerium ersuchte darauf unter eingehender Begründung mit Schreiben vom 24. März d.J. Ihre Bank abermals, im Interesse einer loyalen Durchführung der deutsch-chinesischen Abkommen, den Teil der vom Generaldirektor der Seezölle überwiesenen Anleihedotationen, der nicht an die Anleihegläubiger zur Auszahlung gelangt war, an die H.&Sh. B.C. zu überweisen.[144]

Dem Finanzministerium ist auf dieses Schreiben eine Antwort bisher nicht zugegangen. Da die Angelegenheit jetzt dringend der Erledigung bedarf, wird nochmals gebeten, die Überweisung an die H. & Sh.B.C. gemäß Ersuchen vom 24. März d.J. schleunigst zu

142 Übersetzung durch die Deutsche Gesandtschaft in Peking. Die DAB strebte nach Wiederaufnahme des Anleihedienstes der deutsch-britischen Anleihen von 1896 und 1898. Hierzu war zunächst eine Übereinkunft zwischen der Hongkong & Shanghai Banking Corporation und der DAB notwendig. Ein entsprechendes Gespräch führten die Bankvertreter am 28.09.1926 in London (BArch, R9208/2980, Bl. 197-201). Die Hongkong & Shanghai Banking Corporation hatte Vorschüsse in Höhe von 265.000 Pfund gezahlt, die nun eingefordert wurden.

143 Brief der DAB nebst Note des AA Berlin durch Boyé an Außenminister Gu Weijun. Boyé erklärt, daß die Fragen der DAB allesamt in der Note vom 6. Juni 1924 abgehandelt sind.

144 Schreiben des Finanzministeriums vom 24.03.1927 (BArch, R9208/2980, Bl. 92-95).

bewirken. Ihrer Antwort sieht das Finanzministerium entgegen.[145]
(Siegel des Finanzministeriums)

BArch, R9208/2980, Bl. 77.

98

Aufzeichnung des Staatssekretärs des AA Berlin, Carl von Schubert (21.04.1927)

Ich sprach heute den englischen Botschafter auf den mit dem Londoner Telegramm Nr. 268 hierher gemeldeten Artikel der *Morning Post* an,[146] wonach der Pekinger Berichterstatter des Blattes behauptet, daß ein gemeinsames Vorgehen zwischen Deutschen und Sowjets vorliege mit dem Ziele, die übrigen Gesandtschaften durch Hervorrufen einer Panik aus Peking zu vertreiben;[147] außerdem berichte der Korrespondent, daß deutscherseits in großem Umfange Munition an die Chinesen verkauft werde.

Ich sagte Sir Ronald [Lindsay], daß solche Artikel natürlich geeignet seien, außerordentlich verstimmend zu wirken. Ich hätte davon Abstand genommen, eine Pressekampagne gegen die *Morning Post* ins Leben zu rufen. Ich hielte es aber für wichtig, ihn auf diesen Artikel aufmerksam zu machen.

An dem ersten Teil der Meldung ist natürlich kein wahres Wort. Unser Gesandter sei an der Demarche der übrigen Gesandten in Peking[148] nicht beteiligt gewesen, da wir ja nicht mehr zu den Protokollmächten gehörten. Im übrigen aber stehe Herr Boyé in engster Fühlung mit Herr Lampson, und der englische Gesandte wisse am besten, welche Haltung unser Gesandter in Peking einnehme.[149]

Was die angeblichen Waffensendungen nach China anbelange, so hätten wir Anfang April bekanntlich eine Abmachung mit den Hamburger Firmen getroffen, die sich verpflichtet

---

145 Die DAB lehnte die Forderungen mit einem Schreiben an das Finanzministerium am 6. Mai 1927 erneut ab (ebenda, Bl. 55-56).

146 Telegramm Sthamers vom 20. April.

147 Schubert hatte in einem Telegramm (Nr. 64) vom 4. April an Boyé, Peking, darauf hingewiesen, daß die Einhaltung der Neutralität auch gegenüber den Fremdmächten in China unbedingt notwendig sei.

148 McMurray, Lampson, Martel, Varé und Yoshizawa. Zur Demarche siehe ADAP, B, Bd. 5, Dok. 84, 182-185.

149 Boyé hatte in diversen Schreiben an das AA Berlin den deutschen Waffenhandel mit China kritisiert. Am 14.03.1927 schrieb er resigniert: „Sollte es aber wirklich nicht möglich sein, die Erfordernisse der deutschen Außenpolitik gegenüber den Geldinteressen einzelner Händlergruppen durchzusetzen, so bleibt freilich nichts übrig, als durch ein Paktieren der Interessenten selbst wenigstens eine Einschränkung des Übels zu versuchen und auf moralischen Erfolg für die Regierung zu verzichten. ... Vielleicht entschließen sich auch mit ihrem wachsenden Machtbewußtsein die Chinesen selbst, dem Waffenunfug ein Ende zu machen“ (Boyé an das AA Berlin, in: ADAP, B, Bd. 4, Nr. 247, 545-546).

hätten, vorläufig keine Waffen mehr nach China zu verschiffen.[150] Es habe sich dabei, abgesehen von den zugelassenen Sportwaffen, nur um Transitwaffen gehandelt.

Wir seien übrigens hier von den Kommunisten wegen dieses Arrangements angegriffen worden, die behaupteten, daß wir dadurch die Waffenzufuhr für die Süd-Chinesen unterbinden wollten, nachdem die Nord-Chinesen genügend Waffen erhalten hätten. Das sei natürlich Unsinn. Ebenso aber sei es Unsinn, wenn jetzt die *Morning Post* anscheinend den Glauben erwecken wollte, als wollten wir die Südchinesen unterstützen.

Übrigens habe heute ein Artikel in der *Roten Fahne* gestanden, wonach am 31. März d. J. noch ein großer Transport nach China von Hamburg aus abgegangen sei, und zwar für die Nordchinesen. Soweit wir hätten feststellen können, sei diese Nachricht zutreffend. Diese Verschiffung sei aber einige Tage vor unserem Arrangement mit den Hamburger Reedern erfolgt. Ich nähme persönlich den Reedern diese Verschiffung ziemlich übel, da sie doch zu einer Zeit erfolgt sei, wo unsere – im übrigen etwas schwierigen – Verhandlungen mit den Reedern vor dem Abschluß gestanden hätten. Aber was wolle man machen: diese Waffenverschiffung sei eben doch leider ein sehr gutes Geschäft.

Sir Ronald hat für unsere Haltung sehr viel Verständnis und sagte mir, die englische Regierung habe ganz ähnliche Schwierigkeiten mit der Waffenverschiebung gehabt wie wir.

ADAP, B, Bd. 5, Dok. 94, S. 216-217.

99

Schreiben des Gesandten in Peking, Adolf Boyé, an den chinesischen Minister für Auswärtige Angelegenheiten, Wang Yintai, Peking (16.08.1927)[151]

No. 2373.

Herr Minister!

Im Laufe der vergangenen Jahre hat sich meine Regierung wiederholt genötigt gesehen, bei der Chinesischen Regierung wegen der Nichteinlösung der Zinsscheine der deutschen Tranche der Hukuang-Anleihe Vorstellungen zu erheben. Leider hat die chinesische Regierung ihre Verpflichtungen bezüglich des deutschen Abschnitts der Anleihe nach wie vor

150 Gemeint ist das Anfang April geschlossene „Gentlemen Agreement" zwischen dem AA Berlin, dem OAV und dem Verband Deutscher Reeder, wo es hieß, man wolle „bis auf weiteres", d.h. bis zur Klärung der politischen Verhältnisse in China, keine Waffen mehr auf deutschen Schiffen nach China einführen (Eberstein 1988:230-236).

151 Boyé hatte bereits am 5. September 1926 eine ähnliche Note im Auftrag der Regierung an Außenminister Gu Weijun geschickt (BArch, R9208/2980, Bl. 247-248).

unerfüllt gelassen, während sie gleichzeitig fortfährt, den Zinsdienst für die übrigen, nichtdeutschen Tranchen der Anleihe vertragsgemäß durchzuführen.

In seiner Note vom 16. Oktober vorigen Jahres hat ihr Amtsvorgänger ausdrücklich erklärt, daß das Chinesische Verkehrsministerium den Gläubigern der Hukuang-Anleihe stets eine gleichmäßige Behandlung angedeihen lasse und keinerlei Unterscheidungen mache.[152] Er hat in Aussicht gestellt, daß das Finanzministerium die Frage der fälligen Amortisations- und Zinszahlungen auf den deutschen Abschnitt schleunigst erledigen werde. Seitdem sind von der Chinesischen Regierung zwar die Mittel für die Fälligkeiten der übrigen Tranchen ordnungsgemäß weiter angewiesen worden, die deutsche Tranche dagegen ist wie bisher unberücksichtigt geblieben. Die nachteilige Behandlung der deutschen Anleihegläubiger besteht damit unverändert fort.

Ich sehe mich daher genötigt, Eurer Exzellenz Vermittlung in Anspruch zu nehmen, indem ich bitte, die beteiligten Ministerien abermals auf die Dringlichkeit der Angelegenheit hinzuweisen und sie um eine beschleunigte Erledigung erneut zu ersuchen.[153]

Ich benutze diesen Anlaß, um Eurer Exzellenz den Ausdruck meiner vorzüglichsten Hochachtung zu erneuern.

gez. Boyé

BArch, R9208/2980, Bl. 26-27.

100

Geschäftsbericht der Deutsch-Asiatischen Bank, Shanghai, über die Jahre 1915-1927 (21.09.1928)[154]

Bericht des Vorstandes über die Jahre 1915-1927

Von den weltbewegenden Ereignissen, welche zwischen der Zeit unserer letzten Berichterstattung für das Geschäftsjahr 1914 und der Gegenwart liegen, ist unser Institut hart mitgenommen worden.

Wie bereits im letzten Geschäftsbericht hervorgehoben, wurden unsere Niederlassungen in Kalkutta, Hongkong und Singapore Anfang 1914 unter behördliche Aufsicht gestellt und

---

152 Note von Außenminister Gu Weijun, Peking, an Boyé, 16.10.1926 (BArch, R9208/2980, Bl. 243-244).

153 Das Waijiaobu antwortete mit einer Note am 12. September. Dort verwahrte das Verkehrsministerium sich gegen den Vorwurf einer nachteiligen Behandlung der deutschen Anleihegläubiger mit dem Hinweis, daß es „in seiner Geldnot auch die übrigen Fälligkeiten nicht mehr pünktlich bezahlt habe". Das Waijiaobu teilte mit, nunmehr die Mittel „zur Einlösung der deutschen Koupons No. 29 der Anleihe angewiesen und entsprechende Ankündigungen in London veranlaßt zu haben" (Boye an das AA Berlin, 13.09.1927, BArch, R9208/2980, Bl. 4).

154 Genehmigt durch die Generalversammlung am 21. September 1928. Filialen in Kanton, Hankou, Peking, Tianjin, Qingdao, Kobe, Berlin, Hamburg.

zur restlosen Abwicklung ihrer Geschäfte gezwungen. Wir sind an den genannten Plätzen nicht mehr tätig, und eine Wiederaufnahme dieser Tätigkeit hat bisher nicht zu Erörterung gestanden.

Nach Besetzung Qingdaos durch Japan wurde unsere dortige Niederlassung von den japanischen Behörden geschlossen, und erst nach Beendigung des Krieges konnten wir unsere Tätigkeit in Qingdao in beschränktem Umfang wieder aufnehmen. Unsere Niederlassungen in Yokohama und Kobe mußten im August 1914 ab ihren Wirkungskreis erheblich einschränken, vom September 1916 ab sogar die Weiterführung der Geschäfte gänzlich einstellen, konnten aber einige Zeit nach Friedensschluß ihre Tätigkeit unbehindert wieder ausüben. Derjenigen unserer Yokohama-Abteilung ist durch das Erdbeben vom September 1923 ein Ende bereitet worden.

Solange China neutral blieb, konnten unsere Niederlassungen in Shanghai, Kanton, Hankou, Peking, Tianjin, und Jinanfu zunächst weiterarbeiten unter vorsichtiger Beschränkung auf diejenigen Geschäfte, welche die durch die Kriegsereignisse verworrenen Verhältnisse zuließen. Am 14. August 1917 trat China in den Krieg gegen Deutschland ein, und seine Maßnahmen richteten sich in der Hauptsache auf die Liquidierung des im Lande befindlichen deutschen Eigentums. Von diesen Maßnahmen sind unsere vorerwähnten Niederlassungen betroffen worden. Mit Ausnahme von Peking, wo die Geschäfte sich noch rechtzeitig durch die Organe der Bank abwickeln ließen, wurden für die Niederlassungen Zwangsverwalter ernannt, deren Tätigkeit sich darauf richtete, die in China erreichbaren Aktiven der Bank zu Geld zu machen, die Forderungen gegen die Bank aber überwiegend unerfüllt zu lassen.

Bis auf diejenigen in Hankou und Peking sind alle Bankgebäude, welche wir in der Vorkriegszeit besessen haben, von den Zwangsverwaltern verkauft worden. Inzwischen haben wir in Shanghai und Berlin neue Häuser erworben und besitzen sonach gegenwärtig eigene Bankgebäude in Shanghai, Hankou, Peking und Berlin.

Der weitaus größte Teil der deutschen Untertanen wurde Anfang 1919 zwangsweise und unter recht unwürdigen Verhältnissen aus China entfernt und in die Heimat zurückbefördert. Von den Angehörigen unserer Bank wurden dabei nur wenige ausgenommen. Ihr Verbleiben hat sich als für uns wertvoll erwiesen.

Durch Erlaß des Präsidenten der chinesischen Republik vom 15. September wurde grundsätzlich der Kriegszustand zwischen China und Deutschland als beendet erklärt. Der zwischen Deutschland und China am 20. Mai 1921 geschlossene Staatsvertrag regelte daraufhin die Beziehungen zwischen den beiden Ländern und die Stellung der beiderseitigen Staatsangehörigen, wobei Deutschland der Abschaffung der Konsulargerichtsbarkeit in China zustimmte, so daß von diesem Zeitpunkt ab die deutschen Untertanen bezüglich ihrer Person und ihres Vermögens der Gerichtsbarkeit der örtlichen Gerichtshöfe in China unterstehen. Die bisher gemachten Erfahrungen genügen noch nicht, um sich ein Urteil über die Wirkungen dieser sehr wichtigen Bestimmungen zu bilden. Im Zusammenhang mit der Aufhebung der Exterritorialität ist die uns seitens der deutschen Regierung am 8. Juni 1906 erteilte Banknotenkonzession erloschen.

In dem Vertrage vom 20. Mai 1921 wurde auch die Einstellung weiterer Liquidationen zugesagt und die sofortige Rückgabe deutschen Eigentums und Liquidationserlöses versprochen. Nur bezüglich des Verfahrens der Rückgabe des Eigentums einer Bergwerkgesellschaft und unseres Instituts wurden von der chinesischen Regierung besondere Vereinbarungen vorbehalten.

Eine am 6. Juni 1924 zwischen der deutschen und der chinesischen Regierung getroffene Abmachung hat alsdann auch die Regelung der Verhältnisse unseres Instituts gebracht und unter anderem bestimmt, daß unsere Forderungen gegen die chinesische Regierung und umgekehrt die Forderungen der letzteren gegen uns als aufgerechnet gelten. Die chinesische Regierung hat sich damit von einer Rechnungslegung über die Einzelheiten und Ergebnisse der Zwangsliquidationen unseres Eigentums und unserer Geschäfte befreit und den aus der Verwirrung der Aktiven der Bank geflossenen Erlös ohne eine solche Rechnungslegung vereinnahmt. Zur Anerkennung aller Maßnahmen der Zwangsliquidation deutschen Eigentums hatte sich das Reich bereits im Staatsvertrage vom 20. Mai 1921 verpflichtet.

Der Erlös der Liquidationen unserer Niederlassungen in Kalkutta, Hongkong und Singapore ist von den englischen Behörden an das Reparations-Konto des Deutschen Reiches abgeführt worden. Die Maßnahmen der japanische Behörden, von denen unsere Niederlassungen Qingdao, Kobe und Yokohama betroffen wurden, haben uns unter Berücksichtigung der im Zwangsverkauf erzielten niedrigen Preise der Bankgebäude etwas mehr als die Hälfte der entsprechenden bilanzmäßigen Aktiven belassen.

Der Gesamtverlust, den wir, abgesehen von der langjährigen Störung unserer Geschäfte, durch die Liquidationsmaßnahmen erlitten haben, ist schwer und wird von uns auf mehr als 10 Millionen Shanghai-Taels geschätzt. Diese Summe konnte weder durch die uns gewährten Entschädigungen noch durch Geschäftsgewinne der Zwischenzeit wettgemacht werden.

Die in der Abmachung vom 6. Juni 1924 gleichfalls zugesagte Wiederherstellung unseres Verhältnisses zur chinesischen Regierung aus den Anleiheverträgen der Vorkriegszeit ist bis jetzt noch nicht erfolgt. Wir stehen dieserhalb noch im Zustand der Bemühungen. Auch eine Forderung, welche wir gegen die chinesische Regierung auf Grund einer Beleihung von 5% Tianjin-Pukou-Eisenbahn-Obligationen vom Jahre 1910 haben, und welche in die Aufrechnung der gegenseitigen Forderungen nicht einbezogen wurde, harrt noch der Regelung.

Nachdem durch das Dekret vom 15. September 1919 und den Staatsvertrag vom 20. Mai 1921 die Möglichkeit einer Wiederbetätigung in China für uns gegeben war, haben wir die Geschäfte der Bank in Shanghai, Kanton, Hankou, Peking und Tianjin unter Beobachtung angebrachter Selbstbeschränkung wieder in Gang gebracht.

Da, wie schon erwähnt, Abrechnungen über die Liquidationsvorgänge nicht erteilt worden sind, aus den Büchern der Vorkriegszeit aber ein genaues Bild über unsere Lage nicht gewonnen werden konnte, so haben wir von der Aufmachung eines den Zeitraum vom 1. Januar 1915 bis 31. Dezember 1927 umfassenden Gewinn- und Verlust-Kontos und einer Anschlußbilanz an diejenige vom 31. Dezember 1914 Abstand nehmen müssen. Wir haben infolgedessen unter Anwendung aller Sorgfalt ein auf den 31. Dezember 1927 abgeschlossenes Inventar aufgestellt, welches auch die Erträgnisse unserer seit dem 31. Dezember 1914 ausgeübten Tätigkeit enthält. Nach diesen Inventar verbleiben nach Abzug unserer Verpflichtungen und des Betrages der Vorzugsaktien von 100 000 Shanghai-Taels als Aktiven 6 042 302.53 Shanghai-Taels. Die sich hiernach ergebende Vermögensminderung von 3 992 204.04 Shanghai-Taels haben wir als Verlustsaldo in die Gewinn- und Verlustrechnung einsetzen müssen. Wir schlagen vor, die 6 142 302.53 Shanghai-Taels so zu gliedern, daß auf

Kapital-Konto	Taels	4 600 000,-
Konto Reserve-Fonds	Taels	460 000,-
Konto Spezial-Reserve Fonds	Taels	932 302.53
Konto Beamten-Pensions und Unterstützungs-Fonds	Taels	150 000,-

überführt werden. Die Zustimmung der Generalversammlung zu diesem Vorschlage würde eine Bilanz per 1. Januar 1928 ergeben, welche aus der Anlage ersichtlich ist.

Es entsteht dann die Notwendigkeit, das ursprüngliche Stammaktienkapital von 7.500. 000 Shanghai-Taels auf 4.500.000 Shanghai-Taels herabzusetzen, wofür ein entsprechender Antrag einer außerordentlichen Generalversammlung unterbreitet werden wird.

Die allgemeinen Verhältnisse in China, innerhalb deren wir nunmehr unsere Tätigkeit wieder zu entwickeln uns bestreben, sind noch immer unübersichtlich. Vielleicht bahnt die Besitzergreifung von Peking durch die Südregierung eine Klärung an. Was in China fehlt, ist eine Zentralgewalt, die von dem Vertrauen aller jetzt noch widerstrebenden Elemente getragen wird und imstande ist, dem ausgedehnten Reich die innere Ruhe zu verschaffen. Das Land besitzt alle natürlichen Vorbedingungen für einen großen Außenhandel.

Shanghai, im September 1928.

Der Vorstand

BArch, R9208/2975, Bl. 308-309.

101

Handelsstatistiken (1910-1928)

A) Der deutsche Handel mit China 1919-1926 in Millionen Haikwan Taels (Mill. M., ab 1923 Mill. RM)[155]

Jahr	Einfuhr Chinas aus Deutschland	Prozent der Gesamteinfuhr Chinas	Ausfuhr Chinas nach Deutschland	Prozent der Gesamtausfuhr Chinas
1919	-	-	0,2 (1)	-
1920	5,4 (29)	0,70	1,8 (10)	0,4
1921	13,3 (43)	1,43	6,8 (10)	1,1
1922	24,7 (84)	2,54	9,8 (33)	1,4
1923	32,5 (109)	3,42	11,9 (40)	1,5
1924	38,7 (132)	3,72	15,9 (52)	2,0
1925	32,5 (114)	3,37	16,4 (58)	2,1
1926	45,7 (152)	3,99	17,8 (57)	2,0

B) Der Außenhandel des Deutschen Reiches mit China von 1910-1928 (in Mill. RM)[156]

Jahr	Ausfuhr nach China (in Mill. RM)	Prozentualer Anteil am deutschen Gesamtausfuhrhandel	Einfuhr aus China (in Mill. RM)	Prozentualer Anteil am deutschen Gesamteinfuhrhandel	Handelsbilanz (in Mill. RM)
1910	66,5	0,9	94,7	1,1	- 28,2
1911	71,8	0,9	103,3	1,1	- 31,5
1912	81,7	0,9	115,5	1,1	- 33,8
1913	122,8	1,2	130,5	1,2	- 7,2
1923	102,4	1,7	97,2	1,6	+ 5,2
1924	113,3	1,8	127,2	1,4	- 13,9
1925	117,9	1,3	228,5	1,8	- 110,6
1926	151,5	1,5	197,2	2,0	- 45,7
1927	121,0	1,1	265,1	1,9	- 144,1
1928	169,8	1,4	329,8	2,4	- 160,0

155 In: Mielmann 1984:131.

156 In: Ratenhof 1987:561-562. Die Angaben sind dem *Statistischen Jahrbuch für das Deutsche Reich* entnommen. Für die Jahre 1914-1920 liegen keine Angaben vor, die Angaben des Zeitraums 1920-1922 sind unvollständig und nach Ratenhof für den Vergleich ungeeignet.

C) Maschineneinfuhr aus Deutschland nach China (in 100 Haikwan Taels)[157]

Ware	1913	1922	1923	1924	1925	1926	1927	1928
1	972	1711	2180	2738	1774	1497	1210	1577
2	103	286	229	143	275	344	188	233
3	15	204	219	158	44	50	45	125
4	-	-	193	88	65	120	193	153
5	64	147	172	201	197	276	258	297
6	22	316	285	228	150	191	187	179
7	88	95	141	84	27	86	63	97
8	-	-	112	168	94	150	72	105
9	1	32	162	31	28	79	143	108
10	-	-	385	113	222	130	94	70
11	845	991	2064	2171	1393	1351	966	1321
12	370	13	57	196	60	148	73	59
13	370	67	176	61	55	16	68	14
14	159	245	218	414	131	419	169	139
15	-	-	34	29	64	120	137	168
16	-	-	193	205	169	323	166	286
17	72	101	125	144	138	187	181	411
18	-	-	139	203	189	371	347	608
19	106	422	250	95	49	43	3	13
Ges.t	3187	4630	7334	7470	5124	5901	4563	5963

Warenart:
1 = Maschinen und Maschinenteile allgemein, 2 = Antriebsmaschinen (Kessel, Turbinen usw.), 3 = Werkzeugmaschinen (ausschließlich Drehbänke), 4 = Drehbänke, 5 = Handwerkzeuge, 6 = Maschinen für Textilindustrie (Kardier-, Farbendruck-, Web- und Spinnmaschinen), 7 = Stick-, Näh- und Strickmaschinen, 8 = Druckerei-, Buchbinderei- und Papierschneidemaschinen, 9 = Landwirtschaftliche Maschinen, 10 = Maschinen für elektrische Kraftstationen, 11 = Elektrisches Kleinmaterial, 12 = Lokomotiven und Tender, 13 = Eisenbahnfahrzeuge und Waggons (einschließlich Straßenbahnwagen), 14 = Bleche und Platten, 15 = Werkzeugstahl und Federstahl, 16 = Klein-Eisenfabrikate (Nägel, Schrauben, Haken, ausschließlich Schlösser), 17 = Schneidwaren und vernickelte Instrumente, 18 = Schlösser, 19 = Kraftwagen.

157 Abgedruckt in Gransow 1986:170, dort zusammengestellt nach Berno Rische, „Stand und Entwicklung der chinesischen Industrie mit besonderer Berücksichtigung der Absatzmöglichkeiten für ausländische Maschinen“, Berlin 1930, S. 152 ff.

Kapitel 6

Die Kultur- und Wissenschaftsbeziehungen: Export – Austausch – Kooperation

Der deutsch-chinesische Kultur- und Wissenschaftsaustausch sollte in diesem Zeitraum qualitativ und quantitativ für beide Länder an Bedeutung gewinnen. Bedingt durch den Ersten Weltkrieg müssen zwei Hauptphasen unterschieden werden.

Das Deutsche Reich sah ebenso wie die anderen Länder in dem Aufbau kultureller Beziehungen in erster Linie eine Maßnahme zur Förderung politischer und wirtschaftlicher Interessen in China. Hauptsächlich handelte es sich um die Einrichtung von Schulen zur Vermittlung der deutschen Sprache und technischer Fertigkeiten, so daß diese Initiativen als „Kulturexport" und „Kulturpropaganda" charakterisiert werden müssen.[1] Umfangreiche Pläne zur Intensivierung des Kultur- und Wissenschaftsaustausch, z.B. auch durch die Errichtung eines „Richthofen-Instituts" in Peking, fanden 1914 ein Ende. Darüber hinausgehende Ansätze einer „auswärtigen Kulturpolitik" wurden zu Beginn der Weimarer Republik und mit Einrichtung der „Kulturabteilung" beim Auswärtigen Amt wieder aufgegriffen. Forderungen nach einer von wirtschaftlichen Belangen losgelösten neuen und sachlichen Ausrichtung stießen jedoch auf innenpolitische, finanzielle und teilweise ideologische Widerstände und kamen deshalb nur zögerlich zur Umsetzung.[2] In den zwanziger Jahren konzentrierte sich Deutschlands auswärtige Kulturpolitik in China auf die Betreuung der Auslandsstudenten und einige ausgewählte Projekte.

Die von Deutschland initiierte und organisierte Form des Kulturaustauschs wurde von chinesischer Seite allgemein positiv aufgenommen, wenngleich Chinas Interesse nur sekundär wirtschaftlich motiviert war und es primär um ein gründliches Studieren der Erfahrungen Deutschlands, seiner Niederlagen und Stärken, seiner Wissenschaft, Technik, Literatur und Philosophie ging, um die Modernisierung des eigenen Landes voranzutreiben. Aus diesem Grund hatte die chinesische Regierung bereits vor dem Krieg begonnen, den

1 Vgl. Reinbothe 1992.

2 Zu den Anfangsdiskussionen um eine deutsche auswärtige Kulturpolitik und ihre Umsetzung in der Weimarer Republik siehe Düwell 1977.

Ausbau moderner Bildungsstätten und das Auslandsstudium zu fördern. Das Erziehungsministerium verband 1914 hiermit die Absicht, daß die Studenten sich die Wissenschaft des Auslands aneignen, die Zivilisation und Kultur des eigenen Landes fördern und allgemeine Kenntnisse des Auslands in China verbreiten sollten.[3] Für die Organisation des Auslandsstudiums wurden 1915 entsprechende Verwaltungsvorschriften erlassen (Dok. 109). Diese Politik wurde nach dem Krieg fortgesetzt, obwohl keine konkret auf Deutschland ausgerichtete Kulturpolitik bestand und die Auswirkungen des Bürgerkrieges und die desolate Finanzlage den systematischen Aufbau kultureller Beziehungen behinderten. Insgesamt gab die Peking-Regierung aber den USA und Großbritannien – und damit auch der englischen Sprache – den Vorzug. In der Gewißheit, daß Deutschland 1918 seine Kolonialinteressen in China aufgegeben hatte, unterstützte die Regierung jedoch deutsche Einrichtungen und Kulturbestrebungen, um ein Gegengewicht zum angloamerikanischen Einfluß zu schaffen.

Trotz dieser Schwierigkeiten nahmen die Kulturbeziehungen in den Jahren der Weimarer Republik einen deutlichen Aufschwung. Ein wesentlicher Grund waren die in Deutschland inflationsbedingt geringen Lebenshaltungskosten, die das Land zeitweilig zum begehrtesten Studienort chinesischer Studenten und Intellektueller in Europa werden ließen. Des weiteren seien die Initiativen privater Institutionen und Vereinigungen (z.B. Ostasiatischer Verein, Verband für den Fernen Osten) wie auch Einzelpersonen (Richard Wilhelm) genannt, die ihre finanzielle und organisatorische Unterstützung anboten. In vielen Fällen wurde diese Kooperation durch ehemalige Deutschlandstudenten gefördert, die nach ihrer Rückkehr einflußreiche Positionen in China bekleideten, zu ihnen zählten u.a. Cai Yuanpei, Zhu Jiahua und Zhang Junmai. Letztlich waren es diese Interessensgruppen und Netzwerke, die auch dazu beitrugen, daß sich in China zwei Zentren des wissenschaftlichen Austauschs herausbildeten: Das Germanistik-Seminar an der Peking Universität und die naturwissenschaftlich-medizinisch ausgerichtete Tongji-Universität in Shanghai.

Ferner fanden das Interessen und die gestiegene Bedeutung Chinas ihren Ausdruck in der der Schaffung neuer sinologischer Lehrstühle in Deutschland und der Erweiterung wissenschaftlicher Schwerpunkte, in der Gründung der Gesellschaft für Ostasiatische Kunst in Berlin (1926) sowie in der „Chinamode“ der zwanziger Jahre, im Rahmen derer die Zahl China-bezogener Publikationen in Deutschland zunahm. Dies gilt in gewisser Weise umgekehrt auch für die Situation in China, da dort durch die erhöhte Sprachkompetenz der Deutschstudenten eine Vielzahl wissenschaftlicher, literarischer, philosophischer und populärer Werke erstmals ins Chinesische übersetzt und veröffentlicht wurde (Kap. 7).

Die deutsche auswärtige Kulturpolitik in China, 1911-1927

Das Deutsche Reich verband den Aufbau kultureller Beziehungen zu China mit dem Motiv, dort durch Schulgründungen die Kenntnisse der deutschen Sprache und Kultur besser verbreiten zu können, um über die Ausbildung einer einheimischen deutschfreundlichen Elite langfristige wirtschaftliche Erfolge zu verzeichnen. Faktisch konnte das Auswärtige

---

3 Siehe Harnisch 1999:155ff.

Amt bis 1918 aber nur durch das Schulreferat, welches dem Referat der Rechtsabteilung (III d) untergeordnet war, eine aktive kulturelle Außenpolitik betreiben.[4] Der Aufbau kultureller Beziehungen lag deshalb hauptsächlich in den Händen gesellschaftlicher Organisationen, z.B. der Mission und den „Auslandsvereinen", die hiermit die Durchsetzung eigener Ziele verknüpften. Des weiteren übernahm das Reichsmarineamt eine wichtige Funktion, da die von ihm verwaltete Kolonie Kiautschou als ein „deutsches Kulturzentrum" etabliert werden sollte, um den wirtschaftlichen und politischen Einfluß Deutschlands in China zu steigern.[5] Während des Ersten Weltkriegs brachen diese Strukturen zusammen, überdies trat die Arbeit der Kulturpropaganda zunehmend in den Hintergrund. Mit Errichtung der Weimarer Republik erfolgte dann der systematische Aufbau einer staatlich geförderten und koordinierten auswärtigen Kulturpolitik. Institutionell aufgewertet wurde diese im Zuge der „Schülerschen Reformen" des Auswärtigen Amtes, als 1920 eine selbständige Abteilung für „Deutschtum im Ausland und kulturelle Angelegenheiten" (kurz: Kulturabteilung) eingerichtet wurde. Obgleich in ihren finanziellen Möglichkeiten stark beschnitten, gelang der Kulturabteilung in den nächsten Jahren trotz z.T. erheblicher Widerstände die angestrebte und politisch notwendige Abkehr vom bisherigen Propagandakonzept hin zu einer sachlichen Kulturvermittlung.[6]

Erste Anregungen für die systematische Neubestimmung einer auswärtigen deutschen Kulturpolitik lieferte 1912 der Leipziger Kulturhistoriker Karl Lamprecht, der seine Konzeption publizistisch an die Öffentlichkeit trug und den politisch Verantwortlichen nahe brachte.[7] Kulturpolitik in Deutschland sei wesentlich Wirtschaftspolitik, so seine Kritik, und könne deshalb nicht zu dauerhaften Errungenschaften führen. In Ablehnung der aggressiv imperialistischen Ziele Wilhelminischer „Weltpolitik" und dem Bestreben, diese militärisch durchzusetzen, sprach Lamprecht sich für eine großzügige Kulturpolitik nach französischem und anglo-amerikanischem Vorbild aus. Obgleich auch Reichskanzler Bethmann-Hollweg hierzu positiv Stellung nahm, kam dieser Gedanke aufgrund des Ersten Weltkriegs nicht zur Umsetzung.[8] Dennoch sprach Bethmann-Hollweg dem „ungeheueren chinesischen Wirtschaftsgebiet" in einem Runderlaß an die Staatssekretäre des Innern, des Auswärtigen Amtes und des Reichsschatz-Amtes eine besondere Bedeutung zu und gab zu verstehen, daß er bereits vorhandene Bestrebungen zur Förderung des Kulturaustauschs in jeder Weise zu unterstützen wünsche.[9]

Mit diesen Worten nahm der Reichskanzler Bezug auf die zeitgleich artikulierten Forderungen der Shanghaier Handelskreise, die eine enge Verbindung von Kultur- und Wirtschaftspolitik befürworteten und aus dieser Perspektive eine verstärkte „Kulturoffensive"

---

4 Düwell 1976:71.

5 Mühlhahn 2000:236.

6 Zu Struktur und Aufbau der Kulturabteilung siehe insbesondere Düwell 1976.

7 Düwell 1976:14. Lamprecht hielt die Rede am 7. Oktober 1912 auf der Tagung des Verbandes für Internationale Verständigung in Heidelberg, abgedruckt in Düwell 1976:255-267.

8 Zu der 1913 geführten Debatte siehe Kloosterhuis 1994:3-14, Reinbothe 1992:62-63, Harnisch 1999:143-146.

9 Runderlaß vom 5. August 1913, in: Kloosterhuis 1994:12-13.

verlangten. Die Handelskreise beklagten den Rückgang des Deutschtums in China und obgleich der deutsche Gesandte v. Haxthausen dieses auf das Schärfste dementierte,[10] setzte nun eine Debatte ein, in der die „Shanghaier Deutsche Vereinigung zur Verbreitung des Deutschtums" die mangelnde deutsche Kulturarbeit in China für die dort schwache Position des deutschen Handels verantwortlich machte.[11] Der in Shanghai erscheinende *Ostasiatische Lloyd* hatte hierzu lebhaft Stellung bezogen,[12] zudem übte die Vereinigung in ihren zwei nun verbreiteten Denkschriften (1912/1913) Kritik an der deutschen politischen Vertretung in China und führte Verbesserungsvorschläge insbesondere auf kulturellem Gebiet an (Dok. 79). Zu den vielfach diskutierten Themen zählte auch der geringe Verbreitungsgrad der deutschen Sprache, ein Umstand, der den Sinologen Erich Hänisch die Beibehaltung der „Frakturschrift" fordern ließ[13] und den in Qingdao angestellten Dolmetscher F. W. Mohr dazu anregte, ein „Deutschlandbuch" in chinesischer Sprache zu verfassen, für welches er die Unterstützung wohl aller an China interessierten Kreise gewinnen konnte (Dok. 104).

Im September 1913 gab Konsul v. Knipping, Shanghai, zu verstehen, daß die „Dringlichkeit angesichts der Anstrengungen unserer Konkurrenten um den chinesischen Markt gerade auf dem Gebiet der Kultur- und Schularbeit unbestritten ist".[14] Allerdings betonten die von ihm eingeforderten Situationsberichte verschiedener Standorte deutscher Gemeinden in China lediglich die bessere Strategie anglo-amerikanischen und japanischen Vorgehens und zeichneten ein betreffend der Verbreitung des Deutschtums eher optimistisches Bild.[15] Auch v. Haxthausen sah die deutsche Sprache nicht in Gefahr (Dok. 105). Im Reichstag und im Auswärtigen Amt wurden die Vorzüge einer auswärtigen Kulturpolitik anerkannt, nur fehlte es an Initiativen zur Umsetzung, zumal der außenpolitische Schwerpunkt auf dem für Deutschland bedrohlichen Balkan (1912/13) und nicht in China gesehen wurde. Die dort als ungenügend empfundene Vertretung deutscher Interessen wurde in der Presse kritisiert (Dok. 106). Zudem war das deutsche Auslandsschulwesen 1914 Gegenstand einer umfangreichen „Geheimen Denkschrift", die dessen nationale, wirtschaftliche und politische Bedeutung auch in China hervorgehob. Es blieb bis zum Ersten Weltkrieg

---

10 Siehe Haxthausen an Bethmann Hollweg, Beijing 20.01.1913 (PAA, R17743).

11 Siehe das „Programm des Zentralausschusses der Deutschen Vereinigung in Shanghai für die Vereine zur Förderung des Deutschtums in China", Abschrift vom 02.10.1912 (PAA, R17731).

12 Auslöser der Debatte war vermutlich ein Bericht des *Ostasiatischen Lloyd* vom 12. Dezember 1911, demzufolge die Gefahr vom „Rückgange des deutschen Einflusses speziell in Shantung" bestehe und der für entsprechende Aufregung unter den in China lebenden Deutschen sorgte. In Shanghai publizierte der *Ostasiatische Lloyd* diesbezüglich verschiedene Artikel, so z.B. „Deutsche Kulturaufgaben im Ausland" (7.6.1912) und „Deutsche Kulturaufgaben in China" (30.08.1912).

13 Hänisch war der Überzeugung, daß das deutsche Buch für den Chinesen nur durch die „Frakturschrift" vom englischen unterschieden werden kann, „ansonsten wird es wahrscheinlich unter der Masse der gleichartigen Bücher verschwinden und keine Beachtung finden" (Hänisch 1913:11455). Zur Diskussion siehe auch „Die deutsche Sprache in China", in: *Der Ostasiatische Lloyd*, 13.09.1912:232-233.

14 Siehe Knipping, Shanghai, an Bethmann Hollweg, 19.09.1913 (PAA, R17741).

15 Folgende Berichte liegen vor: Borch, Shantou, 24.09.1913; Förster, Hankou, 1.10.1913; Heintze, Harbin, 2.10.1913; Walter, Yichang, 24.10.1913; Tigges, Kanton, 8.11.1913; Scholz, Nanjing, 21.11.1913 (allesamt: PAA, R17743); Heintges, Mukden, 16.09.1913 (PAA, R17741).

der einzige Bereich einer aktiven Kulturpolitik Deutschlands.[16]

Darüber hinausgehende Maßnahmen zur Förderung des „Deutschtums“ blieben den unterschiedlichen Vereinigungen und ihren Mitgliedern vorbehalten, die eher praktische Interessen verfolgten. Der Ostasiatische Verein (OAV) in Hamburg und die Deutsch-Asiatische Gesellschaft (DAG), Berlin, kooperierten diesbezüglich in mehrfacher Hinsicht. Im Vordergrund stand auch hier die Einrichtung deutsch-chinesischer Schulen.[17] Zur Errichtung der Deutschen Ingenieurschule Shanghai (1910), die der Deutschen Medizinschule angegliedert wurde, rief die DAG die „Vereinigung zur Errichtung Deutscher Technischer Schulen in China“ ins Leben, welche Spendengelder aus privaten Quellen erhielt.[18] Ebenfalls wirtschaftlich motiviert war die geplante Gründung einer „Vereinigung zum Export Deutscher Lehr- und Lernmittel nach China“ (1913), die nach umfangreichen Debatten aber nicht realisiert werden konnte.[19] Schließlich wurde im März 1914 mit Hilfe des Auswärtigen Amtes der Deutsch-Chinesische Verband (DCV) in Berlin gegründet (Kap. 5). Während einige der genannten Organisationen bei Kriegsbeginn auch aus finanziellen Gründen ihre Tätigkeit einstellten, förderte der DCV bis 1917 Schulprojekte in China, organisierte Kulturveranstaltungen in Berlin und setzte sich für chinesische Studenten in Deutschland ein (Dok. 110). In dieser Hinsicht kooperierte der DCV mit der ebenfalls 1914 gegründeten „Deutsch-Chinesischen Freundschaftsvereinigung“, deren Ehrenpräsident der chinesische Gesandte Dr. Yan Huiqing war, Sekretär war Dr. Zhang Junmai (Carson Chang) (Dok. 107). Während des Krieges unterstützte der DCV ferner Hilfsfonds zugunsten Not leidender Deutscher in China und Kriegsgefangener in Japan, widmete sich aber vorrangig der Aufgabe, durch Publikationen, Lichtbildvorträge und Propagandaschriften das Interesse an China wach zu halten, um sofort nach Kriegsende mit dem Wiederaufbau der deutsch-chinesischen Beziehungen beginnen zu können. Im Jahr 1919 fusionierte der DCV mit der DAG und ihren Tochterorganisationen und setzte seine Arbeit nunmehr als „Verband für den Fernen Osten“ fort.[20] Die nach der Kriegsniederlage einsetzende Diskussion um die „Kulturaufgaben“ in China sollte u.a. in dem neuen Publikationsorgan des „Verbands“, der *Ostasiatischen Rundschau*, geführt werden.[21]

Zu Beginn der zwanziger Jahre hatte die Weimarer Republik den Wiederaufbau der Kul-

---

16 Vgl. Harnisch 1999:148. Eine Abschrift der „Geheimen Denkschrift des Auswärtigen Amtes über das deutsche Auslandsschulwesen“, April 1914, findet sich bei Düwell 1976:268-370.

17 Die DAG hatte bereits 1906 den „Ausschuß für Förderung der deutschen Kulturarbeit in China“ gegründet, wenig später folgte der „Deutsch-Chinesische Verkehrsausschuß“ (1907), dessen Zweck es war, die „in Berlin sich aufhaltenden Chinesen mit deutschen Kreisen in näheren Verkehr zu bringen“ (zit. nach Kloosterhuis 1994:725).

18 Die Spenden kamen häufig von der deutschen Exportindustrie und einigen Großbanken. Zu Profil, Organisation, Mitgliedschaft und Finanzierung der genannten Ausschüsse und Vereinigungen siehe Kloosterhuis 1994:703-731.

19 Kloosterhuis 1994:732-734. Siehe auch den umfangreichen „Bericht über die Konferenz zur Begründung einer Export-Vereinigung für die Einführung deutscher Lern- und Lehrmittel in China“, in: *Börsenblatt für den Deutschen Buchhandel*, 80. Jg., Nr. 80, 09.04.1913:3681-3690.

20 Kloosterhuis 1994:737-752.

21 Siehe z.B. Wilhelm 1921 und Mohr 1922.

tur- und Wissenschaftsbeziehungen sowohl im Ausland als auch im Inland zu bewältigen und tat dies durch vorsichtige Hervorhebung kultureller, wissenschaftlicher und technischer Leistungen.[22] Der preußische Staatssekretär und spätere Kultusminister Becker hatte bereits 1919 in einer Denkschrift die neuen kulturpolitischen Aufgaben skizziert und zum Ausdruck gebracht, daß fortan nicht mehr die Kultur der Wirtschaft zu folgen habe, im Gegenteil: „In Zukunft müssen feste kulturpolitische Ziele Richtschnur und Schranke auch für unsere Wirtschaftsinteressen sein."[23] Das durch die Kriegsereignisse geförderte Umdenken und Überdenken der kulturellen Beziehungen zum Ausland blieb nicht ohne Wirkung auf die Auslandsstudien und wurde vom Auswärtigen Amt nachhaltig unterstrichen. Die praktische Umsetzung blieb jedoch problematisch, einerseits weil konservative Kreise diesen Ansichten der jungen Republik z.T. starken Widerstand entgegen brachten, andererseits aus finanziellen Gründen.[24] Darüber hinaus betonte auch Reichswehrminister Noske die Notwendigkeit zum Aufbau höherer Bildungseinrichtungen in China (Dok. 113). Im Zuge des Aufbaus gleichberechtigter Beziehungen forderte schließlich der deutsche Gesandte in Peking, Boyé, die Beherrschung der chinesischen Sprache für den diplomatischen Dienst, um neue Wege der Kommunikation mit China zu erschließen (Dok. 118).

In China hatten sich deutsche Vertreter während der Kriegsjahre eine optimistische Haltung bewahrt, insbesondere nachdem China sein Interesse an einer Weiterführung der Kulturbeziehungen dadurch ausdrückte, daß die Regierung 1917 Maßnahmen zur Rettung deutscher Schuleinrichtungen traf bzw. diese ganz übernahm. Obgleich die Strukturen der deutschen Kulturarbeit durch den Verlust von Gebäuden und die Repatriierung der Deutschen weitgehend zerstört waren, konnte auf diese Weise schon bald wieder mit dem Schulbetrieb begonnen werden.[25] Eine Rückkehr zu den Verhältnissen, wie sie vor dem Krieg bestanden hatten, war allerdings aus politischen und finanziellen Gründen unmöglich geworden, so daß die deutschen Vertreter von Politik und Wirtschaft die Koordination vielfach dem „Verband für den Fernen Osten" übertrugen, der nun auch die Verwaltung der Medizin- und Ingenieursschule in Shanghai übernahm. Der Wiederaufbau der deutschen Grund- und Mittelschulen wurde größtenteils von den Missionen übernommen, während das Auswärtige Amt sich durch seine Kulturabteilung vor allem darum bemühte, das Studium von Ausländern in Deutschland zu fördern.[26] Damit hatte die deutsche Kulturpolitik einen Richtungswechsel vollzogen: Neben den Kulturexport nach China war nun auch die Förderung chinesischer Studenten in Deutschland getreten.

Derweil konzentrierten sich deutsche Initiativen für einen wissenschaftlichen Austausch

---

22 Allgemein lassen sich nach Düwell (1976:103) fünf große Gebiete deutscher Kulturarbeit feststellen: das Auslandsschulwesen, deutsche wissenschaftliche Institute im Ausland, der Austausch von Wissenschaftlern und Studenten, die Arbeit deutscher Ärzte und Krankenhäuser im Ausland und die Bestrebungen, für deutsche Sprache, Literatur und Kunst im Ausland zu werben. Zum Faktor „Medizin" als Kulturmission auch vor dem Ersten Weltkrieg siehe Eckart 1989.

23 Becker: „Kulturpolitische Aufgaben des Deutschen Reiches", Leipzig 1919, zit. nach Düwell 1976:29.

24 Zum Wandel der Kulturpolitik in der Weimarer Republik siehe Düwell 1976.

25 Vgl. Düwell 1976:129 und die verschiedenen Beiträge in Schmidt/Boelitz 1928, Bd.2.

26 Harnisch 1999:278-281.

mit China auf die Peking Universität und die Tongji-Universiät in Shanghai. Einzelinitiativen wie Richard Wilhelms Pläne zur Errichtung eines Orient-Instituts und eines Übersetzungsbüros in Peking wurden aus Kapitalgründen nur in Ansätzen realisiert.[27] Ein weiteres Beispiel liefert der ob seiner Intention zwar gelobte aber stark kritisierte „Deutsch-Chinesische Kulturverband“ (*ZhongDe wenhua xiehui*), der Vertreter beider Nationen aus Politik, Wirtschaft und Wissenschaft zu seinen Mitgliedern zählte. Der von dem Germanisten Waldemar Oehlke an der Peking Universität ins Leben gerufene Verband zählte 1922 bereits 122 deutsche und 299 chinesische Mitglieder, Ehrenmitglieder waren der Deutsche Gesandte Adolf Boyé und der Rektor der Peking Universität, Cai Yuanpei.[28] Der Verband bestand jedoch nur auf dem Papier und sein Gründer soll sich keiner großen Beliebtheit erfreut haben.[29] Dies tat dem herrschenden Interesse an deutscher Kultur keinen Abbruch, wie z.B. ein Konzert des Violinisten Fritz Kreisler zeigte, welcher 1923 in Peking gastierte und von der kulturellen Elite Chinas begeistert aufgenommen wurde.[30] Praktischer ausgerichtet war der 1924 von Richard Wilhelm in Peking gemeinsam mit chinesischen Gelehrten gegründete „Verein zur Fürsorge für chinesische Studenten in Deutschland“, der nicht nur in organisatorischen Fragen Hilfestellung leistete, sondern dazu befähigen sollte, nach der Rückkehr die europäische Kultur im Heimatland zu vertreten.[31]

Obgleich der deutsch-chinesische Kultur- und Wissenschaftsaustausch auch aufgrund derartiger Privatinitiativen in den zwanziger Jahren einen gewissen Aufschwung nahm, spielte die deutsche Kulturpolitik in der internationalen Kulturpolitik Chinas nur eine untergeordnete Rolle. Jedoch trafen die zielgerichteten deutschen Bemühungen zum Aufbau einzelner Bildungseinrichtungen auf das chinesische Interesse an einer Ausweitung der Beziehungen.

Deutsche Schulen und Hochschulen in China

Im Jahr 1911 existierten unterschiedliche deutsche Bildungseinrichtungen in China. Seit im Zuge der Bildungsreform das alte Prüfungssystem 1905 abgeschafft worden war und die chinesische Regierung neue Schulen nach westlichem Vorbild eingerichtet hatte, war die Anzahl ausländischer Schulen insgesamt gestiegen.[32] In Deutschland bewertete man die Abschaffung des Prüfungssystems als einen Sieg der westlichen Kultur und sah hier eine

---

27 *Ostasiatische Rundschau* 6:4, April 1925:66.

28 Der Deutsch-Chinesische Kulturverband, so darf einem Schreiben des Verbandes entnommen werden, ist „eine Gründung der Pekinger Studentenschaft, ist eine Zentrale für den Austausch deutscher und chinesischer Kulturinteressen und Kulturwerte im weitesten Sinne unter Ausschluß jeglicher Politik“. Hierzu wie auch zu den Mitgliedern siehe BArch, R57 neu, 1217-18.

29 So schreibt Richard Wilhelm am 6. Mai 1922 an die Redaktion der Frankfurter Zeitung, Herrn v. Dewall, daß der Kulturverband während der Zeit seines Bestehens nichts unternommen habe, „als die Versendungen der Aufforderungen zum Beitritt“ (BArch, R9208/3391, Bl. 7).

30 Siehe Wilhelm, Richard 1923: Ein Ereignis in der chinesischen Musikgeschichte, unveröffentlichtes Manuskript, 05.06.1923 (BArch, R9208/3508, 206-210).

31 Wilhelm 1924 und Yü-Dembski 1991:324.

32 Vgl. Reinbothc 1992.

Möglichkeit, durch entsprechende Schulgründungen den eigenen Einfluß auszudehnen.[33] Weitere Gründe für das verstärkte deutsche Engagement waren die wirtschaftlichen Erfolge der englischsprachigen Konkurrenz, die einer großzügigen Kultur- und Missionsarbeit zugeschrieben wurden, sowie der Umstand, daß das chinesische Unterrichtsministerium 1910 die englische Sprache für chinesische Gewerbeschulen und 1912 für staatliche Mittelschulen zur einzigen obligatorischen Fremdsprache erklärte.[34] Vor dem Hintergrund dieser Situation wurden von deutscher Seite drei Schultypen in China eingerichtet: Elementarschulen, Mittelschulen und Hochschulen.

Erste Elementarschulen, die Kenntnisse der deutschen Sprache in China vermittelten, waren durch protestantische und katholische Missionen in der zweiten Hälfte des 19. Jahrhunderts errichtet worden. Im Anschluß an den Boxeraufstand hatte sich dann eine Neuorientierung abgezeichnet, die den Schwerpunkt missionarischer Arbeit auf Erziehung und Gesundheitsfürsorge legte, auch um staatliche Subventionen in Anspruch nehmen zu können.[35] Der in China international geführte Wettbewerb um Schülerzahlen kam seinerzeit in unzähligen Berichten zum Ausdruck und ließ mitunter Kritik an den Missionsschulen erkennen, weil diese zu spät den Deutschunterricht eingeführt hätten.[36] Insgesamt fiel der deutsche Anteil auch 1913 noch sehr gering aus.[37]

Im Rahmen seiner neuen säkularen Kulturpolitik hatte das Deutsche Reich 1907 „deutsch-chinesische Schulen" einrichten lassen, die von den Missionen mit unterhalten wurden. Bis 1910 konnten Schulen diesen Typs in Hankou, Tianjin, Jinan, Guangzhou und Chengdu gegründet werden.[38] Prinzipiell unterschieden wurde einerseits in Schulen, die der

---

33 In Kiautschou begrüßte das deutsche Gouvernement diese Entwicklung und sprach sich 1905 für eine neue Kulturpolitik aus. Zudem hatte in Shandong bereits nach dem Boxeraufstand 1900/01 die Neuorientierung der Missionsschulen beider Konfessionen eingesetzt. Angestrebt wurde eine indirekte Missionierung, gleichzeitig verpflichtete man sich zur Verbreitung des Deutschtums, um staatliche Fördermaßnahmen der Deutschen Reiches in Anspruch nehmen zu können. Vgl. Leutner 1997:430ff, dort auch Dok. 127: „Denkschrift des stellvertretenden Gouverneurs von Kiautschou, Jacobson, an das Reichsmarineamt", 27.01.1905.

34 Siehe Reinbothe 1992:127-132, 167-172.

35 Die offizielle Anerkennung dieser Schulen durch den chinesischen Staat basierte auf zwei Voraussetzungen: Erstens durfte Religion nicht als Pflichtfach unterrichtet werden, zweitens waren lt. Lehrplan nachmittags die chinesischen Klassiker zu unterrichten. Gemäß diesen Vorgaben wurden in Kiautschou eine Gouvernementsschule, 26 Elementarschulen, zehn Missionsschulen, vier Berufsschulen und eine Fachschule gegründet (Mühlhahn 2000:236-237).

36 Auch aus diesem Grund drückte z.B. die katholische Mission 1914 ihre Bereitschaft aus, den Anteil des Deutschunterrichts in ihren Schulen zu erhöhen. Der deutsche Gesandte in Peking, Haxthausen, gab zu verstehen, daß diese Pläne ihm sympathisch seien, „sofern sie auf die Förderung des Deutschtums abzielten" (Haxthausen an Reichskanzler, 25.01.1914; PAA, R17743).

37 Die evangelische Mission unterhielt im Jahr 1913 ca. 200 Volksschulen mit ungefähr 6000 Schülern in China, die katholische Mission kam auf doppelt so viele Schulen und 8000 Schüler. Angesichts der ca. 10.000 englischen und amerikanischen Elementarschulen, die nahezu 200.000 Schüler ausbildeten, fiel der deutsche Anteil relativ gering aus. Siehe Linde 1921:40-47, und „Denkschrift zur Förderung des Deutschtums in China", 1913:11; Chen Chi 1973:148.

38 Wie Reinbothe hierzu bemerkt, täuschte der allgemein verwendete Begriff „deutsch-chinesische Schule" eine Partnerschaft vor, die weder vorhanden war noch angestrebt wurde. Es handelte sich vielmehr um ein Zugeständnis, „mit dem man die chinesische Regierung zur Anerkennung dieser Schulen bewegen

Erhaltung des Deutschtums dienten und dem einheimischen Vorbild folgten, und andererseits den sog. „Propagandaschulen", die sich der Schulorganisation des fremden Landes anpaßten.[39] Vermittelt wurden dort gründliche Deutschkenntnisse und eine Einführung in naturwissenschaftliche Fächer (Rechnen, Geographie, Geschichte, Naturkunde, ...), damit die Schüler später dem Unterricht in deutscher Sprache folgen können. Das vierjährige Curriculum orientierte sich an dem chinesischer Mittelschulen, um insbesondere die künftige Elite Chinas anzusprechen. Ziel war es, unter den Schülern Vorstellungen von Deutschland zu verbreiten, „um sie dadurch zu Freunden Deutschlands zu gewinnen" und die Handelsinteressen zu fördern.[40] Aus vergleichbaren Motiven zeigte sich insbesondere die expandierende Industrie an Konzepten zur Einrichtung Technischer Hochschulen interessiert.[41] Im Jahr 1912 konnte die Deutsche Ingenieurschule für Chinesen in Shanghai in Betrieb genommen werden; im Sommer 1916 wurden die ersten 14 Abiturienten entlassen.[42] Die technische Schule in Hankou wurde zwar 1917 fertig gestellt, nahm den Lehrbetrieb wegen des Krieges aber nicht mehr auf. Insgesamt unterhielt das Deutsche Reich vor dem Krieg 14 Schulen in China, drei deutsche und elf deutsch-chinesische.[43]

Die Schulen waren zunächst nicht direkt vom Krieg betroffen. Zwischen 1910 und 1917 war die Zahl der Schüler sogar von 180 auf 540 angestiegen.[44] Auch zeigte die chinesische Regierung Interesse, den Schulbetrieb aufrechtzuhalten (Dok. 112). Versuche des DCV, den Betrieb dieser Schulen nach Kriegsende wieder aufzunehmen, scheiterten zunächst aus Kapitalmangel und häufig komplizierten Verhandlungen um Gebäude und Boden, so daß viele der Schüler zu Beginn der zwanziger Jahre zu einem Studium nach Deutschland aufbrachen. Der (Wieder-)Aufbau deutscher Schulen blieb jedoch ein wichtiges Ziel dieser Jahre, so daß 1929 Einrichtungen in Peking, Shanghai, Tianjin, Hankou, Qingdao, Jinan und auch Mukden (Shenyang) bestanden.[45] Vergleichsweise unbehelligt vom Krieg setzten auch die Missionsschulen im Inland ihren Unterricht fort, wenngleich sie unter Geld-,

---

wollte" (Reinbothe 1992:137-138).

39 Siehe „Geheime Denkschrift des Auswärtigen Amtes über das deutsche Auslandsschulwesen", April 1914, in: Düwell 1976:289.

40 Siehe hierzu die „Geheime Denkschrift", 1913, und Harnisch 1999:143-154, zu den Schulgründungen in Qingdao und Shandong siehe Leutner 1997, Kap. 8.

41 Die zu diesem Zweck 1910 von Vertretern der Regierung und der Industrie in Berlin gegründete „Vereinigung zur Errichtung Deutscher Technischer Schulen in China" entwickelte weit reichende Pläne, die sich an den Standorten der Mittelschulen orientierten. Vgl. Harnisch 1999:151-152.

42 Siehe den „Jahresbericht für 1916" der Vereinigung zur Errichtung deutscher Schulen in China Januar 1917 (PAA, R63148).

43 Eine Auflistung in der „Geheimen Denkschrift" vom April 1914 nennt folgende deutsche Schulen, einschließlich Schülerzahlen und Finanzierung: Hankou (1913), Shanghai (1895), Tianjin (1909). Deutsch-chinesische „Propagandaschulen" wurden unterhalten in Hankou (1907), Kanton (1909) sowie zwei Schulen im Umfeld Kantons (1905, 1909), Shanghai (1907), Tianjin (1907), Chengdu (1909), Jinan (1910) und außerhalb (1909), sowie zwei Schulen in der Nähe von Xiamen (Swatau, 1906, 1910). In: Düwell, 1976, Anhang II.

44 Kreissler 1987:89, Harnisch 1999:154.

45 Hierzu wie auch zur institutionellen Anbindung dieser Schulen an das deutsche System siehe Düwell 1976:141.

Lehrmaterial- und Personalmangel litten und frühzeitig staatliche Unterstützung forderten (Dok. 108). Staatliche Zuwendungen waren jedoch an die Vermittlung säkularer Unterrichtsfächer wie Deutsch und Landeskunde gebunden, was nun wiederum den Anlaß für eine schärfere Diskussion um den Wert der Missionsschulen für die deutsche Kulturarbeit gab (Dok. 111). Nach dem Krieg trugen die in China sich im Zuge der 4. Mai-Bewegung 1919 artikulierenden antichristlichen und antiimperialistischen Proteste dazu bei, daß Religionsarbeit nur noch „indirekt" geleistet werden konnte.[46] Energischen Bemühungen missionarischen Eifers stellte sich 1926 auch die deutsche Gesandtschaft entgegen, um die Beziehungen zu China nicht zu gefährden (Dok. 125).

Ein nennenswertes Schulprojekt war die im Herbst 1911 eröffnete „Deutsch-chinesische Mädchenschule zu Tsingtau" (Shu-Fan-Schule).[47] Die Schulgründung ging auf die Initiative des Publizisten und Propagandisten Paul Rohrbach zurück, der in den Töchtern der chinesischen Elite und späteren Müttern wichtige Multiplikatoren des „Deutschtums" sah. Obgleich englische, amerikanische und auch deutsche Missionare bereits auf diesem Gebiet tätig waren, rechnete man sich mit der Förderung einer höheren deutschen Bildungseinrichtung für Mädchen bessere Chancen als bei der Knabenerziehung aus.[48] Die Schule begann mit 20 Schülerinnen, vermochte jedoch kein großes Interesse bei Kultur- und Wirtschaftsvertretern zu wecken und wurde mit Kriegsbeginn geschlossen.

Ergänzt wurde das mehrgliedrige Schulsystems durch den Aufbau eines Berufsschulwesens in Qingdao und die Errichtung von zwei Anstalten höherer Bildung, der „Deutschen Medizinschule für Chinesen in Shanghai" (1907, später Tongji-Universität) und der deutsch-chinesischen „Hochschule für Spezialwissenschaften mit besonderem Charakter" in Qingdao. Letztgenannte war am 25. Oktober 1909 eröffnet worden und stellte die einzige deutsche Bildungseinrichtung in China dar, die den Namen „Hochschule" trug.[49] Sie unterstand der deutschen Marineverwaltung und wurde von der chinesischen Regierung anerkannt und finanziell gefördert.[50] Das Curriculum der Hochschule gliederte sich in eine Unter- und Oberstufe, unterrichtet wurde in Abteilungen für Staats- und Rechtswissenschaften, Medizin, Ingenieurwissenschaften sowie Forst- und Landwirtschaft. Durch die Zuflucht zahlreicher wohlhabender Chinesen nach dem Zusammenbruch der Dynastie stieg die Zahl der immatrikulierten Studenten bis 1914 auf mehr als 400 an, von denen die meisten aller-

---

46 Zu den Folgen antichristlicher Proteste für die Basler Mission in Guangdong siehe z.B. Klein 2002:447-473.

47 „Shufan" = „Vorbild edler Weiblichkeit". Zu Aufbau und Curriculum der Shu-Fan-Schule siehe Reinbothe 1992:231-239, Mühlhahn 2000:242.

48 Konsul Betz hatte 1911 gegenüber Wilhelm bemerkt, daß die deutsche Sprache für die Knaben bestenfalls sekundäre Bedeutung erlangen würde. „Für die weibliche Jugend dagegen ist die Sprachenfrage noch nicht entschieden". Siehe Betz an Wilhelm, Jinanfu 26.05.1911 (PAA Nr. R63152).

49 Graf Rex, der seit Ende 1906 als Gesandter in Peking tätig war, hatte im Mai 1907 vorgeschlagen, „Qingdao zu einer Bildungsstätte für Chinesen auf allen Gebieten aus(zu)gestalten", weil dort die Konkurrenz am geringsten sei (Reinbothe 1992:194ff). Zur Gründung und Geschichte der Lehranstalt siehe Chen Chi 1973:143-148, Kreissler 1989:131-138, Stichler 1989:261-291, Reinbothe 1992:192-230, Huang 1995:158-163, Mühlhahn 2000:244ff und Leutner 1997:432-436, Dok. 128 u. 129.

50 Chen Chi 1973:144, Leutner 1997:434ff.

dings die vorbereitende Unterstufe besuchten. Mit Kriegsbeginn stellte die Fachhochschule den Betrieb ein und wurde anschließend nicht wieder eröffnet, bis dahin hatten ca. 30 Schüler einen Abschluß erlangt.[51] Obgleich die Gesamtschülerzahl an deutschen Schulen im Jahr 1913 mit 1579 relativ niedrig war, stellte v. Haxthausen im Februar 1914 eine weitgehende Berücksichtigung der deutschen Sprache seitens der Zentralregierung fest (Dok. 105).[52]

Mit Beginn des Krieges setzte ein Großteil der Schüler aus Qingdao seine Ausbildung in Shanghai fort und besuchten dort die „Deutsche Medizinschule für Chinesen" und die bereits erwähnte „Deutsche Ingenieurschule für Chinesen". Das mit umfangreichen Geld- und Sachspenden aus Industrie-, Handels und Bankkreisen geförderte Projekt wurde noch 1916 um eine Werkmeisterschule erweitert und konnte den Lehrbetrieb bis März 1917 ungehindert aufrechterhalten. Bei Abbruch der diplomatischen Beziehungen forderte die französische Polizei die Schließung der in der Französischen Konzession gelegenen Vorschule, der Ingenieurschule und der Vorklinik der Medizinschule. Das chinesische Interesse an einer Weiterführung des Unterrichts erlaubte die Verlagerung des Standortes nach Wusong. Die Leitung der Lehranstalt hatte am 1. April 1917 das Tongji-Komitee übernommen, welches den an der Technischen Universität Berlin ausgebildeten Diplom-Ingenieur Ruan Shangjie zum Präsidenten berief. Diverse Versuche der Alliierten, die Lehranstalt zu schließen, scheiterten am Widerstand Ruans und der chinesischen Regierung, auch dann, als die deutschen Lehrkräfte im Frühjahr 1919 repatriiert wurden.

Nach Unterzeichnung des Versailler Vertrages blieben die ehemaligen Gebäude im Besitz Frankreichs, während Ruan sich mit dem „Verband für den Fernen Osten" über den Wiederaufbau der Hochschule in Wusong verständigte. Jedoch waren weder Deutschland noch China in der Lage, die finanziellen Mittel aus eigener Kraft aufzubringen. Nachdem die chinesische Regierung erste Geldmittel zur Verfügung gestellt und den neuen Standort festgelegt hatte, rief der „Verband" im Anschluß an eine Sitzung vom 21. September 1920 die deutsche Industrie zur Stiftung entsprechender Werkanlagen und Einrichtungen auf.[53] Am 29. März 1921 wurde schließlich ein Kooperationsabkommen unterzeichnet, woraufhin die Lehrer zurückkehrten (Dok. 115). Dem nunmehr deutsch-chinesischen Gemeinschaftsprojekt wurde auf Anordnung des chinesischen Unterrichtsministeriums am 26. Mai 1923 der Rang einer Universität zuerkannt. In den folgenden vier Jahren entfaltete die Universität einen geregelten Lehrbetrieb, parallel wurden die Bereiche Elektrotechnik, Maschinenbau und Medizin um Werkstätten und Laboratorien erweitert, hinzu kam ein neues Wohnheim

---

51 Am 20.09.1924 wurde die neue Universität in Qingdao eröffnet, ihr Präsident war der Gouverneur des Jiaozhou-Gebietes, Gao Enhong. Während des Festaktes blieb die ehemalige deutsch-chinesische Hochschule unerwähnt, auch sollten vorerst keine ausländischen Lehrkräfte an die Universität berufen werden (Berichte vom 24.09. und 01.11.1924, in: PAA, R63287).

52 Deutsche Einrichtungen beschäftigten 68 fremde und 45 chinesische Lehrer, angloamerikanische Lehranstalten 254 fremde und 338 chinesische Lehrer. Der Vorsprung angloamerikanischer Institutionen zeigte sich auch in der Anzahl von 42 Einrichtungen, 10.248 Schülern und einem deutlich höheren Lehrerpotential. Siehe die Übersicht bei Linde 1921:40-41.

53 Von der deutschen Industrie wurden Maschinen, Apparate und Bücher im Wert von 600.000 Mark gestiftet. Der VfO stellte 300.000 Mark zur Verfügung (Bieg-Brentzel 1984:25).

(Dok.121). Der Regierungswechsel und die Kämpfe um Shanghai stellten die Universität 1927 abermals vor Probleme, so daß das chinesisch-deutsche Tongji-Komitee am 23. März seine Arbeit einstellte. Im Jahr 1928 waren ca. 120 Medizinstudenten und 100 Studierende an der Technischen Schule immatrikuliert. Hinzu kamen 90 Schüler an der Werkmeister- und Lehrlingsschule.[54]

Die Tongji-Universität war letztlich eine gemäßigte Umsetzung des Propagandaschulkonzeptes, und das einzige Bildungsprojekt dieses Zeitraums in China, auf welches Deutschland auch nach dem Ersten Weltkrieg direkten Einfluß nahm.[55] Nachdem die Medizinische Fakultät schon 1915 in Deutschland anerkannte Promotionsvorschriften erlassen hatte, entwickelte sich die Tongji-Universität in den zwanziger Jahren aufgrund ihrer qualitativ hochwertigen Ausbildung zu einem wichtigen Bindeglied für das chinesische Auslandsstudium bzw. für den direkten Zugang an deutsche Universitäten.

Chinesische Studenten und Intellektuelle in Deutschland

Chinesische Motive für ein Studium in Deutschland resultierten aus seinem Ruf als Handels-, Industrie- und Militärmacht Europas. Die Zahl der in Deutschland studierenden Chinesen blieb relativ gering, lediglich nach dem Krieg und aufgrund des inflationsbedingt günstigen Wechselkurses stieg ihre Zahl bis 1924 auf ca. 600 an. Die chinesische Regierung hatte das Auslandsstudium als Bestandteil der Reformen bereits vor dem Krieg gefördert, wobei Japan als Vorbild fungierte und den Großteil der Studenten anzog. In Europa war Deutschland das nach Frankreich und England beliebteste Studienziel.[56]

In den Jahren bis zur Gründung der Republik China hatten sich etwas über einhundert Chinesen zu Ausbildungszwecken in Deutschland aufgehalten. Die chinesische Gesandtschaft hatte 73 Studierende registriert, wobei die meisten von ihnen ein Stipendium der Provinzregierung, des Außenministeriums oder der hauptstädtischen Universität (*Jingshi daxuetang*) bezogen, lediglich 27 kamen auf eigene Kosten.[57] Dieser Hintergrund erklärt zum Teil auch die Wahl des Studien- bzw. Ausbildungsgangs: Recht, Wirtschaft, technische

---

54 Zum Vergleich: 1916 zählte die Ingenieurschule 110 und die Medizinschule 200 Studenten. In der Vorschule lernten 170 und in der Werkmeisterschule 70 Schüler. Die Zahl der Schüler und Studenten entsprach jedoch nicht den Absolventen. Zur Tongji-Universität siehe Chen Chi 1973:150-172, Bieg-Brentzel 1984, Kreissler 1986 und Reinbothe 1992.

55 Düwell 1976:142, Harnisch 1999:143.

56 Nach Wang Qisheng (1992:57) hielten sich zwischen 1908 und 1910 mehr als 500 chinesische Studenten an europäischen Hochschulen auf (Frankreich 140, Großbritannien 124, Deutschland 77, Rußland 23). In einer Statistik vom September 1913, die insgesamt 315 chinesische Stipendienempfänger in Europa auflistet, werden für Deutschland 48 Studenten genannt, des weiteren für England 127, Frankreich 71 und Belgien 56 (Harnisch 1999:169). Zum Auslandsstudium chinesischer Studenten in Deutschland liegen bereits zahlreiche Publikationen in deutscher und chinesischer Sprache vor, siehe u.a. Liang, Hsi-Huey 1978:23-38, Yü-Dembski 1987, 1991 u. 2000, Liu Zhiqiang 1992, Wang Qisheng 1992, Sun Shiyue 1995, Ding Xiaohe 1998, Harnisch 1999, Ye Jun 2002, Kaderas / Meng Hong 2000, Meng Hong 2005.

57 Harnisch nennt die Zahl von 114 Studenten. Das Erziehungsamt Chinas hatte die Stipendienhöhe 1906 auf 3840 RM im Jahr festgesetzt. Überdies zahlte die chinesische Seite die medizinischen Kosten, Kleidungsbeihilfen und Reisekosten (Harnisch 1999:88).

Fächer und Militärwesen. Die Republikgründung änderte nichts an der Wahl der Fächer, lediglich Medizin kam neu hinzu. Nicht wenige der Studenten verweilten mehrere Jahre in Deutschland. Nach ihrer Rückkehr bekleideten sie z.T. wichtige Ämter in der Politik, im Hochschulbereich und betätigten sich als Übersetzer deutscher Literatur und Wissenschaft. Zu ihnen zählte Cai Yuanpei, der zwischen zwei Studienaufenthalten an der Universität Leipzig (1908-1913) sein Amt als Erziehungsminister der neuen Regierung in China antrat und der eine wichtige Aufgabe im deutsch-chinesischen Wissenschaftsaustausch übernehmen sollte.

Nach Kriegsbeginn in Europa hielten sich Ende 1914 noch ungefähr fünfzig chinesische Studenten in Deutschland auf.[58] Zu den später für die deutsch-chinesischen Beziehungen tätigen Studenten, die den Krieg teilweise in Deutschland erlebten, zählten Xiao Youmei (Ende 1912-1920), Zhang Junmai (1913-1915) und insbesondere Zhu Jiahua, welcher zunächst an der deutschen Medizinschule in Shanghai studierte (1908-1912), dann an die neu gegründete Ingenieurschule wechselte, ein Geologie-Studium in Deutschland absolvierte und 1922 mit der Promotion in Berlin abschloß. In den Kriegsjahren bemühte sich der Deutsch-Chinesische Verband, Kontakte zu chinesischen Studenten herzustellen, aus Qingdao geflohenen Deutschstudenten Studienplätze zu vermitteln und den technisch orientierten unter ihnen ein Praktikum in der Industrie zu beschaffen (Dok. 110). Erst 1917 trat mit Abbruch der diplomatischen Beziehungen eine dramatische Wende ein, wonach die meisten Studenten die Heimreise antraten.

Im Anschluß an den Krieg nahm die Zahl chinesischer Studenten in Deutschland zu und sollte bis 1927 um zehn Prozent ansteigen.[59] Berlin wurde zum Zentrum ihrer Aktivitäten.[60] Nach Wang Guangqi, der 1920 in Deutschland eintraf, dort 16 Jahre leben sollte und durch eine Fülle von Artikeln eine zentrale Bedeutung für die Propagierung seines Studienlandes einnahm, waren hierfür drei Gründe ausschlaggebend: Erstens, die Inflation in Deutschland und damit verbunden der Umstand, daß die Lebenshaltungskosten geringer ausfielen als in Shanghai. Zweitens, die Situation an der Tongji-Universität, die um 1918 vielen ihrer Studenten als unklar erschien, so daß sie mit ihren Vorkenntnissen die Reise nach Deutschland antraten und den Großteil der Studenten bilden. Drittens, die vergleichsweise hohen Kosten für ein Studium im Frankreich, welches sie sonst wohl einem Studium in Deutschland vorgezogen hätten.[61] Viele Studenten orientierten sich während der Reise nach Europa um bzw. zogen später nach Deutschland. Wang betonte insbesondere die finanziellen Vorteile eines Studiums in Deutschland, so daß die Mehrheit sich vermutlich primär aus diesen Gründen in Deutschland aufhielt (Dok. 116).[62] Die Zahl chinesischer Studenten erreichte

58 *Jiaoyu zazhi* 1914, Vol. 6, 12; vgl. Harnisch 1999:182 und Wang Qisheng 1992:60-64.

59 Ihre Zahl blieb jedoch insgesamt gering. 1930 studierten 5,7% der chinesischen Auslandsstudenten in Deutschland, 55,7% in Japan, 18,3% in den USA und 11,7% in Frankreich (Yü-Dembski 1991:319).

60 Siehe im Detail Harnisch 1999:202-252.

61 Im Rahmen des beliebten Arbeits- und Studienprogramms studierten bereits 1920 mehr als 1600 Chinesen in Frankreich. Zu der für Chinesen besonderen und „exotischen" Beziehung zu Frankreich und Paris siehe Frühauf 1995:283-299.

62 Dem wäre hinzuzufügen, daß der 1921 geschlossene Vertrag zur Folge hatte, daß die Zugangsberech-

1924 inflationsbedingt mit vermutlich 500-600 ihren Höhepunkt, bereits ein Jahr später war sie auf ca. 300 gesunken.[63]

Den Großteil chinesischer Studenten bildeten Söhne aus wohlhabenden Elternhäusern. In der Regel hatten sie keine Geldsorgen, waren gut gekleidet, fielen durch gepflegte Umgangsformen auf und lebten im Stadtteil Charlottenburg, wo 1923 in der Kantstraße 130b auch das erste Chinarestaurant Berlins eröffnet wurde.[64] Akademische Leistung und Lebensstil waren in Deutschland wie auch in China Gegenstand kritischer Beobachtungen. So publizierte Wang Guangqi mehrere Artikel in der Shanghaier Tageszeitung *Shenbao*, in denen er nicht nur Hinweise zum Studium in Deutschland gab, sondern auch den ausschweifenden Lebensstil der Studenten kritisierte.[65] In Südchina beklagte sich Sun Yatsen darüber, daß die chinesischen Studenten in den USA und Europa zwar einen Magister- oder Doktortitel erwerben, sich aber nach ihrer Rückkehr nicht für die politischen Belange ihres Heimatlandes interessieren würden.[66] In Deutschland zeigte sich der „Verband für den Fernen Osten" in einer 1923 vorgelegten Denkschrift besorgt, daß viele Chinesen das Studium nicht aufnahmen bzw. lediglich die Vorbereitungskurse für den Hochschulzugang ohne großen Erfolg besuchten.[67]

Abgesehen von diesen kritischen Stimmen kann jedoch dem Jahrbuch des seit 1902 bestehenden „Klubs chinesischer Studenten in Deutschland" (*Liu De xuehui*) 1927 entnommen werden, daß die Studenten auch in dem Miterleben des Wiederaufbaus Deutschlands einen Vorteil ihres Studienlandes sahen, weil diese Kenntnisse für China von Interesse seien. Auch sahen sie in dem hohen Stand der deutschen Wissenschaft einen Vorteil.[68] Zu den ernsthaft Studierenden zählten die gut vorbereiteten Absolventen der Tongji-Universität, von denen 1921 fast zwei Drittel (102) aller 160 eingeschriebenen Studenten ihr Studium in Deutschland fortsetzten. Schwerpunkte des chinesischen Studiums in Deutschland waren damit Medizin und Technische Wissenschaften.[69] Unter den Studenten gab es zudem jene, die vom Geist der 4. Mai-Bewegung beeinflußt waren bzw. gar selbst an ihr teilgenommen

---

tigungen für Universitäten und Hochschulen in Deutschland problemloser organisiert werden konnten als in anderen Ländern.

63 Die oft genannte Zahl von ca. 1000 chinesischen Studenten ist nach den Berechnungen von Harnisch (1999:204-205) unrealistisch. Yü-Dembski (2000:46) spricht von ca. 300 Studenten 1925, an anderer Stelle (1991:319) wird die Zahl von etwa 500 Chinesen genannt, die 1926 in Berlin polizeilich gemeldet waren. Zum Studium ausländischer Studenten in Deutschland siehe auch Schairer 1927.

64 Siehe Yü-Dembski 2000:45-46.

65 Siehe z.B. *Shenbao*, 25.07.1921, S. 10, 11.10.1922, S. 4 und 16.10.1922, S. 4. Abgedruckt auch in Wang Guangqi 1936. Zu den Aktivitäten von Wang siehe Harnisch 1999:213-226.

66 Wang Qisheng 1992a:33.

67 Verband für den Fernen Osten: „Denkschrift über die Notwendigkeit einer Fürsorge für Chinesische Studierende in Deutschland", 1923 (BArch, R9208/4220).

68 Liu De xuehui: *Nianjian* (Jahrbuch des Klubs chinesischer Studenten in Deutschland), Glückstadt: Augustin 1927.

69 Zwischen 1920 und 1927 promovierten 91 Chinesen im Fach Medizin. Zudem entschieden sich bis 1926 insgesamt 175 chinesische Studenten für das Studium an einer Technischen Hochschule. Wenn man von einer Gesamtzahl von 550 Studenten ausgeht, sind das rd. dreißig Prozent. Vgl. Harnisch 1999:212-213.

hatten und die eine gesellschaftliche Erneuerung Chinas anstrebten. Ihr Interesse konzentrierte sich auf geisteswissenschaftliche Fächer wie Philosophie, Ästhetik, Literatur etc.. Zu ihnen zählten u.a. Fu Sinian und Wang Guangqi, der am 15. Februar 1921 in Frankfurt die „Chinesisch-Deutsche Studiengesellschaft“ (*ZhongDe wenhua yanjiuhui*) mitbegründete und in Bonn mit einer musikwissenschaftlichen Arbeit 1934 promovieren sollte.[70] Die Mitglieder der Gesellschaft verpflichteten sich, sowohl zur Verbreitung deutscher Kultur in China als auch chinesischer Kultur in Deutschland und damit zu einem besseren wechselseitigen Verständnis beizutragen.[71]

Neben den temporär preisgünstigen Studienbedingungen sollte die politische Situation sowohl in Deutschland als auch in China entscheidenden Einfluß auf das intellektuelle Klima unter den chinesischen Auslandsstudenten nehmen. Obwohl die Gruppe politisch Interessierter relativ klein war, sammelten viele der jungen und patriotischen Studenten diesbezüglich erste Erfahrungen in Berlin.[72] Zu den Aktivisten zählten Mitglieder der 1921 in Shanghai gegründeten KPCh. Im Februar 1922 trafen Zhou Enlai, Zhang Shenfu und Liu Qingyang mit dem Zug aus Paris ein, im Oktober des Jahres kam auch Zhu De nach Berlin (Dok. 124).[73] Zhou verfaßte Artikel zur politischen Situation Deutschlands (Dok. 136) und rief eine weitere Zelle der KPCh ins Leben.[74] Zwischen kosmopolitischem Lebensstil und einer grundsätzlich antiimperialistischen Haltung diskutierten die Studenten über die Zukunft Chinas, publizierten gelegentlich auch in deutscher Sprache und organisierten sich in dem „Hauptverband der chinesischen Studenten in Deutschland“ (*Zhonghua minguo liu De xuesheng zhonghui*).[75] Innerhalb des Verbandes kam es immer wieder zu Konflikten zwischen den Anhängern der Peking-Regierung, die der nationalistischen Chinesischen Jugendpartei (*Zhongguo qingnian dang*) angehörten, und dem revolutionären linken Flügel der GMD.[76] In den Jahren der Einheitsfrontpolitik (1924-1927) konnten die Studentengruppen der GMD und KPCh relativ erfolgreich kooperieren.[77] Der Hauptverband organisierte u.a. eine große Trauerfeier für den im März 1925 verstorbenen Sun Yatsen und antibritische Protestkundgebungen anläßlich der Ausschreitungen gegen Studenten in Shanghai und

---

70 Fu Sinian studierte vom Herbst 1923 bis zum Sommer 1926 experimentelle Psychologie in Berlin. Nach seiner Rückkehr war er zunächst Professor für Geschichte und Chinesisch an der Sun Yatsen Universität in Kanton, 1928 wurde er zum Direktor des Insituts für Geschichte und Philologie an der neu gegründeten Academia Sinica berufen. Ebenso wie Cai Yuanpei, setzte er sich für die Umsetzung der deutschen Universitätsidee in China ein (Harnisch 1999:227-232).

71 Siehe Harnisch 1999:218ff.

72 Siehe Felber / Hübner 1988, Yü-Dembski 1991.

73 Zhang Shenfu verließ Berlin 1923, Zhou Enlai vermutlich im Juni 1924 (Yü-Dembski 1991:323).

74 Zu Zhou Enlai siehe Felber 2000:128-139, Ding Xiaohe 1998:746-764.

75 Genannt sei hier Shen Yi, der 1920 sein Ingenieurstudium an der Tongji-Universiät beendet hatte und 1925 an der Technischen Hochschule Dresden promovierte. Gemeinsam mit Heinrich Stadelmann, einem seinerzeit bekannten Psychiater; Erzähler; Dramatiker und Romanschriftsteller, verfaßte er 1925 das Werk *China und sein Weltprogramm*, in welchem die Autoren das imperialistische Vorgehen der Westmächte in China kritisieren und die Probleme des Reformprozesses in China benennen. Zum wissenschaftlichen und politischen Werdegang von Shen Yi siehe Harnisch 1999:379.

76 Siehe Liang, Hsi-Huey 1978:33.

77 Siehe im Detail Yü-Dembski 1991 und Felber / Hübner 1988.

Kanton. Radikale und antiimperialistische Aktionen wurden unter den Parolen „Hände weg von China“ und „China den Chinesen“ durchgeführt und von der Kommunistischen Partei Deutschlands, der Roten Hilfe und der Internationalen Arbeiterhilfe unterstützt. Ernst Thälmann, Ruth Fischer, Willi Münzenberg und Wilhelm Pieck traten als Sprecher bei Kundgebungen auf.[78] Nach dem Tod Sun Yatsens und den Protesten des Jahres 1925 zerfiel die chinesische Studentenschaft in zwei Lager. Mitte der zwanziger Jahre kehrten viele Anhänger des radikalen linken Flügels und der KPCh unter dem Druck der deutschen Behörden nach China zurück, andere, u.a. Zhu De, wurden ausgewiesen. Anschließend, insbesondere nach 1927, gewann der rechte Flügel der GMD an Einfluß.[79] Zu diesem Zeitpunkt unterhielt der Hauptverband chinesischer Studenten Zentralen in München, Dresden, Frankfurt a. M., Breslau, Darmstadt und Freiburg.

Deutsch-chinesischer Wissenschaftsaustausch

Sofern man unter Wissenschaftsaustausch den gleichberechtigten Austausch wissenschaftlicher Experten und Erkenntnisse versteht, war man zum Zeitpunkt der Gründung der Republik China davon noch weit entfernt. Durchaus dem Konzept der „Propagandaschulen“ vergleichbar, verfolgte das Deutsche Reich auch hier das Prinzip des „Kulturexports“ für die Anbahnung wirtschaftlicher Kontakte, oder suchte, wie im Falle der Chinastudien und des Sprachunterrichts, nach geeigneten Chinesischlehrern für zukünftige Diplomatenanwärter.[80] Ausnahmen bildeten einzelne Persönlichkeiten wie der in Qingdao tätige Missionar Richard Wilhelm, der 1911 seine Übersetzungen mit dem kulturkonservativen Intellektuellen Gu Hongming diskutierte (Dok. 102), und der Leipziger Philosophiestudent Cai Yuanpei, der, 1911 zum Erziehungsminister der Republik China ernannt, im folgenden Jahr von Karl Lamprecht gebeten wurde, „mehrere chinesische Gelehrte als Auskunftspersonen“ zur gemeinsamen Bearbeitung eines Forschungsprojektes zu entsenden (Dok. 103). Bereits der Umstand, daß Gu Hongming noch während des Krieges sein Buch *Der Geist des chinesischen Volkes und der Ausweg aus dem Krieg* (1916) in Jena publizierte, deutete jedoch einen Wandel in den Kulturbeziehungen an (Dok. 133).

Die anschließende Zunahme des Wissenschaftsaustauschs war zudem den attraktiven Studienbedingungen in Deutschland, der damit verbundenen Verbreitung der deutschen Sprache und dem Umstand geschuldet, daß nicht wenige der ehemaligen Studenten in China einflußreiche Positionen in Politik, Wissenschaft, Technik und Wirtschaft bekleideten. Wissenschaftsaustausch war weitgehend der Initiative einflußreicher Persönlichkeiten und ihrer Netzwerke überlassen. Besonderen Einfluß nahmen u.a. Cai Yuanpei, Zhu Jiahua,

---

78 Zur Kooperation chinesischer Studenten und revolutionärer Aktivisten mit der deutschen Arbeiterbewegung und der KPD siehe die von der Parteihochschule 'Karl Marx' beim ZK der SED hrsg. Publikation: *Aus dem Kampf der deutschen Arbeiterklasse zur Verteidigung der Revolution in China*, Berlin 1959/1989.

79 Die *Rote Fahne* und das *Berliner Tageblatt* berichteten ausführlich über diese Vorgänge. Siehe Felber / Hübner 1988 und Yü-Dembski 1991.

80 Siehe Leutner 1987:31-56, Gütinger 2004:209-214.

Richard Wilhelm, Zhang Junmai und Ruan Shangjie. Zentren ihrer Aktivitäten waren die Peking Universität und die Tongji-Universiät in Shanghai.

Cai Yuanpei war bereits 38 Jahre alt und ein bekannter Gelehrter, als er für einen ersten Studienaufenthalt (1906-1911) nach Deutschland kam. Anlaß hierfür war der Wunsch, die deutschen Ursprünge des für China vorbildlichen japanischen Erziehungssystems zu erforschen.[81] Während des Studiums in Leipzig hörte er u.a. Vorlesungen bei Karl Lamprecht.[82] Nach einem weiteren Aufenthalt in Leipzig (1912-1916) sollte Cai zwischen 1916 und 1926 als Rektor der Beijing-Universität maßgeblich an der Umsetzung der deutschen Universitätsidee in China beteiligt sein.[83] Grundgedanke seines Handelns war die Überzeugung, daß der fruchtbare Austausch zwischen Ost und West die notwendige Voraussetzung für die kulturelle Blüte eines Landes sei. Er drückte dieses nicht nur in zahlreichen Überlegungen und Schriften zur Philosophie, Ästhetik und Ethik aus, sondern pflegte enge Kontakte zu deutschen Kreisen in China und setzte sich für den Ausbau der Deutschstudien an der Peking Universität wie auch für andere Wissenschaftsprojekte ein.

Die Peking Universität beschäftigte bereits vor dem Krieg deutsche Wissenschaftler, in der Regel aus dem Bereich der Naturwissenschaften, Chemie und des Bauingenieurwesens, die in Englisch unterrichteten.[84] 1919 stellte Cai den seit zwölf Jahren in China lehrenden Ferdinand Lessing als Professor für Sanskrit und Deutsche Literatur ein (Dok. 114). Die Finanzlage der Peking Universität war äußerst schlecht, so daß Cai in seiner Suche nach geeigneten Lehrkräften auch mit dem in Berlin studierenden Zhu Jiahua kooperierte. Zhu wurde später der zweite Erziehungsminister Chinas (1931-1933), der in Deutschland studiert hatte, und trat frühzeitig als Wissenschaftsagent und Mittler im administrativen Bereich in Erscheinung. Im Juli 1920 konnte Zhu den Oberlehrer und Privatdozenten Dr. Waldemar Oehlke als Professor für Deutsche Philologie nach Beijing vermitteln, zudem schickte er ein Dutzend Kisten mit deutschen Lehrmaterial an die Peking Universität.[85] Ob-

---

81 1908 immatrikulierte er sich an der Philosophischen Fakultät der Universität Leipzig, welche er nach Erhalt des Abgangszeugnisses (04.11.1911) verließ, um in China das Amt des Erziehungsministers anzutreten. Nach dem Rücktritt der Regierung kehrte Cai im Wintersemester 1912 nach Leipzig zurück, um seine Studien im Bereich der Philosophie und Ästhetik fortzusetzen. Ein drittes Mal besuchte er Deutschland in den Jahren 1925-26, um Studien an der Universität Hamburg durchzuführen. Zum Wirken Cai Yuanpeis siehe insbesondere Duiker 1977, Felber 1991b, Wang Peili 1996, Cai Jianguo 1998a, Harnisch 1999:119-134, Chen Hongjie 2000.

82 Für eine genaue Auflistung seiner Studieninhalte siehe Cai Jianguo 1998:76-100.

83 In seinem Erziehungsideal strebte Cai nach dem „vollkommenen Charakter“, den er moralisch, geistig, körperlich und ästhetisch definierte. Überdies kämpfte er für eine von der Regierung und politischen Entscheidungen unabhängige Erziehung, was in jenen Zeiten nur bedingt durchsetzbar war. Cai drohte auch aus diesem Grund mit seinem Rücktritt und hielt sich seiner Amtszeit nicht durchgängig an der Peking Universität auf. Zu seinen Erfolgen zählte, daß es ihm gelang, ein nach deutschem Vorbild akademisches und demokratisches Verwaltungssystem mit Senat (*pinghui*) und Professorenrat (*jiaoshouhui*) an der Peking Universität einzuführen (Yi Huang 1994:213-217, Wang Peili 1996:174). Vgl. auch Chen Hongjie 2000:156-167, Cai Jianguo 1998a/b u. 2000.

84 Z.B. der Dozent Dr. Bartelt (Chemie) und der Regierungsbaumeister a.D., Müller. Siehe: Seckendorff, Peking, an den Reichskanzler, Berlin, 22.09.1913 (PAA, R63970).

85 Siehe Schreiben des Oberlehrers und Privatdozenten Waldemar Oehlke, Berlin/Steglitz, an das Preu-

gleich das Auswärtige Amt Kritik an dem Verhalten Zhus und der Taktik Chinas übte, „die Situation Deutschlands zur billigen Anwerbung deutscher Experten zu nutzen", traf Oehlke im Dezember 1920 in Beijing ein und übernahm für vier Jahre die Leitung der Deutschabteilung mit ca. 100 Studenten.[86] Nach seinem Weggang drohte das Ende der Deutschabteilung, welches nur durch den Einsatz der finanziell unabhängigen Dozenten Erwin Rousselle und Vincenz Hundhausen abgewehrt werden konnte.[87] Es war jedoch auch für Deutschland politisch wichtig, diese Abteilung zu erhalten, so daß sich nun Max Linde vom OAV persönlich an den inzwischen zum Professor für Geologie ernannten Zhu Jiahua wandte.[88] Nach Teilnahme an mehreren Demonstrationen gegen die Peking-Regierung flüchtete Zhu 1926 nach Kanton, wo er für ein Jahr als Professor und Rektor der Zhongshan-Universität arbeitete, bevor er 1927 sein erstes politisches Amt antrat und der Wissenschaft zunehmend den Rücken kehrte. In seiner kurzen Amtszeit nutzte er auch dort bestehende Kontakte, um deutsche Professoren der Naturwissenschaften nach Kanton zu berufen (Dok. 76).[89] Zhu sollte sich über die Republikzeit hinaus für die deutsch-chinesischen Beziehungen einsetzen.[90]

Im Jahr 1922 unterrichtete zudem der ehemals im deutschen Pachtgebiet Kiautschou tätige Missionar, Übersetzer und Sinologe Richard Wilhelm an der Peking Universität. Er pflegte zahlreiche Kontakte zur chinesischen Elite. Er steht – parallel zum Übergang von kolonial geprägten zu gleichberechtigten politischen Beziehungen – für den allmählichen Übergang von hierarchischen zu egalitären Konzepten der wissenschaftlichen Kooperation.[91] Abgesehen von seinen Übersetzungen der chinesischen „Klassiker" rief er 1913 in Qingdao die „Konfuziusgesellschaft" in Leben, in welcher er einen gleichberechtigten Wissenschaftsaustausch zu institutionalisieren versuchte.[92] Im selben Jahr gründete er ein „Büro für deutsch-chinesischen Austausch" und unterstützte im März 1914 den Versuch, ein Richthofen-Institut für die deutsche China-Forschung in Peking zu errichten.[93] Diese Vorhaben kamen mit der japanischen Besetzung Qingdaos zum Erliegen. Wilhelms Einfluß auf

---

ssische Ministerium für Wissenschaft, Kunst und Volksbildung Berlin, 12. Juli 1920 (PAA, R63970).

86 Aufzeichnung eines Gesprächs mit Oehlke im AA Berlin, 26.07.1920 (PAA, R63970).

87 Der äußerst beliebte und kompetente Lessing hatte die Peking Universität nach einigen Auseinandersetzungen mit Oehlke im April 1921 verlassen und nahm eine Dozentenstellung an der japanischen Medizinhochschule in Mukden an (Boyé an das AA, 08.08.1921, in: PAA, R63970).

88 Zhu hatte das Geologie-Studium an der Berliner Universität 1922 mit der Promotion abgeschlossen. Forschungsreisen führten ihn zunächst nach Frankreich und England, bevor er 1924 als Professor für Geologie an die Peking Universität berufen wurde (Harnisch 1999:194-201).

89 Im November 1926 wandte Zhu sich zu diesem Zweck an Conrad Matschoss, den Präsidenten des Vereins Deutscher Ingenieure, um Fachkräfte für den Arsenalbau anzuwerben (Kirby 1984:40). Siehe auch den Brief von Zhu Jiahua an den Vizevorsitzenden des Verbandes für den Osten, Linde, Berlin, 30.08.1927, in: Martin 2003, Dok. 79, 300-306.

90 Zhu Jiahua bekleidete hohe politische Ämter und war zudem Präsident des von ihm gegründeten Chinesisch-Deutschen Kulturverbandes (1933-1963), der seit 1949 seinen Sitz in Taibei hat. Vgl. Martin 2003 und Leutner 1995, Dok. 1, S. 49.

91 Leutner 2004.

92 Zur Zusammensetzung und Zielrichtung der Gesellschaft siehe Salome Wilhelm 1956:218ff.

93 Siehe das „Memorandum betr. die Gründung eines Richthofen-Instituts für Deutsche China-Forschung in Peking", 20.03.1914 (BArch, R9208/655, Bl. 21-34).

die Kulturbeziehungen sollte zu Beginn der zwanziger Jahre weiter an Bedeutung gewinnen, da er einerseits als Wissenschaftlicher Beirat an der deutschen Gesandtschaft tätig war, sich andererseits an der Gründung eines „Vereins zur Fürsorge für chinesische Studenten in Deutschland“ beteiligte und versuchte, den Plan eines Orient-Instituts umzusetzen.[94] 1924 kehrte er nach Deutschland zurück. Das ein Jahr später von ihm aufgebaute China-Institut in Frankfurt a. M. wurde auch von chinesischer Seite als wichtiger Beitrag des Kulturaustauschs gewürdigt (Dok. 122). In Deutschland wie in China galt Wilhelm als anerkannter Mittler, der einerseits in enger Kooperation mit chinesischen politischen Vertretern und Wissenschaftlern den Dialog zur Mission, Wissenschaft, dem Auswärtigen Amt und den deutschen Chinavereinigungen förderte, andererseits aber auch dem Chinaverständnis in Deutschland wie auch der deutschen Sinologie wichtige neue Impulse gab.

Neben der Peking Universität ist hier erneut die Tongji-Universität hervorzuheben, die quasi als deutsch-chinesisches Zentrum der Naturwissenschaft und Medizin in China fungierte. Von 1917 bis 1927 setzte der an der Technischen Universität Berlin ausgebildete Diplom-Ingenieur Ruan Shangjie sich als Präsident des Tongji-Komitees für die Belange der Universität ein. Seit 1924 gab dort zudem der Sinologe Wilhelm O. Othmer, der Leiter der Tongji-Mittelschule, die zweisprachige und mit entsprechenden Vokabellisten versehene *Deutsche Monatsschrift* (*Dewen yuekan*) heraus. Die Schrift erschien in einer Auflage von über 750 Stück und soll in Kürze „überallhin gedrungen [sein], wo Deutsch gelernt wird.“[95] Die Tongji-Universität bildete aber auch in anderer Hinsicht das Zentrum deutscher Kulturarbeit in China, z.B. durch Vorführungen deutscher (Propaganda)Filme (Dok. 123).

Zwischen 1922 und 1927 ebenfalls im Tongji-Komitee vertreten war Zhang Junmai. Zhang hatte zunächst in Berlin Staatswissenschaften (1913-1915) studiert, war dann als Beobachter der Friedenskonferenz im Januar 1919 nach Paris gereist und sollte anschließend bis Ende 1921 Philosophie bei dem Neo-Idealisten Rudolf Eucken in Jena studieren. Zhang publizierte u.a. im April 1920 seine Übersetzung der Weimarer Verfassung, die er als gelungenen Kompromiß zwischen den verschiedenen gesellschaftlichen Gruppen und Ideen bezeichnete – 1922 legte er sie dem Entwurf einer chinesischen Verfassung zugrunde.[96] Ebenfalls 1922 erschien in Leipzig die gemeinsam mit Eucken verfaßte Schrift *Das Lebensproblem in China und Europa.* Im folgenden Jahr kehrte Zhang nach China zurück und lud den Philosophen Hans Driesch für eine Vortragsreihe nach China ein. Zudem sprach er sich für die Notwendigkeit eines Wissenschaftsaustauschs mit Deutschland aus (Dok. 119).

In geringem Umfang konnten in den zwanziger Jahren auf diese Weise neue Formen der wissenschaftlichen Kooperation aufgebaut werden.[97] Parallel hierzu stieg die Zahl der

---

94 Zum „Verein zur Fürsorge ...“ siehe Wilhelm 1924:1-3.

95 *Ostasiatische Rundschau*, 6:4, April 1925:66.

96 Meißner 1994:165-168, Felber 2000:132.

97 Neben Hans Driesch reisten auch Albert Einstein (1922) und der Pathologe L. Aschoff (1924) zu wissenschaftlichen Vortragsreisen nach China. Einstein hielt sich im Rahmen seiner Weltreise nur kurzeitig in Shanghai auf (*Shenbao*, Shun Pao Sunday Supplement, 19.11.1922). Über Aschoff hieß es,

Übersetzungen wissenschaftlicher Werke deutscher Autoren in China an (Kap. 7), gleichzeitig erlebte auch die Sinologie in Deutschland einen Aufschwung.

Chinastudien und Sinologie in Deutschland

In Deutschland nahm in diesem Zeitraum die wissenschaftliche Beschäftigung mit China an den Hochschulen einen immer größeren Platz ein. Sie wurde zugleich diversifiziert und zum Ende des Zeitraums kann von einer Blütezeit der Chinastudien gesprochen werden.[98] Im Jahr 1911 war die wissenschaftliche Befassung mit China an drei Hochschulen konzentriert: Berlin, Leipzig und Hamburg. Dabei stand in Leipzig die Klassische Sinologie, d.h. die Beschäftigung mit dem vormodernen China und seinen Texten im Vordergrund, während an der Berliner Universität sowohl das Fach Sinologie mit seiner klassischen Ausrichtung als auch die Beschäftigung mit der modernen Sprache und Gesellschaft am Seminar für Orientalische Sprachen (SOS) vorhanden waren. Am Hamburger Kolonialinstitut, ab 1919 dann Hamburger Universität, suchte Otto Franke die Befassung mit dem modernen und vormodernen China, einschließlich ihrer jeweiligen Schriftformen, zu integrieren. Die meisten Sinologen dieser Generation konnten auf eine mehrjährige Tätigkeit in China zurückblicken, sei es im Auswärtigen Dienst, als Missionare oder als Sprachlehrer. Nach dem Ersten Weltkrieg forderten diese Sinologen den Ausbau des Faches (Dok. 117).[99] Parallel wirkten sich die veränderten Beziehungen zu China wie auch gestiegene Zweifel an der Überlegenheit der westlichen Zivilisation und das allgemein gestiegene Interesse an der Philosophie und Dichtung Chinas (Kap. 7) dahingehend auf die Entwicklung der Sinologie aus, daß weitere Lehrstühle in Göttingen und Frankfurt etabliert wurden.

In Berlin diente das 1887 gegründete Seminar für Orientalische Sprachen (SOS) bis 1914 primär der Ausbildung für den Kolonialdienst.[100] Gleichwohl wurde in den Jahren 1909/1910 eine Neubestimmung der Ziele vorgenommen, wonach neben den Unterricht des modernen Chinesisch auch die Vermittlung von Kenntnissen der gegenwärtigen Kultur und Wirtschaft trat. Die Absolventen des SOS waren in der Mehrzahl ausgebildete Juristen, aber auch Postbeamte, Ingenieure, Bankbeamte, Kaufleute und Lehrer, die sich für einen Chinaaufenthalt vorbereiteten. 1912 wurde der holländische Sinologe und überzeugte Monarchist Jan J. M. de Groot auf die erste Sinologie-Professur berufen. Schwerpunkt seiner Forschung waren die Religionen Chinas, wobei er aus seiner Überzeugung europäisch-christlicher Überlegenheit keinen Hehl machte.[101] Alfred Forke war seit 1902 als Dozent für Chinesisch am SOS tätig und veröffentlichte Materialien für den Sprachunterricht, bevor er sich der

---

„Shanghaier Ärzte heißen einen deutschen Professor der Pathologie willkommen" (Shanghai yijia huanying Deguo binglixuejia ji), *Shenbao*, 01.11.1924:11.

98 Eine „Übersicht der wichtigsten Literatur, vor allem in deutscher Sprache" zum Gegenstand China bietet Otto Fischer im Anhang seiner Studie *Deutschland und China. Ein Versuch* (1927).

99 Kritisch äußerte sich 1922 auch Ernst Boerschmann in seinem Artikel „Pflege ostasiatischer Studien" in der *Ostasiatischen Rundschau* (Boerschmann 1922).

100 Zur Entwicklung der deutschen Sinologie siehe Herbert Franke 1968, H. Martin 1999, zur Sinologie in Berlin Leutner 1987:31-55, zu Hamburg Eberstein 1988:270-285, zu Leipzig Leibfried 2003.

101 Zu de Groot siehe Leutner 1989:155-174.

chinesischen Philosophie zuwandte. Wilhelm Schüler wurde 1914 zum zweiten Dozenten für Chinesisch ernannt. Auch er verfaßte Lehrmaterial zur Literatur- und Umgangssprache, darüber hinaus kleinere geographische und volkskundliche Abhandlungen zur Provinz Shandong, wo er von 1900-1913 als Pfarrer tätig gewesen war. Noch im August 1914 wurden die Seminarmitglieder zur Unterstützung der deutschen Kriegsziele herangezogen, u.a. wurde zu diesem Zweck ein Übersetzungsbüro beim Auswärtigen Amt eingerichtet. Zu Beginn der Weimarer Republik und nach dem Tod von de Groot wurde Otto Franke, der erste Schüler des SOS, als sein Nachfolger berufen – parallel trat Alfred Forke die Nachfolge Frankes in Hamburg an, wo er seine weithin beachteten Werke zur chinesischen Philosophie verfassen sollte.[102]

Otto Franke war bereits 1909 als Professor für Sprachen und Geschichte Ostasiens auf den ersten in Deutschland eingerichteten Lehrstuhl für Sinologie an das ein Jahr zuvor gegründete Kolonialinstitut in Hamburg berufen worden. Der Lehrstuhl war nicht, wie bis dahin in den Philosophischen Fakultäten üblich, philologisch-linguistisch ausgerichtet, sondern historisch-kulturell, was ein Novum darstellte. Franke, der sich als Historiker für das alte wie für das moderne China ausgewiesen hatte, prägte die moderne, wissenschaftlich fundierte und praktisch orientierte Sinologie Hamburgs und lehrte ab 1924 bis zu seiner Emeritierung im Jahr 1931 auch die Befassung mit China in Berlin.[103] Unmittelbarer nach seiner Ankunft setzte er sich dort für die Eingliederung der sog. Auslandsstudien in die Universitäten ein (Dok. 120). Zudem suchte er einerseits die Verbindung von klassischer und moderner Sinologie zu realisieren und andererseits eine Differenzierung des Faches, d.h. eine Bearbeitung des Materials aufgeteilt nach verschiedenen Wissensgebieten durchzusetzen. Die Differenzierung des Faches kam auch in dem breiten Lehrangebot zu China zum Tragen. So arbeitete Franz Hübotter seit 1922 als Professor für Medizingeschichte und chinesische Medizin an der Berliner Universität, Ernst Boerschmann war seit 1924 als Professor für Chinesische Baukunst an der Technischen Hochschule tätig.

In Leipzig blickte man ebenfalls auf eine längere Tradition sinologischer Studien zurück, eine ordentliche Professur wurde freilich erst 1922 mit August Conrady besetzt.[104] Neben seinem Ruf als Philologe und einer Reihe volkskundlicher Arbeiten, hatte Conrady bereits 1913 die Einrichtung eines eigenständigen Ostasiatischen Seminars durchgesetzt, überdies arbeitete er 1914 mit dem Leipziger Studenten Xiao Youmei zusammen, um deutsche Propaganda in chinesischer Übersetzung in China zu verbreiten.[105] Seit Ende 1917 lehrte über-

---

102 Forke, Alfred: *The World Conception of the Chinese* (1925) und die dreibändige *Geschichte der Philosophie* (1927-1938).

103 Eberstein 1988:270-291.

104 Conrady lehrte seit 1892 als Privatdozent für indische und ostasiatische Sprachen an der Universität Leipzig und war 1897 zum außerordentlichen Professor ernannt worden. Zuvor hatte Hans Georg Canon von der Gabelentz (1840-1893) als erster Professor für Ostasiatische Sprachen den Lehrstuhl an der Universität Leipzig inne, nach seinem Tod blieb die Professur für nahezu eine Dekade unbesetzt. Zur Entwicklung der Sinologie an der Universität Leipzig siehe ausführlich Leibfried 2003.

105 Xiao Youmei kam Ende 1912 nach Berlin und lernte Deutsch, später immatrikulierte er sich für die Fächer Musik und Philosophie an der Universität Leipzig. Im März 1920 kehrte er nach China zurück,

dies Eduard Erkes, der bei Conrady promoviert hatte, in Leipzig. Seine breit gefächerten Interessen reichten vom traditionellen chinesischen Schrifttum, der neuen Umgangssprache bis hin zu Geschichte, Religion und Kunst in China. 1928 wurde er zum außerordentlichen Professor berufen. Indessen hatte 1925 Erich Hänisch, der seit 1920 eine außerordentliche Professur für chinesische Kolonialsprachen (Mandschurisch und Mongolisch) an der Universität Berlin innehatte, die Nachfolge Conradys angetreten. Hänisch führte in Leipzig die moderne Textlektüre ein, sein wissenschaftliches Interesse galt der Philologie, der Geschichte der Mongolen wie auch dem Konfuzianismus.

Das vierte Zentrum sinologischer Studien entstand im November 1925 mit dem von Richard Wilhelm in Frankfurt a. M. gegründeten außeruniversitären China-Institut.[106] Wilhelm hatte durch seine Übersetzungen chinesischer „Klassiker“ wesentlich zum Chinainteresse in den Jahren Weimarer Republik beigetragen.[107] Durch seine Freundschaften, Kontakte und Aktivitäten in China war er auch dem gegenwärtigen China verbunden. Trotz der Anerkennung seines umfangreichen wissenschaftlichen wie persönlichen Engagements im Dialog zwischen West und Ost, betrachtete ihn die deutsche akademische Sinologie als „Quereinsteiger“.[108] Neben dem Aufbau des China-Instituts entfaltete Wilhelm eine rege Publikationstätigkeit, förderte chinabezogene Ausstellungen, Musikveranstaltungen und nahm Vortragseinladungen im europäischen Ausland wahr.[109] Mit seinem breit gefächerten Werk wurde er der bekannteste Vertreter der akademischen Sinologie in Deutschland.

Obgleich die Anzahl sinologischer Lehrstühle seit 1911 zugenommen und das Fach einen deutlichen Wandel sowohl inhaltlich als auch wissenschafts-theoretisch vollzogen hattelichen, wurde gegen Ende der zwanziger Jahre kritisiert, daß diese Entwicklung nicht in einem angemessenen Verhältnis zur wirtschaftlichen, politischen und kulturellen Bedeutung Chinas stehe.[110] Ungeachtet dessen formulierten der OAV und das China-Institut in Frankfurt 1927 Pläne für eine enge Kooperation zum gemeinsamen Aufbau kultureller, wissenschaftlicher und wirtschaftlicher Beziehungen mit China (Dok. 126).

---

wo er u.a. ab 1927 die Leitung des neu eingerichteten Musikkonservatoriums in Shanghai übernahm.

106 Zur Institutsgründung siehe Salome Wilhelm 1956:325ff.

107 Am Ende des Krieges waren bereits folgende Publikationen im Diederichs-Verlag, Jena, erschienen: *Kungfutse Gespräche* (1910), *Das wahre Buch vom quellenden Urgrund: Die Lehren der Philosophen Liä Yü Kou und Yangdschu/Liä Dsi* (1911), *Laotse Taoteking. Das Buch des Alten vom Sinn und Leben* (1911), *Dschuang Dsi, das Wahre Buch vom südlichen Blütenland* (1912), *Mong Dsi* (1916).

108 Zur Kritik an Wilhelm und seiner Position im sinologischen Wissenschaftsfeld der Weimarer Republik siehe Leutner 2002.

109 Zum Wirken Wilhelms siehe S. Wilhelm 1959, Bauer 1973, Leutner 2002, Gerber 2003.

110 Siehe z.B. Otto Fischer (1927:80), der u.a. bemerkt, „ist es nicht an der Zeit, daß endlich an allen deutschen Universitäten Lehrstühle und Institute der ostasiatischen Wissenschaft geschaffen werden, …?“ Siehe auch Max Lindes 1928 verfaßte Publikation *Fremde und deutsche Kulturarbeit in China*, insbesondere Kapitel 5: „Vorschläge für unsere Arbeit in China“.

102

Brief des Gelehrten Gu Hongming, Shanghai, an Richard Wilhelm (27.05.1911)[111]

79 Carter Road
Shanghai, 27th May 1911

Dear Pastor Wilhelm,
I have already delayed too long to write and thank you for kindly sending me your translation of the Tao-te ching[112] – I have only had time to read your introduction. If you will excuse my speaking frankly, I do not think that you have made it clear why the book should be translated. Indeed I think it is a pity that you should give so much attention to Laotzu [Laozi] + the writers of his school. In studying the literature of a nation, it is important to distinguish between the main current and the side current in the stream of national thought. Now the thought at the bottom of the ideas of Laotzu + writers of his school is negative and their criticism of life is a destructive criticism.

Destructive criticism may be necessary + useful in certain periods of a nation's life. But negative and destructive criticism can never be the main current which goes to form the national life. Therefore the main current of the stream of ideas which go to form the Chinese civilization is not in Laotzu + the writers of his school. The main current is in the Confucian books. – In Europe you have now enough of destructive criticism. Indeed the reason why the Chinese who read modern European books can never understand the European civilisation, is because the modern books in Europe today all only contain destructive criticism. But what you ought to make a point to do, if you want the people of Europe understand the Chinese civilization – is to present the great fundamental constructive ideas in the Confucian books. To me the more I study them, the more comprehensive they appear, – I mean the plan + design of the Chinese civilization.

With kind regards,
Yours very much
Ku Hung-ming

ABAdW, M238.

---

111 Gu Hongming hatte in den 1870er Jahren in Edinburgh, Leipzig und Paris studiert, trat 1895 in den Dienst Zhang Zhidongs ein und wurde 1905 als Sekretär ins Außenministerium nach Peking berufen. Mit dem Ende der Dynastie legte Gu seine Ämter nieder und behielt aus Loyalität seinen Zopf. Gu stand dem Westen und seinen Ideen kritisch gegenüber und hoffte auf eine Wiederbelebung der chinesischen Tradition. 1911 erschien sein Werk *Chinas Verteidigung gegen europäische Ideen: kritische Aufsätze*, welches von Wilhelm ins Deutsche übertragen und von Alfons Paquet mit einem umfangreichen Vorwort versehen und herausgegeben worden war. Wilhelm selbst beschreibt eine äußerst angeregte philosophische Diskussionsrunde zwischen Graf v. Keyserling und Gu Hongming in seinem Hause in dem Buch *Die Seele Chinas*, 1926:174-176. Zu Gu Hongming siehe Riediger 1987-88.

112 Tao-te ching = Daodejing: philosophisches Hauptwerk des Daoismus aus dem späten 4. Jhdt. v. Chr., bestehend aus 81 kurzen, z.T. gereimten Abschnitten. Autor: Laozi (chin.: „Alter Meister").

103

Schreiben des Historikers Karl Lamprecht, Leipzig, an den Erziehungsminister der Republik China, Cai Yuanpei (Sommer 1912)[113]

Hochgeehrter Herr Cai!
Haben Sie herzlichen Dank für Ihre freundlichen Zeilen vom 27. Mai, die ich vorgestern erhalten habe, und die in ihnen gegebene so überaus freundliche Nachricht.[114]

Wie Sie aus der beifolgenden Rede, falls Sie die Leipziger Universitätsverhältnisse noch soweit interessieren sollten, sie zu lesen, ersehen werden, sind wir jetzt im kräftigsten Ausschwung einer immer weitergehenden Fortbildung der Universität begriffen, und ich bin so glücklich gewesen, während meines Rektoratsjahres diesen Aufschwung in jeder Hinsicht, mit Rücksicht auf die Verfassung der Studenten wie des Lehrkörpers, wie auch der räumlichen Unterbringung der Universität, fördern zu können. Unter alledem sind nun auch dem Institut für Kultur- und Universalgeschichte neue Aufgaben zugewachsen, und in diesem Zusammenhange soll ganz besonders die ostasiatische Geschichte gefördert werden.

Wie Sie sich erinnern können, übersetzten zu der Zeit, da Sie in Leipzig waren, Herr Miura und Herr Wedemeyer das japanische Taihōryō.[115] Diese Arbeit ist soweit fortgeschritten, daß sie von einem hiesigen Gelehrten Komitee, der Fürstlich-Jablonowski'schen Gesellschaft mit einem Preise geehrt worden ist und in den Schriften dieser Gesellschaft zum Ausdruck kommen soll.[116] Für mich war diese schwerste vielleicht aller Übersetzungen aus dem Japanischen nur ein Prüfstein dahin, inwiefern es möglich sein würde, die wichtigsten japanischen Historiker evtl. unter Beigabe des Urtextes und unter Hinzufügung eines Kommentars ins Deutsche zu übertragen; und ich habe von vornherein daran gedacht, diesem Stück so viele andere japanische Historiker folgen zu lassen, daß sie in einer Reihe

---

113 Cai Yuanpei war vom 15.10.1908 bis 04.11.1911 an der Philosophischen Fakultät der Universität Leipzig immatrikuliert gewesen. Er hatte zahlreiche Vorlesungen bei Wilhelm Wundt zur Geschichte der Philosophie und über Psychologie, und bei Karl Lamprecht zur Kulturgeschichte besucht. Letzterer leitete das Königlich-Sächsische Institut für Kultur- und Universalgeschichte, dessen Studienatmosphäre Cai sehr beeindruckte (vgl. Cai Jianguo 1998a/b, Harnisch 1999:121ff).

114 Der vorliegende Brief Lamprechts ist undatiert. Lamprecht hatte sich jedoch bereits am 28. März 1912 in einem Schreiben an Cai Yuanpei gewandt. In ihm drückte er seine Freude darüber aus, daß Cai das Amt des Kulturministers zugetragen wurde und fragte um mehrere der deutschen Sprache mächtige „chinesische Gelehrte als Auskunftspersonen" nach, da dem Institut eine Forschungsabteilung für chinesische Geschichte zugefügt worden sei. China solle die Hauptkosten des Transfers tragen. Cai Yuanpei antwortete dann in einem Brief vom 27. Mai 1912, daß ihn der Brief erst heute erreicht habe, er den Wunsch aber in Bälde zu erfüllen versuche. „Ich bin jetzt gerade dabei, solche Herren auszusuchen" (In 2. HA Ch, 1057-512, unfoliert).

115 Andreas Wedemeyer, 1876- ?, Japanologe. Bei dem Taihōryō handelt es sich um den Taihō-Kodex, die älteste japanisches Gesetzessammlung, die 701 zusammengestellt und ein Jahr später in Kraft getreten war. Der nicht überlieferte Text konnte durch eine Reichsgeschichte und einen wissenschaftlichen Kommentar (833) zum Yōrō-Kodex, von dem er nur wesentlich abwich, erschlossen werden. Enthalten sind 6 Bde. Straf- und 11 Bde. Verwaltungsrecht.

116 Fürstlich-Jablonowski'sche Gesellschaft der Wissenschaften, Leipzig.

von etwa 25 Bänden die wichtigsten Quellen der japanischen Geschichte dem europäischen Historiker in guter Übersetzung und so, daß er sie durch den Kommentar wirklich verstehen kann, vorliegen. Ich halte diese Form der ostasiatischen Studien augenblicklich für die zum Verständnisse der ostasiatischen Kulturen wichtigste; erst muß der europäischen Wissenschaft der Stoff wirklich nahe gebracht werden, ehe sie sich zu einem tieferen Verständnisse wird aufraffen können. Von Japan aus ist das auch eingesehen, und mir werden die entsprechenden japanischen Kräfte von Tokio aus zur Verfügung gestellt werden, während mir hier finanziell nur die Sorge um die Publikation obliegen würde.

Überaus gern würde ich nun die für Japan aufgegriffene Aufgabe auch auf China ausdehnen. Natürlich versteht es sich von selbst, daß wir nicht die ganze Enzyklopädie übersetzen können, aber doch sollte ich denken, wird es möglich sein, zunächst mal eine Reihe der wichtigsten Historiker nach sachkundiger Auswahl in europäischen Übersetzungen vorzulegen, sollte dabei auch die Zahl der für Japan in Aussicht genommenen Bände stark überschritten werden. Wenn es nun möglich wäre, hierfür von Peking aus die entsprechenden Gelehrten zur Verfügung zu stellen, was mit ihrer gleichzeitigen Anschulung an die historische Methode nach Maßgabe der Übungen, welche in dem kulturgeschichtlichen Seminar hier abgehalten werden, Hand in Hand gehen könnte, so würde das gewiß von allen Seiten, ganz besonders aber von mir und den mir vorgesetzten Behörden bis hinauf zum Reichskanzler mit dankbarer Freude begrüßt werden. Und da bin ich nun so glücklich aus ihrem Schreiben zu ersehen, daß ich mit dem eben vorgetragenen Wunsche nichts Unmögliches ausspreche; ja vielleicht schon im Herbst, wo wir nach Erweiterung des Instituts in das Nebenhaus, Universitätsstraße 11 hinein, über beträchtlichen Platz für die ostasiatischen Studien verfügen, die Herren aus China begrüßen kann. Jedenfalls würde ich dankbar sein, möglichst bald weitere Nachrichten zu erhalten, um hier für das Wintersemester in entsprechender Weise disponieren zu können.

Von hier kann ich nur Gutes berichten. Im Institut, das wiederum in der Zahl seiner Mitglieder zugenommen hat, wird fleißig gearbeitet, wenn wir darüber auch Land und Leute nicht vergessen und zum Beispiel am nächsten Sonnabend einen gemeinsamen Ausflug nach dem Saalethal und den Ihnen gewiß auch bekannt gewordenen schönen Punkten Naumburg, Schulpforta, Kösen und der Rudelsburg unternehmen wollen. Im übrigen befestigen sich die Studien im Institut immer mehr und besonders die unteren Kurse sind jetzt derartig gegeneinander geordnet, daß die Studenten trotz aller Freiheit zu tun und zu lassen was sie wollen, doch von Stufe zu Stufe den regelmäßigen Aufgang in den einzelnen übereinander geordneten Übungen durchmachen.

Ich empfehle mich Ihnen mit den freundlichsten Grüßen aus der Pleissestadt und verbleibe, als

Euer Excellenz ergebenster

Lamprecht.

Ohne Datum, 2. HA Ch, 1057/512.

104

Entwurf des „Deutschlandbuchs für Chinesen" (Januar 1914)[117]

Vertraulich!

„Deutschlandbuch für Chinesen"
mit Unterstützung des Reichs-Marine-Amts und des Deutschen Handelstags
herausgegeben von
Dr. jur. F. W. Mohr (Jinanfu) und Dr. Max Linde (Hamburg). (Januar 1914)

China, das größte Volk der Welt, geht neuen Zeiten entgegen. Nach Beilegung der Verfassungskämpfe wird auf allen Gebieten eine starke Entwicklung einsetzen, die die kulturelle und wirtschaftliche Erschließung des Landes in westländischem Sinne zum Ziele hat. Für Deutschland ist darum die augenblickliche Lage in China eine letzte Mahnung zu einer umfassenden Propaganda.

Einen Teil dieser Propaganda soll das demnächst erscheinende Deutschlandbuch übernehmen. Als Gegengewicht gegen die mit großen Mitteln betriebene Propaganda englischer, amerikanischer und japanischer Vereinigungen und Zeitungen soll das Deutschlandbuch die maßgebenden Kreise Chinas beim Beginn der neuen Entwicklung authentisch aufklären über Deutschlands politische Ziele in China, sie interessieren für die deutsche Kultur, sie mit Achtung erfüllen vor Deutschlands Macht zu Wasser und zu Lande, ihnen vor Augen führen Deutschlands Leistungsfähigkeit auf allen Gebieten der Industrie und des Handels und so Regierung, Presse und Volk im deutschen Sinne beeinflussen.

Die hohe Bedeutung eines derartigen Werkes ist von allen maßgebenden deutschen Kreisen in Deutschland und in China einmütig anerkannt worden und auch maßgebende chinesische Persönlichkeiten wie ehemalige Minister und Generalgouverneure, mit denen der Herausgeber Zweck und Inhalt des Buches besprochen hat, sehen in diesem Buche eine höchst willkommene Aufklärungsschrift, da es für Chinesen fast unmöglich sei, objective Informationen über Deutschland zu erhalten.

---

117 Dr. jur. Mohr, Dolmetscher beim Kaiserlichen Gouvernement in Kiautschou, hatte 1913 die Anregung zur Publikation des „Deutschland-Buches" gegeben und war damit auf lebhaftes Interesse gestoßen. Admiral Tirpitz wie auch der Gesandte Buri forderten das AA Berlin im Januar 1913 zur Unterstützung dieses Projektes auf (BArch R901/A5130). Mohr übernahm anschließend die praktische und finanzielle Leitung des Projektes. Bei einem geplanten Umfang von 600-700 Seiten und einer Auflagenhöhe von etwa 25.000 Stück wurden Kosten in Höhe von M 100.000,- eingerechnet. Bis zu Beginn des Krieges konnte ein Kapital in Höhe von rd. M 80.000 eingeworben werden. Bereits ab Mitte Dezember 1913, als genügend Kapital zum Druck von 10.000 Bänden vorhanden war, wurden die Artikel verfaßt und die Anzeigen ins Chinesische übersetzt. Der Krieg in Qingdao vernichtete die Materialien, überdies geriet Mohr, der als Offizier an der Verteidigung teilnahm, in japanische Kriegsgefangenschaft. Dr. Max Linde, Generalsekretär des Deutsch-Chinesischen Verbandes, sprach 1919 von einem „Totalschaden", der sich auf „die Gesamtsumme der uns zugegangenen Mittel von M 80.000,- [beläuft]" und meldete diesen Betrag als Kriegsschaden an. Siehe: Linde, Berlin, an das Reichs-Marine-Amt, Kiautschou-Verwaltung, Berlin, 10.01.1919 (BA/MA, RM3/7068, Bl. 101-104).

Um den ihm gestellten Zweck zu erreichen, soll das „Deutschlandbuch" in einwandfreies Chinesisch übersetzt und in einer Auflage von **20-30 000 Exemplaren**, etwa 1000-1500 für jede Provinz, hergestellt und durch die Konsulate, Missionen, Firmen und Schulen an die Beamten der Zentralregierung in Peking, die höheren Provinzialbeamten vom Landrat aufwärts, die chinesischen Zeitungen, Provinziallandtage, kaufmännische Vereinigungen, Gilden, Handelskammern, Großfirmen, Schulen und sonstige Interessenten unentgeltlich verteilt werden, sodaß **alle maßgebenden chinesischen Kreise** in ihm ein **authentisches Informationswerk über Deutschland** erhalten. Bei der angegebenen Art der Verteilung darf angenommen werden, daß das geplante Buch durch die Hände von rund **800.000 bis 1.000.000 gebildeten Chinesen** gehen und so seiner Aufgabe in weitgehendstem Maße gerecht werden wird.

Das Deutschlandbuch wird voraussichtlich folgenden Inhalt haben:

Einleitung:	Deutschlands Ziele in China	von Dr. P. Rohrbach
	Deutschland in Qingdao	von G. K.
	Deutschland als Markt für China	
1. Teil	Deutschland als Kultur- und Weltmacht	
1)	Überblick über die Deutsche Geschichte Und die Geographie Deutschlands	von Prof. Dr. Doenitz, Qingdao.
2)	Deutsche Kulturorganisationen	von Dr. Richard Wilhelm, Qingdao
3)	Deutsches Unterrichtswesen:	
	a) Schulwesen in Deutschland	von Ferd. Lessing, Dozent an der Deutsch-Chinesischen Hochschule, Qingdao.
	b) Deutsche Schulen in China und ihr Zweck	von Dr. Schmidt, Schultechnischer Beirat der Gesandtschaft in Peking.
	Deutsch-Chinesische Hochschule in Qingdao	von Prof. Dr. Wirtz, Qingdao.
	Deutsche-Ingenieur Schule in Shanghai und Hankou	von Dipl. Ing. Berrens, Leiter dieser Schulen, Shanghai.
	Deutsche Medizinschule in Shanghai	von Prof. Dr. Schab, Shanghai
4)	Überblick über die Deutsche Verfassung und Verwaltung	
5)	Deutsche Rechtspflege und Gerichts-Organisation	von Oberrichter Dr. Crusen, Qingdao.
6)	Deutsche Städteverwaltung	Von Dr. H. Luther, Geschäftsführer des Preussischen Städtetags, Berlin.

7)	Deutsche Wehrkraft:	
	Das Deutsche Heer	von Major Dinkelmann, Militärischer Beirat der Chinesischen Zentralregierung, Peking.
	Die Deutsche Flotte und ihre Aufgaben	von Graf von Reventlow, Berlin.
8)	Die Luftschiffahrt in Deutschland	
9)	Deutschlands Finanzen	von Dr. Altmann, Prof. an der Handelshochschule zu Mannheim.
10)	Deutsches Geld- und Bankwesen	von Dr. Jacobi, Deutsche Bank, Berlin.
11)	Die Gewerbe der Rohproduktion.	
	a) Bedeutung der Landwirtschaft, die Landwirtschaft in Deutschland	von Dr. Claassen, Berlin.
	b) Bedeutung der Forstwirtschaft für das Volksleben, die Forstwirtschaft in Deutschland	von Forstassessor F. Röhrig, Eberswalde und Regierungsrat Hass, Oberförster beim Gouvernement Kiautschou, Qingdao.
	c) Bedeutung des Bergbaus für die industrielle Entwicklung eines Landes, Bergbau in Deutschland	von Bergassessor Dr. Flegel, Berlin.
12)	Handel, Verkehr und Versicherungswesen.	
	a)Entwicklung und Umfang des deutschen Handels	von Privatdozent Dr. Hoffmann, Kiel.
	b) Bedeutung der Eisenbahnen, Eisenbahnen in Deutschland	von Prof. Dr. Blum, Hannover.
	c) Post. Telegraphie und Fernsprechwesen in Deutschland	
	d) Versicherungswesen in Deutschland	von Prof. Dr. jur. Moldenhauer, Köln.
13)	Deutschlands Schiffahrt	vom Norddeutschen Lloyd und Hamburg-Amerika Linie
14)	Die Weltausstellung des Deutschen Buchhandels	vom Börsenverein Deutscher Buchhändler, Leipzig.
I.	<u>Die deutsche Industrie.</u>	
	1) Bedeutung der Industrie für die Entwicklung eines Landes, die Entwicklung der deutschen Industrie und ihre Leistungsfähigkeit.	von Dr. Kindt Geschäftsführer der Vereinigung zur Wahrung der wirtschaftliche Interessen in Rheinland und Westfalen, Düsseldorf.

2) Der deutsche Schiffsbau	
3) Die deutsche Maschinenindustrie	von Dipl. Ing. Fröhlich, Geschäftsführer des Vereins Deutscher Maschinenbauanstalten Düsseldorf.
Kraftmaschinen, Werkzeugmaschinen, Arbeitsmaschinen, Transportmaschinen, Landwirtschaftliche Maschinen, Maschinen für Eisenindustrie, Textilindustrie, Papierindustrie, Lederindustrie, Gummiindustrie, Industrie der Steine und Erden, Kohlenindustrie, Chemische Industrie, Nahrungs- und Genußmittelindustrie, Bekleidungsindustrie, Schreibmaschinen- und Nähmaschinen, Eisenbahn-, Brücken-, Behälter-, Fabrikbau.	
4) Die Verbrennungskraftmaschine und ihre Bedeutung für China:	von Gasmotoren Fabrik, Köln-Deutz.
5) Die Waffenindustrie	von Korv. Kapt. Hoffmann, Berlin.
6) Deutschlands Elektroindustrie	von den Siemens Werken, Berlin.
7) Färberei und Zeugdruck	von den Badischen Anilin- und Sodafabriken, Ludwigshafen.
8) Spinnerei und Weberei in Deutschland	von Prof P. Schulze, Krefeld (Kgl. Gewerbeschule)
9) Deutsche Papierindustrie	von Syndikus Eugen Hager, Berlin.
10) Deutsche Lederindustrie	von Centralverein deutsche Lederindustrie, Berlin.
11) Deutschlands Chemische Industrie	von den Badischen Anilin- und Sodafabriken, Ludwigshafen.
12) Optik, Uhren, und Ferngläser	von den Zeisswerken, Jena.

13) Verschiedenes
Reismüllereimaschinen.
Das Deutsche Braugewerbe.
Deutschlands Lampenindustrie.
Künstlerfarben-Fabrikation.
Wissenschaftliche Laboratoriumsapparate für Chemie, Medizin und Technik.

Geplant sind ferner noch Aufsätze überWalz- und Stahlwerke, Eisenbahnmaterialien, Werkzeug- und Kleineisenindustrie, Gasfabrikation, Automobile & Fahräder, Hoch- & Tiefbau, Cement & Betonindustrie.

Für das Deutschlandbuch für Chinesen sind bis zum 15. Dezember 1913
folgende Beiträge gezeichnet worden:

[...][118]

Zusammenstellung:

1) Handelskammern	M 4955,-
2) Banken	M 500,-
3) Verbände, Vereine	M 4400,-
4) Industrielle Werke und Firmen	
a)Eisenwerke und Maschinenfabriken	M 4700,-
b)Chemische Fabriken und Farbenfabriken	M 2250,-
c)Sonstige Fabriken und Firmen	M 4700,-
5) Einzelpersonen	M 450,-
6) Annoncen	M 31250,-
Zusammen	M 53205,-

BA/MA, R M3/7068, Bl. 20-22.

105

Schreiben des Gesandten in Peking, Elmershaus von Haxthausen, an Generalkonsul Hubert von Knipping, Shanghai (20.02.1914)[119]

Betrifft: Berücksichtigung der deutschen Sprache in den Lehrplänen für die chinesischen Schulen.

Mit Beziehung auf den dortigen Bericht
an den Herrn Reichskanzler vom 24. November v. J.[120]
– J. Nr. 9135/501-.

Bei Beurteilung der in dem neben angeführten Bericht erörterten Frage wird man zugeben müssen, daß die neuen Lehrpläne der Zentralregierung im allgemeinen der deutschen Sprache ziemlich weitgehende Berücksichtigung angedeihen lassen. Deutsch ist für Forst-

118 Auslassung: Es folgt eine detaillierte Auflistung der Namen aller Geldgeber und Sponsoren.
119 Anlage zum Peking-Bericht B. Nr. 64 vom 20. Februar 1914.
120 Sechsseitiger Bericht zum politischen Programm des chinesischen Ministeriums, in welchem auf die geplanten Reformen Liang Qichaos, den Zwang zum Sparen sowie zur Erhöhung der Staatseinnahmen eingeht (24.11.1913, PAA, R17743).

wissenschaft, Elektrotechnik, Chemie, Waffenfabrikation, Bergbau und Hüttenkunde, Pharmazeutik und Medizin die obligatorische erste Fremdsprache auf den Universitäten und Fachschulen. Dazu steht es auf den Universitäten in allen Fakultäten nach Wahl der Studierenden gleichberechtigt neben anderen Fremdsprachen, ebenso auf den Fachschulen für Rechtskunde, Sprachen, Technik und Handelsschiffahrt. Obligatorische zweite Fremdsprache ist Deutsch für die Schüler der Handelsfachschulen, fakultative zweite Fremdsprache für die Schüler der höheren Lehrerseminare und der Fischereifachschulen, ferner der Mittelschulen und höheren Elementarschulen, soweit örtliche Verhältnisse es als wünschenswert erscheinen lassen.

Wenn wir trotz der im Wege historischer Entwicklung eingetretenen Vorherrschaft der englischen Sprache im praktischen Leben Chinas dem Deutschen eine noch weitergehende, dem Englischen gleiche Berücksichtigung in den Lehrplänen, besonders in den Lehrplänen für die höheren Lehrerseminare und für die Mittelschulen, erwirken wollen, so müssen von deutscher Seite zunächst und vor allem diejenigen Bemühungen gefördert werden, die dem chinesischen Volke den praktischen Wert deutscher Sprachkenntnisse vor Augen führen. Ich rechne dahin, neben den deutschen Kultur- und Schulbestrebungen, die sich zu einem wesentlichen Teile auf die Kreise der gebildeten oder höhere Bildung suchenden Chinesen richten, auch alle jene Maßnahmen im häuslichen und geschäftlichen Verkehr der Deutschen mit Chinesen, die dem Chinesen beibringen, daß es sich lohnt, Deutsch zu können.

Um zunächst für die Durchführung der jetzigen chinesischen Lehrpläne in Bezug auf das Deutsche die größtmöglichen Garantien zu schaffen, wird es besonders nötig sein, daß jede Unregelmäßigkeit und jede Abweichung von den Verordnungen berichtet wird, damit bei der Zentralregierung immer wieder Vorstellungen erhoben werden und gegebenenfalls Vorschläge zur Abhilfe im einzelnen Fall oder generell gemacht werden können. Ebenso dürfte es sich empfehlen, daß die Kaiserlichen Konsularbehörden bei passender Gelegenheit den Provinzialbehörden gegenüber auf die Angelegenheit der deutschen Sprache im Unterricht an den Staatsschulen entsprechend den Lehrplänen zurückkommen.

Euer Hochwohlgeboren ersuche ich ergebenst, im Sinne dieser Ausführungen die nachgeordneten Konsularbehörden mit Anweisung versehen zu wollen.

Das Ziel, zu gegebener Zeit die Einführung des Deutschen als obligatorischen Lehrgegenstand an den Seminaren und Mittelschulen neben dem Englischen zu erreichen, soll dabei natürlich nicht aus dem Auge verloren werden.

An Seine Exzellenz den Herrn Reichskanzler habe ich in entsprechender Weise berichtet.

gez. v. Haxthausen

PAA, R17743.

106

Artikel aus der *Täglichen Rundschau*, Berlin (15.03.1914)

Ungenügende Vertretung der deutschen Interessen in China
Man schreibt uns: Neuerdings werden folgende Zahlenverhältnisse über die schwache Vertretung der deutschen Interessen auf diesem zurzeit wichtigsten Gebiete der Kulturentwicklung bekannt.

An Ärzten, die dort wirken, stehen 435 angelsächsischen Missionsärzten kaum 10 deutsche gegenüber, also 1 zu 43: und dabei die Not des Ärzteüberflusses im deutschen Vaterlande. Geht hinaus und heilt und schafft dort eure Existenz.

An Missionaren wirken in der Provinz Shandong von Kiautschou 21 deutsche, 292 angelsächsische, also 1 zu 14 in der Provinz von Kiautschou und Qingdao; dagegen in ganz China nur 170 deutsche gegen 5000 angelsächsische, also 1 zu 29.

An Missionsschulen, deren selbstloser Dienst unseren vaterländischen Interessen, den politischen und den wirtschaftlichen, zugute kommt, gibt es überhaupt 30.000 evangelische Elementarschulen, in China 2500, in den heutigen Kolonien ist die Gesamtzahl der Schulen 3800, in Kiautschou 140; darunter 11 Regierungsschulen, 17 presbyterianische, 39 deutsch-evangelische, 73 katholische.

Der deutsche Unterricht in der Provinz Kanton, wo abgesehen von Shandong die Lage für uns Deutsche verhältnismäßig am günstigsten ist, steht auffallend zurück. Englisch lernen 12.870 junge Chinesen, Deutsch nur 636: also 1 gegen 20; also nur diese 636 können sich besonders an deutsche Kultur und deutsche Bezugsquellen gewiesen fühlen.

Aus all diesen Angaben erwächst leicht ein Urteil darüber, welchen Wert die einzelne Nation auf ihren künftigen Einfluß im Lande zu legen scheint, und umgekehrt, welche Achtung sie bei den Chinesen genießt. Möge deutsche Energie, nationales Ehrgefühl und zugreifende Teilnahme die traurigen Verhältnisse bessern.

Tägliche Rundschau, Nr. 125, 15.03.1914 (PAA, R63299).

107

Aufzeichnung: Gründung der Chinesisch-Deutschen Freundschaftsvereinigung, Berlin (20.05.1914)

Am 20. Mai 1914 ist von einer konstituierenden Versammlung eine Chinesisch-Deutsche Freundschaftsvereinigung gegründet worden. Ehrenpräsident der Vereinigung ist Seine Exzellenz der chinesische Gesandte in Berlin, Dr. W. W. Yen,[121] der Vorstand besteht aus den Herren: Dr. Carsun Chang,[122] Legationssekretär Dr. Zhang Yungai, Gwang Dsu Tian,[123] Amtsrichter Dr. Romberg, Liz Siegmund-Schultze. Das Bureau der Vereinigung befindet sich in Charlottenburg, Leistikowstraße 6.

Die Vereinigung hat den Zweck, persönliche Beziehungen zwischen Deutschen und Chinesen zu schaffen, insbesondere den in Deutschland studierenden Chinesen und ihren Landsleuten in China, die sich für Deutschland interessieren, mit Rat und Tat behilflich zu sein.

Dabei will die Vereinigung in wirtschaftlicher, politischer und religiöser Beziehung geflissentliche Neutralität bewahren und vor allem auch zu bereits bestehenden Bestrebungen einschlägiger Art nicht in Wettbewerb treten.

Die Organisation der Vereinigung ist eine lose, jeden Zwang ausschließende. Die Leistungen der Mitglieder, insbesondere auch Beitragszahlungen, sind freiwillig. Die Vereinigung will zunächst in vier Gruppen tätig werden. Jede Gruppe hat einen deutschen und einen chinesischen Gruppenführer, die entsprechende Anregungen gern entgegennehmen. Die erste Gruppe (Nachweisgruppe) befaßt sich mit dem Nachweis und der Vermittlung passender Wohnungen für Chinesen sowie mit der Vermittlung von deutschen und chinesischen Sprachstunden. Die zweite Gruppe (Lehrgruppe) plant die Veranstaltung von Vorträgen, Ausflügen und Besichtigungen, die insbesondere das Interessengebiet der in Deutschland studierenden oder sonst zu Studienzwecken sich aufhaltenden Chinesen berücksichtigen. Die dritte Gruppe (Lesegruppe) befaßt sich mit der Veranstaltung kleinerer Zusammenkünfte, in denen insbesondere chinesische und deutsche Schriften von Deutschen und Chinesen gemeinschaftlich gelesen, ferner Debatten in deutscher und chinesischer Sprache veranstaltet werden sollen. Die vierte Gruppe (Werbegruppe) hat die Aufgabe, chinesischen Neuankömmlingen die ersten Auskünfte zuteil werden zu lassen, ferner für China interessierte Deutsche als Mitglieder heranzuziehen, endlich Auskünfte nach China über Deutschland sowie in Deutschland über China zu vermitteln.

Damen und Herren, welche in irgendeiner Beziehung ein Interesse für die gekennzeichneten Bestrebungen der Chinesisch-Deutschen Freundschaftsvereinigung zeigen, werden ergebenst gebeten, ihren Beitritt zu erklären. Besonders erwünscht ist auch, wenn die Bestrebungen der Vereinigung solchen Personen bekanntgegeben werden, bei denen ein Interesse dafür erwartet werden kann oder wenn deren Adressen dem Büro mitgeteilt werden. Schon die bloße Tatsache äußerlichen Beitritts ist als Zeichen von Interesse von hohem Werte, da sie die freundschaftliche Gesinnung von Angehörigen der beiden Völker zum

---

121 Yan Huiqing, zunächst Stellvertretender Außenminister Chinas, wurde 1913 zum chinesischen Gesandten für Deutschland, Dänemark und Schweden nach Deutschland berufen. Während der „Zweiten Revolution" (1913) setzte er sich gemeinsam mit mehreren im Ausland lebenden chinesischen Gesandten für ein Ende des Bürgerkrieges in China ein. In den Jahren 1913-1919 verhielt er sich loyal zur Peking-Regierung und führte sein Amt nach August 1917 in Dänemark weiter.

122 Zhang Junmai war während seines ersten Deutschlandaufenthalts von 1913 bis 1915 an der Berliner Universität im Fach Staatswissenschaften immatrikuliert. Eine Promotionsarbeit wurde vermutlich begonnen, jedoch nicht zum Abschluß gebracht (siehe Harnisch 1999:181).

123 Auch Dau Gwang Tian, Vertreter des China-Clubs, Berlin. Weitere biographische Daten unbekannt.

Ausdruck bringt. Nicht nur um Beitritt, sondern auch um tätige Mitarbeit in den Gruppen werden diejenigen Damen und Herren gebeten, die hierzu infolge persönlicher Kenntnis Chinas oder der Chinesen oder der chinesischen Sprache und Kultur berufen erscheinen.

Die Bitte, die Vereinigung zu unterstützen, wird mit dem Hinweis begründet, daß die Befestigung der Freundschaft zwischen Deutschland und China in wesentlichen Interessen beider Länger begründet ist. Nirgends gehen diese Interessen auseinander, wohl aber können sich beide Länder zur Zeit viel geben. Auch bestehen ähnliche Vereinigungen in Frankreich, England, Amerika und Japan. Aber auch der in Deutschland sich darbietenden Anschauungsmittel wird China nicht entraten können, wenn es jetzt europäische Staats- und Rechtsformen, Wirtschaftsordnung und Technik herübernimmt. Gerade in den Staatseinrichtungen und Wirtschaftsvereinigungen wie der Militärmacht des an junger Entwicklung aufstrebenden Deutschen Reichs findet sie der studierende Chinese in selten ähnlich zugänglicher Weise. Außerdem wird er die Kenntnis des geistigen Lebens Deutschlands, insbesondere die Methodik seiner wissenschaftlichen Arbeit wie für die Gebildeten aller Völker als notwendig anerkannt, nicht entbehren können. Auf der anderen Seite kann Deutschland vor der Gefahr materialistischer Verflachung leichter bewahrt bleiben, wenn dem Deutschen die so ganz andersartigen chinesischen sittlichen Ideale bekannt werden. Der wissenschaftliche, überhaupt der geistige Horizont, insbesondere auch der weltpolitische Gesichtskreis des Deutschen kann eine Erweiterung erfahren, wenn es gelingen sollte, die bewunderungswürdige Kultur Chinas ihm näherzubringen. So kann eine auf persönliche Beziehungen aufgebaute Freundschaftsvereinigung beiden Ländern zum Heile dienen.

BArch, R901/A 5131, unfoliert.

108

Bericht des Gesandten in Peking, Paul von Hintze, an Reichskanzler Theobald von Bethmann Hollweg (03.03.1915)

J. Nr. 1343
B. 42
16 Anlagen und
1 photographische Aufnahme.
Im Anschluß an den Bericht
vom 25. Februar 1915 – B. Nr. 38.

Euerer Exzellenz beehre ich mich die Unterstützungsgesuche der
1) Barmer Allianz-Mission für China,
2) Katholischen Mission für Süd-Shandong,

3) Rheinischen Mission,
4) Berliner Mission
für die von ihnen in China unterhaltenen Schulen gehorsamst zu überreichen. Beigefügt sind zwei von der Katholischen Mission von Süd-Shandong übersandte Jahresberichte von Schulen.

Die von dem Schulbeirat angefertigte Zusammenstellung gibt eine Übersicht über die um Unterstützung bittenden Schulen, ihre Art und ihren augenblicklichen Stand. Dazu ist auf Grund der von den Kaiserlichen Konsularbehörden eingegangenen Berichte das Folgende zu bemerken:

I. Barmer China-Allianz-Mission. Die Mission ist der China-Inland-Mission angegliedert. Sie wirkt in der Provinz Zhejiang, wie die ebenso angegliederte Liebenzeller Mission in der Provinz Hunan ihre Tätigkeit ausübt. Die Stationen der Mission befinden sich in Chuzhoufu, Yunhe, Songyang, Jinyun und Longquan.

a) Volksschule in Chuzhoufu. Chuzhoufu ist eine Präfekturstadt am Oberlauf des Wu-Flusses, der bei Wenzhou das Meer erreicht.[124] Es münden in Chuzhoufu verschiedene wichtige Verkehrsstraßen der Provinz ein, so die Straße von Pucheng über Longquan, die den Handelsverkehr mit den Nachbarprovinzen vermittelt, und ferner eine große von Hangzhou kommende Straße über Yanzhoufu, Jinhuafu und Yongkang. Die Stadt ist die Hauptniederlassung der deutschen Missionare in Zhejiang. Die mit der Mission verbundene Schule ist in reinlichen Gebäuden untergebracht. Als der erste Dolmetscher des Kaiserlichen Generalkonsulats in Shanghai, Herr Dr. Schirmer, im Jahre 1910 Chuzhoufu zum ersten Mal besuchte, wurde an der Schule neben Chinesisch nur Englisch unterrichtet, weil die Chinesen kein Interesse an der deutschen Sprache hatten. Auch im Herbst 1912 fand Herr Dr. Schirmer noch den gleichen Unterrichtsbetrieb vor. Erst zu Beginn des Jahres 1914 ist deutscher Unterricht an die Stelle des englischen getreten.

Es bleibe dahingestellt, ob die deutschen Missionare in Zhejiang nicht schon viel früher mit ihrem Wirken für das Deutschtum hätten anfangen können. In Betracht wird man ziehen müssen, daß sie bis vor wenigen Jahren kaum in Berührung mit den Deutschen hier draußen waren und, abgeschieden von aller Außenwelt, in den kleinen Gebirgsstädtchen Süd-Zhejiangs wirkten. Ihre einzige Verbindung mit der Welt ging über die China-Inland-Mission. Erst seit Herrn Schirmers Reisen und der Anknüpfung persönlicher Beziehungen zu den deutschen Behörden sind die Missionare zu dem Bewußtsein gekommen, daß auch sie Mitglieder der großen deutschen Gemeinde in China sind und an den Aufgaben der Deutschen hier draußen mitzuarbeiten haben. Das vorliegende Gesuch dürfte eine geeignete Veranlassung bieten, den Missionaren zu zeigen, daß sie bei Bemühungen zur Förderung des Deutschtums die Unterstützung des Reiches finden.

Über die Höhe der Schule in Chuzhoufu zu gewährenden Unterstützung hat sich weder das Unterstützungsgesuch noch der Kaiserliche Generalkonsul geäußert. Auch fehlen die

124 Chuzhoufu, heute das Gebiet um die Stadt Lishui.

nötigen Angaben über die Einkommensverhältnisse der deutschen Lehrkräfte. Doch würde ich erstmalig eine Unterstützung von 500.- M. befürworten unter Hinzufügung, daß bei Angabe genauerer Unterlagen eine Erhöhung der Unterstützung in Zukunft möglich erscheinen könnte.

b. Volksschule in Songyang. Das Städtchen Songyang liegt einige Tagereisen von der Präfekturstadt Quzhou [Chuzhoufu] entfernt in den Bergen des südwestlichen Zhejiang in wenig bevölkerter Gegend. Es wohnen dort zahlreiche Angehörige des Lika-Stammes, der so genannten Hundsköpfe.[125]

Über die Schule selbst ist nichts Näheres bekannt, ein begründendes Anschreiben hat dem Gesuch auch nicht beigelegen. Der Kaiserliche Generalkonsul hat sich daher zu dem Gesuch auch nicht eingehend äußern können. Doch dürften die für die Schule in Chuzhoufu gemachten Ausführungen grundsätzlich auch auf das Gesuch der Schule in Songyang Anwendung zu finden haben. Ich würde daher auch für diese Schule unter dem gleich Zusatz erstmalig eine Unterstützung von 500.- M befürworten.

II. Steyler Katholische Mission. Die Schulunternehmungen der Steyler Katholischen Mission von Süd-Shandong sind aus mehrfachen Berichten des Kaiserlichen Konsuls in Jinanfu und des hiesigen Schulbeirats bekannt.

a. Mittelschule (Franz-Xaver-Colleg) in Jiningzhou. In Übereinstimmung mit dem Bericht des Kaiserlichen Konsuls in Jinanfu befürworte ich eine Unterstützung in Höhe von:

1. für 4 Patres, die ihre ganze Arbeitskraft den Schülern widmen, je 2000.- M:	8000.- M.
2. für die Beschaffung einer Lehrmittelsammlung	1000.- M.
	9000.- M.

b. Volksschule und Lehrerseminar (Josephs-Colleg) in Taijiazhuang [Dädjawan]. In Berücksichtigung des Wertes, den besonders das Lehrerseminar für das Deutsch-Chinesische Schulwesen haben wird, befürworte ich eine Unterstützung in Höhe von:

1. für 1 deutsche Lehrkraft, die den deutschen Unterricht an der ganzen Schule erteilen kann:	2000.- M.
2. für die Beschaffung einer Lehrmittelsammlung	1000.- M.
	3000.- M.

Diese Befürwortung steht in Übereinstimmung mit der Äußerung des Kaiserlichen Konsuls in Jinanfu zu dem Gesuch.

c. Mädchen-Volksschule (Marienschule) in Jiningzhou. Nach der Anzahl der bisher und im laufenden Jahr zu teilenden Unterrichsstunden für Deutsch und in deutscher Sprache kann ich nur eine Unterstützung befürworten in Höhe von:

1. für 1 deutsche Lehrerin	1500.- M.
2. für die Beschaffung einer Lehrmittelsammlung	500.- M.
	2000.- M.

---

125 Vermutlich handelt es sich um die Einwohner des Ortes Lijia im Südwesten der Provinz Zhejiang. Zur Bezeichnung „Hundsköpfe" sind keine Angaben möglich.

Der Kaiserliche Konsul in Jinanfu hatte eine Unterstützung von 3000.- M befürwortet.

d. Volksschule (Johannes B. Schule) in Yizhoufu

In Übereinstimmung mit dem Kaiserlichen Konsul in Jinanfu befürworte ich eine Unterstützung in Höhe von:

1. für 1 deutsche Lehrkraft	2000.- M.
2. für die Beschaffung einer Lehrmittelsammlung	500.- M.
	2500.- M.

III. Rheinische Missionsgesellschaft, Barmen.

Über die Schulunternehmungen dieser Mission ist wiederholt von dem Kaiserlichen Konsul in Kanton berichtet worden. Ihre Bedeutung als Unterbau für die Deutsch-Chinesischen höheren Schulen in Südchina, besonders auch für die in Kanton geplante technische Fachhochschule steht außer Frage.

a. Volksschule in Tong Tau Ha.[126]

Der deutsche Lehrer und Schulleiter, dessen Jahresgehalt 3000.- M beträgt, erteilt wöchentlich 18 Unterrichtsstunden, in denen 6 dem deutschen Sprachunterricht gewidmet sind. Die erbetene Unterstützung in Höhe von 1000.- M entspricht also der im Interesse der Verbreitung der deutschen Sprache geleisteten Arbeit. In Übereinstimmung mit dem Kaiserlichen Konsul in Kanton befürworte ich daher eine Unterstützung in Höhe von:

1000.- M.

b) Mittelschule in Tung-kun [= Dongguan].

Der deutsche Lehrer und Schulleiter erteilt in der Woche 23 Unterrichtsstunden; davon sind 12 Unterrichtsstunden, also mehr als die Hälfte der deutschen Sprache gewidmet. Da sein Gehalt 4000.- M jährlich beträgt, ist die erbetene Unterstützung von 2000.- M angemessen, und in Übereinstimmung mit dem Kaiserlichen Konsul in Kanton befürworte ich sie in dieser Höhe: 2000.- M.

IV. Berliner Mission.

Zu den einzelnen Gesuchen ist folgendes zu bemerken:

a. Volksschule in Lukhang [bei Kanton]

Für den Unterhalt des deutschen Lehrers und Schulleiters wendet die Mission jährlich 4500.- M auf. Er erteilt wöchentlich 27 Unterrichtsstunden, von denen 16 dem deutschen Sprachunterricht gewidmet sind, d.h. mehr als die Hälfte seiner ganzen unterrichtlichen Tätigkeit. Nach den aufgestellten Grundsätzen kämen also etwa 2700.- M als Beihilfe in Frage. Indessen hat die Schule wegen der ungünstigen Finanzverhältnisse der Mission zeitweilig geschlossen werden müssen. Am 1. September soll sie wieder eröffnet werden. Eine Unterstützung kommt deshalb nur für 4 Monate in Frage. Genau gerechnet sollte sie 900.- M betragen. Der Schulleiter erbittet 960.- M, deren Gewährung ich in Übereinstimmung mit dem Kaiserlichen Konsul in Kanton befürworte: 960.- M.

---

126 An der Eisenbahnlinie zwischen Hongkong und Kanton.

b. Volksschule in Waichow [= Huizhou].

Der Unterhalt des Schulleiters kostet der Mission jährlich 4500.- M, dem deutschen Unterricht widmet er 15 Stunden, der Schulleitung und der sonstigen Missionsarbeit 11 Stunden, und außerdem gibt er noch 4 Unterrichtsstunden. Nur auf die deutsche unterrichtliche Tätigkeit berechnet, würde eine Unterstützung von 2250.- M sich ergeben. Auf die ganze Unterrichtstätigkeit von 19 Stunden berechnet, ist das Ergebnis 2700.- M, wie von dem Schulleiter erbeten. Der Kaiserliche Konsul in Kanton befürwortet die Gewährung dieser Summe. Ich schließe mich dieser Befürwortung an: 2700.- M.

c. Volksschule in Siu-yin.

Der Lehrer und Schulleiter, für dessen Unterhalt die Mission jährlich 4500.- M aufwendet, widmet dem deutschen Unterricht wöchentlich 10 Stunden. Nach Mitteilung des Missionssuperintendenten Kollecker an den Kaiserlichen Konsul in Canton müssen für Schulleitung und Missionstätigkeit etwa 20 wöchentlich in Ansatz gebracht werden. Demnach nimmt der deutsche Unterricht nur ein Drittel der Zeit des Schulleiters in Anspruch. An Stelle der erbetenen Unterstützung in Höhe von 1800.- M kann ich daher in Übereinstimmung mit dem Kaiserlichen Konsul in Kanton nur eine solche von 1500.- M befürworten: 1500.- M.

d. Volks- und Mittelschule in Shuichowfu [= Shaozhou]

Für den Unterhalt der Lehrerin und Schulleiterin dieser Mädchenschule wendet die Mission jährlich 3000.- M auf bei 24 Unterrichtsstunden, von denen 12 der deutschen Sprache gewidmet sind. Danach wäre also die Schule mit 1500.- M (nicht 2000.- M, wie das Gesuch bittet) zu unterstützen. In Übereinstimmung mit dem Kaiserlichen Konsul in Kanton befürworte ich daher eine Unterstützung in Höhe von: 1000.- M.

Außerdem hat Herr Superintendent Leuschner noch eine Unterstützung von 2000.- M für die deutsche Arbeit im christlichen Jünglingsverein erbeten. Er hat dort eine Klasse für deutschen Unterricht eingerichtet und hält populär-wissenschaftliche Vorträge in chinesischer Sprache über Deutschland. So schätzungswert diese Tätigkeit ist, so kann sie doch wohl nicht als eigentliche Schultätigkeit bezeichnet werden. Auch hat Herr Leuschner weder über die Zahl der deutschen Unterrichtsstunden noch über die dadurch entstehenden besonderen Kosten irgendwelche Mitteilungen gemacht. Unter die angegebenen 15 Stunden „deutscher Arbeit im Jünglingsverein" rechnet er offenbar auch die chinesischen Vorträge und gesellige Zusammenkünfte. In Übereinstimmung mit dem Kaiserlichen Konsul in Kanton kann ich das Gesuch nicht für ausreichend begründet halten und es daher nicht befürworten.

Zusammenfassend darf ich also die Gewährung folgender Unterstützungen befürworten:

I. Barmer China-Allianz-Mission:

a. Chuzhoufu	500.- M.
b. Songyang	500.- M.
	1000.- M.

II. Steyler Katholische Mission:	
a. Jiningzhou	9000.- M.
b. Taijiazhuang	3000.- M.
c. Jiningzhou	2000.- M.
d. Yizhoufu	2500.- M.
	16000.- M.
III. Rheinische Mission:	
a. Tong Tau Ha	1000.- M.
b. Tung Kun	2000.- M.
	3000.- M.
IV. Berliner Mission:	
a. Lukhang	960.- M.
b. Waichow	2700.- M.
c. Siuyin	1500.- M.
d. Shuichowfu	1500.- M.
e. Shuichowfu	1000.- M.
	7660.- M.
	28160.- M
und zwar	
für die Schulen der evangelischen Missionen	11660.- M
für die Schulen der katholischen Missionen	16500.- M.

Hintze

PAA, R63299.

109

Verwaltungsvorschriften des Erziehungsministeriums der Republik China für die Angelegenheiten der Auslandsstudenten in Europa (26.08.1915)[127]

1. Die Angelegenheiten der Auslandsstudenten in Europa, die vom Bildungsministerium und den verschiedenen Provinzen geschickt werden, werden vom Beauftragten für europäische Auslandsstudenten verwaltet.[128]

---

127 Chin.: „Guanli liu Ou xuesheng shiwu guicheng". Aus dem Chinesischen übersetzt von Andreas Steen und Yang Zhan'ao.

128 Für das Studium in Deutschland bestanden keine Sonderregeln, die Länder Europas wurden zusammengefaßt. Lediglich für das Studium in Japan und Amerika wurden andere Vorschriften erlassen.

Die Angelegenheiten der Auslandsstudenten in Rußland werden weiterhin von der dortigen Botschaft verwaltet.

2. Der Beauftragte für Auslandsstudenten in Europa wird vom Bildungsminister ernannt. Der Eintrag in das Protokoll wird dem Präsidenten vorgelegt.
3. Der Beauftragte für Auslandsstudenten in Europa soll in geeigneten Orten Büros einrichten und muß dem Bildungsministerium sowie den jeweiligen Provinzregierungen ausführlich darüber berichten.
   Beim Umzug der o.g. Büros muß der Beauftragte für Auslandsstudenten in Europa das Bildungsministerium wie auch die jeweiligen Provinzregierungen informieren.
4. Der Beauftragte für Auslandsstudenten in Europa stellt für die staatlichen Stipendiaten einen Studienausweis für das Auslandsstudium aus und hat das Datum der Ein- oder Ausreise sorgfältig nachzuprüfen. Erst nachdem der Studienausweis mit Tages-, Monats- und Jahresdatum sowie einem Siegel versehen ist, wird er zurückgegeben.
   Die o.g. Studienausweise für das Auslandsstudium werden vom Bildungsminister ausgestellt.
5. Nach ihrer Ankunft im Zielland sollen die Auslandsstudenten in Europa ihre Universitäten, ihre Anschriften usw. dem Beauftragten bekanntgeben.
6. Am Ende eines jeden Jahres soll der Beauftragte die staatlichen Stipendiaten gegliedert nach Universität, Studienfach, Jahrgang und Anzahl der Absolventen im kommenden Jahr in eine Tabelle eintragen und diese dem Bildungsministerium bzw. den jeweiligen Provinzregierungen vorlegen.
7. Der Beauftragte soll am Ende jeden Jahres einen kurzen Jahresbericht über die Studienangelegenheiten verfassen und dem Bildungsministerium zum Eintrag in das Protokoll einreichen.
8. Sofern der Beauftragte auf eine mit den Außenbeziehungen unseres Landes in Beziehung stehende Angelegenheit der Auslandsstudenten trifft, sollte diese von der Gesandtschaft entschieden werden.
9. Die monatliche Besoldung des Beauftragten für Auslandsstudenten in Europa beträgt fünfhundert Yuan, das Budget des Büros dreihundert Yuan. Außerdem ist dem Bildungsministerium über die Kosten für Telegramme, Geldüberweisungen usw. wie auch über Dienstreisen in andere Länder wahrheitsgemäß zu berichten.
   Für den Fall der Beschäftigung eines Sekretärs soll dieser aus dem Budget des Büros bezahlt werden.
10. Die Studiengebühren für die staatlichen Stipendiaten müssen von den jeweiligen Provinzen, aus denen die Studenten stammen, pro Quartal an den Beauftragten für Studienangelegenheiten in Europa überwiesen werden. Für die Überweisung sollte das Ankunftsdatum des Geldes im Zielland im voraus berechnet werden. Spätestens am ersten Tag des Quartals sollte das Geld eingetroffen sein.
11. Am Ende jeden Jahres muß der Beauftragte für Studienangelegenheiten in Europa dem Bildungsministerium und den jeweiligen Provinzregierungen ausführliche Berichte über die Einnahmen und Ausgaben einschließlich der Quittungen vorlegen.

12. Der Beauftragte darf außer der monatlichen Stipendienvergabe an die staatlichen Studenten keine weiteren Geldsummen verleihen.
13. Nach dem Universitätsabschluß müssen die staatlichen Stipendiaten ihre Zeugnisse dem Beauftragten zur Überprüfung vorlegen. Sofern das Jahresdatum und die Zensuren sich als richtig erweisen, darf eine Urkunde ausgestellt werden. Wenn die staatlichen Stipendiaten nach dem Abschluß des Studiums und der Rückkehr aus Europa ihre Urkunden beim Bildungsministerium zur Nachprüfung einreichen bzw. sich registrieren lassen, sollte auch die Bestätigung des Beauftragten für Studienangelegenheiten in Europa beigefügt werden.
    Was das Reisegeld für die staatlichen Stipendiaten betrifft, das für ihre Rückkehr nach dem Studienabschluß bestimmt ist, sollte der Beauftragte die Anzahl der Absolventen genau prüfen und an diejenigen Behörden weiterleiten, die die Studenten ursprünglich geschickt haben. Diese Behörden sollen das Reisegeld im voraus an den Beauftragten überweisen. Mit der Aushändigung der Abschlußurkunden soll den Stipendiaten auch das Reisegeld für die Rückkehr übergeben werden.
14. Mit Ausnahme der staatlichen Stipendiaten, denen ein Praktikum bewilligt wurde, müssen alle innerhalb von zwei Monaten nach dem Studienabschluß die Rückreise antreten.
15. Wenn die staatlichen Studenten nach ihren Abschlüssen noch ein Praktikum machen müssen, sollten sie den Beauftragten davon benachrichtigen. Erst nach einer Bewilligung dürfen sie weiterhin im Land bleiben und mit dem Praktikum beginnen.
    Das Praktikum darf nicht länger als ein Jahr sein.
16. Die staatlichen Stipendiaten dürfen die Universität nicht wechseln, es sei denn es liegen besondere Gründe und eine Bewilligung durch den Beauftragten vor.
    Im Fall des Eintretens einer unter diesem Artikel sowie unter dem ersten Punkt des vorhergehenden Artikels beschriebenen Situation muß der Beauftragte gegenüber dem Bildungsministerium und den jeweiligen Provinzregierungen in seinem Protokoll ausführlich über diese Vorfälle berichten.
17. Wenn die staatlichen Stipendiaten Wünsche bzw. Forderungen haben, müssen sie diese direkt dem Beauftragten mitteilen. Sie dürfen nicht das Bildungsministerium oder die jeweiligen Provinzregierungen kontaktieren.
18. Wenn staatliche Stipendiaten zweimal hintereinander nicht in die höhere Klasse versetzt werden können, wegen Krankheiten oder aus anderen Gründen keine Hoffnung mehr auf einen Studienabschluß haben, muß der Beauftragte den Behörden, die die Studenten geschickt haben, ausführlich Bericht erstatten und das Stipendium einstellen.
19. Ungeachtet aller Gründe, dürfen sich staatliche Stipendiaten während des Studiums nicht für eine Heimreise beurlauben lassen. Im Fall einer heimlichen Rückreise und des Beauftragens Dritter, um die Stipendienzahlungen einholen, muss das Stipendium eingestellt werden.
20. Wenn staatliche Stipendiaten vom Studienbeginn bis zum –abschluß ausgezeichnete Prüfungen ablegen, sich unter den besten Studenten befinden oder von der Universität Auszeichnungen erhalten, muß der Beauftragte dem Bildungsministerium ausführliche

Berichte zur Überprüfung vorlegen. Das Bildungsministerium wird diesen Studenten dann eine schriftliche Auszeichnung für besondere Leistungen verleihen.

21. Wenn die staatlichen Stipendiaten unberechtigte Anforderungen an den Beauftragten stellen oder willkürlich Unruhe stiften, soll dieser den Behörden, die die Studenten geschickt haben, ausführlich darüber berichten und bitten, das Stipendium einzustellen.
22. Wenn es unter den staatlichen Stipendiaten aufgrund von Krankheiten zu Todesfällen im Ausland kommt, soll der Beauftragte sich bemühen, sie dort beizusetzen. Sollte die betroffene Familie den Sarg auf eigene Kosten in die Heimat überführen wollen, soll es ihrem Willen entsprechend geschehen.
23. Für Studenten, die ihr Studium selbst finanzieren, gelten ebenfalls die Vorschriften unter Artikel 4 Punkt 1, Artikel 5, Artikel 13 Punkt 1 und 2, sowie Artikel 21 und 22.
24. Wenn die selbstfinanzierten Studenten Artikel 4 Punkt 1 und Artikel 5 nicht beachten, wird ihnen nach dem Universitätsabschluß keine Urkunde ausgestellt.
25. Für staatliche und private Studenten, die sich vor der Bekanntmachung dieser Vorschriften bereits in Europa aufgehalten haben, trifft Artikel 4 nicht zu.
26. Die „Vorläufigen Vorschriften für die Angelegenheiten der Auslandsstudenten in Europa“ und die „Vorschriften für die staatlichen Auslandsstudenten in Europa“, die beide im Jahr 1913 vom Bildungsministerium verabschiedet wurden, werden am Tag der Bekanntmachung dieser Vorschriften ungültig.[129]
27. Diese Vorschriften treten am Tag ihrer Genehmigung in Kraft.

Beiyang zhengfu jiaoyubu (Erziehungsministerium der Peking-Regierung), in: ZHMDZH, Nr.3, Jiaoyu (Erziehung), S. 593-595.

110

Auszüge aus dem Geschäftsbericht des Deutsch-Chinesischen Verbandes (1916)[130]

Beschäftigung chinesischer Techniker in der Industrie:

1. Die Mehrzahl der sich hier zu Studienzwecken aufhaltenden Chinesen widmet sich dem Studium technischer Fächer an der Technischen Hochschule zu Charlottenburg, der bisherigen Bergbauakademie usw. Ein Teil dieser Herren hatte den Wunsch, die mehrere

129 Erlassen am 20.08.1913 und 27.12.1913, in: ZHMDZH, Nr. 3, Jiaoyu (Erziehung), S. 577-579, 579-581.

130 Der Deutsch-Chinesische Verband war am 16. März 1914 in Berlin gegründet worden und zählte Ende des Jahres ca. 690 Mitglieder. Vorsitzender des kapitalstarken Verbandes war der Botschafter a.D., Frhr. Mumm von Schwarzenstein. 1919 fusionierten der DCV und die DAG in Berlin zum „Verband für den Fernen Osten“ (vgl. Kloosterhuis 1994:737ff und Kapitel 5 dieses Bandes).

Monate dauernden großen Universitätsferien zu praktischer Tätigkeit in der Industrie zu benutzen und war an uns mit der Bitte herangetreten, ihnen bei der Erlangung von Volontärstellungen behilflich zu sein. Wir haben diesem Wunsche sehr gern entsprochen. Dank dem liebenswürdigen Entgegenkommen einer Reihe großer Unternehmungen aus der Eisen- und Maschinenindustrie sowie aus dem Bergbau, war es uns in allen Fällen möglich, den jungen chinesischen Technikern die von ihnen gewünschten Stellungen zu verschaffen. Nur in einem Falle waren aus Anlaß des Krieges so weitläufige Verhandlungen mit Behörden usw. erforderlich geworden, daß, als schließlich die Genehmigung zur Beschäftigung eintraf, der größere Teil der Ferien vorüber war. Auf Grund einer Verständigung zwischen der in Frage stehenden Maschinenfabrik und dem für sie in Aussicht genommenen chinesischen Studenten wird letzterer jedoch die nächsten großen Ferien zu praktischer Arbeit in der Fabrik verwenden.

2. In der gleichen Richtung waren wir tätig, soweit es sich um die Absolventen der Deutschen Ingenieurschule für Chinesen in Shanghai handelt.

Anfang Juni diesen Jahres hat diese Anstalt ihre ersten Absolventen entlassen. Für die Leitung der Anstalt erhob sich dabei die Frage, wie die weitere Ausbildung der jungen Leute am besten vor sich gehen könne, damit sie der deutschen Industrie in ihrer späteren Berufstätigkeit möglichst großen Nutzen brächten. Der nächstliegende Weg wäre der gewesen, die Absolventen in deutsch geleiteten Betrieben Chinas unterzubringen, wo sie Gelegenheit gehabt hätten, unter der Anleitung deutscher Ingenieure die zur erfolgreichen Ausübung ihres Berufes unentbehrlichen praktischen Kenntnisse und Erfahrungen zu sammeln. Dieser Weg erwies sich jedoch als nicht gangbar, da die großen deutschen Betriebe in der Provinz Shandong zur Zeit in japanischen Händen sind, während die anderen deutschen industriellen Unternehmungen Chinas infolge verhinderter Ausfuhr zu einem großen Teil geschlossen werden mußten. Die jungen Leute aber schon jetzt in rein chinesische Betriebe eintreten zu lassen, erschien nicht ratsam, da man davon keinen günstigen Einfluß auf ihre weitere Entwicklung erwartete.

Aus diesen Gründen sah man es als das Beste an, wenn die in Betracht kommenden Chinesen in Deutschland selbst ihre praktische Weiterbildung erhielten, womit auch ihren eigenen dringenden Wünschen Rechnung getragen werden würde.

Bei der Bedeutung, die diese Angelegenheit für die späteren wirtschaftlichen Beziehungen zwischen Deutschland und China sowie für das Ansehen der deutschen Technik in China hat, hat sich der Deutsch-Chinesische Verband gern bereit erklärt, als Zentralstelle die Unterbringung der Chinesen in hiesigen industriellen Unternehmungen zu vermitteln.

Da das preußische Kriegsministerium sich mit der Beschäftigung der Absolventen der Shanghaier Ingenieurschule in Betrieben der deutschen Privatindustrie grundsätzlich einverstanden erklärte, haben wir uns an eine Anzahl großer industrieller Firmen mit der Bitte um Aufnahme der jungen Leute gegen eine bescheidene Entschädigung gewandt. Das Ergebnis ist gewesen, daß nicht nur die diesjährigen acht Absolventen in kurzer Zeit Stellung fanden, sondern, daß auch eine Reihe von Unternehmungen sich bereit erklärte, die im nächsten Jahre oder später zur Entlassung kommenden Absolventen der Deutschen Ingenieurschule in Shanghai bei sich aufzunehmen. Eine Firma hat sich sogar in entgegenkommender Weise bereit erklärt, für einen jungen Mann, den sie zu beschäftigen gedenkt, die Reisekosten im Höchstbetrage vom M. 1000 zu zahlen.

Wir wiederholen an dieser Stelle die gelegentlich schon im „China-Archiv"[131] ausgesprochene Bitte, daß diejenigen industriellen Unternehmungen, die bereit sind, junge chinesische Techniker, sei es vorübergehend (für einige Monate), sei es auf längere Zeit (ein bis zwei Jahre), bei sich praktisch zu beschäftigen und auszubilden, uns eine darauf bezügliche Mitteilung zukommen zu lassen, damit wir den jeweils an uns gerichteten Anfragen um Vermittlung möglichst umgehend entsprechen können. Zu weiteren Mitteilungen stehen wir jederzeit gern zur Verfügung.

Fühlungnahme mit den in Deutschland lebenden Chinesen.

Wir haben in unserem vorigen Bericht betont, daß wir großen Wert darauf legen, eine enge Verbindung zwischen uns und den hier lebenden Chinesen herzustellen. Es gereicht uns zu Genugtuung, heute mitteilen zu können, daß diese Verbindung hergestellt ist und daß wir in sehr regen Beziehungen zu der chinesischen Kolonie in Berlin stehen. Es ist von den in Deutschland weilenden Chinesen früher oft schmerzlich empfunden worden, daß hier eine private Stelle fehlte, an die sie sich mit ihren Wünschen wenden konnten, die ihnen fördernd und beratend zur Seite stand. Wir glauben, diese Lücke zu einem großen Teile ausgefüllt zu haben, und hoffen es in Zukunft mehr noch tun zu können.

War es schon vor dem Kriege für Ausländer, soweit ihnen Beziehungen fehlten, oft schwer, einen tieferen Einblick in die deutschen wirtschaftlichen Verhältnisse und in Dinge zu tun, soweit sie sich nicht direkt vor aller Augen abspielten, so hat diese Schwierigkeit während der letzten Kriegsjahre naturgemäß noch ganz erheblich zugenommen. Die jungen Leute, die sich hier studienhalber aufhalten, sehen und hören kaum mehr als das, was ihnen im Hörsaal vorgetragen wird, oder was sie auf dem Wege von ihrer Wohnung zur Hochschule und wieder zurück wahrnehmen. Persönliche Einblicke in die während des Krieges ungeheuer gesteigerte Arbeitsleistung Deutschlands zu tun, persönliche Beziehungen mit einsichtigen und sachverständigen Deutschen anzuknüpfen usw. war ihnen bis auf wenige Ausnahmen nicht möglich. Hier haben wir einsetzen zu sollen geglaubt, um Abhilfe zu schaffen.

Aus diesem Grund haben wir zunächst **Deutsch-Chinesische Abende** eingerichtet, zu denen sich regelmäßig außer Se. Exzellenz, dem Chinesischen Gesandten Herr Dr. Yan, nebst Gemahlin und der Chinesischen Kolonie eine größere Zahl deutscher Damen und Herren einfanden.

[...][132]

Geschäftsbericht des Jahres 1916, S. 7-10; BArch, R901/5132, Bl. 189-190.

---

131 *China-Archiv* nannte sich die monatlich von 1916 bis 1918 erscheinende Verbandszeitschrift. Sie enthielt sowohl Originalbeiträge als auch einen ausführlichen Pressespiegel zu China-Ereignissen.

132 Auslassung: Die Abende hatten den Zweck, persönliche Beziehungen zu vermitteln, konnten aber nur unregelmäßig durchgeführt werden. Genannt werden in dem Bericht vier Vortragsabende, u.a. von Paul Rohrbach zum Thema „Deutschland, China und der Orient nach dem Weltkriege". Ein weiterer Schwerpunkt findet sich in der Rubrik „Führungen und Besichtigungen". Nach Möglichkeit sollen monatliche Führungen durch industrielle Unternehmungen, kommunale und staatliche Betriebe usw. organisiert werden. Für das Jahr 1916 werden acht Veranstaltungen genannt, u.a. ein Besuch der Fabrikanlagen der Königl. Porzellanmanufaktur, Berlin, und der Ullstein & Co. (Verlag u. Druckerei).

111

Missionsdenkschrift des Konsularbeamten A. Lüthje (22.06.1916)[133]

Aufzeichnung:
Die deutschen Kulturaufgaben und die Deutschen Missionen in China nach dem Weltkriege.

Der Weltkrieg hat die Schichten des ostasiatischen Kulturlebens und die geistlichen Faktoren der deutschen Kulturausbreitung, ganz abgesehen von den rein politischen Veränderungen, wesentlich verschoben. Wir haben es nach dem Kriege mit einem ganz neuen Status zu tun und Solche, denen daran gelegen ist, Deutschland als führende und aufbauende Kulturmacht in China mehr als bisher zur Geltung zu bringen, werden sich neu orientieren müssen. Schon jetzt mag es sich empfehlen, Gesichtspunkte in Aussicht zu nehmen, unter welchen gleichzeitig mit dem Friedensschluß eine erhöhte, den veränderten Umständen angemessene Tätigkeit in deutscher Kulturausbreitung, insbesondere in möglicher Ausbreitung deutschen Sprachunterrichts in Angriff genommen werden kann.

Wenn Qingdao als Stützpunkt des Deutschtums und Zentrum deutscher Geistesausbreitung endgültig verloren gehen sollte, müßte rechtzeitig – vielleicht schon jetzt – für anderweitige volle Ausgleichung in China gesorgt und die früher den Lehr- und Kulturinstituten in Qingdao zur Verfügung gestellten Summen und Stiftungen auch weiterhin angefordert werden, um sie nun anderen deutschen Kulturfaktoren p. p. in China zur direkten und indirekten Förderung des deutschen Gedankens unverkürzt, wenn nicht vergrößert, zu Gute kommen zu lassen.

Das Beispiel AMERIKAS zeigt, daß es absolut nicht einer kolonialen Besitzung in China bedarf, um in kultureller, wirtschaftlicher und politischer Beziehung einen erstklassigen Einfluß hier draußen auszuüben.

Als indirekte Faktoren zur Förderung des Deutschtums kommen in erster Linie die Missionen in Frage, denn Niemand, weder der Kaufmann noch der Konsul, steht mit den Chinesen im Innern von seiten der Europäer in so enger Fühlung und gegenseitiger Beeinflussung, als der Missionar nebst seinen Gehilfen, Vereinen, Schriften und sonstigen Organen. Was

---

133 Die vielbeachtete Denkschrift bildete die Grundlage einer im Generalkonsulat Shanghai abgehaltenenen Sitzung zur Gründung des „Deutschen Hilfsbundes für die evangelischen Missionen in China". Zudem hatte bereits am 27. April der Deutsche Evangelische Missionsausschuß in einer Sitzung in Halle eine China-Kommission eingesetzt, um, wie der Vorsitzende dieser Kommission, Prof. D. Julius Richter, in einem Schreiben an A. Lüthje (09.05.1916) bemerkt, dessen Vorschläge und Pläne zu prüfen (BArch, R9208/226, Bl. 51-71). Konsul Knipping, Shanghai, schickte die hier in Auszügen abgedruckte Aufzeichnung Lüthjes als Anlage an den Gesandten in Peking, Hintze (13.07.1916). Wie Knipping ausführt, hatte er die Aufzeichnung bereits an die Konsulate verschickt, in deren Bezirk sich protestantische oder katholische deutsche Missionsgesellschaften befinden (Kanton, Swatow, Changcha, Chongqing, Nanjing, Jinan). Ebenso erging die Aufforderung, dort mit den Missionen Rücksprache zu halten und zum Bericht Stellung zu nehmen. Eine ausführliche Antwort und kritische Einschätzung formulierte u.a. Wilhelm, Qingdao, an Betz, Deutsches Konsulat Jinanfu, 28.8.1916 (BArch, R9208/226, Bl. 183-190).

der Missionar seinem Vaterlande hier nützen kann, hat der Weltkrieg klar genug gezeigt: den Missionen gebührt für ihr eifriges und unermüdliches Eintreten für die deutsche Sache im Innern besonderer Dank. Wenn sie auch bei ihrer geringen Zahl und Bemittlung nicht von so ausschlaggebender Bedeutung sind wie z.B. bei Amerika, das seine so einflußreiche Position in China vielleicht in erster Linie der Arbeit seiner Missionare verdankt, so kann doch darüber kein Zweifel sein, daß Zu- und Abnahme des Deutschtums in China nicht unwesentlich von der Zu- und Abnahme der deutschen Mission abhängt.

Noch heute rechnen und sympathisieren breite Volksschichten in China mit einem siegreichen Deutschland. Deutschland erfreut sich unbestritten noch immer großer Vorliebe, Verehrung und Gunst bei den Chinesen, die allerdings damit zum Teil auch politische, antijapanische Hoffnungen verknüpfen. Diese wertvoller Imponderabilien deutschfreundlicher Strömungen im Volke nach Friedensschluß durch eine geschickte großzügige kulturelle Tätigkeit dauernd für Deutschland lebendig zu erhalten und sie in reale Vorteile und Nutzungen umzusetzen, müßte schon jetzt unter praktischen Gesichtspunkten vorbereitet werden.

Wie bereits angedeutet, sind unsere Missionen berufen, hierbei große und unersetzliche Dienste zu leisten. Erstere werden dazu noch mehr als früher bereit sein, als der Krieg im nationalen Sinne auf sie hervorragend anspornend und einigend gewirkt, wie auch das nationale Selbstbewußtsein mächtig gehoben hat.

Der am meisten dem Deutschtum nützliche Teil der Missionsarbeit ist das Schulwesen, im besonderen hierbei der deutsche Sprachunterricht. Für einen tatkräftigen und weitzügigen Ausbau des letzteren hoffe ich in meiner Missionsdenkschrift besonders nachdrücklich eintreten zu können, wie auch dafür, daß die deutsche Regierung in ihren kulturellen Bestrebungen ein Recht auf weitgehende Mitarbeit aller Missionen hat.

Den gegenwärtigen Stand der deutschen Missionen in China überblickend, muß jedoch leider konstatiert werden, daß der Krieg hier draußen die bedauerliche Wirkung gehabt hat, nicht nur ein Vorwärtskommen der deutschen Missionsarbeit zu verhindern, sondern ihr auch noch infolge des Abgeschnittenseins von der Heimat zum Teil recht schwere Rückschläge und Rückstände aufzuerlegen, zu deren Wiedereinholung es allein jahreslanger Friedensarbeit bedürfen wird, ganz abgesehen von neuen Plänen. Bei Kriegsausbruch betrug die Zahl der deutschen protestantischen Missionen (über die Katholiken stehen mir keine Zahlen zur Verfügung) in China einschl. Ehefrauen rund 320 Personen bei einer internationalen Gesamtzahl von ca. 5200 Missionaren. Heute ist letztere Zahl, hauptsächlich durch vermehrten Zuzug von Amerikanern, auf über 6100 gestiegen, die Anzahl der Deutschen jedoch die gleiche geblieben, da Nachschub unmöglich war. Dadurch ist der Anteil der Deutschen an der internationalen Missionsarbeit in China von 7% auf 5% gefallen, das Plus kommt den Angelsachsen, in erster Linie den Amerikanern zu, deren Missionsblätter sich rühmen, daß der Krieg nun China zu einem fast ausschließlichen Kirchenspiel amerikanischer Missionen gemacht habe. Hierzu kommt noch das verschlechternde Moment, daß eine große Zahl der daheim befindlichen Missionsaspiranten den Tod auf dem Schlachtfelde gefunden hat und daß viele von den hier draußen befindlichen Arbeitern dringend eines Heimaturlaubs bedürfen, wenn sie nicht gesundheitlich zusammen brechen sollen. Ein schwerer Schlag ist es auch, daß Hongkong und Qingdao, sowie Pakhoi in Gefahr stehen, als Stützpunkte deutscher Missionsarbeit verloren zu gehen und Englands Kulturpolitik zur vermehrten Stärkung zu dienen.

Noch ungünstiger hat der Krieg das Missions-Schulwesen für die Deutschen gestellt. Der bittere Mangel an Mitteln und Arbeitern hat besonders den deutschen Missionsschulen in Guangdong und Shandong tiefen Schaden zugefügt, eigentlicher Zuwachs ist fast nirgends, ausgenommen vielleicht Hunan, zu verzeichnen. Die Berliner Mission hat nicht nur ihre sämtlichen Schulen im ehemaligen Qingdaoer Pachtgebiet eingebüßt, sondern besonders auch in Guangdong ihre Schultätigkeit fast ganz einstellen müssen. Während diese Gesellschaft im letztgenannten Gebiet 1913 noch eine Mittelschule, drei Oberelementarschulen mit 200 Schülern und 46 Elementarschulen mit rund 1200 Schülern nebst einem theologischen Seminar unterhielt, verfügt sie heute außer dem letztgenannten nur noch über eine Knaben- und eine Mädchenschule mit 100, bezw. 60 Besuchern.

Hingegen haben natürlich die nichtdeutschen Missionen, insbesondere die Amerikaner, ihr Schulwesen, besonders das höhere, in bekannter grosszügiger Weise ausbauen und erweitern können, desgleichen ihre großartige Literatur- und Vereinstätigkeit.

[...][134]

Mit besonderem Nachdruck haben sich die angelsächsischen Missionen in den letzten Jahren auf die Einrichtung von chinesischen <u>Kindergärten</u> geworfen. Wie ich von den großen presbyterianischen, baptistischen und methodistischen Missionskreisen gelegentlich hörte, besteht eine große Nachfrage nach tüchtigen Kindergärtnerinnen und mit Freuden würde man <u>deutsche</u> Damen anstellen, die sich den amerikanischen Missionen zur Verfügung stellen würden, denn Deutschland ist bekanntlich das Ursprungsland und die hervorragendste Pflegestätte des Kindergarten-Systems. Auch hier bietet sich eine nützliche offene Tür für deutschen Einfluß und deutschen Unterricht, die man nicht vernachlässigen sollte.

Aus alledem geht zur Genüge hervor, daß es von größtem Wert für die Sache des Deutschtums ist, wenn man mit den „neutralen" Missionen in China möglichst gute und rege Beziehungen unterhält und den Zusammenhang mit ihnen pflegt.

[...][135]

Somit ergibt sich auch in dieser Hinsicht die Notwendigkeit einer größeren Zentralisation der deutschen Missionsarbeit in China, im besonderen die Notwendigkeit der baldigen Er-

---

134 Auslassung: Lüthje schildert die Notlage der deutschen Mission in China und ihren Wert zur Verbreitung des Deutschtums. Es sei die Pflicht der Regierung, diese Maßnahmen „auch im nationalen Sinne" nach Kräften zu unterstützen. Die von ihm genannten Tätigkeiten betreffen die ärztliche Mission, den Sprachunterricht und die Missionsschulen. Bedingt durch eine „deutschfreundliche Strömung im Volk, die der Krieg mit sich gebracht hat", habe das Interesse der Chinesen am Erlernen der deutschen Sprache stark zugenommen. Problematisch sei der Mangel an Sprachlehrbüchern und sonstigen Mitteln. Des weiteren bemühe Lüthje sich, Kontakt mit neutralen Missionsschulen (deutsch-amerik., schwedisch, norwegisch) aufzunehmen, um diese zur Vermittlung der deutschen Sprache zu bewegen.

135 Auslassung: Lüthje sieht einzig die deutsche Mission in der Lage, diese Kontakte zu pflegen, zweifelt aber aufgrund der „großen Zersplitterung der deutschen Missionsgesellschaften" an deren Organisationsfähigkeit.

richtung einen den gemeinsamen Interessen parteilos dienenden Zentrale, wie sie in der Missions-Denkschrift für Shanghai gefordert wird. Ein solches Deutsch-Ostasiatisches Missionshaus ist nicht nur der gegebene Zusammenhalt der deutschen Missionen, sondern auch der berufenen Vermittler zwischen den deutschen Kulturinteressen und den neutralen Missionen. Ein solches Haus kann Reisesekretäre anstellen, die im Innern praktisch wirken und zugleich als Wanderredner werben können, es kann die ausländische wichtige Missions-Presse bearbeiten, es kann vor allem auch im Zusammenhang mit den Vertretern der Kaiserlichen Regierung wirken und das gegenseitige Verständnis auch mit den anderen Deutschen in China pflegen, sowie besonders in weitzügiger Weise die deutschen Volksmassen daheim zu Gunsten der deutschen Missions-Kulturarbeit in China beeinflussen. Als fördernder Umstand kommt hierbei in Betracht, daß nach den Berichten der deutschen Missionsblätter der Missionssinn und das Missionsinteresse im deutschen Volk durch den Krieg erfreulicherweise nicht nur nicht zurückgegangen, sondern an vielen Orten sich wesentlich vermehrt hat, auch unter den Fronttruppen. Es darf erwartet werden, daß die Missionshäuser nach dem Krieg sich bald wieder füllen werden. Trotzdem wird die erste Friedenszeit für die Missionen in China eine besonders kritische sein. Möglichste Förderung ist darum geboten und besonderer Unterstützung dürfte dem Bestreben nach der dringend nötigen größeren Zentralisierung und Vereinheitlichung der deutschen Missionsarbeit in China zuzuwenden sein, denn hiervon hängt die Entwicklung der deutschen Kulturausbreitung in China wesentlich ab, besonders für die Zeit nach dem Kriege.

Was nun schließlich die in dieser Aufzeichnung für die deutschen Missionen in China erbetene Unterstützung anlangt, so mag man sich vielleicht auf den Standpunkt stellen, daß es in erster Linie Sache der Deutschen Missionen selbst wäre, ihre Notstände wie auch ihre Wünsche nach vermehrter kultureller Mitarbeit vorzubringen. Aus gewissen Gründen ist dies jedoch mit Schwierigkeiten verbunden und nicht zu erwarten. Es bestehen in China über 10 verschieden orientierte und organisierte Missionsgesellschaften und Gruppen; jede von ihnen kann nur pro domo aber nicht für die anderen, bzw. allgemein im Namen der deutschen ev. Missionen sprechen. Hierzu kommt noch, daß ohnehin Partikularismus und Eifersüchtelei bei den einzelnen Gesellschaften leider in starkem Grade bestehen und ferner die meisten abgeneigt sind, Außenstehende – wozu manche Missionskreise auch die Regierungsvertreter rechnen – über die Nöte ihrer Arbeit zu unterrichten, trotzdem nicht sehr selten den Missionen z.B. das Nötigste zum Leben fehlt. Diese Zurückhaltung mag töricht und tadelnswert sein, besteht aber und man muß mit ihr rechnen. Manche Missionen warten auch darauf, daß man von außen an sie herantreten solle, sie wollen nicht betteln; andere wieder glauben ohne Bevollmächtigung seitens der Heimleitung nicht vor die Öffentlichkeit treten zu dürfen. In Deutschland selbst ist es der Evangelische Missionsausschuß bezw. die Deutsche Ev. Missions-Hilfe (begründet aus der Kaiser-Jubiläumsstiftung 1913), die berufen sind, für die Sache der deutschen Missionen im allgemeinen einzutreten. Eine solche zentrale Stelle fehlt aber bedauerlicherweise in Ostasien vollständig. Wie bereits auf Blatt 14/15 betont [s.o.], ist darum die Schaffung einer gemeinnützigen, über den Parteien stehenden Zentralstelle in China nötig, um die deutschen, in alle Teile Chinas versprengten und verzettelten Missionen und Missionare im nationalen Sinne zusammenzufassen und für ihren gemeinsamen Ausbau einzutreten, ihre Schwierigkeiten und Wünsche nach außen hin zu vertreten und als Vermittler und Bindeglied zwischen Regierung und Missionen, Missionaren und Laien, Deutschland und dem Fernen Osten wie auch zwischen deutsche und nicht-deutsche Missionen zum Segen aller und zum Wohle Deutschlands wirken zu können.

Shanghai, den 22. Juni 1916.

gez. Luethje

BArch, R9208/226, Bl. 54-70.

112

Bericht des Schulleiters der Deutsch-chinesischen Mittelschule zu Tianjin, Gustav Berg (10.12.1917)

Nach Abbruch der diplomatischen Beziehungen Chinas zu Deutschland erschien in der Schule ein Beamter des Unterrichtsamtes der Provinz Zhili, um im Auftrag des Unterrichtsministeriums zu erklären, daß die chinesische Regierung großes Interesse an dem weiterten Bestand der Schule habe und die Förderung derselben sich angelegen sein lassen wolle. Nach Eintritt Chinas in den Krieg wurden das gleiche Interesse und derselbe Schutz auch seitens der die deutsche Niederlassung übernehmenden Militär- und Verwaltungsbehörden zugesichert. Dennoch ließ sich eine Abnahme der Schülerzahl um 24,4% nicht vermeiden. 8,5% blieben fort nach Abbruch der Beziehungen, 15,9% nach der Kriegserklärung. Die Gesamteinbuße der Schülerzahl im Laufe dieses Jahres beträgt 43. Wenngleich diese Zahl sehr hoch erscheint, gibt sie doch kein klares Bild. Die Gewinnung einer klaren Anschauung von dem Einfluß, den der Eintritt Chinas in den Krieg auf die hiesige Deutsch-Chinesische Schule gehabt hat, wird erschwert durch mancherlei Nebenumstände, die nicht in diesem politischen Schritte Chinas ihre Ursache haben, vielmehr auf die allgemeinen wirtschaftlichen Wirkungen des europäischen Krieges und der chinesischen innerpolitischen unruhigen Verhältnisse zurückzuführen sind. Ferner ist hervorzuheben, daß die Wirkung des Kriegszustandes Chinas zu Deutschland auf den Schulbesuch noch nicht als abgeschlossen zu betrachten ist, da es dem chinesischen Volkscharakter entspricht, selbst einem Freund die Motive der Handlungen zu verbergen und besonders dem Rassefremden gegenüber durch Verschleppung der Entscheidungen die wahren Gründe derselben zu verschleiern. Die Sichtung der angegebenen oder vermuteten Gründe ist meist sehr schwierig. Die in der anliegenden Tabelle versuchte Übersicht bezüglich dieser Gründe kann darum nur bedingten Wert haben, wenngleich sie auch brauchbare Anhalte zu geben vermag.[136]

Die angegebenen Zahlen lassen erkennen, daß aus rein politischen Gründen nur ein verhältnismäßig kleiner Teil die Schule verlassen hat. Nur zwei gingen zu englisch-amerikanischen Schulen. Es mag ferner ein Teil der in der zweiten und letzten Spalte gezählten Schüler zu jenen gerechnet werden, die entweder aus Überzeugung oder um politischen Verdächtigungen zu entgehen sich vorübergehend oder dauernd von dem deutschen Studium abwenden. Es darf aber die Zahl dieser mit 15 (30% des Gesamtabgangs oder 8,5% der Schülerzahl) als hoch gegriffen erscheinen.

Die Spalte 1 ist ein beredter Ausdruck für die Wirkungen der innerpolitischen Zustände Chinas. Die inneren Unruhen haben die Militärpartei nicht nur in das größte Ansehen, sondern auch in den Besitz aller einflußreichen Verwaltungsstellen gebracht. Die natürliche Folge davon ist, daß die Söhne aus besonders vornehmen Familien – oft entgegen ihrer inneren Überzeugung – dem Strom der Zeit folgen und in Militärschulen eintreten müssen, um sich als spätere Offiziere eine angesehene Laufbahn zu ebnen.

Die zweite Spalte läßt erkennen, daß dem Chinesen mit der längeren Dauer des Krieges und dem Rückgang des deutschen Handels und Einflusses die Hoffnung sowohl auf weiteren Bestand und Ausbau der deutschen Schulen, wie auf die Möglichkeit der praktischen Verwendung der deutschen Kenntnisse schwindet und er sich darum lieber zeitig rein chinesischen Bildung zuwendet. Diese Befürchtung wird genährt durch immer wieder in chinesischen Kreisen auftauchende Gerüchte über einen bevorstehenden Schulschluß wegen politischer Gründe oder wegen Mangel an Unterhaltungsgeld.

Die Zahl derjenigen Schüler, die vorzeitig einen Beruf ergreifen mußten, mag noch vermehrt werden durch einige Schüler, die in der letzten Spalte angeführt worden sind. Die Zahl derselben ist deswegen so hoch, weil die inneren unbeständigen Verhältnisse oft den plötzlichen Sturz von Beamtenfamilien bewirkt haben, weil der allgemeine wirtschaftliche Rückgang sich besonders in kleinen Kaufmannskreisen, die mit deutschen Firmen verbunden waren, bemerkbar macht und weil gerade zu Beginn des letzten Semesters Tianjin und Umgegend, wie der mittlere Teil der Provinz Zhili, von einer großen Überschwemmung heimgesucht wurde, wie sie seit Jahrzehnten in dieser Gegend nicht aufgetreten ist. Diese Überschwemmung brachte nicht nur die Bewohner des flachen Landes um Haus und Hof, sondern untergrub auch den Wohlstand vieler Leute, die in den fremden Niederlassungen und in der Stadt ansässig sind.

Ferner darf man sich nicht der Erkenntnis verschließen, daß der unvermeidlich eingetretene Rückgang des Unterrichtsbetriebes auf den Schulbesuch schädlich einwirkt. Die 1914 zu den Waffen einberufenen Lehrer haben nicht voll ersetzt werden können. Der Unterricht mußte darum nicht nur in seinem Umfang eingeschränkt werden, sondern sank auch in seiner Güte, da zum Teil Hilfskräfte angestellt werden mußten, die nicht Berufslehrer sind, und zugleich alle vorhandenen Lehrkräfte überlastet werden mußten. Die Einsicht in die

---

136 Die genannten Anlagen sind dem Schreiben beigefügt. Ebenda, Bl. 109-111.

daraus resultierenden Mängel, die umso stärker hervortreten, je länger der jetzige Zustand andauert, mag auch jetzt noch einigen Chinesen Veranlassung geben, die Schule zu verlassen.

Der Unterrichtsbetrieb ist aus anliegender Tabelle ersichtlich. Er hat durch den Eintritt Chinas in den Krieg keine wesentlichen Veränderungen erfahren.

Der Haushalt der Schule zeigt einen Überschuß von rund 2.000,- $. Dieser Überschuß setzt sich zusammen aus der für das Jahr 1917 fälligen, jedoch wegen der Übernahme des deutschen Lagers, in dem auch die Schule untergebracht ist, durch die Chinesen nicht gezahlten Miete von 1.200,- $ und aus Ersparnissen, die dadurch erzielt werden, daß im Voranschlag vorgesehene Ausgaben beschränkt oder ganz zurückgestellt wurden, da bei der Unsicherheit der Verbindung und der Möglichkeit des Ausbleibens des Reichszuschusses ein Reservefond zur Verfügung stehen muß und es bei der immer noch möglichen Gefahr einer Schließung der Schule nicht in unserem Interesse liegen kann, für Reparaturen des Gebäudes größere Aufwendungen zu machen. Der vorhandene Überschuß mit den zu erwartenden Schulgeldern wird uns befähigen, die Ausgaben des nächsten Jahres ohne bedeutenden Fehlbetrag unter der Voraussetzung zu bestreiten, daß weder die Schulmiete für 1917 nachgezahlt werden muß, noch jene für das nächste Jahr erhoben wird.

gez. Gustav Berg

BArch, R9208/1579, Bl. 105-108.

113

Bericht des Reichswehrministers Gustav Noske an Reichskanzler Gustav Bauer, Berlin (19.02.1920)

Reichswehrministerium.
Chef der Admiralität.
Adm. Nr. E III 4627.

[...][137]

Allgemein besteht in Deutschland der Wunsch, deutsche Lehrtätigkeit in China wieder aufzunehmen. Die Erhaltung der Kulturbestrebungen, wie sie von Qingdao aus ins Werk gesetzt wurden, erscheint nicht nur als eine Ehrensache für die Marine, die sie ins Leben gerufen hat, sondern auch als eine Notwendigkeit im Interesse unserer Zukunftsentwicklung. Der von Qingdao einst ausströmende Einfluß liegt im chinesischen Volk als ein höchst

137 Auslassung: Noske rekapituliert die Lage des Tongji-Hochschule in den Kriegsjahren und hebt die deutsch-chinesischen Anstrengungen zum Erhalt derselben hervor.

wertvolles Kapital fest. Umso weniger sollte der Wille nachlassen, ihn zu behaupten, und die Hoffnung, daß die einmal geleistete Arbeit für das Deutschtum noch ihre Früchte trägt.

Die Schwierigkeiten sind nicht zu verkennen. Seit März 1917 haben die Chinesen die Schulen aus eigenen Mitteln weitergeführt. Es wäre nur billig, wenn sie sich dafür bezahlt machten und die Hand auf Grundstücke, Institute und Sammlungen legten, soweit sie noch zu ihrer Verfügung stehen. Im Verhältnis zu der finanziellen Beteiligung der Chinesen würde aber der deutsche Einfluß schwinden, die deutschen Lehrer als Angestellte der Chinesen gelten und die Anstalten ihren deutschen Charakter verlieren.

Nachdem die Arbeit der Qingdaoer deutsch-chinesischen Hochschule[138] von den Shanghaier Anstalten weitergeführt ist, gilt es deren Bestand, sei es, daß sie in Shanghai verbleiben oder nach einer anderen Stadt, Nanjing oder Hankou, verlegt werden, zu sichern und das Renommée der deutschen Wissenschaft, fast des Einzigen, was uns vorläufig als fester Besitz in China verblieben ist, zu mehren.

Ohne große Mittel wird das nicht möglich sein. Die Stiftungen, auf die die Shanghaier Schulen sich bisher gründeten, werden versiegen, oder sich zu knapp erweisen; es ist also zu erwägen, ob das Reich hierfür eintreten soll, das früher die Qingdaoer deutsch-chinesische Hochschule erhielt.[139] Dabei wird die Konkurrenz anderer Mächte nicht gering anzuschlagen sein. Die Rockefeller Stiftung errichtet allenthalben in China Medizinschulen ersten Ranges, z.B. in Shanghai und Peking und baut bestehende missionsärztliche Schulen aus. Sie beruft hervorragende Ärzte als Professoren und gibt reiche Mittel für Kliniken, Institute, Bibliotheken usw. Auch andere Nationen, Franzosen, Japaner, Engländer machen die größten Anstrengungen, in China mit höheren Lehranstalten festen Fuß zu fassen; neben der Hongkong-Universität beabsichtigt England durch Verzicht auf die Boxerentschädigung neue englisch-chinesische Hochschule über das Reich verstreut ins Leben zu rufen. Dem Beispiel wünscht Italien zu folgen.

Eine solche Konkurrenz ist nicht zu unterschätzen. Umso mehr sollte es unsere Pflicht sein, uns nicht von vornherein besiegt zu erklären. Ich möchte deshalb den Antrag stellen, zur Sicherung unserer Kulturaufgaben in China den früher für die laufenden Aufgaben der Qingdaoer deutsch-chinesischen Hochschule zur Verfügung gestellten Betrag von M 500.000,-- oder wenigstens einen erheblichen Teil dieser Summe bereitzustellen und den von dem Verband für den Fernen Osten, an dessen Spritze der Wirkliche Geheime Rat von Koerner steht, verwalteten deutschen Schulen in Zukunft jährlich zu überweisen.

Wenn auch mit diesem Betrag allein es nicht möglich sein wird, die alten Unternehmungen zu ihrer früheren Größe zu beleben, so wird die Bereitstellung der Mittel doch ein Be-

---

138 Die Deutsch-chinesische Hochschule, oder: „Höhere Lehranstalt für Spezialwissenschaften mit besonderem Charakter", war als deutsch-chinesisches Gemeinschaftsprojekt am 25.10.1909 eröffnet worden. Viele der Schüler und Studenten setzten ihre Studien nach der japanischen Besetzung Qingdaos in Shanghai fort. Siehe Kreissler 1989:131-138, Stichler 1989:261-291, Reinbothe 1992:192-230, Leutner 1997:432ff, Dok. 131, 132 und Kapitel 6 dieses Bandes.

139 Satzfehler: Vermutlich soll es heißen: „..., das Kapital zu vergeben, das früher die Qingdaoer Deutsch-Chinesische Hochschule erhielt".

weis sein, daß Deutschland auf seinen kulturellen Einfluß im Fernen Osten nicht verzichten will und zu weiterer fruchtbarer Tätigkeit den Anstoß geben.

Der Herr Reichsminister des Äußeren und der Herr Reichsfinanzminister haben Abschrift dieser Vorlage erhalten.

Der Reichswehrminister
gez. Noske,

Chef der Admiralität
gez. von Trotha.[140]

BArch R 43/1, Nr. 56, Bl. 5-7.

114

Bericht des Dozenten Ferdinand Lessing, Peking (26.03.1920)[141]

Abschrift zu E. III. 3031.
Bericht des Dozenten Lessing über die Gründe für
seinen vorläufigen Übertritt in chinesische Dienste.

Im Januar 1919 begab ich mich nach Peking,[142] um mich im deutschen Lazarett wegen eines Magenleidens behandeln zu lassen. Bei dieser Gelegenheit suchte mich der Rektor der Regierungsuniversität, Herr Cai Yuanpei auf und bot mir eine Stelle als Professor für Sanskrit und deutsche Literatur an dieser Universität an. Die Arbeitsbedingungen sind äußerst schwierige:

1. ein feindliches und zum Teil wohl auch feindlich gesinntes alliiertes Kollegium:
2. eine durch politische Tätigkeit aufgeregte, durch Kenntnisse nicht sehr beschwerte, krittelnde und aufsässige Studentenschaft,
3. Planungslosigkeit und Willkür im deutschen Unterricht;
4. unzureichende, zum Teil ungesunde, schmutzige Klassenräume;
5. Mangel an den wichtigsten Büchern und Lehrmitteln;
6. Beschäftigung mit dem am meisten geisttötenden und minderwertigen Teile des Unterrichtes; den ersten Anfangsgründen, bei überfüllten Klassen (bis zu 70 Schülern);
7. eine ganz unzureichende Entlohnung, die Gleichstellung mit chinesischen Lehrkräften bedeutet.

Zurzeit beziehe ich 400$ für den Monat bei 29 Wochenstunden, von denen sechs Sanskrit,

---

140 Am Ende heißt es, daß der Verband für den Fernen Osten vorläufig noch nicht in Kenntnis gesetzt wurde.

141 Der Sinologe und Mongolist Ferdinand Lessing lehrte bis zum April 1921 an der Peking Universität. Anschließend nahm er eine Dozentenstellung an der japanischen Medizinhochschule in Mukden an (Boyé an das AA Berlin, 08.08.1921, in: PAA, R63970). Zu Lessing siehe Walravens 2000.

142 Von Qingdao kommend.

zwei Latein, die übrigen Deutsch betreffen. Davon muß ich 20$ Lohn an einen chinesischen Schreiber bezahlen, ohne den ich die Arbeit, die etwa 20 Wochenstunden häuslicher Vorbereitung erfordert, nicht leisten könnte. Ich beziehe also rein 380$ für etwa 200 Stunden Monatsarbeit, oder einen Stundenlohn von $ 1,90 der allerdings auch für die Ferien bezahlt wird. Als Dozent in Qingdao würde ich bei einem Kurs von 2 M schätzungsweise – Unterlagen sind nicht zur Hand – 700$ für drei Fünftel der Arbeit bezogen haben.

Von diesem Gehalt kann ich hier mit meiner Familie nicht leben. Ich sehe mich daher gezwungen, so schwer es mir wird, mich von meiner Familie auf einige Zeit zu trennen, indem ich sie mit der Nankai-Maru heimsende.

Trotzdem halte ich mich für verpflichtet, hier mit einer möglichst großen Studentenzahl auszuharren, solange meine Gesundheit, vor allem die Nerven, es aushalten.

Bestimmend waren dabei folgende Gründe:

1. zurzeit meiner Berufung war kein Deutscher an der Universität;
2. es wurden und werden noch Verhandlungen mit Schweizer und Elsässer Gelehrten wegen Anstellung gepflogen;
3. der Abteilungsvorsteher kränkelt; die Folge ist häufiges Ausfallen von Stunden, Rückschritte der Schüler und Übertritte in andere fremdsprachliche Abteilungen;
4. es besteht die Gefahr einseitiger Betonung feindlichen Wissensstoffes, besonders durch den amerikanischen „pragmatischen“ Philosophen Dewey.[143] Dieser soll während des Krieges ein Buch geschrieben haben gegen die deutschen „Regierungsphilosophen“ Kant, Hegel usw., dessen ich noch nicht habhaft werden konnte;[144]
5. ich glaubte, den Posten so lange halten zu sollen, als noch irgend eine deutsche Schule besteht, und so lange das Reich sein Interesse an diesen Schulen durch Unterstützung bekundet;
6. es ist Aussicht auf wissenschaftliche Betätigung durch Gründung eines Forschungsseminars im Verein mit dem russischen Sanskritisten Baron A. v. Staël-Holstein und dem Philosophieprofessor Hu Shi.[145] Damit wäre eine, leider nur geringe Herabsetzung meiner Stundenzahl verbunden;
7. ich unterhalte Verkehr mit höheren chinesischen Beamten, die sich mir durch meine Wiederbelebung des Sanskritstudiums in China und meine Studien in der buddhistischen Philosophie verbunden fühlen. Sie haben mit Rücksicht auf mich in der Repatrierungs-

---

143 Der amerikanische Philosoph, Psychologe und Pädagoge John Dewey war Mitbegründer und führender Vertreter des amerikanischen Pragmatismus. Sein Einfluß in China resultierte u.a. aus einem zweijährigen Aufenthalt (1. Mai 1919 - 11. Juli 1921), in dem er mehr als 60 Vorträge in 12 Städten Chinas hielt. Siehe John Dewey: *Lectures in China, 1919-1920*, hrsg. von Robert W. Clopton u.a., Honolulu 1973.

144 Gemeint ist vermutlich *German Philosophy and Politics* (New York: Holt 1915) oder *Reconstruction in Philosophy* (New York: Holt 1920).

145 Alexander v. Staël-Holstein, Sanskritist. Hu Shi war der einflußreichste Schüler John Deweys in China. Er hatte 1917 an der Columbia-Universität bei ihm promoviert und anschließend einen Lehrstuhl für Philosophie an der Peking Universität erhalten. Zum Einfluß Deweys sowohl auf Hu Shi als auch auf die sog. Vierte Mai-Bewegung siehe einführend Goldman / Lee 2002:115ff.

angelegenheit allgemeine Erleichterungen durchgesetzt und würden auch in Zukunft, soweit ihre Macht reicht, aus idealen Gründen für uns eintreten.

Da ich ferner sehe, wie sehr den Deutschen der Wiedereintritt in chinesisches Gebiet erschwert wird, so denke ich, es sollte kein Posten unnötigerweise verlassen werden.

Trotzdem muß ich, das fühle ich, diese Stellung so bald wie möglich aufgeben, und zwar aus folgenden Gründen:

1. die geringe Bezahlung kann mir in meiner durch den Krieg so sehr verschlechterten wirtschaftlichen Lage nicht aushelfen;
2. die schwere Arbeit dürfte auf die Dauer meine Gesundheit schwer schädigen, zumal keine Erholung durch Heimaturlaub in Aussicht steht nach zwölfjährigem ununterbrochenen Aufenthalt in China; ja nicht einmal Rückreisegeld wird mir gewährt;
3. auf keinem der von mir vertretenen Gebiete – deutsche Literatur, Latein und Sanskrit – bin ich Fachmann. Nicht nur, daß mich daher die Vorbereitungen viel mehr beschäftigen; ich kann auch durch den Sonderkenner aus dem Felde geschlagen werden.

Ich bitte daher die Admiralität mich zwar einstweilen in den Ruhestand zu versetzen, aber meine Wiederaufnahme in den Reichsdienst in Ostasien baldigst ermöglichen zu wollen.

Mein Vertrag mit der Universität läuft vom 1. Januar bis zum 31. Dezember 1920 mit dreimonatiger Kündigung.

gez. Ferdinand Lessing

Zur Zeit Professor an der Reichsuniversität Peking.

PAA, R63970.

115

Vertrag zum deutsch-chinesischen Aufbau der Tongji-Medizin- und Ingenieurschule, Shanghai (29.03.1921)

Abschrift:

Vertrag.

Zwischen Herrn Wirklichen Gemeinen Rat Dr. von Koerner, Exzellenz als Präsidenten des Verbandes für den Fernen Osten e.V. und Herrn Dipl. Ingenieur S. D. Yuan [Ruan Shangjie] als Präsidenten des Tongji-Komitees in Shanghai ist heute nachstehende Vereinbarung getroffen und unterzeichnet worden:

§ 1. Der Verband für den Fernen Osten stiftet der von der chinesischen Regierung und dem Tongji-Komitee erbauten Ingenieurschule für Chinesen in Wusong bei Shanghai eine Einrichtung von Maschinen, Apparaten, Instrumenten und sonstigem Lehrmaterial im Gesamtwerte von vier Millionen Mark. Sämtliche Einrichtungsgegenstände werden vom Verband für den Fernen Osten nach Hamburg-Freihafen geliefert. Die weiteren Spesen, die Fracht und Versicherungskosten für den Transport der Einrichtung von Hamburg nach Wusong trägt das Tongji-Komitee.

§ 2. Die Einrichtung bleibt während eines Zeitraumes von 12 Jahren, gerechnet ab 1. Juli 1921, also bis zum 30. Juni 1933, Eigentum des Verbandes für den Fernen Osten. Mit dem 1. Juli 1933 geht die Einrichtung in das Eigentum des Tongji-Komitees oder seines Rechtsnachfolgers über, sofern nicht vorher eine andere Vereinbarung mit dem Tongji-Komitee getroffen ist.

§ 3. Da die gesamte Einrichtung lediglich für Schulzwecke bestimmt ist, ist ein Verkauf auch einzelner Teile der Einrichtung jederzeit nur mit Zustimmung der Stifter möglich.

§ 4. Zur Wahrnehmung der Eigentumsrechte des Verbandes an der Einrichtung nach ihrem Eintreffen in Shanghai und zur Erledigung aller auf sie bezüglichen Fragen ernennt der Verband für den Fernen Osten Herrn Professor Dipl. Ingenieur B. Berrens zu seinem ständigen Kommissar. Falls Herr Professor Berrens infolge von Urlaubsreisen oder aus anderen Gründen für länger als sechs Wochen von Shanghai vorübergehend abwesend sein sollte, bestellt er nach eigener Wahl einen geeigneten Vertreter, dessen Namen er dem Tongji-Komitee, sowie dem Verband für den Fernen Osten mitteilt.

§ 5. Das Tongji-Komitee verpflichtet sich, im Einvernehmen mit dem Kommissar des Verbandes und nach seinen Anweisungen zur Instandhaltung der gestifteten Einrichtung und zur Vornahme aller etwa notwendig werdenden Reparaturen auf seine Kosten.

§ 6. Sollte wider Erwarten die Ingenieurschule aufgelöst werden oder sollte sich in ihrem deutsch-chinesischen Charakter (siehe § 11) eine Änderung vollziehen, oder sollte das Tongji-Komitee bzw. sein Rechtsnachfolger seine weitere Mitarbeit an der Anstalt einstellen, so wird das Tongji-Komitee die gesamte Einrichtung dem Verband für den Fernen Osten in einem deutschen Hafen zur Verfügung stellen, soweit der Verband nicht anderweitig über die Einrichtung oder einzelne ihrer Teile verfügt. Sollte eine der vorerwähnten Ereignisse vor dem 30. Juni 1933 eintreten, so werden die Demontage- und Verpackungskosten ebenso wie die Fracht und Versicherungsspesen bis zum deutschen Hafen von dem Tongji-Komitee bestritten.

§ 7. Es wird ein Arbeitsausschuß für die Ingenieurschule gebildet, der aus vier chinesischen und vier deutschen Mitgliedern bestehen soll. Die Wahl der chinesischen Mitglieder erfolgt durch das Tongji-Komitee; die Wahl der deutschen Mitglieder, zu denen der Kommissar des Verbandes gehören soll, erfolgt durch den Verband für den Fernen Osten. Das Tongji-Komitee sowohl wie der Verband werden die Namen ihrer Vertreter im Arbeitsausschuß sich gegenseitig mitteilen.

Der Vorsitz in dem Arbeitsausschuß wechselt jährlich zwischen einem chinesischen und einem deutschen Mitglied.

§ 8. Der Arbeitsausschuß hat über alle die Ingenieurschule betreffenden Angelegenheiten zu beraten und zu beschließen.

§ 9. Der Arbeitsausschuß fasst seine Beschlüsse nach einfacher Mehrheit der Anwesenden. Bei Stimmengleichheit gibt die Stimme des Vorsitzenden den Ausschlag.

§ 10. Gegen die Beschlüsse des Arbeitsausschusses steht sowohl dem Tongji-Komitee wie dem Verbande für den Fernen Osten ein Einspruchsrecht mit aufschiebender Wirkung zu. Das Einspruchsrecht des Verbandes kann jederzeit von seinem Kommissar ausgeübt werden. Die Entscheidung für Einsprüche erfolgt durch das in § 12 vorgesehene Schiedsgericht.

§ 11. Das Tongji-Komitee verpflichtet sich, in dem Statut der Ingenieurschule festzulegen:

a) daß die Anstalt jederzeit einen deutsch-chinesischen Charakter haben soll;

b) daß die Unterrichtssprache ausschließlich chinesisch und deutsch sein soll;

c) daß außer den chinesischen Lehrern und Hilfskräften nur reichsdeutsche Lehrer an der Anstalt tätig sein dürfen.

§ 12. Bei Meinungsverschiedenheiten, die sich aus diesem Übereinkommen ergeben, soll ein aus drei Personen bestehendes Schiedsgericht entscheiden. In das Schiedsgericht hat das Tongji-Komitee wie der Verband für den Fernen Osten je einen Schiedsrichter zu entsenden. Die Schiedsrichter wählen sich einen Obmann; können sie sich über letzten nicht einigen, so soll der Vorsitzende der Deutschen Vereinigung in Shanghai gebeten werden, einen unparteiischen Obmann zu ernennen.

Die vorstehende Vereinbarung ist in zwei gleichlautenden Exemplaren ausgefertigt und den Unterzeichneten in je einem Exemplar ausgehändigt worden.

Berlin, den 29. März 1921
gez. E. von Koerner gez. S. D. Yuan

BArch, R9208/3365, Bl. 302-303.

116

Artikel des Studenten Wang Guangqi, Shanghai (Oktober 1920)[146]

Die gegenwärtige Lage der Auslandsstudenten in Deutschland

Die Anzahl der chinesischen Studenten in Deutschland hatte vor dem Krieg nur einige Dutzend betragen, während des Krieges war die Mehrheit nach China zurückgekehrt. Es gab kaum mehr als zehn Studenten, die in Deutschland blieben. Nach dem Krieg ist die Zahl

146 Chin.: „Liu De xuejie zhi jinkuang“. Aus dem Chinesischen übersetzt von Andreas Steen und Yang Zhan'ao. Wang Guangqi verfaßte neben seinen Studien mehrere Artikel für die in Shanghai erscheinende Tageszeitung *Shenbao*. Vorliegenden Beitrag veröffentlichte er dort wenige Monate nach seiner Ankunft in Deutschland im Oktober 1920 (vgl. Harnisch 1999:206).

chinesischer Studenten in Deutschland sprunghaft auf mehr als einhundert angestiegen, die meisten kamen im Jahr 1920. Sechzig bis siebzig Prozent dieser Studenten kommen von der Tongji-Universität in Shanghai. Noch immer treffen fortwährend neue Studenten in Deutschland ein. Ich habe viel über die Ursachen dieser Entwicklung nachgedacht und führe sie auf drei Gründe zurück:

Erstens: Der Wechselkurs des chinesischen Dollar zur deutschen Mark ist sehr günstig und das Leben in Deutschland preiswert. Vor dem Krieg verhielt sich der chinesische Yuan zur deutschen Mark im Verhältnis eins zu zwei. Nach dem Krieg wurde die deutsche Finanzlage zu einem Chaos und die deutsche Mark verlor plötzlich ihren Wert. Gegenwärtig (Oktober) kann man für einen chinesischen Yuan bis zu fünfzig deutsche Mark bekommen. Im Vergleich zur Vorkriegssituation ist das das Fünfundzwanzigfache. Zwar sind die Preise in Deutschland nach dem Krieg sehr hoch, aber der Grad der Verteuerung ist bei weitem nicht so schlimm wie die Entwertung der Währung. In Deutschland unterscheidet man zwei Preiskategorien: Die eine bezieht sich auf die unentbehrlichen Dinge des Alltags und ist um das Fünf- bis Sechsfache gestiegen, z.B. für Lebensmittel und Wohnraum. Die andere bezieht sich auf Luxusartikel, d.h. die nicht notwendigen Dinge des Alltags, sie ist um ein Dutzendfaches gestiegen. Natürlich sollten wir jungen Auslandsstudenten sparsam leben und außer den notwendigen Dingen des Alltags besser weniger von den Luxusartikeln kaufen. Im Vergleich zur Vorkriegszeit ist für uns der Silberpreis um das Fünfundzwanzigfache gestiegen, der für den Lebensunterhalt aber nur um das Fünf- bzw. Sechsfache. Vergleicht man diese zwei Zahlen miteinander, so ergibt sich eine mehr als zehnfache Differenz. Für die chinesischen Studenten ist es heute die beste Zeit, um in Deutschland zu studieren.

Vor dem Krieg benötigte ein deutscher Student monatlich ca. 120 Mark, nach chinesischer Währung waren das 60 Yuan. Wir kommen von weither zum Studium [nach Deutschland], und da wir weder mit den Menschen noch mit den Orten vertraut sind, geben wir monatlich selbstverständlich mehr aus als die deutschen Studenten. Deshalb brauchte ein chinesischer Student monatlich 100 Yuan. Die Preise sind nach dem Krieg gestiegen. Heute benötigt ein deutscher Student monatlich 600 Mark zum Leben. Wenn ein chinesischer Student monatlich 1000 Mark hat, ist das bei weitem genug. (Eigentlich reichen dem sparsamen Studenten 600 bis 700 Mark.) Dem derzeitigen Geldwert entsprechend sind das ungefähr 20 Yuan. (Für die Sparsamen sind es lediglich 15 Yuan.) In Peking oder Shanghai benötigt man monatlich mindestens 80 Yuan und kann sich damit noch nicht einmal ein so gutes und gemütliches Leben erlauben wie hier.

Die deutschen Universitäten behandeln die Studenten sehr gut. Wenn man in der Universität ißt, werden für jede Mahlzeit nur zwei Mark fünfzig verlangt. Im Vergleich zu den Gaststätten ist es halb so billig. Für Straßenbahnfahrten und Theaterbesuche gibt es Ermäßigungen. Deshalb sind fünfhundert Mark für die wirklich Sparsamen vollkommen ausreichend. Der Leser muß nicht an meinen Worten zweifeln. Aber wenn selbst die deutschen Studenten monatlich mehr als sechshundert Mark benötigen, wie kann es denn sein, daß die chinesischen Studenten weniger ausgeben? Was er [der Leser] nicht weiß, ist, daß es die Europäer seit jeher gewöhnt sind, das Glück der materiellen Zivilisation zu genießen. Selbst bei einer Arbeiterfamilie sieht es so prächtig und stilvoll aus, daß die Residenzen unserer hohen Beamten und Reichen nicht an sie heranreichen. Deshalb liegt das Minimum des Lebensstandards europäischer Studenten auch über dem unserer Studenten. Sofern man selbst ein anspruchsloses Leben zu führen vermag, sind fünfhundert Mark im Monat vollkommen ausreichend. In Berlin gibt es chinesische Studenten, die jeder für sich monatlich einige tausend Mark ausgeben. Bei diesen Herrensöhnchen kann man nicht von einem sparsamen Studium sprechen. Sie lassen sich in großer Zahl im Auto chauffieren, stehen erst um zwölf Uhr mittags auf, spielen nach dem Essen zunächst ein paar Runden Majiang [Mah-Jongg], amüsieren sich abends in den Bordellen und führen ein Leben absolut wie im Shanghai-Stil. Kein Wunder, daß sie zwar in Europa leben, ihre Denkweise und ihr Lebensstil aber niemals europäisiert werden. Das ist auch der Grund, weshalb die im Westen lebenden Auslandsstudenten in China stark an Glaubwürdigkeit verloren haben.[147]

Das staatliche Stipendium für Studenten in Europa beträgt für Deutschland monatlich zweitausendvierhundert Mark und für Frankreich achthundert Franc. Sofern man Forschungen im Bereich der Industrie anstellt und sich richtig anstrengt, ist diese Summe eigentlich nicht zu hoch. Leider ist das Ziel vieler Studenten mit staatlicher Finanzierung nicht das Studieren, sondern sie betrachten das Stipendium bloß als eine Art Sinekure. Aus diesem Grund trifft man auf Stipendiaten, die sich nicht selten länger als zehn Jahre in Europa aufhalten. Wenn man sie nach ihrem erlernten Wissen fragt, können sie nichts vorweisen. Aber das Majiangspiel ist auf ihren Spuren nach Europa gekommen!

Ich habe einst die chinesischen Studenten in Europa in drei Klassen eingeteilt: Die staatlich geförderten Stipendiaten gehören der adligen Klasse an, die selbstfinanzierten Studenten der mittleren Bourgeoisie und diejenigen, die ihr Studium durch Arbeiten finanzieren, der Arbeiterklasse. In Paris steht es derzeit nicht besonders gut zwischen den Studenten der ersten und der dritten Klasse. Ich fürchte, daß ein Klassenkrieg in den Kreisen der Auslandsstudenten später nicht zu vermeiden sein wird.[148]

In Deutschland gibt es keine [chinesischen] Studenten, die ihr Studium durch Arbeit finanzieren, so daß nur die zwei Klassen des Adels und der Bourgeoisie vorhanden sind. Meiner Meinung nach bietet sich der chinesischen Jugend eine besonders günstige Gelegenheit für ein Studium in Deutschland, weil derzeit die deutsche Mark so stark im Wert gesunken ist. Aber welchen Nutzen hat es, sich im Ausland wie ein Kapitalist aufzuführen? Überdies schürt es sehr leicht den Neid der Ausländer. Da wir in Europa nicht für unser Essen arbeiten müssen, haben wir schon seit langem Mitleid mit den Arbeitern Europas. Warum also sollten wir noch verschwenderisch sein und dadurch den Neid anderer wecken?

Was oben beschrieben wurde, ist der erste Grund für die Beliebtheit des Auslandsstudiums unter den chinesischen Studenten, nämlich die Entwertung der deutschen Mark. Im Folgenden werde ich auf den zweiten Grund eingehen.

---

147 Wang Guangqi spricht hier von „im Westen lebenden Auslandsstudenten“ (*xiyang liuxuesheng*), so daß er diesen Umstand wohl nicht nur auf Deutschland begrenzt sieht.

148 Wang verwendet hier den Begriff „*jieji zhanzheng*“ (wörtl: Klassenkrieg), d.h. er spricht nicht vom „Klassenkampf“ (*jieji douzheng*) im marxistischen Sinne.

Nachdem Qingdao von den Japanern besetzt worden war, ist die Deutsch-Chinesische Hochschule in Qingdao aufgelöst worden. Ein Teil der Studenten wechselte an die Tongji-Universtität nach Shanghai. Nach kurzer Zeit wurde auch die Tongji-Universität aufgelöst und von der chinesischen Regierung fortgeführt. Aufgrund der finanziellen Schwierigkeiten des chinesischen Bildungssystems konnte der Gesamtzustand der Universität nicht mehr so gut sein wie vorher. Viele Studenten der Tongji-Universität waren deshalb sehr beunruhigt. Dann kam die Entwertung der deutschen Mark, und weil die Kosten für ein Studium in Deutschland geringer sind als die in Shanghai, verließen viele Studenten Shanghai und machten sich auf den Weg nach Deutschland. Überdies ist Deutschland das Land, in dem die Wissenschaften hoch entwickelt sind und es eine Fülle von Universitäten gibt, auch ist es einfach, eine geeignete Universität zu finden. Der Statistik nach gibt es in Deutschland zur Zeit 23 normale Universitäten, 11 technische Hochschulen, 4 Forsthochschulen, 3 Bergbauhochschulen, 4 Landwirtschaftshochschulen, 4 Tiermedizinhochschulen, 8 Handelshochschulen, 16 Kunsthochschulen, 11 Musikhochschulen, 1687 Gymnasien, 58583 Grundschulen, 759 höhere Mädchenschulen, 1558 Privatschulen. Deshalb ist es gleichgültig, welche Wissenschaft man studiert, man wird seinen Wunsch erfüllen können. Ferner ist es sehr einfach, sich an einer Universität zu immatrikulieren, denn man benötigt hierfür nur das Zeugnis der chinesischen Universität. Einzig in der deutschen Sprache muß man sehr gewandt sein, ansonsten ist auch der Eintritt in die Universität kaum von Nutzen. Begründen läßt sich dieses damit, daß die Pflicht eines deutschen Professors hauptsächlich darin besteht, wissenschaftliche Forschungen zu betreiben, auf die Lehrmethode wird kein Wert gelegt. Deshalb wollen sie im Unterricht unbedingt tiefgründig und schnell sein, und ob die Studenten alles verstehen, wird nicht nachgefragt. Ich habe ein paar Freunde aus der Tongji-Universität, deren Deutschkenntnisse im Vergleich zu anderen Studenten der Tongji-Universität recht gut sind. Nach der Immatrikulation an der Universität hatten aber auch sie Verständnisprobleme. Sofern es später noch Leute gibt, die nach Deutschland kommen, sollten sie besonders auf die Sprache achten.

Viele Studenten, die ursprünglich in Frankreich studieren wollten, haben ihre Pläne unterwegs geändert und sind nach Deutschland gekommen. Dies ist der dritte Grund für die Zunahme der chinesischen Studenten in Deutschland. Unter den Studenten in Frankreich gibt es zwei Arten, nämlich diejenigen, die sparsam studieren und jene, die das Studium durch Arbeit finanzieren. Wenn man jetzt in Frankreich sparsam studiert, braucht man 250 Franc pro Monat, das sind umgerechnet über 1000 Mark, so daß das Studieren in Deutschland billiger ist als in Frankreich. Wiederum gibt es unter den Studenten, die ihr Studium durch Arbeit finanzieren, auch solche, denen die Arbeit zu schwer ist und die deshalb zur Form des sparsamen Studiums gewechselt haben. Nach dem Wechsel kommen auch sie wegen der niedrigeren Lebenskosten nach Deutschland. Das Leben in Deutschland ist zwar preiswerter als in Frankreich, jedoch ist das Nachholen der Sprache nicht so einfach wie dort. In Frankreich gibt es den Chinesisch-französischen Bildungsverein, der mit den Universitäten Sonderbedingungen ausgehandelt hat, so daß alles sehr bequem ist. In Deutschland haben die chinesischen Studenten keine Organisation dieser Art.[149]

Wang Guangqi lüDe cunji (Wang Guangqi: Sammlung der Deutschlandschriften), Shanghai 1936, S. 441-444.

117

Schreiben des Sinologen Erich Hänisch, Berlin, an das AA Berlin (27.10.1921)[150]

Abschrift IX B 11314.

Im Folgenden erlaube ich mir, auf die neuerdings außerordentlich verschlechterte Lage der sinologischen Studien infolge Beeinträchtigung ihrer Anstellungsaussichten hinzuweisen.

Ich setze voraus, daß das Land China heute eine gegen die Vorzeit verhältnismäßig gesteigerte Bedeutung für uns besitzt, daß eine weitere Kenntnis des Landes und ein allgemeines Interesse an ihm dringend wünschenswert erscheint, daß als Vorbedingung für eine weitere Anteilnahme im Volke zunächst der Ausbau der sinologischen Wissenschaft nötig ist. Denn sie allein kann die sicheren Grundlagen des Wissens schaffen, auf denen sich eine volkstümlich belehrende Literatur aufbauen darf. Aus dieser Ursache heraus möchte der Reichsregierung an einem Leben und Gedeihen der sinologischen Studien gelegen sein, vor allem falls eine Wiederaufnahme der Kulturarbeit in China gedacht ist. Denn eine solche darf nicht einseitig sein, und es wäre nicht angängig, auf der einen Seite die Kenntnis deutscher Eigenart, Bildung und Wissenschaft in China fördern zu wollen, auf der anderen Seite aber in der Beschäftigung mit der Chinakunde in Deutschland anderen Ländern wie England und Frankreich gegenüber immer mehr ins Hintertreffen zu geraten. Ich habe bereits

149 Hingewiesen sei in diesem Zusammenhang auf den Artikel von Max Linde, dem Generalsekretär des OAV, der 1926 unter der Überschrift „Chinesische Studenten in Deutschland" erschien (*Ostasiatische Rundschau*, 7:11, 1926, S. 234-235). Linde bestätigt die Beobachtungen Wang Guangqis zu Beginn der zwanziger Jahre, konstatiert aber einen positiven Wandel: „Wer immer den gegenwärtig bei uns studierenden Chinesen nähertritt, kann nicht umhin, wahrzunehmen, daß ein anderer Geist als in den Vorjahren sie beherrscht, daß der größte Teil von ihnen von ernstem wissenschaftlichem Streben, Fleiß, Zielbewußtsein und Hingabe zum Studium erfüllt ist. Die eine oder andere Ausnahme sollte als Regel nicht verallgemeinert werden."

150 Ministerialdirektor Heilbron, Abtlg. VI (Deutschtum im Ausland), leitete das Schreiben am 16.12. 1921 weiter mit dem Hinweis, daß er den Ausführungen von Hänisch zustimme, „da es zur Pflege unserer politischen und wirtschaftlichen Beziehungen mit China von wesentlichem Nutzen sein würde, wenn sich der Unterricht an den deutschen Universitäten mehr als bisher dem Gebiete der Chinakunde zuwenden möchte". Hänisch war nicht der einzige Sinologe, der sich kritisch zur Situation der Sinologie äußerte. Ernst Boerschmann veröffentlichte wenig später einen entsprechenden Artikel in der *Ostasiatischen Rundschau*: „Pflege Ostasiatischer Studien" (Boerschmann 1922:173-174).

bei früheren Gelegenheiten ausgeführt, daß wir in Deutschland, da uns die Hilfe der Missionssinologie fehlt, um unseres wissenschaftlichen Ansehens in China willen eigentlich Anlaß hätten, doppelt oder dreimal soviel reine wissenschaftliche Sinologie zu treiben wie Frankreich und England. Zurzeit ist das Verhältnis der Chinakunde in Deutschland zu der in den beiden anderen Ländern wie es sich in der Fach- und Volksliteratur zeigt, ein sehr bedauerliches. Das kommt auch in China in den Beständen der dortigen Schul- und Regierungsbibliotheken zum Ausdruck, deren Studium ich mir während meines achtjährigen Aufenthalts und meiner ausgedehnten Reisen im Lande angelegen sein ließ. Ich kam bei einer Vergleichung der deutschen Bücher (d.h. der deutschsprachlichen, aus dem Deutschen übersetzten oder über deutsche Gegenstände handelnden) mit den entsprechenden französischen und englischen zu einem durchschnittlichen Zahlenverhältnis von etwa 3:19:42.

Diese Zahlen möchten auch ungefähr das Verhältnis der sinologischen Arbeit in den drei Ländern widerspiegeln (einschließlich der Missionssinologie).

Es dürfte bekannt sein, daß die wirtschaftliche Grundlage für sinologische Arbeit in Deutschland schon bisher recht dürftig war: 2 planmäßige Lehrstellen an deutschen Universitäten (2 ordentliche Professuren in Berlin (de Groot) und Hamburg (O. Franke) 9 außerordentliche in Leipzig (Conrady) zeigen, daß die neue Wissenschaft sich gegenüber den anderen orientalistischen Disziplinen, etwa der an jeder deutschen Universität vertretenen Semitistik, noch nicht durchgesetzt hat. Das wurde auf dem jüngsten Orientalistentag in Leipzig, vom rein wissenschaftlichen Standpunkt aus, auch bereits ausgesprochen. Es soll jetzt gezeigt werden, daß auch die außerhalb der Universitäten liegenden wirtschaftlichen Aussichten der Sinologievertreter seit langem stark verkürzt und neuerdings in einer Weise beeinträchtigt worden sind, die durch geldliche Rücksichten allein sich nicht rechtfertigen läßt.

Preußen bietet der Sinologie nur einen Lehrstuhl. Dafür hatte aber der Sinologe in Berlin noch 6 andere planmäßige Stellen, auf die er als wirtschaftliche Sicherheit rechnen konnte:

1. Die erste Lehrstelle am Seminar für Orientalische Sprachen (Prof. Dr. Forke)
2. die zweite Lehrerstelle daselbst (Prof.lic. Schüler)
3. die zweite Bibliothekarstelle daselbst
4. die Stelle des Leiters der ostasiatischen Sammlungen an der Staatsbibliothek (eine Bibliothekarstelle) (Prof. lic. Hülle)
5. die Stelle des Direktors der Ostasiatischen Abteilung am Museum für Völkerkunde (Prof. Dr. F.W.K. Müller)
6. die Assistentenstelle derselben Abteilung.

Von diesen sind Nr. 3) und 6) seit 20 bzw. ca. 15 Jahren für Sinologen gesperrt und werden durch ständig wechselnde Hilfsarbeiter wahrgenommen. Der Beamte der Stelle Nr. 3) ist anderweitig beschäftigt, der Posten Nr. 6) wurde der Abteilung genommen, um aus ihm das Gehalt des Direktors der seinerzeit neugegründeten Ostasiatischen Kunstabteilung zu zahlen. Während alle anderen Abteilungen des Museums für Völkerkunde einen oder mehrere Assistentenstellen besitzen, hat die Ostasiatische Abteilung allein seit ca. 15 Jahre keine gehabt. Nr. 3) wird mit der demnächst in Aussicht stehenden Pensionierung des Inhabers voraussichtlich eingezogen werden, ohne also jemals einem Sinologen zugefallen zu sein. Nr. 6) ist bei der jüngsten Neuordnung am Museum am 1. Oktober d. J. nicht wiederhergestellt worden, scheint also ebenfalls endgültig verloren. Diese Neuordnung hat aber noch eine andere tragische Folge gezeitigt, indem sie nach dem Ausscheiden des Leiters der Indischen Abteilung diese mit der Ostasiatischen unter einer Verwaltung vereinigt hat. Diese liegt zwar zurzeit in der Hand eines, hervorragenden, Sinologen, eben des seitherigen Inhabers von Nr. 5). Doch ruht diese Personalunion auf zwei Augen. Die Stelle Ostasien-Indien kommt für einen Sinologen später wohl nicht mehr in Betracht. Danach fielen 3 Stellen (Nr. 3, 5, 6) aus. Aber zum Überfluß ist jetzt auch die Stelle Nr. 1) stark gefährdet. Denn wenn der jetzige Inhaber derselben bei der infolge Erledigung des Berliner Lehrstuhls bevorstehenden Verschiebung in die Universitätslaufbahn übertritt, was der Fall sein könnte, läuft auch seine Stelle die Gefahr, eingezogen zu werden. Damit würde der sinologische Nachwuchs in kurzer Zeit der Aussicht auf 4 Stellen beraubt werden, und das ist mehr, als er noch ertragen kann.

Der Nachwuchs besteht außer mir, dem Unterzeichneten, mit einer außerplanmäßigen Professur, deren geringe Einkünfte zu einer Nebenbeschäftigung zwingen, aus:

1 Privatdozenten in Berlin (Dr. E. Schmitt), nebenbeschäftigt im Schuldienst und mit Sprachstunden

1 Privatdozenten in Heidelberg (Dr. Krause), nebenbeschäftigt mit Schriftstellerei?

1 Privatdozenten in Leipzig (Dr. Erkes), nebenbeschäftigt am Museum

1 Privatdozenten in Hamburg (Dr. Jaeger)

1 Dame, früher im Museum f. Völk. in Berlin, jetzt ohne Beschäftigung (Frl. A. Bernhardt), eine Reihe junger Doktoren und einer Reihe von Studenten.

Der Grund für die arge Vernachlässigung unserer Belange liegt darin, daß diese ungemein praktische Bedeutung unserer Wissenschaft in der Öffentlichkeit, an den Universitäten und auch in den Kultusministerien noch gar nicht bekannt ist. Die Sinologie wird, soweit sie überhaupt bekannt ist, als eine sehr entlegene Wissenschaft von rein akademischem Wert betrachtet. Daß sie der Schlüssel zum Verständnis eines riesigen bedeutenden, für uns Deutsche heute besonders bedeutenden Landes der Gegenwart ist, macht man sich nicht klar. Vielleicht würde ein Hinweis des Auswärtigen Amtes an die Einzelregierungen, der die Bedeutung unserer Wissenschaft für die Reichsbelange betont, hierin Wandel schaffen. Vielleicht würde sich die bayerische Regierung entschließen, einen sinologischen Lehrstuhl neu zu errichten oder durch Umwandlung eines erledigten anderen zu schaffen und so die reichen chinesischen Bücherschätze an der Münchener Staatsbibliothek zur Geltung zu bringen. Vielleicht würden die sinologischen Studien in Heidelberg eine größere Begünstigung erfahren. Jedenfalls aber würde wohl das preußische Ministerium von einer weiteren Beeinträchtigung der sinologischen Aussichten und einer Streichung von Stellen Abstand nehmen.

Aus diesen Erwägungen heraus erlaube ich mir den ergebenen Vorschlag, daß das Auswärtige Amt in einem Schreiben an die Einzelregierungen auf die Wichtigkeit der sinologischen Studien für unsere auswärtigen Reichsbelange hinweise und den Regierungen anheim stelle, diesen Studien größtmögliche Förderung angedeihen zu lassen.

Dabei möchte ich noch folgenden Gedanken Raum geben:

In den Archiven der eingegangenen und nicht wiedereröffneten Konsulate in China müssen sich eine Reihe von sinologischen Wörter- und Handbüchern finden, welche jetzt drüben überzählig geworden, doch hier als Grundstock einer sinologischen Bibliothek sehr schätzbare Dienste leisten könnten. Ich nehme z.B. an, daß jedes einzelne Konsulat das große Wörterbuch von Giles oder Couvreur besessen hat.[151] Diese Bücher haben heute einen solchen Wert, daß sich ihre Anschaffung in der Heimat von selbst verbietet, daß aber andererseits eine Zuweisung einer derartigen Handbibliothek an eine deutsche Universität, etwa Göttingen, wo sehr starkes sinologisches Interesse besteht, den Gedanken einer sinologischen Vertretung bedeutend stärken würde.

Eine Überweisung von Büchern an das sinologische Seminar in Heidelberg, das außerordentlich schwach versehen ist, wäre ganz besonders segensreich. Ich möchte daher der geneigten Erwägung anheim stellen, den Einzelregierungen in den betr. Schreiben für den Fall neu zu gründender sinologischer Vertretungen Unterstützung durch Zuweisung von Bücherbeständen aus den eingegangenen Konsulaten in Aussicht zu stellen.

In Berlin ist zu Nr. 1) der angegebenen Stelle die Gefahr im Verzuge.

gez. Dr. Erich Hänisch

Außerordentlicher Professor a. D. Universität Berlin

PAA, R85450.

118

Aufzeichnung des Gesandten in Peking, Adolf Boyé, an das AA Berlin (30.05.1922)

Abschrift zu Nr. 1A 2137.
Anlage zum Peking-Bericht K. No. 235.

Aufzeichnung.

Durch den Friedensvertrag mit China hat Deutschland im Osten eine ganz neue Stellung bekommen. Der Appell an die ultima ratio der Gewalt kommt für uns nicht mehr in Betracht, ebenso wird das dauernde Zusammengehen mit den Vertretern anderer Länder durch

151 Hänisch schreibt von „Hiles und Conoress", meint aber wohl die Werke der o.g. Sinologen. Das Wörterbuch *A Chinese-English Dictionary* des britischen Konsulatsbeamten Herbert Allen Giles war 1912 in zweiter Auflage erschienen (1. Aufl. 1892). Séraphin Couvreur gehörte dem Jesuitenorden an und missionierte in der Provinz Zhili. Er verfaßte mehrere Wörterbücher, u.a. *Dictionnaire Classique de la Langue Chinoise* (2. Aufl. 1904) und *Guide to Conversation French, English, Chinese* (9. Aufl. 1910).

unsere singuläre Stellung den Chinesen gegenüber erschwert. Es gilt daher das Mittel ausgiebigst anzuwenden, das bei diplomatischen Verhandlung ohnehin das wirksamste ist: die wohlwollende gegenseitige Verständigung. Um sich mit den Chinesen wirklich verständigen zu können, muß man sie in ihrer Geistesart verstehen. Dazu aber ist die Kenntnis der chinesischen Sprache unbedingt notwendig, nicht nur der Umgangssprache, sondern auch der im öffentlichen Leben gebrauchten Schriftsprache. Und zwar ist diese Kenntnis für alle Beamten, nicht nur die Dolmetscher, bis zu einem gewissen Grade nötig. Denn während die europäischen Sprachen auf einer gemeinsamen Kulturbasis beruhen, ihre Gedankengänge und Ausdrucksweise daher in vielen Fällen ähnlich sind, besteht der große Unterschied des Chinesischen nicht nur im Wortschatz, sondern namentlich in der Art der Logik der Sprache und des Ausdrucks. Es bedarf einer ziemlich genauen Kenntnis dieser andersartigen Logik, um in der Diskussion mit einem Chinesen diejenigen Argumente zu finden, die ihn überzeugen. Europäische Gedanken sind häufig schwierig oder gar nicht ins Chinesische zu übersetzen, sie müssen oft erst nach chinesischer Logik ausgedacht und in der veränderten Form übersetzt werden, um den beabsichtigten Eindruck bei dem chinesischen Hörer hervorzurufen. Deswegen macht auch der Umstand, daß ein großer Prozentsatz der chinesischen Beamten des Auswärtigen Amts und der Fremdenämter in den Provinzen eine oder mehrere fremde Sprachen spricht, die Kenntnis des Chinesischen nicht überflüssig. Denn auch die fremdsprachlichen Chinesen denken chinesisch und sind mit chinesischer Logik am besten zugänglich. Sie sind überdies noch immer nicht die Ausschlaggebenden und die Beziehungen zu den nicht fremdsprachlichen Chinesen werden immer in erster Linie gepflegt werden müssen. Es wird daher die Kenntnis der chinesischen Sprache sowohl als Verständigungsmittel, wie insbesondere auch als unentbehrliche Grundlage der Kenntnis chinesischer Wesensart von allen Beamten des diplomatischen und konsularischen Dienstes in China verlangt werden müssen, wie dies auch im englischen Dienst fast lückenlos durchgeführt ist.

Die Frage, ob die chinesische Sprache für jedermann erlernbar sei, ist ohne weiteres zu bejahen. Gewiss ist die antike klassische Literatur Chinas nur der spezialistischen Beschäftigung voll zugänglich, aber die Kenntnis dieser antiken Schriftsprache ist im heutigen China kaum mehr nötig als die Kenntnis des Gothischen und Mittelhochdeutschen im modernen Deutschland.

Vielmehr ist im modernen China in immer steigendem Maße eine neue, der volkstümlichen Umgangssprache angenäherte höhere Verkehrssprache in der Bildung begriffen, ein Prozess der dem Ersatz des Lateinischen durch die verschiedenen nationalen Sprachen in Europa einigermaßen entspricht. Diese vereinfachte Umgangssprache ist aber in gesprochener und geschriebener Form nicht wesentlich schwerer als manche andere, allgemein erlernbaren Sprachen wie z.B. russisch, die g e s p r o c h e n e Sprache ist bei ihrem Mangel jeglicher Formenlehre und ihrer einfachen syntaktischen Struktur sogar leichter als die meisten europäischen Sprachen und wird erfahrungsgemäß auch von ganz ungebildeten Europäern spielend erlernt. Wenn demgegenüber die Schriftsprache durch ihre komplizierten Wortbilder an den Fleiß und das Gedächtnis höhere Anforderungen stellt, so wird das durch den oben genannten Vorzug wieder ausgeglichen. Der schwierigste Teil des Chinesischen ist das Schreiben mit dem Pinsel, braucht ja von den Europäern ebenso wenig erlernt zu werden, wie er von den meisten Beamten im Amtsverkehr ausgeübt wird, dafür sind die chinesischen Schreiber da.

Selbstverständlich kommt nun sehr viel darauf an, daß die Ausbildung der künftigen Mitglieder des diplomatischen Dienstes Ostasiens möglichst früh beginnt. Man wird auf eine Grundlage, die schon während der Studienzeit in Deutschland gelegt wird, nicht verzichten können. Zum Erwerb dieser Grundlage ist das Orientalische Seminar in Berlin die geeignete Anstalt. Nur wird eine Reform des Betriebs notwendig sein, um ihn so wirkungsvoll wie möglich zu gestalten. Es wird vor allem nötig sein, daß außer der chinesischen bzw. japanischen Sprache auch ein möglichst umfassendes Sachwissen über Ostasien vermittelt wird. Theoretische Vorlesungen und praktische Übungen hätten dauernd Hand in Hand zu gehen. Als Lehrgegenstände kommen in Betracht:

1. Einführung in die Nordchinesische Umgangssprache.
2. Einführung in die Schriftsprache.

Neben Kenntnis der Struktur der chinesischen Schriftzeichen und der wichtigsten Regeln der Grammatik ist sobald als möglich die Lektüre zu betreiben, namentlich die kursorische Lektüre. Denn das Chinesische wird viel leichter im Zusammenhang erlernt als nach der bisherigen Methode der Vereinzelung der Zeichen und Wörter.

Als Lektüre kämen in Betracht ausgewählte Stück in der modernen Amtssprache, Zeitungen, moderne wissenschaftliche und belletristische Werke. Übung im Briefstil ist von besonderer Wichtigkeit.

Eine gewisse Kenntnis der wichtigsten Lautverschiebungsgesetze bei den einzelnen Dialekten und ein Überblick über ihre Struktur ist ebenfalls von praktischer Wichtigkeit.

An sachlichen Fächern kämen in Betracht:

Geschichte der chinesischen klassischen Literatur und Philosophie. Wenn diese Stücke auch nicht – oder höchstens in Auswahl – im Urtext gelesen werden, so muß doch ihr wesentlicher Gedankeninhalt geläufig sein, da diese Gedanken bis heute das chinesische Denken beeinflussen. Ferner ist die Orientalische Geschichte und Geographie, Chinesische Staatswissenschaft und Gesellschaftskunde, Chinesische Kunstgeschichte und Archaeologie notwendige Fächer.

An die Seite der theoretischen Ausbildung müßte praktische Übung treten. Hier könnte die Ostasienabteilung des Völkermuseums gewinnbringend verwendet werden. Und vor allem muß die Sprache geübt werden. Denn bloßes Papierchinesisch wird in China nicht verstanden, selbst wenn es mit großer Gewandtheit gesprochen wird. Natürlich wird die eigentliche Sprachbeherrschung erst im Lande selbst erworben werden können. Aber durch einen planmäßig organisierten Verkehr mit den in Deutschland anwesenden chinesischen Studenten ließe sich viel erreichen. Ein solcher Verkehr wäre von großer Wichtigkeit: einmal würden die chinesischen Studenten dadurch ganz anders in Fühlung gebracht mit den eigentlichem deutschen Leben als das möglich ist bei gelegentlichen rein gesellschaftlichen Zusammenkünften und andererseits würden die deutschen Studenten durch persönliche

Fühlungsnahme mit den chinesischen Studenten nicht nur die chinesische Denkweise praktisch kennen lernen, sondern auch freundschaftliche Beziehungen zum Nachwuchs der chinesischen Beamtenschaft anknüpfen können, die für ihre spätere Tätigkeit von großem Wert wären. Dasselbe gilt natürlich auch von den japanischen Studenten. Es wäre eine dankenswerte Aufgabe, wenn von Seiten des Orientalischen Seminars wissenschaftliche Aufgaben so gestellt werden, daß sie unter sachgemäßer Leistung von chinesischen und deutschen Studenten gemeinsam bearbeitet würden. Eine solche wissenschaftliche Zusammenarbeit würde nicht nur das Interesse sondern auch die Leistungen der Studenten wesentlich heben.

Durch das Abschlußexamen endlich könnten dann vor vornherein das für Ostasien unbrauchbare Material rechtzeitig ausgeschieden werden.

GStA-PK, I. HA, Rep. 76Va, Sekt.II, Tit. X, 124, Bd. X, Bl. 207-209.

119

Rede des Philosophen Zhang Junmai anläßlich der Ankunft des Philosophen Hans Driesch in Shanghai (1923)[152]

[...][153]

„Im Namen der Gesellschaft für Philosophie und Wissenschaft begrüße ich heute unseren Gast, Herrn Prof. Dr. Driesch, der gestern auf chinesischem Boden angekommen ist. Es ist bereits ein Jahr her, daß die Gesellschaft mit der Bitte an mich herantrat, mit unserem Gast zwecks einer Vortragsreihe in China in Verbindung zu treten. Damals war Herr Prof. Driesch gerade von der Kölner nach der Leipziger Universität berufen worden, daher war es ihm nicht möglich, sofort nach China zu kommen. Heute aber weilt er endlich mit seiner Frau Gemahlin in unserer Mitte. Die Freude hierüber, die mich und die übrigen chinesischen Gelehrtenkreise erfüllt, brauche ich nicht zu betonen.

Was für einen Zweck hat denn die Reise des Herrn Professor Driesch? Einem Europäer in seiner Heimat ist das Hin- und Herreisen eines Professors etwas Alltägliches. Als ich im Jahre 1913 in Berlin war, hielt gerade der Austauschprofessor Coolidge Vorträge über die Auslandspolitik Amerikas, ohne daß die Studenten darin ein besonderes Ereignis gesehen

---

152 Zhang Junmai (Carsun Chang) hatte den Biologen und Vertreter des philosophischen Neovitalismus Hans Driesch für eine Vortragsreise nach China eingeladen. Driesch hielt sich von Oktober 1922 bis Juli 1923 in China auf.

153 Auslassung: Einleitung der *Ostasiatischen Rundschau* zum herzlichen Empfang Drieschs in China und der Rede Zhang Junmais, die „in vieler Hinsicht unser Interesse verdient“ und deshalb in „ihrem wesentlichsten Teile hier zum Abdruck“ kommt.

hätten.[154] Bei uns ist der Fall anders: Die Anwesenheit eines fremden Professors wird immer als etwas Großes betrachtet. Als die beiden Professoren Dewey und Russel bei uns waren, erhielten sie von verschiedenen Provinzen telegraphische Einladungen.[155]

Der Grund für dieses Interesse ist ein doppelter: Einmal hat sich in der Vergangenheit die chinesische Wissenschaft einseitig mit den Lebensbeziehungen des Menschen beschäftigt, aber die Wissenschaft über Raum und Materie darüber vernachlässigt. Nun aber hat es sich gezeigt, wie wichtig die technischen Wissenschaften auch für die Gestaltung des Lebens sind. Die Überlegenheit der europäischen Wissenschaft gerade auf diesem Gebiet ist aber schon lange anerkannt. Ferner sprach man während des Krieges immer von einem Neuaufbau der Welt. Dieses Thema hat auch in China Interesse geweckt. Man ist seit langem mit der alten chinesischen Methode des wissenschaftlichen Betriebs nicht mehr zufrieden. Und auch auf politischem und sozialem Gebiet bereitet sich ein tiefgehender Wandel der allgemeinen Anschauungen vor. Durch Anregungen von außen her wird dieses Gefühl für das Neue, das kommen muß, immer stärker. So gibt man sich der freudigen Erwartung hin, aus den Vorträgen eines ausländischen Professors neue Anregungen und neue Ansichten der Dinge zu empfangen.

Aus diesem starken Verlangen nach neuen Erkenntnissen heraus entstand diese Gesellschaft, welche es sich zur Aufgabe gemacht hat, alljährlich einen berühmten Professor aus dem Ausland kommen zu lassen. Und zwar sollen entsprechend den verschiedenen Standpunkten, die es in den Wissenschaften gibt, möglichst verschiedene Professoren aus allen Ländern berufen werden. Der erste der so berufenen Professoren, J. Dewey, hat sich als Pädagoge, der Zweite, Russel, als Mathematiker hervorgetan. Der Dritte, unser heutiger Gast, ist Biologe. Von einem solchen haben wir bis jetzt noch nichts zu hören bekommen.

Welcher Einfluß ist es nun, den wir von einem ausländischen Professor auf unsere Kultur erwarten? In aller Zeit stand unsere Kultur sehr wenig mit dem Ausland in Verbindung. Erst mit der Einführung des Buddhismus kamen indische Buddhisten nach China, die indische Bücher verbreiteten. Jahrhunderte später, unter der Mingdynastie, kamen aus Europa die jesuitischen Missionare nach China, die zur Entwicklung der Mathematik und Astronomie beigetragen haben. Heute, so können wir mit Bestimmtheit sagen, ist das dritte Stadium angebrochen, in dem wir fremde Elemente aufnehmen. Tagtäglich sehen wir, wie die europäische Kultur sich mehr und mehr in China Bahn bricht. Natürlich werden die Professoren, die an dem Neuaufbau unserer Kultur mithelfen, ein bleibender Faktor sein. In diesem Sinne haben Dewey und Russel gearbeitet, und ich weiß bestimmt, daß unser Gast als Dritter folgen wird.

Ich erblicke in der Reise unseres Gastes noch in höherem Sinne eine Tatsache, durch die

---

154 Coolidge, Archibald Cary, Historiker, Harvard University, publ. *The United States as World Power* (1908) und Hrsg. der Zeitschrift *Foreign Affairs* (1922-1927).

155 Gefördert auch von Liang Qichao, war die Gesellschaft am 5. September 1920 gegründet worden. Während John Dewey sich von Mai 1919 bis Juni 1922 in China aufhielt, wurde der Mathematiker und Philosoph Bertram Russel im Anschluß an einen Besuch in der Sowjetunion nach China eingeladen. Russel blieb nach seiner Ankunft am 12. Oktober 1920 für nahezu ein Jahr in China und verfaßte anschließend das Buch *The Problem of China* (New York 1922). Siehe Chow Tse-Tsung 1960:192ff.

der Friede und engere Beziehungen zwischen Ost und West herbeigeführt werden. Denn Kunst und Wissenschaft sind das Gemeingut aller Völker und schließen niemand aus, und daher bringen sie die Menschheit immer näher zusammen. Dagegen finde ich, daß Handel, Politik und Diplomatie weit mehr auf Konkurrenzkampf angelegt sind, und daher sehr leicht zu Zwietracht und Rivalität führen, ja mitunter selbst kriegerische Verwicklungen hervorrufen. In diesem Sinne freuen wir uns doppelt über die Ankunft unseres Gastes, der als Missionar nicht einer einseitigen und engen Gesinnung, sondern der allgemeinen und für jeden zugänglichen Wissenschaft gekommen ist.

Ich möchte noch einige Worte über die Beziehungen zwischen China und Deutschland im Besonderen beifügen. Wenn wir Deutschland näher betrachten, so finden wir, daß es zwei Seiten zeigt: Auf der einen Seite ist das humanistische Deutschland, vertreten durch Kant, Goethe, Wagner u.a., auf der anderen das eiserne, vertreten durch Bismarck, Moltke, Krupp u.a. Als wir mit Deutschland in einen vertragsmäßigen Verkehr eintraten, lernten wir Deutschland kennen, das eben den Krieg 1870/71 hinter sich hatte und das in erster Linie seine eiserne Seite zum Ausdruck brachte. Wir lernten sehr viel von diesem Deutschland, und die Tatsachen der gegenwärtig in China vorhandenen und einander gegenüberstehenden Heere beweisen, daß wir nach deutschem Muster gearbeitet haben. Noch jetzt finden Sie bei diesen Heeren überall Krupp'sche Kanonen. Dagegen wenn jemand nach Wagner'scher Musik, nach der Kritik der reinen Vernunft, nach den Gedanken Goethes verlangte, so war bei der bisherigen Vertretung Deutschlands davon nichts zu finden. Ich hoffe, daß diese Seite künftig mehr und besser gepflegt werden wird, und in dieser Reise erblikken wir bereits ein Symbol dafür.

Ich bin der sicheren Überzeugung, daß ins unserem neuen China nicht nur auf dem Gebiete der Philosophie, sondern in allen Wissenschaften immer mehr ein intensiver Arbeitsbetrieb einsetzen wird, von dem schon die ersten Spuren zu sehen sind. Und dabei können wir, wie ich fest überzeugt bin, Deutschland zum Vorbild nehmen. An dieser Stelle sage ich unserem Gaste, der als Vertreter deutscher Wissenschaft zu uns kommt, daß ein wissenschaftliches Bündnis zwischen Deutschland und China das Ideal ist, dem wir alle zustreben. Ein solches Bündnis hat mehr Wert als alle militärischen, ja selbst wirtschaftlichen Allianzen, weil es allen nur Nutzen, aber niemand Schaden bringen kann.

Ich glaube unserem Gast versprechen zu könne, daß wir nach unseren besten Kräften dafür sorgen werden, daß er bei uns sich wohl fühlt. Seine Frau Gemahlin hat das Opfer gebracht, ihre Kinder in Deutschland zurückzulassen und ihrem Gatten auf dieser langen Reise sich anzuschließen. Doch hoffe ich, daß sie sich nicht allzu sehr vereinsamt fühlen wird. Da sie auf allen Gebieten der Kunst und Wissenschaft sehr begabt ist, hoffe ich, daß sie auf irgendeinem Gebiet in China ein Geisteskind finden wird, das sie dann bei ihrer Rückreise mitnehmen kann."

Ostasiatische Rundschau, Nr. 2, 1923, S. 19-20.

120

Aufsatz des Sinologen Otto Franke, Hamburg (1924)

Wer den jahrelangen Kampf um den Ausbau des Hamburgischen Kolonialinstituts zu einer Universität verfolgt hat oder gar an ihm beteiligt gewesen ist, der wird die zur Zeit in Berlin geführten Erörterungen über die Umformung des Orientalischen Seminars nicht ohne Seufzen, allerdings auch nicht ohne eine gewisse Heiterkeit beobachten. Alle die Argumente, die man in Hamburg für Beibehaltung des Kolonialinstituts als einer Fachschule für Auslandskunde mit viel Beredtsamkeit immer wieder hervorholte, bis sie einfach durch die Tatsachen endgültig widerlegt wurden, so daß heute, wo die neue Universität die Auslandskunde, und zwar die wissenschaftliche wie die praktische, in mustergültiger Wiese vertritt, kein Mensch mehr über diese abgetanen Dinge redet, alle diese einst so leidenschaftlich verfochtenen, jetzt längst in die Rumpelkammer geworfenen Lehrsätze und Theorien über Aufgaben und Methoden der Universitäten und Fachhochschulen kann man zur Zeit in neuer, aber sicherlich nicht besserer Aufmachung in Berlin bewundern, und ein urteilsloses Publikum spendet ihnen denselben reichen Beifall, den sie einst in Hamburg fanden.

[...][156]

Die Sache liegt heute – leider! – sehr viel einfacher als noch zu der Zeit, wo die zweite Denkschrift des Kultusministeriums entstand, von den Verhältnissen, unter denen die erste verfaßt wurde, ganz zu schweigen. Inzwischen ist die wirtschaftliche und politische Verelendung unseres Volkes so offensichtlich geworden, daß wir, wie heute jeder begreifen wird, nur mit den denkbar einfachsten und billigsten Mitteln an unserer Rettung arbeiten können. Die Unterhaltung einer wirklichen Auslandshochschule ist heute eine glatte Unmöglichkeit. Als das Orientalische Seminar von 36 Jahren ins Leben gerufen wurde, war auf unseren Universitäten von einem Studium der praktischen Orientkunde, d.h. von einer Fortführung der Forschung in Kultur und Geschichte orientalischer Länder bis in die Entwicklungen der Gegenwart hinein noch keine Rede. Auch auf dem Orientalischen Seminar fing man damit, wie eingangs gezeigt wurde, erst spät, und auch dann nur tastend, zögernd, in bescheidenstem Maße an. Das rasche Aufblühen des Studiums wurde nicht etwa bloß, nicht einmal in erster Linie durch besondere Leistungen der Dozenten herbeigeführt, so ausgezeichnete Gelehrte unter diesen auch sein mochten, sondern es war einfach die beispiellose weltwirtschaftliche und weltpolitische Entwicklung der folgenden Zeit, die eine Fülle neuer, großer Aufgaben wissenschaftlicher Art mit sich brachte und ihre Bearbeitung erzwang. Das zeigte sich schon in der Tatsache, daß alsbald an allen größeren Universitäten und dann auch an den meisten kleineren besondere Einrichtungen für die neuen „Auslandsstudien“, die längst nicht mehr auf die orientalischen Länder beschränkt waren, oft mit den

---

156 Auslassung: Franke setzt sich auf den folgenden 20 Seiten intensiv mit den Argumenten von Prof. Dr. Georg Kampffmeyer und dessen Broschüre „Die deutschen Auslandsinteressen und das Seminar für orientalische Sprachen zu Berlin“ auseinander.

bescheidensten Mitteln geschaffen wurden, und die Fakultäten diese Studien mehr und mehr in die Lehrpläne hineinzuziehen strebten. Unter diesen völlig veränderten Verhältnissen verlor das gesonderte Bestehen eines Instituts wie des Orientalischen Seminars an der Universität seinen Sinn. Die neuen Wissenschaften waren viel zu wichtig, als daß die höchsten und umfassendsten Bildungsstätten der Nation sie hätten ausschließen und einer einzelnen Fachschule überlassen können. Die Auslandskunde gehört in die Universität, und zwar nicht bloß in eine, sondern in alle, je nach Lage der Bedürfnisse und Fähigkeiten. Hätte man im Jahr 1887 die Entwicklung voraussehen können, so würde man das Orientalische Seminar niemals gegründet, sondern die Lösung der neuen Aufgabe von vornherein den Universitäten übertragen haben. Fast scheint es, als habe man damals schon etwas wie eine dunkle Ahnung gehabt von dem Zusammenhange der neuen Wissensgebiete mit der *universitas litteratum*, indem man das Seminar durch seinen Namen mit der Universität verband. Daß diese Verbindung keine organische wurde und werden konnte, hatte mannigfache Ursachen, deren Darlegung hier zu weit führen würde. Schon vor dem Kriege, nicht zum wenigsten unter den Wirkunges des Hamburger Vorbildes, aber besonders deutlich während des Krieges kam die Erkenntnis, daß Versäumtes nachgeholt und die Verbindung eine organische werden müsse. Alles dies ist so eingehend, so sachkundig und so überzeugend in den Denkschriften des Preußischen Kultusministeriums von 1917 und 1923, in der des Reichskanzlers vom 13. März 1917, in der des sächsischen Kultusministeriums vom 16. Januar 1918 und in den zahllosen Gutachten der Professoren des Hamburgischen Kolonialinstituts dargelegt worden, daß sich jedes weitere Wort darüber erübrigt.

Schon im November 1913 hatte Prof. von Harnack in einem Aufsatze der „Internationalen Monatsschrift" verlangt, daß das Orientalische Seminar „in die Universität Berlin eingeschmolzen werden müsse", „seine gesteigerten Aufgaben habe die philosophische Fakultät der Universität zu übernehmen". Daß die Dozenten des Seminars dadurch in Beunruhigung wegen ihrer ferneren Arbeitsmöglichkeit und wegen ihrer persönlichen Stellung gerieten, mag vielleicht menschlich verständlich sein, in Wirklichkeit ist es unbegründet. Eine Vernachlässigung der Zurücksetzung der neuen auslandskundlichen Gebiete würde gegen die eigenen Wünsche und Interessen der Fakultäten verstoßen, die sich ja selbst um deren Heranziehung bemühen. Die Erkenntnis von der Wichtigkeit dieser Gebiete ist jetzt auch auf den Universitäten eine viel zu allgemeine und tiefgehende geworden, als das man ihrem Ausbau durch Forschung und Lehre nicht alle Sorgfalt zuteil werden lassen sollte. Außerdem würde die staatliche Aufsichtsbehörde Mittel genug haben, um eine solche Vernachlässigung zu verhindern, und keinem liegen die neuen Aufgaben der Universitäten mehr am Herzen als dem Staatssekretär des Kultusministeriums.[157] Es ist sinnlos, unter solchen Umständen von einer „Zertrümmerung" der Arbeit des Seminars zu reden; durch die Einfügung in den Gesamtrahmen der Universität soll sie im Gegenteil erst recht organisch vereinheitlicht und vertieft werden. Als Mitglieder in die Fakultät aufgenommen werden können die Dozenten des Seminars ohne Habilitation natürlich nicht, aber was hindert die Herren, zu

157 Carl Heinrich Becker.

habilitieren, wenn sie die wissenschaftliche Fähigkeit dazu haben?

In dem Hauptausschusse des Preußischen Landtages sind diese Argumente für die Notwendigkeit der Reform im Gegensatz zum Jahr 1917 anscheinend nicht mehr bekannt oder nicht mehr verständlich. Damals wurde die Denkschrift des Kultusministerium mit allgemeinem Beifall begrüßt, heute wird die neue, den gleichen Gedanken tragende allgemein abgelehnt. Das ernsteste und betrübendste Moment in dem Ganzen ist die auch jetzt wieder, wie einst bei den Universitätskämpfen in Hamburg, in Parlament und Öffentlichkeit zu Tage tretende Feindseligkeit gegen die Universitäten überhaupt. Schalt man die letzteren bisher weltfremd, verzopft, vom öffentlichen Leben abgekapselt, so heißt es heute, wo sie einen engeren Anschluß an das öffentliche Leben und eine stärkere Mitarbeit an den großen Gegenwartsfragen suchen, sie seien in ihren Methoden unfähig dazu und müßten möglichst durch Fachhochschulen ersetzt werden. Diese grundsätzliche Abneigung gegen unsere höchsten Bildungsanstalten, deren Organisation und Leistungen vom Auslande auch heute noch als vorbildlich bewertet werden, muß eine tiefere Ursache haben. Ich sehe darin eine der Verfallserscheinungen im deutschen Geistesleben. Die Wissenschaft ist ihrem Wesen nach aristokratisch, sie wird niemals auf ein Verständnis, geschweige denn auf den Beifall der Masse rechnen können. Die Aristokraten des Geistes sind dieser Masse ebenso unsympathisch wie die der Geburt. Aber die Masse zieht jetzt immer höhere Schichten zu sich hinunter, und das ist das bedenkliche. Daß von unseren politischen Parteien einige sofort ihre Universitätsfeindschaft bekundeten, war nichts ungewöhnliches, daß aber auch die Deutsche Volkspartei, der der gegenwärtige Kultusminister angehört, sich dieser Phalanx angeschlossen hat, ist eine von den peinlichen Überraschungen, mit denen sie während des letzten Jahres manchen ihrer Anhänger stutzig gemacht hat. Was im Übrigen der Landtag in der Sache auch immer beschließen möge, wird im Grunde herzlich wenig Bedeutung haben. Das Schicksal des Orientalischen Seminars wird sich ohne Rücksicht darauf vollziehen, unaufhaltsam, einfach nach dem Schwergewicht der Tatsachen. Sehr bald wird es entweder seine Pforten schließen müssen, weil es für seine eigentlichen orientalischen Lehrgänge keine Hörer mehr bekommt, oder es wird zu einer Sprachschule niederer Art hinuntersinken, in der Ladenmädchen und ähnliche Interessenten auf Staatskosten Englisch und Französisch lernen. Die wissenschaftliche Auslandskunde wird in Deutschland hinfort in den Universitäten betrieben werden, oder sie wird überhaupt nicht mehr betrieben werden.

Otto Franke: Das Seminar für Orientalische Sprachen in Berlin und seine geplante Umformung. Leipzig 1924, 34 S., S. 5 und 29-34.

121

Artikel aus der *Ostasiatischen Rundschau* zur Tongji-Universität, Shanghai (April 1925)

Für die Tongji-Universität war das Jahr 1924 in seinem ersten Teile ein Jahr der Freude, in seinem zweiten ein Jahr ernstester Sorgen. In die erste Hälfte des Jahres fielen die Vollendung der großen Neubauten für die Medizinische Hochschule, nämlich des anatomischen und physiologischen Instituts, sowie des Alumnats für die Vorkliniker. Ferner fand am 13. Mai 1924 die offizielle Einweihung der Universität unter der Teilnahme von mehr als 800 chinesischen und deutschen Gästen, sowie früherer und jetziger Studierender in feierlicher Weise statt. Eine große Zahl von amtlichen und privaten Vertretern Chinas wie Deutschlands brachten der Universität in der festlich geschmückten, bis auf den letzten Platz besetzten Aula, ihre Glückwünsche dar, um das Vertrauen zu bekunden, das man der Universität überall entgegenbringt. In einem Bericht über die Einweihungsfeierlichkeiten schrieb unser Generalsekretär damals:

„Drei Persönlichkeiten sind es vor allem gewesen, die während der letzten drei Jahre ihre ganze Arbeitskraft und Zeit, fast jeden Gedanken und jede Minute, in den Dienst des Aufbaus der Tongji-Universität gestellt haben: Dipl.-Ing. S. D. Yüan [Ruan Shangjie], der Direktor der Gesamtanstalt, Prof. Dipl.-Ing. Berrens, der Dekan der Technischen Hochschule, und Dr. med. Birt, der Dekan der Medizinischen Hochschule. Lebhafter Beifall begrüßte sie, als sie nacheinander das Katheder betraten, um all den vielen amtlichen und privaten Stellen zu danken, die in China und in Deutschland zur Vollendung des Werkes beigetragen hatten, um über sein Entstehen zu berichten und die Linien zukünftiger Entwicklung zu zeigen.[158] Was hier in schlichten und daher besonders eindrucksvollen Worten dargelegt und was an Hoffnungen für den weiteren Ausbau geäußert wurde, legte Zeugnis ab von dem Geiste, der diese Pflanzstätte deutscher Wissenschaft und Technik im Auslande beseelt und von dem Willen, der nicht erlahmt, wenn widrige Umstände im Wege stehen und überwunden werden müssen“.

Besonders erfreulich war, daß auch die wissenschaftlichen Kreise Deutschlands ihre Aufmerksamkeit der jungen chinesischen Universität zugewendet hatten. So konnte Herr Generalkonsul Thiel (Shanghai) ausführen, daß es ihm eine besondere Freude sei, aus Anlaß der Einweihungsfeier drei Urkunden übergeben zu dürfen, die diese Teilnahme auf das nachdrücklichste zum Ausdruck brächten: Die Technische Hochschule in Charlottenburg verlieh Herrn Direktor Yuan, der vor Jahren sein Diplom-Ingenieurexamen an ihr abgelegt hatte, den Titel eines Doktor-Ingenieurs ehrenhalber; die gleiche hohe Auszeichnung wurde Herrn Prof. Berrens durch die Technische Hochschule in Danzig zuteil, während die Universität Hamburg Herrn Dr. Birt den Titel eines Dr. med. honoris causa verlieh. Der außer-

158 Die Eröffnungsansprache des Direktors Ruan Shangjie findet sich abgedruckt in der bilingualen Zeitschrift *Deutsche Monatsschrift* (*Dewen yuekan*), 1: 6/7, Juni/Juli 1924, S.187-191.

ordentliche Beifall, der die Überreichung der Urkunden begleitete, bezeugte mehr als viele Worte die allgemeine Befriedigung, die diese wohlverdienten Ehrungen auslösten.

Wir haben im übrigen eingehend über die Einweihung berichtet (vgl. „O.-A. R." 1924, S. 78), so daß wir hier nicht nochmals auf Einzelheiten zurückzukommen brauchen.

Leider sollte das so befriedigend begonnene Jahr nicht ohne ernste Sorgen zu Ende gehen. Der im September ausgebrochene Bürgerkrieg und namentlich die in der Nachbarschaft Shanghais ausgefochtenen Kämpfe hatten zur Folge, daß die Quellen, aus denen die Kassen der Hochschule gespeist werden, Monate hindurch versiegten, da sie von den jeweils siegreichen Truppen mit Beschlag belegt wurden. Das hatte unter anderem zur Folge, daß den Dozenten und Beamten der Universität mehrere Monate keine Gehälter gezahlt werden konnten. Es ist ein glänzendes Zeugnis für die Hingabe, mit der der Lehrkörper und die Beamtenschaft an der Universität hängen, wenn trotzdem jeder einzelne seinen Pflichten in vollem Umfange entsprach. Inzwischen ist es den unausgesetzten Bemühungen des Direktors der Universität, Herrn Dr. Yuan, gelungen, eine wesentliche Entspannung der finanziellen Schwierigkeiten zu erreichen, so daß die Krisis als überwunden angesehen werden kann.

Die dem chinesischen Tongji-Komitee unterstehenden Anstalten umfassen: Die Tongji-Mittelschule (Leiter: Herr Prof. Dr. W. Othmer) als Vorbereitungsanstalt, die Medizinische Hochschule (Dekan: Herr Dr. med. Birt), die technischen Anstalten (Dekan: Herr Prof. Dr.-Ing. Berrens), nämlich: die Tongji Technische Hochschule, die Tongji-Werkmeisterschule und die Lehrlingsschule.

[...][159]

In den am Ende des Sommersemesters abgehaltenen Vorexamina hat es sich gezeigt, ein wie großes Interesse die Studenten ihren neuen Lehrern entgegenbringen, und die Resultate dieser Prüfungen sind gerade für die neuen Dozenten eine Quelle der größten Befriedigung gewesen. Es war hauptsächlich darauf Wert gelegt worden, daß im Physikum durch scharfe Prüfungen, die sich genau an die Vorschriften der deutschen Universitäten halten, eine möglichste Siebung des Studentenmaterials vorgenommen wurde, da aber die weitaus größere Zahl der Studenten mit überraschend guten Kenntnissen zum Examen erschien, zeigte sich, daß die Anforderungen nicht zu hoch gestellt waren. Wohl muß dem chinesischen Studenten gegenüber immer betont werden: daß das rein mechanische Auswendiglernen, zu dem er seiner ganzen Entwicklung nach sehr neigt, nicht zu sehr in den Vordergrund treten darf; daß ein automatenhaftes Nachlernen vieler Vorlesungen nicht der Weg der Vorbereitung zu selbständiger Forschung, und daß die Zahl der Vorlesungen nicht das allein Seligmachende ist. Es muß aber hier doch anerkannt werden, daß der Eifer der Mehrzahl der

159 Auslassung: Im Folgenden behandelt der Artikel ausführlich die Situation der einzelnen Einrichtungen. So wird u.a. über die Mittelschule berichtet, daß sie mehr als 250 Schüler habe und aufgrund ihrer geographischen Lage in der Nähe der Wusong-Forts am stärksten von den Kriegswirren betroffen sei. Die Medizinische Hochschule erfreue sich trotz der hohen Studiengebühren von jährlich 200 $mex. eines so hohen Andrangs, daß Bewerber abgelehnt werden mußten, jedoch konnte aufgrund der räumlichen Situation nicht die gewünschte Zahl von 150 Studenten erreicht werden.

Studenten weit über dem Durchschnitt dessen steht, was man geneigt wäre, zu erwarten bei einer Materie, die dem ganzen Geistesleben des Chinesen an und für sich so artfremd ist, wie die moderne Medizin und ihre Art der wissenschaftlichen Forschung.

Das Vorklinikum hat nunmehr bereits zwei Semester in Wusong seinen Unterricht abgehalten, und wenn auch die Entfernung von Shanghai gewissen Schwierigkeiten, besonders für die Dozenten, mit sich bringt, so ist doch durch den Bau des neuen Anatomischen Institutes, in dem auch die Physiologie einstweilen ihre Räume eingerichtet erhalten hat, ein weiterer bedeutender Fortschritt zu verzeichnen. Die Alumnate für die Vorkliniker dehnen sich auch weiter aus, und es steht zu hoffen, daß in ein bis zwei Jahren 150 Vorkliniker dort untergebracht werden können.

Die Besetzung der Ordinariates für Pharmakologie (nebenamtlich Hygiene) steht in allernächster Aussicht und auch für das Vorklinikum wird in nächster Zeit ein Ordinarius für Botanik und Zoologie zur Wahl gestellt werden.

Es ist mit besonderer Rücksicht auf chinesische Verhältnisse geschehen, daß von seiten des Dozentenkollegiums ein so großer Wert auf die baldige Berufung eines Pharmakologen gelegt wird, da der Schatz alter chinesischer Arzneimittel denen, die längere Zeit Gelegenheit zur Beobachtung in China hatten, noch eine reich Fundgrube für diese Wissenschaft darzustellen scheint. Da sich andererseits im Paulunhospital ein vollkommen eingerichtetes klinisch-bakteriologisches Institut unter Leitung von Herrn Dr. Virnich befindet, so wäre bei der jetzigen Entwicklung für einen selbständigen Hygieniker noch nicht genügend Entwicklungsmöglichkeit gegeben, womit der große Wert und die Bedeutung eines derartigen Lehrstuhls natürlich keineswegs verkannt werden soll.

[...][160]

Während des Jahres 1923 wurden in das Paulunhospital 1562 klinische Patienten aufgenommen; poliklinisch wurden 27 231 Patienten behandelt, und die Zahl der gesamten poliklinischen Einzelbehandlungen betrug 62 468.

Um eine gesicherte Fortführung des medizinischen Teiles der Tongji-Universität zu ermöglichen, ist zwischen den Vertretern des Tongji-Komitees, des Paulunhospitals und der Deutschen Ärztevereinigung im Einvernehmen mit dem Verbande für den Fernen Osten ein Vertrag abgeschlossen worden, der dem Paulunhospital als Entschädigung für die Benutzung desselben eine kleine, je nach Anzahl der klinischen Studenten wechselnde Summe zum Baufonds jährlich zukommen läßt.

Das Tongji-Komitee verpflichtet sich zur Besoldung der folgenden sechs Lehrstühle: Anatomie – Physiologie – Chemie und Physik – Pathologische Anatomie – Pharmakologie und Hygiene – Zoologie und Botanik.

Die Deutsche Ärztevereinigung verpflichtet sich, ohne Besoldung die folgenden fünf Lehrstühle zu versehen: Innere Medizin und Psychiatrie – Chirurgie – Geburtshilfe und Gynäkologie – Augen-, Nasen- und Ohrenkrankheiten – Haut- und Geschlechtskrankheiten (Kinderkrankheiten).

---

160 Auslassung: Ausführungen zur baulichen Vergrößerung der Tongji-Universität.

[...][161]

Die Tongji Technische Hochschule ist eine von der chinesischen Regierung unterhaltene Anstalt und untersteht daher der Aufsicht des Unterrichtsministeriums in Peking. Die örtliche Schulverwaltung liegt in den Händen des Tongji-Komitees, dem auch die Tongji-Medizinische Hochschule sowie die auf das Studium der Technik und der Medizin vorbereitende Tongji-Mittelschule untersteht, und des deutsch-chinesischen Arbeitsausschusses.

Vertragsmäßig ging am 1. April 1924 der Vorsitz im Arbeitsausschuß in die Hände eines chinesischen Mitgliedes über; auf Grund der am 31. März erfolgten Wahl führt Herr Dr. Carsun Chang den Vorsitz für das Jahr 1924/25. Herr Bankdirektor H. Figge, der seinen wertvollen und stets bereiten Rat der Technischen Hochschule viele Jahre hatte angedeihen lassen, schied leider am Ende des Berichtsjahres aus dem Arbeitsausschuß aus.

Die seit zwei Jahren schwebende Frage der Erlassung der Vorprüfung für die Absolventen der Tongji Technischen Hochschule, die die Technischen Hochschulen Deutschlands zu besuchen gedenken, hat durch Erlaß des Preußischen Ministers für Wissenschaft, Kunst und Volksbildung die erwartete erfreuliche Lösung gefunden. Das Schreiben des Herrn Minsiters vom 8. April 1924 lautete: „Mit Erlaß vom heutigen Tage habe ich genehmigt, daß den Absolventen der Tongji-Universität in Shanghai-Wusong an den preußischen Technischen Hochschulen die Ablegung des Vorexamens in den Fakultäten für Bauwesen und Maschinenwirtschaft erlassen und die in China erledigte Prüfung als Ersatz dafür angesehen wird.“ Es steht zu erwarten, daß die anderen deutschen Hochschulen, mit denen Verhandlungen angeknüpft wurden, sich dem dankenswerten Schritte des Unterrichtsministeriums anschließen werden; tatsächlich haben bereits zwei süddeutsche Technische Hochschulen Absolventen der Tongji Technischen Hochschule ohne die vorherige Ablegung der Vorprüfung zur Diplom-Hauptprüfung zugelassen.

[...][162]

„Die Tung-Chi Lehranstalten in Shanghai-Woosung“, in: Ostasiatische Rundschau, 6:4, April 1925, S. 62-66.

---

161 Auslassung: Genannt werden die Bedingungen dieser Kooperation, die sich an dem Vertrag vom März 1921 orientieren. Siehe Dok. 112.

162 Auslassung: Ausführungen zu Gastvorträgen und die Beliebtheit von Lehrfilmen (Fabrikationsfilme). Überaus positiv beurteilt der Artikel die Prüfungsleistungen: Von den 209 Anmeldungen zur Aufnahmeprüfung an der Technischen Hochschule konnten 1924 nur 108 berücksichtigt werden. Die Werkmeisterschule kam im Sommerhalbjahr 1924 auf 80 Schüler, zum Herbst wurden weitere 33 Schüler aufgenommen. Der Beitrag endet mit einer Beurteilung der Werkmeisterschule, der Lehrprogramm ebenfalls durch Filmvorführungen, Exkursionen und Besichtigungen ergänzt wird. Ferner ist zu lesen: „Die Disziplin und die Leistungen im praktischen sowie im theoretischen Unterricht können mit Berücksichtigung der hiesigen Verhältnisse als befriedigend bezeichnet werden.“

122

Ansprache des chinesischen Gesandten Wei Chenzu anläßlich der Eröffnung des China-Instituts, Frankfurt/M. (15.11.1925)[163]

Meine Damen und Herren!
Gestatten Sie mir, zunächst dem Vorstand für die liebenswürdige Einladung zur Eröffnung des China-Instituts in Frankfurt am Main und für die Ehre, bei derselben das Wort ergreifen zu dürfen, meinen besten Dank auszusprechen. Ganz besonders möchte ich Herrn Professor Wilhelm, dem berühmten Sinologen und Übersetzer einer Reihe unserer großen klassischen Werke, danken; durch ihn ist es Freunden unserer Philosophie und Literatur möglich geworden, unsere Werke in deutscher Sprache zu lesen.

Das China-Institut hat es sich zu einer seiner Aufgaben gestellt, die chinesische und die okzidentale Kultur einander näher zu bringen. Tun wir einen kurzen Rückblick über das Eindringen der westlichen Kultur in China. Schon vor einer Reihe von Jahrhunderten haben die geistigen Beziehungen zwischen China und den westlichen Ländern begonnen; so hat Matteo Ricci [1552-1610] im 16. Jahrhundert einem in der chinesischen Geschichte bekannten hohen Beamten Xu Guangqi [1560-1634] Unterricht in der Mathematik erteilt und auf Grund seiner guten Beziehungen zu den chinesischen Amtsstellen die Erlaubnis erhalten, eine katholische Kirche in Peking zu erbauen. Ein deutscher Gelehrter, der bekannte Astronom Adam Schall [1591-1666], der zur Zeit der Ming-Dynastie lange Jahre in China gelebt und die chinesische Sprache in Wort und Schrift vollkommen zu beherrschen gelernt hatte, wurde Direktor der Sternwarte in Peking, ein Beweis, wie die westliche Wissenschaft bereits damals in meiner Heimat geschätzt und bewundert wurde. Wenn auch die Entwicklung in China nicht in allen Punkten mit der in den westlichen Ländern Schritt gehalten hat, so z.B. auf dem Gebiet der Technik, so hat sie sich doch auf anderen Gebieten umso mehr den westlichen Anschauungen angepaßt. Das Schulwesen ist auf Grund der europäischen Erfahrungen reformiert worden, es werden an unseren Schulen europäische Sprachen, Chemie, Mathematik und Physik gelehrt, wir besitzen Hochschulen für Medizin, Pharmakologie und Technik. Auf sozialem Gebiet ist eine große Änderung eingetreten, das Leben ist freier geworden, die Gleichberechtigung der Frau ist anerkannt, junge Mädchen studieren auf Hochschulen, nachdem sie das Mädchengymnasium absolviert haben, – ein früher ungeahnter Zustand! Im Laufe der letzten Zeit ist die Tendenz unverkennbar, die chinesische Sprache, deren gründliche Erlernung ein Studium ist, zu vereinfachen und die Schriftsprache der gesprochenen anzupassen. In den Schulen wurde dadurch Zeit für andere Studien frei.

Wie für uns das Studium der westlichen Kultur außerordentliches Interesse bietet, ist es

---

163 Wei Chenzu (d.i. Sun Chouwei) hatte das Amt des chinesischen Gesandten im Juli 1921 in Berlin angetreten. Die Ansprache wurde im April 1927 in der *Deutschen Monatsschrift* (*Dewen yuekan*) der Tongji-Universität abgedruckt.

nur natürlich, daß dem Ausland seit langen Jahren viel daran lag, über China, Land und Leute und seine Kultur, etwas zu erfahren. Doch darf nicht verschwiegen werden, daß nicht alle Berichte und Nachrichten über meine Heimat zutreffend sind, manches Falsche und Irreführende ist zu allen Zeiten über China erzählt und geschrieben worden, doch wurden auch viele ernste, langjährige Studien von ausländischen Gelehrten der Erforschung Chinas und seiner Kultur gewidmet. Wenn man die Erforschung der Kultur Chinas gründlich betreiben will, muss man auf ihre Anfänge zurückgehen, auf die Zeit von vor 4000 Jahren, die Epoche der Kaiser Tang-yao und Yü-shun.[164]

[...][165]

Nach dem großen Krieg, in dem die Völker des Westens sich als Feinde gegenüberstanden und sich gegenseitig zerfleischten, besteht jetzt, nachdem die Folgen des Krieges mehr und mehr verschwinden und die Völker zu ruhigerem Leben zurückkehren, die Neigung, sich wieder mehr mit kulturellen und philosophischen Problemen zu beschäftigen.

Zur Verbreitung der Kenntnis der chinesischen Kultur in Deutschland ist das China-Institut gegründet worden. Ich bin überzeugt, daß das Institut noch sehr zum weiteren Ausbau der deutsch-chinesischen Freundschaftsbeziehungen beitragen wird, denn die Freundschaften sind ja gerade die besten, die auf gemeinsamen Interessen beruhen. Wenn zwei Völker sich seelisch nahe kommen, können die politischen und wirtschaftlichen Interessen davon nur Vorteil haben.

Manches ist nach dem furchtbaren Weltkrieg getan worden, um in Zukunft derartige Katastrophen zu vermeiden. Der Völkerbund ist in Genf ins Leben gerufen worden, im Haag besteht der Internationale Schiedsgerichtshof, in Washington tagte die Entwaffnungskonferenz; die jüngste Konferenz, die Zusammenkunft in Locarno, ist ein weiterer Schritt auf dem Wege zum Ziel, den dauernden Weltfrieden zu sichern, aber alle diese Beschlüsse und Beratungen haben nur unter den Regierungen stattgefunden, deshalb sind nach meiner Ansicht alle diese Versuche nicht so geeignet, das hohe Ziel zu erreichen, als ein Ausbau des Gedankens, der sich in der Gründung des China-Instituts verkörpert: Nahebringen der Völker auf geistigem Gebiet, Verständnis für die Eigenheiten, Wünsche und Ideale schaffen, das Studium ihrer Kultur und Geschichte ermöglichen; nur auf diesem Wege kann ein tiefes, inniges Verständnis der Völker füreinander geschaffen werden, ein so tiefes Eindringen in das Seelenleben der Nationen stattfinden, daß der Gedanke, sich eines Tages als Feinde bewaffnet gegenüberzustehen, paradox erscheinen muß!

Möchte doch gerade in der heutigen Zeit im Verkehr der Staaten untereinander das Prinzip des dschung-shu [zhong shu][166] weiter in die Seelen aller Menschen und besonders der

164 Gemeint sind die sagenhaften Helden des frühen Altertums, Yao, Shun und Yu, der Begründer der Xia-Dynastie (2100-1600 v. Chr.).

165 Auslassung: Wei Chenzu gibt einen Abriss der chinesischen Geschichte, nennt die bekanntesten Philosophen und kommt zu dem Schluß: „Das Charakteristikum unserer Kultur ist die Weisheit".

166 Wei Chenzu nimmt hier Bezug auf einen zuvor im Text genannten Schüler von Konfuzius, Zengzi (d.i. Zeng Shen, 505-436 v. Chr.). Wei erklärt die Bedeutung des „zhong shu" dort wie folgt: „Man soll sich selbst erkennen und an sich arbeiten, um sich mehr und mehr zu verbessern und zu vervollkommnen, so ungefähr könnte man den Sinn des Wortes „zhong" wiedergeben, und man soll seinem

Staatsführer eindringen, wie vieles würde dadurch vermieden werden, denn das dschung-shu sagt ja: „Trachte danach, dich selbst zu verbessern, und handle gut an deinem Nächsten!“ Das würde bedeuten, daß die sogenannten Großmächte, die durch militärische Machtmittel in der Lage sind, schwächeren Ländern ihren Willen aufzuzwingen und sich bei ihnen widerrechtlich Vorteile zu verschaffen, von diesem Prinzip der Machtpolitik abgehen und ihre äußere Politik mehr nach ethischen und moralischen Prinzipien einstellen müssten. Ein großer Schritt dem Weltfrieden entgegen würde dadurch getan sein!

In allen Kulturländern sollten Institute ähnlich dem China-Institut entstehen, die die Völker geistig einander näher bringen. Dem China-Institut, dessen Eröffnung in Frankfurt a. M. wir heute feiern, wünsche ich: Blühen und gedeihen und die wohlverdienten Erfolge!

Deutsche Monatsschrift (Dewen yuekan), hrsg. vom Verein Deutsche Monatsschrift, Tongji-Universität, Mittelschule, 2:7, April 1927, S. 311-317.

123

Schreiben des Generalkonsuls in Shanghai, Fritz August Thiel, an das AA Berlin (08.03.1926)

No. 455
Auf den Erlaß an die Gesandtschaft in
Peking vom 30. Dezember v. Js.
- VI C 3962
33083

Die durch den oben bezeichneten Erlaß angezeigten Filme sind inzwischen hier bei der Firma Siemens China eingetroffen.[167] Gemäß brieflicher Anweisung ihrer Zentrale in Berlin

Nächsten das nicht antun, was man selbst nicht erdulden möchte, was etwas dem Wort „shu“ entspricht.“

167 Nach Erlaß vom 30. Dezember handelte es sich um insgesamt sechs wissenschaftlich-technische Filme, die der Bildspielbund Deutscher Städte, e.V. über die Siemens-Schuckert-Werke an deren Zweigstelle nach Shanghai schickte, z.B. „Herstellung eines Hochspannungs-Seekabels und seine Verlegung in Nordwegen“ (BArch, R9208/3609, Bl. 193). Die frühe Verbreitung des deutschen Films in China ist nur unzureichend aufgearbeitet. Tatsächlich wandte sich die deutsche Filmindustrie unmittelbar nach Abschluß des deutsch-chinesischen Vertrages (20.05.1921) an die deutschen Vertretungen in China. So wurde im Juni 1921 eine 38seitige Werbebroschüre mit dem Titel „Die Deutsche Filmindustrie und ihre Produktion“ mit dem Vermerk „Streng vertraulich!“ an die Gesandtschaften verschickt (BArch, R9208/3598, Bl. 237-248). Deutsche Filmgesellschaften wie die Cosmopolitan Film Company, Berlin, die West-Film G.m.b.H. u.a. erkundigten sich in den folgenden Jahren nach den Möglichkeiten des Filmvertriebs in China, teilweise unter Einsendung von Fragebögen. Das inhaltliche Spektrum reichte von Spielfilmen bis zu Dokumentar-, Lehr- und Propagandafilmen.

soll Siemens China die Filme gegen Erstattung der Transportspesen an die Firma Merck & Co. in Shanghai abliefern. Eine deutsche Firma dieses Namens gibt es hier nicht und der hiesige Vertreter der Firma E. Merck in Darmstadt weiß von der ganzen Sache bisher überhaupt nichts. Er lehnt infolgedessen die Übernahme der Spesen ab, bevor er nicht eine Antwort auf seine soeben abgegangene Anfrage bei E. Merck in Darmstadt erhält.

Damit die Filme nicht in der Zwischenzeit unbenutzt hier liegen, habe ich die Tongji-Universität, die das meiste Interesse an den Filmen haben dürfte, gebeten, die Spesen wenigstens vorläufig zu übernehmen. Jedenfalls hat sich bereits jetzt gezeigt, daß auf dem bisherigen Wege eine zweckentsprechende Verbreitung der Filme nur unter den größten Schwierigkeiten und einer ganz erheblichen Belastung der amtlichen Dienststellen vor sich gehen wird. Der Kreis der Interessenten am hiesigen Platz ist zu klein, als daß eine richtige Ausnutzung der Filme und damit eine Verteilung der Spesen gewährleistet werden könnte. Wir bereits früher berichtet, kommen hier nur die Tongji-Universität und die Kaiser Wilhelm Schule für Vorführungen in Frage. Die Filme bei öffentlichen Kinotheatern anzubringen, würde nach den Erfahrungen, die mir beispielsweise von dem hiesigen Vertreter von E. Merck in Darmstadt mit einem ihm von seiner Firma zur Verfügung gestellten Propagandafilm mitgeteilt worden sind, nur mit sehr hohen Unkosten verbunden sein. Gegenüber der sehr großzügigen Kinopropaganda besonders der Amerikaner dürfte von Leihgebühren oder irgendwelchen Unkosten schon überhaupt nicht die Rede sein. Auch die chinesischen Lehranstalten sind nach dieser Richtung bereits so verwöhnt, daß sie die Filme nur nehmen würden, wenn sie ihnen buchstäblich ins Haus gebracht werden.

Selbst von den interessierten deutschen Schulen wird mir erklärt, daß sie größere Unkosten für die Vorführung der Filme nicht aufwenden könnten. Außerdem werde ich und meines Erachtens mit recht darauf hingewiesen, daß die Filme im Grunde doch Propaganda für die deutsche Industrie machen sollen. Man wolle zwar nach Kräften zu diesem mithelfen und, wie mir von den Lehrern an der Tongji-Universität versichert wird, seien ihre bisherigen Erfahrungen nach dieser Richtung insofern recht günstig, als die chinesischen Studenten auch im späteren Leben bestimmte Produkte und ihre Herstellungsart stets mit dem Namen der Firma, die sie im Bild oder Film einmal gesehen haben, zu verbinden pflegen.

Es war hier angenommen worden, daß der Bildspielbund,[168] nachdem ihm die hiesigen Interessenten namhaft gemacht worden sind, sich unmittelbar mit diesen in Verbindung setzen würde. Stattdessen scheint offenbar hierzu überhaupt nichts geschehen zu sein. Die ganze Last der Regelung der Vorführung im Einzelnen ist vielmehr dem hiesigen Generalkonsulat zugefallen. Es ist mir natürlich unmöglich, mich auch noch wegen Leihgebühren

168 Gemeint ist der Bildspielbund Deutscher Städte e.V., dem die am 28. April 1922 gegründete Bildspielstiftung angegliedert wurde. Die Stiftung wurde durch das Auswärtige Amt und das Reichsministerium des Innern mit „namhaften Beiträgen“ gefördert: „Sie bezweckt die Erleichterung der Beschaffung von Lichtbildmaterial und vor allem -apparaten für ärmere auslandsdeutsche Vereine und Gemeinden in der Weise, daß diese die entstehenden Kosten ratenweise abbezahlen, während die seitens der Herstellungsfirmen geforderte Barzahlung der Gesamtbeiträge zunächst seitens der Stiftung erfolgt.“ (Erlaß des AA von 31.12.1924, i.A. Heilbron, in: BArch, R9208/3609, Bl. 228).

und Versicherung mit den interessierten Stellen auseinanderzusetzen. Die Weiterleitung der Filme, nachdem sie hier benutzt worden sind, ist ebenfalls noch unklar. Ich darf daher gehorsamst anheim stellen, den Bildspielbund auf die vorstehenden Punkte aufmerksam zu machen, damit wenigstens in Zukunft eine reibungslose und nur unter diesen Umständen erfolgversprechende Abwicklung des Unternehmens gewährleistet wird.[169]

Abschrift dieses gehorsamsten Berichts hat die Gesandtschaft in Peking erhalten.

gez. Thiel

BArch, R9208/3609, Bl. 188-190.

---

169 Der Bildspielbund erklärte drei Monate später, daß die Anregung zur Filmsendung im Januar 1924 von der Firma H. J. Merck & Co., Hamburg, kam. Der Chef des China-Hauses der Firma Merck & Co. in Tianjin, O. A. Sixt, hatte sich bereit erklärt, „deutschen Kulturfilmen Eingang in chinesischen Kinotheatern zu verschaffen" (Bildspielbund an AA Berlin, 03.06.1926, BArch, R9208/3609, Bl. 182-183). O. A. Sixt arbeitete für The Shingming Trading Co., die sich von H. I. Merck & Co. in Hamburg vertreten ließ und gab im Oktober 1926 zu verstehen, daß er sich für den Filmvertrieb in Nordchina einsetzen wolle (ebenda, Bl. 178). Parallel dazu blieben auch Thiel und andere Konsulatsvertreter weiterhin mit der Verbreitung deutscher Filme befaßt. Im Mai 1926 schickte er z.B. einen ausgefüllten „Fragebogen der Spitzenorganisation der deutschen Filmindustrie" an die Deutsche Gesandschaft Peking (BArch, R9208/3598, Bl. 110-114). Neben Fragen zur Zensur, Zoll, Steuern, Technik, Anzahl der Lichtspieltheater etc. wurden dort die Absatzmöglichkeiten nachgefragt. Nach Aussage von Thiel ist der finanzielle Erfolg bisher ausgeblieben, überdies urteilt er: „Der deutsche Film ist in seiner Handlung meist zu problematisch.; die Darstellung komplizierter innerer und sittlicher Vorgänge liegt dem chinesischen Kinobesucher nicht, zum Teil entspricht sie nicht seinen Auffassungen; Vorsicht in der Wiedergabe von Vorgängen aus dem Familien- und Liebesleben. Schlechte Titel der deutschen Filme, ungenügendes Reklamematerial; Weltmarktpreise, bei denen der Theaterbesitzer einen qualitativ gleichwertigen aber gut eingeführten amerikanischen dem gleichteuren deutschen Film stets vorziehen wird". An dieser Situation sollte sich bis Dezember 1927 wenig ändern, wie einem weiteren ausführlichen Bericht zu entnehmen ist. Überdies sei am 1. Oktober 1927 eine strikte Zensur in Kraft getreten, die im Hinblick auf Filme, „die Rassen- und Klassenprobleme zeigen", sehr streng gehandhabt würde (Thiel, 09.12.1927, in: BArch, R9208/3598, Bl. 1-7).

124

Erinnerungen von Zhu De an seinen Studienaufenthalt in Deutschland (1922-1926)[170]

... Die beiden Freunde bestiegen den Zug und kamen Ende Oktober 1922 in Berlin an. Sie beschlossen, Zhou Enlai sogleich aufzusuchen. [...][171]

Es gab zu jener Zeit Hunderte von chinesischen Studenten in Deutschland; die meisten von ihnen waren Söhne reicher Familien, mit denen er früher wahrscheinlich verkehrt haben würde. Er mied nun diese Menschen und konzentrierte sich so ganz auf das Studium. Er lernte eifrig und voll Wißbegier, zusammen mit jüngeren Männern, von denen manche fast seine Söhne hätten sein können.

Die Berliner Gruppe der Kommunistischen Partei Chinas widmete sich beinahe ausschließlich dem Studium. Abgesehen von den regulären Studien an der Universität, die ihre Mitglieder betrieben, hielten sie an drei Abenden in der Woche Diskussionsveranstaltungen ab, wo sie die Probleme der chinesischen Revolution auf der Grundlage des Marxismus-Leninismus studierten und diskutierten. Zhu De saß als bescheidener Kandidat in diesen Verhandlungen. Wenn sie zu Ende waren, studierte er mit Hilfe eines seiner jungen Kameraden weiter. Sie lasen zusammen und diskutierten die marxistische Literatur, die ins Chinesische übersetzt war: Das „Kommunistische Manifest" und das „ABC des Kommunismus". Die meiste Zeit verwendeten sie jedoch auf das Studium des „Ssjangdau" [Xiangdao], des offiziellen theoretischen Organs der Kommunistischen Partei Chinas, das Studien-

---

170 Der vorliegende Text basiert auf Interviews, welche die amerikanische Journalistin und Sozialistin Agnes Smedley im Frühjahr 1937 mit Zhu De in Yan'an führte. Die Gespräche wurden durch den chinesisch-japanischen Krieg unterbrochen und spätere Versuche, sie nach 1945 wieder aufzunehmen, scheiterten aus gesundheitlichen und politischen Gründen. Smedley hinterließ ein Manuskript, welches nach ihrem Tod unter dem Titel *The Great Road. The Life and Times of Chu The* (New York 1956) erschien. Zhu De wurde 1885 als Sohn reicher Bauern in der Provinz Sichuan geboren und hatte bereits eine außerordentliche Militärkarriere hinter sich als er 1922 zum Studium nach Deutschland aufbrach. Zuvor hatte er eine klassische Ausbildung erhalten, die er mit dem Grad des „xiucai" abschloß, und eine höhere Lehrerbildungsanstalt in Chengdu besucht, bevor er 1909 in die Militärakademie der Provinz Yunnan in Kunming eintrat. 1916 war er bereits General und befehligte eine Brigade in der Yunnan-Armee seiner Heimatprovinz. 1919 vollzog er einen radikalen Wandel, gab die Annehmlichkeiten dieses Lebens auf und unterzog sich in der Französischen Konzession Shanghais einer Entziehungskur, um sich von der Opiumsucht zu befreien. In Shanghai kam er mit den revolutionären Kreisen der 1921 gegründeten Kommunistischen Partei Chinas in Berührung und sprach u.a. such mit Sun Yatsen. Ihm gegenüber erklärte Zhu bei einem gemeinsamen Treffen mit seinem Freund Song Bingwen, daß es ihr Ziel sei, „im Ausland zu studieren und dort mit Kommunisten zusammenzutreffen und den Kommunismus zu studieren, bevor wir wieder aktiv an den nationalen Angelegenheiten Chinas teilnehmen würden" (Smedley 1958:239).

171 Auslassung: Zhu De reiste gemeinsam mit Song Bingwen von Frankreich nach Berlin. Dort suchten sie Zhou Enlai auf, der bereits in Paris eine Sektion der KPCh mitgegründet hatte und dieses nun für Berlin plante. Nach einem ausführlichen Gespräch wurde Zhu De in die KPCh aufgenommen. Für ihn verbürgten sich Zhang Shenfu und Zhou Enlai. Seine Mitgliedschaft wurde jedoch geheimgehalten (vgl. auch Harnisch 1999:241).

material über die Geschichte der chinesischen Revolution und ihrer Probleme enthielt.[172] Die Gruppe analysierte, auf diesem Material fußend, die früheren revolutionären Kämpfe in China, und Zhu De begann sein eigenes bisheriges Leben und seine Tätigkeit zu durchdenken. Zur gleichen Zeit begann er mit dem Studium der deutschen Sprache, um sich für die Aufnahme an einer deutschen Universität zu qualifizieren.

Die Zeit saß ihm im Nacken, und er studierte verbissen. Ganz der Sache ergeben, trieb er sich unermüdlich selbst an. Er verwünschte sein langsames Vorwärtskommen beim Erlernen der deutschen Sprache. Möglicherweise war er zu alt, sagte es sich; vielleicht waren auch zu viele Jahre verstrichen, seit er auf der Schulbank gesessen hatte. Oder war er zu lange Soldat gewesen? Er war an körperliche Betätigung gewöhnt, und es war für ihn eine Qual, endlose Stunden über Büchern zu hocken wie die anderen chinesischen Studenten, die an das Studium gewöhnt waren. Er war nach Europa gekommen, um zu studieren; nicht allein Bücher, obwohl Bücher die Summe des Denkens, wenn auch nicht immer der Weisheit, aller Zeiten enthielten. Es war auch hergereist, um die europäische Zivilisation zu studieren, eingeschlossen die industriellen und kulturellen Institutionen, die Europa so stark gemacht hatten, daß es China und andere Länder zu erobern vermochte. Das Studium war der einzige Weg, der dahin führte.

Auch dies tat er genau nach der Methode, wie er einst die Klassiker studiert hatte. Zuerst kaufte er einen Plan von Berlin und übersetzte alle Namen von Straßen und Institutionen, die darauf vermerkt waren, ins Chinesische. Da sein Deutsch nicht ausreichte, um sich auf der Straße nach dem Weg zu erkundigen, beschloß er, durch die Straßen zu laufen und aufs Geratewohl jedes Museum, jede Schule und jede Kunstgalerie zu besichtigen. Er kehrte in jedes Bierlokal und jedes Restaurant ein und besichtigte jede Fabrik, soweit man ihm Zutritt gewährte. Er wurde ein Freund der Oper und liebte Konzerte. Er besichtigte den Reichstag, er streifte durch die Parkanlagen und versuchte sogar, Leute in ihren Wohnungen aufzusuchen, um zu sehen, wie sie eingerichtet waren und wie sie lebten. Selbst Kirchen besuchte er, um zu vergleichen, in welcher Weise sie sich von den chinesischen Tempeln unterschieden.

Er hockte über den Büchern, bis ihn buchstäblich die Augen schmerzten. Dann ging er wieder auf die Suche nach neuen Dingen. Im allgemeinen war er allein, aber manchmal begleitete ihn sein neuer Freund Deng Yanda, ein hervorragender junger Intellektueller.[173] Deng, der einer der bekanntesten revolutionären Führer wurde, starb später den Märtyrertod. Er pflegte Zhu einen ganzen Nachmittag oder einen Abend zu begleiten, doch zuletzt gab er es auf, weil er das endlose Umherlaufen nicht durchhalten konnte. Sooft Freunde ihn

---

172 Gemeint ist die linksorientierte und seinerzeit populäre Zeitschrift *Xiangdao Zhoubao* (The Guide Weekly), die von September 1921 bis Juli 1927 in 201 Ausgaben in Shanghai herausgegeben wurde.

173 Deng Yanda war Ende 1924 nach Deutschland gekommen. In China hatte er bereits eine militärische Ausbildung erhalten, überdies hatte er als enger Vertrauter Sun Yatsens am Aufbau der Huangpu-Militärakademie mitgewirkt. Nach dem Tod Sun Yatsens kehrte er zurück nach China und leitete die politische Abteilung der revolutionären Armee. Deng hielt an der Einheitsfront zwischen KPCh und GMD fest, unterlag aber im Konflikt um die Nachfolge Sun Yatsens. Aufgrund scharfer Kritik an der Politik Jiang Jieshis wurde er 1931 wegen Verrats zum Tode verurteilt (Harnisch 1999:248).

nach Zhu De fragen, erwiderte Deng:

„Er ist wieder irgendwo in der Stadt. Gestern war er in einer Kunstgalerie, vorgestern in einem Kriegsmuseum und gestern Abend in einem Konzert. Ein Konzert! – Er sitzt dort und hört sich den Lärm von einem Burschen namens Beethoven an. Und es gefällt ihm! Er sagt, er wird sich alles anhören, was dieser Mann je geschrieben hat."

[...][174]

„Nachdem ich Berlin in und auswendig kannte und andere Städte und Industrieunternehmen gesehen hatte", sagte General Zhu, „zweifelte ich bald daran, daß der Kapitalismus China retten könne. Die Tatsache, daß ein hochindustrielles Land wie Deutschland mit einer qualifizierten und disziplinierten, erstaunlich gebildeten und organisierten Arbeiterklasse im Krieg geschlagen werden konnte, überzeugte mich, daß es für China sinnlos war, es ihm nachmachen zu wollen. Ich erinnere mich der kurzen Zeit, die ich in Kassel zubrachte. Dort sah ich, wie Eisenbahnlokomotiven hergestellt wurden, und zwar vom Rohguß bis zur fertigen Lokomotive, die aus der Halle rollte. Das machte auf mich einen stärkeren Eindruck als alle kulturellen Einrichtungen, die ich in Deutschland gesehen hatte."

Als Zhu vier Jahre später Deutschland verließ, hatte er beinahe jede größere Stadt besucht, er hatte die wichtigsten industriellen Anlagen gesehen und war am Rhein entlang und durch den Harz und die bayrischen Berge gewandert. An jedem Wochenende oder Feiertag und in den Ferien begab er sich auf Wanderungen, mit Landkarten und Notizbüchern in der Tasche, in die er systematisch seine Beobachtungen eintrug. Als er schließlich damit aufhörte, besaß er einen Koffer voll Notizbüchern, Landkarten und Reiseführern durch Deutschland.

Anfang 1923 verließ er Berlin und ließ sich an der Göttinger Universität bei der Fakultät für Staatswissenschaft immatrikulieren, wo eine große Anzahl chinesischer Studenten studierte und wo sich ihre stärkste kommunistische Zelle befand. Er nahm zusätzlich Privatstunden über militärische Themen bei einem Baron, einem früheren General der kaiserlichen Armee, bei dem er ein Zimmer gemietet hatte.

[...][175]

Anfang 1924 verließ er Göttingen und kehrte nach Berlin zurück, um dort eine Sektion der reformierten Guomindang nach den von Dr. Sun Yatsen in Kanton festgelegten Richtlinien zu organisieren. Um diese Zei hatte Dr. Sun seinen alten revolutionären Stützpunkt in Südchina zurückgewonnen und den ersten Nationalkongreß der Guomindang einberufen.

[...][176]

Als Zhu De die Göttinger Universität verließ und Anfang 1924 nach Berlin zurückkehrte, um alle in Deutschland weilenden Chinesen zur Unterstützung der neuen Guomindang-

174 Auslassung: Weitere Ausführungen zu den Exkursionen Zhu Des in Berlin.

175 Auslassung: Der Baron war aufgrund der Inflation verarmt, feilschte um jeden Preis und wollte in chinesischer Währung bezahlt werden. Zhu lernte dort wenig, studierte eifrig in der Universität, am lehrreichsten waren die Diskussionsrunden der chinesischen kommunistischen Sektion.

176 Auslassung: Smedley bietet einen knappen Überblick der Situation Sun Yatsens, der Guomindang und charakterisiert Jiang Jieshi und Zhou Enlai.

Regierung in Kanton zu mobilisieren, war der heftige Klassenkampf noch nicht entbrannt, der bald das riesige Land in eine Meer von Blut tauchen sollte. Wie General Zhu bemerkte, war der Aufenthalt in Göttingen für ihn reine Zeitverschwendung gewesen. Er hatte soviel Deutsch gelernt, um eine Unterhaltung führen zu können, seine Sprachkenntnisse reichten jedoch nicht aus, um schwierigen wissenschaftlichen Vorträgen zu folgen. Er war überhaupt nicht sehr sprachbegabt und auch keinesfalls daran interessiert, Doktor der Philosophie zu werden. Er war nach Europa gekommen, um sein Allgemeinwissen zu erweitern, sich mit der westlichen Kultur vertraut zu machen und für China einen neuen revolutionären Weg zu finden. In Berlin konnte er seine Studien über die historische Entwicklung in China fortsetzen. Zugleich konnte er dort auf de Grundlage der neuen Prinzipien der Regierung Sun Yatsen Studenten organisieren und erziehen.

General Zhu starrte in das dämmrige Dunkel des Raumes, als sehe er diese weit zurückliegenden Dinge, und ein verächtlicher, manchmal bitterer Ton lag in seiner Stimme.

„In Berlin bildete sich eine sogenannte Jugendpartei, der viele chinesische Studenten aus reichen Häusern beitraten. Anstatt sich der neuen Sektion der Guomindang anzuschließen, bekämpften sie uns und suchten selbst unter deutschen Monarchisten und ähnlichen Gruppen Verbündete. Weiter hetzten sie die deutsche Polizei auf uns, damit sie unsere Organisation und das kleine chinesische Blatt, das ich gegründet hatte, verbiete.[177]

Da wir keine chinesische Druckpresse hatten, mußte unsere Zeitung auf einer Vervielfältigungsmaschine hergestellt werden. Ich übernahm, vom Geschäftsführer bis zum Bürojungen und Träger, sämtliche Arbeiten. Ich beschaffte auch die Artikel, bediente die Vervielfältigungsmaschine, schrieb die Adressen, frankierte die Sendungen und trug sie selbst zur Post. Überall, wo ich und meine Kameraden hingingen, folgten uns deutsche Geheimpolizisten. Wir erfuhren über diese Geheimpolizisten interessante Einzelheiten: sie waren 'Spezialisten für Kolonialfragen', Deutsche, die einst in Qingdao gelebt hatten und Chinesisch verstanden.

Die deutschen Imperialisten zersetzten die Weimarer Republik und hofften auf den Tag, da sie wieder die Flottenbasis Qingdao und die früheren deutschen Besitzungen in China übernehmen würden. Sie hatten ihre Leute in der Polizei, und unsere eigenen Landsleute hetzten sie gegen uns auf. So bekam ich in Deutschland meinen ersten Anschauungsunterricht im Klassenkampf. Als ich sah, wie sich chinesische mit deutschen Imperialisten gegen uns verbündeten, dachte ich an ein altes chinesisches Sprichwort: ‚Das Reh gesellt sich nicht zum Tiger'."

General Zhu warb Mitglieder für die Guomindang, er besorgte alle für die Herausgabe der chinesischen Zeitung erforderlichen Arbeiten und fand zudem noch Zeit, in Versammlungen zu deutschen Arbeitern zu sprechen. Später widmete er sich größeren Aufgaben und nahm auch an internationalen Konferenzen teil. Er wurde zweimal in Kundgebungen verhaftet, auf denen gegen Terrormaßnahmen gegenüber der revolutionären Bewegung in Bulgarien protestiert worden war.

---

177 Die Zeitschrift trug den Titel *Mingxing* (Leuchtender Stern).

Nach der ersten Verhaftung wurde er auf Ersuchen der chinesischen Gesandtschaft von der deutschen Polizei wieder freigelassen. Als er zum zweitenmal festgenommen wurde, mußte er zwei Tage in Haft bleiben.

„Die Polizei bemühte sich währenddessen ein Gesetz ausfindig zu machen, um mich länger in Haft behalten zu können. Da man jedoch keine gesetzliche Handhabe fand, setzte man mich wieder auf freien Fuß. Von nun an folgten mir stets und überall diese Geheimpolizisten, die Chinesisch verstanden. In den katastrophalen Inflationsjahren drängten sich die reichen deutschen Schieber in den Restaurants und Cafés, während arme Menschen buchstäblich auf der Straße Hungers starben.

[...].“[178]

General Zhu und seine Kameraden organisierten in Deutschland [1925], gemeinsam mit deutschen Arbeiterorganisationen, innerhalb von zwei Monaten zehn Massenversammlungen. Protestkundgebungen wurden auch in Frankreich, England, Holland und in den Vereinigten Staaten einberufen. Die französische Regierung reagierte darauf mit der Deportation von zwanzig chinesischen Führern; die britische Regierung forderte die deutsche vergeblich auf, in gleicher Weise vorzugehen. Die deutsche Regierung fand schließlich eine Kompromißlösung: den Chinesen wurde offiziell verboten, an öffentlichen Kundgebungen im Land teilzunehmen. Sie durften Versammlungen beiwohnen, aber wer sich von ihnen zu Wort meldete, mußte der Verhaftung und Deportation gegenwärtig sein. Tatsächlich wurden drei Chinesen, die der Anordnung zuwider handelten, verhaftet und aufgefordert, das Land binnen vierundzwanzig Stunden zu verlassen.

General Zhu beschloß nun, die Heimreise anzutreten. Seine Kameraden erhoben Einwände; sie drängten ihn, noch einige Zeit in Deutschland zu bleiben und sich systematisch mit dem Studium wirtschaftlicher Probleme und der internationalen Angelegenheiten zu befassen, bevor er daheim wieder in das politische Leben eintrete. Bis zu dieser Zeit hatten seine Studien, wie er sagte, einen mehr allgemeinen und theoretischen Charakter gehabt. Er war genau wie seine Freunde der Meinung, daß ihm eine systematische Ausbildung fehle.

Deshalb setzte er sich im Herbst 1925 mit deutschen marxistischen Lehrern zusammen. Sie studierten gemeinsam Dokumente, Berichte, Statistiken, Zeitungsmeldungen, Zeitschriftenartikel und anderes Material, worin chinesische und internationale Fragen behandelt wurden.

„Die statistischen Studien waren äußerst schwierig, aber für mich von größter Bedeutung, denn sie lehrten mich, daß Ideen, die nicht auf Tatsachen basieren, nutzlose Abstrak-

---

178 Auslassung: Ausführungen zur Situation in China und der Kanton-Regierung, des weiteren zum Tod Sun Yatsens am 12. März 1925. Zhu und seine Kameraden organisierten eine Gedächtnisfeier in Berlin und brachten eine zweisprachige Sonderbroschüre heraus. „Nicht nur ausländische Imperialisten, sondern auch viele Chinesen nahmen die Nachricht vom Tode Sun Yatsens mit Befriedigung auf, bemerkte General Zhu, aber auf der Gedächtnisfeier in Berlin weinten viele. Im Anschluß beschreibt Smedley ihren Besuch einer Veranstaltung von 500 Personen, die von der örtlichen Guomindang einberufen worden war. Ohne es zu wissen, beobachtete sie dort Zhu De, wie er alle Störenfriede aus dem Saal warf. Anschließend folgt eine längere Passage zu den Unruhen, Boykotten und antibritischen Handlungen nach dem Zwischenfall vom „30. Mai“ in Shanghai.

tionen sind. Von dieser Zeit an war ich in der Lage, Menschen besser einzuschätzen und Bücher und Presseberichte auf ihre Wahrheit zu prüfen, indem ich darauf achtete, ob sie sich auf Tatsachen, nicht auf vage ideologische Phantastereien stützten."

[...][179]

„Jiang Jieshis mißglückter Staatsstreich und andere konterrevolutionäre Akte und Ereignisse alamierten die chinesischen Revolutionäre in der ganzen Welt.[180] Viele kehrten zurück, und auch ich beeilte mich, meine Studien abzuschließen, um bis zum Juli zurückzusein, wo die Armee des Nordfeldzugs den Kampf gegen die Militärdiktatoren und die ausländischen Imperialisten eröffnen sollte. In den folgenden drei oder vier Monaten studierte ich beinahe Tag und Nacht."

An einem Abend – es war Mitte Juni – riß sich General Zhu von seinen Büchern und Dokumenten los und schloß sich einer Gruppe von neun Chinesen an, die zu einer Kundgebung in den Berliner Sportpalast gingen. Nach einem besonderen Erlaß der deutschen Regierung durfte kein Chinese an einer solchen Veranstaltung teilnehmen; aber es wurde über die Lage in China gesprochen, und nichts konnte die Chinesen daran hindern, als Zuhörer der Verhandlung beizuwohnen.

Nach der Versammlung wurde Zhu Des Gruppe beim Verlassen der Halle plötzlich von Polizisten umzingelt und verhaftet. Sie wurden in einem Polizeiwagen zum Polizeigefängnis am Alexanderplatz gebracht, wo sie zehn Tage eingesperrt blieben, während die Behörden wieder nach einer gesetzlichen Handhabe suchten, um sie weiter in Haft behalten zu können.

„Schon vorher war ich zweimal festgenommen worden, aber beide Male hatte man mich entlassen. Diese neue Verhaftung beunruhigte mich nicht", sagte General Zhu mit einem schwachen Lächeln. „Ich war neugierig zu erfahren, wie es in einem Gefängnis wirklich aussah. Es war ruhig und friedlich, und da ich Monate sehr angestrengt gearbeitet hatte, benutzte ich die Zeit, um den versäumten Schlaf nachzuholen. Jeden Morgen kam eine Wache in meine kleine Zelle und stellte einen Becher mit dünnem Kaffee und ein Stück schwarzes Brot auf den Tisch. Nachdem ich es gegessen hatte, machte ich Freiübungen und vertrieb mir die Zeit mit Singen oder legte mich wieder schlafen. Mittags und abends kam die Wache wieder; sie stellte einen Teller mit dunklen Bohnen und ein Stück schwarzes Brot auf den Tisch und ging wortlos hinaus.

Als wir nach zehn Tagen vor den Richter gebracht wurden, wollte er zunächst unsere Pässe sehen. Er richtete an uns einige allgemeine Fragen. Der Polizeirichter erklärte, wir seien Unruhestifter, und ordnete an, daß wir Deutschland innerhalb vierundzwanzig Stunden zu verlassen hätten.

Auf Intervention des chinesischen Gesandten wurde der Ausweisungsbefehl für acht

---

179 Auslassung: Ausführungen über die politische Entwicklung in China und die Konflikte zwischen KPCh und GMD.

180 Gemeint ist der sog. „Zhongshan Kanonenboot Zwischenfall" vom 20. März 1926, im Zuge dessen Jiang Jieshi, dem der zunehmende Einfluß der Kommunisten innerhalb der GMD mißfiel, die russischen Berater unter Hausarrest stellte und einige Kommunisten gefangen nehmen ließ (vgl. Yu Miin-Ling 2002:98-124).

Leute unserer Gruppe zurückgezogen. Gegen mich und einen weiteren Kameraden wurde er jedoch aufrechterhalten, weil wir beide schon vorher verhaftet gewesen waren und im Verdacht standen, bei der Vorbereitung der große Massenkundgebung beteiligt gewesen zu sein. Natürlich hatten wir alle dabei die Hand im Spiel gehabt. Der chinesische Gesandte sagte uns, daß die englische Regierung insgeheim unsere Ausweisung aus Deutschland verlangt habe und daß die deutsche Regierung diesem Wunsch nachgekommen sei.

Ich war bereits darauf vorbereitet, nach China zu reisen, und mein Geld reichte gerade noch für ein Eisenbahnbillett dritter Klasse nach Shanghai über die Sowjetunion. Mein Kamerad, der ebenfalls Deutschland verlassen mußte, kehrte über Frankreich heim, während ich mit meinen drei Koffern voll Büchern, Landkarten und Dokumenten mit dem Schiff von Stettin nach Leningrad fuhr."

Agnes Smedley: Der große Weg. Das Leben Marschall Tschu Tehs, Berlin 1958, S. 246-269.

125

Schreiben des Gesandten in Peking, Adolf Boyé, an das AA Berlin (12.06.1926)

J. No. 1744.
Auf den Erlaß vom 11. Mai d.J. No VI A 29/III.
2 Durchschläge.

Vor einer grundsätzlichen Stellungsnahme zu dem Plan des Herrn Professor Dr. Schmidlin, eine deutsch-katholische Missionshochschule in China zu begründen, möchte ich vorweg darauf hinweisen, daß Qingdao als Sitz einer solchen Hochschule nicht in Betracht käme. Herr Professor Schmidlin rechnet damit, daß Ausstattung und Lehrmittel, womöglich auch die Räumlichkeiten der früheren deutschen Hochschule in Qingdao den neuen Unternehmen zugewiesen werden könnten. Das ist völlig ausgeschlossen, die frühere Hochschule ist, wie alles andere Reichseigentum im ehemaligen Schutzgebiet, vertragsmäßig an China übergegangen, und in China denkt niemand daran, von diesem Besitz irgendetwas wieder aufzugeben. Die jahrelangen vergeblichen Bemühungen, ein Gebäude für deutsche Schulzwecke zurückzubekommen, sind dafür der bündigste Beweis. (Vgl. auch Erlaß vom 30. September 1922, – Nr. 692.IV b K.190/22). Es wäre aber auch politisch ein böser Mißgriff, wenn wir gerade in Qingdao, wo die Chinesen jeden unserer Schritte mit äußerstem Mißtrauen verfolgen, ein derartiges Unternehmen. noch dazu mit finanzieller Unterstützung der deutschen Regierung, ins Leben rufen wollten.

Herr Professor Dr. Schmidlin hat das höhere Missionsschulwesen in China ursprünglich auf internationaler Basis ausbauen wollen, entsprechend dem internationalen Ideal, daß, wie er an anderer Stelle einmal sagt, „das oberste und letzte Ideal jeden Missionswerkes ist und bleibt.“ Die Ausführung des kurz vor dem Weltkrieg bereits beschlossenen internationalen Bauprogramms ist damals an dem Widerstand des französischen Episkopats und der Jesuiten gescheitert, und jetzt befürwortet Herr Professor Schmidlin wenigstens den Ausbau auf rein deutscher Basis: „was liege im vitalsten Interesse Deutschlands, daß für die deutschen katholischen Missionen ein Hochschulzentrum mit Universitätscharakter ins Leben gerufen werde.“ Wie liegen die Dinge? Es gibt in China zwei Arten von Missionsunternehmungen, die, sehr zum Schaden des religiösen und kirchlichen Ideals, ihre Tätigkeit mit ausgesprochen nationaler Betonung ausüben.

[...][181]

Dem stehen Missionen gegenüber, die nur [in] ihrer religiösen Aufgabe leben, die ihr Belehrungs- und Erziehungswerk rein und unverfälscht von wesensfremden Beimischungen halten. Allen voran die deutschen katholischen Missionen, mit denen sich, was Bildung und Erziehung, selbstlose Hingabe, tiefe Religiösität, was Eifer und Organisationsgeschick für ihr Werk angeht, keine andere Mission messen kann. Der apostolische Delegat für China, Erzbischof Constantini hat mir in häufigen Unterhaltungen immer wieder seine Bewunderung für die deutschen Bischöfe und ihre Arbeit wiederholt, er bezeichnet die deutsche katholische Mission schlechtweg als die Höchstleistung unter den Chinamissionen überhaupt.

Diese Anerkennung ist aber mit bitterer Resignation gemischt. Der päpstliche Delegat glaubt nicht, daß die Missionstätigkeit in China noch von langer Dauer sein wird. Niemand glaubt es, der die Entwicklung hier mit offenen Augen sieht. Auf die übereinstimmenden Berichte der Bischöfe und Missionsoberen in China, daß sehr bald keine europäischen Missionare mehr im Lande geduldet würden, ist die Enzyklika „Rerum Ecclesise“ vom 28. Februar d.J. zurückzuführen, die eine beschleunigte Heranbildung des einheimischen Klerus empfiehlt. Die Bewegung, die jetzt durch China wie durch den ganzen Orient geht, ist an sich nicht kirchenfeindlich, so wenig wie sie an sich fremdenfeindlich ist, es ist eine Emanzipationsbewegung, ein allgemeiner Aufstand gegen die Autorität des weißen Mannes, gleichviel ob sich diese Autorität in Kanonenbooten, in Glaubenslehren oder im weltlichen Unterricht geltend macht. Man will den Herren im eigenen Hause spielen und lieber in Schmutz und korrupter Wirtschaft verkommen als sich länger von Fremden gängeln und belehren zu lassen. Auf welche Ursachen die Bewegung zurückzuführen ist, kann hier nicht untersucht werden, es ist nur festzustellen, daß sie das ganze Land erfaßt hat, daß sich ihre Auswirkung bereits an vielen Orten bemerkbar macht. Es vergeht kein Tag, wo nicht brutale Gewalttätigkeiten gegen Fremde, gegen Missionare der Missionsanstalten gemeldet werden. Die protestantischen Missionen haben eine Reihe von Stationen im Innern räumen, zahlreiche Schulen und Erziehungsanstalten, selbst in Hafenstädten schließen müssen. Alle Anzeichen sprechen dafür, daß wir erst in den Anfängen der Bewegung stehen, und führende Engländer, Amerikaner und andere, die seit einem Menschenalter in China leben, erörtern

181 Auslassung: Ausführungen zum Vorgehen der französischen katholischen Mission und den protestantischen Missionaren der USA in China einerseits, und den „reinen“ religiösen und „unverfälschten“ Missionen andererseits.

ernsthaft den Plan, alle Betätigung im Innern aufzugeben und das Aufenthaltsrecht der Fremden auf 5-8 verteidigungsfähige Vertragshäfen zu beschränken, also den Zustand wieder herzustellen, der vor 80 Jahren bestanden hat.

Eine Zeit, wo weite Kreise, darunter fast die ganze chinesische Jugend, in feindseliger Abwehrstellung gegen fremde Erziehungseinflüsse stehen, wo in allen Provinzen immer weitere antichristliche Gesellschaften und Vereine auftauchen und lärmende Demonstrationen veranstalten, scheint nicht geeignet, an die Gründung neuer Lehranstalten zu denken. Es wird Mühe genug kosten, die bestehenden noch einige Zeit zu halten. Die von deutschen Professoren geleitete chinesische Tongji-Hochschule in Wusong, um nur ein Beispiel zu erwähnen, hat sich kürzlich gezwungen gesehen, chinesisches Militär zu requirieren, da sie sich der Gewalttätigkeiten der Studentenschaft nicht mehr erwehren konnte. Sie hat über 60 Studenten den Laufpaß geben müssen, um nur einigermaßen Ordnung zu schaffen. Und die chinesischen Auslandsstudenten? Sie sind, mit wenigen Ausnahmen, zu einer Landplage für die fremden Universitäten und Regierungen geworden. Frankreich, Amerika, Japan haben dutzendweise chinesische Studenten des Landes verwiesen, weil ihr anmaßendes Auftreten und ihre radikale Agitation unerträglich geworden waren. Niemand kann von diesen jungchinesischen Elementen irgendwelche Anhänglichkeit, Dankbarkeit oder auch nur Verständnis für das Gastland erwarten. Im Gegenteil, sie vergiften die Beziehungen, wie das Beispiel der chinesischen Studentenschaft in Berlin beweist, die in der chinesischen Presse unausgesetzt die schamlosesten Lügen und Verleumdungen über Deutschland verbreitet.

Es wird Zeit, daß man in Deutschland über das moderne revolutionäre China umlernt und daß man an die Dinge hier nicht mehr den Maßstab vergangener Zeiten, sondern der kahlen häßlichen Gegenwart anlegt und jede Sentimentalität beiseite läßt. Die Chinesen sind höchst selbstbewußte, zähe und erschreckend nüchterne Leute, die auf ihre eigene Weise leben und selig werden wollen. Man soll sie mit deutschen Kulturbestrebungen in Frieden lassen, zumal jetzt, wo sie auf die Überfütterung mit amerikanischer Halbkultur in so drastischen Formen reagieren. Deutschland verfolgt in China keine politischen oder kolonialpolitischen Ziele, selbst unsere wirtschaftlichen Wünsche gehen nur auf Vergrößerung des Warenabsatzes, der heute noch nicht 2% unserer Gesamtausfuhr ausmacht. Es ist schwer einzusehen, warum das verarmte Deutschland, vielleicht zum Schaden wichtigerer Aufgaben, kulturpolitische Aufwendungen in einem Lande machen soll, mit dem uns nur das materielle Handelsinteresse verbindet und das von uns eine kulturelle Betätigung weder erwartet noch wünscht.

BArch, R9208/3365, Bl. 68-73.

126

Besprechung des erweiterten Vorstands des China-Instituts e.V., Frankfurt/M. (15.02.1927)

Die Anwesenheit Regierungsrat Dr. Mohr's vom Ostasiatischen Verein Hamburg-Bremen in Frankfurt wurde zu einer Aussprache über die künftige Zusammenarbeit dieses Vereins mit dem China-Institut benutzt.

Dr. Mohr erkennt an, daß kulturelle Bestrebungen genau so wichtig sind wie allgemeinpolitische und wirtschaftliche. Trotzdem glaube er, daß heutzutage in erster Linie notwendig sei, die deutsche Öffentlichkeit praktisch aufzuklären und die politisch maßgebenden Kreise in der Richtung zu beeinflussen, die Chinakenner als richtig anerkannt haben. Die Beeinflussung de Öffentlichkeit sei um so unerläßlicher, als die deutsche Presse mit wenigen Ausnahmen ganz unter dem Einfluß englischer Propaganda stehe. Die kulturelle und wissenschaftliche Tätigkeit des Instituts müsse sich daher mehr in den Dienst der Klärung politischen Wollens und des Wiederaufbaus wirtschaftlicher Interessen stellen.

Professor Wilhelm kann in diesem Zusammenhang darauf hinweisen, daß die letzte Vorstandssitzung vom 4. November 1926 sich bereits ganz in diesem Sinne ausgesprochen habe. Außerdem habe er persönlich seine Vortragstätigkeit in letzter Zeit bewußt auf praktische Arbeit eingestellt und gerade jetzt erst in Berlin einen allgemein einführenden Vortragszyklus vor den Attachés des A.A. gehalten. In gleicher Linie werde das im Entstehen begriffene Zeitungsausschnittarchiv wirken. Außerdem sollen die „Mitteilungen“ künftig mehr der Praxis und Gegenwart vorbehalten werden, während Kunst und Wissenschaft in den „Blättern“ weiter gepflegt werden sollen.

Dr. Mohr gibt die Anregungen: 1. grundsätzlich zu den Veranstaltungen Hamburgs und Frankfurts wechselseitig Vertreter zu entsenden, die für dauernde persönliche Fühlungnahme sorgen; 2. den beiderseitigen Mitgliedern die Veröffentlichungen des Ostasiatischen Vereins („Ostasiatische Rundschau“) bzw. der China-Instituts („Mitteilungen“ und „Blätter“) zu Mitgliedervorzugspreisen – die „Mitteilungen“ kostenlos – zur Verfügung zu stellen; 3. in die „Ostasiatische Rundschau“ regelmäßig Mitteilungen über die Vortrags- usw. Tätigkeit des Instituts und in dessen „Mitteilungen“ entsprechende Nachrichten des Ostasiatischen Vereins aufzunehmen.

Eine längere Aussprache brachte ferner völlige Übereinstimmung darüber, daß das China-Institut daran mitwirken solle, in jährlichem Wechsel an sieben oder acht chinesischen Universitäten deutsche Gelehrte, die zu diesem Zwecke von der Regierung zu beurlauben und notfalls zu subventionieren sind, unterzubringen. Dr. Mohr weist darauf hin, daß China vollkommen bereit ist, Deutschland den gleichen Einfluß an seinen Universitäten einzuräumen wie England und Amerika. Professor Wilhelm erklärt sich auf Herrn v. Dewalls Vorschlag bereit, beim China-Institut besondere Orientierungskurse für die hinausgehenden Herren, falls solche gewünscht werden, einzurichten.

Hinsichtlich der chinesischen Studierenden soll mehr als bisher versucht werden, sie wieder nach Frankfurt zu ziehen.

Herr Dr. Simon konkretisiert die Aufgabenkreise der beiden Institutionen dahin, daß das Institut trotz Betonung praktischer Tätigkeit auch künftig in erster Linie nach der philosophisch-kulturell-künstlerischen Seite arbeiten müsse, während Hamburg nach wie vor die speziell wirtschaftlichen Fragen (Handelsvertragsverhandlungen usw.) allein vorbehalten blieben. Dr. Mohr ist überzeugt, daß auf diesem Wege das China-Institut, vor allem auch gegenüber Industrie und Handel, sehr segensreich wirken könne.

Alles in allem herrschte volle Übereinstimmung darüber, daß enges aktives Zusammengehen von Hamburg und Frankfurt im Interesse der Sache unbedingt geboten ist und erreicht werden muß.

Sinica, 2:1, 1927, S. 13-14.

Kapitel 7

Wechselseitige Perzeption

Die Wahrnehmung des „Anderen" blieb bis zum Ersten Weltkrieg weitgehend von jenen Vorstellungen geprägt, die sich im Verlauf des 19. Jahrhunderts herausgebildet hatten. Am Ende des Krieges wurden diese Bilder zum Teil in Frage gestellt, gleichzeitig gaben die Etablierung gleichberechtigter Beziehungen, der gestiegene Informationsaustausch und die gesellschaftliche Situaton des jeweiligen Landes Anlaß zu einer differenzierteren Einschätzung. Diesen Konstruktionen des Fremden lagen eigene Wahrnehmungswelten und Motive sowie eine selektive Kenntnis zugrunde, welche nicht selten mehr über den Standpunkt des Betrachters als über das Objekt aussagen.[1] Ebenso wie die einzelnen Strömungen Eingang in die wissenschaftliche, politische und triviale Literatur, die Tagespresse und das neue Medium Film fanden, wurden sie auch über diese verbreitet und bestätigt.

Bis zum Ersten Weltkrieg dominierten zwei Chinabilder in Deutschland. Erstens, der Topos des halbzivilisierten China, dem die Vorstellung einer „Gelben Gefahr" wie auch das Bild einer traditionsreichen, aber seit Jahrhunderten stagnierenden und deshalb rückständigen Gesellschaft zuzuordnen sind, deren Zivilisierung und Modernisierung sich der Westen zur Aufgabe machte. Der zweite Topos war der einer hoch entwickelten alten Kultur und beinhaltet eine aufkommende Wertschätzung und teilweise kulturkonservative Glorifizierung des traditionellen China. Der Erste Weltkrieg, der für Deutschland nicht nur das Ende seiner Kolonien bedeutete, sondern auch die westlichen Zivilisationswerte insgesamt in Frage stellte, reduzierte zunächst das Interesse an den realen Zuständen Chinas, gleichzeitig wurde das traditionelle China als eine ethisch wertvolle, geistige Alternative und philosophische Gegenwelt konstruiert. Parallel zur Auseinandersetzung mit konfuzianischen und daoistischen Ideen nahm darüber hinaus im Verlauf der Weimarer Republik ein dritter Topos Gestalt an, der bereits im Zusammenhang mit dem Untergang des Kaiserreiches artikuliert worden war, nämlich der eines erwachenden und revolutionären China, dessen Spektrum über aufklärerische und liberal-humanistische Vorstellungen bis hin zur Integration eines revolutionären Chinas in eine sozialistische Internationale reichte. Obgleich China schon vor der Jahrhundertwende eine Sonderbehandlung als „alte Kulturrasse" innerhalb

---

1 Siehe Harth 1995:21.

des ethnozentristischen Weltbildes zuerkannt wurde, überwog allerdings aber auch am Ende der zwanziger Jahre die Auffassung einer Überlegenheit der westlichen Zivilisation.[2]

Demgegenüber war das chinesische Deutschlandbild lange Zeit von einer Anerkennung und Bewunderung Deutschlands geprägt. Militärische Leistungen, die Einigung Deutschlands, der Aufstieg Preußens und das herrschende autokratische System der konstitutionellen Monarchie galten vielen Intellektuellen als Vorbild für den zukünftigen Weg Chinas. Diese frühe Affinität zu Deutschland und der Mythos seiner Unbesiegbarkeit zerfielen mit dem Ersten Weltkrieg. Vor dem Hintergrund der gesellschaftlichen Transformation Chinas und der Enttäuschung über die Politik der Siegermächte setzte nun eine differenzierte Auseinandersetzung mit Deutschland ein. Zweifellos blieb die Vorstellung einer von „Zucht und Ordnung" geprägten wie auch militärisch und (waffen-) technisch modernen Nation bestehen. Ihm zur Seite rückte jetzt aber das Bild der Revolution und der (Sozial-) Demokratie sowie der Wissenschaften, Philosophie, Literatur und Musik, d.h. der „Dichter und Denker". Einschließlich der exotischen Wahrnehmung Deutschlands wurde das vormals starre Bild nun aufgefächert.[3]

Chinabilder: „Rückständigkeit" und „gelbe Gefahr"

Der in Deutschland 1911 dominierende Topos läßt sich mit den Worten „Rückständigkeit", „gelbe Gefahr" und dem Bild vom „erwachenden Koloß" zusammenfassen. Auf Herder und Hegel ging die Geringschätzung Chinas zurück, dessen ausbleibende Entwicklung zur Moderne und rassentheoretisch hergeleitete negative Charaktereigenschaften als Beweise für die kulturelle Überlegenheit der weißen Rasse galten.[4] Während Max Weber in seinen soziologischen Studien zum Konfuzianismus und Daoismus (1915, 1920) die Frage nach dem Ausbleiben eines modernen ökonomischen Kapitalismus in China systematisch dem asketischen Protestantismus und der Entwicklung des Abendlandes gegenüberstellte, wurden „dem Chinesen" in Deutschland allgemein Charaktereigenschaften wie Verschlagenheit, Heimtücke und Hinterlist nachgesagt, die nur gelegentlich in Berichten von Missionaren und Sinologen, die längere Zeit in China verbracht hatten, hinterfragt wurden.[5] Auf diese Vorstellungen stützte sich auch die Idee einer drohenden „gelben Gefahr", welche aus dem Boxeraufstand (1900) und dem japanisch-russischen Krieg (1905) stammte. Das Schlagwort war von hohem propagandistischem Wert und fand häufig Verwendung.[6] Ein Grund

---

2 Leutner 1986:405-406.

3 Felber 1999:27-40.

4 Vgl. Leutner 1986:404-405.

5 Ebenda 412. Siehe Weber 1920, zu den religionssoziologischen Studien zum Konfuzianismus und Daoismus siehe Zingerle 1972 und die Beiträge in Schluchter (Hg.) 1983.

6 Der Bedrohung durch eine „gelbe Gefahr" wurde seinerzeit durchaus widersprochen. Gleichwohl wurde sie zunächst ökonomisch begründet und sollte bald rassistische Töne annehmen. Stefan von Kotze sprach in seinem Werk *Die Gelbe Gefahr* (Berlin 1904) von „Rassenloyalität" und war überzeugt, daß die europäischen Märkte alsbald von der „gelben Rasse" beherrscht würden. Kaiser Wilhelm II hielt in seinen im Exil verfaßten Memoiren noch 1922 an der Vorstellung einer „gelben Gefahr" fest und warf Großbritannien vor, aus Neid gegenüber Deutschlands Großmachtstellung gegen den alten

hierfür war Chinas hohe Bevölkerungszahl, die es zwar als zukünftigen Absatzmarkt attraktiv machte, gleichzeitig aber Vorstellungen einer gefährlichen, undurchschaubaren und kaum berechenbaren Menschenmenge weckte. Bereits vor Beginn der chinesischen Revolution entwickelte sich hieraus zugleich die bedrohliche Vorstellung eines erwachenden China. Ausgelöst durch die gewaltsame Konfrontation mit dem westlichen Imperialismus, galt das uralte Kulturland als in seinen Grundfesten erschüttert und wurde nun in einem chaotischen Zustand gesehen, dessen weitere Entwicklung nicht absehbar sei.[7] Nachdem durch die Errichtung der Kolonie Kiautschou das Chinainteresse in Deutschland deutlich angestiegen war, sollten diese Bilder und Stereotypen in Reisebeschreibungen, Abenteuerromanen und einer exotischen Trivialliteratur präsentiert werden.

Zu den frühen Bestsellern zählte der von Elisabeth von Heyking 1903 verfaßte Briefroman *Briefe, die ihn nicht erreichten*, der 1909 in der 82. Auflage erschienen war. Ebenso wie in ihrem zweiten Roman, *Tschun. Eine Geschichte aus dem Vorfrühling Chinas* (1914), bildete der Boxeraufstand den Hintergrund der Handlung, wobei die Autorin einerseits das Bild einer ungerechten, grausamen und menschenunwürdigen Gesellschaft zeichnet, andererseits aber zunehmend Kritik am Verhalten der Ausländer übt.[8] Neben den Romanen von E. von Heyking, die als Ehefrau des Diplomaten Baron Edmund von Heyking mehrere Jahre in China gelebt hatte, zählten die Reisebeschreibungen von Alfons Paquet, Ernst von Hesse-Wartegg, Wilhelm Filchner und Sven Hedin, aber auch die Abenteuerromane von Karl May zur populären Literatur der (Vor-) Kriegszeit, die den „weißen" Helden und seine Betrachtungsweise des Fremden in den Mittelpunkt stellte. Gemeinsam ist ihren Protagonisten die Suche nach Abenteuern und eine Form der Auseinandersetzung mit dem Anderen, die den Wert der eigenen Kultur bestätigt.[9]

Die populären Werke des kulturpolitischen Publizisten Paul Rohrbach wie auch des Journalisten Erich von Salzmann nährten in erster Linie die Vorstellungen vom unkoordiniert aufstrebenden „Koloß" China. Rohrbach, der die deutsche Kulturpolitik in China aktiv mitgestaltete, veröffentlichte 1913 u.a. seinen politischen Bestseller *Der deutsche Gedanke in der Welt* und sah in der Neuordnung Chinas Möglichkeiten zur Erweiterung des deutschen Einflusses (Dok. 131).[10] Indessen machte Salzmann aus seiner Geringschätzung der

---

Grundsatz „White man together against coloured man!" verstoßen zu haben (Wilhelm II. 1922:65-68). Zum Schlagwort der „gelben Gefahr" siehe Fang, Weigui 1992:213-219, Gollwitzer 1962:163-218, Mehnert 1995 und Trampedach 2002:71-81.

7 Leutner 1986:418.

8 Ausführlich in Loh-John 1982:188ff. und Fang Weigui 1992:175-196.

9 Eine gewisse Ausnahme bilden die Reiseberichte von Alfons Paquet, in denen er einerseits die wirtschaftlichen Möglichkeiten Deutschlands in China auslotete, andererseits sich aber auf die Suche nach dem „Li" begab. Paquet besuchte China 1903, 1908 und 1910 und verfaßte neben zahlreichen Berichten und Studien über China das Werk *Li oder Im Neuen Osten* (1912). Siehe Fang, Weigui 1992, Heuer 1995:119-164, Leutner 1990: 67-78, 1995: 83-102 und Harth 1995:17-42.

10 Das Werk erschien bis 1918 in sieben Auflagen und verkaufte sich in mehr als 150.000 Exemplaren (Kloosterhuis 1981:66). Entsprechende Gedanken formulierte Rohrbach bereits in *China in Deutschland voran!* (Berlin 1912). Siehe auch „Ausführungen des Publizisten Rohrbach (1909)", in: Leutner 1997, Dok. 130, 458-461.

jungen Revolutionäre keinen Hehl und bekräftigte das Bild eines unkontrolliert in Brutalität und Krieg versinkenden China (Dok. 129).[11]

Das Bild eines unzivilisierten und gefährlichen China legitimierte auch noch in den zwanziger Jahren die Überlegenheit der westlichen Ordnung und Zivilisation. In diesem Kontext blieben Darstellungen dieser Art weiterhin populär und waren zudem kommerziell erfolgreich. Neben die o.g. Autoren und ihre Werke traten nun die von Friedrich Perzynski, Ferdinand Ossendowksi und Norbert Jacques. Obgleich diese Autoren eine gewisse Sonderstellung einnahmen, profitierten sie von der mystisch-gefährlichen Abbildung Chinas, oftmals dargestellt am Beispiel Shanghais.[12] Die Verbreitung dieser negativen Chinabilder wurde insbesondere im Zusammenhang mit dem Medium Film zu Beginn der zwanziger Jahre sowohl vom OAV als auch von chinesischen Studenten in Deutschland kritisiert (Dok. 135).[13]

China, das Land der Philosophie: Konfuzius und Laozi

Parallel entwickelte sich seit der Jahrhundertwende ein positives Chinabild, welches in Tradierung des positiven Bildes der jesuitischen Missionare des 18. Jahrhunderts philosophische und ethische Werte des „klassischen" China, den Konfuzianismus und den Daoismus in den Mittelpunkt stellte.[14] Seine Anhänger standen unter massiver Kritik des vorab genannten „mainstream", zweifelten sie doch an der als materialistisch empfundenen Welt des Westens und idealisierten die Restauration der verschütteten Wurzeln Chinas. Das Festhalten an den traditionellen Werten sollte China nicht nur vor Chaos, Zerfall und Untergang bewahren, sondern wurde auch als alternatives Gegenmodel zum Western konstruiert. Besonders einflußreiche Vertreter dieser kulturkonservativen Haltung, die gleichzeitig eine Form der Kulturkritik darstellte, waren Richard Wilhelm und Graf Hermann Keyserling.

Richard Wilhelm, der fast 25 Jahre in China tätig gewesen war, erlangte 1910 und 1911 durch seine Übersetzungen der „Gespräche" des Konfuzius und des „Tao-te-ching" von Laozi Berühmtheit. Weitere Übersetzungen folgten, den Höhepunkt bildete das „I Ging. Das Buch der Wandlungen" (1924). Diese Werke hatten nicht nur starken Einfluß auf das Chinaverständnis in der Weimarer Republik, sondern prägten auch die Weltsicht Wilhelms, die in seinem 1926 publizierten Werk *Die Seele Chinas* zum Ausdruck kam (Dok. 139). Daß die akademische Fachwelt Anstoß an dem Titel nahm, verhinderte nicht die bis in die Gegenwart anhaltende Popularität des Werkes.[15] In ihm vermittelt Wilhelm das Bild eines

---

11 Vgl. Zhang Zhenhuan 1992:163-178.

12 F. Perzynski: *Von Chinas Göttern: Reisen in China* (München 1920). Von Ferdinand Ossendowski siehe z.B. die Romane *Tiere, Menschen und Götter (Beasts, Men and Gods)*, Frankfurt a. M., Erstausg. 1923, und *Hinter Chinas Mauer*, Dresden 1929. N. Jacques wurde bekannt mit dem Roman *Dr. Mabuse, der Spieler. Ein Bild unserer Zeit*, 1925 erschien die dt. Ausgabe seines Roman *Der Kaufherr von Shanghai*, Berlin. Siehe Bae 1999, Heuer 1995:119-164, Leutner 1995:83-102, Yü-Dembski 1995:103-118.

13 Zur Abbildung Chinas im deutschen Film siehe Hetze 1989:307-336.

14 Leutner 1986:418-419.

15 Zur Rezeption siehe Fang Weigui 1992:307-338 und Leutner 2002:13-40, zur Rezeption in China

harmonischen China, welches, geprägt von Milde und einem scheinbar ewigen Frieden, die revolutionären Umbrüche der Neuzeit zu verarbeiten sucht. Die Ursprünge dieser Haltung sieht Wilhelm in der Philosophie und Religion Chinas, insbesondere aber im Konfuzianismus, dessen Tugenden und Ordnungsmuster jedem Einzelnen seinen Platz in der Gesellschaft zuweisen. Der idealisierende Grundton Wilhelmscher Übersetzungen, den sinologische Fachvertreter in ihren Rezensionen häufig kritisierten, ist auf das langjährige Studium der konfuzianischen Klassiker und die Zusammenarbeit mit der traditionellen chinesischen Elite und konservativen Gelehrten wie Gu Hongming und Lao Naixuan zurückzuführen.[16] Wilhelm strebte keine Verschmelzung, sondern wechselseitiges Verständnis der Kulturen an, überdies begegnete er den revolutionären Umwälzungen in China mit Sympathie und suchte auch dort den Kontakt zu führenden Vertretern.

Im Unterschied zu Wilhelm bezog der „reisende Philosoph" Graf Keyserling seine Kenntnisse über China weitgehend aus Büchern und Übersetzungen. Er hatte China 1911/12 während einer Weltreise besucht. Keyserling vertrat die Überzeugung, daß beide Kulturen den Endpunkt ihrer Entwicklung erreicht hätten und es wünschenswert sei, daß sie in Einklang kämen (Dok. 128). Sein *Reisetagebuch eines Philosophen* (1918/19) konnte erst nach Kriegsende erscheinen und wurde bereits 1923 in 7. Auflage, d.h. in über 50.000 Exemplaren vertrieben. Das mehr als 700 Seiten starke „Modebuch" profitierte von der allgemeinen Chinawelle der 1920er Jahre ebenso wie es sie förderte. Keyserling, der 1920 seine „Schule der Weisheit" in Darmstadt gründete, wurde mit diesem heute vergessenen „intellektuellen Roman" (Thomas Mann) weltberühmt.[17] In seinen philosophischen Reflexionen unterscheidet er zwischen der „Seins-Kultur" Chinas, die durch Moralität, Selbstbeherrschung und Autoritätsgläubigkeit gekennzeichnet ist, und der „Könnens-Kultur" des Okzidents, die er als materialistisch, technisch, dekadent und rationalistisch charakterisiert.[18]

Unter dem Einfluß der Übersetzungen Wilhelms und des *Reisetagebuchs* von Graf Keyserling entwickelte sich eine weitere und zunehmend eigenständigere Variante dieses Chinabildes, welche gar eine Überlegenheit der geistigen Kultur Chinas propagierte[19] und die „Mystik des Ostens" literarisch als Alternative zum rationellen „Maschinengeist" Europas verarbeitete. Der Konfuzianismus trat in den Hintergrund, parallel erfuhr die traditionelle literarische Kunst Chinas eine neue intellektuelle Wertschätzung. Autoren dieser Richtung entstammen dem Umfeld avantgardistischer Strömungen.

Zu den frühen Schriftstellern zählt Alfred Döblin, der 1912 sein Erstlingswerk *Die drei Sprünge des Wang-Lun* verfaßte und mit dessen Erscheinen 1915 schlagartig Berühmtheit erlangte. Vor dem Hintergrund historischer Vorgänge im China des 18. Jahrhunderts setzt sich der Autor mit der Realität und den Ungerechtigkeiten des deutschen Kaiserreiches aus-

---

Zhao Zhenmei 1987. Das Werk erschien 1998 auch in chinesischer Sprache (siehe Wei Lixian 1998).

16 Siehe z.B. zwei Rezensionen von Forke zu „Kung-tse, Leben und Werk" (1925) und „Lao-tse und der Taoismus" (1925), in: Forke 1926:241-246; und O. Franke 1926:702-706.

17 Zu Keyserling siehe Garthe 1976 und Fang Weigui 1992:252-278.

18 Fang Weigui 1992:312-313.

19 Siehe z.B. Gustav Amann, *Kulturgegensätze zwischen Europa und China*, Berlin 1921.

einander. Döblin verbindet Philosophisches mit sozialen Milieubeschreibungen, Daoismus und Selbstreflexion, Liebe und Haß, Klöster und Provinzstädte, die Darstellung mittelalterlicher Gefängnisse, Weltflucht und den Kampf ums Überleben. Im Kern geht es um das Verhältnis von Geist und Macht, Individuum und Masse, gleichwohl wird China dargestellt als die Heimat der Wu-Wei-Lehre, als eine archaische und chaotische Welt, ein geheimnisvolles ungeahntes Reich.[20]

Ein weiteres Beispiel exotischer Verfremdung bieten die literarischen Nachdichtungen chinesischer Lyrik, die ein oftmals positiv-romantisches Chinabild vermittelten. Zu den Rezipienten zählte Hermann Hesse, der 1907 einen Gedichtband chinesischer Lyrik von Hans Bethge rezensiert hatte und seine positive Sicht auf China in den Arbeiten Wilhelms bestätigt sah.[21] Dessen Werke befanden sich nicht nur in seiner China-Bibliothek, sondern wurden auch häufig rezensiert und in Beiträgen erwähnt (Dok. 130).[22] Ein anderes Beispiel fernöstlicher Kulturliebe bietet Alfred Henschke, alias Klabund, der nach anfänglicher Kriegsbegeisterung noch 1916 ein Bändchen deutscher Nachdichtungen des Lyrikers Li Taibo veröffentlichte.[23] Seinen Höhepunkt erlebte der „deutsche Li Tai-bai" mit dem Theaterstück *Kreidekreis*, welches am 1. Januar 1925 in Meißen Premiere feierte und in Deutschland anschließend auf über vierzig Bühnen gespielt wurde. Das bunte, märchenhafte und exotische „Spiel in fünf Akten nach dem Chinesischen" konstruierte China als ein romantisches Land des klassischen Literatentums, als eine verherrlichte Gegenwelt zur Nachkriegsrealität in Deutschland.[24] Insgesamt lieferten Bethge, Klabund und auch Albert Ehrenstein subjektive Nachdichtungen, die den Originaltext modifizierten, um eigene Sehnsüchte und Hoffnungen zu transportieren.[25] Ein weiteres Beispiel für die poetische Wahrnehmung Chinas bieten die Nachdichtungen von Vincenz Hundhausen, der seit 1923 an der Peking Universität Deutsche Literaturgeschichte lehrte.[26] Neben Hundhausen blieb Ehrenstein der einzige (Nach-) Dichter, der China besucht hatte.

China "erwacht": Nationale Revolution und Kommunismus

Zu Beginn der Weimarer Republik entfaltete sich neben der exotischen und intellektuellen Begeisterung bzw. Idealisierung des kulturell geschätzten „alten China" das Bild eines neuen revolutionären China, dessen Bewertung positiv wie auch negativ ausfiel. Kritiker des Imperialismus und der kulturellen Zerstörung Chinas begrüßten diese Entwicklung. So äußerte

20 Fang Weigui 1992:243. Siehe Bae 1999:31-116, Müller 1994:253-264 und Dscheng Fang-hsiung 1979.

21 Hans Bethge: *Die chinesische Flöte*, Leipzig 1907. Zu Hesses Beziehung zu China siehe Hsia 1981.

22 Bereits 1910 lobte Hesse z.B. Wilhelms Übersetzung „Konfuzius: Gespräche" und empfahl das Buch nebst „einer ganz meisterlichen Einleitung des Übersetzers" den Lesern. Siehe Hesse: „Konfuzius deutsch", *Münchner Zeitung*, 01.07.1910.

23 Li-Tai-pe: *Nachdichtungen*, Leipzig 1916. Zuvor erschien: *Dumpfe Trommel und berauschter Gong. Nachdichtung chinesischer Kriegslyrik*, Leipzig 1915.

24 Siehe Fang Weigui 1992:279-306.

25 Für eine Gegenüberstellung von Nachdichtung und Original siehe Jian Ming 1995:219-244.

26 Hundhausen veröffentlichte u.a.: *Das Westzimmer. Ein chinesisches Singspiel aus dem dreizehnten Jahrhundert*, Pekinger Verlag/Peking/Leipzig, Eisenach 1926; und *Die Weisheit des Dschuang-Dse in deutschen Lehrgedichten*, Pekinger Verlag/Peking/Leipzig 1926.

sich der Sinologe Eduard Erkes 1920 dahingehend, daß es zu den ersten Aufgaben eines hinlänglich erstarkten Chinas gehören wird, „der unheilvollen christlichen Propaganda einen dauerhaften Riegel vorzuschieben" (Dok. 134). In dem Maße wie die revolutionäre Bewegung unter Sun Yatsen erstarkte, dieser sich mit russischen Beratern umgab und mit der Kommunistischen Partei Chinas kooperierte, nahm auch das Bild von der nicht-vorhersehbaren „gelben Gefahr" in Form einer bolschewistischen Weltrevolution wieder Gestalt an. Neben den seinerzeit kursierenden Gerüchten einer von der Komintern dominierten deutsch-chinesisch-russischen Allianz waren es insbesondere die Ereignisse des 30. Mai 1925 in Shanghai, die dieses Bild in der Weltöffentlichkeit prägten.

Linksorientierte Intellektuelle in Deutschland sahen in dem revolutionären China eine politische Alternative, sprachen sogar von einer „Gelben Hoffnung".[27] Die KPD, Arbeitergewerkschaften und ihre Propagandisten feierten den Widerstandsgeist der chinesischen Revolutionäre und riefen zur Einheitsfront gegen den Imperialismus in China auf. Unter Überschriften wie „Nieder mit den imperialistischen Räubern in China!" und „Hände weg von China!" forderte das Parteiorgan *Die Rote Fahne* zur Solidarität auf (siehe Kap. 4). Auch für den marxistisch orientierten Wissenschaftler Karl August Wittfogel, der 1920 in die KPD eingetreten war, gab dieser Aufstand den Anlaß für das programmatische Heft *Das erwachende China* (1926) (Dok. 138).[28] Die Vision einer kommunistisch geführten Revolution Chinas nahm durch den Nordfeldzug unter General Jiang Jieshi konkrete Gestalt an und wurde in Deutschland von den o.g. Kräften wie auch chinesischen Studenten und Aktivisten energisch unterstützt bzw. propagandistisch gefördert. Der Deutsche Hans Shippe („Asiaticus") begleitete die Armee auf ihrem Marsch von Kanton nach Shanghai, trat kurzzeitig in die Dienste der Revolutionsarmee ein und verfaßte nach seiner Rückkehr eine entsprechende Darstellung.[29] Auch Ernst Thälmann, der Vorsitzende der KPD, rief 1927 zum gemeinsamen Widerstand gegen den Imperialismus auf und forderte die Anerkennung der Kanton-Regierung (Dok. 140).

Am Ende des Bürgerkriegs rückte wieder jenes Chinabild in den Vordergrund, welches während des gesamten Zeitraums den Antrieb für die Beschäftigung mit China gegeben hatte, nämlich das eines unerschöpflichen Absatzmarktes für die deutsche Wirtschaft und Industrie. Aufbauend auf dem „alten China" erschien die Nanjing-Regierung zudem als der hoffnungsvolle Architekt einer kulturellen und politischen Modernisierung, d.h. eines insgesamt umfangreichen Transformationsprozesses, den mitzugestalten Deutschland nicht versäumen durfte. So kam der Kunsthistoriker Otto Fischer 1927 zu folgendem Schluß: „China, nicht Amerika, ist heute das Land unbegrenzter Möglichkeiten".[30]

---

27 So z.B. der Reporter Arthur Holitscher in seinem Reisebericht *Das unruhige Asien: Reise durch Indien – China – Japan*, Berlin 1925:129. Siehe auch Yü-Dembski 1990:61.

28 In dem Werk übt Wittfogel u.a. scharfe Kritik an Salzmann und dessen Geringschätzung der Revolutionäre. Aber auch Salzmann publizierte nunmehr Werke wie *Gelb gegen Weiß: Aus dem Freiheitskampf Asiens* (Leipzig 1925) und *China siegt* (Hamburg/Berlin/Leipzig 1929). Zu Biographie und Werk Wittfogels siehe Meisner 1963 und Richter 1991:125-181.

29 Asiaticus: *Von Kanton bis Shanghai*, Wien/Berlin 1928.

30 Otto Fischer 1927:85.

Deutschlandbilder: Militarismus und "nationale Stärke"

Das bis zum Ersten Weltkrieg in China idealisierte Deutschlandbild resultierte vornehmlich aus zwei Quellen: dem Aufstieg des Deutschen Reiches und der daraus abgeleiteten Vorbildfunktion für die Entwicklung Chinas. Ihren Anfang hatte diese Perzeption in der späten Qing-Zeit genommen, als führende Staatsmänner wie Li Hongzhang und Zhang Zhidong ihrer Bewunderung des Deutschen Kaiserreiches, insbesondere des „Eisernen Kanzlers" Bismarck und des Kanonenkönigs Krupp, öffentlich Ausdruck verliehen.[31] Viele Chinesen bewunderten die militärischen Leistungen Preußens, seine Disziplin und Willensstärke, selbst wenn diese sich gegen China richteten, wie während der gewaltsamen Errichtung der Kolonie Kiautschou und der Teilnahme an der Niederschlagung des Boxeraufstandes. Obgleich die chinesische Intelligenz nach wie vor nur schwache Vorstellungen von Deutschland hatte, galt es einflußreichen Intellektuellen als Musterbeispiel für die zukünftige Entwicklung Chinas.

Die Untersuchung der Hintergründe des deutschen Aufstiegs zur Weltmacht führte einerseits zu einer selektiven Idealisierung des politischen Systems der konstitutionellen Monarchie wie auch des Militär- und Bildungswesens. Andererseits wurden den Deutschen frühzeitig gewisse Charaktereigenschaften zugeordnet, die das beispielhafte Ineinandergreifen dieser Komponenten erst möglich werden ließen. Zhu Yansi (Zhu Zhangbao) nannte 1915 vier typische Merkmale: Patriotismus, Armee und Rüstung, militärischer Kampfgeist sowie Fleiß und Sparsamkeit.[32] Deutschland war damit zunächst das Land von Militär und Wissenschaft, Staatstreue und nüchterner Disziplin. Entsprechend den Vorstellungen sozialdarwinistischer Notwendigkeit wurden Deutschland und sein Militarismus bewundert und gefürchtet. Es galt nahezu bis zum Kriegsende als unbesiegbar. 1916 hieß es, China müsse von Deutschland lernen, um nicht selbst eines Tages in einem Blitzkrieg vernichtet zu werden.[33] Im selben Jahr brachte ein chinesischer Student seine Hoffnung für einen Sieg Deutschlands in einem Schreiben an Kaiser Wilhelm II zum Ausdruck (Dok. 132). Auch Liang Qichao glaubte 1914 fest an einen Sieg Deutschlands, das für ihn den wissenschaftlich-technischen und fortschrittlich-modernen Staat Europas repräsentierte. Drei Jahre später sprach er sich dann für die Kriegserklärung aus, weil Deutschland nach dem Verlust von Kiautschou bereits kein Machtfaktor mehr in Ostasien sei. Sollte Deutschland allerdings den totalen Sieg erringen, dann würde es sich sowieso den ganzen Erdball unterwerfen.[34]

Deutschland konnte als Vorbild nationaler Stärke mit unterschiedlichen Zielsetzungen z.B. von Kang Youwei und Sun Yatsen instrumentalisiert werden. Der Gelehrte und promonarchistische Reformer Kang Youwei hatte sich zum Zeitpunkt der Revolution lange

---

31 Siehe Paau 2000:260, Leutner 1997 und Kirby 1984:9.

32 Zhu Yansi: *Deguo fuqiang zhi youlai* (Der Ursprung von Deutschlands Reichtum und Stärke), Shanghai 1925, 1. Aufl. 1915. Das Titelblatt zeigt Bismarck in Uniform und mit Degen vor der Siegessäule in Berlin. Für eine detaillierte Auseinandersetzung siehe Felber 1996:144-154.

33 Liu Shuya: „Junguozhuyi (Militarismus)", in: *Xin Qingnian* (Neue Jugend), 2:3, 1.11.1916.

34 Liang Qichao: „Waijiao fangzhen – canzhan wenti" (Der außenpolitische Kurs – die Frage der Kriegsteilnahme), in: *Yinbing shi heji*, Bd. 4, Wenji 35, 6-8. Vgl. Felber 1999:29.

Jahre mit der Geschichte des Deutschen Reiches befaßt und es überdies in mehreren Aufenthalten (1904, 1906-1908) selbst besucht. Bereits in seiner ersten Throneingabe an den Kaiser zur Reform des Landes (1898) hatte er auf Deutschland hingewiesen, dessen militärische Stärke ihn beeindruckte. Immer mit Blick auf China, konzentrierte sich sein Interesse auf die Einigung Deutschlands, den Aufstieg Preußens und die politische Lage in Europa, so daß er dem Militär und der militärischen Ausbildung in Deutschland höchste Aufmerksamkeit schenkte. Letztlich war er überzeugt, daß der Aufstieg Deutschlands das Ergebnis einer disziplinierten Lern- und Fleißkultur wie auch eines Herrschers war, der dieses zuließ bzw. ermöglichte und überdies „die autokratische Macht maximal handhabte und das Militär hochschätzte!“[35] Der Aufstieg Deutschlands galt Kang Youwei als ein Beleg für die auch auf China anwendbaren Vorteile einer konstitutionellen Monarchie, in der er den einzigen Weg für das rasche Erstarken Chinas sah.[36]

Sun Yatsen zeigte sich ebenso beeindruckt von der Leistungskraft des Landes, dessen Hauptstadt Berlin er für zehn Tage besuchte (Mai/Juni 1905). Sein Hauptinteresse galt allerdings der sozialistischen Bewegung in Deutschland, der Sozialdemokratie, der von ihm hoch geschätzten Lehre von Karl Marx und schließlich dem „Staatssozialismus“ Bismarcks.[37] Sun übernahm die Kapitalismuskritik, lehnte jedoch in seinem Bestreben, die Lehre des Sozialismus den chinesischen Verhältnissen anzupassen, radikale Lösungen wie den Klassenkampf ab. Den Schlüssel für Wohlstand und Stärke (*fuqiang*) glaubte er in den staatssozialistischen Reformen Bismarcks zu finden. Ende September 1912 besuchte Sun Yatsen Qingdao. Er lobte die Stadt als Modellanlage für China und erklärte, Deutschland auf fast allen Gebieten als Vorbild zu empfinden (Dok. 127). Zudem nahm Sun bei der Ausarbeitung seiner Lehre vom Volkswohl unmittelbar Bezug auf die in Kiautschou erprobte Landverordnung von Wilhelm Schrameier, den er 1924 als Berater nach Kanton einlud.

Eine weitere Perspektive formulierte der pro-monarchistische und konservative Intellektuelle Gu Hongming nach dem Kriegsbeginn in Europa. Der ehemalige Sekretär Zhang Zhidongs, der in England und Deutschland studiert hatte, verteidigte in dem von Wilhelm ins Deutsche übersetzten Werk nicht nur den seiner Meinung nach durch „Machtverehrung“ entstandenen Militarismus Deutschlands, sondern sah in ihm auch ein Mittel gegen die Ideen der französischen Revolution und des angelsächsischen Liberalismus. Deutschland habe die „sittliche Führung“ in Europa zu übernehmen, könne diese Aufgabe aber nur durch Übernahme konfuzianischer Werte auch praktisch umsetzen (Dok. 133).

Im Zuge der Kriegsereignisse und der Debatte um Chinas Eintritt auf Seiten der Entente setzte sich allerdings ab 1917 eine kritische Sichtweise auf den deutschen Militarismus durch. Zu den Wortführern zählten die Autoren der Zeitschrift *Xīn Qingnian* (Neue Jugend), u.a. Chen Duxiu, Li Dazhao, Hu Shi und Cai Yuanpei, die mit Blick auf den U-Bootkrieg und politische Kontroversen in Deutschland nunmehr das gemeinsame Eintreten aller demokratischen Staaten für Demokratie und Humanismus forderten. Die Niederlage Deutsch-

---

35 Kang Youwei, 1906, zit. nach Felber 1994:185.
36 Siehe ausführlich Felber 1991:161-190.
37 Zum Deutschlandbild Sun Yatsens siehe Felber 1988:121-135 und 1991:83-96.

lands wurde als das Ende von Diktatur, Unterdrückung und Imperialismus bewertet, dem ein Zeitalter der Gleichberechtigung, Gerechtigkeit und Demokratie folgen werde. Nachdem der Versailler-Vertrag diese Hoffnungen zerstört hatte, entwickelte sich die Vorstellung einer chinesisch-deutschen „Schicksalsgemeinschaft".[38] Das Bild des militaristischen Deutschland wirkte jedoch weiter: Sun Yatsen und einige Militärherren warben um deutsche Militärberater und deutsche Waffenkäufe nahmen zu. Später zeigte es sich in der Bewunderung für die militärische Disziplin und Aufrüstung Deutschlands unter Adolf Hitler.[39]

Deutschland als Studienobjekt: Weimarer Republik und Sozialismus

Für die in der Dekade nach dem Ersten Weltkrieg differenzierte Perzeption Deutschlands lassen sich zwei Hauptgründe anführen. Erstens, die Zunahme des Informationsumfangs, bedingt durch die hohe Anzahl chinesischer Studenten in Deutschland, die gestiegene Zahl von Übersetzungen wissenschaftlicher und literarischer Werke sowie die Publikation persönlicher Reiseeindrücke. Zweitens, die Enttäuschung über die Siegermächte nach dem Ausgang der Versailler Friedensverhandlungen. Chinas Intellektuelle wandten sich nun dem „Modell" Rußland zu, gleichzeitig entwickelte sich ein starkes Interesse an Deutschland, dessen Situation der Chinas vergleichbar empfunden wurde. Parallel zum Aufbau gleichberechtigter Beziehungen stand dabei die Frage im Vordergrund, wie Deutschland als Kriegsverlierer und junge Republik angesichts hoher Reparationszahlungen seinen politischen und wirtschaftlichen Wiederaufbau organisieren würde. In gewisser Weise diente die Weimarer Republik den Intellektuellen somit als Studienobjekt.

Die chinesischen Deutschland-Besucher sahen sich mit der Realität im Nachkriegsdeutschland konfrontiert. Ihre Berichte zeugen von einer neuen Sichtweise auf die sozialen und politischen Verhältnisse Deutschlands. Zhou Enlai staunt 1921 über die hohe Arbeitslosigkeit qualifizierter Arbeiter in Deutschland und ist überzeugt, daß Deutschland die Reparationsforderungen nicht erfüllen kann (Dok. 136). Jiang Kanghu, der dem Anarchismus nahestand und 1921 am III. Weltkongreß der Komintern in Moskau teilgenommen hatte, traf auf seiner anschließenden Europareise 1922 in Berlin ein. Er zeichnet das Bild einer lebhaften Hauptstadt mit ehrgeizig-engstirniger Bevölkerung, welche die neue Regierung weitgehend ablehnt und moralisch zu verfallen droht. Die Situation scheint ihm bedrohlich, schlimmer als in China. Am Ende richtet er den Fokus auf die drei sozialistischen Parteien, SPD, USPD und KPD (Dok. 137). Auch Wang Guangqi schrieb in seinen Beiträgen für die Shanghaier *Shenbao* gegen das Klischee des ehrlichen, ordnungliebenden und sauberen Deutschen an. Er berichtet von Schlägereien, Selbstmorden und ausländerfeindlichen Handlungen, besonders unter Universitätsstudenten.[40]

---

38 Zum chinesischen Deutschlandbild z.Zt. der 4. Mai-Bewegung siehe Felber 1999:27-40.

39 Zur Perzeption des Nationalsozialismus in China siehe Wakeman 1997, Xu Youwei Xu 2000, Paau 2000 und Martin 2003.

40 Siehe Wang Guangqi: „Bolinren zhi daode wenti" (Zum Problem der Moral der Berliner), in: *Shenbao*, 1922, und: „Deren dui geguo qiaomin de qinggan" (Die Gefühle der Deutschen gegenüber in Deutschland lebenden Ausländern), in: *Shishi Xinbao*, 1922, abgedruckt in Wang Guangqi 1936.

Die Anhänger der kommunistischen Bewegung, z.B. Li Dazhao und Chen Duxiu, wandten sich der Arbeiterbewegung und den Aktivitäten der KPD zu. China und Deutschland wurden hier als Teil einer internationalen Bewegung verstanden, die aus dem gemeinsamen Kampf gegen den Kapitalismus zu Unabhängigkeit und Stärke gelangt. Demokratisch-national gesinnte Intellektuelle wie Liang Qichao und der moderne Neo-Konfuzianer Zhang Junmai suchten nach einem Kompromiß zwischen Ost und West. Zhang etwa diskutierte, ob China dem Modell der russischen oder der deutschen Revolution folgen solle. Er stellte sich einen dritten Weg vor, d.h. die Integration des deutschen Neo-Idealismus in das chinesische Wertesystem, um in Ablehnung einer totalen Verwestlichung die Identität Chinas zu bewahren.[41] Zhangs Orientierung am deutschen Nationalismus sollte ihn 1934 die Staatssozialistische Partei Chinas (*Guojia shehuidang*) gründen lassen.[42] Auch die von Sun Yatsen geprägte Wahrnehmung, die sich an Deutschlands wirtschaftlichen, wissenschaftlichen, technischen und militärischen Leistungen orientierte, wirkte weiter und gründete in der Auffassung eines gemeinsamen Verliererschicksals, welches eine enge Kooperation zwingend mache, um den wirtschaftlichen Aufschwung und die nationale Stärke beider Länder herbeizuführen.

Deutschland, das Land der Wissenschaft, Philosophie, Kultur und Literatur

Eine weitere Perzeptionslinie war die Würdigung Deutschlands als „Kulturland“. Aus ihr entwickelte sich eine teilweise exotisierende Darstellung, die – ähnlich der deutschen Chinarezeption in der Weimarer Republik – als Weltflucht gedeutet werden kann und häufig im Schatten Frankreichs stand.

Studenten wie Lu Xun, Guo Moruo, Yu Dafu, Jiang Kanghu, Zhang Junmai, Cai Yuanpei u.a. kamen in Japan, wo im Zuge der Meiji-Reformen seit 1868 eine breite Deutschland-Rezeption eingesetzt hatte, erstmals mit deutscher Kultur in Berührung. Sie belegten dort ihre ersten Deutschkurse und lasen deutsche Literatur. Bewundert wurde das deutsche Bildungswesen auch von Kang Youwei, weil es durch die Betonung der Literatur und Geisteswissenschaften, Fremdsprachenunterricht und eine angemessene Ausbildung im Bereich der Naturwissenschaften rundum gebildete Menschen hervorbringe.[43] Cai Yuanpei, der die Stärke Japans in seinem Bildungssystem begründet sah, traf deshalb den Entschluß, in Deutschland Philosophie zu studieren, eine Fachrichtung, von der er sich erhoffte, daß sie der Aufklärung des Volkes dienlich sei. Cai verbrachte insgesamt fünf Jahre in Deutschland (1907-11, 1912-13), besuchte Vorlesungen zur Pädagogik, Psychologie, Ästhetik, Philosophie und Kunst und war beeindruckt von der Diskussionskultur und dem „demokratischen Geist“ deutscher Hochschulen.[44]

---

41 Siehe Zhang Junmai: „Zhongguo zhi qiantu: Deguo hu Eguo hu?“ (Chinas Perspektive: den Weg Deutschlands oder den Weg Rußlands gehen?), in: *Jiefang yu gaizao*, 2:14, 1920:1-12.

42 Die Partei bestand für nur ein Jahr und hatte ca. 200 Mitglieder. Siehe Martin 2003, Kapitel 6.

43 Siehe Felber 1994:161-190.

44 Siehe Cai Jianguo 1998:76-100. In seiner Funktion als Erziehungsminister der Republik China, insbe-

Das Bild vom Land der Wissenschaft, unterstrichen durch Namen wie Karl Marx, Sigmund Freud und Albert Einstein, war eng verbunden mit dem der „Dichter und Denker", d.h. der Philosophie, Literatur und Musik, allesamt Aspekte, die in den zwanziger Jahren in größerem Umfang zur Entfaltung kamen.[45] Im Kontext der allgemein erhöhten Rezeptionsbereitschaft ausländischer Kultur- und Denkströmungen war das Interesse an deutschen Werken vor allem dadurch motiviert, daß Chinas Erneuerung und Reform von der Kenntnis und Verbreitung ausländischer Ideen profitieren könne. Das importierte neue Wissen basierte zunächst auf Teilübersetzungen aus dem Japanischen sowie Sekundär- und Übersichtsliteratur, was häufig zu Fehlinterpretationen und Mißverständnissen führte.[46] Zu den in der ersten Dekade des Jahrhunderts diskutierten deutschen Philosophen zählten u.a. Arthur Schopenhauer, Gottlieb Fichte, Immanuel Kant, Georg W. F. Hegel, Karl Marx und Friedrich Nietzsche. Eingeführt wurden sie durch Intellektuelle wie Liang Qichao, Wang Guowei, Lu Xun, Guo Moruo und Cai Yuanpei, der 1915 das Werk „Grundriß der Philosophie" (*Zhexue dagang*) verfaßte, welches bis 1931 in elf Auflagen erschien. Als das Interesse an ausländischer Philosophie im Rahmen der Neuen Kulturbewegung (1915) und der Vierten-Mai-Bewegung (1919) deutlich zunahm, wurden mit steigender Sprachkompetenz und Forderungen nach einer Verwissenschaftlichung (*kexuehua*) des chinesischen Denkens vollständigere Übersetzungen angefertigt. Neben den Schriften von Marx und Engels, deren Nachfrage infolge der Umwälzungen in Rußland und mit Gründung der KPCh in Shanghai 1921 anstieg, betraf dies auch die Arbeiten von Kant, Hegel, Nietzsche und Freud.[47] Die Bedeutung Kants mag man Cai Yuanpei entnehmen, der im April 1924 zum 200. Geburtstag des Philosophen eine Rede in Königsberg hielt.[48] Insbesondere wurde Deutschland assoziiert mit dem Werk von Nietzsche, der erstmals 1902 von Liang Qichao vorgestellt worden war. 1919 erschien der Prolog von „Also sprach Zarathustra" in einer Übersetzung von Lu Xun, 1923 nahm Guo Moruo die Übersetzung des ersten und zweiten Teils vor, welche er in 39

---

sondere aber als Rektor der Peking Universität (1917-1927) setzte Cai sich intensiv für die Umsetzung der Humboldtschen Universitätsidee in China ein. Diesbezüglich wurden seine Motive und Aktivitäten umfassend gewürdigt und untersucht (Yi Huang 1994, Jin Linxiang 1994, Liang Gui 1996, Wang Peili 1996, Cai Jianguo 1998, Harnisch 1999, Chen Hongjie 2000, u.a.).

45 Zur Rezeption von Karl Marx siehe Yin Xuyi 1986:493-518 und Chu, Yik-yi 2000:217-234; zu Freud siehe Zhang Jingyuan 1989, zu Einstein siehe Hu Danian 2005.

46 Vgl. Shao Lixin 1999.

47 In China begann die Hegel-Rezeption im Jahr 1902, d.h. nahezu 25 später als in Japan. Von der „eigentlichen" Hegel-Rezeption kann aber erst zu Beginn der zwanziger Jahre gesprochen werden. Gründe für dieses Zögern waren der hohe Schwierigkeitsgrad der Texte und die Dominanz der Kant-Rezeption. Ausgehend von Kant und mit Verbreitung des Marxismus nahm die Auseinandersetzung mit Hegel in der zweiten Hälfte der zwanziger Jahre zu. Erste Übersetzungen wurden zu Beginn der 1930er Jahre veröffentlicht. Siehe hierzu die Bibliographie von Müller 2002, die den Zeitraum von 1902 bis 2000 umfaßt, und die kritische Einleitung.

48 Cai hob bei der Gelegenheit die Gemeinsamkeiten von Kant und der chinesischen Philosophie hervor: „In der Tat wird die allgemeine Tendenz der modernen chinesischen Philosophie durch zwei Merkmale gekennzeichnet: Erstens wird durch empirische und kritische Betrachtung das Wissen als Ganzes untersucht; zweitens basieren die einzelnen Teile der Philosophie auf den Grundprinzipien der Ethik". Zit. nach Wang Peili 1996:230-231.

Folgen in der Wochenzeitschrift *Chuangzao* (Schaffen) veröffentlichte. Attraktiv war Nietzsches Philosophie in Bezug auf die „Umwertung der Werte", die Vorstellung des „Übermenschen" und die Betonung aktiven individuellen Handelns.[49] Als philosophische Allianz mag man die parallelen Bestrebungen des Neo-Konfuzianers Zhang Junmai zur Verbreitung eines deutschen Neo-Idealismus in China bezeichnen. Zhang wollte die chinesische Kultur vor der Zerstörung durch den Westen retten und fand eine gewisse Übereinkunft mit den Ideen Rudolf Euckens und Henri Bergsons. Auf Anregung Euckens übersetzte Zhang verschiedene Werke der deutschen Philosophie, schließlich wurde eine gemeinsame Publikation herausgegeben.[50] Der Topos „Deutschland, das Land der Denker" lag somit in einer zwar oftmals nur selektiven, dennoch aber breiten Kenntnis seiner philosophischen Strömungen begründet.

Das Bild der „deutschen Dichter" war eng mit den Namen Goethe und Schiller verbunden, und auch hier lag ihre Popularität in den „Gemeinsamkeiten" begründet, die allerdings unterschiedlich gedeutet wurden. Erste biographische Angaben wurden 1903 publiziert, erste Übersetzungen erschienen rund zehn Jahre später.[51] 1907 bezeichnete Lu Xun Goethe als den „Ahnherr der germanischen Dichtung", 1917 erhob Chen Duxiu u.a. Goethe als Vorbild für die neu zu schaffende chinesische Literatur.[52] Parallel sah der Neo-Konfuzianer Gu Hongming in Goethe die Werte des unablässigen Studierens wie auch den Geist und die Weisheit von Konfuzius aufblühen. Seine Vorliebe drückte sich in einer Fülle von Goethe-Zitaten in seinen Werken aus.[53] Im Zuge der Vierten Mai-Bewegung erfuhren dann die von Idealismus, Freiheit und Patriotismus geprägten Gedanken der deutschen Romantik eine

---

49 Guo Moruos Übersetzung des ersten Teils erschien wöchentlich von Mai bis Dezember 1923. Er brach die Übersetzung im Februar 1924 ab, weil die Reaktion auf den schwer verständlichen Text nachließ. Zur Nietzsche-Rezeption in China siehe He Lin 1986:443-467 und Shao Lixin 1999. Zu Lu Xun und Nietzsche auch Cheung, Chiu-yee 2000:167-186. Des weiteren die Bibliographie von Cheung, Chiu-yee (1992) sowie die Quellensammlung *Nicai zai Zhongguo* (Friedrich Nietzsche in China), hg. von Gao Yuanbao, Shanghai 2001.

50 Zhang übersetzte u.a. Fichtes „Reden an die Deutsche Nation" und setzte sich für die Verbreitung der Werke Bergsons ein. Eucken war, so Meißner (1991:109), „nicht irgendwer, auch wenn er heute unbekannt ist: 1908 hatte er für seinen „Neo-Idealismus" den Nobelpreis erhalten und zählte zu den populärsten Denkern seiner Zeit". Gemeinsam mit Zhang publizierte er das Buch *Das Lebensproblem in China und Europa*, Leipzig 1922. Siehe Meißner 1991:97-124.

51 Erstmals genannt werden ihre Biographien in dem von Chao Bizhen aus dem Japanischen übersetzten Buch *Deyizhi wenhua liudajia liezhuan* (Biographien der sechs großen Dichter Deutschlands), Shanghai 1903. Unter den frühen Übersetzern ist besonders Ma Junwu hervorzueben. Ma war Naturwissenschaftler und hatte in Japan und in Berlin studiert (1907-1911). Ab 1913 hielt er sich wieder in Deutschland auf, wo er 1915 im Fach Physik promoviert wurde. Neben seinem politischen Engagement trat er auch als Dichter hervor. Nach seiner Rückkehr veröffentlichte er zudem eine Übersetzung des „Wilhelm Tell" von Schiller (1911), wenig später auch Auszüge des „Werther". Vgl. Ascher 1985:141, Yang Wuneng 2000:22-26, Zhu Hong 1994:2. Zu Ma Junwu siehe Harnisch 1999:97-108, zur Rezeption deutscher Literatur in China allgemein Sun Fengcheng 1986:469-492.

52 Siehe „Wenxue geming lun" (Thesen zur literarischen Revolution), in: *Xin Qingnian* 11, 06.02.1917, vgl. Yang Wuneng 2000: 27-30.

53 Gu sprach fließend deutsch und hatte Weimar besucht. Zu seinem Goethe-Bild siehe Yang Wuneng 2000:19-22.

breitere Rezeption.[54] Ausgelöst wurde diese im Goethe-Jahr 1922. Neben zahlreichen Gedenkschriften und Artikeln zum 90. Todestag des Dichters war es insbesondere die von Guo Moruo angefertigte Übersetzung von *Die Leiden des jungen Werther* (1922), die ein regelrechtes "Goethe-Fieber" auslöste. Guo hatte die deutsche Literatur während seines Studienaufenthalts in Japan kennengelernt und fühlte sich zu Goethe, Schiller, Heine, Hauptmann und Storm hingezogen, deren Werke er auch übersetzte. 1928 konnte er die erste chinesische Übersetzung des „Faust" (Teil I) abschließen. Goethe und Schiller galten als Musterbeispiele des kreativen, politisch engagierten, vielseitig gebildeteten und internationalen Dichters, d.h. sie wurden als geeignet angesehen, des Status des Dichters in China anzuheben. Zum anderen entsprachen die von ihnen verarbeiteten Themen den Interessen der chinesischen Jugend: unabhängiges und individuelles Denken, gesellschaftliche Moral, freie Partnerwahl und das Zweifeln des Individuums.[55] Im Prinzip suchten Guo Moruo, Yu Dafu, weitere Übersetzer und ihre Leser nach literarischen Beispielen, die eine ihnen vergleichbare antifeudale und freiheitliche Tendenz vertraten.[56]

Die Kehrseite dieses teilweise exotisch verklärten romantischen Deutschlandbildes fand sich in der chinesischen Reiseliteratur jener Jahre. Dort dominierte eindeutig Frankreich als das Land der Kultur, Romantik und Liebe – Berlin galt als „Vorstadt von Paris".[57] Deutschland erschien als der inflationsgeschüttelte Kriegsverlierer, der chinesischen Besuchern ein ausschweifendes Leben ermöglicht. Insbesondere Berlin war der Ort, der es erlaubte, den Spieß umzudrehen und ein Leben wie die Kolonialherren in Shanghai zu führen.[58]

Die Perzeption Deutschlands beinhaltete auch seine Komponisten und ihre Werke. Im Rahmen der zu Beginn der zwanziger Jahre in China intensiv geführten Auseinandersetzung um westliche Musikformen und ihre „Wissenschaftlichkeit" erfuhren sie eine gründl-

54 Zum Ausdruck kam dieses Interesse in Artikeln wie Hu Yuzhi: „Jindai Deguo wenxue gaikuang" (Übersicht über die deutsche Gegenwartsliteratur), in: *Xin qingnian*, 18:7, 1921; Chen Gu: „Shijiu shiji Deguo wentan daibiaozhe" (Repräsentative Schriftsteller Deutschlands im 19. Jahrhundert), in: *Dongfang zazhi*, 1920.

55 Insbesondere war es die Thematik der bedingungslosen Liebe, der völligen Hingabe bis zum Opfertod, die unter Chinas Jugendlichen als Symbol der Freiheit des Individuums verstanden wurde. Das Goethe-Fieber (*Gede re*) verband sich mit einer neuen Lebenshaltung, die das „Kleeblatt" Guo Moruo, Tian Han und Zhong Baihua in seinen Briefwechseln publizierte und öffentlich diskutierte. Zum Goethe-Fieber siehe Yang Wuneng 2000 und 1991:102-124, Yuan Zhiying 1995:254-260, Schmidt-Glintzer 1990:513 und Ascher 1985, zur Schiller-Rezeption siehe Zhu Hong 1994.

56 Des weiteren erschienen u.a. folgende Werke: Ma Junwus „Wilhelm Tell" in Buchform, 1925, Yang Bingchens Übersetzung von „Die Räuber", 1926. Hingewiesen sei auch auf den Dichter Feng Zhi, der sich 1923 in den Fächern Literaturwissenschaft und Germanistik in der Peking Universität einschrieb. Er lernte dort bei Hundhausen, begann u.a. seine Übersetzung des „Erlkönig" und kam 1930 zum Studium nach Deutschland. Neben seiner eigenen Tätigkeit als Dichter, übersetzte er nach seiner Rückkehr Werke von Heine, Rilke, Goethe, Nietzsche u.a., überdies verfaßte er zahlreiche Artikel und Monographien zu den Autoren. Siehe Yuan Zhiying 1995:262-266, Harnisch 1999:333-345.

57 Frühauf 1995:286.

58 Beispielsweise in dem von Li Jinhui 1928 als „Tatsachenbericht" verfaßten Roman *Liu-De waishi* (Geschichtchen vom chinesischen Studentenleben in Deutschland), der im Berlin der Jahre 1922-1925 angesiedelt ist und das ausschweifende Leben der Studenten jener Jahre thematisiert. Der Roman wurde 1933 erneut aufgelegt. Siehe Frühauf 1995:286-291 und Harnisch 1999:483.

iche Aufarbeitung. Protagonisten waren u.a. der Musikliebhaber, Schriftsteller und Karto-nist Feng Zikai und der in Deutschland lebende Wang Guangqi.[59] Unterstützung fanden sie durch die ehemaligen Deutschlandstudenten Cai Yuanpei und Xiao Youmei, auf deren In-ititative 1927 das Musikkonservatorium in Shanghai gegründet wurde.

59 Feng Zikai verfaßte diverse Artikel zur deutschen und europäischen Klassik, um diese in China zu verbreiten, z.B. „Yinyuehui yu yinyue" (Konzerte und Musik), in: *Funü zazhi*, 8: 12, Dezember 1922, 61-82. Unter den Schriften Wang Guangqis sind diesbezüglich erwähnenswert *Deguoren zhi yinyue shenghuo* (Das Musikleben der Deutschen), 1923; *Deguo guomin xuexiao yu changge* (Die deutsche Volksschule und der Liedgesang), 1925; *Deguo yinyue jiaoyu* (Deutsche Musikerziehung), 1928. Eine Bibliographie findet sich bei Wang Guangqi 1992:637ff.

127

Interview des Journalisten Erich von Salzmann, Shanghai, mit Sun Yatsen (Oktober 1912)

Shanghai, im Oktober.

In Shanghai angekommen, hatte ich sofort Fühlung mit den Leitern der Tongmenghui gesucht, deren Parteibüro in der Nanjing Road gelegen ist.[60] Man kam mir dort mit vollendeter Liebenswürdigkeit entgegen und mein Wunsch, mit dem gerade aus dem Norden via Qingdao zurückgekehrten Dr. Sun Yatsen zu sprechen, wurde glatt erfüllt. Am 3. Oktober war Dr. Sun von seiner in jeder Beziehung erfolgreichen Peking-Tour nach der Zentrale Shanghai heimgekehrt, an demselben Nachmittag teilte mir das Parteibureau mit, daß mich Dr. Sun am nächsten Vormittag gern empfangen wolle. Am 4. 10. vormittags fuhr ich nach der in der französischen Niederlassung gelegenen Wohnung Dr. Suns. Er wohnt in einer einfachen in Backsteinbau aufgeführten Villa, die von einem noch im Entstehen begriffenen Garten umgeben ist. Ich wurde sofort in sein Arbeitszimmer gebeten, wo er mich freundlich mit Handschlag begrüßte. Sun hat etwas sehr Gewinnendes in seinem Wesen, er wird leicht lebhaft und dann werden seine freundlichen Züge sehr ausdrucksvoll. Man vermag diesen im allgemeinen ruhigen Zügen nichts von der außerordentlich bewegten Vergangenheit anzusehen. Ich fragte ihn sofort nach seinen Qingdaoer Eindrücken, er sagte folgendes, womit ich mich persönlich durchaus nicht identifizieren will, aber da das was Sun sagt, von hohem Interesse sein muß, will ich es möglichst genau wieder geben:[61]

„Qingdao hat mir ganz außerordentlich gefallen, es ist die Modellanlage einer Stadt für das zukünftige China und wenn aus jedem unserer 500 Kreise auch nur zehn Menschen nach Qingdao gehen würden, um seine Verwaltung, seine Stadt- und Landstraßen, die prächtige Werft, den Hafen, die Hochschule, die Fortanlagen, die städtischen und Regierungsanlagen zu studieren, so könnte damit für China unendlich viel Gutes geschaffen werden. Ihr Gouverneur Meyer-Waldeck ist mir mit vollendeter Liebenswürdigkeit gegenübergetreten, er ist ein Mann voller Einsicht und Wohlwollen, der richtige Verwaltungsbeamte auf einem sicherlich nicht leichten Posten. Den Prinzen Heinrich habe ich auf meiner immerhin kurzen Visite nicht sehen können, denn er war gerade aus der Stadt abwesend mit Besichtigung der Truppen beschäftigt.“

Auf Grund einer ganzen Reihe von Unterhaltungen mit anderen einflußreichen Chinesen,

---

60 Die Gesellschaft der (revolutionären) Allianz (*Tongmenghui*), ursprünglich eher als Geheimgesellschaft zum Sturz der Mandschu-Regierung 1905 von Sun Yatsen in Japan gegründet, wurde im März 1912 in eine Partei reorganisiert. Vorsitzender war Sun Yatsen, seine Stellvertreter Huang Xing und Li Yuanhong. Im August 1912 vereinigte sich die Tongmenghui mit vier weiteren Parteien zur Guomindang (siehe Kuhn 2004:84ff).

61 Sun Yatsen war am 28. September mit dem Zug in Qingdao eingetroffen. Siehe Leutner 1997:496ff und dort auch das Schreiben des Gouverneurs Meyer-Waldeck an den Staatssekretär der Reichsmarineamtes, Tirpitz (14.10.1912, Dok. 146).

auch Presskollegen, fragte ich nun Sun wie er sich zu der so oft auftauchenden Anregung einer Rückerwerbung des Pachtgebiets Qingdao durch China noch vor Ablauf des 99 jährigen Vertrages stelle. Sun antwortete:

„Deutschland könnte China keinen größeren Beweis von Freundschaft und Entgegenkommen geben, als wenn es jetzt in dieser Zeit des Aufbaus eines ganz neuen Staatswesens die zukünftige Rückgabe dieses vorbildlich angelegten Platzes eventuell in Aussicht stellen würde. Diese Rückgabe, bei der China alle Ausgaben Deutschlands voll ersetzen würde, sei es in bar, sei es Gestalt einer Anleihe, würde heute Deutschland in China den ersten Platz einräumen und würde auch für Deutschlands Handel und Industrie tausendfaltige Frucht tragen, denn bei all den in der baldigen Entwicklung Chinas zur Vergebung kommenden Lieferungen an technischem Material, an Bauten etc. würde Deutschland dann stets bevorzugt werden und ich würde selbst ganz besonders dafür sorgen, daß ein nicht endender Strom von Studenten und Beamten des Landes zum Studium aller Verhältnisse der Kolonie nach Qingdao gehen würde; ebenso wie ich hoffe, daß recht viele deutsche Beamte nach China kommen mögen, um so durch gegenseitiges Studium die Kenntnisse beider Länder und das gute Verhältnis zu einander zu fördern. Wir sehen schon jetzt auf Deutschland als einen der uneigennützigsten Freunde Chinas. Ich denke mir dabei, daß eine volle Rückgabe durchaus nicht bald zu erfolgen brauche, sondern vielleicht erst in zehn, fünfzehn, ja zwanzig Jahren. Nach allem, was ich bisher von der Welt gesehen habe, erscheint mir Deutschland fast in jeder Beziehung als unser gegebener Lehrmeister. Deutschland hat im Gegensatz zu England, Amerika und anderen Staaten alles und jedes systematisch und auf wissenschaftlicher Grundlage mit ausserordentlicher Gewissenhaftigkeit. ausgebildet, während z. B. in England jeder tun und lassen kann, was er will, und um nur einige Gebiete zu nennen, das in seinem Zeitungswesen, der Kodifizierung seiner Gesetze, ja auch seinem Städteausbau z. B. in Hongkong und Singapur deutlich hervortritt, hat Deutschland in alles wissenschaftliches System gebracht und das ist gerade das, was wir jetzt, wo wir mit aller Tradition brechen, gebrauchen.

Natürlich sind da außerordentliche Schwierigkeiten zu überwinden. Wir wollen gerne das ganze Land den Fremden rückhaltlos öffnen, aber nun haben die Fremden noch die Exterritorialität und eigene Gerichtsbarkeit, so sind sie im Lande gegenüber unseren eigenen Landsleuten im Vorteil und da manche Fremden die obigen Sonderrechte gewiß zu ihren selbstischen Zwecken ausnutzen werden, so weiß ich zur Zeit selbst noch nicht, wie das werden soll, aber gerade bei Deutschland haben wir den Eindruck, daß es uns wohl will, daß es uns zum mindesten neutral gegenübersteht und unsere augenblickliche Schwäche nicht wie andere Länder rücksichtslos ausnutzt."

Ich fragte nun nach seiner Ansicht über die politische Lage Chinas, ob man besonders nicht jetzt mit dem drohenden Balkankrieg Japan fürchte, daß mit dem Festlegen der großen Europamächte naturgemäß in Asien freie Hand habe. Sun sagte mir:

„Ich glaube nicht, daß England und Rußland Tibet bzw. die Mongolei und Nordmandschurei annektieren werden, sie werden nur auf der Anerkennung gewisser Sonderrechte bestehen, die wir ihnen jetzt nicht werden verweigern können.

Was Japan anbetrifft, so ist allerdings nicht abzusehen, was es uns gegenüber tun wird, falls in Europa ein allgemeiner Kriegszustand und damit verminderte Aktionsfreiheit der Großmächte in Asien herrscht, trotzdem glaube ich nicht, das Japan so (hier suchte er lange nach einem passenden Ausdruck) ruchlos sein werde, um die Mandschurei zu annektieren. Die Gefahr für die Provinz Fujian halte ich nicht für so akut. Ich weiß, daß die Japaner heute innerhalb 48 Stunden Peking haben können und innerhalb zehn Tagen ganz Zhili besetzen können und weiß, daß sie wohl darauf vorbereitet sind, bei einem Zwischenfall, den wir zu vermeiden suchen, das auch zu tun und dann nicht nur versuchen werden, uns die Mandschurei fortzunehmen, sondern auch eine hohe Kriegsentschädigung herauszupressen, was uns für lange Jahre vollkommen in unserer Entwicklung lahmlegen würde. Deshalb, weil gerade jeder Angreifer glaubt, daß er mit der Eroberung der jetzigen Hauptstadt ganz China habe, bin ich für eine Verlegung der Hauptstadt und zwar nicht nach dem ebenfalls militärisch-strategisch exponierten und ungesunden Nanjing, ebensowenig nach Wuchang, sondern etwa nach Kaifeng oder Xi'an. Jedoch ist diese Frage eine sehr schwierige wegen der hohen Kosten. Wenn im übrigen Japan uns heute angreifen sollte, so werden wir doch kämpfen, wenn wir auch keine der japanischen vergleichbare Armee haben. Unsere Soldaten und meine Landsleute überhaupt haben während der Revolution gezeigt, daß sie willig sind, ihr Leben für ihr Vaterland hinzugeben und im Kriegsfalle würde ich einen nationalen Widerstand bis zum äußersten organisieren. Japan hätte nicht wenige Wochen, sondern Monate und Jahre Krieg zu führen. Mit der Besetzung einiger großer Städte im Norden wäre es nicht getan und ich glaube wohl, daß man sich darüber in Japan klar ist und die hohen Kosten; die ein solcher Krieg dem sowieso armen Lande aufbürden würde, scheut. Japan könnte die Kosten eines Krieges, der nicht ein, sondern mindestens fünf Jahre dauern würde, heute nicht tragen."

Nun fragte ich nach der Armeereform. Sun antwortete:

„Ich weiß wohl, daß Japan seine glänzende Armee und großen kriegerischen Erfolge der deutschen Grundlage zu verdanken hat und ich wünschte daher auch, unser Heer auf dieser bewährten deutschen Grundlage neu aufzubauen, wie ja schon das meiste im Lande befindliche Kriegsmaterial aus Deutschland stammt. Ein starkes Heer ist für China außerordentlich wichtig und ich hoffe, daß Deutschland uns auf diesem Gebiet mit Rat und Tat, besonders durch Überlassung von Instruktionsoffizieren beistehen wird. Ist man sich denn in Deutschland darüber klar, daß ein auch militärisch starkes China für Deutschland eine Entlastung seiner Ostgrenze bedeutet, in dem es nicht nur russische Kräfte auf sich ziehen muß, sondern überhaupt die allgemeine Weltlage besser ausbalanciert?"

Ich bejahte und nannte Dr. Sun einige Namen von für eine Armeereform großen Stils in Frage kommenden deutschen Persönlichkeiten. Dr. Sun notierte sich diese sofort, um, wie er mir sagte, in Deutschland selbst Fühlung mit denselben zu nehmen. Dann fragte ich nach der Anleihe, seinen Eisenbahnplänen und seinem kürzlich veröffentlichten großartigen Schema. Er sagte dazu:

„Ich habe gute Nachrichten, daß man in Peking mit den Vertretern der Sechs-Mächte-

Gruppe bald zu einem Abschluß kommen wird.[62]

Was ich auf dem Eisenbahngebiet zuerst gebaut haben möchte, sind sich rentierende Linien in wohlhabenden Distrikten. Die großen Oberlandstrecken nach Tibet, Turkestan, Mongolei kommen erst in zweiter Linie in Betracht. Ich werde auf der Europareise, die ich anzutreten beabsichtige, sowie ich hier meine Arbeiten erledigt habe, Fühlung mit den großen Eisenbahnleuten nehmen und mich selbst an der Hand der Angaben der Experten über die Möglichkeiten einer Entwicklung orientieren."

Zum Schluß sagt mir Sun:

„Ich will auf meiner Europareise in der Hauptsache nach Deutschland gehen, um mich dort genau über seine Einrichtungen, Verwaltung und Industrie zu orientieren. Ich betrachte Deutschland auf fast allen Gebieten als unser Vorbild und wenn Sie etwas in dem von Ihnen vertretenen Blatt dazu tun können, mir meine Absichten zu erleichtern und mir meine Wege zu ebnen, so wäre ich Ihnen sehr zu Dank verpflichtet."

Während unserer Unterhaltung wurden wohl ein Dutzend Visitenkarten hereingereicht, der Strom der täglichen Besucher dieses viel beschäftigten Mannes begann zu fließen. Er wird nun bald nach Deutschland kommen und wir haben Grund ihm in seinen Bestrebungen in jeder Weise zu helfen.[63] Dr. Sun ist ohne Frage in weiten europäischen Kreisen besonders in Nord-China verkannt. Was wir aus Zeitungsberichten bisher von ihm wußten, war ein Zerrbild seiner sympathischen Persönlichkeit. Sun ist der Mann im modernen China, der die Gemüter beherrscht und besonders im Süden einen Namen von fast faszinierender Wirkung hat. Dr. Sun heute für Deutschland weiter einzunehmen, ist gleich dem Siege in einer großen Schlacht.

Erich von Salzmann: Aus Jung-China. Reiseskizzen nach der Revolution, Tianjin 1912, S. 143-146.

128

Ausführungen des Philosophen Hermann Graf von Keyserling (Jena 1913)

Über die innere Beziehung zwischen den Kulturproblemen des Orients und des Okzidents. Eine Botschaft an die Völker des Ostens[64]

---

62 Zu den Verhandlungen um die Sechs-Mächte-Anleihe bzw. Reorganisationsanleihe siehe Kapitel 1.

63 Die Europareise kam nicht zustande. Sun hatte Deutschland lediglich ein Mal besucht, 12 Tage im Mai/Juni 1905. Siehe Felber 1988a:121-122.

64 Wie der Autor in seinem Vorwort zu dieser Schrift vom Januar 1913 anmerkt, handelt es sich bei diesem 30seitigen Band um die Veröffentlichung eines Vortrags, den er in englischer Sprache im Frühjahr 1911 im Rahmen seiner Weltreise im „International Institute of China" in Shanghai gehalten hatte. Er habe hier nur „die allgemeinen Umrisse des Problems hinzuzeichnen vermocht" und kündigt eine

… Altindien und Altchina sind uns Westländern so außerordentlich interessant, weil wir dort – auf ganz anderen wegen freilich, als wir sie zu wandeln gewohnt sind – eben das erreicht und verwirklicht finden, wonach wir noch suchen und streben. An der indischen Kultur haben wir ein Beispiel der vollendeten Selbstverwirklichung in der Sphäre des Psychischen, die das höchste Ideal von Philosophie und Religion bezeichnet; an der chinesischen ein Beispiel der vollendeten Selbstausprägung im konkreten Leben, die das erhabenste Ziel des sozialen Fortschreitens bedeutet. – Was das für uns bedeutet, dürfte Ihnen nach dem bisher Gesagten nicht zweifelhaft sein; ich brauche mich nicht zu wiederholen. Uns ist das Glück zuteil geworden, im richtigen Augenblick das vollendet dargestellt zu sehen, was in uns selbst halb bewußt nach Vollendung strebt, so daß wir nunmehr durch bewußte Organisation dem Naturprozeß zu Hilfe kommen können, was dessen Ablauf außerordentlich beschleunigen wird. Die Bedeutung nun, welche unsere neue Stellung zum Osten für diesen selbst besitzt, ist schwerlich geringer zu veranschlagen. Der Idealzustand, dem unsere Bewunderung gilt, gehört einer leider schon fernen Vergangenheit an; es erscheint ausgeschlossen, daß er in seiner ursprünglichen Gestalt je wiederkehren könnte. Viele unter Ihnen wähnen daraufhin, die Welt habe den Idealen von einst für immer den Rücken gekehrt. Sie gewahren, wie die westliche Zivilisation, dem östlichen Geiste innerlich fremd, in vielen Hinsichten verdächtig, doch den Erdkreis erobert, wie es selbst den Konservativsten auf die Dauer unmöglich wird, sich gegen sie abzuschließen; und die Radikalen unter Ihnen ziehen daraus den Schluß, daß die Ideale von einst widerlegt sind, daß der Orient sich von Grund aus verwandeln muß, wenn er weiterbestehen will. Aber wie nun, wenn der Westen, dessen der östlichen antipodisch entgegengesetzte Zivilisation die Welt erobert, in ihrer großen Zeit sein eigenes Ideal verwirklicht erkennt? Dann kann er Ihnen innerlich nicht so fremd sein. Dann müssen Osten und Westen doch aus gemeinsamer Wurzel sprießen, zu gemeinsamen Idealen sich bekennen. Dann haben die Traditionalisten unter Ihnen keinen Grund, sich dem Einfluß der modernen Welt aus Prinzip entgegenzustemmen, noch die Fortschrittlichen, das Alte grundsätzlich zu verleugnen. Ja dann muß es einmal dahin kommen, daß Ost und West, anstatt einander entgegen wie bisher, Seite an Seite stehen werden, Hand in Hand der Zukunft entgegenschreitend. Meine Herren, das ist keine Utopie. Schon haben wir den Punkt erreicht, wo das Verschiedensein das Verständnis nicht mehr hemmt. Schon wissen wir, daß wir auf noch so verschiedenen Wegen doch einem gleichen idealen Ziele zustreben. Schon sind Orientale und Okzidentale in der Lage, ineinander den Menschen zu würdigen, und dies ohne Sentimentalität. Hiermit aber tritt – ich deutete es Ihnen bereits an – eine weitere Möglichkeit der Verwirklichung nahe, eine Möglichkeit, die es noch niemals gab. Wir haben erkannt, daß die noch so verschiedenen Kulturgestaltungen doch einen gleichen letzten Sinn haben. Ziehen wir Europa, Indien und China auf einmal in Betracht, so hätten wir mathematisch gesprochen, drei Koordinaten, die auf den gleichen

---

umfangreiche Schrift an, die Ende des Jahres erscheinen soll: Das Reisetagebuch eines Philosophen. Das Werk konnte jedoch erst nach dem Krieg in zwei Bänden publiziert werden und verkaufte sich überaus erfolgreich (vgl. Fang Weigui 1992:252 ff.).

Mittelpunkt bezogen sind. **Diesen Mittelpunkt als solchen zu bestimmen, ist fortan keine unlösbare Aufgabe mehr.** Bisher besaß jedes einzelne Volk seine eigene äußerste Wahrheit, sein eigenes höchstes Ideal, jeder Ausdruck von anderen verschieden, und es wollte und konnte nicht gelingen, vom einen zum anderen zu gelangen, den Sinn der Gestaltung zu erfassen, sich wirklich gegenseitig zu verstehen. Jetzt können wir hinter den Ausdruck blicken, erkennen was er innerlichst bedeutet. Und erweist es sich hierbei, wie es sich in der Tat erweist, daß der Mannigfaltigkeit in der Tat eine Einheit zugrunde liegt – dann sind wir in der glücklichen Lage, jeder Erscheinung ganz gerecht zu werden, im Erreichten das Bestreben zu würdigen und diesem, wo es irre geht, vom Zentrum her den Weg zum Ziele zu weisen.

Doch das sind Allgemeinheiten und sie wollen Bestimmtes vernehmen. Die innere Beziehung, die zwischen den Kulturproblemen des Ostens und des Westens herrscht, erscheint im Prinzip wohl aufgedeckt; aber wie wird dies die Probleme selbst beeinflussen? Wird der Westen die Ideale, die er im Osten verwirklicht sieht, nun ohne weiteres, so wie sie sind, hinübernehmen? Soll sich der Osten überhaupt weiter „verwestlichen", da der Westen jetzt in „Veröstlichung" begriffen ist? Und wenn Osten und Westen nunmehr wirklich Seite an Seite stehen – werden sie fortan in einer Richtung fortschreiten, die gleichen Probleme von gleicher Seite anpackend? – Diese Fragen sind vielfach im bejahenden Sinne beantwortet worden. Trotzdem sind sie samt und sonders zu verneinen. Die Menschheit hat, so oft ihr`s erklärt wurde, so oft sie unter den Folgen ihres Irrens gelitten hat, die Wahrheit noch immer nicht eingesehen, daß prinzipielle Einheit und phänomenale Mannigfaltigkeit keine Gegensätze sind, daß nichts verderblicher und törichter ist, als um der Einheit willen die Verschiedenheit aufheben zu wollen. Nein – ich wende mich sofort der ersten Frage zu – wir Westländer werden die Weisheit des Ostens nicht ohne weiteres in uns aufnehmen und anwenden. Weshalb? Weil nicht die Tatsache als solche für uns bedeutsam ist, sondern einzig das gegebene Beispiel. So seltsam die Behauptung klingen mag: die Errungenschaften des Ostens haben als solche keinen unmittelbaren Wert für uns, und dies aus den folgenden Gründen: weil das Ziel auf einem anderen Wege, als es der unserige ist, erreicht ward und daher nicht genau unser Ziel ist; die veränderte Perspektive verschiebt das ganze Bild; dann aber, weil kein Ziel vom Standpunkte eines gegebenen Menschen als erreicht gelten kann, bevor er nicht persönlich, auf seinem eigenen, ihm gemäßen Wege zu ihm aufgestiegen ist.

[...][65]

---

65 Auslassung: Keyserling wendet sich nun der „Methodik des Erkenntnisprozesses" zu, da in ihr „der Unterschied zwischen Orient und Okzident besonders scharf in Erscheinung [tritt]". Der Unterschied bestehe darin, daß die Weisen des Orients niemals nach exakter Theorie strebten, sondern danach, „unterzutauchen in der Tiefe ihres Ichs und dort Wohnsitz zu nehmen". Entwickelt haben sich hieraus die Schulen des Daoismus und des Konfuzianismus, die allerdings auf den Stand eines magischen Kultes und eines toten Rituals hinabgesunken sind. Keyserling sieht hier eine Autoritätengläubigkeit, aber auch ein tiefes Selbstgefühl, beides ist im Abendland nicht vorhanden. „Daher sind wir, was religiöse Erleuchtung anbetrifft, noch heute vom Orient abhängig – aber statt dessen treibt ein tiefgewurzelter Instinkt jeden Westländer dazu an, sich auf eigene Faust nach der Wahrheit umzusehen". Demzufolge bestehen unterschiedliche Wahrheiten und Erkenntnisprozesse, die nicht abzuwerfen sind,

Sie sehen: davon, daß der Westen die Ideale, die der Osten verwirklicht hat, in dessen Ausdruck übernehmen sollte, kann füglich nicht die Rede sein. Damit fällt auch die andere Möglichkeit – daß der Osten vielleicht darauf verzichten könnte, sich dem Einflusse des Westens hinzugeben, da dieser ja eben in Veröstlichung begriffen sei: wenn wir dereinst die gleiche Höhe erklimmen sollten, wie der Osten sie einstmals innegehabt, so wird dies doch eben auf unserem Wege geschehen, die Position wird eine andere sein, und das erreichte Ziel wird das unterwegs Errungene nicht entwerten. Verwirklichen wir dereinst unser tiefstes Selbst in der Erscheinungswelt, so werden wir die Technik deshalb nicht preisgeben, die uns zu Meistern der Natur gemacht, und da die Natur, was man auch sage, unsere eigentliche Heimat ist, so ist daran keineswegs zu zweifeln, daß auch in fernster Zukunft die Völker die großen sein werden, die dieses Leben am besten zu organisieren wissen. Woraus weiter folgt, daß der Osten gar übel beraten wäre, wenn er von uns nicht das Lernenswerte lernte. Wissenschaftliche Ergebnisse, technische Errungenschaften, humanitäre und sozial-ökonomische Einrichtungen sind ebenso übernational, wie die Wahrheiten der Mathematik; ein Narr ist, wer sie kennt und nicht zu nutzen weiß. Im gleichen Sinne haben wir Westländer gar vieles, was innere Kultur betrifft, vom Osten unmittelbar zu lernen, denn in der Methodik der Selbsterziehung, in der Selbstbeherrschung und –kontrolle, in der Kunst der Verinnerlichung, die bis zur intuitiven Unterscheidung von Schein und Wesen führt, ist dieser uns weit voraus. Doch handelt es sich, wo ein Austausch von Kulturerrungenschaften möglich und wünschenswert scheint, um Einzelheiten des Baus, allenfalls um diesen selbst, keineswegs um dessen Fundamente. Diese, auf die allein es ankommt, können nie und niemals vertauscht werden. Hier wären wir denn bei dem für die Praxis entscheidenden Punkte – der dritten von den Fragen, die wir aufstellten – angelangt: nie werden Sie aus westlichen Voraussetzungen heraus, noch wir aus östlichen leben können; die Grundprobleme sind für jeden von uns anders gestellt. Es ist nicht daran zu denken, daß Osten und Westen, trotzdem sie sich jetzt verstehen, je werden in einer Richtung fortschreiten, die gleichen Probleme von gleicher Seite anpacken können. Die Probleme sind eben nicht die gleichen. Für den Osten gab es einmal eine Zeit, wo er das erreicht hatte, wonach wir noch suchen und streben. Dieser sein Besitz ist ihm verloren gegangen. So kommt es, daß Osten und Westen im Augenblick, was die Entfernung vom Ziel betrifft, sich ungefähr in gleicher Lage befinden. Beide Teile machen eben jetzt eine furchtbare Krisis durch. Aber für jeden stellt die Aufgabe sich anders. Wir im Westen haben unsere eigentlichen Grundlagen noch kaum erkannt; eben jetzt gelangen wir dahin. Gewiß leben und handeln wir seit je, mehr oder weniger, in ihrem Sinne, d.h. als ob wir sie kennten und verstünden, doch geschieht dies ganz unbewußt; das, was uns als Basis gilt, ist nicht wirklich der Grund, auf dem wir fußen. Wir haben einst aus dem Orient eine Religion herübergenommen, deren innerster Gehalt, so wie wir ihn verstanden, den Grundtendenzen des Westens wohl wie keine andere entspricht – seiner Tatkraft, seinem Schöpferdrange, seinem praktischen,

---

jedoch aus der jeweiligen Perspektive einander befruchten und zu einem wechselseitigen Lernprozess führen sollen.

lebensbejahenden Sinne. Wäre es anders, sie hätte schwerlich über ihre Rivalinnen gesiegt. Doch gilt dieses nur von dem Sinne, den wir in ihr ahnten oder in sie hineinlegten, es gilt nicht von der eigentlichen Lehre; diese steht zu unseren innersten, lebendigsten Bestrebungen vielfach in schärfstem Gegensatz. Die christliche Dogmatik ist auf der spezifisch-orientalischen Friedenssehnsucht aufgebaut und diese ist uns Westländern völlig fremd; unser höchstes Glück liegt im Schaffen, nicht in passiver Seligkeit. Ferner erscheint uns die Welt nicht wirklich als „Jammertal", wir sehen uns nicht aufrichtig aus ihr hinaus; unser tiefster Wille treibt uns nicht fort von hier himmelwärts, er treibt uns vielmehr, das Himmelreich auf Erden zu verwirklichen – und doch ist Weltfeindschaft, was immer man sage, ein wesentlicher Bestandteil des Christentums.

[...][66]

Gestatten Sie mir, ehe ich schließe, noch einige Worte zu diesem besonderen Punkt. Nicht wenige in diesem Lande streben nach radikaler Veränderung. Es gibt Chinesen, welche die chinesische Zivilisation geradezu durch die westliche ersetzen wollen. Zu diesen sage ich aus tiefster Überzeugung – und diese Überzeugung wird, ich weiß es, von sämtlichen ernsten Denkern des Westens geteilt – daß wenn es wirklich dahin kommen sollte, es vorbei sein wird mit Chinas Kultur. Niemand kann ein ihm fremdes Leben leben. Jede einzelne unsrer westlichen Kulturgestaltungen ist das Produkt einer langen historischen Entwicklung, sie ist mehr gewachsen als ausgedacht und bedeutet daher ein gut teil mehr als sie zu bedeuten scheint. Das fremde Volk, das unser System als ganzes herübernimmt, gewinnt damit nichts organisch-lebendiges, sondern einen lastenden, toten Apparat. Soll Zivilisation überhaupt einen Wert haben, so muß sie aus lebendiger Wurzel sprießen. Im Falle von China, bedeutet dies, daß alle Reformen und Veränderungen im Geiste seiner eigenen Kultur in Angriff genommen werden müssen, nicht im Geiste der fremden aus dem Westen. Es ist sehr gut möglich, aus anderem Geiste, von anderer Basis her die gleichen praktischen Erfolge zu erzielen. Versteht Jung-China dieses nicht, reißt es sich los vom alten Stamm, dann wird der scheinbare „Fortschritt" nur der Vorbote der Auflösung sein. Seine alte Kultur wird es verlieren, keine neue an die Stelle gewinnen. So wüßte ich diese Rede denn nicht besser zu beschließen, als mit dem innigen Wunsche, die neue Ära in China – so sehr sie seine Ära der Verwestlichung scheinen mag – möge in Wahrheit ein Wiedererwachen des alten, des klassischen Geistes bedeuten. Weil dieser Geist verschwunden ist – deswegen bedarf er heute der Reformen. Erwacht er indes aufs neue, wird er zur Seele des modernen Chinesen, dessen Horizont soviel weiter, dessen Wissen soviel reicher, dessen ganze Aus-

66 Auslassung: Keyserling thematisiert den Skeptizismus und den Verlust der Religion im Westen und damit das fehlende Fundament seiner Kultur. Ganz im Gegensatz zum Westen, der aufgrund dieser Situation erst einmal herausfinden muss, „was wir im tiefsten wollen", stehen in China die Fundamente fest, „der Grundriß ist genau bekannt, jeder Seele innerlich eingebildet". Kurz gesagt, dort ist es die Aufgabe, „auf den altbewährten Fundamenten einen besseren Bau zu errichten". Schließlich hebt Keyserling am Ende dieses Abschnitts den Wert des Konfuzianismus hervor: „Der Konfuzianismus, tief und wesentlich verstanden, dem Geiste und nicht dem Buchstaben nach erfasst, bedeutet die allgemeingültige Basis jedes nur denkbaren idealen Kultursystems. ... Freilich sind manche seiner Gestaltungen heute veraltet; es wird nicht schwer halten, sie durch bessere zu ersetzen".

rüstung soviel vollkommener ist als die seiner fernen Ahnen – dann in der Tat wird China wiederum wie einst zu den großen Kulturnationen gehören.

Keyserling, Hermann: Kulturprobleme des Orients und des Okzidents. Eine Botschaft an die Völker des Ostens, Jena 1913, S. 18-30 (Auszüge).

129

Ausführungen des Journalisten Erich von Salzmann (Berlin 1913)

„Ausblick“:[67]

Wenn man über die chinesische Revolution auf Grund eigener Erfahrungen schreibt, so wird vom Schreiber schließlich erwartet, daß er einen Ausblick auf die nähere Zukunft dieses sich politisch entwickelnden und gleichzeitig als Wirtschaftsgebiet erschließenden Landes eröffnet. Nichts erscheint schwieriger, als gerade in China zu prophezeien, denn erfahrungsgemäß kommt es doch immer anders, und wer lange im fernen Osten gelebt hat, wird vorsichtig mit seinen Voraussagen.

Wieder ist zurzeit, genau wie vor einem Jahre, eine plötzliche Ruhe eingetreten, man hört wenig von den Umtrieben alter und neuer Literaten, das Land scheint richtig ermüdet zu sein, die in fremde Gewänder gekleideten Jünglinge, die die alten würdigen Beamten ersetzt hatten, sind mehr in den Hintergrund getreten. Noch herrscht zwar überall der militärische Befehlshaber vor dem Beamten der Zivilverwaltung, aber bereits beginnt der Handel wieder, wenn auch langsam, in die altgewohnten Bahnen einzulenken. Das Volk kommt von den Ideen, daß Republik und Steuerfreiheit identische Begriffe seien, zurück und zahlt, wenn auch seufzend, die hohen Abgaben. Die Schlagworte ziehen nicht mehr, und die während der Revolution in ihrem Gebaren maßlos gewordene Presse Jung-Chinas muß sich mäßigen, da sie sonst das Asylrecht in den Niederlassungen der Fremden, das sie rücksichtslos ausgenutzt hat, verletzt und auch von diesen unterdrückt wird, und wiederum mehren sich die Anzeichen, die auf ein Bestehen der jungen Republik schließen lassen. Genau wie im vorigen Jahre, hat China eine ganz vorzügliche Ernte hinter sich, die Grundbedingung für Ruhe im Lande.

Die Familie, der Grundstock aller Einrichtungen in China, der Ahnenkult, die unter den konfuzianischen Grundsätzen entwickelten Errungenschaften, halten das wankende Gebäude immer wieder zusammen, bringen die in der chinesischen Charakteranlage weit überwiegenden nichtmilitärischen Eigenschaften immer wieder in den Vordergrund, bilden allerdings dann auch zugleich ein Gegengewicht gegen die unter Einführung des Militarismus sich betätigende zentralisierende Tendenz Pekings. Die Zeit der theoretisierenden

---

67 „Ausblick“, Schlußkapitel des Werkes *Das revolutionäre China*, Berlin 1913.

Politiker ist eben vorüber, und man beginnt sich auf sich selbst zu besinnen, und hierbei kann der von Jung-China gegebene Impuls jetzt viel Gutes wirken, um ein Zurückfallen in starre Reaktion zu verhindern.

Langsam wird jetzt eine natürliche Entwicklung einsetzen, die bisher nicht vorhanden war. Was wir bisher sahen, war ein unter Brutofenhitze entwickeltes Kunstprodukt ohne Lebensfähigkeit. Der ungesunde Chauvinismus Jung-Chinas, der sich als Patriotismus gebärdete und doch bisher nur schlecht verdeckter Egoismus war, wird jetzt befruchtend Gutes wirken, nachdem sein erster Ansturm an dem viel zu fest gefügten Gebäude des alten China zerschellt ist. Druck erzeugt Gegendruck. Die Himmelstürmer werden jetzt hoffentlich gelernt haben, daß ihre radikalen Maßnahmen ebenso radikale Gegenmaßregeln erzeugen und beigebend auf dem vorzüglichen alten Fundament Neues aufbauen. Zu diesem Zweck sind Parlament, Provinzial-Land- und Kreistage ein gutes Ventil, wenn sie auch mit ihrer Werte schaffenden Bedeutung vom Auslande bei weitem zu hoch eingeschätzt werden. Die beste Regierungsform in China ist auch heute noch der gemäßigte absolute Staat, Chinas Experimente mit parlamentarischer Regierung werden genau so scheitern wie sie in der Türkei und Persien gescheitert sind, werden immer wieder zum gemäßigten Despotismus führen, der, von einem klugen Manne gehandhabt, für die orientalischen Völker das Ideal darstellt, und China hat diesen Mann in Yuan Shikai, seinem Präsidenten. Die Traditionen Chinas sind doch stärker als alle schönen Phrasen und ohne Verständnis ihrer inneren Bedeutung rein mechanisch übernommene Einrichtungen fremder, fortgeschrittener Länder. Die Massen bleiben indifferent gegen die politischen Maßnahmen ihrer Führer, und ihnen ist die Republik nur ein Übergangsstadium der Unruhe, wie sie jedes Jahrhundert mehrere Male gebracht hat, ohne daß gerade der Sohn des Himmels wie jetzt ganz kaltgestellt war. Der Instinkt der Massen dringt auf eine monarchische Form der Regierung, auf eine Krönung des Familiensystems, auf einen Kaiser, einen Mittler zwischen Himmel und Erde. Yuan Shikai ist der einzige Mann, der den Wünschen der Massen zu entsprechen vermöchte. Man kann ihn heute den militärischen Diktator nennen und hoffen, daß er den bekanntlich kurzen Schritt von der Diktatorstellung zum Thron tun möge. Anzunehmen ist zwar zurzeit kaum, daß er eine Dynastie gründen wird, da ihm zu seinem eigenen größten Schmerz ein geeigneter Thronfolger versagt ist. Sein ältester und Lieblingssohn ist bekanntlich infolge eines beim Sturze mit dem Pferde erfolgten Schädelbruches, der schlecht geheilt ist, halb gelähmt, und unter Yuans sonstiger zahlreicher Nachkommenschaft hat sich noch kein Sohn gefunden, der dem großen Vater ähnelte.[68] Yuan selbst ist heute 55 Jahre, nur auf seiner Person beruht die Hoffnung auf Konsolidierung der Zentralgewalt, die allein eine ruhige Entwicklung Chinas gewährleistet. Im Interesse aller an Chinas Entwicklung beteiligten Mächte, zu denen auch Deutschland in erster Linie gehört, liegt es daher, daß Yuan als Präsident dem Lande in voller Gesundheit, so lange wie möglich erhalten bleibe, d.h. daß die Regierungen ihm wieder das zu seinem schweren Reformwerk nötige Vertrau-

68 Von Yuan Shikai ist bekannt, daß er der Vater von rund dreißig Kindern ist, darunter 16 Söhne. Sein ältester Sohn ist Yuan Keding, vgl. Dok. 11. (vgl. Boorman 1971, Bd. 4, S. 89).

en schenken, das bedenklich ins Wanken geraten war, und seine Stellung persönlich kräftigen, wozu jetzt, nach der Präsidentenwahl, die Anerkennung der neuen Staatsform Chinas gehört. An der Ehrlichkeit der Worte, die der neue Präsident bei seiner Amtseinführung im Taihe-Palast am 10. Oktober 1913 äußerte, ist nicht zu zweifeln, obwohl auch bei dieser Gelegenheit darauf hingewiesen werden soll, daß Yuan Shikai durchaus nicht allmächtig ist, und solche Thronreden in China immer mehr der schönen Worte selbst wegen gehalten werden, was der heute leicht begeisterungsfähige Chinese außerordentlich liebt. Eine feste und stetige Politik werden die Mächte mit Freuden begrüßen, gelingt es Yuan, diese auf den in der Fortsetzung seiner Rede geäußerten Grundlagen aufzubauen, d.h. klare Definition und Bekanntgabe der Rechtsgrundsätze, Herstellung und Erhaltung der öffentlichen Ordnung; Eingehen auf die Erfordernisse der Zeit und der Umstände; Eintreten für Fortschritt; Ausschluß extrem radikaler Methoden in der Politik; Einführung schrittweiser Reformen, – gelingt es dem Präsidenten wirklich, diese Grundlagen zu schaffen, dann wird auch der Fremde wieder Vertrauen gewinnen. Wenn die zurzeit heillosen Zustände im Innern einer heilsamen Ordnung weichen, dann werden auch die Fremden gerne das nötige Kapital zur Finanzierung des Landes hergeben, werden beide Teile Nutzen aus den auf chinesischem Boden geführten Schulen, besonders auf technischem Gebiet, ziehen, und das Land dann erschlossen werden, wie es die Fremden schon lange wünschen. Im übrigen sei auch bei dieser Gelegenheit darauf hingewiesen, daß solche allgemein gehaltenen Versprechen von den führenden Leuten Chinas in den letzten Jahren zu Dutzenden von Malen geäußert worden sind, und trotzdem das Reich in seinen inneren Zuständen bedenklich weiter bergab geglitten ist. Wie gesagt, ist an dem aufrichtigen Wollen Yuans nicht zu zweifeln; ob es ihm gelingen wird, d.h. ob er die Macht hat, seine bei der Thronrede[69] geäußerten Pläne in die Tat umzusetzen, ist dagegen eine andere Frage. Auch diese Rede kann keinen rosigen Optimismus mit Bezug auf Chinas nächste Entwicklung mehr auslösen. Nicht oft genug kann ein gewisser Skeptizismus mit Bezug auf Ostasien gepredigt werden. Nur Tatsachen beweisen dort. Worte sind wie Spreu im Wind, sie verhallen und sind schnell vergessen. Mich selbst empfing der Präsident kurz bevor ich aus Peking nach der Heimat abreiste, in einer Privataudienz, in der er betonte, wieviel ihm an guten Beziehungen zu Deutschland gelegen sei, und daß er hoffe, daß das gegenseitige Verständnis der beiden Völker ständig wachsen möge; eine Hoffnung, die jeder, dem der ferne Osten ans Herz gewachsen ist, mit mir teilen wird.

Erich von Salzmann: Das revolutionäre China, Berlin: Dietrich Reimer (Ernst Vohsen) 1913, S. 168-171.

---

69 Wie Salzmann an dieser Stelle in einer Fußnote anmerkt, erkannten die Pekinger Gesandten bei Drucklegung dieser Zeilen durch einen Kollektivschritt die neue Regierungsform an. Zur Anerkennung siehe Kap. 1.

130

Ausführungen des Schriftstellers Hermann Hesse (1913/1926)

Chinesisches:

Wir Abendländer haben, trotz Krieg und trotz Sowjet, noch immer stark individualistische Ideale, vor allem in der Kunst und Kunstbetrachtung. Jahrzehntelang haben wir, dem genialen Jakob Burckhardt folgend,[70] für die italienische Renaissance und den wilden Unabhängigkeitssinn ihrer Gewaltmenschen geschwärmt, und speziell Deutschland hat den seltsamen Irrtum begangen, sogar auf dem Gebiete des Handwerks und Kunstgewerbes einen heftigen Persönlichkeitskultus zu treiben.

Als Rückschlag auf diese Welle erlebten wir dann eine Wendung des allgemeinen Interesses zu Künsten, Völkern und Kulturen, deren Ideale durchaus überindividuelle waren oder sind. Die Hinwendungen eines Teiles der intellektuellen Jugend zum Mittelalter und Katholizismus (Führer und Sprecher der Bewegung sind: Max Scheler, Hugo Ball, P. L. Landsberg) gehört zu den Zeichen dieser Änderung.[71]Gleichzeitig erwachte ein allgemeines, bis in die Tagesmode hinein spürbares Interesse für Ostasien, seine Kunst und seine Weisheit. Der chinesische Philosoph Laotse [Laozi], vorher zwei Jahrtausende hindurch in Europa unbekannt, wurde in den letzten 15 Jahren in alle Sprachen Europas übersetzt und sein „Tao-te-king" [Daodejing] ein Modebuch. In Deutschland war es Richard Wilhelm, dessen Übersetzungen und Einführungen die klassische Literatur und Weisheit Chinas in einem bisher unbekannten Umfang eingeführt haben.[72] Und während China politisch schwach und zerrissen ist und den westlichen Mächten beinahe nur noch als ein großes, reiches, höchst vorsichtig zu behandelndes Ausbeutungsgebiet erscheint, hält altchinesische Weisheit, altchinesische Kunst ihren Einzug nicht nur in die Museen und Bibliotheken des Abendlandes, sondern auch in die Herzen der geistigen Jugend. Auf die vom Krieg aufgewühlte studierende Jugend Deutschlands hat, nächst Dostojewski, in den letzten zehn Jahren gewiß kein anderer Geist so stark gewirkt wie Laotse. Daß diese Bewegung sich in einer ziemlich kleinen Minorität abspielt, nimmt ihr nichts von ihrer Bedeutung: die von ihr ergriffene Minorität ist gerade die, auf welche es ankommt: der begabteste, bewußteste, verantwortungsbereiteste Teil der studierenden Jugend.

Unseren modernen abendländischen Kulturidealen ist das Chinesische so entgegengesetzt, daß wir uns freuen sollten, auf der anderen Hälfte der Erdkugel einen so festen und ehrwürdigen Gegenpol zu besitzen. Es wäre töricht, zu wünschen, die ganze Welt möchte mit der Zeit europäisch, oder sie möchte chinesisch kultiviert werden; wir sollten aber vor

---

70 Jacob Burckardt, schweizer Kultur- und Kunsthistoriker, Hauptwerk: *Cultur der Renaissance in Italien* (1860).

71 Max Scheler, Philosoph; Hugo Ball, Schriftsteller, scharfer Zeitkritiker und Mitbegründer des Dadaismus; Paul Ludwig Landsberg, Anthropologe und Philosoph.

72 Siehe auch Dok. 98.

diesem fremden Geist jene Achtung haben, ohne welche man nichts lernen und in sich aufnehmen kann, und sollten den fernsten Osten mindestens ebenso zu unseren Lehrern rechnen, wie wir es (man denke nur an Goethe!) seit langem mit dem westasiatischen Orient getan haben. Und wenn wir in den überaus anregenden, von Klugheit funkelnden Gesprächen des Konfuzius lesen, so sollen wir sie nicht als ein verschollenes Kuriosum aus vergangenen Zeiten betrachten, sondern daran denken, daß nicht nur die Lehre des Konfuzius dies riesige Reich durch zwei Jahrtausende erhalten und gestützt hat, sondern daß heute noch die Nachkommen des Konfuzius in China leben, seinen Namen tragen und mit Stolz von ihm wissen – woneben auch der allerälteste und kultivierteste Adel Europas kindlich jung erscheint. Laotse soll uns nicht das Neue Testament ersetzen, aber er soll uns zeigen, daß ähnliches auch unter anderem Himmel und in noch früheren Zeiten gewachsen ist, und das soll unseren Glauben daran stärken, daß die Menschheit, sei sie noch so sehr in einander fremde und feindliche Rassen und Kulturen zerspalten, dennoch eine Einheit ist und gemeinsame Möglichkeiten, Ideale und Ziele hat.

Es herrscht bei uns, trotz jener jungen China-Begeisterung, noch immer in weitesten Kreisen die Meinung, die Seele des Chinesen sei der unseren doch eigentlich vollkommen fremd. Seine Tugenden, vor allem seine unermüdliche Geduld und sein stiller, zäher Fleiß seien eigentlich mehr passiver Natur, und seine Laster, vor allem die berühmte chinesische Grausamkeit, seien uns im Grunde weltenfern und völlig unverständlich. In Wahrheit sind das dumme Vorurteile. Der Chinese kann grausam sein, genau wie der Abendländer es auch sein kann, und er kann fromm und aufopfernd sein, genau wie auch der Europäer es gelegentlich sein kann.

(1913/1926)

Hesse, Herman: Sämtliche Werke, Bd. 13, Frankfurt a. M. 2003, S. 469-471

131

Ausführungen des Publizisten Paul Rohrbach, Leipzig (1912/1915)

Der deutsche Gedanke in der Welt[73]

.... Ein anderes Gebiet,[74] das wir im Auge haben, wenn wir an die kommende deutsche Welt- und Kulturpolitik im Geiste und in der Kraft denken, ist China. Die Ereignisse in

73 Das Werk erschien bis 1918 in sieben Auflagen und verkaufte sich in mehr als 150.000 Exemplaren (Kloosterhuis 1981:66).

74 Auslassung: Rohrbach hatte sich zuvor zur Türkei geäußert und dachte dabei an „die Hineinleitung deutschen Geistes und deutscher Arbeit in den großen zukünftigen Erneuerungsprozeß des ganzen Orients, dessen Führung fortan – Österreich-Ungarn mit einbegriffen – bei der deutsch-türkischen Gemeinschaft sein wird“.

China sind ein überwältigendes Beispiel dafür, wie schnell und wie plötzlich eine langsam sich vorbereitende und lange Zeit nicht beachtete innere Zustandsänderung sich zur Krisis entwickeln und aus der Krisis eine Katastrophe werden kann, sobald unvorhergesehene äußere Umstände im entscheidenden Moment den Anlaß dazu geben. Was es für den kulturellen, ökonomischen und politischen Charakter des kommenden Zeitalters bedeuten würde, wenn, so wie es bis zum Weltkriege den Anschein hatte, die Vierhundertmillionenwelt Chinas eine innere Umwandlung ausschließlich oder überwiegend unter dem Einfluß der angelsächsischen Kultur erhalten hätte, das Bedarf keiner Ausmalung. Bezeichnenderweise war aber bis vor kurzem die Tatsache, daß China vor unseren Augen in ein Zeitalter grundlegender und entscheidender Umwandlungen eingetreten war, in Deutschland so gut wie unbekannt.

[...][75]

Auch wenn es möglich gewesen wäre, eine solche Utopie, wie die Trennung der Grundlagen einer Kultur von ihren äußeren Ergebnissen, zu verwirklichen, so hätte doch schon daraus eine totale Umgestaltung der staatlichen und sozialen Zustände Chinas entstehen müssen. In Wirklichkeit zogen natürlich die ersten Schritte auf der neuen Bahn weitere Konsequenzen mit unwiderstehlicher Gewalt nach sich. Der Sieg Japans über Rußland verstärkte so sehr den Eindruck der Überlegenheit des Westens und das Empfinden für die Notwendigkeit, sich gleich den Japanern die ganzen Grundlagen der westlichen Zivilisation anzueignen, daß in kürzester Zeit eine Reform des Staates an Haupt und Gliedern in Gang kam: Verfassung, Bildungswesen, Armee, Finanzen, alles wurde geändert. Das uralte Prüfungssystem, dem die Vertrautheit mit der klassischen Literatur einzige Vorbedingung des Zugangs zu allen öffentlichen Ämtern war, fiel dahin; im ganzen Reich sollte ein öffentliches Schulwesen nach europäischem Muster entstehen. Die Volksstimmung gegenüber der fremden Zivilisation wandelte sich von Grund auf. Zwar behielt auch der chinesische Modernismus die alte Abneigung gegen fremde Einflüsse, namentlich auf politischem Gebiet, und die Reformen sollten zu keinem anderen Zwecke dienen, als die Sicherheit Chinas gegen die Fremden wiederherzustellen, aber der Eifer in der Ersetzung der alten durch die neuen Einrichtungen war um so größer, eine je schnellere Wirksamkeit zur Erlangung größerer staatlicher Stärke jede Neuerung zu versprechen schien.

Für die Tatsache der Aufschließung Chinas gegenüber der westlichen Kultur sind aber die Motive, aus denen die Chinesen ans Werk gegangen sind, zunächst gleichgültig, und sie ändern nichts daran, daß die Folgen der Reform auf jeden Fall für China wie für die übrige Welt unermeßlich sein werden. Sollte jemand zunächst das noch bezweifeln wollen, so wird er es sich klarmachen müssen, wenn er an die eine Tatsache denkt, daß China nach der gewöhnlichen und wahrscheinlich annähernd richtigen Schätzung etwa 400 Millionen Einwohner zählt, d. h. daß es ein Viertel der gesamten Menschheit umfaßt. Jeder vierte Mensch

---

75 Auslassung: Rohrbach äußert sich zu den chinesischen Reformen im Anschluß an den chin.-jap. Krieg (1894-95). Diskutiert werden Chinas Interesse an Waffen- und Maschinentechnik sowie das Bestreben, die Übernahme westlicher Wissenschaften unter Beibehaltung bzw. auf der Grundlage des Konfuzianismus durchzuführen.

auf der Welt ist also ein Chinese. Dazu kommt, daß das Land an den beiden wichtigsten natürlichen Trägern der modernen Kulturentwicklung, Kohle und Eisen, einen unermeßlichen Reichtum besitzt. Nirgends auf der Erde findet sich außerdem ein Reservoir von billiger menschlicher Arbeitskraft, so groß wie das chinesische. Wenn wir uns vorstellen, daß ein so zahlloses, arbeitsames und von alters her entwickeltes Volk in einem so weiten und reichen Lande in den Besitz unserer europäischen Zivilisation kommt, daß es unserer Technik sich bemeistert, Eisenbahnen, Bergwerke und Fabriken nach europäischem Muster anlegt, eine Großindustrie bei sich schafft, sein Heerwesen und seine Flotte reformiert, dann kommt uns schon eine Ahnung davon an, welche eine tiefgreifende Änderung der allgemeinen Weltverhältnisse von der chinesischen Kultur- und Staatsreform in Zukunft vielleicht noch ausgehen wird.

Es ist eine naive Einbildung des Europäertums, daß China im Sinne der abendländischen Kultur stark und dauernd bearbeitet werden könne, ohne daß eine innere Auseinandersetzung mit dem Konfuzianismus stattfindet. Die rasche Überrennung des Mandschu-Regimes durch einen von Japan und namentlich Amerika her importierten oberflächlichen und materialistischen Modernismus darf uns nicht zu dem Glauben verleiten, daß hiermit nun alles getan sei. Der alte chinesische Geist ist nicht tot; er hat vor einem halben Jahrhundert in kräftigem Aufschwung die Taiping-Rebellion überwunden, und er wird, sobald äußerlich ein Abschluß der Wirren erreicht ist, auch jetzt wieder seinen Anspruch und seine Kraft für den Aufbau des neuen China von innen heraus geltend machen. Zu dem Zweck wird er anfangen müssen, auf eine langsamere, gründlichere und systematischere Weise als bisher sich mit den geistigen Grundlagen des westlichen Wesens vertraut zu machen, und hierbei wird sich zeigen, wieweit die westlichen Völker, zu denen in diesem Sinne nicht nur die Europäer, sondern auch die Amerikaner gehören, imstande sind, sich positiv an der Umbildung und Umschaffung der chinesischen Kultur durch die Synthese konfuzianischer und abendländischer Elemente zu beteiligen. Bedarf es da noch eines Hinweises darauf, wieviel für die Nationen des europäisch-amerikanischen Kulturkreises darauf ankommt, die geistige Führung Chinas bei der inneren Vollendung des bisher nur äußerlich angefaßten Reformwerkes zu gewinnen?

[...][76]

Die wirklichen, moralisch berechtigten Wettbewerber um den kulturellen Einfluß in China sind ausschließlich die großen europäischen Nationen und die Amerikaner, denn nur bei ihnen ist die Fülle der Kräfte vorhanden, die nach China hineingeleitet werden müssen, um aus der alten chinesischen und der echten abendländischen Kultur ein neues, großes, zukunftsreiches Gebilde entstehen zu lassen. Allerdings hat England durch sein Verhalten im Weltkriege sein sittliches Anrecht auf die Teilnahme an der Arbeit in China im Grunde

---

76 Auslassung: Rohrbach behandelt die Bestrebungen Japans, Englands und Amerikas um Ausweitung des Einflusses in China. Seiner Meinung nach ist es „... ausgeschlossen, daß die Japaner, die selbst nur die geschickten, aber geistlosen Nachahmer der abendländischen Kultur sind, es fertig bringen, die gewaltige Aufgabe der geistigen und zivilisatorischen Umwandlung Chinas, im Sinne seines Eintritts in die wahre Gemeinschaft der Weltkultur zu lösen“.

verscherzt. Wie sich die Dinge im fernen Osten tatsächlich weiter entwickeln werden, ist im einzelnen heute sehr schwer zu sagen. Grundsätzlich kann kaum an etwas anderes gedacht werden, als an eine zukünftige Gemeinschaft deutscher und angelsächsischer, und zwar nach Möglichkeit amerikanischer Arbeit.

[...][77]

An der deutschen Bildung ist es jetzt, das Wesen der Verantwortung zu erfassen, die, was Deutschlands Zukunft in Ostasien angeht, heute auf ihr liegt. Nur eine geförderte geistig-politische Erkenntnis ist imstande, das alles zu erfassen, was dort auf dem Spiele steht. Darum müssen unsere Gebildeten hier ganz besonders die Führung der Nation übernehmen. Von der Masse kann man es nicht fordern, daß sie erkennt, was zum Heile unseres Volksgedankens in einer so fernen, großen und schweren Frage dient. Die Masse erkennt erst, wenn der Erfolg da ist, für den die Wissenden von ferneher gearbeitet haben – so wie jetzt die Dinge im islamischen Orient es uns gelehrt haben. Auch der Philister erkennt nichts, und ebenso wenig der Eigensüchtige, dem der Gedanke an seinen eigenen kleinen Vorteil und sein beengter Klassenhorizont die weite des Ausblicks in die Zukunft des Volksganzen versperren. Irren wir aber nicht, so will es uns scheinen, als ob das große Erlebnis dieses Krieges uns dazu bringen wird, daß wir von außen und innen tüchtig werden, nicht nur bei uns selber den deutschen Gedanken zu hellerem Leuchten zu bringen, sondern auch die Völker der Welt seine Größe und Tiefe zu lehren. Ist dieser unser Glaube richtig, so wird der sicherste Beweis darin liegen, daß sein Wirken für die deutsche Zukunft draußen in der Welt beginnt, solange es Tag für uns ist! Die deutsche Bildung ist es daher, an die der Ruf ergeht: Heraus zur Arbeit für den deutschen Weltgedanken!

Die Stunde in der wir dieses Kapitel von den moralischen und den vielleicht bevorstehenden materiellen Eroberungen für den deutschen Gedanken vorläufig schließen, ist groß. Unser Volk ist in die gewaltigste Krisis eingetreten, die es seit dem Beginn seiner Geschichte erlebt hat. Es wäre unklug und vermessen, jetzt schon ein Bild des Ausganges entwerfen, das Ergebnis des Krieges im voraus auf der Weltkarte einzeichnen zu wollen. Soviel aber ist deutlich: die Frage, ob sich das Größere Deutschland und der Größere Deutsche Gedanke der Zukunft wesentlich von unserer alten räumlichen Daseinsgrundlage aus entwickeln, oder auch äußerlich eine verbreiterte Basis erhalten werden, entscheidet sich mehr und mehr im letzteren Sinne. Sowohl unser überseeischer Besitz als auch die Grenzen Deutschlands in Europa – und diese ganz besonders – müssen sich erweitern, und es ist klar, daß die Dehnung vor allen Dingen nach Osten erfolgen muß. Was hier gewonnen werden kann, ist nicht weniger als die alte Grenze des Deutschen Reiches bis zum Unter-

77 Auslassung: Rohrbach spricht unterschiedliche Themen an: Englische und amerikanische Kulturpolitik in China sowie die notwendige Unterstützung des deutschen Missionswesens und seiner Schulen in China, um den deutschen Kultureinfluß zu erhöhen. Bezogen auf die japanisch besetzte ehemalige deutsche Kolonie Qingdao gibt er zu verstehen, „unseren Stützpunkt in China müssen und werden wir wiederbekommen". Überhaupt sei Qingdao die beste Propaganda für deutsche Art und Arbeit in China und es wäre dort, daß die Chinesen den Wert der deutschen Kultur für die Reformen ihres Landes erfahren hätten.

gang des livländischen Ordensstaates 1562.[78]

[...][79]

Paul Rohrbach: Der deutsche Gedanke in der Welt, Königstein im Taunus & Leipzig: Verlag Karl Robert Langewiesche, 1915, S. 207-224.

132

Geburtstagswünsche des Studenten Liao Shangguo, Berlin, an Kaiser Wilhelm II. (26.01.1916)[80]

An
Seine Majestät
den Deutschen Kaiser
z. Zt. im Felde
Großes Hauptquartier

Eure Majestät
bittet der Endunterzeichnete anläßlich Eurer Majestät Geburtstag, beifolgenden Aufsatz huldvollst annehmen zu wollen als Zeichen für die innige Teilnahme des chinesischen Volkes für die deutschen Erfolge.
Mit den herzlichsten Glückwünschen für Eurer Majestät Wohlergehen und den endgültigen Sieg der deutschen Sache verbleibe ich

Eurer Majestät
ganz gehorsamer
Schang Kuo Liau [Liao Shangguo]
Stud. jur. a. d. Berliner Universität

---

78 Livland, hist. Landschaft im Baltikum, heute das Gebiet am Rigaer Meerbusen um Lettland und Estland. Im Livländischen Krieg, 1558-82/83, kämpfte zunächst Rußland gegen die Deutschen Ordensritter. Später griffen Polen und Schweden ein, am Ende war die territoriale Einheit Livlands zerfallen und das Zarenreich verzichtete auf Livland und Estland.

79 Auslassung: Weitere Ausführungen zur geographischen und militärischen Ausdehnung Deutschlands.

80 Liao Shangguo hatte 1912 seine Heimat Guangdong verlassen und kam zum Studium nach Deutschland. Er studierte von 1914 bis 1920 Rechtswissenschaften an der Berliner Universität. 1922 wurde er an der Universität Hamburg zum Dr. jur. promoviert, Thema der Arbeit: „Von chinesischen Rechts- und Staatstheorien. Ein Beitrag zu den Grundlagen und Grundbegriffen des chinesischen Staatsrechts". Im Anschluß an seine Rückkehr nach China nahm er am Nordfeldzug teil, ab 1927 unterrichtete und publizierte er am Musikkonservatorium in Shanghai, später wurde er Generalsekretär der Chinesisch-deutschen Eurasia-Fluggesellschaft. 1946 wurde er zum Professor der Deutschabteilung an der Tongji-Universität berufen, ab 1949 unterrichtete er sowohl an der Fudan Universität in Shanghai als auch an der Nanjing Universität. In seinen letzten Lebensjahren folgten zahlreiche Arbeiten zur deutschen Literatur (vgl. Harnisch 1999:174-175).

Chinas Stellung zum deutschen Volke.

Anläßlich des Geburtstages des Deutschen Kaisers möchte ich als Chinese in kurzen Worten dartun, wie sich das chinesische Volk zu den deutschen Waffenerfolgen stellt. Die Begeisterung und die Freude meiner Landsleute über den Sieg der deutschen Sache ist allgemein und aufrichtig, und ich habe schon vor einiger Zeit davon berichtet, wie volkstümlich die deutschen Heerführer in China geworden sind und wie tiefe Bewunderung dem Sieger von Longwy und dem Marschall Hindenburg in meiner Heimat entgegengebracht wird.[81] Der Verfasser dieser Zeilen, der seit drei Jahren in Deutschland weilt und alle Freuden und Leiden des deutschen Volkes während des Kriegszeit miterlebte, empfindet eine warme Verehrung für das deutsche Volk, und es ist eine große Genugtuung für ihn, zu hören, daß das chinesische Volk seine Ansichten vollauf teilt. Der Verfasser beabsichtigt, nach dem Kriege über seine Eindrücke und Erlebnisse ein Werk zu schreiben, welches dem chinesischen Volke in klaren Worten vor Augen führen soll, welche ungeheure sittliche Größe das deutsche Heldenvolk erreicht hat und was ein solches Volk in der Stunde der Not zu leisten vermag.

Des öfteren schon, wenn ich meiner Bewunderung für das deutsche Volk im Freundeskreise Ausdruck verlieh, fragte mich dieser oder jener meiner deutschen Freunde, ob die Teilnahme in China wirklich so groß sei und ob man Qingdao schon vergessen habe.

Ja, Qingdao! --- Ein eigenartiger Klang! Uns Chinesen gehört es ja schon lange nicht mehr, aber vergessen werden wir es nie, denn es ist ein ungeheurer Denkstein der chinesischen Geschichte geworden! Wer würde bei dem Klange nicht an die grauenvolle Zeit erinnert, in welche die Mandschuregierung in unverantwortlicher Weise die irregeleiteten Menschen gestürzt hatte! Aber Groll und Bitterkeit gegen das deutsche Volk kann der Name Qingdao nicht auslösen, denn Deutschland mußte ja seinerzeit notwendig einen Stützpunkt im fernen Osten schaffen, um das Gleichgewicht der Mächte zu bewahren. Wir Chinesen verhehlen uns nicht, daß Qingdao sicherlich von einer anderen Macht besetzt worden wäre, wenn Deutschland es nicht getan hätte. Daß Qingdao deutsch wurde, ist sogar in mancher Hinsicht gut für China gewesen, denn schon das letzte Jahr hat gezeigt, daß die Anwesenheit Deutschlands im Osten eine Garantie für den Frieden war. Die Eroberungsgelüste der Japaner und Engländer traten seit Kriegsausbruch immer deutlicher und dreister zutage, solche unverschleierten Anschläge hätten sie aber früher, als Qingdao noch deutsch war, nie gewagt. Das ist eine Tatsache, die für sich selbst spricht und die uns Chinesen mit ganz anderen Empfindungen Qingdaos gedenken läßt, als z.B. Weihaiwei, Port Arthur, usw. Unmittelbar nach Kriegsausbruch ließen die Engländer ihrem Bundesgenossen Japan völlig freie Hand in China und die Forderungen, mit denen Japan im Mai vorigen Jahres an China herantrat, hätte es nie zu stellen gewagt, solange Deutschland noch Qingdao besaß.[82]

---

81 Longwy ist eine Bergbau- und Industriestadt in Lothringen, Frankreich, nahe der belgischen und luxemburgischen Grenze. Im Deutsch-Französischen Krieg 1870/71 wurde die Stadt zur Kapitulation gezwungen. Im Ersten Weltkrieg wurde Longwy nach starken Zerstörungen am 26. August 1914 von deutschen Truppen eingenommen.

82 Weihaiwei, im Nordosten der Provinz Shandong am Gelben Meer gelegen, wurde im Anschluß an den

Mit aufrichtiger Teilnahme verfolgte das chinesische Volk den deutschen Heldenkampf um Qingdao, und als die Hiobspost durch's Land ging, daß die kleine tapfere Schar in dem Bollwerk deutschen Wesens im fernen Osten von der Übermacht erdrückt worden sei, war die Trauer im chinesischen Volke allgemein. Obgleich deutsch, rechnete China die deutsche Kolonie mit all den vorbildlichen Schöpfungen deutschen Geistes zum Besten, was der Osten zu geben vermag, und es ist doppelt schmerzlich für das chinesische Volk, Qingdao nun in den Händen der verhaßten Japaner zu wissen.

Das chinesische Volk hat ein eingreifendes Stück deutscher Geschichte mit der Verteidigung Qingdaos miterlebt und die Opferfreudigkeit des deutschen Volkes wird unvergessen bleiben. Vor allem aber rühmt man in meiner Heimat die sittliche Größe und die Menschlichkeit der deutschen Soldaten, die die höchsten Gebote erfüllen, welche bei uns der Feldherr Se-Ma seinen Soldaten vorschrieb.[83] Se-Ma verlangte von seinen Soldaten vor allem Tapferkeit, sodann Schonung der bestellten Felder und der Wälder, milde und menschliche Behandlung der Gefangenen und Pflege der Verwundeten, kurz, Menschlichkeit in der tiefsten Bedeutung des Wortes.

Das chinesische Volk hat also aufrichtige und lebhafte Sympathien für das Deutsche Reich und würde es mit Freuden begrüßen, wenn sich die freundschaftlichen Beziehungen zwischen beiden Ländern nach dem Kriege noch inniger gestalten würden zum Segen und Nutzen für beide Völker. Daß China den aufrichtigen Wunsch für Interessengemeinschaften mit Deutschland hegt, dafür zeugt schon der Entschluß der chinesischen Regierung, dem Rat des deutschen Gouverneurs von Qingdao zu folgen, und deutschen Sprachunterricht in den chinesischen Schulen einzuführen. Vor wenigen Tagen erst berichteten die Zeitungen von dem wohlwollenden Entschluß der deutschen und östereichischen Regierung, die neue Monarchie in China anläßlich der bevorstehenden Krönung anzuerkennen.[84] Im Gegensatz hierzu stehen die Machenschaften Japans, die mit allen Mitteln das Zustandekommen der Monarchie und damit die Einigung und Erstarkung Chinas vereiteln wollen. Alle Anzeichen deuten also darauf hin, daß Deutschland und China auf dem besten Wege zu beständiger Freundschaft sind.

Gewiß ist es kein ganz selbstloser Wunsch, der China auf ein segenreicheres Zusammenarbeiten mit Deutschland hoffen läßt, denn China <u>braucht</u> starke Männer und Lehrer, wie Deutschland sie in großer Zahl <u>besitzt</u>. Gar oft höre ich hierzu die Äußerung bei meinen deutschen Freunden, daß die Deutschen nicht noch einmal eine so schmerzliche Erfahrung

---

chinesisch-japanischen Krieg 1898 von Großbritannien „gepachtet" (bis 1930); in Port Arthur (Lüshun, heute Teil der Stadt Dalian) errichtete Rußland im selben Jahr ein Pachtgebiet. Am 18. Januar 1915 hatte der japanische Gesandte die „21 Forderungen" an Yuan Shikai übergeben, deren Erfüllung China zum Vasallen Japans gemacht hätte. Am 25. Mai gab Yuan den Forderungen nach und unterzeichnete einen Kompromiß, woraufhin Sun Yatsen und seine Anhänger ihn des Landesverrats bezichtigten (vgl. Kuhn 2004:100-102).

83 Se-Ma, vermutl. der Militärstratege Sima Yi aus dem Königreich Wei, oder sein Enkel Sima Yan, der Begründer der Jin-Dynastie, 265-316 n. Chr..

84 Gemeint ist die ursprünglich für den 1. Januar 1916 vorgesehene Inthronisierung Yuan Shikais, die aufgrund der Revolte in Yunnan auf den 9. Februar verlegt worden war. Vgl. Kap. 2 dieses Bandes.

machen möchten, wie sie der Schüler Japan dem Lehrer Deutschland bereitet hat. Wir Chinesen bedauern tief, daß uns infolge des japanischen Verrats Mißtrauen entgegengebracht wird, da wir ja auch zur „gelben Rasse" gehören. Aber wir Chinesen sehen in den Japanern unseren Erbfeind, der schon des öfteren die übelsten Charaktereigenschaften gezeigt hat, und wir verwahren uns entschieden dagegen, mit den Japanern in einem Begriffe genannt zu werden. Denn wir Chinesen sind ein 4000 Jahre altes Kulturvolk, während Japan seine „Kultur" aus allen Weltwinkeln geholt hat.

[...][85]

Der Geburtstag des deutschen Staatsoberhauptes erschien mir als die beste Gelegenheit, der chinesischen Verehrung des deutschen Volkes gebührend Ausdruck zu verleihen und ich gebe der Hoffnung Raum, daß nach dem baldigen endgültigen Siege der deutschen Sache die freundschaftlichen Beziehungen zwischen Deutschland und meiner fernen Heimat ein festes Band des Friedens für die Zukunft sichern.

PAA, R17977.

133

Ausführungen des Philosophen Gu Hongming (Jena 1916)

Der Geist des chinesischen Volkes und der Ausweg aus dem Krieg[86]

[...][87]

Um den wirklichen Chinesen und die chinesische Zivilisation zu verstehen, muß ein Mensch tatsächlich tief, umfassend und einfach sein, denn die drei Merkmale des chinesischen Charakters sind: Tiefe, Weite und Einfachheit.

Die Amerikaner – es möge mir erlaubt sein, das hier auszusprechen – finden es schwierig, den wirklichen Chinesen und die chinesische Zivilisation zu verstehen, denn das amerikanische Volk ist in der Regel umfassend, einfach, aber nicht tief. Die Engländer können den

---

85 Auslassung: Der Autor gibt an, daß die deutsche Bevölkerung nur „undeutliche Vorstellungen von dem Geist und Wesen der chinesischen Nation" habe und er diesen Mangel nur zu gerne beheben wolle. Es folgen Ausführungen u.a. zur Großen Mauer, zum chinesischen Handwerk und zum Porzellan.

86 Zu Gu Hongming siehe Dok. 99. Der vorliegende Textauszug ist dem Vorwort des Werkes *The Spirit of the Chinese People, with an Essay on The War and the Way-out* (Peking 1915) entnommen. In Deutschland erschien es 1916 unter dem o.g. Titel, versehen mit einem Vorwort des Bohemien, Reisenden und Schriftstellers Oscar A. H. Schmitz, der 1902 mit seinem Erzählband *Haschisch* Aufsehen erregt hatte. Schmitz merkt an, daß er zwei Jahre vor Kriegsbeginn einen Brief von Gu erhalten habe, in dem dieser sagte, „er glaube Europas Kultur eile durch den Sieg des englischen Utilitarismus dem schnellen Untergang entgegen, wenn nicht – durch Deutschland Rettung komme".

87 Auslassung: Allgemeine Einführung aus dem Vorwort des Bandes, dem der nachfolgende Text entnommen ist.

wirklichen Chinesen nicht verstehen, weil sie in der Regel tief, einfach, aber nicht umfassend sind; die Deutschen dagegen können ihn nicht verstehen, weil sie – besonders die gebildeten – in der Regel tief, umfassend, aber nicht einfach sind. Die Franzosen, nun wohl, die Franzosen sind das Volk, das ihn, wie mir scheint, am besten verstehen kann und verstanden hat.[88] Die Franzosen, es ist wahr, haben weder die Gemütstiefe der Deutschen, noch den umfassenden Geist der Amerikaner, noch die Einfachheit des Geistes der Engländer, aber die Franzosen haben eine Geisteseigenschaft in hervorragendem Grad, die alle Völker, die ich oben erwähnt habe, in der Regel nicht besitzen und die vor allen Dingen notwendig ist, um den wirklichen Chinesen und die chinesische Zivilisation zu verstehen, nämlich: *Zartgefühl.* Denn zu den drei Merkmalen des wirklichen Chinesen, die ich bereits erwähnt habe, muß ich hier noch eines hinzufügen, und das ist das Hauptmerkmal, nämlich Zartgefühl, und zwar in so hervorragendem Grad, wie man es nirgendwo sonst finden wird, außer vielleicht bei den alten Griechen und ihrer Zivilisation.

Aus dem oben Gesagten wird ersichtlich sein, daß das amerikanische Volk, wenn es die chinesische Zivilisation studieren wird, Tiefe gewinnt, das englische Weite und das deutsche Einfachheit; und sie alle werden durch das Studium chinesischer Bücher und Literatur eine Geisteseigenschaft erlangen, die sie – ich nehme mir die Freiheit, es hier zu sagen – in der Regel nicht in hervorragendem Grad besitzen, nämlich: *Zartgefühl.* Das französische Volk endlich wird durch dieses Studium alles gewinnen – Tiefe, Weite, Einfachheit und ein noch schöneres Zartgefühl, als es jetzt hat. So wird das Studium der chinesischen Zivilisation, chinesischer Bücher und Literatur, glaube ich, eine Wohltat für alle Völker Europas und Amerikas sein.

Als Letztes habe ich als Anhang einen Aufsatz über praktische Politik beigefügt, einen Aufsatz über den „Ausweg aus dem Krieg“. Obgleich ich sehr wohl die Gefahr kenne, den Kampfplatz der praktischen Politik zu betreten, tue ich es trotzdem; denn um den Wert der chinesischen Zivilisation zu beweisen, möchte ich zeigen, inwieweit ihr Studium zur Lösung der Frage beitragen kann, der die Welt heute gegenübersteht. der Frage, wie die europäische Zivilisation vor dem Zusammenbruch gerettet werden kann. Tatsächlich möchte ich zeigen, daß das Studium des Chinesischen, chinesischer Bücher und Literatur nicht nur ein Steckenpferd für Chinaforscher ist.

In diesem Aufsatz habe ich versucht, die moralischen Ursachen dieses Krieges zu zeigen, denn ehe die wahren moralischen Ursachen dieses Krieges verstanden und ihnen abgeholfen worden ist, kann keine Hoffnung bestehen, einen Ausweg daraus zu finden. Die moralischen Ursachen dieses Krieges sind, wie ich in meinem Aufsatz zu zeigen versucht habe,

---

88 Fußnote des Autors: „Das beste Buch, das in irgendeiner europäischen Sprache über den Geist der chinesischen Zivilisation geschrieben worden ist, ist ein Buch betitelt: *La Cité Chinoise* von G. Eug. Simon, der einst französischer Konsul in China war. Dieses Buch gab Prof. Lowes Dickinson aus Cambridge, wie er mir selbst sagte, die Anregung, sein berühmtes Buch: *Briefe des John Chinaman*, zu schreiben“. Galsworthy Lowes Dickinson, britischer Historiker, Schriftsteller, Humanist und Philosoph, hatte das Werk *Letters from a Chinese Official* 1901 unter dem Pseudonym „John Chinaman“ in London veröffentlicht.

die *Pöbelverehrung* in Großbritannien und die *Machtverehrung* in Deutschland. Ich habe mehr Nachdruck auf die Pöbelverehrung in Großbritannien gelegt, weil mir bei unparteiischer Betrachtung der Frage scheint, daß sie für die Machtverehrung in Deutschland verantwortlich ist; tatsächlich war es die Pöbelverehrung in allen europäischen Ländern und besonders in Großbritannien, die den ungeheuren deutschen Militarismus geschaffen hat, den jeder jetzt haßt und anklagt.

Nun lassen Sie mich vor allem andern sagen, daß die *moralische Ader* in der deutschen Nation, ihre hochgradige Liebe zur Gerechtigkeit und infolgedessen ihr ebenso hochgradiger Haß gegen Ungerechtigkeit, gegen jegliche Unsauberkeit und Unordnung das deutsche Volk veranlaßt, die Macht zu verehren und an sie zu glauben. Alle Menschen mit starker Liebe zur Gerechtigkeit und heftigem Haß gegen die Ungerechtigkeit neigen dazu, an die Macht zu glauben und sie zu verehren. Der Schotte Carlyle zum Beispiel glaubte an die Macht und verehrte sie.[89] Warum? Weil Carlyle die moralische Ader der Deutschen in sich hatte und die Ungerechtigkeit stark haßte. Nun ist der Grund, warum ich sage, daß die Pöbelverehrung in Großbritannien für die Machtverehrung in Deutschland verantwortlich ist, der, daß *die moralische Ader,* der hochgradige Haß gegen Ungerechtigkeit, Unsauberkeit und Unordnung die deutsche Nation veranlaßt, den Pöbel, die Pöbelverehrung und -verehrer in Großbritannien zu hassen. Nachdem sie gesehen hat, wie der Pöbel und die pöbelverehrenden Staatsmänner Großbritanniens den Burenkrieg in Afrika gemacht haben, machte ihr *eingeborener* hochgradiger Haß[90] gegen den Pöbel, seine Verehrung und Verehrer in Großbritannien die deutsche Nation gewillt, *schwere Opfer zu bringen, Entbehrungen auf sich zu nehmen, um eine Kriegsflotte zu schaffen* in der Hoffnung, den Pöbel und seine Verehrer in Großbritannien niederzudrücken. Tatsachlich fand sich die deutsche Nation, ich möchte sagen, von allen Seiten umgeben von Pöbel, Pöbelverehrung und -verehrern, die in ganz Europa durch Großbritannien ermutigt wurden, und dadurch glaubte sie mehr und mehr an die Macht und verehrte sie als das einzige Heil der Menschheit. Diese Machtverehrung in Deutschland, hervorgerufen durch den Haß gegen die Religion der Pöbelverehrung in Großbritannien, erschuf den ungeheuren deutschen Militarismus, den jeder jetzt haßt und anklagt.

So ist, ich sage es nochmals, die Religion der Pöbelverehrung in allen europäischen Ländern, besonders in Großbritannien, verantwortlich für die Machtverehrung in Deutschland.

[...][91]

---

89 Thomas Carlyle, Essayist und Historiker, der u.a. die Auffassung vertrat, daß Weltgeschichte die Geschichte großer Persönlichkeiten sei.

90 Fußnote des Autors: „Das berühmte Telegramm des deutschen Kaisers an den Präsidenten Krüger war ein *triebhafter* Ausbruch von Entrüstung der wahren deutschen Seele mit ihrer moralischen Ader gegen Chamberlain und seine Cockneyleute in England, die den Burenkrieg angezettelt haben". Gemeint ist die sog. „Krüger-Depesche", 3. Januar 1896, von Kaiser Wilhelm II. an Oom Paul Krüger. Im Kampf um die Vorherrschaft in Südafrika verschärften sich aufgrund der „Depesche" die diplomatischen Unstimmigkeiten zwischen Deutschland und Großbritannien.

91 Auslassung, S. 15-26: Gu Hongming illustriert seine Thesen anhand von Beispielen der europäischen Geschichte und kommt zu dem Schluß, daß „die deutsche Nation, [...] die wahre, rechtmäßige und

Die Leute sagen, der deutsche Militarismus sei der Feind und die Gefahr der heutigen Welt. Aber ich sage, daß es die Selbstsucht und die Feigheit in uns allen ist, die miteinander verbunden den Kommerzialismus ergeben. Dieser Geist des Kommerzialismus in allen Ländern, insbesondere in Großbritannien und Amerika, und nicht der preußische Militarismus ist der wahre, der größte Feind der heutigen Welt. Denn der Kommerzialismus, diese Verbindung von Selbstsucht und Feigheit, hat die Religion der Pöbelverehrung in Großbritannien geschaffen, die die Ursache der Religion der Machtverehrung in Deutschland wurde, des deutschen Militarismus, der schließlich zu diesem Krieg geführt hat. Nicht der Militarismus, sondern der *Kommerzialismus* ist daher die Quelle und der Ursprung dieses Krieges. Wenn wir also helfen wollen, diesen Krieg zu Ende zu bringen, müssen wir zuerst, wir alle, diese Verbindung von Selbstsucht und Feigheit, den Geist des Kommerzialismus in uns überwinden, kurz, wir müssen an das *Recht* denken, nicht an den Vorteil und dann den Mut haben, gegen die Menge, den Pöbel, aufzustehen. *Auf diesem, nur auf diesem Weg* können wir helfen, die Religion der Pöbelverehrung zu unterdrücken, diesen Krieg zu Ende zu bringen.

Dann wird es ein leichtes sein, die Machtverehrung, den deutschen, den preußischen Militarismus verschwinden zu machen. Das einzige, was wir zu diesem Zweck zu tun haben, ist, an das andere Wort in Goethes Ausspruch zu denken, nämlich an die *Schicklichkeit. Guter Geschmack,* und, indem man daran denkt, sich mit Schicklichkeit und gutem Geschmack benehmen, kurz, sich anständig benehmen; denn Macht und jeder Militarismus der Welt wird sich bald nutzlos und unnötig erweisen gegen ein Volk, das sich anständig zu benehmen versteht. Das also ist der Geist der Religion des guten Bürgers, das Geheimnis der chinesischen Zivilisation. Es ist auch das Geheimnis der neuen europäischen Zivilisation, die der Deutsche Goethe den Völkern Europas gab, und es lautet: die Gewalt zu überwinden nicht durch Gewalt, sondern durch *Recht und Schicklichkeit;* tatsächlich die Gewalt und alles, was in dieser Welt böse ist, nicht durch Gewalt zu bezwingen, sondern unser Betragen richtig zu regeln und uns anständig zu benehmen, das heißt: *recht zu tun und sich mit Schicklichkeit und gutem Geschmack aufzuführen.*[92] Dies ist das Geheimnis, die Seele der chinesischen Zivilisation, das Wesentliche im Geist des chinesischen Volkes, den ich in diesem Buche zu erklären und zu erläutern versucht habe.

Gu Hongming: Der Geist des chinesischen Volkes und der Ausweg aus dem Krieg, Jena 1916, Auszüge aus dem Vorwort, S. 11-15 und S. 23-28.

---

gesetzmäßige Hüterin der modernen europäischen Zivilisation ist". Wenn sie nicht untergehen will und die Zivilisation gerettet werden soll, muss Deutschland einen Weg finden. Gu sieht diesen Weg in den Worten Goehtes vorgegeben, nämlich „Es gibt zwei friedliche Gewalten in der Welt, das Recht und die Schicklichkeit". – und führt den Gedanken weiter aus.

92 Fußnote des Autors: Konfuzius sagt: „Der moralische Mensch, der vornehme Mensch, kann dadurch, daß er ein Leben von schlichter Wahrheit und Ernsthaftigkeit lebt, der Welt Frieden bringen."

134

Auszug aus dem Werk des Sinologen Eduard Erkes (Leipzig 1920)

Chinesen[93]

[…].[94]

Wenn China hinlänglich erstarkt ist, so wird es zu seinen ersten Aufgaben gehören, der unheilvollen christlichen Propaganda einen dauerhaften Riegel vorzuschieben. Schon früher mußte es wiederholt zur Selbsthilfe greifen, wenn die Christen den ihrer Religion eigenen Geist der Unduldsamkeit durch Steuerverweigerung, Zerstörung von Tempeln und andere Ausschreitungen gegen ihre nichtchristlichen Mitbürger kundgaben. Natürlich wurde dann, wenn China gegen unbotmäßige Christen einschritt, aus Leibeskräften über die Intoleranz des chinesischen Staates gezetert – ebenso wenn China buddhistische Verschwörungen und mohammedanische Aufstände unterdrückte. Derartige Vorwürfe erheben heißt Staat und Staatsreligion der Chinesen aufs ärgste verkennen. Die religiöse Meinung ist in China vollkommen frei; niemals sind in China Buddhisten, Christen oder Moslems ihres Bekenntnisses halber behelligt oder benachteiligt worden. Nur gegen ihre dem Staat und Staatskultus feindlichen Ausschreitungen ist China vorgegangen; alle Verfolgungen fremder Bekenntnisse tragen rein politischen, keinen religiösen Charakter. Es heißt das Christentum wie den Konfuzianismus aufs ärgste verkennen, wenn man sie der religiösen Unduldsamkeit beschuldigt. Natürlich gehören diese Angriffe zum ständigen Repertoire der Missionare, die augenscheinlich als Rache für ihre Mißerfolge, in ihren Schriften das chinesische Volk nach Noten herunterzureißen und als ein zivilisations- und vor allem natürlich christentumsbedürftiges Halbkulturvolk hinzustellen bemüht sind. Die grotesk-traurige Karikatur, als die der Chinese in den Köpfen der meisten Abendländer spukt, ist zum allergrößten Teil auf die irreführenden, manchmal geradezu unanständigen verleumderischen Schriften der protestantischen Missionare zurückzuführen.

Indes setzt sich nicht nur der Organismus der chinesischen Kultur gegen das den Schrittmacher fremder Ausbeutung spielende Missionswerk erfolgreich zur Wehr; auch der Westen selbst liefert China eine wirksame Waffe durch die abendländische Wissenschaft, die dem Ostasiaten zeigt, daß in Wirklichkeit seine eigene Vernunftreligion, der Konfuzia-

---

93 Erkes lehrte seit Ende 1917 an der Universität Leipzig und legte mit dem 82seitigen Band *Chinesen* eine allgemeine und eher populäre Einführung in die Geschichte, Gesellschaft und Kultur Chinas vor. Erkes richtet sich mit diesem Band gegen die einseitige und oberflächliche Chinabetrachtung des Westens, die er dem Laien ebenso wie dem Fachkundigen vorwirft. „Das ist vor allem wohl darauf zurückzuführen, daß die meisten Ausländer ihrem Urteil über die Chinesen nur das zugrundlegen, was sie zufällig selbst sehen und erleben, und ihre Erlebnisse, die oft nur abnorme Ausnahmefälle darstellen, vorschnell verallgemeinern." (S. 5-6) Erkes betont – häufig recht idealistisch – die Eigen- und Bodenständigkeit der chinesischen Kultur, die dem Westen in mancherlei Hinsicht als Vorbild dienen könnte, und kritisiert gleichzeitig das unsensible und rohe Vorgehen der Westmächte in China.

94 Bei dem ausgewählten Text handelt es sich um die Schlußseiten des Bandes, zusammengefaßt unter der Überschrift „Chinas Selbstschutz gegen das Christentum".

nismus, die einzige mit den Erkenntnissen der Wissenschaft völlig vereinbare Lehre ist, die Annahme einer auf mythologischen Gedankengängen beruhenden Phantasiereligion aber einen kulturellen Rückschritt schlimmster Art darstellen und China geistig geradezu um mehrere Jahrtausende zurückwerfen würde, auf das Niveau, das es vor Konfuzius einnahm.

Wie der Chinese Verstandesmensch ist, nüchtern, skeptisch, klarblickend, so hat er denn auch nur für diejenigen Dinge des Westens Verständnis, die ihm wirklichen und einleuchtenden Nutzen bringen. So weiß er wohl, daß China sich Europas technische Fortschritte und naturwissenschaftliche Erkenntnisse im Interesse der Selbsterhaltung aneignen muß; aber er erkennt ebenso gut, daß China nichts von den ethischen und gefühlsmäßigen Werten der europäischen Kultur gebrauchen kann, die auf Volkstum und Zivilisation nur zerstörend wirken könnten. Er sieht genau, daß die chinesische Kultur der europäischen in allem überlegen ist, was sittliche und gesellschaftliche Bildung, soziale und persönliche Moral heißt. Die Folgen des europäischen Individualismus hat er ja in den letzten hundert Jahren am eigenen Leibe oft genug verspüren müssen, und an der letzten großen Selbstzerfleischung der europäischen Völker sieht er vollends klar, wohin die europäische Zivilisation mit ihrer Kultur der Persönlichkeit führt, die nur nackter rücksichtsloser Egoismus ist und deren Phrasen von Nächstenliebe und Kulturverbreitung eitel Heuchelei im Dienst des privaten Geschäftes sind.

Die ostasiatischen Völker schließen sich ja nun wohl zusammen, um europäische Ausbeutung und in deren Dienst stehende „Zivilisationsbestrebungen" abzuwehren. Darum aber darf man nicht etwa glauben, daß Ost und West sich nun nichts mehr zu sagen hätten, daß sie einander wieder fremd werden müßten. Im Gegenteil, gerade im beiderseitigen Interesse müssen sie sich weit besser, weit gründlicher kennen lernen; sie müssen vor allem aufhören, sich gegenseitig mit Mißtrauen und Verachtung anzuschauen. China muß sich die äußeren Hilfsmittel der europäischen Kultur, die es zu seiner Selbstbehauptung nun einmal nicht mehr entbehren kann, noch in weit umfassenderem Maße als bisher aneignen; der Westen aber muß aufhören, die Chinesen als ein besserungsbedürftiges Halbkulturvolk anzuschauen, dem man Bekehrungs- und Zivilisierungsversuche zumuten dürfe, um unter dieser Maske eine Politik der Aussaugung und Annexion zu betreiben. Wohl ihm, wenn er noch rechtzeitig erkennt, daß China unter Japans Schutz aufgehört hat, ein Objekt europäischer Politik darzustellen und freiwillig auf eine politische Machtrolle dort verzichtet, wie es das klügste und weitestschauende der europäischen Völker, die Engländer, anscheinend jetzt schon tut. Sonst wird ein neues Ringen, neue Zerstörung von Menschenleben und Kulturwerten und schließlich die blutige Niederlage des Abendlandes zum Schaden beider Teile die Folge sein.

Ein friedlicher Verkehr, ein wirklicher Kulturaustausch sollte die zukünftigen Beziehungen zwischen beiden Welthälften bilden. Nicht einseitige Ausbeutung der Reichtümer Chinas, sondern ein Handel, bei dem beide Teile auf ihre Rechnung kommen, muß ihre Grundlage sein. Nicht mehr sollten Missionare nach China gehen, sondern Männer der Wissenschaft, die China mit den wirklichen Errungenschaften und der wahren Weisheit des Westens bekannt machen und reichen Gewinn als Gegengabe nach Hause tragen könnten.

Denn wieviel uns China noch für unsere soziale und geistige Entwicklung zu bieten vermöchte, haben wir ja gesehen. Und gerade Deutschland, dem ein jetzt noch vielbeklagtes, später aber doch wohl einmal ganz anders beurteiltes Geschick die Waffen des Krieges aus der Hand genommen hat, dürfte am ersten berufen sein, auf dem Wege friedlichen Kulturaustausches mit dem fernen Osten voranzuschreiten.

Eduard Erkes: Chinesen, Leipzig 1920, Auszüge S. 75-82.

135

Schreiben des Ausschusses der Chinesischen Studenten in Deutschland, Berlin (Juli 1920)[95]

Ausschuß der
Chinesischen Studenten
in Deutschland

Berlin-Charlottenburg
Kantstraße 122

Die Entschließung:

Die in Deutschland studierenden Chinesen haben bei der am 6. März d. Js. stattgefundenen Generalversammlung einstimmig beschlossen, gegen den Film „Die Herrin der Welt“ aufs Schärfste zu protestieren.[96]

Sie betrachten besonders den I. und II. Teil als ein hetzendes Werkzeug gegen das chinesische Volk, das die Herabsetzung der chinesischen Moral und Kultur aufs Tiefste in das Herz des deutschen Volkes festwurzeln wird. Daher ist dieser Film von großem Schaden für die beiden Volker, die sich bisher immer in freundschaftlicher und anständiger Weise

95 Das vorliegende „Flugblatt“ und das Aufsehen, welches dieser Protest und der Film erzeugten, demonstrieren einerseits die exotisch-negative und mystische Darstellung Asiens im deutschen Film, d.h. den kommerziellen Wert dieses Chinabildes, andererseits aber auch die nach dem Krieg sensible Wahrnehmung und Reaktion chinesischer Studenten auf derartige Produktionen. Nicht zu unterschätzen sind diese „Erfolge“, die bei aller Beteuerung der freundschaftlichen Beziehungen nicht ohne Wirkung auf das Deutschlandbild chinesischer Studenten blieben. Siehe hierzu auch Hetze 1989:307-336.

96 Regisseur Joe May hatte den achtteiligen Sensationsfilm zwischen 1919 und 1920 gedreht. Inhaltlich geht es um den an einem kernphysikalischen Institut beschäftigten schwedischen Professor Johanson, der eine Formel zur Freisetzung enormer Energiemengen entwickelt hat. Johanson gerät in Auseinandersetzungen zwischen dem schwedischen Geheimdienst und finsteren Gangsterkreisen, woraufhin er seiner Tochter Karin mitteilt, daß er in einem Kloster in Kambodscha untertauchen wolle, um die Ergebnisse zu bewahren. Anschließend entwickeln sich unterschiedliche Abenteuer, die in den entsprechenden Folgen behandelt werden: 1) Die Freundin des gelben Mannes, 2) Die Geschichte der Maud Gregaards, 3) Der Rabbi von Kuan-Fu, 4) König Makombe, 5) Ophir – Die Stadt der Vergangenheit, 6) Die Frau mit den Milliarden, 7) Die Wohltäterin der Menschheit, 8) Die Tragödie der Rache. Erstmals im deutschen Film wurde hier eine chinesische Rolle mit einem chinesische Darsteller, Henry Sze, besetzt (vgl. Hetze 1989:315ff).

gegenseitig gesinnt waren.

Sie verzichten darauf, auf die einzelnen Darstellungen einzugehen und überlassen es dem deutschen Volk und der Mitwelt, die eine wirkliche Ahnung von Chinas Kultur- und Volksleben haben, darüber zu kritisieren und zu urteilen.

Da der Film vollständig von einem falschen Grundsatz geleitet und mit schlechten Gedanken ausgeführt ist, gibt es wohl kaum eine Möglichkeit, irgend etwas daran zu ändern und zu verbessern.

Angesichts der Interessen Deutschlands halten die hiesigen chinesischen Studenten es für ihre, aus Dankbarkeit herrührende Pflicht, die amtliche Stelle in Deutschland zu veranlassen, auf ihr Ausfuhrverbot zu beharren, damit keine Mißverständnisse gegen die Deutschen in China vorkommen, und, wenn möglich, auch in Deutschland die weitere Vorführung dieses Films zu verbieten.

Begründung.

Wie die Chinesen über Karl Figdors Film „Die Herrin der Welt" denken.[97]

Die Filmindustrie gehört zweifellos mit zu den bedeutendsten Errungenschaften, die Wissenschaft und Technik in den letzten Jahrzehnten zu verzeichnen haben. Die Erzeugnisse dieser Industrie werden auf der ganzen Welt – in Europa, Amerika, Asien – vorgeführt. Jung und alt, arm und reich wird durch die Darbietungen in den Kinotheatern Unterhaltung in freier Zeit geboten; aber nicht nur Unterhaltung, sondern auch Belehrung! Die Wirkung dieser Erweiterung des Gesichtskreises und der Geistesbildung auf die Zuschauer sind nicht hoch genug anzuschlagen. Die Verwendung des Films ist außerordentlich vielseitig, sei es auf wissenschaftlichem, technischem, kulturellem oder historischem Gebiete. Desgleichen kann der Film auch in hohem Maße dazu beitragen, Sitten und Gebräuche anderer Völker kennenzulernen. So ist also die Möglichkeit gegeben, daß sich auf diese Weise bisher noch fremde Volker näher kommen. Der Film stiftet also sehr viel Gutes. Aber es gibt auch Schattenseiten. Es ist entschieden als ein Mißbrauch und eine Herabsetzung des Zwecks zu bezeichnen, wenn der Film für Aufhetzungspropaganda und sogenannte sexuelle Aufklärung, um einige Beispiele zu nennen, benutzt wird. In solchen Fällen hat die Regierung eines Landes die dringende Pflicht, darüber eine strenge Zensur einzusetzen, falls die Filmgesellschaften, was die Selbstkontrolle betrifft, nicht genügend organisiert sind.

Zu diesen gesetzlicher Zensur bedürftigen Lichtbildern gehört der in letzten Monaten in Deutschland vorgeführte Riesenfilm „Die Herrin der Welt" (aus acht Teilen bestehend!). Auf die Einzelheiten des „Wunderwerkes", die die unmenschliche Grausamkeit, außergewöhnliche Unsittlichkeit, tief eingebürgerte Fremdenfeindlichkeit und volkstümliche Unehrlichkeit der Chinesen darstellen, können wir hier nicht näher eingehen. Darüber hat Herr Dr. Max Linde in seinem Artikel berichtet.[98] Was er nicht hervorhob oder nicht erörtern

---

97 Der Schriftsteller Karl Figdor lieferte die literarische Vorlage für den Film. Der Roman *Die Herrin der Welt* (1919) war äußerst populär, verkaufte sich in einer Auflagenhöhe von 250.000 Stück.

98 Max Linde, der Generalsekretär des Ostasiatischen Vereins, engagierte sich stark für den Wiederaufbau der deutsch-chinesischen Beziehungen und hatte diese Filmproduktion in seinem Artikel „Film

konnte, überlassen wir ganz dem Urteil des Zuschauers.

Wir als Chinesen, die wir Gelegenheit hatten, den ganzen Film zu sehen, haben jedoch einige Einwände zu erheben, die wir hier besprechen wollen.

Besonders überrascht waren wir über folgende Bilder: Die Darstellungen mit dem Bettlerkönig, den unzähligen Bettlern und dem Freudenhaus mit dem weißen Mädchen.

Die Chinesen werden zugeben, daß es in China viel Elend und Armut gibt, aber Armut und Elend ist ja auch in anderen Ländern verbreitet. Sie haben aber nie erfahren, daß sich in irgend einer chinesischen Stadt eine so große Anzahl von Bettlern versammelt und eine derartige Macht auf die Bürger auszuüben vermöchte.

Ein chinesisches Freudenhaus mit einem europäischen Mädchen vorzuführen, kann nur mit Berechnung auf ein sensationslüsternes Publikum geschehen sein!

Von den zur Schau gebrachten Grausamkeiten erwähnen wir nur zwei Beispiele.

Erstens das unterirdische mit Wasser gefüllte Gefängnis für die dänische Erzieherin; zweitens der Tod des Gelehrten, dem man die Pulsadern öffnet, und ihn langsam sterben läßt.

Über derartige qualvolle Todesstrafen haben wir Chinesen sowohl in der Geschichte wie in den Volkssagen nirgends irgendwelche Belege. Wie der Verfasser des Films gerade auf diese verbrecherischen Gedanken gekommen ist, war uns völlig rätselhaft.

Die Unehrlichkeit des Volkes wird an verschiedenen Stellen geschildert wie die Heimtücke des Bettlerkönigs, die List des Polizeipräsidenten und schließlich der Betrug des jungen Gelehrten.

Zu diesen fehlerhaften Punkten des Films kommen noch die falschen Darstellungen von Straßen, Häusern und Frauentrachten hinzu, die wir aber aus gutem Willen mit Rücksicht auf die technische Unmöglichkeit und die Unkenntnis der betreffenden Filmgesellschaft vom asiatischen Leben in den Hintergrund stellen wollen.

Die Wirkung des Films führt, darüber besteht wohl für uns keinerlei Zweifel, zur moralischen Verletzung eines Volkes und erzeugt ohne jeden inneren Grund unerfreuliche Mißverständnisse in beiden Ländern. Dieser Schaden erwächst nicht allein für China, sondern er entsteht auch für Deutschland und kann für dieses Land in gewisser Hinsicht verhängnisvoll werden. Deutschland muß gegenwärtig bestrebt sein, überall den Wiederaufbau energisch zu führen. Dies gilt in erster Linie auch für Wiederherstellung der auswärtigen Beziehungen. Die erste Bedingung für Wiederherstellung der alten Beziehungen ist von der Sympathie eines Volkes den Deutschen gegenüber abhängig. Die neue deutsche Republik hat unseres Ermessens keinen Anlaß, sich ein fremdes Volk zum Feinde zu machen. Das Ansehen der Deutschen in China ist trotz des Krieges und der Niederlage nicht verringert worden. Man hofft zurzeit auf eine neue freundschaftliche Beziehung der beiden Völker. Sollte diese Hoffnung durch das plötzliche Erscheinen des hier behandelten Films, der eine

---

und auswärtige Politik" (*Ostasiatische Rundschau*, 1:2, 15.02.1920, S.18) auf das Schärfste kritisiert. U.a. hieß es dort: „Hätte man sich bemüht, bewußt und absichtlich ein Filmwerk zu schaffen, dessen Zweck sein sollte, China und sein Volk in der Achtung der Welt herabzusetzen, man hätte beim besten Willen ein für diesen Zweck besseres Werk nicht schaffen können. ... Deutschland ist arm an Freunden in der Welt. Zu den wenigen Völkern, die Sympathien für uns hegen, gehören die Chinesen".

gewisse Verleumdung für die Chinesen seitens der Deutschen bedeutet, zerstört und die von unzähligen deutschen Staatsangehörigen mit vieler Mühe erworbenen Sympathien vernichtet werden? Es geschähe das nur zugunsten einiger unverantwortlicher Kaufleute! Das deutsche Volk muß sich des Schadens, der durch Unterbindung der Beziehungen mit Ostasien entsteht, und durch solche Werke, wie sie oben geschildert worden, wohl bewußt sein. Hier ist ein offenbares Unrecht geschehen! Wir Chinesen und die deutschen Interessenten haben die Aufgabe, die Gefahr zu beseitigen, welche zu einem Völkerhaß hinführen kann.[99]

Die chinesischen Studenten.

Flugblatt, Juli 1920, in: PAA, R85449, unfoliert.

136

Artikel des Kommunisten Zhou Enlai (01.02.1921)

Europas Krise nach dem Ersten Weltkrieg[100]

Was mir bei meiner ersten Europareise besonders aufgefallen ist, sind der enorme Einfluß des Krieges auf die Gesellschaft und der gegenwärtige Zustand der Unsicherheit.[101] Welcher Einfluß ist das? Es sind der Mangel an Produktivkraft, eine Panik in der Wirtschaftswelt und die von Not gezeichneten Lebensverhältnisse. Diese Faktoren genügen, um die allgemeine Bevölkerung in Hunger und Arbeitslosigkeit zu stürzen und auf innen- wie auch außenpolitisch große Probleme zu stoßen. Fügt man die während des Krieges entstandenen

99 Die Filmserie wurde trotz der nun geführten Diskussionen um eine Änderung und Zensur zu einem kommerziellen Erfolg in Deutschland und Europa. 1960 wurde gar in einer dt.-frz.-ital. Produktion mit zwei neuen Teilen dieser Geschichte versucht, an den Erfolg anzuknüpfen.

100 Chin.: „Ouzhan hou zhi Ouzhou weiji", aus dem Chinesischen übersetzt von Andreas Steen und Yang Zhan'ao. Der Artikel erschien neben drei weiteren Beiträgen, die die Situation Europas thematisieren, zwischen dem 20. und 23. März 1921 in der *Yishi bao* (Vorteilhafte Epoche), Tianjin.

101 Zhou Enlai, 1898 in Shaoxing, Zhejiang, geboren, wuchs nach dem frühen Tod seine Vaters bei Verwandten in Jiangsu und später in Mukden (Shenyang) auf. 1912 wurde er auf die Nankai Mittelschule nach Tianjin geschickt, wo er u.a. zahlreiche Aufsätze für Schulpublikationen verfaßte und sich in einer Theatergruppe engagierte. Nach dem Abschluß (1917) finanzierte ihm ein Onkel das Studium in Japan, von dem er 1919 nach Beginn der 4.-Mai Bewegung zurückkehrte. Anschließend betätigte er sich als Herausgeber einer Zeitschrift der Studentenvereinigung in Tianjin, immatrikulierte sich im Herbst 1919 an der Nankai Universität und wurde zum Gründungsmitglied einer Studentenvereinigung. Für das Studium marxistischer Theorien nahm er parallel Kontakt mit Chen Duxiu, Li Dazhao und Mao Zedong in Peking auf. Im Herbst 1920 begab er sich im Rahmen eines Arbeits- und Studienprogramms nach Frankreich. Bis zum Sommer 1924 lebte Zhou sowohl in Paris als auch Berlin, zudem reiste er nach Belgien und England. Neben seinen zahlreichen politischen Aktivitäten, zu denen auch die Gründung der europäischen Abteilung der KPCh im Juli 1922 in Paris zählte, berichtete er ausführlich über die Situation in Europa.

Verluste der geistigen Zivilisation hinzu, so erklären sich die Not und Unsicherheit in der heutigen Gesellschaft. Vor meinem Auslandsaufenthalt war ich mehrmals von jenen Diskussionen erschrocken, die dem Europäischen Krieg eine große Wirkung zusprachen. Schließlich dachte ich, daß die materielle Zivilisation in Europa sehr entwickelt sei und die Zerstörungen der letzten Jahre lediglich einige Teile von ihr betreffen, nicht aber die Entwicklung des Ganzen behindern. Als ich diese Diskussionen dann in der Realität bestätigt fand, merkte ich, daß es sich bei meinen früheren Vorstellungen nur um im Traum gesprochene Worte handelte.

Alle Organisationen Europas lassen sich nicht mit dem losen Sandhaufen Chinas vergleichen, da zwischen Industrie und Handel enge Verbindungen bestehen. Die Produktivkräfte konzentrieren sich in Fabriken, Transportwesen, Versicherungen und Distribution, werden zudem durch dichte Eisenbahn- und Schiffahrtsnetze unterstützt und besitzen Kontakte zu Banken, Firmen und Geschäften. Auch wenn vom freien Handel gesprochen wird, belegen die Tiefe der Beziehungen und die Sorgfältigkeit der Kalkulationen bereits die Macht dieser Konzentration. Die nach dem Ausbruch des Krieges in Europa einberufenen Arbeitskräfte, der Verlust von Produktivkraft, der Verbrauch von Produkten und die Unterbrechung des Handels können schon nicht mehr berechnet werden. Die Opfer eines Ortes sind Opfer eines gut ausgerüsteten ganzen Landes. Die Opfer des Krieges sind Opfer eines gut ausgerüsteten ganzen Europa. Es ist unwahrscheinlich, daß Menschen in den vier Jahren vom Einfluß des Krieges unberührt blieben und nicht von Armut und Elend getroffen worden sind. Zwar fand ich auf den Märkten in Paris und London heraus, daß es dort weitaus blühender als in Ostasien zugeht, was jedoch den materiellen Wohlstand in Form von Kohle, Elektrizität, Brot und Zucker anbelangt, so läßt sich diese Situation bereits nicht mehr mit der in Shanghai, Peking und Tianjin vergleichen, wo die Menschen ausreichend mit diesen Dingen versorgt sind. Auch was die hohen Arbeitslosenzahlen anbelangt, kann man sie nicht mit den Zahlen und der Situation der hungrigen Bevölkerung in den Provinzen Nordchinas vergleichen. Sieht man sich Großbritannien und Schottland an, so gibt es dort bereits gegenwärtig über eine Million Arbeitslose. Obgleich [diese Länder] nicht an die Größe von zwei Provinzen in China heranreichen, haben sie die gleiche Arbeitslosenzahl. In diesem Zusammenhang gibt es eine Sache, auf die ich unsere Landsleute mit Nachdruck hinweisen möchte. Die Hungersnöte in unserem Land sind zur einen Hälfte auf das Klima zurückzuführen, zur anderen Hälfte auf die Menschen, die selber nichts unternehmen und nicht daran denken, sich von den Leiden der Überschwemmungen und Dürren zu befreien. Kommt es zu Überschwemmungen oder Dürre, so warten sie einfach tatenlos auf den Tod. Hingegen besitzen die Arbeitslosen in Europa fachliche Qualifikationen und Fähigkeiten. Wenn man sie in einer Fabrik anstellt, können sie die Maschinen sehr geschickt bedienen. Ich fürchte, sie sind besser als die Absolventen der Fachhochschulen in China, von den Mittelschülern ganz zu schweigen. Ich habe dieses bei den Studenten bestätigt gefunden, die in Frankreich studieren und dort ihr Studium durch Arbeit in Fabriken finanzieren – daher weiß ich, wovon ich spreche. Alle Arbeitslosen in Europa besitzen technische Fähigkeiten, können diese aber nicht umsetzen. Bei uns kann man gar nicht davon sprechen, daß es Arbeitslose mit technischen Fähigkeiten gibt, denn selbst unter den Berufstätigen finden sich kaum welche mit technischen Fähigkeiten. Während es in Europa bereits keine Arbeit mehr gibt, fehlt es in unserem China an dem, was als Beruf/Arbeit bezeichnet werden könnte. Weil in Europa so viele Menschen ohne Beschäftigung sind, beunruhigt die Frage danach, wie der Einzelne (viele Arbeiter in Europa haben keine Familie) oder die Familie ihren Lebensunterhalt sichern kann, die Gesellschaft gegenwärtig am meisten.

Das ist noch nicht alles. Es gibt in Europa viele Industrieländer, bei denen die Arbeitergruppen gut organisiert und eifrig um Solidarität bemüht sind. Von diesen Verhältnissen kann man im heutigen China nicht einmal träumen. Aber selbst unter diesen Umständen erhalten die Arbeiter keine vollständige Unterstützung. Was die Mittelschicht betrifft, so wird sie nicht von Organisationen unterstützt und durch die gegenwärtige Wirtschaftslage zusätzlich stark unter Druck gesetzt. Wie viele Menschen arbeitslos und in Nöten sind, ist unbekannt.

[...][102]

Die Gesamtsumme der [deutschen] Reparationszahlungen beträgt 113 Millionen Gold Pfund, eine gewaltige Summe, die in der Geschichte einmalig ist. Das gegenwärtige Deutschland, dem heute neue Wunden hinzugefügt werden, von denen es sich kaum erholen kann, und welches alles verloren hat, wird nicht die Kraft aufbringen, diese Summe zu zahlen. Anhand des gegenwärtigen Staatseinkommens in Deutschland läßt sich nachweisen, daß es schwer fallen wird, die Reparationszahlungen innerhalb eines kurzen Zeitraums zu leisten. Als England, Frankreich, Italien und andere Länder die Reparationssumme festlegten, handelte es sich nicht um eine einseitige Position, sondern um die unterschiedlicher Regierungsparteien. Wenn es [später] zu Änderungen im Kabinett kommen sollte, bleibt fragwürdig, ob diese Entscheidungen angenommen werden können. Überdies wurde die Zahlungsfrist auf 42 Jahre verlängert. Sollte es während dieser Zeit in England, Frankreich, Italien und anderen Ländern zu Unruhen kommen oder Deutschland in der Zukunft unerwartete Veränderungen erfahren, wer kann dann noch garantieren, daß diese Verträge in Zeiten gesellschaftlicher Umwälzungen weiterhin Bestand haben. Dieses läßt leichte Zweifel an der Reparationsfrist aufkommen. [...][103]

Yishi bao, Tianjin, 22.03.1921 (abgedruckt in Zhou Enlai 1979, 399-401, 404).

---

102 Auslassung: Zhou Enlai diskutiert die unterschiedlichen Interessen der Kriegssieger und ihre Ansichten zur Nachkriegsordnung in Europa, einschließlich der Debatte um die Festlegung der von Deutschland geforderten Reparationszahlungen.

103 Auslassung: Weitere Ausführungen zur wirtschaftlichen Lage Europas.

137

Reiseeindrücke des Sozialisten Jiang Kanghu nach einem Aufenthalt in Deutschland (10.07.1922)

Reiseeindrücke aus Deutschland[104]

Oftmals höre ich Menschen sagen, „das deutsche Volk lebt seit der Kriegsniederlage in Not und Elend, die Stärke des Landes ist auf ein Minimum geschrumpft. Sowohl das materielle als auch das geistige Leben sind zurückgegangen". Dieses Mal war ich persönlich vor Ort und sah, daß ein reges Kommen und Gehen herrscht und der Aufschwung dem früher Jahre nicht nachsteht.[105] Überdies kommen die Ausländer aufgrund der Abwertung der Währung gerne hierher. Die Zahl der in Berlin lebenden Chinesen, Japaner, Engländer, Franzosen, Amerikaner und Russen hat sich im Vergleich zur Vorkriegszeit um das Zwei- bis Dreifache, wenn nicht gar um das Fünf- bis Sechsfache erhöht. In den Städten wimmelt es von Menschen und in den Hotels drängen sich die Massen. Auch kaufen die Ausländer gerne deutsche Produkte, da sie von guter Qualität und preiswert sind. Sowohl in den Fabriken als auch in den Geschäften kann man sich kaum des Ansturms erwehren. Der Reisende sieht nicht nur keine Spuren der Kriegsniederlage, er erkennt auch nicht, daß dieses Land einstmals einen Krieg führte. Von daher gibt es, wenn ich an die alte Reise zurückdenke und den gegenwärtigen Zustand beobachte, Einiges, was ich niederzuschreiben Wert finde.[106]

Recht und Ordnung sind verfallen. Das politische System und die gesellschaftlichen Bräuche Deutschlands hatten den Ruf einer erstklassigen Zivilisation. Die Beamten waren seit jeher aufrichtig und wirtschafteten nicht in die eigene Tasche. Ihre Arbeit verrichteten sie geschickt und angemessen, alles wurde ordnungsgemäß und ernsthaft durchgeführt. Heutzutage nehmen die Zollbeamten unverhohlen Bestechungen entgegen. Während der Abfahrt oder Ankunft der Züge herrscht auf dem Bahnsteig ein Durcheinander beim Kauf der Fahrscheine. Wenn Frauen hinzusteigen, wird ihnen kein Sitzplatz angeboten. Die Hauptstraßen werden von Dieben und Unordnung beherrscht. Bereits zur Abenddämmerung werden die Türen fest geschlossen, um sich vor Verbrechern zu schützen. Damen von guter Herkunft arbeiten nun als Prostituierte, um zu überleben. Die [sittliche] Moral ist verfallen und die Sorgen sind groß. Das ist der erste Punkt.

Die wirtschaftlichen Schwierigkeiten. Die deutsche Mark ist bereits auf ein Einundvierzigstel ihres ursprünglichen Wertes gesunken. Wenn Ausländer ihre eigene Währung mit nach Deutschland nehmen, empfinden sie alles als sehr preiswert. Das Einkommen der Einheimischen ist jedoch durchschnittlich nur um das Zehnfache gestiegen, die Warenpreise

---

104 Chin.: „You De ganxiang ji", aus dem Chinesischen übersetzt von Andreas Steen und Yang Zhan'ao.

105 Jiang hatte 1911 die Sozialistische Partei Chinas (*Zhongguo shehuidang*) gegründet und stand dem Anarchismus nahe. 1921 hatte er am III. Weltkongreß der Kommunistischen Internationale in Moskau teilgenommen. Anschließend besuchte er Deutschland im Rahmen einer ausgedehnten Europareise (vgl. Felber 2000:134).

106 Jiang hatte Deutschland erstmals 1910 besucht.

um das Zwanzig- bis Hundertfache. Mit Ausnahme der großen Kapitalisten und der Arbeiter aus den niedrigen Schichten [die sowieso nichts besitzen] müssen alle sehr sparsam leben oder gehen illegalen Geschäften nach, um die finanzielle Situation zu verbessern. Ich habe gesehen, daß die zwei Mahlzeiten im Hause eines hohen Regierungsbeamten täglich aus Kaffee und Kartoffeln bestehen. Nur am Sonntag gibt es Fleisch. Ein lediger Hochschullehrer kocht selbst, weil die Essensangebote zu teuer sind. Das nimmt täglich drei Stunden in Anspruch. Die Ehefrau eines verheirateten Hochschullehrers arbeitet als Krankenschwester und die Tochter als Hilfskraft in einem Krämerladen. Viele der in den Geschäften tätigen weiblichen Kräfte arbeiten nachts als Liebesdienerinnen. In den armen Stadtteilen Ostberlins gibt es über fünftausend schulpflichtige Kinder, die wegen Mangel an Kleidung nicht zur Schule gehen können. Nach dem Krieg hatte man keinen einzigen Neubau errichtet, es wurde nur an die Erhaltung der alten Straßenfassaden gedacht. Da diese Häuser seit langem nicht mehr renoviert wurden, sind viele von Verwitterung betroffen oder im Zerfall begriffen. In Museen, Bibliotheken und Parkanlagen wurden die öffentlichen Stellen abgebaut und die Öffnungszeiten verkürzt, es ist nicht mehr die Atmosphäre von damals. Wenn das so weiter geht, wie wird es in zehn Jahren aussehen? Außerdem häufen sich unterschiedliche Steuern an, die die Menschen sehr belasten. Von der jahrelangen Spareinlage und dem Geschäftsgewinn geht die Hälfte an die Regierung. Trotzdem hat sich die [Verwaltung] der öffentlichen Angelegenheiten im Vergleich zur alten Zeit verschlechtert. Sowohl von der höheren Ebene als auch der niedrigeren Ebene werden Abgaben verlangt, so daß das Land und die Privathaushalte leer ausgehen. Das ist der zweite Punkt.

Die Ungleichheit der internationalen Lage. Die anderen Länder sind sehr streng mit Deutschland, insbesondere die Franzosen mit ihren starken Eigeninteressen bringen Deutschland in Verlegenheit. Westlich des Rheins stehen die Truppen der Alliierten, die dort auf ihre Reparation warten und Rechtsansprüche stellen. Sie gehen noch einen Schritt weiter, indem sie die Finanzen kontrollieren und sich in die Zivilangelegenheiten einmischen. Die Kosten für das Militär werden allesamt von den Deutschen getragen. Wegen der Abwertung der deutschen Währung ist der Sold der in Deutschland stationierten englischen, französischen und belgischen Soldaten um mehr als das Fünffache höher als das Gehalt des deutschen Staatspräsidenten. Diese Leute führen ein luxuriöses und verschwenderisches Leben und schrecken vor keiner Untat zurück, so daß die internationalen Sympathien sich zunehmend verfinstern. Die Entente-Länder sind sich dieser Sache noch nicht bewußt geworden und zeigen täglich ihre drohenden Gesten. Der Stachel der Biene ist giftig und das eingesperrte Tier ist immer noch sehr gefährlich. Sie werden also nicht aufhören, bis beide Seiten am Boden liegen. Das ist der dritte Punkt.

Der Unmut der Bevölkerung. Obwohl Deutschland schwere Wunden davongetragen hat, zeigt es kein bißchen Reue. Überdies ist die Revolution nur ein Märchen, denn die Macht liegt immer noch in den Händen der alten Parteien. Die Bürger planen, sich noch einmal zu erheben und Vergeltung zu üben. Grob gesagt machen die Restaurationisten nur ein Zehntel und die Monarchisten drei Zehntel der Bevölkerung aus. Die Hälfte [der Bevölkerung] ist gegen die jetzige Regierung und sechzig bis siebzig Prozent sind gegen den Sozialismus.

Wenn aber von Vergeltung gesprochen wird, sind es 80-90 Prozent, die ihre Sympathie zeigen. Im Land wird diese Stimmung von mehr als der Hälfte der Presseinstitutionen angeheizt. Die Heeresstärke ist auf einhunderttausend Soldaten begrenzt, jedoch sind überall patriotisch Gesinnte zu finden, die heimlich trainieren. Auch die Waffenproduktion wird versteckt organisiert, während in Schulen und Theatern weiterhin ein enger Nationalismus betrieben wird. Als im letzten Jahr der Sarg der deutschen Kaiserin zur Grabstätte transportiert wurde, gaben ihr einhunderttausend Menschen das letzte Geleit.[107] Wenn die Leute an den Standbildern von Wilhelm I. und Bismarck vorbeigehen, gibt es keinen, der nicht den Hut zum Gruß abnimmt. Manche werfen sich davor sogar weinend auf die Knie. Wenn jemand Französisch spricht, wird er oftmals beschimpft und zusammengeschlagen, so daß für ihn Lebensgefahr besteht. Wie groß ist doch der bittere Haß auf die anderen! Der Machtkampf zwischen Deutschland und Frankreich ist in der Tat ein Hindernis für die Zukunft dieser Welt. Das ist der vierte Punkt.

Was einem aber am meisten Sorge macht, sind die reaktionäre Haltung der Intellektuellen und die Radikalität der Arbeiterklasse, zwei extreme Kräfte, zwischen denen sich nicht vermitteln läßt. Dies ist zwar auch in den anderen europäischen Ländern der Fall, jedoch sind die Gegensätze in Deutschland besonders stark ausgeprägt. Dieses Phänomen ist der gesellschaftlichen Bewegung im Osten genau entgegengesetzt. Die Mehrheit der deutschen Lehrer, Studenten, Künstler, Schriftsteller und Journalisten vertritt fest die konservative Haltung und haßt die neuen Ideen und den neuen Aufbau. Die niedrigste Arbeiterschicht aber tendiert eher zu Kommunismus und Anarchismus. Anfangs verstand sie diese Lehren nicht, man erfreute sich lediglich an radikaler Zerstörung und erlebte Augenblicke der Zufriedenheit. Ich erinnere mich an die Worte Maxim Gorkis, die er in St. Petersburg zu mir sagte: „Das erste Unglück auf der Welt ist der Konflikt zwischen den Intellektuellen und der Arbeiterklasse." Rußland hatte, nachdem es mehrfach verwundet worden war, allmählich begriffen, daß die beiden Klassen sich gegenseitig brauchen und auf keinen Fall gegeneinander kämpfen sollten. Deutschland erkennt diesen Fehler und begeht ihn dennoch. Es ist unwahrscheinlich, daß es ihn beheben wird, bevor es am Boden zerstört ist. China ist seit jeher von der großen Bedeutung der Intellektuellen überzeugt, denn sie nehmen als erste den Trend [der Zeit] wahr und fungieren als Vermittler und Förderer neuer Ideen und eines neuen Aufbaus. Wenn die Position und die Stärke der Intellektuellen bewahrt werden können, einerseits um eine verantwortungsvolle Propaganda durchzuführen und die Intellektuellen als Vorreiter der Reformen zu etablieren, andererseits um unbeabsichtigtes Aufhetzen zu vermeiden, wird kein Widerstand aus Überheblichkeit innerhalb der Arbeiterklasse entstehen. Dann wird sich die häufig zu beobachtende Katastrophe des Westens vielleicht nicht im Osten wiederholen. Das ist meine große Hoffnung.

Die Schlösser in Deutschland sind heute in Museen umgewandelt, jeder kann sich eine

---

107 Kaiserin Auguste Victoria war am 11. April 1921 in Huis Doorn, Holland, nach schwerer Krankheit verstorben. Zu ihrer Beisetzung am 19. April in Potsdam/Sanssouci erschienen Hunderttausende, die damit gleichzeitig ihre Sympathie für die Monarchie zum Ausdruck brachten.

Eintrittskarte kaufen, hineingehen und sie besichtigen. Die Schlösser in Berlin sind aber nicht so prachtvoll wie das Residenzpalais in Potsdam. Die ausgestellten Gegenstände umfassen die besten Exponate aus allen Ländern. Dort sind auch Porzellan, Lackwaren, Seidenstücke und Cloisonné-Arbeiten aus unserem Land zu sehen. In der Nähe des Schlosses, wo früher die Geräte des Beijinger Observatoriums aufgestellt waren, kann man noch die Ruinen sehen. Im Berliner Militärmuseum gibt es besonders viele Gegenstände, die zur Zeit des Boxer-Aufstands in Besitz genommen wurden. Die Deutschen mögen Macht und Erfolg und stellen mit dem Brandenburger Tor wie auch der Siegessäule ihre militärische Stärke vollends zur Schau. Das bringt die besiegten Länder häufig in Verlegenheit, so daß diese Denkweise eigentlich ein großes Hindernis für den Weltfrieden ist. Die Fachmuseen Deutschlands sind im Vergleich zu denen anderer Ländern sehr vollständig. Neben dem Militärmuseum gibt es noch das Alte Museum, das Meeresmuseum, das Völkerkundemuseum, das Kunstmuseum und das Verkehrsmuseum. Besonders eindrucksvoll ist die Gemäldegalerie. Zahlreich sind dort die bekannten Werke verschiedener Nationen und täglich trifft man hier auf mehr als zehn Menschen, die die Meisterwerke nachzeichnen. Die Staatsbibliothek ist von stattlichem Ausmaß und steht der Parlamentsbibliothek in Washington in nichts nach, sie ist vielleicht nur nicht so hübsch wie jene. Ihre öffentlichen Säle sind großartig und auch in der China-Abteilung stapeln sich Berge von Büchern. Schade nur, daß es niemanden gibt, der sich um sie kümmert, und so liegen die Bücher halb verfallen im Staub. Die Gebäude der Berliner Universität sind nicht sehr neu. Heute studieren dort insgesamt zwölftausend Studentinnen und Studenten. Es gibt kein Internat mit Verpflegung. Jedes Fach ist offen sowohl für Männer als auch für Frauen. Aber die Zahl der Frauen beträgt weniger als ein Viertel der Studierenden. Wenn man die Situation mit Amerika vergleicht, ist man von dieser Rückständigkeit überrascht.

Ich blieb über zwei Monate in Berlin. Außer der täglichen Besichtigung von Museen, Schulen und Fabriken habe ich häufig Staatsbediensteten und Parlamentsabgeordneten einen Besuch abgestattet. Der Ministerpräsident Dr. Wirth ist Mitglied der Katholischen Partei. Unter den Kabinettsmitgliedern gibt es drei, die der Sozialistischen Partei angehören. Der Reichsjustizminister [Gustav] Radbruch war am gastfreundlichsten. Im Parlament bildet die Sozialistische Partei die Mehrheit und besteht aus drei Fraktionen: Der rechte Flügel ist die Sozialdemokratische Partei, die am ältesten und größten ist, sie hat ungefähr hundert Sitze; der linke Flügel ist die Kommunistische Partei, die vier oder fünf Sitze hat; in der Mitte steht die Unabhängige Sozialistische Partei mit über zehn Sitzen. Unterscheidet man sie entsprechend der drei Internationalen, so gehört die Sozialdemokratische Partei zur Zweiten Internationale, die Kommunistische Partei zur Dritten und die Unabhängige Sozialistische Partei zur sogenannten Zweiteinhalbten Internationale, d.h. zur Wiener Internationale. Außerordentliche Persönlichkeiten der Sozialdemokratischen Partei, z.B. Eduard Bernstein und Karl Kautsky zählen zu den Autoritäten dieser Welt, sie sind alte Freunde von [Karl] Marx und [Friedrich] Engels und über siebzig Jahre alt. Bernstein ist heute noch Parlamentsabgeordneter, Kautsky führt ein müßiges und ruhiges Leben, nur manchmal geht er aus, um einen Vortrag zu halten. Von den Führern der Unabhängigen Sozialistischen

Partei kenne ich einzig den Abgeordneten [Rudolf] Breitscheid, und von den Vorkämpfern der Kommunistischen Partei kenne ich die berühmte alte Dame [Clara] Zetkin.

Die Arbeiterpartei hat sich von den politischen Parteien getrennt und bildet eine unabhängige Gruppe, deren Hälfte der Mitglieder Sozialdemokraten sind. Die großartigen Feiern zum Tag der Arbeit am 1. Mai sieht man nur selten in anderen Ländern. Das Parlamentsgebäude ist von herrlicher Architektur und auf dem Dach weht die neue Fahne in den Farben Schwarz-Rot-Gold. Sie ist ein Produkt der Republik und nur selten anderswo zu sehen. Demgegenüber sieht man die alte monarchistische Fahne immer wieder, was äußerst merkwürdig ist. Davor steht eine gottesähnliche Bronzestatue von Bismarck. In dem Gebäude sind Sitzungssaal, Kantine, Besuchersaal, Bibliothek, Lesesaal und Büros untergebracht.

Der Sitzungssaal sieht fächerförmig aus. Der Vorsitzende sitzt vorne erhöht, der Sekretär links neben ihm, die Stenographen unterhalb. Die Sitze der Regierungsabgeordneten verteilen sich auf zwei Flügel, d.h. die Parlamentarier nehmen von rechts nach links folgende Plätze ein: Zunächst die Nationalisten, also die Monarchisten; dann die Zentrumspartei, d.h. die Katholische Partei; dann die Demokratische Partei; dann die Sozialdemokratische Partei, auch Mehrheitssozialdemokratische Partei genannt (Achtung! Es handelt sich nicht um die Mehrheitspartei in Rußland), dann die Unabhängige Sozialdemokratische Partei und die Kommunistische Partei. Im oberen Stockwerk befinden sich die Sitze für Besucher. In den Sitzungen geht es überhaupt nicht ordentlich und respektvoll zu. Das Fehlen in einer Sitzung ist normal. Wenn jemand redet, verlassen viele ihre Sitze, gehen hin und her. Gegner üben Kritik und schimpfen laut, der Vorsitzende kann es nicht verbieten. Für die Abstimmungen gibt es zwei Türen, die jeweils Zustimmung oder Ablehnung bedeuten. Man muß aufstehen und durch eine der Türen gehen, damit problemlos gezählt und Auseinandersetzungen vermieden werden. Kritiker verspotten diesen Vorgang als den Gang der Schafe zur Schlachtbank.

Die chinesische Botschaft in Berlin befindet sich am Kurfürstendamm im Bezirk Charlottenburg. Sie hat ihren Sitz dort bereits seit mehr als zwanzig Jahren. Nach Verkünden der Kriegserklärung übernahm die Gesandtschaft Dänemarks die Vertretung der chinesischen Außenangelegenheiten. Mit Abschluß des neuen chinesisch-deutschen Vertrags wurde Wei Chenzu zum Gesandten ernannt. Die Gesandtschaft wurde wieder eröffnet, jedoch verhält sie sich eher passiv, um Kosten zu sparen. Die Südregierung hat Zhu Hezhong als Vertreter nach Deutschland geschickt. Auch von ihm hört man wenig. Die Zahl der hiesigen chinesischen Studenten ist in der letzten Zeit auf fünf- bzw. sechshundert angestiegen. Die meisten sind aus Kostengründen von England, Frankreich, Belgien und Amerika hierher gekommen. Unter den Studenten herrscht keine gute Lernatmosphäre und es gibt nur wenige, die fleißig studieren. Der Grund hierfür liegt in der liberalen Haltung der Universitäten und ist dem Umstand geschuldet, daß es zu viele Ablenkungen im Leben gibt. Die jungen Leute sind nicht vorsichtig und geraten sehr leicht auf die schiefe Bahn, was sehr bedauernswert ist. Es gibt einen Studentenverein, dessen Vorsitzender Jiang Shengjun, ein Militärarzt und Offizier aus der Provinz Zhejiang, ist. Das Budget ist sehr beschränkt, aber er gibt sich sehr viel Mühe, um den Verein weiter am Leben zu halten. Außerdem gibt es ein China-

Restaurant, das vom ehemaligen Koch des chinesischen Gesandten geführt wird. Es ist das einzige Restaurant dieser Art in Berlin, anders als in Amerika, wo es unzählige China-Restaurants gibt. Neben den Studenten sind in der letzten Zeit viele chinesische Geschäftsleute nach Deutschland gekommen. Der Export von Maschinen und Materialien [nach China] wird hundertprozentig versteuert, ist damit [für China] insgesamt aber immer noch um ein Drittel billiger als der Import aus Amerika. Unter den deutschen Lehrern und Ingenieuren gibt es viele, die eine Anstellung in China angenommen haben. Ihr Gehalt ist im Vergleich zu dem der Engländer, Franzosen und Amerikaner niedriger, beträgt aber mehr als das Zehnfache dessen, was sie in ihrem Heimatland bekommen. Deshalb ist es für sie ein finanzieller Gewinn, in China zu arbeiten.

In der Umgebung Berlins gibt es viele Fabriken, von denen die meisten eine Besichtigung durch Ausländer ablehnen, weil der Haß der Deutschen nach dem Krieg zugenommen hat. Sie fürchten, daß die Geheimnisse ihrer wissenschaftlichen Erkenntnisse nach außen dringen werden. Ich habe durch besondere Empfehlung die Siemens-Werke besichtigten können. Die Geschäfte von Siemens gehen in China ziemlich gut, deshalb sind Chinesen vergleichsweise willkommen. Das Unternehmen ist durch die Zusammenlegung der Firmen Siemens und Schuckert vor fünfunddreißig Jahre gegründet worden. Heute handelt es sich um eine der bekanntesten Elektronik-Fabriken der Welt. Sie beschäftigt insgesamt achtzigtausend Arbeiter, ein Fünftel von ihnen sind Frauen. Die ganze Fabrik hat vier Abteilungen. Der Firmensitz liegt in Siemensstadt, im Westen von Berlin. Die Straßenbahn fährt direkt dorthin. Alle Einwohner in Siemensstadt haben eine Verbindung zu der Fabrik, so daß es sich fast um eine kleine Republik handelt. Die Firma behandelt die Kriegsinvaliden sehr gut und es gibt ein Dutzend Blinder, die bei der Arbeit sehr flink sind. Jeder von ihnen hat einen Hund bei sich, der seinen Herren täglich von der Wohnung in die Fabrik und wieder zurück begleitet. Ob sie im Aufzug hoch- und runterfahren, oder in der Kantine ein- und ausgehen, die Hunde sind stets ihre Begleiter. Außerdem gibt es [dort] eine Art Lichtspieltheater, dessen Bühne mit elektrischem Licht aus mehreren hundert Glühbirnen ausgestattet ist. Zur Musik eines Akkordeons sehen die Besucher Sonne und Mond einander wechseln, Berge und Ebenen weit und dunkel, vorbeiziehende Wolken, fallenden Regen, Wind und einen Springbrunnen – es ist wirklich eine wechselhafte und magische Landschaft. All dieses bekommt man innerhalb von einer Stunde in einem Raum zu sehen – das ist die Wirkung der Optik! Ich habe gehört, daß bereits zwei große Theater in Deutschland diese Einrichtung gekauft haben und benutzen. Der Preis beträgt nicht mehr als paar tausend chinesische Dollar. Es gibt vierzig bis fünfzig chinesische Studenten, die in dieser Fabrik ein Praktikum machen.

Es gab noch ein Ereignis während meines Berlin-Aufenthalts, über das zu schreiben es Wert ist, nämlich die Union der sozialistischen Parteien der drei Internationalen. Jede internationale Partei schickte zehn Vertreter, zuzüglich der Journalisten der sozialistischen Parteien waren es insgesamt siebzig bis achtzig Leute, die an der Tagung teilnahmen. Am zweiten April [1922] wurde ein Sitzungsraum des deutschen Reichstags für die Tagung gemietet, welche fünf Tage dauerte. Diejenigen, die diese Veranstaltung initiiert und von

Anfang bis Ende daran festgehalten haben, sind Mitglieder der Zweieinhalbten Internationale. Die zweite und die dritte internationale Partei hatten den Vorschlag angenommen, aber jede stellte aus Protest unvereinbare Bedingungen. Deshalb gab es auf der Tagung Diskussionen, aber keine Beschlüsse. Nur unter Zwang wurde eine gemeinsame Erklärung abgegeben, wonach alle drei Internationalen Parteien kooperieren, um eine Allianz mit dem Proletariat und den Sturz des kapitalistischen Systems herbeizuführen. Seit der Gründung der drei internationalen Parteien ist es das erste Mal, daß diese sich zusammenschließen. Außerdem wurde ein gemeinsamer Aktionsausschuß gewählt. Jede Partei stellt drei Vertreter, insgesamt sind neun Mitglieder in dem Ausschuß, um das gemeinsame Vorgehen vorzubereiten. Man darf nicht leugnen, daß hierin ein Hoffnungsschimmer für die Zukunft liegt.[108]

Dongfang zazhi, 19:13, 10.07.1922, S. 97-100.

138

Auszüge aus dem Werk von Karl August Wittfogel (Wien 1926)

Das erwachende China[109]

Vorwort.

1. Im vorigen Jahrhundert galt „der Chinese“ in Europa allgemein als eine phantastische Kuriosität von im Grund komischem Charakter. Während die Pioniere des derzeitigen Kapitalismus das 400-Millionen-Land mit Pulver und Blei aufsprengten, machte sich das kapitalistische Hinterland über den gelben „Zopfträger“ als über den kraftlosen Vertreter einer rettungslos erstarrten Kultur unbarmherzig lustig. Abwehrschläge wie der Boxerkrieg wurden im Schrapnellfeuer der modernen Artillerie erstickt und im übrigen nicht sehr ernst genommen.

Um die Jahrhundertwende erreichte die Demütigung Chinas durch seine ausländischen „Freunde“ den Höhepunkt. Allein die seit dieser Zeit rapide gesteigerte ökonomische „Durchdringung“ Chinas hatte zugleich eine ganz andere – und sehr unbeabsichtigte – Wirkung. Der Imperialismus schuf, indem er die a l t e n Klassen Chinas zersetzte und

108 Die Hoffnung auf eine Einheit der Linken sollte sich nicht erfüllen (Felber 2000:136).

109 Karl August Wittfogel, bekannt geworden u.a. durch sein Konzept der „Orientalischen Despotie“, nahm zwischen 1920 und 1933 an zahlreichen Kongressen und Veranstaltungen der KPD teil, hielt Vorträge für Arbeiter etc. 1924 trat er dem neu gegründeten Institut für Sozialforschung in Frankfurt a. M. bei. Durch seinen Parteiaktivismus, einen nahezu uneingeschränkten Glauben an die Komintern und seinen „unbekümmert positivistischen Ansatz“ geriet er bald in Konflikt mit anderen Mitgliedern des Instituts. In Frankfurt verfaßte er auch – inspiriert durch die Arbeiterunruhen in Shanghai (1925) – den kleinen Band *Das erwachende China.* 1927 gab Wittfogel überdies die *Aufzeichnungen eines chinesischen Revolutionärs* von Sun Yatsen heraus, „eingeleitet durch eine Darstellung der Entwicklung Sun Yatsens und des Sun-Yat-Senismus“. Zur Biographie Wittfogels siehe Richter 1991:125-181.

erniedrigte, mittels der in seinem Wesen liegenden Kapitalausfuhr industriekapitalistische Zustände und damit zwei n e u e Klassen: Eine moderne Bourgeoisie und ein modernes Proletariat. Diese beiden modernen Klassen vermochten der imperialistischen Ausbeutung und Gewaltherrschalt mit ganz anderen Mitteln entgegenzutreten, als die Handwerker, Bauern und Mandarinen „Alt"-Chinas.

Solange allerdings die junge chinesische B o u r g e o i s i e an der Spitze dieses Kampfes stand, erschreckte man die Gegner nicht übermäßig. 1925 jedoch traten die revolutionären A r b e i t e r Chinas zusammen mit den revolutionären Intellektuellen des Landes an die Stelle der politisch unsicher werdenden, zum Kompromiß mit den Imperialisten neigenden chinesischen Bourgeoisie. Der Sommer 1925, der die erste ernsthafte Großaktion des chinesischen Volkes gegen den fremden Imperialismus brachte, bedeutet daher in nationaler und sozialer Beziehung einen Wendepunkt in der Geschichte Ostasiens. Man hat seit Jahren davon gesprochen, daß der Orient, daß China „erwache". 1925 begann in der Tat das wirkliche Erwachen Chinas, das nicht nur ein nationales Erwachen ist.

2. Gewiß wird der Feuersbrunst von 1925 eine Zeit folgen, in der die Glut nur unter der Asche weiterbrennt. Aber die Glut w i r d weiterbrennen! Die chinesische Frage wird „aktuell" bleiben, bis ihre Wurzeln ausgerissen sind: der räuberische Imperialismus der fremden Mächte und der Kapitalismus der einheimischen chinesischen Bourgeoisie.

Die revolutionäre Arbeiterschaft der ganzen Welt verfolgt die Entwicklung in Ostasien mit der größten Aufmerksamkeit. Umfangreiche Hilfsaktionen zur Unterstützung des Streiks gegen die imperialistischen Machthaber sind durchgeführt worden. Die Kommunistische Internationale und Sowjet-Rußland erblicken in den chinesischen Vorgängen mit Recht eine volle Bestätigung ihrer den unterdrückten Kolonialvölkern gegenüber geübten Politik.

Die politische Praxis des klassenbewußten Proletariats rechnet schon heute und wird in Zukunft noch mehr mit den Aktionen der national-revolutionären Bewegung Chinas als mit einem sehr wesentlichen Faktor zum Sturz des Weltimperialismus zu rechnen haben. Um aber diesen Faktor richtig einschätzen zu können, muß man die Gesetze kennen, nach denen er sich entwickelt: die i n n e r e n Kräfte, die Chinas „alte" vorkapitalistische Gesellschaftsordnung aufbauten und erhielten; und die ä u ß e r e n Kräfte, die heute mit so großem Eifer – und so großem Profit – die Modernisierung Chinas betreiben. Unsere Schrift versucht, mittels einer abrißhaften marxistischen Analyse beides zu geben. Wenn es dem Verfasser gelungen sein sollte, die ökonomisch-sozialen Ursachen für das v e r g a n g e n e und das g e g e n w ä r t i g e Schicksal Chinas prinzipiell klarzulegen, dann wäre damit auch für eine Beurteilung der z u k ü n f t i g e n Ereignisse in China – und nicht nur in China – eine gewisse Grundlage gewonnen.

[…][110]

---

110 Auslassung: Unter Punkt 3 kommt Wittfogel auf die Hilfsmittel zu sprechen und benennt die Bemühungen, „den Marxistischen Geschichtsmaterialismus, der in seinen ersten Arbeiten nur unvollkommen zum Ausdruck kam, von Buch zu Buch klarer und unbedingter zur Anwendung zu bringen".

1. „Eine kleine Schießerei“.
Der 30. Mai 1925.

Ende Mai 1925 wurden streikende chinesische Arbeiter einer japanischen Baumwollspinnerei in S h a n g h a i Gegenstand einer blutigen Schießerei. Die Arbeiter und Studenten der Stadt veranstalteten zum Zeichen des Protests am 30. Mai ein große Demonstration, in deren Verlauf der englische Polizeiinspektor Evenson, ein Beamter des Shanghaier „exterritorialen“ Fremdenviertels, in die Masse hineinfeuern ließ, mit dem ausdrücklichen Befehl, tödlich zu treffen. („Shoot to kill!“) 40 Demonstranten wurden verwundet, 7 starben.

An den folgenden Tagen wiederholten sich die Demonstrationen. Dies veranlaßte die exterritoriale Polizei, die offenbar von höherer Stelle instruiert worden war, auch ihrerseits mit den „Beruhigungs“-Blutbädern fortzufahren. Nach dem Verlauf einiger Tage konnte die Shanghaier Fremdenpolizei sich rühmen, über 300 Chinesen zu Krüppeln geschossen und mehr als 70 abge-„killt“ zu haben.

Wie schwer wiegt der Tod von 70 Rebellen?

Uns in Europa ist für gewisse Dinge schon fast das Augenmaß verloren gegangen. In D e u t s c h l a n d, in U n g a r n, in I t a l i e n, in B u l g a r i e n sind während der letzten Jahre Hunderte und Tausende von Revolutionären kaltblütig geschlachtet worden. In der bürgerlichen Öffentlichkeit hat kein Hahn danach gekräht. Die bulgarische Zankoff-Regierung betreibt gegenwärtig das Niederschießen oppositionsverdächtiger „Elemente“ (ohne Gerichtsbeschluß, versteht sich) als eine Art Sport.[111] Preußische Polizei konnte in H a l l e ungestraft in einer friedlichen proletarischen Wahrversammlung ein entsetzliches Blutbad anrichten.

Welche Wirkung würde danach die Ermordung von 70 gegen den Imperialismus Englands und Japans demonstrierenden Chinesen haben? Kaum eine größere, als die Niedermetzelung von 379 indischen Textilarbeitern, die General Dyer 1919 in A m r i t s a r (Nordwestindien) hatte vornehmen lassen. So etwa mußte ein durch die europäischen Arbeitermorde abgestumpfter Beurteiler vermuten.

Aber das in Shanghai vergossene Chinesenblut „wiegt“ schwerer, als der stumpfsinnige Durchschnittseuropäer und auch als die Shanghaier ausländischen Behörden selbst geschätzt hatten. In der Nordresidenz Peking, in der südlichen Riesenhafenstadt Kanton, und ebenso in allen anderen wesentlichen politisch-industriellen Knotenpunkten Chinas wirkten die Shanghaier Vorfälle wie ein elektrischer Schlag. Generalstreik, Boykott, Demonstrationen, gegen die englisch-japanischen Gewalthaber breiteten sich blitzschnell überall hin aus, wo diese Kampfformen den verhaßten ausländischen Schmarotzern einen Schlag versetzen konnten.

Panik bemächtigte sich der im Innern Chinas lebenden imperialistischen „Kulturbringer“. Die Missionare und die Kaufmannsfamilien flohen zur Küste, flohen in den Schutz der englisch-japanisch-französisch-amerikanischen Waffen, die in größter Eile gefechtsbereit ge-

---

111 Alexander Tsankov, bulgarischer Politiker, der als Premierminister (1923-1926) gnadenlos gegen Bauernparteien und Kommunisten vorging.

macht wurden. Dutzende fremder Kriegsschiffe ankerten bereits in den chinesischen „Vertragshäfen“. Weitere Dutzend jagten von Japan, von Indien, vom Mittelmeer heran. Börsensturze wurden (nicht nur aus Hongkong) gemeldet. Die Londoner City zetert über die „Bolschewisierung“ Chinas. Ausweisungen und Schikanierungen revolutionärer chinesischer Studenten in Paris und Berlin zeigen die Nervosität der kapitalistischen Regierungen des europäischen Festlandes. Das mutige Auftreten des gelben 400-Millionen-Volkes gegen seinen imperialistischen Erbfeind findet in der Stimmung der unterdrückten Völker I n d i e n s, I n d o n e s i e n s, Ä g y p t e n s, sowie in den Sympathieaktionen des r e v o l u t i o n ä r e n W e l t p r o l e t a r i a t s einen politisch unmißverständlichen Widerhall. Die internationale Ausbeuter-Diplomatie funkt Telegramme auf Telegramme über die Ozeane: Eine „China-Konferenz“ gilt plötzlich als notwendig. Über Nacht ist man den chinesischen Forderungen gegenüber sehr ernst geworden.

Wenn China erwacht . . .

Was bedeutet nun der unerwartete Widerstand der chinesischen Volksmassen gegen den ausländischen Imperialismus? Und was ist der Grund der Unruhe, die daraufhin die Kabinette der großen Ausbeuter-Staaten durchläuft? Der erwachende Widerstand Chinas (an dem, wie wir sehen werden, die verschiedenen Klassen des gelben Riesenreiches in sehr verschiedener Weise beteiligt sind) ist für den Fortbestand der kapitalistischen Herrschaft in Asien u n d in Europa von grundlegender Bedeutung.

China, das volkreichste Land der Welt, bildet die letzte und größte Reserve des Weltimperialismus. Auch nur eine k l e i n e E r s c h w e r u n g der bisherigen Ausbeutungstätigkeit in China ist für einen ohnehin schon in offener Krise stehenden Wirtschaftskörper, wie den G r o ß b r i t a n n i e n s, von verheerender Wirkung. Die mehr oder weniger vollständige V e r d r ä n g u n g vom ostasiatischen Markt aber würde im Zusammenhang mit der entsprechenden Wirkung auf Indien, Ägypten usw. heißen: Steigerung der vorhandenen englischen Arbeitslosigkeit um Hunderte von Prozent. Und was das für das moderne Nachkriegsengland bedeuten würde, weiß sogar jeder intelligentere b ü r g e r l i c h e Politiker. Es bedeutet den offenen Bürgerkrieg. Es bedeutet die proletarische Revolution. K a r l M a r x wies bereits 1850 und 1858 darauf hin, daß die Entwicklung Ostasiens für die europäische Revolution im guten und bösen Sinne eine Schicksalsfrage sei.[112] E n g e l s bezeichnete 1894 die Kapitalisierung Chinas als den Anstoß „zum Sturz des Kapitalismus in Europa und Amerika“. (Briefwechsel mit Sorge usw. S. 416.)[113]

L e n i n s Einschätzung der Wichtigkeit Chinas ist bekannt. Als 1912 die Revolution in China siegte, begrüßte Lenin sie mit dem größten Enthusiasmus. „Der vierte Teil der Bevölkerung des Erdballs ist sozusagen vom Zustand des Schlafes zum Licht, zur Bewegung,

---

112 Karl Marx, aber auch Friedrich Engels, hatten in den Jahren 1853-1860 eine Vielzahl von Artikeln zu China in der *New York Daily Tribune* publiziert, in denen sie sowohl den Opiumkrieg als auch die britische Politik kritisierten, z.B. „Die Geschichte des Opiumhandels“ (20.09.1885) und „Der neue chinesische Krieg“ (27.09.1859). Siehe Torr 1951.

113 Friedrich Adolph Sorge, der führende deutschamerikanische Marxist in der zweiten Hälfte des 19. Jhdts., hatte eine umfangreiche Korrespondenz mit Marx und Engels geführt.

zum Kampf übergegangen.“ („Prawda“ vom 8. November 1912. „Das erneuerte China“).

Karl August Wittfogel: Das erwachende China. Ein Abriss der Geschichte und der gegenwärtigen Probleme Chinas, Wien 1926, S. 9-12.

139

Auszug aus dem Werk von Richard Wilhelm (Berlin 1926)

Die Seele Chinas[114]
Kapitel 20: „Ost und West“

… Wenn wir nun fragen, was dieses China mit seinem reichen Erbe der Vergangenheit uns zu bieten hat, so kann man die Meinung kaum unterdrücken, daß die Erhaltung Chinas bis auf die moderne Zeit von geradezu providentieller Bedeutung für die Weiterentwicklung der Menschheit ist. Gewiß bedeutet der chinesische Geist in der eben gezeichneten Form einen, entwicklungsgeschichtlich gesprochen, „älteren Typus des Genus Mensch“ als das, was sich im Westen entwickelt hat. Aber es gibt gewisse Punkte, wo älter und jünger keine Beziehung zu höher oder niedriger mehr haben. So repräsentiert ja auch der Mensch in gewisser Hinsicht dem Affen gegenüber einen älteren Typus. Das Ältere ist oft sozusagen eine Ansammlung von Kraftquellen, die von der Zukunft direkt in den Strom des Geschehens übernommen werden können. So steht z. B. Laotse [Laozi] den Grundlagen der Welt des Matriarchats wesentlich näher als Konfuzius, der in China die spätere Stufe des Patriarchats repräsentiert. Dennoch kann man nicht sagen, daß Konfuzius den Laotse überholt habe. Im Gegenteil: er hat manche der wertvollsten Intuitionen direkt von Laotse übernommen, und der Taoismus [Daoismus] bildet dauernd ein Regulativ, das den Konfuzianismus vor Verflachung und Utilitarismus bewahrt.

In diesem Sinn ist die chinesische Lebensweisheit Heilmittel und Rettung für das moderne Europa. Denn so seltsam es klingt: die alte chinesische Lebensweisheit besitzt die Kraft der Kindlichkeit. So alt das chinesische Volk auch ist, es hat nichts Greisenhaftes an sich, sondern lebt aus der Harmlosigkeit, wie sie Kindern eigen ist. Diese Harmlosigkeit ist weit entfernt von Unwissenheit oder Primitivität. Sie ist die Harmlosigkeit des Menschen, der

---

114 Wilhelm publizierte dieses Werk nach 25jährigem Aufenthalt in China und widmete es Cai Yuanpei, „dem Kämpfer für Recht und Freiheit, dem Gelehrten und Freund“. Wie Wilhelm selbst in seinem Vorwort bemerkt, hat er den Zusammenbruch des Alten China miterlebt, aber auch, „wie aus den Trümmern neues Leben blühte“. Weiter schreibt er über dieses Buch: „Im alten wie im neuen China war doch etwas Verwandtes: eben die Seele Chinas, die sich entwickelte, aber die ihre Milde und Ruhe nicht verloren hat und hoffentlich nie verlieren wird. Wenn etwas von dieser Seele Chinas dem Leser offenbar wird, dann ist der Zweck dieses Buches erfüllt.“ Zur Rezeption des Werkes und der Position Wilhelms in der deutschen Sinologie siehe Leutner 2002:13-40.

ganz tief im Sein verankert ist, da wo die Quellen des Lebens sprudeln. Darum kommt für den Chinesen das, was er macht, was er nach außen hin leistet, gar nicht in erster Linie in Betracht, sondern das, was er als Wesenskraft ist. Dieses Sein ist nicht ein lebloses Vorhandensein, sondern eine kraftvolle, konkrete Wirklichkeit, von der Einflüsse ausgehen, die um so kräftiger wirken, weil sie nicht bewußt gewollt sind, sondern etwas Selbstverständliches, Unwillkürliches zum Ausdruck bringen. Das gibt eine große Ruhe und Gefaßtheit. Der Blick bleibt nicht hängen am eigenen kleinen Ich der zufälligen Persönlichkeit, sondern erweitert sich zu Menschheitstiefen. Man lebt schicksalshaft, und darum wird man den Oberflächenwellen gegenüber souverän. Ein chinesisches Sprichwort sagt: „Ein großer Mann hat die Kraft, große Schwierigkeiten in kleine zu verwandeln und kleine Schwierigkeiten zerschmelzen zu lassen, ehe er irgend etwas tut.“ Für die Führerpersönlichkeit kommt dazu noch die Geduld, daß sie nicht unmittelbar wirken wollen und äußere Erfolge suchen, sondern daß sie die Keime des Werdens beeinflussen und die Magie des Gestaltens auf lange Fristen ausüben.

Das ist es, was wir brauchen und was Alt-China uns geben kann. Nicht Nachahmung kann uns nützen, nicht äußere Mode oder künstliches Anempfinden an die Dinge, die uns fern stehen, sondern wir müssen zu uns selber kommen. Wir müssen unsere eigenen Tiefen finden und zu den Quellen vordringen, aus denen unser Leben quillt. Aber indem wir sehen, daß diese Ruhe möglich ist, daß der Zugang zu jenen tiefsten Regionen echter Magie offensteht, finden wir Mut, uns von dem Äußerlichen abzuwenden, zu verzichten auf Machen und Handeln in den Regionen der Schalen des Daseins. Wir werden es lernen, Kinder zu werden und die Mutter zu finden, die ihre Kinder nährt und ruhig macht und ihnen Kraft gibt, daß sie von innen her auf die Dinge wirken können, statt in der Jagd nach Erfolg sich an die Welt zu verlieren, die man zu beherrschen wähnt in dem Augenblick, da mit der erstrebten Wirkung zugleich schon deren Widerspiel einzusetzen beginnt nach den festen und ehernen Gesetzen der Wandlung alles Seins. ...

Richard Wilhelm: Die Seele Chinas, Kap. 20, Berlin 1926, S. 346-348.

140

Rede des Vorsitzenden der KPD, Ernst Thälmann (13.12.1927)

Die chinesische Revolution und die Aufgaben der Arbeiterschaft

Kaum zehn Jahre nach der russischen Revolution ist das Weltproletariat wiederum Zeuge einer Umwälzung von weltgeschichtlicher Bedeutung. Die Augen der ganzen Menschheit sind auf China gerichtet, wo das älteste und größte Kulturvolk der Erde die imperialistischen Fesseln sprengt, in die es ein Jahrhundert lang geschlagen war. Das Beispiel der russischen Revolution löste in China die Kräfte aus, die jetzt im stürmischen Siegeslauf vom

Süden her unter Führung der revolutionären Volkspartei, der Guomindang, die Befreiung Chinas vom Imperialismus vollenden werden. Die chinesische Revolution, von Kanton ausgehend, hat der Reihe nach die imperialistischen Lakaien geschlagen, ganz Süd- und Mittelchina mit dem Yangzi-Tal erobert, hat in Shanghai, dem chinesischen Petrograd, ihre Fahne aufgepflanzt, nachdem die Shanghaier Arbeiter in einem heldenhaften Aufstand unter ständiger Bedrohung durch die imperialistische Besatzung des Ausländerviertels und der imperialistischen Kriegsschiffe die chinesische Stadt erobert und die Besatzungsarmee der gegenrevolutionären Nordgenerale vertrieben hatten. Zwei Drittel des Landes, über 250 Millionen der Einwohner Chinas, sind heute im Lager der nationalen Revolution. Es ist nur eine Frage der Zeit, und auch der Norden Chinas, der heute noch unter der Diktatur des berüchtigten Blutgenerals Zhang Zuolin steht, wird von der Revolution erobert sein. Die Einigung Chinas unter der nationalrevolutionären Flagge marschiert.

Diese ungeheure Gefahr haben die Imperialisten erkannt. Sie wissen, daß die Einigung Chinas den Anfang vom Ende der Imperialistenherrschaft über die Kolonialvölker bedeutet. Sie wissen, daß der Sieg der chinesischen Revolution das Ende der relativen Stabilisierung in den kapitalistischen Ländern bedeuten wird. Sie wissen, daß er die europäische Revolution überaus beschleunigen muß. Sie wissen, daß der heldenmütige Arbeiteraufstand von Shanghai ein Signal für die unaufhaltsame Linksentwicklung der chinesischen Revolution selbst ist. Sie wissen, daß das junge chinesische Proletariat, das in wenigen Jahren nach dem Kriege eine raschere politische Entwicklung genommen hat als die große Masse der europäischen Arbeiter in 50 Jahren, immer erfolgreicher seinen Anspruch auf die Hegemonie in der Führung der chinesischen Revolution anmeldet. Sie wissen, daß das letzte Jahr chinesischer Revolution genügte, um in der Guomindangpartei den rechten bürgerlichen Flügel auch in der Führung zu schlagen, und daß die Führung heute in den Händen der Kommunisten und der Linken ist, die gemeinsam für das nächste Ziel der chinesischen Revolution: die Errichtung der demokratischen Diktatur aller unterdrückten Volksklassen und die Befreiung von den Imperialisten, kämpfen.

Insbesondere die letzten Wochen bestätigen unzweideutig diese Entwicklung. Der linke Führer der Guomindang, Wang Jingwei, kehrte nach einem einjährigen Exil in die Führung zurück. Jiang Jieshi wurde auf die militärische Leitung beschränkt. Aber selbst diese militärische Führung steht unter der Kontrolle eines obersten Kriegsrates, dessen Mehrheit Kommunisten und Guomindangleute sind. In die Südregierung traten Kommunisten ein und übernahmen die wichtigsten Kommissariate. In Shanghai sind die Lokalregierung des Shanghaier Sowjets und die Rote Garde Shanghais offiziell in die Truppen der Kantonarmee eingegliedert.

Das haben die Imperialisten, allen voran die englischen Imperialisten, schneller begriffen als ihre Sklaven, die Proletarier in den imperialistischen Ländern. Nur die Arbeiterklasse der Sowjetunion und die kommunistische Vorhut der Arbeiterklasse in der Welt erkennen richtig und rechtzeitig die Bedeutung der Ereignisse in China. Deshalb holt der Imperialismus unter englischer Führung zu einem entscheidenden Stoß aus, der die chinesische und die russische Revolution einzeln schlagen soll, noch ehe die Arbeiter der Welt erwachen.

Der offene Interventionskrieg hat begonnen. Auf die Aufpflanzung der roten Fahne in Shanghai folgten die schändlichen Strafexpeditionen von Nanjing und in der Bias-Bai. Wie bei allen bisherigen Strafexpeditionen sollte das der Auftakt sein, der die letzten Voraussetzungen für einen gemeinsamen imperialistischen Hauptschlag schuf. Aber diesmal ist der Erfolg nicht vollständig gewesen. Die Imperialisten erkennen zum Teil die Lage richtig. Sie sehen heute die drohende Gefahr der Erhebung des ganzen Volkes, das sie, wenn es einig ist, mühelos ins Meer werfen kann. Amerika, aber besonders Japan zögern, den Engländern zu folgen, die nicht nur ihre chinesische Position, sondern ihr indisches Reich unmittelbar gefährdet sehen. Sie versuchen mit verzweifelter Anstrengung eine Kompromißlinie mit dem erwachenden China zu finden: eine Einheitsfront von Jiang Jieshi bis Zhang Zuolin schwebt ihnen vor, die die Imperialistenherrschaft noch einmal retten könnte.

Das gefährlichste Hindernis bei der Erreichung dieses Zieles scheint ihnen der Staat der sowjetischen Arbeiter und Bauern, seine moralische und materielle Hilfe für die chinesische Revolution zu sein. Deshalb folgten auf die Provokation von Nanjing die Provokationen von Peking, von Tianjin und Shanghai gegen die Vertretungen des sowjetischen Volkes. Diese letzten Provokationen sollen die Sowjetunion unmittelbar in den Kampf hineinziehen. Sie sollen vor allem in der Mandschurei jene Verwicklungen schaffen, die das zögernde Japan sogleich in die offene Interventionsfront bringt. Aber die neue Teufelei, die vor einem neuen Weltkrieg nicht zurückschreckt, um den Imperialismus zu retten, ist wieder zuschanden geworden. Selbst Jiang Jieshi, der rechteste Führer in den Reihen der Guomindang, erhebt leidenschaftlichen Protest gegen den imperialistischen Schurkenstreich. Und die Sowjetunion zeigt, daß sie nicht nur der Hort des Befreiungskampfes aller Unterdrückten der Welt ist, sie beweist aufs neue, daß sie die einzige Friedensmacht unter den Mächten von heute ist. In einer von beispiellosem Verantwortungsgefühl zeugenden Note erhebt sie Anklage gegen das beabsichtigte imperialistische Verbrechen; aber sie begnügt sich damit, ihre Pekinger Gesandtschaft aus Protest abzuberufen – ohne Erniedrigung für das chinesische Volk, das im Norden unter der Diktatur des Banditen Zhang Zuolin seufzt – , sich auf die unbedingt nötigen Wiedergutmachungsforderungen zu beschränken und die Arbeiter der Welt zur Hilfeleistung für die chinesische Freiheitsbewegung und gegen das imperialistische Verbrechen aufzurufen.

[...][115]

Fürwahr, es ist die höchste Zeit, daß die deutschen Arbeiter ihr „Hände weg von China!" unzweideutig zum Ausdruck bringen. Das um so mehr, als die deutsche Sozialdemokratie, die Partei der blinden Antirußlandhetze, in der Maske freundschaftlichen Wohlwollens für die chinesische Befreiung alles unternimmt, um den deutschen und vor allem den englischen Imperialisten freie Hand für ihr Schandwerk zu verschaffen und die Arbeiter zu beruhigen. Schon heute bringt es der „Vorwärts“ fertig, in der einen Spalte einen Aufsatz für die chinesische Revolution und in der dritten Spalte den schamlosen Schwindel der

115 Auslassung: Kritik am deutschen Imperialismus in China und der heuchlerischen deutschen Bourgeosie, insbesondere an dem „englischen Lakaien Stresemann“.

deutschen bürgerlichen Soldschreiber des englischen Imperialismus den sozialdemokratischen Arbeitern vorzusetzen ... Eine „Mischung von Operette und Tragödie“ nennt der „Vorwärts“ die letzten Ereignisse der großen chinesischen Revolution und versucht, auf diese Weise die immer gewaltigere Sympathie der deutschen Arbeiter für das revolutionäre China zu dämpfen.

In dieser weltgeschichtlichen Stunde heißt es für uns, heißt es für die Arbeiter aller Länder, mit verzehnfachter Energie den Imperialisten und ihren Zutreibern das Handwerk legen. Es darf keinen Betrieb, keine Werkstatt geben, in der nicht die Arbeiter ihre Solidarität mit der chinesischen Revolution zum Ausdruck bringen. Keine Arbeitsstelle, an der nicht den offenen und verkappten Imperialisten die Maske vom Gesicht gerissen wird. Keine große Stadt, kein Arbeiterzentrum Deutschlands, in der die Einheitsfront der Werktätigen nicht in einer gewaltigen Demonstration ihren Willen zum Ausdruck bringt, die chinesische Freiheitsbewegung, die Sowjetunion zu unterstützen und ein neues imperialistisches Weltgemetzel zu verhindern. Keine Waffe, kein Stück Material für die chinesischen Weißgardisten und für die Imperialisten darf die deutschen Häfen verlassen. Und wenn es die englischen Imperialisten gelüsten sollte, zur Entlastungsoffensive für ihre imperialistischen Raubpläne in China, gestützt auf den § 16 des Völkerbundsstatuts, durch Deutschland an die Ostfront Truppen zu werfen, wenn es die deutsche Bourgeoisie gelüsten sollte, aktiv an der bewaffneten Intervention gegen die Sowjetunion und China teilzunehmen, dann wird sich die deutsche Arbeiterklasse wie ein Mann erheben zum Kampfe für die Niederwerfung der imperialistischen Kriegsverbrecher!

Nieder mit den imperialistischen Kriegsprovokateuren! Protestiert gegen den Überfall auf die Sowjetbehörden in China!

Schützt den Arbeiter- und Bauernstaat, die Sowjetunion, und die chinesische Revolution vor den Angriffen des englischen Imperialismus und seiner Helfer!

Verhindert durch gewerkschaftliche Aktionen den Waffentransport für die chinesischen Weißgardisten!

Erzwingt die Anerkennung der Kantonregierung!

Unterstützt die Friedenspolitik der Sowjetunion!

In: Die Rote Fahne, 13. April 1927, auch: Thälmann, Ernst: Reden und Aufsätze zur Geschichte der deutschen Arbeiterbewegung, Band 1, Berlin 1956: 491–497.

Abkürzungsverzeichnis

AA	Auswärtiges Amt
ABAdW	Archiv der Bayerischen Akademie der Wissenschaften
ADAP	Akten zur Deutschen Auswärtigen Politik
AEG	Allgemeine Elektrizitäts-Gesellschaft
AG	Aktiengesellschaft
BA/MA	Bundesarchiv/Militärarchiv Freiburg
BA	Bundesarchiv Koblenz
BArch	Bundesarchiv, Berlin-Lichterfelde
DAB	Deutsch-Asiatische Bank
DAG	Deutsch-Asiatische Gesellschaft
DCV	Deutsch-Chinesischer Verband
DDP	Deutsche Demokratische Partei
DGP	Deutsche Gesandtschaft Peking
DFVP	Deutsche Fortschrittliche Volkspartei
DNVP	Deutschnationale Volkspartei
EKKI	Exekutivkomitee der Kommunistischen Internationale
GMD	Guomindang (Nationale Partei Chinas)
GPEK	Die Große Politik der Europäischen Kabinette, 1871-1914. Sammlung der Diplomatischen Akten des Auswärtigen Amtes.
KPCh	Kommunistische Partei Chinas
KPD	Kommunistische Partei Deutschlands
MdR	Mitglied des Reichstags
NLP	Nationalliberale Partei
NSDAP	Nationalsozialistische Deutsche Arbeiterpartei
OAV	Ostasiatischer Verein, Hamburg
RMA	Reichsmarineamt
PAA	Politisches Archiv des Auswärtigen Amtes, Berlin
SAA	Siemens-Archiv, München
SAP	Sozialistische Arbeiterpartei
SBVR	Steneographische Berichte über die Verhandlungen des Reichstags, Berlin

SchA	Scheringianum, Archiv und Museum der Schering AG, Berlin
SPD	Sozialdemokratische Partei Deutschlands
USPD	Unabhängige Sozialistische Partei Deutschlands
ZEK	Zentrales Exekutivkomitee
ZHMDZH	Zhonghua minguoshi dang'an ziliao huibian (Akten zur Geschichte der Republik China, 1911-1949), Nanjing.
ZHMWZX	Zhonghua minguo waijiaoshi ziliao xuanbian (Ausgewählte Dokumente zur Außenpolitik der Republik China), Bd. 1: 1911-1919 und Bd. 2: 1919-1931, Beijing.
ZHMWSH	Zhonghua minguo waijiao shiliao huibian (Sammlung historischer Dokumente zur Geschichte der Außenpolitik der Republik China), Taibei .
2. HA Ch	2. Historisches Archiv der VRCh, Nanjing.

Quellen und Literatur

1. Quellen

a) Archive

Archiv der Bayerischen Akademie der Wissenschaften (ABAdW), München

M238, Nachlaß Richard Wilhelm.

Bundesarchiv / Berlin-Lichterfelde

Bestand Auswärtiges Amt (R901)
Nr. 5130-5131, Förderung des Deutschtums in China.
Nr. 5132, Verband für den Fernen Osten.

Bestand Deutsche Botschaft China (R9208)
Nr. 224-226, Handelskrieg in China, 1916-1917.
Nr. 232, Flüchtlinge, Familienzahlungen, 1914-1916.
Nr. 239-241, Eintritt Chinas in die Entente, Abbruch der Beziehungen, 1917.
Nr. 583, Zeitungswesen in China, 1913.
Nr. 655, Richthofen-Institut, Gründung, 1913-1915.
Nr. 853, Parlamentsbau in China, 1912-1915.
Nr. 1579, Vertretung der deutschen Interessen durch die Niederlande, Schul- und Kirchenangelegenheiten, bes. finanzielle Unterstützungen, 1917-1921.
Nr. 2082-2085, Die innere Lage China / Verhältnis zu den Fremdmächten, 1921-1927.
Nr. 2082-2088, Innere Lage China, Verhältnis zu den Fremdmächten, 1921-1928.
Nr. 2133-2134, Außenpolitik Chinas. Politische Lage Shanghai, 1922-1925.
Nr. 2134, Politische Lage in China, Shanghai, 1925.
Nr. 2145, Außenpolitik Chinas. Tsingtau – Deutsches Dementi, 1926-1927.
Nr. 2220, Innenpolitik Chinas. Chinesische Regierung, 1920-1928.
Nr. 2232-2234, Innenpolitik Chinas. Kanton-Regierung, 1921-1927.
Nr. 2241, Deutsche Militärberater bei der National-Regierung, 1922-1928.
Nr. 2241, Deutsche militärische Berater bei der chinesischen Nationalregierung, 1922-1928.
Nr. 2300, Völkerbund China, 1920-1929.
Nr. 2314, Bolschewismus, Kommunismus, 1922-1928.
Nr. 2464, Deutsche Kommission, Material über den Friedensschluß mit China, 1915-1919.
Nr. 2464-2468, Deutsche Kommission, Friedensschluß mit China, 1920-1921.
Nr. 2470, Zeitungsmeldungen über deutsch-chinesische Verhandlungen, 1920-1921.
Nr. 2974-2975 u. 2980, Deutsch-Asiatische Bank, 1920-1927.
Nr. 3065, Washingtoner Konferenz, Neun-Mächte-Abkommen, Konferenz in Brüssel, 1921-1926.
Nr. 3123 u. 3128-3129, Liquidationserlöse, Rückgabe deutschen Eigentums, 1920-1922.
Nr. 3132-3133, Kriegsentschädigungsforderungen, 1921-1931.

Nr. 3218, Chinesische Strafprozesse gegen Deutsche, Spezialia, 1922-1935.
Nr. 3257, China – Einreise für Deutsche, 1920-1928.
Nr. 3292, Deutsche Konzession Hankou, 1920-1938.
Nr. 3302, Exterritorialität, 1921-1928.
Nr. 3322, Deutsche Vereine und Gemeinden in China, 1921-1934.
Nr. 3232, Strafsache Scherer, 1924-1925.
Nr. 3345, Auswanderungswesen, Reichswanderungsamt, Allgemeines, 1919-1939.
Nr. 3365, Deutsche kulturelle Bestrebungen in China, 1921-1929.
Nr. 3391, Deutsch-chinesischer Kulturverband, 1921-1930.
Nr. 3495, Sun Yatsen Universität, Deutsche Dozenten, 1924-1937.
Nr. 3598, Filmwesen in China, 1921-1927.
Nr. 3609, Bildspielbund, Kultur- und Lehrfilme, 1925-1934.
Nr. 4158, Chinesische Studienreisende nach Deutschland, 1921-1932.
Nr. 4220, Studentenaustausch, 1920-1930.

Bestand: Reichskanzlei (R43)
Nr. I 56, Auswärtige Angelegenheiten, China, 1919-1931.

Nachlaß
N 2055/3, Marie du Bois-Reymond, Shanghai.

Bundesarchiv/Militärarchiv Freiburg (BA/MA)

Bestand Reichsmarine/Reichsmarinesamt; Allgemeines Marinedepartment (RM 3),
Nr. 7068, Kiautschou – Herausgabe eines Deutschlandbuches für Chinesen, Bd. 2 (1914-1919).

Bundesarchiv, Koblenz.

Bestand R57 neu, Deutsches Auslandsinstitut, 1217-18.

Geheimes Staatsarchiv Preußischer Kulturbesitz, Berlin (GStA PK)

Bestand Kultusministerium Rep. 76, Va: Seminar für Orientalische Sprachen, Berlin.

Politisches Archiv des Auswärtigen Amtes, Berlin (PAA)

Handelspolitische Abteilung:

Nr. R17710, Nr. R17722-R17723, Nr. R17725-R17731, Nr. R17733, Nr. R17741-R17744, Akten betr. innere Angelegenheiten Chinas, 1911-1914.
Nr. R17844-R17845, Akten betr. Eisenbahnen in China, 1911-1913.
Nr. R17751-R17753, Akten betr. allgemeine Angelegenheiten, 1916-1917.
Nr. R17908-R17911, Akten betr. Militär- und Marineangelegenheiten, 1911-1919.
Nr. R17973, Nr. R17976-R17978, Nr. R17981-R17987, Akten betr. das Verhältnis Chinas zu Deutschland, 1897-1922.
Nr. R18272, Kiautschou und die deutschen Interessen in Shantung, 1915-1919.
Nr. R85419, Akten der Abtlg. IV, betr. die allgemeine auswärtige Politik Chinas, 1920-1927.
Nr. R85449 – 85452, Akten der Abtlg. IV, betr. die politischen Beziehungen Chinas zu Deutschland, 1920-1928.
Nr. R85457-R85459, Akten der Abtlg. IV, betr. die Wiederherstellung des Friedenszustandes, 1920-1921.
Nr. R85733-R85734, Akten der Abtlg. IV, betr. Sozialismus und Bolschewismus in China, 1920-1930.
Nr. R85746-R85747, Akten der Abtlg. IV, betr. das Deutschtum in China, 1920-1928.
Nr. R97094, Akten der Abtlg. IV, Referat Völkerbund, betr. China, 1920-1928.
Nr. R85291, Akten der Abtlg. IV, betr. die Washingtoner Konferenz, 1926.

Akten der Kulturabtlg. II,
Nr. R62611-R62612, die deutsche Schule in Peking, 1913-1926.
Nr. R62613-62614, die deutsche Schule in Shanghai, (Kaiser Wilhelm Schule), 1913-1924.
Nr. R63144-R63148, die deutsche Medizinalschule in Shanghai, 1913-1924.
Nr. R63151-R63152, deutsche Mädchenschule und katholische höhere Schule für Chinesen in Tsinanfu, 1911-1914.
R63281: Dt. und fremdländisches Unterrichtswesen in China, 1920-21, (u.a. Angaben über die Reaktivierung der dt.-chin. Bildungsanstalten).
Nr. R63287, Das Schulwesen in Tsingtau, Eröffnung der Universität, 20.9.1924.
Nr. R63296, Die Förderung der deutschen Kulturarbeit in China, 1913-14 und 1919-20.
Nr. R63299, Schulen der deutschen Missionen in China, 1913-1923.
Nr. R63970, die chinesische Reichsuniversität in Peking, 1913-1923.

Scheringianum, Archiv und Museum der Schering AG, Berlin (SchA)
SchA-B2-0068, Bestand China, 1924-1928.
SchaA-B2-0027,

Siemens-Archiv (München)
SAA 15/La 610, Jahresberichte Shanghai, 1914-1925.
SAA 15/Lp 149, China, Reiseberichte der Vertretung, 1898-1936.

Zweites Historisches Archiv (Di er lishi dang'anguang), Nanjing (2. HACh)
Bestand 1011, Kriegsministerium (Lujunbu陆军部), 1912-1928.
Bestand 1039, Außenministerium (Waijiabu外交部), 1912-1928.
Bestand 1057, Erziehungsministerium (Jiaoyubu 教育部) 1912-1928.

B) Benutztes Material anderer Herkunft

a) Dokumentensammlungen:

Die Große Politik der Europäischen Kabinette, 1871-1914: Sammlung der Diplomatischen Akten des Auswärtigen Amtes. Im Auftrag des Auswärtigen Amts hg. von Johannes Lepsius, Albrecht Mendelssohn Bartholdy, Friedrich Thimme. Band 1 - 40 [nebst Kommentar], Reihe 1-5, Berlin 1922-1927, 2. Aufl. 1924-1927.

Akten zur Deutschen Auswärtigen Politik. Aus dem Archiv des Auswärtigen Amts. Serie A (1918-1925) und Serie B (1926-1932), Göttingen 1950-1995.

Beiyang junfa shiliao 北洋军阀史料 (Historische Materialien zur nördlichen Militärregierung), 2 Bde., hg. vom Geschichtsmuseum Tianjin (Tianjin lishi bowuguan 天津市历史博物馆), Tianjin 1992.

Steneographische Berichte über die Verhandlungen des Reichstags, Berlin 1897-1914.

Steneographische Berichte über die Verhandlungen des Reichstags, Berlin 1919-1933.

Zhonghua minguoshi dang'an ziliao huibian 中华民国史档案资料汇编 (Akten zur Geschichte der Republik China, 1911-1949), hg. vom Zweiten Historischen Archiv der Volksrepublik China (Zhongguo di er lishi dang'an guan 中国第二历史档案馆), Nanjing 1991.

Zhonghua minguo waijiaoshi ziliao xuanbian 1911-1931 中华民国外交史资料选编 1911-1931 (Ausgewählte Dokumente zur Außenpolitik der Republik China, 1911-1931), 2 Bde., hg. von Cheng Daode 程道德 u.a., Beijing 1987 und 1988.

Zhonghua minguo waijiao shiliao huibian 中华民国外交史料汇编 (Sammlung historischer Dokumente zur Geschichte der Außenpolitik der Republik China), Bd. 1-5: 1911-1928, hg. von Chen Zhiqi 陈志奇, Taibei 1996.

b) Zeitgenössische Zeitschriften

Zeitschriften in westlichen Sprachen

B.Z. am Mittag
Berliner Tageblatt
Berliner Tageblatt
Börsenblatt für den Deutschen Buchhandel
China Press
China-Archiv
Deutsche Monatsschrift (Dewen yuekan)
Deutsche Zeitung für China
Die Rote Fahne
Die Welt am Abend
Evening News (Peking)
Frankfurter Zeitung
Gelsenkirchener Zeitung
General Anzeiger (Der Stadt Frankfurt a. M.)
Hamburger Correspondent
Kölnische Zeitung
L'avenir de Tonkin
Münchener Neueste Nachrichten
Neue Preussische Zeitung (Kreuz-Zeitung)
Neuer Orient
Ostasiatische Neubildungen
Ostasiatische Rundschau
Ostasiatischer Lloyd
Peking Daily News
Peking Gazette
Sinica
Tageslicht-Rundschau
Tägliche Rundschau
The Hongkong Telegraph
The Japan Chronicle
Vossische Zeitung
War

Chinesische Zeitschriften

Beijing Gongmin ribao
Chenbao
Da Zhonghua shangbao
Datong ribao
Dazhan shibao (The Great War)
Dewen yuekan (Deutsche Monatszeitschrift)
Dongfang zazhi (Eastern Miscellany)
Funü zazhi (The Ladies' Journal)
Gaizao
Jiaoyu zazhi
Jiayin rikan
Jiefang yu gaizao
Minguo ribao
Minshibao
Shangbao
Shehui ribao
Shenbao
Shenzhou ribao
Shibao
Shijie shibao
Shuntian shibao
Xiehebao
Xin Qingnian
Xingshibao
Xinminbao
Yishi bao
Zhengfu ribao
Zhonghua shangbao
Zhongyang ribao

2. Literatur

A) Literatur in westlichen Sprachen

Amann, Gustav, Kulturgegensätze zwischen Deutschland und China, Berlin 1921.

Ascher, Barbara, Aspekte der Werther-Rezeption in China (Die ersten Jahrzehnte des 20. Jahrhunderts), in: Debon / Hsia (Hg.), 1985, S. 139-153.

Asiaticus, Von Kanton bis Shanghai, Wien / Berlin 1928.

Bae, Ki-Chung, Chinaromane in der deutschen Literatur der Weimarer Republik, Marburg 1999.

Bartke, Wolfgang, Die großen Chinesen der Gegenwart. Ein Lexikon 100 bedeutender Persönlichkeiten Chinas im 20. Jahrhundert, Frankfurt a.M. 1985.

Bauer, Wolfgang, Richard Wilhelm. Botschafter zweier Welten, Düsseldorf 1973.

Baur, Georg, China um 1900. Aufzeichnungen eines Krupp-Direktors, hg. von Elisabeth Kaske, Köln /Weimar 2005.

Beckett, Ian F. W., Modern Wars in Perspective. The Great War, 1914-1918, Harlow / Essex 2001.

Behn, Meyer & Co. – Arnold Otto Meyer, 2 Bde., Hamburg 1957 und 1967.

Benfey, F., Die Entwicklung des deutschen Auslandsbankwesens 1914-1925, Berlin 1925.

Berg-Pan, Renata, Berthold Brecht and China, Bonn 1979.

Bergère, Marie-Claire, The Golden Age of the Chinese Bourgeoisie, 1911-1937, Cambridge 1989.

– Sun Yat-sen, Paris 1994.

Berliner, S., Organisation und Betrieb des Export-Geschäfts in China, Hamburg 1920.

Bethge, Hans, Die chinesische Flöte, Leipzig 1907.

Bethmann-Hollweg, Th. v., Betrachtungen zum Weltkrieg, 2 Bde., Berlin 1919.

Beutler, H., Hundert Jahre Carlowitz & Co., Diss. Hamburg 1946.

Beverley, D. Causey, Why Germany Never Signed the Nine-Power-Treaty, in: The Far Eastern Quarterly, 1:4, 1942, S. 364-377.

Bieg, Lutz, Xibo – oder wer war Asiaticus?, in: Das neue China, 16:1, 1989, S. 6.

Bieg-Brentzel, Rotraut, Die Tongji-Universität. Zur Geschichte der deutschen Kulturarbeit in Shanghai, Frankfurt 1984.

Bildzeitung am Mittag, Die Deutschenhetze in China, 09.12.1911.

Boerschmann, Ernst, Pflege ostasiatischer Studien, in: Ostasiatische Rundschau, 1922, S. 173-174.

Bohner, Theodor, Der deutsche Kaufmann über See. Hundert Jahre deutscher Handel in der Welt, Berlin 1939.

Boorman, Howard L., Biographical Dictionary of Republican China, 4 Bde., New York/London 1970.

Börsenblatt für den Deutschen Buchhandel, Deutschland-Buch für Chinesen. Plan des Buches, in: Ebenda, 80:5, 1913, S. 204.

– Bericht über die Konferenz zur Begründung einer Export-Vereinigung für die Einführung deutscher Lern- und Lehrmittel in China, in: Ebenda, 80:8, 1913, S. 3681-3690.

Bracher, Karl Dietrich / Funke, Manfred Friedrich / Jacobsen, Hans-Adolf (Hg.): Die Weimarer Republik 1918-1933. Politik, Wirtschaft, Gesellschaft (Bundeszentrale für politische Bildung, Band 251), Bonn 1998.

Bräuner, Harald, Europäische Chinakenntnis und Berliner Chinastudien im 17. und 18. Jhdt., in: Kuo (Hg.), 1987, S. 5-29.

– und Leutner, Mechthild, 'Im Namen einer höheren Gesittung!'. Die Kolonialperiode, 1897-1914, in: Leutner / Yü-Dembski (Hg.), 1990, S. 41-52.

Briessen, Fritz van, Grundzüge der deutsch-chinesischen Beziehungen, Darmstadt 1977.

– Deutsche Institutionen und Persönlichkeiten in China, in: Machetzki, R. (Hg.), 1982, S. 37-91.

Cai, Jianguo, Cai Yuanpei: Gelehrter und Mittler zwischen Ost und West, Münster 1998a.

– Cai Yuanpei und die deutsche Kultur, in: Berliner China-Hefte 14, 1998b, S. 76-100.

– Eigenheiten chinesischer im Ausland studierender Intellektueller der Neuzeit: Cai Yuanpeis Studienaufenthalt in Deutschland, in: Kaderas / Meng 2000, S. 167-180.

Causey, Beverley D., German Policy Towards China, 1918-1941, Ph.-D., Diss., Harvard Univ. 1942.

Chang, Carson (Zhang Junmai) / Eucken, Rudolf, Das Lebensproblem in China und Europa, Leipzig 1922.

Chen, Chi, Die Beziehungen zwischen Deutschland und China bis 1933 (Mitteilungen des Instituts für Asienkunde 56), Hamburg 1973.

Chen, Hongjie, Cai Yuanpei und die Rezeption der klassischen Universitätsidee in China Anfang dieses Jahrhunderts, in: Kaderas / Meng 2000, S. 156-167.

Chen, Leslie H. Dingyan, Chen Jiongming and the Federalist Movement. Regional Leadership and Nationbuilding in Early Republican China, Ann Arbor / University of Michigan 1999.

Chen, Ta, Chinese Migrants, with Special Reference to Labor Conditions, Taipei 1967.

Chen, Zhihong, Die China-Mission Michael Borodins bis zum Tod Sun Yatsen. Ein Beitrag zur sowjetischen Chinapolitik in den Jahren 1923-1925, Shanghai 1998.

Chesneaux, Jean / Le Barbier, Francoise / Bergère, Marie-Claire, China from the 1911 Revolution to Liberation, Hassocks / Sussex 1977.

Cheung, Chiu-yee, Nietzsche in China 1904-1991. An Annotated Bibliography, Canberra 1992.

– The Nietzsche's of Chinese Lu Xun Scholars: A Zigzag Road of the Reception of the "Gentle" Nietzsche, in: Mak / Paau 2000, S. 167-186.

Ch'i, Hsi-sheng, Warlord Politics in China, 1916-1928, Stanford / California 1976.

Chi, Madeleine, China Diplomacy 1914-1918, Cambridge / Mass. 1970.

Chow, Tse-Tsung, The May 4th Movement. Intellectual Revolution in Modern China, Cambridge / Mass., London / Engl. 1960.

Chu, Yik-yi, The Chinese Perception of Marxism and the Founding of the Chinese Communist Party, in: Mak / Paau (Hg.), 2000, S. 217-234.

Davin, Delia 1987, Imperialism and the Diffusion of Liberal Thought: British Influences on Chinese Education, in: Hayhoe, Ruth und Bastid, Marianne (Hg.) 1987, S. 33-56.

Dayer, Roberta Allbert, Bankers and Diplomats in China, 1917-1925. The Anglo-American Relationship, London 1981.

Debon, Günther / Hsia, Adrian (Hg.), Goethe und China – China und Goethe. Bericht des Heidelberger Symposions, Bern u.a. 1985.

Deutsche Vereinigung in Shanghai, Denkschrift zur Förderung des Deutschtums in China, Bremen 1913.

Deutsche Zeitung für China, China und der Krieg, 12.02.1917.

Dewall, Wolf von, Deutschland und China nach dem Kriege. Die wirtschaftlichen Aufgaben Deutschlands in China, Berlin 1916.

Djang Feng Djen (Zhang Fengzhen), The Diplomatic Relations Between China and Germany Since 1898, Shanghai 1936.

Döblin, Alfred, Die drei Sprünge des Wang-Lun. Chinesischer Roman, Berlin 1915.

Domes, Jürgen, Die vertagte Revolution. Die Politik der Kuomintang in China, 1923-1937, Berlin 1969.

– Sun Yat-sen's Leadership Style and the Development of the Kuomintang from the First Party Congress until His Death, in: Kindermann, Gottfried-Karl (Hg.) 1982, S. 281-293.

Dost, Paul, Deutsch-China und die Shantung-Bahn, Krefeld 1981.

Drechsler, Karl, Die Chinapolitik der Weimarer Republik und Hitlerdeutschlands 1920-1939. Grundlinien und Zäsuren, in: Deutschland und China 1920-1945, Bulletin Faschismus/Zweiter Weltkrieg, Sonderheft 1989, Akademie der Wissenschaften der DDR, Berlin 1989, S. 12-24.

Duiker, William John, Ts'ai Yuan-p'ei and the Intellectual Revolution in Modern China, Ann Arbor/Mich. u.a. 1981.

Düwell, Kurt, Deutschlands Auswärtige Kulturpolitik, 1918-1932, Köln 1976.

– und Link, Werner (Hg.), Deutsche auswärtige Kulturpolitik seit 1871: Geschichte und Struktur. Köln / Wien u.a. 1981.

Eberstein, Bernd, Hamburg-China. Geschichte einer Partnerschaft, Hamburg 1988.

– Der Ostasiatische Verein, 1900-2000, Hamburg 2000.

Eckart, Wolfgang, Deutsche Ärzte in China 1897-1914. Medizin als Kulturmission im Zweiten Deutschen Kaiserreich, Stuttgart 1989.

Elleman, Bruce A., Soviet Diplomacy and the First United Front in China, in: Modern China, 21:4, Oktober 1995, S. 450-480.

Erkes, Eduard, Chinesen, Leipzig 1920.

Fang, Weigui, Das Chinabild in der deutschen Literatur, 1871-1933. Ein Beitrag zur komparatistischen Imagologie, Frankfurt a. M. 1992.

Fass, Joseph, Sun Yat-sen and the World War I., in: Archiv Orientalni 35/1967 (Prag), S. 111-120.

– Sun Yat-sen and Germany in 1921-1924, in: Archiv Orientalni 36/1968 (Prag), S. 135-148.

Felber, Roland und Hübner, Rolf: Chinesische Demokraten und Revolutionäre in Berlin (1900-1924), in: Wissenschaftliche Zeitschrift der Humboldt-Universität zu Berlin, Reihe Gesellschaftswissenschaften, 37/2, 1988a, S. 148-156.

– Chinesische Demokraten und Revolutionäre in Berlin (1925-1933), in: Wissenschaftliche Zeitschrift der Humboldt-Universität Berlin, 37:2, 1988b, S. 157-172.

Felber, Roland, Der Große Oktober und die Entstehung erster Organisationen chinesischer Kommunisten Anfang der zwanziger Jahre in Europa, in: Beiträge zur Geschichte der Arbeiterbewegung, 30/5, 1988a, S. 592-605.

– Sun Yatsen und Deutschland (I). Zum Platz Deutschlands im gesellschaftspolitischen Denken Sun Yatsens. In: Wissenschaftliche Zeitschrift der Humboldt-Universität zu Berlin, Reihe Gesellschaftswissenschaften. Sonderheft: Zur Geschichte der deutsch-chinesischen Beziehungen (1900-1949), 2/1988b, S. 121-135.

– Sun Yatsen und Deutschland (II). Zur Rolle Deutschlands in den politischen Plänen Sun Yatsens nach dem ersten Weltkrieg. In: Wissenschaftliche Zeitschrift der Humboldt-Universität zu Berlin, Reihe Gesellschaftswissenschaften. Sonderheft: Zur Geschichte der deutsch-chinesischen Beziehungen (1900-1949), 2/1988c, S. 136-147.

– Zur Deutschland-Rezeption Sun Yatsens, in: Kuo/Leutner (Hg.), 1991a, S. 83-96.

– Cai Yuanpei (1868-1940) – Student am Lamprecht Institut in Leipzig, in: Comparativ, Leipziger Beiträge zur Universalgeschichte und vergleichenden Gesellschaftsforschung, 4/1991b, S. 109-112.

– Kang Youwei in Sachsen, in: H. Bräutigam / U. Lau (Hg.): Studien zur Kulturgeschichte Chinas. Staatliches Museum für Völkerkunde Dresden, Forschungsstelle, Dresdner Tagungsberichte, 3, Dresden 1992, S. 39-44.

– Das Deutschlandbild Kang Youweis von der Hunderttagereform 1898 bis zur Xinhai-Revolution von 1911, in: Kuo / Leutner (Hg.), 1994, S. 161-190.

– Chinesische Deutschlandbilder zu Beginn des 20. Jahrhunderts, in: Leutner, Mechthild (Hg.), 1996, S. 139-162.

– Sun Yatsen's Relations with Russia and his Attitude toward Germany in the Early Twenties as seen from Recently Published Archival Documents, in: Berliner China-Hefte 14, Febr. 1998, S. 101-114.

– Das chinesische Deutschlandbild in der Zeit des Vierten Mai, in: Berliner China-Hefte 17, Okt. 1999, S. 27-40.

– Berichte von Chinesen über die Verhältnisse in Berlin nach dem Ersten Weltkrieg, in: Kaderas / Meng (Hg.), 2000, S. 128-139.

Felbert, Ulrich von, China und Japan als Impuls und Exempel: Fernöstliche Ideen und Motive bei Alfred Döblin, Berthold Brecht und Egon Erwin Kisch, Frankfurt a. M. u.a. 1986.

Feng Zhi, Du Fu und Goethe, in: Debon / Hsia (Hg.), 1985, S. 79-94.

– Gedanken zu Goethes Gedichten, in: Debon / Hsia (Hg.), 1985, S. 65-78.

Feuerwerker, Albert, The Foreign Presence in China, in: The Cambridge History of China, Vol. 12, Republican China 1912-1949, Part 1, Cambridge 1983, S. 128-207.

Fifield, Russel H., Woodrow Wilson and the Far East – The Diplomacy of the Shantung Question, Hamden / Connecticut 1965 (1. Aufl. 1952).

Fink, C., Der deutsch-chinesische Vertrag, in: Ostasiatische Rundschau, 2:11, 01.06.1921, S. 167.

– Der deutsch-chinesische Vertrag, in: Ostasiatische Rundschau, 2:13, 01.07.1921, S. 203-210.

Fischer, Martin, Vierzig Jahre deutsche Chinapolitik (Mitteilungen des Instituts für Asienkunde 11), Hamburg 1962.

Fischer, Otto, China und Deutschland. Ein Versuch, Münster i. Westf. 1927.

Fischer, Wolfram, Deutsche Wirtschaftspolitik, 1918-45, Opladen 1968.

Forke, Alfred, The World Conception of the Chinese: Their Astronomical, Cosmological and Physico-Philosophical Speculations, London 1925.

– Rezension zu Richard Wilhelm „Kung-tse, Leben und Werk“ (1925) und „Lao-tse und der Taoismus“ (1925), in: Logos. Internationale Zeitschrift für Philosophie der Kultur, Bd. 15, 1926, S. 241-246.

– Geschichte der Philosophie, 3. Bde., Hamburg 1927-1938.

Fox, John P., Germany and the Far Eastern Crisis. A Study in Diplomacy and Ideology, New York, Oxford Univ. Press 1982.

– Deutschlands Chinapolitik von Versailles bis Locarno, in: Kuo / Leutner (Hg.), 1991, S.267-292.

Franke, Herbert, Sinologie an deutschen Universitäten, Wiesbaden 1968.

Franke, Otto, Die deutsch-chinesische Hochschule in Tsingtau, ihre Vorgeschichte, ihre Einrichtung und ihre Aufgaben, in: Ders., Ostasiatische Neubildungen, Hamburg 1911, S. 200-218.

– Deutschland und China vor, in und nach dem Kriege, Vortrag geh. Am 29. Jan. 1915 zu Bonn a. Rh., Hamburg 1915a.

– Das Deutschtum in China, Vortrag geh. am 12. März 1915, Hamburg 1915b.

– Zur Vorgeschichte des Abbruchs der deutsch-chinesischen Beziehungen, in: Wirtschaftsdienst (Kriegswirtschaftliche Berichte über das Ausland, hg. von der Zentralstelle des Hamburgischen Kolonialinstituts), Nr. 21, Hamburg, 25.Mai 1917, S. 325-338.

– Die Großmächte in Ostasien von 1894 bis 1914: Ein Beitrag zur Vorgeschichte des Krieges, Braunschweig 1923.

– Das Seminar für Orientalische Sprachen in Berlin und seine geplante Umformung, Leipzig 1924.

– Sinologie und deutsche Kulturarbeit in China, in: Mitteilungen der Deutschen Akademie, 1931, S. 159-161.

– Rezension zu Richard Wilhelm, „Kung-tse, Leben und Werk“ (1925) und „Lao-tse und der Taoismus“ (1925), in: Deutsche Literaturzeitung, 47:15, 1926, S. 702-706.

Franke, Wolfgang, Im Banne Chinas. Autobiographie eines Sinologen, 1912-1950, Dortmund 1995.

Fröhlich, Thomas, Staatsdenken im China der Republikzeit (1912-1949). Die Instrumentalisierung philosophischer Ideen bei chinesischen Intellektuellen, Frankfurt a. Main u.a. 2000.

Frühauf, Heiner, Deutschland in der chinesischen Reiseliteratur der zwanziger und dreißiger Jahre, in: Kubin (Hg.), 1995, S. 283-299.

Fu, Pao-jen, The German and American Military Advisers in Turkey and China 1913-1944: A Comparative Study of Liman, Wetzell, and Stilwell, in: Leutner (Hg.), 1996, S. 225-258.

Galik, Marian, Nietzsche in China, in: Nachr. d. Ges. für Natur- und Völkerkunde Ostasiens, Nr. 110, 1971a, S. 5-47.

– Preliminary Research Guide: German Impact on Modern Chinese Intellectual History, München 1971b.

Garthe, Barbara, Über Leben und Werk des Grafen Hermann Keyserling, Erlangen / Nürnberg 1976.

Gellner, Christoph, Weisheit, Kunst und Lebenskunst: Fernöstliche Religion und Philosophie bei Hermann Hesse und Berthold Brecht, Tübingen 1996.

General Anzeiger (Der Stadt Frankfurt a. Main), Die Deutschen Interessen in China, 28.08.1912.

Gerber, Lydia, Von Voskamps „heidnischem Treiben" und Wilhelms „höherem China": Die Berichterstattung deutscher protestantischer Missionare aus dem deutschen Pachtgebiet Kiautschou, 1898-1914, Hamburg 2002.

Glade, Dieter, Bremen und der Ferne Osten, Bremen 1966.

Gollwitzer, Die Gelbe Gefahr. Geschichte eines Schlagworts. Studien zum Imperialistischen Denken, Göttingen 1962.

Gransow, Bettina, Deutscher Maschinenexport und Ingenieurausbildung in China vor und nach dem Ersten Weltkrieg, in: Kuo (Hg.), 1986, S. 163-192.

– 'Draußen in China'. Einblicke in die Geschichte der Außenvertretung Berliner Firmen, in: Kuo (Hg.), 1987, S. 103-116.

– und Leutner, Mechthild (Hg.), China, Nähe und Ferne. Deutsch-chinesische Beziehungen in Geschichte und Gegenwart. Zum 60. Geburtstag von Kuo Heng-yü, Frankfurt a.M. 1989.

Gray, Jack, Rebellions and Revolutions. China from the 1800s to the 1980s, London/New York 1990.

Grupp, Peter, Vom Waffenstillstand zum Versailler Vertrag. Die außen- und friedenspolitischen Zielvorstellungen der deutschen Reichsführung, in: Bracher / Funke / Jacobsen (Hg.) 1998, S.285-302.

Gu Hongming, Chinas Verteidigung gegen europäische Ideen. Kritische Aufsätze. Hg. und m. e. Vorwort von Alfons Paquet, Jena 1911.

– Der Geist des chinesischen Volkes und der Ausweg aus dem Krieg (übers. von Oscar A.H. Schmitz), Jena 1917.

– Vox clamantis. Betrachtungen über den Krieg u.a., Leipzig 1920.

Gütinger, Erich, Die Geschichte der Chinesen in Deutschland. Ein Überblick über die ersten 100 Jahre seit 1822, Münster / New York u.a. 2004.

Haenisch, Erich, Die deutsche Schrift als deutscher Kulturfaktor im Ausland. Die deutsche und die englische Schrift, in: Börsenblatt für den Buchhandel (Leipzig), 80:252, 1913, S. 11454.

Harnisch, Thomas, Chinesische Studenten in Deutschland. Geschichte und Wirkung ihrer Studienaufenthalte in den Jahren von 1860-1945 (Mitteilungen des Instituts für Asienkunde, Nr. 300), Hamburg 1999.

– Militärische Ausbildung und Universitätsausbildung – Chinesisches Deutschlandstudium vor dem Ersten Weltkrieg, in: Kaderas / Meng (Hg.), 2000, S. 19-44.

Harth, Dietrich, Über die Bestimmung kultureller Vorurteile, Stereotypen und Images in fiktionalen Texten, in: Kubin (Hg.), 1995, S. 17-42.

Hartwich, Richard, Steyler Missionare in China: Beiträge zu einer Geschichte, Bd. III: Republik China und Erster Weltkrieg, 1911-1919, Nettetal 1987.

– Steyler Missionare in China: Beiträge zu einer Geschichte, Bd. V: Aus Kriegsruinen zu neuen Grenzen, 1920-1923, Nettetal 1987.

Harumi, Goto-Shibata, Japan and Britain in Shanghai, 1925-1931, Hampshire / London, 1995.

Hayhoe, Ruth / Bastid, Marianne 1987 (Hg.), China's Education and the Industrialized World. Studies in Cultural Transfer, New York / London 1987.

He, Lin, Zur Verbreitung der Philosophie Nietzsches in China, in: Kuo (Hg.), 1986, S. 443-467.

Heinzig, Dieter, Sowjetische Militärberater bei der Kuomintang 1923-1927, Baden-Baden 1978.

– The Role of Sun Yat-sen in the Formulation of Early Soviet Policy towards China and the Third World, in: Kindermann, Gottfried-Karl (Hg.) 1982, S. 294-300.

Helfferich, Emil, Ein Leben, 5 Bde., Hamburg 1948 (3 Bde.), Jever 1964 und 1965.

Hellauer, Joseph (Hg.), China: Wirtschaft und Wirtschaftsgrundlagen, Berlin 1921.

Hesse, Hermann, Sämtliche Werke, Frankfurt a. M. 2003.

Hetze, Stefanie, Von Mr. Wu und Nang-Ping zu Ulun Iga. China und Chinesen im deutschen Film, in: Gransow / Leutner (Hg.), 1989, S. 307-336.

Heuer, Susan, Schilderungen mit Wahrheitsanspruch. Zum Chinabild um die Jahrhundertwende am Beispiel der Reisebeschreibungen Ernst von Hesse-Warteggs, in: Kubin (Hg.), 1995, S. 119-164.

Heyking, Elisabeth v., Tschun. Eine Geschichte aus dem Vorfrühling Chinas, Wien 1914.

– Briefe, die ihn nicht erreichten, 71. Aufl., Berlin 1904.

Hildebrand, Klaus, Deutsche Außenpolitik 1871-1918, München 1989.

– Das vergangene Reich. Deutsche Außenpolitik von Bismarck bis Hitler, 1871-1945, Stuttgart 1995.

Hillgruber, Andreas, „Revisionismus" – Kontinuität und Wandel in der Außenpolitik der Weimarer Republik (Festvortrag), in: Theodor Schieder zum 75. Geburtstag, Köln 1983, S. 49-83.

– Germany and the Two World Wars, Cambridge 1981.

Hinz, Martin-Hans / Lind, Christoph, Hg., Tsingtau. Ein Kapitel deutscher Kolonialgeschichte in China 1897-1914 (Deutsches Historisches Museum, Ausstellungskatalog), 1998 München.

Hirschfeld, Gerhard / Krumeich, Gerd / Renz, Irina (Hg.), Enzyklopädie des Ersten Weltkriegs, Paderborn 2003.

Holitscher, Arthur, Das unruhige Asien: Reise durch Indien – China – Japan, Berlin 1925.

Hou, Chi-ming, Foreign Capital in China's Economic Development, 1895-1937, Diss., Columbia University, New York 1954.

Hsia, Adrian (Hg.), Deutsche Denker über China, Frankfurt a. M. 1985.

– Hermann Hesse und China, Darstellung, Materialien und Interpretation, Frankfurt a. M. 1981.

– und Hoefert, Sigrid (Hg.), Fernöstliche Brückenschläge. Zu deutsch-chinesischen Literaturbeziehungen im 20. Jahrhundert, Bern (u.a.) 1992.

Hsü, Immanuel C. Y., The Development of the Chinese Foreign Office in the Ch'ing Period, in: Steiner, Zara (Hg.) 1982, S. 119-133.

Hu, Chang-tzu, Deutsche Ideologie und politische Kultur Chinas. Eine Studie zum Sonderwegsgedanken der chinesischen Bildungselite 1920-1940 (Chinathemen 12), Bochum 1983.

Hu Danian, China and Albert Einstein: The Reception of the Physicist and His Theory in China, 1917-1979, Cambridge / Mass. 2005.

Huang, Yi, Der deutsche Einfluß auf die Entwicklung des chinesischen Bildungswesens von 1871-1918. Studien zu den kulturellen Aspekten der deutsch-chinesischen Beziehungen in der Ära des Deutschen Kaiserreichs, Berlin / Bern / New York 1995.

Hummel, Arthur W., Eminent Chinese of the Ch'ing Period, 1644-1912, 2 Bde., Washington 1943.

Hundhausen, Vincenz, Das Westzimmer. Ein chinesisches Singspiel aus dem dreizehnten Jahrhundert, Peking / Leipzig / Eisenach 1926.

– Die Weisheit des Dschuang-Dse in deutschen Lehrgedichten, Peking/Leipzig 1926.

Hwang Shen-chang, Das Deutschlandbild der Chinesen, in: Machetzki, R. (Hg.), 1982, S. 13-24.

Jacobsen, Hans-Adolf, Militär, Staat und Gesellschaft in der Weimarer Republik, in: Bracher / Funke / Jacobsen (Hg.), 1998, S. 343-368.

Jacques, Norbert, Der Kaufherr von Shanghai, Berlin 1925.

– Dr. Mabuse, der Spieler. Ein Bild unserer Zeit, Berlin 1929.

Jeans, Roger, Syncretism in Defense of Confucianism: An Intellectual and Political Biography of the Early Years of Chang Chun-mai, 1887-1923, (Diss.), George Washington University, 1974.

– Roads Not Taken: The Struggle of Opposition Parties in Twentieth Century China, Bolder 1992.

– Zhang Junmai (Carsun Chang) and the National Socialist Party of China, 1932-1937, in: Republican China, 19:1, 1993, S. 113-145.

Jia, Ma, Döblin und China: Untersuchung zu Döblins Rezeption des chinesischen Denkens und seiner literarischen Darstellung Chinas in „Drei Sprünge des Wang-lun", Frankfurt a. M. u.a. 1993.

Jian, Ming, Expressionistische Nachdichtungen chinesischer Lyrik, Frankfurt a. M. 1990.

– Europäisierung, Subjektivierung und Erotisierung – Chinesische Liebeslyrik in deutschen Nachdichtungen, in: Kubin (Hg.), 1995, S. 219-244.

Junginger, L., Die gegenwärtige Lage des Maschinengeschäfts in China, in: Technisch-Wirtschaftliche Blätter. Monatsschrift des Chinesischen Verbandes Deutscher Ingenieure, 2, Febr. 1914, Shanghai.

Kaderas, Christoph / Meng, Hong (Hg.), 120 Jahre chinesische Studierende an deutschen Hochschulen (22 Daad-Forum, Studien, Berichte, Materialien), Bonn 2000.

Kaske, Elisabeth, Teachers, Drillmasters or Arms Dealers? German Military Instructors in China 1870-1914, in: Berliner China-Hefte 23, Okt. 2002, S. 82-98.

Kennedy, Paul, Aufstieg und Fall der großen Mächte – Ökonomischer Wandel und militärischer Konflikt von 1500 bis 2000, Frankfurt a. M. 1996.

Keyserling, Graf Hermann: Über die Kulturprobleme des Orients und des Okzidents. Eine Botschaft an die Völker des Ostens, Jena 1913.

– Das Reisetagebuch eines Philosophen, 2 Bde., 6. Aufl., Darmstadt 1922.

Kindermann, Gottfried-Karl (Hg.), Sun Yat-sen: Founder and Symbol of China's Revolutionary Nation Building, München / Wien 1982.

Kindzorra, Otto, Die Chinapolitik des deutschen Imperialismus der Jahre 1914-1921, Humboldt-Universität, (Diss., unveröffentlicht), Berlin 1965.

Kirby, William C., Germany and Republican China, Stanford / California 1984.

– The Study of Modern China's Foreign Relations: Trends and Research Agendas in the History of Sino-German and Sino-American Relations, in: Leutner (Hg.), 1996, S. 385-406.

– The Internationalization of China: Foreign Relations at Home and Abroad in the Republican Era, in: The China Quarterly 150, (Juni) 1997, S. 433–458.

Klabund, Dumpfe Trommel und berauschter Gong. Nachdichtung chinesischer Kriegslyrik, Leipzig 1915.

– Li-Tai-pe: Nachdichtungen, Leipzig 1916.

Klein, Thoralf, Die Basler Mission in Guangdong (Südchina), 1859-1931 (Erfurter Reihe zur Geschichte Asiens, Bd. 3), München 2002.

Kloosterhuis, Jürgen, Deutsche auswärtige Kulturpolitik und ihre Trägergruppen vor dem Ersten Weltkrieg, in: Düwell, Kurt (Hg.), 1981, S. 7-35.

– „Friedliche Imperialisten“: Deutsche Auslandsvereine und auswärtige Kulturpolitik, 1906-1918, Frankfurt a. M. 1994.

Knauß, Robert, Im Großflugzeug nach Peking. Der erste Weltflug der deutschen Luft Hansa, Berlin 1927.

Kobrak, Christopher, National Cultures and International Competition: The Experience of Schering AG, 1851-1950, Cambridge u.a. 2002.

Kölnische Zeitung, Deutschfeindliche Treibereien, 09.12.1911.

– Der Retter Chinas, 10.10.1913.

Korff, Adalbert, Der direkte deutsch-chinesische Schiffahrtsverkehr von seiner Entstehung bis zum Ausbruch des Weltkrieges, unveröffentl. Dissertation, Kiel 1922.

Kotze, Stephan von, Die gelbe Gefahr, Berlin 1904.

Kraft, Heinrich, Deutschland–Ostasien. Ostasiatischer Verein Hamburg-Bremen zum 60jährigen Bestehen, Hamburg 1960.

Krebs, Gerhard, Der Chor der Gefangenen: Die Verteidiger von Tsingtau in japanischen Lagern, in: Hinz / Lind, Hg. 1998, S. 196-202.

Krebs, W., Deutsche Tätigkeit in China, in: Neuer Orient 7, 1920, S. 75-79.

Kreissler, Françoise, Deutsch-chinesische Kooperation im Hochschulwesen: Das Beispiel der Tongji-Universität, in: Kuo / Leutner (Hg.), 1986, S. 10-32.

– Technical Education as a Key to Cultural Cooperation: The Sino-German Experience, in: Hayhoe, Ruth / Bastid, Marianne (Hg.) 1987, S. 81-96.

– L'action culturelle allemande en China. De la fin du XIXe siècle à la Seconde Guerre mondiale, Paris 1989.

Krüger, Peter, Die Außenpolitik der Republik von Weimar, Darmstadt 1985.

Ku Hung-ming, siehe Gu Hongming.

Kubin, Wolfgang (Hg.), Mein Bild in Deinem Auge. Exotismus und Moderne: Deutschland-China im 20. Jahrhundert, Darmstadt 1995.

Kuhn, Dieter, Die Republik China von 1912 bis 1937. Entwurf für eine politische Ereignisgeschichte, 2 Bde., Heidelberg 2004.

Kuo, Heng-yü, Die Komintern und die Chinesische Revolution. Die Einheitsfront zwischen der KP Chinas und der Kuomintang 1924-1927, Paderborn 1979.

– Deutschland und China im Jahre 1927. Aus der Sicht deutscher Diplomaten, in: Kuo (Hg.), 1986, S. 293-324.

– (Hg.), Von der Kolonialpolitik zur Kooperation. Studien zur Geschichte der deutsch-chinesischen Beziehungen (Berliner China-Studien 13), München 1986.

– (Hg.), Berlin und China. Dreihundert Jahre wechselvolle Beziehungen, Berlin 1987.

– und Leutner, M. (Hg.), Beiträge zu den deutsch-chinesischen Beziehungen (Berliner China-Studien 12), München 1986.

– und Leutner, M. (Hg.), Deutsch-chinesische Beziehungen vom 19. Jahrhundert bis zur Gegenwart. Beiträge des Internationalen Symposiums in Berlin (Berliner China-Studien 19), München 1991.

– und Leutner, M. (Hg.), Deutschland und China: Beiträge des Zweiten Internationalen Symposiums zur Geschichte der deutsch-chinesischen Beziehungen, Berlin 1991 (Berliner China-Studien 21), München 1994.

– Titarenko, M. L. u.a. (Hg.), RKP(B), Komintern und die national-revolutionäre Bewegung in China. Dokumente. Band 1: 1920-1925, Paderborn / München u.a. 1996.

Kuß, Susanne, Der Völkerbund und China. Technische Kooperation und deutsche Berater 1928-34 (Berliner China-Studien 45), Münster 2005.

Lackner, Michael, Hegel entseelt. Probleme der chinesischen Hegel-Rezeption, in: Internationales Asienforum 17, 1986, S. 131-145.

LaFargue, Thomas Edward, China and the World War, Stanford 1937.

Lazitch, Branko und Drachkovitch, Milorad M., Biographical Dictionary of the Comintern, California / Stanford 1973.

Lambsdorff, Hans Georg, Graf, Die Weimarer Republik: Krisen – Konflikte – Katastrophen, Frankfurt a. M. 1990.

Lee Kuo-chi, Kultureinfluß Deutschlands auf China im 20. Jahrhundert, in: Hütter, Joachim / Meyers Reinhard / Papaenfuss, Dietrich (Hg.): Tradition und Neubeginn, Internationale Forschung zur deutschen Geschichte im 20. Jahrhundert, Köln u.a. 1975, S. 115-220.

Lee, Lily Xiao Hong u.a. (Hg.), Biographical Dictionary of Chinese Women: The Twentieth Century, 1912-2000, Armonk / London 2003.

Lee, Marshall M.: Gustav Stresemann und die deutsche Völkerbundpolitik, 1925-1930, in: Lee / Michalka 1982, S. 350-374.

– und Michalka, Wolfgang (Hg.), Gustav Stresemann, Darmstadt 1982.

– und Michalka, Wolfgang (Hg.), German Foreign Policy 1917-1933. Continuity or Break?, Leamington Spa / Hamburg / New York 1987.

Leibfried, Christina, Sinologie an der Universität Leipzig, Leipzig 2003.

Lessing, Ferdinand D. / Othmer, Wilhelm O., Lehrgang der nordchinesischen Umgangssprache (Hanyu tongshi), Qingdao 1912.

Leuschner, Friedrich Wilhelm, Die Frau des Chinesen, Novelle, 2. Aufl., Schwerin 1911.

– Glotzauge-Starkheld, Ausg. 21.-40. Taus., Berlin 1921.

– Die falschen Götzen macht zu Spott, Ausg. 41.-60. Taus., Berlin 1930.

Leutner, Mechthild, Deutsche Vorstellungen über China und Chinesen und über die Rolle der Deutschen in China, 1890-1945, in: Kuo (Hg.), 1986, S. 401-442.

– Sun Yatsen, seine Ideen und seine historische Bedeutung aus deutscher Sicht, in: Asien, 21/1986a, S. 63-88.

– Sinologie in Berlin. Die Durchsetzung einer wissenschaftlichen Disziplin zur Erschließung und zum Verständnis Chinas, in: Kuo (Hg.), 1987, S. 31-56.

– Zur Genese des Universismus-Konzeptes. J.J.M. de Groots Ansichten zur Religion in China im Vergleich mit W. Grube, in: Gransow / Leutner (Hg.) 1989, S. 155-174.

– 'China ohne Maske'. Forschungsreisende, Berichterstatter und Missionare erschließen China in den 20er und 30er Jahren, in: Leutner / Yü-Dembski (Hg.), 1990, S. 67-78.

– Otto Frankes Konzeptionen zur chinesischen Geschichte. Die 'Geschichte des chinesischen Reiches' neu gelesen, in: Kuo / Leutner (Hg.), 1991, S. 183-208.

– und Mühlhahn, Klaus, Die 'Musterkolonie': Die Perzeption des Schutzgebietes Jiaozhou in Deutschland, in: Kuo / Leutner (Hg.), 1994, S. 399-422.

– Helden, ihre Kämpfe und ihre Siege – Sven Hedin und Wilhelm Filchner in China und Zentralasien, in: Kubin (Hg.), 1995, S. 83-102.

– Kontroversen in der Sinologie: Richard Wilhelms kulturkritische und wissenschaftliche Positionen in der Weimarer Republik, in: Berliner China-Hefte 23 (2002), S. 13-40, und in: Hirsch, Klaus (Hg.): Richard Wilhelm. Botschafter zweier Welten, Frankfurt a. M. / London 2003, S. 43-84.

– Richard Wilhelms chinesische Netzwerke: Von kolonialen Abhängigkeiten zur Gleichrangigkeit, in: Leutner / Damm (Hg.), Chinesische Literatur: Zum siebzigsten Geburtstag von Eva Müller (Berliner China-Hefte 27), Münster 2004, S. 76-102.

– (Hg.), Bundesrepublik Deutschland und China 1949-1995: Politik-Wirtschaft-Wissenschaft-Kultur, Berlin 1995.

– (Hg.), Politik, Wirtschaft, Kultur: Studien zu den deutsch-chinesischen Beziehungen (Berliner China-Studien Bd. 31), Münster 1996.

– (Hg.), „Musterkolonie Kiautschou“: Die Expansion des Deutschen Reiches in China (1897-1914), Berlin 1997.

– und Yü-Dembski, Dagmar (Hg.), Exotik und Wirklichkeit. China in den Reisebeschreibungen vom 17. Jahrhundert bis zur Gegenwart, München 1990.

Li Changke, Der China-Roman in der deutschen Literatur: 1890-1930. Tendenzen und Aspekte, Regensburg 1992.

Liang, Hsi-Huey, The Sino-German Connection: Alexander v. Falkernhausen Between China and Germany, 1900-1941, Assen (Van Gorcum) 1978.

– Die Chinesen in Berlin, 1920-1946, in: Hütterer, Joachim (Hg.), Tradition und Neubeginn. Internationale Forschungen zur deutschen Geschichte im 20. Jahrhundert, Köln/Berlin 1975, S. 221-231.

Lieberthal, Kenneth u.a. (Hg.), Perspectives on Modern China: Four Anniversaries, London/New York 1991.

Linde, Max , Film und auswärtige Politik, in: Ostasiatische Rundschau, 1:2, 15.02.1920, S.18.

– Denkschrift aus Anlaß der feierlichen Einweihung der Tungchi Technischen Hochschule in Schanghai-Woosung, Berlin 1924.

– Chinesische Studenten in Deutschland, in: Ostasiatische Rundschau, 7:11, 1926, S. 234.

– Die Tung-Chi Universität in Schanghai-Woosong, in: Deutschtum und Ausland, Heft 13, Münster 1928.

Linebarger, Paul, Sun Yat Sen and the Chinese Republic, New York/London [1925] 1969.

Linke, Marlies, Einige Anmerkungen zu den deutschen Zivilberatern in China: Das Beispiel Gustav Amann, in: Leutner (Hg.) 1996, S. 259-269.

Loh-John, Ning-Ning, Das Bild Chinas in der Literatur des wilhelminischen Deutschland, unveröffentl. Dissertation, University of Pittsburgh 1982.

Louven, Erhard, Die frühen Wirtschaftsbeziehungen: Von den preußischen Handelskompanien bis zum Zweiten Weltkrieg, in: Machetzki, Rüdiger (Hg.), 1982, S. 157-176.

Ludwig, Karl Heinz (Hg.), Technik, Ingenieure und Gesellschaft. Geschichte des Vereins deutscher Ingenieure 1856-1981, Düsseldorf 1981.

Machetzki, Rüdiger (Hg.), Deutsch-chinesische Beziehungen. Ein Handbuch, Hamburg 1982.

– Das Chinabild der Deutschen, in: Machetzki, Rüdiger (Hg.), 1982, S. 3-12.

Mak, Ricardo K. S. und Paau, Danny S. L. (Hg.), Sino-German Relation Since 1800: Multidisciplinary Explorations, Frankfurt a. M. 2000.

Männer, Siegfried, Die Anerkennung der Republik China durch das Deutsche Kaiserreich 1913, (Magisterarbeit, unveröffentlicht), Freie Universität Berlin 1988.

Mangold, Rudolf, Die elektrotechnische Industrie und der chinesische Markt, Berlin 1935.

Martin, Bernd (Hg), Deutsch-chinesische Beziehungen 1928-1937. „Gleiche" Partner unter „ungleichen" Bedingungen (Quellen zur Geschichte der deutsch-chinesischen Beziehungen 1897-1995), Berlin 2003.

Martin, Helmut / Hammer, Christiane (Hg.), Chinawissenschaften – deutschsprachige Entwicklungen: Geschichte, Personen, Perspektiven. Referate der 8. Jahrestagung 1997 der Deutschen Vereinigung für Chinastudien (DVCS), Hamburg 1999.

McCormack, Gavan, Chang Tso-lin in Northeast China, 1911-1928. China, Japan and the Manchurian Idea, Stanford/California 1977.

McDougall, Bonnie S., The Impact of Western Literary Trends, in: Goldman, Merle (Hg.): Modern Chinese Literature in the May Fourth Era, Cambridge/Mass., London/Engl. 1977, S. 37-61.

Mehner, Karl, Weimar – Kanton. Ein Beitrag zur Geschichte der deutsch-chinesischen Beziehungen in den Jahren 1921-24, in: Wissenschaftliche Zeitschrift der Karl-Marx-Universität Leipzig, 8, 1948-49, S. 23-43.

Mehnert, Ute, Deutschland, Amerika und die "gelbe Gefahr". Zur Karriere eines Schlagworts in der großen Politik, 1905-1917, Stuttgart 1995.

Meienberger, Norbert, Entwicklungshilfe unter dem Völkerbund. Ein Beitrag zur Geschichte der internationalen Zusammenarbeit in der Zwischenkriegszeit unter besonderer Berücksichtigung der technischen Hilfe an China, Winterthur 1965.

Meisner, Maurice, The Despotism of Concepts: Wittvogel and Marx on China, in: The China Quarterly, 16, 1963.

Meißner, Werner, Zur Rezeption des deutschen 'Neoidealismus' in den zwanziger Jahren in China, in: Kuo / Leutner (Hg.), 1991, S. 97-124.

– Intellektuelle im Zwiespalt. Fallstudien über Chang Chün-mai, Hu Shih und Ch'en Tu-hsiu, in: Pohl u.a. (Hg.), 1993, S. 125-146.

– China zwischen nationalem 'Sonderweg' und universaler Modernisierung. Zur Rezeption westlichen Denkens in China, München 1994.

Melchers & Co, 150 Jahre C. Melchers & Co. Bremen. 90 Jahre Melchers & Co., China, Bremen 1966.

Mende, Günther S., The Image of China in Germany, 1919-1939, unveröffentl. Dissertation, University of California, Berkeley, 1975.

Meng, Hong, Das Auslandsstudium von Chinesen in Deutschland (1861-2001). Ein Beispiel internationaler Studentenmobilität im Rahmen der chinesischen Modernisierung, Frankfurt a. M. / Berlin u.a. 2005.

Meng, Weiyan: Kafka und China, München 1986.

Merker, Peter, Die Absatzorganisation der deutschen Wirtschaft in China an der Wende von den 20er zu den 30er Jahren, in: Leutner (Hg.) 1996, S. 271-296.

Mi, Rucheng, Deutscher Eisenbahnbau in China, 1870-1938, in: Kuo (Hg.), 1986, S. 101-140.

Michalka, Wolfgang, Deutsche Außenpolitik 1920-1933, in: Bracher / Funke / Jacobsen (Hg.), 1998, S. 303-326.

Mielmann, Peter, Deutsch-chinesische Handelsbeziehungen am Beispiel der Elektroindustrie, 1870-1949, Frankfurt a. M. 1984.

Mohr, Friedrich Wilhelm, Handbuch für das Schutzgebiet Kiautschou, Tsingtao 1911.

– Deutsch-chinesische Unterrichtsstunden. Kurzgefasste Anleitung zur Erlernung der Anfangsgründe der chinesischen Sprache, Tsingtau 1914.

– Gedanken zur neudeutschen Chinapolitik, Neuwied 1920.

– Die Rückkehr der Deutschen, in: Ostasiatische Rundschau 3:10, 1.10.1922, S. 168-169.

– Eindrücke aus Ost- und Südostasien, Hamburg 1926.

– Fremde und deutsche Kulturarbeit in China (Deutschtum und Ausland, 13), Münster 1928.

– Deutsche Kulturpolitik in China, in: Volkstum und Kulturpolitik, Köln 1932, S. 548-568.

Möring, M., Siemssen & Co. 1846-1971, Hamburg 1971.

Mühlhahn, Klaus, Herrschaft und Widerstand in der „Musterkolonie" Kiautschou. Interaktionen zwischen China und Deutschland 1897-1914, München 2000.

Müller, Eva, Kunst und Politik. Deutsch-chinesische Literaturbeziehungen seit den 20er und 30er Jahren; in: Kuo / Leutner (Hg.) 1994, S. 253-264.

Müller, Martin, Die chinesischsprachige Hegel-Rezeption von 1902 bis 2000. Eine Bibliographie, Frankfurt a. M. 2002.

Müller-Jabusch, Maximilian, Fünfzig Jahre Deutsch-Asiatische Bank 1890-1939, Berlin 1940.

Münchener Neueste Nachrichten: China und wir. Unterredung mit dem chinesischen Delegationsführer in Genf, 17.03.1926.

Mutz, Mathias, „Der Sohn, der durch das West-Tor kam." Siemens und die wirtschaftliche Internationalisierung Chinas vor 1949, in: Periplus. Jahrbuch für außereuropäische Geschichte 15, 2005, S. 4-40.

Nathan, Andrew J., Peking Politics, 1918-1923, Berkeley / California 1976.

– A Constitutional Republic: The Peking Government 1916-28, in: Fairbank, John King (Hg.): The Cambridge History of China, Vol. 12, Republican China 1912-1949, Part 1, Cambridge 1983, S. 259-283.

Neue Preussische Zeitung (Kreuz-Zeitung): Die Behandlung der Deutschen in China nach der Kriegserklärung, 09.10.1917.

Nieh, Yu-Hsi, Zwischen den Kriegen – ein Neubeginn, in: Machetzki, Rüdiger (Hg.), 1982, S. 113-120.

Norddeutsche Allgemeine Zeitung, Die Kriegserklärung Chinas, 17.08.1917.

Oehlke, Waldemar, Deutsch in Ostasien, in: Neue Jahrbücher für Wissenschaft und Jugendbildung (hg. von Johannes Ilberg), 4. Jg., 1928, S. 352-358.

Ossendowski, Ferdinand, Tiere, Menschen und Götter (Beasts, Men and Gods), Frankfurt a. M. 1923.

– Hinter Chinas Mauer, Dresden 1929.

Ostasiatische Lloyd, Der, Zur Frage der Medizinischen Ausbildung in China, Nr. 19, 15.05.1914, S. 435.

– Deutsche Kulturaufgaben in China, 30.08.1912, S. 283-285.

– Die deutsche Sprache in China, 13.09.1912, S. 232-233.

Ostasiatische Rundschau, Die deutsche Presse und der deutsch-chinesische Vertrag, Ostasiatische Rundschau, 2:13, 01.07.1921, S. 211-212.

– Das deutsch-chinesische Handelsabkommen, 2:19, 01.19.1921, S. 317-318.

– Der deutsch-chinesische Vertrag (Endgültige Regelung der deutsch-chinesischen Beziehungen), 7:7, 15.07.1924, S. 90.

– Die Tong-Chi Lehranstalten in Shanghai-Woosung, 6:4, April 1925, S. 62-66.

Ostasiatischer Verein Hamburg-Bremen (Hg.), Ostasiatischer Verein Hamburg-Bremen zum 60. Jährigen Bestehen, Hamburg 1960.

Osterhammel, Jürgen, Britischer Imperialismus im Fernen Osten. Strukturen der Durchdringung und einheimischer Widerstand auf dem chinesischen Markt 1932-1937 (Chinathemen, Bd. 10), Bochum 1983.

– Semi-Colonialism and Informal Empire in Twentieth-Century China: Towards a Framework of Analysis, in: Osterhammel / Mommsen (Hg.), 1986, S. 290-314.

– China und die Weltgesellschaft. Vom 18. Jahrhundert bis in unsere Zeit, München 1989.

– Shanghai, 30. Mai 1925 – Die chinesische Revolution, München 1997.

– und Mommsen, Wolfgang J. (Hg.): Imperialism and After. Continuities and Discontinuities, London 1986.

Paquet, Alfons, Li oder Im neuen Osten, Frankfurt a. M. 1912.

Parteihochschule „Karl Marx“ beim ZK der SED (Hg.): Aus dem Kampf der deutschen Arbeiterklasse zur Verteidigung der Revolution in China, Berlin [1959] 1989.

Perzynski, Friedrich, Von Chinas Göttern: Reisen in China, München 1920.

Peter, Elmar, Die Bedeutung Chinas in der deutschen Ostasienpolitik, 1911-1917, Hamburg 1965.

Plüschow, Günther, Die Abenteuer des Fliegers von Qingdao. Meine Erlebnisse in drei Erdteilen, Berlin 1916.

Pohl, Karl-Heinz / Wacker, Gudrun / Liu Huiru (Hg.), Chinesische Intellektuelle im 20. Jahrhundert: Zwischen Tradition und Moderne (Mitteilungen des Instituts für Asienkunde 220), Hamburg 1993.

Pollard, Robert T., China's Foreign Relations 1917-1931, New York 1933, Nachdruck, New York 1970.

Pong, David, The Ministry of Foreign Affairs during the Republican Period 1912-1949, in: Steiner Zara (Hg.) 1982, S. 135-151.

Ratenhof, Udo, Die Chinapolitik des Deutschen Reiches, 1871-1945. Wirtschaft – Rüstung – Militär, Boppard 1987.

Read, Malcolm, China and Germany: A Study of Images and Influences of China in German Literature, (Diss.), Univ. of Hull, Boston 1977.

Reinbothe, Roswitha, Kulturexport und Wirtschaftsmacht. Deutsche Schulen in China vor dem Ersten Weltkrieg, Frankfurt a. M. 1992.

– Die Anfänge deutscher Kulturpolitik in China und der Beitrag deutschsprachiger Chinawissenschaftler, in: Berliner China-Hefte 14, Februar 1998, S. 59-66.

Reinsch, Paul S., An American Diplomat in China, Toronto 1922.

Ren, Weidong, Kafka in China: Rezeptionsgeschichte eines Klassikers der Moderne, Frankfurt a. M. u.a. 2002.

Richter, Julius D., Geschichte der Berliner Missionsgesellschaft, 1824-1924, Berlin 1924.

Richter, Ursula, Karl August Wittfogel und das Konzept der 'Orientalischen Despotie', in: Kuo / Leutner (Hg.), 1991, S. 125-181.

Riediger, Uwe, Ku Hong-ming – Umrisse eines Lebens, in: Oriens Extremus 31, 1987-88, S. 197-242.

Rigby, Richard W., The May 30th Movement. Events and Themes, Canberra 1980.

Rohrbach, Paul, Deutsche Kulturaufgaben in China. Beiträge zur Erkenntnis nationaler Verantwortlichkeit, Berlin 1910.

– Der deutsche Gedanke in der Welt, Düsseldorf / Leipzig 1912.

– Deutschland in China voran!, Berlin 1912.

– Deutschland und China nach dem Kriege (Schriften d. Deutsch-Chinesischen Verbandes; 2), Berlin 1916.

Saich, Tony, The Origins of the First United Front in China. The Role of Sneevliet (Alias Maring), 2 Bde., Leiden / New York u.a. 1991.

– The Rise to Power of the Chinese Communist Party. Documents and Analysis, New York / London 1996.

Salzmann, Erich von, Aus Jung-China. Reise-Skizzen nach der Revolution, August bis Oktober 1912, Tianjin 1912.

– Gelb gegen Weiß: Aus dem Freiheitskampf Asiens, Leipzig 1925.

– China siegt, Hamburg / Berlin / Leipzig 1929.

Sanders, Liman von, Fünf Jahre Türkei, Berlin 1920.

Schairer, Reinhold, Die Studenten im internationalen Studentenleben. Beiträge zur Frage des Studiums im fremden Lande (Reihe: Deutschtum und Ausland, 11), Münster / Westfalen, 1927.

Schiffrin, Harold Z., Sun Yat-sen and the Origins of the Chinese Revolution, Berkeley / California 1968.

– Sun Yat-sen, Reluctant Revolutionary, Boston 1980.

– Sun Yat-sen's "Constitution Protection Movement" and Revolutionary Governments in South China (1917-1923), in: Kindermann 1982, S. 227-244.

Schluchter, Wolfgang, Max Webers Studie über Konfuzianismus und Taoismus. Interpretation und Kritik, Frankfurt a. M. 1983.

Schmidt, Franz und Boelitz, Otto (Hg.), Aus deutscher Bildungsarbeit im Auslande. Erlebnisse und Erfahrungen in Selbstzeugnissen aus aller Welt, 2 Bde., Langensalza 1928.

Schmidt, Heide-Irene, Wirtschaftliche Kriegsziele Englands und interalliierte Kooperation. Die Pariser Wirtschaftskonferenz 1916, in: Militärgeschichtliche Mitteilungen, Heft 1, 1981, S. 37-54.

Schmidt, Vera, Die deutsche Eisenbahnpolitik in Shantung, 1898-1914. Ein Beitrag zur Geschichte des deutschen Imperialismus in China (Veröffentlichungen des Ostasien-Instituts der Ruhr-Universität Bochum, Bd. 16), Wiesbaden 1976.

– Deutsche Herrschaft in China von den Anfängen bis zum Ersten Weltkrieg, in: Machetzki, Rüdiger (Hg.), 1982, S. 95-112.

– Aufgabe und Einfluß der europäischen Berater in China: Gustav Detring (1842-1913) im Dienste Li Hung-changs, Wiesbaden 1984.

Schmidt-Glinzer, Helwig, Geschichte der chinesischen Literatur, Bern / München / Wien 1990.

Schmokel, Wolfe W., Dream of Empire. German Colonialism 1919-1945, New Haven / London 1964.

Schöllgen, Gregor, Imperialismus und Gleichgewicht. Deutschland, England und die orientalische Frage, 1871-1914, München 1984

– Das Zeitalter des Imperialismus, 2. Aufl., München 1991.

– Hg., Escape into War? The Foreign Policy of Imperial Germany, Oxford u.a. 1990.

Schram, Stuart R., Mao's Road to Power. Revolutionary Writings 1912-1949, Armonk / New York 1992.

Schrameier, Wilhelm, Die deutsche Bodenreform-Bewegung, Jena 1912.

– Aus Kiautschous Verwaltung, Jena 1914.

Schuster, Ingrid, China und Japan in der deutschen Literatur, 1890-1925, Bern u.a. 1977.

Schwertfeger, Bernhard, Die Diplomatischen Akten des Auswärtigen Amtes 1871-1914. Ein Wegweiser durch das große Aktenwerk der Deutschen Regierung, 5 Bde., Berlin 1924-1927; Fünfter Teil. 2. Abteilung: Weltpolitische Komplikationen 1908-1914, Bd. 32: Die Mächte und Ostasien, 1909-1914, Berlin 1927, S. 117-142.

Shao, Lixin, Nietzsche in China, New York / Washington / Frankfurt a. M. 1999.

Shen-Yi / Stadelmann, Heinrich, China und sein Weltprogramm, Dresden 1925.

Sheridan, James E., The Warlord Era: Politics and Militarism under the Peking Government, in: Fairbank, John King (Hg.), The Cambridge History of China, Vol. 12, Republican China 1912-1949, Part 1, Cambridge / Mass. 1983, S. 284-321.

Smith, S. A., A Road is Made. Communism in Shanghai, 1920-1927, Richmond / Surrey 2000.

Speitkamp, Winfried, Die Deutschen in Hongkong 1860-1914. Wirtschaftliche Interessen und nationale Identität, in: Berliner China-Hefte 17, Okt. 1999, S. 14-26.

Spence, Jonathan, To Change China – Western Advisers in China 1620-1960, Boston 1969.

– The Search for Modern China, London 1990.

Spenz, Jürgen, Die diplomatische Vorgeschichte des Beitritts Deutschlands zum Volkerbund, 1924-1926. Ein Beitrag zur Außenpolitik der Weimarer Republik, Göttingen / Berlin u.a. 1966.

Steiner, Zara 1982 (Hg.): The Times Survey of Foreign Ministries of the World, London 1982.

Strachan, Hew, The First World War, Vol. 1: To Arms, Oxford / New York 2001.

Stichler, Hans Christian, Die deutsche Jiaozhou-Administration und das Attentat auf Song Jiaoren, in: Kuo / Leutner 1994, S. 359-374.

Stingl, Werner, Der Ferne Osten in der Deutschen Politik vor dem Ersten Weltkrieg (1902-1914), 2 Bde., Frankfurt a.M. 1978.

Stoecker, Helmut (Hg.): Handbuch der Verträge 1871-1964. Verträge und andere Dokumente aus der Geschichte der internationalen Beziehungen, Berlin 1968.

Sun, Fengcheng, Zur Rezeption deutscher Literatur in China, in: Kuo (Hg.) 1986, S. 469-492.

Sun, Yatsen, Kidnapped in London. Being the Story of My Capture by, Detention at, and Release from the Chinese Legation, London, Bristol 1897.

– Memoirs of a Chinese Revolutionary. A Program of National Reconstruction for China (London 1927), Repr. New York 1970.

– Reden und Schriften, Leipzig 1974.

Thompson, Roger R., China's Local Councils in the Age of Constitutional Reform, 1898-1911, Harvard Univ. Press 1995.

Tiefensee, Franz, „In japanischer Gefangenschaft", Ostasiatische Rundschau, Nr. 1, 1920, S. 51-53.

Torr, Dona, Marx on China, 1853-1860, Articles from the New York Daily Tribune, London 1951.

Trampedach, Tim, „Yellow Perril"? German Public Opinion and the Chinese Boxer Movement, in: Berliner China-Hefte 23, Oktober 2002, S. 71-81.

Tung, William L. 1977: V. K. Wellington Koo and China's Wartime Diplomacy, New York.

Ven, Hans van de, The Military and the Republic, in: Wakeman, Frederic / Edmonds, Richard Louis (Hg.), 2000, S. 98-120.

Vittinghoff, Helmholt, Chinawissenschaften zwischen Deutschem Reich und Drittem Reich, in: Martin / Hammer (Hg.), 1999, S. 146-159.

Voskamp, C. J., Aus dem belagerten Tsingtau – Tagebuchblätter, Berlin 1915.

Vossische Zeitung, Gesandtschaften in Nanking, 03.08.1928.

Wakeman, Frederic, A Revisionist View of the Nanjing Decade: Confucian Fascism, in: The China Quarterly 156, 1997, S. 395–432.

– / Edmonds, Richard Louis (Hg.), Reappraising Republican China, Oxford 2000.

Waldron, Arthur, From War to Nationalism. China's Turning Point, 1924–1925, New York 1995.

Walravens, Hartmut, Kultur, Literatur und Kunst in der Ostasiatischen Rundschau, Berlin 1991.

– (Hg.): Ferdinand Lessing (1882-1961): Sinologe, Mongolist und Kenner des Lamaismus. Material zu Leben Wund Werk mit dem Briefwechsel mit Sven Hedin, Osnabrück 2000.

Wang, Peili, Wilhelm von Humboldt und Cai Yuanpei. Eine vergleichende Analyse zweier klassischer Bildungskonzepte in der deutschen Aufklärung und in der ersten chinesischen Republik, Münster / New York 1996.

Warner, Torsten, Deutsche Architektur in China. Architekturtransfer, Berlin 1994.

Weber, Max, Die Wirtschaftsethik der Weltreligionen: Konfuzianismus und Taoismus. Schriften 1915-1920, Bd. 19 der Max Weber Gesamtausgabe, hg. von Horst Baier, Tübingen 1989.

Wehler, Hans-Ulrich, Deutsche Gesellschaftsgeschichte, Bd. 3: Von der „Deutschen Doppelrevolution" bis zum Beginn des Ersten Weltkriegs, 1849-1914, München 1995.

Wells, Audrey, The Political Thought of Sun Yat-sen. Development and Impact, Houndmills / New York 2001.

Wertheimer, Fritz, Deutsche Leistungen und deutsche Aufgaben in China, Berlin 1913.

– Deutsche Chinapolitik, Güldenhammer 1914.

Who's Who in China, 4. Auflage, hg. The China Weekly Review, Shanghai 1931.

Wilbur, Martin C., Dr. Sun Yat-sen's Motives, Methods, and Precautions in Cooperating with Soviet Russia, in: Kindermann (Hg.) 1982, S. 260-280.

– Sun Yat-sen: Frustrated Patriot, New York 1976.

– The Nationalist Revolution: From Canton to Nanking, 1923-1928, in: Fairbank, John King (Hg.), The Cambridge History of China, Vol. 12, Republican China 1912-1949, Part 1, Cambridge/Mass. 1983, S. 527-720.

Wilhelm, Richard: Kungfutse Gespräche, Jena 1910.

– Das wahre Buch vom quellenden Urgrund: Die Lehren der Philosophen Liä Yü Kou und Yangdschu / Liä Dsi, Jena 1911.

– Laotse Taoteking. Das Buch des Alten vom Sinn und Leben, Jena 1911.

– Dschuang Dsi, das Wahre Buch vom südlichen Blütenland, Jena 1912.

– Mong Dsi, Jena 1916.

– Deutsche Kulturpolitik in China, in: Ostasiatische Rundschau, Jg. 2, Nr. 2, 15.1.1921, S. 24-27.

– Laotse. Taoteking, Jena 1923.

– Ein Ereignis in der chinesischen Musikgeschichte, unveröffentlichtes Manuskript, 05.06.1923 (BArch, R9208/3508, 206-210).

– Verein zur Fürsorge für chinesische Studenten in Deutschland, in: Pekinger Abende. Vertrauliche Mitteilungen von Richard Wilhelm, 2:2, Februar 1924, S. 1-3.

– Kungtse – Leben und Werk, Stuttgart 1925.

– Laotse und der Taoismus, Stuttgart 1925.

– Die Seele Chinas, Berlin 1926.

– Die chinesische Literatur, Potsdam 1926.

– (Hg.), Chinesische Musik, Frankfurt a.M. 1927.

– Das chinesische Bildungswesen und seine Berührung mit fremden Einflüssen, in: Schmidt / Boelitz (Hg.), 1928, S.192-203.

Wilhelm, Salome (Hg.): Richard Wilhelm. Der geistige Mittler zwischen China und Europa, Düsseldorf/Köln 1956.

Wilhelm II., Ereignisse und Gestalten aus den Jahren 1878-1918, Leipzig / Berlin 1922.

Willoughby, W. W., Foreign Rights and Interests in China, Baltimore 1927.

Wittfogel, Karl August, Das erwachende China: Ein Abriß der gegenwärtigen Probleme Chinas, Wien 1926.

Wood, Carlton Leroy, Die Beziehungen Deutschlands zu China. Eine historische Betrachtung in politischer und ökonomischer Hinsicht vom 19.Jahrhundert bis zum Jahr 1934, (Diss. Heidelberg 1934), München 1936.

Xu Guoqi, China and the Great War: China's Pursuit of a New National Identity and Internationalization, Cambridge / New York 2005.

Xu, Youwei, German Fascism in Chinese Eyes: An Investigation of the Qiantu Magazine (1933-1937), in: Mak / Paau (Hg.), 2000, S. 235-254.

Yang Wuneng, Goethe und die chinesische Gegenwartsliteratur, in: Debon/Hsia (Hg.), 1985, S. 127-137.

– Goethe in China, 1889-1999, Frankfurt a.M. 2000.

Yeh Young-Ming, Sun Yat-sen's Position on China's Entry into the First World War and His Relationship with the Germans before the Declaration of War, in: Kindermann (Hg.), 1982, S. 245-259.

– Sun Yat-sens Regierung in Südchina von 1917-1922 und die 'Bewegung zum Schutz der Verfassung', München 1983.

Yen, W. W. [Yan Huiqing], East-West Kaleidoscope, 1877-1947: An Autobiography, New York 1974.

Yi, Huang, Der deutsche Einfluß auf die Entwicklung des chinesischen Bildungswesens von 1871 bis 1918: Studien zu den kulturellen Aspekten der deutsch-chinesischen Beziehungen in der Ära des deutschen Kaiserreiches, Frankfurt a. M. 1995.

Yin Xuyi, Zur Verbreitung des Marxismus in China, in: Kuo (Hg.), 1986, S. 493-518.

Yip, Terry Siu-han, Goethe in China. A Study of Reception and Influence, unveröffentl. Diss., University of Urbana 1985.

Young, Ernest P., The Presidency of Yuan Shih-k'ai. Liberalism and Dictatorship in Early Republican China, Ann Arbor / Michigan 1977.

Yü-Dembski, Dagmar, China in Berlin, 1918-1933, in: Kuo (Hg.), 1987, S. 117-130.

– Chinesische Intellektuelle in Deutschland, 1922-1941, in: Gransow / Leutner (Hg.), 1990, S. 239-263.

– Rezeption und Darstellung Chinas in der Weimarer Republik, in: Leutner / Yü-Dembski (Hg.), 1990, S. 53-65.

– Das Kriegsende und die deutsch-chinesischen Beziehungen, in: Berliner China-Hefte 9, 1995, S. 33-37.

Zhang, Jingyuan, Sigmund Freud and Modern Chinese Literature (1919-1949), unveröffentl. Diss., Cornell University 1989.

– Psychoanalysis in China. Literary Transformation, 1919-1949, Ithaca / New York 1992.

Zhang, Sheu-mu, Die Deutschlandpolitik Chinas während des Ersten Weltkrieges, in: Moderne Welt, 40:1984, S. 172-190.

Zhang, Zhenhuan, Das China-Verständnis bei Erich von Salzmann, in: Hsia / Höfert (Hg.), 1992, S. 163-178.

Zhu, Jiahua, Deutschland mit den Imperialisten gegen China? Eine Antwort auf den Brief des Korrespondenten der Frankfurter Zeitung, Herrn Dr. jur. Herbert Müller, Peking (7.3.1926), in: Die Welt am Abend, Nr. 79, 06.04.1926.

– Die Bolschewisierung Chinas, in: Gelsenkirchener Zeitung, 02.11.1925.

Zhu, Hong, Schiller in China, Frankfurt a. M. u.a. 1994.

Zingerle, Arnold, Max Weber und China, Berlin 1972.

B) Literatur in chinesischer Sprache

Bo Qixue 博启学, Zhongguo waijiaoshi中国外交史 (Geschichte der auswärtigen Beziehungen Chinas), 2 Bde., Taibei 1993.

Cai Yuanpei 蔡元培, Cai Yuanpei xuanji 蔡元培选集 (Ausgewählte Werke Cai Yuanpeis), 6 Bde., Taibei 1967.

– Cai Yuanpei quanji 蔡元培全集 (Cai Yuanpei: Gesamtwerk), hg. von Gao Pingshu 高平叔 (Hg.), Beijing 1984.

– Zhexue lunzhu 哲学论著 (Philosophische Schriften), Gao Pingshu 高平叔 (Hg.), Shijiazhuang 1985a.

– Zhengzhi lunzhu 政治论著 (Politische Schriften), Gao Pingshu 高平叔 (Hg.), Shijiazhuang 1985b.

– Yuyan ji wenxue lunzhu 语言及文学论著 (Schriften zu Sprache und Literatur), Gao Pingshu 高平叔 (Hg.), Shijiazhuang 1985c.

– Cai Yuanpei lun kexue yu jishu 蔡元培论科学与技术 (Cai Yuanpei diskutiert Wissenschaft und Technik), Gao Pingshu 高平叔 (Hg.), Shijiazhuang 1985d.

– Meiyu lunji 美育论集 (Aufsätze und Fragen der ästhetischen Bildung und Erziehung), Changsha 1987.

– Cai Yuanpei jiaoyu lunji 蔡元培教育论集 (Cai Yuanpei. Aufsätze zu Bildung und Erziehung), Changsha 1987.

Cai Jianguo 蔡建国: Cai Yuanpei xiansheng jinian ji 蔡元培先生纪念集 (Beiträge zum Gedenken Cai Yuanpeis), Beijing 1984.

Chen Hongjie 陈洪捷, Deguo gudian daxueguan jiqi dui Zhongguo daxue de yingxiang 德国古典大学观及其对中国大学的影响 (Die klassische Universitätsidee Deutschlands und ihr Einfluß auf die Universität in China), Beijing 2002.

Chen Quan 陈铨, Zhongguo chun wenxue dui Deguo wenxue de yinxiang 中国纯文学对德国文学的影响 (Der Einfluß der chinesischen Literatur auf die deutsche Literatur), Taibei 1981.

– ZhongDe wenxue yanjiu 中德文学研究 (Forschungen zu den deutsch-chinesischen Literaturbeziehungen), orig. Shanghai 1936, Shenyang 1997.

Dazhan shibao 大战事报 (The Great War), Can zhan zhi ji hua 参战之计画 (Plan und Skizze der Kriegsteilnahme), 1:1, 01.01.1918, S. 5-8.

Ding Xiaohe 丁晓禾: Zhongguo bainian liuxue quan jilu 中国百年留学全纪录 (Vollständige Aufzeichnung von einhundert Jahren chinesischem Auslandsstudium), Zhuhai 1998.

Dong Boxian 董伯先, Guojizhuyi zhanshi Hansi Xibo zai Shandong de huodong 国际主义战士汉斯希伯在山东的活动 (Die Aktivitäten von Hans Shippe in Shandong), in: Zhao Zhenmei 1978, S. 69-78.

Dongfang zazhi 东方杂志 (The Eastern Miscellany), Jiejue ZhongDe peichang ji zhaiwu ti'an 解决中德赔偿及债务提案 (Antrag zur Lösung der Reparations- und Schuldenfrage zwischen China und Deutschland), 21:13, 10.07.1924.

– Zuijin Ouzhou ge guo zhi waijiao zhengce 最近欧洲各国之外交政策 (Die gegenwärtige Außenpolitik der Staaten in Europa), 8:2, 23.04.1911.

Du Yaquan 杜亚泉, Da zhanzheng yu Zhongguo 大战争与中国 (Der Große Krieg und China), in: Dongfang zazhi, 11:3, 01.09.1914, S. 1-7.

Feng Zhi 冯至, Feng Zhi shixuan 冯至诗选 (Feng Zhi: Gedichtsammlung), Chengdu 1980.

Feng Zikai 丰子恺, Yinyuehui yu yinyue 音乐会与音乐 (Konzerte und Musik), in: Funü zazhi 妇女杂志 (The Ladies' Journal), 8: 12, Dezember 1922, 61-82.

Fu Baozhen 傅宝真, Kangzhan qian ji chuqi zhi zhu Hua Deguo junshi guwen 抗战前及初期之住华俄国军事顾问 (Deutsche Militärberater in China vor und zu Beginn des antijapanischen Krieges), in: Jindai Zhongguo 近代中国 (Modern China), 2. 1987; 4.1987 und 10.1987.

– Kangzhan qian zai Hua zhi Deguo junshi guwen yu ZhongDe jingji ji junshi hezuo zhi fenxi 抗战前在华之德国军事顾问与中德经济及军事合作之分析 (Deutsche Militärberater in China vor dem antijapanischen Krieg und die chinesisch-deutsche Zusammenarbeit auf wirtschaftlichem und militärischem Gebiet), in: Jindai Zhongguo 近代中国 (Modernes China), 2.1985, S. 114-134.

Gao Yuanbao 郜元宝 (Hg.), Nicai zai Zhongguo 尼采在中国 (Nietzsche in China), Shanghai 2000.

Gu Hongming 辜鸿铭, Gu Hongming wenji 古鸿铭文集 (Gu Hongming: Gesammelte Schriften), Changsha 1985.

Gu Mingyi 顾明义, Zhongguo jindai waijiao shilüe 中国近代外交史略 (Historischer Abriß der modernen auswärtigen Beziehungen Chinas), Changchun 1987.

Guo Jianlin 郭剑林 (Hg.), Beiyang linghun – Xu Shichang 北洋灵魂 – 徐世昌 (Die Seele der Nord-Regierung – Xu Shichang), Lanzhou 1997.

– Beiyang zhengfu jianshi 北洋政府简史 (Historischer Abriß der Nord-Regierung), 2 Bde., Tianjin 2000.

Guoshiguan Zhonghua minguoshi waijiaozhi 国史官中华民国史外交志 (Abtlg. für Außenpolitik der Republik China am Nationalarchiv, Taiwan) (Hg.), Zhonghua minguoshi waijiaozhi (chugao) 中华民国史外交志 (初稿) (Die Außenbeziehungen Chinas in der Republikzeit – Ein Entwurf), Taibei 2002.

He Maochun 何茂春, Zhongguo waijiao tongshi 中国外交通史 (Allgemeine Geschichte der auswärtigen Beziehungen Chinas), Beijing 1996.

Hu Xingzhong 胡显中, Sun Zhongshan jingji sixiang 孙中山经济思想 (Das Wirtschaftsdenken Sun Yatsens), Shanghai 1985.

Huang Xingtao 黄兴涛, Xianhua Gu Hongming 闲话辜鸿铭 (Plauderei über Gu Hongming), Haikou 1997.

Huang Yan 黄彦 / Li Boxin 李伯新 (Hg.): Sun Zongshan cangdang xuanbian. Xinhai geming qianhou 孙中山藏档选编. 辛亥革命前后 (Eine Auswahl der von Sun Zhongshan geheim gehaltenen Akten zur Xinhai-Revolution 1911), Beijing 1986.

Huang Yiping 黄逸平 u.a (Hg.): Beiyang shiqi jingji 北洋政府时期经济 (Die Wirtschaft in der Ära der Nordregierung), Shanghai 1995.

Huang Yuebo 黄月波 u.a. (Hg.): Zhongwai tiaoyue huibian 中外条约汇编 (Sammlung der Verträge zwischen China und dem Ausland), Shanghai 1935.

Ji Naiwang 纪乃旺, Sun Zhongshan lian De huodong shulüe 孙中山联德活动述略 (Schilderung der Aktivitäten Sun Yatsens mit Deutschland), in: Dongfang luntan 东方论坛 (Asien Forum), Nr. 4, 2001, S. 66-68.

Jiang Guilin 蒋贵麟 (Hg.), Kang Nanhai xiansheng youji huibian 康南海先生游记汇编 (Sammlung der Reiseberichte Kang Youweis), Taibei 1979.

Jiang Gongcheng 蒋恭晟, ZhongDe waijiaoshi 中德外交史 (Geschichte der deutsch-chinesischen Beziehungen), Shanghai 1929.

Jiang Kanghu 江亢虎, You De ganxiang ji游德感想记 (Reiseeindrücke aus Deutschland), in: Dongfang zazhi, 19:13, 10.07.1922, S. 97-100.

Jin Linxiang 金林祥, Cai Yuanpei jiaoyu sixiang yanjiu 蔡元培教育思想研究 (Forschungen zu den Erziehungsvorstellungen Cai Yuanpeis), Shenyang 1994.

Kang Youwei 康有为, Kang Youwei quanji 康有为全集 (Kang Youwei: Vollständige Schriften), 3 Bde., Shanghai 1987-1992.

– Kang Youwei zhenglunji 康有为政论集 (Kang Youwei: Sammlung politischer Kommentare), 2 Bde., hg. von Tang Zhijun 汤志钧, Beijing 1981.

Li Yun 李芸, Zhongguo jindai yilai de diyige pingdeng tiaoyue – 1921 nian „Zhong De xieyue“ 中国近代以来的第一个平等条约 - 1921年“ 中德协约” (Der erste gleichberechtigte Vertrag Chinas in der Neuzeit – Der Deutsch-Chinesische Vertrag 1921), in: Deguo yanjiu 德国研究 (Deutschland-Studien), 2: 13, 1998, S. 57-60.

Li Dazhao 李大钊, Li Dazhao xuanji 李大钊选集 (Li Dazhao: Ausgewählte Werke), Beijing 1959.

– Li Dazhao wenji 李大钊文集 (Li Dazhao: Gesammelte Werke), 5 Bde., Beijing 1999.

Li Enhan 李恩涵, Beifa qianhou de „geming waijiao“ 1925-1931 北伐前后的革命外交 1925-1931 (The Nationalist China's „Revolutionary Diplomacy“ 1925-1931), Taibei 1993.

Li Jianping 李剑萍, Kang Youwei jiaoyu sixiang yanjiu 康有为教育思想研究 (Forschungen zu den Erziehungsvorstellungen Kang Youweis), Liaoning 1997.

Li Wei 李蔚, Zhou Enlai he zhishifenzi 周恩来和知识分子 (Zhou Enlai und Intellektuelle), Beijing 1985.

Li Xin 李新 / Li Zongyi 李宗一 u.a. (Hg.): Zhonghua minguo shi 中华民国史 (Die Geschichte der Republik China), Beijing 1987.

Liang Bohua 梁伯华 Jindai Zongguo waijiao de jubian. Waijiao zhidu yu Zhong Wai guanxi de yanjiu 近代中国外交的巨变. 外交制度与中外关系变化的研究 (Der große Wandel der Diplomatie im modernen China. Studien zum diplomatischen System und den auswärtigen Beziehungen Chinas), Taibei 1991.

Liang Gui 梁桂, Cai Yuanpei yu Beijing daxue 蔡元培与北京大学 (Cai Yuanpei und die Peking Universität), Beijing 1996.

Liang Shan 梁山 / Li Jian 李坚 / Zhang Kemo 张克漠, Zhongshan daxue xiao shi 中山大学校史 1924-1949 (Geschichte der Sun Yatsen-Universität), Shanghai 1983.

Liang Qichao 梁启超, Liang Qichao xuanji 梁启超选集 (Liang Qichao: Gesammelte Schriften), hg. von Li Huaxing李华兴 / Wu Jiaxun 吴嘉勋, Shanghai 1984.

– Liang Qichao wenxuan 梁启超文选 (Aufsatzsammlung), 2 Bde., hg. von Xia Xiaohong 夏晓虹, Beijing 1992.

– Yinbingshi heji 饮冰室合集 (Gesammelte Schriften aus dem Eistrinker-Studio), 12 Bde., Shanghai 1936, Repr. Beijing 1989.

Liang Zhu 梁柱 (Hg.), Cai Yuanpei yu Beijing daxue 蔡元培与北京大学 (Cai Yuanpei und die Beijing-Universität), Yinchuan 1983.

Liu Yan 刘彦, Zhongguo waijiaoshi 中国外交史 (Chinas Diplomatiegeschichte), Taibei 1962.

Liu Zhiqiang 刘志强, Beiyang zhengfu shiqi de liuxue jiaoyu 北洋政府时期的留学教育 (Das Auslandsstudium in Zeiten der Peking-Regierung), in: Zhongguo liuxue shicui 中国留学史萃 (Beiträge zur Geschichte des chinesischen Auslandsstudiums), hg. von 留学生丛书编委会, Beijing 1992, S. 72-76.

Lu Hai 鲁海, Qingdao yugong yu Zhang Xun fu bi 青岛愚公与张勋复辟 (Hohe chinesische Beamte in Qingdao und die Restauration der Monarchie durch Zhang Xun), in: Shandong wenshi ziliao xuanji 山东文史资料选辑, 9, 1981, S. 175-183.

Luo Luo 罗罗, Zhong De guanxi zhi jianglai 中德关系之将来 (Die Zukunft der deutsch-chinesischen Beziehungen), 18:10, 25.05.1921.

Ma Honglin 马洪林, Kang Youwei pingzhuan 康有为评传 (Kang Youwei: A Critical Biography), Nanjing 1998.

Mao Dun 矛盾, Mao Dun quanji (矛盾全集), 40 Bde., Beijing 1984-2001.

Meng Xiangcai 孟祥才, Liang Qichao zhuan 梁启超传 (Liang Qichao: Eine Biographie), Beijing 1980.

Mi Rucheng 宓汝成, Diguozhuyi yu Zhongguo tielu 帝国主义与中国铁路, 1847-1949 (Der Imperialismus und die Eisenbahnen in China), Shanghai 1980.

Peng Ming 彭明 / Zhou Tiandu 周天度, Beiyang zhengfu tongzhi shiqi 北洋政府统治时期 1916-1920 (Zhonghua minguo shi 中华民国史, Bd. 2), hg. von Li Xin 李新 und Li Zongyi 李宗一, Beijing 1987.

Shi Yuanhua 石源华, Zhonghua minguo waijiaoshi 中华民国外交史 (Geschichte der Außenbeziehungen der Republik China), Shanghai 1994.

– (Hg.), Zhonghua minguo waijiaoshi cidian 中华民国外交史辞典(Lexikon der außenpolitischen Beziehungen der Republik China), Shanghai 1996.

Song Ren 宋仁 (Hg.), Liang Qichao zhengzhi falü sixiang yanjiu 梁启超政治法律思想研究 (Forschungen zum politischen und juristischen Denken Liang Qichaos), Beijing 1990.

Sun Changwei 孙常炜, Cai Yuanpei xiansheng nianpu zhuanji 蔡元培先生年谱专辑, 3 Bde., Taibei 1985-1987.

Sun Hongguo 孙红国, Shixi 20 shiji 20-30 niandai Deguo dui Hua „gongye waijiao" 试析 20 世纪 20-30 年代德国对华 "工业外交", in: Hubei daxue xuebao 湖北大学学报 (Journal of Hubei University), 2004, 31: 2, S. 135-138.

Sun Jian 孙健, Zhongguo jingjishi jindai bufen 中国经济史近代部分 1840-1949 (Der moderne Teil der Wirtschaftsgeschichte Chinas 1840-1949), Peking 1989.

Sun Shiyue 孙石月, Zhongguo jindai nüzi liuxueshi 中国近代女子留学史 (Geschichte des Auslandsstudiums der Frauen im modernen China), Beijing 1995.

Sun Zhongshan 孙中山, Sun Zhongshan quanji 1890-1925 孙中山全集 (Sun Yatsen: Gesamtwerk, 1890-1925), Beijing / Guangzhou 1981-1986.

– Guofu quanji 国父全集 (Sun Yatsen: Gesamtwerk), 12 Bde., hg. von Zou Xiaoyi 秦孝仪, Taibei 1989.

Wang Guangqi 王光祈, Deguoren zhi yinyue shenghuo 德国人之音乐生活 (Das Musikleben der Deutschen), Shanghai 1923.

– Deguo guomin xuexiao yu changge 德国国民学校与唱歌 (Die deutsche Volksschule und der Liedgesang), Shanghai 1925.

– Deguo yinyue jiaoyu 德国音乐教育 (Deutsche Musikerziehung), Shanghai 1928.

– Lü De cungao 旅德存稿 (Sammlung der Deutschlandschriften von Wang Guangqi), Shanghai 1936.

– Wang Guangqi wenji (yinyue juan) 王光祈文集 (音乐卷), Chengdu 1992.

Wang Qisheng 王奇生, Zhongguo liuyuesheng de lishi guiji 中国留学生的历史轨迹 1872-1949 (Historische Spuren chinesischer Auslandsstudenten), Wuhan 1992.

– Sun Zhongshan de liuxueguan 孙中山的留学观 (Sun Yatsens Auffassung vom Auslandsstudium), in: Zhongguo liuxueshi cui 1992, S.33-36.

– Zhongguo nüzi liuxue xiaoshi 中国女子留学小史 (Kleine Geschichte des Auslandsstudiums chinesischer Frauen), in: Zhongguo liuxue shicui 中国留学史萃 (Beiträge zur Geschichte des chinesischen Auslandsstudiums), hg. von 留学生丛书编委会, Beijing 1992.

Wang Shaofang 王绍坊, Zhongguo waijiaoshi. Yapian zhanzheng zhi Xinhai geming shiqi 中国外交史. 鸦片战争至辛亥革命时期 (A Diplomatic History of China 1840-1911), Zhengzhou 1988

Wang Shiru 王世儒 (Hg.), Cai Yuanpei xiansheng nianpu 蔡元培先生年谱 (Lebensdaten von Herrn Cai Yuanpei), 2 Bde., Beijing 1998.

Wang Shouzhong 王守中, Deguo qinlüe Shandong shi 德国侵略山东史 (Geschichte der deutschen Aggression in Shandong), Beijing 1988.

Wang Tieya 王铁崖 (Hg.): Zhongwai jiu yuezhang huibian 中外旧约章汇编 (Sammlung alter Verträge zwischen China und dem Ausland), 3 Bde. (Bd. 3: 1919-1949), Beijing 1962/1982.

Wang Yunwu 王云五 u.a. (Hg.), Zhang Junmai xiansheng qishi shouqing jinian lunwen ji 张君劢先生七十寿庆纪念论文集 (Eine Sammlung von Essays zum Gedenken an den 70. Geburtstag von Zhang Junmai), Taibei 1956.

Wei Lixian 卫理贤 (Richard Wilhelm), Zhongguo xinling 中国心灵 (The Soul of China), aus dem Deutschen von Wang Yujie 王宇洁 u.a., Beijing 1998.

Wei Maoping 卫茂平, Zhongguo dui Deguo wenxue yingxiang shishu 中国对德国文学影响史述 (Geschichte des Einflusses Chinas auf die deutsche Literatur), Shanghai 1996.

Weng Zhiyuan 翁智远, Tongji daxue shi 同济大学史 (Geschichte der Tongji Universität), Bd. 1, 1907-1949, Shanghai 1987.

Wu Dongzhi 吴东之 (Hg.), Zhongguo waijiaoshi 中国外交史 (A Diplomatic History of China. The Period of the Republic of China, 1911-1949), Henan (Renmin chubanshe) 1990.

Wu Jingping 吴景平, ZhongDe guanxi 中德关系 1861-1992 (Die deutsch-chinesischen Beziehungen, 1861-1992), Fuzhou 1993.

Wu Tianren 吴天任, Kang Youwei xiansheng nianpu 康有为先生年谱 (Lebensdaten von Herrn Kang Youwei), 2 Bde., Taibei 1994.

Xiao Jiandong 肖建东, Xinhai geming dui ZhongDe guanxi de yingxiang 辛亥革命对中德关系的影响 (Der Einfluß der Xinhai-Revolution auf die deutsch-chinesischen Beziehungen), in: Wuhan daxue xuebao 武汉大学学报 (Wuhan University Journal), 54: 5, 2001, S. 591-597.

Xie Wuliang 谢无量, Deguo da zhexuezhe Nicai zhi lüezhuan ji xueshuo 德国大哲学者尼采之略传及学说 (Kurze Biographie und die Lehre des deutschen Philosophen Nietzsche), in: Dazhonghua zazhi 大中华杂志 (Großes China), 1: 7, 20.07.1915, 8 S. (Teil I); 1: 8, 20.08.1915, 12 S. (Teil II).

Xu Youchun 徐友春 (Hg.), Minguo renwu da cidian 民国人物大辞典 (Großes Personenlexion der Republikzeit), Shijiazhuang 1991.

Xue Nianwen 薛念文, Pingdeng waijiao de huanxiang yu xianshi – sanshi niandai Zhongde guanxi shuping 平等外交的幻想与现实 – 三十年代中德关系述评 (Realität und Illusion gleichberechtigter Beziehungen – Kommentar zu den deutsch-chinesischen Beziehungen der dreißiger Jahre), in: Tongji daxue xuebao 同济大学学报人文社会科学版 (Tongji University Journal, Humanities and Social Science Section), 7: 1, 1996, S. 80-86.

Yan Weixin 阎稚新, Li Dazhao he Feng Yuxiang 李大钊与冯玉祥 (Li Dazhao und Feng Yuxiang), Beijing 1987.

Yang Daxin 杨大辛北 (Hg.), Beiyang zhengfu zongtong yu zongli 洋政府总统与总理 (Die Präsidenten und Premierminister der nördlichen Militärherren-Regierung), Tianjin 1989.

Yang Tianshi 杨天石, Beiyang zhanzheng yu Beiyang junfa de fumie 北洋战争与北洋军阀的覆灭 (Der Beiyang-Krieg und der Untergang des Militärherren-Regierung), Beijing 1996.

Yang Wuneng 杨武能, Gede yu Zhongguo 歌德与中国 (Goethe und China), Beijing 1991.

Ye Jun 叶隽, Zhongguoren liuxue Deguoshi yanjiu qingkuang zhi jinzhan 中国人留学德国史研究情况之进展 (Der Entwicklung der Forschungslage zur Geschichte chinesischer Studenten in Deutschland), in: Deguo yanjiu 德国研究 (Deutschland-Studien), 4: 17, 2002, S. 57-61.

Zhang Bofeng 章伯锋 / Li Zongyi 李宗一 (Hg.), Beiyang junfa 北洋军阀, 1912-1928 (Die nördliche Militärherrenregierung, 1912-1928), 6 Bde., hg. vom Zhongguo shehui kexueyuan jindaishi yanjiusuo 中国社会科学院近代史研究所 (Forschungsinstitut für Moderne Geschichte am Sozialwissenschaftlichen Institut Chinas), Wuhan 1989.

Zhang Jingru 张静如 / Liu Zhiqiang刘志强, Beiyang junfa tongzhi shiqi Zhongguo shehui zhi bianqian 北洋军阀统治时期中国社会之变迁 (Die gesellschaftlichen Veränderungen Chinas in der Zeit der nördlichen Militärherrenregierung), Beijing 1992.

Zhang Junmai 张君劢, Deguo zhexuejia Dulishu shi donglai zhi baogao jiqi xueshuo talue 德国哲学家杜里舒氏东来之报告及其学说大略 (Bericht über die Asienreise des deutschen Philosophen Driesch und ein grober Umriß seiner Lehre), in: Gaizao 改造 (Umwandlung), 4: 6; 1922, S. 1-24.

– Zhongguo zhi qiantu: Deguo hu Eguo hu? 中国之前途: 德国乎俄国乎 (Chinas Perspektive: Den Weg Deutschlands oder den Weg Rußlands gehen?), in: Jiefang yu gaizao 解放与改造, 2:14, 1920:1-12.

– Zhang Junmai ji 张君劢集 (Aufsätze Zhang Junmais), hg. von Huang Kejian 黄克剑 und Wu Xiaolong 吴小龙, Beijing 1993.

Zhang Pengyuan 张朋园: Liang Qichao yu minguo zhengzhi 梁启超与民国政治 (Liang Qichao and Republican Politics), Taibei 1978.

Zhang Qiyun (Hg.): ZhongDe wenhua lunji 中德文化论集 (Symposium der chinesisch-deutschen Kulturbeziehungen), Taibei 1966.

Zhang Yanhua 张延华 / Feng Donghong 冯东红 (Hg.), Shui de ren xing le: Zhu Zhixin ji 睡的人醒了: 朱执信集 (Der Schläfer ist aufgewacht: Gesammelte Werke von Zhu Zhixin), Liaoning 1994.

Zhao Jiaying 赵佳楹, Zhongguo jindai waijiaoshi 中国近代外交史 1840-1919 (A Diplomatic History of China 1840-1919), Taiyuan 1994.

Zhao Zhenmei 赵振玫 (Hg.), ZhongDe guanxi shi wencong, 中德关系史文丛 (Aufsätze zur Geschichte der chinesisch-deutschen Beziehungen), Beijing 1987.

– Lixiade Weilixian (Richard Wilhelm) san lun 理夏德卫礼贤 (Richard Wilhelm) 三论 (Richard Wilhelm aus drei Perspektiven), in: Zhao Zhenmei (Hg.) 1987, S. 43-68.

– / Cui Xiuqin 崔秀琴, Deguo renmin fandui diguozhuyi qinlüe Zhongguo de douzheng (1842-1932) 德国人民反对帝国主义侵略中国的斗争 (Der Kampf des deutschen Volkes gegen den Imperialismus in China), in: Zhao Zhenmei 1987, S. 16-42.

Zheng Dahua 郑大华, Zhang Junmai zhuan 张君劢传 (Zhang Junmai: Eine Biographie), Beijing 1997.

Zhonghua minguo liude xuehui 中华民国留德学会学会 (Club Chinesischer Studenten e.V.) (Hg.), Nianjian minguo shiliu nian liude xuehui 年鉴民国十六年留德学会 (Das Jahrbuch 1927 der Studiengesellschaft der chinesischen Auslandsstudenten in Deutschland), Glückstadt 1928.

Zhongguo liuxue shicui 中国留学史萃 (Historische Beiträge zum chinesischen Auslandsstudiums), hg. von 留学生丛书编委会, Beijing 1992.

Zhou Enlai 周恩来, Zhou Enlai tongzhi lü ou wenji 周恩来同志旅欧文集 (Schriften des Genossen Zhou Enlai von seinen Reisen in Europa), Beijing 1982.

– Zhou zongli qingshaonian shidai shiwen shuxin ji 周总理青少年时代诗文书信集 (Aufsätze, Schriften und Briefe aus den Jugendjahren des Premiers Zhou Enlai), hg. von Huai En 怀恩 Chengdu 1979.

Zhou Dongming 周东明, De zhan Qingdao shiqi de jiaoyu celüe ji shishi 德战青岛时期的教育策略及事实 (Die Erziehungspolitik in der Zeit der deutschen Besetzung Qingdaos und ihre praktische Umsetzung), in: Liu Shanzhang 刘善章 / Zhou Quan 周荃 (Hg.): Zhong De guanxi shi wencong 中德关系史文丛 (Aufsatzsammlung zur Geschichte der deutsch-chinesischen Beziehungen), Qingdao 1991, S. 145-153.

Zhu Yizhi 朱一智 / Sui Qiren 隋启仁: Sun Zhongshan de sixiang he daolu 孙中山的思想和道路 (Das Denken und der Weg Sun Yatsens), Nanjing 1987.

Index der Personen und Institutionen